美国高中主流理科教材

科学发现者

第二版 2023修订版

地球科学

[美] 弗朗西斯科 · 博雷罗 等 著
段玉山 等 译 班武奇 郭剑峰 审校

地质学、环境与宇宙

Earth Science

Geology, the Environment and the Universe

上册

浙江教育出版社 · 杭州

The McGraw-Hill Companies

connect ED.mcgraw-hill.com

McGraw Hill Education

Send all inquiries to:
McGraw-Hill Education
STEM Learning Solutions Center
8787 Orion Place
Columbus, OH 43240

ISBN: 978-0-07-658713-1
MHID: 0-07-658713-4

Printed in the United States of America.

10 11 12 13 14 15 16 QDB 21 20 19 18 17 16

STEM

McGraw-Hill is committed to providing instructional materials in Science, Technology, Engineering, and Mathemat (STEM) that give all students a solid foundation, one that prepares them for college and careers in the 21st century.

Authors

The authors of *Earth Science: Geology, the Environment, and the Universe* used their content knowledge and teaching expertise to craft manuscript that is accessible and accurate, geared toward student achievement.

Dr. Francisco Borrero

is a research associate and Adjunct Curator of Mollusks at Cincinnati Museum Center in Cincinnati, Ohio. He has taught Earth science and Spanish for over 20 years, most recently at the Cincinnati Country Day School. Dr. Borrero holds a B.S. in zoology from Universidad del Valle, Colombia, and M.S. and Ph.D. degrees in biological sciences from the University of South Carolina at Columbia. Dr. Borrero's research examines the relationship between physical habitat characteristics and the diversity and distribution of natural populations of mollusks.

Dr. Frances Scelsi Hess

is an educational consultant following many years of teaching Earth science and advance placement environmental science at Cooperstown High School in New York. She received her B.S. and M.S. in science education from the State University at Oneonta, and her Ed.D. from Columbia University. Dr. Hess is a Fellow of the Science Teachers Association of New York State, and has received numerous teaching awards, including the Phi Delta Kappa Reed Travel Scholarship to Australia and New Zealand, the Presidential Award for Excellence in Science Teaching, and National Board Certification.

Dr. Chia Hui (Juno) Hsu

currently works as a project scientist at University of California, Irvine. She holds a B.S. in physics and Earth science from Taiwan Normal University, an M.S. in atmospheric sciences from Taiwan University, and a PhD in atmospheric sciences from Massachusetts Institute of Technology. Before beginning her graduate work, Dr. Hsu taught ninth-grade Earth science. Her research interests include the dynamics of monsoons, climate regime shifts, and modeling global-scale atmospheric chemistry.

Dr. Gerhard Kunze

is professor emeritus of geology at the University of Akron in Ohio. He has a B.S. in science and a Ph.D. in geophysics from Penn State University. He was an NRC research associate at Johnson Space Center, Houston, Texas from 1973 to 1974. In 1990, Dr. Kunze was awarded a senior Fulbright scholarship to teach geophysics at the Institute of Geophysics, a department of the University of Kiel in Germany. His current research interests include engineering geophysical surveys and digital modeling of geophysical anomalies.

Dr. Stephen A. Leslie

is the professor and department head of geology and environmental science at James Madison University in Harrisburg, Virginia. He was formerly an associate professor of geology at the University of Arkansas in Little Rock. His areas of research include paleontology, stratigraphy, and the evolution of early life on Earth. He has a B.S. in geology from Bowling Green State University, an M.S. in geology from the University of Idaho, and a Ph.D. in geology from The Ohio State University.

Stephen Letro

has been a meteorologist for the National Weather Service, the media, and private industry since 1971. He currently serves as the Meteorologist-in-Charge of the National Weather Service office in Jacksonville, Florida. He received his B.S. in meteorology from Florida State University with an emphasis on tropical meteorology. He is a member of the National Hurricane Center's Hurricane Liaison Team, and has received numerous awards, including an award for his role in restructuring the National Weather Service.

Dr. Michael Manga

is a professor of Earth and planetary science at U.C. Berkeley. He has a B.S. in geophysics from McGill University and a Ph.D. in Earth science from Harvard University. His areas of research include volcanology, the internal evolution and dynamics of planets, and hydrogeology. He is a MacArthur Fellow, and has received the Donath medal from the Geological Society of America and the Macelwane medal from the American Geophysical Union.

Len Sharp

taught Earth science at Liverpool High School, New York, for 30 years. He has a B.S. in secondary education and an M.S. in science education from Syracuse University. Mr. Sharp was president of the Science Teachers Association of New York from 1991 to 1992, and president of the National Earth Science Teachers Association from 1992 to 1994. He was a Presidential Awardee in 1995, and received the 2005 Distinguished Teacher Award from NSTA and the 2006 NAGT—Eastern Section, Outstanding Earth Science Teacher award.

Dr. Theodore Snow

is a professor of astronomy at the University of Colorado. He has a B.A. from Yale University, and an M.S. and Ph.D. in astrophysics from the University of Washington. Dr. Snow is a founder and former director of the Center for Astrophysics and Space Astronomy at the University of Colorado. He has led instrument-development programs for space-based telescopes, and was a member of the Science Team for an ultraviolet spectrograph that was installed aboard the Hubble Space Telescope in 2008. Dr. Snow's research examines the gas and dust between the stars, called diffuse interstellar bands (DIBs).

Dinah Zike

is an international curriculum consultant and inventor who has developed educational products and three-dimensional, interactive graphic organizers for over 30 years. As president and founder of Dinah-Might Adventures, L.P., Dinah is the author of more than 100 award-winning educational publications, including The Big Book of Science. Dinah has a B.S. and an M.S. in educational curriculum and instruction from Texas A&M University. Dinah Zike's Foldables are an exclusive feature of McGraw-Hill textbooks.

Teacher Advisory Board

The Teacher Advisory Board gave the editorial staff and design team feedback on the content and design of both the Student Edition and Teacher Edition. We thank these teachers for their hard work and creative suggestions.

Francisco Borrero
Cincinnati Country DayHigh School
Cincinnati, OH

Bill Brown
Grandview Heights High School
Columbus, OH

Carmen S. Dixon
East Knox High School
Howard, OH

Joel Heuberger
Waite High School
Toledo, OH

Jane Karabaic
Steubenville City Schools
Steubenville, OH

Terry Stephens
Edgewood High School
Trenton, OH

Teacher Reviewers

Each teacher reviewed selected chapters of *Earth Science: Geology, the Environment, and the Universe* and provided feedback and suggestions regarding the effectiveness of the instruction.

Mark Brazo
Lincoln High School
Portland, OR

Gayle R. Dawson
Blackman High School
Murfreesboro, TN

William Dicks
Northville High School
Northville, MI

Alvin Echeverria
Del Sol High School
Las Vegas, NV

Wendy Elkins
Blue Valley Northwest High School
Overland Park, KS

Carolyn C. Elliot
South Iredell High School
Statesville, NC

Sandra Forster-Terrell
Atherton High School
Louisville, KY

Carol L. Jarocha
Northville High School
Northville, MI

Steve Kluge
Fox Lane High School
Bedford, NY

Sussan Nwabunachi Oladipo
Wells Academy High School
Chicago, IL

Michael J. Passow
White Plains Middle School
White Plains, NY

Jeremy Richardson
Lewis and Clark High School
Spokane, WA

Angela Jones Rizzo
AC Flora High School
Columbia, SC

Terry Stephens
Edgewood High School
Trenton, OH

Content Consultants

Content consultants each reviewed selected chapters of *Earth Science: Geology, the Environment, and the Universe* for content accuracy and clarity.

Anastasia Chopelas, Ph. D
Research Professor of Earth and Space Sciences
University of Washington
Seattle, WA

Diane Clayton, Ph. D
University of California at Santa Barbara
Santa Barbara, CA

Sarah Gille, Ph. D
Associate Professor
Scripps Institution of Oceanography and Department of Mechanical and Aerospace Engineering
University of California San Diego
San Diego, CA

Alan Gishlick, Ph. D
National Center for Science Education
Oakland, CA

Janet Herman, Ph. D
Professor and Director of Program of Interdisciplinary Research in Contaminant Hydrogeology
University of Virginia
Charlottesville, VA

David Ho, Ph. D
Storke-Doherty Lecturer & Doherty Associate Research Scientist
Lamont-Doherty Earth Observatory
Columbia University
New York, NY

Jose Miguel Hurtado, Ph. D
Associate Professor of Geology
University of Texas at El Paso
El Paso, TX

Monika Kress, Ph. D
Assistant Professor of Physics and Astronomy
San Jose State University
San Jose, CA

Amy Leventer, Ph. D
Associate Professor of Geology
Colgate University
Hamilton, NY

Amala Mahadevan, Ph. D
Associate Research Professor
Department of Earth Sciences
Boston University
Boston, MA

Nathan Niemi, Ph. D
Assistant Professor of Geological Sciences
University of Michigan
Ann Arbor, MI

Anne Raymond, Ph. D
Professor of Geology and Geophysics
Texas A&M University
College Station, TX

Safety Consultant

The safety consultant reviewed labs and lab materials for safety and implementation.

Kenneth Russell Roy, Ph.D.
Director of Environmental Health and Safety
Glastonbury Public Schools
Glastonbury, CT

再版前言

浙江教育出版社引进的美国高中主流科学教材《科学发现者》系列，为我国学生提供了多样化的课外读物选择，也为我国高中教学带来了丰富的素材和值得借鉴的教学理念，受到读者们的广泛欢迎。2016年，曾应浙江教育出版社约请，翻译了其中的《地球科学 地质学、环境与宇宙》分册。近年来，国内外教学改革发展迅速，学与教的模式不断改进，促进教育公平、提高教育质量是各国深化教育改革的主要内容。此次出版的2023修订版，增添了一本《指导手册》，其编排的内容是原版教材配套使用的部分最新教学资源，包含项目活动和教学指导、参考答案和问题指导两个部分。

2011年，美国国家研究理事会研制并发布了《K-12科学教育框架：实践、跨学科概念和学科核心概念》，以概念描述的方式规定了K-12年级所有学生应该学习的具体内容。2013年，以该科学教育框架为基础，制定了美国《新一代科学教育标准》(Next Generation Science Standards, NGSS)，该标准提出了科学教育内容的三个维度：学科核心概念、科学与工程实践以及跨学科概念，具有详实的细化内容和实践指导说明，以贯穿学科和年级的方式进阶呈现，最终服务于提供标准化的科学教育，这也是本书所有项目活动编排设计的根本依据。

“项目活动和教学指导”部分的项目活动以《新一代科学教育标准》中关于高中学段地球科学的教育标准为核心，以教材相关章节的教学内容为依托，设计了19个一般活动以及2个大型综合跨学科活动。教学指导则为这些活动的实施与开展提供支架，包括背景资料、相关资源、教学策略、教学过程与步骤说明、参考答案等。每个活动后都附有本活动对应的《新一代科学教育标准》中的相关标准，包括预期表现、学科核心概念、科学与工程实践、跨学科概念四个核心方面，以及与工程、技术和科学应用的联系，与自然科学的联系两个相关方面。《新一代科学教育标准》中每一条具体的内容标准都由预期表现和三维内容构成。三维内容即学科核心概念、科学与工程实践、跨学科概念。预期表现是学生能够做什么，达到什么标准的具体表述，三维内容的整合通过预期表现的形式实现。因此，在实际学习和使用本书的过程中，应该从实现预期表现的角度出发，整合三维内容。

“参考答案和问题指导”部分则是对教材中各类实验探究和问题测试的解答。自本系列图书首次出版以来，探究问题和测试题目的答案一直是读者们关心和讨论的话题，《指导手册》对这一需求作出了非常全面的回应。该部分包括每一章的各项实验、本节回顾、拓展探究、复习检测、标准化测试的参考答案和解析，其中开放性问题也给出了参考思路。

我国自2017年和2022年相继颁布新修订的高中和义务教育课程标准以来，进一步加强了对达标情况的评价及学业质量描述，与地球科学关联较强的地理课程标准中，也提高了对地理实践、跨学科学习、项目化学习等的重视，本书的理念与我国现行课程标准有不少相通之处，可以为中学教师、教学研究工作者提供成熟的活动与案例资源，满足中学生个性化的学习需要，对于解决我国科学教育中相对重视科学知识，科学探究、科学实践相对薄弱，知识碎片化等问题也有重要意义。

本书编排的这些高中段地球科学项目活动及其对应的标准是美国科学教育培养体系的具体体现，展现出重视核心概念、重视科学与工程实践应用、重视学习进阶与连贯性、注重跨学科融合及与科学本质联系的特点。对我国科学教育的课程和评价体系构建，学生发展核心素养的培养，学生适应未来发展的正确价值观、必备品格和关键能力的培养等具有重要的意义，同时也对学生和教师的能力提出了新的挑战。

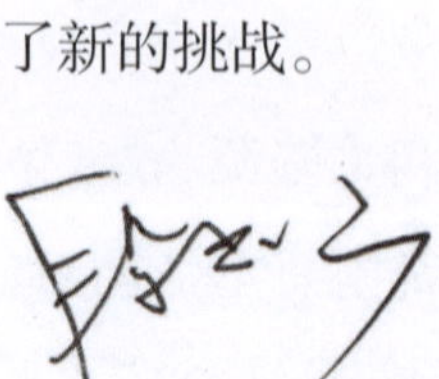

华东师范大学地理科学学院党委书记、教授、博士生导师

国际地理联合会地理教育委员会执委、中国委员会主席

中国教育学会地理教学专业委员会理事长

2023年7月

前言

随着新一轮课程改革的深入，教育部提出高中阶段教育是学生个性形成、自主发展的关键时期，对提高国民素质、培养担当民族复兴大任的时代新人具有特殊意义。

高中阶段教育在落实立德树人根本任务中发挥关键作用，促进学生全面而有个性的发展，进一步提升学生综合素质，发展核心素养。高中课程方案通过优化课程结构来适应学生多样性的需要。

浙江教育出版社长年来致力于为我国学生提供丰富多样的课外读物选择，其中引进出版的美国科学教材系列受到读者的广泛欢迎。2008年引进出版的美国高中主流理科教材《科学发现者　地理　地质学、环境与宇宙》为我国高中地理教学带来了丰富多彩的素材和值得借鉴的教学理念。近年来，美国麦格劳-希尔（McGraw-Hill）教育出版集团已多次再版该系列丛书，此次承浙江教育出版社约请，华东师范大学地理教育研究所修订翻译了《科学发现者　地球科学　地质学、环境与宇宙（第二版）》。

新版教材在内容选择、呈现方式、栏目设置、活动设计、评估检测等方面体现了地理学科核心素养，对我国目前正在进行的课程改革和教材建设有借鉴意义。

本书重视科学家的研究和日常生活生产活动与地理环境之间的关系。在栏目设置、案例选取和拓展延伸等活动中，注重将地球科学与人口、资源、环境和发展问题结合。这样的编写理念不仅使学生认识到人类社会的发展离不开尊重自然规律，更激发了学生探索和解决人地关系问题的欲望。

本书运用综合的观点纵观人类生存的地球环境，从全面、系统、动态的角度剖析地球环境及其与人类活动的关系。教材内容不仅涵盖地质历史、资源环境，还包含气象学、海洋学、天文学等学科的要义，揭示了科学的本质，打破了学科的壁垒。深入浅出、丰富多样的内容让学生认识到不同的时空组合条件下，地球环境各要素相互作用，综合决定着地球环境的发展。

本书通过空间—区域的表现形式认识复杂多样的地球环境。图文编排落实在具体地点和景观，案例选取侧重生活性和典型性，从技术、环境、社会等方面呈现了地球科学与真实世界的联系。在线资源和绘制我们的世界（第二章）增强了数字时代下学生从区域的视角建构自己对世界的理解。

本书采用实验、考察、调查等实践活动探索地球科学现象背后的规律。循序渐进的科学实验、形式多样的实践活动、系统全面的技能训练引导学生像地球科学家一样大胆假设、深入思考、严谨求证。科学实验室、环境联系、地学职业等栏目提升了学生的行动意识和行动能力，让他们能够学以致用，在真实环境中探索、反思、解决实际问题。

全书分为8个单元，共30章，从科学的本质到地球之外，纵览地质历史与宇宙环境，有助于学生系统构建地球科学的结构体系。本书是集体合作的结果，其中第1和第3～6章由缪鑫翻译，第2和第7～10章由张佳琦翻译，第11～15章由朱琳翻译，第16～20章由侯璐翻译，第21～25章由任苏蕊翻译，第26～30章由陈敏翻译，目录、版块说明及附录部分由张佳琦、缪鑫翻译，全文由段玉山统稿。限于译者自身的水平，译文中如有错误，敬请读者批评指正。

感谢浙江教育出版社的杨艳编辑，在两年多的策划、翻译、出版过程中给予我们的帮助与指正。希冀本书的出版能为中学教师、教学研究工作者提供一个新的视角，满足中学生个性化的学习需要。

译者

2018年10月于华东师范大学

目 录

第3单元

地表的演化

第4单元
大气圈与海洋

第5单元
动态的地球

第6单元

地质年代

第7单元
资源与环境

表示该内容与环境相关

学习资源

折叠式学习卡制作指南

请按以下步骤制作折叠式学习卡。

多层视图式学习卡

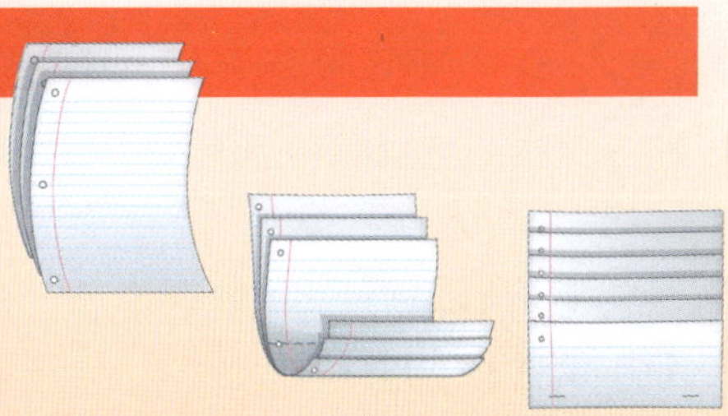

1. 取三张活页纸，在垂直方向上每张纸之间分别间隔 1 cm，注意对齐纸张边缘。
2. 将纸张的底部边缘向上折叠，折成六张大小一样的学习卡。
3. 将纸张沿折痕裁剪好，按一定间隔装订，并给每张学习卡标上序号。

三栏式学习卡

1. 将一张活页纸按垂直方向折成三等份。
2. 将纸张展开铺平，分别给每一份标上序号。

三片式学习卡

1. 将一张白纸沿着水平方向对折，前面纸张的边缘要比后面纸张的边缘短 2 cm。
2. 将纸张沿垂直方向折成三等份。
3. 将纸张展开，只沿垂直折痕将前面的纸张剪开，分别给每一份标上序号。

两片式与四片式学习卡

1. 将一张活页纸沿水平方向对折成两半，即两片式学习卡。
2. 若是制作四片式学习卡，则在制作两片式学习卡的基础上将纸张沿垂直方向再次对折成两半。
3. 将纸张展开，只沿垂直折痕将前面的纸张剪开，分别给每一份标上序号。

四门式学习卡

1. 将一张白纸横放并找到其中心线，将左右边缘对齐中心线折叠。
2. 将纸张上下边缘对齐折叠。
3. 将纸张展开，沿着左、右两扇“门”的水平折痕剪开，分别给每一扇“门”标上序号。

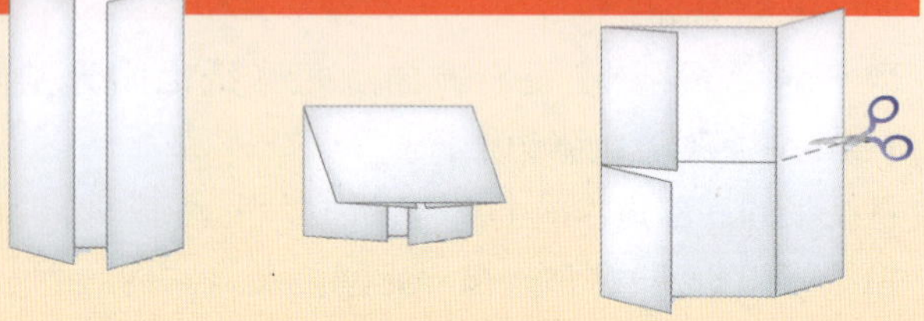

概念图学习卡

1. 将一张活页纸水平放置，将底部边缘向上对折，底部边缘要比顶部边缘低2 cm。
2. 将纸张沿垂直方向折成三等份。
3. 将纸张展开，只沿垂直折痕将位于前面的纸张剪开，分别给每一份标上序号。

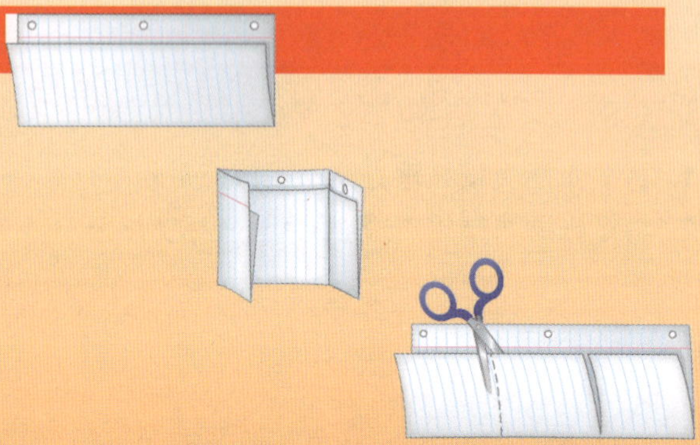

词汇学习卡

1. 取一张活页纸，将纸张沿垂直方向折成两半。
2. 将位于前面的纸张按照每三行为一份进行裁剪，分别给每一份标上序号。

表格式学习卡

1. 将一张白纸水平放置，沿水平方向折成三等份。
2. 沿垂直方向将其折成五等份。
3. 将纸张沿水平方向展开，沿着折痕画线，分别给每一份标上序号。

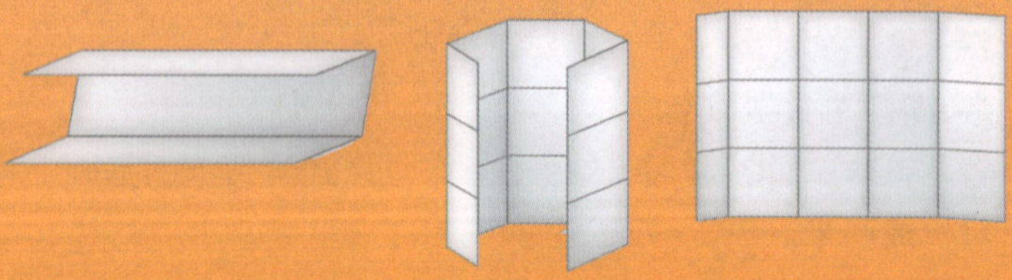

口袋式学习卡

1. 将一张白纸沿着水平方向折一条3 cm宽的“底”。
2. 如果是要制作两格式学习卡，就沿着短边对折。如果是制作三格式学习卡，就分成三份。
3. 纸张展开之后用胶水将口袋的“底”粘好，并给每个“口袋”都做好标记。

小册子式学习卡

1. 将几张活页纸对折，取出一张纸，将其余纸整齐地叠在一起，沿着折痕两侧各剪开3 cm的小口子。
2. 将取出的一张纸沿着折痕两侧边缘保留3 cm，中间部分剪开。
3. 把前面几张纸都沿着切口插入这张纸中，制作成一本多页的小册子。

标签式学习卡

1. 取几张活页纸，竖直叠放，顶端间隔2～3 cm。
2. 在距离最前面的这张纸顶端3 cm的位置，沿水平方向从右往左将全部活页纸剪出一个2～3 cm的口子。
3. 从底部垂直向上剪，剪到断口处。
4. 将这些剪好的纸放在一张没有剪过的纸上，把这些纸的边缘排列整齐。每张纸都做好标记。

手风琴式学习卡

1. 将一张白纸沿着水平方向对折，再沿着短边对折两次，展开之后分为八格。
2. 沿着长边的折痕，用剪刀剪开折痕，但不要全部剪开，剪到四分之三的位置即可。
3. 重新折这张纸，成为一张手风琴式学习卡。你可能需要用胶水把重合的两页粘在一起。

第1单元

地球科学

单元内容

1　科学的本质

2　绘制我们的世界

地球科学相关职业 洞穴学家

这位科学家正在研究洞穴，她为此沿着绳索下降到足有200米深的一个灰岩坑。洞穴学家研究时采用的科学研究方法包括绘图、采样以及观察(由于地质作用而形成的地貌奇观)。

第1章

科学的本质

大概念 地球科学家们运用一些特定的方法来探究地球及太空。

内容提要

起步实验

科学实验室

为什么精准沟通很重要?

你是否遇到过这种情况?当你向别人解释某件事时,你认为自己解释得很清楚,但听者却认为你的解释很含糊,而且容易让人误解,甚至可能是错误的。精准沟通是科学中的一项重要技能。

实验步骤

1. 阅读并遵守实验室安全守则。
2. 从老师处拿一个物体,但不要让你的搭档看见。
3. 仅用一句话准确并详细地描述这个物体,但不能说出物体的名称。
4. 把你的描述告诉你的搭档,给他/她几分钟的时间猜这个物体是什么。
5. 同样,根据你搭档的描述,猜他/她拿到的物体是什么。

实验分析

1. **确定** 你和你的搭档都能确认对方所拿的是什么东西吗?为什么能(不能)?
2. **错误分析** 和你的搭档一起重写你们科学笔记中的描述,使其尽可能准确。
3. **类比** 将你重写的物体描述给另一名同学。这名同学能比你的搭档更快速地猜出这个物体是什么吗?为什么能(不能)?

生物圈

折叠式 学习卡

地球系统

制作一张四格折纸,分别标注地圈、水圈、大气圈和生物圈,并用它来整理你学习地球上四个主要系统过程中的笔记。

冰冻圈是地球上水圈中固态永冻水所在的区域，包括积雪、海冰和冰川。

第1节 地球科学

主要概念 地球科学主要包括五个分支：天文学、气象学、地质学、海洋学和环境科学。

核心问题

- 地球科学的各个研究领域之间是怎样的关系？
- 什么是地球系统？
- 地球的各个系统之间是什么关系？
- 技术为何如此重要？

关键术语

天文学	地圈
气象学	大气圈
地质学	水圈
海洋学	冰冻圈
环境科学	生物圈

地球科学在你身边 从你旅行时要用到的地图，到你看天气预报来决定出门要不要带伞，地球科学已经成为你日常生活中不可或缺的一部分。

地球科学的主要内容

地球科学涉及的范围非常广泛。它可以划分为五个主要的分支领域：天文学、气象学、地质学、海洋学和环境科学。

天文学 **天文学**(**astronomy**)研究的是大气圈以外的物体。在复杂、精密的仪器，如**图1-1**所示的天文望远镜被发明出来之前，天文学家的工作大多只是描述天体在天空中的相对位置。如今，天文学家可以研究宇宙以及宇宙中的一切物质，包括银河系、恒星、行星和其他所有已知的天体。

气象学 **气象学**(**meteorology**)研究的是引起大气变化、形成各种天气现象的作用力与过程。气象学家不仅尝试预报天气，也在关注和研究气候变化对地球的影响。

■ **图1-1** 凯克望远镜Ⅰ和凯克望远镜Ⅱ是夏威夷莫纳克亚天文台观测站的一部分。从其防护圆顶上俯瞰，我们可以看到望远镜的内部结构。

地质学 **地质学**(geology)研究地球的组成物质以及这些物质的形成和变化过程,并且从地球起源出发来探索地球自身与地球生物演化的历史。地质学家鉴定岩石,研究冰川运动,根据各种线索来解释地球46亿年的演变历程,分析各种作用力如何塑造我们的地球。

海洋学 **海洋学**(oceanography)研究的是覆盖地球表面近四分之三的海洋。海洋学家研究栖息在海洋中的生物,测定海洋的各种物理和化学属性,并且观察发生在海洋水体中的不同变化过程。当海洋学家要进行野外考察时,他们往往会潜到深海中去收集数据,如**图1–2**所示。

图1–2 海洋学家研究海洋生物和海洋的性质。

探究 *地球科学家需要经历哪些训练?*

环境科学 **环境科学**(environmental science)研究生物体与其周围环境之间的互动关系。环境科学家研究的主题包括生物体对其周围环境的影响(包括积极和消极的影响),以及自然资源的利用,污染的影响,新能源的来源,人类对地球主要系统的影响等。

次级学科 地球科学的研究内容非常广泛,这五个主要分支领域之下还有很多**次级学科**(subspecialties),比如气候学、化石学和环境化学。**表1–1**列出了一些地球科学次级学科的门类,并对其研究主题做了简述。

表1–1 地球科学的次级学科

主要研究领域	次级学科	研究主题
天文学	天体物理	宇宙物理,包括在空间中发现的天体的物理属性
	行星科学	太阳系的各个行星以及它们的形成过程和运动形式等
气象学	气候学	长时间内天气变化的模式
	大气化学	地球大气圈以及其他行星大气层的化学组成
地质学	化石学	曾经在地球上生活过的生物的遗体和遗迹;古环境
	地球化学	地球的组成物质及其变化过程
海洋学	海洋物理	海洋的物理性质,比如盐度、波浪与洋流
	海洋地质学	海底的地质特征,包括大洋板块构造
环境科学	环境土壤学	人地关系的互动,例如耕种对土壤的影响,污染对土壤、植被和地下水的影响
	环境化学	自然和人为原因导致环境中化学成分的变化,及其对地球各系统的影响

折叠式学习卡

将本节信息整合到你的折叠式学习卡中。

地球系统

研究地球的科学家们将地球分为四个主要系统：地圈、大气圈、水圈和生物圈。每个系统都是独一无二的，但相互之间又紧密相连。

地圈 自地球表面以下，一直到地心的这一部分是**地圈（geosphere）**。它主要分为三部分：地壳、地幔和地核。三个部分之间的关系，如**图1-3**所示。

地壳是地球的刚性外壳，分为陆壳和洋壳两种类型。地壳以下为地幔，地壳与地幔的物质组成和形态都大不相同。地幔的温度在100～4 000℃之间，比地壳的温度要高得多。而居于地幔之下的地核，其核心的温度高达7 000℃。

大气圈 包围着地球的气体圈层叫作**大气圈（atmosphere）**。大气圈由78%的氮、21%的氧，以及1%的其他气体（如水蒸气、氩气、二氧化碳和其他痕量气体）组成。地球大气中的氧气供地球上大部分生物呼吸作用所用，同时大气圈保护地球生物免受紫外线等有害太阳辐射的影响，大气圈内适宜的温度也有助于地球上生物的生存。

水圈 地球上的所有水体，包括大气圈中的水汽，一起构成了**水圈（hydrosphere）**。地球上大约97%的水为咸水，其余3%为淡水，主要储存在湖泊、河流、地下水和冰川之中。地球上固态水所在的区域称为**冰冻圈（cryosphere）**。河流和湖泊中的淡水仅占地球上淡水的很小一部分。

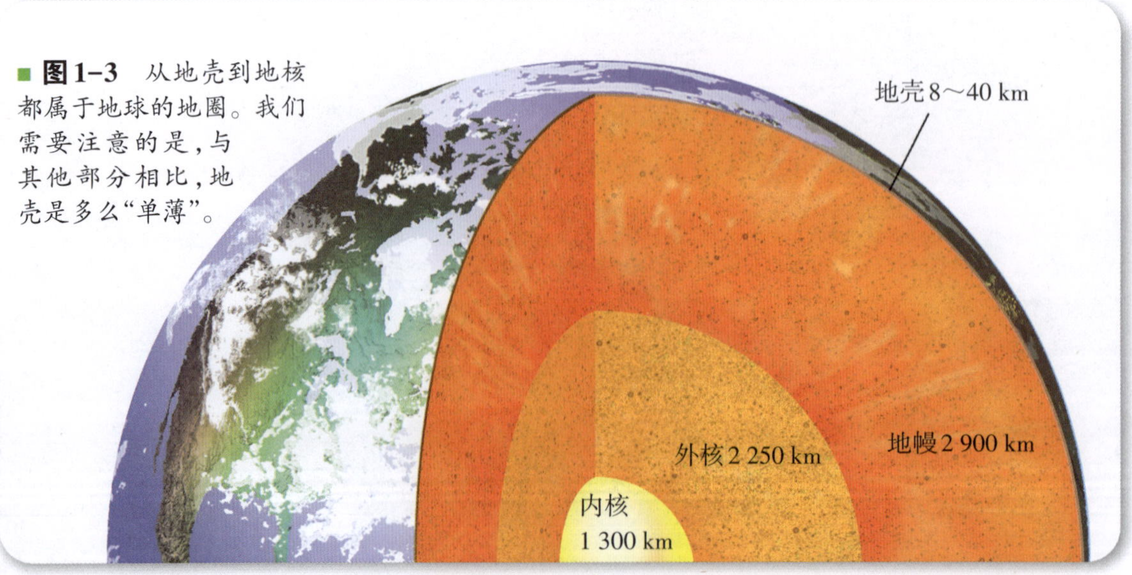

图1-3 从地壳到地核都属于地球的地圈。我们需要注意的是，与其他部分相比，地壳是多么"单薄"。

生物圈 地球上所有的生物和它们所生活的环境称为**生物圈**(**biosphere**)。大部分生物都生活在地表附近几米的范围内,也有一些生活在海洋中或高山上。地球上所有的生物都至少需要与其他三个圈层——地圈、水圈、大气圈之中的一个存在相互作用才能够生存。

如**图1-4**所示,地球的生物圈、地圈、水圈和大气圈都是相互依存的。例如,地球上的大气圈在数千万年前就已经形成了,它是地圈、水圈和生物圈相互作用的产物。生物圈中的生物,包括人类,其生命过程和活动都会不断影响大气圈。

■ **图1-4** 地球上所有的圈层都是相互联系的。图示为水在地球各圈层中的循环过程。

技术

你可能并没有意识到,包括地球科学在内的各种科学研究,产生了很多满足人类需求和解决社会问题的发明。这些科学发明在社会上的应用即为技术。技术是可以转移的,这也意味着它们可以适用于新的情境。速冻食品、滑雪用的护目镜、笔记本电脑以及其他很多用于运动器材的超轻物质,都是人类在太空计划中发明的技术应用于社会的实例。技术不仅让生活变得更轻松,还更安全。一旦起火,房屋和楼道内的烟雾探测器会立刻发出警报。而烟雾探测器也是人类在太空计划中发明、应用于日常生活的一项技术。

第1节 本节回顾

要点梳理

- 地球可以分成四个主要的圈层系统:地圈、水圈、大气圈和生物圈。
- 地球各个圈层系统之间是相互依存的。
- 地球科学研究范畴及其次级学科的分类依据是地球上各个圈层系统之间的相互关系。
- 技术的重要作用不仅体现在科学研究中,还体现在日常生活中。
- 地球科学的研究成果促进了许多日用品的发明创造。

要点理解

1. 主要概念 **解释**为什么我们要对地球科学的研究范畴进行分类。
2. **应用** 列举三种得益于地球科学研究的日用品。
3. **对比与比对**地球的地质情况与地圈之间的关系。
4. **推测**人类对地球各个圈层系统的影响。
5. **对比与比对**地球的水圈与生物圈。

批判性思维

6. **预测** 如果改变水圈的组成,将会发生什么情况?如果改变大气的组分,又将发生什么情况?

地学写作

7. 研究地球科学的一个次级学科,并为该学科中的某一职业制作一份宣传小册子。

第2节 科学家的研究方法

主要概念 科学家们运用科学方法来建构他们的实验和探究。

核心问题

- 自变量和因变量是什么？
- 实验和探究如何区分？
- 质量和重量的区别是什么？
- 科学记数法是什么？它又是如何运用的？

关键术语

科学方法　控制
假设　国际单位制(SI)
自变量　科学记数法
因变量

地球科学在你身边

你是否捡起过一块石头来端详，思考它是如何形成的？你是否观察过自己家附近的泥土，奇怪为什么它和校园里的泥土不太一样？如果是这样的话，你已经开始像科学家那样思考了。科学家经常问这类问题，而且由此开始他们的探究。

科学探究的本质

科学家们会前往不同的地区收集数据。如**图1–5**所示，有些工作是在户外进行的，有些工作需要在实验室里完成。但无论科学家们在哪里工作，他们采集数据和交流信息的方式都是相似的。这些方法被称为科学方法。如**图1–6**所示，**科学方法(scientific method)**是帮助科学家开展实验、解决问题的一系列过程。

无论科学家追寻的是哪个问题的答案，他都必须先收集关于这一问题的背景信息。只有确定了要探讨的问题，完成了背景研究，科学家才会提出假设。**假设(hypothesis)**是可以检验的关于某一现象的解释，通常要通过仔细严格的步骤来验证。

需要注意的是，科学方法不是严格地、按部就班地解决问题的大纲。科学家们在进行科学探究时可以运用多种方法。在这个过程中，一个自然出现的现象或许会有一个意料之外的结果，这可能会使科学家们提出一个新的假设。此时，研究者或许会修正流程，甚至改变原来的控制机制。

■ **图1–5**　无论是气象学家采集风暴的数据，还是环境学家分析微生物的生长情况，科学方法都为他们提供了探究和解决问题的路径。

图解科学方法

图1-6 科学家们运用科学方法来帮助他们组织实验、规划研究。这个流程图列出了科学家们常用的一些方法。

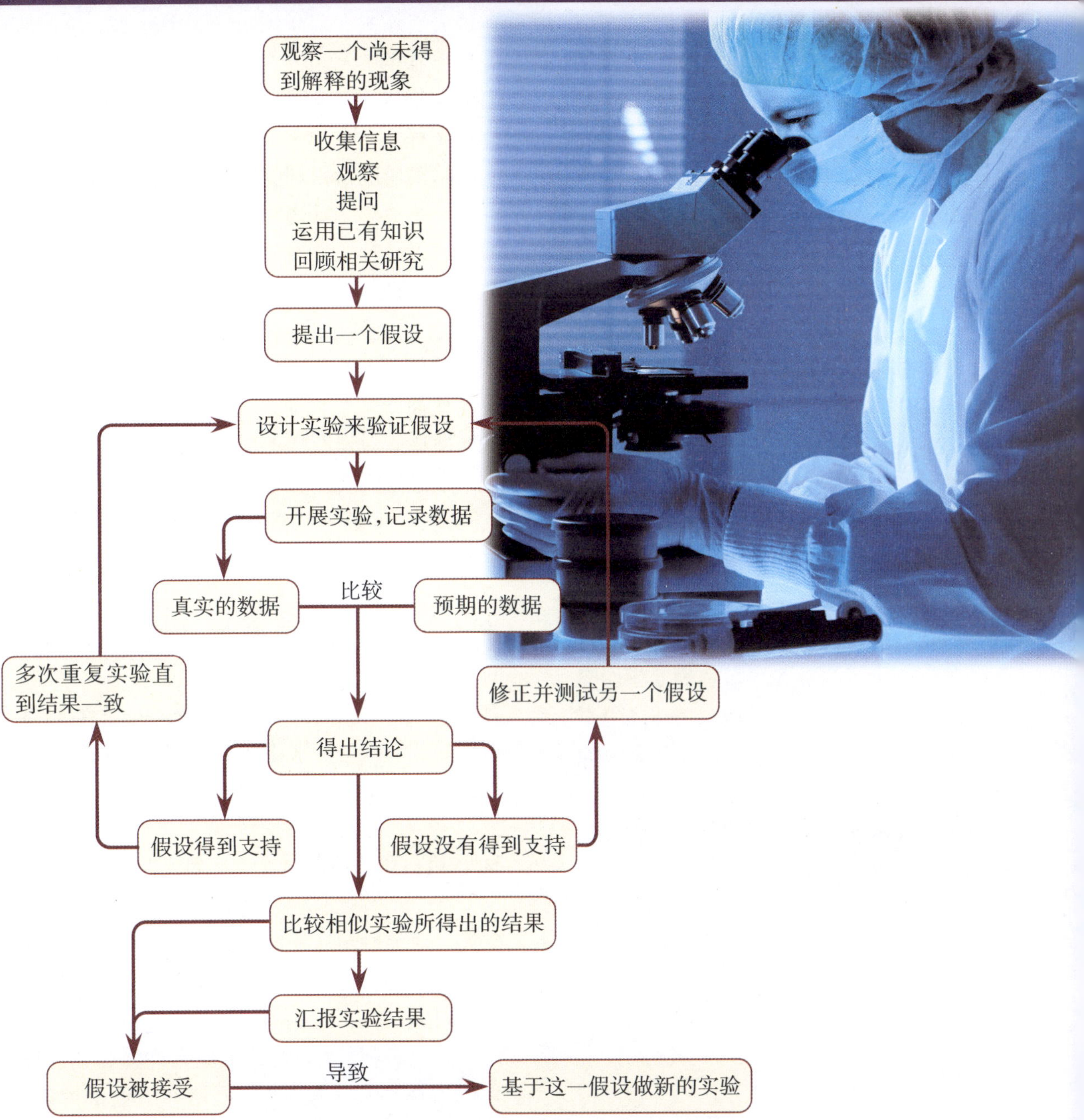

迷你实验

科学实验室

确定变量之间的关系

土壤和水在吸收和释放热量上有什么区别？不同的物质在吸收和释放热量时的比率各有不同。

实验步骤

1. 阅读并遵守实验室安全守则。
2. 通读实验步骤之后，设计一个用于记录温度数据的表格。
3. 将土壤放在第一个容器里，装到一半即可。再把水倒入第二个容器中，也是装一半。第三个容器空置。
4. 将一支温度计插入土壤中，注意，土壤应完全盖住温度计的水银球。再用胶带将另外一支温度计固定在土壤上方1 cm处。
5. 在装水的容器里重复第4步。
6. 在第三个空容器里，也放入温度计，用胶带将它固定，确保水银球是在容器一半高度的位置。再用胶带将另外一支温度计固定在比第一支温度计高出2 cm的位置。
7. 把这三个容器放在向阳的窗台上。记录每支温度计上的数据。每隔5分钟读取一次温度计上的数据，将结果记录在数据表中，一共记录30分钟。
8. 将容器从窗台上移走，同时开始计时，继续每隔5分钟记录一次每支温度计的数据，一共记录30分钟。

实验分析

1. **确定** 哪一种物质吸收热量更快？哪一种物质释放热量更快？
2. **列举** 实验中的自变量是什么？因变量又是什么？
3. **确认** 你在实验中控制了什么变量？

实验 科学家需要通过实验来验证假设。实验是一个有组织的过程，包括观察和测量。采集到高质量和充足的数据是实验成功的关键。

试想，一位科学家要开展酸性物质如何影响岩石风化的实验。在这一实验中，有三个一样的岩石样本。科学家对第一个样本不做任何处理。在第二个和第三个样本的处理上，科学家分别加入了不同强度的酸。随后，科学家对这三个样本进行观察（质性特征），并记录基于实验结果所测量得到的数据（量化数据）。

一个科学实验通常一次只检测一个可变化的因子（变量）。研究者在实验中控制的因子即为**自变量（independent variable）**。在上述实验中，自变量为酸的强度。

因变量（dependent variable）是随着自变量变化而变化的因子。在上述实验中，因变量是酸性物质对岩石样本产生的影响。

常量是实验过程中保持不变的因子。对于实验而言，保证一些潜在的变量在实验中不发生变化是非常重要的。在岩石样本上滴入的相同数量的酸和每个样本使用的同样的测量方式，就是上述实验中的常量。**控制（control）**指的是这一实验是在某种特定的情境下发生的。上述实验中，研究者控制的就是第一个岩石样本不做任何处理。在本页的迷你实验和本书其他很多活动中，你都会与变量打交道。

☑ **读后自查** **解释**自变量和因变量的差异。

探究 地球科学家无法控制一个实验的方方面面。在研究一种新型化肥对于上千亩玉米地的影响时，降水和温度都是不可控的。当遇到这种情况时，科学家们将这类研究称为探究。探究包括观察和采集数据，但是并不包括控制。科学家往往在探究得到的观测数据基础上，设计接下来的实验。

安全问题 本书中的许多实验和探究活动都要

使用不同的材料和设备。进行科学探究活动时，很重要的一点是必须遵照实验室安全条例的要求使用所有材料和设备。安全条例的具体内容详见*参考手册*中的*实验室安全守则*。

分析与结论 一个新的科学观点需要由最先发现这一问题的科学家及其同一领域的科学家们经过重复实验才能建立。实验过程、数据和结论都必须经过检验，才能消除由于期望和观念造成的偏差。科学实验过程中要如实记录所有数据。实验完成后，我们通常用表格和图表来记录和呈现数据，然后对图表进行分析，得出结论。有时候，结论和最初的假设可能并不一致。在这种情况下，我们应该重新评估假设并开展进一步的探究。

测量

在科学探究过程中，我们常常需要测量。测量包括数值和度量单位。科学实验和探究大都使用一个标准的单位体系，叫作**国际单位制（Le Système International d'Unités）**，简称SI。这个体系是现代版的公制体系，以十进制为基础，数字10为基本进率。**表1–2**是部分测量指标的国际单位制及其常用度量单位。

长度 测量长度的标准SI单位是米（m）。通常情况下，门把手到地面的距离约1米。米等分为一百份，每一等份为厘米（cm）。因此，1厘米是1米的一百分之一。毫米（mm）是比厘米更小的单位，1厘米等于10毫米。较长的距离用千米（km）来度量，1 000米等于1千米。

表1–2 测量与单位

测量	国际单位制与科学研究中常用的单位
长度	毫米（mm），厘米（cm），米（m），千米（km）
质量	克（g），千克（kg），吨（t）
面积	平方厘米（cm^2），平方米（m^2）
体积	毫升（mL）#，升（L），立方米（m^3）
密度	克每立方厘米（g/cm^3），克每毫升（g/mL）#，千克每立方米（kg/m^3）
时间	秒（s），时（h）#
温度	开尔文（K）（绝对温度），摄氏度（℃）

#常用的SI单位

质量 一个物体所含物质的量为质量。质量与组成该物体的原子种类和数量有关，它不随物体空间位置的变化而变化。质量的SI单位是千克(kg)。

重量 重量是对作用在物体上的重力的测量结果。与质量不同，重量会随物体空间位置的变化而变化。例如，宇航员在月球上的重量是其在地球上重量的1/6，这是因为月球对宇航员的引力只有地球对宇航员的引力的1/6。重量是一种力，力的SI单位是牛顿(N)。一桶质量为2 kg的2 L装的软饮料在地球上的重量约为20 N。

☑ **读后自查** **比对**质量和重量。

面积和体积 有一些测量需要用到SI单位的组合，例如对面积的测量。面积是包含在一定边界内表面的总量，用长度单位的平方来表示，例如平方米(m^2)。

一个物体所占空间的总量是物体的体积。体积的SI单位与面积的SI单位一样，都是由SI的长度单位得来的。有规则的固体的基本SI体积单位是立方米(m^3)，而液体的SI体积单位通常用毫升(mL)或升(L)来表示。体积也可以用立方厘米来表示，$1\ cm^3=1\ mL$。

图1–7 地球科学大事记 20世纪和21世纪初的许多发现，给我们认识地球和地球系统带来了巨大的变革。

1907年 科学家们开始利用放射性元素的衰变规律来确定地球的年龄。运用这一方法，科学家们首次建立了准确的地质年代表。

1913年 法国物理学家发现了地球大气圈中的臭氧层，并提出臭氧层能保护地球免受紫外线辐射的观点。

1925年 塞西莉亚·佩恩通过分析恒星光谱，首次提出宇宙中最主要的元素是氢和氦。

1935年 英厄·莱曼根据她对地震波的研究，首次提出地球地核由固态的内核和液态的外核组成。

1955年 路易斯·艾森通过追踪铯原子发出和吸收辐射的共振频率，研发出世界上第一个精确的铯原子钟。

密度 单位空间内物体的质量即为密度。将物体的质量除以它的体积就能得到物体的密度。密度通常用克每立方厘米（g/cm^3）、克每毫升（g/mL）或者千克每立方米（kg/m^3）来表示。

时间 两个事件之间的间隔即为时间。时间的SI单位是秒（s）。在本书的活动中，一般用秒或分来计算时间。我们通常用手表或时钟来测量时间，目前最精确的测量时间的工具是原子钟。人们所熟知的**协调世界时（Coordinated Universal Time, UTC）**，就是在铯-133原子钟的基础上，结合天文观测进行微调而得来的。更多原子钟的相关信息及地球科学中的其他进展详见**图1-7**。

温度 温度是对组成某物体的粒子的平均运动情况的测量。组成该物体的粒子运动速度快，物体温度就高；反之，粒子运动速度慢，物体温度就低。温度用温度计来测量。科学实验中，温度通常用摄氏度（℃）来表示。比如，最舒适的室温为21 ℃左右，而人体的正常温度大约是37 ℃。

SI中所用的温度单位是绝对温度（K），可能达到的最低温度称绝对零度，即0 K，相当于-273 ℃。这两种温度单位属于同一尺度，两种单位之间可以相互换算。比如，人体的正常温度是37 ℃，若用绝对温度表示，则需要加上273，即310 K。

1962年 哈里·赫斯提出海底扩张学说，并对大洋底部也做了相关研究，为板块构造学说奠定了基础。

1979～1980年 美国国家航空航天局（NASA）的磁场卫星首次测量了地磁场。

2004年 洋底沉积物岩芯揭示了地球大气与气候5 500万年的历史，也揭示了北极圈曾经温暖的气候历史。

1970 1980 1990 2000 2010

1970年 乔治·卡拉瑟斯的紫外线摄谱仪被放置在月球表面，用来分析地球大气层中的污染物和监测星际氢。

1990年 哈勃望远镜发射升空，进入地球轨道，开始探索太阳系，为科学家测量宇宙扩张速率、发现黑洞提供证据。

2010年 科学家发现，运用碳纳米管新技术采集太阳能，比运用光伏电池的传统技术效率高100倍。

■ **图1–8** 在这个长约5 km的沙滩上，大约有8×10^{15}粒沙子，每粒沙子的平均大小为5 mm。

科学记数法

在很多科学研究中，一些数据非常小，还有一些数据非常大。为了便于表示这些数据，科学家们采用一种叫作**科学记数法**(science notation)的方法，即把一个数据表示为一个1和10之间的数乘以10的指数形式。用10的指数形式是为了以简单的阿拉伯数字来表示一个数，这个指数等于小数点向右或向左平移的位数。

如果小数点必须向左平移，10的指数是正数。**图1–8**所示的沙滩被沙子所覆盖。地球上沙子的数量大约为4 000 000 000 000 000 000 000。这个数字用科学记数法可表示为4×10^{21}。在这一示例中，21指的就是4所要向左平移的位数，换句话说，指数21应该正好是4右边零的数量。

在天文学中，质量和距离如果按照日常格式书写，往往显得烦琐累赘。例如，地球的质量为5 973 600 000 000 000 000 000 000 kg，用科学记数法可表示为$5.973\ 6\times10^{24}$ kg。

如果小数点必须向右平移，那么10的指数是负数。例如一个原子的直径大约是0.000 000 000 1 m，用科学记数法可表示为1×10^{-10} m。

第2节　本节回顾

要点梳理

- 科学家有多种采集数据的方法。
- 一个完整的科学实验包括自变量、因变量以及控制变量，但科学探究中不一定需要控制变量。
- 科学家们在交流实验数据时，常用图表的形式呈现。
- 国际单位制是科学家通用的标准测量形式。
- 科学家们会用科学记数法来表示非常大或非常小的数据。

要点理解

1. 主要概念 **解释**科学方法为何重要以及科学探究为何没有固定的模式。
2. **对比与比对**研究者在实验中设置控制变量、自变量和因变量的目的。
3. **计算** 用科学记数法表示0.000 493 86。
4. **计算** 将49 ℃转换为开尔文温度。
5. **对比与比对**体积和密度。

批判性思维

6. **建构** 设计一个实验方案来判断三种类型纸巾的吸水力，包括实验中应控制的条件、因变量和自变量。
7. **解释** 在比较不同星球上的物质时，质量和重量，哪个指标更有用？

地学计算

8. 20毫升的水，体积相当于多少立方厘米？

第3节 科学交流

主要概念 科学家与他人或社会分享研究成果时，运用精准的沟通方式至关重要。

核心问题
- 为什么在科学界，精准沟通如此重要？
- 科学理论和科学定律的区别是什么？
- 如何适时地运用图表或模型？

关键术语
科学模型
科学理论
科学定律

地球科学在你身边 如果你读到一则关于某件名为“Glag”的物品广告，但广告里没有任何关于该物品的描述，你如何知道这是一种吃的还是穿的物品呢？当一位科学家开展探究时，他必须对这个研究对象的方方面面都做出精准的描述，这样大家才能理解他的结论。

交流科研成果

交流信息的媒介有很多，如报纸、杂志、电视、网络和学术期刊。回想一下本章一开始的“起步实验”。即使你和你的研究伙伴采用同一种交流形式，你们的描述必定是完全一致的吗？科学家们有责任，也有义务向其他科学家和公众真实地报告他们的方法和结果。为了尊重科学伦理，需要建立同行评议系统，让同一领域内的科学家们来互相验证研究结果，检查研究流程及结论是否存在偏差。如**图1-9**所示，科学家们相互交流实验数据、沟通研究成果，这能使别人了解科学的新发现，而且有助于推进已有研究的新发展。

实验报告 在学习本书的过程中，你将开展很多地球科学方面的实验和探究活动。无论是在开展过程中还是结束之后，你都要记录和分析收集到的数据，再基于数据得出结论。你在实验室里记录下来的每个实验数据和步骤最终汇集成为你的实验报告。老师将根据你的实验报告来评价你是否理解了实验或探究的内容，有时候还会要求你将实验结果与其他同学的结果进行比较，看看有何异同。

■ **图1-9** 如图所示，科学家们相互之间会交流数据与发现，这是为了保证科学方法和结论的准确性。

推断 *如果科学家们相互之间不对结果进行论证，会出现什么后果？*

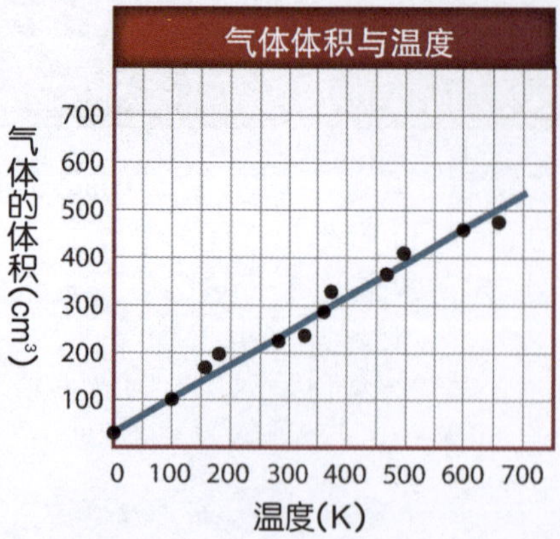

■ **图1–10** 折线图表示两个变量之间的关系。

确定 *从这张图中，能看出气体的体积与温度之间有什么关系？*

图表 科学家们用多种形式的图表来呈现数据。图表能够更清晰地描述数据之间的关系，呈现数据的走势。本书的很多实验和活动都要求将实验结果制成图表。以下是三种常见的图表类型。

折线图 折线图可以将两个变量之间的关系用可视化的方式呈现。如**图1–10**所示，在折线图中，自变量为横坐标(x轴)，因变量为纵坐标(y轴)。

饼状图 科学家们通常用圆来表示固定的数量，这种统计图叫作饼状图。整个圆代表的是总量，而其中的扇形代表整体中的不同部分。这些扇形通常以百分比的形式呈现。

柱状图 柱状图用柱状的长方形表示一定的数量。柱子的长度由测得的数据大小来确定，坐标轴的刻度也是如此。在*技能手册*中，你会看到上述所有图表的示例。

模型 在本书的一些实验或活动中，你还要制作和使用模型。**科学模型(scientific model)**可以是一幅概念图、一个系统，或者是一个能解释某一概念的数学表达式。模型可能并不能包括所要表达观点的所有方面，但它必须能够精确地表达观点要义。

数据分析实验

科学实验室

基于真实数据*

制作并使用图表

图表如何呈现数据？ 该表显示了1880～2004年间，地球表面平均温度的变化。表格中的数据是从1800年开始记录的全球地表的平均温度。

批判性思维

1. **绘图** 根据表中地表平均温度的数据，制作一张折线图。
2. **转化** 将每个绝对温度减去273后得到摄氏温度，并在折线图上表示出来。
3. **确定** 根据图表，判断1998年的地表平均温度(℃)。
4. **推算** 如果图中数据变化趋势不变，推算2100年的地表平均温度(℃)。

数据与观察

地表平均温度

年份	地表平均温度(K)
1880～1899	286.76
1900～1919	286.77
1920～1939	286.97
1940～1959	287.02
1960～1979	286.98
1980～1999	287.33
2000～2004	287.59

资料来源：Goddard Institute for Space Studies, NASA Goddard Space Flight Center.

随着数据的增加，模型可能会发生变化。比如早期的天文学家认为，地球是太阳系的中心，如**图1-11**所示。后来经过对太阳和夜空中行星运动的仔细观测，人类才发现太阳系中的行星都是围绕太阳运行的。

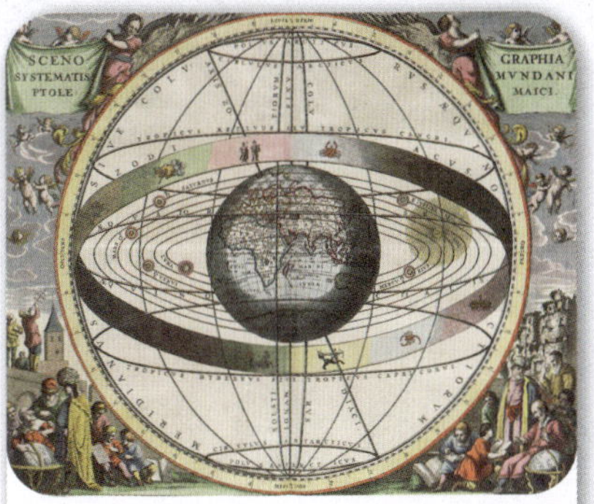

■ **图1-11** 科学模型表示一个宏观的概念或系统，比如图中所示的早期的太阳系模型。随着科学家们收集到新的信息，模型会发生改变或得到修正。

解释 *这个模型错在哪里?*

理论和定律

科学理论(**scientific theory**)是经过多次重复实验和观察而得出的对事物或现象的解释。一个科学理论只有在多次观测中保持一致，所做出的预测经得起检验，并且是对观测结果最简单的解释，这个理论才是有效的。和科学模型一样，随着新数据的发现，科学理论也可以加以改变或修正。

科学定律(**scientific law**)是对自然现象的基本运动规律的描述。它可以被看成是“自然规律”，即使这个规律的成因尚未可知。定律所描述的事件在不同的观测中都是一致的。例如牛顿第一运动定律认为，静止或运动的物体在没有外力作用的情况下将保持原来的状态。这个定律解释了为什么地球和太阳系中的其他行星都保持在环绕太阳的轨道上运行。科学定律常常用科学理论来解释。

在学习本书的过程中，你将与同学交流你观测到的数据，并根据数据得出结论。你还将发现，地球科学家们用很多模型、理论和定律来解释他们在工作中遇到的，或者是意外发现的各种过程和现象。

第3节 本节回顾

要点梳理

- 科学家们交流数据是为了让他人得知这一结果，检验结论是否存在偏差，进而能够开展新的实验。
- 科学家们常用这三种类型的图表来呈现数据：折线图、饼状图和柱状图。
- 科学模型能精准地呈现某个概念或理论。
- 科学理论和科学定律可能是不经意间发现的。

要点理解

1. **主要概念** **解释** 如果科学家没有精准地表述其实验报告中的数据，会出现什么后果?
2. **描述**科学理论和科学定律的区别。
3. **应用** 和你的同学比较实验数据这件事，为什么如此重要?

批判性思维

4. **解读** 在研究太阳系时，模型为何如此重要?
5. **解释** 如何选用折线图、饼状图和柱状图?

地学写作

6. 研究科学理论和科学定律，分别写出一个简要的例子。

灾难的足迹

海啸过后的城市变成了一片废墟。

2004年12月26日，印度洋海域发生大地震。地震引发的海啸波及印度洋周边多个国家和地区，并造成重大损失，来自世界各地12个国家的近30万人罹难。紧随人道主义救援，许多地球科学家在灾后重建之前，赶到这一区域采集数据。

规划探究 南加利福尼亚大学的环境工程师——乔斯·伯瑞诺想要确定海啸来临时波浪的高度、向内陆侵袭的距离、速度以及两组波浪之间的距离。这些信息将决定在哪里重建城镇，同时对自然灾害预警系统的开发也很有帮助。

进行测量 为了测量波浪的高度和随之而来的水流强度，伯瑞诺观察了坚挺在原地的建筑物上所留下的泥土和水痕。他在有水痕的地方放置一根5 m长的杆子来测量水位。他发现，越往海边走，越难精准地测量水位。很多地方的水位都不止5 m，所以他只能靠目测估算，然后拍下照片存证。每一次测量，他都会利用全球定位系统(GPS)来记录当前所处的位置。在经历了6天的灾区采样之后，伯瑞诺采集了150多个数据点的信息。一回到美国，科学家们就用这些数据估算出了当时在班达亚齐的浪高在15～30 m。这次海啸几乎席卷了海岸线以内3.2 km的陆地范围。

运用模型 模拟真实情境下的自然灾害基本上是不可能的，也不合伦理，所以科学家们运用采样得到的真实数据，创设了一个模型，来帮助我们更好地理解大自然的力量。科学家们运用的科学方法和采样得到的数据，为建构模型或计算机模拟提供了所需的信息。在实验室里，伯瑞诺把这些数据也用在了研究其他海啸的模型中。他用这些数据去预测：假设海啸袭击了美国海岸，浪高会达到多少，以及海岸线附近受淹区域的范围有多大。

他希望能利用采集到的这些数据更好地监测海啸，从而防止海啸给沿海地区再次造成毁灭性的破坏。

地学写作

期刊论文 想象你是一位重灾区科学考察队中的地质学家，你将如何运用科学方法来为你的报告收集数据？

用国际单位制测量

实验背景：假如有人让你以平方腕尺为单位测量教室的面积，你会用什么方法来测量？腕尺是一个古老的长度单位，一腕尺等于从肘部到中指指尖的距离。但现在，SI单位才是国际通用的标准测量单位。

实验问题：为什么标准测量单位很重要？

实验材料

水
大量筒或大烧杯
绘图纸
天平
几根细绳
弹簧测力计
岩石样本
量尺

实验步骤

1. 阅读并遵守实验室安全守则。
2. 从老师那里领取岩石样本。
3. 测量两个岩石样本的质量和长度，无须使用标准测量单位。你可以用小手指、纸条，或其他任何你想选择的东西来测量。
4. 记录你的测量结果。
5. 和一个同伴合作，向他说明你的测量单位和你测量的样本，让他用你的测量单位来测量岩石。
6. 记录你同伴的测量结果。
7. 用*技能手册*中介绍的资料设计一个数据表格，记录下每一个岩石样本的面积、体积、质量、重量和密度。
8. 在绘图纸上仔细描摹每块岩石的轮廓，确定每块岩石的面积，并记录在表格中。
9. 用一根干的细绳系住一块岩石，在绳子的另一端打个圈。把绳圈挂到弹簧测力计的钩子上，称一称每块岩石的重量，将结果记录在表格中。
10. 在烧杯中倒入半杯水，在表格中记录水面的刻度。用一根细绳系住一块岩石，再缓缓地把这块岩石放入烧杯，浸入水中，记录此时水面的刻度。将这两个刻度相减，得到该岩石的体积。
11. 对其他岩石样本重复步骤10。注意初始水面要与测量第一块岩石样本的水面刻度保持一致。
12. 按照老师的指示使用天平测量每块岩石的质量，在表中记录结果。

实验分析

1. **解读**　你的测量结果（步骤4）和你同伴的测量结果（步骤6）是一样的吗？如果不一样，为什么？
2. **提议**　标准测量单位为什么很重要？
3. **比较**岩石样本的面积和体积。哪种测量方式更精准？为什么？
4. **计算**每块岩石样本的密度，可以运用公式：密度＝质量÷体积，并记录在表格中。
5. **解释**　质量与岩石的大小或形状有关系吗？为什么？
6. **确认**你用来确定岩石样本体积的变量。
7. **列举**你在这次探究过程中用到的标准单位，并解释这些标准单位为什么比你自选的测量单位更好。

拓展探究

探究　你会如何测量一块浮石的体积？设计一个探究实验来验证你的猜想。

第1章 复习指南

大概念 地球科学家们运用一些特定的方法来探究地球及太空。

第1节 地球科学

关键术语

- 天文学
- 气象学
- 地质学
- 海洋学
- 环境科学
- 地圈
- 大气圈
- 水圈
- 冰冻圈
- 生物圈

主要概念 地球科学主要包括五个分支:天文学、气象学、地质学、海洋学和环境科学。

要点梳理

- 地球可以分成四个主要的圈层系统:地圈、水圈、大气圈和生物圈。
- 地球各个圈层系统之间是相互依存的。
- 地球科学研究范畴及其次级学科的分类依据是地球上各个圈层系统之间的相互关系。
- 技术的重要作用不仅体现在科学研究中,还体现在日常生活中。
- 地球科学的研究成果促进了许多日用品的发明创造。

第2节 科学家的研究方法

关键术语

- 科学方法
- 假设
- 自变量
- 因变量
- 控制
- 国际单位制(SI)
- 科学记数法

主要概念 科学家们运用科学方法来建构他们的实验和探究。

要点梳理

- 科学家有多种采集数据的方法。
- 一个完整的科学实验包括自变量、因变量以及控制变量,但科学探究中不一定需要控制变量。
- 科学家们在交流实验数据时,常用图表的形式呈现。
- 国际单位制是科学家通用的标准测量形式。
- 科学家们会用科学记数法来表示非常大或非常小的数据。

第3节 科学交流

关键术语

- 科学模型
- 科学理论
- 科学定律

主要概念 科学家与他人或社会分享研究成果时,运用精准的沟通方式至关重要。

要点梳理

- 科学家们交流数据是为了让他人得知这一结果,检验结论是否存在偏差,进而能够开展新的实验。
- 科学家们常用这三种类型的图表来呈现数据:折线图、饼状图和柱状图。
- 科学模型能精准地呈现某个概念或理论。
- 科学理论和科学定律可能是不经意间发现的。

第1章 复习检测

术语回顾

解释下列术语之间的关系。

1. 地圈，地幔
2. 水圈，大气圈
3. 海洋学，冰冻圈
4. 气象学，大气圈
5. 地质学，生物圈

从复习指南中选取合适的术语填空。

6. 在进行实验时，科学家们用 ________ 来指导研究进程。
7. ________ 是由实验人员控制的一个因素。
8. 科学家们用一种叫作 ________ 的速记法来表示很大或很小的数字。
9. 大多数科学研究和实验都用一种标准的单位，叫作 ________。

术语解释。

10. 科学理论
11. 科学定律
12. 科学模型

从复习指南中选取合适的术语填空。

13. 在 ________ 领域，科学家们测量温度、压力和湿度。
14. 科学家们的测量源于 ________ 和水圈的特征，他们也会关注天气变化如何影响 ________ 和地圈。
15. 测量单位来自 ________ 和公制度量指标。
16. 数值没有足够大或足够小的话，基本上不会用到 ________。

理解要点

17. 下列哪个学科不属于地球科学领域？
    A. 天文学
    B. 环境科学
    C. 技术
    D. 海洋学

根据下图，回答第18～19题。

18. 图中所示的是哪类科学家？
    A. 海洋学家
    B. 地质学家
    C. 天文学家
    D. 气象学家
19. 这位科学家正在做哪种研究？
    A. 野外考察
    B. 实验室研究
    C. 文献研究
    D. 生物研究
20. 科学家可能采用下列哪种顺序开展探究？
    A. 分析，测试，提问，总结
    B. 测试，提问，总结，分析
    C. 提问，测试，分析，总结
    D. 总结，测试，提问，分析

根据下图,回答第21~22题。

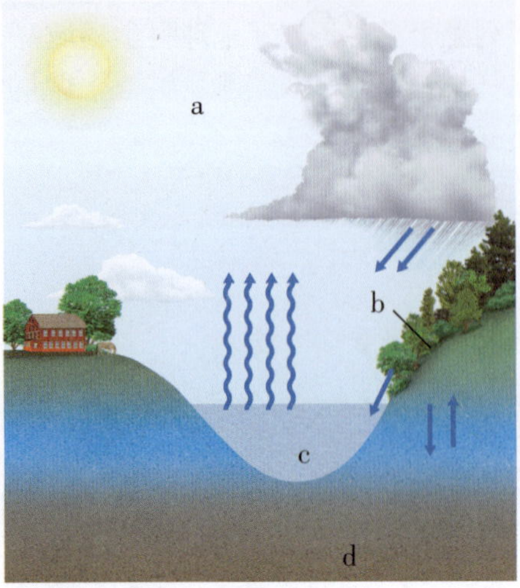

21. 指出a所指代的地球系统。

A. 大气圈

B. 生物圈

C. 水圈

D. 地圈

22. 指出b所指代的地球系统。

A. 大气圈

B. 生物圈

C. 水圈

D. 地圈

23. 地球上97%的水都是哪类水?

A. 地表水

B. 海水

C. 淡水

D. 喷泉

24. 下列关于科学模型的描述,哪项是正确的?

A. 它们不发生变化

B. 它们至少十年之内都是正确的

C. 它们将基于新的观测和数据得到修正

D. 它们往往是一位科学家的工作

25. 选择150 000 000 km的科学记数法表达式。

A. 150×10^{6} km

B. 1.5×10^{8} km

C. 15×10^{7} km

D. 0.15×10^{9} km

简要概述

26. 解释技术与科学的关系。

根据下图,回答第27题。

27. 指出可以用于测量图示物品的国际单位制。

28. 总结每个地球圈层系统以及它们之间的相互关系。

29. 对比与比对探究与实验。

30. 应用 为什么图表会比文字更有助于解释数据呢?

31. 应用 将冰块加热到0 ℃以上时,它会融化。这是一条科学理论还是科学定律?请做出解释。

批判性思维

32. 地球科学相关职业 为什么气象学家要了解地球的水圈?

33. 设计实验 假设你想要知道向阳处和背阴处的温度特点,你将如何提出并验证你的假设?有哪些要考虑的变量?你要控制哪个变量?

34. 提议 一位生态学家想要研究污染对植物生长的影响。他选用了两组植物：第一组添加了某类污染物；第二组没有添加任何污染物。生态学家连续记录了两周这两组植物的生长情况。在这个研究中，第二组植物存在的目的是什么？

根据下表，回答第35题。

国际单位制的换算
1 m =______ mm =______ km
1 g =______ mg =______ kg
1 cm^3 =______ m^3 =______ mL
3.5 km =______ m =______ cm

35. 计算 把这个表格誊写到你的笔记本上。填好这个表格，当你完成单位换算之后，用科学记数法写出答案。

概念图解

36. 运用下列术语绘制一幅思维导图，总结本章中提到的测量指标与单位：*时间*、*密度*、*温度*、*体积*、*质量*、*重量*、*长度*、*面积*、*摄氏度*、*克/毫升*、*千米*、*秒*、*立方厘米*、*平方米*、*千克*、*牛*。如需帮助，请查询*技能手册*。

挑战难题

37. 评估 一位科学家正在研制抗癌新药，有50个已经确诊患该癌症的病人参与试验。如果用一般的控制变量的方法，那么有部分病人将得不到任何治疗，但是所有病人都不知道自己拿到的是安慰剂还是新药。由于这个原因，如果病人愿意，在试验的同时还可以接受传统治疗。这种试验方式对该研究有何影响？科学家又应如何评估这一措施对研究结果的影响？能允许科学家不鼓励病人接受额外的治疗吗？

地学写作

38. 想象你正在为某个从未接触过科学探究的人写一个说明。你要向他解释什么是科学方法，并说明这些方法为什么很重要。

材料分析

根据下图，回答第39～41题。

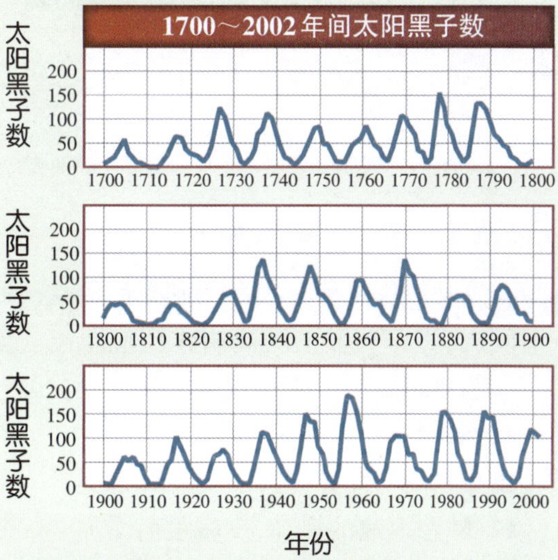

资料来源：Annual mean sunspot numbers 1700～2002. *National Geophysical Data Center*.

39. 这些图之间是否存在统一的变化模式？如果是的话，这是一种什么样的模式？

40. 从图中能看出从1700年开始观测和记录到的太阳黑子数有何变化特点？

41. 你会如何预测2000年到2100年间的太阳黑子数的变化模式呢？

综合复习

在之后的章节中，综合复习将帮助你回顾并加深对本章重要概念的理解。

综合 标准化测试

选择题

1. 选出地球科学的分支中，研究内容包含地球物质组成的领域。
   A. 天文学
   B. 气象学
   C. 地质学
   D. 海洋学

根据下图，回答第2~3题。

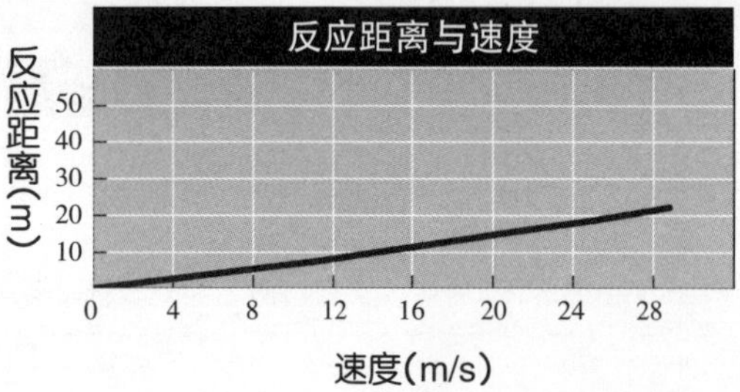

2. 在驾驶员决定停车和踩下刹车后的这段时间内，汽车行驶的距离叫作反应距离。反应距离是如何随着车速的变化而变化的？
   A. 随着车速的提高，反应距离缩短
   B. 随着车速的提高，反应距离不变
   C. 随着车速的提高，反应距离增加
   D. 从图中无法得出结论
3. 如图所示，车速为20 m/s时，驾驶员的反应距离是多少？
   A. 3 m　　B. 15 m
   C. 20 m　　D. 28 m
4. 下列哪组选项列出了地球从内到外的圈层？
   A. 内核，外核，地幔，地壳
   B. 地壳，地幔，外核，内核
   C. 地壳，内核，外核，地幔
   D. 地幔，外核，内核，地壳
5. 一个木块宽2 cm，厚5.4 cm，长3.1 cm，密度为8.5 g/cm^3。它的质量是多少？
   A. 33.48 g　　B. 85.10 g
   C. 399.3 g　　D. 284.58 g
6. 如果一个结论得到了数据的支持，但是与一开始提出的假设不符，科学家该怎么做？
   A. 科学家应该重新评估初始的假设
   B. 科学家应该重新设计实验
   C. 科学家应该不要做任何改变
   D. 科学家应该修正结论

根据下图，回答第7~8题。

安全警示：
必须全程穿戴
护目镜和围裙

7. 这是化学实验室入口处的一则告示。为什么这是一个很重要的告示？
   A. 护目镜帮助化学家看得更清楚
   B. 化学物品可能会严重损伤眼睛和皮肤
   C. 实验室的意外很少出现
   D. 如果化学家不遵守规定，就会被开除
8. 为什么要制订类似这则告示的实验室安全守则，甚至在实验过程中还要反复加以强调？
   A. 安全守则是用来吓唬学生的
   B. 安全守则的目的是让实验变得激动人心
   C. 安全守则仅为我们在实验中应如何操作提供参考
   D. 安全守则用于保护科学家的安全
9. 你在开展科学实验的过程中会怎么做？
   A. 你应该自己清理弄破的玻璃
   B. 拔出电源插头时，你应该抓住电源线而不是插头
   C. 如果实验试剂泄漏，你应该立刻汇报
   D. 你应该在洗眼站冲洗你的眼睛
10. 牛顿对运动的观点属于什么？
   A. 科学定律　　B. 科学理论
   C. 科学模型　　D. 假说

简答题

根据下图，回答第11～13题。

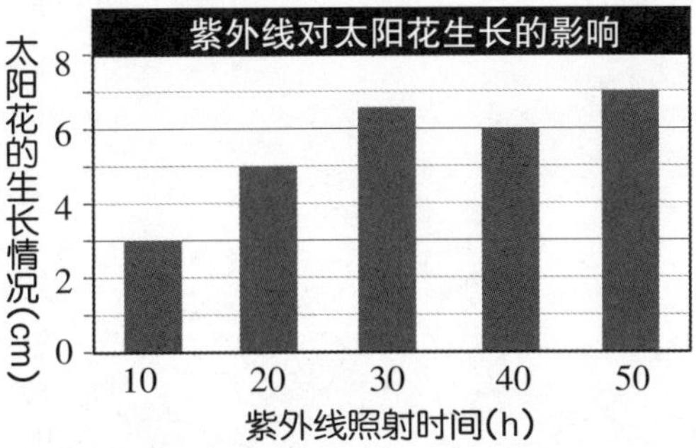

11. 如图所示，最适宜太阳花生长的紫外线照射时间是多长？

12. 这是哪种类型的图表？为什么说图表是呈现数据最好的方式？

13. 有哪些变量可能影响这个实验的结果？

14. 描述*天文学*和*气象学*这两个概念之间的差异。

15. 分析“技术可迁移”这一观点。它会带来什么积极影响？

16. 解释在开展实验之前做出假设的重要性。

17. 贾斯汀想要测量一只蚂蚁一分钟内能在桌子上爬多远。这个实验中的自变量是什么？

阅读理解

探究步骤

迈克尔开展了一个测试物质在状态发生变化之后是否守恒的实验。他在一个空瓶中倒入了50 mL的水，然后把瓶子放置在向阳的窗口，直至液态水蒸发为水蒸气。这一操作过程如下表所示，但顺序是打乱的。

探究步骤	
1	测量瓶子、盖子和水蒸气的质量
2	把50 mL的水倒入空瓶中
3	测量瓶子、盖子和50 mL水的质量
4	盖紧瓶盖

18. 下列哪一组选项是正确的操作顺序？

A. 1,2,3,4　　**B.** 2,4,3,1

C. 4,2,1,3　　**D.** 2,4,1,3

19. 根据材料判断，迈克尔检测的科学设想是什么？

A. 蒸发比率　　**B.** 能量守恒

C. 物质守恒　　**D.** 系统的平衡

20. 为什么迈克尔要盖紧瓶盖？

A. 为了防止水蒸气离开这个瓶子

B. 为了让水更快地蒸发

C. 为了阻止细菌在瓶子里繁殖

D. 为了建立平衡

需要更多帮助?																	
如果你回答错误……	1	2	3	4	5	6	7	8	9	10	11	12	13	14	15	16	17
请复习相应章节……	1.1	1.3	1.3	1.1	1.2	1.3	1.2	1.2	1.2	1.3	1.3	1.3	1.3	1.1	1.1	1.2	1.2

第2章

绘制我们的世界

大概念 地球科学家利用测绘技术来探究和描述世界。

内容提要

起步实验

科学实验室

你能绘制一张精确的地图吗?

如果有人向你问路,你要尽可能多地告诉问路人各种细节,以便他们找到要去的地方。你可能还会画一张详细的地图来表明目的地的位置。在这个实验中,你可以测试一下自己绘制地图的能力。

实验步骤

1. 阅读并遵守实验室安全守则。
2. 与同伴一起在校园里找一处位置。
3. 用一张图纸和彩色铅笔绘制一幅从教室到步骤2所选位置的地图。注上一些典型地标,比如饮水房、休息室等。
4. 与同伴一起看看你们绘制的地图,比较两张地图中你们标注的地标以及选择的路径是否一样。如果不一样,请解释原因。
5. 根据你绘制的地图,找到步骤2中所选的位置。你绘制的地图正确吗?你是否有遗漏一些有用的具体细节?

实验分析

1. **讨论** 与同伴一起讨论如何改进你们的地图。
2. **检查** 你还应该加上哪些具体细节?

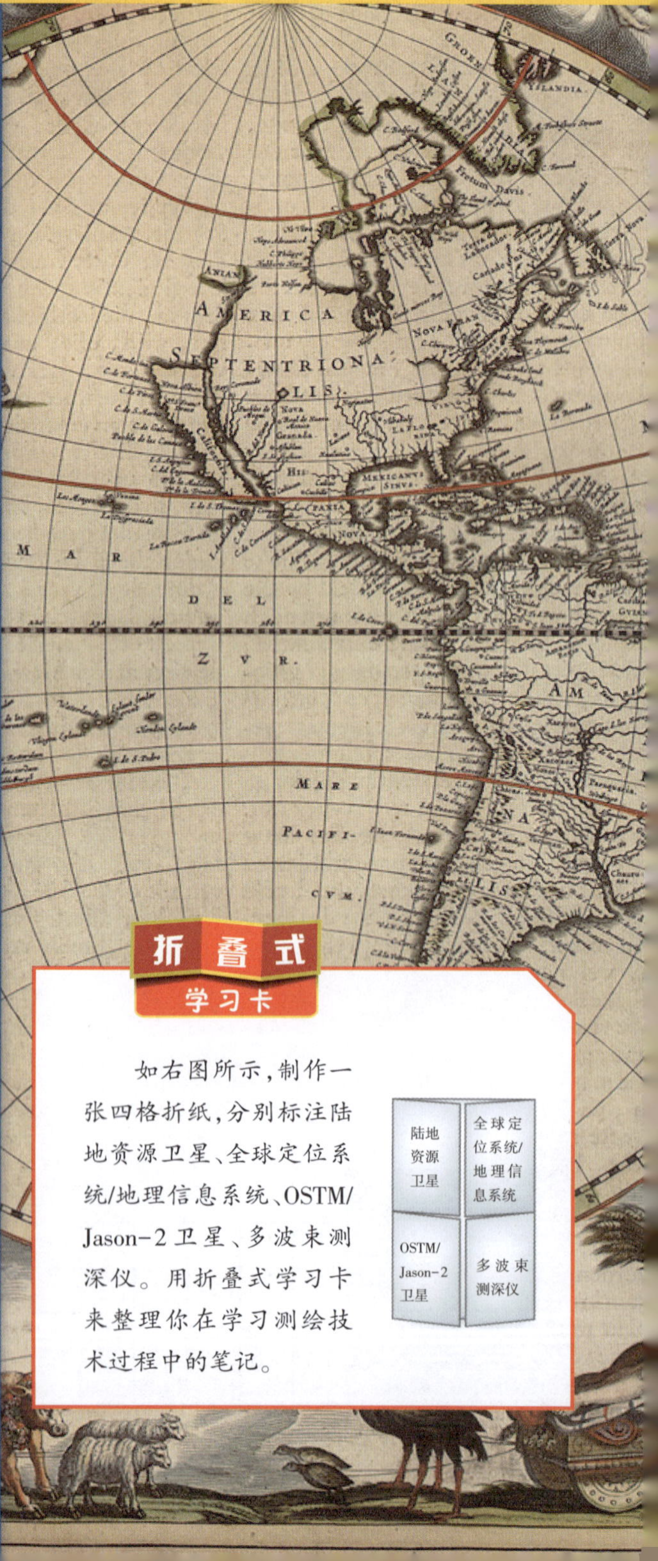

折叠式 学习卡

如右图所示,制作一张四格折纸,分别标注陆地资源卫星、全球定位系统/地理信息系统、OSTM/Jason-2卫星、多波束测深仪。用折叠式学习卡来整理你在学习测绘技术过程中的笔记。

在现代测绘技术出现以前,人们都用手绘地图来航海和划定领土边界。

第1节 纬度与经度

主要概念 经线和纬线常用于确定地球上某地的位置。

核心问题
- 纬度和经度有什么区别?
- 为什么在描述一个城市的位置时,给出完整的经纬度坐标非常重要?
- 为什么两地之间会存在时区的差异?

关键术语
地图学
赤道
纬度
经度
本初子午线
国际日期变更线

地球科学在你身边 假如你要从纽约前往加利福尼亚州的洛杉矶,你会用什么方法了解路线?许多人会用地图来帮助他们规划最快的路线。

纬度

地图是三维物体的平面模型。几千年来,人们一直用地图来划定边界,寻找地点。本章开篇页的那张地图绘制于1570年。你注意到图上大陆的大小和形状了吗?如今,人们可以获取更多的信息来绘制更精确的地图。绘制地图的科学称为**地图学(cartography)**。

地图学家用假想的平行线网格来给地球上的点定位。在这个网格中,**赤道(equator)**水平地将地球在距南北两极等距处平分。赤道将地球分为相等的两部分,分别叫作北半球和南半球。

在地图上,与赤道平行的线叫作纬线。**纬度(latitude)**是纬线距赤道的角距离,可分为南北纬度,如**图2-1**所示。赤道作为纬度的参照点,它的纬度为0°。南北两极的纬度分别为90°。这样从赤道到两极,纬度就从0°增加到90°。

赤道以北的位置用北纬度(N)表示,赤道以南的位置用南纬度(S)表示。例如,美国纽约州的锡拉丘兹位于北纬43°,而新西兰的克莱斯特彻奇位于南纬43°。

图2-1 纬线是平行于赤道的线(A)。每条纬线的度数由赤道、地心以及该纬线间形成的夹角(α)来确定(B)。

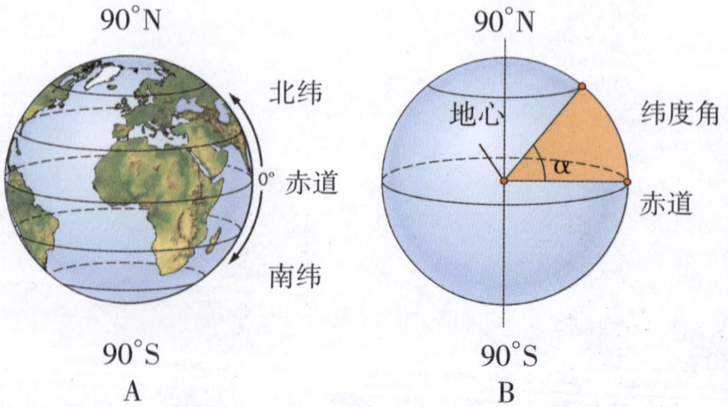

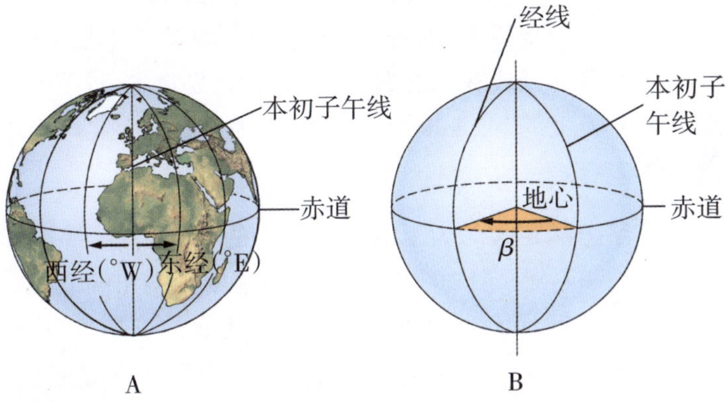

图2–2 经度的参照点是本初子午线(A)。每条经线的度数由本初子午线、地心以及该经线间假想的夹角(β)来确定(B)。

纬线的度数 每一纬度相当于约111 km的地表距离。地图学家是怎样确定这个距离的呢？地球是一个球体，可等分为360份，而地球的周长约为40 000 km。地图学家用40 000 km除以360，就能得到每一纬度的距离。

为了能更精确地定位，地图学家又将每一个纬度细分成了60个更小的单位，叫作分，用符号“′”表示。用111 km除以60，可以得到地球表面每一纬分的距离是1.85 km。

分还可以再分成更小的单位——秒，用符号“″”表示。以下将要讨论的经度单位也可以分成度、分和秒。

经度

地图学家用经线，也叫子午线来确定东西方向上的位置。如**图2–2**所示，**经度(longitude)**是向东或向西距经度参考点——本初子午线的角距离。

本初子午线(prime meridian)就是0°经线。1884年，天文学家确定经过英国格林尼治天文台的子午线为本初子午线。本初子午线向西从0°到180°为西经(W)，向东从0°到180°为东经(E)。

半圆 与纬线不同，经线之间是不平行的。经线是地球表面连接南北两极的半圆弧，并与纬线垂直。例如，本初子午线从北极出发，穿过英国格林尼治，到达南极。

与本初子午线相对，在地球另一侧的经线是180°经线，东经180°和西经180°在这里重合。后面你将知道这条经线也叫国际日期变更线。

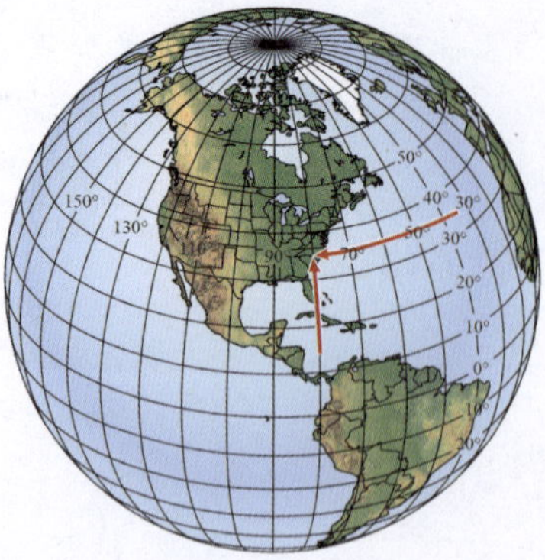

■ **图2–3** 美国北卡罗来纳州夏洛特的精确位置是35°14′N,80°50′W。注意,在表示一个特定位置的坐标时,纬度在前,经度在后。

经线的度数 纬度1°跨越的距离是恒定的,但经度1°跨越的距离随着地理位置的不同而改变。如**图2–2**所示,所有的经线在南北两极交会,因此经度1°跨越的距离从赤道上的111 km向南北两侧递减,直到南北两极缩小为一点。

用坐标定位 为了确定地球上的精确位置,纬度和经度缺一不可。比如我们说美国北卡罗来纳州的夏洛特位于北纬35°14′,这并不能使人们知道它的确切位置,因为沿着北纬35°14′的地球上的任何一点都可能是它的位置。同样的,如果我们说夏洛特位于西经80°50′,它可以是西经80°50′上的任何一点。为了精确定位夏洛特,我们必须使用包括纬度和经度在内的完整的坐标体系,如**图2–3**所示。

时区 地球被划分为24个时区,为什么是24个呢?因为地球绕地轴自转一周(360°)的时间约为24小时。这样,24个时区中的每一个时区代表1小时。每小时地球自转大约15°,所以每个时区的宽度为15°,大体以经线来划分。但是为了避免比如一个城市正好被分在不同时区这样的困扰,局部地区会对时区的边界进行调整。

迷你实验

科学实验室

定位地球上的点

如何通过经纬度在地球上找到指定地点?

实验步骤

1. 阅读并遵守实验室安全守则。
2. 使用世界地图或地球仪来确定本初子午线和赤道的位置。
3. 花一些时间熟悉经纬网,查看地图或地球仪上的经线和纬线。

实验分析

1. **定位**下列地点的经纬度位置:
   美国华盛顿州的圣海伦斯火山、纽约州的尼亚加拉大瀑布,中国的珠穆朗玛峰(顶峰),澳大利亚的大堡礁。
2. **定位**下列坐标所在的位置,记录下这些地点的名字:
   0°03′S,90°30′W(　　　　);27°07′S,109°22′W(　　　　);41°10′N,112°30′W(　　　　);
   35°02′N,111°02′W(　　　　);3°04′S,37°22′E(　　　　)
3. **分析** 在没有经纬度坐标的年代,早期的地图学家是如何定位城市、山脉与河流的呢?

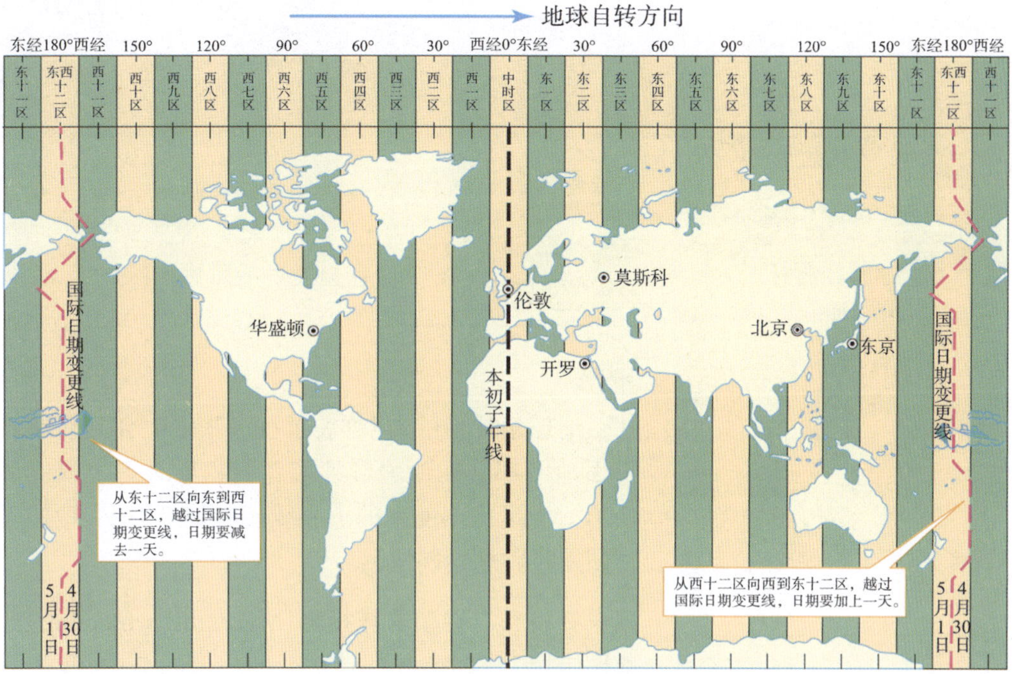

例如，美国北达科他州的莫顿地区统一使用中部时间，尽管它西部的一些地区在山岳时间的范围内。如**图 2-4** 所示，美国有 6 个时区。

国际日期变更线 每当穿过一个时区时，你总会找回或失去一些时间。在某些地方，你甚至会得到或失去一整天。**国际日期变更线（International Date Line）**，即 180°经线，被用来作为日期变更线。如**图 2-4** 所示，这条假想的线穿越太平洋。如果你自东向西穿过日界线，应该将日期加上一天；如果你自西向东穿过日界线，应该将日期减去一天。

图 2-4 通常情况下，每个时区代表不同的时间，但也有一些例外。

查找 *两个没有使用标准区时的地区。*

第 1 节 本节回顾

要点梳理

- 纬线与赤道平行。
- 经线自本初子午线向东西两侧分布。
- 在地球上精确定位时，必须有经度和纬度坐标。
- 地球分为 24 个时区，每个时区的经度范围为 15°，用这种方法可以规范世界上白天的时间。

要点理解

1. **主要概念 解释** 为什么在给出坐标时，经度和纬度都很重要？
2. **描述** 经度 1° 跨越的距离从赤道到两极是如何变化的？
3. **估算** 你家与距你家东西各 60° 的地方相差几小时？

批判性思维

4. **评估** 假设你乘飞机从北极点向南飞行至北纬 70°，此时你和南极点之间还相差多少纬度？

地学写作

5. 想象一下，从你住的地方飞往法国巴黎会经历哪些情况？请你描述一下适应时差可能会出现什么情况。

第2节 地图的类型

主要概念 地图来自许多不同形式的平面投影。

核心问题
- 不同类型的地图有什么相同点和不同点?
- 为什么不同地图有不同的用途?
- 在地形图上如何计算坡度?

关键术语

墨卡托投影 圆锥投影 球心投影 地形图 等高线 等高距 地质图 图例 比例尺

地球科学在你身边 木匠工作时会使用不同的工具,如用榔头敲钉子,用锯子锯木头,地图学家出于不同的目的也会使用不同的地图。

投影

地球是球形的,很难表示在一张纸上,因此,所有平面地图都会在地表形状或者面积上有一定程度的变形。为了将球面上的点和线转换到纸面上,地图学家使用投影来绘制地图。

墨卡托投影 在**墨卡托投影**(**Mercator projection**)的地图上,经线和纬线都是平行的。上一节中,我们介绍过所有经线在两极交会。当经线在地图上被投影为平行线时,靠近极点的地表会被放大。因此,在墨卡托投影中,地表的形状是真实的,但是面积会有所变形。

如**图2-5**所示,格陵兰看起来比澳大利亚大得多,但实际上格陵兰的面积比澳大利亚小得多。由于墨卡托投影能展现真实的地表形状,并且直接用直线表示方向,因此墨卡托投影的地图常用于轮船的导航。

图2-5 在下面墨卡托投影中,球面上的点和线被投影到一张圆柱形的纸上。墨卡托投影可以表示真实的方向,但在两极附近的面积有显著变形。

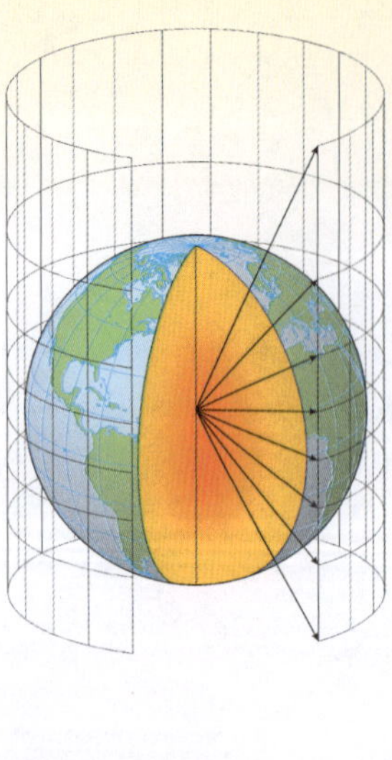

圆锥投影 **圆锥投影(conic projection)**是将球面上的点和线投影到一个圆锥上,如**图2-6**所示。这个圆锥在一条特定的纬线上与球面相接,沿着这条纬线的地表面积和形状几乎没有变形,然而在圆锥顶部和底部的区域变形非常明显。如**图2-6**所示,地图顶部的地表发生显著变形。由于圆锥投影在有限的区域内精度很高,适用于绘制小区域的地图,通常用在交通图和气象图上。

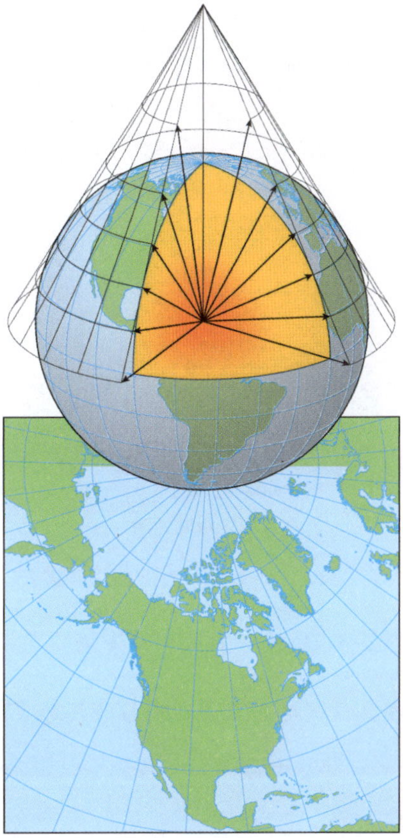

■ **图2-6** 在上面圆锥投影中,球面上的点和线被投影到一张圆锥形的纸上。在圆锥与球面相接的纬线上几乎没有变形。

球心投影 **球心投影(gnomonic projection)**是指将球面上的点和线投影到一张与球面相切于一点的纸上。球心投影只有在相切的这一点上没有任何变形,其他地表的方向和形状都会变形,如**图2-7**所示。

由于地球是个球体,在如圆锥投影绘制的这类有大量变形的地图上很难规划长途线路。此时,球心投影就最能发挥作用。虽然球心投影在地表的方向和形状上存在变形,但在导航时很有用。球心投影中的直线正是在地球上航行时两点间的最短路线。

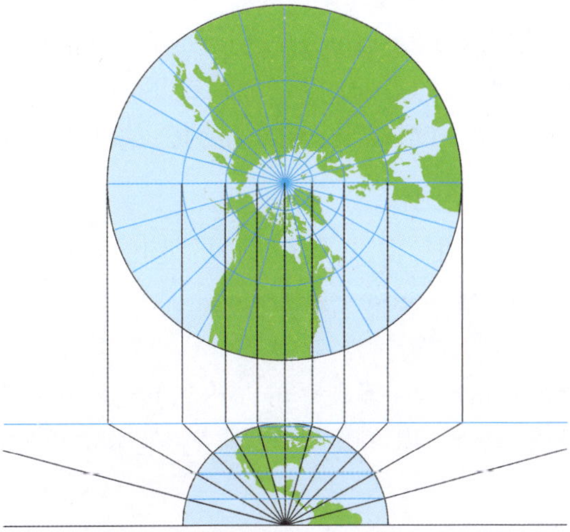

■ **图2-7** 在左边球心投影中,球面上的点和线被投影到一张与球面相切于一点的纸上。

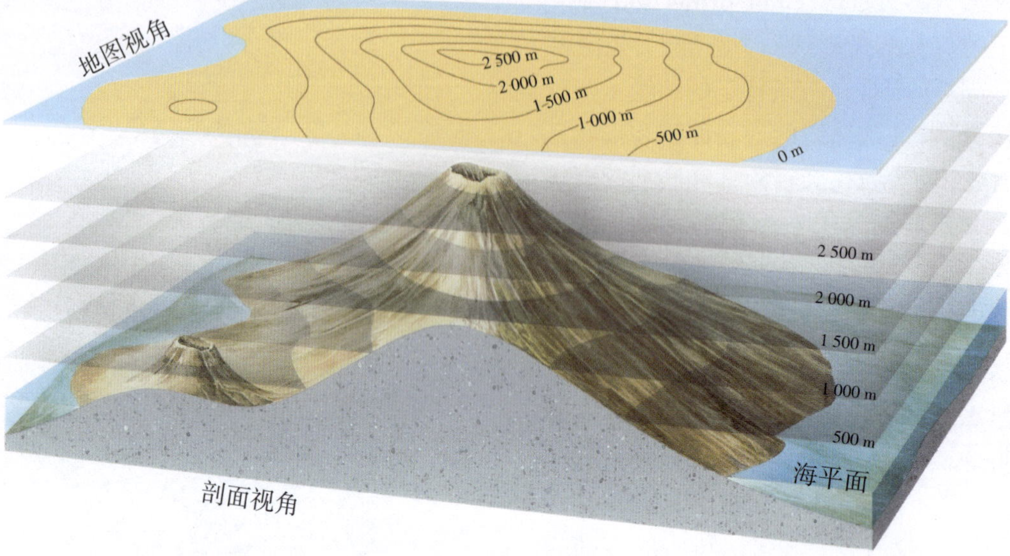

■ **图2-8** 将地球表面相同海拔的点投影到纸上，形成了等高线地形图。

解读 *这张地图上最高点的海拔是多少？*

地形图

表示一个地区的山地、谷地等详细地形的图叫作地形图。**地形图(topographic map)**表现了地表海拔的变化，以及山脉、河流、森林、桥梁等各种地表特征，如**图2-8**所示。地形图上可以用线条、符号和颜色来表示海拔的变化和地表特征。

等高线 地形图上的海拔用等高线来表示。海拔是指某一特定位置高于或低于海平面的距离。**等高线(contour line)**是连接所有海拔相等的点的连线。由于等高线连接海拔相等的点，所以一般情况下它们不会相交。否则，就意味着图上同一点有两个(或以上)不同的海拔，这样的地方就是断崖。

等高距 如**图2-8**所示，地形图用等高线表示海拔的变化。两条相邻等高线之间的海拔差异叫作**等高距(contour interval)**。地形图的等高距由地形决定。

在山区，等高线可能会非常密集，等高距可以达到100 m。等高距大且密集说明这里的地势非常陡峭。你可以在本章末的“地学实验”中了解更多关于地形图的知识。

指标等高线 为了便于阅读地形图，有一些等高线会标注海拔的值，这样的等高线叫作指标等高线。指标等高线和等高距可以一起用来解译地形图。

如果一张地形图的等高距是5 m，你可以通过将指标等高线的海拔加上或减去5 m的方式，来确定与它相邻的等高线的海拔。你可以在本页的“技能实验”中了解更多关于等高线地图和指标等高线的知识。

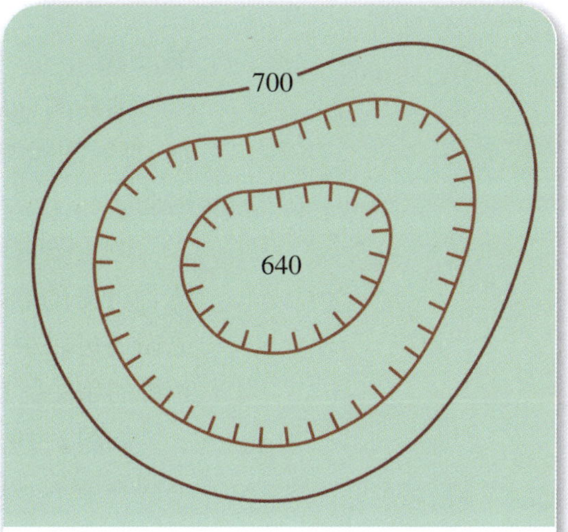

■ **图2-9** 图中的等降线表示该区域中心的海拔比外部低。指向内部的短线叫作晕线，它表示海拔的变化方向。

☑ **读后自查** **分析** 假如你正在看一张等高距为50 m的地形图，它的等高线之间相隔很远，这意味着海拔变化是大还是小呢？

等降线 有一些地形，例如火山口和矿坑，它们的海拔比周围地区的海拔低。这种地形特征可以用等降线来表示。

在地形图上，等降线看起来和等高线类似，但一般用晕线或与等高线垂直的短线来表示凹陷的方向。如**图2-9**所示，晕线指向地形凹陷方向。看坡度变化时注意，第一条等降线的海拔与前一条等高线的海拔是一样的。

技能实验

科学实验室

计算坡度

如何分析海拔的变化？ 坡度表示一个坡的陡峭程度。将地形图上两点之间的海拔之差除以这两点间的距离可以得到坡度。看伯尔山区地形图，回答问题，并将结果转换为国际标准单位。

伯尔山区地形图

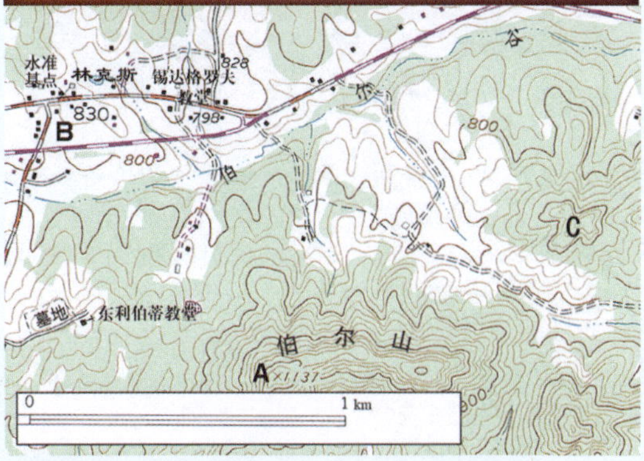

实验分析

1. 根据比例尺，**确定**A点到B点的距离。
2. **记录**这两点之间的海拔之差。
3. **计算** 如果你步行经过这两点，你要爬的坡度是多少？

批判性思维

4. **解释** 从A点步行到B点困难，还是从B点步行到C点困难？
5. **计算** 在A点和C点之间，哪一段坡最陡？你是怎么知道的？

地质图

地质图(geologic map)可以用来表示位于土壤下的岩石的分布、排列与类型,也可以用来表示地质特征,如断层、基岩和地质构造。

地质图是地质学家的得力工具。利用地质图中包含的信息,结合可见的岩层资料,地质学家可以推断出地表下岩石的形态。他们还可以根据地质图中的岩石类型和分布情况,获得地质变化趋势的相关信息。

如**图2–10**所示,地质图通常叠加在地形图上,并用颜色来编排不同类型的岩层。每种颜色对应指定区域出现的一种基岩类型,同时也有代表矿产和其他构造特征的符号。参考下一页的**表2–1**,将地质图与你在本章中所学的其他地图进行比较。

■ **图2–10** 地质图表示地表地质特征的分布情况。图中晚前寒武纪岩层非常丰富,因为大范围的地质抬升和侵蚀使这些古老的岩层都暴露了。

科罗拉多大峡谷地质图

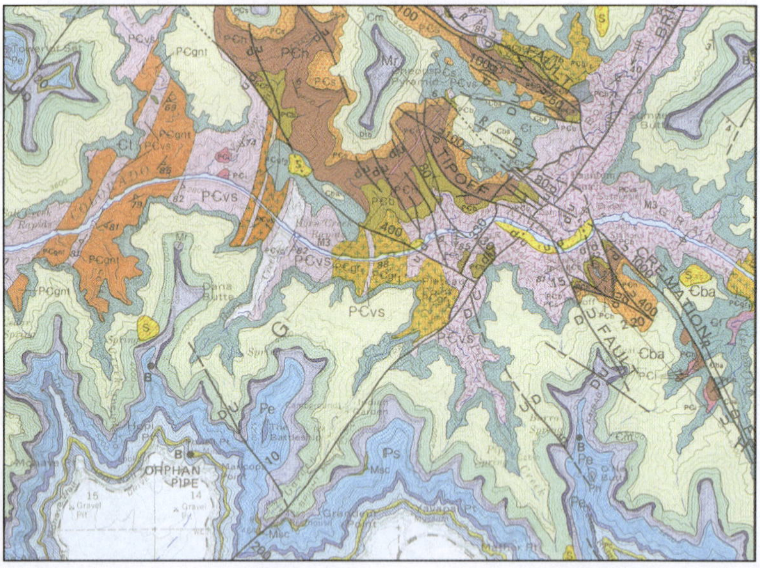

第四纪
- S 滑坡和崩塌
- r 河流沉积

二叠纪
- Pk 凯巴石灰岩
- Pt 托洛维岩层
- Pc 可可尼诺砂岩
- Ph 隐士页岩
- Pe 滨河砂岩

晚石炭纪(又称宾夕法尼亚纪)
- IPs 苏派岩层

始石炭纪(又称密西西比纪)
- Mr 红墙石灰岩

泥盆纪
- Dtb 庙台石灰岩

寒武纪
- Cm 莫夫石灰岩
- Cba 光明天使页岩
- Ct 塔皮斯砂岩

晚前寒武纪
- PCi 辉绿岩岩床和岩脉
- PCs 史努莫石英岩
- PCh 哈卡塔页岩
- PCb 巴斯岩层

早前寒武纪
- PCgr₁ 琐罗亚斯德花岗岩
- PCgnt 特里尼蒂片麻岩
- PCvs 毗湿奴片岩

表 2-1　地图和投影的类型		
地图或投影	常见用途	变形
墨卡托投影	轮船导航	极地附近变形
圆锥投影	交通和天气图	地图顶部和底部的区域变形
球心投影	大圆航线	地表方位和距离变形
地形图	显示平面投影上的海拔变化	取决于投影类型
地质图	显示指定区域的岩石类型	取决于投影类型
三维地图	有助于概念化地质结构和过程	取决于投影类型

三维地图　地形图和地质图都是地球表面的二维模型。有时，科学家需要立体地观察地球。为此，科学家们通常依靠电脑将河流、山地、河谷和丘陵等地形特征进行数字化，由此制作的地图就是三维地图。

地图的图例

大多数地图都能显示地球表面的人为特征和自然特征。这些特征可以用符号来表示，例如黑色虚线表示小路，红色实线表示高速公路，黑色小方块和长方形表示建筑物。如**图 2-11** 所示就是一个地图的**图例**（**map legend**），它可以解释地图上每个符号代表的含义。想要了解更多有关图例符号的知识，请阅读*参考手册*。

☑ **读后自查**　**应用**　如果你要设计周边地图的图例，你会用到哪些符号？

地图的比例尺

使用地图时，我们需要知道怎样测算距离，这需要用到比例尺。地图的**比例尺**（**map scale**）是地图上的距离与地表实际距离的比例。通常情况下，地图的比例尺以国际标准单位表示，但有时候也会用到英里和英寸等非国际标准单位。在“地学实验”的地图中，你就会遇到这类情况。地图的比例尺有三种类型：文字比例尺、图示比例尺和数字比例尺。

■ **图 2-11**　地图的图例解释了地图上符号所代表的意义。

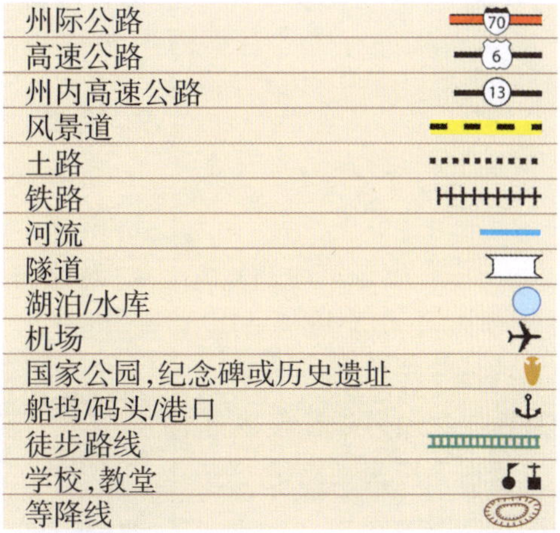

文字比例尺 地图学家和地球科学家通过文字比例尺将距离用一句话表达出来，例如“1厘米代表1千米”。这个例子中的文字比例尺意味着地图上的1厘米代表的地表实际距离是1千米。

图示比例尺 与用文字将地图的比例尺写出来不同，图示比例尺用一条线段表示一定的距离，如5千米。这条线段有标注，且被短线分成很多段，每一段都代表地球表面的一段距离。例如，一个表示5千米的图示比例尺可能被分成5段，每一段表示1千米。图示比例尺是最常见的一种比例尺。

☑ **读后自查** **推断** 地球科学家为什么在不同类型的地图上使用不同种类的比例尺？

数字比例尺 数字比例尺可以用一个比值来表示距离，例如1∶63 500表示地图上的一个单位距离是实际地表63 500个单位距离，也就是说，地图上的1厘米就相当于地表63 500厘米。数字比例尺可以表示任何长度单位，但是要求比值两边的单位必须一致。

地图的比例尺越小，覆盖的范围越广；比例尺越大，覆盖的范围越小。一张小比例尺（1∶100 000）的地图比一张大比例尺（1∶1 000）的地图展现的细节更少。

第2节 本节回顾

要点梳理

- 不同的投影类型用于不同的目的。
- 地质图帮助地质学家研究大范围地质构造的模式。
- 地图中通常包含图例，它可以让使用者知道地图上的符号所代表的含义。
- 地图比例尺可以让使用者依据图上距离来确定对应的地表实际距离。

要点理解

1. **主要概念** **解释** 为什么不同的投影发生变形的位置不同？
2. **描述** 圆锥投影是如何绘制的？为什么这种类型的投影最适合绘制小区域地图？
3. **确定** 在墨卡托投影中，哪里变形最严重？为什么？
4. **对比与比对** 墨卡托投影和球心投影。这些投影通常有什么用途？

批判性思维

5. **预测** 地质图如何帮助城市规划师确定建造城市公园的位置？

地学计算

6. 确定坡度：一个斜坡起始于海拔55 m处，终止于相距20 km外的海拔15 m处。

第3节 遥 感

主要概念 新技术改变了地图的呈现方式和用途。

核心问题

- 遥感有哪些不同的类型?
- 如何用卫星和声呐来描绘地球表面和海洋?
- 什么是全球定位系统? 它是如何运作的?

关键术语

遥感
陆地资源卫星
声呐
全球定位系统
地理信息系统

地球科学 在你身边 很多年前,如果你想要一张全家福,画家需要花费许多时间来绘制。如今,相机在瞬间就可以拍一张照片。随着技术的发展,地图学也随之发生了改变。如今,地图学家利用数字图像技术,可以绘制拥有更多细节并且可以即时更新的地图。

陆地资源卫星

先进的技术已经改变了绘制地图的方法。利用安装在卫星、飞机或船只上的工具收集地球数据的过程称为**遥感(remote sensing)**。

卫星探测是遥感的一种形式。不同的地表特征,例如河流和森林,会发出不同频率的热辐射。**陆地资源卫星(Landsat satellite)**记录了地表反射的不同波长的辐射能量,包括可见光和红外辐射等。**图2-12**是一张陆地资源卫星获取的图像。

为了获取这样的图像,每一颗陆地资源卫星都装有可移动探头以便扫描地球表面。探头上装有多列传感器,用来测量从地表接收到的能量强度。然后,计算机将这些信息转换成能够显示地表详细信息的数字图像。

陆地资源卫星经常用来帮助制订救灾方案。其数据还可以用来研究污染情况、板块运动和冰川、冰盖消融情况。

■ **图2-12** 比较这两张美国新奥尔良地区的陆地资源卫星图像的不同之处。

解读 *哪一张图像是在2005年卡特里娜飓风后拍摄的? 请解释原因。*

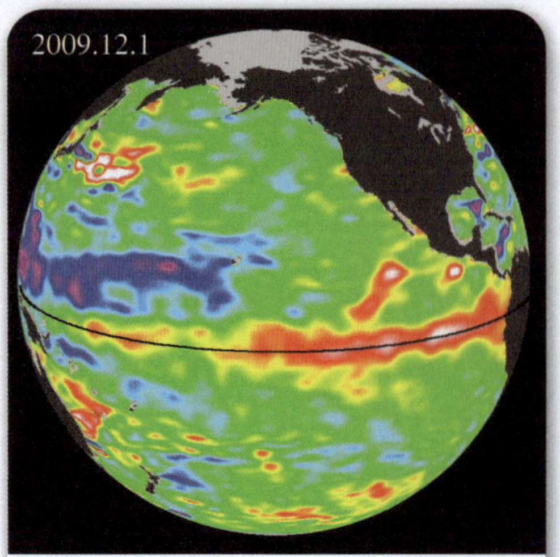

■ **图2-13** 这张聚焦在太平洋的图像是用OSTM/Jason-2卫星数据创建的。沿着赤道附近的红色显示，在厄尔尼诺事件中，海水的深度和温度与往常相比都有所增加。

OSTM/Jason-2卫星

有一种通过雷达测量和绘制海平面高度的卫星，叫作OSTM/Jason-2卫星。OSTM是**大洋表面形态任务（Ocean Surface Topography Mission）**的英文缩写，它是TOPEX/Poseidon和Jason-1卫星的后续系列卫星。它通过卫星上的雷达向海洋表面发射高频信号，再通过接收器接收水体反射回波。

利用已知的光速和信号反射回来所用的时间，可以计算出卫星距水体表面的距离。卫星数据在测量海平面变化、监控全球洋流变化与热传递方面尤为重要。这些变化可以通过卫星对海面的测量反映出来，并且形成如**图2-13**所示的图像。

利用OSTM/Jason-2的数据，科学家们能够在几毫米的精度范围内测算全球海平面。他们还能再结合其他现有数据绘制出显示海底特征的地图。例如，海水在海底山脉处上涌，在海沟处下沉。

OSTM/Jason-2、Jason-1和TOPEX/Poseidon卫星都被用来预报厄尔尼诺事件——东太平洋海水异常增温现象。下面的**图2-14**展示了地图学发展过程中更多的技术历程。

折叠式学习卡

将本节信息整合到你的折叠式学习卡中。

■ **图2-14 绘图技术**
地图的发展依赖于技术的进步。

公元前150年 古希腊科学家托勒密绘制出第一张使用坐标系的地图。地球被描绘成一个球体，并包含了非洲、亚洲和欧洲。

1154年 阿拉伯学者伊德里西绘制的世界地图被欧洲探险家们沿用了数个世纪。中世纪早期的地图显示，耶路撒冷是这个平面世界的中心。

1500 B.C.　　A.D. 1　　1500

公元前1300年 一位古埃及抄书吏绘制了现存最古老的地形图。

1569年 荷兰地理学家墨卡托发明出一种利用经线和纬线将球体投影到平面图上的方法。

多波束测深仪

多波束测深仪（sea beam）和OSTM/Jason-2卫星一样，也是用来绘制海洋地图的。只是多波束测深仪不是装在卫星上，而是装在船上的。它更多地用来绘制海底图而不是海平面。**图2-15**是一张利用多波束测深仪收集的数据而绘制的地图。多波束测深仪用**声呐（sonar）**来绘制海底特征，即利用声波来探测水下物体。

你此前可能听说过声呐，它经常用来探测水下船只或潜艇等物体。利用同样的技术，还可以帮助科学家们探测水深的变化或计算不同海底特征间的距离。为了收集绘制海底地图所需要的信息，首先从船上向海底发射声波，当声波从海底返回后，接收器接收回声。然后，船上的计算机利用声音在水中传播的速度和声波从发射到反射回来所用的时间，可以计算出船到海底的距离。多波束测深仪被用于舰队捕鱼、深海钻探，同时也为海洋学家、火山学家和考古学家等科学工作者所用。

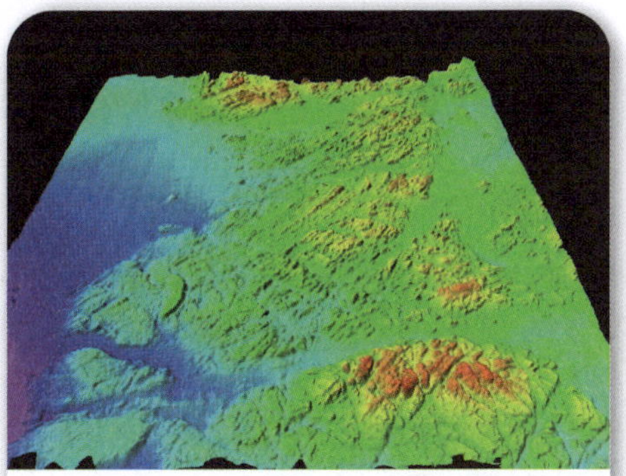

■ **图2-15** 这幅曼彻斯特普利茅斯近海的图像是根据多波束测深仪的数据绘制的。不同的颜色表示不同的海拔。橙红色的地方代表山峰，蓝色的地方则海拔最低。

☑ **读后自查** **对比与比对** 多波束测深仪图像和OSTM/Jason-2卫星图像，它们各是如何使用的？

1752年 一位法国地图学家为水手们探索新世界绘制了一种新地图，他首次用等高线来表示海拔和海洋深度。

1875年 艾拉·伊莉莎·菲茨发明了一种构建球体的方法，这种方法可以显示太阳的位置、昼长和夜长。

1966年 哈佛大学研究人员开发出第一个基于经纬网的计算机绘图系统，这是地理信息系统的前身。

2000年 “奋进号”航天飞机收集到了最完整的地形数据，科学家利用这些数据绘制出了近80%的地球陆地表面。

2008年 OSTM/Jason-2卫星成功发射。它被用来帮助科学家研究气候变化，并将扫描地球上95%的没有冰层覆盖的海洋。

1700 1800 1900 2000

全球定位系统

全球定位系统(Global Positioning System/GPS)是一个能够让用户确定自己在地球上大体位置的卫星导航系统。如**图2-16**所示,GPS的正常运行需要有24颗绕地球运行的卫星。这些卫星的轨道安排得非常巧妙,使得GPS接收器在任何时候都能够接收到至少三颗或四颗卫星的信号。

利用GPS接收器,你可以在全球定位系统中找到你在地球上的位置。接收器通过处理多颗卫星发射的信号,可以计算出使用者所在位置的经纬度,误差通常在10米以内。如果有足够的信息,这些卫星还能传递关于海拔、移动方向和速度的信息。通过三颗卫星的信号,GPS接收器可以计算出其所在位置;如果有四颗卫星的信号,它还可以计算出海拔。查看**图2-16**,了解更多有关卫星是如何定位的信息。

地球科学相关职业

地图学家 首要工作与地图有关的地球科学家被称为地图学家。一名地图学家可能会绘制地图、解读地图或者研究制图的技术与流程。

GPS技术的用途 GPS技术被广泛用于飞机和轮船的导航,它还能用于探测地震、制作地图、追踪野生动物等。

GPS技术在日常生活中也有许多应用。车辆上装载的GPS接收器可以帮助人们导航到预先设定的目的地,如饭店、酒店和家。徒步、骑行和其他旅游活动中使用的便携式手持GPS,可以帮助使用者更快地找到目的地或者确定地图上的特定地点。手机上装设的GPS也可以用来查找地点。

☑ **读后自查** **比较**GPS卫星和OSTM/Jason-2卫星。

地理信息系统

地理信息系统(Geographic Information System/GIS)利用了本章中描述的多种传统地图类型。来自全世界的科学家、专业人员或者像你一样的学生们将他们收集的信息建成数据库,GIS则利用这些数据库创建含有地理信息的图层或是“主题”,然后将图层一层一层地叠加从而绘制出综合地图。

许多不同学科的科学家都在使用GIS技术。地质学家可能会使用GIS来追踪研究历史上的火山爆发情况。生态学家可以利用GIS追踪污染或跟进研究指定区域动植物种群的发展趋势。

图解GPS卫星

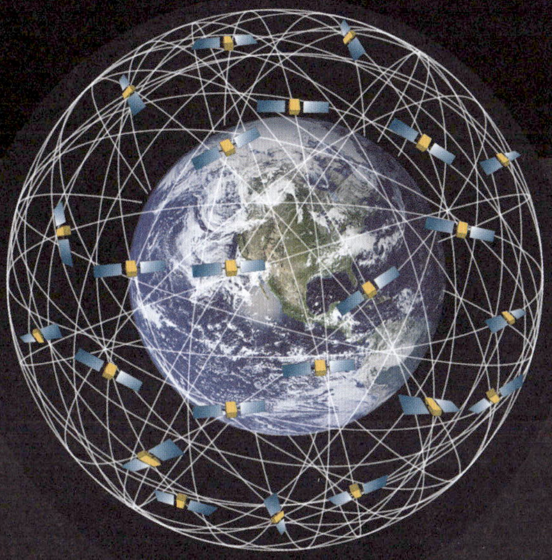

图2-16 GPS接收器监测来自24颗绕地GPS卫星的信号。接收到三颗或三颗以上卫星的信号时，接收器就可以计算出其所在的位置，误差范围在10米以内。

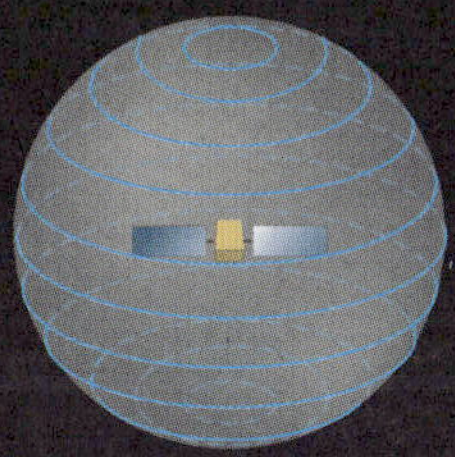

首先，位于纽约的一个GPS接收器接收到了来自一颗卫星的信号。卫星与接收器的距离可以计算出来，假设这个距离是20 000 km。这就限定了接收器可能在距离卫星20 000 km的地球上的任何位置。

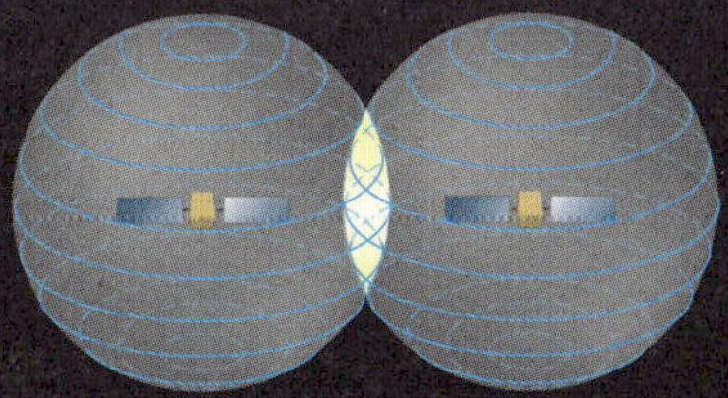

接着，接收器计算出与接收到信号的第二颗卫星的距离，假设这个距离是21 000 km。那么接收器的位置一定在图中这两个球面相交的区域里，这里用黄色区域表示。

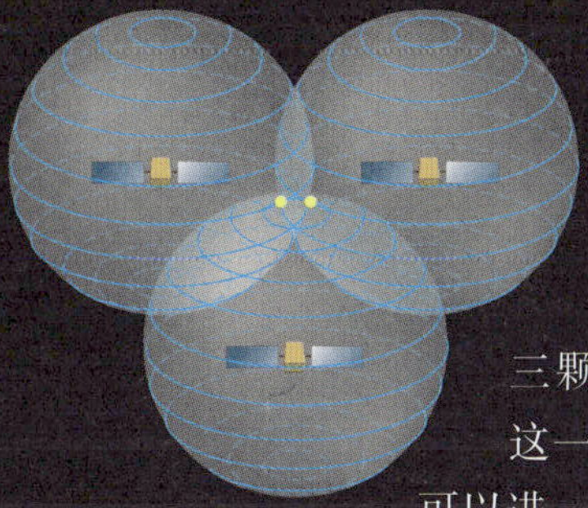

最后，接收器计算出与接收到信号的第三颗卫星的距离。利用这一信息，接收器的位置可以进一步缩小。通过增加第三个球面，其位置可以被定位到如图所示的两个点之一。通常其中的一个点会因为是一个不可能的位置而被排除。

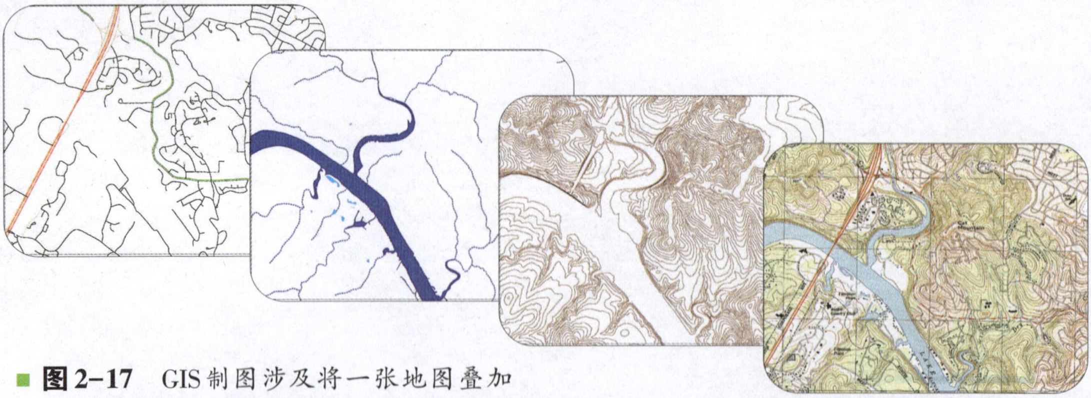

■ **图 2-17** GIS制图涉及将一张地图叠加到另一张地图上。从这张图中，你可以看出图层是如何叠加的。

GIS地图可能包含许多不同种类地图的信息，如从地质图和地形图等地图中收集的图层信息。如**图2-17**所示，同一地理区域的河流、地形、道路、城市和其他显著地貌的图层可以层层叠加，创建出一张信息更全面的新地图。

GIS制图与传统制图的主要区别在于，GIS地图是可以根据数据库里上传的新信息而进行即时更新的。地图创建后，其图层仍然与原始信息相链接，如果该信息发生变化，GIS图层也会随之改变。这样的结果是，GIS地图总能表现最新的数据。这点对依赖即时信息的人们来说，是一项宝贵的资源。

第3节 本节回顾

要点梳理

- 遥感是现代制图学的重要组成部分。
- 卫星可以用来收集有关地表特征的数据。
- 声呐也可以用来收集有关地表特征的数据。
- GPS作为导航工具被用于许多日常活动中。

要点理解

1. **主要概念** **描述**遥感是如何工作的，以及它在制图学中为何如此重要。
2. **应用** 为什么GPS导航对地球科学家来说很重要？
3. **列举**卫星可以收集的不同种类的信息。
4. **解释** 为什么在GIS制图中，能够增加和减去地图图层是很重要的一个方面？

批判性思维

5. **推断** GIS制图如何确定哪些地方适合开发房地产项目？
6. **解释** 海底地图可以利用多波束测深仪等收集到的信息绘制而成，为什么说海底地图十分重要？

地学写作

7. 写一篇文章，描述GPS卫星是如何帮助你确定自己在地球上的位置的。

绘制灾害区地图

2005年8月29日，卡特里娜飓风袭击了新奥尔良地区，造成960亿美元的损失并导致近2 000人死亡。在这样的重大灾害后，救援人员是如何到达灾区的呢？地图测绘技术帮助救援人员确定优先救助区域，并为受灾地区制订救援计划。

GPS与灾害救援 全球定位系统(GPS)的卫星能向地球发回信号，告知接收器用户的准确位置。它以每小时14 000 km的速度运行，其动力来自太阳能。卡特里娜飓风期间，GPS信号能提供受灾地点、幸存者和救援人员位置的实时信息。

GIS的应用 灾害中使用的另一项重要的测绘工具是地理信息系统(GIS)。这一技术可以获取、存储、记录并分析相关地理要素和位置等数据。因此，许多有关环境问题或救灾工作的重要决定都可以利用GIS数据做出。卡特里娜飓风后，GIS数据为救援人员提供了附近区域内医院的图像，这使得急救人员能够迅速将伤员送至医疗机构。

其他成像系统 其他地图测绘软件也能提供真实的地球图像。这些图像可以显示受灾区域范围，以及适合作为救灾地点的建筑物。

合成孔径雷达(SAR)偏振成像技术能够快速探测受灾区域。在其他卫星图像中，受灾区域的景观可能会被云、黑夜、烟雾或灰尘阻挡。因为使用雷达技术，合成孔径雷达测绘不受这些因素的影响，从而使救援人员更容易获取灾区图像。

这张图片反映了卡特里娜飓风造成的洪灾和破坏。像这样的卫星图片可以帮助救灾人员更好地应对救援工作。

通过卫星和航空图像为遭受自然灾害的地区绘制地图，救援人员能更容易进入这些区域，他们也能更好地为应对受灾区域的地理变化、建筑物毁坏和其他自然挑战做好准备。测绘技术的进展及其可利用性的增加对灾害救援计划的后续发展有重要意义。

地学写作

地图测绘的应用 研究最近的一次自然灾害。在你找到的有关该次灾害图像的基础上，写一篇描述性的新闻报道。记得在你的新闻报道中放入一些图片。

地形图的使用

实验背景：地形图是地表特征的平面表达。运用地形图，你可以确定山丘的坡度、河流的流向，以及矿井和其他地理事物的位置。在本次实验中，你将运用下页的地形图确定几条路线的海拔并绘制一张表示海拔的剖面图。

实验问题：如何根据地形图判读一个区域的地表信息？

实验材料

直尺

细线

一张纸

实验步骤

1. 阅读并遵守实验室安全守则。
2. 将一张纸放在地图上，让它和A、B两点相交。
3. 在纸上将等高线与A到B连线相交的每一处都标记一条短线。注意每一标记处和河流穿过处的海拔。
4. 将本页的表格复制到你的科学笔记中。
5. 现在将你画好线段的纸沿表底放置。
6. 为每一处海拔画好对应的点。
7. 连接各点，绘制地形剖面图。
8. 根据地图回答问题，记得检查地图的比例尺。
9. 用细线测量两点之间的非直线距离。将细线沿连接两点的曲线放好，然后用直尺测量拉直后的细线的长度。（注意：美国地质调查局使用的海拔单位是英尺。）

实验分析

1. **确定**　等高距是多少？
2. **指出**　这张地形图采用了哪种类型的比例尺？
3. **计算**大野马河从21区的沙砾坑到34区与公路相交点之间的坡度。
4. **计算**　吉普小路的最高海拔是多少？如果你沿着吉普小路从最高点走到它与未铺设路面的公路的交叉点，海拔相差多少？
5. **应用**　如果你从吉普小路的水准基点（BM）出发，沿着小路和公路一直走到21区的沙砾坑，你一共走了多远？
6. **分析**　问题4中提到的两点间的直线距离是多少？海拔相差多少？
7. **预测**　大野马河是否全年都不会断流？请说明理由。
8. **计算**　沿着公路走，从21区的沙砾坑到二级高速公路的最短距离是多少？

	820
	810
	800
	790
	780
	770
	760
	750
	740
	730
	720
	710
	700

拓展探究

绘制地图　运用你在本次实验中学到的知识，绘制一张家乡的地形图。再将你绘制的地形图和同学们绘制的地形图进行比较。

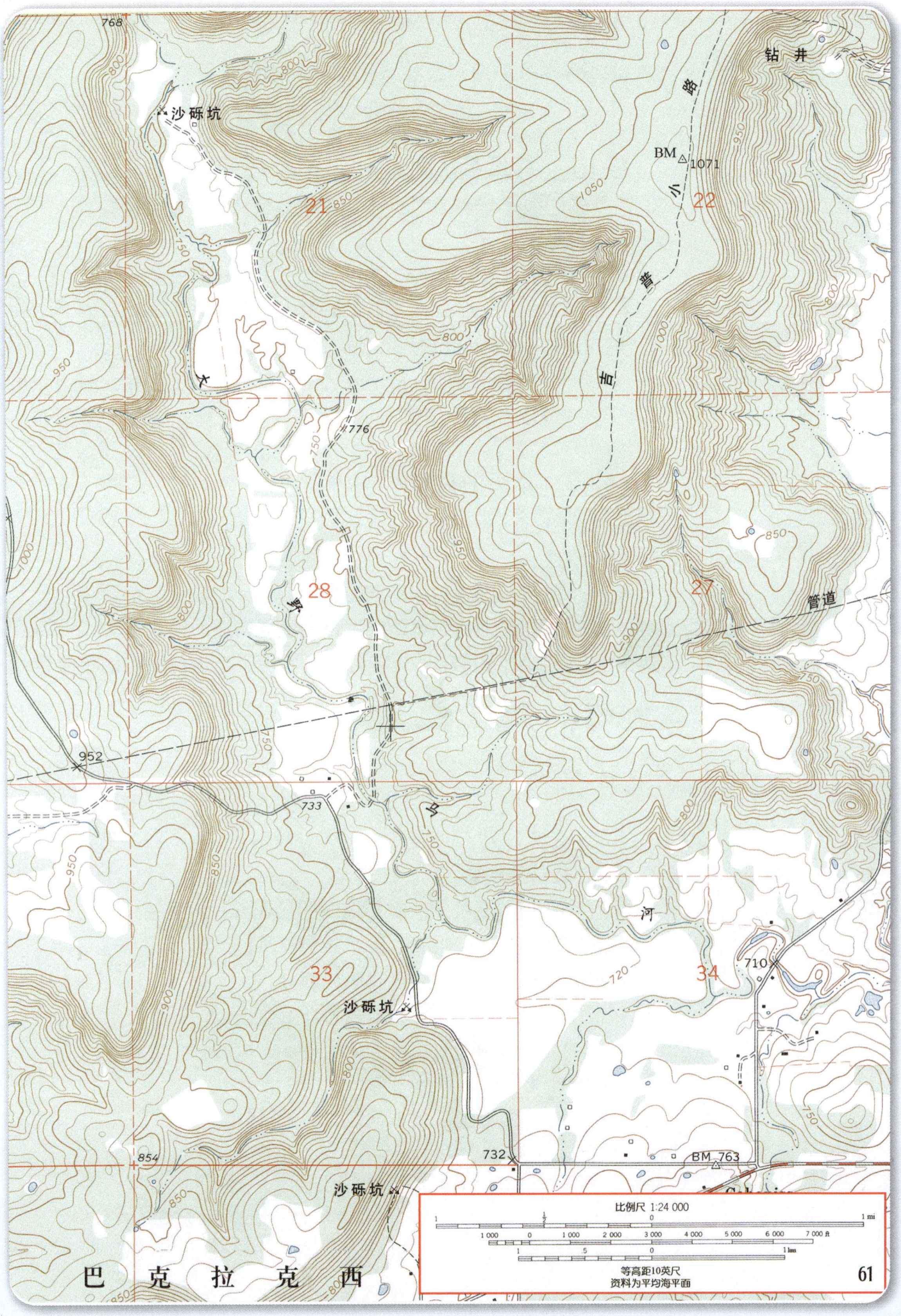
768
沙砾坑
21
22
钻井
BM 1071
吉普小路
大野乌河
776
28
27
管道
952
733
33
34
710
720
沙砾坑
732
BM 763
854
沙砾坑
巴克拉克西
比例尺 1:24 000
等高距10英尺
资料为平均海平面
61

第2章 复习指南

大概念 地球科学家利用测绘技术来探究和描述世界。

第1节 纬度与经度

关键术语

- 地图学
- 赤道
- 纬度
- 经度
- 本初子午线
- 国际日期变更线

主要概念 经线和纬线常用于确定地球上某地的位置。

要点梳理

- 纬线与赤道平行。
- 经线自本初子午线向东西两侧分布。
- 在地球上精确定位时,必须有经度和纬度坐标。
- 地球分为24个时区,每个时区的经度范围为15°,用这种方法可以规范世界上白天的时间。

第2节 地图的类型

关键术语

- 墨卡托投影
- 圆锥投影
- 球心投影
- 地形图
- 等高线
- 等高距
- 地质图
- 图例
- 比例尺

主要概念 地图来自许多不同形式的平面投影。

要点梳理

- 不同的投影类型用于不同的目的。
- 地质图帮助地质学家研究大范围地质构造的模式。
- 地图中通常包含图例,它可以让使用者知道地图上的符号所代表的含义。
- 地图比例尺可以让使用者依据图上距离来确定对应的地表实际距离。

第3节 遥感

关键术语

- 遥感
- 陆地资源卫星
- 声呐
- 全球定位系统
- 地理信息系统

主要概念 新技术改变了地图的呈现方式和用途。

要点梳理

- 遥感是现代制图学的重要组成部分。
- 卫星可以用来收集有关地表特征的数据。
- 声呐也可以用来收集有关地表特征的数据。
- GPS作为导航工具被用于许多日常活动中。

第2章 复习检测

术语回顾

下列的每一句表述都有错误。从复习指南中选取合适的术语替代斜体的术语，使句子表述正确。

1. 研究地图制图的学科称为*地质学*。

2. 在*球心投影*的地图上，经线与纬线是平行的。

3. 从远离地表处收集关于地球信息的过程称为*行星学*。

4. *陆地资源卫星*利用声呐从船上发射声波来绘制海底地形图。

5. 地图的*比例尺*解释了地图上的符号所代表的含义。

从复习指南中选取合适的术语替换下划线上的词语。

6. <u>纬线</u>连接南北两极，并从本初子午线开始计算。

7. <u>图例</u>表示图上距离与实际距离的比例。

8. <u>GPS</u>制图可以将许多传统类型的地图结合到一起。

9. <u>GIS</u>技术有助于确定用户的精确位置。

从复习指南中选取合适的术语填空。

10. 0°经线也称为 ________。

11. 地形图上的两条相邻等高线之间的海拔差异叫作 ________。

12. ________ 利用声波来探测水下物体。

13. ________ 被当作日期的变更线。

14. ________ 在地形图上用于表示海拔。

理解要点

根据下图，回答第15～16题。

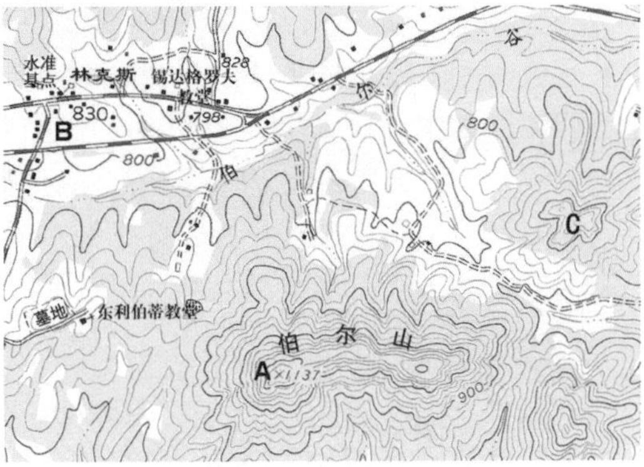

15. 这幅图表示哪种类型图像？

A. 陆地资源卫星图像

B. 地形图

C. 球心投影图

D. GIS地图

16. 图中的线叫什么？

A. 晕线 **B.** 纬线

C. 等高线 **D.** 经线

17. 从**图2-4**中可以看出，澳大利亚总共有几个时区？

A. 5 **B.** 1

C. 3 **D.** 10

18. 多波束测深仪的用途是什么？

A. 绘制大陆

B. 绘制海底

C. 绘制南极洲

D. 绘制珊瑚礁

19. 在地形图上，晕线指向什么地方？

A. 海拔较高处

B. 湖泊

C. 海拔没有变化处

D. 海拔较低处

20. 下列哪项通常不包括在地图图例中？

A. 州际公路 **B.** 人

C. 河流 **D.** 铁路

简要概述

21. **定位**　如果纽约州的锡拉丘兹时间是下午3点，那么路易斯安那州的新奥尔良是什么时间？可从**图2-4**中寻找答案。

22. **解释**　如果你想研究一座火山的细节特征，你会选用比例尺为1:15 000的地图还是1:15 000 000的地图？为什么？

根据下图，回答第23～24题。

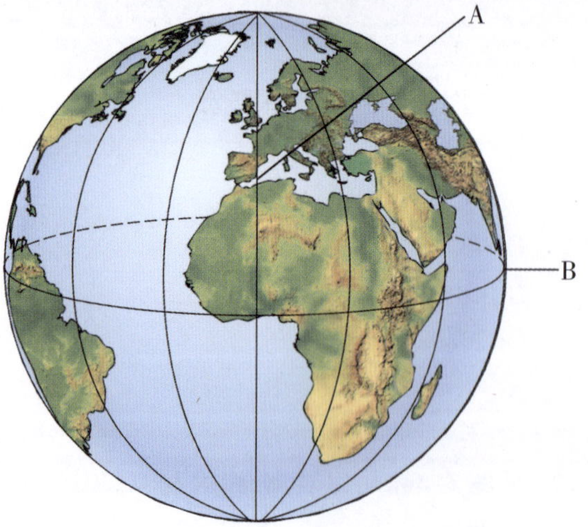

23. **确认**　A是什么线？

24. **确认**　B是什么线？

25. **解释**　在等高距为100 m的地形图上，如果最大的一条等高线是2 000 m，那么图中一座山峰的最大海拔可能是多少？

26. **描述**　OSTM/Jason-2卫星使用的雷达与多波束测深仪收集数据使用的声呐有什么作用？

27. **推断**　根据本章中所学的知识，推断天文学家会用什么方法绘制夜空中的物体。

28. **实践**　回顾本章开始时的“起步实验”。你画的地图最适合用哪种类型的投影？为什么？

29. **解释**经度是如何计算的。

30. **解释**纬度是如何计算的。

根据下图，回答第31题。

31. **解读**　图中显示的是哪种类型的投影？这种投影有什么用途？

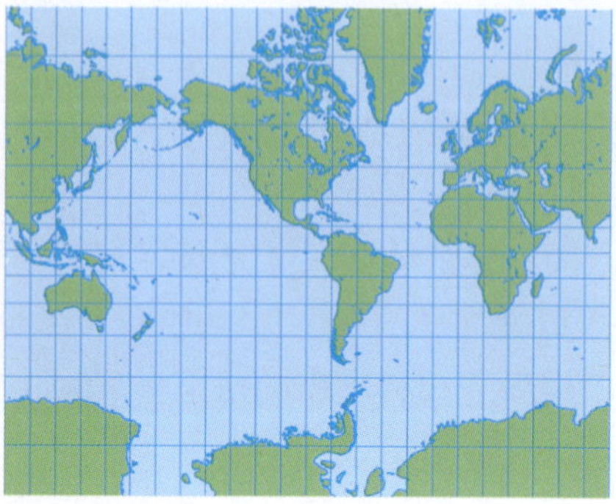

批判性思维

32. **应用**　从弗吉尼亚州飞往加利福尼亚州的旅客需要将手表时间向前调整还是向后调整？请说明理由。

33. **考量**　为什么像中国这么大的国家要选择统一使用某个时区的时间？

34. **地球科学相关职业**　分析建筑师和考古学家是如何利用地质图来确定修建房屋和挖掘化石的位置的。

根据下图，回答第35题。

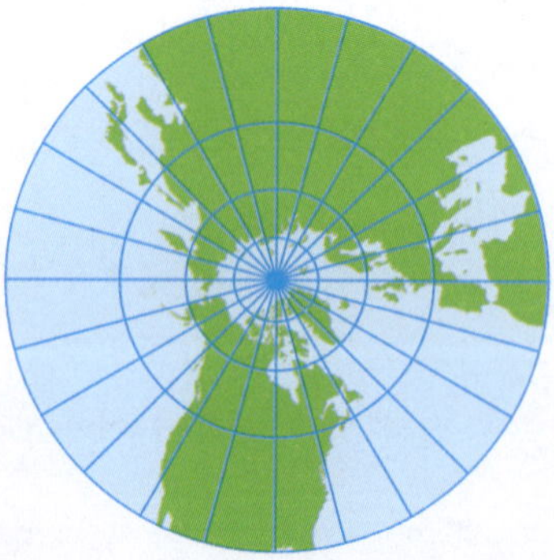

35. **应用**　上图显示的是哪种投影？请说出这种投影的两种用途并加以解释。

36. **计划**　画一张从学校到最近的超市的地图。你会怎样确定该地图的比例尺？你需要加入哪些图例？

37. 分析 为什么圆锥投影不用于船舶或飞机导航？

38. 设计一个实验来检测不同类型GPS接收器的精度。确保你的实验中包含控制变量、因变量和自变量。

39. 评估 简要描述地理信息系统。当你的社区要为严重的风暴、地震、暴风雪、干旱或其他潜在的自然灾害制订应急计划时，可以如何使用地理信息系统？

40. 解释 为什么必须要有4颗卫星的信号，GPS接收器才能确定海拔？

概念图解

41. 运用下列内容绘制关于遥感的概念图：*遥感、OSTM/Jason-2卫星、陆地资源卫星、全球定位系统、利用雷达测绘海平面高程、利用可见光和红外辐射测绘地球表面、利用微波确定用户位置*。参考*技能手册*获取更多帮助。

挑战难题

根据下图，回答第42题。

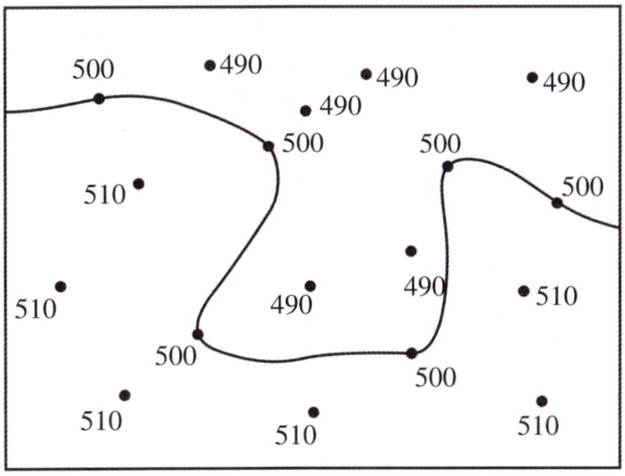

42. 评定 根据上图绘制地形图。连接图中的等高线，确定等高距。

地学写作

43. 请你为一位在精确地图出现之前要穿越美国的探险家写一篇日志。

材料分析

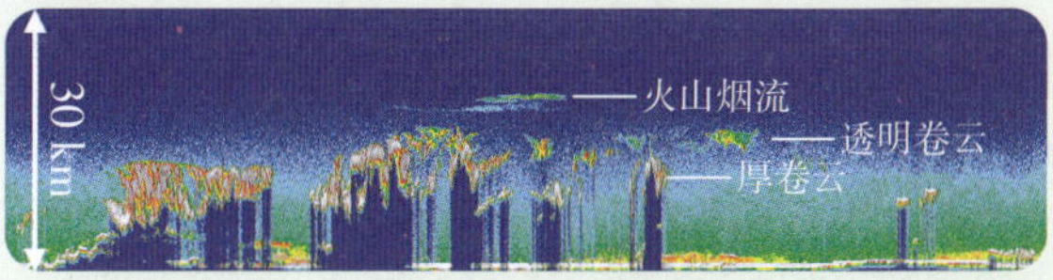

资料来源：NASA, CALIPSO 卫星图像.

这是一幅美国国家航空航天局卡利普索(CALIPSO)卫星拍摄的图像。CALIPSO和你在本章中学到的其他遥感技术类似，但它不是利用雷达或声呐，而是利用一种叫作激光雷达的技术。激光雷达可以发射光脉冲并测量光反射回卫星所需的时间。CALIPSO和科学家则根据光反射所用的时间来确定卫星下方的情况。上面的图像拍摄于2006年6月7日的印度洋地区。海蓝色区域表示没有检测到数据。

44. 火山烟流大约位于多少千米处？

45. 厚卷云大约位于多少千米处？

46. 你认为火山烟流高于厚卷云的原因是什么？

47. 你认为厚卷云下方没有检测到数据的原因是什么？

综合复习

48. 为什么图、表和地图很有用？**（第1章）**

49. 为什么精准沟通在科学领域很重要？**（第1章）**

选择题

根据下图，回答第1~2题。

1. 箭头所指位置的经纬坐标是多少？
   A. 30°N, 100°W
   B. 45°N, 105°W
   C. 30°N, 90°W
   D. 10°N, 90°W
2. 美国本土大约跨越了多少纬度？
   A. 10°
   B. 15°
   C. 20°
   D. 25°
3. 如果你在撒哈拉沙漠中迷路了，下列哪一项对你最有帮助？
   A. 陆地资源卫星
   B. OSTM/Jason-2卫星
   C. 全球定位系统
   D. 非洲地形图
4. 经线的参照点是什么？
   A. 赤道
   B. 本初子午线
   C. 国际日期变更线
   D. 第360条子午线
5. 地图学家为什么要将经度和纬度划分到分和秒？
   A. 为了得到一个更好的时间框架来计算出两地之间的时差
   B. 为了帮助旅行者计划行程
   C. 为了在地球上定位更精准
   D. 为了使地图学更容易理解

根据下图，回答第6~7题。

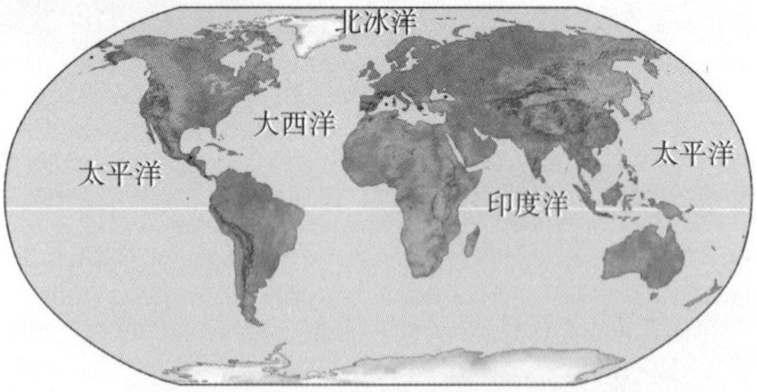

6. 当地图学家绘制如上图所示的地图时会遇到什么困难？
   A. 将所有的大陆放置在正确的位置
   B. 将一个三维的地球转换到平面图纸上
   C. 为地图上所有重要地点命名
   D. 将经线和纬线放置在正确的位置
7. 要让海员用起来更方便，还需要对这张地图做什么改进？
   A. 变形大陆的大小
   B. 只显示水域的位置，不显示陆地
   C. 标注各个大洲
   D. 添加经线和纬线
8. 圆锥投影地图通常用于什么目的？
   A. 交通和天气图
   B. 表示海拔的变化
   C. 计划长途旅行
   D. 显示地球上一个特定的地点

简答题

根据下图,回答第9~11题。

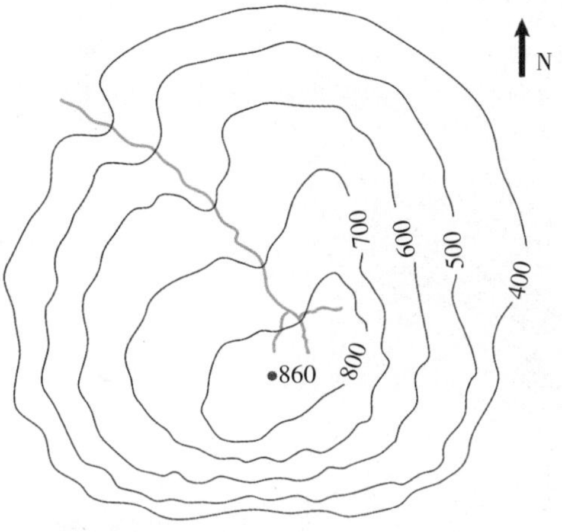

9. 这张地图显示了什么内容?

10. 这张地图上的数字表示什么?

11. 登山者如何利用这张地形图设计一条到达山顶的路线?

12. 为什么船舶装载的多波束测深仪很有用?

13. 地球到太阳的距离是149 500 000 km。用科学记数法记录这个数字。

14. 为什么地图上的图例很重要?

15. 詹娜在放热反应之前、之中和之后都测量了溶液的温度。用哪种呈现方式能够清晰地表示出整个反应过程中温度的变化?为什么?

阅读理解

专家说,地图可能是假的

最近,中国发现了一张包含北美洲、南极洲和澳大利亚的古代地图。这张地图证明中国探险家在1418年就发现了美洲,但这种说法遭到了许多地图学家和历史学家的怀疑。在北京公布这张地图的古董收藏家说,这张地图证明了中国航海家郑和在哥伦布踏上新大陆前70多年就发现了美洲。但专家们认为地图是假的,他们说这张地图像法国17世纪的世界地图,因为地图上把加利福尼亚描绘为岛屿。还有一位专家称,中国不在地图的中心也表明绘制地图的不是中国人。

资料来源:Lovgren, S. "Chinese Columbus" map likely fake, experts say. *National Geographic News*, January 23, 2006.

16. 为什么17世纪的地图上显示的加利福尼亚是一个岛屿?

A. 加利福尼亚在那时确实是岛屿

B. 美洲大陆还没有完全被探索清楚,所以当时的人们还不知道加利福尼亚实际上是与大陆相连的

C. 加利福尼亚和美洲其他地区有很大的不同,所以人们认为它是一个岛屿

D. 一条绘制错误的河流看起来像是海洋的一部分

17. 从这篇文章中可以推断出什么结论?

A. 中国应放在每张地图的中心

B. 这张地图精确复制了17世纪的世界地图

C. 这位收藏家希望人们认为是中国人首先发现了美洲大陆

D. 这张地图是这位收藏家自己绘制的

需要更多帮助?															
如果你回答错误……	1	2	3	4	5	6	7	8	9	10	11	12	13	14	15
请复习相应章节……	2.1	2.1	2.1	2.3	2.1	2.2	2.2	2.2	2.2	2.2	2.2	2.3	1.2	2.2	1.3

第2单元

地球的构成

单元内容

地球科学相关职业 地质学家

在探究这个巨大洞穴的内部构造时，这位地质学家可能会采集一些岩石和矿物的标本来描述、分析该洞穴地质特点的成因。

第3章

物质与变化

大概念 地球上物质的多样性源于原子之间排列组合的多样性。

内容提要

1 物　质
2 物质的结合
3 物质的状态

起步实验

科学实验室

强化谷物都包括些什么?

所有的物体都是由物质组成的，不同类型的物质特性各异。有些金属，比如铁和镍，都容易被磁铁吸引。在这个实验中，我们将通过探究干燥的强化谷物来认识其中所含的金属成分。

实验步骤

1. 阅读并遵守实验室安全守则。
2. 在铅笔末端的橡皮上系一小块强磁性磁铁，制成磁铁搅拌器。
3. 将 250 g 干的强化谷物放入一个小塑料袋中，封口时挤出塑料袋中的气体。
4. 用擀面杖将塑料袋里的谷物完全碾碎。
5. 将碾碎的谷物倒入一个 250 mL 的烧杯中，再往烧杯中加入 150 mL 自来水。
6. 用磁铁搅拌器搅拌谷物和水的混合物 10 分钟，在搅拌的最后几分钟减慢搅拌速度。
7. 从混合物中取出磁铁搅拌器，用放大镜观察磁铁搅拌器末端。

实验分析

1. **描述** 你在磁铁搅拌器末端观察到了什么?
2. **确定** 通过对谷物的研究来确定附在磁铁上的是什么物质。

折叠式 学习卡

物质的状态

根据右图所示，制作一张四格折纸，并且用它来整理你学习物质的状态过程中的笔记。

地球大气中的氧气会让含铁的物质生锈。因此，如果这个设备在月球上，它就永远不会生锈。

第1节 物 质

主要概念 原子是组成所有物质的基础。

核心问题

- 如何描述原子及其组成?
- 原子的能级和化学性质有什么关系?
- 什么是同位素?

关键术语

物质
元素
原子核
质子
中子
电子
原子序数
质量数
同位素
离子

地球科学在你身边 黄金质软,易于加工,可以被铸造、锤制、雕刻或拉成金丝,常见于珠宝饰品。无论饰品的外形如何,黄金本身不会发生变化。黄金就是一种物质。

原子

物质(matter)是一种具有一定体积和质量的物体。你周围的世界都是由物质组成的。地球上的物质往往以固态、液态或气态形式存在。所有的物质都是由元素组成的。**元素(element)**是不会因为物理或化学作用变为另一种物质的。例如,无论是被塑造成金砖、金币还是雕像,黄金始终是黄金。

每种元素都有特定的物理和化学性质。尽管铝和金的性质不同,但它们都是由原子组成的。原子由更小的微粒组成:质子、中子和电子。**图3-1**是原子的示意图。原子的中心是**原子核(nucleus)**,由质子和中子组成。**质子(proton)**(p)是一种具有质量并带正电荷的微粒。**中子(neutron)**(n)和质子的质量相当,但它的电荷是中性的,也就是说它不带电荷。所有原子核都带正电荷,因为它们是由带有正电荷的质子和不带电的中子组成的。

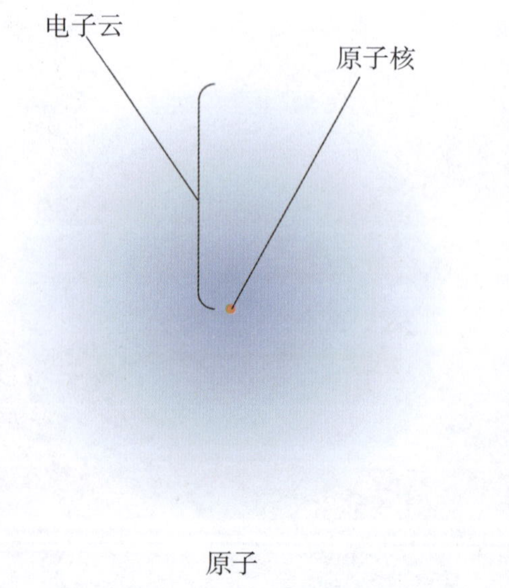

■ **图3-1** 在这幅原子的示意图中,围绕着原子核的模糊区域指代的是电子云。

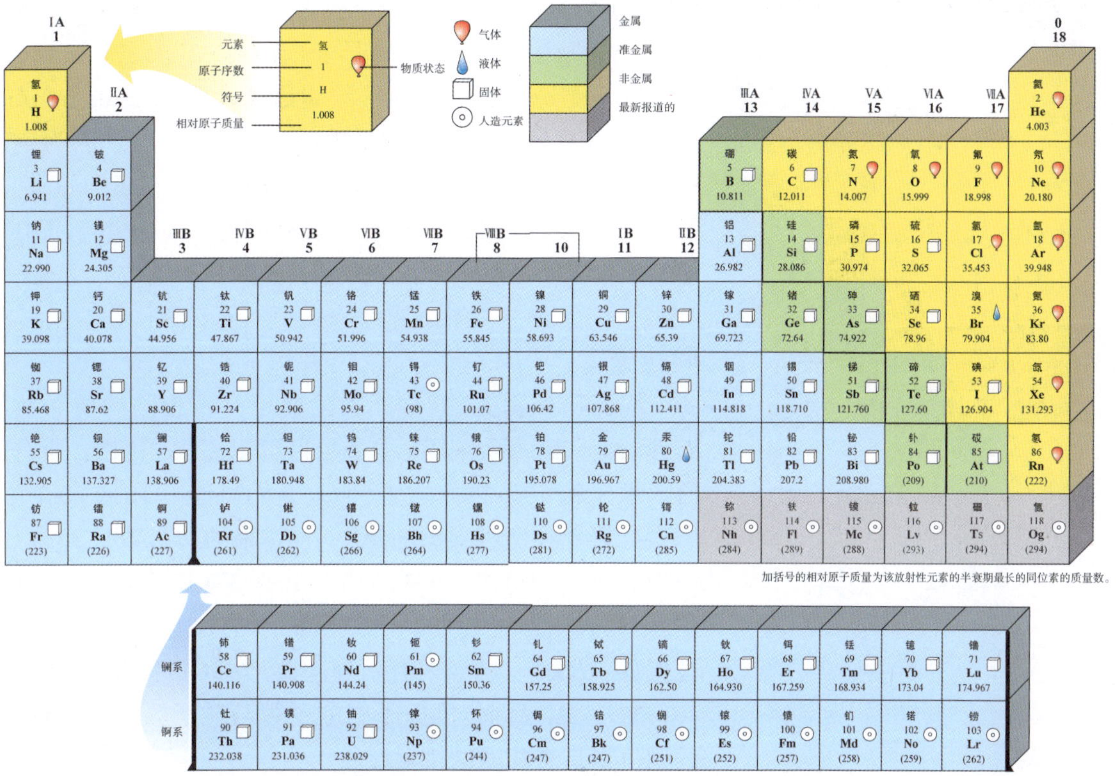

■ **图3-2** 这种形式的元素周期表可以将大量的已知元素的信息在一个很简单的表里清楚、有序地排列出来。

在原子核周围存在着更小的颗粒，叫作**电子(electron)**(e^-)。它的质量非常小，但它带有和质子相同数量的负电荷。一个原子内质子数和电子数是相等的，因此，电子所带的负电荷和质子所带的正电荷相互抵消，使原子本身不带电。需要注意的是，**图3-1**所示的电子就是像云朵一样围绕着原子核的区域。这是因为电子在不断地围绕原子核运动，它们在某一时刻的确切位置是无法确定的。

元素符号 目前已发现，在地球和其他天体上存在着92种天然元素，还有一些元素是在实验室里人工合成的。一般来说，每种元素都可以用1个、2个或3个缩写字母加以标识，这就是化学元素符号。例如，H代表氢元素，C代表碳元素，O代表氧元素。很久以前，人们就已经知道元素，如黄金和水银的元素符号反映了它们拉丁语起源的符号形式。现在我们所用的表示黄金的符号Au就来源于其拉丁语名aurum。所有元素按其化学性质排列、组合，形成了**图3-2**所示的元素周期表。

■ **图3–3** 氯的原子序数为17。

推断 室温中的氯是什么形态？

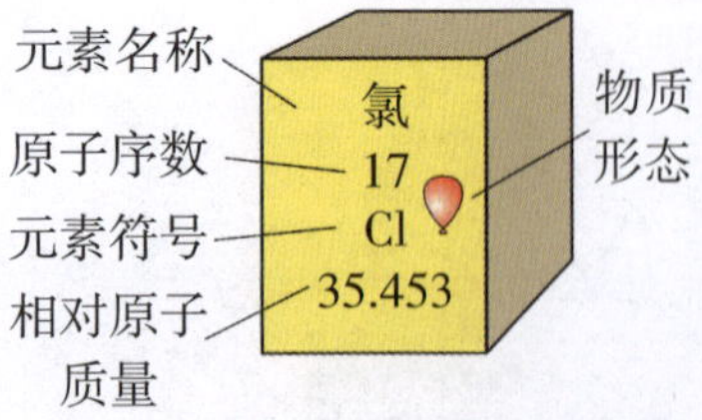

质量数 不同元素的原子内其质子和中子的数量大不相同。最轻的原子是氢原子，氢原子核内只有一个质子。最重的天然原子是铀原子。铀–238的原子核内有92个质子和146个中子。原子中原子核内的质子数叫**原子序数(atomic number)**。质子数和中子数之和是**质量数(mass number)**。因为电子的质量太小，所以它对质量数基本上没什么影响。例如，铀的原子序数是92，而它的质量数是238(92个质子＋146个中子)。**图3–3**解释了元素周期表中的原子序数和质量数的呈现形式。

同位素

前面已经提到，同种元素的原子有着相同的质子数。然而，同种元素原子核内的中子数目可以不同。例如，所有的氯原子原子核中有17个质子，但是它们可能有18或20个中子。这意味着存在两种类型的氯原子：一种的质量数是35(17个质子＋18个中子)，另一种的质量数是37(17个质子＋20个中子)。如果同种元素的质子数相同，中子数不同，则它们互为**同位素(isotope)**。氯元素有两种同位素：氯–35(Cl–35)和氯–37(Cl–37)。因为同位素原子中电子数与质子数相同，所以元素的同位素具有相同的化学性质。

回顾**图3–2**的元素周期表。科学家们已经可以测定各种元素的原子质量。元素的相对原子质量是该元素各种同位素质量数的平均值。例如，**图3–3**所示的氯元素的相对原子质量为35.453。这个相对原子质量是自然界中，同位素Cl–35和Cl–37质量数的平均值。

迷你实验

科学实验室

识别元素

你们的教室里都有哪些元素？ 地球上的物质都由单质或化合物组成。你们教室的周围有大量物体或物质，它们都是由元素组成的。

实验步骤

1. 阅读并遵守实验室安全守则。
2. 以名称、元素、原子序数、性质为栏目标题，制作一个用于记录数据的表格。
3. 说出教室中的三种物质及其三种主要组成元素的名称。
4. 列出这些元素的原子序数，并描述它们的一些性质。

实验分析

1. **归类** 分别列出两种固体、液体和气体物质。
2. **对比与比对**固体、液体和气体。

放射性同位素 一些同位素的原子核不稳定，具有放射性。这时，同位素就会以辐射的形式释放能量。放射性衰变是不稳定的原子核自发地放射出射线的过程。在衰变过程中，原子核会失去质子和中子。因为原子核中的质子数决定着元素的种类，所以衰变会改变元素的种类。例如，同位素钋-218经过长时间的衰变就变成了铋-214。因此，最初存在于岩石中的钋会逐渐被铋所取代。这一放射性衰变的过程常用于计算岩石的年代。

能级中的电子

尽管电子的确切位置没有办法确定，但科学家们已经发现了原子中最容易出现电子的区域，即能级。回顾**图3-1**，原子内部几乎是空的，原子的大小取决于其电子的数量和电子的排布。

能级的填充 **图3-4**所示的是原子中微粒的可视化模型。观察图示，注意电子在一层或多层能级中的排布模式是可以预测的，因为电子不是静止在某处的，而每一层能级能容纳的电子数量是有限的。例如，**图3-4**所示的氧原子中，最小且最内层的能级上只能容纳2个电子。第二层能级容量较大，最多可容纳8个电子。第三层能级更大，最多能容纳18个电子。第四层能级最多能容纳32个电子。根据元素的不同，在原子核的周围，最多可以有7层能级。

■ **图3-4** 氢原子只有一层能级，氧原子有两层能级，铝原子有三层能级。

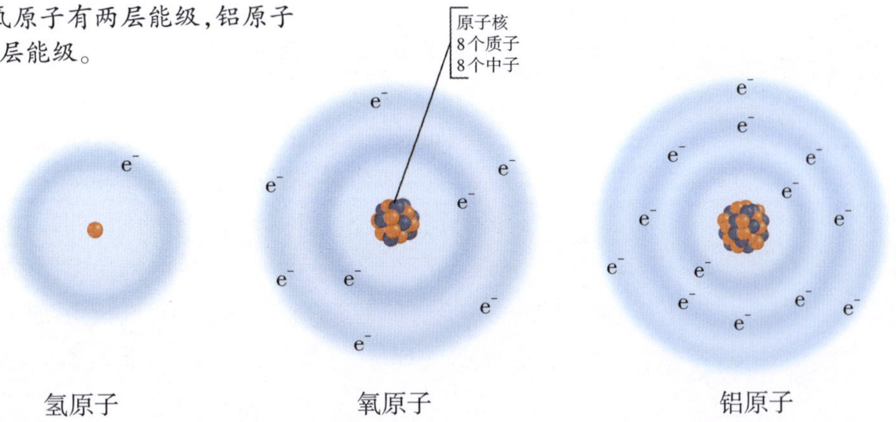

■ **图3–5** 惰性的氩是填充白炽灯内部的理想气体，因为它不会和高温的灯丝发生化学反应。

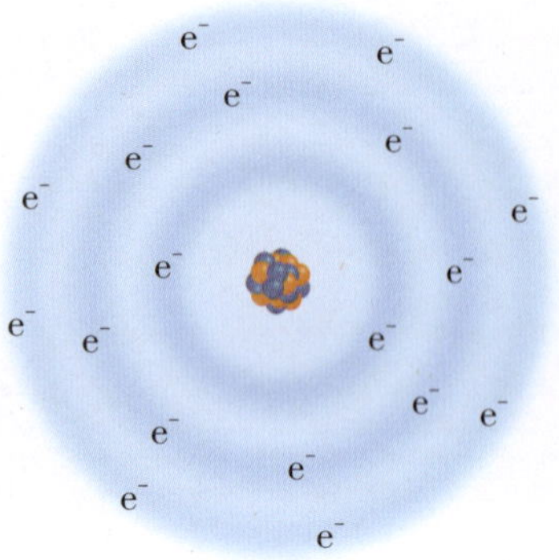

价电子 位于最外层能级上的电子决定了元素的化学性质。最外层的这些电子叫作价电子。价电子数目相同的元素具有相似的化学性质。例如，在元素周期表的左侧，虽然钠原子和钾原子的原子序数不同，但它们都只有一个价电子。因此，钠和钾的化学性质相似：它们都是非常活泼的金属，都很容易与其他元素结合。

分布在元素周期表右侧的元素，如氦和氩，最外层能级上的电子是饱和的。如**图3–5**所示，一个氩原子有18个电子，最内层能级有2个电子，第二层有8个电子，而第三层（最外层）能级则满载了8个电子。最外层能级是饱和状态的元素是极不活泼的惰性元素。

离子

原子在最外层的能级中有时会得到或失去电子。原子是中性的，因为带有负电荷的电子和带有正电荷的质子数目相等。当一个原子得到或失去电子后，它就变成带电的**离子（ion）**。一般来说，一个原子最外层能级含有的电子不超过半数，即小于4个价电子时，更容易失去价电子。当一个原子失去价电子时，它就变成了正离子。在化学中，我们给正离子标注一个上标的加号。例如，钠（Na）离子表示为Na^{+}。如果失去了不止1个电子，那么就在这个加号前面标注上失去的电子数量。例如，镁（Mg）离子是镁原子失去了2个电子后形成的，用Mg^{2+}来表示。

☑ **读后自查** **解释**正离子是如何形成的。

如果一个原子最外层能级含有的电子数超过了半数，即超过4个价电子，更容易获得电子填充最外层能级。这样得到电子的原子形成的是负离子。负离子用标注一个上标的负号的形式来表示。例如，硫（S）原子得到2个电子形成的硫离子表示为S^{2-}。有些物质中的离子是由原子团组成的，比如硅酸盐离子表示为$(SiO_4)^{4-}$。它是组成岩石和矿物的重要成分。

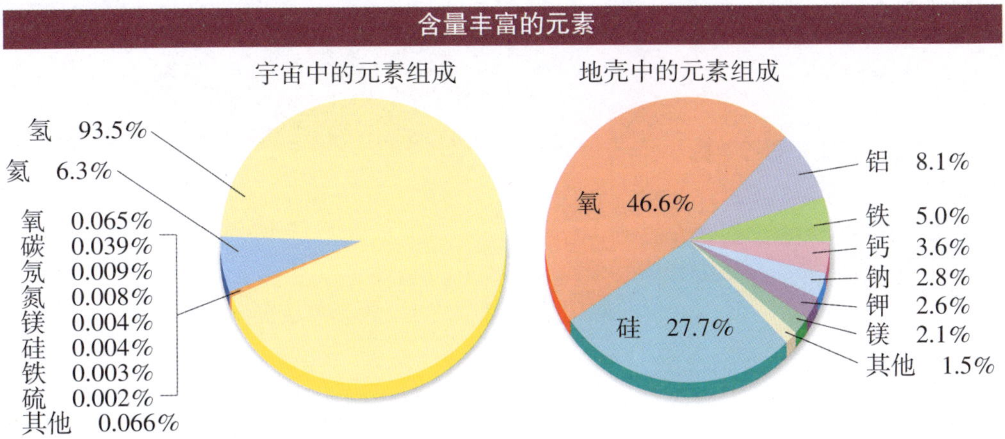

■ **图3-6** 宇宙中含量最丰富的元素与地球上含量最丰富的元素大不相同。

推测 *宇宙中氢和氦含量最多的是什么地方?*

含量最丰富的元素

天文学家已经确定了宇宙中含量最丰富的两种元素分别是氢和氦。其他所有元素含量的总数不及宇宙中原子总量的1%,如**图3-6**所示。科学家们对地球上的岩石和矿物的组成进行分析后发现,组成地壳的元素百分比与组成宇宙的元素百分比不同。如**图3-6**地壳中的元素组成所示,8种元素的含量约占了地壳总质量的98.5%,其中氧和硅两种元素的含量约占总量的75%。这表明,地壳的大多数岩石和矿物中都含有氧和硅。含有氧和硅的矿物称为硅酸盐矿物。除了氧和硅之外,地壳中含量最丰富的两种元素是铝和铁。

第1节 本节回顾

要点梳理

- 原子由质子、中子和电子组成。
- 元素由原子组成,原子的原子核中含有一定数量的质子。
- 同位素因其原子核中的中子数目不同而出现性质差异。
- 最外层能级处于饱和状态的元素是极不活泼的。
- 离子是带电的原子或原子团。

要点理解

1. **主要概念 区分** 从位置、带电情况和质量等角度来区分构成原子的三种微粒。
2. **推断** 为什么镁和钙的性质相似?
3. **阐述** 一个中性的原子是如何变成离子的?
4. **对比与比对**同位素:铀-239,铀-238,铀-235。

批判性思维

5. **阐述**钙原子的模型,包括原子中质子、中子和电子的位置和数目。
6. **解读**镁元素在元素周期表中的信息。解释镁元素的质量数为什么不是整数。

地学计算

7. 如果放射性同位素镭-226发生衰变,它将释放两个质子和两个中子。那么原子核中还剩多少个质子和中子?该原子新的原子序数是多少?这个新元素的名称是什么?

第2节 物质的结合

主要概念 原子通过电子的作用结合在一起，形成分子和化合物。

核心问题

- 使原子结合成化合物的化学键有哪些类型？
- 使原子结合成化合物的化学键与化合物的物质结构之间是什么关系？
- 混合物和溶液有哪些不同类型？

关键术语

化合物
化学键
共价键
分子
离子键
金属键
化学反应
溶液
酸
碱

地球科学在你身边 你在街边看到过生锈的邮筒或自行车吗？日常生活中，我们经常可以看到生锈的铁制品。铁接触到水或者暴露在空气中时，就容易生锈。

化合物

你能认出**图3–7**中的物质吗？烧瓶中的黄绿色气体是氯气，它是一种有毒气体。银白色的金属固体是钠，它的化学性质十分活泼。这两种元素发生化学反应后生成的新物质就是第三张图中的食盐。那么这两种危险的元素是如何生成一种烹饪必需的调味品的呢？

食盐是一种化合物，而不是单质。**化合物**(**compound**)是两种或多种不同元素的原子通过化学反应结合在一起而形成的物质。水就是一种由氢和氧两种元素结合而成的化合物。由于化合物是由不同元素化合而成的，因此，大多数化合物与组成该化合物的单质具有不同的性质。例如，常温下氧和氢都是气体，但两者反应后生成的水却是一种液体。

化学式 化合物用化学式来表示。化学式包括元素的化学符号以及代表该化合物中各元素的原子数目的下标符号。如果化合物中某元素只有一个原子，那么就不需要加下标。因此，食盐的化学式为NaCl，水的化学式为H_2O。

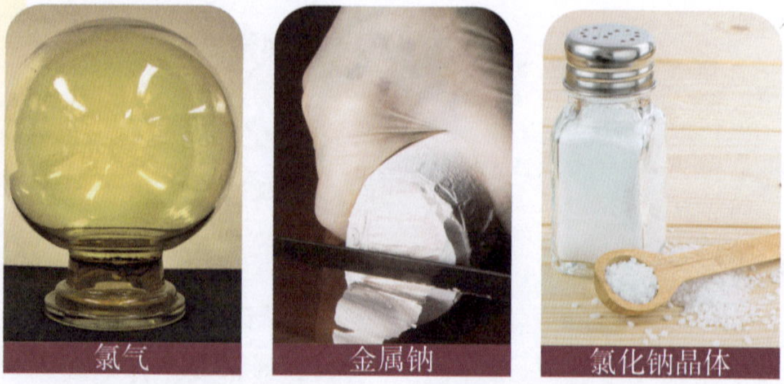

■ **图3–7** 钠是一种银白色的金属，质地柔软，可用小刀切割。氯是一种黄绿色的有毒气体。钠和氯发生化学反应后会生成一种白色的固体——氯化钠。

共价键

最外层能级达到饱和状态时，原子的化学性质就比较稳定。这种稳定结构是因为几种元素之间形成了化学键。**化学键(chemical bond)**就是指将元素的原子结合在一起形成化合物的一种力。要使原子的最外层能级达到饱和状态，一种办法就是让原子共用电子。例如，每个氢原子都只有一个电子，如果两个氢原子共用一对电子，则每个氢原子就都有了两个电子，即达到了最外层能级上电子的饱和状态，从而形成了更为稳定的结构。**图3-8**就表示一种这样的结构。那么，这两个原子又是如何结合在一起的呢？我们知道，每个氢原子的原子核都含有一个带正电荷的质子，正是这两个质子对共用电子的吸引，才使得两个原子结合在了一起。这种原子对共用电子的吸引而使得原子结合在一起的作用力，就是**共价键(covalent bond)**。

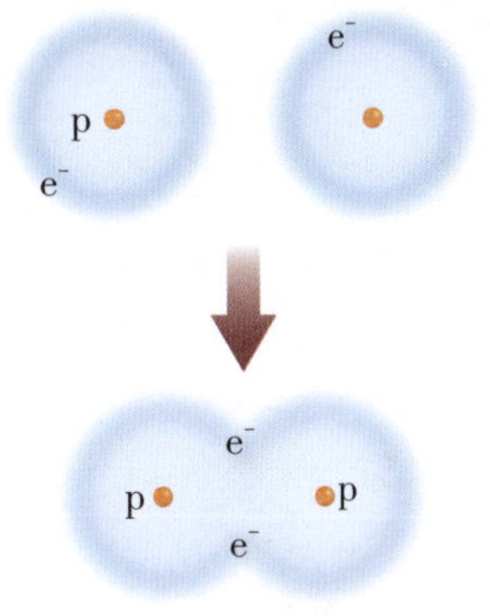

■ **图3-8** 在这个共价键的图示中，注意最外层能级的电子分布。现在两个原子共用一对最外层电子。

分子 **分子(molecule)**是由两个或多个原子通过共价键结合形成的。分子不显任何电性，因为其电子的总数和质子的总数相等。水就是原子通过共价键结合成的化合物，如**图3-9**所示。水分子可以用化学式H_2O表示，因为两个氢原子各需要失去一个电子才能保持稳定状态，一个氧原子需要获得两个电子才能保持稳定状态，所以一个氧原子要与两个氢原子共用两对电子，才能形成一个水分子。由分子构成的化合物叫作分子化合物。

分子的极性 虽然水分子是通过共价键结合而成的，但是，水分子中的两类原子利用共用电子对的机会并不相等。如**图3-9**所示，在水分子中，氧原子对共用电子对的吸引力大于氢原子的吸引力，因此，共用电子对靠近氧原子的机会要多于靠近氢原子的机会。像这样因原子对共用电子对的共用机会不相等而形成的键，称为极性键，它有正极和负极之分。

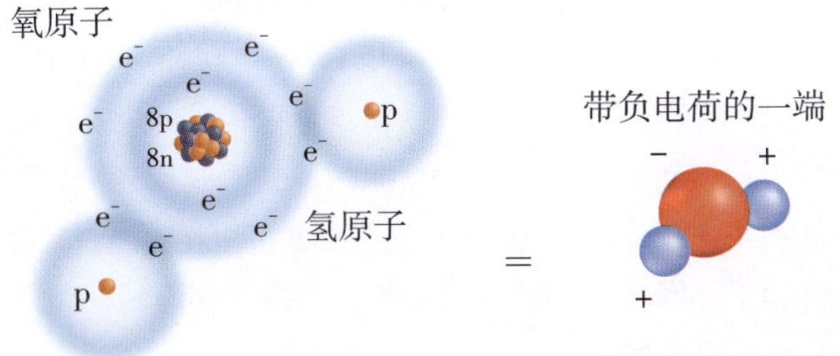

■ **图3-9** 分子的极性与条形磁铁相似。在水分子的一端，氢原子带正电荷，而在相反的一端，氧原子带负电荷。

离子键

你或许已经预料到，正（阳）离子和负（阴）离子能相互吸引。电性相反的两种离子间的相互吸引力就是**离子键（ionic bond）**。**图3–10**显示了带正电的钠离子和带负电的氯离子之间存在的离子键。普通食盐（NaCl）中包含了相同数量的钠离子（Na^+）和氯离子（Cl^-）。注意，在化学式中，阳离子通常写在前面。

在氯化钠（NaCl）中，阳离子和阴离子的数量相等。钠离子所带的正电荷和氯离子所带的负电荷相互抵消，因此化合物NaCl的整体电性为零。同理，镁离子和氧离子结合形成化合物氧化镁（MgO），它是组成地球的最普遍的化合物之一。阳离子和阴离子通过离子键构成的化合物叫作离子化合物。有些离子化合物中的离子比例是不相同的。例如，氧离子和钠离子构成的化合物氧化钠，化学式为Na_2O。在氧化钠中，两种离子的比例并不相等，每一个氧离子对应两个钠离子。

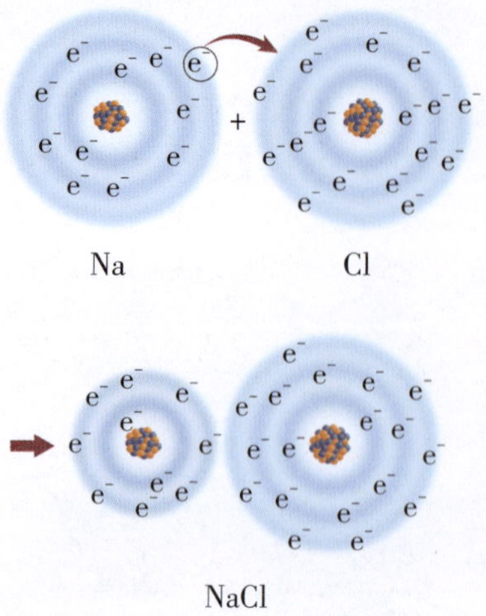

■ **图3–10** 钠原子最外层的一个电子与氯原子结合形成离子键。离子键形成后，带负电的氯离子比带正电的钠离子略大些。

☑ **读后自查** **描述**离子键是怎么形成的。

金属键

地球上的大多数化合物通过离子键或共价键结合，或者兼而有之。然而，如**图3–11**所示是另外一种结合类型。在金属中，原子的价电子是被所有原子共用的，而在共价化合物中，只有相邻的原子间才共用价电子。你可以把一块金属想象成在负电子的海洋中游移的一群阳离子。金属的阳离子通过它们之间的负电子聚集在一起。这种类型的化学键称作**金属键（metallic bond）**。金属可以导电，就是因为电子可以在整个固体金属中自由活动的缘故。

金属键也解释了为什么金属这么容易变形。当一个外力施加于金属时，比如用锤子击打，电子就会发生位移。这说明金属离子能够移动，从而造成金属的形变。**图3–12**总结了价电子在这三种化学键中的作用形式。

■ **图3–11** 金属键是因为价电子在原子中平均分布而形成的。电子可以在阳离子中自由移动，你可以把它想象成电线中的电流。

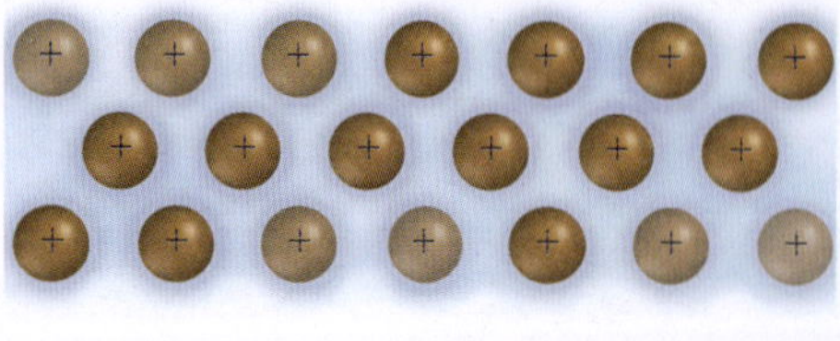

金属键

三种化学键的图解

图3–12 原子共用、获得或失去电子后形成性质稳定的离子和化合物。金属的性质可以通过金属键来解释。

共价键 通过共用最外层能级的电子形成稳定的分子化合物。

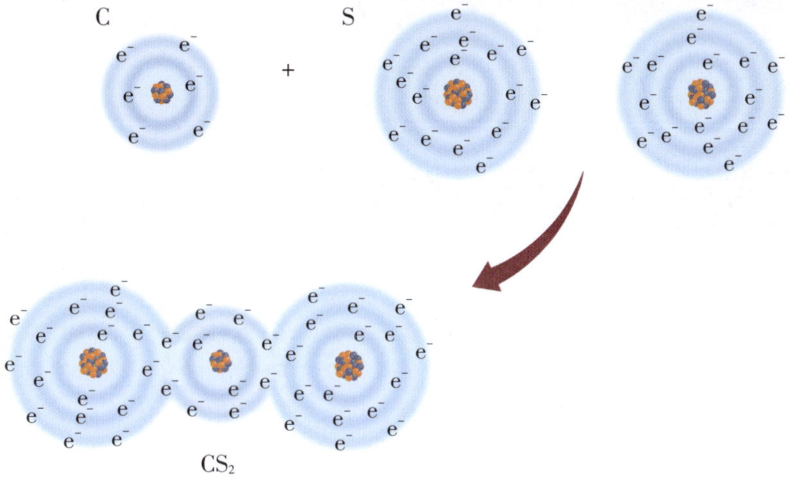

金属键 在金属中，价电子可以在阳离子中自由移动。

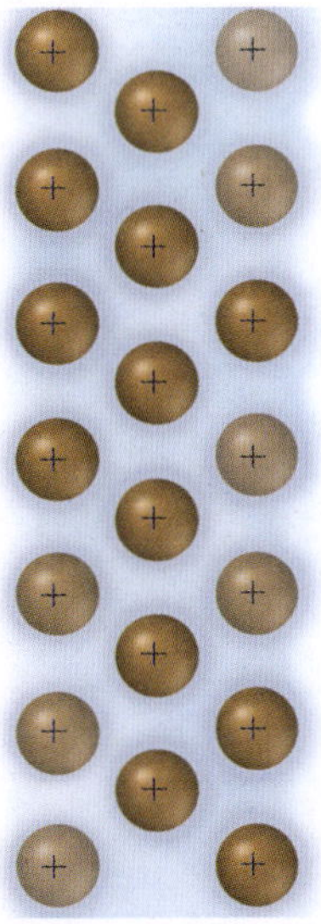

离子键 原子通过得到或失去最外层能级的价电子形成稳定的离子，带相反电荷的阴阳离子能相互吸引。

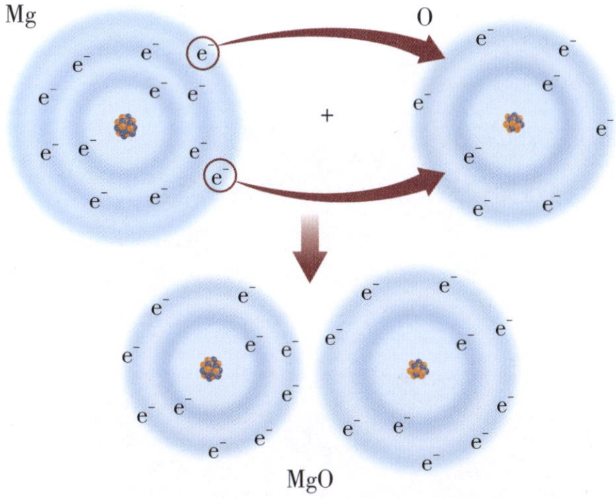

■ **图3-13** 将一根铜线放到硝酸银溶液中，两者会发生化学反应。铜线表面上的铜会被银取代，溶液则会变成蓝绿色的硝酸铜溶液。

化学反应

你已经学习了原子通过获得、失去或共用电子而变得更加稳定，并生成化合物的有关知识。有时候，化合物会分解成更简单的物质。一种或多种物质变成其他物质的过程，如**图3-13**所示，叫作**化学反应(chemical reaction)**。化学反应通常用化学方程式来表示。例如，水(H_2O)是通过氢气(H_2)和氧气(O_2)的化学反应得到的。生成水的过程可以用下面的化学方程式来表示：

$$2H_2+O_2 \longrightarrow 2H_2O$$

在化学中，该化学方程式应读作“2个氢分子和1个氧分子反应生成2个水分子”。在该反应中，氢气和氧气是反应物，水是生成物。当你书写化学方程式的时候，必须保证方程式两边各元素的原子数量是相等的，以使方程式成立。这是因为反应前后的物质的(质)量是不变的。注意，在上述化学方程式中，两边各有4个氢原子(2+2=4)。同样，方程式的两边各有2个氧原子。

另外一个化学反应的例子是铁(Fe)和氧(O)反应，用下面的化学方程式表示：

$$4Fe+3O_2 \longrightarrow 2Fe_2O_3$$

你可以通过本页的“技能实验”学习化合物的形成过程。

技能实验

科学实验室

解读科学图表

化合物是如何形成的？ 许多原子通过获得或失去电子达到最外层能级中有8个电子的稳定结构。如下图所示，能级用环绕在元素原子核外的圆表示。能级上的有色球体表示电子，原子核内的球体表示质子和中子。

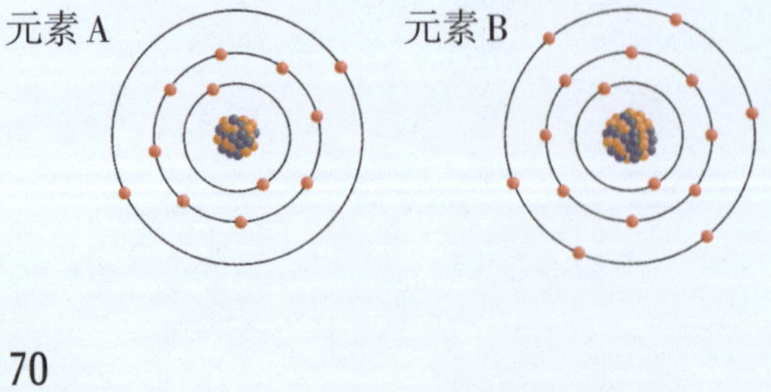

实验步骤

1. 元素A和元素B中各有多少个电子？
2. 这两个元素的原子核中各有多少个质子？
3. 用第61页的元素周期表来确定元素A和元素B的名称及符号。

批判性思维

4. **确定** 这两种元素是否能形成离子？如果可以，这些离子所带的电荷(数量和符号)如何？它们的化学式怎么写？
5. **构想** 这两种元素能形成化合物吗？如果可以，该化合物的化学式怎么写？

混合物和溶液

形成化合物的原子在化合过程中会失去自己原有的性质。与化合物不同的是，混合物由两种或多种物质混合而成，并保持原有性质。混合物中的物质容易区分的称为非均匀混合物。例如，沙滩上的沙子，如**图3–14**所示，就是一种非均匀混合物，因为它的组成物仍然可以辨别出来：贝壳、贝壳的碎屑和矿物颗粒等。相反，在均匀混合物中，组成物的微粒无法加以辨别，但即便如此，它们还是保持原有性质。均匀混合物也叫作**溶液**(solution)。

溶液可以是液态、气态或固态的。海水是一种液态溶液，它由水分子和地球上多种元素的离子组合而成。岩浆也是一种液态溶液，它由岩石晶体结晶前含有的各种原子的离子组成。空气是气态溶液，主要由氮分子、氧分子和其他分子构成。金属合金也是溶液，如青铜和黄铜。青铜是由铜原子和锡原子组成的均匀混合物，黄铜是由铜原子和锌原子组成的均匀混合物。这类均匀的固体混合物叫作固态溶液。

■ **图3–14** 不是所有的海滩上的沙子和贝类混合物都是一样的。大西洋海滩上混合物的成分与太平洋海滩上的并不一样。

☑ **读后自查** **描述**溶液的三种类型。

酸 地球上发生的多种化学反应都是在酸或碱的溶液中进行的。**酸**(acid)是一种溶解于水后产生的阳离子全部是氢离子(H^+)的物质。回顾前面学到的知识：1个氢原子含有1个质子和1个电子。当氢原子失去电子后，就仅剩1个质子，成为氢离子(H^+)。pH决定于溶液中氢离子的数量(浓度)，**图3–15**所示是一些常见物质的pH。pH为7的溶液呈中性，蒸馏水的pH大约为7。pH小于7的溶液呈酸性，数值越小，溶液的酸性越强。

■ **图3–15** 酸碱(pH)度不只是科学课上的内容。所有的物质都有一个对应的pH，如图所示是一些家中常见物质的pH。

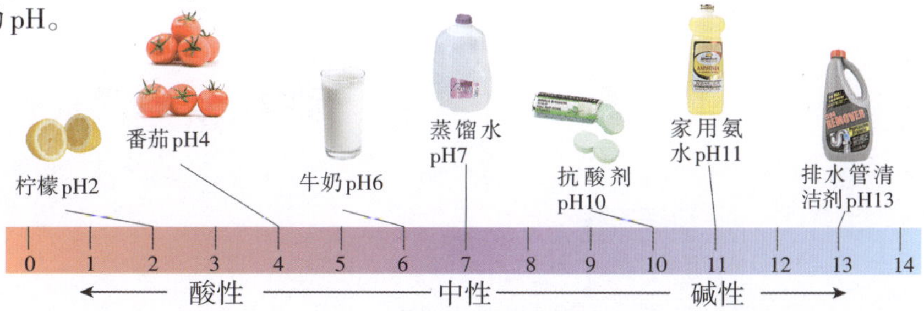

地球上最常见的酸就是碳酸(H_2CO_3),它是二氧化碳溶解于水中发生化学反应而产生的:

$$H_2O + CO_2 \longrightarrow H_2CO_3$$

一些碳酸分子溶解在水中并电离成为氢离子和碳酸根离子,如下面的电离方程式所示:

$$H_2CO_3 \longrightarrow H^+ + HCO_3^-$$

这两个方程式在石灰岩的溶解、沉淀以及形成岩洞的过程中扮演着重要的角色。此外,蒸馏水的pH为7,雨水则稍显酸性,pH为5.0到5.6。许多地质进程中的化学变化都是非常缓慢的。例如,地下水中的碳酸分解石灰岩形成岩洞要历经数千年的时间。

碱 一种溶解于水后产生的阴离子全是氢氧根离子(OH^-)的物质。碱可以中和酸,因为酸中的氢离子(H^+)会和碱中的氢氧根离子(OH^-)结合生成水:

$$H^+ + OH^- \longrightarrow H_2O$$

回顾**图3-15**。pH大于7的溶液呈碱性,且数值越大,碱性越强。许多家用清洁产品的pH都在11到13之间,碱性较强。

地球科学相关职业

地球化学家 地球化学家研究岩石、矿物及环境的相互影响。地球化学家能够帮助矿产公司减少废弃物的排放,因为他们知道如何分解岩石中的矿物及其伴生的副产品是否有毒等。

第2节 本节回顾

要点梳理

- 不同元素的原子组合构成化合物。
- 共价键以原子之间共用电子的形式出现。
- 离子化合物是由正(阳)离子和负(阴)离子相互作用生成的。
- 混合物有两种形式——非均匀混合物和均匀混合物。
- 酸溶液中含有氢离子,碱溶液中含有氢氧根离子。

要点理解

1. **主要概念** **解释** 为什么分子不带电?
2. **区分**分子和化合物。
3. **计算**下列化学方程式达到平衡时所需要的原子数:
   $CaCO_3 + HCl \longrightarrow CO_2 + H_2O + CaCl_2$
4. **绘图**表示酸的中和过程。
5. **对比与比对** 用举例的方式来说明混合物与溶液。

批判性思维

6. **设计** 在显微镜下,牛奶是一种由悬浮在营养物溶液中的脂肪球所组成的营养物质。设计一个流程图,说明牛奶是均匀混合物还是非均匀混合物。
7. **预测** 氨(NH_3)中的氮原子和氢原子是通过什么类型的化学键结合的?概述这个分子。

地学写作

8. 抗酸剂可以用于缓解消化不良和胃疼。请你写一则有关某种新的抗酸剂的广告,要求没有上过科学课的人也能理解这个产品的功效。

第3节 物质的状态

主要概念 地球上乃至宇宙中的物质都以固体、液体、气体或等离子体的状态存在。

核心问题

- 地球上的物质有哪些不同的状态？
- 为什么物质以这些状态存在？
- 热能如何影响物质状态的变化？

关键术语

晶体结构
玻璃
蒸发
等离子体
凝结
升华

地球科学在你身边 当你在夏日从泳池中出来时，你会觉得凉爽，尤其是一阵风吹来的时候。这是为什么呢？因为水蒸发时，它会从你皮肤上吸收热量。风吹得越大，水就蒸发得越快，你也会觉得越凉爽。

固体

固体是微粒紧密压缩在一起而形成的物质，这些微粒可以是离子、原子或分子。大多数固体都具有**晶体结构**(**crystalline structure**)，其中的微粒按照规则的几何结构排列，如**图3-16**所示。因为存在晶体结构，所以固体具有一定的形状和体积。

形态完美的晶体是很稀有的。当众多晶体同时在同一地方形成时，它们将相互干扰，妨碍规则且又光滑的晶体形成，其结果就是形成聚集的晶体堆，即多晶体。地球上的多数固体，包括岩石，大多是多晶体物质。**图3-16**就是天然的花岗岩多晶体。

一些固体物质没有规则的内部排列样式。**玻璃**(**glass**)是由紧密而随意排列的原子组成的固体物质，这是因为物质在熔化后猝然冷却，导致原子没有时间排列成规则的样式。这些固体没有形成晶体，或者它们的晶体小到肉眼无法识别。玻璃的主要化学成分是SiO_2，它由无序排列的硅原子和氧原子组成。

图3-16 花岗岩是由矿物晶体像一块块拼图一样组合而成的。组成岩石的矿物晶体又由一个个原子和分子以同样的形式构成。

■ **图3-17** 每个容器中的液体体积相等。

解释 *为什么每个容器中的液体高度不一样？*

液体

在温度高于绝对零度(-273 ℃)时，固体中的原子开始振动。温度越高，振动越强烈，所以又称热振动。当温度达到物质的熔点时，振动就变得尤其剧烈而混乱，从而破坏使固体物质聚集的力，物质的微粒开始流动，固体成为液体。液体没有固定的形状，它的形状随容器的变化而变化，如**图3-17**所示。但是，液体具有一定的体积。

☑ **读后自查** **解释**温度升高对固体中原子的影响。

气体

液体中的微粒振动杂乱无章，因此，有些微粒可以获得充足的能量而逃离液体。这种液体变成气体的过程叫作**蒸发(evaporation)**。当液体温度达到它的沸点时，液体就迅速蒸发为气体了。

折叠式学习卡

将本节信息整合到你的折叠式学习卡中。

在气体中，微粒因彼此间距离相对较远而相互分离，在撞到另一个气体微粒或容器壁之前都朝着一个方向高速运动。气体和液体一样，没有固定的形状。如果没有受到容器的容纳或阻力(如重力)的束缚，气体也没有固定的体积。例如，地球的重力束缚着大气圈的气体，以防它逃逸到太空中去。

等离子体

当温度加热到高于5 000 ℃时，微粒间的碰撞将剧烈到能够让电子被撞离出原子。这种存在于恒星上的极端高温，使得恒星的气体完全由阳离子和自由电子组成。而这种炙热的、高度离子化的导电气体即为**等离子体(plasma)**。如**图3-18**所示，等离子体形成了环绕太阳的日冕。如果你曾看到过闪电或霓虹灯，那么你就已经见过等离子态的物质了。闪电和霓虹灯中的物质就是等离子态的。

■ **图3-18** 太阳的温度通常用开尔文(K)来表示，273 K等于0 ℃。作为等离子体的日冕温度高达15 000 000 K。

比较 *日冕的温度与闪电的温度(30 000 K)。*

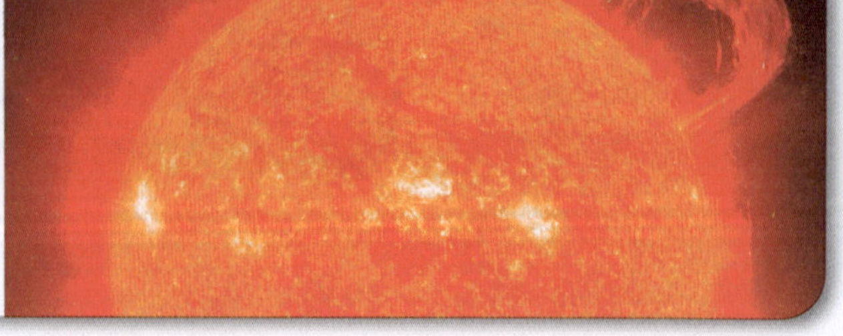

物质状态的变化

当固体吸收了足够多的热能时，会熔化成液体，因为热能会破坏固体内部的晶体排列形式。固体开始熔化的温度就是熔点。当液体被冷却到某一温度时，它们会固化，并释放热量。这个由液体变为固体的温度就是冰点。冰点与熔点相反。

当某一液体被加热到沸点，且吸收了足够多的热能，液体就会发生汽化，变成气体。同样，当气体被冷却到沸点，就会变成液体，这个过程称为**凝结**（**condensation**），如**图 3-19** 所示。凝结是汽化的逆过程。汽化吸收热量，凝结释放热量。

即使没有达到沸点，汽化也会发生，因为热振动能促使单个原子或分子脱离固体。你或许也注意到，即使在寒冷的冬季，气温在0℃以下，雪也能逐渐消失。这种固态物质（冰晶）不经过转变为液态而直接变成气态（水蒸气）的现象叫作**升华**（**sublimation**）。

图 3-19 浴室中湿热的空气遇到冷的玻璃镜，水蒸气就会在玻璃上凝结。

预测 *如果玻璃镜和水蒸气温度一样，又会发生什么情况？*

能量守恒

物质可以通过化学反应和核变的过程生成其他物质，物质的状态也会随着不同温度发生变化。化学方程式两端必须是平衡的，因为物质不会凭空产生或消失。这一基本的事实，叫作物质守恒定律。与物质一样，能量也不会凭空产生或消失，但它可以从一种形式转变为另一种形式。比如，电能可以转化为光能。这一定律就是能量守恒定律，也叫作热力学第一定律。

第 3 节　本节回顾

要点梳理

- 物质状态的变化与热能相关。
- 物质守恒定律是指物质不会凭空产生或消失。
- 能量守恒定律是指能量不会凭空产生或消失。

要点理解

1. 主要概念　**解释**热能是如何影响物质状态变化的。
2. **评估**在4种物质状态下热振动的本质。
3. **应用**　比较蒸发与凝结过程中的热能变化。

批判性思维

4. **推断**　如果水分子不是极性分子，水的沸点（100 ℃）会有什么变化？
5. **思考**　玻璃和钻石都是透明、无色的固体，为什么玻璃比钻石更易碎？

地学计算

6. 根据**图 3-18**，计算日冕的温度层级。注意：273 K 等于 0 ℃。

液晶显示屏

早上，你起床后准备去学校。你抓起手机就冲出门，走之前扫了一眼你的手表。一到学校，你就拿出计算器，准备接下来的数学考试。放学回家后，你查看了一下电子邮件，然后开始看电视。你有没有意识到，这个过程中自己大概已经用了5次液晶屏(LCD)技术呢？或许你之前已经听过这个名词，但你知道它到底是什么吗？

电子表的显示屏是通过液晶显示屏技术来实现的。小图是液晶显示屏中一个发光二极管在显微镜下放大后的图像。

液晶 我们知道，液体和晶体是物质的两种形态，但有没有一种既有晶体特性又有液体特性的物质呢？容器中液体的微粒能向各个方向运动，具有流动性；而固体的微粒则有序排列，不做无规则运动。液晶分子取向有序，也就是说，如果把它们并排放在一个薄薄的玻璃盘子里，它们会并排向一个方向运动。因为液晶还具有一些液体的性质，所以这种晶体能像鱼群一样游动。液晶这种介于固体和液体的特性，使得它能用于制造各类电子产品。

液晶显示屏的工作原理 观察一只电子表，比如右上角图片上的这一只。如果凑近看，你会看见一些数字。它们是位于显示器这个“三明治”中间的线路。两块玻璃板组成这个“三明治”的外层，“三明治”的中间层就是含有液晶的线路。液晶在这里是“放松”的状态。在这一状态下，手表内部发出的光会经过玻璃板反射出去。

如果电流经过液晶线路，液晶中的微粒会带电并改变原来的运动方向。只要有一个微小电流经过，光就不能透过玻璃板反射出去。换句话说，液晶线路中的这一部分看上去就是黑的。

这个原理听起来十分简单，对吧？这也是现在液晶显示屏技术如此流行的原因。液晶显示屏是常见的显示屏技术，因为它可以把屏幕做得细薄、轻便和高效节能。下一代液晶显示屏技术或许还会使产品更加轻便、灵活，甚至在未来几年后，可能出现像纸一样可以卷起来的液晶屏。

地学写作

绘图 研究液晶显示屏的分层结构，并通过一幅画来表示各层之间是如何相互作用的。

盐的析出过程

实验背景：地球上的许多岩石都是由从海水中析出的盐所形成的。当盐溶液达到饱和状态后，盐就会析出。溶解性是指物质溶解于溶剂中的能力。当溶液达到饱和状态后，溶质就不再溶解了。

实验问题：盐溶液达到饱和状态需要什么条件？在什么条件下，盐会从溶液中析出？

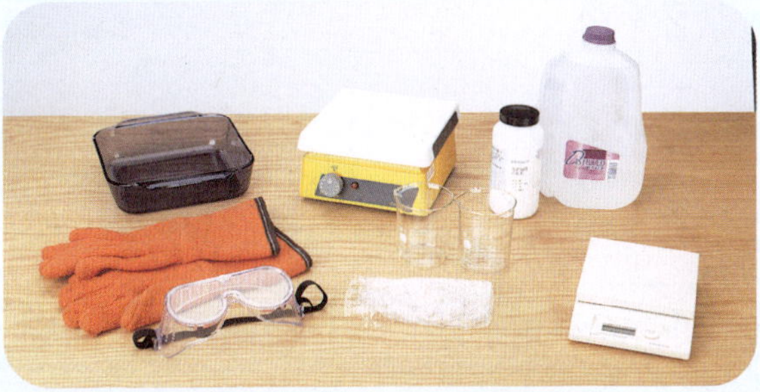

推荐用的实验器材

实验材料

岩盐（氯化钠）
250 mL的烧杯（2个）
蒸馏水
塑料包装袋
加热台
浅口玻璃烤盘
冰箱
玻璃搅拌棒

实验步骤

1. 阅读并遵守实验室安全守则。
2. 制作一个表格来记录你观察到的数据。
3. 将150 mL蒸馏水倒入250 mL的烧杯中。称取54 g氯化钠，并将氯化钠加入盛有蒸馏水的烧杯中，搅拌，直到仅有少量颗粒留在烧杯底部。
4. 将烧杯放在加热台上，打开加热开关。边加热，边搅拌溶液，直到剩余的氯化钠颗粒溶解。此时，盐溶液达到饱和。
5. 将50 mL热饱和盐溶液倒入另一个250 mL的烧杯中。用塑料包装袋将烧杯口封好，将其放入冰箱中。
6. 将50 mL热饱和盐溶液倒入浅口玻璃烤盘中，并将玻璃烤盘放置在加热台上加热，直到所有液体蒸发完为止。

   注意：玻璃烤盘会非常烫手，拿取时一定要小心。
7. 将盛有剩余50 mL盐溶液的第一个烧杯静置在架子或窗台上。不要盖住烧杯。
8. 一天之后，观察两个烧杯里溶液发生的变化。如果晶体还未形成，就再继续观察一天。
9. 当三个容器中都产生晶体时，观察析出结晶的大小和形状。在表格中记录你的观察数据。

实验分析

1. **描述**三个容器中析出晶体的形状。能否仅从外观来鉴定它们就是氯化钠？
2. **推断**加热对氯化钠溶解度的影响。
3. **解释**　冷却对盐的溶解度有什么影响？蒸发对盐的溶解度有什么影响？
4. **评估**冷却速率与晶体大小的关系。

拓展探究

试试其他物质　用其他可溶解的物质设计一个探究实验。测试在一定量的水中，该物质的溶解情况如何、该溶液需要多长时间才开始蒸发以及析出晶体的形状如何等。准备一个能与同学们分享的小报告。

第3章 复习指南

大概念 地球上物质的多样性源于原子之间排列组合的多样性。

第1节 物 质

关键术语

- 物质
- 元素
- 原子核
- 质子
- 中子
- 电子
- 原子序数
- 质量数
- 同位素
- 离子

主要概念 原子是组成所有物质的基础。

要点梳理

- 原子由质子、中子和电子组成。
- 元素由原子组成,原子的原子核中含有一定数量的质子。
- 同位素因其原子核中的中子数目不同而出现性质的差异。
- 最外层能级处于饱和状态的元素是极不活泼的。
- 离子是带电的原子或原子团。

第2节 物质的结合

关键术语

- 化合物
- 化学键
- 共价键
- 分子
- 离子键
- 金属键
- 化学反应
- 溶液
- 酸
- 碱

主要概念 原子通过电子的作用结合在一起,形成分子和化合物。

要点梳理

- 不同元素的原子组合构成化合物。
- 共价键以原子之间共用电子的形式出现。
- 离子化合物是由正(阳)离子和负(阴)离子相互作用生成的。
- 混合物有两种形式——非均匀混合物和均匀混合物。
- 酸溶液中含有氢离子,碱溶液中含有氢氧根离子。

第3节 物质的状态

关键术语

- 晶体结构
- 玻璃
- 蒸发
- 等离子体
- 凝结
- 升华

主要概念 地球上乃至宇宙中的物质都以固体、液体、气体或等离子体的状态存在。

要点梳理

- 物质状态的变化与热能相关。
- 物质守恒定律是指物质不会凭空产生或消失。
- 能量守恒定律是指能量不会凭空产生或消失。

第3章 复习检测

术语回顾

从复习指南中选取合适的术语填空。

1. 居于原子核中心、电荷为中性的微粒称为__________。
2. 元素的__________数目与原子核中的__________数目一致。
3. 元素的原子因其质量数不同而被称为__________。

解释下列术语之间的关系。

4. 离子态，共价
5. 均匀混合物，溶液
6. 酸，碱

利用下列术语造句。

7. 晶体，玻璃
8. 分子，离子，等离子体，气体
9. 蒸发，凝结
10. 电子，金属键

理解要点

根据下图，回答第11～13题。

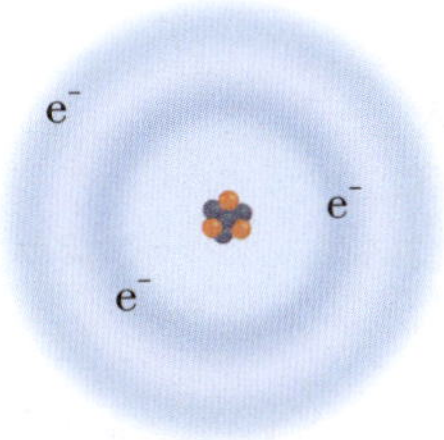

11. 该原子的原子数是多少？
    A. 3
    B. 4
    C. 5
    D. 6
12. 该原子有几个价电子？
    A. 1　**B.** 2
    C. 3　**D.** 4
13. 该原子表示什么元素？（请参考*学习资源*中的元素周期表）
    A. 氦　**B.** 铍
    C. 锂　**D.** 氮
14. Al^{3+}和O^{2-}能形成哪种离子化合物？
    A. Al_3O_2
    B. Al_2O
    C. Al_2O_3
    D. AlO

根据下图，回答第15题。

15. 原子在某种状态下的排列形式如图所示。这是什么状态？
    A. 气态
    B. 液晶
    C. 液态
    D. 固态
16. 下列哪项是非均匀混合物？
    A. 咖啡　**B.** 泥土
    C. 明胶　**D.** 空气
17. 冰在升华后转化成什么？
    A. 氢离子和氢氧根离子
    B. 氢
    C. 水
    D. 水蒸气
18. 许多乐器都是由黄铜制成的。黄铜是铜原子和锌原子结合在一起形成的。黄铜属于下列哪种类型？
    A. 固溶体
    B. 离子化合物
    C. 共价化合物
    D. 碱

19. 气体凝结成液体的过程中,会发生下列哪种情况?
    A. 释放了热能
    B. 吸收了热能
    C. 温度升高了
    D. 温度降低了
20. 下列哪种离子存在于酸性溶液中?
    A. 氧离子
    B. 氮离子
    C. 氢氧根离子
    D. 氢离子

简要概述

21. **解释**　为什么食盐不能导电?
22. **解释**　为什么像氖和氩这类气体不能直接与其他元素发生反应?
23. **阐述**钾原子模型的特点,指出原子正价状态下各个能级上电子的数目。钾是金属还是非金属元素?(请参考*学习资源*中的元素周期表)

根据下图,回答第24~25题。

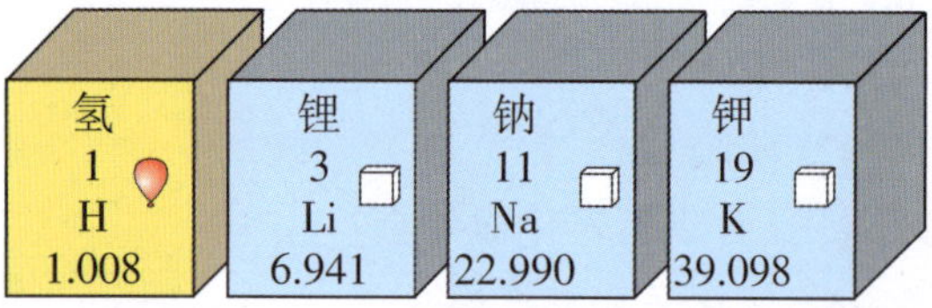

24. **观察**　这些元素之间有什么共同点?
25. **解释**　为什么这些元素的原子质量数不是整数?
26. **辨别**　易导热和导电的固体中含有哪些化学键?
27. **对比与比对**氦元素和氖元素的物理性质。

根据下图,回答第28~29题。

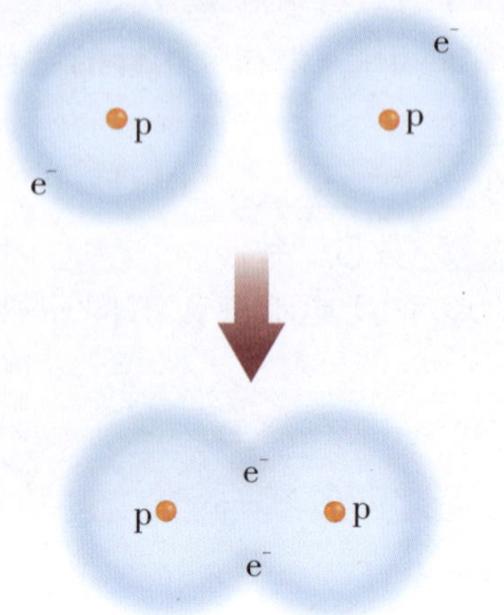

28. **指出**上图所示化学键的类型,并说明理由。
29. **对比与比对**该键与金属键。把你的答案用图表的形式表示出来。
30. **推断**　含有氘原子的水分子和含有普通氢原子的水分子有什么区别?(提示:氘是氢的同位素,但其质量数为氢的两倍。它形成的化合物与氢原子相同,也包括水)
31. **评估**结论:等离子体通常比气体温度高。

批判性思维

根据下图,回答第32题。

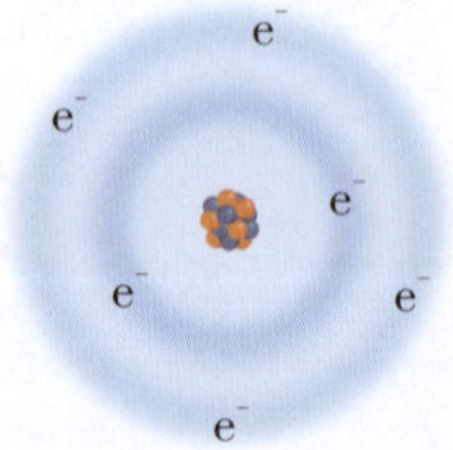

32. **推断**　这张图显示的是碳-14的原子数。该放射性同位素会发生衰变,其原子核内的一个中子会转化为一个质子。碳-14衰变后产生的元素和同位素各是什么?

33. **阐述** 用一张图表来说明为什么水能有效溶解食盐之类的离子固体。

34. **分组**并列出所有金属都具备的一些共性。

35. **评估**以下结论的正确性：地面上的雪在0℃以下的寒冷天气里也会融化。

36. **排列** 将盐酸（HCl）滴到石灰石（$CaCO_3$）这种沉积岩的表面时，会生成二氧化碳（CO_2）、氯化钙（$CaCl_2$）和水（H_2O）。用一个化学方程式表示上述化学变化过程。

37. **推断** 地球大气圈上部的电离层能导电。推断电离层中物质的状态。

38. **地球科学相关职业** 评估天文学家利用化学反应解读其他行星上的岩石和矿物组成的意义。

39. **估量** 海平面的空气密度为0.13 g/L。估算需要多少千克这样的空气才能填满你的教室。（提示：开始之前，先要测量教室的长、宽、高，计算出教室的容积）

概念图解

40. 运用下列术语来绘制一幅概念图：*离子键、共价键、金属键、共用电子、得到或失去电子、自由电子、分子、化合物*。

挑战难题

41. 一个原子几乎是空心的。一个普通原子的直径约为10^{-10} m，原子核直径为10^{-15} m。为了使之可视化，我们需要将原子放大10^{13}倍，才能让原子核的大小变为1 cm。放大后的原子大小是多少？这个原子会有足球场这么大吗？

地学写作

42. 准备一则关于一个新发现的化学元素的新闻报道。这个元素的原子核中有121个质子。在这则新闻中，要说明这一元素的性质和它在元素周期表中的位置。

材料分析

镁的质量轻，但它的强度与质量比高。镁约占地壳总质量的2%，在海水中的含量约为0.13%。含镁的矿物有60多种，镁可以从含镁的矿石和海水中提取。

镁中加入铝之后形成的合金不仅强度增大，而且更耐磨损，这些优点在饮料罐中得到了很好的体现。镁的质量轻，适用于飞机、汽车、电锯、除草机等各种机器零部件的制造。世界上镁的年产量达到了58.4万吨，其中中国镁的年产量就达到了42.6万吨。美国镁的年产量为4.3万吨，年消费量为14万吨。其中，美国进口的镁有92%来自加拿大、中国、以色列和俄罗斯。美国每年消费的镁资源中，大约有15%得到了回收利用。

资料来源：Kramer, D. A. 2005. Mineral resources of the month: Magnesium. *Geotimes*, 50 (November): 57.

43. 计算1 m^3的海水中含有多少千克的镁。（提示：海水的密度为1 025 kg/m^3）

44. 分析并解释镁在汽车制造业和生产饮料罐中扮演的角色。

45. 比较美国与其他国家的镁产量。查找资料，描述近年美国的镁消费来源构成发生的变化及其影响。

综合复习

46. 为什么在地球科学中，时间和尺度这两个概念很难理解？（**第1章**）

47. 在这些数据的采集和测量过程中，必须遵循哪些总的原则？（**第1章**）

综合 标准化测试

选择题

根据下表，回答第1～3题。

原子结构		
元素	原子序数	原子质量数
铍	4	9.01
钙	20	40.08
硅	14	28.09
钪	21	44.96
钛	22	47.88
锆	40	91.22

1. 如果钛原子核内有22个质子，那么它最常见的同位素原子的中子数是多少？

A. 26

B. 28

C. 48

D. 60

2. 如果钪元素最常见的同位素原子核内有24个中子，那么钪元素有多少个中子？

A. 13

B. 21

C. 45

D. 66

3. 如果钙元素最常见的同位素原子核内有20个中子，那么自然界中它的另一种同位素原子有多少个中子？

A. 21

B. 30

C. 41

D. 60

4. 氧的价电子数目是多少？

A. 2

B. 4

C. 6

D. 9

5. 一个坐落于两个时区之间的城市应该如何确定时间？

A. 在一个城市里分两个不同的时间

B. 允许人们选择自己想要遵循的时区

C. 把时区的边界移到城市之外

D. 两个时区的时间折中计算

根据下图，回答第6～8题。

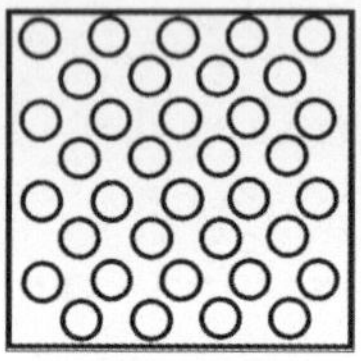

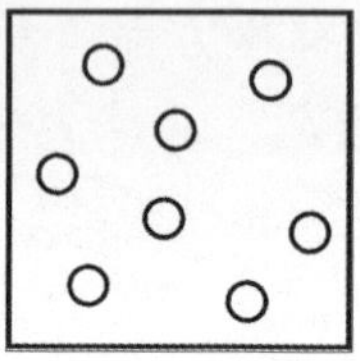

0 ℃　　120 ℃

6. 在一个杯子里，一块冰融化为液态水。下列哪项关于冰融化时的说法是正确的？

A. 水的热能比冰少

B. 水的热能比冰多

C. 水的温度比冰高

D. 水的温度和冰一样

7. 如图所示，水加热时，水分子会发生什么变化？

A. 它们的能级减少了

B. 它们分离得更远了

C. 它们运动得更慢了

D. 它们停止了运动

8. 液态转变为气态需要达到什么条件？

A. 冰点

B. 凝结点

C. 熔点

D. 沸点

9. 下列哪种物质酸性最强？

A. 香蕉(pH 4.7)

B. 芹菜(pH 5.9)

C. 葡萄(pH 3.0)

D. 莴苣(pH 6.9)

简答题

根据下图，回答第10～12题。

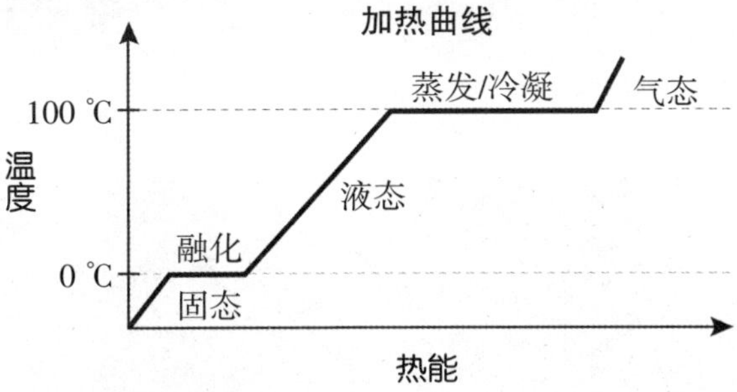

10. 上图以水为例，说明了什么？

11. 在哪一个点上，水的热能最少？

12. 图上的水平线表示什么？

13. 区分理论和假设。

14. 为什么地质图对于科学家研究地震而言很重要？

15. 硅有同位素吗？请做出解释。

16. 科研工作者要严格依据数据得出结论和报告。为什么这一点很重要？

阅读理解

花青苷色素

红甘蓝含有一种叫作黄素（花青苷的一种）的色素。这种水溶性色素也存在于苹果皮、李子、罂粟、矢车菊和葡萄中。酸性溶液会让花青苷变为红色，中性溶液会让花青苷变为紫色，碱性溶液则会让花青苷变为黄绿色。因此，我们可以通过红甘蓝汁中花青苷的颜色变化来判断溶液的酸碱性（pH）。

资料来源：How to make red cabbage pH indicator. About: Chemistry. (Online resource accessed February 12, 2007)

17. 红甘蓝为什么能作为酸碱指示剂？

A. 它含有的色素会根据溶液的酸碱性差异而发生颜色的变化

B. 它含有的色素遇到中性溶液时，颜色不发生变化

C. 它一直都是红色的

D. 它含有的色素接触到酸性或碱性物质后会生成水

18. 从这篇文章中，可以推断出什么？

A. 红甘蓝是唯一可以作为酸碱指示剂的食物

B. 红甘蓝汁中的花青苷色素在遇到酸性或碱性物质时，颜色会发生变化

C. 红甘蓝作为酸碱指示剂实验后，还能继续食用

D. 颜色的变化并不能说明物质的酸碱性

19. 红甘蓝遇到碱性物质时，会变成什么颜色？

A. 紫色

B. 红色

C. 蓝色

D. 黄绿色

需要更多帮助？																
如果你回答错误……	1	2	3	4	5	6	7	8	9	10	11	12	13	14	15	16
请复习相应章节……	3.1	3.1	3.1	3.1	2.1	3.3	3.3	3.3	3.2	3.3	3.3	3.3	1.3	2.2	3.1	1.3

第4章

矿　物

大概念　矿物是我们日常生活中不可或缺的一部分。

内容提要

1　什么是矿物

2　矿物的类型

起步实验

科学实验室

矿物都有哪些形状？

地壳中的矿物种类繁多，每种矿物都有独特的性质。这些性质由矿物的组成部分及其形成方式共同决定。我们可以通过分析不同矿物的物理性质来鉴别它们。本实验是在实验室里观察不同矿物晶体的形状。

实验步骤

1. 阅读并遵守实验室安全守则。
2. 在显微镜的载玻片上放一些食盐（岩盐）颗粒。将载玻片放在显微镜的载物台上，或者用放大镜观察这些颗粒。
3. 在某一时间，集中观察一种颗粒。数出每种颗粒的几何面数，画出这些颗粒的草图。
4. 接下来，用显微镜或者放大镜观察石英样本，数出石英样本多面体的面数，画出石英颗粒的草图。

实验分析

1. **对比与比对**岩盐和石英样本的形状。
2. **描述**矿物样品的其他特征。
3. **推断**　你观察到的差异是由什么导致的？

折叠式 学习卡

矿物鉴别

根据右图所示，制作一张多层折叠式学习卡，并备注鉴别矿物的各种性质标签。用它来整理你学习矿物鉴别过程中的笔记。

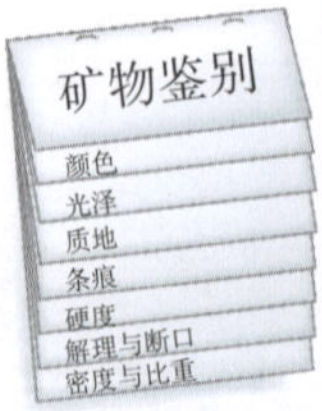

碳酸钙历经数千年才形成溶洞中的石钟乳等。据估算，每 1 000 年石钟乳长出 10 cm，也就是说它每年才生长 0.1 mm 。

第1节 什么是矿物

主要概念 矿物是天然形成的无机化合物或单质，多为固体。

核心问题

- 如何定义矿物？
- 矿物是如何形成的？
- 矿物是如何分类的？

关键术语

矿物
晶体
光泽
硬度
解理
断口
条痕
比重

地球科学在你身边 环顾教室，课桌上的金属制品、铅笔中的石墨，还有窗户上的玻璃，这些都是现代人用矿物制造的物品。

矿物的性质

地壳大约由3 000种矿物组成。矿物在形成岩石和塑造地表形态的过程中都扮演了重要的角色。一些矿物还帮助我们构建了人类文明。例如，在史前时期人类开始用铁矿石来制造工具，这是一个伟大的飞跃。

矿物（mineral）是由地质作用形成的单质或化合物，具有固定的化学组成和物理性质。绝大多数矿物是固态无机物，具有晶体结构。晶体的结构通常表现为晶体自身的形状，如**图4–1**所示。

天然的无机物 矿物是在地质作用下通过自然过程形成的。你将在本章后面部分学到相关内容。因此，一般认为人造钻石和其他一些在实验室中生成的物质不属于矿物。一般情况下，矿物都是无机物。这意味着绝大多数矿物是没有生命的，并且在它存在的任何时段都没有生命。基于这一判断准则，盐是矿物，但是从植物中获取的糖则不是矿物。

图4–1 这些矿物晶体的形状反映了它们内部的原子结构。

黄铁矿

方解石

确定的晶体结构 矿物中的原子以规则的几何图形重复排列。这种规则的排列形成了晶体。**晶体(crystal)**是其中的原子按照重复的样式排列的固体。有时候,矿物形成于裸露的地表,并且形成巨大的晶体。但如**图 4-1** 所示的形状完美的晶体在现实中很罕见。通常情况下,矿物的内部原子排列并不太明显,这是因为矿物总是在受限的空间内形成的,如**图 4-2** 所示。

■ **图 4-2** 这块石英很可能是在一个有限的空间,比如岩石的缝隙内形成的。

☑ **读后自查** **描述**晶体中的原子排列。

有特定组成的固体 大多数矿物的另一种属性是固体。固体有特定的形状和体积。

每种类型的矿物都有其特定的化学组成。这个组成部分可能是特定的某一种,也可能是一系列不同的元素。有一些矿物,如铜、银、硫矿等,是由单一的元素组成的,称为单质。而大多数的矿物都是由化合物组成的。比如,石英(SiO_2)矿物就是由氧原子和硅原子以 2∶1 的形式构成的。虽然其他矿物里也可以含有氧原子和硅原子,但石英中这些元素的排列和比例是唯一的。

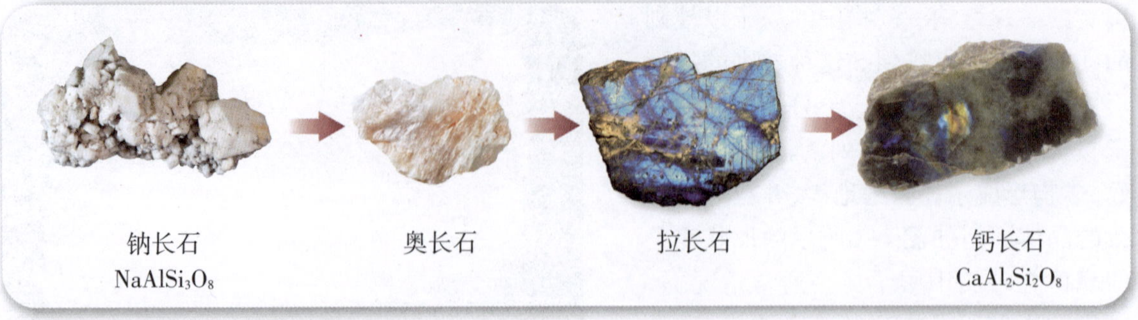

■ **图4–3** 钠长石富含钠，钙长石则富含钙。奥长石和拉长石中都含有钠和钙，但是两种元素所占比例不同。

多样的组成 有一些矿物，其化学成分会随着晶体的温度变化而变化。如**图4–3**所示的斜长石，低温状态下为钠含量丰富的钠长石，到高温状态下为钙含量丰富的钙长石。矿物外观的变化是因为化学组成的变化和不同温度下晶体生长模式的差异。在中等温度下，钠和钙会结合成晶体结构，这就形成了能让光折射和散射的交错层，如**图4–3**所示的闪光拉长石。

造岩矿物

尽管地壳中大约有3 000种矿物，但其中只有大约30种常见矿物。其中的8～10种最常见的矿物称为造岩矿物，因为它们组成了地壳中大部分岩石。地壳中大部分矿物主要由8种元素组成，如**表4–1**所示。

表4–1 常见的造岩矿物

石英	长石	云母	辉石
SiO_2	$NaAlSi_3O_8-CaAl_2Si_2O_8$ $KAlSi_3O_8$	$K(Mg,Fe)_3(AlSi_3O_{10})(OH)_2$ $KAl_2(AlSi_3O_{10})(OH)_2$	$MgSiO_3$ $Ca(Mg,Fe)Si_2O_6$ $NaAlSi_2O_6$
闪石	**橄榄石**	**石榴石**	**方解石**
$Ca_2(Mg,Fe)_5Si_8O_{22}(OH)_2$ $Fe_7Si_8O_{22}(OH)_2$	$(Mg,Fe)_2SiO_4$	$Mg_3Al_2Si_3O_{12}$ $Fe_3Al_2Si_3O_{12}$ $Ca_3Al_2Si_3O_{12}$	$CaCO_3$

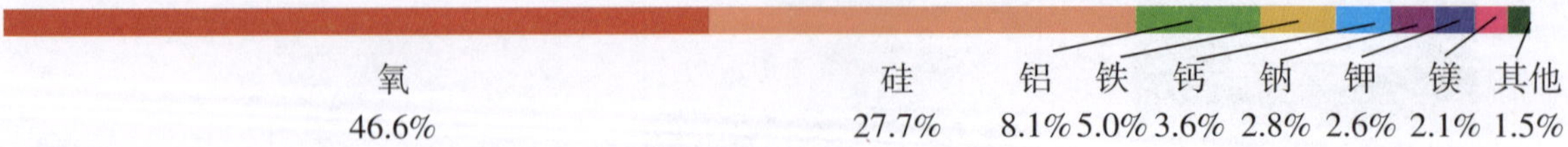

形成于岩浆的矿物 岩浆由地表下层的熔融物质累积而成。岩浆的密度比邻近的岩石地层要小，所以它能向上侵入到地球内部更冷的地层，岩浆在此冷却后结晶。岩浆中元素的类型和数量决定了所形成矿物的种类，而冷却的速度决定了矿物晶体的大小。如果岩浆在地球内部缓慢冷却，原子就有足够的时间排列成大型晶体。如果岩浆到达地球表面，接触到水或空气而快速冷却，原子就没有时间排列成大型晶体。因此，快速冷却的岩浆形成小型晶体，而缓慢冷却的岩浆形成大型晶体。花岗岩中的矿物晶体正是缓慢冷却的结果，如**图4-4**所示。

花岗岩

岩盐

■ **图4-4** 这两种晶体的结晶方式并不相同。

描述 *你在这两个岩石样本中看到的差异。*

☑ **读后自查** **解释**矿物接触到水会对其形成的晶体大小产生什么影响。

形成于溶液的矿物 矿物常溶于水。例如，正是因为盐溶于海水才使得海水是咸的。如果液体中溶解某种溶质达到饱和状态，它就不能再溶解更多的这种物质，此溶液即为这种物质的饱和溶液。如果继续加入该物质，溶液就会过饱和，过饱和溶液中就会出现矿物结晶现象。此时，原子间相互连接，矿物晶体析出，这就是溶液形成固体的原因。

当溶液中的液体不断蒸发，矿物也会发生结晶。如果你曾经去海里游过泳，你可能已经有所感受。当你皮肤上的水分蒸发了之后，盐作为矿物晶体留在了你皮肤上。通过溶液蒸发而形成的矿物称为蒸发岩。**图4-4**所示的岩盐就是溶液蒸发后的产物。**图4-5**所示的就是美国黄石国家公园的猛犸象热泉区。

■ **图4-5** 这是美国黄石国家公园的猛犸象热泉区。这里的水色彩斑斓是因为水中的元素种类非常丰富。

鉴别矿物

地质学家用几种相对简单的实验来鉴别矿物。这些实验的依据是矿物的物理和化学性质：晶体形状、光泽、硬度、解理、断口、条痕、颜色、质地、密度、比重和其他特定性质。你将在章末的“地学实验”中学到：通常情况下，多个测试的结合要比单个测试的结果更好。

地球科学相关职业

玉石雕刻师 玉石雕刻师是加工、抛光并在珍贵的石头上进行雕刻的人。他研究矿物及其性质，目的是为了知道哪种矿物是对应哪种特定工程项目或艺术作品最好的材料。

晶体形状 有些矿物的晶体形状非常特别，所以很容易辨识。岩盐是一种常见的食盐，它的晶体为完美的方块。石英晶体，因为其两头尖，中间为六棱柱的形状，所以也很容易辨识。但是，正如你之前学过的那样，完美的晶体并不常见，所以通过晶体形状来鉴别矿物也比较少见。

光泽 矿物表面对光的反射情况称为**光泽(luster)**。光泽分为两大类——金属光泽与非金属光泽。单质金属矿，如银、金、铜都具有光亮的表面，能反射出类似铬合金的光泽，故称它们具有金属光泽。但并非所有具有金属光泽的矿物都是金属。例如，方铅矿、闪锌矿就是具有金属光泽的化合物金属矿物。

非金属矿物，如方解石、石膏、硫黄和石英，它们并没有金属光泽，表面比较暗淡，常呈珍珠色、蜡色或丝滑状。如**图4-6**所示，由不同化学成分组成的两种矿物，可以明显看出它们具有不同的光泽。描述非金属矿物是一个主观过程。例如，在一个人看来呈蜡色的矿物在另一个人眼中并不一定呈蜡色。鉴别矿物时，通常要将光泽与矿物的其他物理特征相结合。

☑ **读后自查** **定义** 解释光泽的含义。

■ **图4-6** 片状光亮的云母有珍珠般的光泽。而高岭石则是暗淡的土色。

表4-2　莫氏硬度

矿物	硬度	常见物品的硬度
金刚石	10	
刚玉	9	
黄玉	8	
石英	7	玻璃=7
正长石	6	钢锉=6.5
磷灰石	5	不锈钢=5.5
萤石	4	铁钉=4.5
方解石	3	铜片=3.5
石膏	2	指甲=2.5
滑石	1	

硬度　鉴别矿物最有用且可信的方法是硬度检验。**硬度(hardness)**是指矿物被刻画的难易程度。德国地质学家弗里德里克·莫斯提出了一个以十种已知矿物的硬度为标尺来衡量未知矿物的硬度的量表。莫氏硬度之所以选用这几种矿物，主要是因为它们很容易鉴别(除了金刚石)，且在自然界中很容易被发现。

☑ **读后自查**　**解释**如何测量硬度。

滑石是最软的矿物之一，它能被指甲刻画，因此，滑石在莫氏硬度中的硬度值为1。而钻石则十分坚硬，可以用作磨具和切削工具，在莫氏硬度中的硬度值为10。如**表4-2**所示的莫氏硬度表可以这样用：用指甲可以刻画的矿物硬度在2.5以下；不能被指甲刻画，也不能在玻璃上刻画的矿物硬度在2.5到5.5之间；能在玻璃上刻画的矿物硬度在5.5以上。但借助表中其他常见的矿物能确定更精确的硬度值，也能提供更多关于某个待鉴别矿物的信息。有时，采样得到的矿物不止一种。如果遇到这种情况，较好的办法是对这个样本进行多次测试。这样，你才能更好地确定该矿物的硬度。如**图4-7**所示，两个矿物的硬度不同。

图4-7　*手指甲可以刻画矿物A，而矿物B则可以刻画玻璃。*

确定　*哪个矿物硬度更大？*

■ **图4-8** 岩盐在三个面上都有完美的解理，每个面破裂成薄片的角度呈90°。石英内部连接紧密，难以形成解理。燧石结晶微粒的特质是贝壳状的弧形断口。

解理与断口 原子的排列决定了矿物破裂的方式，矿物总是沿着原子键不牢固的面发生破裂的。矿物很容易沿着一个或多个平面裂开，这叫作**解理(cleavage)**。为了便于通过解理来鉴别矿物，地质学家总要计算出解理的面数，研究解理面之间的角度。例如，云母在一个方向有完美的解理，它容易因为不牢固的原子键而破裂成薄片。如**图4-8**所示的岩盐呈立方体解理，这说明它是沿着原子键较弱的三个面破裂的。石英和燧石因为原子键稳固，其破裂面形成的不是解理，而是断口。

迷你实验

科学实验室

认识解理与断口

如何运用解理鉴别矿物？ 解理是矿物沿着原子键较弱的面破裂形成的。如果一个矿物没有呈现解理面，它所呈现的破裂就是断口。判断是否存在解理面以及确定解理面的数量是鉴别矿物的有效方式。

实验步骤

第一部分

1. 阅读并遵守实验室安全守则。
2. 从老师那里拿5个矿物样本，将它们分为两类——有解理面的和没有解理面的。
3. 按解理面的数量给矿物排序。每个样本各有几个解理面？试着鉴别这些矿物。
4. 观察分析没有解理面的样本，描述它们的断裂面，并试着鉴别这些矿物。

第二部分

5. 从老师那里再拿两个样本。这些都是相同的矿物吗？你是怎么判断的？
6. 用一个量角器来测量这两个矿物的解理面的角度，记录测得的数据。

实验分析

1. **记录**7个样本解理面的数量和断口的形态。
2. **比较**样本6和样本7的解理面角度。从这两个矿物样本中，你能判读出哪些信息？
3. **预测** 如果你用锤子敲打这些矿物样本，它们会发生什么情况？

石英因为原子键牢固而沿着参差不齐的边缘不均匀地破裂，如**图4-8**所示。矿物破裂面呈粗糙或凹凸不平状的，即为**断口(fracture)**。燧石、玉髓和黑曜岩(由微小的石英晶体颗粒组成)因具有独特的贝壳状弧形断口，在岩石和矿物中很容易鉴别。

■ **图4-9** 尽管赤铁矿的外观很不相同，但是它们的化学组成完全相同。因此，在陶瓷片上留下了相同的颜色。

条痕 当矿物划过无釉陶瓷时，通常会在其表面留下一道有颜色的粉末痕迹。**条痕(streak)**就是矿物破碎或呈粉末状时呈现出来的颜色。非金属矿物的条痕通常是白色的。条痕在鉴别金属矿物时最为实用。

有时，金属矿物的条痕与其外表的颜色并不一致，如**图4-9**所示。例如，赤铁矿有两种不同的存在形式，也因而有着截然不同的外观。裸露在外，长期日晒雨淋的赤铁矿呈现一种生锈的红色，有质朴的感觉。而通过岩浆结晶形成的赤铁矿就是银色的，看起来有金属外观。但是，在测试的时候，形态不同的赤铁矿样本留下的条痕是完全相同的红棕色。不过，条痕测试只能用来鉴别比陶瓷片软的矿物，不能用于鉴别所有矿物。

☑ **读后自查** **解释**如何通过条痕测试来鉴别不同类型的矿物。

折叠式学习卡

将这部分内容整合到你的折叠式学习卡中。

颜色 颜色是矿物最显而易见的特征之一。矿物具有不同的颜色，有时候是由矿物中存在的微量元素或微量化合物所导致的。例如，**图4-10**所示的石英就有各种颜色。这些不同的颜色是石英中不同的微量元素导致的。红碧玉、紫水晶和黄水晶中的铁元素含量和形式存在微小差异。蔷薇石英中则含有锰和钛。但乳水晶独特的外观与其含有的金属元素无关，是因为大量气泡和液泡被圈闭在晶体中而形成的。总体而言，通过颜色来鉴别矿物是最不靠谱的鉴别方法之一。

■ **图4-10** 尽管石英多种多样，但它们都含有硅和氧。通过追踪这些元素能够确定石英的颜色。

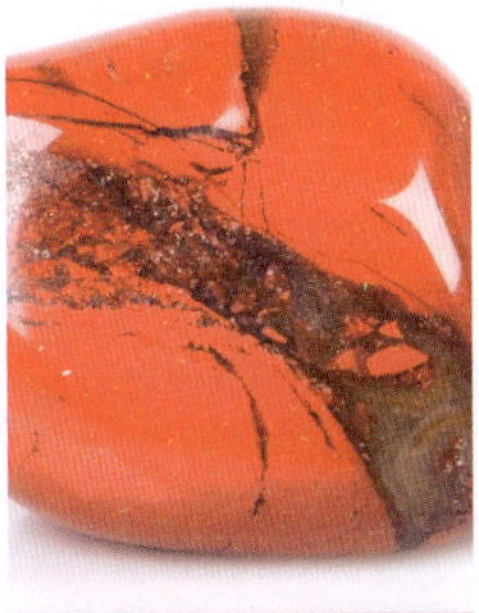

红碧玉

紫水晶

黄水晶

蔷薇石英

表4-3　矿物特性					
性质	**双折射** 当一束光经过这个矿物时会向两个方向折射	**冒泡** 遇到含有氢和氯的酸时冒泡，石灰石会产生嘶嘶作响的气泡	**磁性** 发生在含有铁的矿物中，只有磁铁矿和磁黄铁矿有强磁性	**彩虹色** 由于弯曲的光线形成的斑斓色彩	**荧光性** 矿物放置在暗处，在紫外线下会发光
矿物	方解石-冰洲石	石灰石	磁铁矿 磁黄铁矿	闪光拉长石	方解石
例子					

特性　矿物的某些特性也可以用来鉴别矿物。这些性质如**表4-3**所示，包括磁性、彩虹色、双折射、遇到盐酸会冒泡、荧光性等。例如，一种称为冰洲石的方解石，它的原子排列方式使得穿过该矿物的光会向两个方向弯曲。单束光折射后分向两个方向，这种单束光的双折射会形成两个图像。

数据分析实验

科学实验室

基于真实数据*

制作并使用表格

制作一个矿物鉴别表应该包括哪些信息?

矿物鉴别表			
矿物颜色	条痕	硬度	破裂方式
铜红色		3	粗糙，断口
	红色或红褐色	6	不规则的断口
浅黄至金黄色	黄色		
	无色	7.5	蛤贝状断口
灰色、绿色或白色			双面解理

实验分析

1. 复制数据表，参照*学习资源*完成表格。
2. 拓展此表，纳入矿物的名称、其他的性质及用途。

批判性思维

3. **确定**　哪些矿物可以在玻璃上刻画？请做出解释。
4. **指出**　哪些矿物可能在油画中出现?
5. **指出**　还有哪些信息你应该纳入表格中?

资料来源：Klein, C. 2002. *The Manual of Mineral Science.*

质地 质地用以描述触摸矿物时的手感。和光泽一样，质地也是一种主观的描述。因此，质地也要配合其他的测试一起才能鉴别矿物。矿物的质地可以用“光滑的”“粗糙的”“凹凸不平的”“油腻的”和“像肥皂一样的”等字样来描述。如**图4–11**所示的萤石就具有光滑的质地，而**图4–6**所示的云母则质地油滑。

■ **图 4–11** 不同的人对质地的解读也会不同。通常我们将萤石的质地特征描述为光滑。

密度与比重 有时候大小相同的两种矿物，质量却不一样。质量不一样是因为密度不相同。密度是单位体积的质量。密度表述如下：

$$D=\frac{M}{V}$$

在这个等式中，D代表密度（density），M代表质量（mass），而V代表体积（volume）。例如，黄铁矿的密度是5.2 g/cm³，黄金的密度为19.3 g/cm³。同等体积的黄金和黄铁矿，黄金拿起来手感更重一些，就是因为它的密度更大。

密度反映的是矿物的质量和矿物结构。因为密度与矿物的形状和大小无关，所以它是非常有用的矿物鉴别方法。然而，有时候不同矿物之间的密度相差很小，无法通过靠手掂量的办法来鉴别。这时就需要精确测量密度。地质学家通常采用**比重（specific gravity）**来测量密度。比重是物质的质量和4 ℃下同体积水的质量的比值。例如，黄铁矿的比重是5.2，纯金的比重是19.3。

第 1 节 本节回顾

要点梳理

- 矿物是天然形成的，多为固体，具有特定的化学组成和晶体结构。
- 晶体是原子按照重复的样式排列的固体。
- 矿物的形成源于岩浆、过饱和溶液析出或溶液发生了蒸发。
- 矿物的鉴别有赖于物理和化学性质。
- 鉴别某一种矿物最可信的方式是综合运用几种测试。

要点理解

1. 主要概念 **列举**石油不属于矿物的两个原因。
2. **定义** 解释矿物形成过程中的“天然形成”这一术语。
3. **比较**在岩浆中形成的矿物和在溶液中形成的矿物。
4. **区分**矿物的主观和客观特性。

批判性思维

5. **开发** 设计一个测量长石样本硬度的测试，可以利用下列材料：玻璃、铜币和铁钉。
6. **预测** 在实验室比较萤石、石英和长石的条痕颜色的实验能否成功？

地学计算

7. **计算**5克纯金样本的体积。

第2节 矿物的类型

主要概念 矿物依据其化学性质和特征来分类。

核心问题

- 有哪些主要的矿物族？
- 如何表述硅氧四面体？
- 如何运用矿物？

关键术语

硅酸盐
四面体
矿石
宝石

地球科学在你身边 地球上的一切物质都可以分类。食物、动物和音乐都是根据它们的一些特定性质或特征划分的。矿物也不例外，它们也分为不同的族。

矿物族

你已经学过元素以不同的形式和比例组合在一起，并且还知道了地球上有着数千种不同的矿物。为了学习这些矿物并了解它们的性质，地质学家将其进行分类，每个不同的矿物族都有区分性很强的化学性质与典型特征。

硅酸盐 氧是地壳中含量最丰富的元素，其次是硅。含有硅和氧的矿物通常也会含有其他元素，它们统称为**硅酸盐(silicate)**。地壳中已发现的大约96%的矿物都是由硅酸盐组成的。最常见的矿物——长石和石英，就是硅酸盐。**图4-12**显示了一个硅氧四面体的基础结构。**四面体(tetrahedron)**是一种三维的、类似于金字塔的结构。回想原子最外层能级的电子——价电子，它的数目决定着硅氧四面体之间化学键的连接方式。因为硅原子有四个价电子，因而硅能够连接四个氧原子。如**图4-13**所示，硅氧四面体共享氧原子。这一结构使得四面体硅石有着不同的组合方式，也为含硅的物质有着多样性的结构奠定了基础。

■ **图4-12** 这个硅酸根离子(SiO_4^{4-})形成了硅原子居于中间、氧原子相互连接的结构。

指明 *一个四面体中有多少个原子？*

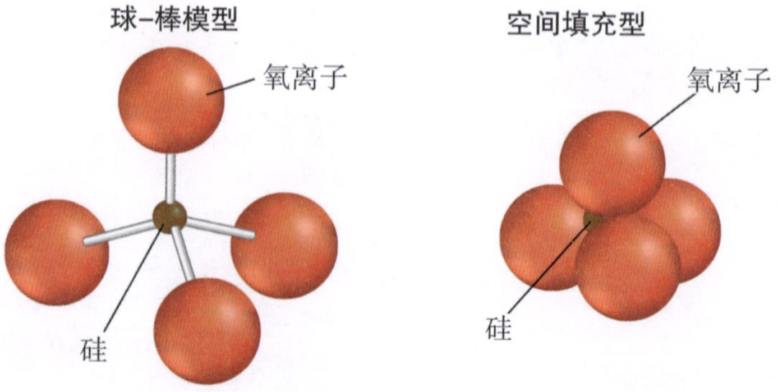

图解硅氧四面体

图 4-13 一个硅与氧形成的四面体含有四个氧原子连接到核心的硅原子。链条式、薄片式和复杂的网状结构都是因为共享氧原子而形成的。这些结构和与此相连的金属离子决定着地球上多种硅酸盐矿物的呈现形式。

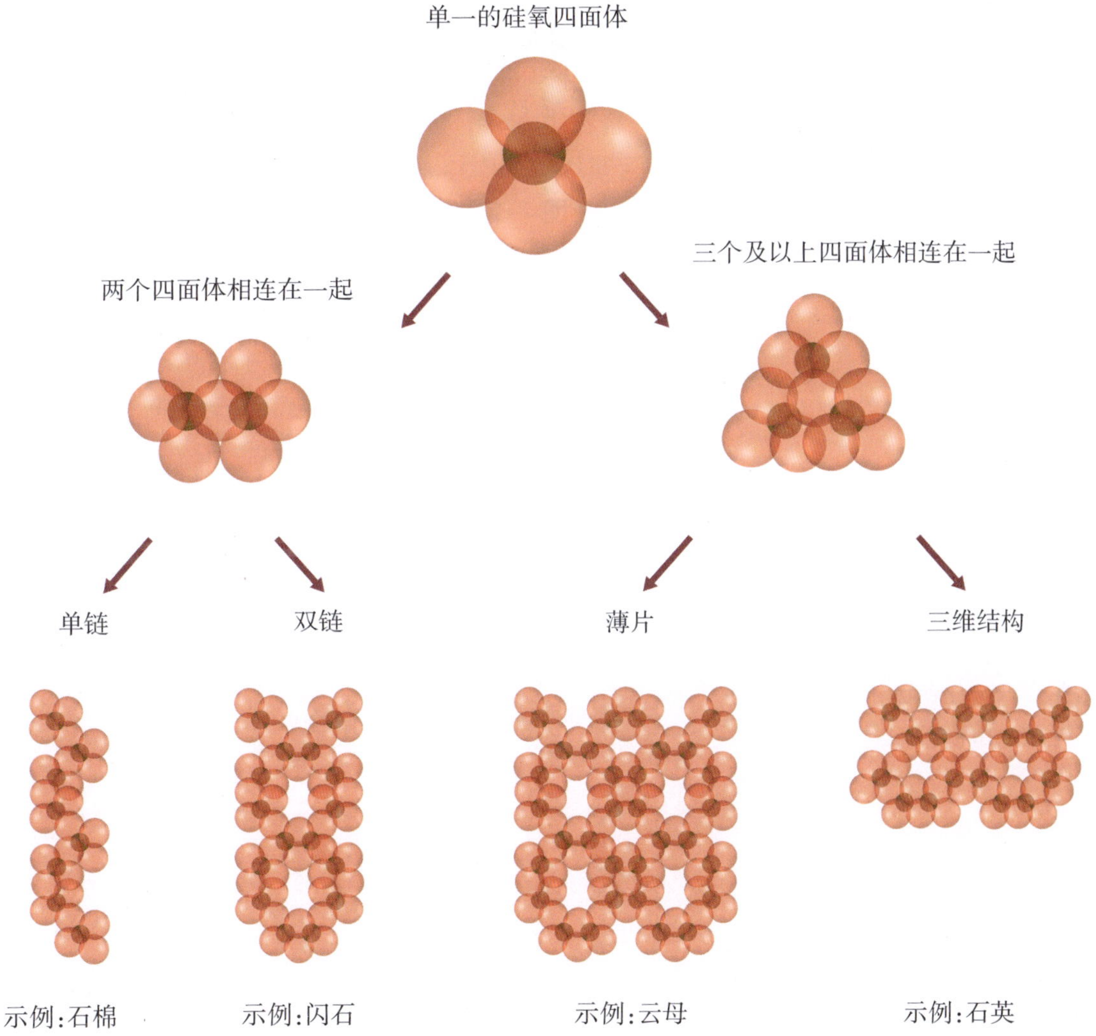

■ **图4-14** 硅氧四面体组合、排列方式不同，会形成不同的矿物。石棉是由脆弱的硅链组成的，但云母是四面体薄片结构。

石棉

云母

每个四面体分子都是紧密相连的。它们之间可以连结为薄片、单链、双链和复杂的三维结构。这些原子间的不同连接形式会产生几种不同的矿物性质，包括矿物的解理与断口。如**图4-14**所示的云母就是一个片状的硅酸盐物质，也称为叶状硅酸盐。云母之所以容易形成薄片，是因为四面体以及铝原子和钾原子之间的引力较微弱。而**图4-14**所示的石棉则是由单链四面体结合而成的，因此才会有**图4-14**所示的纤维质特征。

碳酸盐 氧很容易与其他元素结合形成矿物族，例如碳酸盐。碳酸盐是由碳酸根（CO_3^{2-}）和金属元素组成的矿物，有很多种类，如方解石、白云石、菱锰矿。碳酸盐是石灰石和大理石等岩石的主要成分。一些碳酸盐有特殊的颜色，**图4-16**就展示了有多种颜色的方解石和粉色的菱锰矿。

■ **图4-15 矿物使用简史** 矿物的价值和使用情况随着时代的变迁而变化。

10000 B.C.

3000 B.C.

500 B.C.

公元前12000～9000年间 对用于制造工具的燧石——微晶质的石英的需求催生了世界上第一条为人所知的长途贸易路线。

公元前3300～3000年间 在地中海东部沿岸的大城市和崛起的强大帝国中，铜制的武器和工具逐渐变得常见。

公元前1200～1000年间 在地中海东部沿岸，铜储量减少，铁逐渐取代了其在工具和武器制造中的位置。

公元前800年 钻石的使用从印度发源并扩散到全世界，匠人切割、雕刻的技艺逐渐提升，这些工艺品在仪式中运用得越来越多。

公元前506年 罗马控制了奥斯提亚城的盐业。“工资”一词就源于“salarium argentum”，本义就是罗马士兵用来买盐的津贴。

方解石

菱锰矿

■ **图 4-16** 碳酸盐矿物如方解石和菱锰矿颜色大不相同是因为其内部的微量元素不同。

氧化物 氧化物是氧和金属的化合物。赤铁矿（Fe_2O_3）和磁铁矿（Fe_3O_4）都是常见的铁的氧化物，也都是优良的铁矿石。铀矿（UO_2）的价值非常高，其主要成分铀是核电站的主要能源。

其他矿物族 其他主要的矿物族有硫化物、硫酸盐、卤化物和一些天然单质。硫化物，如黄铁矿（FeS_2），是硫和铁的化合物。硫酸盐，如硬石膏（$CaSO_4$），由含有硫酸根离子（SO_4^{2-}）的元素组成。卤化物，如岩盐（NaCl），由氯（或氟）与钙、钠（或钾）元素化合而成。天然单质，如银（Ag）或铜（Cu），仅由一种元素组成。

具有经济价值的矿物

矿物随处可见。它们可以用来制造电脑、汽车、电视，也可以用在装配桌子、铺设道路、建造房屋、宝石加工、家居设计中，在油漆颜料、运动设备、药品开发等领域也是重要的添加剂。你将在**图 4-15**中学到更多关于人类使用矿物的历史。

800～900 年间 中国的炼丹师将硝酸钾与硫黄和炭混合在一起制成了火药，最早用于烟花，随后开始用于武器制造。

1546 年 南美洲的银矿帮助西班牙人建立起了一个全球性的贸易网络，提供制造银币的原料。

2006 年 世界上目前以铀为燃料的核电站有 242 座，产生了超过 369.566 GW 的产能。

A.D. 500 —— 1500 —— 2000

200～400 年间 铁制农具和武器让人们能够在非洲大陆上迁徙，开荒拓土，建立聚落，以农业为生，走出了狩猎-采集型的原始社会。

1927 年 最早的石英钟是为了提高时间记录的准确性而发明的。石英的特性使得它成了广播、雷达和电脑中的重要原料之一。

2010 年 制造一台电脑需要用到超过 60 种矿物，包括石英、铝矾土和岩盐。

表4-4　主要的矿物族

矿物族	示例	经济用途
硅酸盐	云母(biotite) 橄榄石(Mg_2SiO_4) 石英(SiO_2) 蛭石	炉窗 宝石(如橄榄石) 时钟 陶土添加剂
硫化物	黄铁矿(FeS_2) 白铁矿(FeS_2) 方铅矿(PbS) 闪锌矿(ZnS)	用于制造硫酸的黄铁矿经常被误认为是金子 珠宝 铅矿石 锌矿石
氧化物	赤铁矿(Fe_2O_3) 刚玉(Al_2O_3) 沥青铀矿(UO_2) 钛铁矿($FeTiO_3$) 铬铁矿($FeCr_2O_4$)	铁矿石,红色素 磨蚀岩屑,宝石(比如红宝石或蓝宝石) 铀源 钛源,色素,用于替代油漆中的铅 铬源,铬制器具,自动化配件
硫酸盐	石膏($CaSO_4 \cdot 2H_2O$) 无水石膏($CaSO_4$)(因其不含水而得名)	石膏,干式墙,在水泥上缓慢变干 石膏
卤化物	岩盐(NaCl) 萤石(CaF_2) 钾盐(KCl)	食盐,牲畜饲料,杀虫剂,食品保鲜 钢铁制造,炊具上釉 化肥
碳酸盐	方解石($CaCO_3$) 白云石[$CaMg(CO_3)_2$]	水泥,石灰,粉笔 水泥,石灰,维生素补充剂中钙与镁的源头
天然单质	金(Au) 铜(Cu) 银(Ag) 硫(S) 石墨(C)	货币,珠宝 铸币,电缆,珠宝 铸币,珠宝,摄影 磺胺类药与相关化学物质,火柴头,烟花 铅笔芯,润滑剂

■ **图4-17**　这名运动员的轮椅有部分是用钛制成的。钛质量轻、承重力强,是制造轮椅的理想金属材料。

矿石　上文提到的许多物质都是从矿石中获得的。**矿石(ore)**是指含有有用物质并能带来经济利益而进行商业开采的矿物。赤铁矿就是一种含铁的矿石。看看你的教室周围,有没有铁制品?如果有,它们的原料可能就是赤铁矿。如果有一些物品是用铝制作的,那么它们的源头可能就是铝土矿。**图4-17**所示的金属钛则源自钛铁矿。**表4-4**总结了主要的矿物族和它们的主要经济用途。

如果矿物的供应和需求发生了变化,那么对这种矿物是否属于矿石的认识也会随之变化。试想,一种用来制造计算机的矿物,如果工程师们找到了一种更有效或更廉价的替代材料,那么,原来的矿物将不再用作制造计算机,该矿物的需求量将大大下降,甚至将不再被认为是矿石。

矿藏 矿石大多埋藏在地壳深处，通过地下开采而获得。埋藏得较浅、近地表的矿石可以通过大型露天采场获得。在矿井挖掘矿石时，不需要的岩石和矿物被称为废料，会和有用的矿石一起被挖掘出来。在使用有价值的矿石前，往往需要先分离这些废料。分离不仅费用非常昂贵，甚至还会污染环境。如果除去或分离废料的费用高于矿物本身的价值，该矿物就不再被认为是矿石。因为它不再能带来经济利益。

宝石 为什么红宝石比云母更有价值？因为红宝石比云母更罕见、更美观。红宝石因此被称为宝石。**宝石(gem)**因罕见和美观而成为珍贵的矿物。它们还非常坚硬、耐磨损。宝石(如红宝石、翡翠和钻石)可以通过切割、抛光等工序加工为珠宝。**图4-18**呈现的就是钻石原石和抛光后的钻石。

图4-18 宝石被切割和抛光后，熠熠生辉。

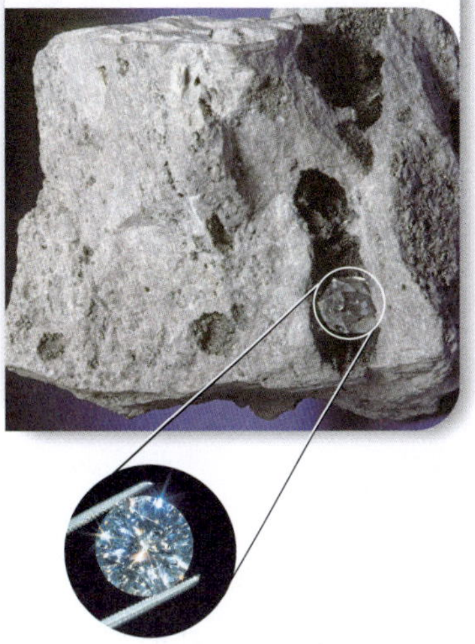

在某些情况下，矿物中的微量元素使它具有更绚丽的色彩，因而会比同类矿物更有价值。例如，紫水晶就是众多石英矿物中的"宝石"。因为它含有微量铁元素而呈现出美丽的紫色，所以身价陡增。刚玉通常用于磨料，但也会因为在其中发现红宝石和蓝宝石而身价暴涨。红宝石中含有微量铬元素，蓝宝石中则含有微量钴元素或钛元素。

第2节 本节回顾

要点梳理

- 在硅酸盐中，一个硅原子与四个氧原子结合形成一个硅氧四面体。
- 主要的矿物族包括硅酸盐、碳酸盐、氧化物、硫化物、硫酸盐、卤化物和天然单质。
- 矿石的价值在于其中含有经开采后能获得经济利益的物质。
- 宝石因罕见和美观而成为珍贵的矿物。

要点理解

1. 主要概念 **构想**一个陈述句，用于解释化学元素与矿物性质之间的关系。
2. **列出**地壳中含量最丰富的两种元素。这两种元素分别属于什么矿物族？
3. **推测** 采矿可能对环境产生哪些影响？

批判性思维

4. **推测** 为什么猫眼石被称为准矿物？
5. **评估** 下列金属制品中，哪种更适合用于运动器材和医疗器械？钛制品(比重=4.5)，只含有钛；铁制品(比重=7.7)，含有铁、氧和铬。

地学写作

6. 设计一份传单来宣传、售卖你选择的一种矿物。你可以选择宝石，也可以选择一种广泛应用于工业领域的重要矿物。纳入所有你觉得能够帮助你卖出更多矿物的信息。

墨西哥巨型水晶洞

奇瓦瓦州奈卡水晶洞的一部分。此洞因其中的晶体形状壮观而闻名于世。

埃洛伊和哈维尔正缓慢地行进在墨西哥奇瓦瓦州的奈卡水晶洞。洞内温度极高，他们呼吸都有些困难。他们进入一个水晶洞时，被眼前的景象震惊了，面前的晶体柱明亮又耀眼，且高达4.5 m。这些晶体怎么会这么大？是什么样的条件使得它们能够长成如此惊人的模样？

洞穴中的气候 巨型石膏晶体出现在奈卡水晶洞中的位置大约在地下300 m处。洞内温度在50 ℃左右。这里的空气相对湿度为90%～100%。这样极度恶劣的环境意味着每个人在这个洞里最多只能待上几分钟。

洞穴中晶体的形成 奈卡水晶洞中的晶体是一种透石膏。洞中晶体形态各异。有一种晶体好像是从洞底生长出来的植物，它们的颜色就像从泥土中长出来一样，泛着一点灰色。另一种则似乎是从洞穴墙壁向四面八方刺出的利剑。这些晶体长度在0.5～1 m之间，颜色呈不透明的白色。在这个巨大的洞穴里，这样的晶体总质量大约超过50吨，长达11 m，宽1 m。

这些晶体是如何形成的呢？ 晶体的形成需要以下条件。首先，它们需要一个空间，在这个案例中，空间就是一个洞穴。洞穴是水溶蚀岩石较为薄弱的区域而形成的。其次，晶体需要一个富含矿物质的水源。晶体的形成也受压力、温度、洞中的水量、水中矿物质的化学成分等因素的影响。

地质学家们认为，这些晶体之所以如此巨大，是因为洞内的水源富含矿物质，且温度常年在50 ℃左右。这样的环境特别适合晶体的生长。在1985年，矿工为了开矿，用水泵抽地下水时，无意中抽干了这个洞穴中的水，这才发现了这个巨型水晶洞。科学家们猜测，其中最大的那颗晶体可能有60万年的历史。

地学写作

阐述 研究洞穴中晶体形成的过程。选择一个洞穴，设计一份宣传册来描述其中发现的不同类型的晶体。

制作矿物图鉴

实验背景：你是否曾经用过图鉴来鉴别一只鸟、一朵花、一块岩石或者一只昆虫？如果有，那么你就知道图鉴远不止是照片那么简单。通常，一份典型的矿物图鉴需要包括矿物的背景信息概览，以及每种矿物的形成过程、性质和用途等内容。

实验问题：图鉴中应该包括矿物的哪些性质，才有助于鉴别未知的矿物？

实验材料

为这次实验选择合适的材料。

矿物样本	铜片
放大镜	曲别针
玻璃盘	磁铁
条痕板	稀盐酸
莫氏硬度表	滴管
钢板或铁钉	参考手册

实验步骤

1. 阅读并遵守实验室安全守则。
2. 以小组为单位，逐步列出你们在制作图鉴过程中想要采取的步骤。在设计实验步骤时，牢记所有你需要用到的材料。
3. 你是否应该对每种矿物的每个性质都进行多次实验？你是如何根据某些性质判断这是某种特定矿物的？
4. 设计一个表格来记录你得到的结果。注意要有一栏用于记录是否使用了某种特殊的测试。这个表格将是你建立矿物图鉴的基础。
5. 通读你设计的整个实验过程，确保所有的步骤都符合逻辑、井然有序。
6. 你是否还需要其他的研究步骤？或许你可以使用图书馆或者网络来收集所有必要的图鉴信息。
7. 图鉴中应该包括哪些信息呢？可能会包括的数据信息有：每种矿物是如何形成的、矿物的用途、矿物的化学式、贴有标签的矿物照片或矿物速写图。
8. 在进行实验之前，请先征得老师的同意。

实验分析

1. **解读** 哪种性质对鉴别矿物而言最可靠？哪种性质在鉴别时最不可靠？讨论为什么某一性质会比其他性质更有帮助。
2. **观察推断** 哪些矿物会和稀盐酸反应？为什么矿物会冒泡？写下矿物和酸发生反应的化学方程式。
3. **总结** 你的图鉴中涵盖了哪些信息？你用了哪些渠道来搜集数据信息？描述你设计图鉴的思路。
4. **评估**图鉴的利与弊。
5. **断定** 根据你得到的结果，是否可以确定一种试验方法来鉴别所有的矿物呢？请说明原因。

地学写作

同行评议 与其他小组互换矿物图鉴，并且用这份矿物图鉴来鉴别一种新的矿物，然后给你使用的这份矿物图鉴的作者们提出一些反馈意见。

第4章 复习指南

大概念 矿物是我们日常生活中不可或缺的一部分。

第1节 什么是矿物

关键术语

- 矿物
- 晶体
- 光泽
- 硬度
- 解理
- 断口
- 条痕
- 比重

主要概念 矿物是天然形成的无机化合物或单质，多为固体。

要点梳理

- 矿物是天然形成的，多为固体，具有特定的化学组成和晶体结构。
- 晶体是原子按照重复的样式排列的固体。
- 矿物的形成源于岩浆、过饱和溶液析出或溶液发生了蒸发。
- 矿物的鉴别有赖于物理和化学性质。
- 鉴别某一种矿物最可信的方式是综合运用几种测试。

第2节 矿物的类型

关键术语

- 硅酸盐
- 四面体
- 矿石
- 宝石

主要概念 矿物依据其化学性质和特征来分类。

要点梳理

- 在硅酸盐中，一个硅原子与四个氧原子结合形成一个硅氧四面体。
- 主要的矿物族包括硅酸盐、碳酸盐、氧化物、硫化物、硫酸盐、卤化物和天然单质。
- 矿石的价值在于其中含有经开采后能获得经济利益的物质。
- 宝石因罕见和美观而成为珍贵的矿物。

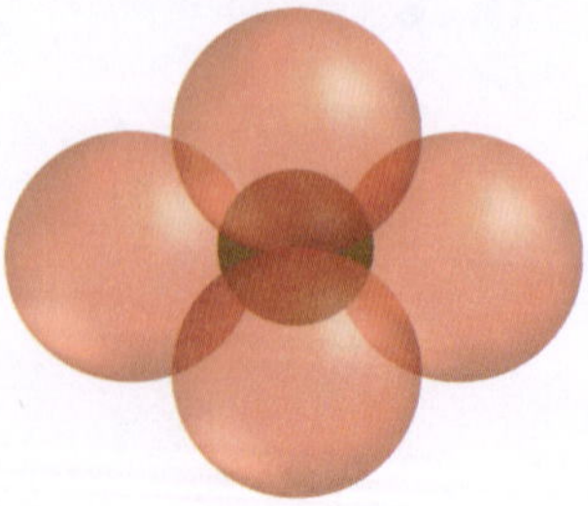

第4章 复习检测

术语回顾

根据复习指南中的术语，回答下列问题。

1. 天然形成的、固态的无机化合物或单质是什么？

2. 通常用来指代矿物形态规则、呈几何图形状的术语是什么？

3. 含有硅和氧的矿物用什么术语来表达？

解释下列术语之间的关系。

4. 矿石，宝石

5. 硅酸盐，四面体

从复习指南中选取合适的术语填空。

6. 矿物的随意破裂呈现为 ________。

7. ________ 测试用于确定矿物可以刻画何种物质。

理解要点

根据下图，回答第8题。

8. 图中所测的矿物性质可能是什么？

A. 质地 **B.** 硬度

C. 解理 **D.** 荧光性

9. 下列哪种性质会导致方铅矿破裂成小方块？

A. 密度

B. 晶体结构

C. 硬度

D. 光泽

10. 下列哪种特征能将矿物分为不同的族？

A. 内部的原子结构

B. 硅氧四面体的存在或缺失

C. 化学组成

D. 密度与硬度

11. 某矿物质量为100 g，体积为50 cm^3。那么它的密度是多少？

A. 5000 g/cm^3

B. 2 g/cm^3

C. 5 g/cm^3

D. 150 g/cm^3

12. 下列哪个化学式表示硅氧四面体？

A. SiO_2

B. $Si_2O_2^{4+}$

C. SiO_4^{4-}

D. Si_2O_2

根据下图，回答第13~14题。

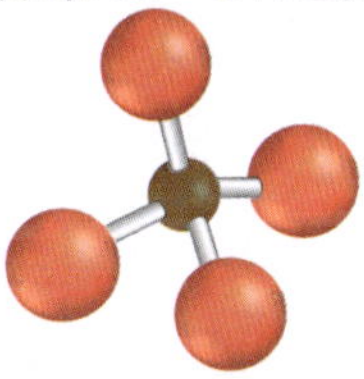

13. 四面体如何相互连接？

A. 通过居于中心的硅原子

B. 通过任意一个氧原子

C. 仅通过顶部的氧原子

D. 仅通过底部的氧原子

14. 哪种矿物族会形成四面体？

A. 硅酸盐

B. 氧化物

C. 碳酸盐

D. 硫化物

15. 下列哪种矿物不能在瓷盘上留下条痕？

A. 赤铁矿

B. 黄金

C. 长石

D. 刚玉

16. 下列哪个选项是地壳中最常见的三种元素之一？
   A. 钠　　B. 硅
   C. 铁　　D. 碳

根据下表，回答第17题。

矿物的化学式	
名称	化学式
石英	SiO_2
长石	$NaAlSi_3O_8$ — $CaAl_2Si_2O_8$ & $KAlSi_3O_8$
闪石	$Ca_2(Mg,Fe)_5Si_8O_{22}(OH)_2$ $Fe_7Si_8O_{22}(OH)_2$
橄榄石	$(Mg,Fe)_2SiO_4$

17. 下列哪个因素会影响表中所列矿物的形成？
   A. 岩浆冷却速率　　B. 岩浆的温度
   C. 有无水的存在　　D. 压力的变化

18. 方解石是石灰岩中的主要矿物。它属于哪个矿物族？
   A. 硅酸盐　　B. 氧化物
   C. 碳酸盐　　D. 硫化物

19. 哪种矿物接触到盐酸会发出嘶嘶的声响？
   A. 石英　　B. 石膏
   C. 方解石　　D. 萤石

20. “暗淡的、柔滑的、蜡色的、珍珠般的、土色的”这些术语用来描述矿物的哪种性质最为合适？
   A. 光泽　　B. 颜色
   C. 条痕　　D. 解理

21. 矿物被认为是矿石需要满足什么要求？
   A. 它必须是常见的矿物
   B. 它的开采过程一定不能产生污染
   C. 它必须是天然形成的
   D. 它的开采必须能够带来盈利

简要概述

22. **解释**　为什么红宝石和蓝宝石都是刚玉却有着不同的颜色？

23. **描述**　将一块纯净透明的方解石样品放在封面的“地质学”这个词上方会产生什么视觉效果？

24. **总结**　将糖加入热茶中，其晶体结构会发生什么变化？

25. **推测**　哪种矿物性质是晶体中原子或离子的排列直接导致的结果？请做出解释。

26. **对比与比对**　钻石和石墨有着同样的化学组成。试着对比与比对这两种物质，来解释为什么钻石是宝石，石墨却不是。

批判性思维

27. **描述表4–1**所示的石榴石和其他岩石之间的区别。

根据下图，回答第28题。

28. **阐述**　如果晶体外部形态如图所示，其原子结构会是什么样的？

29. **推荐**除金刚石之外最适合做砂纸的矿物，并做出解释。可参考**表4–2**。

30. **确定**下列哪些物质不是矿物，并做出解释：石油、木材、煤、钢、水泥、玻璃。

31. **推断** 早期的淘金者是如何巧用密度来确定他们发现的是金矿还是黄铁矿的？

32. **评定** 设想发现了一种新的宝石，它比钻石更美，比红宝石更夺目。在评定这种宝石的成本效益时，我们需要关注哪些因素？

根据下图，回答第33～34题。

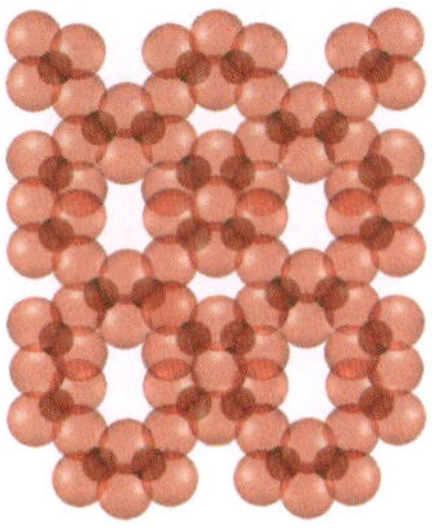

33. **推断** 云母是一种薄片式硅酸盐。其原子排列形式如上图所示。推断这些薄片是如何相互连接的，它们又是如何通过硅氧四面体相连的。

34. **描述** 原子排列如图所示的矿物会出现什么样的解理？

概念图解

35. 运用下列术语来绘制一幅概念图：*硅酸盐*、*氧化物*、*卤化物*、*硫酸盐*、*硫化物*、*天然单质*、*碳酸盐*。你还可以添加一些其他术语。如需帮助，请查询*技能手册*。

挑战难题

36. **排列** 除了薄片式硅酸盐之外，还有链条式硅酸盐、架状硅酸盐、环状硅酸盐。排列六个硅氧四面体形成的三维环状结构，确保氧原子之间的连接形式是正确的。

地学写作

37. 设想你正在计划一场露营旅行。如果你想要带回来一些有趣的岩石，你应该打包哪些工具？你又会如何使用这些工具呢？

材料分析

铝是地壳中含量非常丰富的金属元素。它比较轻，容易弯曲，又耐腐蚀，导电性也很好。它常用于制造汽车、拖车、轮船、飞机、铁轨和地铁，还可以用于制造饮料罐、铝箔、机械和其他电力设备。

铝产自铝土矿，主要产区是几内亚、澳大利亚和南美洲。美国没有自己的铝土矿，铝产量远低于其消费量，因此要从巴西、几内亚和牙买加进口。当今世界的铝产量大约为每年3 000万吨。中国和俄罗斯是产铝大国。美国每年的铝金属供应很大一部分(每年300万吨)是通过回收利用实现的。

资料来源：Plunkert, P.A. 2005. Mineral resource of the month: Aluminum. Geotimes, 50:57.

38. 解读铝耐腐蚀的性质与其在交通工具上广泛应用的关系。

39. 提出一个能够帮助美国政府提高铝供应量却不提高进口数额的计划。

40. 预测美国铝产量提高可能会对几内亚、牙买加和中国产生的影响。

综合复习

41. 某元素的几个同位素之间如何相互区分？**(第3章)**

42. 对于我们这些地球居民而言，为什么要理解地球科学研究？**(第1章)**

综合 标准化测试

选择题

1. 地壳中含量第二丰富的元素是什么？
   A. 氮　B. 氧
   C. 硅　D. 碳

根据下表，回答第2～3题。

矿物性质			
矿物	硬度	比重	光泽／颜色
长石	6～6.5	2.5～2.8	非金属光泽／无色或白色
萤石	4	3～3.3	非金属光泽／黄色、蓝色、紫色、玫瑰色、绿色或棕色
方铅矿	2.5～2.75	7.4～7.6	金属光泽／灰黑色
石英	7	2.65	非金属光泽／无色、纯色

2. 表中最坚硬的矿物是什么？
   A. 长石　B. 萤石
   C. 方铅矿　D. 石英
3. 哪种矿物具有金属光泽？
   A. 长石　B. 萤石
   C. 方铅矿　D. 石英
4. 下列哪项可以推断出同位素会释放辐射？
   A. 它的原子核不稳定
   B. 它有稳定的原子核
   C. 它的质量数和其他元素相同
   D. 它没有经历衰变
5. 一般情况下，电子如何填充能级？
   A. 从最低到最高
   B. 从最高到最低
   C. 没有固定模式
   D. 全在同一能级
6. 下列哪项在鉴别矿物中最可靠？
   A. 颜色　B. 条痕
   C. 硬度　D. 光泽

根据下表，回答第7～8题。

矿物	硬度
滑石	1
石膏	2
方解石	3
萤石	4
磷灰石	5
正长石	6
石英	7
黄玉	8
刚玉	9
金刚石	10

7. 哪种矿物可以刻画正长石却不能刻画黄玉？
   A. 石英　B. 方解石
   C. 磷灰石　D. 钻石
8. 从表格中可以推断出金刚石的什么性质？
   A. 它是最重的矿物
   B. 形成金刚石的过程最漫长
   C. 它有着最复杂的晶体结构
   D. 它无法被其他矿物刻画
9. 一个计划周密的实验除了下列哪一项之外都是必须包含的条件？
   A. 技术
   B. 控制（变量）
   C. 假设
   D. 可收集的数据
10. 在南北极中间，环绕地球画一条想象中的线，这指的是哪条线？
   A. 本初子午线
   B. 赤道
   C. 纬度
   D. 经度

简答题

根据转换系数及下表，回答第11～13题。

1.0 克拉(carat) = 0.2 克(grams)

钻石	克拉数	克数
山姆大叔钻石：在美国发现的最大天然钻石	40.4	?
班齐约翰斯钻石：世界第二大钻石；以发现者命名	?	6.89
特蕾莎：1888年在威斯康星州发现	21.5	4.3
澳大利亚西部2001年的钻石总产量	21 679 930	?

11. 按克拉数从小到大排列这三颗钻石，并写出它们的克拉数。

12. 2001年澳大利亚西部的钻石总产量为多少千克？

13. 为什么钻石挖掘者要将钻石的度量单位从克拉改为克？

14. 为什么地图的比例尺对地图而言很重要？

15. 讨论科学家如何利用美国地球资源卫星图像来确定一个城市的污染程度。

16. 为什么有的矿物不再被认为是矿石？

阅读理解

硅谷

硅(Si)是地壳中含量第二丰富的元素，但在硅谷出现之前公众对它并不熟悉。硅几乎存在于每一块岩石之中，每一处水体中，空气中的尘埃里，许多动植物的骨架中，甚至也是恒星的组成部分。但硅从来不像金或者银这样单独出现，它总是和氧(O)、铝(Al)、镁(Mg)、钙(Ca)、钠(Na)、钾(K)、铁(Fe)或其他元素相伴而生，我们称之为硅酸盐。硅酸盐是矿物族中最大也最复杂的一族。硅的颜色是灰色，比重为2.42。它的价电子如碳(C)可以形成多种多样的化合物如碳化硅磨料、硅胶、填缝剂、油彩和颜料。纯硅可以应用在半导体中，如会吸收太阳光转化成电的太阳能电池板和晶体管中的芯片。

资料来源：Ellison, B. Si and SiO_2 ... or what a difference a little O makes. (Online resource accessed October 2006)

17. 根据文中信息可以得出硅最具有挑战性的一个方面是什么？

A. 它有价电子

B. 它的颜色是灰色

C. 它从来不以单质形式出现

D. 它几乎随处可见

18. 文中没有提到硅的哪项应用？

A. 硅胶和填缝剂

B. 碳化硅磨料

C. 晶体管中的芯片

D. 油彩和颜料

19. 为什么说硅几乎是无处不在的？

需要更多帮助？																
如果你回答错误……	1	2	3	4	5	6	7	8	9	10	11	12	13	14	15	16
请复习相应章节……	4.2	4.1	4.1	3.1	3.1	4.1	4.1	4.1	1.2	2.1	4.2	4.2	1.2	2.2	2.3	3.2

第5章

火成岩

大概念 地球最初是熔融状态的，其表面逐渐冷却、结晶，形成了早期地壳，地球上也出现了最古老的岩石——火成岩。

内容提要

1 什么是火成岩

2 火成岩的分类

起步实验

科学实验室

如何鉴别矿物？

火成岩由不同的矿物组成。在这个实验中，你可以学习如何鉴别同一个岩石样品中的不同矿物。

实验步骤

1. 阅读并遵守实验室安全守则。
2. 从距离1 m的地方观察一个花岗岩样品，记录你的观察结果。
3. 用放大镜或显微镜观察花岗岩样品，记录你的观察结果。

实验分析

1. **绘图** 将你通过放大镜或显微镜观察到的样品绘制下来，并标注比例尺。
2. **列举**你在样品中观察到的矿物名称。
3. **描述**你观察到的矿物晶体的大小和形状。
4. **描述** 有什么证据能证明这些晶体形成于熔岩？

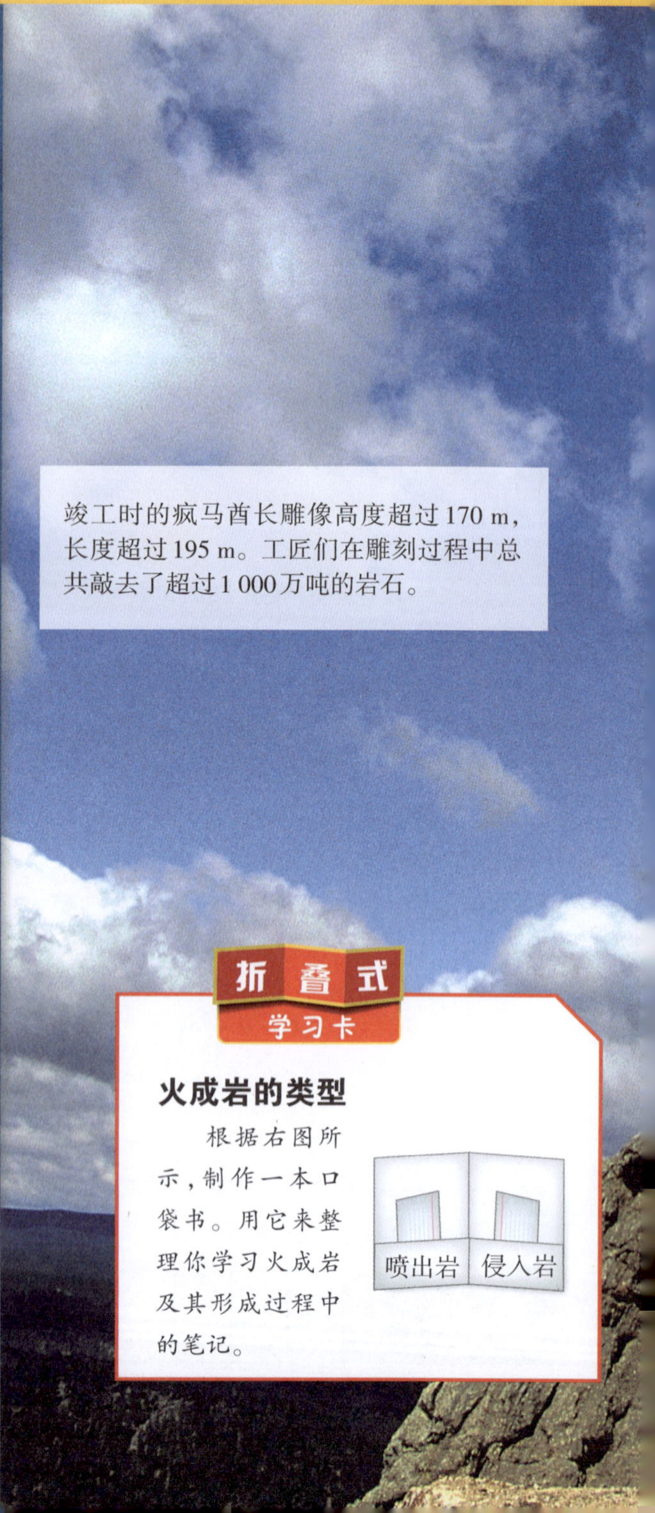

竣工时的疯马酋长雕像高度超过170 m，长度超过195 m。工匠们在雕刻过程中总共敲去了超过1 000万吨的岩石。

折叠式学习卡

火成岩的类型

根据右图所示，制作一本口袋书。用它来整理你学习火成岩及其形成过程中的笔记。

喷出岩 侵入岩

长石
黑云母
石英

第1节 什么是火成岩

主要概念 火成岩是熔融物质冷却结晶形成的岩石。

核心问题

- 火成岩是怎样形成的？
- 怎样描述岩浆的组成？
- 有哪些因素会影响岩石的熔化与结晶？

关键术语

熔岩
火成岩
部分熔融
鲍文反应序列
分离结晶

地球科学在你身边 地球上每时每刻都在形成火成岩。当时当刻的位置和条件决定了形成的火成岩的类型。

火成岩的形成

如果住在活火山附近，你便可以真切地观察到岩石的形成。大量炽热的、熔融态的岩石一夜之间就能凝结成固体岩石。之前已经学过，岩浆就是地表以下熔融状态的岩石。**熔岩**（lava）是指流出地球表面的岩浆。**火成岩**（igneous rock）则由熔岩或岩浆冷却结晶而成。

在实验室条件下，大多数岩石必须加热到800～1 200℃之后才能熔化。而在自然界中，这样的温度只存在于上地幔和下地壳。这些热量是从哪里来的？科学家们的理论是，这些热量来自地球熔融形成的剩余能量和地层中放射性元素衰变产生的能量。

岩浆的组成 因为岩浆成分不同，所以形成的火成岩类型也不尽相同。岩浆通常是一大堆由熔岩、溶解的气体和矿物晶体组成的黏稠混合物。岩浆中常见的元素在地壳中也有广泛分布：氧、硅、铝、铁、镁、钙、钾和钠。在岩浆的所有化合物中，二氧化硅含量最丰富，对岩浆性质的影响也最大。如**表5-1**所示，岩浆可以按照二氧化硅含量的不同，分为玄武岩类、安山岩类和流纹岩类岩浆。二氧化硅的含量影响着岩石的熔化温度、岩浆的黏度和岩浆流动的速度。流纹岩类岩浆黏度比玄武岩类要大。

表5-1 岩浆的类型

类别	二氧化硅含量	典型区域
玄武岩类	45%～52%	夏威夷群岛
安山岩类	52%～66%	卡斯基德山脉、安第斯山脉
流纹岩类	超过66%	黄石国家公园

一旦岩浆从岩层中释放出来，岩浆中溶解的气体就会逃逸到大气中去。因此，熔岩的化学成分与之前的岩浆相比，就会发生细微的变化。

岩浆的形成 熔化的地壳和熔化的地幔都可以形成岩浆。影响岩浆形成的四个主要因素是温度、压力、含水量和地壳或地幔中的矿物成分。温度通常随着地壳深度的增加而升高，这种温度的升高叫作地热梯度，如**图5-1**所示。油井钻探和深井矿工都会经历这种现象。当油井钻到很深的地方时，温度可能会超过200 ℃，如**图5-2**所示。

压力也会随着深度的增加而增加，这是由盖层重量引起的。实验表明，随着所受压力的增加，岩石的熔点也会相应提高。因此，在地球表面，某类岩石可能在1 100 ℃时熔化，而在地下100 km处，岩石受到巨大压力时，要到1 400 ℃时才熔化。

影响岩浆形成的第三个因素是含水量。岩石和矿物通常会含有少量的水，这会改变岩石的熔点。随着含水量的增加，岩石的熔点会降低。

读后自查 **列出**影响岩浆形成的主要因素。

矿物成分 为了更好地理解元素和组成部分对岩浆整体性质的影响，下文将详述第四个影响因素。不同的矿物熔点不同。例如，由橄榄石、钙长石和辉石组成的玄武岩比由石英和钾长石组成的花岗岩熔点要高。花岗岩的熔点比玄武岩的熔点低，这是因为花岗岩含有更多的水和更多熔点较低的矿物。一般来说，富含铁和镁的岩石比富含硅的岩石熔点更高。

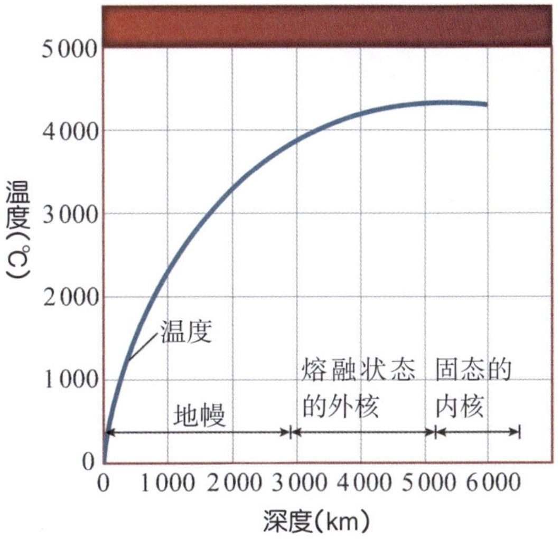

图5-1 地壳的平均地热梯度为25 ℃/km，但科学家们认为它在地幔处陡降至1 ℃/km。

图5-2 上地壳的温度会随着深度增加而升高，每加深1 km，温度升高30 ℃。在3 km深度处，钻头遇到的岩石温度接近于沸水的温度。

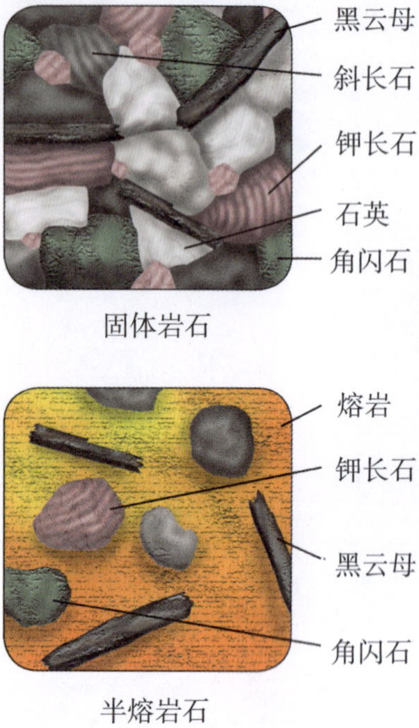

■ **图5-3** 随着温度升高，矿物质开始熔化。

推测 *从这张图上，你能够推测出石英的熔点吗？*

部分熔融 假设你用一个冰格装一些蜡和水在冰箱里冰冻。当你将冰格拿出冰箱，并把它放在室温下时，冰会融化，而蜡却不会。这是因为这两种物质的熔点不同。岩石的熔化方式与此类似，因为它们所含矿物的熔点各不相同。因为组成岩石的不同矿物的熔点不同，所以岩石的各个部分并不是在同一时间熔化的。这就解释了为什么岩浆通常是晶体和熔岩的黏稠混合物。一些矿物在较低温度下熔化而另一些仍保持固态的过程叫作**部分熔融**（**partial melting**），如**图5-3**所示。随着每组矿物的熔化，不同的元素融入岩浆的黏稠混合物中，由此它的成分也不断发生变化。如果温度不足以熔化整块岩石，则岩浆的化学性质与原生岩石的化学性质不同。这是形成不同类型火成岩的一种方式。

☑ **读后自查** **总结**岩浆与原生岩石化学成分之间存在差异的原因。

鲍文反应序列

在20世纪早期，加拿大地质学家鲍文证实，当岩浆冷却时，矿物的形成模式是可预见的。如今这个反映岩浆冷却和矿物形成之间关系的过程被称为**鲍文反应序列**（**Bowen's Reaction Series**），如**图5-4**所示。鲍文发现了结晶的两种主要模式，或者说是两种分支。一种模式是以长石族矿物成分连续的、逐渐的变化为特征，另一种模式则以铁镁族矿物成分的突变为特征，如图中左侧分支所示。

■ **图5-4** 在鲍文反应序列的左侧分支中，铁镁族矿物在结晶过程中因为岩浆温度骤然冷却而发生突变。

比较 *右侧分支的长石族矿物的变化与左侧分支有什么区别？*

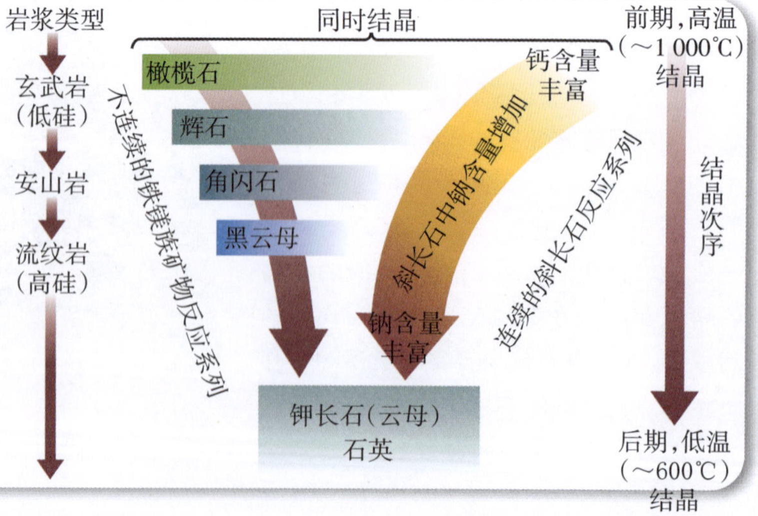

富铁矿物 鲍文反应序列的左侧分支表示富含铁元素的矿物。这些矿物在岩浆的冷却和分离结晶过程中发生了突变。例如，当岩浆开始冷却时，橄榄石是铁镁族矿物中最早开始结晶的矿物。当温度持续下降，一种新的矿物——辉石开始形成。先前形成的橄榄石在与岩浆发生反应后，变成辉石。随着温度继续降低，会以类似的反应形成角闪石和黑云母。

长石 在鲍文反应序列中，右侧的分支代表长石族矿物，如**图5-5**所示。这些矿物的成分也会发生连续变化。随着岩浆的冷却，最先形成的长石富含钙。继续冷却后，这些长石和岩浆发生反应，长石的成分由富含钙转变为富含钠。在某些情况下，当岩浆迅速冷却时，富含钙的矿物就不能完全和岩浆发生反应，其结果是形成外层富含钠而内核富含钙的带状晶体。

■ **图5-5** 在鲍文反应序列中，斜长石的成分经历了一系列连续变化。

分离结晶

当岩浆冷却时，它就以与部分熔融相反的顺序结晶。也就是说，在岩浆中最先结晶的矿物是部分熔融过程中最后熔化的矿物。这个过程称为**分离结晶(fractional crystallization)**。和部分熔融过程相似，在分离结晶过程中，岩浆的成分也会改变。但是在这种情况下，较早形成的结晶从岩浆中分离出来之后不能再与岩浆发生反应了。随着矿物的形成，这些元素逐渐从剩余的矿物中分离，最终形成了**图5-4**所示的石英。

折叠式学习卡

将本节信息整合到你的折叠式学习卡中。

迷你实验

科学实验室

比较火成岩

如何区分火成岩? 火成岩的性质各有不同。颜色和晶体大小都可以用来区分火成岩的特征。

实验步骤

1. 阅读并遵守实验室安全守则。
2. 从老师处拿一套岩石样品。
3. 仔细观察每种岩石的下列特征:整体颜色、晶体大小、矿物组分(如果能够观察到)。
4. 设计制作一个表格来记录你观察到的数据。

实验分析

1. **分类** 将你的样品按玄武岩、安山岩、流纹岩进行分类。(提示:岩石中含有的硅成分越高，颜色越浅)
2. **对比与比对**你收集并记录在表格中的数据。如何区分它们? 每个矿物族之间存在什么共同性质?
3. **猜想** 该样品按照什么顺序结晶?

图解分离结晶与晶体沉降

图 5-6 纽约州和新泽西州交界处的哈德逊河河谷有一个帕利塞德岩床，它是分离结晶和晶体沉降的典型案例。在这个玄武岩的侵入层中，冷却带中外侧比内侧冷却得更快，从而形成了细粒结晶。

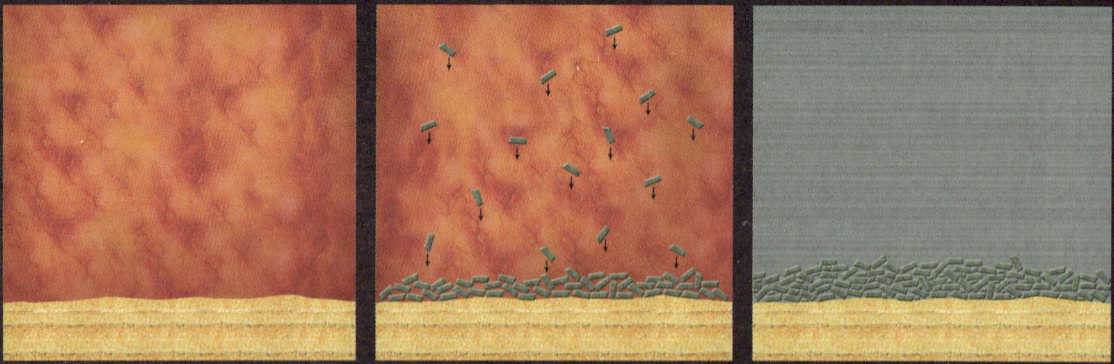

岩浆在侵入过程中开始冷却，形成晶体，晶体逐渐下沉到底部。晶体成层称为分离结晶。

鲍文反应序列为我们进一步探究带来了更多值得思考的问题。例如，如果在冷却过程中橄榄石转变成了辉石，那么为什么现在还能在一些岩石中找到橄榄石呢？地质学家的假设是，只有在特定条件下，新形成的结晶体从冷却的岩浆里分离出来后，岩浆和矿物之间的化学反应才会停止。当形成的晶体沉积在岩浆的底部时，晶体分离就发生了；当液态岩浆从晶体碎粒中被挤压出去之后，就形成了两种不同成分的火成岩。这个过程和分离结晶的实例发生在纽约州和新泽西州交界处的哈德逊河河谷，如**图5-6**所示，而岩浆的形成方式则如**表5-1**所示。

正因为分离结晶是连续不断发生的，岩浆中会分离出越来越多的晶体，岩浆中的硅、铝和钾元素也逐渐富集。因此，最后形成结晶，并从冷却的岩浆里分离出来的是钾长石和石英。钾长石是地壳中最为常见的长石之一。而石英则常常出现在岩脉中，这是因为它的晶体是最后那部分岩浆结晶形成的，所以它最终被挤压到岩石的裂缝里，如**图5-7**所示。

图5-7 最后冷却结晶的矿物通常会形成石英岩脉。

第1节 本节回顾

要点梳理

- 岩浆是熔岩、气体和矿物晶体组成的混合物。
- 岩浆根据其二氧化硅含量的不同可以形成玄武岩、安山岩和流纹岩。
- 不同的矿物在不同的温度下熔化、结晶。
- 鲍文反应序列反映了在岩浆中结晶的次序。

要点理解

1. 主要概念 **预测**岩浆先快速冷却，后慢速冷却所形成的火成岩外观。
2. **列出**大部分岩浆中常见的8种主要元素及其化学式。
3. **总结**影响岩浆形成的因素。
4. **对比与比对**岩浆和熔岩。

批判性思维

5. **预测** 如果越靠近地心，温度越高，那为什么内核还是固态的？
6. **推断** 岩浆中硅的含量在火成岩的部分熔融过程中会升高、降低还是保持不变？请做出解释。

地学写作

7. 某岩石收集者声称他发现了一块有辉石和富含钠的长石同时出现的岩石。就他所说的内容，写一则新闻简讯。

第2节 火成岩的分类

主要概念 火成岩根据其矿物成分和质地进行分类。

核心问题

- 火成岩有哪些不同的类型和质地？
- 冷却率对火成岩晶体颗粒的大小有何影响？
- 火成岩有哪些用途？

关键术语

侵入岩　喷出岩　玄武岩　花岗岩　质地　斑状质地　气孔质地　伟晶岩　金伯利岩

地球科学在你身边 雕塑、地面、建筑和台面多用花岗岩做成。花岗岩是地壳中含量最丰富的一种岩石。

火成岩的矿物组成

火成岩主要分为侵入岩和喷出岩两大类。当岩浆在地球内部冷却、结晶，形成的就是**侵入岩（intrusive rock）**。当岩浆注入附近的岩石，即发生了火成岩侵入。侵入岩的晶体颗粒通常较大，不用放大镜就可以看清。岩浆在地表冷却、结晶，形成的是**喷出岩（extrusive rock）**。喷出岩有时候也用于指代熔岩流和洪流玄武岩。这些岩石中的晶体颗粒往往很小，需要用放大镜才能看清楚。地质学家根据火成岩的矿物组成将其进行更细致的分类。此外，像岩石晶体的颗粒大小和质地等物理属性，也是用作区分不同火成岩的依据。

火成岩可以按照矿物成分的差别来分类。**玄武岩类岩石（basaltic rock）**，又称铁镁质岩，颜色较深，硅含量较低，富含铁和镁。**花岗岩类岩石（granitic rock）**，又称长英质岩，颜色较浅，硅含量较高，富含石英和长石。硅含量介于两者之间的岩石称为中性岩，如斜长石和角闪石。**图5–8**所示的岩石样品就代表了火成岩的三种类型：辉长岩代表铁镁质岩，花岗岩代表石英质岩，闪长岩代表中性岩。火成岩的第四种类型叫作超基性岩，又称超铁镁岩，是由富含铁的矿物，如橄榄石和颜色较深的辉石的晶粒组成的。**图5–9**总结了鉴别火成岩的方法。

■ **图5–8** *岩浆成分的差异从其冷却结晶形成的岩石中也可以看出。*

观察 *描述你在这些岩石中观察到的差异。*

辉长岩

花岗岩

闪长岩

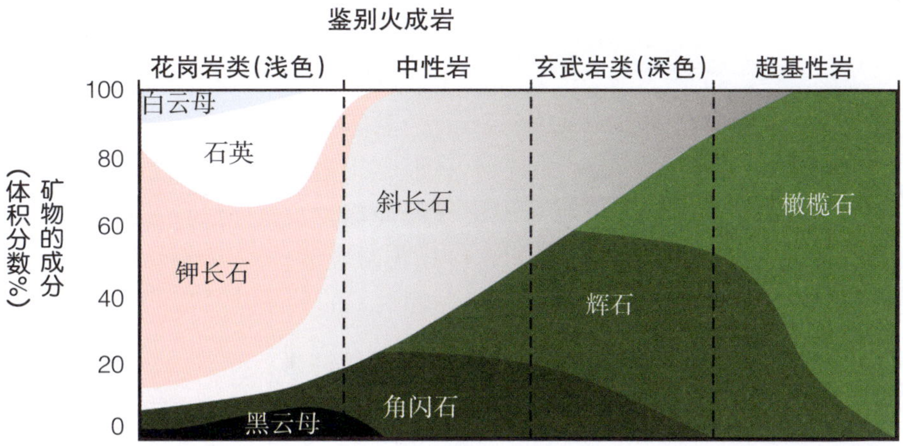

类型	质地	岩石名称			
侵入岩	晶粒粗糙	花岗岩	闪长岩	辉长岩	橄榄岩
喷出岩	斑岩质地	斑岩质地的流纹岩或花岗岩	斑岩质地的安山岩或闪长岩	斑岩质地的玄武岩或辉长岩	
	晶粒细小	流纹岩	安山岩	玄武岩	
	玻璃状	黑曜岩			
	多孔状	浮岩		火山岩渣（多孔的玄武岩）	

■ **图 5–9** 岩石的类型可以通过估算其所含矿物的百分比来确定。

质地

除了矿物成分的差异，火成岩的晶粒大小也各有不同。**质地**（**texture**）指的是晶体大小、形状、分布和成岩颗粒的粒径。如**图 5–10** 所示，流纹岩的质地可以用颗粒细小来描述，但花岗岩的质地可以用颗粒粗大来描述。这些晶体颗粒上的差异可以通过一种属于喷出岩，而另一种属于侵入岩的事实来解释。

■ **图 5–10** 流纹岩、花岗岩和黑曜岩的质地不同是因为它们的形成方式不同。黑曜岩的玻璃质感源于它经历了快速冷却的过程。

晶粒大小与冷却速率　当熔岩在地表流动时，它迅速冷却，也就没有足够的时间形成大的晶体。因此喷出的火成岩，如**图5-10**所示的流纹岩，就没能形成肉眼可见的晶体。有时候，熔岩冷却过快，以至于根本没有晶体形成，如**图5-10**所示的黑曜岩。相反，当熔岩在地下缓慢冷却时，它就有充足的时间来形成大的晶体。所以，花岗岩、闪长岩和辉长岩等侵入岩中，可能形成粒径超过1 cm的晶体颗粒。

斑岩质地的岩石　仔细观察**图5-11**中岩石的质地。最上面这张照片所展示的这块岩石晶粒大小不一，这种岩石质地称为**斑岩质地（porphyritic texture）**，其特点是大的、形状完好的晶粒被较细小的晶粒包围。这些小晶粒可能是与大晶粒相同的矿物，也可能是不同的矿物。

什么原因导致了大小不一的晶粒同时存在于一块岩石中呢？斑岩质地表明这块岩石经历了一个比较复杂的冷却过程。在这个过程中，缓慢冷却突变为快速冷却。想象一下，岩浆正在地壳深处缓慢冷却，在这一缓慢冷却的过程中，形成的第一批晶粒是比较大的。然后，岩浆突然侵入上层地壳，或者喷出地表，剩余的岩浆将迅速冷却，从而形成较小的晶粒。

多孔质地的岩石　溶解在岩浆中的气体会在岩浆受到的压力减弱时逃逸。如果熔岩流足够厚，那么它可以阻止这些气泡逃逸。气泡留在岩石中形成的孔隙就叫作气孔。这种岩石看起来有点像海绵。这种外观呈海绵状的岩石则被称为具有**多孔质地（vesicular texture）**的岩石，如**图5-11**所示的浮岩和多孔玄武岩就属于多孔质地的岩石。

斑岩

多孔玄武岩

浮岩

图5-11　岩石的质地会透露岩石是如何形成的信息。冷却速率的快慢与有无气体在岩石中都有据可循。

☑ **读后自查**　**解释**　什么原因会导致火成岩中产生气孔？

（矿物）薄片

相比鉴别矿物，观察矿物晶粒的大小往往要简单得多。为了解决这一问题，地质学家通过制作矿物薄片的方式来鉴别矿物样品。矿物薄片是岩石的切片，通常只有0.03 mm厚，横截面一般为2 cm×4 cm。正因为它非常薄，矿物薄片还可以透光。

■ **图 5-12** 这块花岗岩中的矿物就可以制作成一个矿物薄片。

当我们通过一个特殊的岩相显微镜来观察矿物晶粒的性质时，会有更明显的观测结果。这些性质有助于地质学家鉴别岩石中存在的矿物。例如，长石的晶粒具有明显的双条带。石英的晶粒可能随着显微镜台面的旋转而呈波浪形。方解石晶粒的颜色会随着岩相显微镜台面的旋转而变深，或者变暗。**图 5-12** 所示的就是通过岩相显微镜观察到的某花岗岩样品的矿物薄片。

作为资源的火成岩

火成岩的冷却与结晶过程使其形成了独特但十分有用的矿物。这些矿物在很多领域中都有妙用，如建筑、能源或珠宝产业等。下面会介绍一些火成岩的用途。

矿脉 正如你之前学到的，矿石中含有具备经济价值的矿物。火成岩的侵入过程中可能形成有价值的矿石或岩脉。有时，矿石可以在侵入岩周围的岩石中找到。在鲍文反应序列中，岩浆结晶后剩余的流体中含有大量的硅和水。这种流体中还含有不会融入普通火成岩矿物的各种剩余元素。这些没有融入普通矿物的重要金属元素包括金、银、铅和铜。这些金属元素和溶解的硅一起，在岩浆结晶的最后阶段从炽热且富含矿物质的流体中释放出来，布满了周围岩石的裂缝和孔隙。流体固化后形成富含金属的石英脉，例如美国加利福尼亚州内华达山脉发现的含金矿脉，如**图 5-13** 所示。

■ **图 5-13** 黄金和石英先同时从矿山被开采出来，之后才分离。

推测 *你能根据这张图片推测黄金熔化温度的相关信息吗?*

☑ **读后自查** **解释** 为什么矿脉中含有大量的石英?

■ **图 5-14** 伟晶岩矿脉贯穿了拉什莫尔山国家纪念公园的雕像。你可以在雕像上看到这条矿脉的痕迹。

伟晶岩 除了金属矿脉以外，沉淀的矿脉中往往还有其他有价值的资源。火成岩中有特别大的矿物晶粒的岩石称为**伟晶岩**(**pegmatite**)，它往往出现在火成岩侵入带或矿脉中。在伟晶岩中可以找到一些稀有的元素，如锂和铍。此外，伟晶岩还可以加工成美丽的水晶。因为矿脉填充了岩石中的孔隙和裂缝，所以在孔隙中发育的矿物得以保持它们的晶体形状。目前世界上最美丽的矿物晶体大多发现于伟晶岩矿脉中，其中一个享誉盛名的伟晶岩矿脉就位于南达科他州基斯通附近的拉什莫尔山国家纪念公园。如果你凑近看雕像的脸部，如**图 5-14** 所示，就会发现一条贯穿岩石的巨大矿脉。

技能实验

科学实验室

解读科学图表

如何估算矿物的成分？ 火成岩是根据其所含矿物的成分进行分类的。在这个实验里，你需要根据**图 5-12** 所给出的矿物薄片信息，估算火成岩样品中不同矿物的含量。

实验分析

1. 根据**图 5-12** 所示的岩石样品，设计一个估算岩石中不同矿物含量的方法。
2. 制作一个数据表，列出各种矿物及其含量(百分比)的估值。

批判性思维

3. **解读** 根据**图 5-9**，确定这个岩石样品属于表格中的哪一类火成岩。
4. **比较**你和其他同学得出的矿物含量(百分比)估值。为什么会出现多个结果？有哪些可能的错误原因？
5. **提出**一个提高你估算准确度的方法。

金伯利岩 钻石是一种昂贵的稀有矿物，出现在超基性岩**金伯利岩**(kimberlite)中。它以最早的发现地——南非的金伯利命名。这些不寻常的岩石属于橄榄岩。它们很可能形成于地下150～300 km深处的地幔中。这是因为在金伯利岩中发现的钻石和其他矿物都只能在很高的压力下才能形成。

地质学家推测，金伯利岩岩浆从地底快速地往地表侵入，形成长而窄的管状构造。这些构造在地壳中延伸数千米，但它们的直径却只有100～300 m。因此，这些管状构造被称为金伯利岩管。世界上大多数钻石都来自南非的矿井，如**图5-15**所示。虽然目前美国也发现了许多金伯利岩矿，但只在阿肯色州和科罗拉多州发现过钻石。科罗拉多州的钻石矿场是目前美国唯一还在开采的钻石矿。

■ **图5-15** 在南非的北开普省理查德斯维德地区，人们从金伯利岩矿中开采钻石。

作为建筑材料的火成岩 火成岩的许多特性使它能成为有特殊用途的建筑材料。火成岩内部的连锁结构使它变得格外牢固。此外，火成岩中的许多矿物都能抵御风化。花岗岩就是一种最耐磨的火成岩。你可能已经见过很多花岗岩制品，如台面、地面、雕塑等，这些都是由地球上种类丰富的花岗岩做成的建筑材料。

第2节 本节回顾

要点梳理

- 火成岩可以分为超基性岩类、玄武岩类、中性岩类和花岗岩类。
- 冷却速率决定晶体颗粒大小。
- 矿石大多出现在伟晶岩中，钻石则出现在金伯利岩中。
- 一些火成岩不仅有足够的强度，而且耐用、美观，常用作建筑材料。

要点理解

1. 主要概念 **推断**为什么黑曜岩的颜色深，通常呈黑色或红色，而且常有花岗岩类的成分。
2. **描述** 三种主要的火成岩类型。
3. **运用**冷却速率来解释晶体大小不一的原因。
4. **区分** 根据火成岩的两种物理性质来区分安山岩和闪长岩。

批判性思维

5. **猜测** 为什么地壳中几乎没有喷出的超基性岩？
6. **确定** 石英和斜长石哪种更可能形成火成岩中形态完整的晶体？请做出解释。

地学计算

7. 一块花岗岩石板的密度为2.7 g/cm^3。那么一块横截面为0.6 m×2.5 m、厚度为2 cm的花岗岩台面质量是多少呢？

月　岩

每一次的阿波罗登月任务中，都会采集回一些月球岩石的样品（以下简称“月岩”），这对我们研究月球的起源、历史和环境有很大的帮助。那么，月球上的岩石相比地球上的岩石，究竟有什么差别呢？

月岩的类型　从1969年到1972年间，宇航员们采集了约380 kg月岩。这2 415片岩石大小不一，有的只有沙粒般大小，有的有篮球那么大。

总体而言，月岩的颜色差异很大，有的是灰色，有的是黑色，还有白色和绿色的。月岩的质地也各异，有的是玻璃质感的，有的比较坚硬，还有的比较脆弱。科学家们通过分析这些岩石样品，知道了月球上至少有三种类型的岩石。玄武岩是熔岩流和火山灰通过陨石撞击产生的裂缝与孔隙到达月球表面后形成的。角砾岩是陨石破裂后的岩石经高温重新混合在一起形成的岩石。太古岩是没有被陨石撞击过的原始岩石，通常由富含钙的灰色斜长石组成。

月岩的成分　月岩有两个独特之处。首先，它们不存在氧化过程。月岩中有较高的含铁量，这一点与地球上容易被风化、锈蚀的含铁岩石有鲜明的对比。其次，这些月岩的表面覆盖着细小的，叫作“冲击坑”的麻坑。这些月岩的小麻坑是由微陨石撞击形成的，但这些冲击坑不会出现在地球表面的岩石上，因为微陨石与地球大气间的摩擦使得它们在到达地表之前就燃烧殆尽了。

月岩的分类　科学家们用地球上对火成岩的分类法来对月岩进行分类。根据矿物成分，科学家们命名了一种新的月岩：克里普岩（KREEP rock）。这种岩石含有大量的钾元素、稀土元素和磷元素。

这位科学家正在研究一块玄武岩，这块月岩是“阿波罗15号”从月球表面采集回来的。

月岩的含水量　在超过40年的时间里，科学家们一直以为月球是干燥的。但是，2010年，研究者们在20世纪70年代美国国家航空航天局阿波罗登月任务中采集的月岩样品中发现了水。这些水可能来自彗星。在根据这些岩石研究月球起源与历史的过程中，科学家们还在不断提出新的问题。

地学写作

月岩游戏　根据资料，设计一个科学家们采集和分析月岩样品的游戏。为加深对月岩的理解，你还可以与其他同学交换游戏方案。

自行设计、制作晶体模型

实验背景:岩浆的冷却速率对所形成的火成岩的晶粒大小有影响。观察岩浆结晶的过程是非常困难的,因为熔岩炙热,并且结晶过程通常非常缓慢。不过,有一些物质可以在较低的温度下结晶,这些物质可以用来制作晶体模型。

实验问题:岩浆如何结晶形成矿物?

实验材料

洁净的塑料培养皿	温度计
饱和的明矾溶液	纸巾
200 mL的烧杯	水
放大镜	电炉
深色美工纸	

警示:明矾溶液能引起皮肤过敏,而且在第一次倒入培养皿时温度比较高。如果不小心溅到了你的皮肤上,请立即用冷水冲洗。

实验步骤

1. 阅读并遵守实验室安全守则。
2. 以小组为单位,讨论如何改变倒入培养皿中的热溶液的冷却速率。每个小组成员在实验期间都要负责观察一个培养皿。在开始实验之前,确保老师认可你们的研究计划。
3. 将一张深色的美工纸放在一个不受干扰的平面上,确保放纸的位置就是之前确定好的位置,然后再把培养皿放在纸上。
4. 拿着你的玻璃烧杯从老师处取150 mL左右的明矾溶液。注意溶液的温度在95~98 ℃,略低于沸点温度。
5. 小心地将溶液倒入每一个培养皿中,达到半满即可。倒热溶液时要小心,避免溶液溅出灼伤皮肤。
6. 记录培养皿中发生的变化,每隔5分钟记录一次,持续30分钟。准确描绘出开始形成的各种晶体的实际形状。

实验分析

1. **比较**你们小组与其他小组之间冷却方法的差别。存在一些比较有效的方法吗?请做出解释。
2. **检查**你的明矾晶体,这些晶体看上去是什么样的?它们大小相同吗?是不是所有晶体的形状都一样?
3. **绘制**最常见的晶体形状,并记录在你的科学笔记里。与其他组的同学比较一下你们画的晶体形状。描述你所看到的结晶模式。
4. **推测** 在不同的培养皿中,是什么因素影响了晶体的大小?你是怎么知道的?
5. **推断** 为什么随着晶体的发育,它的形状会发生变化?
6. **对比与比对**这一实验过程与岩浆结晶过程之间的区别。
7. **评估**冷却速率与晶体形成之间的关系。

数据分享

同行评议 公布你所得的数据,并将你的结果和其他同做这个实验的同学的结果进行比较。

第5章 复习指南

大概念 地球最初是熔融状态的，其表面逐渐冷却、结晶，形成了早期地壳，地球上也出现了最古老的岩石——火成岩。

关键术语

- 熔岩
- 火成岩
- 部分熔融
- 鲍文反应序列
- 分离结晶

第1节 什么是火成岩

主要概念 火成岩是熔融物质冷却结晶形成的岩石。

要点梳理

- 岩浆是熔岩、气体和矿物晶体组成的混合物。
- 岩浆根据其二氧化硅含量的不同可以形成玄武岩、安山岩和流纹岩。
- 不同的矿物在不同的温度下熔化、结晶。
- 鲍文反应序列反映了在岩浆中结晶的次序。

关键术语

- 侵入岩
- 喷出岩
- 玄武岩
- 花岗岩
- 质地
- 斑状质地
- 气孔质地
- 伟晶岩
- 金伯利岩

第2节 火成岩的分类

主要概念 火成岩根据其矿物成分和质地进行分类。

要点梳理

- 火成岩可以分为超基性岩类、玄武岩类、中性岩类和花岗岩类。
- 冷却速率决定晶体颗粒大小。
- 矿石大多出现在伟晶岩中，钻石则出现在金伯利岩中。
- 一些火成岩不仅有足够的强度，而且耐用、美观，常用作建筑材料。

第5章 复习检测

术语回顾

从复习指南中选取合适的术语替代斜体部分内容。

1. 随着*岩浆*在地表的流淌，气体从中逃逸出来。
2. *莫氏硬度表*是用来描述矿物结晶序列的。
3. *熔岩*在地壳深处形成。

从复习指南中选取合适的术语填空。

4. 某种火成岩具有以下质地特征：大晶体嵌在四周的细小晶体中，这种质地叫____________。
5. 在快速冷却的条件下形成的火成岩是________________。
6. 颜色较浅、硅含量高的火成岩是_________。

理解要点

7. 下列哪种矿物是岩浆冷却过程中最先形成的？
   A. 石英　　B. 云母
   C. 钾长石　　D. 橄榄石

根据下图，回答第8题。

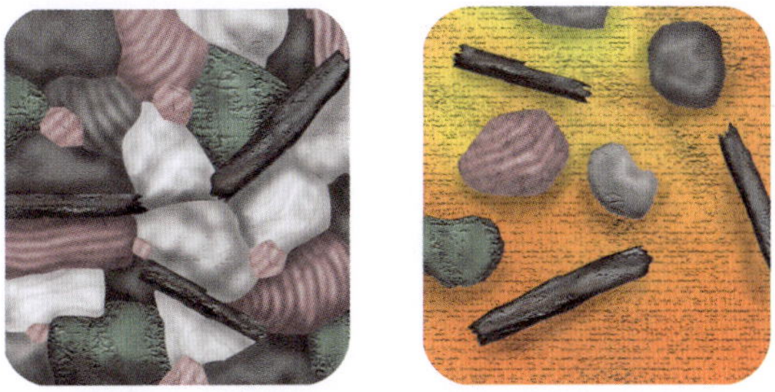

8. 图中发生的是哪种过程？
   A. 分步分离
   B. 结晶分离
   C. 分离结晶
   D. 部分熔融

9. 下列哪种矿物与鲍文反应序列的右侧分支有关？
   A. 橄榄石和辉石
   B. 长石
   C. 云母和长石
   D. 石英和黑云母
10. 下列哪种类型的岩浆硅含量最高？
   A. 玄武岩
   B. 安山岩
   C. 流纹岩
   D. 橄榄岩
11. 下列哪种因素对火成岩的形成没有影响？
   A. 体积　　B. 温度
   C. 压力　　D. 矿物成分
12. 下列哪种侵入岩与安山岩的成分相同？
   A. 花岗岩
   B. 玄武岩
   C. 黑曜岩
   D. 闪长岩

根据下图，回答第13题。

13. 这块岩石经历了哪种成岩过程？
   A. 缓慢冷却
   B. 快速冷却
   C. 急速冷却
   D. 先是缓慢冷却，然后快速冷却
14. 下列哪种超基性岩中可能含有钻石？
   A. 伟晶岩　　B. 金伯利岩
   C. 花岗岩　　D. 流纹岩

15. 快速冷却对火成岩晶粒的大小有什么影响?
  A. 形成细小的晶体颗粒
  B. 形成较大的晶体颗粒
  C. 形成浅色的晶体
  D. 形成深色的晶体
16. 下列哪个选项是用来描述火成岩在地球内部结晶的术语?
  A. 岩浆
  B. 侵入
  C. 熔岩
  D. 喷出
17. 花岗岩中最常见的矿物是什么?
  A. 石英和长石
  B. 斜长石和闪石
  C. 橄榄石和辉石
  D. 石英和橄榄石

简要概述

18. **列出**火成岩在建筑业中的一些用途。
19. **解释**玄武岩中的斜长石和花岗岩中的斜长石的区别并说明原因。

根据下图,回答第20~21题。

20. **绘制**一张流程图来解释上图中的多孔玄武岩是如何形成的。
21. **猜想** 浮岩为什么能够漂浮在水面上?
22. **阐述** 岩浆的成分在分离结晶过程中发生了什么变化?可以用富铁橄榄石的形成过程来解释。
23. **运用**温度和结晶的概念,来解释为什么岩浆总是被描述为一种晶体和熔岩混合在一起的黏稠混合物。

根据下表,回答第24~25题。

岩石组分				
矿物	矿物含量(%)			
	岩石1	岩石2	岩石3	岩石4
石英	5	35	0	0
钾长石	0	15	0	0
斜长石	55	25	0	55
黑云母	15	15	0	10
闪石	25	10	0	30
辉石	0	0	40	5
橄榄石	0	0	60	0

24. **分析**表中数据,解释哪块岩石最有可能是花岗岩。
25. **合并** 根据"岩石4"的相关数据和它颗粒细小这一事实来确定"岩石4"的种类。

批判性思维

26. **比较**黑曜岩和花岗岩,解释为什么花岗岩更容易被雕刻成雕塑和纪念碑。
27. **评估**这个说法:岩浆可能比其母岩的硅含量更高。
28. **运用**你掌握的有关矿物硬度的知识,解释为什么不锈钢刀片不能划花花岗岩台面。

29. **推断** 大部分钻石都来自金伯利岩。推断为什么科学家们通过研究金伯利岩能够更多地了解地幔的相关知识。

30. **评定** 岩石中往往存在矿物。当熔岩快速冷却时，它会变成玻璃。火山玻璃是一种喷出型火成岩。评定这种岩石里是否仍然含有矿物，并做出解释。（提示：可以回想一下矿物的定义）

31. **推断** 为什么鲍文反应序列中最早结晶的矿物所组成的岩石在地表是不稳定的，而且还容易破裂呢？

32. **推测** 如果形成帕利塞德岩床的岩浆是花岗岩质的，岩床会发生什么变化？

概念图解

33. 运用下列术语来绘制一张表示地壳与地幔、晶体大小和岩石类型之间相互关系的概念图：*快速的、缓慢的、最慢的、侵入、喷出、岩浆、熔岩、花岗岩、流纹岩、玄武岩、辉长岩、黑曜岩、浮岩。*

挑战难题

根据下图，回答第34题。

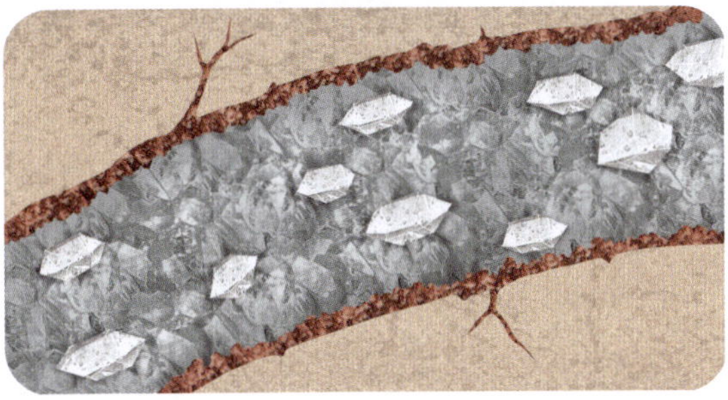

34. **确定** 这是怀俄明州火成岩地层中发现的一块豹纹岩剖面图。推测这个岩石地层的形成史。

地学写作

35. 建筑石材比较昂贵。市面上有一些看起来像花岗岩，但其实是一些其他化合物做成的厨房台面。列出花岗岩的一些特性，购买时可以注意这些“仿品”是否具备这些性质。

材料分析

布什维尔德杂岩体是目前世界上最大的侵入岩岩层。它是由温度较高的、黏稠的玄武岩质岩浆注入居于上覆火山和底层沉积岩之间后形成的。这一事件的模型告诉我们，升温后变质的长条形沉积岩随后侵入到了上层火成岩中。这个模型假设的火成岩性质如下表所示。

火成岩的性质

岩石类型	密度（kg/m^3）	T 固相线（℃）	T 液相线（℃）
花岗岩	2 700（固态） 2 400（熔融）	675	925
玄武岩／超基性岩	3 000（固态） 2 900（熔融）	950	1 100

资料来源：Gerya, T.V., et al. 2003. Cold fingers in hot magma: numerical modeling of country rock diapirs in the Bushveld Complex, South Africa. *Geology*, 31(9): 753.

36. 对比与比对这个模型中固体岩石和熔岩的密度。

37. 为什么上层的花岗岩不会渗透或者下沉到玄武岩质的岩浆中？

38. 推断液相线和固相线的含义。在什么温度下，熔融态的花岗岩开始结晶出矿物？

综合复习

39. 什么是分子？（**第3章**）

40. 列举一种含有刚玉的宝石。（**第4章**）

综合 标准化测试

选择题

根据下表，回答第1~2题。

岩石的性质			
	颜色	硅含量	组成
岩石a	浅色	高	石英和长石
岩石b	深色	低	铁和镁

1. 岩石a最有可能是下列哪种岩石？
A. 花岗岩
B. 玄武岩
C. 超基性岩
D. 中性岩

2. 岩石b属于下列哪种岩石？
A. 花岗岩 **B.** 闪长岩
C. 辉长岩 **D.** 流纹岩

3. 下列哪个选项在岩浆中含量最丰富，对岩浆性质影响也最大？
A. O **B.** Ca
C. Al **D.** SiO_2

4. 下列哪个选项可以描述火成岩中的矿物按照可以预见的序列形成结晶的过程？
A. 部分熔融
B. 分离结晶
C. 鲍文反应序列
D. 地热梯度

5. 下列哪个选项不能用于鉴别矿物特征？
A. 硬度
B. 颜色
C. 密度
D. 体积

6. 在一张墨卡托投影的地图上，发生了哪些形变？
A. 地表的形状
B. 地表的面积
C. 纬度
D. 经度

根据下图，回答第7~8题。

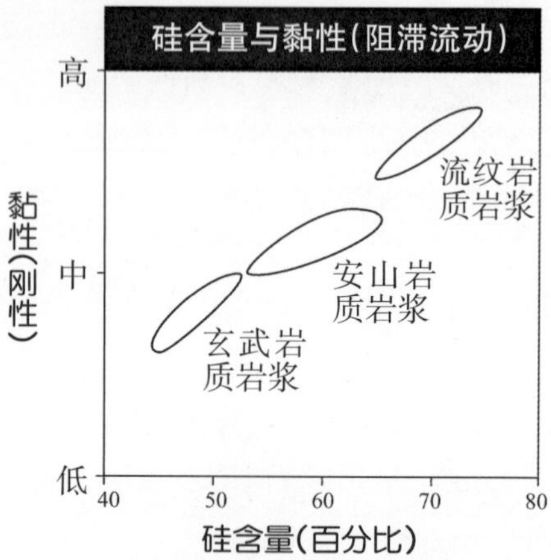

7. 从图中可以推断出什么信息？
A. 岩浆硅含量越高，越难以流动
B. 岩浆硅含量越低，越难以流动
C. 岩浆黏度都较低
D. 硅含量与阻滞流动的黏性无关

8. 下列哪项关于流纹岩质岩浆的论断是正确的？
A. 流纹岩质岩浆比其他两种类型的岩浆要重
B. 流纹岩质岩浆比其他两种类型的岩浆要轻
C. 流纹岩质岩浆比其他两种类型的岩浆流得快
D. 流纹岩质岩浆比其他两种类型的岩浆流得慢

9. 下列哪个选项表示两种或两种以上的物质合在一起但仍然保持各自的特性？
A. 化合物
B. 溶液
C. 混合物
D. 元素

10. 下列哪个原子质量最轻？
A. 铀原子
B. 氧原子
C. 碳原子
D. 氢原子

根据下图，回答第11～13题。

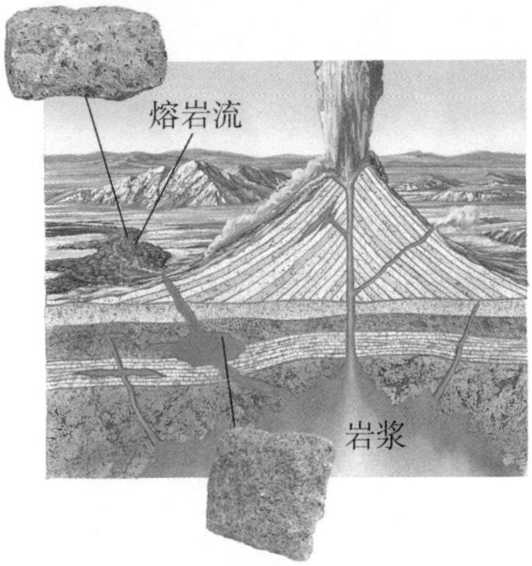

11. 这张图片底部的火成岩属于什么类型？列举一个常见的这类岩石的例子，并解释其成因。

12. 这张图片顶部的火成岩属于什么类型？列举一个常见的这类岩石的例子，并解释其成因。

13. 对比这两类火成岩的形成方式。

14. "绝大多数矿物是天然存在的无机物"，这句话意味着什么？

15. 为什么有的矿物被认为是宝石？

16. 为什么经度和纬度都是确定位置时的必要依据？

阅读理解

关于马里亚纳群岛的研究

大量火山灰、熔硫液滴喷涌而出，一群活跃的大虾正在享用被有毒气体杀死的鲜鱼美餐，红色的熔岩流从一个火山口喷射而出。这些是最近在西太平洋的一个水下火山中捕捉到的画面。这是人类首次直接观测到一个活跃的海底火山喷发的景象。与大洋中脊的火山活动不同，这里的岛弧火山岩浆源可以保持数千年，还可以露出水面，甚至形成岛屿。在马里亚纳群岛展开的这一新研究，给科学家们提供了关于这个形成过程的众多原始资料。恩布利说，这座火山自2004年开始被观测以来，就不断有小规模的喷发。它可能还会持续喷发数十年，而这无疑为科学家们研究它的发展历程提供了很好的机会。

资料来源：Roach, J. Deep-Sea Volcano Erupts on Film–A First, *National Geographic News*, 24 May 2006.

17. 在马里亚纳群岛开展的这项新研究带来了什么好处？

A. 该研究给科学家们观察海底火山形成过程提供了原始资料

B. 该研究揭示了火山喷发可以持续几十年

C. 该研究告诉我们，在火山口附近有生命存在

D. 该研究是人类对活跃的海底火山弧进行的首次直接观测

18. 你能从文中推断出什么结论？

A. 火山能以某种强度持续不断地喷发

B. 火山活动只在大洋中脊出现

C. 鱼和虾可以在海底火山附近生活

D. 还有许多活跃的海底火山

需要更多帮助？																
如果你回答错误……	1	2	3	4	5	6	7	8	9	10	11	12	13	14	15	16
请复习相应章节……	5.2	5.2	5.1	5.1	4.1	2.2	5.1	5.1	3.2	3.1	5.2	5.2	5.2	4.1	4.2	2.1

第6章 沉积岩与变质岩

大概念 大部分岩石都是在已有岩石的基础上通过内外力相互作用而形成的。

内容提要

1 沉积岩的形成
2 沉积岩的类型
3 变质岩

起步实验

科学实验室

这里发生过什么？

化石是存留在岩石中的古代生物的遗骸或遗迹。在这个实验中，你将通过观察化石中的足迹来研究古代生物的活动情况。

实验步骤

1. 阅读并遵守实验室安全守则。
2. 找到一组保存在沉积岩中的足迹化石的照片。
3. 描述这些足迹是怎么形成的。
4. 请你绘制一幅足迹化石图，记录生物在环境中的相互作用。
5. 将你绘制的图给其他同学看，让他解释图中发生了什么情况。

实验分析

1. **确定** 照片中有多少种动物的足迹？
2. **推断** 研究足迹化石可以知道哪些信息？
3. **解读** 根据另一组同学绘制的图，你能得出与他们一样的结论吗？如果不一样，为什么会出现这些差异？

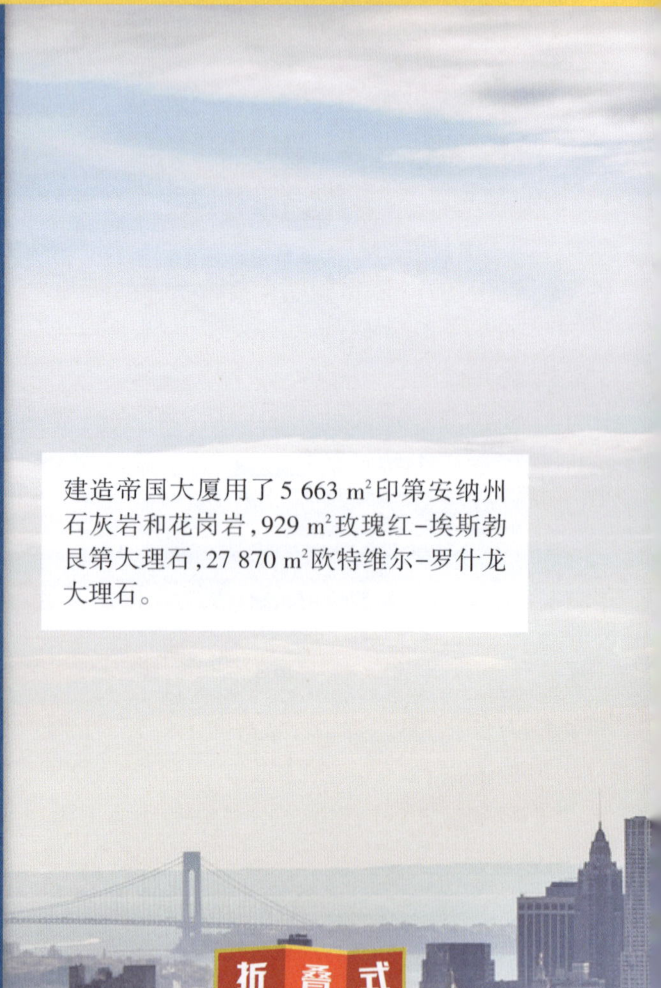

建造帝国大厦用了5 663 m^2印第安纳州石灰岩和花岗岩，929 m^2玫瑰红-埃斯勃艮第大理石，27 870 m^2欧特维尔-罗什龙大理石。

折叠式学习卡

岩石圈

根据右图所示，制作一张六格折纸，并用它来展示形成岩石的几种途径。

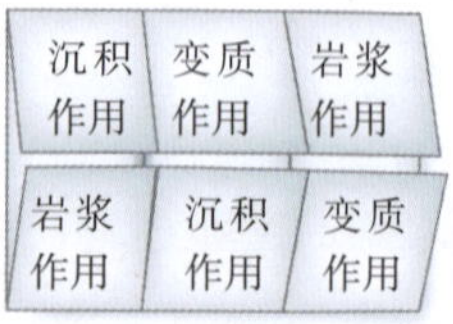

大理石
石灰岩

第1节 沉积岩的形成

主要概念 风化和侵蚀作用下产生的沉积物能经过岩化过程形成沉积岩。

核心问题
- 沉积岩是怎样形成的？
- 岩化作用有哪些过程？
- 沉积岩的主要特征是什么？

关键术语
沉积物
岩化作用
胶结
层理
粒序层理
交错层理

地球科学在你身边 在户外，随处可见碎石、砂砾和土壤。这些物质会发生什么变化？一场暴雨之后，它们可能会变成沉积岩的一部分。

风化与侵蚀

地球表面的任何裸露之处，都会因为风化作用而不断地被侵蚀、磨损，一系列的物理和化学过程将岩石碾磨成细小的碎片。**沉积物**（**sediment**）是指受流水、风力、重力、冰川作用而搬运、沉积的碎屑物质。受风化和侵蚀作用产生的沉积物固结在一起时，就形成了沉积岩。

风化 风化作用产生的岩石和矿物碎块被称作沉积物。这些碎屑沉积物大到巨石，小到用显微镜才能看清楚的微粒，范围很广。当岩石中的矿物溶解或者发生化学变化时，化学风化作用就开始了。在风化作用中，耐腐蚀性较强的矿物会发生什么变化？当不稳定的矿物发生化学风化而分解时，耐腐蚀性较强的颗粒就会从岩石上破碎并脱落，形成较小的石块。另一方面，在物理风化作用过程中，矿物的化学性质保持不变。破碎的岩石块会沿着断层或者岩体的边缘脱落下来。**图6-1**中的岩石就经历了物理风化和化学风化过程。

■ **图6-1** 如图所示，花岗岩在化学风化和物理风化的影响下，会分解、破碎。

推断 *石英、长石和云母这三种常见的矿物中，哪一种矿物的耐腐蚀能力最强？*

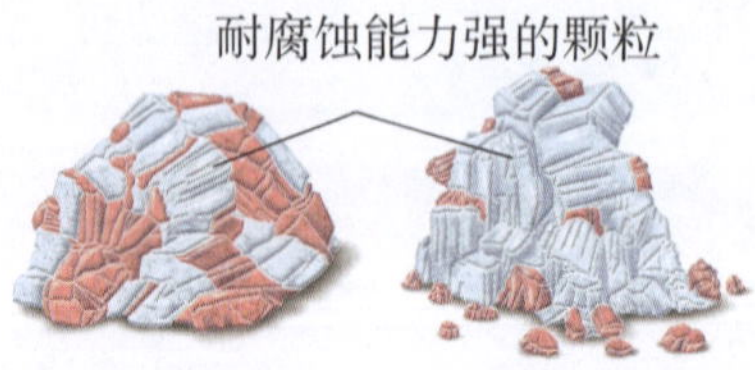

侵蚀 沉积物的瓦解和搬运也称侵蚀。**图6–2**展示了导致侵蚀的四大自然因素:风、流水、重力与冰川。侵蚀现象随处可见。例如,河流中的水在暴风雨后变得混浊,这是由于水中混入了泥沙和黏土微粒。一阵风吹过,棒球场上尘土飞扬。风吹起了尘土,这也是一种侵蚀作用。

岩石风化成岩石碎屑、变成沉积物后,会被搬运到新的地方。被搬运的物质通常被带往地势更低的地方。虽然有时候风力作用能够将细小的沙粒和尘土带到地势更高的地方,但被水裹挟着的微粒大多被冲到下游。即使是被风吹到高处的沙粒和尘土,最终也会受重力作用而向下运动。

☑ **读后自查** **总结** 在侵蚀作用中经历了哪些过程?

■ **图6–2** 风、流水、重力和冰川是影响岩石和沉积物风化、侵蚀过程的四大因素。

迷你实验

科学实验室

模拟沉积岩分层

沉积岩的分层是如何形成的？ 沉积岩一般存在于地层中。在本次实验中，你将学到沉淀在水中的微粒是如何分层的。

实验步骤

1. 阅读并遵守实验室安全守则。
2. 到老师指定的地点收集50 mL沉积物。
3. 把沉积物放在200 mL的广口瓶里。
4. 往瓶子里注水，装到四分之三的刻度。
5. 盖上瓶盖并拧紧，确保广口瓶密封。
6. 双手拿起广口瓶翻倒几次，使沉积物和水充分混合。最后一次翻倒时，短暂停留一下，随后将广口瓶竖直放置在桌面上。
7. 将广口瓶静置5分钟。
8. 观察沉淀的过程。

实验分析

1. **阐述** 用图表描述你观察到的现象。
2. **描述** 哪种微粒最先沉淀下来？请做出解释。
3. **描述** 哪种微粒在最上面一层？请做出解释。

沉积 当沉积物落到地面或者沉入水底时，沉积就开始了。在"迷你实验"中，当你停止摇晃装满了水和沉积物的广口瓶时发生了什么？沉积物沉淀到瓶底并且出现沉积层，大颗粒沉积在下部，小颗粒则沉积在顶部。同理，在自然界中，当搬运作用停止时，物质就会沉积下来。当风停止了吹动或者河流注入平静的湖泊或海洋时，被风吹动或被水搬运的颗粒就会沉淀下来，形成大颗粒沉于底部、小颗粒位于顶部的沉积层。

影响搬运的动力因素 快速流动的水能带动较大的颗粒。随着水流速度变慢，大的颗粒先沉淀下来，接着是更小一些的颗粒，最后直到大大小小的颗粒都各自沉淀到不同的沉积层中。这种沉积层是由风力和水力形成的沉淀层的典型代表。然而，风只能吹动较小的颗粒。因此，沙丘基本上都是由颗粒类似的细小沙子组成，如**图6-3**所示。不是所有的沉积物都由同类物质组成。例如，冰川融化时，融冰会携带途中的所有物质。巨石、砂砾和泥土都被下滑的巨大冰块同时卷走，在冰河的终点留下一堆"大杂烩"。山体滑坡的过程也是这样，大量碎石混杂在一起向下倾泻，在山底形成一大堆沉积物。

岩化作用

大多数的沉积物最终会沉淀在地表相对较低的区域，如峡谷和大洋盆地。随着越来越多的沉积物在一个区域沉淀，底层沉积物必将承受越来越大的压力和温度。这会引起**岩化作用**（**lithification**）——一种将沉积物变成沉积岩的物理和化学过程。**岩化**（**lithify**）一词源于希腊语"lithos"，意为"石头"。

■ **图6-3** 位于新墨西哥州的白沙国家保护区的沙丘，是经过风力搬运、再沉积而成的。这些沙粒的大小是很均匀的。

挤压 岩化开始于物质之间的挤压。覆盖在上面的沉积物的重力使得沉积物颗粒之间结合得更为紧密，从而引起物理变化，如**图6-4**所示。黏土的含水量能高达60%，当多余的水分被挤压出去后，会出现紧缩现象。砂砾在埋藏过程中不会像黏土一样被压实，其中一个原因是，砂砾通常由石英组成，它们在正常的埋藏过程中不会变形。砂砾的颗粒之间会形成一个支撑的框架，使得颗粒之间存在一定的孔隙。地下水、石油和天然气通常就储存在沉积岩的这类孔隙之中。

胶结 挤压并不是唯一能让沉积物颗粒结合在一起的方式。矿物的生长使沉积颗粒黏合在一起，形成岩石，这就是**胶结**(**cementation**)现象。这种现象通常发生在可溶性矿物质在地下水中沉淀，新的矿物质，如方解石($CaCO_3$)或者氧化铁(Fe_2O_3)，在沉积颗粒间形成时。这一过程如**图6-5**所示。

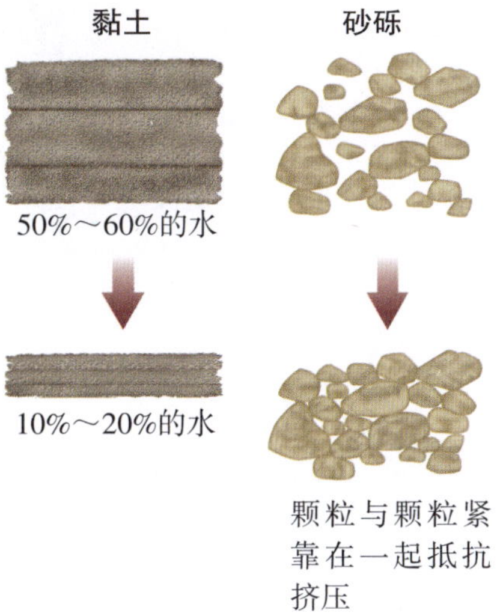

图6-4 含水量高且形状扁平的黏土颗粒受上层沉积物的压力影响而变得紧实。

沉积岩的特性

正如火成岩的组成成分中含有其成岩过程中的相关信息，沉积岩中也有一些能帮助地质学家来解读它的形成过程及所在的区域演变历史的典型特性。

层理 沉积岩的主要特性是水平分层，即**层理**(**bedding**)。层理的特点是由沉积物在流水或风力作用下沉积造成的。层理的厚度可以小到几毫米，大到几米。层理的两种不同类型是由搬运方式决定的，但是，决定沉积岩颗粒大小和层理中物质构成的因素有很多。

折叠式学习卡

将本节信息整合到你的折叠式学习卡中。

图6-5 矿物质在沉积物颗粒之间的孔隙中流动，随后在水中沉淀。这些矿物质将沉积物胶结在一起。

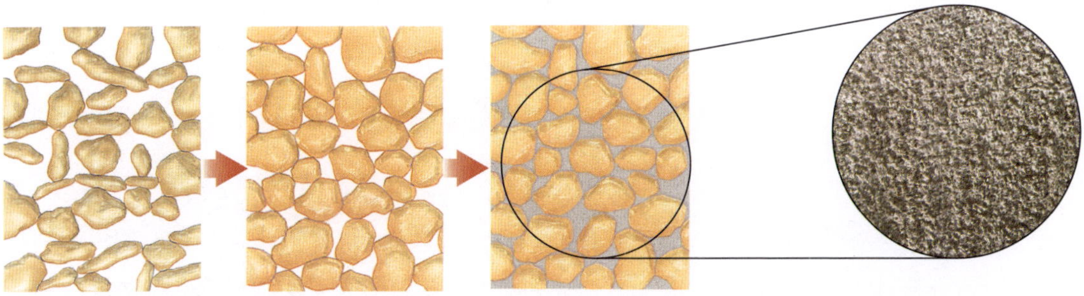

■ **图6–6** 这是加利福尼亚州死亡谷火炉溪的粒序层理特写，它记录了水流速度变缓，其携带的沉积物逐渐形成分层的过程。

粒序层理 在层理形成过程中，颗粒自下而上逐层变细、变小，形成**粒序层理**(**graded bedding**)。粒序层理通常只能在海底滑坡裹挟的物质沉积成的海相沉积中观察到。随着下滑的物质慢慢地在水中“安顿”下来，最大和最重的物质往往最先沉淀下去，随后是略小的，这样形成的岩层如**图6–6**所示。

地球科学相关职业

沉积学家 从事沉积学研究，主要研究沉积物的起源、沉积以及沉积物转化为沉积岩的过程。沉积学家的工作通常包括寻找或发现石油、天然气和其他具有经济价值的重要矿产。

交错层理 沉积岩的另一特性是交错层理。如**图6–7**所示，**交错层理**(**cross-bedding**)是沉积物的倾斜层向上移动穿越水平层后形成的。当这些沉积物岩化后，交错层理就被保存在岩石中，这一过程如**图6–8**所示。小型的交错层理常见于沙滩、溪流和小河的沿岸。多数大型的交错层理则是沙丘迁移后形成的。

波纹痕迹 波纹痕迹是沉积物被风、波浪或者河流冲击而形成的小褶皱。前后移动的波浪产生的小褶皱是对称的；而朝同一方向流动的水流，例如河流或溪流，产生的小褶皱是不对称的。如果小褶皱表面在没有受到破坏的情况下被很多沉积物轻柔地覆盖了，它可能最终被保存在坚固的岩体中。波纹痕迹形成的过程如**图6–8**所示。

■ **图6–7** 美国锡安国家公园的古沙丘遗迹就是风力作用形成的大型交错层理。

图解交错层理与波纹痕迹

图6-8 在沉积过程中，流水和松散的沉积物造成了交错层理和波纹痕迹。

交错层理

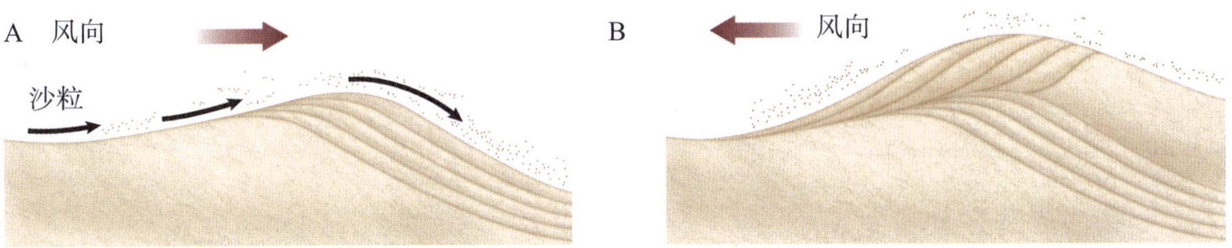

风吹起沙粒，并将它带到了沙丘的背风坡。随着风向的改变，交错层理也会改变方向。

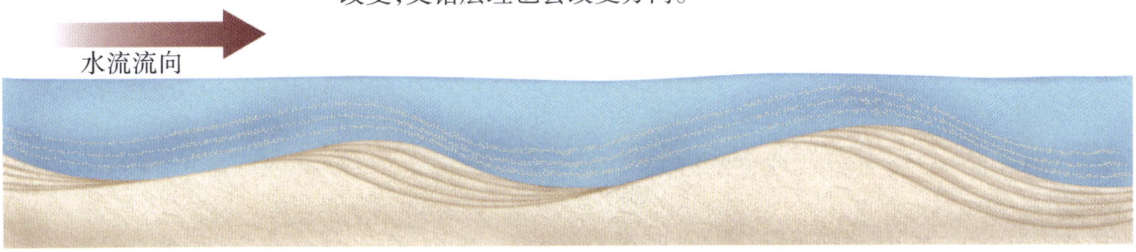

河流底部的沉积物被水流推动着向前移动，形成小丘或者波纹。其他的沉积物也会顺着水流方向以一定的角度与小丘形成交错层。最终，河底被填平或者形成新的沙丘，这个过程周而复始。

对称的波纹痕迹

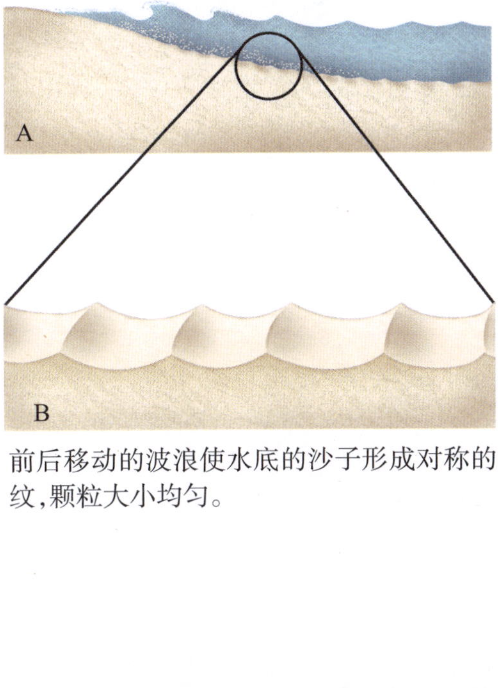

前后移动的波浪使水底的沙子形成对称的波纹，颗粒大小均匀。

不对称的波纹痕迹

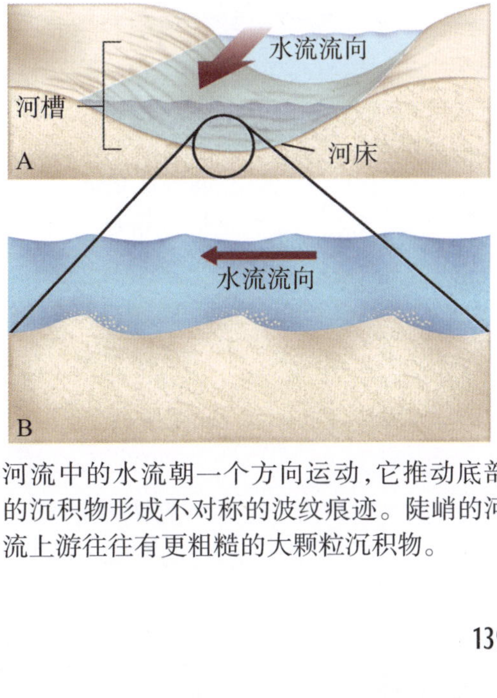

河流中的水流朝一个方向运动，它推动底部的沉积物形成不对称的波纹痕迹。陡峭的河流上游往往有更粗糙的大颗粒沉积物。

■ **图6–9** 碳酸盐砂砾的颗粒呈锯齿状，比石英砂砾的颗粒更加尖锐。

棱角和磨圆 沉积物的颗粒有的棱角分明，有的圆润光滑。岩石破碎后剥离出来的石块是有棱角的，这些沉积物从源地搬运出来后，碎石块之间不断地相互敲击碰撞，石块的棱角渐渐变得圆润。因此，沉积物的磨圆度受其搬运时间的影响，或者说，沉积物的磨圆度受搬运距离的影响。而难溶、坚硬的矿物很可能在破碎之前就已经被磨圆。如**图6–9**所示，沙滩上的石英砂砾与碳酸盐砂砾相比，磨圆度更高。因为后者主要由贝壳和方解石组成，再加上搬运距离不长，所以颗粒棱角更多。

生命的遗迹 沉积岩最广为人知的一个特点是它可能含有化石。化石是被保存下来的古生物的遗骸或者曾经的活动痕迹。当一个生物体死亡以后，如果它在还没有腐烂或被破坏之前就被埋在地下，它就可能以化石的形式保存下来。在岩化过程中，部分生物体可能会被矿物质取代并变成岩石，例如矿化贝壳。地球科学家对化石非常感兴趣，因为化石提供了远古时代的各种信息：曾经生活在地球上的生物、当时的环境以及生物体是如何随着时间的变迁而进化的。通过本章开篇时的“起步实验”，你可以探究如何运用化石来解读过去发生的事件。

第1节 本节回顾

要点梳理

- 沉积岩在形成过程中经历了风化、侵蚀、沉积和岩化作用。
- 沉积物的岩化过程包括挤压与胶结。
- 化石是古生物的遗骸或遗迹，通常保存于沉积岩中。
- 沉积岩的特征包括水平层理、交错层理与波纹痕迹。

要点理解

1. **主要概念** **描述** 沉积物是如何通过风化和侵蚀作用产生的？
2. **排序** 用流程图表示为什么沉积物能够沉积成层。
3. **说明**粒序层理的成因。
4. **比较**地球表面和地下的温度、压力的差异，并将它们与岩化过程联系起来。

批判性思维

5. **评估**这一论述：在沉积岩的某一层中，可以同时看到粒序层理和交错层理。
6. **确定** 倘若你沿着山间枯水时的小溪行走时，看到沉积物的颗粒变得越来越棱角分明，你是在逆流而上还是顺流而下？请做出解释。

地学写作

7. 假设你在为博物馆设计一个沉积岩的展览，展品包括珊瑚和其他海洋生物的化石。你将如何描绘它们所生活的环境？又将如何就这幅图景撰写相关的文字注解？

第2节

沉积岩的类型

主要概念 沉积岩根据其形成方式进行分类。

核心问题

- 如何描述不同类型的碎屑沉积岩？
- 化学沉积岩是如何形成的？
- 什么是生物化学沉积岩？

关键术语

碎屑沉积岩
碎屑
孔隙度
蒸发岩

地球科学在你身边 如果漫步在沙滩、河岸，你可能会看到各种大小不一的沉积物。这些沉积物的粒度决定了它们会成为什么类型的沉积岩。

碎屑沉积岩

沉积岩中最常见的类型是**碎屑沉积岩**(**clastic sedimentary rock**)。它是由地表上大量松散沉积物形成的。**碎屑**(**clastic**)一词源自希腊语中的“klastos”，本义是破碎的。碎屑沉积岩可按颗粒的大小进一步分类。沉积岩的分类体系见下页**表6-1**。该表总结了沉积岩颗粒大小、形成模式和矿物质成分的相关信息。

粗颗粒的碎屑岩 **图6-10**所示，含有砂砾颗粒和矿物碎片的沉积岩被归为粗颗粒的碎屑岩。砾岩具有磨圆的、砂砾大小的颗粒。砂砾质量相对较大，通常会被大流量的水体，如来自山脉的急流、洪水、海浪及冰川的融水等搬运到各处。在搬运过程中，砂砾与其他颗粒不断摩擦，棱角渐渐被磨平。这就是海滩和河流中的砂砾磨圆度较高的原因。这些沉积物最后通过岩化作用变成了粗颗粒的砾岩。

相反，角砾岩则由棱角分明的颗粒组成。这表明它们在搬运过程中没有足够的时间磨圆。这也说明这些颗粒只被搬运了很短的距离，在离它们物源地不远处就沉积了。参考**表6-1**，了解岩石的命名方法。

■ **图6-10** *砾岩和角砾岩都由粗颗粒的沉积物组成，这些沉积物要通过大流量的水体来搬运。*

推断 *形成这两种岩石需要什么搬运条件？*

砾岩

角砾岩

表6-1 沉积岩的分类

分类	质地／粒度	物质组成	岩石名称
碎屑沉积岩类	粗大(>2 mm)	岩石碎屑，常见的有磨圆的和有棱角的石英、硅质岩和石英岩	砾岩 角砾岩
	中等 (1/16 mm～2 mm)	石英和岩石碎屑 石英、钾长石和岩石碎屑	砂岩 长石砂岩
	细小 (1/256 mm～1/16 mm)	石英和黏土	粉砂岩
	微小(<1/256 mm)	石英和黏土	页岩
生物化学沉积岩类	微晶质，有贝壳状断口	方解石($CaCO_3$) 二氧化硅(SiO_2)	微晶灰岩 硅质岩
	在泥晶基质中有大量的化石	方解石($CaCO_3$)	含有化石的石灰岩
	壳结构与壳体碎屑松散地胶结	方解石($CaCO_3$)	壳灰岩
	微小的壳结构和黏土	方解石($CaCO_3$)	白垩
	大小不一的碎屑	高度变质的植物遗骸，一些植物化石	煤
化学沉积岩类	鲕粒(小型的碳酸钙球体)	方解石($CaCO_3$)	鲕粒灰岩
	大小不一的晶体	方解石($CaCO_3$)	结晶灰岩
	大小不一的晶体	白云石[$(Ca,Mg)CO_3$]	白云岩
	微小的晶体	浅色的石英(SiO_2) 深色的方解石($CaCO_3$)	燧石 泥晶灰岩
	大小不一的晶体	石膏[$CaSO_4·2H_2O$]	石膏岩
	大小不一的晶体	岩盐(NaCl)	岩盐

中等颗粒的碎屑岩 溪流、河槽、海滩和沙漠通常有大量的沙状沉积物。含有沙状岩石和矿物碎屑的沉积岩被称为中等颗粒的碎屑岩。**表6-1**列举了一些含有砂质颗粒的岩石。砂岩一般都具有科学家比较感兴趣的几种特性。例如，波痕和交错层理表明了河水流动的方向，地质学家可以根据砂岩层绘制古河道和河槽。

砂岩的另一个主要特性是它的高孔隙度。**孔隙度**(**porosity**)是指岩石颗粒间的空隙所占的体积百分比。有些空隙在砂岩的形成过程中被保留了下来，可能导致30%的孔隙度。疏松的砂砾的孔隙度可以高达40%。当这些小孔相互连接起来，流体就能从砂岩中通过。这一特性使砂岩层成了储藏石油、天然气和地下水的地下资源库，变得很有价值。

细小颗粒的碎屑岩 含有泥沙和黏土颗粒的沉积岩，如粉砂岩和页岩，也叫细小颗粒的碎屑岩。这些岩石常出现在沼泽、池塘和深海等水流相对静止或流速缓慢的地方。因为没有急流和波浪，这些沉积物得以在底部沉积，并逐渐在水平方向上聚积成薄薄的一层。如**图6–11**所示，页岩通常会沿着较薄的岩层破裂。与砂岩不同，这种颗粒细小的沉积岩孔隙度非常低，通常会成为地下水和石油流动的障碍。**表6–1**列举了部分细小颗粒的碎屑岩。

■ **图6–11** 图中页岩薄薄的层理是由细小颗粒的沉积物在平静的水体中沉积而成的。

☑ **读后自查** **指出**形成细小颗粒碎屑岩的环境特点。

化学和生物化学沉积岩

化学和生物化学沉积岩的形成包括蒸发过程和矿物的析出过程。在风化过程中，矿物被溶解并搬运到湖泊和海洋中。随着湖泊和海洋中的水分蒸发，溶解在水中的矿物析出。在干旱地区，巨大的蒸发量会提高水体中矿物的浓度。如**图6–12**所示的大盐湖，就是一个水中含有高浓度矿物的例子。

化学沉积岩 当水体中溶解的矿物浓度达到饱和状态时，晶体就会从溶液中析出并落到底部。这样形成的化学沉积岩层称为**蒸发岩**(**evaporite**)。通常，蒸发岩主要在干旱地区，水流平缓的流域盆地或者海岸带地区形成。因为流入这些区域的淡水非常少，蒸发量又大，所以水中溶解的矿物浓度就很高。随着时间的推移，厚厚的蒸发矿物层就在这些地区底部堆积，如**图6–12**所示。

■ **图6–12** 随着盐湖中的水持续不断地蒸发，大量盐分被析出。迄今为止，这个过程在犹他州的大盐湖已经持续了约18 000年。

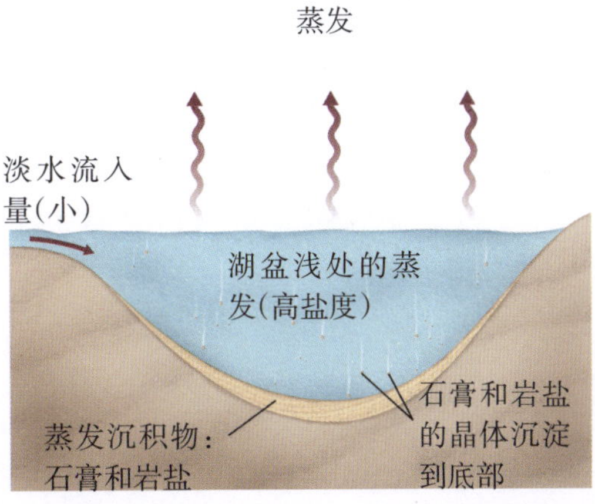

■ **图6–13** 石灰岩中含有很多不同种类的化石。地质学家通过研究岩石中的化石来分析这些石灰岩形成的地点和时间。

生物化学沉积岩 生物化学沉积岩是由古代的生物体残骸沉积形成的，其中含量最丰富的是石灰岩，它的主要成分是方解石。一些生活在海洋中的有机物利用溶解在海水中的碳酸和钙离子来形成它们的贝壳。当这些生物体死去以后，它们的壳沉淀到海底形成厚厚的碳酸盐沉积层。在埋藏和岩化过程中，碳酸钙从水中沉淀下来，并在碳酸盐沉积物的颗粒之间结晶，形成石灰岩。

石灰岩在浅水环境中很常见，如在巴哈马群岛，那里的珊瑚礁在离海岸15～20 m的浅滩旺盛地生长。目前堆积在那里的骨骼和贝壳物质，迟早有一天会变成石灰岩。许多石灰岩都以丰富多样的化石形式存在，其中蕴含着各种生物种类的证据。如**图6–13**所示，这些化石有大型的壳体生物，也有小到要用显微镜才能观察到的单细胞生物。但是，并非所有的石灰岩都含有化石或者是生物化学沉积岩。有些石灰岩具有晶体质地，或者说含有一种叫作鲕粒的细小碳酸盐球体砂粒，如**表6–1**所示。

另一些生物体的贝壳主要成分是硅，或者是微小的石英晶体。这些生物体死去以后，残骸沉积在海底，它们的壳就会因为富含硅而形成硅泥。硅泥经过岩化作用可以形成硅质沉积岩，如**表6–1**所示。

第2节 本节回顾

要点梳理

- 沉积岩可以分为碎屑沉积岩类、化学沉积岩类和生物化学沉积岩类。
- 碎屑沉积岩由沉积物构成，可以根据沉积物的颗粒大小和形状对其进行分类。
- 化学沉积岩主要由水中析出的矿物构成。
- 生物化学沉积岩由古生物遗骸构成。
- 沉积岩为地质学家分析过去地球表面的情况提供了信息。

要点理解

1. **主要概念** **说明**由岩石和沉积物被侵蚀与搬运后形成的沉积岩的类型。
2. **推断** 为什么煤是一种生物化学沉积岩？
3. **推测** 粒度随质地变化的影响因素是什么？
4. **分析** 为什么大多数化学沉积岩出现在大蒸发量的环境中？

批判性思维

5. **提出**一个解决下述问题的方案：海水中溶解的初始矿物只够形成一个薄薄的蒸发岩层，那么，如何才能让它形成厚厚的蒸发岩层呢？
6. **检验图6–11**中的页岩层理，并解释页岩不含交错层理或波痕的原因。

地学计算

7. 假设一层泥土通过沉积和压缩，会减小35%的体积。如果原来的沉积物厚度为30 cm，那么压缩后形成的页岩厚度是多少？

第3节 变质岩

主要概念 原生岩石因压力和温度增加或接触到热液流体而形成变质岩。

核心问题

- 变质作用的不同类型和成因有哪些？
- 如何描述变质岩的质地？
- 在变质作用过程中，矿物和化合物如何变化？
- 如何利用岩石循环图对岩石进行分类？

关键术语

叶理状
非叶理状
区域变质
接触变质
热液变质
岩石循环

地球科学在你身边 做蛋糕时，你把各种不同的原料倒进模具里，然后把它们加工成一个蛋糕。当岩石遇到高温时，它们原本的特性也会发生变化，形成一块完全不同的新岩石。

认识变质岩

如**图6–14**所示，图中的岩层发生过变质，这表示岩石发生了改变。地质学家是如何知道这些信息的呢？压力和温度会随着深度的增加而升高。当温度和压力高到一定程度时，岩石就会熔化成岩浆。但如果温度没有达到岩石的熔点呢？当高温高压共同作用改变了岩石的质地、矿性和化学成分，却没有熔化岩石时，就出现了变质作用。**变质（metamorphism）**一词源于希腊语，“meta”意为“改变”，“morphé”意为“形成”。在变质作用过程中，岩石改变了性状但仍保持其固体状。

变质作用所需要的高温主要来自地球内部：要么是地球深处的热量，要么来自火山附近侵入岩带来的热量。变质作用需要的高压主要来自两方面：深埋地下，或是造山运动产生的挤压。

图6–14 强大的作用力使得这些岩层弯曲变形。

推测 *这些沉积物沉积后发生了什么变化？*

■ **图6-15** 变质矿物，如云母、十字石、石榴石和滑石（如图所示，从左上角按顺时针方向），颜色丰富、形状各异、大小不一。这些变质矿物颜色可深可浅，但晶体形状都很独特。

变质矿物 在温度没有到熔点的情况下，矿物会发生什么变化？回想一下碎屑结晶的概念，鲍文反应序列表明：矿物在一定的温度条件下是稳定的，但在某一范围的温度下会按一定顺序从岩浆中结晶析出。科学家们已经发现，岩石中的矿物也有这种特点。在变质过程中，岩石中的矿物会在一定的温度和压力下变成稳定的新矿物。矿物的这种变化形式称为固态转变。科学家已经做了实验来模拟特定矿物的变质作用环境。在岩石中找到同种类型的矿物后，科学家就能解释地壳中岩石发生变质作用的条件。**图6-15**所示的就是一些常见的变质矿物。

☑ **读后自查** **解释** 什么是变质矿物？

变质岩的质地 变质岩按照其质地构造可分为两大类：叶理状变质岩和非叶理状变质岩。地质学家用质地和矿物组成来分辨变质岩。**图6-16**是根据这两个特征所做的变质岩分类表。

叶理状变质岩 波层状和矿物键是**叶理状**（foliated）变质岩的特征。变质过程中的高压可形成扁平状或者针状的矿物，且它们的长轴垂直于压力方向，如**图6-17**所示。在叶理状变质岩中可以观察到这种平行片理结构。

■ **图6-16** 叶理状变质岩的粒度与叶理产状、矿物组成相关，非叶理状变质岩则不然。

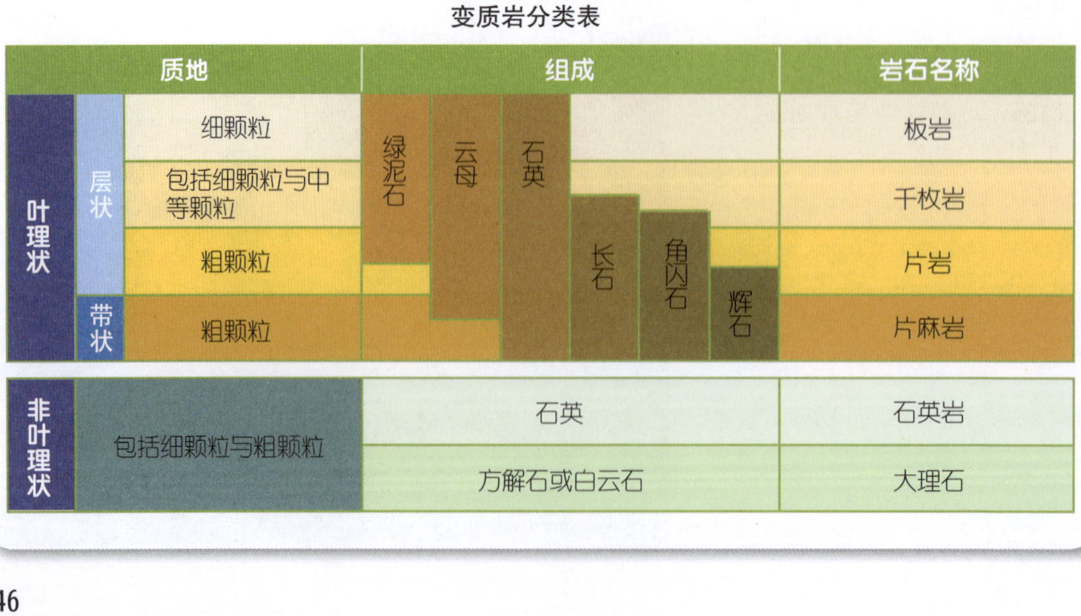

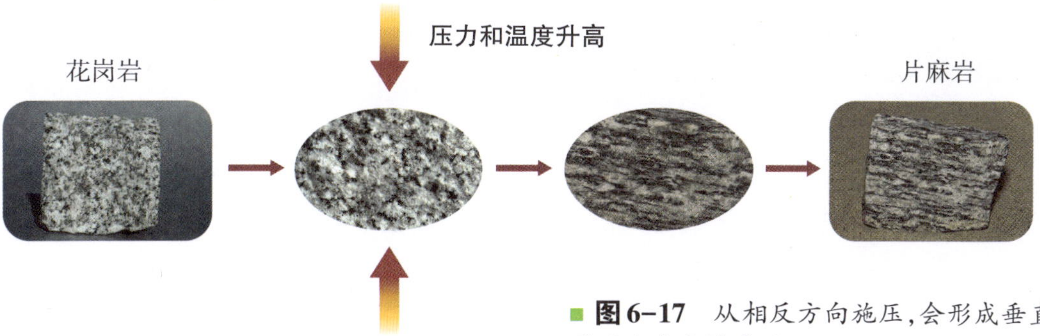

■ **图6–17** 从相反方向施压，会形成垂直于压力方向的叶理。

非叶理状变质岩 与叶理状变质岩不同，**非叶理状(nonfoliated)**变质岩主要由块状晶体组成。**图6–18**所示的是两种常见的非叶理状变质岩：石英岩和大理石。石英岩是由富含石英的砂岩经变质作用形成的一种坚硬的浅色岩石。大理石是石灰岩经变质作用后形成的。一些大理石主要由方解石组成，因而质地光滑，常用于雕刻工艺。

在一定的条件下，新的变质矿物会变得很大，而其周围矿物的晶体却仍然很小。这些变大的晶体，尺寸从几毫米到几厘米不等，它们被称作斑状结晶。虽然斑状晶体看上去和组成伟晶花岗岩的大晶体很像，但两者成因并不相同。这些晶体不是来自岩浆，而是来自固体岩石在变质作用过程中原子的重新排列。**图6–18**所示的石榴石就是很常见的斑状结晶。

■ **图6–18** 由于在变质过程中受到了极端高温和高压，大理石中几乎不含化石。但是，变质作用并不能完全破坏交错层理和波痕，因此，在一些石英岩中仍可以看到这些特征。还有一些岩石中可以看到大块的石榴石斑状结晶。

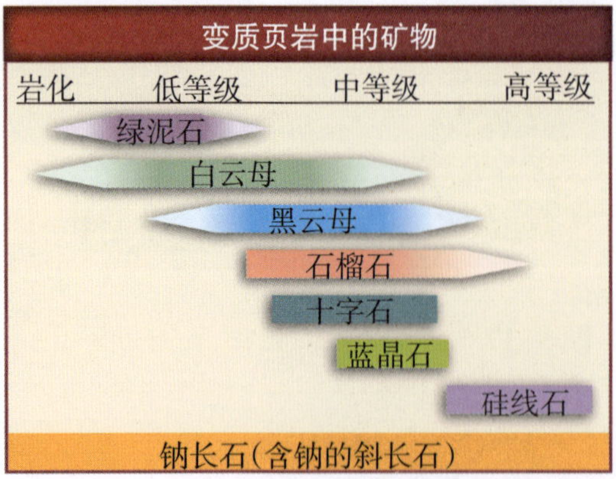

■ **图6–19** 页岩变质导致矿物组分发生变化，从而出现了多种颜色的板岩。

变质等级

不同温度和压力的组合会导致不同类型的变质作用。低等级变质是指矿物和岩石在温度较低、压力较小的情况下发生的变质作用。高等级变质是指矿物和岩石在温度较高、压力较大的情况下发生的变质作用。中等级变质介于低等级变质和高等级变质之间。

图6–19列出了变质页岩中的矿物。这些组成成分的变化是根据变质等级的变化而变化的。地质学家根据岩石中发现的矿物族将这些变质带划分了区域。了解岩石形成时特定区域的温度，能帮助地质学家对一些有价值的变质岩矿物，如石榴石和云母，进行定位。研究变质矿物的分布特征也有助于地质学家解读该区域的变质历史。

变质作用的类型

变质作用是区域变质、接触变质或热液变质导致的结果。变质作用最后形成的矿物及岩石的变化程度都能为变质作用的分类和等级提供相关的信息。

科学实验室

技能实验

解读科学图表

判断生成矿物的类型 在变质岩中发现的矿物类型，取决于变质作用的等级和岩石的原始成分。下图和**图6–19**展示了不同的变质条件下所形成的不同矿物族。

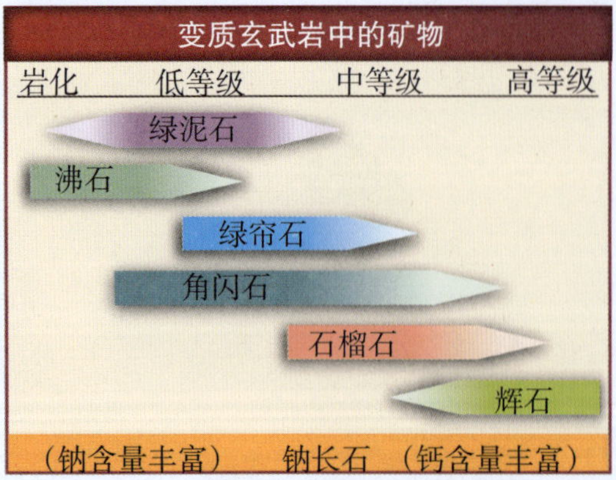

实验分析

1. 页岩和玄武岩在低等级变质作用下会形成什么矿物？
2. 在高等级变质中，什么矿物能在页岩中形成却不能在玄武岩中形成？

批判性思维

3. **比较**那些你认为会在中等级变质过程中形成页岩和玄武岩的矿物族。
4. **描述**页岩和玄武岩的物质组成差异。这些差异在变质过程中是如何体现的？
5. **解释** 当石灰岩变质后，其矿物组成变化很小。方解石仍然是变质后新岩石的主要成分，请解释原因。

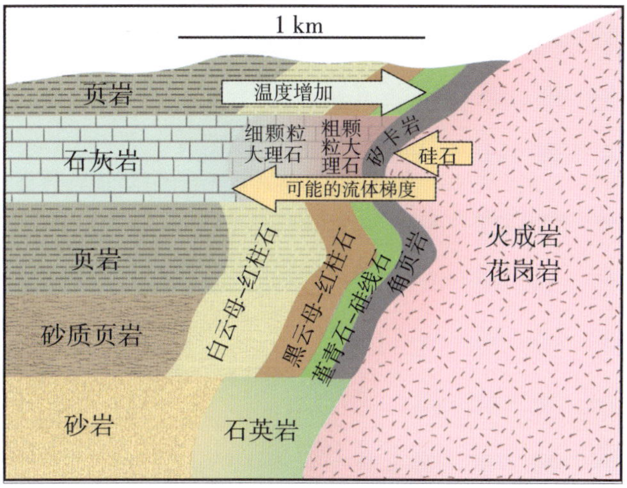

■ **图 6–20** 花岗岩岩基侵入引起的接触变质作用导致了区域性变质矿物的形成。

应用 *根据你掌握的接触变质知识，确定花岗岩侵入变质后形成的岩石类型。*

区域变质 当高温高压影响到大范围的地壳区域时，它们会产生大型的**区域变质（regional metamorphism）**。这些变质可以从低到高进行分级。区域变质的结果包括矿物和岩石类型的变化，以及该区域内岩石层理出现叶理状、折叠、变形等变化。**图 6–14** 中岩层的折叠就是区域变质引起的。

接触变质 当熔岩，例如火山侵入岩，遇到固体的岩石时，会发生一种叫作**接触变质（contact metamorphism）**的局部反应。高温以及中等到低等的压力会导致具有接触变质岩特性的矿物系列。**图 6–20** 展示了侵入岩周围不同矿物带的情形。为什么会出现这些变质带呢？因为随着侵入点的远离，温度逐渐下降，变质作用也会随着距离的增加而减弱。回想一下，之前我们学过，矿物在特定温度下会结晶。高温下结晶的矿物是距离侵入岩浆最近的，那里是最热的区域。因为岩浆冷却速度非常快，它释放出来的热量无法穿透地球表面的岩层，所以喷出火山岩的接触变质岩区域很薄。

热液变质 当高温的水和岩石发生反应从而改变它的化学性质和矿物组成时，**热液变质（hydrothermal metamorphism）**就发生了。随着变质作用过程中热液在岩石中的流入流出，原始岩石中的矿物组成和质地都会发生变化。化学变化在火成岩侵入点和活动火山附近的热液变质作用中特别常见。价值昂贵的金、铜、锌、钨、铅矿都是通过这种方式形成的。如**图 6–21** 所示，石英中的金就是热液变质的结果。

■ **图 6–21** 热液流体在石英中冷却后，形成了黄金矿脉。

变质岩和矿物的经济价值

我们能够享受现代的生活方式离不开大量的自然资源。烹饪离不开食盐，交易离不开黄金，建筑和工业离不开各种金属，能源产业离不开化石燃料，建筑、化妆品行业等也都离不开各种岩石和矿物。**图6–22**列举了两个变质岩在建筑业中的应用实例。许多极具经济价值的矿产资源都是在变质作用中生成的，其中包括金、银、铜、铅等金属，以及很多非常重要的非金属资源。

金属矿产资源 金属矿产资源大多以金属矿石的形式出现，偶尔也有少量纯金属矿产发现。许多金属矿产都是在热液变质作用下析出的，它们要么集中在某一处矿脉中，要么分散在岩石中。金、银和铜矿大多出现在火成岩侵入或接触变质区域的热液石英矿脉附近。但是，大多数热液金属以金属硫化物的形式沉淀下来，如方铅矿（PbS）和黄铁矿（FeS_2）。磁铁矿和赤铁矿都是氧化后的铁矿物，通常由含铁的热液流体析出。

☑ **读后自查** **说明**热液变质会产生哪些资源。

非金属矿产资源 超基性的火成岩变质产生滑石和石棉。滑石硬度为1，可以做爽身粉、润滑粉，也用于提高涂料的质地。石棉不易燃，也不导热、不导电，所以常用于防火和制作绝热材料。石棉曾经广泛用于建筑业，直到人们发现石棉致癌后才停止使用。现在许多老房子里还保留着含有石棉的材料。石墨是铅笔芯中的主要成分，它也是由煤经过变质作用后产生的。

图6–22 变质岩中的大理石和板岩都是常见的建筑材料。

岩石循环

变质岩是由其他岩石形成的。岩石的三种类型——火成岩、沉积岩、变质岩，是按照其形成方式进行分类的。火成岩是从地下的岩浆或地表的熔岩流结晶而来，沉积岩是沉积物胶结或矿物沉淀而成的，变质岩则是岩石在温度和压力变化的情况下发生变质作用而形成的。

岩石一旦形成，它的类型会永远保持不变吗？可能会，但也很可能不会。热量和压力可能会将火成岩变为变质岩。变质岩可能变成另一种变质岩或者熔化后形成火成岩。或者，变质岩会因为风化和侵蚀作用而形成沉积物，最终胶结而形成沉积岩。事实上，任何一种岩石都可能变成另一种岩石。岩石的这种连续变化和重塑就叫作**岩石循环**(rock cycle)。**图6-23**概述了岩石循环的过程。其中，这些箭头表示一类岩石转变成另一类岩石的过程。

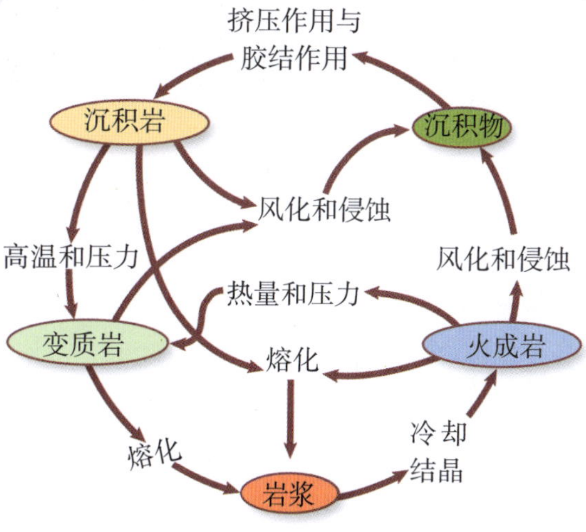

图6-23 地球上的岩石，不论是在地球表面还是地表之下，总是在不断变化。岩石循环图展示了这些岩石经历的变化过程。

第3节 本节回顾

要点梳理

- 变质作用的三种类型分别是区域变质作用、接触变质作用和热液变质作用。
- 变质岩按质地可分为叶理状变质岩和非叶理状变质岩。
- 在变质作用过程中，矿物会在一定温度和压力下形成更稳定的新矿物。
- 岩石循环是一类岩石不断转变成另一类岩石的过程。

要点理解

1. 主要 概念 **总结**温度的增加是如何导致变质作用的。
2. **总结**导致变质岩形成叶理状质地的原因。
3. **应用**岩石循环图解释三种岩石是如何分类的。
4. **对比与比对**三种不同类型的变质作用发生的原因。

批判性思维

5. **推断** 从花岗岩变质为片麻岩的过程中，跳过了岩石循环的哪些步骤？
6. **预测** 根据以下资料预测火成岩侵入的位置：在这个研究区域的北部可以找到白云母和绿泥石，在这个区域的南部可以找到石榴石和十字石。

地学计算

7. 斑状结晶往往形成宝石。宝石的重量单位是克拉。一克拉等于0.2 g或200 mg。1885年，纽约(州)有人发现了一大颗宝石，重达4.4 kg，直径是15 cm。请问这颗宝石有多少克拉？

纽约中央公园的地质情况

缅因舰纪念碑

有些人到遥远的地方旅行，就是为了一睹不同类型的岩石。其实，我们很容易在城市里发现各种典型的岩石。纽约城的中央公园就是一个非常适合寻找火成岩、沉积岩和变质岩的地方，无论是自然环境中的岩石，还是用于雕塑、纪念碑或桥梁的岩石，你都可以在这里找到。

方尖碑 高21 m、重221 t的方尖碑是中央公园里最古老的人造建筑。这块花岗岩来自公元前1475年古埃及的采石场，迄今已有3 000多年的历史。它于1881年从埃及运到美国。与其他类型的岩石相比，花岗岩不容易风化，所以几百年前的碑文至今仍然清晰可见。它也因此成为最著名的纪念碑之一。

方尖碑

缅因舰纪念碑 坐落在中央公园主入口的缅因舰纪念碑是由大理石、石灰岩和青铜共同制成的。舰艇的船首由大理石雕刻而成。大理石是一种变质岩。青铜雕塑则坐落在一个15 m高的石灰岩塔顶上。

片岩和片麻岩 这两种是中央公园原有的变质岩。你可以在公园里找到出露地表的这些岩石，它们是由沉积岩或火成岩经过高温和高压变质而成。盖普斯托拱桥就是就地取材，用当地的基岩建造而成的。

盖普斯托拱桥

地学写作

宣传手册 研究更多关于建筑材料中使用的不同类型岩石的资料，或对你所在地区的岩石做些调查。制作一个描述当地地质特征的旅游宣传手册。

探寻岩石的变化

实验背景：在岩石不断循环以及从一种类型变成另一种类型的过程中，我们只能看到其中的一部分变化，如颜色、颗粒大小、质地和矿物成分等，我们都能方便地观察和描述。然而，随着矿物的变化，晶体结构和密度也会发生变化。这些变化又该如何解释和描述呢？通过研究几种沉积岩和变质岩，你就会有一些初步的了解。

实验问题：如何比较沉积岩和变质岩的特征？

实验材料

砂岩、页岩、石灰岩、花岗岩、石英岩、板岩、大理石和片麻岩样品

放大镜

纸

天平

100 mL 带有刻度的量筒或烧杯（能盛下岩石样品）

水

实验步骤

1. 阅读并遵守实验室安全守则。
2. 制作一个类似右图的数据表。根据栏目内容调整宽度。
3. 观察每个岩石样品。将你的观察结果记录在数据表中。
4. 根据密度的计算公式（密度＝质量÷体积），制订一个测量岩石样品的质量和体积的计划。
5. 测定每个岩石样品的密度，并将这些信息记录在数据表中。

（岩石）样品数据表

样品编号	1	2	3	4
岩石类型				
特征				
质量				
体积				
密度				

实验分析

1. **对比与比对**砂岩和石英岩。
2. **描述**　在变质作用中，砂岩颗粒的大小是怎样变化的？
3. **描述**　你观察到页岩和板岩的质地有什么不同？
4. **推断**　把你计算得到的密度与其他同学的结果进行比较。每个人得到的答案是一样的吗？如果答案不同，那么可能的原因有哪些？
5. **解释**　为什么沉积岩在变质作用过程中颜色会发生变化？
6. **评估**　比较页岩和板岩、砂岩和石英岩、石灰岩和大理石、花岗岩和片麻岩的密度变化。密度总是以同样的方式变化吗？解释你的观察结果。

分享数据

同行评议　将你的结果与班级里其他小组的结果进行比较。推断在质量、体积和密度上出现差异的原因。

第6章 复习指南

大概念 大部分岩石都是在已有岩石的基础上通过内外力相互作用而形成的。

第1节 沉积岩的形成

关键术语

- 沉积物
- 岩化作用
- 胶结
- 层理
- 粒序层理
- 交错层理

主要概念 风化和侵蚀作用下产生的沉积物能经过岩化过程形成沉积岩。

要点梳理

- 沉积岩在形成过程中经历了风化、侵蚀、沉积和岩化作用。
- 沉积物的岩化过程包括挤压与胶结。
- 化石是古生物的遗骸或遗迹，通常保存于沉积岩中。
- 沉积岩的特征包括水平层理、交错层理与波纹痕迹。

第2节 沉积岩的类型

关键术语

- 碎屑沉积岩
- 碎屑
- 孔隙度
- 蒸发岩

主要概念 沉积岩根据其形成方式进行分类。

要点梳理

- 沉积岩可以分为碎屑沉积岩类、化学沉积岩类和生物化学沉积岩类。
- 碎屑沉积岩由沉积物构成，可以根据沉积物的颗粒大小和形状对其进行分类。
- 化学沉积岩主要由水中析出的矿物构成。
- 生物化学沉积岩由古生物遗骸构成。
- 沉积岩为地质学家分析过去地球表面的情况提供了信息。

第3节 变质岩

关键术语

- 叶理状
- 非叶理状
- 区域变质
- 接触变质
- 热液变质
- 岩石循环

主要概念 原生岩石因压力和温度增加或接触到热液流体而形成变质岩。

要点梳理

- 变质作用的三种类型分别是区域变质作用、接触变质作用和热液变质作用。
- 变质岩按质地可分为叶理状变质岩和非叶理状变质岩。
- 在变质作用过程中，矿物会在一定温度和压力下形成更稳定的新矿物。
- 岩石循环是一类岩石不断转变成另一类岩石的过程。

第6章 复习检测

术语回顾

从复习指南中选取合适的术语填空。

1. 碎屑沉积物的挤压和胶结会导致_______。
2. 沉积岩层理沉积成一定角度的称为_____。
3. 冷却和结晶、火成岩、抬升、风化和侵蚀都属于 ________ 过程。
4. 热液接触到固态的岩石会导致 ________。

从复习指南中选取合适的术语替代下列斜体术语,使句子表述正确。

5. *胶结*是指沉积物因水体流速下降而沉淀。
6. *叶理状*的岩石有方形的、块状的晶体。

利用下列术语造句。

7. 接触变质,区域变质
8. 孔隙度,碎屑沉积岩
9. 沉积岩,层理
10. 碎屑,蒸发岩

理解要点

11. 下列哪种碎屑沉积岩颗粒最小?
    - A. 沙子
    - B. 黏土
    - C. 砾石
    - D. 粉砂
12. 下列哪种碎屑沉积岩的碎片是有棱角的?
    - A. 石灰岩
    - B. 砾岩
    - C. 砂岩
    - D. 角砾岩
13. 下列哪种生物化学沉积岩中含有化石?
    - A. 燧石
    - B. 石灰岩
    - C. 砂岩
    - D. 角砾岩
14. 下列哪个过程会形成盐床?
    - A. 沉积
    - B. 胶结
    - C. 蒸发
    - D. 岩化
15. 下列哪项不会导致变质?
    - A. 岩化
    - B. 热液
    - C. 高温
    - D. 压力

根据下图,回答第16~17题。

16. 下列哪个术语最能描述这块岩石的质地?
    - A. 结晶的
    - B. 非叶理状
    - C. 叶理状
    - D. 碎屑状
17. 这个岩石样品通常会形成哪种火成岩?
    - A. 黑曜岩
    - B. 玄武岩
    - C. 花岗岩
    - D. 辉长岩

18. 下列哪种侵蚀营力仅能移动砂质或者更小的颗粒？
   A. 山崩
   B. 冰川
   C. 水
   D. 风
19. 你认为下列哪种岩石孔隙度最大？
   A. 砂岩
   B. 片麻岩
   C. 页岩
   D. 石英岩
20. 地表物质通过下列哪个过程能从一个地方移动到另一个地方？
   A. 风化
   B. 侵蚀
   C. 沉积
   D. 胶结

简要概述

根据下图，回答第21题。

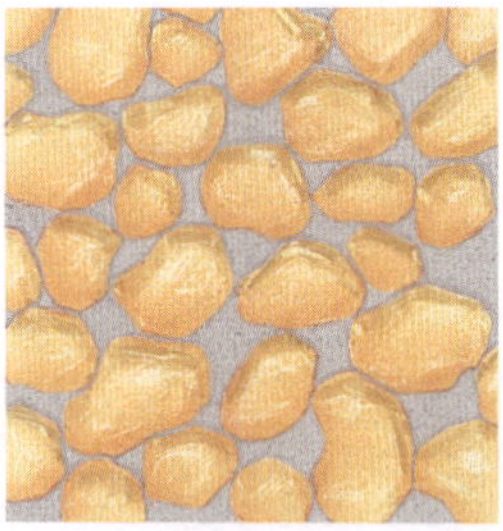

21. **描述**上图中的颗粒是如何胶结在一起的。
22. **总结**壳灰岩和含有化石的石灰岩之间的主要区别。可以参考**表6-1**作答。
23. **计算**　一个砂岩石块的体积为1 m^3，孔隙度为30%。请问这块岩石最多可以含水多少升？
24. **阐述**形成叶理状变质岩的必要条件。
25. **对比与比对**砂粒和黏土的岩化模式。
26. **分类**　根据分选性对下述沉积物进行分类：沙丘砂粒、山崩物质、冰川沉积物、沙滩砂粒。
27. **分析**碎屑沉积岩中，方解石或氧化铁矿物沉降所产生的影响。
28. **对比与比对**角砾岩和砾岩的特征和形成过程。

根据下图，回答第29题。

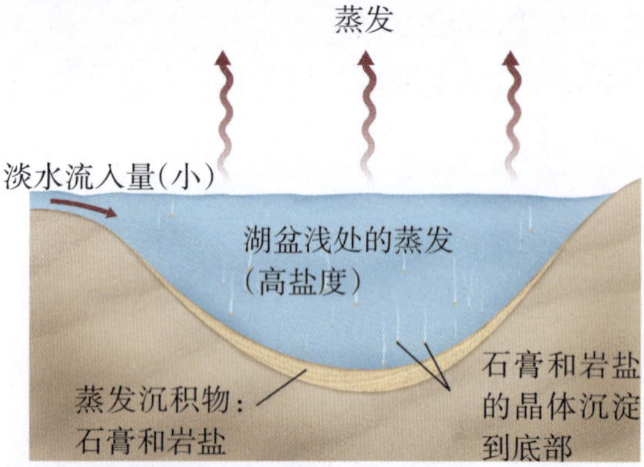

29. **评估**该循环对海洋环境所产生的影响。

批判性思维

30. **合并**　根据你掌握的有关晶体的知识来解释大理石即使在高压下也没有出现叶理状变质结构的原因。
31. **创作**　写一则说明，解释沉积岩中的煤为什么不符合岩石的标准定义——矿物的固态集合。
32. **地球科学相关职业**　在砂砾矿井工作的一些沉积学家会研究这些材料适合用在哪里，怎么用最恰当。请推断为什么对沉积学家来说，有必要了解细颗粒沉积物混杂进砂粒后，孔隙度的变化情况。
33. **阐述**　石油通常蕴藏在砂岩和页岩岩层之间，指出岩石中石油可能存在的位置。

34. 评定 有波痕和动物足迹的砂岩是不是化石？请说明理由。

根据下图，回答第35～36题。

35. 评估图中的沉积岩层属于哪种层理以及它的分选程度如何，并解释原因。

36. 推断 根据**图6-2**，解释哪种侵蚀营力能够产生图示岩层。

37. 推导 为什么玻璃颗粒在石英质沙滩上外观磨圆度较好，呈磨砂状；而在碳酸盐质沙滩上则外观锋利，有玻璃光泽？

概念图解

38. 运用下列术语绘制一幅有关沉积构造特征的概念图：*波痕*、*粒序层理*、*水平层理*、*不对称的*、*风力沉积*、*流水沉积*。部分术语可以重复使用。

挑战难题

39. 推断 海底4 000 m左右是碳酸盐的补偿深度。在这个深度以下，没有富含钙的碳酸盐沉淀，也没有海底贝壳类生物聚集。推断为什么会出现这样的情况。

地学写作

40. 想象你准备在附近的社区规划一次地质徒步旅行，请编写一本小册子来重点介绍你所在城镇及附近地区用于建筑的各种天然岩石。

材料分析

石材是常用于建造楼房、雕塑和室内装潢，尤其是厨房台面和地砖的岩石。主要的原材料包括花岗岩、石灰岩、大理石、砂岩和板岩。全球范围内的石材几乎取之不尽。美国和世界其他国家的石材产量都在稳步增长。

石材种类	在美销售与使用的岩石（以吨统计）	在美销量与使用的岩石（根据价值统计）
石灰岩	39%	34%
花岗岩	29%	39%
砂岩	14%	9%
混杂的岩石	10%	7%
大理石	7%	6%
板岩	1%	5%

资料来源：Mineral Commodity Summaries. *United States Geological Survey*, January 2006..

41. 绘制一个图表，比较根据价值统计的各类石材的用量。

42. 解释为什么上表中花岗岩石材的价值是最高的。

综合复习

43. 对比与比对科学和技术。（**第1章**）

44. 离子化合物氯化镁的分子式是什么？（**第3章**）

45. 解释部分熔融和分离结晶的概念。（**第5章**）

综合 标准化测试

选择题

根据下图,回答第1~2题。

1. 哪种岩石最容易在岩浆流中发生变质作用?

A. 岩浆最热的火山坑中的岩石

B. 火山坑中和山的上半部分的岩石

C. 山上的所有岩石

D. 岩浆流触及的所有岩石

2. 随着岩浆冷却凝结,会形成哪种岩石?

A. 沉积岩　**B.** 变质岩

C. 喷出岩　**D.** 侵入岩

3. NaCl一般又称什么?

A. 食盐　**B.** 糖

C. 水　**D.** 自然存在的氯

4. 下列哪个过程会导致沉积物转变成沉积岩?

A. 层理

B. 埋藏

C. 胶结

D. 挤压

5. 下列哪个术语不属于国际单位制?

A. 吨

B. 千克

C. 安培

D. 华氏温标

6. 下列哪种岩石含有块状的矿物晶体?

A. 叶理状岩石

B. 非叶理状岩石

C. 斑状结晶

D. 片麻岩

根据下图,回答第7~8题。

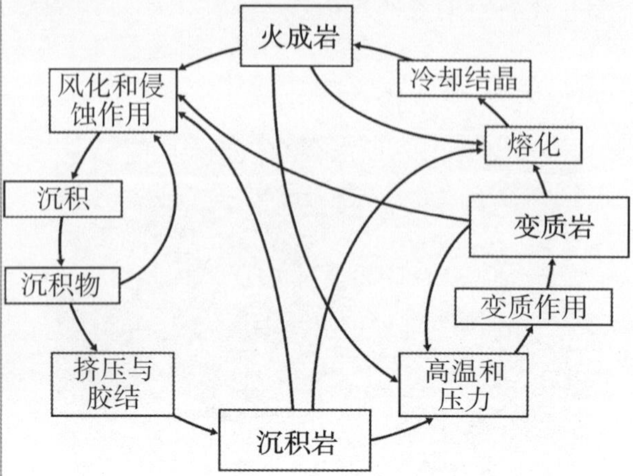

7. 从上图中可以看出,下列哪种推断最为合理?

A. 火成岩有沉积而成的层理

B. 沉积岩含有其他类型岩石的微粒

C. 变质岩没有任何层理

D. 沉积岩往往是同一种颜色的

8. 从上图中可以看出,在沉积物沉积后最有可能发生下列哪种情况?

A. 风化导致更多沉积物生成

B. 岩浆冷却形成火成岩

C. 高温和压力导致沉积物熔化

D. 发生胶结作用后形成沉积岩

9. 价电子最有可能分布的位置是哪里?

A. 每一个层级

B. 中间层级

C. 最外层级

D. 最内层级

10. 下列哪种岩石是分选严格的碎屑沉积岩?

A. 页岩

B. 砂岩

C. 磷酸盐岩

D. 石灰岩

简答题

根据下图,回答第11~12题。

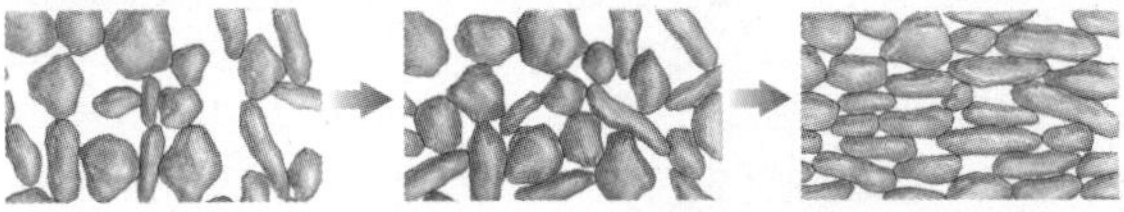

11. 从上述沉积岩的形成过程中,你发现了什么?

12. 这个过程是否表示挤压或胶结过程?请描述这两者之间的区别。

13. 实验的结果显示,随着温度升高,酶的活性降低。用折线图表示这个结论。

14. 给光泽一个定义。为什么很难用光泽来辨别矿物?

15. 鲍文反应序列说明了什么过程?

16. 硼的原子序数是5。描述一个质量数为10的硼原子,以及一个质量数为11的硼原子。为什么说这两个原子是特殊的?

17. 简述岩浆变为火成岩的过程。

18. 为什么说研究沉积岩层及其成因有助于古生物学家认识地球的历史?

阅读理解

沉积岩层

古生物学家想要研究某个区域内的沉积岩层以及沉积内容。右侧图表示这个岩层序列,表中则是科学家们收集的数据。

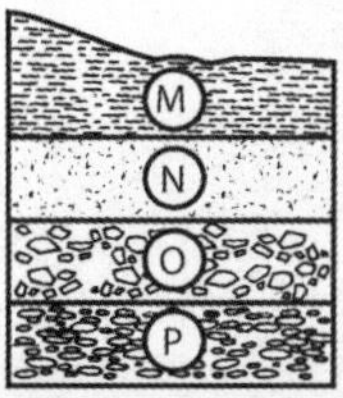

沉积岩层年龄

岩层	组成	估算的年龄(年)	深度(米)
M	沉积岩	100 000	0~4
N	沉积岩	未知	5~7
O	沉积岩	6 000 000	8~9
P	沉积岩	6 100 000	9~10

19. 古生物学家可以通过记录下列哪项内容来提高这项研究的准确性?

A. 研究的时间
B. N层的年龄
C. 研究点所在的位置
D. 沉积岩的质量

20. 如果在O层和P层发现了某个物种的化石,但在M层和N层没有发现这种化石。你可以从中得出什么结论?

A. 这个物种现在已经不存活在地球上了
B. 这个物种已经进化为完全不同的物种了
C. 这个物种的灭绝时间少于十万年
D. 在六百万年前,这个物种在这个地区消失了

需要更多帮助?																		
如果你回答错误……	1	2	3	4	5	6	7	8	9	10	11	12	13	14	15	16	17	18
请复习相应章节……	6.3	5.1	3.2	6.1	1.2	6.3	6.3	6.3	3.1	6.2	6.1	6.1	1.3	4.1	5.1	3.1	5.1	6.1

第3单元

地表的演化

单元内容

地球科学相关职业

冰川学家

这位冰川学家正在研究南极冰盖。冰川学家研究冰川的移动、成因及其对地表的影响。他们收集的信息有助于深入了解地球的地质历史和未来。

第7章

风化、侵蚀和土壤

大概念 风化和侵蚀是改变地表形态的主要因素。

内容提要

起步实验

科学实验室

变化与表面积有什么关系?

表面积可以衡量物体与周围环境的接触面大小。物体的表面积越大,受周围环境影响的速度就越快。在这个实验中,你可以观察风化与表面积的关系。

实验步骤

1. 阅读并遵守实验室安全守则。
2. 在室温下将两个容量为250 mL的烧杯装满水。
3. 往一个烧杯中放入一块方糖,同时向另一个烧杯中加入5 mL砂糖。记录此时的时间。
4. 连续不断地用搅拌棒慢慢搅拌每个烧杯中的溶液。
5. 观察两个烧杯里的糖。用秒表记录下每个烧杯中的糖完全溶解在水中所需的时间。

实验分析

1. **描述** 方糖和砂糖所发生的变化。
2. **解释** 为什么一种糖溶解的速度比另一种糖快?
3. **推断** 怎样才能减少糖溶解所需要的时间?

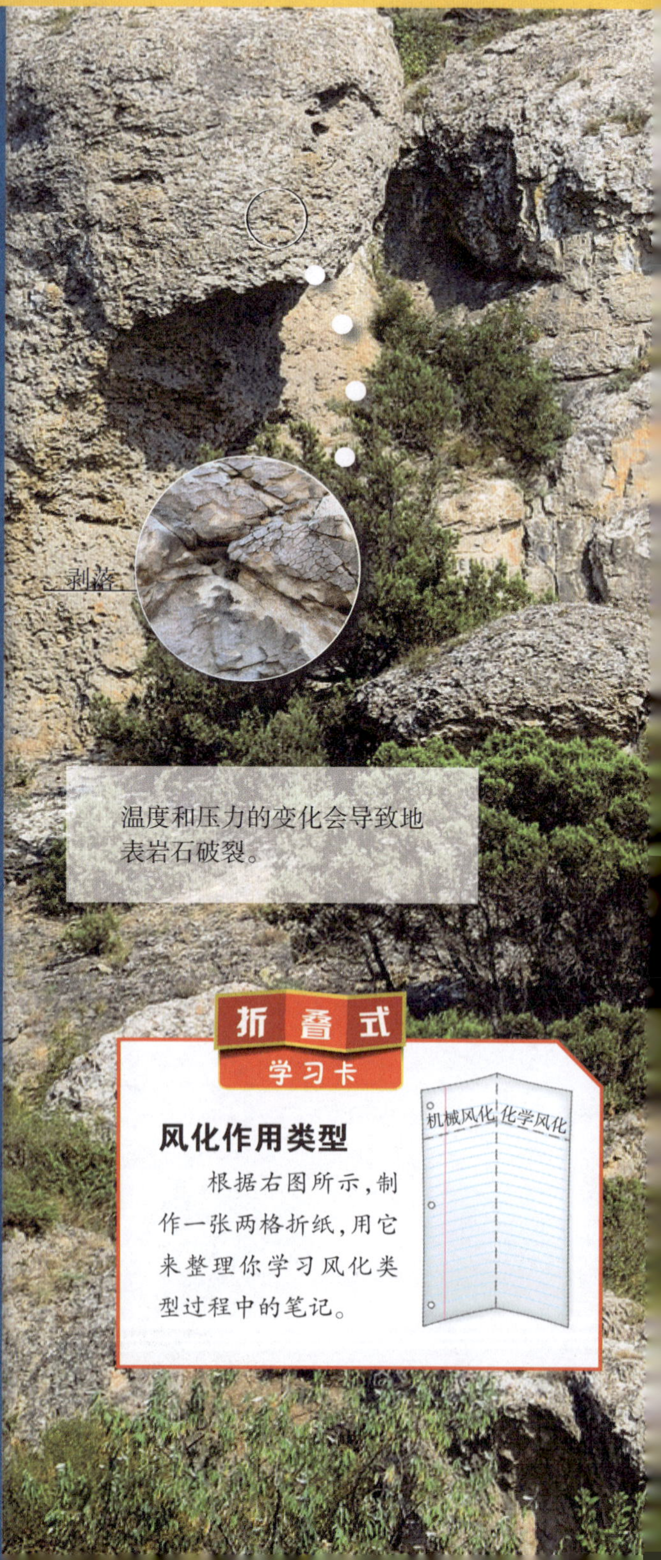

温度和压力的变化会导致地表岩石破裂。

折叠式学习卡

风化作用类型

根据右图所示,制作一张两格折纸,用它来整理你学习风化类型过程中的笔记。

冰楔作用
来自树木根系的压力

第1节 风 化

主要概念 风化作用分解地表及地表附近的物质。

核心问题

- 如何区分机械风化和化学风化?
- 影响机械风化和化学风化的不同因素有哪些?
- 哪些变量会影响风化的速率?

关键术语

风化
机械风化
冻融作用
剥落
化学风化
氧化

地球科学在你身边 走在人行道上时,你可能会留意到有些地方向上凸起。树木离人行道很近时,它的根系会导致人行道的路面凸起、弯曲和破裂。

机械风化

风化(weathering)是指位于地球表面或邻近地表的物质分解和变化的过程。**机械风化(mechanical weathering)**是岩石和矿物分解成更小碎片的一种风化类型,这一过程也称为物理风化。机械风化不改变岩石的化学成分,只改变其大小与形状。影响机械风化的因素有很多,包括温度和压力。

温度的影响 温度是影响机械风化的一个重要因素。当水结冰时,它的体积会增大约9%。如果你曾用冰格制作过冰块,你一定会观察到这种体积增大带来的变化。在地球表面的许多地方,比如岩石缝隙和岩层之间,会有积水。如果温度降至冰点,这些水就会结冰、膨胀,并对周围岩石施压,使得缝隙变宽,如**图7-1**所示。当温度升高时,岩石缝隙和岩层之间的冰又会融化。水在岩石缝隙间反复发生的冻结和融化现象称为**冻融作用(frost wedging)**。由于冬季气温在冻融温度之间频繁变化,美国北部地区有许多道路出现了坑洞,这就是冻融作用的结果。

■ **图7-1** 冻融作用开始于极细的岩石缝隙,随着时间的推移,反复出现的冻结和融化过程使得缝隙不断扩大。

预测 *这块巨石是反复冻融作用后的结果。*

压力的影响 另一个影响机械风化的因素是压力。当树木和其他植物的根系挤到岩石缝隙中时，会对岩石施加压力。如**图 7–2** 所示，当根系逐渐生长并向外扩张时，它们对岩石施加的压力会不断增大，进而造成岩石破裂。

从更大的范围来说，压力同样在地球内部发挥作用。在地壳深处的基岩承受着来自上方覆盖岩层的巨大压力。地下几千米深的岩石重量所带来的巨大压力可能会形成大块的岩石，例如岩基。当覆盖岩层随着侵蚀、采矿等情况被剥离，下方基岩所承受的压力就减轻了。于是，之前埋在地下的基岩表面就扩展、增长，形成弯曲的裂缝。这些裂缝，亦称联结点，在平行于岩石的表面产生。压力的减小也会使得基岩中已有的裂缝加宽。例如，在一个很深的矿井中，当上覆岩层被移走时，压力的突然减小可能会造成大片岩石从矿井隧道的岩壁上爆裂、脱落。

当地质过程使得岩体上升后，由于压力减小，岩石可能会形成细小的裂缝。岩石的外层会随着时间的推移逐渐自然剥落，就像洋葱被一层层剥去外皮那样。这种岩石外层掉落的过程称为**剥落**（**exfoliation**）。剥落经常导致圆顶形状，比如美国纽约州的默克斯汉山和加利福尼亚州约塞米蒂国家公园的半穹顶，如**图 7–3** 所示。

■ **图 7–2** 树木的根系可以伸进岩石的裂缝和联结点，最终使得岩石碎裂。

折叠式学习卡

将本节信息整合到你的折叠式学习卡中。

■ **图 7–3** 图中为加利福尼亚州约塞米蒂国家公园的半穹顶岩石。岩石受剥落作用的影响，沿其外层破裂，随着时间的推移，出现了半穹顶的形状。

■ **图 7-4** 这座雕像由于酸雨和大气污染而出现了化学风化。

化学风化

岩石和矿物的化学成分发生变化的过程称为**化学风化**(chemical weathering)。主要的化学风化动力包括水、氧气、二氧化碳和酸性降水等。这些动力和岩石的相互作用会溶解一些物质或者产生一些新的矿物。新矿物与原有岩石相比，具有不同的性质。例如，赤铁矿中的铁会和氧形成氧化铁。

☑ **读后自查** **表达** 说明化学风化对岩石的影响。

岩石的构成决定了它将要发生的化学风化的结果。一些矿物，比如由碳酸钙组成的方解石，会在酸性水中完全分解。石灰岩和大理石几乎完全由方解石构成，因此它们极易受到化学风化的影响。在由这些岩石构成的建筑物和纪念碑上经常能看到化学风化造成的溶蚀痕迹。**图 7-4** 的雕像就是一个岩石在酸性降水作用下出现化学风化的例子。

温度是化学风化的另一重要因素，这是因为在发生化学反应时，温度会影响化学反应的速率。化学反应的速率随着温度的升高而加快。在其他条件完全相同的情况下，温度每升高 10 ℃，化学风化的速率就会加倍。

水的影响 水可以溶解多种矿物和岩石，因而也成为化学风化作用中一个重要的动力。在许多化学反应中，水作为一种反应媒介，担任了一个活跃的角色。在某些化学反应中，水还可以直接与矿物发生化学反应。在一种水的常见反应中，矿物大分子能分解成小分子。这一反应分解和转换了许多硅酸盐矿物，例如钾长石分解成高岭石和土壤中常见的细颗粒黏土矿物。

氧的影响 氧是化学风化的一个重要因素。氧和其他物质的化学反应称为**氧化**(oxidation)。地球大气中约有 21%的氧气。岩石和矿物中的铁与水和大气中的氧结合，形成含氧化铁的矿物。赤铁矿就是一种含氧化铁的常见矿物。

二氧化碳的影响 大气中，对化学风化起作用的另一种气体是二氧化碳。二氧化碳气体是生物体的自然产物。当二氧化碳与大气中的水结合时，会形成一种弱酸性的碳酸，并随着降水落到地表。

降水包括雨、雪、冰雹、雾。自然降水的pH约为5.6。弱酸性降水会腐蚀和分解一些岩石，例如石灰岩。

腐烂的有机物和呼吸作用会产生大量的二氧化碳。当落到地面的弱酸性降水渗入地下，并与土壤中的二氧化碳结合后，碳酸便成为化学风化过程的强大动力。碳酸缓慢地与诸如石灰岩和大理石中的方解石这样的矿物发生化学反应，从而使岩石溶解。多年以后，在碳酸流经并与方解石发生反应的石灰岩裂缝中，会形成石灰岩洞穴。

酸性降水的影响 还有一种化学风化的动力是酸性降水。酸性降水主要是由于人类活动而被释放到大气中的二氧化硫、二氧化碳和氮氧化物造成的。二氧化硫和二氧化碳主要是化石燃料燃烧的产物，而氮氧化物则主要来自机动车排放的尾气。这三种气体与大气中的氧气、水结合，生成硫酸、硝酸和碳酸。

我们通常用pH来描述溶液的酸碱度。自然降水的pH大约为5.6，而酸性降水的pH低于5.6。由于强酸性物质会危害许多生命体，并对建筑造成破坏，因此酸性降水往往会带来很大危害。微小的酸性变化也会给许多动物和植物，如**图7–5**所示的森林，带来生存危机。酸性降水已经成为纽约、西弗吉尼亚和宾夕法尼亚的大部分地区面临的严重问题。

■ **图7–5** 世界各地的森林都可能受酸性降水的影响。酸性降水会破坏森林生态系统。

风化速度

地球物质的自然风化过程是非常缓慢的。比如，1 cm厚的石灰岩风化也许需要2 000年的时间，大多数岩石的风化速度甚至更为缓慢。某些环境要素及其相互作用能够加速或减缓风化过程。本章末的“地学实验”中会介绍这些知识。

气候对风化的影响 气候是影响地球物质风化速度的主要因素。气候的主要变量包括降水量、温度和蒸发量。在一定的气候条件下，温度与降水量之间的相互作用决定了一个地区风化的速度。

☑ **读后自查** **解释**不同气候类型风化速度不同的原因。

化学风化的速度 在气候温暖、降水充沛、植被茂盛的地区，化学风化速度更快。这种气候条件下可以产生富含有机物的土壤。当丰富的降水和有机物中的二氧化碳结合产生大量的碳酸时，化学风化的速度就更快了。化学风化在降水丰富、气温较高的赤道地区影响最大，如**图7-6**所示。

■ **图7-6** 化学风化的影响与一个地区的气候有关。温暖、植被茂盛的地区，化学风化速度较快；热带地区的化学风化速度最快。

推断 *世界上哪些地区经历的化学风化较少？*

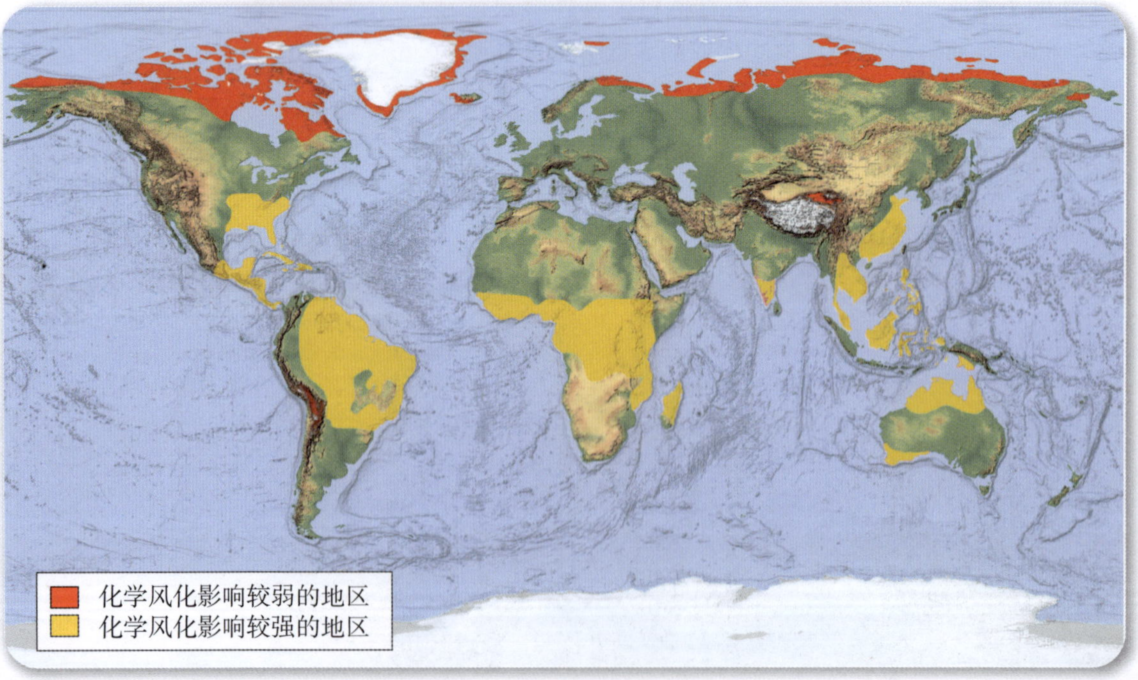

机械风化的速度　相反，机械风化在寒冷的气候下能快速地破坏岩石。在岩缝中的水能够反复冻结和融化的地区，机械风化的速度最快。寒冷干旱的气候条件不利于化学风化，因为寒冷的气候会阻碍或减缓化学反应的发生。在终年寒冷的地区很少或几乎不会发生化学风化。

通过对美国北卡罗来纳州的阿什维尔和亚利桑那州的菲尼克斯等地的对比，可以看出不同的气候条件下有不同的风化速度。菲尼克斯的气候温暖干燥，温度在0 ℃以上，并且湿度低。在阿什维尔，温度在冬季会降到0 ℃以下，并且降水量和湿度比菲尼克斯大。由于气候上的这些差异，阿什维尔的岩石和建筑物的机械风化和化学风化速度都高于菲尼克斯。

从**图7–7**可以看出气候对风化速度的影响。这两座埃及方尖碑都是一千多年前用花岗岩雕刻而成的。在埃及干燥的气候下，它们矗立了1 000多年。在这漫长的岁月里，风化作用并没有对碑身造成多大影响。1881年，克丽欧佩特拉方尖碑从埃及运送到纽约。从那时起，纽约市的酸性降水和反复的冻融作用加速了方尖碑化学风化和机械风化的过程。与之相比，仍留在埃及的方尖碑似乎并未发生什么改变。

岩石的种类和成分　并非所有的岩石在相同气候下就会有相同的风化速度。气候对岩石风化的影响也取决于岩石的种类和成分。例如，主要成分为方解石的石灰岩和大理石比主要成分为石英的花岗岩和石英岩更容易被风化。

克丽欧佩特拉方尖碑，纽约

拉美西斯方尖碑，埃及

图7–7　纽约的气候使左侧的方尖碑迅速风化。右侧的方尖碑在埃及温暖干燥的气候下保存良好。

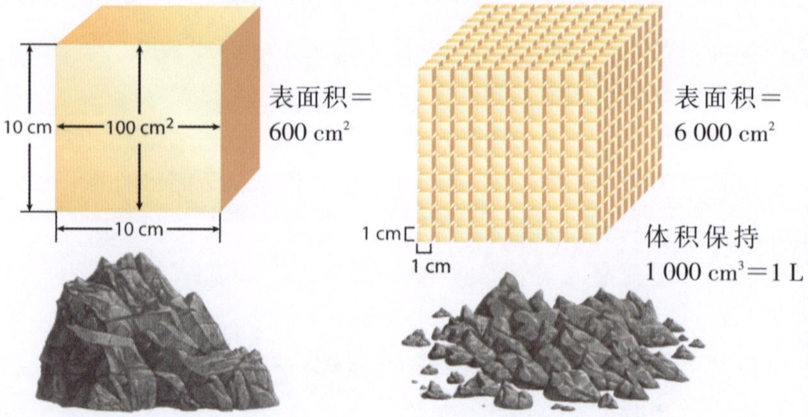

■ **图7–8** 当这个物体被一分为二或分成更多碎块时，物体的表面积就增加了。大立方体的体积为1 000 cm^3，当它碎裂成1 000块时，体积不变，但表面积大大增加。

岩石的表面积 风化速度也取决于岩石暴露在外的表面积。机械风化使岩石破裂成较小的碎块。如**图7–8**所示，当石块变小后，它们的表面积就会增加。这意味着受到化学风化影响的总表面积变得更大。正如你在本章“起步实验”中了解到的那样，风化作用对较小的岩石碎块影响较大，对独立完整的大块岩石影响较小。

地形 地形的坡度也决定了风化的速度。位于平面的岩石在经历变化时可能会继续保留在原来的位置，而位于坡面的岩石则可能受重力影响向下移动。因此，陡峭的斜坡会加速侵蚀，并导致更多的岩石受到机械风化和化学风化。

第1节 本节回顾

要点梳理

- 机械风化改变岩石的大小与形状。
- 冻融作用和剥落是机械风化的主要形式。
- 化学风化改变岩石的成分。
- 化学风化的速度取决于气候状况、岩石类型、表面积和地形。

要点理解

1. 主要概念 **辨别**未经风化的岩石和高度风化的岩石间的特征差异。
2. **描述**影响机械风化和化学风化速度的主要因素。
3. **比较**化学风化和机械风化。
4. **分析**表面积与风化作用之间的关系。

批判性思维

5. **推断** 大理石墓碑和花岗岩墓碑上相同的雕饰，哪一个能保存得更久？

地学计算

6. 通过绘制一种物质的表面积与风化速度间的关系图来推测风化与表面积之间的关系。

第2节 侵蚀和沉积

主要概念 侵蚀作用把地球表面风化后的物质从一个地方搬运到另一个地方，直到它们沉积下来。

核心问题

- 重力与侵蚀外力有什么关系？
- 不同侵蚀类型有什么显著特点？
- 生物与非生物是如何影响风化、侵蚀过程的？

关键术语

侵蚀
沉积
细沟侵蚀
沟谷侵蚀

地球科学在你身边 你可曾注意过大雨过后人行道和街边汇集的泥水？水将沉积物带到人行道和街边，然后沉积下来，留下一摊污泥。

重力的作用

风化过程使得岩石和土壤破碎、变小，但是并没有搬运它们。将风化后的岩石和土壤从原地搬离的过程叫作**侵蚀**(**erosion**)。侵蚀可以通过流水、冰川、风、洋流和海浪等不同的外力搬运物质。这些侵蚀外力可以将岩石和土壤搬运到千里之外。物质被搬运后在另一个地点堆积的过程叫作**沉积**(**deposition**)。

重力和侵蚀外力都有联系，因为重力会使所有物质都向下运动。如果没有重力，冰川就不会移动，溪水也不会流动。重力在侵蚀过程中使得松散的沉积物向下运动。**图7–9**展示了在田纳西州秋溪瀑布景观中重力的作用。流水侵蚀过程中的重力作用往往能在陡峭的峡谷里创造神奇的景观。

■ **图7–9** 田纳西州秋溪瀑布在2.6 km的距离内高度下降了78 m。

计算秋溪瀑布的溪流平均每米水平距离内下降的高度。

■ **图 7–10** 细沟侵蚀发生在农耕区，沟谷侵蚀由细沟侵蚀发育而来。

建议 *实施土地管理可以减缓或阻止沟谷侵蚀的发育。*

流水侵蚀

流水作用可能是所有侵蚀外力中最强的，它甚至可以重塑整个地貌。当大量的水，例如春天的融雪和夏季的暴雨产生的水快速流动时，流水侵蚀最为严重。流经陡峭坡面的水有更强的侵蚀能力，能带走大量的岩石和土壤并塑造出险峻的峡谷。水流流速越大，或者流量越大，携带的物质就越多。由于流量大，密西西比河每天能携带约40万吨沉积物。

☑ **读后自查** **预测** 每年什么时候流水侵蚀最强烈？

流水侵蚀可以产生破坏性的后果，例如，水流下蚀可以带走肥沃的土壤从而影响农业地区。如**图 7–10** 所示，在坡的一侧由于流水作用而发生在细小沟壑中的侵蚀称为**细沟侵蚀**（**rill erosion**）；当沟壑被不断侵蚀，变得更深更宽时，细沟侵蚀演变为**沟谷侵蚀**（**gully erosion**）。沟谷侵蚀而成的河谷可以搬运更多的水和土壤。有些沟谷的深度超过了3 m，这已成为耕作区和放牧区面临的一个主要问题。

迷你实验

科学实验室

模拟侵蚀

岩石如何被侵蚀？ 当岩石受周围环境影响而不断风化时，侵蚀就会带走岩石碎屑。

实验步骤

1. 阅读并遵守实验室安全守则。
2. 用牙签在肥皂块上用力刻下你的名字，称出肥皂的质量。
3. 测量并记录肥皂上文字刻痕的深度。
4. 将肥皂块放在洗手池边。
5. 缓慢地用水冲肥皂块，直到文字的刻痕深度发生改变。
6. 再次测量并记录文字刻痕的深度。

实验分析

1. **描述** 肥皂块上的文字刻痕深度有什么变化？
2. **推断** 肥皂块的形状、大小或质量发生变化了吗？
3. **考量** 你还能想出其他方法来确定肥皂块的损耗情况吗？

江河与溪流 每年，溪流和江河携带数十亿吨的沉积物和风化物质来到海岸地带。当一条河流注入海洋时，流速就会减慢，河流携带沉积物的能力也会减弱，结果大量的沉积物在入海口沉淀下来，长时间后就发育成了三角洲，如**图 7–11** 所示是科罗拉多河三角洲。河水的流量和潮水的作用决定了三角洲的形状，大部分三角洲都有肥沃的土壤。科罗拉多河三角洲和大多数三角洲一样，都呈典型的扇形。

■ **图 7–11** 溪流在遇见海洋时放慢了“脚步”。在这些地区，河流中的沉积物不断堆积，最后发育形成三角洲。

海浪作用 侵蚀作用也发生在海底、大陆和岛屿的海岸带。洋流、海浪、潮汐的侵蚀作用形成了峭壁、曲拱以及其他海岸地貌。另外，沙子在海岸线汇集并形成沙丘和海滩。水的持续运动加上风化物质的积累导致了连续的侵蚀过程，海岸带地区这种现象尤其明显。沿海岸线分布的沙子不断地被海流携带、搬运和沉积，就这样，离岸沙子沉积形成沙洲。如果沙洲继续堆积，就会发育成障壁岛。美国墨西哥湾和大西洋海岸一带分布着许多这样的障壁岛，如**图 7–12** 所示的海滩。

某些地区的海岸线受堆积作用不断发育，另一些地区的海岸却在海岸侵蚀作用下不断缩小。潮汐和海岸风暴等也对海岸侵蚀有巨大的影响。在沿海地带，生产的发展和人口的增长迫使人类企图控制海岸侵蚀的过程。然而，这种让沙子固定在原地的做法却破坏了沙子在海岸地带的自然迁移，导致其他地区的沙滩资源面临枯竭。

■ **图 7–12** 海滩由沙子和沉积物长期堆积而成。

■ **图 7–13** 美国蒙大拿州冰川国家公园里的冰山湖由冰川侵蚀而成。

冰川侵蚀

尽管目前冰川在地球表面的覆盖面积约10%，但过去，冰川的覆盖面积曾一度超过30%。许多地表景观都有冰川运动留下的痕迹，冰川侵蚀的影响规模巨大且惊人。冰川能磨蚀并重塑大面积的地表形态。由于冰川巨大、质地紧密且流动缓慢，因此能够携带巨大的岩石和成堆的碎片，并将其搬运到很远的地方。冰川运动会摩擦和压碎地表物质，同时也会磨光岩石表面。冰川作用遗留下来的地貌景观包括侧壁陡峭的U形谷和湖泊等，如**图 7–13** 所示。

冰川作用对地貌景观的影响也包括沉积作用。例如，在美国北方的土壤剖面中，土壤就是冰川所携带的物质沉积下来形成的。尽管最近一次冰期也是12 000年前的事情了，但冰川作用仍会以各种各样的方式继续影响地表的演化过程。

风力侵蚀

风是干旱和沿海地区的主要侵蚀外力，这些地区没有足够的植被来保护土壤。风很容易携带和搬运细小、干燥的颗粒。风力侵蚀的影响可能带来巨大且毁灭性的后果。风中携带的颗粒物具有强大的磨蚀性，它不仅会破坏自然地貌，还会损坏人造建筑。风力可以抵挡重力作用，轻易地将细微的沉积物颗粒和沙子搬运到上坡。

防风林 种植防风林是一种减轻风力侵蚀影响的措施，如**图 7–14** 所示。防风林是在与迎风方向相垂直的地方种植树木或其他植被。除减少侵蚀外，防风林还可以拦截飘雪，控制湿度，保护庄稼少受风力影响。

■ **图 7–14** 防风林可以降低风速的范围最多可达树木高度的30倍。

计算 *如果这些树高**10**米，作为防风林，它们可以保护的范围有多远？*

■ **图7-15** 这个工程建设项目极大地改变了地表景观。

分析 *此处地表景观改变造成的后果。*

生物侵蚀与搬运

动植物也会对侵蚀过程产生影响。在动植物的生活中，它们经常会将地表物质从一个地方搬移到另一个地方。例如，植物的根系或土壤里挖洞的动物都会移动岩石和沉积物。如**图7-15**所示，人类在某些地方进行开采活动并将土壤搬至别处时，就是在进行侵蚀作用。种植一片花园，开辟一块新的运动场地以及修建高速公路等都是人类活动搬运地球物质的例子。

第2节　本节回顾

要点梳理

- 侵蚀和沉积通过多种形式塑造地表形态。
- 重力是大部分侵蚀作用的主要动力。
- 侵蚀作用的外力包括流水、海浪、冰川、风和生物。

要点理解

1. 主要概念 **讨论**风化与侵蚀之间的联系。
2. **描述**　重力与众多侵蚀作用之间有什么联系？
3. **分类**　能沿海岸线移动沙子的侵蚀作用有哪些？
4. **对比与比对**细沟侵蚀与沟谷侵蚀。

批判性思维

5. **推测**　哪种类型的侵蚀作用对你所在的地区影响最大？
6. **绘图**　设计一片能抵挡风力侵蚀的防风林。

地学写作

7. 研究你所在地区是否曾有减缓或加剧侵蚀的发展历程，其中发生了哪些类型的侵蚀作用？被侵蚀的物质最终堆积在哪里？请向全班汇报你的研究成果。

第3节 土壤

主要概念 土壤的缓慢发育是物理过程与化学过程共同作用的结果。

核心问题
- 土壤是如何形成的?
- 在一个土壤剖面中,会有哪些不同的土层?
- 哪些因素会影响土壤的发育?

关键术语
土壤
残积土壤
运积土壤
土壤剖面
土层

地球科学在你身边 土壤是什么颜色的?土壤可以有许多不同的颜色——深褐色、浅褐色、红色甚至近乎白色。土壤的发育需要众多因素的共同作用,这些因素决定了土壤的颜色。

土壤的形成

土壤几乎遍布地表的每个角落。仅仅风化后的岩石并不是土壤。**土壤(soil)**是由风化后的岩石颗粒和腐殖化有机物(即腐殖质)组成的松散沉积物。它覆盖在地表的基岩上,并作为植物生长的媒介。土壤是数千年来化学风化、机械风化和生物活动的产物。

土壤的演变 当风化作用将坚硬的基岩破裂成碎块时,土壤的发育过程就开始了。这些岩石的碎块继续风化并碎裂成更小的碎屑。蠕虫和其他生物能分解有机质,增加土壤养分,并为土壤中的空气和水创造通道,如**图7-16**所示。

随着有机物分解,营养物质被添加到土壤中,土壤的质地得以改善,土壤的持水能力增强。所有土壤均含有处在不同腐殖阶段的有机质,在不同类型的土壤中,腐殖质的含量差异非常大。例如,草原土壤的有机质含量多达5%,而绝大多数沙漠土壤中几乎不含有机质。

■ **图7-16** 随着时间的推移,土壤中的有机体通过增加养分和空气通道改变土壤结构。

推断 *动物如何通过增加有机物来改变土壤?*

土壤层

土壤在形成过程中，会发育出水平层状构造。绝大多数的土壤形成于岩石的风化物质，也称为母质。土壤的母质往往是基岩。当母质风化时，风化物就会停留在母质上面。随着岩石碎片的继续风化，母质上覆盖了一层细小的风化岩石碎屑。最终，植物和动物等生命体开始出现并且利用岩石碎屑中含有的养分和空间生长。雨水渗过土壤表层物质，溶解可溶解的矿物，并将它们带入下面的土壤层中。

以当地基岩为母质的土壤称为**残积土壤**（**residual soil**）。肯塔基的蓝草土壤就是一种残积土壤，佐治亚州的红壤也是。并非所有的土壤都发育于当地基岩，**运积土壤**（**transported soil**）发育于已从原始位置搬离的母质，如**图 7–17** 所示的河谷中的土壤。侵蚀外力，包括冰川、流水和风等，可以将母质搬运到新的地方。例如，冰川将沉积物从加拿大搬运到美国的许多地方。小溪和河流，尤其在汛期，会将大量沉积物搬运到下游的冲积平原。风也会携带沉积物到达新的地方。一段时间后，这些沉积物经过成土过程转化为成熟的土层。

读后自查 **解释**残积土壤与运积土壤的差异。

地球科学相关职业

园艺师 园艺师利用其掌握的有关土壤的知识，通过试验来评估不同地点的土壤，进而利用收集到的信息来选择适合生长在该种土壤条件下的植物。

图 7–17 在河谷的冲积平原中可以找到运积土壤，而残积土壤往往分布在更高的山区。

图7–18 欠发育土壤不具有明显的分层，而成熟土壤则随时间的推移发育成了不同土层。

土壤剖面 在地面挖一个深坑，你会看到一个土壤剖面。**土壤剖面**（**soil profile**）是土层的垂直序列。有些土壤比其他土壤具有更明显的分层结构。如**图7–18**所示，尚未发育出明显层次且相对较新的土壤称为欠发育土壤；而历经上万年，分层明显的土壤称为成熟土壤。

读后自查 **解释**成熟土壤与欠发育土壤之间的区别。

土层 在土壤剖面内，有明显分异的层或带叫作**土层**（**soil horizon**）。在成熟土壤中，有四种主要的典型土层：有机残落物层（O层）、淋溶层（A层）、淀积层（B层）、母质层（C层）。有机残落物层是最上方的一层，由腐殖质和枯叶落物等有机物组成。在这之下的淋溶层由深棕色的有机物和风化后的岩石碎屑组成。淀积层，也称积累带，含有表层水或者下层水上渗后析出的溶解矿物。由于黏土和这些矿物的不断积累，淀积层呈红色或棕色。通常来说，黏土使得淀积层呈块状结构。聚集的矿物能形成坚硬的一层，通称黏土层，它的密度很大，不透水或者只能透过少量的水。母质层很少或几乎不含有机质，通常由破碎的基岩组成。各土层的发育状况取决于形成土壤的各项因素。

成土因素

影响土壤形成的五大因素包括气候、地形、母质、生物活动和时间。这些因素相互作用形成不同的土壤类型，也称土纲。不同地区的土纲存在差异。土壤分类系统是科学家们用来将土壤编入不同纲目和类别的系统。根据五大成土因素，一共可以分成12种不同类别土壤组成的土纲。

气候 气候是制约土壤发育最重要的因素。温度、风和降水量决定了可能发育的土壤类型。

回顾第1节可知，岩石在湿热的条件下风化速度更快，比如美国东部气候区。风化作用给土壤带来了大量的铝和铁的氧化物。丰富的降水下渗，将溶解的矿物质携带至淀积层。相反，干旱地区的土壤太过干燥，导致地下水蒸发上渗时，在淀积层累积白色碳酸钙。热带地区常年高温多雨，这种气候条件使得风化土壤的发育非常迅速，除了不溶的矿物质外，其他物质都被冲洗掉了。

地形 地形包括土地的坡度和朝向，它同样影响发育的土壤类型。在陡峭的山坡上，外力侵蚀将风化后的岩石碎屑带下山坡，从而导致山坡上易形成浅层土壤，而山谷和平原地区能发育成富含有机物的厚土层。山坡的朝向同样也会影响土壤的发育。在北半球，朝南的向阳坡接收更多的光照，丰富的光照促进了更多植物的生长，而缺少植被的背阴坡往往会有更多的土壤被侵蚀。地形的坡度和朝向对土壤发育的影响如**图7–19**所示。

■ **图7–19** 右侧的斜坡朝南，左侧的斜坡朝北。

解读 *为什么南侧山坡上的植被比北侧更丰富？*

母质 土壤分为残积土壤和运积土壤。如果是残积土壤,那么它和本地基岩的化学组成基本相同。例如,邻近火山地区的土壤由熔岩和火山灰的风化产物组成。火山灰土壤往往富含熔岩带来的矿物。如果经过搬运,土壤含有的矿物成分很可能与当地基岩中的成分不同。

生物活动 真菌、细菌、植物和动物等有机体都会与土壤发生相互作用。微生物分解动植物残骸。植物根系可以打开土壤通道,当它们分解后,又可以增加土壤中的有机物。土壤中不同种类的生物可能导致不同的土壤类型。黑沃土又称草原土,淋溶土也称森林土,二者发育于相同的气候、地形和母质,但是不同种类的生物活动使得两种土壤具有完全不同的特点。例如,黑沃土中的草原生物活动产生了富含有机质的厚淋溶层。大平原地区一些肥沃的农业用地就是黑沃土。

☑ **读后自查** **描述**微生物是如何影响土壤发育的。

时间 单一的时间因素就可以决定土壤的特性。新的土壤,如新成土,经常发现于有周期性洪水堆积而成的沉积物的沿河地带。这种类型的土壤在**图7–20**中用浅蓝色表示。这些土壤还没有足够的时间经历风化以及发育成土层。时间对土壤的影响显而易见。经过数万年的风化,土壤中大部分原生矿物都已经改变或冲刷流失了。含有铝和铁矿物的土壤,如极育土等发育时间较长的土壤一般呈红色。如**图7–21**所示是美国的土纲。

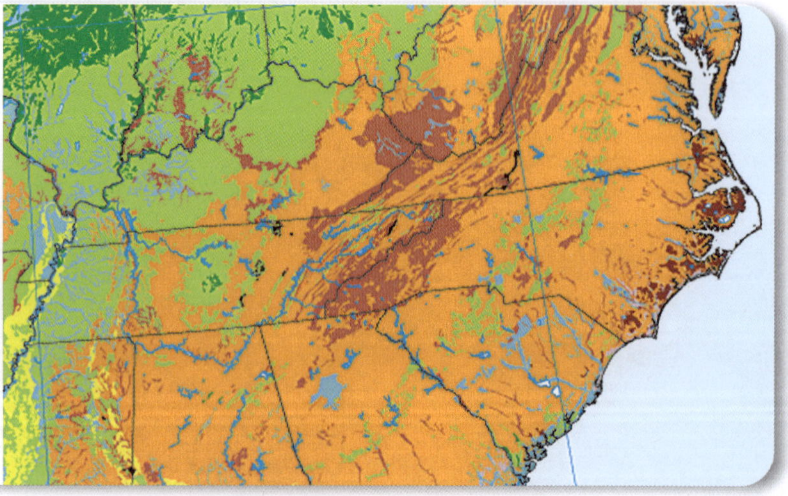

■ **图7–20** 不同地区的土壤类型有很大的差异,它取决于当地的气候、地形、母质、生物活动和土壤年龄。在这幅地图上,新成土显示为浅蓝色,极育土显示为橙色。

推断 *地形的差异对北卡罗来纳州的土壤类型有何影响?*

图解土纲

图7–21 影响土壤发育的五大因素决定了土纲在美国的分布情况。图示反映了美国三个不同地区土纲的土壤剖面。每一土壤剖面都有不同的土层。

新成土 土壤较为年轻，此处在加利福尼亚州。

黑沃土 也称草原土，出现在中西部地区。

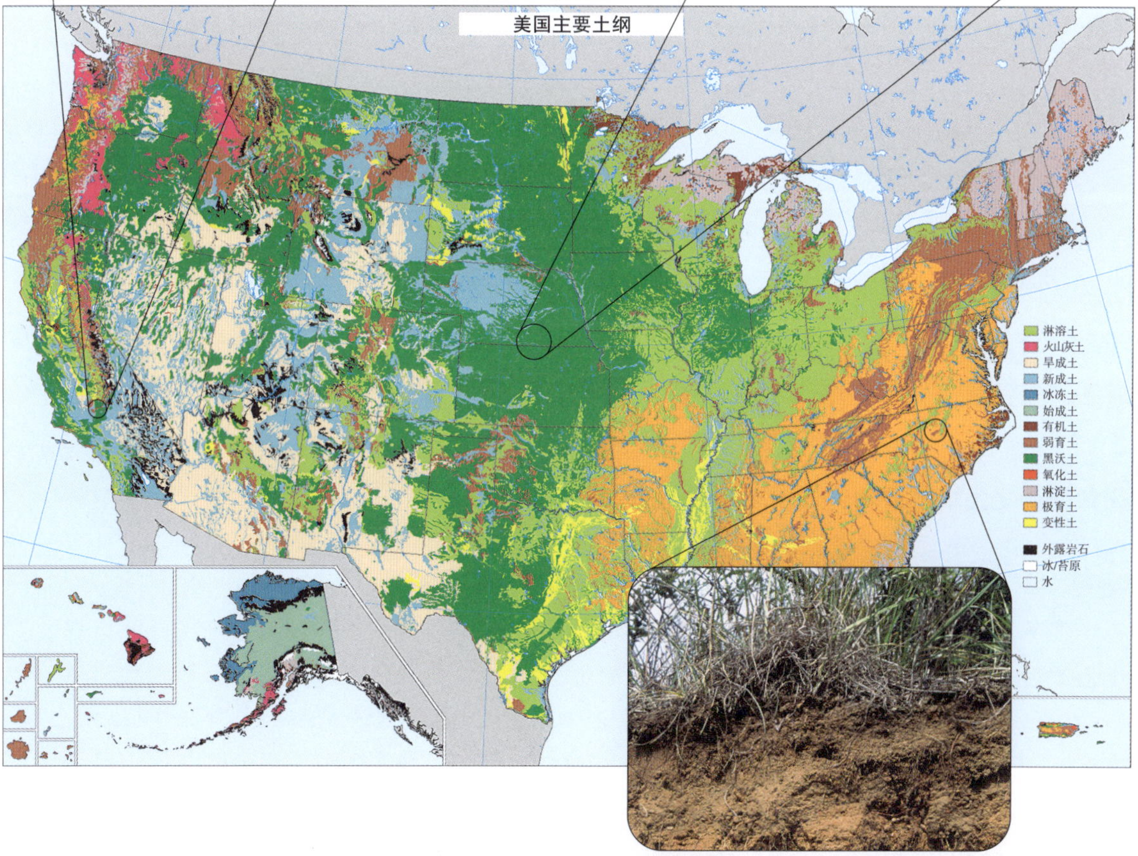

极育土 土壤经过高度风化，此处在北卡罗来纳州。

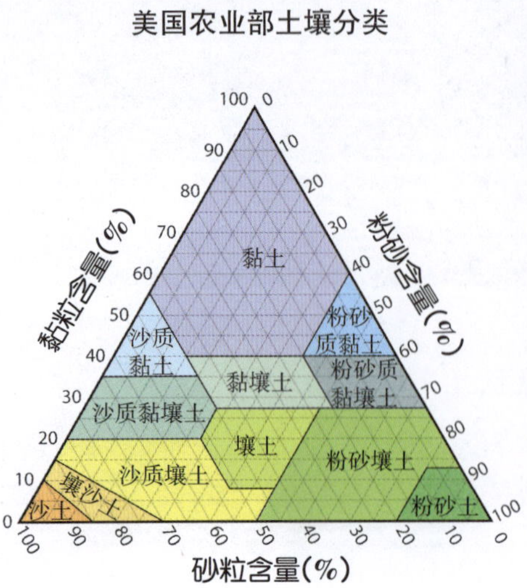

■ **图7-22** 土壤质地三角图可用于确定土壤的质地。

土壤质地

根据颗粒大小，土壤可分为黏粒、粉砂和砂粒，黏粒的颗粒最小，砂粒的颗粒最大。如**图7-22**所示，颗粒大小的相对比例决定了土壤的质地。土壤质地会影响土壤吸收和保持水分的能力，从而影响其种植性能。土壤质地也会随着深度的变化而变化。

土壤肥力

土壤肥力是指土壤支持植物生长的能力。影响土壤肥力的因素包括地形、矿物与营养物质含量、微生物数量、降水量和酸碱度。

植物生长的必要条件随植物种类的不同而不同。农民利用有机肥料或化肥替代矿物以保持土壤的肥力。化肥可以增加土壤中氮、磷、钾等元素的含量。一些豆科植物，如大豆、苜蓿等，根部有根瘤菌，可以将空气中的氮元素固定到土壤中。在土壤中加入粉碎了的石灰岩可以降低土壤的酸度，从而促进植物生长。

数据分析实验

基于真实数据*

数据解读

你如何确定土壤的质地？利用土壤质地三角图，可以对土壤进行分类。土壤质地取决于组成土壤的砂粒、粉砂和黏粒所占的百分比。在不同的土层、不同的深度位置，三者的比例都会发生变化。下列数据来自北卡罗来纳州的三个土层。

数据与观察

土壤样本	黏粒含量(%)	粉砂含量(%)	砂粒含量(%)	土壤质地
A	11	48		壤土
B	67		5	
C		53	38	

资料来源：Soil Survey Staff. 2006. National Soil Survey Characterization Data. Soil Survey Laboratory. National Soil Survey Center. (November 9) USDA-NRCSLincoln, NE.

批判性思维

1. **检查** 根据**图7-22**所示的土壤质地三角图完成数据表。记录土壤样品中各种颗粒的含量和土壤质地的名称。
2. **推断** 在数据表中，哪个土样含最小颗粒的百分比最大？
3. **指出**黏壤土中黏粒的最大含量。
4. **推断** 如果水流快速通过砂粒，哪一个土层的持水能力最佳？
5. **指出**除持水能力外，土壤的另一个由土壤颗粒大小决定的特性。

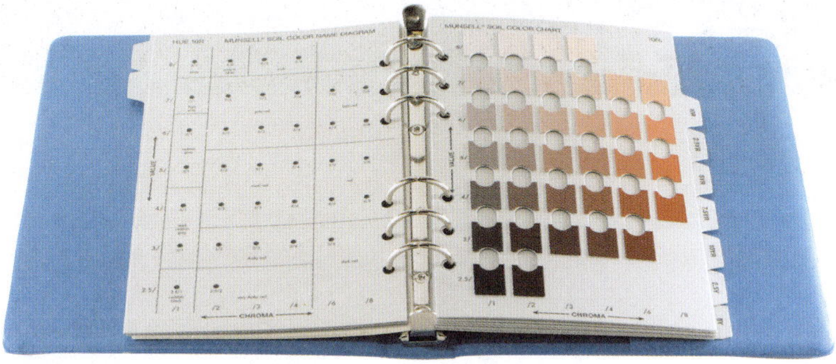

■ **图 7–23** 通过孟塞尔颜色标记系统，可以找到色调、明度和色度三个值。

土壤的颜色

各土层中的矿物、有机质和水分决定了土壤的颜色。土壤的颜色可以揭示其许多属性。例如，组成有机残落物层（O层）和淋溶层（A层）的土壤由于富含有机质颜色通常较深。红壤和黄壤也许是由于其中的铁被氧化的结果。黄壤的通透性较差，常引起环境问题。灰土和青土的通透性也很差，它们长期处于潮湿且缺氧的环境中，还可能会滤出矿物。

科学家们利用**图 7–23** 所示的孟塞尔颜色标记系统来描述土壤的颜色。这个系统包含三个部分：色调（颜色）、明度（亮或暗）、色度（强度）。土壤的颜色可以通过色调、明度和色度这三个方面精确地描述出来。

第 3 节　本节回顾

要点梳理

- 土壤由风化的岩石碎屑和腐殖质组成。
- 土壤分为残积土壤和运积土壤。
- 一个典型的土壤剖面包含有机残落物层（O 层）、淋溶层（A 层）、淀积层（B 层）和母质层（C 层）。
- 影响土壤发育的五大因素包括：气候、地形、母质、生物活动和时间。
- 土壤的特征包括质地、肥力和颜色。

要点理解

1. 主要概念　**描述**土壤的发育过程。
2. **总结**各个土层的特征。
3. **分类**　根据土壤是否成熟，对土壤剖面进行分类。
4. **推理**　地形对土壤发育有什么影响？

批判性思维

5. **推断**　土壤学家发现一处山谷里的土壤有 1 000 米厚的砂粒母质层。这是运积土壤还是残积土壤？请说明理由。
6. **推测**　你所在地区存在哪种类型的土壤？请描述你将如何证明你的推测是正确的。

地学写作

7. 花园中的部分土壤呈酸性黏土状，请设计一个提高该地土壤肥力的计划。

地球科学与技术

太空时代：技术重塑现代农业

很久以前，农民借助自己的双手，少量的工具，牛等大型动物进行耕种。从那时起，技术便已经开始改变农民的工作方式。在美国，农业已经成为数十亿美元的产业，部分原因是美国发展的精准农业。

精准农业 精准农业也称为特定地点的耕作，是指在农田的特定区域实施特殊的耕作方式。

一片农场的土地可能有很大的差别。不同地区的土壤肥力可能不同，有些地区的土壤相比之下更容易保存水分。不同地区的地形也可能会有所差异。过去，农民根据一块土地的平均情况决定种植、施肥、灌溉和使用的农药。这种耕作方式可能导致这块土地的某些区域施肥过量，而有些区域则肥力不足。精准农业能让农民认识整片农场土地的差异，这有助于提高作物产量、减少浪费和保护自然资源。精准农业需要依靠地理信息系统（GIS）和全球定位系统（GPS）这两种技术。

GIS 制图 地理信息系统帮助农民将许多关于农场的信息绘制到计算机地图上。他们可以记录农场中容易发生病虫害的区域，或海拔有变化的区域，再通过将农场的卫星影像与自身观察相结合，更好地从事农业生产。此外，计算机程序可以整合所有信息并创建GIS地图图层。用这些图层创建的农场地图，可以帮助农民规划作物的种植方式，确定化肥或除草剂的使用范围。

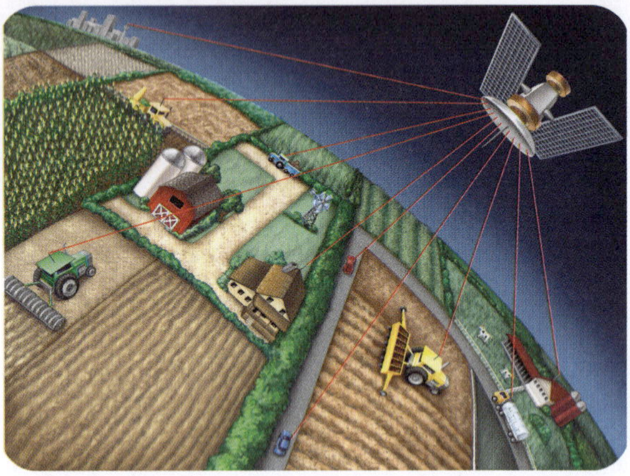

卫星可以提供精确的位置信息。

GPS 导航 地球轨道上的卫星系统不断地将信号传送到地球表面，用GPS接收器这种专业设备可以接收这些卫星的信号。将这些信号应用到GIS地图后，可以立即计算出地物的精确位置。这项技术在许多领域都有广泛应用，误差甚至已经精确到几厘米。利用全球定位系统，农民可以设置拖拉机的直线耕作路线，还能准确知道某农场的土壤需要使用多少肥料。

地学写作

日志 写一篇关于农场运营的日志，该农场所有的拖拉机都是远程操作的。描述你可能用到的系统以及它们的工作原理。

模拟矿物风化

实验背景: 许多因素会影响地表物质的风化速率。影响岩石风化速率的两个主要因素是岩石暴露于风化环境的时间和岩石的构成。

实验问题: 暴露时间与风化有什么关系?

实验材料

带盖子的塑料罐
天平
水
计时器
岩盐片
纸巾

实验步骤

1. 阅读并遵守实验室安全守则。
2. 将100 g岩盐片用水浸泡一晚。
3. 全班统一确定一个摇晃罐子的方法。
4. 将水倒出,用纸巾轻轻地将岩盐片擦干,把它们分成四堆并放在纸巾上。
5. 利用天平称出一堆岩盐片的起始质量。
6. 将岩盐片放入塑料罐中。
7. 在塑料罐中加入300 mL水。
8. 盖紧盖子,在规定的时间内摇晃塑料罐。
9. 将塑料罐中的水倒出。
10. 用纸巾轻轻地将岩盐片擦干。
11. 利用天平称出岩盐片的最终质量,将测量数据记录在如右侧所示的表格中。
12. 用最终质量减去起始质量计算出岩盐片的质量变化。
13. 用新的一堆岩盐片按不同的时间重复步骤4至步骤12。

风化数据

摇晃时间(min)	岩盐片的起始质量(g)	岩盐片的最终质量(g)	岩盐片的质量变化(g)
2			
4			
6			
8			

实验分析

1. **说明** 在本实验中,你模拟了自然界的什么过程?
2. **推断** 为什么在进行实验前需要浸泡岩盐片?
3. **比较**实验过程与真实的风化过程。岩盐代表了什么?摇晃罐子代表了什么过程?
4. **推断** 在自然界中,酸雨会如何影响这一过程?
5. **假设** 如果用石英片替代岩盐片,会出现什么样的实验结果?

拓展探究

设计实验 本实验说明了暴露时间与风化之间的关系。根据影响风化的相关因素,设计一个实验来测定其他因素对风化作用的影响。

第7章 复习指南

大概念 风化和侵蚀是改变地表形态的主要因素。

第1节 风 化

关键术语

- 风化
- 机械风化
- 冻融作用
- 剥落
- 化学风化
- 氧化

主要概念 风化作用分解地表及地表附近的物质。

要点梳理

- 机械风化改变岩石的大小与形状。
- 冻融作用和剥落是机械风化的主要形式。
- 化学风化改变岩石的成分。
- 化学风化的速度取决于气候状况、岩石类型、表面积和地形。

第2节 侵蚀和沉积

关键术语

- 侵蚀
- 沉积
- 细沟侵蚀
- 沟谷侵蚀

主要概念 侵蚀作用把地球表面风化后的物质从一个地方搬运到另一个地方,直到它们沉积下来。

要点梳理

- 侵蚀和沉积通过多种形式塑造地表形态。
- 重力是大部分侵蚀作用的主要动力。
- 侵蚀作用的外力包括流水、海浪、冰川、风和生物。

第3节 土 壤

关键术语

- 土壤
- 残积土壤
- 运积土壤
- 土壤剖面
- 土层

主要概念 土壤的缓慢发育是物理过程与化学过程共同作用的结果。

要点梳理

- 土壤由风化的岩石碎屑和腐殖质组成。
- 土壤分为残积土壤和运积土壤。
- 一个典型的土壤剖面包含有机残落物层(O层)、淋溶层(A层)、淀积层(B层)和母质层(C层)。
- 影响土壤发育的五大因素包括:气候、地形、母质、生物活动和时间。
- 土壤的特征包括质地、肥力和颜色。

第7章 复习检测

术语回顾

根据下列定义，从复习指南中选取合适的术语。

1. 地球表面或邻近地表的岩石分解和变化的过程。

2. 通过流水、冰川、风、海浪等，将风化后的物质从源地搬离。

3. 压力从基岩上移除后，岩石沿着弧形裂缝瓦解。

下列每一句表述都有错误。从复习指南中选取合适的术语替代斜体的术语使表述正确。

4. *风化*是由水流从坡的一侧流下而形成的。

5. 侵蚀后的物质被留在一个新地点的过程称为*化学风化*。

6. 被侵蚀的细小沟谷变深变宽的过程称为*机械风化*。

7. 水、风、冰川将母质从源地搬离，发育形成*土层*。

8. *土壤剖面*是地表横截面上有明显分异的层或带。

9. *腐殖质*是覆盖在地表基岩上的松散的岩石碎屑和腐殖化有机质。

术语辨析。

10. 风化，侵蚀

11. 化学风化，机械风化

12. 沟谷侵蚀，细沟侵蚀

13. 土层，土壤剖面

14. 侵蚀，沉积

15. 残积土壤，运积土壤

理解要点

16. 目前，地球表面冰川的覆盖面积大约占多少？

A. 5%　　**B.** 10%

C. 20%　　**D.** 50%

17. 腐殖质大多集中在哪一层？

A. A层

B. B层

C. C层

D. O层

18. 下列哪个因素是影响风化速率的主要因素？

A. 地形

B. 体积

C. 气候

D. 生物活动

根据下图，回答第19~20题。

19. 下列哪个过程最有可能造就图示的这种景观？

A. 化学风化

B. 机械风化

C. 地震活动

D. 酸雨

20. 下列哪种侵蚀力最有可能塑造出这种景观？

A. 水

B. 风

C. 冰川

D. 生物

21. 冻融作用主要依赖于什么过程?
   A. 冻结与融化
   B. 重力
   C. 氧化
   D. 深度增加
22. 下列哪项不是土壤发育的影响要素?
   A. 地形　　B. 母质
   C. 时间　　D. 化学过程
23. 下列哪项与风化速率无关?
   A. 岩石类型
   B. 岩石构成
   C. 气候
   D. 化石

根据下图,回答第24~25题。

24. 图中所示的景观位于纽约州中部莱奇沃思州立公园,这里也被称为东部大峡谷。它是由下列哪种侵蚀力塑造的?
   A. 冰川
   B. 风
   C. 流水
   D. 地震
25. 莱奇沃思州立公园外力侵蚀的背后又是由于哪一种潜在因素?
   A. 压力
   B. 重力
   C. 温度
   D. 光
26. 下列哪项描述的是残积土壤?
   A. 由冰川堆积的沉积物形成的土壤
   B. 在冲积平原集聚的沙土
   C. 风力堆积的微小颗粒沉积物
   D. 由底部基岩风化后形成的物质层
27. 下列哪种土层是由上方水流携带的可溶性矿物汇聚而成的?
   A. A层
   B. B层
   C. C层
   D. O层
28. 成熟土壤最有可能拥有下列哪种特征?
   A. 较薄的B层
   B. 较厚的B层
   C. 肥力
   D. 颜色较深

简要概述

29. **分析**岩石的机械风化速度与表面积的关系。
30. **分类**　不同的气候对岩石风化有什么影响?

根据下图,回答第31题。

31. **设计**一个方法来防止该地区正在发生的侵蚀。

32. **列出**控制土壤发育的因素，并为每个影响因素举一个例子。

33. **地球科学相关职业** 一位土壤学家说你所在地区的土壤是酸性的，请你为当地的园丁们设计一个解决方案。

批判性思维

34. **调查**侵蚀和沉积过程是如何导致障壁岛移动的。

根据下图，回答第35题。

35. **总结** 侵蚀和沉积过程是如何导致图示景观的？

36. **创作**一张海报，来说明侵蚀和沉积的影响，并将它张贴在你所在的社区。

37. **绘制和标注**成熟土壤的土壤剖面，包含O层、A层、B层、C层和基岩。描述每一层土壤是如何发育的。

概念图解

38. 运用下列术语绘制概念图：*风化*、*侵蚀*、*沉积*、*化学风化*、*机械风化*、*沟谷侵蚀*、*细沟侵蚀*。如需帮助，请查询*技能手册*。

挑战难题

39. **评价**这一表述：风化、侵蚀和沉积是同一过程的不同部分。

地学写作

40. 设想你是一位在实验室里研究土壤样品的土壤学家。写一篇描述土壤的日志，其中包含你可以从实验室土壤样品中推测出的相关信息。

材料分析

哈尼奥伊的土壤异常肥沃。

资料来源：United States Department of Agriculture, Natural Resources Conservation Service. Honeoye—New York State Soil, 2006.

41. 根据上图，绘制哈尼奥伊土壤的土层分布图，并标注以下土层：A层、B层、C层。

42. 描述这个土壤剖面。

43. 上图所示的土壤是欠发育土壤还是成熟土壤？你是如何判断的？

综合复习

44. 经度和纬度有什么区别？（**第2章**）

45. 什么是矿物？（**第4章**）

46. 哪种常见的化学沉积岩是由方解石组成的？（**第5章**）

选择题

1. 下列哪种耕作方式可以减轻风蚀作用的影响？
   A. 种植不同的作物
   B. 种植防护林
   C. 修建护堤
   D. 修建石墙

根据下图，回答第2～4题。

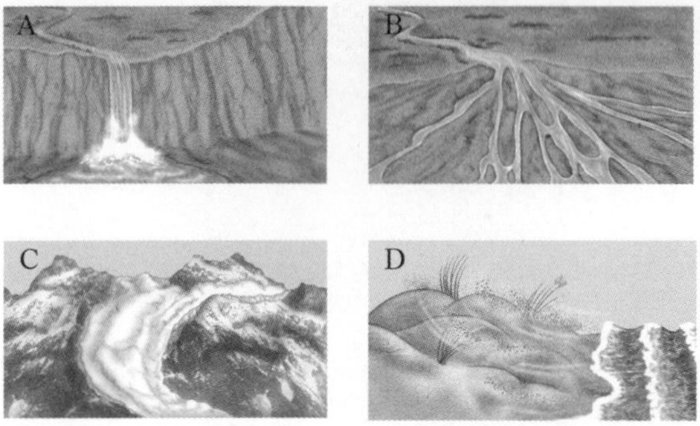

2. 哪幅图片显示的是造成新英格兰和纽约州U形谷、悬谷、湖泊以及沉积物沉积的侵蚀力？
   A. A　　B. B
   C. C　　D. D
3. 哪幅图片显示的是造成美国墨西哥湾和大西洋沿岸沙丘的侵蚀力？
   A. A　　B. B
   C. C　　D. D
4. 哪种因素塑造了图示四种侵蚀过程中的三种？
   A. 风
   B. 热
   C. 人类干预
   D. 重力
5. 沉积岩最显著的特征是什么？
   A. 波痕
   B. 化石
   C. 递变层理
   D. 交错层理
6. 如何从颜色和硅含量区分花岗岩和辉长岩？
   A. 花岗岩颜色较浅，硅含量较高
   B. 花岗岩颜色较黑，硅含量较低
   C. 花岗岩颜色较黑，硅含量较高
   D. 花岗岩颜色较浅，硅含量较低
7. 下列哪个选项不属于化学风化的动力？
   A. 水
   B. 氧气
   C. 二氧化碳
   D. 风

根据下图，回答第8～9题。

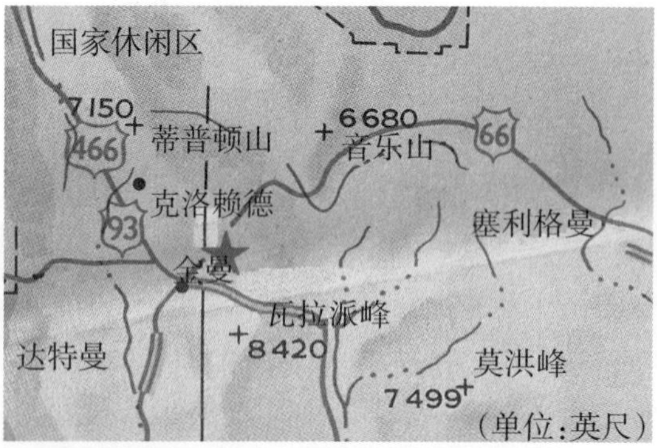

8. 你能从路线图中推断出什么信息？
   A. 这是一个基本上无人居住的地方
   B. 这在一个大城市里
   C. 这是一个难以通行的地带
   D. 这是一个山区
9. 科罗拉多州的派克峰高达14 100英尺。图示区域哪两座山峰的高度之和与派克峰差不多？
   A. 音乐山、莫洪峰
   B. 音乐山、蒂普顿山
   C. 瓦拉派峰、莫洪峰
   D. 蒂普顿山、莫洪峰

简答题

根据下图，回答第10～12题。

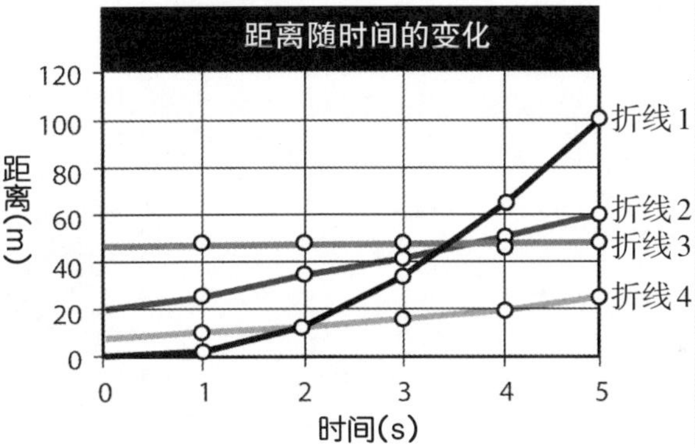

10. 折线1表示的物体在5 s内的平均速度是多少？

11. 解释折线3呈水平状态的原因。

12. 这张图中的因变量和自变量各是什么？

13. 描述石灰岩是如何形成的。

14. 煤是不是一种矿物？

15. 区域变质作用何时发生？其结果是什么？

阅读理解

农业土地利用

粮食生产几乎占用了地表一半的土地，在最新的地图中可以看到，40%的地表土地为农业用地。耕作会对全球环境产生影响，甚至已经威胁到了目前仅存的这部分肥沃土地。威斯康星–麦迪逊可持续发展和全球环境中心(SAGE)研究土地利用的科研人员纳温·拉曼克提迪提出了如下问题：我们如何能够在防止诸如森林砍伐、水污染和土壤侵蚀等负面环境影响的同时，持续地利用土地生产粮食？一个可行的解决方案可能是发展“精准农业”。该方法采用新技术来提高土地生产力，同时减少水、化肥和其他潜在有害化学物质的使用。美国国家航空航天局的地球科学家们还在改进这种精准的作业方式，他们利用卫星数据帮助农民高精度地根据每片农田不同区域的特点来决定其利用方式。

资料来源：Owen, J. Farming claims almost half of Earth's land, new maps show. *National Geographic News*, December 9, 2005.

16. 根据这段文字，下列哪项表述是错误的？

A. 耕作对地球有害

B. 卫星数据可以改善农业

C. 耕作不会造成污染

D. “精准农业”是一种解决方案

17. 下列哪项不是文中提到的耕作带来的负面环境影响？

A. 森林砍伐

B. 空气污染

C. 水污染

D. 土壤侵蚀

18. 从这段文字中，你可以推测出什么信息？

A. 改善农业耕作方式及其对土地的影响是有相关解决方案的

B. 只有威斯康星州遇到了耕作问题

C. 人们应该减少粮食消费，这样耕作用地也就减少了

D. 已经没有肥沃的土地可以用于耕作了

需要更多帮助？															
如果你回答错误……	1	2	3	4	5	6	7	8	9	10	11	12	13	14	15
请复习相应章节……	7.2	7.1	7.1	7.2	6.1	5.2	7.2	2.2	2.2	1.2	1.3	1.2	6.2	4.1	6.3

第8章

块体运动、风和冰川

大概念 重力、风和冰川塑造并改变着地球表面。

内容提要

1 块体运动
2 风
3 冰 川

起步实验

科学实验室

水对斜坡上的沉积物会产生什么影响?

水对斜坡上的沉积物有重要的影响。在本实验中,你将看到水量增加会对沉积物的黏聚产生什么影响。

实验步骤

1. 阅读并遵守实验室安全守则。
2. 将225 mL沙土分别装在三个容器(如铝盘)中。
3. 在第一个容器中加20 mL水,在第二个容器中加100 mL水,在第三个容器中加200 mL水,使三个容器中的沙土和水都均匀混合。
4. 分别倾斜每个容器,模拟沙坡运动。刚开始时,容器稍稍倾斜,然后慢慢增加倾斜角度,直到沙子开始运动。
5. 测试每种混合物成形并保持其形状的能力。比较三个样品的结果。

警示:把洒出的水擦干。

实验分析

1. **描述** 三个样品中,加入的水对沙子塑形能力有什么影响?
2. **解释** 为什么一种混合物保持其形状的能力比另外两种更强?
3. **解释** 水对斜坡上的沉积物有什么影响?

折叠式学习卡

塑造地球的外部过程

根据右图所示,制作一张折纸。用它来整理你学习塑造地表过程的笔记。

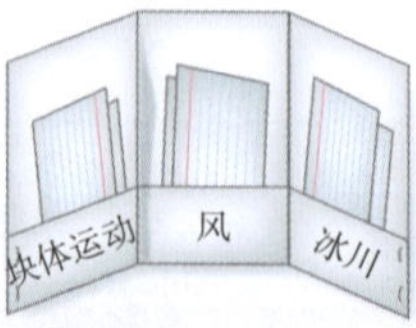

当一个地区的降雪量比积雪融化量多时，便会形成冰川。冰川上层层积雪带来的压力使下方的积雪变成了冰。
冰碛物
冰川崩解

第1节 块体运动

主要概念 随着时间的推移，重力作用将沉积物和岩石带下斜坡，块体运动改变了地表形态。

核心问题

- 重力与块体运动之间有什么关系？
- 影响块体运动的因素有哪些？
- 块体运动有哪些不同类型？如何描述不同的块体运动？
- 块体运动对人类有什么影响？

关键术语

块体运动
蠕动
泥石流
滑坡
崩塌
雪崩

地球科学在你身边 你能在滑梯上滑多快？很多因素会影响滑行速度，比如滑道的角度、材料、摩擦力以及你自身的体重等。同样，也有很多因素会影响地表的块体运动。

块体运动

山脉、丘陵和高原这样的地貌是如何被侵蚀和改变的？地貌可以通过风、冰川和水的共同作用而改变，也可以通过重力的单独作用而改变。土壤和被风化的岩石由于重力作用向下坡方向的运动称为**块体运动**（mass movement）。岩石被风化后变得脆弱并破裂成小碎块，这时就有可能发生块体运动，它会将风化后的岩石碎屑物带到下坡。因为气候对某个特定区域的风化作用有很大的影响，所以气候条件决定了块体运动的程度。

如**图8-1**所示，所有的块体运动都发生在斜坡上。由于地球上很少有地方是绝对水平的，所以几乎所有的地球表面都可能发生块体运动。块体运动包括难以察觉的微弱运动和迅速发生的滑动、落体和流动。于是，小到细颗粒的泥浆，大到巨型岩石，地表物质都会发生移动。

读后自查 **描述** 重力是怎样引起块体运动的？

■ **图8-1** 重力的方向是指向地心，树木生长的方向与重力方向相反。但在块体运动的影响下，原本应该直立生长的树干出现了弯曲。

影响块体运动的因素

当使物质沿斜坡下滑的作用力大于抵抗物体滑动、流动或落体的阻力时，就会发生块体运动。影响地表物质块体运动的因素有以下几个：第一个因素是物体的重量，重力作用可以将物体牵引到斜坡下方；第二个因素是物体滑动或流动的阻力，它取决于摩擦力的大小、物质的凝聚状况以及物质是否固定于基岩上；第三个因素是诱发作用，例如地震，它可以将物体从斜坡上震松。

水是影响块体运动的第四个因素。如**图8–2**所示，连日的大雨过后，图示区域发生了山体滑坡。这是由于土壤以及沉积物中的水分过多时，其重量大大增加。此外，水会填充在颗粒之间的细小缝隙间，它就像润滑剂一样减小了颗粒之间的摩擦力。

■ **图8–2** 如图所示的块体运动可以严重破坏原来的地貌形态。

总结 *此处的块体运动可能涉及哪些因素？*

块体运动的类型

块体运动可以分为蠕动、流动、滑坡和岩崩。块体运动能用不同的方式搬运不同类型的物质。

蠕动 松散的地表风化物质，特别是土壤，缓慢而稳定地向下坡方向的运动称为**蠕动**(**creep**)。由于蠕动的速率每年只有几厘米，因此蠕动作用通常要经过很长时间才能被观察到。判断是否发生蠕动的方法之一是观察建筑物和物体的位置。如**图8–3**所示，蠕动可以使直立的电线杆和篱笆倾斜，也可能造成树木和墙壁倒塌。在几乎所有斜坡上，松散物质都会发生蠕动。

在多年冻土或永久冻土地区发生的蠕动称为**泥流作用**(**solifluction**)。泥流作用中发生移动的物质，是在温暖的季节时，由于永久冻土的表层融化，水被释放后形成的泥状液体。水充满土壤的表层但又不能向下流动，结果导致表层物质缓慢地向下坡滑动。

■ **图8–3** 所有的斜坡都会发生一定程度的蠕动。蠕动往往导致直立物体发生倾斜。

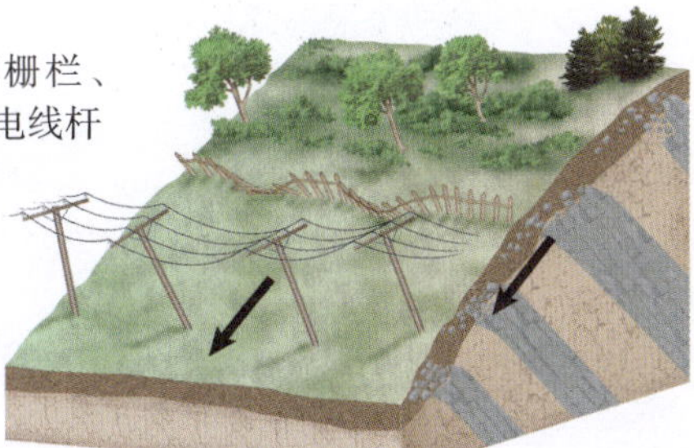

■ **图8-4** 混有冰雪融水和火山碎屑物的火山泥流给哥伦比亚的阿麦罗城带来了巨大的灾难，整个城市掩埋在火山泥流携带的泥土和岩屑中。

描述 *火山泥流对图中城市造成的影响。*

■ **图8-5** 泥石流极具破坏性，还会导致严重的财产损失、道路封闭和电力中断等后果。

流动 在一些块体运动中，地表物质会像一层黏稠的液体那样流动。这些物质的流动速度慢则每年几厘米，快则每小时上百千米。泥流是土壤的缓慢移动，而**泥石流**（**mudflow**）是泥水混合物的快速运动。泥石流通常由地震或者类似的震动引起，多发于火山地区。在火山地区，火山带来的热量融化了附近斜坡上的积雪，而斜坡上的沉积物颗粒细小，且植被稀疏，冰雪融水填充在沉积物细小颗粒的缝隙之间，使得沉积物颗粒很容易沿着斜坡下滑。

火山泥流是泥石流的一种，通常发生在火山爆发之后。当火山爆发导致山顶的积雪融化后，就可能发生火山泥流。融化的积雪会混合着火山灰向山下流动。如**图8-4**所示，安第斯火山群中的内华达德鲁兹火山的火山泥流摧毁了一个城镇。内华达德鲁兹火山高5 389 m，并覆盖着25 km^{2}的冰雪。火山爆发后，这些冰雪融化了。内华达德鲁兹火山爆发后4个小时，火山泥流就下滑了超过100 km。1985年发生的这次火山泥流最后造成约23 000人丧生、5 000人受伤以及5 000多间房屋损坏。

☑ **读后自查** **确定** 哪些情况会引起火山泥流？

在半干旱地区，发生过强烈暴雨的坡地上也常发生泥石流。加利福尼亚州南部的洛杉矶盆地就是泥石流频发的地区。在那里，长期的干旱以及森林火灾使得斜坡上很少有植被的保护，当大暴雨降临在这些地区时，就容易引起规模大、破坏性强的泥石流。泥石流对发展延伸到山区边缘的城市，也是极具破坏性的。如**图8-5**所示，泥石流掩埋了城市中的房屋。

■ **图 8–6** 这是一例典型的山体滑坡，图中的土壤整块发生了移动。

滑坡 当相对较薄的土壤块、岩体和碎屑物与其下部的基岩分离时，地表物质迅速滑向坡下的运动称为**滑坡（landslide）**，如**图 8–6** 所示。滑坡是整块地表物质迅速向下滑动，而不混合其他杂质。滑坡体最终会停留在斜坡底部并形成一堆小碎块，有时还会阻断河流，引发洪水。滑坡常发生于陡坡上，尤其是当土壤和风化的基岩饱含水分时。仅仅在美国，滑坡造成的经济损失每年高达20亿美元并导致25～50人死亡。在本章末的“地学实验”中，你将学习滑坡运动的知识。

岩块滑坡是滑坡中的一种，指的是一层岩石在滑坡面上向山下的滑动。在岩块滑坡过程中，相对较薄的岩块在向下滑动时会破裂成更小的碎块，如**图 8–7** 所示。岩块滑坡可以搬运大量的物质，通常由地震引发。

■ **图 8–7** 在滑坡过程中，岩块在向下滑动时破碎成小块。

■ **图8-8** 崩塌发生后，土地向下塌陷，并在山坡上留下了明显的月牙形痕迹。

崩塌 当滑坡中的大块物体沿曲面向下滑动时，**崩塌**(**slump**)就发生了。崩塌顶部的物质向下并轻微向里运动，而崩塌底部的物质向外运动。崩塌通常发生在有厚土层的斜坡区域。有时，高速公路边会发生崩塌，因为那里的斜坡非常陡峭。崩塌经常发生在降雨之后，这是由于水分减小了土壤颗粒间的摩擦力，在表层物质与其下覆层之间充当润滑剂；同时，多余的水的重量也增加了岩土层的负荷，从而导致崩塌。和其他类型的块体运动一样，崩塌也可以由地震引发。如**图8-8**所示，崩塌会在斜坡上留下月牙形的痕迹。

☑ **读后自查** **描述** 什么条件会引发崩塌？

雪崩 发生在山区有厚实积雪的滑坡叫作**雪崩**(**avalanch**)。仅在美国西部山区，每年大约发生10 000次雪崩。在有厚厚积雪的山坡上，白天，在阳光的照射下表层的积雪会融化；到了夜晚，这些融水又会重新冻结，从而在积雪上形成一个冰体外壳。当落在冰壳上的雪越积越多，冰壳就会变厚变滑，最终滑下山坡引发雪崩。初冬的时候容易发生雪崩，此时大雪飘落并积累在温暖的大地上。接触地面的积雪会慢慢融化，融雪经过重新冷冻形成参差不齐的光滑的晶体状雪层，这种雪层很容易引发雪崩。

如**图8-9**所示，倾角为30°至45°的斜坡上最容易发生大规模的雪崩。当斜坡的倾角大于45°时，由于无法累积到足够的积雪，所以很难形成大规模雪崩。当斜坡倾角小于30°时，坡度过于平缓，积雪不容易下滑。当积雪积累到一定程度后，一个触发的震动，甚至一位滑雪者，都可能引发这种不稳定的雪层从山坡上向下滑落。像瑞士有超过50%的人口居住在雪崩多发地带，他们的生活就面临着雪崩的巨大威胁。

■ **图8-9** 一位滑雪者带来的震动可能引发雪崩。

指出容易发生雪崩的地形条件。

■ **图 8-10** 图中的岩崩发生在加利福尼亚州托潘加峡谷，其不同寻常之处在于它只有一块大石头。

岩崩 在高耸的峭壁上，岩石由于冻融和植物生长等物理风化作用而松动。当岩石破裂并直接下落时，它们会弹跳、翻滚，最后在坡底形成圆锥形的粗糙碎石堆，称为岩屑堆。如**图 8-10** 所示，岩崩常常发生在海拔较高、地形陡峭的公路路堑以及岩石海岸带地区。相反，在湿润的地区就很少发生岩崩，因为那里的岩石通常覆盖着厚厚的土壤、植被以及松散物质。人造的岩石壁墙，例如路堑，尤其容易发生岩崩。

块体运动对人类的影响

虽然块体运动是自然过程，但人类活动常常也是导致块体运动的因素之一。例如，建造高楼、公路以及其他建筑会减弱斜坡的稳定性。另外，对经常渗漏的污水处理系统维护不力也会诱发滑坡。如**图 8-11** 所示，2006年的菲律宾，在10天的倾盆暴雨后，发生了大型泥石流。

■ **图 8-11** 菲律宾吕宋岛在连日大雨之后发生了泥石流。

■ **图8–12** 在山坡上覆盖钢丝网可以降低块体运动发生的风险以及减少它对人们造成的危害。

指出 *这些钢丝网可以预防哪些块体运动类型？*

减少风险 灾难性的块体运动常出现在年降水量超过90 cm、坡度大于25°的斜坡上。如果发生短时强降雨，那么风险还会加剧。减小块体运动带来的破坏性后果的最好办法是避免将建筑物建在陡峭且不稳定的斜坡底部附近。

尽管预防块体运动灾害并不容易，但还是有一些方法可以减轻风险。比如，在斜坡周围开掘一系列沟槽来引导并控制排水。预防滑坡或岩崩等块体运动的其他方法包括在陡坡上覆盖钢丝网、沿高速公路的块体运动多发地段修建防护栏等，如**图8–12**所示。此外，还可以建造防护墙，加固不稳定的斜坡基底以防滑落。然而，这些稳定斜坡以及预防块体运动的大多数方法，一般都只有短期效果。

减少与块体运动相关的灾难，最有效的方法是持续监控块体运动，提醒人们不要在陡坡上建造建筑物。例如，美国地质调查局收集了许多有关滑坡的资料以更好地研究滑坡发生的时间和地点。这些信息也可以帮助人们判断哪些地方是建造住宅和厂房的安全地点。

第1节 本节回顾

要点梳理

- 块体运动可以按其发生速度进行分类。
- 导致地表物质发生块体运动的因素包括物质的重量、防滑性、诱发因子和含水量。
- 块体运动是会影响人类生命和活动的自然过程。
- 人类活动会增大块体运动发生的可能性。

要点理解

1. 主要概念 **组织** 按速度快慢排列下列块体运动类型：滑坡、蠕动、泥石流和岩崩。
2. **指出**所有块体运动背后的根本原因。
3. **分析** 举两个块体运动的例子，分析水是如何影响块体运动的。
4. **评价**某一种块体运动对人类的影响。

批判性思维

5. **推测** 全球哪些地区更容易发生泥石流？
6. **评估** 某一特定人类活动是如何诱发块体运动的？请提出解决该问题的方法。

地学写作

7. 制作一张对比泥流和崩塌的海报。思考在这两种块体运动过程中，土壤移动的方式以及水在这两种过程中发挥的作用。

第2节 风

核心问题

- 哪些因素会增加一个地区遭受风蚀作用的可能性?
- 风力侵蚀和沉积各有什么特征?
- 沙丘是如何形成和移动的?

关键术语

吹蚀
磨蚀
风棱石
沙丘
黄土

主要概念 风通过搬运沉积物改变了全世界的地貌。

地球科学在你身边 如果你在有风的天气去海滩,你可能会感受到沙粒刮在脸上的刺痛。如果风速够快,沙粒就可以在风中运移。

风蚀和搬运

快速移动的气流可以像水流一样携带并搬运沉积物。然而,除了飓风、龙卷风和其他强风暴等极端风力,风不可能像水那样搬运大颗粒的物质。但不管怎样,风还是具有很强的侵蚀能力。

风使颗粒物以不同的方式移动,将物质搬运到别处。例如,风可以通过滚动的方式移动地上的沙子。强风使得小颗粒物质长时间停留在空中,这种搬运方式叫作悬移。另一种风力搬运的方式叫作跃移,它是指大颗粒物质弹跳式的移动。跃移是最常见的风力搬运方式。降水量较少的地区,风蚀作用更强,因为降水能保持土壤沉积物并且有利于植物生长。因此,风蚀和搬运作用主要发生在植被稀少的地方,比如沙漠、半干旱区域、海岸和某些湖滨地区。如**图8-13**所示,风蚀是美国很多地方共同面临的一个难题。

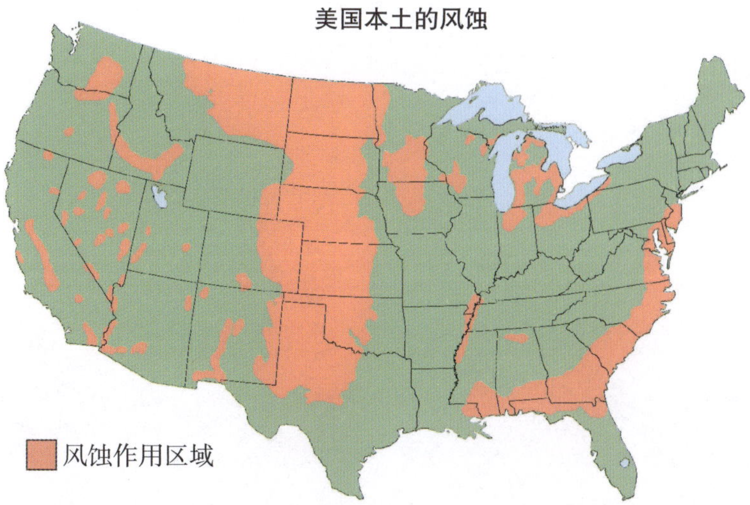

■ **图8-13** 风蚀并不是平均地发生在美国的各个地区。

观察 *哪些地区容易受到风蚀作用的影响。*

■ **图8-14** 风通过吹蚀作用可以形成碗状的吹蚀坑。

吹蚀 因地表颗粒物被风搬运而造成的地面下降，称为**吹蚀**(**deflation**)。在20世纪30年代，从蒙大拿州延伸至得克萨斯州的大平原部分地区都经历了严重的干旱。这些地区的人们不得不为自己早期不合理的农耕方式付出惨重的代价。为了开垦农田，早期的人们砍树毁草，破坏了大面积的自然植被。由于缺少植被的保护，地表裸露出干燥的土壤，强风可以轻而易举地吹走地表各种颗粒物。结果，这些地区的沙尘暴日益频繁，甚至白天也会因为沙尘暴而变得一片昏暗。这些地区因此被称作“尘暴碗”。

如今，大平原上还布满了数以千计的浅洼地，也就是吹蚀坑。它们很多都是20世纪30年代的风蚀作用将地表沉积物搬走的结果。这些浅坑的直径从几米到数百米不等。如**图8-14**所示，在其他沙质土壤地区也能发现吹蚀坑。直到今天，风蚀作用在全球各地都有可能发生，如**图8-15**所示的沙尘暴就是其中之一。

☑ **读后自查** **解释**吹蚀作用是如何搬运地表颗粒物的。

■ **图8-15** 沙漠中的沙尘暴使天空中布满尘土。

世界上很多农业区和沙漠都经历了数千年的强风，吹蚀是它们面临的一个主要问题。在风力侵蚀严重的地区，通常只留下粗砂砾和卵石，因为细小的地表物质会被风带走。这些保留下来的粗糙地表叫作沙漠砾石滩。

磨蚀 侵蚀的另一种形式称为**磨蚀**（abrasion），通常发生在沙子等颗粒与岩石或其他物质的表面摩擦时。磨蚀作用是风、水和冰川侵蚀作用的一部分。在风的磨蚀过程中，大风卷起沙粒，并将沙粒吹向岩石和其他物质。由于组成沙子的石英是一种坚硬的矿物，因此，被大风携带的沙粒对这些岩石的磨蚀力是非常大的。如**图8–16**所示，长时间的风力磨蚀可以塑造出各种独特的景观。电线杆之类的建筑物可能被风磨蚀、磨损，房屋和汽车上的油漆及玻璃也都可能被风中的沙粒磨耗、损坏。

被风磨蚀的物质具有一些特征。例如，风沙会使岩石表面产生坑洼和沟缝。持续的磨蚀可将岩石的迎风面抛光，形成平滑的表面和锋利的边角。在盛行风区域，磨蚀的形式与风向一致，岩石的迎风面因打磨而变得光滑。被风蚀作用塑造的岩石称为**风棱石**（ventifact），其大小从小卵石到巨石不等。

☑ **读后自查** **指出**磨蚀作用塑造的物质所具有的特征。

■ **图8–16** 拱门岩和柱状盖层形成于不同类型的环境中，但这些地方通常都属于以风力侵蚀为主的干旱气候。

拱门岩

柱状盖层

■ **图 8–17** 北美最高的沙丘位于美国科罗拉多州南部的大沙丘国家保护区，高度超过 228.6 m。

指出图中的主导风向。

风积

风积发生在风速减小的地区。随着风速的减慢，一些被风吹起的沙子和其他物质无法继续留在空中，便从气流中掉落到地面，形成沉积。

沙丘 在有风的环境下，沙粒往往会挨着某个物体堆积，如岩石、高地或植被，因为这些物体阻挡了沙粒向前运动。只要风持续地向一个方向吹，沙粒就会持续沉积。经过一段时间后，这些沙堆就会发展成**沙丘(dune)**，如**图 8–17** 所示。所有的沙丘都有不同特征的剖面。沙丘的缓坡位于迎风面而陡坡则在风吹不到的背风面。沙丘形成的条件决定了它的形状。这些条件包括沙粒的数量、风速、风向和周围植被的情况等。**表 8–1** 展示了不同种类的沙丘。

沙丘的迁移 随着风持续不断地吹，沙丘会发生迁移。如**图 8–18** 所示，盛行风持续地将沙子从迎风面吹到背风面，长此以往，沙丘便会缓慢地迁移。

■ **图 8–18** 风使得沙丘发生迁移。

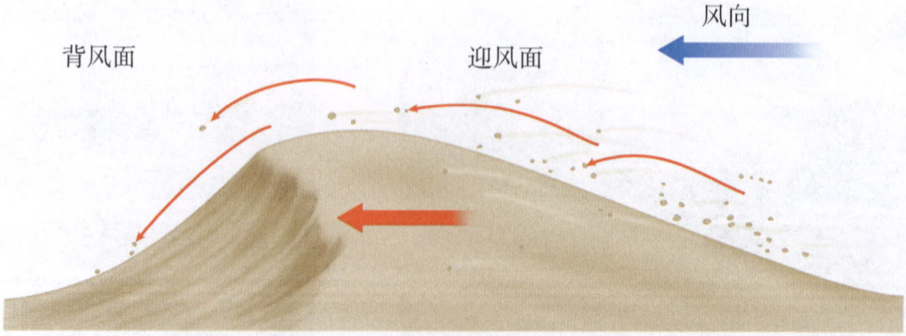

表 8–1　沙丘的种类

沙丘图例	描述
	**新月形沙丘** ● 单独的新月形状 ● 沙源较少 ● 较少或没有植被覆盖 ● 在平坦且风向恒定的区域形成 ● 坡峰点顺风 ● 最高可达 30 m
	**横向沙丘** ● 一系列的脊状 ● 沙源较多 ● 较少或没有植被覆盖 ● 在与强风风向垂直的山脊上形成 ● 最高可达 25 m
	**抛物线形沙丘** ● U形 ● 沙源较多 ● 较少植被覆盖 ● 在风量中等的湿润地区形成 ● 坡峰点逆风 ● 最高可达 30 m
	**纵向沙丘** ● 一系列的脊状 ● 沙源可多可少 ● 较少或没有植被覆盖 ● 与多变的风向平行 ● 最高可达 300 m

■ **图 8-19** 这张地图展示了美国大陆的黄土分布情况。

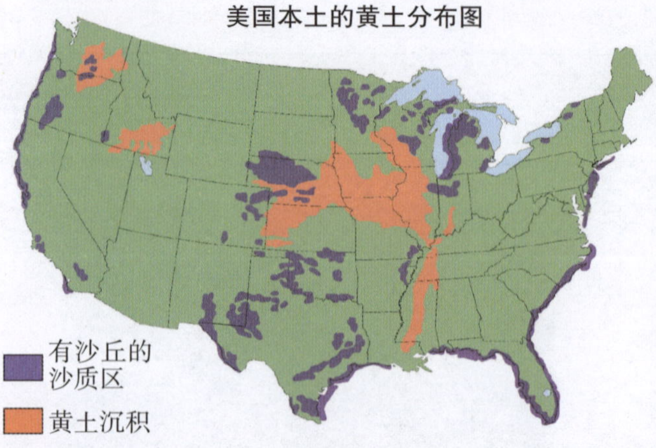

黄土 风可以将大量细小、质轻的颗粒，如粉砂、黏土等，携带很远的距离。地表的许多地方都被厚实的棕黄色的粉砂层所覆盖。人们认为，这层粉砂是在数千年间因沙尘暴而逐渐累积的。这些粉砂沉积物最初也许是在一万多年前的末次大冰期后，因冰川融化而裸露于地表的细小沉积物。这些厚实的、由风带来的粉砂沉积物就是大家熟知的**黄土**(**loess**)。黄土是地球上最肥沃的土壤之一，因为它们含有丰富的矿物质和营养成分。**图 8-19** 显示了美国本土的黄土分布情况。

第 2 节 本节回顾

要点梳理

- 风是造成侵蚀的强大作用力。
- 风可以通过多种方式搬运沉积物，包括悬移和跃移。
- 风速减小后，风沙会沉积形成沙丘。
- 只要风朝一个方向持续吹，就会造成沙丘迁移。

要点理解

1. 主要概念 **辨析**由风力作用塑造的不同地貌，并阐述这些地貌是如何形成的。
2. **指出**增强风力侵蚀的条件。
3. **调查** 为什么黄土可以比沙粒移动更远的距离？
4. **分类** 从风力、植被、沙量等方面对比四种类型的沙丘。

批判性思维

5. **推断** 沙粒的跃移对整个沙丘的移动有什么影响？
6. **评估** 为什么说风蚀是一种有影响力的侵蚀作用？

地学写作

7. 用一段文字解释海岸线附近的人类活动对风蚀作用有什么直接影响。

第3节 冰 川

主要概念 冰川通过侵蚀和沉积作用来改变地貌。

核心问题

- 冰川是怎样形成的?
- 山岳冰川和大陆冰川有什么相同点与不同点?
- 冰川如何改变地貌?
- 冰川侵蚀和沉积有什么特征?

关键术语

冰川
山岳冰川
大陆冰川
冰斗
冰碛
冰水沉积平原
鼓丘
蛇形丘
冰砾阜
锅穴

地球科学在你身边 你可曾想过是什么原因造就了你身边的地貌?冰川可能就在你每天看到的岩石上留下过沉积物和痕迹。

冰块的移动

能移动的巨大冰块被称为**冰川**(**glacier**)。冰川形成于地球的两极附近和高海拔的山区。如**图8-20**所示,它们目前覆盖约10%的地球表面。在过去,冰川的覆盖面积比现在更大。在开始于约260万年前,结束于1万多年前的末次大冰期期间,冰川覆盖了约30%的地球表面。

在接近南北极的高纬度地区,如格陵兰岛和南极洲,以及高海拔地区,如阿尔卑斯山脉,常年温度都在0 ℃左右。低温使降雪不能完全融化,没有融化的雪逐年累积,形成了雪原。因此,雪层的总厚度逐年增加,逐渐形成冰川。上层雪通过施加足够的重力使得下层雪重新结晶成冰。具备了这些必要条件,冰川可以在任何地点形成。冰川可以分为两种类型——山岳冰川和大陆冰川。

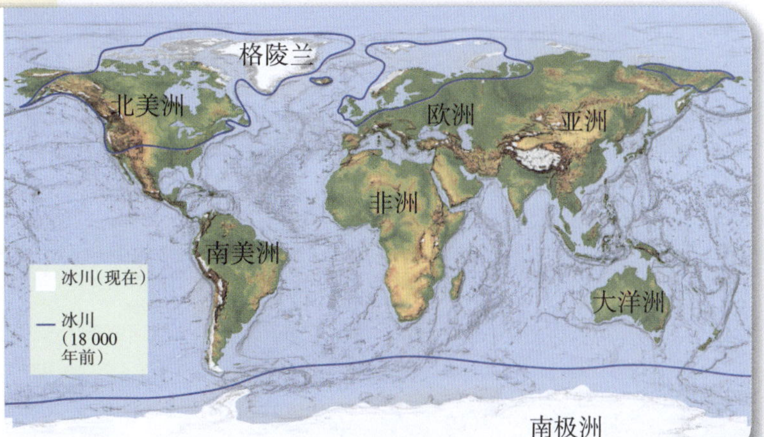

■ **图8-20** 在整个地质历史时期,全球的冰川分布都会发生变化。

推断 *全球的冰川分布发生过哪些变化?*

山岳冰川　在海拔较高的地区和高山区形成的冰川称为**山岳冰川**(**valley glacier**)。当冰逐渐增加并积累到一定程度,由于冰体太重以至于无法维持它原有的棱角形状时,山岳冰川就会开始下滑。对于大多数山岳冰川来说,当冰雪积累的厚度超过40 m时开始滑动。当山岳冰川移动时,冰体表面会形成深深的裂缝,这些裂痕称为冰裂隙。

山岳冰川的移动速度受谷底坡度,冰的温度、厚度,以及谷壁形状的影响。山岳冰川的两侧和底部比中部移动得更慢,这是由于两侧和底部的冰川直接接触地面,两者之间的摩擦力减慢了冰川的移动速度。山岳冰川向下坡方向移动的速度通常是非常缓慢的,每天不超过几毫米。随着时间的推移,山岳冰川向下滑动,它们强大的切割作用使V形河谷变成了U形冰川峡谷。

折叠式学习卡

将本节信息整合到你的折叠式学习卡中。

☑ **读后自查**　**描述**　V形谷如何变成U形谷?

大陆冰川　覆盖在广阔的大陆地区的冰川,称为**大陆冰川**(**continental glacier**)。这些冰川是在聚积了多年积雪的寒冷气候下形成的。大陆冰川最厚的部位是它的中心,中部巨大的重量使得冰川向四面八方铺展出去。在过去,地球的平均温度比现在低,大陆冰川曾覆盖了地表很大的一部分区域。如今,大陆冰川仅分布在格陵兰岛和南极洲地区。

数据分析实验

科学实验室

基于真实数据*

数据解读

冰芯中有多少放射量? 冰川学家发现,从北极地区钻取的冰芯中含有放射性沉降物。从这些冰芯研究中获取的数据已被整理成图表。

数据与观察

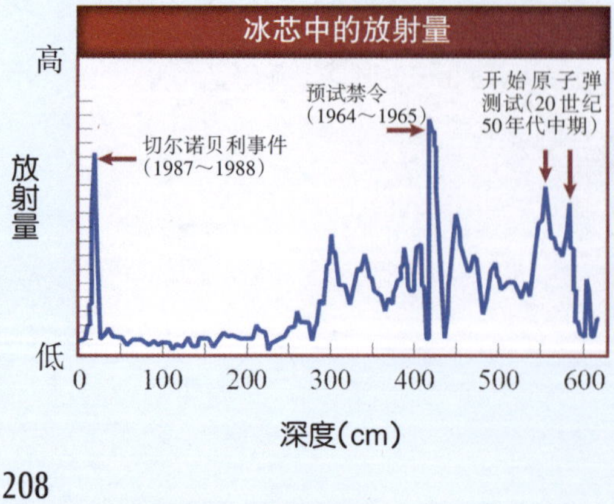

批判性思维

1. **确定**　冰芯中的放射量最高和最低分别出现在什么深度?
2. **描述**　在切尔诺贝利事件和预试禁令之间,冰芯中的放射量发生了什么变化?
3. **推断**　在切尔诺贝利事件后,冰芯中的放射量会发生什么变化?
4. **解释**　你认为除放射性沉降物之外,冰芯中还可能会保留哪些信息或物质?

资料来源:Mayewski, et al. 1990. Beta radiation from snow. *Nature,* 345:25.

图 8-21 山岳冰川的侵蚀塑造了一些特殊地貌，例如冰斗、角峰和悬谷。

冰川移动 当一个地区的降雪量比融雪量、蒸发量、升华量加起来都多时，这个地区就成了雪的聚集区，区域内的山岳冰川和大陆冰川都会向外移动。山岳冰川的冰雪聚集区在山顶，而大陆冰川的聚集区在冰盖的中心位置。当冰川末端融化的速度大于聚集区冰雪形成的速度时，这两类冰川都会消退。

冰川侵蚀

在所有的侵蚀动力中，冰川是最有影响力的，这是由冰川巨大的体积、重量和密度决定的。当一座山岳冰川移动时，它通过刨蚀作用将整块岩石破成碎块。当冰川与嵌入其中的岩石在基岩上移动时，它们就像一块砂纸上的颗粒那样，会在基岩上摩擦并留下平行状的划痕。小的划痕称为擦痕，大的划痕称为凹槽。通过观察擦痕和凹槽，可以了解冰川的历史及其移动方向。

山岳冰川的侵蚀可以塑造多种地貌，如**图 8-21** 所示。在冰雪积聚的高海拔地区，山岳冰川可以凿出深深的碗状凹陷，称为**冰斗**（cirque）。当位于山谷两侧的冰斗在中间相交时，会形成一个锋利而陡峭的山脊，称为刃脊。当山顶的三面或更多面都有冰川时，会切割出一个陡峭的金字塔状的山峰，称为**角峰**（horn）。最著名的冰川角峰是瑞士的马特洪峰。

山岳冰川还造就了**悬谷**（hanging valley）这种冰川地貌。当较低的主冰川与较高的支冰川交会并消退后就形成了悬谷。主冰川的厚度比支冰川大，侵蚀力也强于支冰川，于是当冰川融化后，支谷就成了高高悬起的山谷，主冰川谷底就形成了一条河流。过去属于支冰川的悬谷，现在的一个常见特征是会形成瀑布。

■ **图 8–22** 在曾被大陆冰川覆盖的地区，细长的鼓丘地貌聚集在一起形成鼓丘原。

描述 *在地形图上如何辨别鼓丘？*

冰川沉积

冰川沉积物是冰川携带的，嵌在冰川内部、顶部、侧面和前端的未经分选的岩石、砂砾、沙土和黏土。这些碎屑物来源于冰川对底下基岩的磨削作用。当冰川融化后，冰川沉积下来的未分选的碎屑构成的堆积物称为**冰碛**(**moraine**)。冰川消融后退时，出现在冰川末端的冰碛称为终碛，而处在平行于山岳冰川移动方向的冰碛称为侧碛。

冰水沉积 当冰川的末端融化并不断退缩时，融化的冰水流向更低处的山谷。融化的冰水中含有砾石、沙子和粉砂。这些冰川携带的物质随融化的冰水沉积下来，称为冰水沉积。与流水搬运沉积物的方式一样，冰水沉积物颗粒的分选性也较好。在冰川的前缘，冰河流动并形成冰水沉积的地区称为**冰水沉积平原**(**outwash plain**)。

鼓丘、蛇形丘和冰砾阜 大陆冰川在原有冰碛上移动后，将冰碛塑造成细长的地形，称为**鼓丘**(**drumlin**)，如**图 8–22** 所示。鼓丘的陡坡面对着冰川前行的方向。冰川融水流动留下的绵长而蜿蜒的多层沉积物丘陵，称为**蛇形丘**(**esker**)，如**图 8–23** 所示。**冰砾阜**(**kame**)是冰川消融后，冰碛物冲落到冰川低洼处和开口处形成的一堆层层堆积的沉积物。冰川最终融化后，会留下圆锥状的小山或小丘，如**图 8–23** 所示的冰砾阜。

迷你实验

科学实验室

模拟冰川沉积

冰川是怎样沉积不同类型的岩石和沉积物的？ 冰川是一种强大的侵蚀力。当冰川经过地表时，会携带岩石和沉积物，并将它们带到新的地方。当冰川融化时，这些物质就会留下并沉积成不同的地貌。

实验步骤

1. 阅读并遵守实验室安全守则。
2. 与其他 2 到 3 名同学组成合作小组，一名同学从老师处获取 4 个模拟冰川碎块。
3. 将这些碎冰块放入一个烤盘中，并在每个碎冰块前放一个小木棒(防止碎冰块滑动)。
4. 在烤盘一侧的下方垫一本练习册(你的碎冰块应该放在烤盘架高的一侧)。
5. 观察当碎冰块融化时，出现了什么现象。将观察结果记录在你的科学笔记中。
6. 按照老师的指示处理你的实验材料。

实验分析

1. **讨论** 碎冰块中融化出的物质的沉积方式有区别吗？你的结论与其他同学的结论一致吗？请加以解释。
2. **解释** 这个实验活动是怎样模拟冰雪融水过程的？
3. **应用** 这个实验活动中，什么材料模拟了冰碛物？
4. **应用** 这个实验活动是怎样模拟冰川沉积和冰碛形成的？

图解大陆冰川的特征

图8-23 大陆冰川塑造了辽阔的景观，并留下了非常显著的地貌特征，例如冰砾阜、蛇形丘、鼓丘和冰碛。

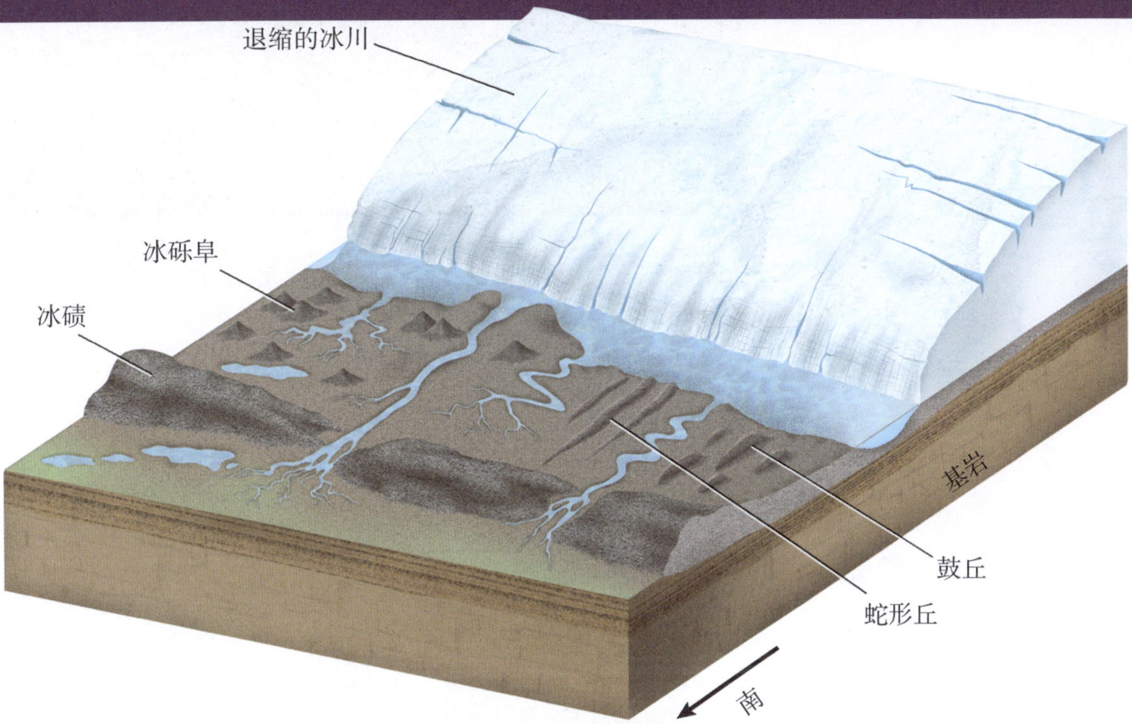

冰砾阜 圆锥形的沙石堆。冰川沉积物冲落到冰面的凹陷和洞孔，当下方的冰融化后，这些物质便以特定的形状固定下来，形成冰砾阜。

蛇形丘 长条状、具有分选性的沉积物。它是在水流流经冰下通道后，冰水沉积而形成的。

鼓丘 冰川在原来的冰碛上移动而形成的，由未经分选的冰碛物组成。

■ **图8-24** 这些位于南达科他州的锅穴湖就是冰川退缩的结果。

描述 *在地形图上，你可以怎样找到锅穴湖？*

冰川湖 有时，一个巨大的冰块会从大陆冰川中裂开，其周围被沉积物所覆盖。当这个大冰块融化后，会留下一片凹陷洼地，称为锅穴。冰块全部融化后，锅穴被降水和溪流填满，形成锅穴湖。如**图8-24**所示，**锅穴(kettle)**和锅穴湖在新英格兰地区、纽约州和威斯康星州都很常见。山岳冰川形成的冰斗填满水后也可以形成冰斗湖。由于海拔的原因，冰斗湖在一年中的大部分时间都是冻结的，只在夏季短暂融化。此外，当冰川终碛阻塞了沟谷，沟谷积水后也会形成湖泊。由冰碛阻拦而形成的湖泊包括五大湖和纽约州北部狭长的芬格湖群。

块体运动、风和冰川都会改变地球表面的地貌。在很多方面，它们对人口数量和人类活动也有很大影响。

第3节 本节回顾

要点梳理

- 冰川是在地球两极附近和高山地区形成的能移动的巨大冰体。
- 冰川可以分为山岳冰川和大陆冰川。
- 冰川通过侵蚀作用和沉积作用塑造地貌。
- 冰川作用形成的地貌包括U形谷、悬谷、冰碛、鼓丘和锅穴。

要点理解

1. 主要概念 **描述** 举两个冰川如何改变地貌的例子。
2. **解释**冰川的成因。
3. **对比与比对**山岳冰川和大陆冰川的特点。
4. **区分**不同的冰川沉积特征。

批判性思维

5. **评估**目前能在地球上找到的古冰川的证据。
6. **推断** 山岳冰川和大陆冰川，哪种塑造了美国更多的地貌？

地学写作

7. 对每一种冰川特征画一幅图，并写出相应的说明。

地球科学与社会

滑　坡

2005年1月10日上午，加利福尼亚州拉肯奇塔的居民醒来后发现，受滑坡影响，进出城镇的公路双向都被封堵了。大约在中午12:30的时候，很多居民都听到了巨大的声响。城镇上方的悬崖坠落了600 000多吨的尘土和泥沙，4个街区都覆盖了近10 m厚的碎屑物。科学家们来到事发地，考察发生此次大规模滑坡的具体原因以及该地是否会再次发生滑坡。

背景　拉肯奇塔坐落于高速公路和大型悬崖间的狭小地带。这个悬崖土质的黏性很弱，水分含量一高就容易变得松动，特别是长时间的大雨过后。受到经常性滑坡的影响以及处于断裂带的原因，这个斜坡变得日益松动。

在此次滑坡前的两周里，这个地区经历了有记录以来最大的降雨，降水量大约35 cm，这通常是该地区一年的降水量！过量的降水使整面的泥土从山上滑落下来。

滑坡历史　但是，此次滑坡事件并不是该地发生的首次滑坡。实际上，这个山崖上有很多次滑坡的痕迹。1995年3月，该地区在一周内经历了两次毁灭性的滑坡。这些滑坡也是由大暴雨引起的，但是当时泥土滑动的速度相对缓慢，所以居民们有逃离的时间。这次滑坡其实是1995年那次滑坡的后续——上次滑坡后沉积下来的泥土由于大雨变得松动后继续下滑。1995年的滑坡事件后，州政府修建了防护墙来防御滑坡。然而，在2005年的滑坡事故中，土壤、泥沙和碎屑物甚至越过了部分防护墙。

2005年加利福尼亚拉肯奇塔发生的块体运动造成了10人死亡。

争论　2005年的这次滑坡是否可以被监测到？政府是否可以及时提醒当地居民，从而减少损失？这些问题的答案很有可能是肯定的。事实上，该城镇的部分居民正在起诉政府没有保护好市民，也没能及时通知他们即将发生的危险。

对于居住在自然灾害多发地区的居民，政府是否有责任警示并保护他们呢？或者说，责任是否在没有充分理解居住地危险性的居民自己身上呢？拉肯奇塔的居民和政府必须考虑这些问题，美国易发生灾害的城市和地方政府未来同样也需要考虑这些问题。

地学写作

辩论　收集发生在你家附近的自然灾害资料。以“人们应不应该居住在发生过自然灾害的地区？为什么？”为话题进行一场班级辩论。

绘制滑坡图

这张图是塔利山谷发生滑坡三天后的景象。塔利农场的道路被5 m深的黏土覆盖。

实验背景：1993年4月27日中午，在美国纽约州一个以往十分安静的乡村，地貌突然发生了巨大的改变。大约1 000 000 m^3的土方突然从光秃秃的山上向下滑动了300 m，落入山下的塔利山谷中。碎屑物漫过公路，并掩埋了附近的房屋。当地的居民没听说过这个地区有发生滑坡的历史记录。此次滑坡也是纽约州75年来最大的一次滑坡。

实验问题：如何在地形图的基础上，利用示意图来演示塔利山谷滑坡事件的发生过程？

实验材料

米尺

实验步骤

假设你在美国地质调查局工作，工作内容主要是研究块体运动。现在要求你来评估塔利山谷的滑坡。

1. 阅读并遵守实验室安全守则。
2. 检查地图的比例尺。
3. 测量塔利山谷的长度和宽度，用km表示。再次检查你的测量结果。

实验分析

1. **解读数据**　山谷的形状可以告诉你哪些有关成因的信息？
2. **确定**　滑坡体向哪个方向运动？
3. **确定**　奥农达加的溪流向哪个方向流动？
4. **推断**　根据地图上的信息，可以判断塔利山谷的哪一侧有更陡峭的谷壁？
5. **推导**　滑坡发生的必要条件有哪些？
6. **推断**　塔利山谷发生滑坡的时候，山坡上几乎没有树木。这一情况对滑坡的发生有什么影响？

地学写作

解释　为什么你在本次实验中调查的块体运动归为滑坡？解释滑坡、蠕动、崩塌、流动、雪崩和岩崩的区别。

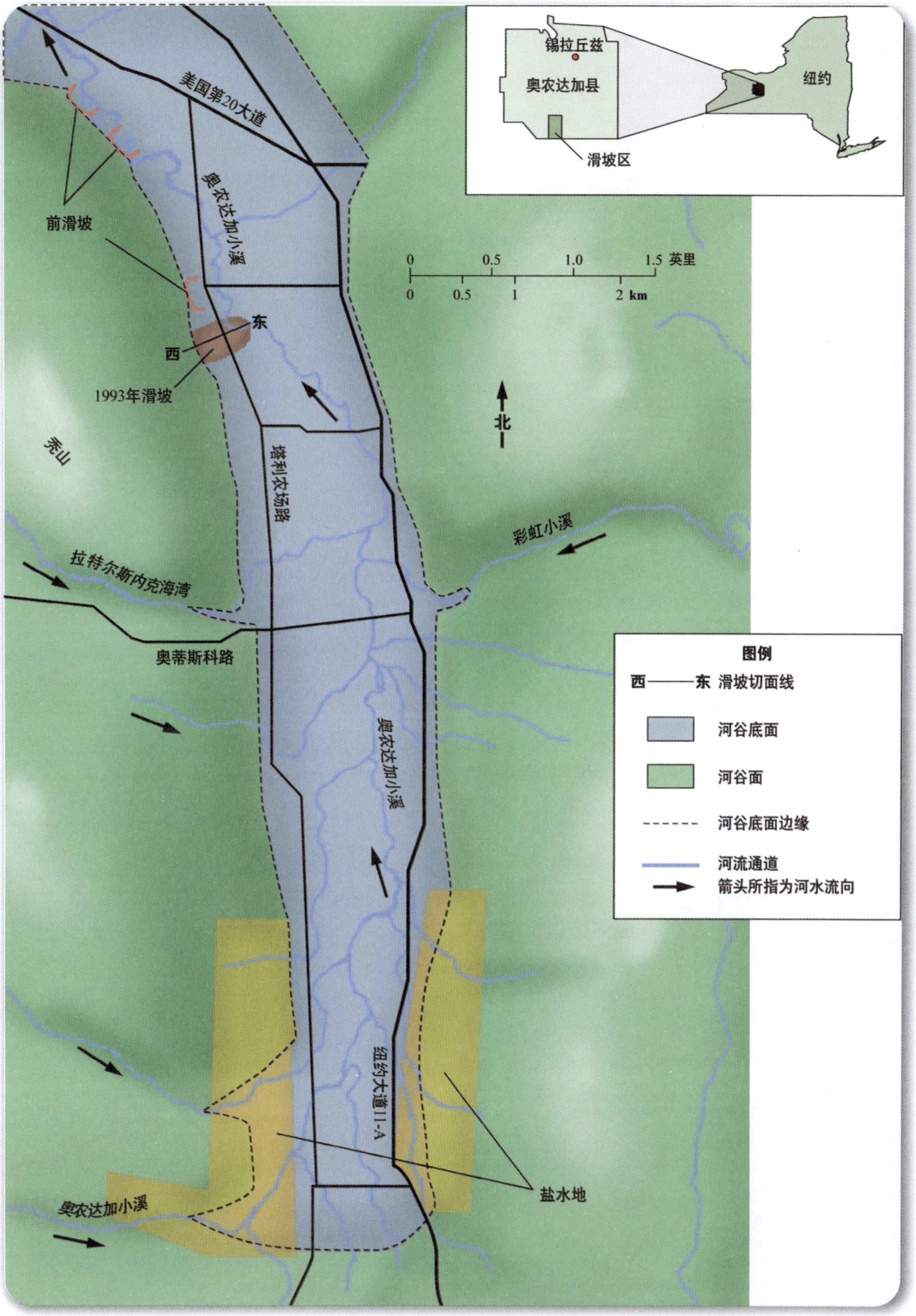

锡拉丘兹
奥农达加县
纽约
滑坡区
0 0.5 1.0 1.5 英里
0 0.5 1 2 km
北
美国第20大道
奥农达加小溪
前滑坡
东
西
1993年滑坡
秃山
塔利农场路
彩虹小溪
拉特尔斯内克海湾
奥蒂斯科路
奥农达加小溪
纽约大道11-A
盐水地
奥农达加小溪
图例
西——东 滑坡切面线
河谷底面
河谷面
河谷底面边缘
河流通道
箭头所指为河水流向

第8章 复习指南

大概念 重力、风和冰川塑造并改变着地球表面。

第1节 块体运动

关键术语

- 块体运动
- 蠕动
- 泥石流
- 滑坡
- 崩塌
- 雪崩

主要概念 随着时间的推移，重力作用将沉积物和岩石带下斜坡，块体运动改变了地表形态。

要点梳理

- 块体运动可以按其发生速度进行分类。
- 导致地表物质发生块体运动的因素包括物质的重量、防滑性、诱发因子和含水量。
- 块体运动是会影响人类生命和活动的自然过程。
- 人类活动会增大块体运动发生的可能性。

第2节 风

关键术语

- 吹蚀
- 磨蚀
- 风棱石
- 沙丘
- 黄土

主要概念 风通过搬运沉积物改变了全世界的地貌。

要点梳理

- 风是造成侵蚀的强大作用力。
- 风可以通过多种方式搬运沉积物，包括悬移和跃移。
- 风速减小后，风沙会沉积形成沙丘。
- 只要风朝一个方向持续吹，就会造成沙丘迁移。

第3节 冰 川

关键术语

- 冰川
- 山岳冰川
- 大陆冰川
- 冰斗
- 冰碛
- 冰水沉积平原
- 鼓丘
- 蛇形丘
- 冰砾阜
- 锅穴

主要概念 冰川通过侵蚀和沉积作用来改变地貌。

要点梳理

- 冰川是在地球两极附近和高山地区形成的能移动的巨大冰体。
- 冰川可以分为山岳冰川和大陆冰川。
- 冰川通过侵蚀作用和沉积作用塑造地貌。
- 冰川作用形成的地貌包括U形谷、悬谷、冰碛、鼓丘和锅穴。

第8章 复习检测

术语回顾

根据下列定义，从复习指南中选取合适的术语。

1. 大量松散沉积物快速下滑的运动。
2. 常指有破坏性的泥水混合物快速流动。
3. 地表松散的风化物质缓慢、稳定地向山下移动。

从复习指南中选取合适的术语替换下划线上的词语。

4. <u>新月形沙丘</u>是风成沉积物塑造的岩石。
5. 含有丰富矿物质和营养成分的，由风带来的厚实、肥沃的沙土沉积就是<u>荒漠覆盖层</u>。
6. <u>吹蚀</u>发生在沙子等颗粒物摩擦岩石表面时。

术语辨析。

7. 山岳冰川，大陆冰川
8. 蛇形丘，冰砾阜
9. 冰碛，冰水沉积平原

理解要点

10. 冰川在原有冰碛上移动后，塑造的细长地形是什么？
    - **A.** 鼓丘
    - **B.** 锅穴湖
    - **C.** 蛇形丘
    - **D.** 冰水沉积平原
11. 下列哪种颗粒最容易被风力搬运？
    - **A.** 沙子　**B.** 卵石
    - **C.** 粉砂　**D.** 砾石
12. 什么是导致各种形式的块体运动的根本动力？
    - **A.** 摩擦力
    - **B.** 重力
    - **C.** 磁力
    - **D.** 地转偏向力
13. 在最近一次大冰期中，地表被冰川覆盖的比例约为多少？
    - **A.** 10%　**B.** 20%
    - **C.** 30%　**D.** 50%
14. 美国最早在哪里发现了大量的冰川黄土沉积物？
    - **A.** 美国东部
    - **B.** 美国东南部
    - **C.** 美国西南部
    - **D.** 美国中西部
15. 下列哪种块体运动的速度最快？
    - **A.** 泥流
    - **B.** 蠕动
    - **C.** 泥石流
    - **D.** 雪崩

根据下图，回答第16～17题。

16. 哪项形成了图中的构造？
    - **A.** 冰
    - **B.** 水
    - **C.** 风
    - **D.** 有机物
17. 哪个过程形成了图中的构造？
    - **A.** 磨蚀
    - **B.** 沉积
    - **C.** 吹蚀
    - **D.** 迁移

18. 易产生雪崩的斜坡倾角在什么范围？

A. 10°～20°

B. 20°～35°

C. 30°～45°

D. 45°～60°

19. 下列哪种说法最能描述冰川和河流沉积物？

A. 冰川和河流沉积物都经过分选

B. 冰川沉积物经过分选，而河流沉积物没有分选

C. 冰川沉积物没有分选，而河流沉积物经过分选

D. 冰川和河流沉积物都没有经过分选

根据下图，回答第20题。

20. 下列哪项最有可能塑造山谷？

A. 流水

B. 冰川

C. 滑坡

D. 强劲的盛行风

21. 下列哪种方法可以减小块体运动的风险？

A. 在山坡上修建公路，山体会更稳定

B. 允许运行未经维护的化粪池系统，这样能为土壤提供养分来源

C. 在陡峭的地形区建立房屋，这样可以稳定斜坡

D. 避免在脆弱的斜坡上建造建筑物

22. 哪种属性可以用来对沙丘进行分类？

A. 年龄

B. 形状

C. 组成

D. 密度

23. 下列哪项不会影响山岳冰川的移动速度？

A. 山谷底部的坡度

B. 山谷岩壁的形状

C. 冰的温度和厚度

D. 冰川的内部化学组成

简要概述

24. **对比与比对**与风力搬运物质有关的悬移和跃移过程。

25. **推断**　当沙子被水浸透时，沙粒会发生什么情况？

根据下图，回答第26题。

26. **指出**冰川地形的特征。

27. **绘图**并标注一个正在迁移的沙丘。据图推断盛行风的风向。

28. **比较**滑动、流动和岩崩。

29. **描述**多年冻土和泥流作用的关系。

30. **指出**　哪一种块体运动需要过量的水？

31. **描述**　风蚀的颗粒与流水侵蚀的颗粒为何不同？

32. **推断**　人类活动可能会对沿海地区沙丘的形成与迁移产生哪些影响？

33. **对比与比对**沙丘与鼓丘的形成、形状和颗粒大小。如何用这些特征来推断风向和冰川运动？

批判性思维

根据下图，回答第34题。

34. **推测** 圣海伦斯火山爆发后可能会发生哪类块体运动？

35. **分析**可能导致一个地区遭受风蚀的条件，并指出至少三处美国易受风蚀的地区。

36. **推断** 为什么风的磨蚀是一种强有力的侵蚀？

37. **预测**由山岳冰川形成的湖泊的形状。

概念图解

38. 绘制一张概念图用于比较下列术语：*鼓丘*、*蛇形丘*和*冰砾阜*。如需帮助，可参考*技能手册*。

挑战难题

39. **推测** 怎样可以避免美国20世纪30年代的“尘暴碗”？

地学写作

40. 为报纸写一篇社论，解释为什么法律要禁止开发商在地形相对陡峭、沉积物松散的山坡地区建造房屋。

材料分析

下图显示了美国本土不同地区发生滑坡的可能性。

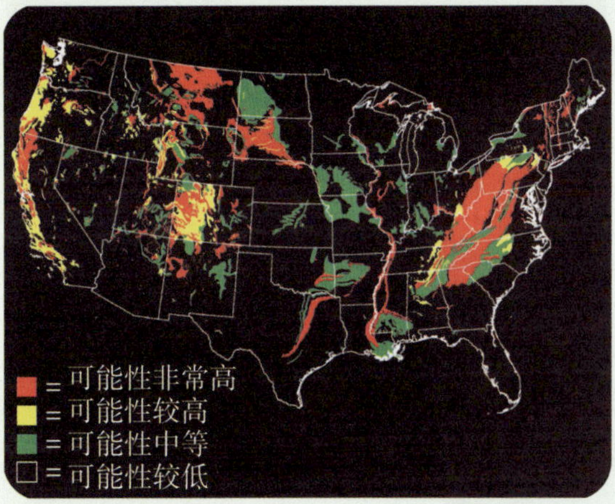

资料来源：Natural Hazards- Landslides Information Sheet.2006. *USGS*.

41. 指出发生滑坡的可能性非常高的两个地区的地形及其可能的触发因素。

42. 推断佛罗里达州发生滑坡的可能性较低的原因。

43. 我们可以为减少滑坡死亡人数做些什么？

综合复习

44. 氧（原子序数8）有多少个价电子？（**第3章**）

45. 哪种类型的火成岩中，二氧化硅含量最低？（**第5章**）

46. 什么是化石？（**第6章**）

综合 标准化测试

选择题

1. 控制土壤发育的最强有力因素是什么？
   A. 母质
   B. 地形
   C. 气候
   D. 时间

根据下表，回答第2～3题。

地区	特征
a	半干旱，经历了短时强暴雨
b	多年冻土，非常松散、透水的物质
c	山区，厚实的积雪
d	半陡坡和陡坡上的土壤厚实，偶尔有地震活动
e	干旱，高耸的悬崖和岩石海岸

2. a地区最有可能发生的块体运动是什么？
   A. 泥石流
   B. 雪崩
   C. 崩塌
   D. 岩崩

3. b地区最有可能发生的块体运动是什么？
   A. 泥流作用　　B. 泥石流
   C. 雪崩　　D. 崩塌

4. 哪个科学分支研究人类与环境的相互关系？
   A. 行星科学
   B. 环境科学
   C. 海洋学
   D. 地质学

5. 矿物什么时候从溶液中析出？
   A. 当溶液饱和时
   B. 当溶液过饱和时
   C. 当溶液不饱和时
   D. 当溶液极度饱和时

6. 为什么24个时区中，相邻时区的间隔是15°？
   A. 与赤道排列一致
   B. 大致与纬线匹配
   C. 大致与经线匹配
   D. 地球每小时自转15°

7. 描述风力通过颗粒物跳跃的方式搬运物质的术语是什么？
   A. 悬移
   B. 吹蚀
   C. 跃移
   D. 磨蚀

根据地质剖面图，回答第8～9题。

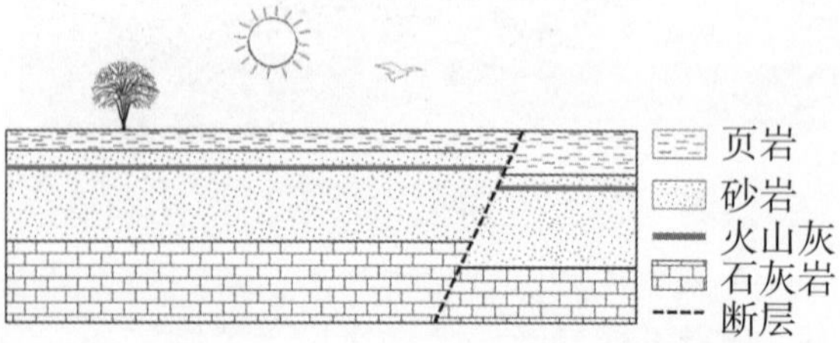

8. 假设如图所示的岩层在相同的方向上沉积，哪个岩层最老？
   A. 页岩
   B. 砂岩
   C. 火山灰
   D. 石灰岩

9. 哪个岩层可能是由缓慢流动的水沉积形成的？
   A. 页岩
   B. 砂岩
   C. 火山灰
   D. 石灰岩

10. 下列哪项不是山岳冰川的特征？
    A. 冰斗
    B. 黄土
    C. 冰碛
    D. 刃脊

简答题

根据下表，回答第11～12题。

液体	石蕊试纸的最终颜色
氨水	蓝色
柠檬汁	红色
茶	红色
醋	红色

11. 根据表中显示的液体的石蕊试纸检测结果，你能得出什么结论？

12. 如果滴加一种未知液体，石蕊试纸没有改变颜色，你能推断出什么结论？

13. 描述土壤的发育过程。

14. 评估在海岸沙丘地带进行建设的负面影响。

15. 区分风化和侵蚀。

16. 花岗岩是建筑中的常用石材，其原因是什么？

17. 交流科学成果的好处是什么？

18. 什么是元素的同位素？

阅读理解

北极的海冰

最新研究表明，这个夏天北极的海冰数量急剧减少，现在的海冰数量比一个世纪以来有记录的数量都要少。科学家说，海冰融化主要因为全球变暖。大多数科学家把这种现象归咎于人类活动，例如化石燃料的燃烧。这种海冰减少的情况可能导致海岸侵蚀加剧，还有北极熊等极地动物的栖息地萎缩。海冰融化会导致更强的海岸侵蚀，因为北极的风暴可以在开阔的洋面上形成更大的波浪。科学家警告说，如果海冰持续减少，到21世纪末，北极地区的夏季可能会彻底没有冰了。

资料来源：Lovgren, S. Arctic ice levels at record low, may keep melting, study warns. *National Geographic News,* October 3, 2005.

19. 融化的海冰为什么会导致更强的海岸侵蚀？

A. 北极熊可以利用更多的土地

B. 人类可以利用出露的地方获取化石燃料

C. 它会导致全球气温继续升高，并破坏土地

D. 北极的风暴会产生更大的波浪，侵蚀海岸线

20. 什么原因导致海冰融化？

A. 温度升高

B. 北极的风暴

C. 北极熊

D. 时间

21. 从这篇文章中可以推断出什么结论？

需要更多帮助？																		
如果你回答错误……	1	2	3	4	5	6	7	8	9	10	11	12	13	14	15	16	17	18
请复习相应章节……	7.3	8.1	8.1	1.1	4.1	2.1	8.2	6.1	6.1	8.3	3.2	3.2	7.3	8.2	7.1	5.2	1.3	3.1

第9章

地表水

大概念 地表水搬运风化产物并塑造地球表面。

内容提要

起步实验

科学实验室

水是如何渗透的？

当水渗入地下时，由于地表组成物质的不同，水流的下渗速度就会有差异。你可以在这个实验中一探究竟。

实验步骤

1. 阅读并遵守实验室安全守则。
2. 在两个透明塑料盆上各放置一个小纱窗。
3. 在其中一个小纱窗上放 8 cm×16 cm 大的草坪或草皮块。
4. 在另一个小纱窗上放 8 cm×16 cm 大的秃土块。
5. 分别在草皮和土块上轻轻洒上 500 mL 的水。
6. 观察草皮和土块 5 分钟。
7. 测量每个盆中的水量。

实验分析

1. **描述** 5 分钟后，水会发生怎样的变化？
2. **推断** 两个塑料盆中的水量为什么不一样？

折叠式学习卡

根据右图所示，制作一张六页折纸，并用它来描述和解释河流形成的过程。

美国的河流总长约为5 600 000 km，其中密苏里河长约4 087 km，是北美最长的河流。

第1节 地表水运动

主要概念 流水是一种侵蚀外力，河流携带沉积物并在下游地区沉积。

核心问题

- 地表水怎样搬运风化物质？
- 河流怎样携带承载物？
- 河漫滩是如何发育形成的？

关键术语

地表径流
流域
分水岭
悬移
河床承载物
流量
洪水
河漫滩

地球科学在你身边 你是否曾注意到，河流时而清澈，时而混浊？在洪水期，河流携带大量物质，看起来很混浊。在通常情况下，河流携带少量沉积物，因而看起来比较清澈。

水循环

地球上的水是在连续不断地循环变化的，这个过程称为水循环，如**图9–1**所示。水分子通过水循环持续不断运动的过程如下：水从水体或地球表面蒸发，在空中凝聚成小水滴，形成云，再以降水的形式落回地面，并渗入地下。作为持续循环的一部分，水分子蒸发回到大气中，形成云，再以降水形式落到地表，如此循环往复。了解水循环的运动过程有助于理解全球可利用的淡水量变化。

通常，一个水分子的旅程包括了它在生物体内或作为雪地、冰川、湖泊和海洋的一部分的过程。尽管水分子会经历许多不同的过程，但总体上是一个受太阳能驱动的不断重复的蒸发与凝结过程。

☑ **读后自查** **解释** 如果水到达地表，会发生什么情况？

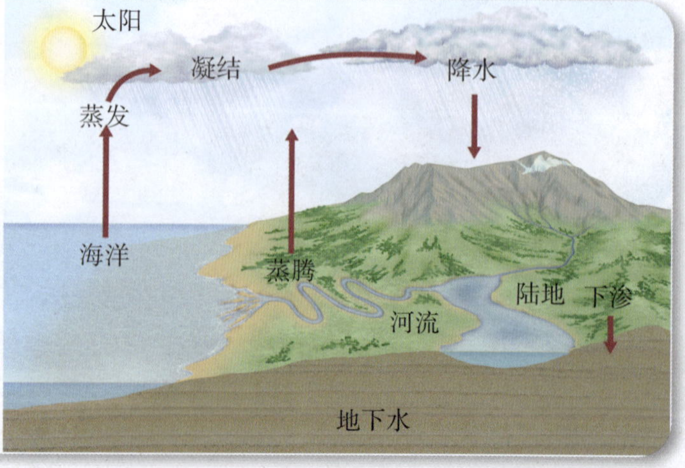

■ **图9–1** 水循环，也称为水文循环，是水在地球系统中一个永不停息的自然循环。

指出水循环的驱动力。

地表径流

水沿着地表向低处流动，形成**地表径流(runoff)**。地表径流或汇入小溪、河流、湖泊，或被蒸发，或在低洼处形成小水泊，最终渗入地下。在大雨时或雨后，你可以在自家的院子或当地的公园里观察到这个过程。水渗入地下后就形成地下水。

地表水是渗入地下还是变成地表径流取决于一定的条件。当地表的土壤和岩石有足够的孔隙容纳水时，水会进入地下，如**图 9–2** 所示的是松散土壤的情况。如果孔隙中已经有水，那么新的降水会留在地表的小水泊里或是沿着斜坡向下流走。停留在地表的水最终也会被蒸发、流走或是缓慢地变成地下水。

土壤成分 土壤的物理性状和化学组成会影响土壤的持水能力。由腐烂的有机物组成的土壤称为腐殖土。腐殖土中含有大量的孔隙，因而增加了土壤的持水能力。土壤中的矿物质，根据其颗粒大小，可以分为砂砾、粉砂和黏土。正如之前所学，土壤中不同大小颗粒的比重因土壤种类的不同而不同。粗糙颗粒含量较高的土壤，比如沙土，颗粒间有较大的孔隙，水能快速地渗入和穿过。相反，细小颗粒含量较高的土壤，比如黏土，颗粒间相互粘连，几乎没有孔隙，从而限制了进入地下的水量以及水在土壤中的流动。

降水率 少量的降水可以轻易地渗入干燥的土壤。然而，当降水率暂时超过渗透率，例如大雨时，降水太快以至于无法完全渗入地下而变成地表径流。因此，蒙蒙细雨比倾盆大雨要更有益于植物的水分补给，且由地表径流造成的侵蚀也更小。如果你有一个花园，请慢慢地、细细地浇灌植物，这样可以有更多的水进入土壤。

图 9–2 表面粗糙、有孔隙的土壤更利于水下渗。组成土壤的颗粒大小决定了土壤的孔隙。

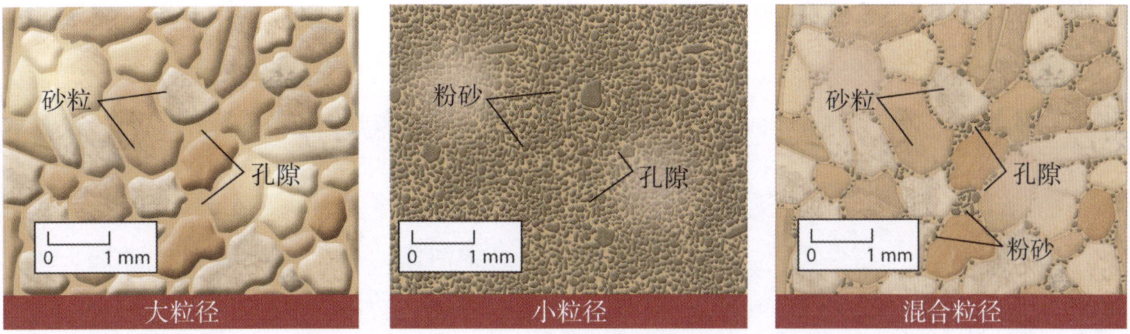

■ **图 9–3** 植被可以减缓地表径流的速度。当雨滴落在树和草木的叶子上时，会慢慢地滑落。

植被 长有草类或其他植物的土壤比没有植被的土壤更利于水渗入。落在植被上的降水会缓慢地从叶子或树枝上滑落，最后轻轻地落到地上，而植物根系也有助于保持土壤持水所需的空隙，如**图 9–3** 所示。相反，在贫瘠的土壤上，降水会重重地落在地面上，给土壤带来更大的冲击力。由于没有植被，土壤颗粒紧密地连接在一起，中间几乎没有空隙，因此，降水的力量会使得土壤颗粒之间更紧密，空隙更小，因而水分也就更难渗入。

坡地 地表的坡度对土壤的透水能力有着重要的影响。降落到坡地上的水会流向低处。坡度越大，流速越快。同样，陡坡上的侵蚀也更严重。在坡度较陡的地区，大部分的降水都随地表径流流走了。

河流系统

没有渗入地下的降水通常会从地表迅速流走。有些地表水以薄层形式流动，最终汇聚成小水渠。随着径流量的增加，水渠不断加深、加宽、加长。尽管这些小水渠经常会在降水结束后变干，但每次降水时它们都会被填充，从而逐渐变大、变长。

支流 所有的水流都流向地势较低的地区。然而水流经过的水道由于坡度和流经土质的差异会有很大的不同。一些水流流入湖泊，另一些则直接流入大海。流入其他河流的水流，称为支流。如**图 9–4** 所示，密苏里河是密西西比河的一条支流。

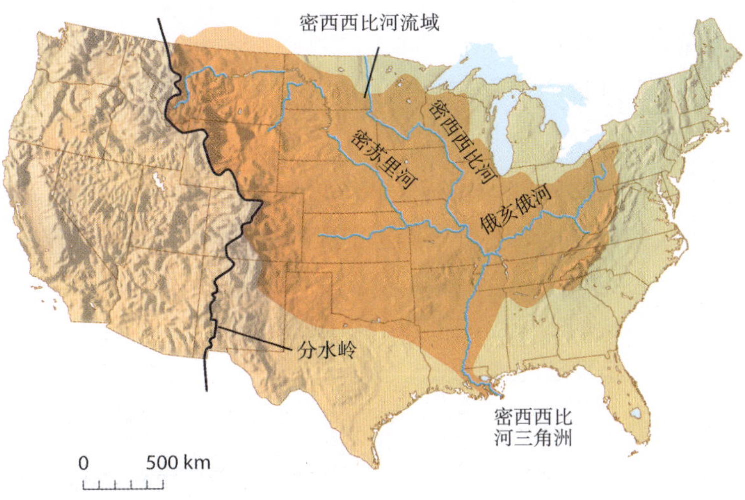

■ **图 9–4** 密西西比河流域包括了众多水系，如密西西比河、密苏里河和俄亥俄河。分水岭标志着流域的西部边界。

指出 *美国本土哪部分区域的水最终汇入了密西西比河？*

流域和分水岭 一个水系所涵盖的全部汇水面积叫作该水系的**流域**(**watershed**)。在不同的地区，流域面积可能较小，也可能非常大。**分水岭**(**divide**)是将不同流域分隔开的山脉或高地。分水岭是相邻流域间的高点，因此水由分水岭流向两侧。

水系中的每一条支流都有其流域和分水岭，但它们都是这条支流所在的更大水系流域的一部分。如**图 9–4** 所示，密西西比河流域是北美最大的流域。

☑ **读后自查** **描述**分水岭的含义及其在流域中的作用。

技能实验

科学实验室

图表解读

沉积物如何在河流中移动？ 水流的临界速度决定了它可以搬运的颗粒大小。水流速度越快，可搬运的颗粒越大。

批判性思维

1. **指出** 水流在什么速度下可以卷起小卵石？
2. **指出** 水流速度在什么范围内可以携带小卵石？
3. **推断** 以下哪些物质不会与小卵石在同一个大小范围内：鸡蛋、棒球、高尔夫球、乒乓球、排球和豌豆。你将如何检验你的结论？

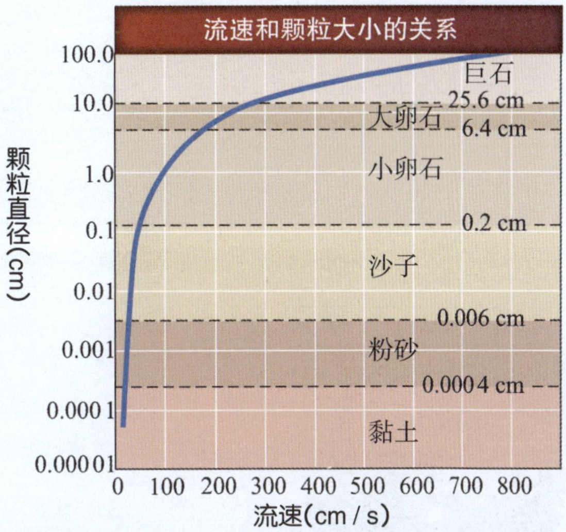

■ **图 9-5** 颗粒物在河床中相互刮擦、磨蚀，形成坑洼及其他侵蚀特征。

河流承载物

河流携带的物质称为河流承载物。河流携带的承载物有三种。

悬移物 小到能浮在水流中的颗粒物，被河流以**悬移**(suspension)的形式搬运。以悬移形式搬运的颗粒，如黏土、粉砂和砂砾，都是河流的悬移物。河流中的悬移物随水量和流速不同而变化。流速快的水可以携带较大颗粒的悬移物，而流速慢的水只能携带较小颗粒的悬移物。

河床承载物 体积、质量较大的沉积物虽不能被流水携带，但能以河床承载物的形式被搬运。**河床承载物**(bed load)包括可以被河水沿河床推动或滚动的沙、砾石、鹅卵石等。水流速度越快，搬运的颗粒物越大。随着颗粒物的移动，它们之间以及和河床坚硬岩石之间的摩擦会磨蚀河床表面，如**图 9-5** 所示。

溶解物 溶解在水中的物质称为溶解物。当河水流经或穿越含有可溶矿物的岩石时，它会溶解少量的矿物，并以溶液的形式带走它们。河流携带的可溶物质大多来自地下水。水中溶解物的含量通常以每百万单位水中的物质含量(ppm)表示。例如，10 ppm 表示溶解物和水的比例为10∶1 000 000。尽管有些河流中所含的溶解物仅有 10 ppm，但河流中所含溶解物的总量平均在115～200 ppm 之间。沙漠地区的河流可能含有高达10 000 ppm 的溶解物。

■ **图 9-6 聚焦洪水**
洪水塑造了地表形态并影响人类生活。

1927 年 大雨造成密西西比河从伊利诺伊州到路易斯安那州段发生洪水，导致超过600 000人无家可归。

1931 年 暴雨引起中国的黄河泥沙沉积发生改变并阻塞河道，形成洪水。

1902 年 尼罗河季节性的洪水形成了肥沃的三角洲，为此，埃及修建了阿斯旺大坝来调控季节性洪水。

1958 年 在洪水剥夺了近2 000人的生命之后，荷兰开始大规模建造大坝、堤防和屏障，缩短了700 km的海岸线。

河流承载力

河流搬运物质的能力称为承载力，河流承载力取决于流速和流量。河道的坡度、深度和宽度都会影响水流的速度和方向。水流速度在摩擦阻力较小的地方更快，因此在坡度和深度大的平滑河道中，水流速度最快。流水的总体积也会影响河流的承载力。如**图9–7**所示，**流量（discharge）**是指在单位时间内流过某一过水断面的水流体积，通常用立方米/秒来表示。计算河流的流量的公式如下：

流量＝平均宽度×平均深度×平均流速

（m^3/s）　（m）　（m）　（m/s）

北美最大的河流密西西比河的平均流量高达17 000 m^3/s，而世界上最大的河流亚马孙河的流量约是它的10倍。亚马孙河2小时的流量就可以满足纽约市一整年的用水需求。

随着河流流量的增加，河流的承载力也在增加。在暴雨、快速融雪和洪水时期，流速和流量都会增加。除了河流的承载力增大外，这时河流对其流经地区的侵蚀力也在增强。侵蚀力的增强会导致河床加宽、加深，并进一步提高河流的承载力。如**图9–6**所示，河流在正常流量和洪水期都在塑造着地表形态。

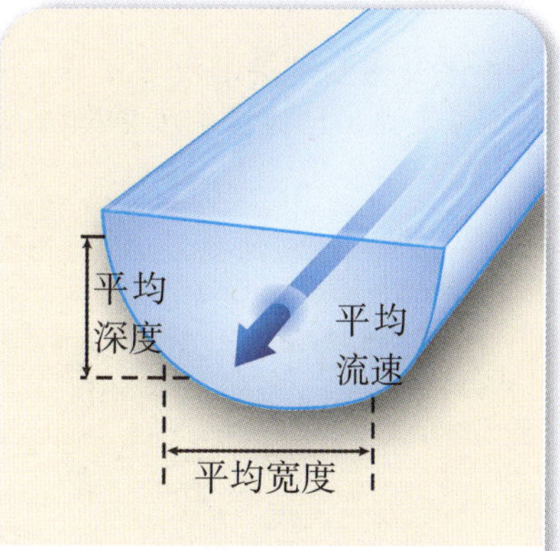

■ **图9–7**　河流流量是河流平均宽度、平均深度和平均流速的乘积。

1970　1985　2000

1974年　英国开始建造泰晤士河河堤，以保护伦敦免受地面下沉和海平面上升导致的潮水不断上涨的威胁。

1988年　季风带来的降水淹没了孟加拉国三分之二的土地，影响了4 500万人。

1996年　冰岛火山喷发造成的瓦特纳冰原融水冲毁了输电线路、主要道路和桥梁。

2005年　5级飓风卡特里娜席卷了路易斯安那州、密西西比州、亚拉巴马州，给新奥尔良带来毁灭性的破坏。

2010年　在控制长江洪水方面起重要作用的中国三峡大坝基本满负荷。

■ **图 9–8** 当洪水漫过河堤，会留下沉积物。一段时间后，这些沉积物沿着河岸堆积，形成自然堤坝。

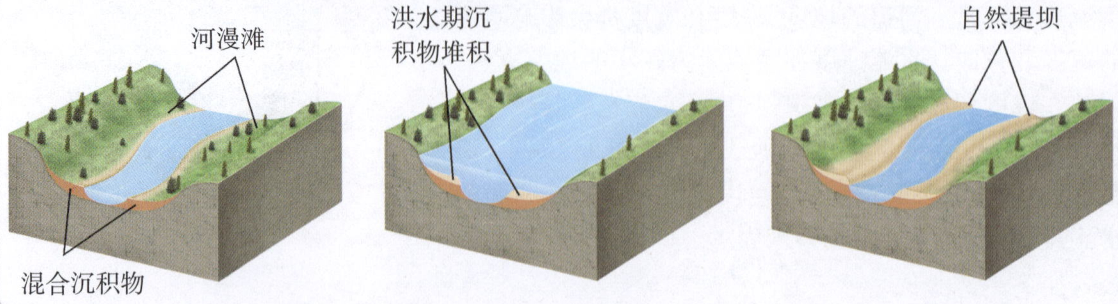

洪水

随着天气状况的变化，某条河流特定时期内的流量也会大不相同。有时，过量的水流入河流，超过了河道的承载力。当河水越过两岸河堤并蔓延到周边平地时，就发生了**洪水（flood）**。由河岸延伸出的、被洪水期溢出的水所覆盖的宽阔而平坦的区域称为**河漫滩（floodplain）**。

洪水携带大量的地表和河岸侵蚀产生的沉积物。当洪水退去，流速和流量减小时，河流中的沉积物就会在河漫滩上沉积下来。随着周而复始的洪水泛滥，洪水中的河流沉积物沿河岸堆积。这种沿着河岸发育成的连续高地，称为自然堤坝，如**图 9–8** 所示。由于每次洪水带来的沉积物越积越多，河漫滩上的土壤格外肥沃，因此一些河漫滩地区成了世界上最好的农田。

☑ **读后自查** **描述** 当洪水退去后，会发生什么情况？

■ **图 9–9** 此次洪水由上游暴雨引起。请注意被洪水覆盖的农田。

分析 *此次洪水可能给该区域种植的农作物带来哪些长期的影响？*

洪水位 洪水是一种自然现象。在一场降雨或冰雪融化后，流水需要过一段时间才会汇入河流。当水汇入河流，水位不断升高并到达最高点时，称为洪峰。由于径流汇水需要时间，洪峰一般发生在降水结束的数天之后。当河流水位不断升高并超过河岸时，就称河流处在**洪水位（flood stage）**。洪水可能发生在降水区域或蔓延到一片大区域。在小区域发生的洪水称为上游洪水。

大范围排水系统过度积水会造成下游洪水。它通常发生在长时间的暴雨或春季大量融雪后。下游洪水巨大的水量会造成极大的危害。洪水对地貌的影响如**图 9–9** 所示。

■ **图9–10** 图中所示的这个监测站可以将数据发送给气象站。科学家们可以根据这些信息为人们提供洪水预警。

洪水监测和预警系统

为了向处于危险中的人们发出预警，很多国家的政府部门都在监测潜在的洪水状况。国家气象部门会监测天气条件的变化，地球气象卫星会对地球表面进行拍摄和数据采集，并及时发送有关气象、暴雨和河流的信息。另外，美国地质调查局在美国建立了约9 200座监测站，如**图9–10**所示。这些监测站持续不断地记录每条被监测河流的水位。监测站通常把数据传送到卫星或通过网络将信息发送给当地监测部门。

在洪水易发区，建立预警系统是实现紧急应对计划的第一步。预警系统和紧急预案可以帮助人们在洪水到达之前安全转移。

第1节 本节回顾

要点梳理

- 渗入地下的水取决于连通孔隙的数量。
- 排入某一水系的所有区域是该水系的流域。
- 隔开不同水系的河间高地称为分水岭。
- 河流承载物是河流携带的物质。
- 上游洪水发生在小范围的局部地区，下游洪水发生在大范围的地区。

要点理解

1. 主要概念 **分析**流水是怎样塑造地貌的。
2. **描述**河流携带的三种承载物类型。
3. **分析**河流承载力与河流流量、流速之间的关系。
4. **确定**陡坡地区地表径流下渗较少的原因。

批判性思维

5. **确定**河漫滩是如何形成的，以及人们生活在河漫滩上的原因。
6. **分析**自然堤坝是如何形成的。

地学写作

7. 设计制作一个数据表格，比较当河流流速降低时，黏土、粉砂、砂砾以及大块鹅卵石在河底的不同沉积情况。

第2节 河流的形成

主要概念 河流通过沉积物和岩石侵蚀河道，形成V形河谷。

核心问题

- 河流形成的物理特征是什么？
- 曲流和河流之间的关系是什么？
- 如何解释河流再生？

关键术语

河道
河岸
基准面
曲流
三角洲
河流回春

地球科学在你身边 你最近一次看到河流是什么时候？所有河流的水都向坡下流，直至最低点。这使得地质学家可以根据一个地区的地形特征来预测河流的路径。

水源补给

河流的形成需要充足的水源补给。降水为河流的形成提供了初期的水源。河流也可以由地下水补给。在河流的形成与发育过程中，它的宽度和大小会发生变化，同时也塑造了流经地区的地貌。

河道 水流开始聚集并汇成河流的区域称为源头。通常，河流的源头位于山地的高处。降水在这些海拔较高的小沟壑中汇集，形成湍急的水流。地表水刚开始流动时，它的渠道并不是很固定。一段时间后，流水会在沉积物或岩石中切出一条狭窄的通道，称为**河道**(**stream channel**)。随着更多水流的汇入与切割地表，河道变宽、变深。流水在**河岸**(**stream bank**)之间的河道中流动。

河流对河源的岩石或土壤的侵蚀导致河道向河源方向"增长"，称为**溯源侵蚀**(**headward erosion**)。河流在崎岖的地形中水流湍急，当它们流过陡峭的坡面时经常形成瀑布和湍流。有时，河流溯源侵蚀会切穿分水岭进入相邻流域，然后带走那个流域部分流水，这个过程称为**河流袭夺**(**stream capture**)，如**图9-11**所示。

■ **图9-11** 河流A溯源侵蚀切入河流B，并将河流B的河水引入河流A。

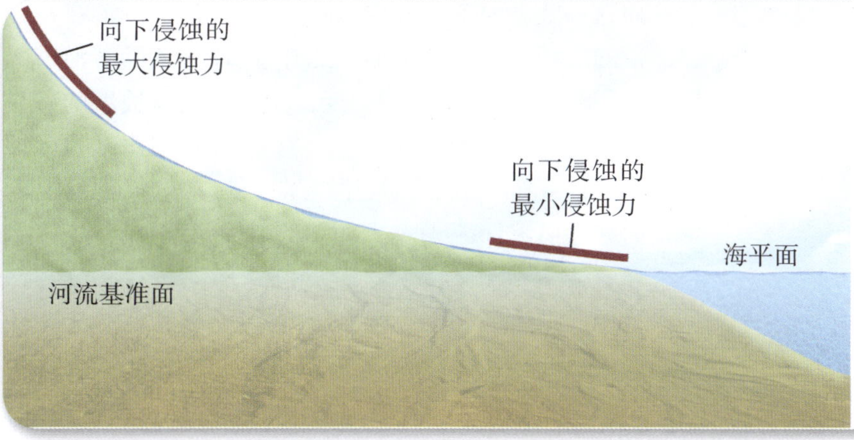

■ **图9-12** 河流与基准面的高差决定了河流下切能力的大小。

河谷的形成

河流的驱动力就是水的重力。这意味着河流的能量来源于水流沿一定的河流坡度向坡下的运动。当河流坡度很陡，河流中的水向下坡流动很快，就会形成**深切河谷**（steep valley）。河流的坡度取决于河流长度、河源和**基准面**（base level）的高差。对任何河流而言，最低的基准面就是海平面，或河流汇入海洋的地方，如**图9-12**所示。

在离基准面很远的地方，河流中的沉积物和岩石不断侵蚀河道，逐渐形成了V形河道。V形河道有陡峭的河岸，有时还会形成峡谷。怀俄明州的黄石河是这种河流塑造的狭窄、深切峡谷的典型代表。**图9-13**展示了典型的V形河谷。当河流逐渐接近基准面，向下侵蚀的力量就会减弱。相反，河流在基准面附近则更多地向河道两侧侵蚀，随着时间的推移，渐渐形成了具有平缓坡度却更加宽广的河谷，如**图9-13**所示。

折叠式学习卡

将本节信息整合到你的折叠式学习卡中。

■ **图9-13** V形河谷由河流下切而成。宽广的河谷则是河流长时间侵蚀的结果。

指出 *哪条河流更接近其基准面？*

曲流 随着河道发育成宽阔的河谷，河流的流量和携带的沉积物也随之增加。此外，河流坡度随着河道的加宽，在接近基准面时会变得平缓。河流坡度的减小也使得河道中承载的水量增加。有时，河水开始侵蚀河道两岸而使得河流变得弯曲。流水造成的河道弯曲称为**曲流(meander)**，如**图9-14**所示。

河水在河道不同位置的流速不同。在平直的河道中，河中央的流速最大，河流两岸和底部的流速较慢，这是由于水流和河道的摩擦造成的。

相反，在曲流的弯曲处，外侧的流速大于内侧。流水不断地侵蚀外侧河床，使得河道更加弯曲。曲流内侧的水流速度缓慢，以泥沙堆积为主，逐渐形成边滩，如**图9-15**所示。随着时间的推移，由于曲流中流速的不同，河道变得更加弯曲。

牛轭湖 随着时间的推移，曲流逐渐变大、变宽。然而，在充分的弯曲后，曲流有时会被洪水自然截断，流水再度走直。河流携带的物质沿着邻近的曲流沉积，最终阻塞水源，如**图9-14**所示。这个被截断的曲流变成牛轭湖，湖里的水最终会干涸。

当河流注入巨大水体或汇入海洋时，河床的坡度减缓，河道变得非常宽。河流汇入海洋或其他大型水体的地方称为河口。

图9-14 随着河道弯曲和加宽，逐渐形成曲流，而曲流最终会变成牛轭湖。

图解曲流中的侵蚀与沉积

图9-15 当河水沿曲流而下时，流速最大的区域会发生变化。如横截面A所示，在曲流的平直处，截面中心附近流速最大。在曲流的弯曲处，流速最大的区域变为弯道的外侧，如横截面B所示。在横截面C处，流速最大的区域再次转变到弯道的外侧。侵蚀主要发生在曲流弯曲处且流速较大的区域。流速快的水流携带沉积物顺流而下，然后沉积在流速减慢的地方，即弯道的内侧。发生侵蚀的区域称为凹岸，发生沉积的区域称为凸岸。

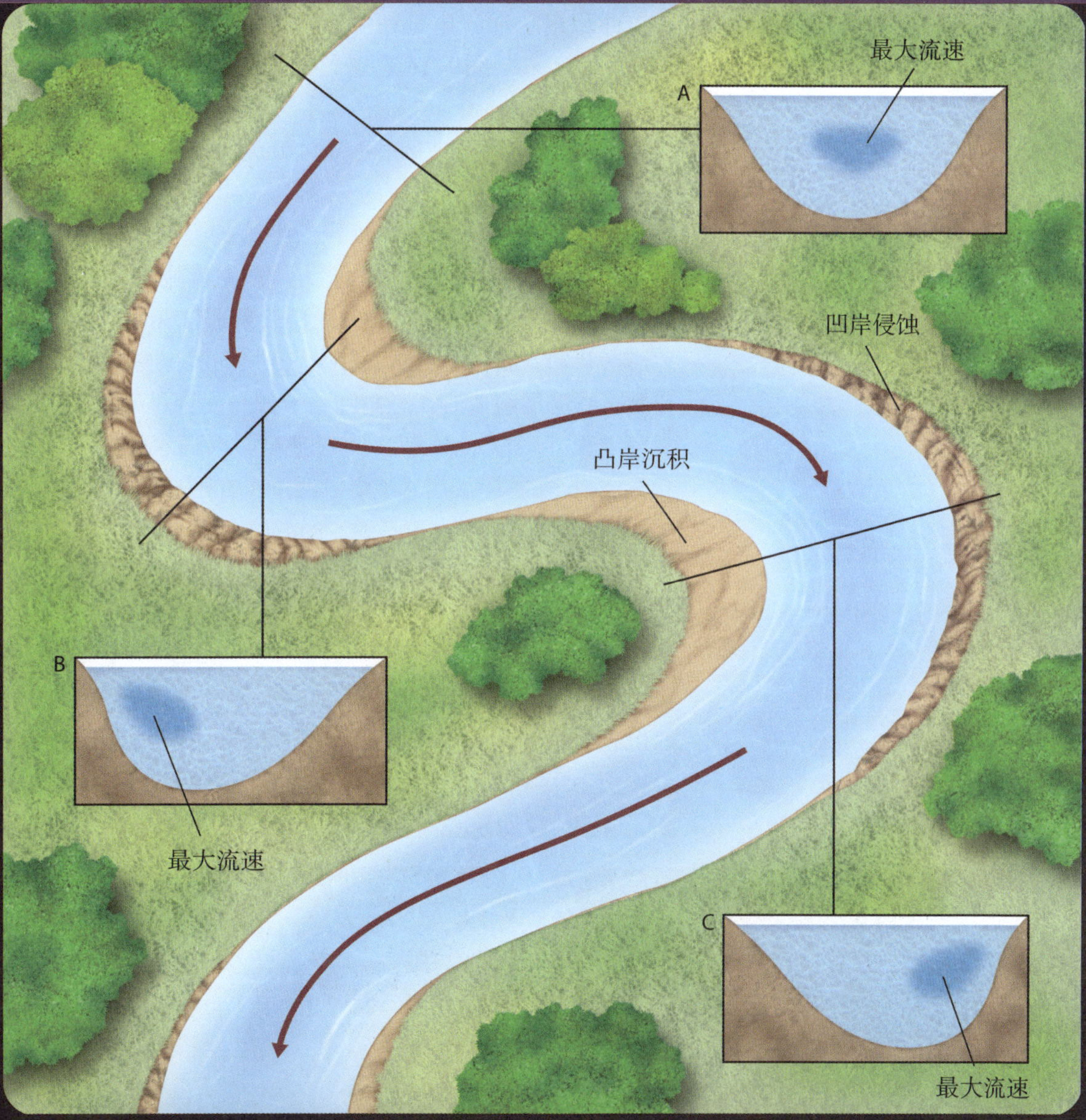

沉积物的沉积

河水的流速决定了其搬运沉积物的能力。快速流动的河水可以搬运砾石大小的沉积物。当流速减缓,河水也就失去了这种搬运能力,沉积便开始了。

■ **图 9–16** 冲积扇是一个扇形沉积区。

冲积扇 当河流坡度突然下降时,流速减慢,沉积物就会沉积在河底。在干旱地区,例如北美洲西南部,山涧间歇性地从陡峭的峡谷流向宽广、平坦的干涸湖床。在这些地区,河流坡度突然减小,使得河流沉积物在山底形成扇形沉积区,称为冲积扇。冲积扇是在坡底形成的坡状沉积区,主要由沙和砾石组成。**图 9–16** 是一个典型的冲积扇。

☑ **读后自查** **描述**冲积扇是如何形成的。

三角洲 当河流汇入更大且较为平静的水体时,速度极为缓慢,也失去了运载沉积物的能力。在河流流入更大水体的地方会形成三角形的沉积区,称为**三角洲(delta)**,得名于三角形形状的希腊字母德尔塔(Δ)。三角洲沉积物通常由粉砂和黏土颗粒层组成。在三角洲的形成与发育过程中,沉积物逐渐堆积并减缓水流速度,有时甚至阻断河水的流动,这时会形成更小的支流,使河流得以通过正在形成的三角洲。例如,密西西比河三角洲就是河流经常改变流向的典型区域。

在过去的几千年中,密西西比河三角洲经常发生变化。如今,河道的任何微小变化都可能给当地带来灾难性的洪水。为了防洪以及保护人们的安全和经济活动,当地建设了庞大的堤坝系统。其结果是,整个三角洲区域沉积的沉积物数量比以前减少了。由于整个三角洲的沉积量减少,一段时间后,海岸侵蚀导致密西西比河三角洲发生萎缩,如**图 9–17** 所示。

■ **图 9–17** 密西西比河三角洲由河流沉积而成。两幅图像的左上角区域是一片供休闲娱乐和商业活动的沼泽。自 1973 年起,密西西比河上游的河水被大坝阻拦,河流携带的沉积物减少。30 年来,由于上游沉积物减少,沼泽地区的面积也减少了。

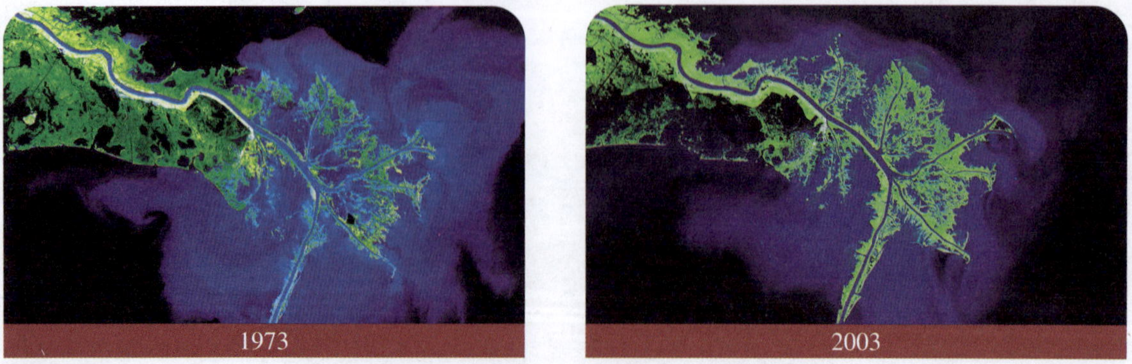

河流回春

在河流的形成过程中，会发生下切。下切即河床的磨损，是一种重要的侵蚀过程。当河流到达基准面时，下切才会停止。如果地质过程使河流基准面下降，河流会经历再生。

回春意味着重获新生。在**河流回春（rejuvenation）**过程中，河流又开始朝着基准面发生下切。这会导致河流流速增加，以及现有曲流河道再次下切。河流回春还会形成深切峡谷。河流回春的著名例子就是美国科罗拉多大峡谷，如**图 9–18**所示。

■ **图9–18** 科罗拉多河基准面的变化使得河流原有曲流开始下切，河流回春塑造了大峡谷的地貌。

百万年前，科罗拉多河已经接近其基准面，正如今日的密西西比河一样。然后，与海平面相比，陆地抬升，使得科罗拉多河的基准面相对下降。这导致了河流回春，原有的曲流重新开始向下侵蚀，最终形成了1.6 km深的峡谷景观，每年吸引了全球数百万的游客。随着科罗拉多河继续向基准面下切，如今，科罗拉多大峡谷的河流回春作用仍在发生。

第2节　本节回顾

要点梳理

- 河流源头处的降水汇入沟谷。
- 河水在河岸间的河道里流动。
- 当河水流速减慢、泥沙淤积时，就会形成冲积扇和三角洲。
- 流水从陡坡流入平地后，会形成扇形的冲积扇。
- 当河流进入更宽广且相对平静的水体时，会形成三角状的三角洲。

要点理解

1. 主要〈概念　**描述**V形河谷是怎样形成的。
2. **指出**河流到达海洋前经历的四种变化。
3. **比较**曲流的弯道内侧和弯道外侧的流速。

批判性思维

4. **分析**　河流经过的岩床类型对其到达基准面的时间有什么影响？
5. **推断**　你会如何讲述河流回春改变地貌景观这一过程？

地学写作

6. 绘制直线图来表示河流在源头、中游和入海口处的流速变化趋势。

第3节 湖泊和淡水湿地

主要概念 水量变化、沉积物增加，湖泊会转变为湿地并最终干涸。

核心问题

- 淡水湖和湿地是怎样形成的？
- 如何描述富营养化过程？
- 人类活动对湖泊的形成有什么影响？

关键术语

湖泊
富营养化
湿地

地球科学在你身边 你是否曾用自己的双脚感受过湖底？由于湖泊沉积物颗粒细小，它很可能是松软的。湖泊和池塘接受河流从上游带来的沉积物。随着时间的流逝，这些聚集的沉积物改变了湖泊的特点。

湖泊的起源

湖泊(**lake**)是一片被陆地包围的水体。地表低洼和凹陷处会形成各种不同类型的天然湖。正如本章第2节中所说，牛轭湖是由河流裁弯取直而剩下的废弃河道形成的。滑坡或其他方式带来的沉积物阻塞河流时，也会形成湖泊。还有一些湖泊源于冰川，这类湖泊的湖底是由于冰期的冰川对地面的刨蚀所致。欧洲北部大部分地区和北美的许多湖泊都位于现代冰川地区。冰川的冰碛物将低洼地围住，限制了水的外流，由此形成的湖泊被称作冰碛湖。另外，在山脉高处，山岳冰川切割出的冰斗装满水后，会形成冰斗湖。一些巨大的冰块在冰川最终融化前被留在冰水沉积平原上，留下的凹陷称为锅穴。当这些凹陷被水填满后便形成了锅穴湖，如**图9–19**所示。

■ **图9–19** 明尼苏达州的这些湖泊是由冰川消退后的冰块融化形成的。

湖泊的变迁

降水、地表径流、地下水都可以作为湖泊的水源补给。一些湖泊只在大雨或有大量冰雪融化产生径流后才有水，供水大于排水的湖泊可以长期存在。然而，湖泊总归是一个临时的蓄水处，在漫长的变迁中，湖泊通常会被沉积物填满而成为新地貌的一部分。

富营养化 植物，如绿藻，通过光合作用向湖水供氧。湖中的动物在其生命过程中需要吸收湖水中的氧气。动物粪便和动植物死后在水中的腐化过程都会消耗水中的氧气。科学家利用水体中的溶解氧来评估水体质量。溶解氧也是水体维持生命的必要因素。

水体从周围的水域中获得营养物质从而导致植物过度生长的过程称为**富营养化**(**eutrophication**)。尽管富营养化是一个自然过程，但这个过程因氮、磷等营养物质的加入而加速。湖泊中汇集的其他营养物质主要来源于动物粪便和磷酸盐洗涤剂。

当富营养化发生后，湖泊中的动植物种群数量会迅速发生变化。水体表面的藻类会成倍地迅速疯长。湖泊或池塘中过度生长的藻类看起来像一条绿色的毯子，如**图 9-20** 所示。其他以水藻为食的生物也会大量繁殖。此外，表层的藻类还会阻挡阳光照射到湖泊的底部，导致水面下需要阳光的植物和其他生物死亡。过度生长的藻类和腐烂的动植物尸体会将水中的溶解氧消耗殆尽，从而使得鱼类和其他生物因缺氧而死亡。在某些情况下，藻类还可能会释放某些毒素，从而危害水中其他生物。

读后自查 **指出**湖泊系统富营养化对水生动物的影响。

图 9-20 水体富营养化是一个自然过程，当水体中的氮、磷不断增加时，这个过程会加速。水体富营养化一旦开始，就可能会导致水体中的植物和动物群落发生快速变化。

地球科学相关职业

地球化学技术员 地球化学技术员会通过采集湖底柱样来分析湖泊沉积物中的污染物。

淡水湿地 **湿地（wetland）**是一年中大部分时间都被水覆盖的地面。湿地环境包括泥塘、草本沼泽和林木沼泽。湿地中拥有特定的土壤类型和植物种类。湿地的土壤类型取决于水的饱和度。

泥塘 泥塘的水源不是河流而是降水。浸水的土壤多生泥炭藓。泥炭藓分解会产生酸，从而增加土壤的酸性。浸水的酸性土壤生长着罕见的植物种类，包括食虫的囊状植物，例如茅膏菜和捕蝇草。

☑ **读后自查** **指出**泥塘是怎样获得水源的。

草本沼泽 在河口和广阔的三角洲地区，经常会形成淡水草本沼泽。持续不断的水源和营养物质使得沼泽中生长着茂盛的草类。草根使得泥沙在三角洲地区淤积，从而减缓水流并扩大沼泽面积。蒲草、芦苇、莎草、灯芯草等草类和一些野生动物在沼泽中都十分常见。

林木沼泽 林木沼泽往往形成于河流附近的低洼处。有些利于灌木和树木生长的草本沼泽可以发育成林木沼泽。随着大型植物不断生长，草本植被会被覆盖，于是渐渐死亡，草本沼泽就发育成林木沼泽。如今在美国宾夕法尼亚等地的煤藏就是由3亿年前石炭纪时期的林木沼泽演变而成的。

迷你实验

科学实验室

模拟湖泊的形成

地表物质是怎样决定湖泊形成的位置的？ 当低洼地填满水时，便形成了湖泊。湖泊会由于地表物质的差异形成于不同的位置。

实验步骤

1. 阅读并遵守实验室安全守则。
2. 准备三个干净的塑料盆，分别用黏土、沙土和砾石装至半满。
3. 将各个盆中的物质轻轻压实，然后在每一个表面挖一个浅坑。
4. 将500 mL水缓慢地倒入每一个浅坑中。

实验分析

1. **描述** 被倒入浅坑中的500 mL水发生了什么现象？
2. **比较**这个活动和湖泊形成时地表发生的情况。
3. **推断** 湖泊最常形成于哪种地表物质？

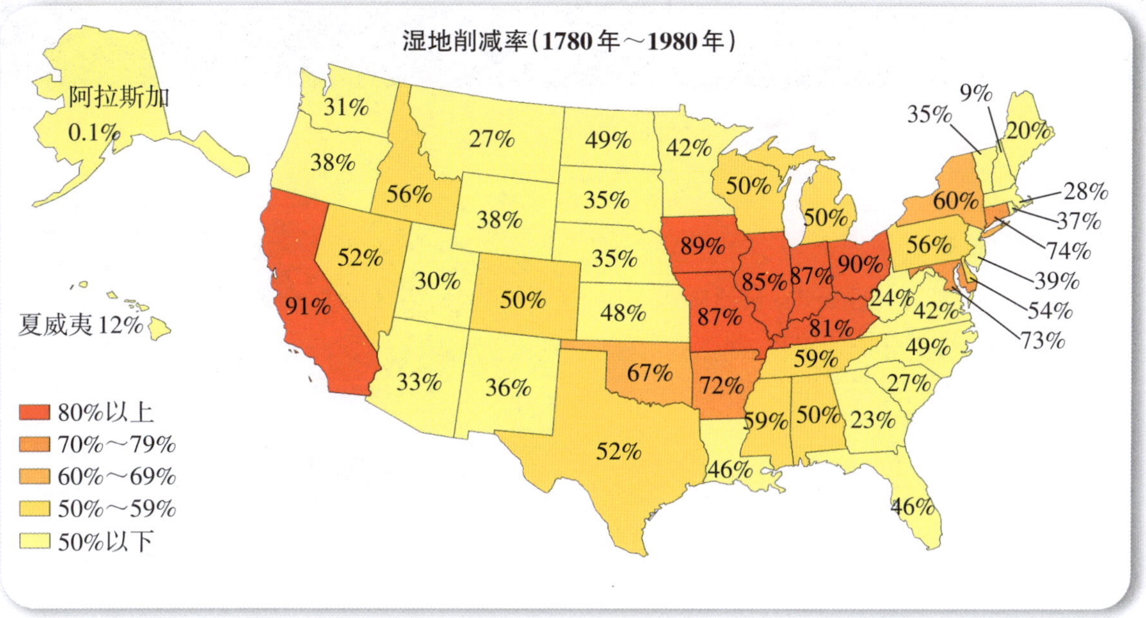

图9-21 从1780年到1980年，美国的湿地面积大幅削减。之后，人们尝试了多种方式来保护湿地。

湿地和水质 湿地对提高水质有着重要作用。它们可以作为一种过滤系统，能分离水中的污染物、沉积物和病菌。湿地也为候鸟和多种野生动物提供栖息地。在过去，湿地通常会被填充以增加建筑用地。政府的数据显示，从18世纪后期到20世纪80年代中期，美国大陆失去了50%的湿地，如**图9-21**所示。截至1985年，欧洲约有50%的湿地变成旱地。如今，保护现有湿地以及创造新的湿地来替代变干和被填满的旧湿地已经受到全球的广泛关注。

第3节 本节回顾

要点梳理

- 当低洼地被水填满时，会以各种形式发育成湖泊。
- 富营养化是水体中营养物质增加的过程。肥料、清洁剂和污水中的养分会加速富营养化过程。
- 湿地是周期性被水覆盖的低洼区域，适宜特定植物的生长。

要点理解

1. 主要概念 **解释**湖泊变为旱地可能经历的转变过程。
2. **描述**天然湖泊形成的必要条件。
3. **指出** 什么样的人类活动可能会影响你周围某一湖泊的富营养化过程？

批判性思维

4. **组织** 用一张数据表来比较多种湖泊及其起源。
5. **分析**一种湿地保护政策与人类土地利用计划之间发生冲突的情况。

地学写作

6. 写一篇论文来解释湿地在提高水质中的作用。

地球科学与社会

水的世界

人类有基本的生理需求，包括呼吸、进食、调节体温、排出身体代谢物、睡眠以及摄入洁净的水。人类需要干净的水来饮用、清洁、烹饪和排出代谢物。

全球问题 几乎每个洲都有缺乏安全饮用水的地区。发展中国家的农村地区、人口密集的城市地区经常有安全饮用水供应不足的情况。尽管水这种自然资源在全球而言可能供应充足，但它的分布并不均匀。此外，自然产生的污染物和人类产生的污染都会危害供水安全。

安全的水 世界卫生组织(WHO)将安全饮用水定义为使用地距离水源地不到1 km，每个家庭成员每天能够保证获得20 L的水，并且水中的微生物和污染物水平符合国家标准。

健康问题 在发展中国家，儿童患与水有关的疾病的风险最大。在世界范围内，每天有超过4 000名5岁以下的儿童死于这类疾病。受污染的水源带来的最常见的健康问题是腹泻和肠道寄生虫。

腹泻是由不安全饮用水中的细菌引起的一种常见病。如果没有得到正确治疗，腹泻可能会导致严重脱水甚至死亡，特别是对儿童来说，腹泻引起的后果会更严重。在发达国家，患腹泻的儿童通常能接受到必要的治疗。然而在发展中国家，每年有将近150万名儿童死于腹泻。

水污染已经成为发达国家和发展中国家面临的共同问题。这个海滩因为水质欠佳而关闭了。

受污染的水带来的另一问题是肠道寄生虫，这个问题特别是对儿童来说，危害更大。寄生在宿主肠道中的寄生虫会导致人体营养不良、贫血或其他疾病。

全球性解决方案 水是人类最基本的需求，未能充分满足全球水需求已被联合国公认为20世纪最大的失败之一。未来，通过全球努力与合作，有希望让每个人都可以获得安全的饮用水和适当的卫生设施。

地学写作

手册 每年的3月22日是世界水日。请你制作一本手册，解释为什么需要这样一个节日以及为什么更多的人应该了解这个节日。

推测河流流速

实验背景：河流中的水从高处向低处流动。河流流速是通过记录水流的速度来测量的。不同河流流速不同，同一条河流在不同地段的流速也不相同。河流的许多要素，包括承载物和坡度等都会影响流速。

实验问题：坡度对流速有什么影响？

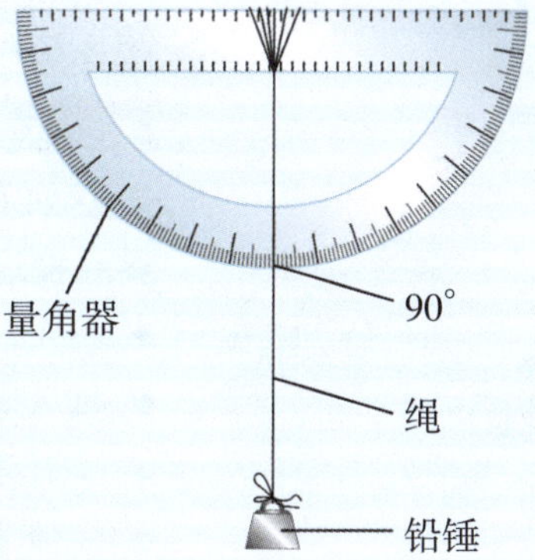

实验材料

1 m长的软管
环架和夹子
带水管的水源
带铅锤的量角器
盛水器皿
秒表
油性笔
米尺
纸
三孔打孔机

实验步骤

1. 阅读并遵守实验室安全守则。
2. 以3到4人为一组开展活动。
3. 用三孔打孔机制作10～15个小圆纸片作为浮标。
4. 根据图示，放置好带铅锤的量角器。
5. 用油性笔在管道内画两条相隔40 cm的直线。
6. 利用环架和夹子将管道固定倾斜10°。将管道的末端放在盛水器皿里，以收集排出的水流。
7. 将长软管连接到水槽的水龙头上。
8. 使用前，把软管放在水槽里。使用时，打开水龙头，调节水流，直到水流快速平稳。
9. 将软管暂时弯曲，使水流停止，将软管放置在管道顶部画线处上方5 cm以上。使水流在不同的坡度处流速相同。
10. 将一个浮标放置在管道顶部画线处4 cm以上的流水中。
11. 测量浮标从上方画线处到底部画线处经过的时间。将结果记录在你的实验报告中。
12. 重复第9步两次。
13. 将管道倾角改为20°、30°和40°，重复第9步和第10步。
14. 画一张平均流速的折线图。

实验分析

1. **解读数据** 流速与斜坡倾角之间有什么关系？
2. **应用** 描述一种河流坡度可能发生变化的原因。
3. **推断** 你预计哪里的水流速度最大？
4. **预测** 利用你绘制的图表，预测倾角为35°时的水流速度。

拓展探究

自主设计 正如在本章探讨过的，河床的质地会影响水流的速度。请你自主设计一个实验来检测这个变量。

第9章 复习指南

大概念 地表水搬运风化产物并塑造地球表面。

第1节 地表水运动

关键术语
- 地表径流
- 流域
- 分水岭
- 悬移
- 河床承载物
- 流量
- 洪水
- 河漫滩

主要概念 流水是一种侵蚀外力，河流携带沉积物并在下游地区沉积。

要点梳理
- 渗入地下的水取决于连通孔隙的数量。
- 排入某一水系的所有区域是该水系的流域。
- 隔开不同水系的河间高地称为分水岭。
- 河流承载物是河流携带的物质。
- 上游洪水发生在小范围的局部地区，下游洪水发生在大范围的地区。

第2节 河流的形成

关键术语
- 河道
- 河岸
- 基准面
- 曲流
- 三角洲
- 河流回春

主要概念 河流通过沉积物和岩石侵蚀河道，形成V形河谷。

要点梳理
- 河流源头处的降水汇入沟谷。
- 河水在河岸间的河道里流动。
- 当河水流速减慢、泥沙淤积时，就会形成冲积扇和三角洲。
- 流水从陡坡流入平地后，会形成扇形的冲积扇。
- 当河流进入更宽广且相对平静的水体时，会形成三角状的三角洲。

第3节 湖泊和淡水湿地

关键术语
- 湖泊
- 富营养化
- 湿地

主要概念 水量变化、沉积物增加，湖泊会转变为湿地并最终干涸。

要点梳理
- 当低洼地被水填满时，会以各种形式发育成湖泊。
- 富营养化是水体中营养物质增加的过程。肥料、清洁剂和污水中的养分会加速富营养化过程。
- 湿地是周期性被水覆盖的低洼区域，适宜特定植物的生长。

第9章 复习检测

术语回顾

从复习指南中选取合适的术语匹配下列各项描述。

1. 受植被、降水、土壤组成和坡度的影响。
2. 水流汇入同一条河流的区域。
3. 河流搬运的沉积物，但由于太大不能以悬移的形式搬运。
4. 测量在一定时间内流经某地的河水体积。
5. 河流流入巨大水体，如湖泊或海洋时形成的三角状沉积。
6. 河水长期刮擦、磨蚀沉积物或岩层形成的狭窄河道。
7. 河流再次向基准面下切的过程。

下列每一句表述都有错误。从复习指南中选取合适的术语替代斜体的术语，使表述正确。

8. 一个低洼地如果供水多于排水，那么它将以*河流*的形式长期存在。
9. 湖泊营养物质含量丰富并导致湖里生物种类发生变化的过程叫*肥沃*。
10. 草本沼泽、林木沼泽和泥塘都是*淹没区域*。
11. *溶液*是搬运小到能浮在水流中的颗粒物的一种方式。
12. 从河岸延伸出来的，在洪水期会被过量的水所淹没的区域称为*湿地*。

理解要点

13. 在北美洲和欧洲，下列哪种情况形成的湖泊最有可能是大型湖泊？
    - **A.** 由于曲流被切断而形成的湖泊
    - **B.** 由于滑坡阻塞河流而形成的湖泊
    - **C.** 陆地冰川活动塑造的地貌景观及留下的许多洼地
    - **D.** 为了蓄水而修建的水库
14. 河流的驱动力是什么？
    - **A.** 速度
    - **B.** 重力
    - **C.** 流量
    - **D.** 下切

根据下图，回答第15题。

15. 图中所示为河流的哪个部分？
    - **A.** 源头
    - **B.** 主河道
    - **C.** 河床
    - **D.** 河口
16. 河床下切在河流发育中的什么阶段停止？
    - **A.** 当水流到达多孔层
    - **B.** 当水流到达基准面
    - **C.** 当水流到达新的平面
    - **D.** 当水流到达不渗透层

根据下图，回答第17题。

17. 该地形特征是如何形成的？
    A. 曲流被切断造成的结果
    B. 冰川冲刷陆地造成的结果
    C. 洪水造成的结果
    D. 富营养化造成的结果
18. 什么类型的河流可以形成V形河谷？
    A. 携带大量沉积物的河流
    B. 远离最终基准面的河流
    C. 曲流
    D. 没有携带河床承载物的河流
19. 下列哪种不是典型的湖泊发育方式？
    A. 曲流被切断
    B. 小行星陨石坑
    C. 滑坡阻塞河流
    D. 冰川磨蚀
20. 下列哪种物质在富营养化过程中起重要作用？
    A. 铁　　B. 磷
    C. 臭氧　　D. 盐
21. 哪些因素决定了河流的流量？
    A. 宽度、长度、深度
    B. 宽度、长度、流速
    C. 宽度、深度、流速
    D. 长度、深度、径流
22. 下列哪个过程会导致河流回春？
    A. 河流基准面上升
    B. 河流基准面下降
    C. 陆地下降
    D. 河岸沉积
23. 低洼地土壤的哪个特点有利于湖泊的发育？
    A. 有机物含量高
    B. 无机物含量高
    C. 砾石土
    D. 富含黏土层的不透水土壤
24. 如果一条河流携带沙子、大卵石、黏土和小卵石，当水流速度减小时，哪种颗粒最后沉积？
    A. 黏土　　B. 沙子
    C. 大卵石　　D. 小卵石

简要概述

25. **对比与比对**河流三角洲和冲积扇的形成过程。

根据下面的河流鸟瞰图，回答第26～28题。

26. **指出**　河流的什么位置流速最大？
27. **指出**　河流的什么位置沉积作用最活跃？
28. **指出**　河流的什么位置侵蚀作用最活跃？
29. **计算**一条流速为300 m/s、宽25 m、深3 m的河流的流量。

批判性思维

30. **分析**河流中的水与大气中的水有什么关联。

根据下图,回答第31题。

31. **解读** 这个池塘有什么特征?其可能的形成过程是怎样的?
32. **推测** 河流湍流增加是如何减少河床承载物的?
33. **分析** 特殊的地表性质对降水渗透量或径流量有什么影响?
34. **推断** 为什么上游支流往往是流量相对较小的湍流,而下游部分的流量通常相对较大且更平稳?
35. **讨论** 河流的哪些区域容易形成肥沃的土壤?

概念图解

36. 绘制一张关于水循环各环节的概念图,并说明不同环节之间的关系。

挑战难题

37. 在某城镇,镇里的污水都流入了一个大型湖泊。请为该城镇提出一些能确保湖水质量长期达标的解决措施。

地学写作

38. 写一篇关于你所在地区最近发生的洪水灾害的报道。请在文章中解释洪水期间侵蚀作用和沉积物搬运情况与平时有何不同。

材料分析

在过去的几十年间,中国的黄河流入大海的流量发生了巨大的变化。

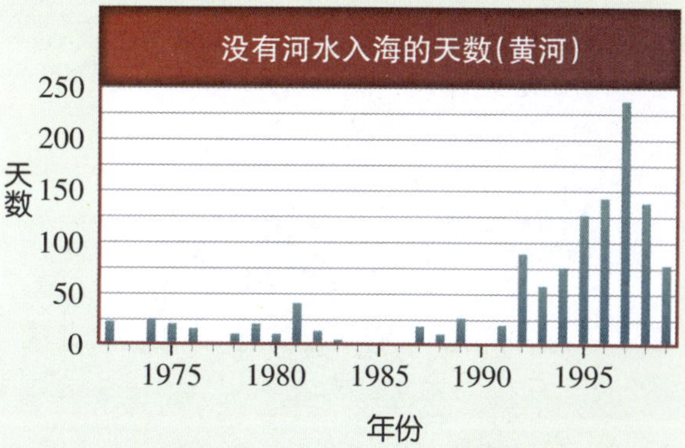

资料来源:Varis, O. 2005. Are floods growing? *Ambio*, 34 (August): 478 – 480.

39. 根据图表,大约哪一年出现了河流流量逐渐减少的征兆?
40. 在记录中,最糟糕的一年里,黄河有水流向大海的天数约为多少?
41. 什么情况可能导致河流流量大规模减少?

综合复习

42. 描述地形图及其用途。(**第2章**)
43. 下列哪种不是矿物:石英、冰、煤还是天然金?(**第4章**)
44. 解释水是如何影响块体运动过程的。(**第8章**)

综合 标准化测试

选择题

1. 下列哪种条件下产生的径流最多？
   A. 有植被覆盖的土地
   B. 土质细腻稠密，覆盖植被
   C. 降水稀少
   D. 沙子含量高的土壤

根据下图，回答第2～3题。

2. 下列哪种情况最有可能产生图中形状奇怪的巨石？
   A. 岩石崩塌
   B. 冰川侵蚀
   C. 风力吹蚀
   D. 风力磨蚀

3. 下列哪条线索可以帮助科学家确定这块巨石的侵蚀方式？
   A. 石块有光滑的表面和光滑的边缘
   B. 石块表面粗糙
   C. 石块的迎风面被打磨得很光亮
   D. 石块有粗糙的表面和边缘

4. 如果你正在制作一个岩石发育模型，你需要表示出不同的岩层。在这个模型中，哪种类型的岩石可以表示颗粒已经被压紧和固化？
   A. 沉积岩　　B. 火山岩
   C. 火成岩　　D. 侵入岩

5. 随着河流流速的减小，下列哪种水流携带的颗粒会首先沉入河底？
   A. 黏土　　B. 粉砂
   C. 卵石　　D. 沙子

6. 下列哪个条件有助于确定湖泊的水质？
   A. 氮含量
   B. 碳酸钙的溶解量
   C. 钾含量
   D. 溶解氧含量

7. 绝大多数矿物都是以物质的哪种状态出现的？
   A. 固态　　B. 液态
   C. 气态　　D. 等离子态

根据下表，回答第8～10题。

土壤剖面的质地数据			
土层	百分比		
	沙子	粉砂	黏土
A	16.2	54.4	29.4
B	10.5	50.2	39.3
C	31.4	48.4	20.2
R(基岩)	31.7	50.1	18.2

8. 从该土壤剖面中，科学家可以得出什么推断？
   A. 土壤是新分层的
   B. 土壤发育较好且成熟
   C. 土壤发育不成熟
   D. 土壤剖面来自西边

9. 哪个土层最有可能含有硬土层中的坚硬物质？
   A. A层　　B. B层
   C. C层　　D. R层

10. O层（有机残落物层）没有列在表格中，你认为是什么原因？
    A. 它太深奥了，无法研究
    B. 它只含有沙子，不含粉砂或黏土
    C. 它仅含有腐殖质和凋落物，研究的意义不大
    D. 它只含有黏土，不含沙子或粉砂

简答题

根据下表,回答第11~12题。

矿物特征				
矿物	颜色	条痕	硬度	比重
硫	黄	黄	2	2.1
黑电气石	黑	白	7	3.2
黄玉	蓝	无色	9	3.6
锌	白	浅灰	2	6.9

11. 这张表是如何排列的?

12. 根据这张表中的硬度和比重信息,你能推断出什么结论?

13. 根据水循环原理,水分子蒸发并凝结成云后会发生什么情况?

14. 对比与比对砾岩和角砾岩。

15. 是什么引起了沙丘迁移?

16. 道路施工人员可以采用什么策略来保护位于陡峭山坡底部、易受滑坡影响的高速公路?

阅读理解

内陆洪水

美国气象局的资料显示,内陆洪水是飓风引起的致命影响之一。当你听到飓风可能来袭或生活在潜在洪水区的话,下列步骤可以帮助你减小陷入内陆洪水的风险。

● 如果政府建议撤离,请立即行动。在洪水阻断通道前转移到安全区域。

● 通过新闻媒体及时了解路况。

● 不要试图穿越流水。仅仅15 cm的积水就可以使你的车辆失去控制,60 cm的水可以冲走大部分汽车。

● 与你所在社区的管理者一起制订洪水应急行动方案。

资料来源:Hurricane flooding: a deadly danger. *NOAA's National Weather Service*. March 2001. (Online resource accessed October 2006)

17. 关于洪水,你需要知道什么重要信息?

A. 在有水流的道路上行驶是安全的

B. 流动的水比静止的水更安全

C. 15 cm的水没有危害

D. 60 cm的水可以冲走大部分汽车

18. 根据上文,下列哪项不能在遇到内陆洪水时保证个人安全?

A. 不要试图穿越流水

B. 转移到你家最高的地方

C. 如果建议撤离,请照做

D. 制订洪水应急行动方案

19. 美国气象局发布这个注意事项的目的是什么?

A. 为了讨论飓风

B. 如果有需要,可以供人们阅读和使用

C. 提醒公众内陆洪水的危害,并给他们提供一些能保护自己的措施

D. 为了吓唬人们

20. 假设你生活在一个可能受内陆洪水影响的区域,制订一个你可以遵循并能保证个人安全的方案。

需要更多帮助?																
如果你回答错误……	1	2	3	4	5	6	7	8	9	10	11	12	13	14	15	16
请复习相应章节……	9.1	7.2	7.2	4.1	9.2	9.3	4.1	7.3	7.3	7.3	4.1	4.1	9.1	8.2	8.2	8.1

第10章

地下水

大概念 降水下渗后形成埋藏、储存在地下的地下水。地下水会以泉水的形式出露地表或被人们从井里抽取。

内容提要

起步实验

科学实验室

水是如何储存在地下的？

在你的脚下，储存着大量的水资源。这些水填充在地下沉积物和岩石之间的孔隙中。在这个实验中，你可以模拟地下水的储存过程。

实验步骤

1. 阅读并遵守实验室安全守则。
2. 在一个250 mL的量筒中装满干燥的细砂。
3. 在另一个250 mL的量筒中装满水。
4. 将水从第二个量筒倒入装细砂的量筒，直到水面与细砂面齐平。测量并记录量筒中饱和细砂的体积。
5. 测量并记录第二个量筒中剩余水的体积。
6. 用粗砂和黏土重复两次实验。

实验分析

1. **描述** 饱和细砂、粗砂和黏土中有多少水？
2. **计算** 饱和细砂、粗砂和黏土中，水与细砂、粗砂和黏土的体积比，并用百分比表示。
3. **推断** 每种类型的沉积物中，每立方米可储存多少水？

折叠式 学习卡

供水危机

根据右图所示，制作一张六格折纸。在阅读过程中对它进行标注，并用它来整理你学习地下水供应危机过程中的相关笔记。

冰岛史托克间歇泉每隔5～10分钟喷发一次，喷发高度有时高达30 m。

第1节 地下水的运动和储存

主要概念 地下水在其水位与地面交界的地方为河流与湿地补充水源。

核心问题

- 如何将地下水的储存和运动与水循环联系在一起？
- 含水层和隔水层有什么联系？
- 含水层的成分与泉水有什么联系？

关键术语

下渗
饱水带
地下水位
包气带
渗透率
含水层
隔水层
泉
热泉
间歇泉

地球科学在你身边 你有没有注意到，即使很长一段时间没有下雨，河流中仍有水在流动？降雨为河流带来水源，但河流中大部分的水来自地下。

水圈

分布在地壳内外的所有水组成了水圈。你已经在地球圈层结构的章节中学习过水圈，地球圈层系统包括地圈、水圈、大气圈和生物圈。水圈中大约97%的水储存在海洋中；储存在陆地上的水仅占水圈的3%，陆地水几乎都是淡水。

淡水是地球上最丰富，也是最重要的可再生资源之一。然而，约70%的淡水储存在极地的冰盖和冰川中。所有江、河、湖泊中的淡水仅占地球上液态淡水的极小部分。世界水资源分布情况如**表10-1**所示。回顾前文可知，水圈中水的运动通过水循环进行。

表10-1 世界上的水资源（估算值）

位置	占总水量的比重(%)	水的体积(km^3)	平均存留时间（估算值）
海洋	97	1 316 700 000	上千年
冰盖和冰川	2.1	28 700 000	几万年或更长
地下水	0.31	4 200 000	成百上千年
湖泊	0.15	2 100 000	几十年
大气	0.1	1 140 000	9天
江、河	0.003	40 000	2周

地下水和降水

海洋是陆地水的基本来源。海水蒸发使水以水蒸气和云的形式进入大气。风将大气中的水带到地球上的各个地方,其中有部分水被输送到陆地上空。降水再以雨和雪的形式将大气中的水送回地表,其中一部分降水落到海洋中,另一部分落在陆地上。

下渗(infiltration)是降水落到地表后,在地面流淌并逐渐成为地下水的过程。仅有一小部分降水形成地表径流,通过河流流入大海。地下水在地下缓慢流动,一部分地下水通过泉水的形式或渗透到湿地和河流后回到地表,最终都流回海洋。

☑ **读后自查** **指出**陆地水的根本来源。

地下水的储存

降雨后留下的水坑很快就会消失,这是因为一部分雨水渗入了地下。而在沙土中,雨水几乎会立即渗入地下。水到底去哪里了?其实,水是渗入了地表物质的空隙中。虽然地壳看起来很坚固,但它是由土壤、沉积物和岩石组成的,其中包含了无数的小空隙,也称为孔隙。

在这些地表物质中,孔隙占了很大的比重。物质中孔隙的比重称为孔隙度。孔隙度越大,地表物质中能够储存的水就越多。地表下部物质的孔隙度从2%到大于50%不等。例如,颗粒均匀的沙土孔隙度约为30%,而颗粒分布不均的沉积物,由于小的颗粒占据了一些孔隙而降低了沉积物整体的孔隙度,如**图10-1**所示。水泥由于其成分中的各种颗粒紧密凝结在一起而减少了岩石的孔隙度。尽管如此,由于地表下有大量的沉积物和岩石,因此大量的地下水都储存在孔隙中。

■ **图10-1** 孔隙度取决于物质中颗粒的大小和种类。

比较图中每个样品的孔隙度。

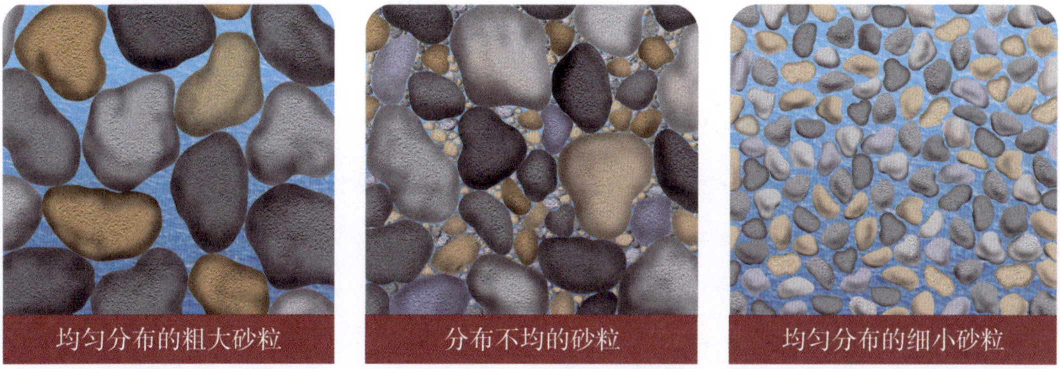

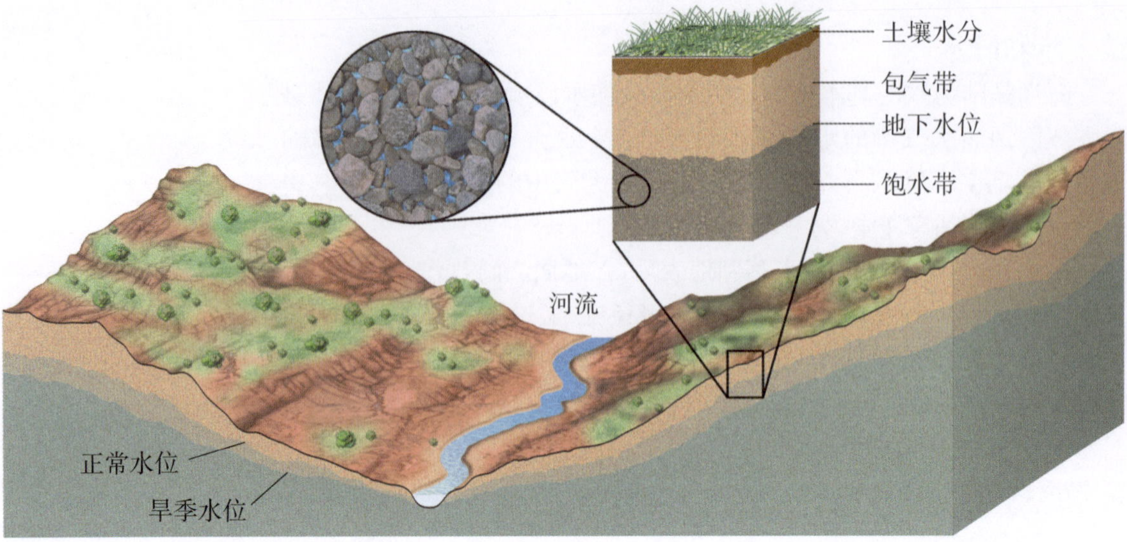

■ **图 10-2** 饱水带是地表下所有孔隙都被地下水完全填满的地带。

描述 *饱水带之上是什么?*

饱水带

地表之下,所有孔隙都被地下水完全填满的地带称为**饱水带**(zone of saturation)。饱水带的上界是**地下水位**(water table),如**图 10-2** 所示。严格来说,只有在饱水带的水才称为地下水。在地下水位之上的**包气带**(zone of aeration),物质是潮湿的,但这里的水是不饱和的,空气占据了大部分孔隙。

水的运动 饱水带和包气带的水可分为重力水和毛细水。重力水由于重力的作用会向下运动。毛细水能通过毛细作用从地下水位向上运动,由于表面张力的作用而停留在岩石和沉积物的孔隙中。若将纸巾的尖角蘸入水中,水通过纸巾的纤维慢慢向上运动,这就是毛细作用。

地下水位 地下水位距地表的深度称为埋深,往往取决于当地的地形条件。例如,在河谷,地下水紧挨地表,因此地下水埋深只有几米;在沼泽地区,地下水位几乎接近地表;而在小山顶或干旱地区,地下水位在地表以下数十到数百米,甚至更深。如**图 10-2** 所示,地下水位的形态通常与其上方的地表形态一致。

地下水位主要受降水影响,因此地下水位的高低随季节和气象条件的变化而波动。雨季,通常是春季时,地下水位会上升;而旱季,通常是夏末时,地下水位会下降。

地下水运动

地下水沿着地下水位倾斜的方向流动。通常，这种运动的速度很缓慢，因为水流必须通过地下物质中的许多微小孔隙而流动。物质的过水能力称为**渗透率**(**permeability**)。连通性好、具有大孔隙的物质如砂和砾石，它们的渗透率较高。水在这类物质中流速也比较快，可达每小时几百米。透水性好的岩层包括高度破碎的基岩、砂岩和石灰岩。

渗透率 地下水流动通过的透水性好的沉积物和岩石，称为**含水层**(**aquifer**)，如**图 10-3** 所示。在含水层中，孔隙很大且连通性好。颗粒细小的物质因为孔隙小，所以渗透率低。这些物质通常被认为是不透水的。地下水在不透水物质中流动非常慢，流速通常以 mm/d 为计算单位。不透水物质包括泥浆、黏土和页岩等。因为黏土透水性极差，黏土坑洼甚至可以积水。为此，黏土常用于建造人工池塘和垃圾填埋场。不透水层也称**隔水层**(**aquiclude**)，它会阻碍地下水流动。

流速 地下水的流速取决于地下水位的坡度以及地下水流经物质的渗透率。当地下水位的坡度较陡时，重力使得水向下流动的驱动力也更大。水流在大孔隙中的流速比小孔隙中更快。地下水的流速与地下水位的坡度和流经物质的渗透率均成正比。

图 10-3 含水层是一层水分饱和的地下透水物质。含水层位于两层不透水的隔水层之间。

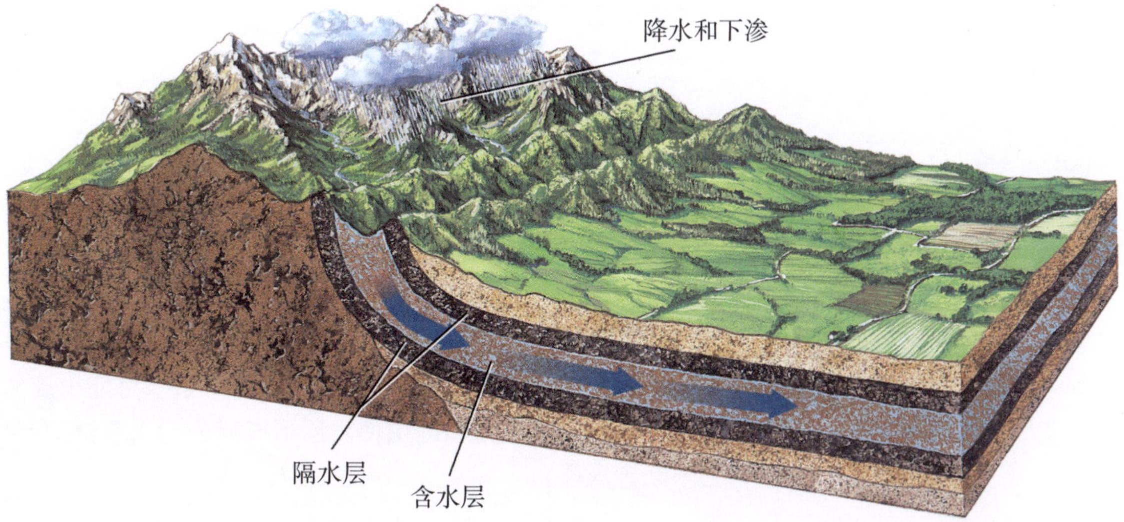

■ **图 10-4** 泉水在地下水位与地表交界处出露。

泉

地下水缓慢且持续地在含水层中运动，最终回到地表。在大多数情况下，只有地下水位与地表相交时，地下水才会溢出。这个相交的地方通常位于有坡面的地区。地下水溢出的具体位置取决于该地区含水层和隔水层的分布。

☑ **读后自查** **解释**地形坡度与地下水溢出位置之间的关系。

我们已经学过，含水层是可渗透的地层。在这里，地下水很容易流动，而隔水层是不可渗透的地层。含水层通常由沙、砾石、砂岩和石灰岩组成。隔水层，如黏土层和页岩层会阻碍地下水流动。因此，地下水会在含水层和隔水层交界处的地表溢出，如**图 10-4** 所示。这些自然流出的地下水称为**泉**（**spring**）。

泉涌 泉水的水量可能只是涓涓细流，也可能形成河流。在喀斯特地区，一整条河流的水可能都来自地下。这样的超级泉被称为喀斯特泉。喀斯特泉出现于石灰岩地区，泉水从地下通道溢出。在水平沉积岩地区附近，泉水通常出现在山谷两侧的等高处，位于含水层的基部，如**图 10-5** 所示。泉水也会出现在上层滞水带的边沿。上层滞水带是在隔水层上方的一个饱水区，它将隔水层与潜水面隔开。泉水可能出现的其他区域是断层边沿。断层使岩层形成错位的大裂缝，有时会阻断含水层。

图解泉水

图 10–5 泉水是地下水出露地表的结果。在多种条件下都可能会形成泉水。

对比与比对 *四类泉水的成因。*

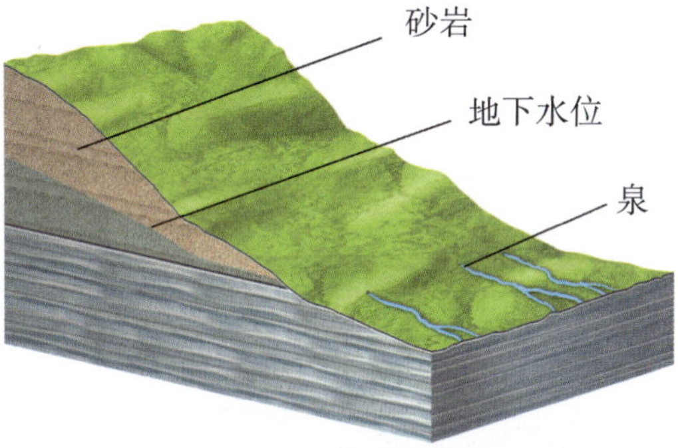

透水层和不透水层相交时会形成泉水。

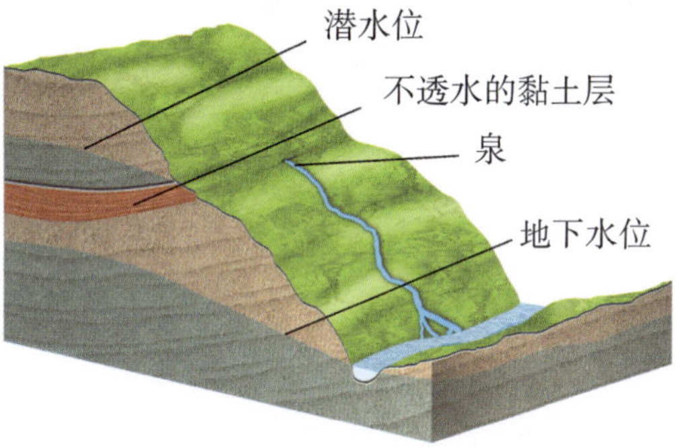

不透水的岩石或黏土会形成潜水面。地下水会从潜水面出露，形成泉水。

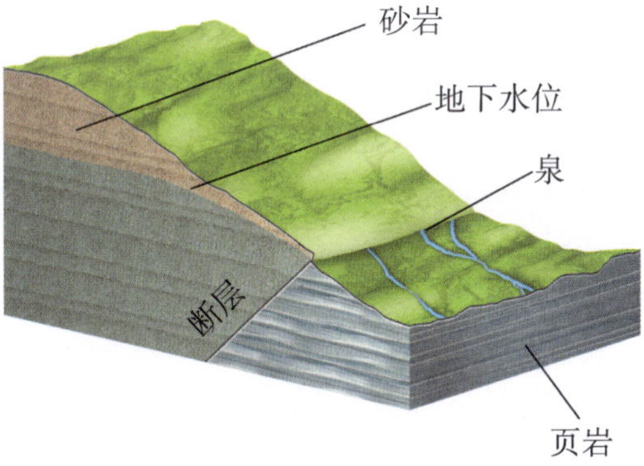

两种不同类型的岩石，如多孔岩石和无孔岩石相接形成断层时，会出现泉水。

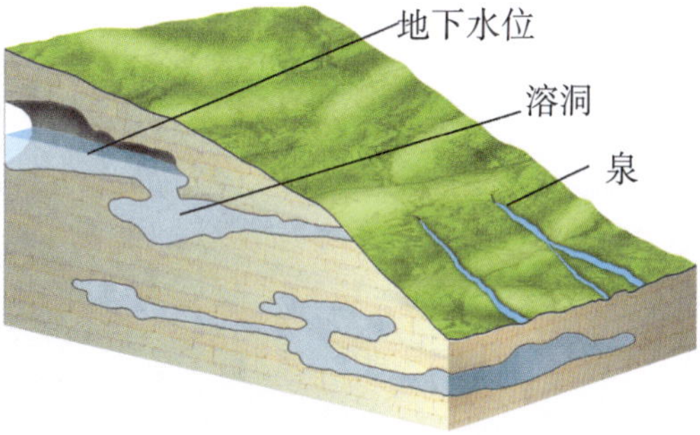

喀斯特泉形成于地下水侵蚀沉积岩基岩处，地下溶洞中的水出露地表。

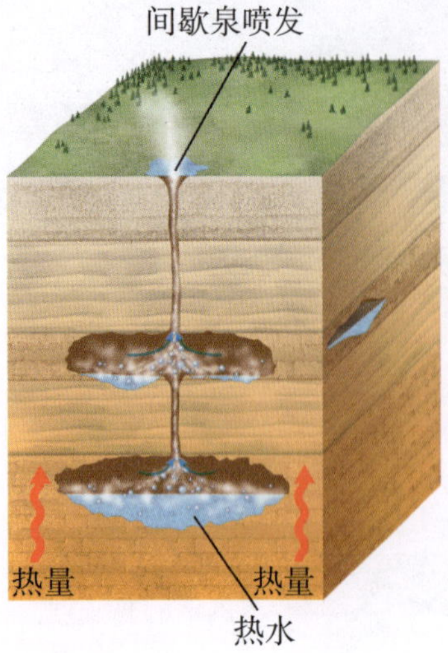

■ **图 10-6** 间歇泉是一种地表喷出温度很高的水和水蒸气的热泉。

指出 *间歇泉的成因。*

泉水的温度 人们通常认为泉水是清凉的。事实上，泉水的温度通常是其所在地区的年平均温度。如美国新英格兰地区泉水温度约为 10 ℃，而西亚海湾国家的泉水温度在 20 ℃ 左右。

和空气温度相比，地下水冬暖夏凉。然而，在世界的一些地区，泉水的温度远高于当地的年平均气温。根据温度的不同，泉可以分为温泉和**热泉**（**hot spring**）。热泉的温度可达36.6 ℃以上，通常比人体平均体温37 ℃还要高。

美国有数以千计的热泉，其中大部分位于美国西部，因为那附近有火山活动，使得地下温度较高。美国东部地区也有一些热泉。在地壳上部，深度每增加1 km，温度升高25 ℃，所以这些地下水是热的。当含水层延伸到地壳深处，那里的热水上涌时，就形成了美国东部的热泉。

在火山区，由地热引起的最壮观的景象之一是间歇泉，如**图 10-6** 所示。**间歇泉**（**geyser**）是间断喷发的热泉。在间歇泉中，水被加热到沸点后开始蒸发。由此产生的水蒸气积聚了巨大的压力。正是这种压力推动了泉水喷发。世界上最著名的间歇泉之一是位于美国怀俄明州黄石国家公园的老忠实泉。老忠实泉每隔44～125分钟喷发一次，喷发高度可达27～56 m。

第 1 节 本节回顾

要点梳理

- 一部分降水渗入地下成为地下水。
- 地下水储存在地下水位之下的岩石和沉积物的孔隙中。
- 地下水在透水的含水层内运动，被不透水的隔水层阻隔。
- 地下水在地下水位与地表交界处出露。

要点理解

1. **主要概念 解释** 地下水运动与水循环有什么联系？
2. **阐述** 含水层和隔水层的相对位置与泉水出露有什么关系？
3. **描述** 热泉里的水是如何变热的？
4. **分析** 影响地下水流速的因素有哪些？

批判性思维

5. **区分**地下物质的孔隙度和渗透性。
6. **推断** 为什么在含水层下有一个隔水层会有利于供水？

地学写作

7. 制作一份指南，用它来帮你找到最有可能存在地下水的地点。

第2节 地下水的侵蚀和沉积

主要概念 水对石灰岩的化学侵蚀塑造了喀斯特地区的地貌特征。

核心问题
- 地下水如何溶解和沉积岩石与矿物？
- 溶洞是怎样形成的？
- 喀斯特地貌的显著特征是什么？

关键术语
岩洞
落水洞
喀斯特地貌
钟乳石
石笋

地球科学在你身边 你可能看到过，古老的墓碑、雕像等会被酸雨侵蚀。地下石灰岩洞的形成与此过程类似。

碳酸

酸是含有氢离子的水溶液。由于含有碳酸的缘故，大多数地下水都呈弱酸性。当二氧化碳溶解在水中并与水分子相结合时，就形成了碳酸。当降水下落，穿过大气并与二氧化碳气体发生反应，或当地下水透过土壤中腐烂的有机物时，就会发生这种反应。由于这种反应，地下水通常呈弱酸性，并且能破坏碳酸盐岩石，特别是石灰岩。石灰岩主要由方解石组成，主要成分为碳酸钙，它与酸能发生反应。这种长期反应的结果如**图10–7**所示，这个过程在地上和地下均可发生。

■ **图10–7** 碳酸溶解了图中大部分石灰岩，中国云南的石林就是这样形成的。

地下水的溶解作用

碳酸的形成及其溶解碳酸钙的过程可以用三个简单的化学方程式来表示。

第一步，二氧化碳（CO_2）和水（H_2O）结合形成碳酸（H_2CO_3），这一过程的化学方程式如下：

$$CO_2+H_2O \longrightarrow H_2CO_3$$

第二步，碳酸分离成氢离子（H^+）和碳酸氢根离子（HCO_3^-），这一过程的化学方程式如下：

$$H_2CO_3 \longrightarrow H^+ + HCO_3^-$$

第三步，氢离子与碳酸钙（$CaCO_3$）发生反应，形成钙离子（Ca^{2+}）和碳酸氢根离子（HCO_3^-），这一过程的化学方程式如下：

$$CaCO_3+H^+ \longrightarrow Ca^{2+}+HCO_3^-$$

产生的钙离子(Ca^{2+})和碳酸氢根离子(HCO_3^-)随地下水流走，最终在其他地方从水中结晶析出，并沉淀下来。当地下水蒸发或二氧化碳气体从水中逸出时，就会发生沉淀。这整个溶解的过程称为溶解作用，碳酸钙的溶解和沉淀是形成石灰岩岩洞的主要原因，如**图10–8**所示。

岩洞 与地表相连的天然地下空洞称为**岩洞(cave)**。有些岩洞形成了由通道、竖井、空穴组成的绵延数千米的三维迷宫。有些岩洞很干燥，有些则有地下河或地下湖。还有些岩洞则完全被水填充，只能由洞穴潜水员来探索它们。如**图10–8**所示，肯塔基州的猛犸洞是由一系列相连的地下通道组成的。

大多数岩洞都是地下水溶解石灰岩后形成的。多数岩洞在地下水位之下的饱水带中形成。当地下水渗透石灰岩的裂隙时，它逐渐溶解邻近的岩石，加大这些通道并形成一个相互联系的开口网络。随着地下水位逐渐降低，岩洞开始被空气填充，新的岩洞在下降后的地下水位之下再次形成。如果地下水位继续降低，原本厚厚的石灰岩最终变成了充满空洞的蜂巢状。这是在被构造作用抬升的石灰岩地区普遍发生的情况。

■ **图10–8** 地下水的溶解作用和沉淀作用造成了各种类型的岩洞。

指出 *图中可能正在发生的化学反应。*

☑ **读后自查** **解释** 大多数岩洞是如何形成的？

卡尔斯巴德洞穴，新墨西哥州

猛犸洞，肯塔基州

■ **图10–9** 喀斯特地貌的特点是石灰岩溶解而形成了落水洞景观。

指出 *喀斯特地貌基岩的溶解速率受什么因素控制？*

喀斯特地貌 **图10–9**显示了一些由石灰岩基岩溶解所产生的地表特征。其中最主要的一种地貌形态是**落水洞(sinkhole)**。落水洞是因岩洞坍塌或酸性水直接溶解石灰岩基岩而形成的地面低洼处。还有一种地貌形态称为地下河。地表水流入岩洞后在地下继续流动，而在地表上留下干涸的河谷，这样的河流就是地下河。地下河有时也会以喀斯特泉的形式重回地表。

有落水洞、地下河等的石灰岩地区称为**喀斯特地貌(karst topography)**区。“喀斯特”一词来源于克罗地亚的地名，因为在那里，这些特征发育得特别好。美国著名的喀斯特地貌区位于肯塔基州、印第安纳州、佛罗里达州和密苏里州。肯塔基州猛犸洞地区就属于喀斯特地貌区，那里分布着成千上万的落水洞。

在喀斯特地区，落水洞增加、生长并最终合并形成宽阔的河谷。除了分散的台地和小孤山外，大部分原始的地表被溶解。不同地点溶解过程的速率差异很大，这是由湿度和土壤成分等因素决定的。湿润地区降水较多，有更多的水渗透到多孔土壤中，从而溶解地下的石灰岩。

地下水沉积物

钙离子最终从地下水中沉淀析出，形成新的碳酸钙矿物。这些矿物创造了壮丽的自然景观。

■ **图10–10** 钟乳石是地下水沉淀出的矿物积聚而成的滴石。

滴石 地下水沉淀导致的最显著特征是形成滴石，它们位于地下水位以上，装饰着许多岩洞，如**图10–10**所示。它们是水长期从岩洞滴落而慢慢形成的。每一滴悬在岩洞顶部的水失去其中一部分二氧化碳，就会沉积一点点碳酸钙。经过漫长的岁月，这些悬挂在岩洞顶部的沉积物会逐渐形成像冰柱一样的形状，称为**钟乳石(stalactite)**。当水滴落到岩洞底部时，也会缓慢地形成土堆状的滴石，称为**石笋(stalagmite)**。

■ **图 10-11** 硬水中的矿物质含量很高。使用硬水的家用水管中会留下沉淀物，如图所示。

指出 *此水管中可能存在的一种沉淀物。*

随着时间的推移，钟乳石和石笋会连接在一起并生长成石柱。研究人员越来越多地在岩洞内发现与滴石形成有关的丰富多样的微生物。这些微生物可能与岩洞中的一些物质的沉积作用有着重要联系。

硬水 你可能知道，自来水中含有多种溶解的矿物质。其中一些来源于土壤、地下岩石与沉积物中矿物质的溶解作用。钙、镁、铁含量较高的水称为硬水。硬水常见于石灰岩地区。由于石灰岩的主要成分是碳酸钙，所以这些地区的地下水中碳酸钙含量较高。正如碳酸钙会在岩洞中沉淀、析出一样，家庭中使用的硬水也可能在水管内沉淀，如**图 10-11** 所示，或沉积在电器的加热部件上。长此以往，碳酸钙沉积物会堵塞水管或导致电器失灵。

第 2 节　本节回顾

要点梳理

- 地下水溶解石灰岩，最终形成地下岩洞。
- 当基岩被溶解或岩洞塌陷时，就会在地表形成落水洞。
- 因地下水溶解而形成的不规则地形称为喀斯特地貌。
- 溶解在地下水中的碳酸钙析出、沉淀后，在岩洞中形成钟乳石、石笋。

要点理解

1. **主要概念** **分析**石灰岩是如何被侵蚀的，并指出由于石灰岩溶解作用而形成的特征。
2. **指出**地下水中最常见的酸。
3. **阐述**　通过一系列图片，阐述岩洞是如何形成的。
4. **调查**　为什么硬水在某些地区更常见？

批判性思维

5. **对比与比对**钟乳石和石笋的形成过程。
6. **分析**　在地形图上如何分辨喀斯特地貌？

地学写作

7. 解释地下水、石灰岩与喀斯特地貌之间的关系。

第3节 地下水供应

主要概念 水井不是用之不竭的。在某些缺水地区，它甚至还面临污染的威胁。

核心问题
- 如何从含水层中抽取地下水？
- 威胁地下水供应的主要问题是什么？

关键术语
井
水位下降
回灌
自流井

地球科学在你身边 如果你有一个银行账户，你能想提取多少钱就提取多少吗？当然不能。就像银行账户一样，地下水可以抽取，但抽取的量只能是已经储存下来的那些。

井

井是挖或钻到地下含水层的洞，有两种主要类型的井：普通水井和自流井。

普通水井 最简单的井是挖或钻到地下水位以下的潜水含水层处，如**图 10-12** 所示。在潜水含水层中，井中的水位与周边的地下水位是一样的。当从井中抽取地下水后，周围含水层里的水会来补充。

当地下水的抽取速度快于补充速度时，就造成了过度采水。过度采水会使井里的水位下降，并使得井的周围形成下降漏斗，如**图 10-12** 所示。原始水位与采水后井水水位之间的差值称为**水位下降**（drawdown）。如果多口井从同一含水层中取水，它们的下降漏斗区会重叠，并导致该区域整个地下水位下降，致使浅井干枯。在**回灌**（recharge）过程中，降水重新补充含水层的水量。由降水和径流回灌的地下水有时可以补足采走的井水。然而，如果地下水的抽取速度快于回灌速度，地下水位会继续下降，直到该区域中所有的井都干枯为止。

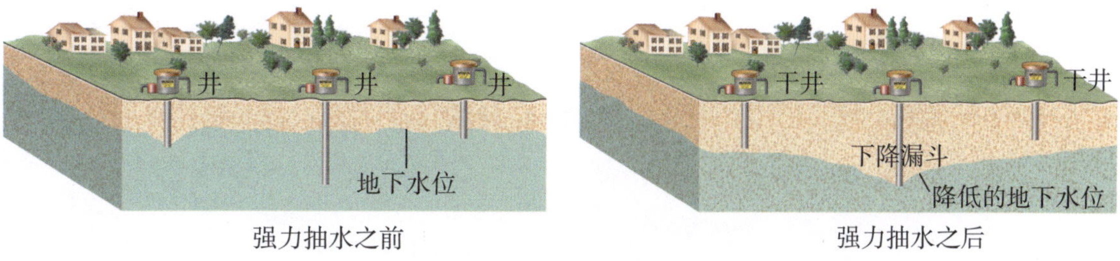

■ **图 10-12** 从一口或多口井过度采水会形成下降漏斗区并导致该区域整体地下水位下降。

■ **图 10-13** 自流水含水层中含有承压水。

指出 *导致普通水井与自流井存在差异的原因。*

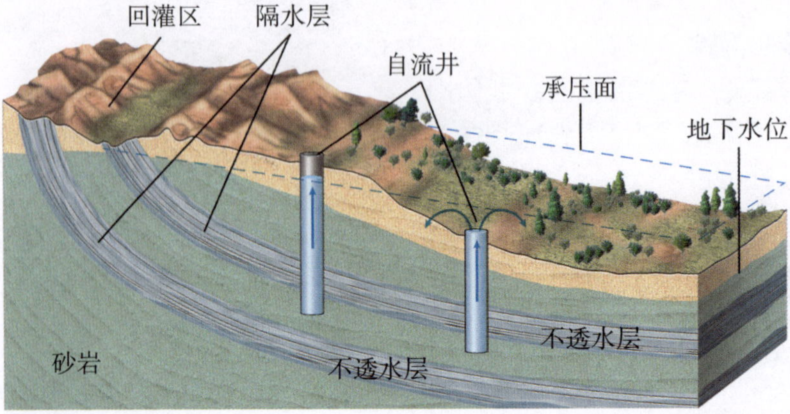

自流井 含水层的回灌区往往高于含水层的其他部分。在两个隔水层之间的含水层称为承压含水层,其中含有承压水。这是因为斜坡上的水会对斜坡下的水施加重力,你可在本页的“技能实验”中学习这部分内容。这种含有承压水的含水层也称为自流水含水层。当回灌速度足够快时,钻入承压含水层的井中的承压水可能会以喷泉的形式喷出地表,称为**自流井(artesian well)**。井中的水可以上升到的水平面称为承压面,如**图 10-13**所示。同样的,喷出承压水的泉称为自流泉。“Artesian”因法国Artois省而得名,大约900年前,人们在那里钻出了第一口自流井。

技能实验

科学实验室

绘制地形剖面图

自流井中的水位如何变化? 自流水含水层中含有承压水。表中提供了某自流水含水层三个站点的数据(沿勘察路线每个站点之间相隔100 m),包括:地面高度、水位高度、自流水含水层上方隔水层的上表面高度和自流水承压面高度。

含水层数据

站点	地面高度(m)	水位高度(m)	隔水层高度(m)	承压面高度(m)
1	396	392	388	394
2	394	390	386	393
3	390	388	381	392

实验分析

1. 在图表中标出各个站点的高度,x轴代表站点,y轴代表高度。
2. 绘制站点1到站点3的勘察路线地形剖面图,用粗线标明地面。

批判性思维

3. **分析** 在每个站点钻井后,地下水会上升到离地表多近的地方?
4. **评估** 如果在站点3钻一口进入承压含水层的井,会发生什么情况?
5. **思考** 在某个站点钻一口自流井会对其他井带来什么影响?

水源供应所面临的威胁

淡水资源是地球上最珍贵的自然资源，是人类的生命之源。人类对淡水的需求是巨大的。水在工农业中用途广泛。**图 10-14** 显示了美国的用水情况，地下水是这些用水的主要来源。

读后自查 **总结** 为什么淡水资源是地球上最珍贵的自然资源？

供水是各种因素动态平衡的结果。这些因素包括降水、下渗量、地面排水、地下岩石或沉积物的孔隙度和渗透率、地下水自然流回地表的体积。随着时间的推移，其中的一些因素也会出现变化，还有一些因素会受到人类活动的影响。地下水供应的变化可能导致环境问题，如地下水位降低、地面沉降和污染。

美国有一个重要的含水层，它是位于大平原之下的奥加拉拉含水层。这个含水层的供水区域包括从南达科他州到得克萨斯州的广大地区。奥加拉拉含水层的回灌区位于黑山和落基山脉。

美国的用水情况

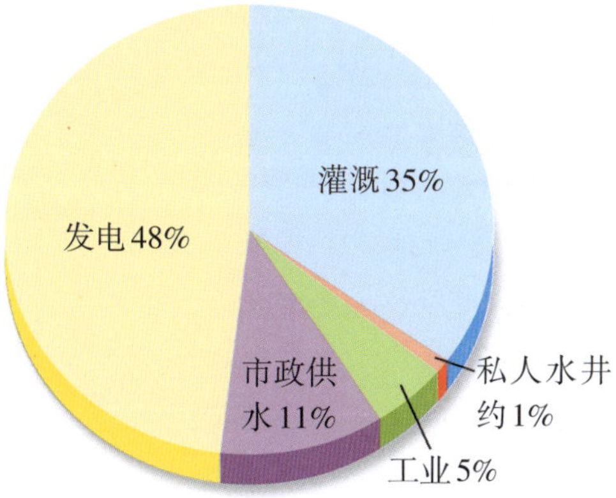

图 10-14 市政供水和私人水井能满足人们的日常用水需求。

指出 *你是如何参与到每个领域的用水活动中的。*

迷你实验

科学实验室

模拟自流井

自流井是怎样形成的？ 什么原因会使得地下水上升到地表？

实验步骤

1. 阅读并遵守实验室安全守则。
2. 用沙子将塑料容器装至半满，再加入足够的水和沙子充分混合。用 1 或 2 cm 厚的黏土或类似的不透水材料将沙子完全覆盖。
3. 将容器倾斜到大约 10° 的位置，用书作为垫板。
4. 用吸管在黏土上钻三个孔，一个靠近底端，一个靠近中部，一个靠近容器的上端。在每一个孔中插入一根干净的吸管，并将吸管插入沙子。密封吸管周围的孔。

实验分析

1. **观察**吸管中的水位。哪里的水平面最高？哪里的最低？
2. **指出**容器中的地下水位。
3. **分析** 水在哪里受到的压力最大？为什么？
4. **预测** 如果水在其中一根吸管中流动，地下水位和表面会发生什么变化？

过度使用 地下水补给是有限的。如果地下水抽取的速度快于回灌速度，地下水将减少，地下水位也会下降。这就是发生在奥加拉拉含水层的情况。它的水主要用于灌溉，地下水被抽取的速度远快于回灌速度。

地球科学相关职业

水文地质学家 水文地质学家需要绘制地下水文地图。他们通过现场调查、地图和航拍照片等确定地下水的位置。

沉降 过度开采地下水引起的另一个问题是地面沉降，即地平面下沉。地下水有助于支撑上方土壤、沉积物和岩石的重量。当地下水位下降时，在含水层上方的物质重量就进一步转移到含水层的矿物颗粒上，它们因而被更紧密地挤压在一起。其结果是，含水层之上的地表下沉。

沉降的一个典型例子是得克萨斯州海湾沿岸地区。在过去的几十年里，由于大量开采地下水，导致了当地大范围的地面下降。在12 000km^{2}的区域内，地面平均沉降为15 cm，某些地区更是下降多达3 m。这增大了当地很多沿海地区遭受洪水灾害的风险。

地下水的污染 一般情况下，最容易被污染的地下水是潜水含水层，因为其上方缺少不透水层。承压含水层受当地污染影响的概率较小，因为它们受到隔水屏障的保护。然而，当承压含水层的回灌区被污染时，这些含水层也就不可避免地被污染了。

☑ **读后自查** **指出** 哪种含水层更容易受到污染？

地下水常见的污染源包括有故障的化粪池和农场的污水，垃圾填埋场以及其他废弃物处理场所。污染物通常进入地下水上方的土壤中，但最终渗透到地下水中。在高度渗透的含水层中，污染物可以在特定方向上迅速扩散，例如化粪池中的污水污染水井，如**图10–15**所示。

图10–15 污染物可以通过高度渗透的含水层迅速扩散。注意观察水井中抽取的水是如何通过地下水而被污染的。

化学制品 地下水溶解和运输的化学物质是以离子和分子的形式存在的，因此它们可以通过细颗粒沉积物间的最小孔隙。由于这个原因，化学物质，比如砷，可能污染任何类型的含水层。

化学物质通常从污染源向下坡移动，形成地下水**污染羽(pollution plume)**，这是通过含水层传播的大规模污染。一旦化学污染物进入地下水，它们就很难被清除。在本章末的“地学实验”中，你将了解更多有关地质学家如何根据区域的地形来预测地下水中化学污染风险的知识。

读后自查 **解释** 为什么砷这样的化学物质会污染任何类型的含水层？

污水、垃圾填埋场以及其他废弃物处理场所可能含有多种污染物。化学污染物可以被渗透的地下水溶解、浸滤。当化学和生物污染物进入地下水时，它们与地下水以同样的速度流经含水层。一段时间后，整个含水层都会被污染，进而对人类产生危害。湿润地区的含水层特别容易受到污染，因为那里的地下水位较浅，更容易接触到废弃物。

盐 不是所有的污染物都是有毒有害的。例如，普通的食盐被广泛用作调味剂，但是，当水里的含盐量过高时，则不能饮用。同理，海水入侵后的地下水也是无法饮用的。盐污染是地下水补给中的主要威胁之一，特别是在沿海地区，海水入侵地下水是这些地区面临的主要问题。在这些地区，靠近地表的地下淡水位于密度更大的咸海水之上，如**图10-16**所示。过度开采井水会造成下方盐水上升进入水井，并污染淡水含水层。

图10-16 淡水含水层可能会被盐水污染。

指出过度采水是如何造成下方盐水在水井中上升的。

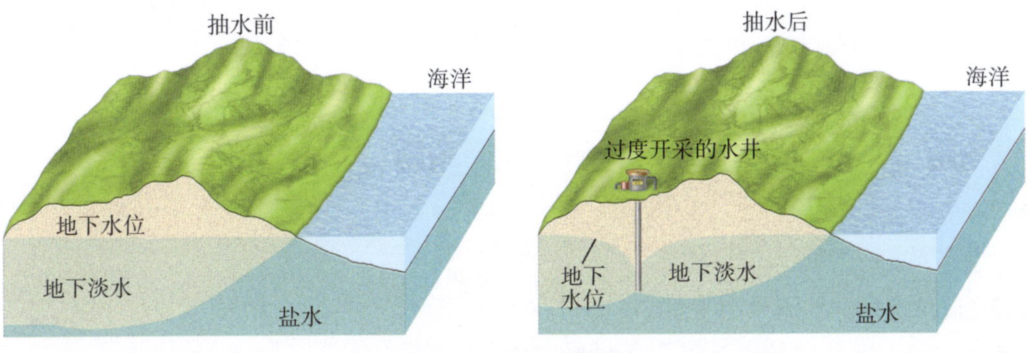

表10-2　地下水污染源
化肥渗漏
储油罐泄漏
矿井酸性废水
有故障的化粪池渗漏
海水入侵海岸线附近的含水层
废弃物处理场泄漏
氡

氡　天然地下水污染的另一来源是氡气，在美国，它是肺癌的主要致癌物之一。地下水中发现的放射性氡是岩石和沉积物中的铀发生衰变的产物之一，通常它在地下水中的含量非常低。然而有些岩石，特别是花岗岩和页岩，比其他岩石含有更多的铀。因此，在这些岩石分布的地下水中，含有更多的氡。

一些氡可能会渗透、挥发并进入房屋内。由于它比空气重，氡会在通风不良的地下室内积聚。美国国家环境保护局（EPA）建议，在易受氡污染的地区，房主们应定期进行室内氡气测试。

保护水资源

有许多方法可以保护和恢复地下水资源。首先，列入**表10-2**的主要污染源需要被定位、确认并清除。污染物可以通过径流和渗透，或者直接从地下污染地下水资源。通过观察水井和借助其他技术手段，可以监测地下水污染羽状况。大多数污染羽扩散缓慢，因此，人们有充足的时间寻找替代水源。某些情况下，在污染区域修建防渗漏的地下屏障可以阻挡污染羽。有时，被污染的地下水可以抽取到地表进行化学处理。

不过，这些措施的效果是有限的，仅仅靠这些措施无法解决地球的供水问题。最重要的一点是，人类必须知道他们的活动对地下水系统的影响，从而采取措施更好地保护地下水资源。

第3节　本节回顾

要点梳理

- 水井钻入饱水带后，可获取水源。
- 过度抽取浅层井水会产生下降漏斗。
- 挖掘自流井会触及承压的隔水层。
- 当地下水的开采速度超出地下水的补给速度时，地下水位会降低。
- 最常见的地下水污染源包括污水管道、垃圾填埋场和其他废弃物处理场所。

要点理解

1. 主要概念　**评估**　与过度开采井水相关的问题有哪些？
2. **解释**　为什么自流井中的水会承受压力？
3. **阐明**自流井和普通水井的差别。
4. **区分**氡和地下水溶解盐所带来的影响。

批判性思维

5. **构建**一个实验来检测污染区域周围是否有防渗漏屏障。
6. **分析**　怎样才能更好地在住宅区预防地下水污染？

地学写作

7. 预测含水层的渗透率对污染物扩散有何影响。

水的守望者

安全的饮用水对许多人来说是理所当然的。大部分的人类用水都来自地下水。但谁能保证地下水源始终是安全的呢？

水文地质学家 研究地下水的科学家称为水文地质学家，他们负责发现和监测地下水源，确保供水没有被污染并且没有过度使用。水文地质学家生活中的一天是什么样的呢？他们前一天可能还在实地进行水位测试，第二天就在办公室里评估数据，后一天可能又去寻找房屋供水管道的故障了。

含水层案例研究 假设一位农民想要安装灌溉系统，其中包括新挖一口井。首先，他必须检查该地区含水层的水位，以确保新井不会造成其他用户用水短缺。水文地质学家在附近找一口可以使用的井，将其连接到抽水泵，连续抽水24小时；再定期检查该地区的其他水井，确定其水位和水质的变化。从这些收集的数据中，可以计算出含水层的水量并确定这口新井的可用水量。

假设，农场开始使用灌溉系统后，道路边的一处房屋失去了供水。水文地质学家就会去该房屋检查技术问题，例如井孔。如果不是由技术原因引起的，他们将通过复核含水层的供水来重新评估灌溉系统。

保证水质 水文地质学家还负责检查水质。如某一含水层的水中出现了奇怪的味道和气味，居民们需要知道水是否可以安全饮用。水文地质学家会采集样本并将它们送到实验室进行各种污染物测试，如污染物成分检测，农药、溶解性重金属或有机物含量检测等。如果发现污染物，水文地质学家会建议居民在发现污染物源头和解决污染问题之前不要饮用该水源。水文地质学家随后会开始调查这个问题，不断寻找线索直至发现污染源并阻止污染进一步扩散。

这些水文地质学家从井水中取样，以确定其是否被污染。

地学写作

日志 调查更多有关水文地质学家的工作内容。然后，假设你和一位水文地质学家在一起工作一天。描述你看到的、做的事以及你所学到的关于含水层的知识。

追踪地下水污染

实验背景：用一张地形图可以判断地下水的流向。地下水污染从源头开始扩散，并随着地下水而流动。污染物的扩散和移动呈羽毛状，从源头向外扩展。

实验问题：你如何确定污染羽的移动？

实验材料

佛罗里达州福里斯特城的USGS地形图

透明纸

尺子

坐标纸

计算器

实验步骤

假设吉姆加油站的一个地下储油罐发生了严重的汽油泄漏。作为当地的水文地质学家，你需要确定汽油在地下水中的污染路径，并通知可能受污染影响地区的居民。

1. 阅读并遵守实验室安全守则。
2. 在地图西南角找出湖泊与沼泽，并在数据表中列出它们的名称和海拔。（注意：海拔已给出或可以根据等高线估算。每个区域的水位高度可依据周边水体的高度估算。）
3. 标出吉姆加油站的位置，它位于塞米诺尔县界以北1 400英尺的福里斯特城路上（在海拔96英尺标记处）。
4. 取出一张纸，将纸放置在地图从莲花湖到卢塞湖的位置上（通过吉姆加油站），绘制这个横截面上地表地形和水位的剖面图。
5. 在这张纸上标出吉姆加油站的位置。
6. 在连接莲花湖和卢塞湖的线上，每经过一处等高线就画一条短线，并记录每个标记处和穿越的河流处的海拔。
7. 为你的地形剖面图绘制坐标轴，x轴代表莲花湖到卢塞湖之间的距离，y轴上用60、70、80、90、100英尺代表海拔。
8. 把画过短线的纸沿坐标轴底部放置。
9. 在坐标轴上为每一海拔画上对应的点，并标出吉姆加油站的位置。
10. 将点连起来绘制出地形剖面图。
11. 注意，附近水体的高度接近于地表到地下水位的距离。用点在地形剖面上表示出这些距离，并将点连起来绘制出地下水位。

实验分析

1. **计算**吉姆加油站两侧地面的坡度。
2. **估量**吉姆加油站地下水位的坡度。
3. **推断**污染羽的移动方向。
4. **指出**　受此次污染威胁的房屋和水体有哪些？
5. **断定**　为当地社区准备一份书面材料，解释此次污染预计通过的路径以及这是如何确定的。

技能应用

设计　利用你在本次实验和本章中所学到的知识，制订一个阻断污染扩散的计划。绘制地图，说明你将在哪里实施你的计划，并标示出定期监测水质的地点。

比例尺 1:24 000
1 mi
1 000 0 1 000 2 000 3 000 4 000 5 000 6 000 7 000 ft
1 km
等高线间隔5英尺
Claypit
哈里特湖
珍珠湖
福里斯特城
泵房
气象地
鹤栖息地
沙土坑
粘土坑
海岸路
虹鳟鱼湖
莲花湖
泉湖
秦伯山教堂
大新省教堂
塞米诺尔县
奥兰治县
天命湖
河岸田地
伊夫湖
河岸教堂
可爱湖
污水处理厂
卢塞湖
墓地
潘布克路
马格诺利霍姆斯路

第10章 复习指南

大概念 降水下渗后形成埋藏、储存在地下的地下水。地下水会以泉水的形式出露地表或被人们从井里抽取。

关键术语

- 下渗
- 饱水带
- 地下水位
- 包气带
- 渗透率
- 含水层
- 隔水层
- 泉
- 热泉
- 间歇泉

第1节 地下水的运动和储存

主要概念 地下水在其水位与地面交界的地方为河流与湿地补充水源。

要点梳理

- 一部分降水渗入地下成为地下水。
- 地下水储存在地下水位之下的岩石和沉积物的孔隙中。
- 地下水在透水的含水层内运动，被不透水的隔水层阻隔。
- 地下水在地下水位与地表交界处出露。

关键术语

- 岩洞
- 落水洞
- 喀斯特地貌
- 钟乳石
- 石笋

第2节 地下水的侵蚀和沉积

主要概念 水对石灰岩的化学侵蚀塑造了喀斯特地区的地貌特征。

要点梳理

- 地下水溶解石灰岩，最终形成地下岩洞。
- 当基岩被溶解或岩洞塌陷时，就会在地表形成落水洞。
- 因地下水溶解而形成的不规则地形称为喀斯特地貌。
- 溶解在地下水中的碳酸钙析出、沉淀后，在岩洞中形成钟乳石、石笋。

关键术语

- 井
- 水位下降
- 回灌
- 自流井

第3节 地下水供应

主要概念 水并不是用之不竭的。在某些缺水地区，它甚至还面临污染的威胁。

要点梳理

- 水井钻入饱水带后，可获取水源。
- 过度抽取浅层井水会产生下降漏斗。
- 挖掘自流井会触及承压的隔水层。
- 当地下水的开采速度超出地下水的补给速度时，地下水位会降低。
- 最常见的地下水污染源包括污水管道、垃圾填埋场和其他废弃物处理场所。

第10章 复习检测

术语回顾

从复习指南中选取合适的术语匹配下列各项描述。

1. 地表以下土层中所有孔隙都充满水的深度。
2. 水在地层中的垂直运动。
3. 某一位置的所有透水层。
4. 含水层中水量的更新。

下列的每一句表述都有错误。从复习指南中选取合适的术语替代斜体的术语使表述正确。

5. 有落水洞和地下河的石灰岩地区会产生*水位下降*。
6. *石笋*是悬在洞穴顶部的冰柱状沉积物。
7. 岩洞坍塌或基岩溶蚀在地表产生*岩洞系统*。

根据复习指南中的术语，回答下列问题。

8. 与泉水形成最相关的两个特征是什么？
9. 普通水井和自流井的主要区别是什么？
10. 火山地区发育、喷出的热泉叫什么？

理解要点

11. 下列哪项是世界上可供人类使用的，数量最多的淡水来源？
    A. 冰盖和冰川
    B. 淡水湖泊水
    C. 河流和溪流
    D. 地下水
12. 落水洞相连后，最终形成了什么？
    A. 宽阔的河谷
    B. 饱水层
    C. 滴石
    D. 含水层
13. 水无法通过沉积物或岩石的地层名称是什么？
    A. 透水层
    B. 隔水层
    C. 含水层
    D. 无水层

根据下图，回答第14～15题。

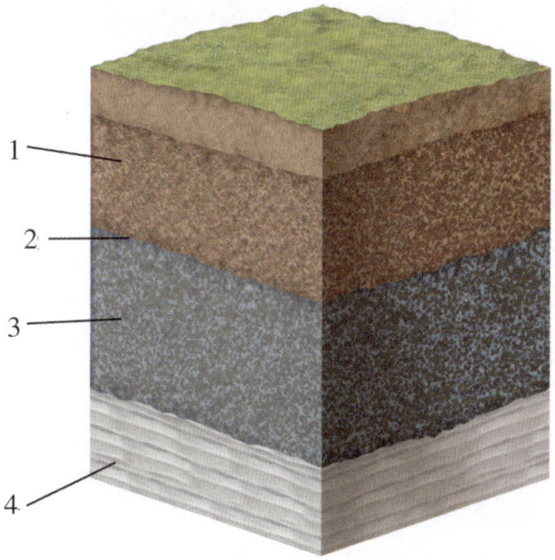

14. 下列哪项正确地标示出了图中所示的特征？
    A. 2：地下水位，3：不透水层
    B. 3：地表层，4：不透水层
    C. 1：包气带，3：饱水带
    D. 1：饱水带，3：包气带
15. 下列哪一层中，尽管物质潮湿但孔隙中主要含空气？
    A. 1层
    B. 2层
    C. 3层
    D. 4层

16. 大部分喀斯特地貌区都有什么特点？
   A. 干燥的地区、石灰石基岩
   B. 潮湿的地区、花岗岩基岩
   C. 潮湿的地区、石灰石基岩
   D. 干燥的地区、花岗岩基岩

根据北卡罗来纳州某一水井的图表，回答第17～18题。

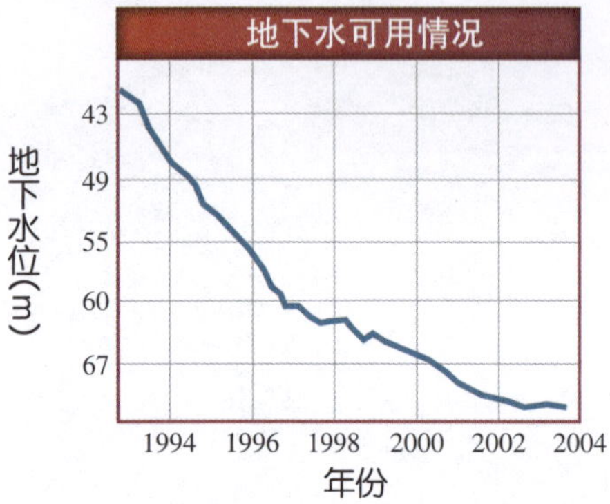

资料来源：USGS

17. 根据图中的信息，下列哪项是合乎逻辑的推论？
   A. 从1993年到2003年，该井可用的地下水量增加
   B. 从2002年到2003年，水位下降速度比1993年到1994年快
   C. 从1993年到1994年，地下水位下降量比2002年到2003年少
   D. 从1993年到2003年，该井可用的地下水量减少

18. 哪一年的地下水位最高？
   A. 2004年　　B. 2003年
   C. 1996年　　D. 1993年

19. 二氧化碳溶解在水中时会形成什么？
   A. 碳酸钙　　B. 酸雨
   C. 碳酸　　D. 氢离子

20. 多孔岩石必须具备什么特征才有渗透性？
   A. 必须在地下水位以上
   B. 孔隙必须很大
   C. 孔隙必须相连
   D. 必须在地下水位以下

根据下图，回答第21题。

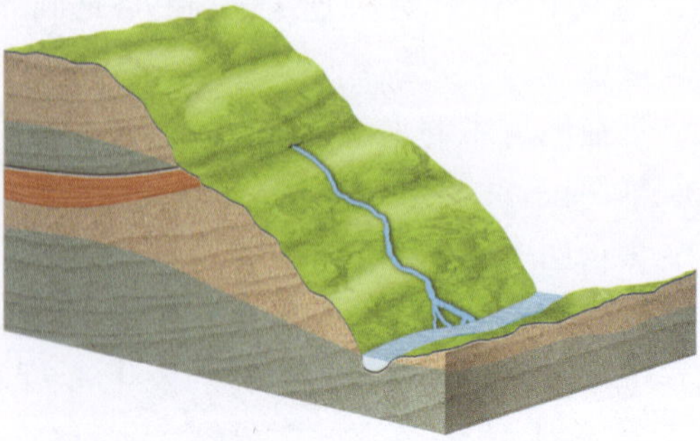

21. 泉的形成需要什么条件？
   A. 透气、饱水的特定区域，且有不透水层
   B. 透气、饱水的特定区域之上有保水的隔水层
   C. 主要地下水位之上有保水的隔水层，并有水从上方补充
   D. 由隔水层确定主要地下水位，并有水从上方补充

简要概述

22. **分类**　区分湖泊或湿地地区地下水位的位置和没有地表水的地区地下水位的位置。

23. **指出**成为自流井水源的含水层必须具有的两个特征。

24. **对比与比对**地下水位在湿润地区和干旱地区的差别。

25. **检测**将沉积岩颗粒黏结在一起的胶结物对岩石的孔隙度和渗透率有何影响。

26. **预测**多年干旱对水量较少的含水层有何影响。

27. **推衍**　岩洞更有可能发育在基岩为石灰岩地区还是砂岩的地区？证明你的答案。

28. **解释**　为什么有毒废弃物进入落水洞会对当地的饮用水安全带来严重威胁？

批判性思维

29. **构想** 为什么钟乳石呈锥形，而石笋通常有不规则的形状且底部更宽？
30. **推测**地下水位降低对山坡上泉水出露所产生的影响。
31. **推断** 大多数喀斯特洞穴发育在饱水带，但为什么地下水位之上常有干燥的洞穴出现？

根据下图，回答第32题。

32. **思考**地表上为什么会出现溪流。描绘一种可以解释照片中地下水作用的场景。
33. **评定**海平面上升可能会对沿海地区地下水供应造成的严重后果。

概念图解

34. 运用下列术语绘制一幅概念图：*普通水井*、*自流井*、*隔水层*、*承压*、*非承压*和*潜水含水层*。

挑战难题

35. 推断大气中CO_2浓度升高对方解石结构和喀斯特地貌发育的影响。

地学写作

36. 写一个小故事来说明共享地下水资源会如何导致邻国之间的冲突。

材料分析

图表显示了密苏里州魔鬼冰洞河的月降水量(柱状图)和月流量(折线图)。

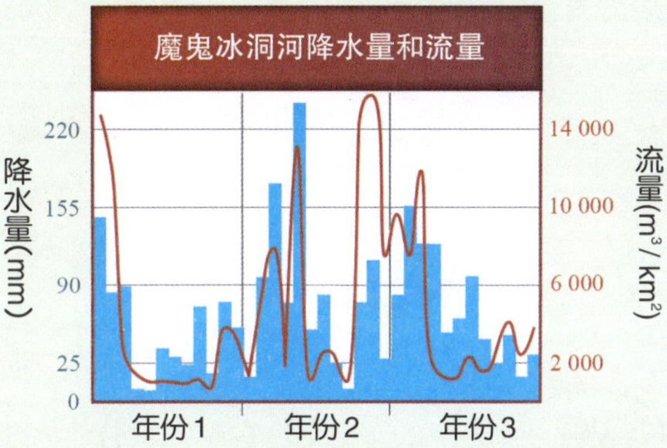

资料来源：Lerch, R.N., C.M Wicks, and P.L. Moss. 2006. Hydrological characterization of two karst recharge areas in Boone County, Missouri. *Journal of Cave and Karst Studies*, 67 (3): 158－173.

37. 哪一年的降水量最多？
38. 根据图表，降水量和流量一般有什么关系？
39. 根据第38题描述的一般关系，指出图中的一处例外，并为这个例外做出可能的解释。

综合复习

40. 对比与比对离子键与共价键。**(第3章)**
41. 岩石圈循环的重要意义是什么？**(第6章)**
42. 列出影响风化速率的因素。指出影响化学风化最重要的因素，并解释原因。**(第7章)**

选择题

1. 哪种材料最适合铺垫池塘？
   A. 砾石
   B. 石灰岩
   C. 黏土
   D. 沙子

根据概念图，回答第2～3题。

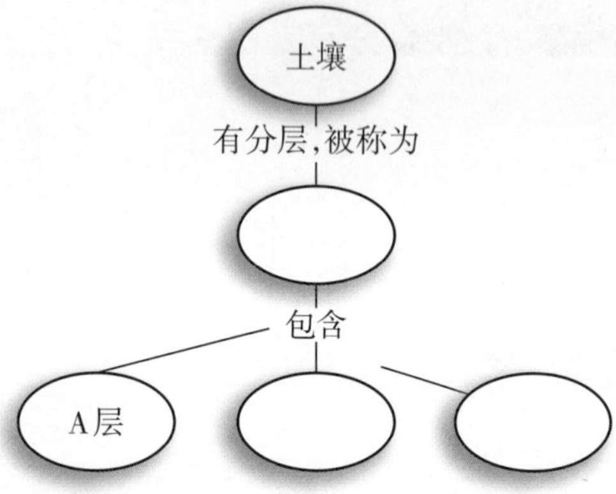

2. 可以填在"有分层，被称为"这几个字下方圆圈内的词是什么？
   A. 土层　　B. 剖面
   C. 平面　　D. 腐殖质
3. 底部的两个圆圈内应该填入什么？
   A. O层，R层
   B. B层，C层
   C. A水平面，B剖面
   D. 腐殖质，垃圾
4. 下列哪项不是湿地的价值？
   A. 为湖泊和三角洲提供营养物质和富含氧气的水
   B. 通过拦截污染物、沉积物和病原细菌来过滤水
   C. 为候鸟和其他野生动物提供栖息地
   D. 由于厌氧和酸性条件，它可以保存化石
5. 水与其他物质的反应称为什么？
   A. 含水　　B. 氧化
   C. 水解　　D. 碳酸化
6. 哪种水源最容易被污染？
   A. 潜水含水层
   B. 承压含水层
   C. 自流井
   D. 热泉

根据下表，回答第7～8题。

年份	侵蚀(m)
2001	2
2002	18
2003	7
2004	5

7. 如表中所示，下列哪个原因可能会造成2002年不寻常的水土流失？
   A. 温度比往年更低
   B. 温度比往年更高
   C. 暴风雨活动比往年弱
   D. 暴风雨活动比往年强
8. 下列哪种人类干预会造成2002年到2003年侵蚀减少？
   A. 建造沙丘
   B. 去除沙丘植被
   C. 沿海岸建造建筑物
   D. 沿海岸建造围栏
9. 岩洞顶部的自然构造是什么？
   A. 硅华
   B. 石灰华
   C. 石笋
   D. 钟乳石
10. 曲流的什么位置水流速度最快？
    A. 曲流弯道的内侧
    B. 曲流的底部
    C. 曲流弯道的外侧
    D. 曲流的所有位置速度都相等

简答题

根据下图，回答第11～13题。

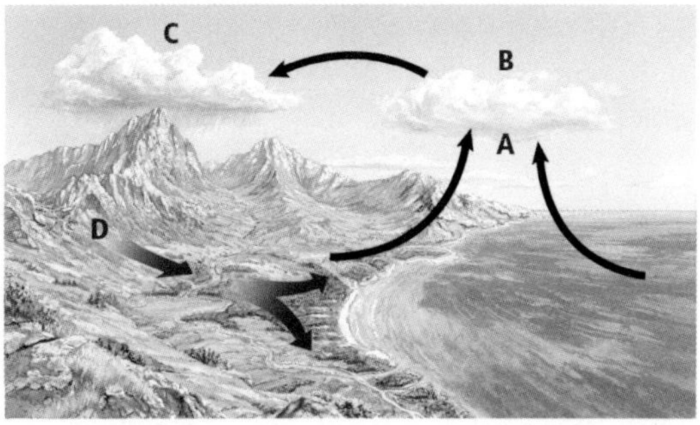

11. 解释图中所示的过程，包括各个过程的名称。

12. 为什么在字母A标记的阶段有两个向上的箭头？

13. 步骤C到步骤D之间发生了什么过程？

14. 硅氧四面体如何影响硅酸盐矿物？

15. 过度开采井水有什么风险？

16. 人类活动如何引发块体运动？

阅读理解

生长中的岩洞

亚利桑那州沙漠的岩洞中扬起一阵凉爽的风，引诱着岩洞猎人们前往地下一探究竟。在那里，岩石的发育从地面开始或从顶部悬下。探险者们发现了一处正在生长的岩洞。塔夫茨和特南是目前已经知道的最早踏入喀车纳岩洞的人，这座岩洞是世界上最壮丽的岩洞之一。岩洞还在生长，"生长"一词可以用来描述岩洞的发育。在喀车纳岩洞工作的科学家里克·图米说："岩洞形成物中仍含有水，它们还将继续生长。"地表雨水在渗入地下的过程中会溶解碳酸钙。在岩洞里，这种含有碳酸钙的雨水混合物从顶部滴落。当碳酸钙析出、沉淀后，就在顶部形成冰柱状的钟乳石以及在底部形成芽状的石笋。除了小裂缝外，洞穴与世隔绝。这种隔离使岩洞的平均温度维持在20 ℃，且洞内湿度接近99%。

资料来源：Roach, J. Arizona tried tourism to save "living cave." *National Geographic News*. April 19, 2005.

17. 根据文章，岩洞"生长"的原因是什么？

A. 岩洞里有动物

B. 人们可以进入岩洞

C. 岩洞里有植物

D. 岩洞形成物继续发育

18. 文章中提到，钟乳石和石笋生长过程中的第一要素是什么？

A. 土壤

B. 雨水

C. 碳酸钙

D. 岩石

19. 从这篇文章中，可以推断出什么结论？

A. 亚利桑那州是唯一有还在继续生长的岩洞的州

B. 岩洞里的温度非常低

C. 因为与世隔绝，所以岩洞保存良好

D. 塔夫茨和特南是首先发现岩洞的人

需要更多帮助？																
如果你回答错误……	1	2	3	4	5	6	7	8	9	10	11	12	13	14	15	16
请复习相应章节……	10.1	7.3	7.3	9.3	7.1	10.3	7.2	8.2	10.2	9.2	9.1	9.1	9.1	4.2	10.2	8.1

图书在版编目（CIP）数据

科学发现者. 地球科学 第二版 2023修订版 上册 /（美）弗朗西斯科·博雷罗等著 ；段玉山等译. -- 杭州 ：浙江教育出版社，2023.8（2024.10重印）
ISBN 978-7-5722-6271-5

Ⅰ. ①科… Ⅱ. ①弗… ②段… Ⅲ. ①地球科学—高中—教学参考资料 Ⅳ. ①G634

中国国家版本馆CIP数据核字(2023)第139273号

美国高中主流理科教材

科学发现者

第二版 2023修订版

地球科学

[美] 弗朗西斯科 · 博雷罗 等 著

段玉山 等 译 班武奇 郭剑峰 审校

地质学、环境与宇宙

Earth Science

Geology, the Environment and the Universe

中册

浙江教育出版社 · 杭州

中册目录

第4单元
大气圈与海洋

第5单元

动态的地球

第4单元

大气圈与海洋

单元内容

地球科学相关职业 海洋学家

这位海洋学家正在研究一头年幼的海牛，想更多地了解它和它所生活的环境，以及它与环境之间的相互影响。海洋学家研究海洋，对水生生物进行分类和保护。

第11章

大气圈

大概念 地球大气圈的组成、结构及特性是形成地球天气和气候的基础。

内容提要

起步实验

科学实验室

是什么原因导致云的形成？

当空气中的水蒸气凝结成小水滴或小冰晶时，便形成云。云能形成雨、雪、冰雹、雨夹雪或者冻雨。你可以在本次实验中研究凝结现象。

实验步骤

1. 阅读并遵守实验室安全守则。
2. 在一个透明的塑料碗中，倒入125 mL温水。
3. 用保鲜膜宽松地包住碗口，并盖住碗的边缘约5 cm。
4. 在自封袋里装入冰块，封好袋口，然后将自封袋放在碗口的保鲜膜上。将自封袋向下压，保鲜膜下凹，但是不接触水面。
5. 用胶带封好碗口的塑料保鲜膜。
6. 每隔10～30分钟观察冰块下面的保鲜膜上发生了什么情况，直到冰块完全融化。

实验分析

1. **推断** 保鲜膜下面出现了什么？为什么会发生这种情况？
2. **联系** 将你的观察结果与大气过程联系起来。
3. **预测** 如果碗里换成热水进行实验，又会出现什么现象？

折叠式学习卡

大气圈的圈层

根据右图所示，制作一张五层折纸，并用它来整理你学习大气圈各个圈层过程中的笔记。

散逸层
热层
中间层
平流层
对流层

处在6 000 m以上高空中的云，通常由冰晶组成。低层云主要由小水滴组成，它们如同一层覆盖在天空上的“保护毯”。

第1节 大气圈概述

主要概念 能量的传输遍及整个大气圈。

核心问题

- 大气圈中的气体和颗粒物的组成成分是什么?
- 大气圈的五个圈层分别是什么?
- 能量在大气圈中如何传输?

关键术语

对流层
平流层
中间层
热层
散逸层
辐射
传导
对流

地球科学在你身边 摸一下某种金属制品,你能感觉到它凉凉的。金属摸起来冰凉,是因为它们从你的手中带走了热能。同理,能量也能直接从地球表面传输到大气圈最底层的空气中。

大气成分

古希腊人认为,空气是组成万物的四种基本元素之一。事实上,空气是由包括氮气和氧气在内的气体,以及一些颗粒物,比如尘埃、水滴和冰晶等组成的混合物。这些气体和颗粒物组成了地球的大气圈,它包围着地球,并从地球表面一直延伸至外太空。

大气中的永久气体 空气中,氮气(N_2)和氧气(O_2)占到了约99%,剩下的1%是氩气(Ar)、二氧化碳(CO_2)、水蒸气(H_2O)和其他痕量气体,如**图11-1**所示。大气中氮气和氧气的数量在最近一段时期内是相对稳定的。然而,纵观地球的历史,大气的成分发生过很大的变化。例如,地球早期的大气可能主要包含氦气(He)、氢气(H_2)、甲烷(CH_4)和氨气(NH_3)。而如今,氧气和氮气不断地在大气圈、生物圈、水圈和地圈之间循环。

大气中的可变气体 大气中有些气体的浓度不像氮气和氧气那样是长期稳定的。像水蒸气和臭氧(O_3)这类气体,它们的浓度在不同的地方会有显著的变化。在这些可变气体中,一些气体,例如水蒸气和二氧化碳,它们的浓度在调节大气圈吸收和释放回地球表面的能量方面起着重要的作用。

水蒸气 水蒸气是看不见的气态水。大气圈中水蒸气的含量随时间和地点变化而变化。在一个特定的地点和时间里,水蒸气浓度可能高达4%,也可能接近于零。其浓度还会随着季节、特定气团的高度以及下垫面的地表性质而发生变化。例如,沙漠上的空气就比海洋上的空气干燥一些。

■ **图11-1** 地球大气的主要成分是氮气(78%)和氧气(21%)。

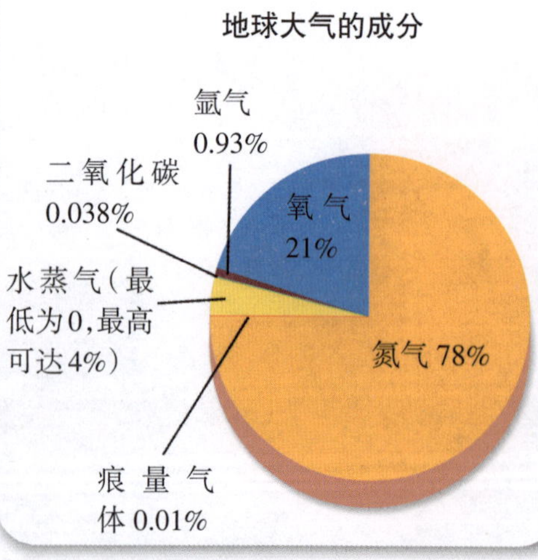

二氧化碳 二氧化碳作为一种可变气体，目前约占大气的0.038%。测量结果显示，在过去的150年里，大气中二氧化碳的浓度从0.028%增长至现在的水平。二氧化碳也同样在地球的大气圈、水圈、生物圈和地圈之间循环。

近代大气中的二氧化碳含量增加主要是由于化石燃料，比如石油、煤和天然气的燃烧。人类燃烧这些燃料，给房屋供热，发电，以及为汽车提供动力等。化石燃料燃烧还会产生其他气体，例如二氧化硫和氮氧化物，这些气体会引发呼吸系统疾病和其他环境问题。

臭氧 臭氧分子是由一个氧分子结合一个氧原子形成的，如**图11–2**所示。大气中的大部分臭氧存在于距离地球表面20～50 km的臭氧层中，如**图11–3**所示。臭氧层中臭氧的最高浓度是每立方厘米含9.8×10^{12}个分子，但这只占大气中的0.001 2%。

臭氧层中的臭氧浓度在高纬度地区呈季节性变化，春季达到最低值。南极洲上空臭氧的季节性变化最大。在过去的几十年间，春季南极洲上空测量到的臭氧含量显著降低。引起臭氧含量下降的原因是一种称为氟氯烃(CFCs)的化学物质，它能在大气中与臭氧发生化学反应，并将其分解。

大气颗粒物 地球大气圈中也包含了大量可变的、以微小颗粒形式存在的固体物质，比如尘埃、盐粒和冰晶。细微粒的尘埃和土壤是被风吹进大气圈的，海水飞溅时也会将盐粒带进大气。大气中的微生物，比如真菌和细菌，也被发现附着于大气中的微观尘埃粒子上。

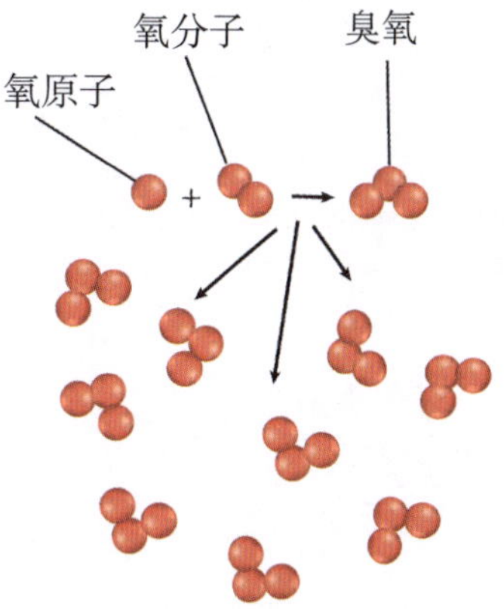

■ **图11–2** 臭氧分子是由一个氧分子结合一个氧原子形成的。

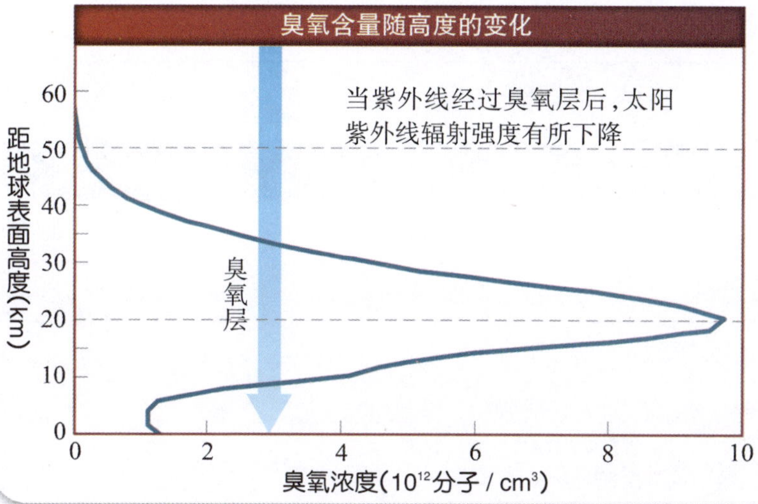

■ **图11–3** 臭氧层抵挡了大量有害的紫外线到达地表。臭氧层中臭氧浓度最高处是在距离地球表面20 km的上空。

大气圈层

大气圈可以分为五个不同的圈层，如**表 11-1** 和**图 11-4** 所示。这些圈层分别是对流层、平流层、中间层、热层和散逸层。每一层的组成和温度都不同。

折叠式学习卡

将本节信息整合到你的折叠式学习卡中。

对流层 作为距离地球表面最近的圈层，**对流层**（**troposphere**）含有大气圈中的绝大部分质量。天气现象发生在对流层中。在对流层里，大气温度随高度上升而下降。温度不再降低的这一高度称为对流层顶。对流层顶的高度是变化的，在赤道地区，它在距离地球表面大约 16 km 处；在极地地区，大约在 9 km 处。对流层顶的温度可以低至-60 ℃。

平流层 对流层顶的上方是**平流层**（**stratosphere**）。在这一层中，大气温度主要随高度上升而逐渐升高，并且它包含臭氧层。在臭氧层之下的低层平流层，温度随高度上升基本保持恒定。然而，从臭氧层下部开始，平流层中的温度就随高度上升而升高。这种加热作用主要是因为臭氧分子能够吸收大量来自太阳的紫外线辐射。在平流层顶，温度不再随着高度上升而升高。平流层顶位于距离地球表面约 50 km 的高空处。地球大气圈中大约 99.9% 的质量都在平流层顶以下。

中间层 平流层顶的上方是**中间层**（**mesosphere**），大约距离地球表面 50～85 km。中间层的大气温度随高度上升而下降，如**图 11-4** 所示。温度下降是因为这一层大气吸收的太阳辐射非常少。在中间层的顶部，温度不再随高度上升而下降，称为中间层顶。

热层 **热层**（**thermosphere**）约在距离地球表面 85～600 km 处。在这一层中，温度的上升是由极低的空气密度引起的，具体将在本章第 2 节中讨论。这一层的温度可以高达 2 000 ℃。电离层是热层的一部分，它由带电粒子组成。

表 11-1 大气圈的组成

大气圈层	位置
对流层	距离地球表面最近的圈层，直到对流层顶
平流层	对流层上方的圈层，包含臭氧层，直到平流层顶
中间层	平流层上方的圈层，直到中间层顶
热层	中间层上方的圈层，吸收太阳辐射
散逸层	地球大气圈的最外层，地球大气圈和外太空的过渡带

图解大气圈层

图 11-4 地球的大气圈有五层。每层的组成和温度各不相同。如图所示，大气温度随高度变化而变化。当你乘坐飞机时，起飞和降落阶段处在对流层，巡航阶段主要在平流层飞行。

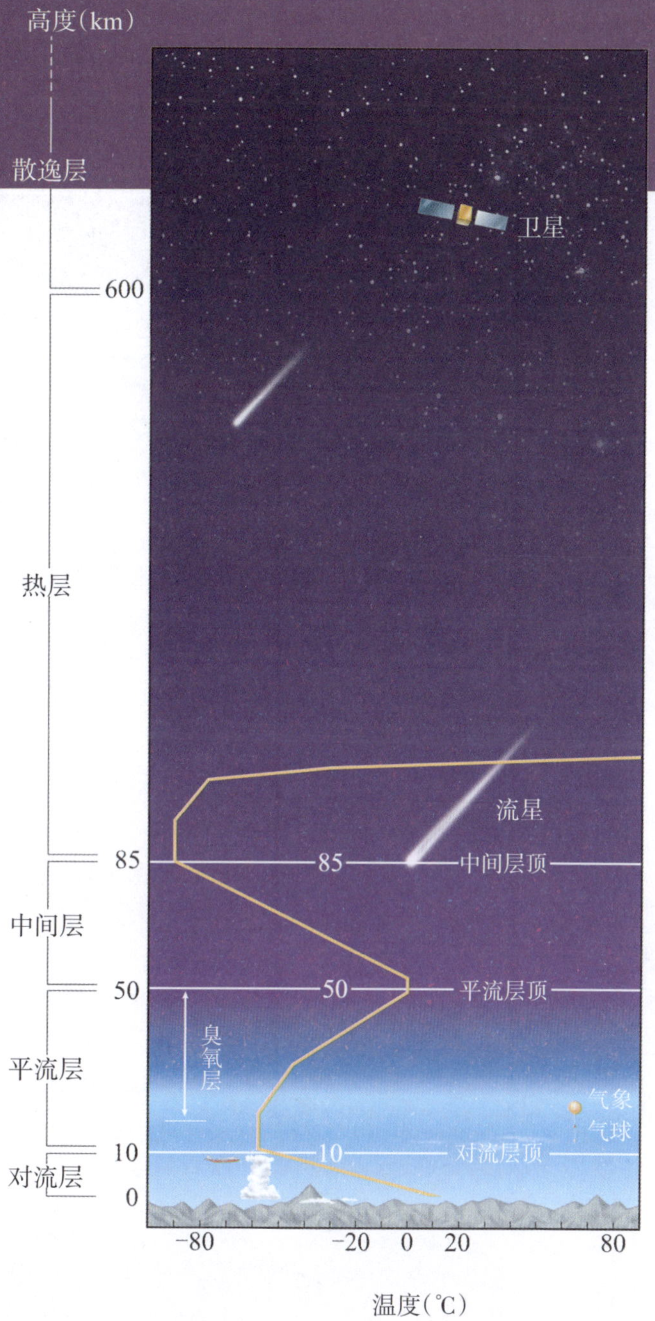

在散逸层，气体分子可以在大气圈和太空之间运动。

夜光云是可以在夏季的黄昏，南北纬50°～60°地区看到的发光的云。它是唯一在中间层形成的云。

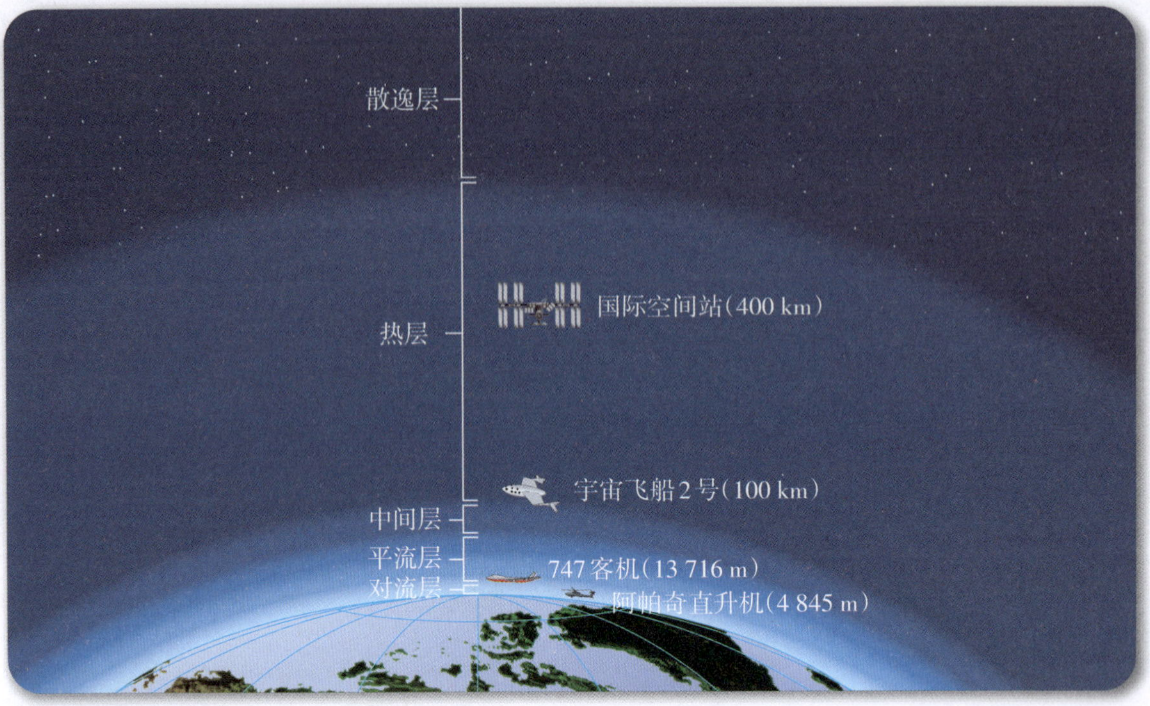

图 11-5 不同航天器可以穿越不同的大气圈层。

比较 *每种航天器在飞行过程中经过的大气圈层的数目。*

散逸层 **散逸层**(exosphere)是地球大气圈的最外层,如**图 11-5** 所示。散逸层从距离地球表面 600 km 处一直延伸至 10 000 km 以外的高空。在散逸层的顶部并没有明显的边界。散逸层可以看作是地球大气圈和外太空的过渡带。散逸层中原子和分子的数量随着高度的上升而变得非常稀少。

在散逸层中,原子和分子间距离太远,彼此之间很难发生碰撞。在这一层大气里,一些原子和分子运动得足够快,它们甚至可以逃到外太空。

读后自查 **总结** 在大气圈较低的四个圈层中,温度是如何随高度变化的?

大气圈中的能量传输

所有物质都是由粒子组成的,比如原子和分子。即使物体并没有运动,这些粒子也一直在运动着。粒子以不同的速度在各个方向上运动,这种运动称为无规则运动。运动中的物体具有一种能量,叫作动能。因此,无规则运动的粒子具有动能。一个物体中由于粒子无规则运动而具有的全部能量,称为热能。

加热是将温度较高的地方的热能传输到温度较低的地方。在大气圈中,热能的传输方式有辐射、传导和对流。

辐射 太阳不停地向外辐射能量，它通过辐射温暖着地球表面的某些部分，如**图 11-6** 中的加热灯，通过辐射加热食物。**辐射**（**radiation**）是通过电磁波传输热能的方式。加热灯发出的可见光和红外线被食物吸收。这些电磁波携带的热能使得食物的温度上升。同样，热能也可以通过辐射从太阳传输到地球。太阳能到达地球的过程中，会被地球的大气层和地球表面吸收和反射。

■ **图 11-6** 加热灯通过辐射传输热能。

吸收和反射 大部分太阳能以可见光和红外线的形式到达地球。几乎所有的可见光都可以穿越大气层，并到达地球表面。这些光波大部分被地表吸收。在地表吸收这些可见光的同时，它也会辐射红外线。大气层吸收太阳发出的部分红外线，同时也辐射出不同波长的红外线，如**图 11-7** 所示。

大约 30% 的太阳辐射被地球表面、大气层或云层反射到太空，另有 20% 被大气层和云层吸收。只有约 50% 的太阳辐射被地球表面直接或间接地吸收，正是这部分能量保证了地球表面的温度。

吸收率 对于任何一个特定区域而言，其吸收率会因该区域不同的物理特性及其所吸收的不同太阳辐射量而有所不同。不同区域吸收能量和不同地表物质的比热也不一样。例如，水域比陆地升温或降温速度慢。另外，总的来说，深色物体比浅色物体更容易吸收能量。比如，晴天黑沥青铺成的车道比浅色混凝土铺成的车道温度升高得更快。

■ **图 11-7** 照射到地球的太阳辐射一部分被反射回太空，一部分被大气层和云层吸收，还有一部分被地球大气层或地球表面吸收。

追踪 *太阳辐射被吸收和反射的路径是怎样的？*

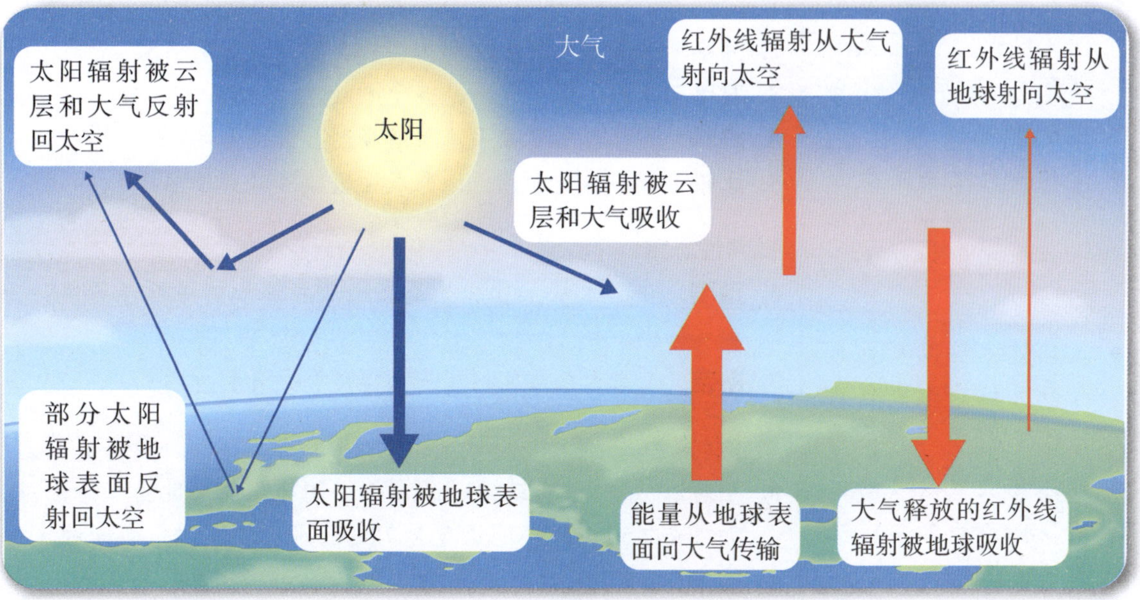

图 11-8 热能通过辐射从热源传输到煤气炉。煤气炉将能量传输到锅底的原子，受热的原子与相邻原子发生碰撞，热能在发生碰撞时通过传导传输到锅的其他部分，包括锅柄。

传导 另一种能量传输的过程发生在两个不同温度的物体接触时。**传导（conduction）**是一种在原子或分子碰撞时物体之间发生的热能传输方式，如**图 11-8** 所示。传导更容易发生在固体和液体中，因为相比彼此相距很远的气体粒子，它们的粒子排列得更紧密。因为空气是气体的混合物，所以它是热能的不良导体。在大气圈，传导发生在地球表面和最底层的大气之间。

对流 在大气圈的大部分地方，热能是通过一种称为对流的过程传输的。对流的过程主要发生在液体和气体中。**对流（convection）**是通过受热物质从一个地方向另一个地方运动来传输热量的。**图 11-8** 描绘了锅中烧水时的对流过程。当锅底的水被加热时，这些水的体积膨胀，密度变得比周围小。因此，热水会向上运动。热水在上升过程中，向周围的冷水传输热能，水温逐渐降低。之后这些水的密度变得比周围的水更大，于是又向锅底下沉，当到达锅底时，又再次被加热。

大气圈也有类似的过程。靠近地表的空气首先被加热，变得比周围的空气稀薄而上升。在暖空气上升的过程中，其温度不断降低，密度逐渐增加。当它冷却到低于周围空气的温度时，其密度大于周围空气而又开始下沉。气体在下沉后再次变暖，重新开始一个新的过程。这种空气的运动过程称为对流，它是大气圈中能量传输的主要形式。

第 1 节　本节回顾

要点梳理

- 地球的大气圈由多种气体组成，主要是氮气和氧气，还包括细小颗粒物。
- 地球的大气圈主要分为五层，每层的组成和温度变化规律各不相同。
- 太阳能主要以可见光和红外线的形式到达地球表面。
- 被地球表面吸收的太阳能以热能的形式在大气圈中传输。

要点理解

1. 主要概念 **排序** 将大气圈中的气体按其含量从多到少排序。
2. **列举** 说出大气圈中发现的四种类型颗粒物的名称。
3. **对比与比对**组成大气圈的五个圈层。
4. **解释** 为什么温度在平流层随高度上升而升高？
5. **比较** 太阳能是如何被地球表面吸收和释放的？

批判性思维

6. **预测** 一锅水从上方加热是否比从底部加热沸腾得更快？请解释原因。
7. **断定** 没有大气层的行星表面温度会是什么样的？

地学计算

8. 在对流层中，温度以 6.5 ℃/km 的平均速率随高度上升而下降。如果在 2.5 km 高度的温度是 7.0 ℃，那么在 5.5 km 高度的温度是多少？

第2节 大气圈的特性

主要概念

大气圈的特性，比如温度、气压和空气湿度等，都可以用来描述天气状况。

核心问题

- 大气圈的三种主要特性是什么？它们之间如何相互作用？
- 为什么随着高度的变化大气特性也会发生变化？

关键术语

逆温
湿度
饱和
相对湿度
露点
潜热

地球科学在你身边

你注意到今天的天气了吗？可能很热，也可能很冷；可能湿润，也可能干燥，甚至可能有大风或降雨。这些天气特征总是在相互作用和变化，每次你出门的时候都可以观察到这些变化。

温度

当你打开燃气灶加热一锅水的时候，热能传递到水中，温度便会上升。我们已经学过，任何物质中的粒子都在做无规则运动。温度是物质中粒子平均动能的一种度量标准。粒子运动较快时，动能更多，所以物质的温度越高，粒子运动越快。

测量温度 通常，温度可以用两种常见温标来测量。这两种温标分别是华氏度(℉)和摄氏度(℃)。科学中使用的温度SI单位是开尔文(K)。**图11-9**说明了这几种温标之间的差异。华氏度和摄氏度都是基于水的冰点和沸点。开氏温标的零点代表绝对零度，是任何物质能够达到的最低温度。

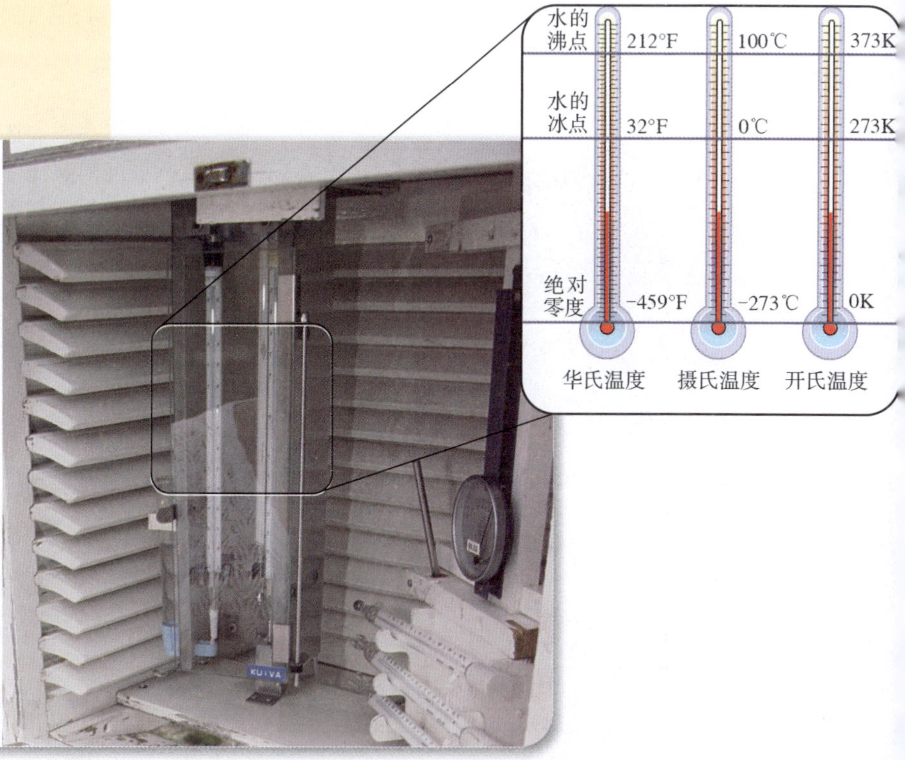

■ **图11-9** 温度可以用华氏度、摄氏度或开尔文表示。开氏温度的刻度值从0 K开始，这一数值分别对应-459 ℉和-273 ℃。

气压

如果你将手向前伸，地球大气会因为你手上方的大气拥有质量而对你的手产生向下的作用力。你的手上单位面积所受的力就是压强。气压就是因为某个表面上方的大气含有质量而对这个表面产生的压强。

因为压强等于力比面积，所以压强的单位可以表示为牛顿每平方米（N/m^2）。气压经常以毫巴（mb）为单位，1 mb 等于 100 N/m^2。海平面的大气压约 100 000 N/m^2，或者是 1 000 mb。当你到达更高层的大气时，由于你上方的空气质量逐渐减少，气压也会随之降低。**图 11–10** 示意了大气压随高度变化而改变的情况。

读后自查 **推导** 为什么大气压不会压扁一个人？

空气密度 物质的密度是指单位体积物质的质量。随着高度上升，大气中的原子和分子离得更远。这意味着高度增加，空气密度减小，如**图 11–10** 所示。临近海平面，空气密度大约是 1.2 kg/m^3。在对流层顶平均高度上，或者说地表上方 12 km 处，空气密度大约是海平面空气密度的 25%。在平流层顶，或者说地表上方 48 km 处，空气密度下降至只有海平面空气密度的 0.2%。

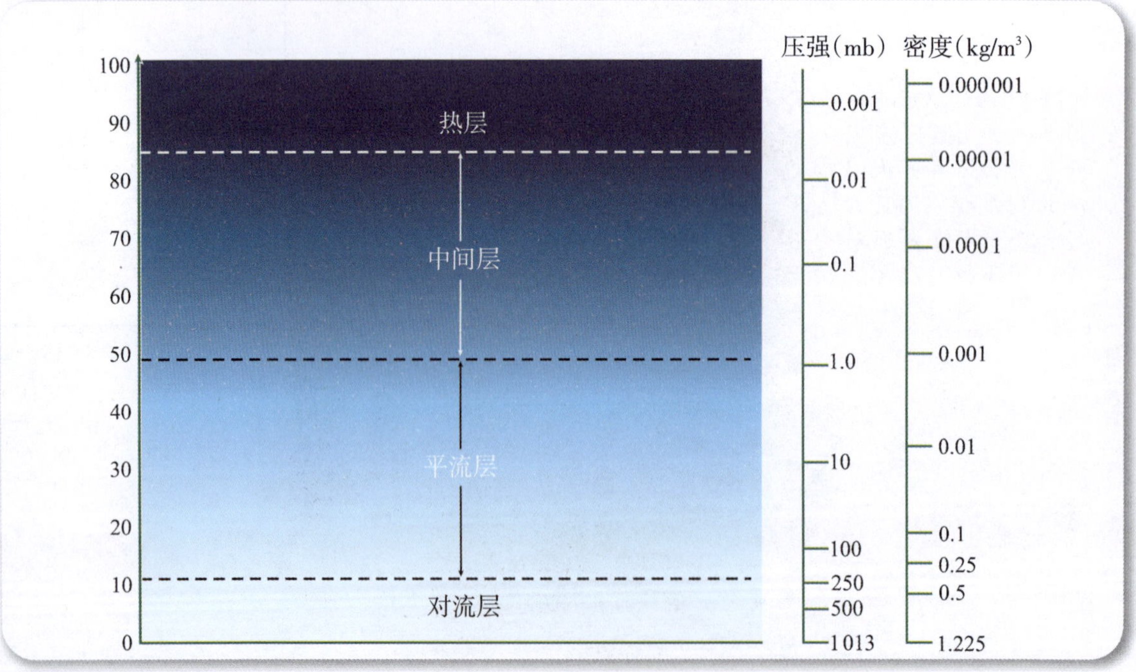

■ **图 11–10** 大气密度和压强随高度上升而下降。

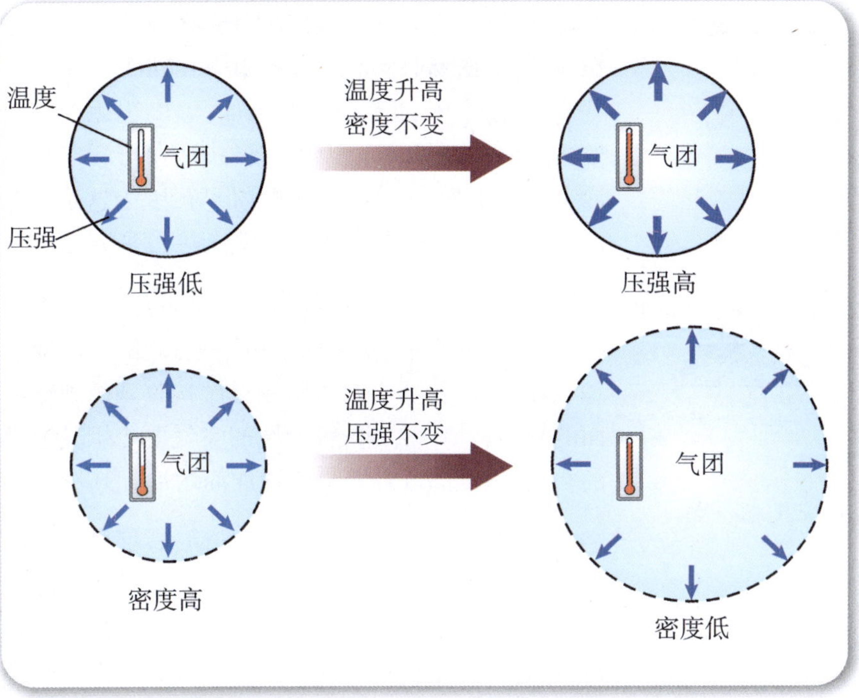

■ **图 11–11** 温度、压强和密度相互联系。如果温度升高，密度不变，压强就会增加。如果温度升高，压强不变，密度就会减小。

压强—温度—密度间的关系 大气圈中，空气的温度、压强和密度是相互联系的，如**图 11–11** 所示。想象有一个仅装有空气的密封容器，容器中空气产生的压强与其中的空气温度和密度有关。如果空气温度或者密度改变，压强会如何变化呢？

空气压强和温度 容器中空气产生的压强是由于空气中气体粒子与容器壁发生碰撞引起的。温度升高，这些粒子的运动速度变快，它们与容器壁碰撞时便会产生更大的力，因此容器中空气压强也增大。这意味着拥有相同密度的空气，温暖的空气比寒冷的空气压强更大。

空气压强和密度 想象一下，空气温度不变，在容器中充入更多的空气。现在容器里的气体粒子变多了，因此容器中空气的质量增加。因为容器体积不变，容器内的气体密度便会变大。因为有更多的气体粒子与容器壁发生撞击，粒子对容器壁产生的力也更大。这意味着在相同温度下，密度大的空气比密度小的空气产生的压强更大。

温度和密度 加热气球使得其内部空气运动更快，造成气球膨胀，体积变大，结果是气球中空气密度减小。这同样也适用于大气圈中的气团。压强相同时，温暖的空气比寒冷的空气密度更小。

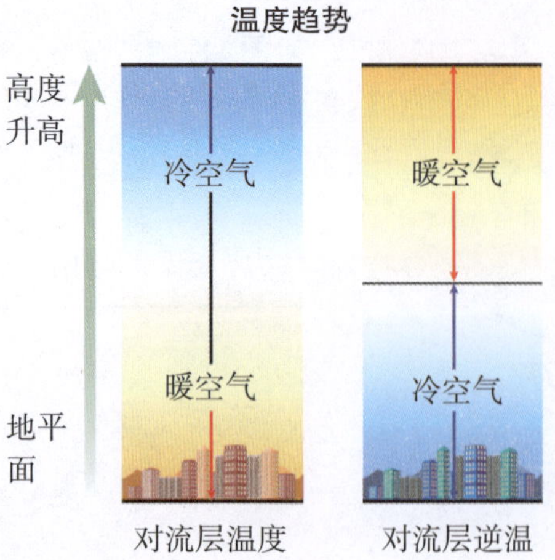

■ **图 11–12** 逆温时，暖空气在冷空气的上方。

逆温 在对流层中，空气温度总体上随高度增加而降低。然而，有时在对流层的局部范围内会发生逆温现象。**逆温**（**temperature inversion**）是指在大气圈对流层中，随着高度的增加，温度也逐渐升高的现象。换句话说，当逆温现象发生时，暖空气在冷空气的上方。这被称作温度倒置，因为这里的温度与高度的关系是反向的，如**图 11–12** 所示。

逆温的成因 对流层逆温的一个例子是，在某个寒冷、晴朗的冬季夜晚，海面上风平浪静，陆地快速冷却。在这种情况下，对流层较低层接收到的地球表面的热量较少。结果，较低层的空气要冷于其上部的空气，因此温度随着高度增加而增加，形成逆温。

逆温的影响 如果天空雾蒙蒙的话，该处较低层的大气就有可能出现逆温现象。逆温能导致雾或低层云。在许多海滨城市，例如美国的圣弗朗西斯科，雾是导致能见度低的一个重要因素。在一些城市，如**图 11–13** 所示，逆温会导致大气污染。因为只要下方空气的温度比上方空气低，气体就不会上升，而含有大量污染物的较冷的空气则被困在了暖空气的下面。因此污染物没有办法离开地球表面。工业区域上方持续很长时间的逆温，通常会造成极其严重的烟雾事件——一种可以引发呼吸道疾病的大气污染。

■ **图 11–13** 纽约市的逆温圈住了城市上空的大气污染物。

描述 *逆温对大都市空气质量的影响。*

风　炎炎夏日，当你走进一栋宽敞且装有空调的大楼，一打开大门，你会立刻感到一股急速的冷空气扑面而来。这是因为大楼外温暖空气的密度和压强比大楼内的冷空气小。当门打开时，压强不同造成凉爽的高密度空气冲出大楼。这种空气的运动就是人们常说的风。

风和气压差　在上面的例子中，大楼里的空气从密度较高的地区移动到密度较低的地区。在较低层的大气中，空气也通常从高密度区移动到低密度区。地球表面的不均匀加热和冷却导致了这种密度差。大气圈中，气压通常随密度的增加而增加，所以高密度区和低密度区也分别是高压区和低压区。在近地面大气中，空气从高气压区向低气压区流动，形成了风。

风速和海拔　风速和风向在大气圈中随高度的变化而变化。在接近地球表面处，风由于与树木、建筑物和山丘表面接触而产生摩擦，不断地减慢速度，如**图11-14**所示。此外，水面也能影响到空气的运动。而距离地球表面越远，空气遇到的摩擦越小，风速反而会加大。风速通常用英里/时(mph)或千米/时(km/h)来衡量。海里的轮船上通常用海里/时来表示风速。1海里/时等于1.85 km/h。

图11-14　当风吹过海岸边的森林上空时，它会遇到比经过平坦地形时更大的摩擦力。这是因为风受到山脉、树木和水面的摩擦影响，风速减缓了。

湿度

大气中水蒸气的分布和运动对各个地区的天气状况起到了重要的作用。**湿度(humidity)**是指地球表面某一位置大气中的水蒸气含量。有两种方式可以用来表示大气中水蒸气的含量:湿度和露点。

相对湿度 想象一个装有水的烧瓶,烧瓶内的一些水蒸发后不再是液体,而成为烧瓶中水蒸气的一部分;同时,还有另外一些水蒸气凝结,重新变成液体。正像烧瓶中的水蒸气含量可能会变化一样,大气中的水蒸气含量也是如此。地球表面的水蒸发进入大气,凝结后形成云和降水。

在烧瓶的例子中,如果蒸发率大于凝结率,烧瓶中的水蒸气含量会增加。**饱和(saturation)**是指在一定体积的空气中,水蒸气含量达到最大值。饱和溶液中不能再继续溶解溶质,同样的,当一定体积的空气饱和后,它便再也不能容纳更多的水蒸气。

在一定体积的空气中,水蒸气含量与这个体积空气达到饱和所需的水蒸气含量的比率称为**相对湿度(relative humidity)**。相对湿度用百分数表示。当某一体积空气达到饱和,它的相对湿度是100%。如果你听到天气预报说相对湿度是50%,这意味着空气中包含了达到饱和空气所需的水蒸气含量的50%。

技能实验

科学实验室

图表解读

如何计算相对湿度? 相对湿度是指给定体积的空气中实际含有的水蒸气含量与这些体积的空气达到饱和所需的最大水蒸气含量的比率。根据右侧的曲线图,回答下列问题。

批判性思维

1. **比较** 1 m^3的空气在15 ℃和25 ℃时所能容纳水蒸气含量的最大值。
2. **计算** 1 m^3的空气在20 ℃、含有10 g/m^3水蒸气时的相对湿度。
3. **分析** 相对湿度可以大于100%吗?请解释原因。

数据与观察

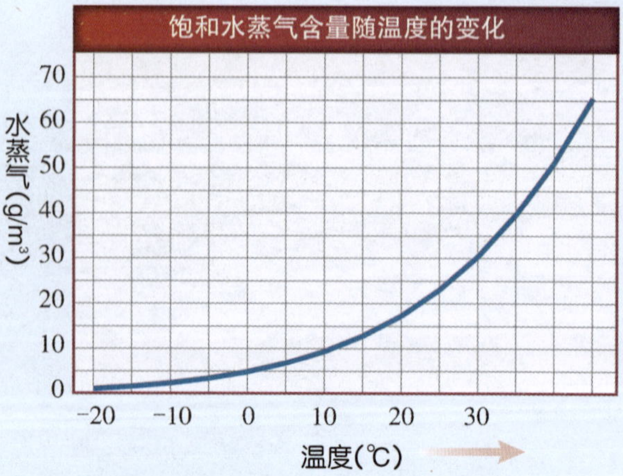

露点 露点是衡量空气中水分含量的另一个常见指标。**露点(dew point)**是指常压下，空气中的含水量达到饱和时的温度。“露点”的得名是因为当温度下降至这个水平时，水蒸气凝结，开始形成露水。如果露点与空气温度几乎相同，此时相对湿度会很高。

潜热 空气中的水蒸气凝结时会释放热能。这些能量是从哪里来的呢？当液态水变成水蒸气，用于加热水的热能进入水中。这样，水蒸气便比液态水拥有更多的热能。而这些能量在凝结现象发生时又会被释放出来。水蒸气比液态水所多出的这部分热能，称作**潜热(latent heat)**。

如**图11–15**所示，当发生凝结时，潜热被释放出来，空气变暖。在任何时候，当前大气中的水蒸气都是能量的一种重要来源，因为它包含潜热。当水蒸气凝结时，其释放的潜热可以为天气系统提供能量，比如增加飓风的强度等。

凝结高度 气团在没有被加热或冷却时也能够改变温度。这种一个系统中没有增加或减少热能，却导致温度改变的过程称作绝热过程。绝热过程的一个例子是，当自行车打气筒里的空气被压缩时，空气温度升高了。同理，当气团下沉时，温度会升高，而气团上升时，温度会降低。绝热升温发生在空气被压缩时，而绝热冷却发生在空气膨胀时。

迷你实验

科学实验室

调查露水的形成

露水是如何形成的？ 当近地面的湿空气冷却，空气中的水蒸气凝结成小水滴时，便形成露水。

实验步骤

1. 阅读并遵守实验室安全守则。
2. 往一个玻璃杯中加水至三分之二满。记录室内温度和水的温度。
3. 在玻璃杯中加满冰块。每隔10秒记录一次水的温度。
4. 观察玻璃杯外侧。记录玻璃杯外侧发生变化时的时间和温度。
5. 在室外重复进行一次实验。记录水的温度和室外温度。

实验分析

1. **对比与比对** 在教室里实验时，玻璃杯外侧发生了什么变化？在室外时又发生了什么变化？如果两次情况不相同，请做出解释。
2. **联系** 将你的观察结果与露水的形成原理联系起来。

■ **图11–15** 蒸发过程中，水分子从液体表面逃逸，以水蒸气的形式进入空气。凝结过程中，水分子重新变成液态。平衡状态时，蒸发和凝结过程持续发生，但是空气和液体中水的含量保持恒定。

■ **图 11–16** 凝结发生于抬升凝结高度(LCL)。抬升凝结高度以上的空气是饱和的,因此,那里的空气比抬升凝结高度以下的空气冷却得更慢。

解释 *为什么抬升凝结高度以上的空气比抬升凝结高度以下的空气冷却得更慢?*

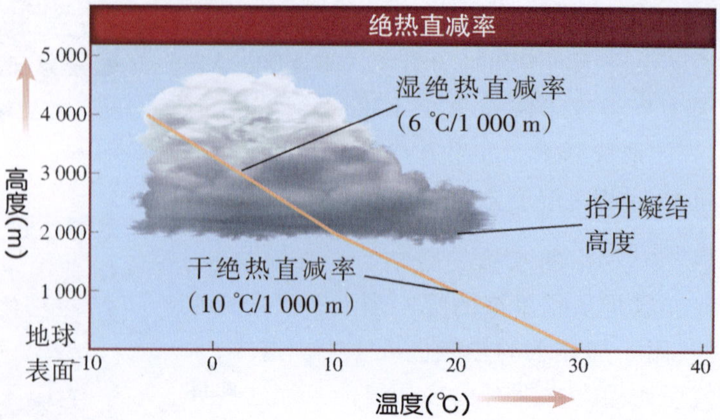

上升气团周围的空气压强在它上升时逐渐降低,导致温度下降,气团膨胀。假设上升气团不与周围空气发生热能交换,那么它每上升 1 000 m,温度会下降 10 ℃。这称作干绝热直减率,即不饱和空气在上升过程中,没有热能增加或减少时,空气冷却的速率。如果空气持续上升,最终会达到饱和并开始凝结。凝结发生的高度称为抬升凝结高度(LCL)。

饱和空气冷却时的速率称为湿绝热直减率。这一速度可在 4 ℃/1 000 m(非常温暖的空气)到 9 ℃/1 000 m(非常寒冷的空气)范围内变化。如**图 11–16**所示,湿绝热直减率比干绝热直减率小,这是因为空气中的水蒸气在上升时凝结并释放潜热。

第 2 节　本节回顾

要点梳理

- 压强相同时,暖空气比冷空气密度更小。
- 空气从高压区向低压区运动。
- 露点取决于空气中水蒸气的含量。
- 水蒸气凝结和水结冰时都会释放潜热。

要点理解

1. **主要概念** **识别**大气圈的三种主要特性,并描述随着高度改变,大气特性会发生怎样的变化。
2. **解释** 逆温时会发生什么情况?
3. **描述** 物体的温度上升时,物体中粒子的运动会有什么改变?

批判性思维

4. **预测** 上升气团的相对湿度和露点会如何变化?
5. **设计**一个实验来解释在不同类型的地球表面,平均风速会发生什么变化。

地学计算

6. 如果对流层的平均厚度是 11 km,温度以干绝热直减率下降,那么对流层顶部和底部的温度会有什么不同?

第3节 云和降水

主要概念 不同的云在形状、大小、形成高度和降水类型等方面都有所不同。

核心问题

- 稳定大气与不稳定大气的区别是什么？
- 低云、中云、高云和直展云有什么不同？
- 降水是如何形成的？

关键术语

凝结核
地形抬升
积云
层云
卷云
降水
聚结

地球科学在你身边 如果你抬头望向天空，你可能会注意到天上的云每时每刻都在变化着。有一些云预示着接下来晴空万里，还有一些云预示着暴风雨即将到来。

云的形成

当上升气团冷却时，便会形成云。前面已经学过，地球表面的不同地方受到不同程度的加热和冷却。这种地表不均匀的加热和冷却过程导致地表附近的气团会变得温暖或寒冷。当一个气团被加热时，它的密度会比周围的气团更小，同时也导致温暖的气团被密度更大、更寒冷的气团向上推动。

然而，当暖气团上升时，它会在绝热条件下膨胀和冷却。气团上升过程中温度冷却导致其中的水蒸气凝结。抬升凝结高度是指气团中水蒸气发生凝结的高度，所以当上升气团达到抬升凝结高度时，水蒸气在凝结核周围凝结，如**图 11-17** 所示。**凝结核**(**condensation nucleu**)是大气中的微粒，这些微粒的直径通常小于0.001 mm，可以由冰粒、盐粒、尘埃和其他物质组成。在凝结核周围可形成小水滴或者小冰晶，这取决于凝结核周围的温度。当这些小水滴的数量足够大时，便会形成肉眼可见的云。

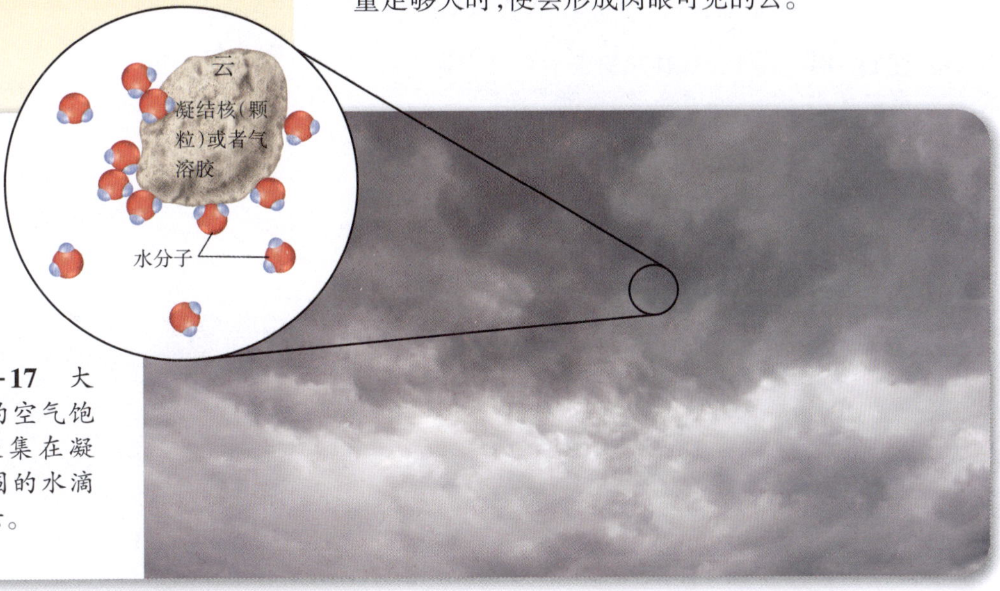

■ **图 11-17** 大量上升的空气饱和后，聚集在凝结核周围的水滴便形成云。

大气稳定度 气团上升时会逐渐冷却。然而，只要它比周围空气更温暖，气团就会继续上升。在某些条件下，气团刚开始上升却又下降至原来的位置，当这种情况发生时，大气处于稳定的状态，因为它具有抵御上升的能力。气团的稳定度决定了它形成的云的类型以及与此相关的天气模式。

稳定大气 气团的稳定度取决于气团温度相对于大气温度的水平。地表附近的大气温度随着高度上升而逐渐降低。因此，气团上升时，大气在逐渐变冷。同时，上升的气团也在逐渐变冷。假设随着高度上升，大气温度比上升气团的温度冷却得更慢，那么上升气团会比大气更快地冷却。最后，当气团到达某一高度时，它会比大气温度更低。之后它又会下沉至密度与大气密度相同的那个高度上，如**图 11-18** 所示。因为气团不再上升，并且有下沉的趋势，它就变成了稳定气团。在气团稳定的状态下，会形成晴天的云。

读后自查 **描述**影响大气稳定度的因素。

不稳定大气 假设周围大气温度比上升气团的温度冷却得更快。在这种状况下，气团总是比它周围的大气密度小，其结果会导致气团持续上升，如**图 11-18** 所示。此时大气属于不稳定状态。在气团不稳定状态下，会形成与雷暴天气有关的云。

地球科学相关职业

气象观测员 气象观测员利用气象设备、雷达和卫星照片，帮助气象学家收集关于天气和海洋状况的信息。生物学、地球科学、环境科学和地质学的相关知识对气象观测员来说很有用处。

图 11-18 当气团温度比周围空气温度更高时，气团上升。当周围空气温度比气团温度更高时，气团下沉。

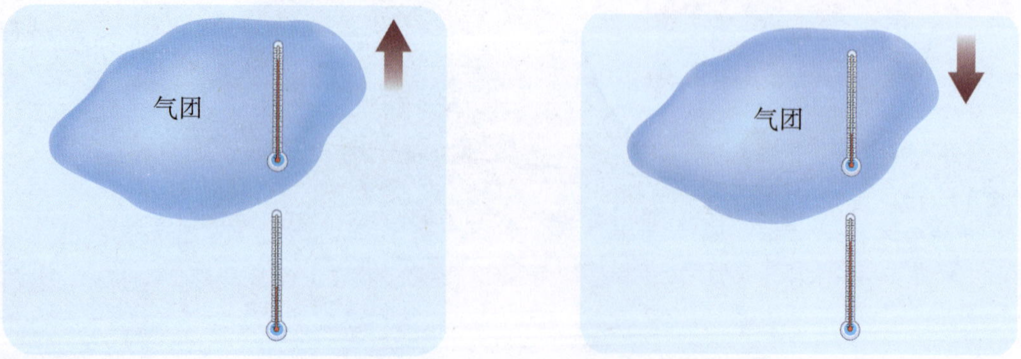

■ **图11-19** 地形抬升发生在图示的悬崖或山脉处，此时，温暖、湿润的空气经过地形屏障后被迫抬升，温度下降。

大气抬升 潮湿的空气上升、膨胀及冷却时，就形成了云。当一部分空气被加热后上升，变得比周围空气更温暖，这个过程称作对流抬升。当空气通过机械过程向上推起或抬升时，也会形成云。这类过程的其中两种分别是地形抬升和辐合。

地形抬升 空气越过地势高的地方或者其他地形屏障后被迫上升，便会形成云。例如，当气团经过山脉时就会发生这种情况。当气团经过地形屏障被迫上升时，会发生**地形抬升**（**orographic lifting**），如**图11-19**所示。上升的气团膨胀、冷却，温度达到露点时凝结成小水滴。地球上许多降水丰富的地区都坐落在山体的迎风坡，比如内华达山脉靠海的一边。加拿大西部海岸形成的云及其造成的强降水也主要是受地形抬升的影响。

辐合 当气团从不同方向运动到同一个区域时，空气通过辐合被抬升。不同温度的气团相互碰撞时，这个过程会更明显。当暖气团与冷气团相撞，密度较小的暖空气被抬升到密度更大的冷空气上方。暖空气上升时，发生绝热冷却。如果上升的空气冷却至露点，那么水蒸气在凝结核周围凝结成小水滴，并形成云。这种云的形成机制在中纬度地区很常见，在那里，极地冷空气与温暖的空气相撞，会形成强烈的风暴系统。赤道附近的信风遇到热带辐合带时，也会发生辐合现象。

云的类型

你可能早就注意到,天上的云有各种不同的形状。有些云看起来像膨胀的棉花,而有的像纤细的羽毛。云有不同的形态是因为其形成过程不同。云可以在不同的高度上形成,有时甚至就在地球表面形成,此时的“云”被称为雾。

一般来说,云是英国科学家路克·何华特于根据1803年提出的分类系统来进行分类的。这个分类系统自第一次提出后只做过很小的改动。这个分类系统根据云形成的高度和形态将其进行分类。根据云形成的高度,可以将云分为三类:低云、中云、高云。低云主要在2 000 m以下的空中形成。中云主要形成于2 000～6 000 m的高空。高云形成于6 000 m以上的高空。积雨云是一种低云,它能在中云和高云之间的高度上垂直向上发展。这类云也被称作直展云。**图11-20**所示的是几种最常见的云。

图 11-20 云可以在不同的高度上形成,并具有不同的形态。

对比与比对 *卷云和层云。*

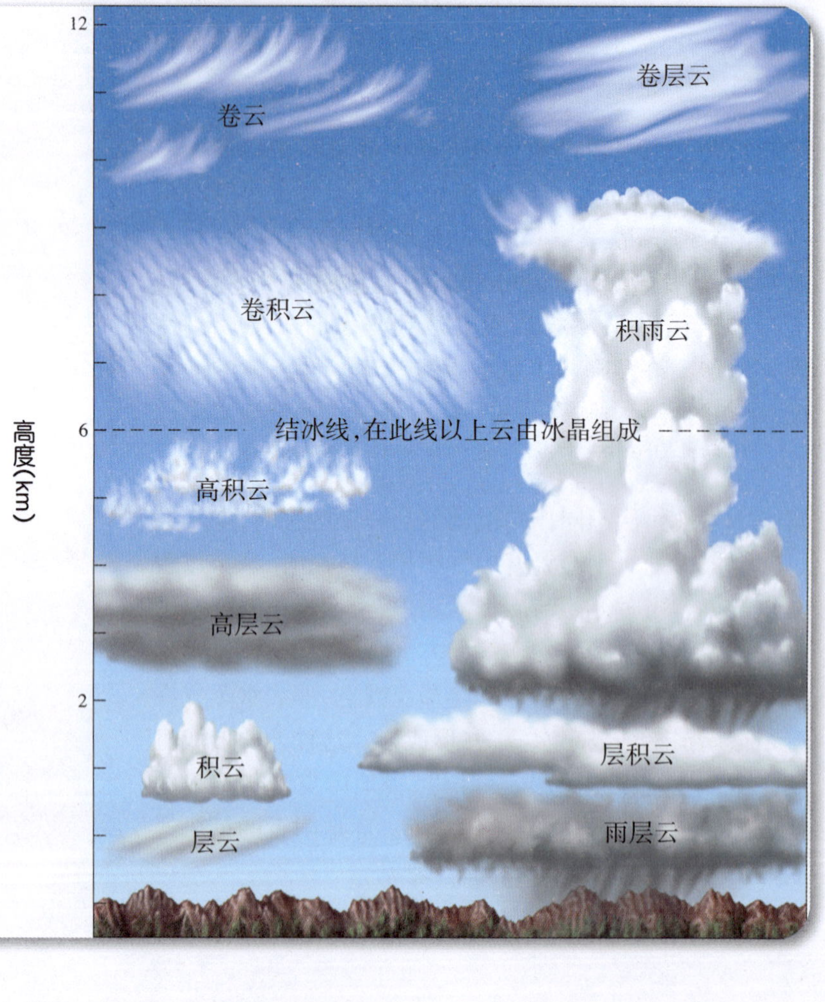

低云 湿润的暖空气上升，膨胀冷却后形成了云。如果大气条件稳定，气团会在其温度与周围空气温度相同的高度停止上升。此时形成的云会变得扁平，若有在水平方向上吹来的风，则会成为层积云或层状积云，如**图 11-20**所示。**积云**(**cumulus**)是膨胀的块状云，通常出现在2 000 m以下的空中。同样形成于2 000 m以下空中的还有**层云**(**stratus**)。层云呈薄片状，可以覆盖一定区域的大部分上空或整片天空。当雾从地球表面抬升时，往往会形成层云。雨层云可以生成降水。

中云 高积云和高层云形成于2 000~6 000 m的高空，它们由冰晶和小水滴组成。这是因为在这个高度上，温度通常较低。中云通常是分层的。高积云是白色或者灰色的，形状较大，呈圆块状或者波浪形。高层云是灰色的片状薄云。有时中云会产生少量的降水。

高云 高云形成于6 000 m以上的高空，这里的温度低于冰点，所以高云是由冰晶组成的。一些高云，如**卷云**(**cirrus**)，常有纤细的、不明显的外形。卷层云是另一种高云，它会在空中形成连绵不断的层状。卷层云厚度各异，可从几乎透明到浓厚至足以遮挡太阳或月亮。第三类高云是卷积云，它的外形呈撕裂状。

读后自查 **指出**低云、中云和高云的几种类型。

直展云 如果组成积云的大气不够稳定，这一片云就会比其表面或周围的空气温度高。随着云的不断上升，水蒸气凝结，大气从释放的潜热中获得额外的热量，云的温度持续升高。积云继续发育而越过中云的高度，成为塔状积雨云，如**图 11-21**所示。如果条件合适，它可能到达对流层顶。此时，云的顶部完全是由冰晶组成的。强风可以将云的顶部吹成砧形。从一开始的小块、不稳定的湿润气团，最后变成大气“巨人”，它能导致以暴雨、狂风和冰雹为特点的雷暴天气。

图 11-21 如图所示，大块膨胀的云是积雨云，它通常预示着雷暴天气。

描述积雨云是如何形成的。

降水

云中的水以各种形式降落到地面的过程，称作**降水**(**precipitation**)。雨、雪、雨夹雪和冰雹是降水的四种主要类型。云中的小水滴非常小，空气的上升运动可以保持小水滴不降落下来。小水滴要降落，需要变得足够重，大小也要增大至原来的50～100倍。

聚结 使云中的小水滴变大的一种方法是聚结。在温暖的云中，聚结是导致降水的主要过程。当云中的小水滴相互碰撞时，它们会联合在一起而形成较大的水滴，这个过程便是**聚结**(**coalescence**)。随着这一过程的持续进行，这些小水滴最终会变得太重而无法在云中悬浮，最终以降水的形式降落到地表。雨是以液体形式到达地球表面的降水。一般雨滴的直径在0.5～5 mm之间。

雪、雨夹雪和冰雹 到达地表的降水类型取决于大气在垂直方向上的温度变化。在空气温度远低于冰点时，寒冷的云中会形成冰晶，最后以雪的形式降落到地面。有时，即使云中形成了冰晶，它们也会以雨的形式降落到地面。这是因为在降落的过程中，冰晶穿过温度高于0 ℃的大气后被融化。

有时候，携带小水滴的气流在结冰和未结冰的空气中上下运动时，会形成小冰球，最后以雨夹雪的形式降落到地面。当雨滴经过地表附近的冷空气时，雨滴结冰也会形成雨夹雪。

如果气流的上下运动特别剧烈，且发生于大气层中一片宽阔的连续空间时，会形成我们熟知的冰雹这样非常大的冰球。**图11-22**是冰雹的照片。大多数冰雹的直径比硬币小，但是有一些冰雹的质量可以超过0.5 kg。较大的冰雹常常出现在强雷暴天气。

■ **图11-22** 冰雹是产生于剧烈雷暴天气下的冰块形式的降水。

推断 *冰雹形成所经过的大气层截面可能是什么样的?*

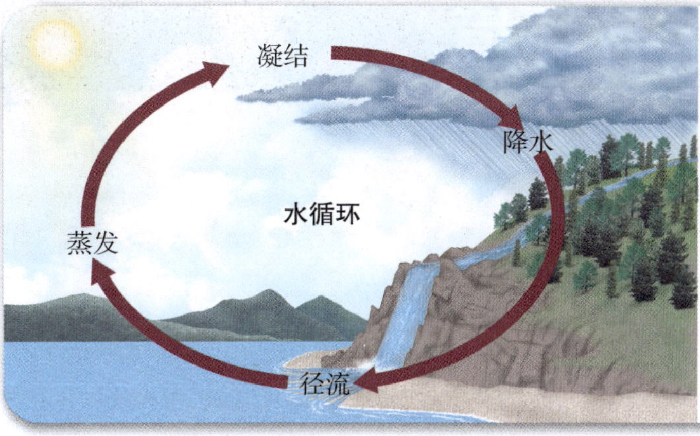

■ **图 11-23** 在水循环中，水从地球表面上升到大气圈，再返回地球表面。

水循环 地球上97%的水存在于海洋。在任一时刻，大气圈中的水都只占很小的比例。但是，这些水极其重要，正是水在大气圈和地球表面之间持续不断地运动，才维持了地球上的生命。水在大气圈和地球表面之间的这种持续运动被称作水循环。

如**图 11-23** 所示为水循环过程。太阳辐射将液态水蒸发。水从湖泊、溪流和海洋中蒸发后，上升至地球的大气圈中。水蒸气在上升时，逐渐冷却凝结形成云。云中的小水滴结合形成更大的水滴，最后以降水的形式降落到地表。这些水浸润地表，汇入湖泊、溪流和海洋之中，或者直接降落到这些水体中，然后蒸发。正是这样，水循环得以持续。

第 3 节 本节回顾

要点梳理

- 湿润的暖空气被迫上升，膨胀、冷却后形成云。
- 如果一个气团上升后有重新返回原始高度的趋势，说明该气团稳定。
- 水蒸气冷却至露点，在凝结核周围凝结成云中的小水滴。
- 根据云的形态和形成高度可以将云进行分类。
- 云中的小水滴相互碰撞，聚结成更大的水滴，最后以雨、雪、雨夹雪或冰雹的形式降落到地表。

要点理解

1. 主要概念 **总结**低云、中云和高云之间的差异。
2. **描述** 降水是如何形成的？
3. **确定** 为什么降水也会以雪的形式降落？
4. **比较**稳定大气和不稳定大气。

批判性思维

5. **评估** 对流层中凝结核数量减少对降水有什么影响？请解释原因。

地学写作

6. 描述雨滴在水循环过程中可能经过的路径。

臭氧变化

平流层中的氯原子和溴原子会破坏臭氧分子。时至今日，自20世纪80年代初以来的平流层臭氧含量下降的趋势终于出现了好转的迹象，这可能主要归功于平流层中氯含量的减少。

臭氧含量变化 地表上方的大气中，臭氧的总量随着位置和时间的变化而变化。臭氧总量随纬度增高而增加，在赤道地区含量低，在高纬度地区含量高。臭氧含量也随季节变化，从冬天至夏天，臭氧含量通常在不断减少。季节变化最大的是在高纬度地区，特别是极地地区。

南极臭氧层空洞 在南极上空，臭氧含量最低的时候是早春。南极上空臭氧含量的减少被称作南极臭氧层空洞。

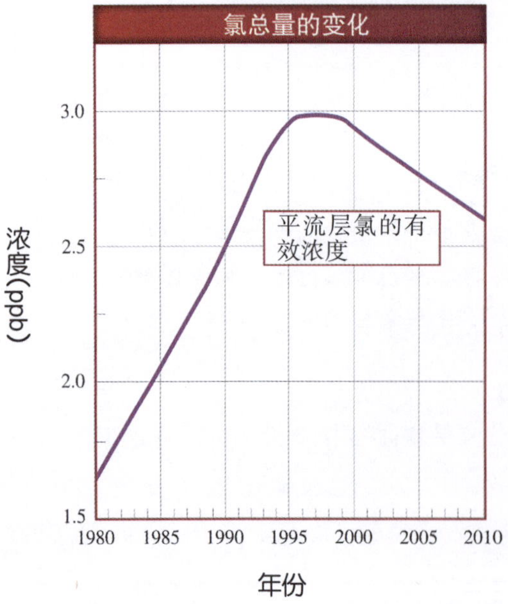

引发南极臭氧层空洞的主要原因是氟氯烃和极地平流层云。这种云在南极冬季上空较低的平流层中形成。氟氯烃分解后，产生游离的氯原子。这些氯原子与极地平流层云中的冰晶发生化学反应，从而破坏臭氧层。

《蒙特利尔条约》 20世纪70年代末开始的卫星探测显示，全球臭氧含量在降低。这引起了国际社会对臭氧层的关注。在1987年，《蒙特利尔条约》正式通过。这项国际条约要求各个国家逐步停止生产和使用含氟氯烃和相似化学物质的产品。其结果是，从20世纪90年代末开始，平流层中的氯和其他破坏臭氧的化学物质的含量逐渐减少，如图所示。

好转的迹象 从1996年起，多数地区臭氧总量的下降趋势呈平稳状态，在某些地区，臭氧层甚至出现好转的早期迹象。这种好转可能是由于《蒙特利尔条约》的有效限制，也可能是大气风场类型改变和太阳活动变化导致的自然现象。为了保证臭氧层持续地恢复，未来还需要对臭氧层进行更精确的监测。

地学写作

报告 调查火山爆发、太阳活动和大气运动等自然过程对平流层臭氧含量的影响。写一篇文章汇报你的调查成果。

研究大气压力与温度的关系

实验背景：当你爬上一座高山时，你会感到温度和大气压都在降低。这是因为随着距离大气圈的热量源，即离地球表面越来越远，温度会逐渐降低。攀登山峰时，感到气压降低是因为你上方空气中的粒子数量越来越少。然而，不管你处于什么高度，气压和温度都与空气的膨胀和压缩有关。

实验问题：空气的膨胀和压缩对温度有何影响？

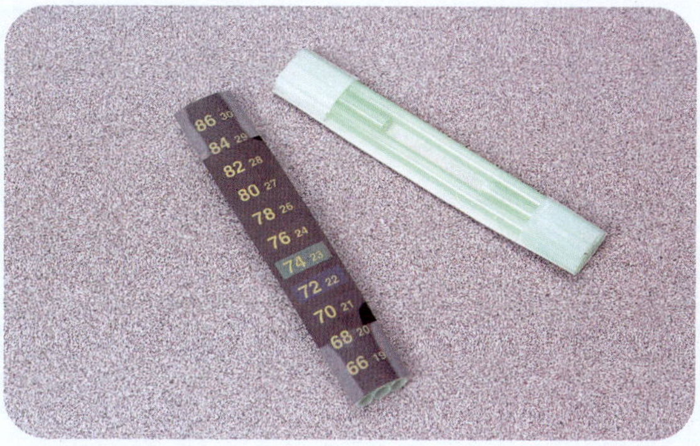

实验材料

一只干净、透明、有盖的2 L塑料杯
塑料吸管
剪刀
薄片液晶测温条
胶带
手表或计时器

实验步骤

1. 阅读并遵守实验室安全守则。
2. 与搭档一起，按照薄片液晶测温条的长度裁剪4根吸管。然后，将其中两根吸管分别再裁掉2 cm。（警告：剪刀操作不慎可能会刺破皮肤或弄伤自己，请小心使用）
3. 将两根长吸管放在桌面上，把两根较短的吸管放在长吸管中间，底端对齐，从而形成一个能够支撑测温条的结构，如照片所示。
4. 用胶带将4根吸管粘在一起。将测温条竖着放置在吸管上。再把测温条和吸管粘在一起。
5. 将粘在一起的测温条和吸管一起缓缓放入干净且干燥的空杯子里，然后拧紧杯盖。
6. 把密封的杯子放在桌面上，让测温条面向你，以便读数。除非万不得已，不要再碰这个杯子，以免你的手温影响到杯子里的温度。
7. 根据测温条读数，记录下杯子里空气的温度。
8. 将杯子横放在桌子上，并让一半的杯身“悬”在桌沿外。用两只手分别握着杯子的一端，并向两边挤压，使杯子向中间弯曲。像这样握着杯子持续约2分钟。与此同时，让你的搭档每隔15秒记录一次杯中的温度。
9. 除去对杯子的压力。在接下来的2分钟内，每隔15秒观测并记录一次杯中的温度。

实验分析

1. **解读数据** 当你向杯子施加压力时，杯中空气的平均温度是多少？这与除去压力后杯中空气的平均温度有什么不同？
2. **绘制**温度变化曲线。
3. **解释** 温度变化与压力的变化有何关联？
4. **预测** 如果拿走杯子上的杯盖，实验结果将会有什么变化？
5. **推测** 根据你的观测结果以及你所学到的有关暖空气运动的规律，你认为正午时分赤道地区的沙漠地区，其气压是高压还是低压？

数据分享

调查更多有关压力变化对每日天气的影响。与同学分享你的调查结果。

第11章 复习指南

大概念 地球大气圈的组成、结构及特性是形成地球天气和气候的基础。

第1节 大气圈概述

关键术语

- 对流层
- 平流层
- 中间层
- 热层
- 散逸层
- 辐射
- 传导
- 对流

主要概念 能量的传输遍及整个大气圈。

要点梳理

- 地球的大气圈由多种气体组成，主要是氮气和氧气，还包括细小颗粒物。
- 地球的大气圈主要分为五层，每层的组成和温度变化规律各不相同。
- 太阳能主要以可见光和红外线的形式到达地球表面。
- 被地球表面吸收的太阳能以热能的形式在大气圈中传输。

第2节 大气圈的特性

关键术语

- 逆温
- 湿度
- 饱和
- 相对湿度
- 露点
- 潜热

主要概念 大气圈的特性，比如温度、气压和空气湿度等，都可以用来描述天气状况。

要点梳理

- 压强相同时，暖空气比冷空气密度更小。
- 空气从高压区向低压区运动。
- 露点取决于空气中水蒸气的含量。
- 水蒸气凝结和水结冰时都会释放潜热。

第3节 云和降水

关键术语

- 凝结核
- 地形抬升
- 积云
- 层云
- 卷云
- 降水
- 聚结

主要概念 不同的云在形状、大小、形成高度和降水类型等方面都有所不同。

要点梳理

- 湿润的暖空气被迫上升，膨胀、冷却后形成云。
- 如果一个气团上升后有重新返回原始高度的趋势，说明该气团稳定。
- 水蒸气冷却至露点，在凝结核周围凝结成云中的小水滴。
- 根据云的形态和形成高度可以将云进行分类。
- 云中的小水滴相互碰撞，聚结成更大的水滴，最后以雨、雪、雨夹雪或冰雹的形式降落到地表。

第11章 复习检测

术语回顾

从复习指南中选取合适的术语匹配下列各项描述。

1. 地球大气圈的最外层。

2. 通过粒子间的碰撞从高温向低温传输能量。

3. 发生水蒸气凝结时的温度。

4. 一定体积空气中水蒸气含量达到最大值时发生的现象。

5. 空气中水蒸气的含量。

从复习指南中选取合适的术语填空。

6. ________ 是大气中的小颗粒,在其周围可形成小水滴。

7. 最靠近地球表面的大气圈层是 ________。

8. ________ 的类型包括冰雹、雨夹雪、雪和雨。

下列的每一句表述都有错误。从复习指南中选取合适的术语替代斜体的术语使表述正确。

9. 云中的小水滴相互碰撞,形成较大的水滴,这种现象称为*对流*。

10. 地球的大气圈中包含臭氧层的圈层是*中间层*。

11. 在物质或太空中通过电磁波传输能量的方式称作*潜热*。

12. 一锅水的底部被加热,这部分水的体积膨胀,密度变得比周围的水更小,于是被迫上升。当它上升时,水又变冷,再次沉到锅的底部。这个过程称为*降水*。

13. 当*饱和*发生时,气团被迫上升并越过地形屏障。

理解要点

14. 在过去的150年里,哪种气体的浓度增长了大约0.010%?

A. 氧气

B. 氮气

C. 二氧化碳

D. 水蒸气

根据下图,回答第15题。

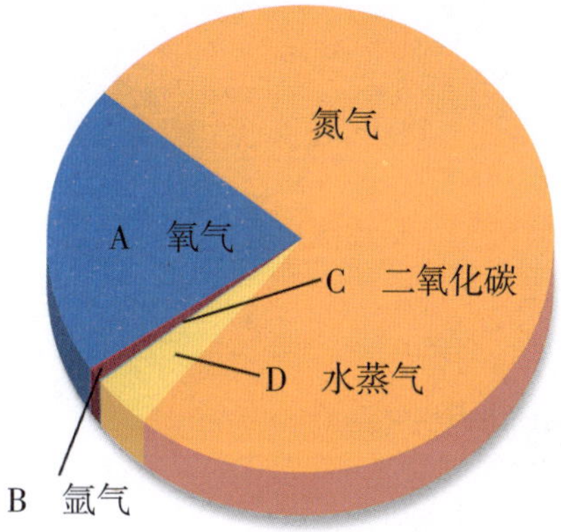

15. 地球大气中,哪种气体含量最少?

A. A　　**B.** B

C. C　　**D.** D

16. 形成风最主要的原因是什么?

A. 空气饱和

B. 气压不均衡

C. 污染

D. 水的运动

17. 下列哪个过程会吸收潜热?

A. 水蒸气凝结

B. 水蒸气蒸发

C. 绝热升温

D. 压力增加

18. 下列哪项可以降低地球上的风速?

A. 温度

B. 摩擦力

C. 天气

D. 辐合

根据下图，回答第19题。

19. 下列哪个过程导致图中空气上升？
    A. 聚结
    B. 对流
    C. 地形抬升
    D. 辐合
20. 下列哪种云属于直展云？
    A. 积雨云
    B. 卷云
    C. 层云
    D. 高积云
21. 几乎所有的天气现象、云彩和风暴都发生在大气圈的哪个圈层？
    A. 热层
    B. 中间层
    C. 平流层
    D. 对流层
22. 将住宅设计成下列哪种颜色时，它会最适合吸收能量？
    A. 红色
    B. 白色
    C. 灰色
    D. 黑色
23. 下列哪个温度最低？
    A. 32 ℉　　B. 10 ℃
    C. 280 K　　D. 5 ℃

简要概述

24. **解释**　为什么积雨云导致的降水通常比雨层云更多？
25. **指出**蒸发和凝结在地球水循环过程中所起的作用。
26. **比较**大气中的潜热在蒸发和凝结过程中不同的变化。

根据下图，回答第27题。

27. **描述**导致图中所示的云到达超过6 000 m高度的过程。
28. **确定**　大洋中一个小岛与大陆上距海100 km的内陆相比，相对湿度会更高还是更低？
29. **解释**　如果云只吸收了少量的太阳辐射，那么地球大气圈的加热过程会发生什么变化？
30. **辨别**大气圈中能量传输的方式：对流和传导。
31. **比较**对流层和平流层的温度和组成。
32. **确定**　是什么导致降水以雨或雪的形式降落？
33. **联系**露点和饱和。
34. **描述**大气圈中水蒸气的重要性。

批判性思维

35. 地球科学相关职业 调查气象观测员日常工作的相关资料。

36. 预测 如果大气中氧气分子的浓度降低，臭氧分子的浓度将会如何改变？

37. 推断 几乎所有的天气现象都发生在对流层，根据这些知识，推测为什么许多大型客机通常在11 km或更高的高空飞行。

38. 预测 夏季的午后，海滩附近与内陆偏远地区相比，温度是更高还是更低？请解释原因。

39. 预测 根据你掌握的有关温度和风的知识，预测为什么春天通常是一年之中风最多的时候。

40. 预测 如果大洋上覆盖的海冰总量减少，北冰洋吸收的能量将会有何改变？（注意：海冰会比海水反射更多入射的太阳能量）

41. 评定 从事大区域内强降水和洪水研究的水文学家会对哪种类型的云最感兴趣？为什么？

42. 分析 为什么相对湿度通常在太阳升起后降低，在太阳落山后升高？

概念图解

43. 运用下列术语和短语绘制一幅用于描述水循环过程的概念图：*水循环*，*蒸发*，*凝结*，*降水*，*水从液体变为气体*，*水从气体变为液体*，*水以雨、雪、雨夹雪或冰雹的形式降落*。如需帮助，请查询*技能手册*。

挑战难题

44. 根据你所知道的有关辐射和传导的知识，对下列问题得出你的推论：夏季，大城市的气温与周边乡村的气温相比，会更高还是更低？

地学写作

45. 为小学生编写和图解一个关于积雨云的形成及其所引发的各种天气模式的短故事。

材料分析

下面两张图是美国三个地区每月气温和降水量的变化图。根据数据，回答下列问题。

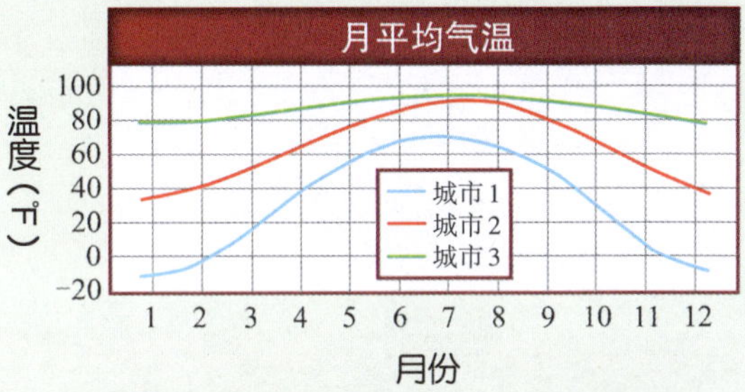

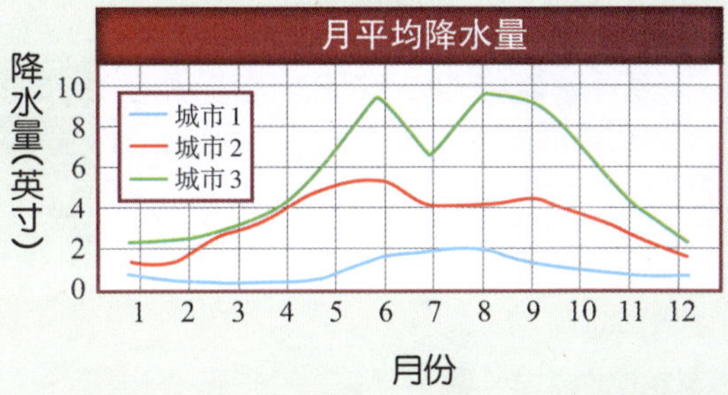

资料来源：Climatological normals 1971～2000. *National Oceanographic and Atmospheric Administration, National Climatic Data Center.*

46. 根据数据估计，哪个地方的年太阳辐射量可能最少？

47. 你预测哪个地方有强降水？

48. 从图中推断，哪个地方可能测得最大的年降雪量？

综合复习

49. 描述等高线的特征。**（第2章）**

50. 鲍文反应序列可以解释什么过程？**（第5章）**

综合 标准化测试

选择题

1. 形成钟乳石的成分是什么？
   A. 砾石
   B. 方解石
   C. 黏土
   D. 沙子

根据下图，回答第2~3题。

2. 地球大气圈中，哪层大气最有可能是由传导来加热的？
   A. 对流层
   B. 平流层
   C. 热层
   D. 散逸层
3. 关于臭氧的叙述，下列哪项说法是不正确的？
   A. 它吸收紫外线辐射
   B. 它的浓度正在降低
   C. 它聚集在大气圈的中间层
   D. 它是由一个氧气分子中添加了一个氧原子而形成的一种气体
4. 下列哪项描述了流过天然泉的地下水的温度？
   A. 比当地平均温度更高
   B. 比当地平均温度更低
   C. 无论泉水在哪里，温度都不变
   D. 与当地平均温度相同
5. 为什么沙漠会受到风蚀作用的影响？
   A. 沙漠降雨量少，难以维持植物生长并固定沉积物
   B. 在沙漠地区不易发生沙石跃移
   C. 热量的升高增加了风场类型
   D. 与水相比，风可以搬运更大的颗粒
6. 下列哪种不是引起化学风化的主要物质？
   A. 氧气　　B. 氮气
   C. 二氧化碳　　D. 水

根据下表，回答第7~8题。

未知生物的数量				
	春季	夏季	秋季	冬季
1995	564	14 598	25 762	127
1996	750	16 422	42 511	102
1997	365	14 106	36 562	136

7. 根据表中数据，你能推断出以下哪个结论？
   A. 科学家持续追踪这种生物是非常困难的
   B. 这种生物每年迁徙一次
   C. 这种生物的数量在夏季和秋季时最丰富
   D. 这种生物应被列为濒危物种
8. 下列哪种是最适合呈现此类数据的图表类型？
   A. 柱状图　　B. 折线图
   C. 饼状图　　D. 模型图
9. 下列哪项最有可能是因地形抬升形成的？
   A. 一片沙滩　　B. 一条河流
   C. 一座山峰　　D. 一座沙丘
10. 为什么许多位于佛罗里达州中部的湖泊被认为是喀斯特地貌的一部分？
   A. 它们是靠近洞穴的洼地
   B. 它们是伏流的一部分
   C. 它们有石灰岩层
   D. 它们是落水洞

简答题

根据下图，回答第11~13题。

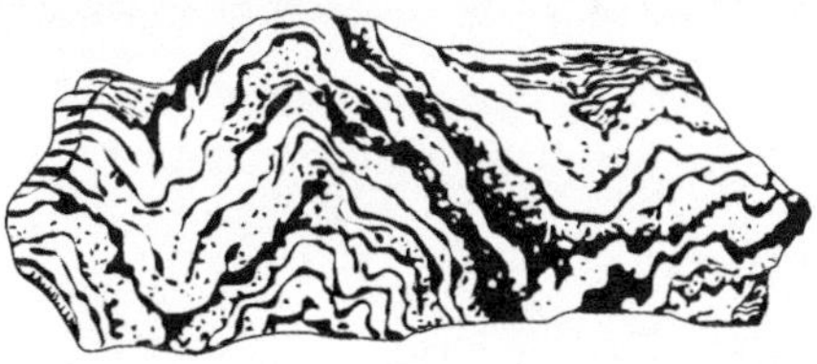

11. 上图所示的岩石类型是什么？这类岩石有哪些特征？

12. 推测这块岩石是如何形成的。

13. 根据岩石的循环过程，这块岩石可能会发生哪些变化？它能变成哪种新的岩石？

14. 描述温度和热量。

15. 定义离子，并解释离子是如何形成的。

16. 描述洪水是如何促使残积土变为运积土的。

阅读理解

臭氧层恢复

NASA收集的卫星数据显示，由氟氯烃和其他污染物导致的臭氧层破坏，现在正在逐渐好转。尽管全球禁用会导致臭氧层破坏的污染物，但是臭氧降解仍在持续发生。目前，平流层上部的臭氧消耗速率已经减缓许多，科学家认为此处的臭氧正在开始恢复。

许多证据显示，为减少氟氯烃污染，国际社会所做的努力已经开始发挥作用。一些预测估计，臭氧层将会在21世纪末恢复至工业化前的水平，甚至可能在50年内就完全恢复。

17. 根据文章内容推断，促使臭氧层恢复的主要原因是什么？

A. 禁用氟氯烃

B. 工业污染

C. 臭氧离开了平流层上部

D. NASA发射的卫星

18. 从文章中可以推断出以下哪个结论？

A. 臭氧层正在恢复，但是永远不会完全复原

B. 不会再发生氟氯烃污染

C. 平流层上部是唯一有臭氧消耗的圈层

D. 位于平流层上部的臭氧消耗速度已经减缓

19. 根据文中信息，臭氧层完全恢复需要多久的时间？

A. 10年

B. 直到21世纪末

C. 50年

D. 很多年

20. 为什么说恢复位于平流层上部的臭氧层很重要？

需要更多帮助？																
如果你回答错误……	1	2	3	4	5	6	7	8	9	10	11	12	13	14	15	16
请复习相应章节……	10.2	11.1	11.1	10.1	8.2	7.1	1.2	1.3	11.3	10.2	6.3	6.3	6.3	11.2	3.1	7.3

第12章

气象学

大概念 我们可以观察、分析和预测天气模式。

内容提要

起步实验

科学实验室

冷气团是如何形成的?

气团是反映其形成区域特征的大型空气团。在这个实验中,你可以模拟冷气团的形成过程。

实验步骤

1. 阅读并遵守实验室安全守则。
2. 将一个装满小冰块的托盘放在桌子上,在浅盘的两端各垫一支铅笔,使盘底略为抬离桌面。
3. 往装满冰块的托盘底下塞一片液晶测温条。
4. 在托盘上面再搁两支铅笔,将另一片测温条架在铅笔上。
5. 每隔1分钟记录一次两片测温条的读数,共观察记录约5分钟。
6. 绘制每个片温条随时间变化的温度曲线图。

实验分析

1. **描述**托盘上方和下方的温度变化。
2. **解释** 这个模型是如何模拟冷气团的?

折叠式学习卡

锋的类型

根据右图所示,制作一张侧向折纸,并用它来整理你学习四种类型锋的过程中的笔记。

冷锋
暖锋
准静止锋
锢囚锋

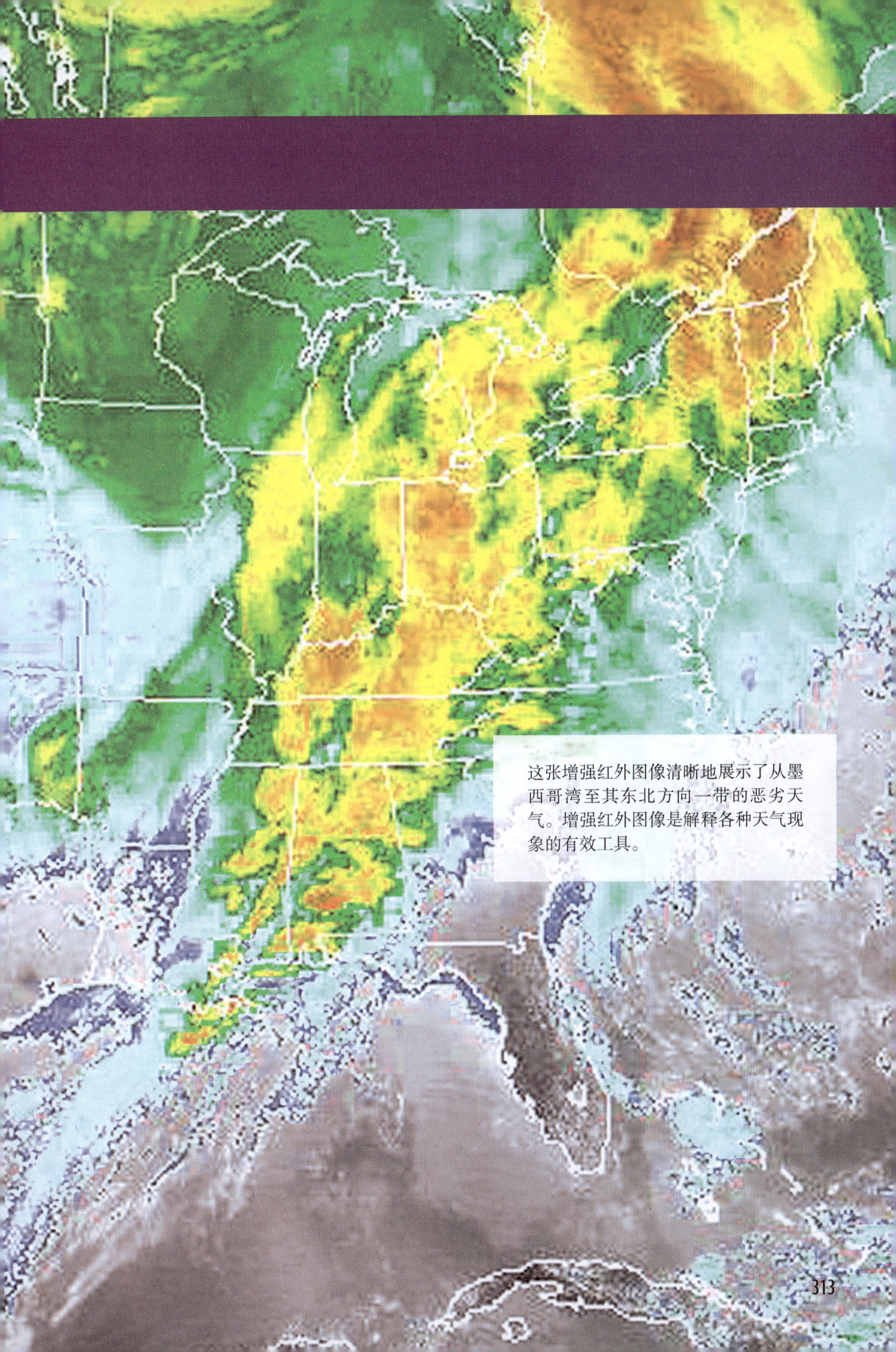

这张增强红外图像清晰地展示了从墨西哥湾至其东北方向一带的恶劣天气。增强红外图像是解释各种天气现象的有效工具。

第1节 天气的成因

主要概念 由于地球表面受热不均匀，气团有不同的温度和湿度。

核心问题

- 天气和气候的区别是什么？
- 地球表面受热不均匀如何导致不同的天气？
- 气团是如何形成的？
- 气团的五种类型分别是什么？

关键术语

天气
气候
气团
源地

地球科学在你身边 你是否曾经在晴朗的夏日赤着脚走在清凉的草地上，之后又踏上发烫的路面？在世界不同地区，太阳对不同地面的加热程度不同。地表受热不均匀后便形成了不同的天气。

什么是气象学

你在午休时喜欢做些什么？你喜欢看天空中飘动的云彩，听微风吹过树叶的沙沙声，还是更爱感受太阳光照在身上的暖意？云、微风和温暖的阳光都是大气现象。气象学研究大气现象的物理、化学性质和动态过程。**气象学**（**meteorology**）的词根“meteoros”来自希腊语，意为“在高空中”。

大气现象通常分为不同类型。云和降水，包括雨、雪、雨夹雪和冰雹，是不同类型的水汽凝结体。烟、霾、尘埃和其他大气悬浮颗粒被称作大气尘粒。打雷和闪电是大气电现象看得见或听得到的表现形式。气象学家研究的正是这些复杂多变的大气现象。

天气和气候 相互作用并影响地球环境和地球生命的短期变化的大气现象，称作**天气**（**weather**）。这些变化可能持续数分钟、数小时、数天、数周、数月或数年。**气候**（**climate**）是特定区域内天气的长期平均波动特征。气象学家采用超过30年的天气平均数据来确定一个区域的气候，如**图12-1**所示的沙漠气候。天气决定了某个特定日子里我们出门应该穿什么类型的衣服，而气候决定了特定地区可以种植的农作物类型。

■ **图12-1** 沙漠气候干燥，昼夜温差非常大。只有适应了这种条件的生物才能在这里生存。

☑ **读后自查** **区分**天气和气候。

地球表面受热

我们已经学过，太阳光作为太阳辐射的一部分，对地球表面有加热作用。在一年里，地球接收到的总热量与地球反射回太空的辐射量大致相等。在气象学中，一个关键的问题是这些辐射在地球上是如何分配的。

受热不均　为什么佛罗里达州迈阿密市1月份平均温度比密歇根州底特律市的更高？其中一个原因是地球自转所围绕的地轴与地球公转轨道面之间存在夹角。在1月份，迈阿密白天太阳光照射的时间和太阳辐射量都比底特律更多。

另一个原因是，地球作为一个球体，不同地方的太阳入射角度也不同，如**图12-2**所示。一年中大多数时间里，相同的太阳辐射量在极地地区比在赤道地区分布得更广。太阳辐射覆盖面积越大，每个区域单位面积上获得的热量就越少。因为底特律比迈阿密离赤道更远，所以底特律接收到的热量比迈阿密更少。你可以在这一页的“迷你实验”中研究这种关系。

热量再分配　地球各处随着时间变化而维持着一定的平均温度，这是由于大气和水在地球表面、大洋和大气中持续地循环运动。这种地球表面的大气运动和海洋里的洋流重新分配了世界各处的热量。天气的所有现象——从雷暴到大范围的天气系统，都是地球热量再分配的一部分。

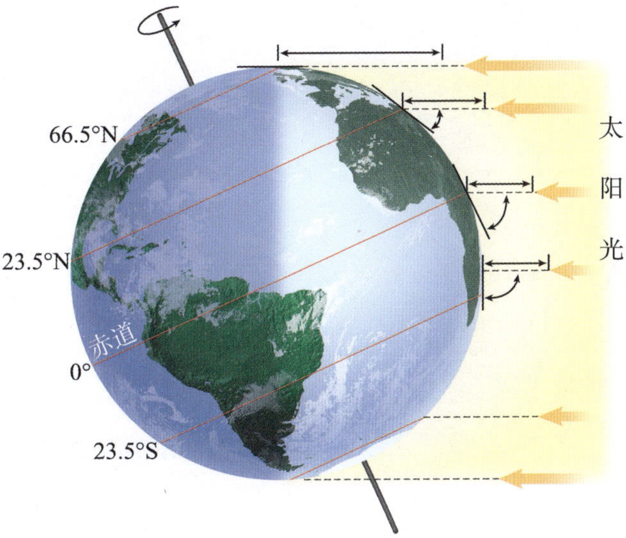

■ **图12-2**　太阳辐射分布不均与太阳高度的变化有关。图中，太阳光垂直照射在地球南回归线上。

解释　*为什么平均温度从赤道向两极递减？*

迷你实验

科学实验室

比较太阳高度

太阳高度与热量之间有什么关系？太阳光到达地球表面的角度随着纬度不同而变化，这种变化导致地球各地受热不均。

实验步骤

1. 阅读并遵守实验室安全守则。
2. 打开手电筒，举在距离一张纸20 cm的上方。用手电筒垂直向下照射。
3. 用一支铅笔描绘落在这页纸上的光线轮廓。这个活动模拟了地球赤道上的太阳高度。
4. 将手电筒和纸面保持同样的距离，再将手电筒倾斜大约30°。
5. 描绘手电筒光线在纸上的新轮廓。这个活动模拟了极地地区的太阳高度。

实验分析

1. **描述**在步骤3和步骤5之间，光线轮廓的差异，并解释其原因。
2. **比较**赤道附近地区和极地附近地区单位面积接收的热量的差异。

气团

我们已经学过，在温暖的地面，其上方的空气因传导而变得比周围空气暖和。因为受热使空气密度比周围空气密度小，所以这团温暖的空气就会上升。现在，假设这一过程在数千平方千米的范围内发生，而且这团温暖的空气在这片区域上空维持了数天或数周，其结果就是形成了一个气团。**气团**（**air mass**）是指其形成区域具有相同特性，比如相同的湿度和温度的大型空气团。气象学上把气团形成的区域叫作**源地**（**source region**）。大多数气团形成于热带地区或极地地区上空。

地球科学相关职业

气象学家 气象学家研究气团和其他大气状况，并为短期和长期的天气预报做准备。对于气象学家来说，学习物理、地球科学、环境科学和数学方面的知识是十分有用的。

气团的类型 **表12-1**中列举的五种类型的气团影响着美国的天气。由于北美大陆接近这五种类型气团的发源地，所以这些气团在北美洲都很常见。

热带气团 海洋性热带气团起源于**表12-1**中列举的热带水体。夏季，海洋性热带气团给北美洲东部三分之二的地区带来炎热、湿润的天气。美国西南部和墨西哥是大陆性热带气团的源地，这种气团炎热而干燥，尤其在夏季表现得更明显。

极地气团 海洋性极地气团形成于北大西洋和北太平洋寒冷的海水上空。北太平洋上空形成的气团主要影响美国西海岸地区，有时在冬季带来大雨。大陆性极地气团形成于加拿大和美国的阿拉斯加州。在冬季，大陆性极地气团会携带寒冷的空气向南运动。然而，在夏季，凉爽而相对干燥的大陆性极地气团会缓解那里炎热潮湿的天气。

☑ **读后自查** **对比与比对**热带气团和极地气团。

表12-1 气团描述

气团类型	气象图符号	源地	特性	
			冬季	夏季
北极气团	A	西伯利亚，北极海域	极端寒冷，干燥	寒冷，干燥
大陆性极地气团	cP	加拿大，美国的阿拉斯加州	非常寒冷，干燥	凉爽，干燥
大陆性热带气团	cT	美国西南部，墨西哥	温暖，干燥	炎热，干燥
海洋性极地气团	mP	北太平洋	温和，湿润	温和，湿润
		北大西洋	寒冷，湿润	凉爽，湿润
海洋性热带气团	mT	墨西哥湾，加勒比海，热带和亚热带大西洋和太平洋	温暖，湿润	炎热，湿润

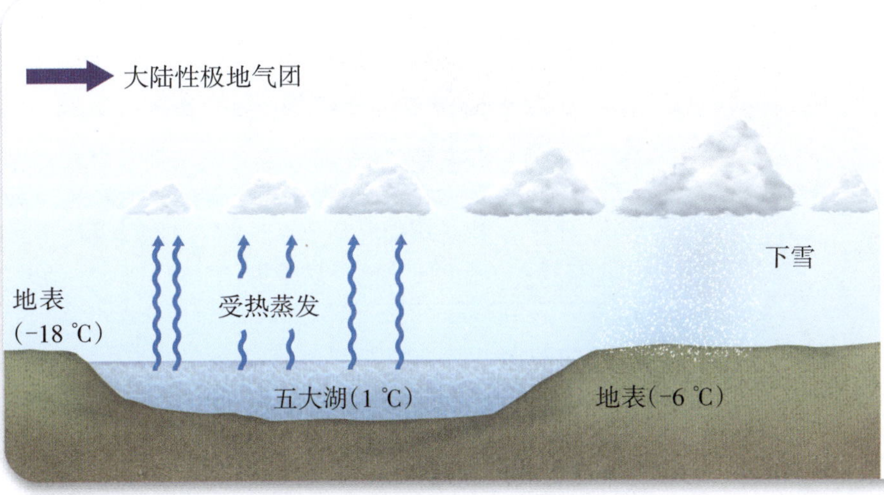

■**图 12-3** 当寒冷的大陆性极地气团运动到温暖的北美五大湖地区的上空时，气团获得下垫面的热量和水分。对流和地形特征迫使气团抬升，变性的气团在上升过程中冷却，产生湖泊效应而形成降雪。

北极气团 北极气团发育于纬度高于60 °N、被冰雪覆盖的西伯利亚和北极海域的上空。在冬季，这些地区几乎接收不到太阳辐射，但还在持续地向外辐射热能。因此，这里变得异常寒冷，冬季温度达到最低。

气团变性 气团不会一直待在一个地方。它们会移动，将热量从一个区域转移到另一个区域。当气团移动到与其源地特性不同的陆地或水域上空时，气团便会获得这片陆地或水域的一些特性。例如，当极地气团移动到一片相对温暖的水域上空时，如**图 12-3**所示，变性的气团可能会出现湖泊效应而导致降雪。在气团发生变性的过程中，它会与途经的新表面交换热量、水分。

第 1 节 本节回顾

要点梳理

- 气象学是研究大气现象的科学。
- 太阳辐射在地球赤道和极点之间不均匀分布。
- 气团是反映其形成区域湿度和温度等特征的大型空气团。
- 气团可以根据其源地进行分类。

要点理解

1. **主要概念** **总结**气团的形成过程。
2. **解释** 什么过程使得极地地区温度不会持续变冷、热带地区温度不会持续变热？
3. **辨别**天气和气候的成因。
4. **区分**五种类型的气团。

批判性思维

5. **预测** 你认为哪种类型的气团变性更快：是冬季在墨西哥湾上空移动的北极气团还是夏季移动到美国东南部的海洋性热带气团？

地学写作

6. 这是一个形成于北太平洋上空的海洋性极地气团，当它移动到北美洲西部地区上空时，会经历什么样的气团变性过程？请用一段话描述上述过程。

第2节 天气系统

主要概念 不同气压和温度的气团移动、变化和碰撞会产生不同的天气。

核心问题

- 三种主要的风系统之间有哪些相同点和不同点？
- 四种类型的锋各是什么？
- 高压系统和低压系统有什么不同？

关键术语

科里奥利效应
极地东风带
盛行西风带
信风
急流
锋面

地球科学在你身边 在夏季，你可能会享受微风带来的丝丝凉意。在冬季，你却要抵御刺骨的寒风。风是全球大气环流系统的一部分，它使得地球上的热能得以平衡。

全球风系统

如果地球不围绕其地轴自转，那么会产生两个覆盖地球的巨大对流系统，如**图 12-4**所示。极地地区较冷且密度较大的空气会下沉至地表，并向热带地区流动。与此同时，原本位于赤道地区的温暖的空气被迫抬升。随着高度上升，这些空气逐渐冷却并再次流回极地地区。然而，地球自西向东的自转运动阻碍了这种情况的发生。

地球上的风向受地球自转的影响。**科里奥利效应**(**Coriolis effect**)导致流体和物体不是沿直线运动，而是沿一条明显弯曲的路径运动。因此，如**图 12-5**所示，水平运动的空气在北半球向右偏转，在南半球向左偏转。科里奥利效应结合地球上的热量不均衡现象，产生了明显的全球风系统。这些风系统将较冷的空气运输到赤道附近较温暖的区域，同时将温暖的空气运输到极地附近较寒冷的区域。全球风系统使得地球上的热能得以平衡。

地球的南北半球各有三个基本的风带或风系统。它们是极地东风带、盛行西风带和信风带。

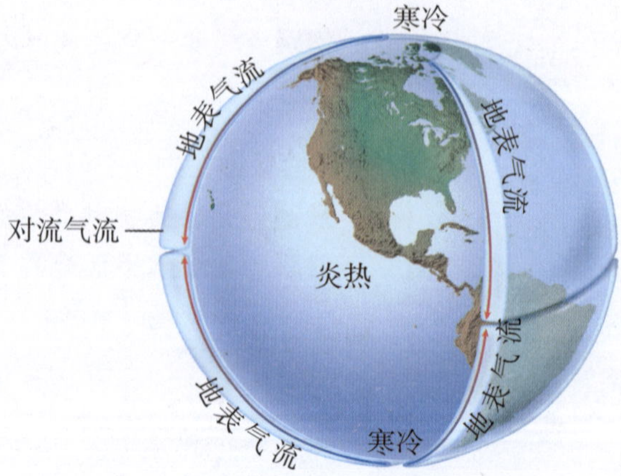

■ **图 12-4** 如果地球不自转，当密度较大的极地气流向赤道移动时，便会形成两个巨大的对流系统。这些气流接近赤道时，会逐渐变暖、抬升；而当它们移动到两极时，又会逐渐冷却。

图解科里奥利效应

图12–5 科里奥利效应导致流体和物体不是沿直线运动，而是沿一条明显弯曲的路径运动。

速度等于距离除以时间。赤道的长度约为40 000 km，这也是地球的周长。地球自西向东自转一周需要24小时。这意味着赤道上的物体，包括其上方的空气，在以1 670 km/h的速度向东运动。

然而，不是地球上每一个地方的物体都以这个速度向东运动。赤道以南和以北地区纬度上的周长比赤道上的周长短，不在赤道上的物体在相同时间里运动的距离也就更短，所以，它们向东运动的速度比赤道上的物体更慢。

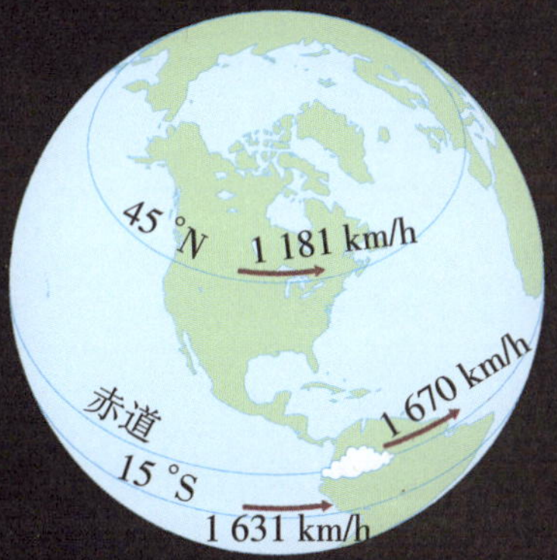

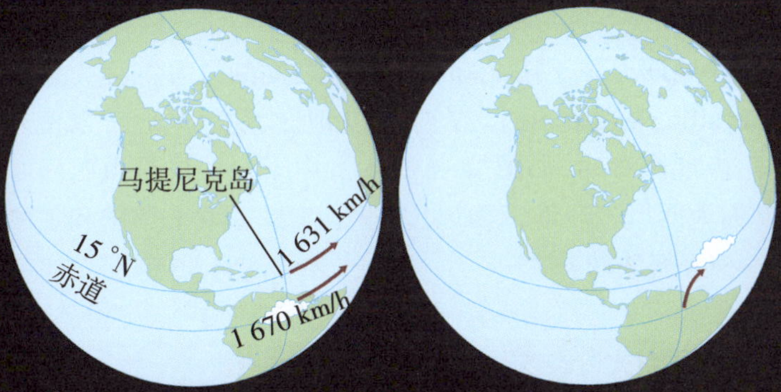

马提尼克岛大约位于15 °N。假设赤道处上升的大气与马提尼克岛所处的经度相同，当一天之后，这些大气到达15 °N处时，它们会到达比马提尼克岛更东面的地方。这是因为这些大气向东运动的速度比岛屿向东运动的速度更快。

其结果就是，向两极运动的大气运动路径向右弯曲，或者说向东弯曲。而从两极向赤道运动的大气则正好相反，这是因为极地大气向东运动的速度比其下方陆地向东运动的速度更慢。

■ **图 12-6** 极地东风和信风的方向会因它们出现的纬度不同而变化。风是由其吹来的方向命名的，比如北风就是从北面吹来的风。

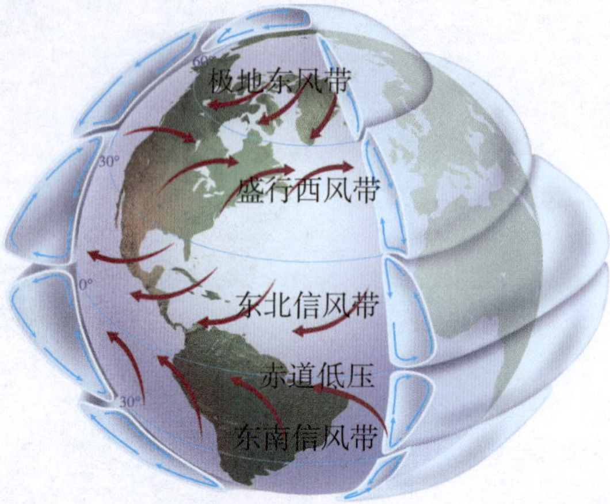

极地东风带 位于南北纬60°和极点之间的风带称为**极地东风带**(**polar easterlies**)，如**图 12-6**所示。极地东风带起源于极地地区密度大的空气下沉。由于地球自转，这些寒冷、下沉的气体会偏离两极，向西偏转。极地东风是典型的冷气团。与盛行西风不同，极地东风常常风力微弱且孤立。

在极地东风带和盛行西风带之间的区域称为极锋。在地球上，接近60 °N和60 °S的地方有两个极锋。极锋是常发生风暴天气的区域。

盛行西风带 地球上位于南北纬30°～60°之间的风系统称为**盛行西风带**(**prevailing westerlies**)。在中纬度地区，地表风通常以偏东的方向向两极地区移动，如**图 12-6**所示。由于这些风是由西面吹来的，所以称为西风带。盛行西风比较稳定，也造就了美国和加拿大境内的各种天气活动。

☑ **读后自查** **预测**美国大多数龙卷风的运动方向。

信风带 出现在南北纬30°之间的两个环形风带称为**信风带**(**trade wind**)，如**图 12-6**所示。这两个地区上空的气流下沉并以偏西的方向向赤道移动。当气团到达赤道后，它将变暖上升，并返回至南北纬30°地区，在此处再次下沉，周而复始。

马纬度 在南北纬30°附近，与信风有关的下沉气流产生了一个高压带，并由此导致了一个较弱的表面风带，称为**马纬度**(**horse latitude**)，也称副热带无风带。地球上的主要沙漠，比如撒哈拉沙漠，都位于这些高压区域。

热带辐合带 在赤道附近，从北面和南面来的信风相遇汇合，如**图12–6**所示。气流被迫抬升，形成一个低压区。这个过程被称作辐合，可在小范围或大范围区域发生。在赤道附近，它发生在一个被称为**热带辐合带**(**intertropical convergence zone，ITCZ**)的大区域内。随着季节更替，热带辐合带在赤道南北之间移动。一般来说，它的移动遵循太阳相对于赤道的位置变化。在3月和9月，太阳光正好直射在赤道附近。因为热带辐合带是气流上升的地区，其特征是天气阴暗，常有雷暴发生，这给世界上许多热带雨林提供了水分。

急流

地球上的天气受大气条件和发生于不同风带边界的大气事件的强烈影响。在这些边界的任意一边，地球表面的大气和高空大气在温度和压强方面都大不相同。温暖的空气比寒冷的空气压强更大，这种大气压强的差异便形成了风。风是由空气从高压区域向低压区域运动而产生的。

高空中的大气温度梯度大，又受到科里奥利效应的影响，会形成强烈的西风带。**急流**(**jet stream**)是在某些纬度上空快速、狭窄的强风带，如**图12–7**所示。它的速度随着风带边界的气团之间的温度差异而变化。在10.7～12.2 km的高空，急流的速度可达400 km/h。

急流的位置随季节变化。它通常位于赤道至两极连线上温差最大的地区。急流几乎可以沿着正南或正北方向运动，而不是遵循其通常的西风方向。它可以分散为不同的支流，然后再合并成一支气流。无论它以哪一种形式出现或出现在什么位置，急流都代表风力最强劲的核心。

急流的类型 最主要的急流称为极锋急流，它能将南北半球的极地东风带和盛行西风带分隔开来。极锋急流形成于南北纬40°～60°之间，自西向东运动。另一种规模较小的急流称为副热带急流。它形成于信风和盛行西风的交汇处，位于南北纬20°～30°之间。

急流和天气系统 沿着急流产生的风暴，会形成大范围的天气系统。这些系统将寒冷的地表风输送到热带地区，同时将温暖的地表风输送到极地地区。天气系统通常也沿着急流的路径移动。通过将不同温度的空气从一个地区移动至另一个地区，急流也可影响天气系统的强度。

■ **图12–7** 中纬度地区的天气受到高空快速移动的急流的强烈影响。

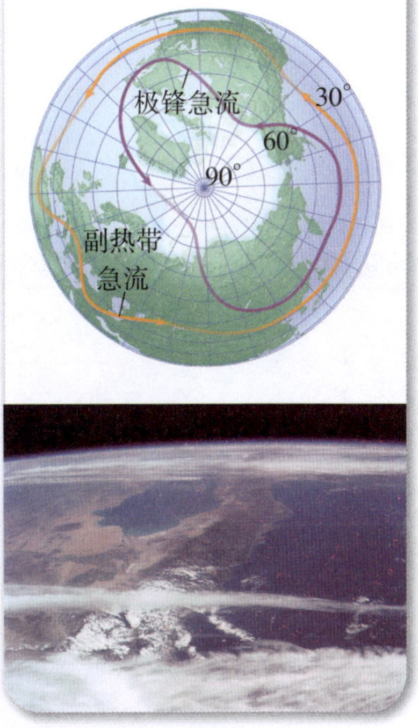

■ **图 12-8**　锋面类型由发生碰撞的气团类型决定。

指出_与卷云有关的锋。_

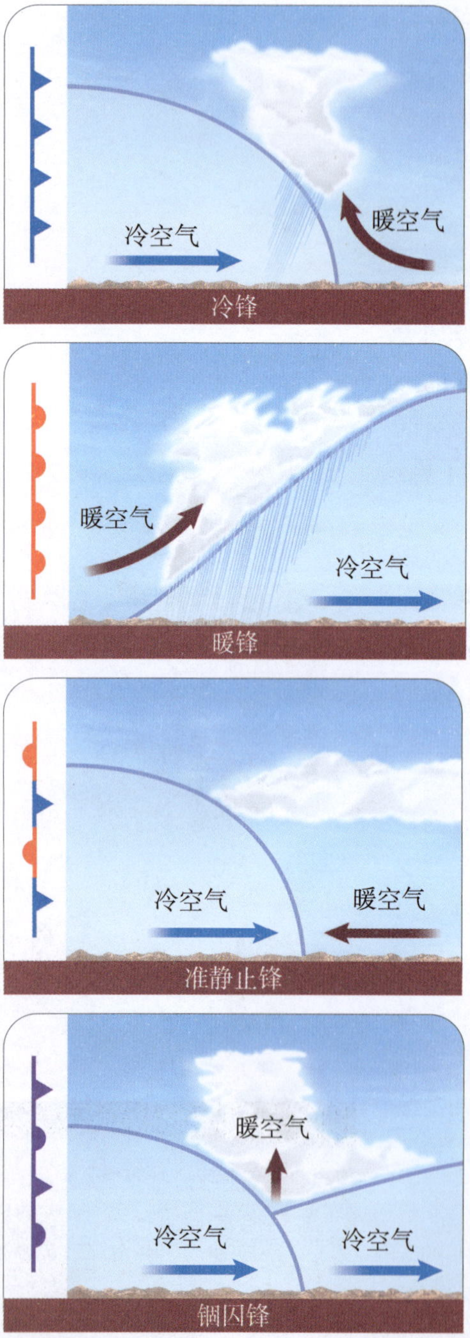

锋面

不同特性的气团会相互碰撞，造成剧烈的天气变化。**锋面(front)**是由两个不同密度的气团相撞形成的狭窄区域。我们已经知道，气团的密度是由其温度、压强和湿度共同决定的。锋面可分布于地球表面数千千米的区域内。

冷锋　在冷锋中，寒冷且密度大的空气取代了温暖的空气，迫使温暖且密度较小的空气沿着陡急的锋面上升，如**图 12-8** 所示。随着暖空气的上升，它会逐渐冷却和凝结。强烈的降水和部分雷暴都与冷锋有关。在气象图上，用一根含有间距相等的蓝色三角形的蓝线代表冷锋，三角形指示锋面运动的方向。

暖锋　在暖锋中，行进中的温暖空气取代了寒冷的空气。暖锋发育的斜坡边界较平缓，如**图 12-8** 所示。暖锋可以导致大范围的少量降水。在气象图上，用一根含有间距相等的红色半圆的红线表示暖锋，半圆指示锋面运动的方向。

准静止锋　当两个气团相遇，但互不侵入对方的领地。在这种条件下，它们之间的边界几乎停止不动，这种锋称为准静止锋，如**图 12-8** 所示。准静止锋常常出现在两个变性气团之间，且它们之间的温度和压强梯度都很小的时候。在该处，气团可以继续平行于锋面运动。准静止锋有时带来微风和降水。在气象图上，准静止锋用一根含有间距相等、方向相反的冷锋和暖锋符号的线条来表示。

锢囚锋　有时，一个冷气团运动得太快，赶上了前面的暖锋，迫使暖空气上升，如**图 12-8** 所示。当这一暖空气被迫抬升时，前进的冷气团与暖空气前方的另一个冷气团相撞，这种锋称为锢囚锋。锢囚锋常形成强风和强降水。在气象图中，锢囚锋用紫色三角形和指示锋面运动方向的半圆交替组成的线条来表示。

气压系统

我们已经学过，在地球表面，上升的气流与低压有关，而下沉的气流则与高压有关。空气总是由高压区域流向低压区域。下沉或上升的气流，与科里奥利效应一起，在大气圈中形成了高压和低压系统的交替运动。在气压系统中的气流，通常以螺旋的形式围绕一个高压或低压中心运动。

低压系统 在地表的低压系统中，气流上升。空气上升后，必须由系统外的空气来补充上升的空气。因此，低压系统内的空气先是流向中心，然后再向上运动。北半球低压系统中的空气做逆时针方向运动，如**图 12-9** 所示。这种运动在南半球则相反。空气上升，逐渐冷却，经常凝结成云和降水。因此，无论是在北半球还是南半球，低压系统常常与多云天气和降水相关。

高压系统 在地表的高压系统中，当下沉的空气到达地表时，空气从系统中心向外散开。由于科里奥利效应，下沉的空气向右倾斜，围绕高压中心做螺旋运动，在北半球按顺时针方向运动，在南半球则按逆时针方向运动。高压系统通常与晴朗的天气有关。地球上大多数亚热带海洋都被高压系统控制，那里通常有令人舒适的天气。

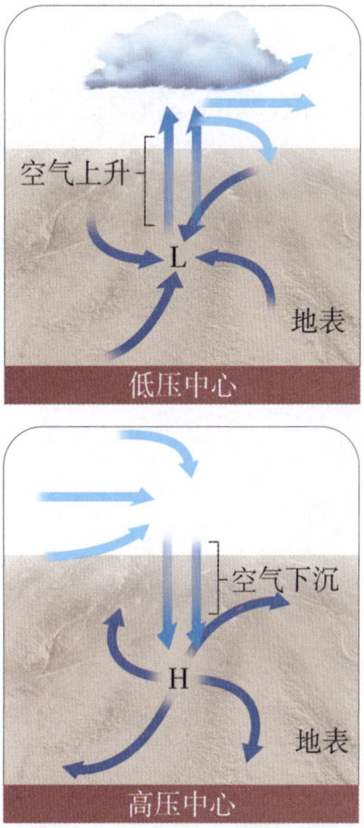

■ **图 12-9** 在北半球，风围绕低压中心做逆时针方向运动，围绕高压中心做顺时针方向运动。

第 2 节 本节回顾

要点梳理

- 三种主要的风系统分别是极地东风带、盛行西风带和信风带。
- 高空中快速的急流对中纬度地区的天气有很大的影响。
- 四种类型的锋分别是冷锋、暖锋、锢囚锋和准静止锋。
- 空气通常围绕一个高压或低压中心做螺旋运动。

要点理解

1. 主要概念 **总结**关于四种类型锋的信息。解释它们的形成过程以及会带来的天气现象。
2. **辨别**三种主要的风系统。
3. **描述**科里奥利效应。
4. **解释**为什么大多数热带雨林位于赤道附近。
5. **描述**急流气团运动的影响。
6. **对比与比对**高压系统和低压系统。

批判性思维

7. **预测** 分析为什么世界上大多数沙漠都位于南北纬 10°～30° 之间。

地学写作

8. 总结主要的风系统是如何形成的。

第3节 采集气象数据

主要概念 对大气特性的精确测量是分析和预报天气的重要部分。

核心问题

- 为什么精确的气象数据很重要？
- 从地球表面采集气象数据的常见工具有哪些？
- 气象雷达和气象卫星的优点和缺点各有哪些？

关键术语

温度计
气压计
风速计
湿度计
无线电探空仪
多普勒效应

地球科学 在你身边 医生在做出诊断之前，必须精确地评估病人的健康状态。这通常包含测量病人的体温和血压。同样，为了准确地预报天气，气象学家必须精确地测量大气变量。

地面数据

气象学家测量温度、气压、风速和相对湿度等大气变量。高质量的数据对于完整的气象分析和精确的预报而言十分重要。天气预报的两个重要因素是数据的精确性和可用数据的数量。

温度和气压 **温度计**(**thermometer**)，如**图 12–10** 所示，测量温度一般使用华氏度或摄氏度。大多数家庭温度计都是玻璃液体温度计或双金属温度计。玻璃液体温度计通常有一根密封在玻璃细管中的酒精柱。受热时，液体膨胀，酒精柱上升。相反，冷却时酒精柱下降。双金属温度计有一个带有指针的刻度盘，其中包含两种不同金属制成的金属片，这两种金属在受热时有不同的延伸率。金属片很长，盘绕成螺旋形，这使得其对温度变化更为敏感。

气压计(**barometer**)用来测量气压。一些气压计的玻璃管中有一根水银柱，管子的一端浸到盛有水银的开放容器里。气压改变会使水银柱的高度也发生变化。另一种气压计是无液气压计，如**图 12–10** 所示。它包含一个密封且边缘有弹性的金属腔，里面大部分空气已经被抽走，所以金属腔会随着气压改变而收缩或膨胀。金属腔和刻度盘上的指针由一个杠杆系统连接。

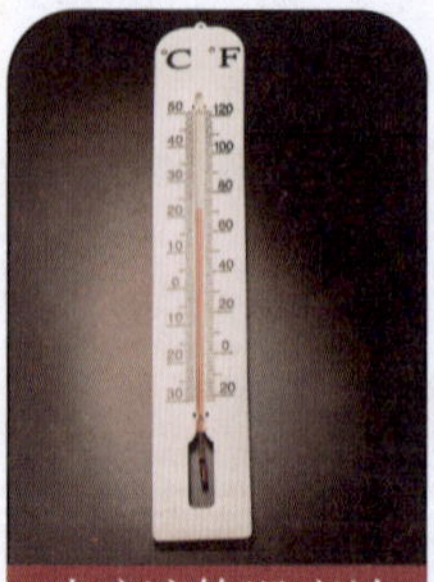

玻璃液体温度计

双金属温度计

无液气压计

■ **图 12–10** 温度计和气压计是常见的气象仪器。

风速和相对湿度 如**图12-11**所示，**风速计**(anemometer)用于测量风速。最简单的风速计有三到四个杯状叶臂，叶臂之间为等角，它们被风吹动而转动。风速可以用给定时间内风杯旋转的圈数来计算。有些风速计还包含一个指示风向的风向标。

湿度计(hygrometer)用来测量湿度，如**图12-11**所示的是一种类型的湿度计。这种类型的湿度计由一支湿球温度计和一支干球温度计组成，并需要一张换算表来确定相对湿度的数据。当水分从湿球温度计温泡蒸发时，湿球温度计冷却。然后，同时读取两支温度计的读数，并计算两者之间的差值。相对湿度表列出了两支温度计的差值所对应的具体的相对湿度值。

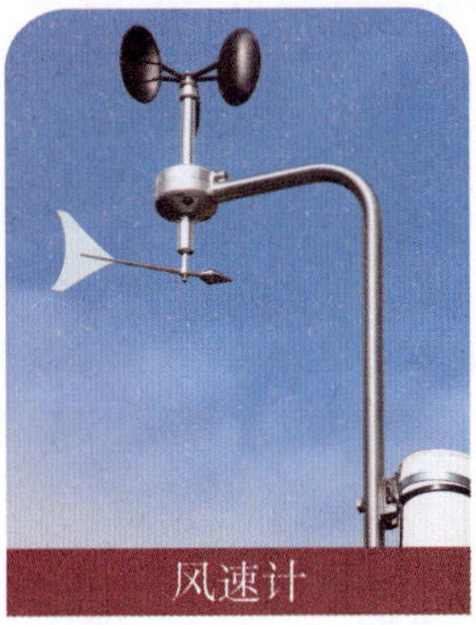

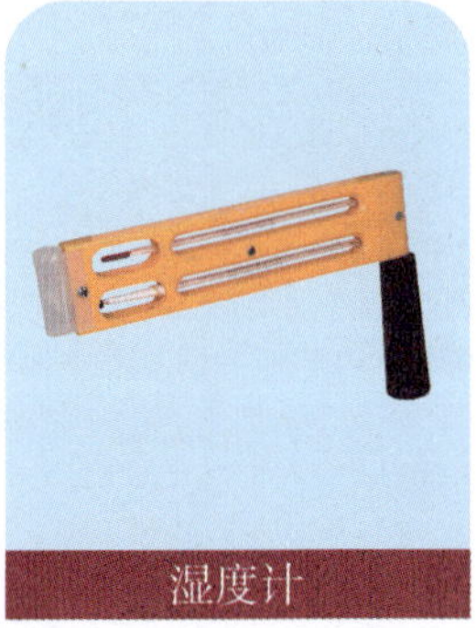

■ **图12-11** 风速计通过测定风吹过时风杯的转数来确定风速。湿度计通过比较湿球温度计和干球温度计的温差来确定湿度。

☑ **读后自查** **分析**空气中的水分和湿度计中湿球温度计的读数之间的关系。

自动地面观测系统 为了精确地预报天气，气象学家需要对特定时刻的大气有一个真实的“快照”。因此，气象学家需要分析和解读在同一时间从许多不同地方的气象仪器采集到的数据。在20世纪以前，对这些数据进行坐标定位都需要经过一个复杂的过程。随着可靠的自动化传感器和计算机技术的发展，实时采集和精确传播气象数据已经成为现实。

美国国家气象局、美国联邦航空局和美国国防部联合建立了一套地面气象观测网络，称为自动地面观测系统(ASOS)。这个网络每天24小时以相同的方式采集数据。它从20世纪90年代开始运行，采集的数据比如**图12-12**所示的这种全日制观测站的数据多1倍。自动地面观测系统为航空、气象预报和相关气象研究提供了十分重要的气象数据。

■ **图12-12** 气象站里有很多种用于测量大气条件的仪器。

高空数据

虽然地面的气象数据很重要，但是我们经历的天气现象主要还是高空中对流层内大气变化所产生的结果。为了得到精确的预报，气象学家必须采集高达30 000 m的高空大气数据。比起采集地面数据，这是一项更为艰巨的任务，需要更为精密的技术。

有一种用于采集高空大气数据的仪器叫作**无线电探空仪**(radiosonde)，如**图12-13**所示。它包含一组传感器、无线电发射机，这些设备都悬挂于一个充满氦气和氢气的直径2 m的气象气球上。无线电探空仪上的传感器可以测量大气温度、气压和湿度。这些数据通过无线电信号持续地传回用于追踪无线电探空仪运动的地面站。如果这种无线电探空仪也可以测量风向和风速，则称为无线电探空测风仪。

■ **图12-13** 无线电探空仪采集高空气象数据，比如气温、气压和湿度。

追踪是高空观测至关重要的一个组成部分。这个从20世纪80年代开始使用的系统已经被全球定位系统(GPS)和最新计算机技术系统所代替。气象学家能够根据无线电探空测风仪运动的快慢和方向来确定风速和风向。将各种数据绘制在图表上，从而给气象学家一幅关于大气中特定地区的温度、气压、湿度、风速和风向的剖面图。利用这样的图表，气象学家就能预报那些影响地面天气的大气变化。

☑ **读后自查** **描述**无线电探空仪的功能。

气象观测系统

在美国，有许多地面观测站和高空观测站。然而，这些站点的数据如果没有气象雷达和气象卫星的帮助，就不能给出精确的降水地点。

气象雷达 气象雷达系统可以探测降水发生的特定地点。雷达(radar)这个词代表了“无线电探测及搜索”(radio detection and ranging)。一套雷达系统由几个部分组成。发射机产生电磁波，天线发出电磁波。在气象雷达系统中，这些电磁波可以穿过小的云滴，又能从大颗雨滴上反射回来。反射回来的电磁波需要一个无线电扩大器增强，然后由一台计算机来处理这些信号并将它们显示在一个屏幕上。通过分析屏幕信息，气象学家能够计算出雨滴相对于接收天线的距离以及降雨的位置。

多普勒气象雷达 你可能已经注意到，随着迎面驶来的汽车离你越来越近，汽车喇叭声的音调也逐渐升高；当它离你远去时，音调会越来越低。这种声音现象被称为多普勒效应。**多普勒效应(Doppler effect)**是指当波(如声波或光波)移近或远离一个观测者时，波的频率会发生变化。

如**图 12-14** 所示，美国国家气象局使用的多普勒气象监测雷达 1988(WSR-88D)，就是基于波的多普勒效应。多普勒雷达数据分析能用于确定降水移近或远离一座雷达站时的速度。因为雨滴的移动是由风引起的，所以多普勒雷达可以对相关降水地区，包括那些正在经历雷暴和龙卷风等极端天气的地区的风速，做出准确的预估。多普勒雷达可测量风速的能力使得它比传统的气象雷达系统具有更明显的优势。

■ **图 12-14** 美国俄克拉何马州的诺曼是第一座多普勒雷达设备的所在地。

气象卫星 除了用于通信之外，绕地轨道卫星的另一个主要用途就是观测天气。安装在气象卫星上的照相机每隔一段时间就拍摄一次地球照片。气象卫星可以使用红外线、可见光或水汽图来观测大气。

红外图像 在夜晚，一些气象卫星使用红外线进行观测。物体会以不同的频率向外辐射热能，红外观测可以探测到这些频率的差异。利用这些数据，气象学家可以在图上显示云量或地表温度。在一幅红外图像上，可以辨别不同的频率，如**图 12-15** 所示。

正如之前学过的，不同的云形成于不同的高度，它们具有不同的温度。利用红外图像，气象学家可以确定一片云的温度、类型和它所在的高度。红外图像在探测发生于高空大气的强雷暴时十分有用。在对流层中随着高度上升温度逐渐降低，雷暴出现在红外图像上非常寒冷的区域内。由于雷暴的强度与它所在的高度有关，因此通过红外图像可以预测一场可能带来极端天气的风暴的发生概率。

■ **图 12-15** 这张红外图像显示，美国中西部大部分地区被云层覆盖。

可见光图像

水汽图

■ **图 12–16** 这两张图与**图 12–15**拍摄于同一时间，每张图都显示了不同的大气特征。它们都能帮助气象学家分析和预测天气。

可见光图像 一些卫星利用可见光相机拍摄地球。如**图 12–16**所示的这些数码照片被传送回地面站后，其中的数据会标记在地图上。气象雷达可以追踪降水，而这些卫星可以追踪云的移动。它们还可以显示云层遮盖的差异，这主要体现在云层厚度上。通过结合雷达和可见光数据，气象学家可以确定降水的发生地点。

水汽图 另一种对气象分析和预报也很有用的卫星图像称为水汽图，如**图 12–16**所示。水蒸气是一种不可见的气体，不能直接被照相机拍到，但是它会以特定的波长吸收和发射红外线辐射。许多气象卫星中装载有能够测量大气中当前水蒸气含量的传感器。

水汽图是一种对气象分析和预报都很有用的工具，因为它能显示大气中的水分含量，而不只是云层分布。引起天气系统变化的气流通常可以从水蒸气的运动轨迹中看出来，所以即使当前还没有云，气象学家也能够借助水汽图，很好地模拟风暴系统的发展和变化。

第 3 节　本节回顾

要点梳理

- 气象学家通过分析和解读气象仪器从地球表面采集到的数据，来做出精确的天气预报。
- 无线电探空仪用于采集高空大气数据。
- 多普勒雷达可以定位降水的发生地区。
- 气象卫星利用红外线、可见光或水汽图观测和监控地球上变化的天气状况。

要点理解

1. 主要概念 **指出**影响美国采集和分析气象数据的两种重要因素。
2. **对比与比对**从地球表面和高层大气中获取数据的方法。
3. **说明**多普勒雷达与传统气象雷达相比所具有的优点。
4. **总结** 用图表总结三种类型的气象卫星图像。

批判性思维

5. **预测** 根据你所知道的有关气象监测系统的知识，你认为对堪萨斯州的天气预报是否会比对遥远的加勒比岛的天气预报更为精确？请做出解释。

地学写作

6. 写一篇关于使用水汽图探测火星上的水的报道。

第4节 气象分析和预报

主要概念 有许多研究短期和长期天气预报的方法。

核心问题

- 一幅基本的地面气象图应包含哪些信息？
- 数字预报和模拟预报有什么不同？
- 与长期预报相关的问题有哪些？

关键术语

填图格式
等压线
等温线
数字预报
模拟预报

地球科学在你身边 通常，想要预测你今天晚些时候会做些什么要比预测你一周后会做些什么更容易。预报短期天气也要比预报长期天气更容易。

地面气象分析

报纸、广播、电视台和网络经常发布天气预报。气象数据被绘制在气象图表和地图上，预报天气通常需要结合雷达图和卫星图像一起分析。

填图格式 在采集了气象数据之后，气象学家将这些数据填制到一幅地图上，他们利用填图格式来表示每个城市或乡镇的气象数据。**填图格式（station model）**是指在特定地点、特定时间内气象数据的记录结果。在填图格式中，人们使用各种气象符号来代表气象数据，如**图 12–17** 所示。填图格式使得气象学家可以在一片小空间内填充大量的数据。它也给气象学家交流气象数据提供了一种统一的途径。

绘制填图格式数据 填图格式为单个站点提供了重要信息。为了绘制全国或全球的资料图，气象学家需要借助等值线，把具有相等值或恒定值的点连接起来。这些数值代表了不同的气象变量，比如气压或温度。例如，气压等值线被称为**等压线（isobar）**，而温度等值线则被称为**等温线（isotherm）**。这些线与地形图上的等高线——高度相同的点的连线的原理是相似的。

图 12–17 一个填图格式表明了特定区域、特定时间内的温度、风向、风速和其他气象数据。

解释 *使用气象符号的优点。*

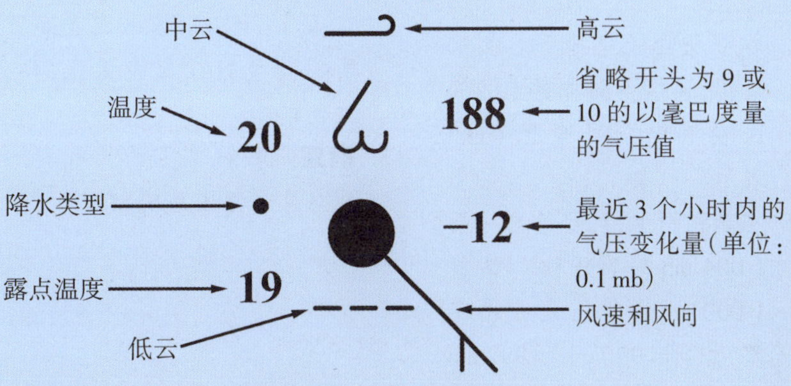

■ **图 12–18** 这幅气象图表明了美国本土的等压线和气压数据。气压的单位是毫巴(mb)。

确定 *你认为在这幅图中,哪个地方的风力最强?*

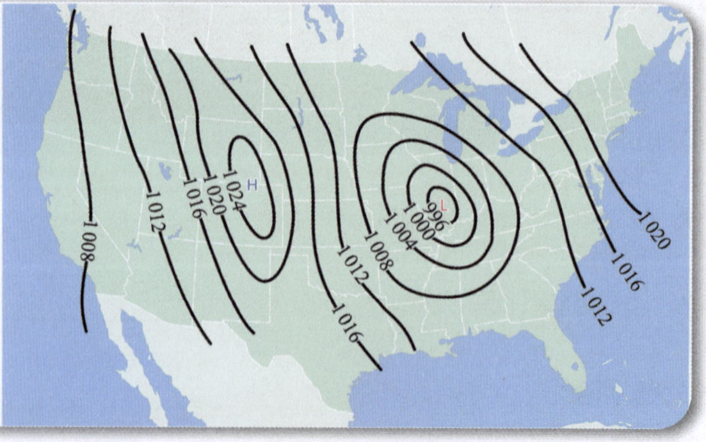

解读填图格式数据 正如你可以通过研究地图上的等高线间距推断地势高度一样,你也可以通过研究地图上的等压线和等温线来推断天气情况。例如,你可以根据等压线之间的间隔状况来预算风速。等压线密集表明一小片区域内的气压差异较大,这意味着有强风。等压线稀疏表明气压差异很小,说明这个区域内的风力较小。如**图 12–18** 所示,等压线也指示了高压系统和低压系统的位置。将这些信息与等温线结合,就可以帮助气象学家识别锋面。

利用等压线、等温线和填图格式数据,气象学家就能探测和分析特定地点当前的天气条件。这些信息十分重要,因为气象学家必须在了解当前的天气条件后才能进行天气预报。

技能实验

科学实验室

解读科学图表

如何分析气象图? 气象图中的高压和低压区域可以通过等压线来表示。

实验分析

1. 在一张白纸上描下右侧这幅图,包括不同位置上的气压值,单位用毫巴(mb)表示。
2. 在这幅图上,已经绘有一条 1 004 mb 的等压线。请将 1 000 mb 的等压线绘制完整,并画出 996 mb 和 992 mb 的等压线。

批判性思维

3. **指出** 这幅图中,等压线之间的间距是多少?
4. **标注** 在闭合的 1 004 mb 这条等压线内,填入代表高压的蓝色 H 或代表低压的红色 L。
5. **确定** 哪种常见的天气类型与这个气压系统相关?

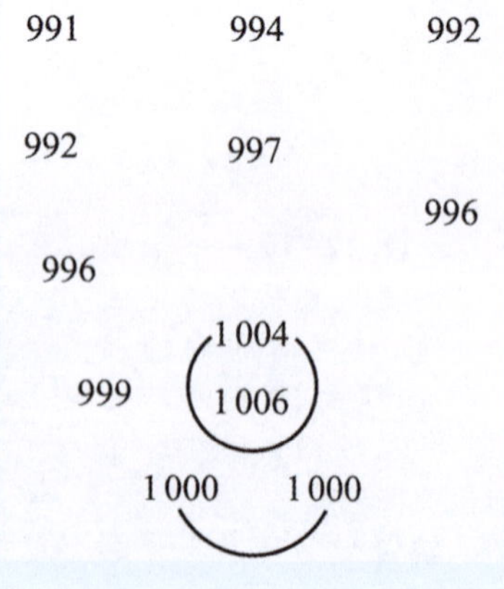

预报的类型

如**图12–19**所示，气象学家必须根据当前和过去的天气条件，分析来自大气圈不同层级的数据，才能进行可靠的天气预报。数字预报和模拟预报是两种主要的天气预报类型。

图12–19 这位气象学家正在分析不同渠道的数据，为天气预报做准备。

数字预报 因为大气圈像液体一样运动，所以我们可以将适用于液体的许多物理学定律，例如温度、压强和密度的变化规律，应用于大气圈及其变量中。另外，这些原理也可以用数学公式来表达，这样就可以确定大气变量是如何随着时间而变化的。

数字预报（digital forecast）将物理学定律和数学应用于大气变量，并预测这些大气变量会如何随着时间而变化。数字预报依赖于数据。它的精确性与可用数据的总量直接相关。气象学家需要花费很长的时间来解决在全球或全国范围内的大气方程式。幸运的是，计算机可以快速地完成这些工作。数字预报是现今气象学家预报天气所采用的一种主要方法。

☑ **读后自查** **说明**数字预报的精确性与其所利用的数据之间的关系。

模拟预报 **模拟预报（analog forecast）**是另一种类型的天气预报，它主要是把当前的天气模式与过去的天气模式进行比较。气象学家称之为“模拟预报”，是因为他们要从过去的模式中寻找一个与当前类似的或可参照的模式。为了保证模拟预报的精确性，气象学家必须在大气圈的所有层次以及足够大的区域中，寻找一个与当前事件相似的事件。这正是模拟预报的主要缺点，因为从过去的天气模式中寻找一个与当前相同的模式是非常困难的。然而，模拟预报能够根据反复出现的气候模式进行月度预报或季度预报。

短期预报

最精确且详细的预报就是短期预报，因为天气系统随着时间变化，在方向、速度和强度上都有改变。对于每小时的天气预报，可以根据当前天气进行推断，因为当前的天气受小范围的气象特征所控制，而这些也很容易被雷达和卫星观测到。

1～3天内的预报就不再是建立在所观测的随小时变化的云和降水数据的基础上了，它要依赖于更大范围内的地表行为以及高空大气特征，比如低压系统。1～3天内的预报通常能基本准确地预测温度，以及降水的时间和强度。然而，在这个时间范围内，还不能精确地预报出某个特定时间的准确温度或天气状况。

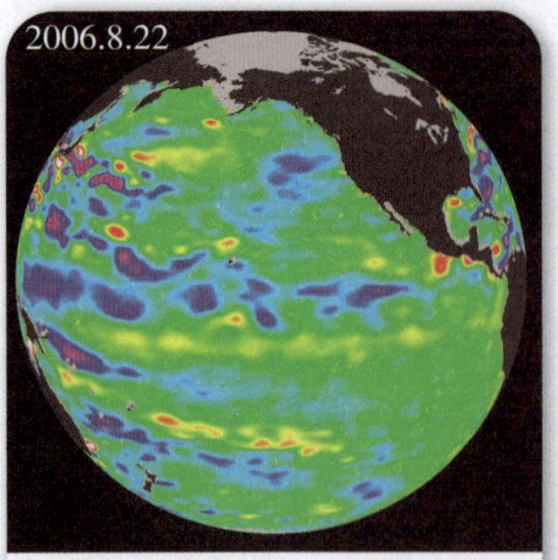

■ **图12–20** 当比往常更强劲的信风携带着寒冷的海水从美国南部向赤道太平洋海域移动时，就出现了拉尼娜现象。这种现象每3～5年会出现一次，且会影响全球的天气。

长期预报

因为计算机不可能模拟特定时间和地点的所有影响天气的变量，所以所有长期预报都比短期预报更不可靠。我们已经学过，地球表面的一些特征，比如湖泊或积雪，都会影响到一个特定区域所吸收的热量。这些因素又影响到这一区域的气压，进而也影响了风力。风还会影响云的形成和这个区域内天气的各个方面。随着时间的推移，所有因素相互作用，形成了更复杂的天气状况。

在4～7天的范围内，天气预报必须根据对流层和较低的平流层中的环流模式，来试图预测出地表天气系统的变化。气象学家能够估测每一天的大致天气，但究竟什么时候会发生什么样的天气情况，他们并不能给出精确的预报。在1～2周的范围内，预报是根据大范围的环流模式的变化来推测的。因此，这些预报相当模糊，并且主要是根据过去发生的相似的天气条件来推断的。

月度或季度的长期预报大多数是建立在大气循环或气候模式的基础上。就如**图12–20**中所示，许多这样的大气循环都与大气圈、洋流和太阳活动的变化相关，而这些变化也可能同时发生。提高未来天气预报精确性的关键在于识别并了解这些循环造成的影响，以及它们是如何相互作用的，并确定它们对更长时间周期内天气的最终影响。

第4节 本节回顾

要点梳理

- 填图格式可以用来描绘不同的气象变量。
- 气象学家将地图上变量值相等的点连成线，用来表示全国或全球天气变化的趋势。
- 两种类型的预报分别是数字预报和模拟预报。
- 预报的周期越长，天气预报的可信度越低。

要点理解

1. 主要概念 **描述**分析天气预报的方法。
2. **识别**在填图格式中使用的几种符号。
3. **模拟** 在气象图中如何表示温度和气压？
4. **对比与比对**模拟预报和数字预报。
5. **解释** 为什么长期预报不如短期预报精确？

批判性思维

6. **评定** 对于3天或更短的时间周期，数字预报和模拟预报哪一种会更精确？

地学计算

7. 通过报纸或其他媒体资源，寻找和记录你所在地区5天内的最高和最低温度。计算5天内的平均最高温度和平均最低温度。

地球科学与社会

天气预报——在混沌中寻找精确

在新泽西州的一个雨夜，发生了一桩悲剧。4个少年外出踢足球，他们刚开始玩耍，云层就逐渐变厚，天色变得暗沉。不久，电闪雷鸣，少年们决定先离开球场。正当他们走出球场时，突然，一道闪电击中了他们。两个少年于几小时后在医院里因抢救无效死亡。这次事件震惊了人们，因为天气预报里根本没有预测到这场风暴。为什么天气预报不能更准确些呢？

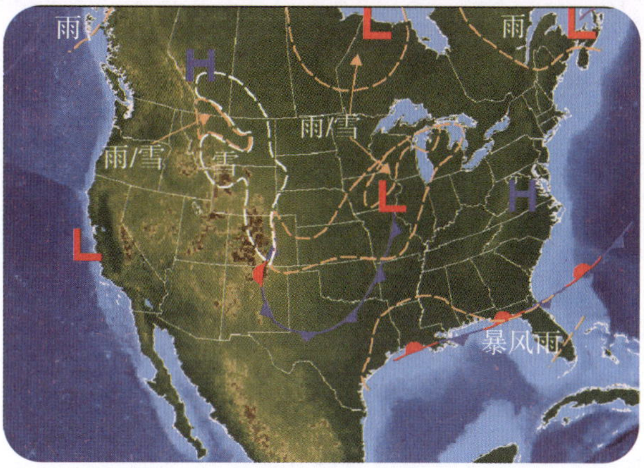

天气预报所需要的数据采集自大气圈。

混沌理论和天气系统 1963年，气象学家爱德华·洛伦兹第一次发表了混沌理论，并描述了在最开始的阶段，各个天气系统都是相互独立的，最初测量工具的精确性对预期结果有着成指数关系的影响。

洛伦兹在气象杂志上发表混沌理论几年后，其他科学家逐渐认识到这个理论的重要性。洛伦兹建立的简易方程式为现代天气预报奠定了基础。

开始预报 天气预报开始于观测。从各种来源采集到的数据被录入已经建立了大气层数学模型的超级计算机中。在美国，国家气象局管理着这些计算机，并向地方和国家的气象预报员公布这些数据。

气象学家们普遍认为，就目前来说，比较有用的每日天气预报只限于5天之内，准确的每日天气预报要延长到6~7天是不太可能的。

气象学家希望，通过提高测量仪器的准确性，发展和完善计算机技术和天气模型，使可靠的每日天气预报的周期延长至3周左右。

长期预报的局限性 气象学家发现，未来一周后的每日天气预报是不可靠的。他们比较当前与过去的天气模式和全球海洋温度，得出长期预报，确定温度和降水与正常年份相比可能会更高还是更低。国家气象局气象预报中心和其他组织会提供这些指标的月度和季度周期内的预测值。

地学写作

评估 通过报纸或其他媒体获取接下来7天的天气预报。记录你所在城市在下一周的温度和天气情况，并将预报的天气与你后续观测到的天气做比较。写一份报告并将你的报告分享给全班同学。

解读气象图

实验背景：下页的地表气象图反映了某日美国实际的天气情况。在这个实验中，你将利用这张地图上的填图格式、等压线和气压系统来预报天气。

实验问题：如何利用地表气象图解读当前天气并预报未来天气？

实验材料

尺子

实验步骤

1. 阅读并遵守实验室安全守则。
2. 这幅地图的比例尺用的是海里。在计算距离时，请进行适当的换算。
3. 等压线的单位是毫巴（mb）。在填图格式中，读出的气压值都是缩略的。例如，1 021.9 mb在填图格式中是以219来记录的，但应该读作1 021.9。
4. 风的竖线指示风向。学习右侧表格里的气象图符号和风速符号的相关知识。
5. 城市周围的每个数字代表不同的大气数据。相同的大气数据在填图格式中位于同样的相对位置上。根据**图12-17**和气象图符号，学习填图格式中数字表示的意义。

实验分析

1. **指出**等压线之间的间距。
2. **确定**最高和最低的等压线以及它们所在的位置。
3. **描述**得克萨斯州和路易斯安那州境内的风。
4. **确定和记录**地图上最低和最高温度所在的位置。
5. **推断**佐治亚州和佛罗里达州是晴天还是雨天，并做出解释。
6. **预测** 位于加拿大东部和俄勒冈海岸一带的两个低压系统都以24 km/h的速度向东运动。预测短期内纽约北部和俄勒冈州的天气。

绘制图标

锋和气压系统

H	高压系统中心
L	低压系统中心
	冷锋
	暖锋
	锢囚锋
	准静止锋

技能运用

预报 在地图中任找一个位置。根据地图中所给的数据，推断该地区明天的天气。

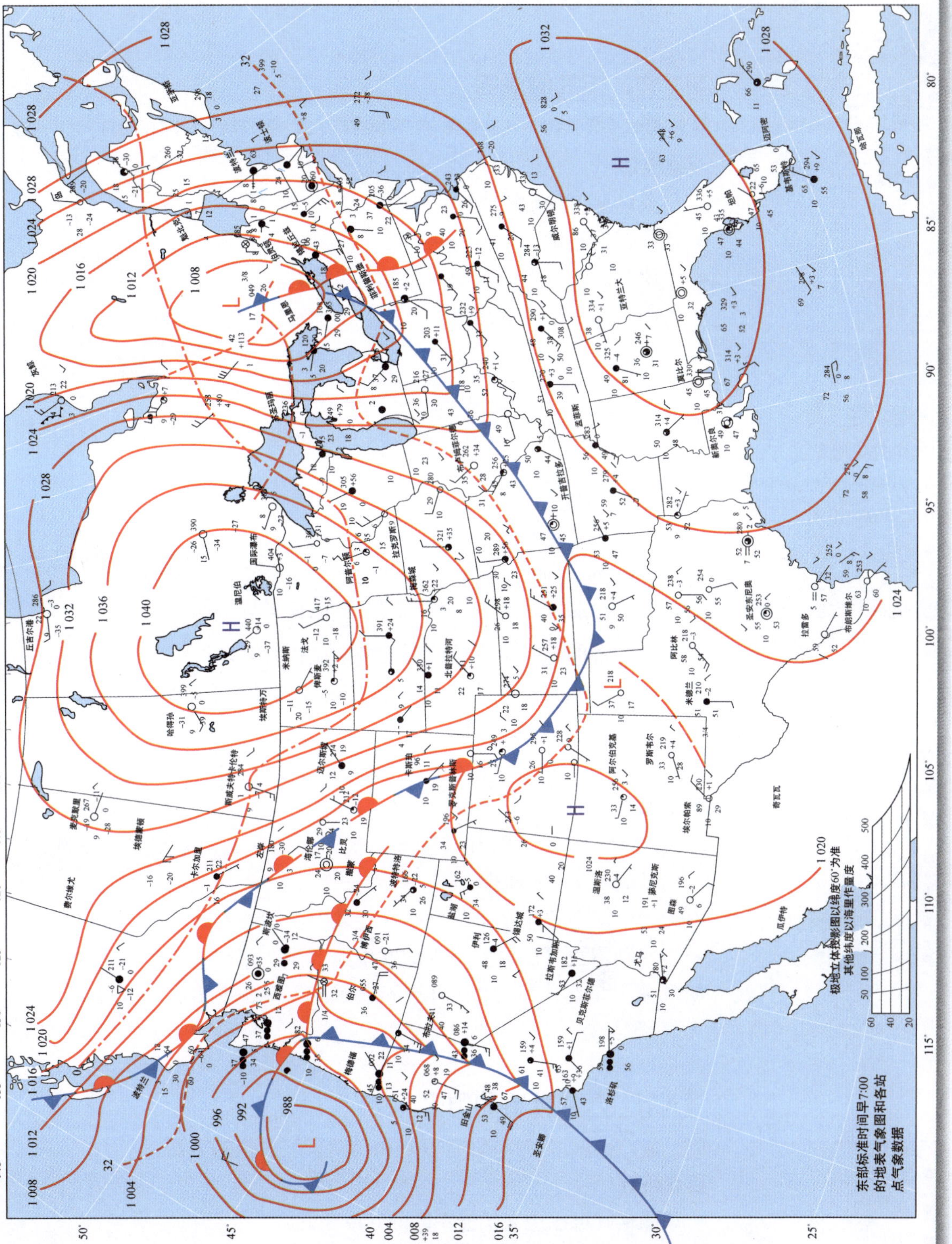
东部标准时间早7:00
的地表气象图和各站
点气象数据
极地立体投影图以纬度60°为准
其他纬度以海里作量度

第12章 复习指南

大概念 我们可以观察、分析和预测天气模式。

第1节 天气的成因

关键术语

- 天气
- 气候
- 气团
- 源地

主要概念 由于地球表面受热不均匀，气团有不同的温度和湿度。

要点梳理

- 气象学是研究大气现象的科学。
- 太阳辐射在地球赤道和极点之间不均匀分布。
- 气团是反映其形成区域湿度和温度等特征的大型空气团。
- 气团可以根据其源地进行分类。

第2节 天气系统

关键术语

- 科里奥利效应
- 极地东风带
- 盛行西风带
- 信风
- 急流
- 锋面

主要概念 不同气压和温度的气团移动、变化和碰撞会产生不同的天气。

要点梳理

- 三种主要的风系统分别是极地东风带、盛行西风带和信风带。
- 高空中快速的急流对中纬度地区的天气有很大的影响。
- 四种类型的锋分别是冷锋、暖锋、锢囚锋和准静止锋。
- 空气通常围绕一个高压或低压中心做螺旋运动。

第3节 采集气象数据

关键术语

- 温度计
- 气压计
- 风速计
- 湿度计
- 无线电探空仪
- 多普勒效应

主要概念 对大气特性的精确测量是分析和预报天气的重要部分。

要点梳理

- 气象学家通过分析和解读气象仪器从地球表面采集到的数据，来做出精确的天气预报。
- 无线电探空仪用于采集高空大气数据。
- 多普勒雷达可以定位降水的发生地区。
- 气象卫星利用红外线、可见光或水汽图观测和监控地球上变化的天气状况。

第4节 气象分析和预报

关键术语

- 填图格式
- 等压线
- 等温线
- 数字预报
- 模拟预报

主要概念 有许多研究短期和长期天气预报的方法。

要点梳理

- 填图格式可以用来描绘不同的气象变量。
- 气象学家将地图上变量值相等的点连成线，用来表示全国或全球天气变化的趋势。
- 两种类型的预报分别是数字预报和模拟预报。
- 预报的周期越长，天气预报的可信度越低。

第12章 复习检测

术语回顾

从复习指南中选取匹配下列各项描述的术语。

1. 气象图上相同气压值的连线。

2. 大气当前的状态。

3. 依赖于数据的一种预报类型。

4. 在特定区域内，天气条件的长期变化。

5. 拥有与其形成区域相同特性的大型空气团。

6. 对特定时间、特定地点的气象数据的描述。

从复习指南中选取合适的术语填空。

7. ________ 用于测量相对湿度。

8. ________ 描述了分隔两种不同密度气团的狭窄区域。

9. 由于地球自转而造成空气偏转的是 ________。

10. 在气象图上，相等温度值的连线被称为 ________。

下列的每一句表述都有错误。从复习指南中选取合适的术语替代斜体的术语使表述正确。

11. *马纬度*是位于南北纬30°～60°之间的两条地面风带。

12. 气象学家使用一种根据*极地东风带*的特殊的雷达来追踪降水的移动。

13. 狭窄、快速的风带称为*信风带*。

14. 一组由气球运输的传感器称为*源地*。

15. 测量风速的仪器称为*气压计*。

理解要点

16. 在高层大气中，巨大的温度梯度会造成什么现象？

A. 信风

B. 科里奥利效应

C. ITCZ

D. 极锋急流

根据下图，回答第17～18题。

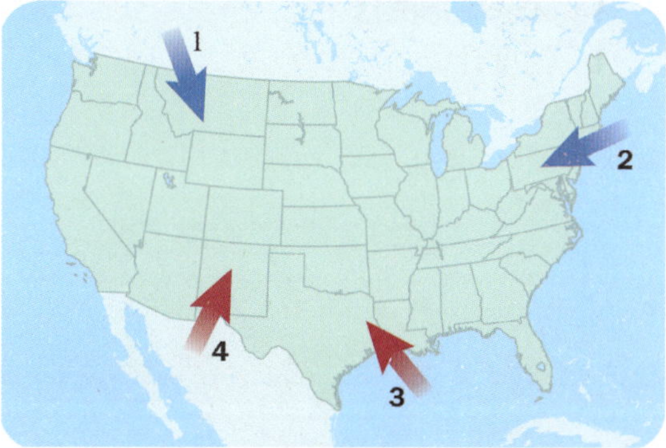

17. 下列哪个可能是最冷的气团？

A. 1 **B.** 2

C. 3 **D.** 4

18. 下列哪个气团炎热而干燥？

A. 1

B. 2

C. 3

D. 4

19. 下列哪项不是地球三个基本风系统之一？

A. 极地东风带

B. 极锋急流

C. 信风带

D. 盛行西风带

20. 在任意给定的年份里，地球上哪个地方接收到的太阳辐射最多？

A. 极地地区

B. 大洋

C. 热带

D. 大陆

21. 下列哪项指的是气候？
A. 今天的最高温度
B. 昨天的降雨量
C. 明天的最高风速
D. 30年里平均的降水量

22. 下列哪种仪器不能用于测量地面的天气情况？
A. 气压计
B. 湿度计
C. 无线电探空仪
D. 温度计

根据下图，回答第23～24题。

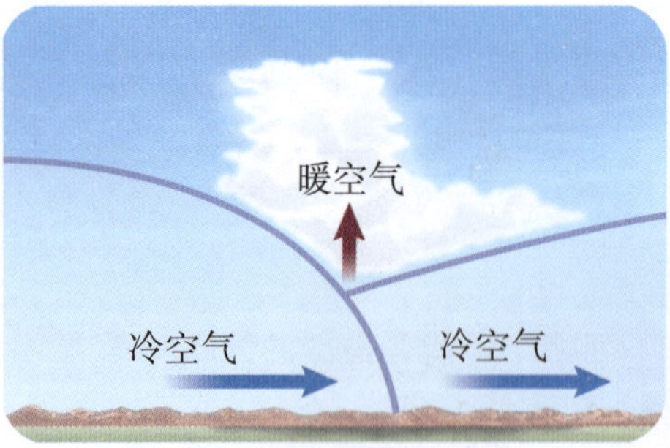

23. 上图中表示的是哪种锋？
A. 冷锋 B. 锢囚锋
C. 准静止锋 D. 暖锋

24. 下列哪种天气条件是由这种类型的锋导致的？
A. 温暖的温度和降水
B. 寒冷的温度和雷暴
C. 轻柔的风和降水
D. 强风和降水

25. 下列哪种预报最精确？
A. 长期数字预报
B. 短期数字预报
C. 长期模拟预报
D. 短期模拟预报

26. 填图格式常用于做什么？
A. 数字预报
B. 描述急流
C. 长期预报
D. 绘制地表气象图

简要概述

27. **推断** 为什么暖锋前的多云或阴雨天气比冷锋前持续的时间更长？

28. **指出** 在分析地面天气时，短距离内剧烈的温度变化预示着什么天气特征？

29. **推测** 根据几个地点不同时间观测得到的数据所做的气象分析会导致什么问题？

30. **讨论** 为什么在马纬度会无风或风很小？

31. **对比与比对**大陆性极地气团与海洋性热带气团的温度和湿度特征。

32. **说明**数字预报方法的主要优点。

33. **描述**你可以用来确定给定地点是否下雨的两种不同的气象数据分析方法。

34. **辨别**等压线和等温线。

根据下表，回答第35题。

气团特性

气团类型	源地	夏季
北极气团	西伯利亚，北极海域	寒冷，干燥
大陆性极地气团	加拿大，美国阿拉斯加的内陆	凉爽，干燥
大陆性热带气团	美国西南部，墨西哥	炎热，干燥
海洋性极地气团	北太平洋	温和，湿润
	北大西洋	凉爽，湿润
海洋性热带气团	墨西哥湾，加勒比海，热带和亚热带的大西洋和太平洋	炎热，湿润

35. **选择** 在夏季最可能与显著降水相关的气团是哪种？

批判性思维

36. **提议** 提出一套对你所在的学校来说理想的气象数据采集系统。

根据下图，回答第37题。

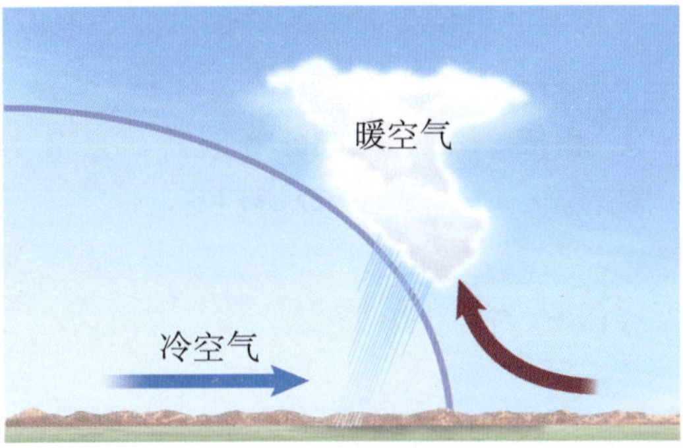

37. **排序** 描述该地区的人会在上图所示的锋面过程中观察到的天气变化顺序。

38. **比较**对西雅图市进行天气预报与对纽约市进行天气预报所面临的挑战。

39. **地球科学相关职业** 假设你是一位气象预报员，请使用“地学实验”中的气象图，选择一座城市进行一日天气预报。

40. **确定**夏季北极气团在北大西洋上空向南运动时的变性气团类型。

41. **评估** 在柏油路附近读到的温度能否代表整个城市的气温？

概念图解

42. 绘制一幅表示不同类型气象数据采集方法之间关系的概念图。

挑战难题

43. **评估** 为什么冷锋在经过佛罗里达州后变得静止并最后瓦解？

地学写作

44. 调查当地的相关气象组织，写一篇关于其使用的几种气象数据分析方法的短文章。

材料分析

下图显示的是三种数字预报模型（A、B和C）在2006年1月3天和8天的周期内预测的每日最高气温的准确性。

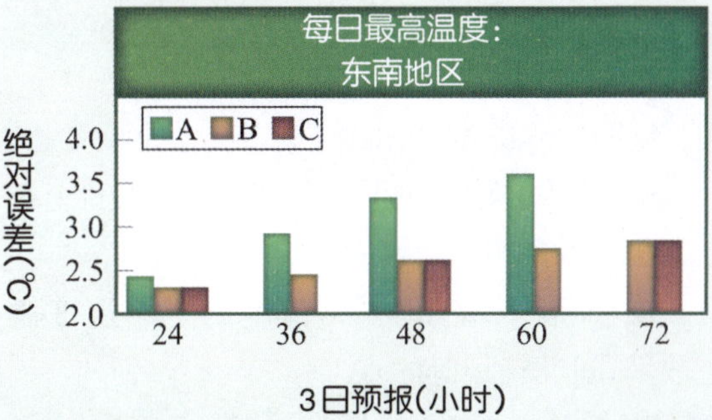

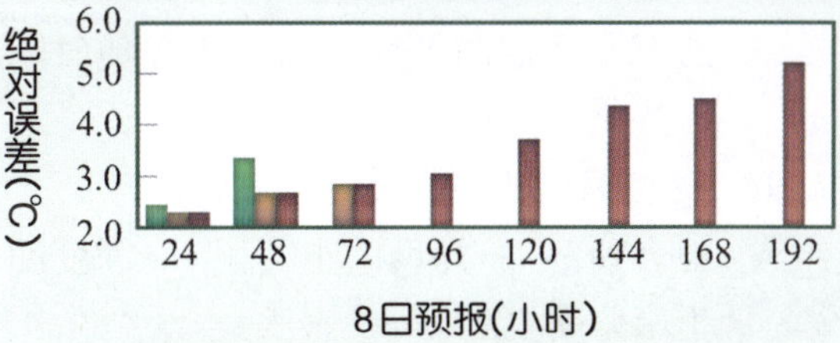

资料来源：National Weather Service, National Center for Environmental Prediction. January 2006. *NOAA*.

45. 哪种模型在最早的60小时内绝对误差最大？

46. 哪种模型能用于预报接下来一周内的最高温度？

47. 三种模型中，哪种模型最有用？请解释原因。

综合复习

48. 如何使用手持GPS接收器定位？（**第2章**）

49. 什么决定了自流井中的水能够上升的最大高度？（**第10章**）

综合 标准化测试

选择题

根据下图，回答第1~3题。

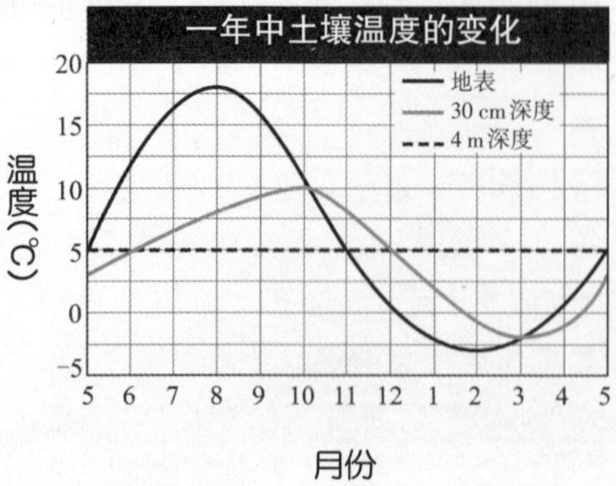

1. 从图中你能推断出以下哪个结论？
   A. 夏季，在地表到30 cm深度之间的土壤温度变化最大
   B. 地表土壤和30 cm深度的土壤温度之间没有相等的点
   C. 在全年之中，土壤越深，温度越低
   D. 所有土壤层的温度在一年中都随时间而变化
2. 10月和3月的土壤温度有什么特点？
   A. 地表和30 cm深度的土壤比4 m深度的土壤温度更高
   B. 地表和30 cm深度的土壤温度相同
   C. 地表和30 cm深度的土壤比4 m深度的土壤温度更低
   D. 所有深度的土壤温度都相同
3. 为什么土壤中4 m深度是一个很重要的记录点？
   A. 这里的土壤温度永远不变
   B. 没有其他层的土壤可以到达那个温度
   C. 这里是唯一始终冰冻的土壤层
   D. 这里是土壤所能达到的地球表面下方的最深处
4. 什么特征可以确定一块岩石是火成岩？
   A. 这块岩石有着很好的分层
   B. 这块岩石有着玻璃质结构
   C. 这块岩石含有小细砾
   D. 这块岩石由方解石组成
5. 当雾离开地球表面上升后最可能会形成以下哪种云？
   A. 积云　　B. 卷层云
   C. 层云　　D. 高积云

根据下图，回答第6~7题。

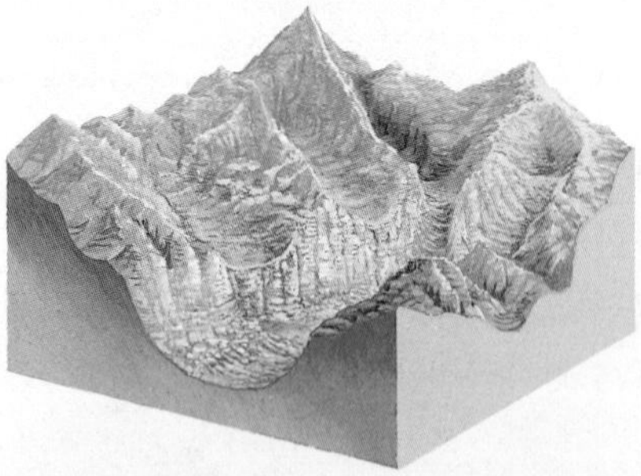

6. 下列哪种作用形成了上图中的地形特征？
   A. 流水侵蚀　　B. 风力侵蚀
   C. 冰川侵蚀　　D. 小行星撞击
7. 通过研究与图中类似的区域，科学家会得到什么信息？
   A. 河流如何制造出U形谷
   B. 冰川的历史以及它运动的方向
   C. 为什么冰川会移动
   D. 风对山地特征的影响
8. 关于沉积岩中未变动岩层中的化石，下列哪种描述是正确的？
   A. 上层岩层中的化石比下层岩层中的化石更年轻
   B. 上层岩层中的化石比下层岩层中的化石更古老
   C. 上层岩层中的化石一般没有下层岩层中的化石那么复杂
   D. 上层岩层中的化石没有与下层岩层中的化石类似的

简答题

根据下图，回答第9～10题。

9. 上图展示的是哪种气象仪器？它是如何工作的？

10. 为什么对于气象学家来说，使用上图中的仪器采集气象数据是很重要的？

11. 假设没下渗的地表水形成了一条水渠但迅速干涸。随着时间推移，会发生什么情况？

12. 讨论地面沉降与水资源供应之间的关系。

13. 假设一条小溪宽 6 m，深 3 m，流速是 12 m/s。你如何确定这条小溪的流量？

14. 区分一块砖石的质量和重量。

阅读理解

雷达的另一种用途

多普勒雷达通过反射电磁波，测量电磁波的振幅和频率的变化来追踪大气层中运动的物体，比如雨滴。但是，雷达并不能区分蝙蝠和冰雹。对于雷达来说，上百万只蝙蝠从它们的洞穴中飞出来时，就像从地面上的一点开始迅速扩散并覆盖大地的巨大风暴一样。"在蝙蝠研究者们了解情况前，我们就能看到在雷达上的蝙蝠群。"新布朗费尔斯科学管理中心的吉姆·沃特回想道，"我们看见，蝙蝠能飞到3 000 m高的空中。"因为其他地方的蝙蝠为了捕捉昆虫都靠近地面飞行，我们很疑惑为什么这些无尾蝙蝠能飞到3 000 m的高空。同样的，多普勒雷达又为探测到得克萨斯州上空数十亿成群的昆虫提供了线索。从20世纪80年代起，研究者已经使用雷达绘制了北美多种农业害虫，比如草地夜蛾、甜菜夜蛾、烟草夜蛾的幼虫和棉铃虫的飞行模式图。

资料来源：McCracken G. F. and J.K Westbrook. 2002. Bat patrol. *National Geographic Magazine* (April): 1.

15. 从这篇文章中，你能推断出什么结论？

A. 多普勒雷达对监测天气没有用处

B. 多普勒雷达能够追踪主要的风暴和蝙蝠群

C. 多普勒雷达应该只用于研究天气

D. 多普勒雷达应该只用于研究蝙蝠

16. 从这篇文章中，你能得出关于技术的什么重要观点？

需要更多帮助？														
如果你回答错误……	1	2	3	4	5	6	7	8	9	10	11	12	13	14
请复习相应章节……	7.3	7.3	7.3	5.1	11.3	8.3	8.3	6.1	12.3	12.3	9.1	10.3	9.1	1.2

第13章

风暴的本质

大概念 大气圈中发生的热能转换有时会伴随着剧烈的形态、大小和持续时间的改变。

内容提要

1 雷　暴
2 极端天气
3 热带风暴
4 重复出现的天气

起步实验

科学实验室

为什么会形成电流?

如果你用脚在地毯上蹭过后,再用手去拉门把手,你会有一种触电的感觉。这是因为脚在蹭地毯时产生了额外的负电荷,金属门把手上带正电荷的粒子吸引这些负电荷,由此产生了微弱的电流现象,于是你产生了触电的感觉。在这个实验里,我们将探索电流的形成。

实验步骤

1. 阅读并遵守实验室安全守则。
2. 用压花器压10张圆形纸片。
3. 将纸片分成两份,每份5张,放在桌子上。
4. 吹一个小的气球,在气球的一面用记号笔标记一个X。
5. 用布摩擦气球画X一面。
6. 将气球画X一面放在其中一份纸片上方约2 cm处。
7. 转动气球,将画X一面的反面放在另一份纸片上方约2 cm处。

实验分析

1. **描述** 这些纸片发生了什么情况?
2. **解释** 当你用布摩擦气球的时候,发生了什么?
3. **推断** 吸引纸片的静电与你用脚蹭地毯产生的静电有何相似之处?
4. **推断** 是什么导致闪电传导的?

为了便于气象预报员与普通民众交流,科学家会对飓风进行命名。飓风的名字,比如卡特里娜,是从世界气象组织确定的名单中挑选出来的。

折叠式学习卡

雷暴的发育阶段

根据下图所示,制作一张三格折纸,并用它来整理你学习雷暴发育的三个阶段过程中的笔记。

积云期	成熟期	消散期

洪水
STOP
风暴潮
狂风

第1节 雷 暴

主要概念 雷暴的强度和持续的时间取决于雷暴形成区域的实际情况。

核心问题

- 雷暴是如何形成的？
- 雷暴有哪些不同的类型？
- 什么是雷暴的生命周期？

关键术语

气团雷暴
山峰雷暴
海风雷暴
锋面雷暴
梯级先导
回返闪流

地球科学 在你身边 想一想汽车引擎里的燃料是怎样为汽车提供能量的。雷暴就像大气引擎，它利用热量和水分作为燃料，以云、雨、闪电和风的形式释放能量。

雷暴概述

在任一给定的时刻，全世界可能同时发生了两千多次雷暴。大多数雷暴为湿热的夏季午后带来了几分舒适的凉意。然而，有些雷暴却变成了“大气魔鬼”，它可以产生棒球大小的冰雹、涡旋式龙卷风和风速高达160 km/h的地表风。这些剧烈的雷暴还能为自然界最具毁灭性的风暴——飓风提供能量。这些剧烈的雷暴，无论强度如何，都具有一些共同的特征。**图13–1**显示了美国各地每年经历雷暴的频率。

雷暴是如何形成的 我们已经学过，大气稳定度是由气团是否发生升降运动决定的。冷气团比较稳定，而那些被下方陆地或水面加热的气团并不稳定。在合适的情况下，对流会使积云成长为积雨云，甚至可能产生雷暴。形成雷暴有三个必要条件：有水汽来源、气团抬升和不稳定的大气。

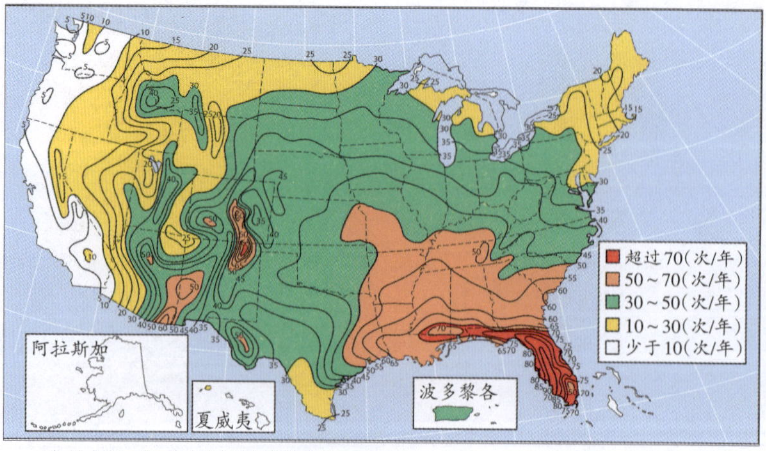

资料来源：美国国家气候数据中心，NOAA。

■ **图13–1** 地理条件和气团运动是导致美国东南部雷暴天气的主要原因。

预测 *为什么太平洋沿岸（美国西海岸）的雷暴天数较少，但大西洋沿岸（美国东海岸）的佛罗里达州却雷暴频发呢？*

■ **图 13–2** 由于不稳定的大气环境，积云逐渐生长。当积云成长为积雨云时，就有可能产生雷暴。

水汽 首先，要形成雷暴，低层大气中必须有大量的水汽。形成于热带海洋或大型湖泊上空的气团由于下垫面水分蒸发而变得更加潮湿。这些潮湿的大气与周围干燥的大气相比，密度更小，于是气团上升。它包含的水蒸气凝结成云中的小水滴。在凝结过程中，水蒸气释放的潜热让大气升温，使其上升至更高更冷的位置，导致更多的水蒸气凝结。

抬升 然后，当暖气团抬升至大气中较冷的区域时，水汽凝结并释放潜热。冷锋中密度大的冷气团推着暖气团向上运动，如同气团沿着山脉抬升一样。在温暖的地面区域，如城市热岛、水体等同样能为气团抬升提供热量。但是只有水蒸气凝结时释放的潜热才能维持云的抬升。

稳定度 之后，如果周围的大气依旧比抬升的气团冷，这种不稳定的状况会使云继续上升。云在上升过程中释放的潜热，又继续促使云抬升。但是，如果周围大气的密度和抬升气团的密度相近，云就会停止上升。**图 13–2** 展示了积云正在变为能导致雷暴的积雨云。

☑ **读后自查** **描述**雷暴形成的三个条件。

雷暴产生的限制因素 限制雷暴产生的因素和形成雷暴的因素一致，即气团抬升，水蒸气凝结、释放潜热，使气团比周围大气温暖等。气团在上升到与自身密度相同的大气层之前会一直上升。因为大气稳定度随着高度升高而增加，大多数积雨云上升的极限在 12 000 m。雷暴同样也受持续时间和大小的限制。

■ **图 13-3** 在一天的不同时段，陆地和水域存在温差。

推断 *为什么夜晚时水域比陆地温度高。*

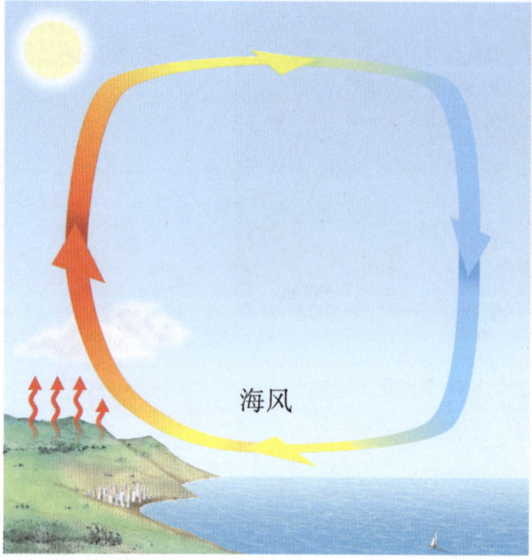

白天，陆地比水域升温更快。陆地上空的暖空气膨胀上升，海洋上空较冷的空气向陆地移动并代替暖空气。这种状况会导致强烈的对流并可能产生雷暴。

晚上，情况则相反。陆地比水域降温更快，因此较暖的海洋空气上升，较冷的陆地空气向水面移动并替代原来的暖空气。夜间的情况相对稳定。

雷暴的类型

雷暴通常根据导致其气团抬升的机制来进行分类。雷暴主要分为两类：气团雷暴和锋面雷暴。

气团雷暴 如果空气抬升是由气团内的地表加热不均匀导致的，那么这类雷暴称为**气团雷暴**(**air-mass thunderstorm**)。地表的不均匀加热在下午三点左右达到最大值，因此气团雷暴，也叫雷阵雨，在这个时候最常见。

气团雷暴主要分为两种：山峰雷暴和海风雷暴。**山峰雷暴**(**mountain thunderstorm**)发生在气团由于地形抬升而在山峰一侧上升时。**海风雷暴**(**sea-breeze thunderstorm**)属于源地性气团雷暴，是由于陆地和水域储存和释放的热能不同而产生的。海风雷暴经常出现在夏季沿海区域，尤其是热带与亚热带地区。因为陆地升温和降温都比水域快，所以在陆地上空和水域上空之间会产生巨大的温差，从而导致海风雷暴的发生，如**图 13-3** 所示。

锋面雷暴 **锋面雷暴**(**frontal thunderstorm**)由前进中的冷锋产生，少数情况下，暖锋也能导致这种雷暴。在冷锋中，下方密度大的冷空气将密度小的暖空气沿着陡急的冷锋边界快速地抬升。这种快速的上升运动会沿着冷锋的主要边缘形成一条雷暴线，有时会长达数百千米。冷锋雷暴从冷空气的推动中得到最初的上升力。由于它们并不依赖于白天的热量而获得其最初的上升力，因此，冷锋雷暴可以一直持续到夜间。这种雷暴经常会导致洪水。在美国，洪水是每年雷暴天气夺走人们生命的罪魁祸首。

虽然不太常见，锋面雷暴也能够发育于前进中的暖锋边缘。在一个暖锋中，暖气团沿着冷气团上方倾斜的锋面向上抬升。如果暖锋后面的暖空气不稳定，并且其中的水汽含量足够高，就会发育为一次相对温和的雷暴。

雷暴发育阶段

一次雷暴的发生通常有三个阶段:积云期、成熟期和消散期。这些阶段是根据大气运动的方向来划分的。

积云期 在积云期,空气开始近乎垂直地向上抬升,如**图13-4**所示。这种抬升基本在源地上空,覆盖范围的直径约5~8 km。这将产生上升气流,把水蒸气运输到云上方较冷的区域。上升的水蒸气凝结成看得见的云中小水滴,并释放出潜热。随着水滴聚结,它们变得越来越大,越来越重,直到上升气流无法继续支撑它们,最终以降水的形式落到地表。这是雷暴成熟期的开始。

折叠式学习卡

将本节信息整合到你的折叠式学习卡中。

成熟期 在成熟期,上升气流和下沉气流共同存在于积雨云中。雷暴中的降水是由高层寒冷的大气层中的小水滴和小冰晶组成的。在降水的下降过程中,其周围的空气会冷却。新近冷却的空气比周围的大气密度大,因此它会随着降水一起快速下沉至地面,从而形成下沉气流。如**图13-4**所示,上升气流和下沉气流形成了一个对流环,与雷暴一起产生的还有呼啸而过的地表风。成熟期的雷暴平均覆盖范围的直径约为24 km。

消散期 只有在地球表面能提供温暖、湿润的稳定空气时,对流环才能持续存在。一旦这种供应耗尽,上升气流就会减速并最终停止。在一次雷暴中,寒冷的下沉气流在到达地球表面时朝四面八方散开,这将使雷暴获取能量的区域冷却下来,上升气流停止,云层也不再形成。如**图13-4**所示,雷暴的消散期会持续到先前形成的降水全部降落为止。

图13-4 雷暴积云期的主要特征是上升气流。成熟期的特征是强烈的上升气流和下沉气流共存。在消散期,雷暴不断地损失能量。

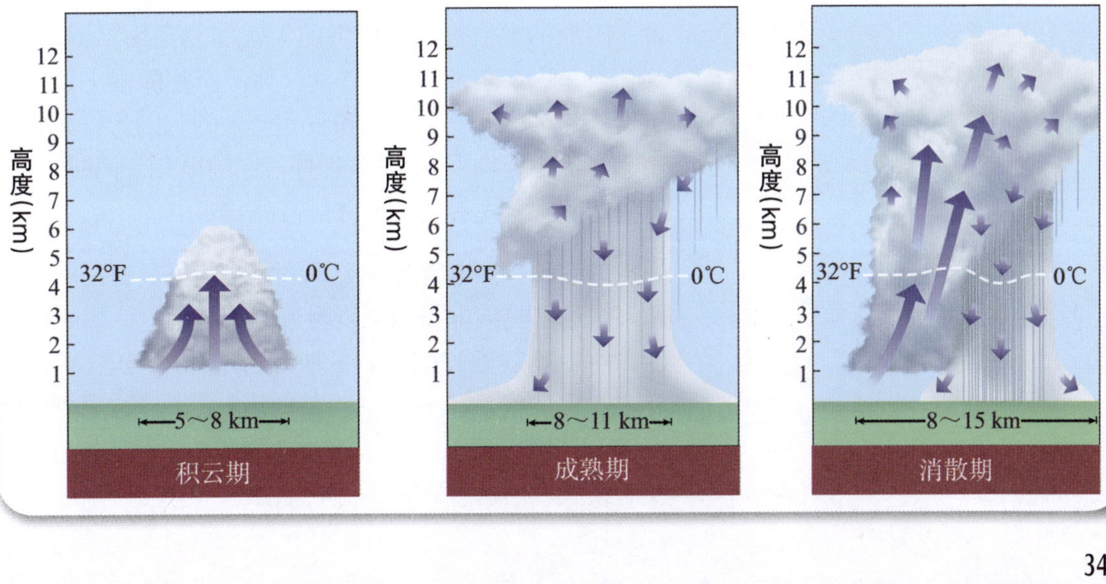

■ **图13-5** 当一个梯级先导靠近一个地面物体时，一股来自地面的强大的电流向上运动到云层中，从而产生了闪电。

排序 *做一个闪电形成过程的大致序列。*

闪电

你是否有过这样的经历：在干燥的冬天，你因为触碰到一个金属物体而被静电的电火花击中？这种静电来源于摩擦，与闪电的形成原理类似。闪电是积雨云中大气快速涌动产生的电流。当积雨云内的上升气流和下沉气流之间的摩擦力把电子从云中的某些原子中分离出来时，云层就会带电。失去电子的原子变成了带正电的离子，其他原子接收了额外的电子变成了带负电的离子。如**图13-5**所示，此时会形成带正电的大气区域。最终，这种电荷的不平衡被破坏，正负电荷区域中间形成了部分带电大气的分支。这种部分带电的大气流被称为**梯级先导**(**stepped leader**)，它从云层中间逐渐向地面移动。当这一梯级先导靠近地面的时候，一条带正电荷的大气流——**回返闪流**(**return stroke**)涌到空中与之相遇。回返闪流从地面涌上云层的时候，大约1亿伏特的电流照亮了这一信道，这就是闪电中最亮的部分。

雷 闪电的电流可以将周围的大气加热到约30 000 ℃，这几乎是太阳表面温度的5倍。你所听到的雷声就是由于这种超热大气急速膨胀和收缩产生的。因为声波的传播速度比光慢得多，所以尽管打雷和闪电几乎同时发生，但我们通常会先看到闪电，再听到雷声。

闪电的变种 闪电有各种类型。片状闪电是被云层反射而形成的。热闪电是地平线附近的片状闪电。蜘蛛闪电能在空中爬行近150 km。最神奇的是球形闪电，它是盘旋在空中的南瓜状的球，在“嘶嘶声”或“砰”的一声中消失了。就像起源于云层里的蓝色喷射机和红色精灵，以锥形或爆裂形迅速地蹿升到平流层。

■ **图 13-6** 闪电的温度是太阳表面温度的5倍。图中闪电击中并劈裂了大树。

雷电天气的安全防范 在美国，每年因闪电而引发的森林火灾约有12 000起，导致数十万公顷的地区被烧毁。另外，闪电雷击在美国平均每年造成300人受伤，58人死亡。**图 13-6** 的大树就是被闪电击倒的。

如何避免被闪电击中？如果出现雷电天气的时候，你恰好在室外，且已经感觉到自己的头发有点竖起来了，那么你应该赶紧低下身子蹲着，两脚紧贴地面，然后像鸭子一样把头埋在膝盖中间，确保自己成为尽量小的目标。此时，千万不要去小棚屋、孤立的树木和敞篷的汽车附近躲避，因为它们都是容易被击中的目标。另外，雷暴天尽量不要使用电子产品等可能遭受雷击的设备，也要远离水域和船只。

第1节 本节回顾

要点梳理

- 一次雷暴分为三个阶段：积云期、成熟期和消散期。
- 水蒸气凝结释放潜热，然后形成云。
- 雷暴可以形成于气团之中或沿着锋面形成。
- 从形成到消散，所有雷暴都会经历相同的阶段。
- 闪电是雷暴发展的自然结果。

要点理解

1. 主要概念 **列举**雷暴积云期阶段需要达到的条件。
2. **解释** 雷暴是如何沿着锋面形成的？
3. **区分**海风雷暴和山峰雷暴。
4. **指出** 什么情况会导致雷暴消亡？
5. **对比与比对**冷锋和暖锋如何产生雷暴。
6. **描述**两种不同类型的闪电。

批判性思维

7. **推断** 闪电主要发生在雷暴的哪个阶段？
8. **确定**雷暴形成过程中产生闪电的条件。

地学写作

9. 为电影设计一个雷暴情景的开场。

第2节 极端天气

主要概念 所有雷暴都会产生狂风、暴雨和闪电，在某些情况下，还会带来危险并造成破坏。

核心问题

- 为什么有些雷暴比其他雷暴更为剧烈？
- 极端天气有哪些危害？
- 龙卷风是如何形成的？

关键术语

超级单体
下击暴流
龙卷风
改良藤田龙卷风强度级数

地球科学在你身边 与过山车的狂野和刺激相比，公园里的滑滑梯就比较舒适和安全。同样，大多数人可能都更喜欢温和的降雨。但是，降雨也可能导致大范围的雷暴，甚至造成灾难。

强雷暴

雷暴的成因各不相同。有些雷暴几分钟内就会消亡，有的则表现为持续的电闪雷鸣。是什么原因导致这些雷暴比其他雷暴更为剧烈呢？持续不稳定的大气加强了上升气流和下沉气流的运动，进而导致了更加剧烈的风暴。

超级单体 强雷暴能够在地球上产生一些最恶劣的天气状况。它们会发育成能够自我维持的、能量巨大的风暴，这种风暴称为**超级单体(supercell)**。超级单体的特点是具有强烈的螺旋式上升的气流，可以在10～20分钟内到达云层顶端。这些剧烈的风暴能持续几个小时，其上升气流的速度可达240 km/h。超级单体常常会形成持续的龙卷风。**图13–7**是超级单体的示意图。注意观察，图中的砧状积雨云通常与强雷暴天气有关。超级单体的顶端被风切变砍断。每年发生在美国的大约100 000次雷暴中，有10%的雷暴被认为是剧烈的，而可归入典型的超级单体之列的数量就更少了。

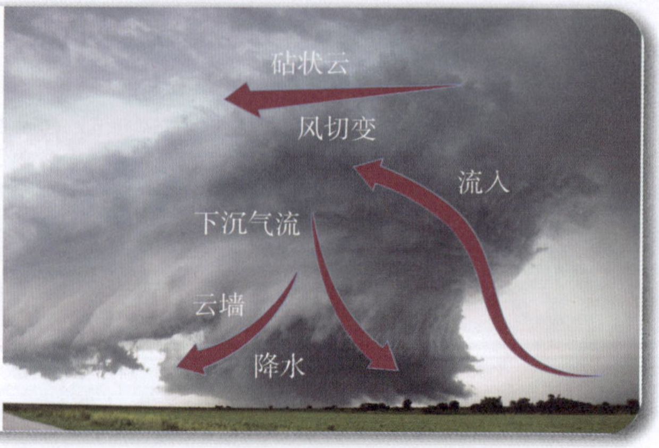

■ **图13–7** 砧状积雨云是许多强雷暴的共同特征。最剧烈的雷暴被称为超级单体。

狂风

被雨冷却的下沉气流在雷暴中下沉至地表，当它们到达地面时会四处散开。但有时候，下沉的能量会在风暴下方局部区域内聚集，而不是在一大片区域散开。这种情况下形成的风就会异常强烈，风速可达160 km/h以上。在一个局部区域内剧烈的下沉气流被称作**下击暴流**(**downburst**)。

根据下击暴流影响区域的大小，可将其进一步划分成巨暴流和微暴流。巨暴流可毁坏一片5 km宽的区域。它的风速可高达200 km/h，且能持续30分钟以上。微暴流体积较小，破坏力稍小，虽然其影响区域不足4 km，但它的风速能超过250 km/h。尽管微暴流的持续时间平均不足10分钟，但由于它体积更小，使得人们很难探测到它而做出相应的准备，所以微暴流的致命性特别强。**图13-8**就是微暴流。

■ **图13-8** 图中这个发生在科罗拉多的微暴流有着龙卷风一样的破坏力。

冰雹

在美国，每年大约有10亿美元的损失来自冰雹。冰雹是一种冰球或小冰块形式的降水。它会对庄稼、车辆、房屋造成巨大的损害，尤其在美国中部地区，冰雹的发生率最高。冰雹在春耕季节最为常见。**图13-9**显示了下冰雹时的情形。

冰雹形成于雷暴的两个常见特性。第一个特性是，在部分积雨云中存在许多小水滴，它们的实际温度低于凝固点。当这些过冷的小水滴遭遇小冰球时，两者会凝结在一起，从而使小冰球变得更大。第二个特性是，在云层中同时存在大量的强烈上升气流和下沉气流，不断变大的小冰球与上升气流和下沉气流依次相遇，使得它们会遭遇更多的过冷水滴。小冰球继续增大直至变得过重，以致连最强的上升气流都不能使它们继续留在高空，最终它们以冰雹的形式降落到地球表面。

■ **图13-9** 冰雹导致路面打滑，影响交通，还会给当地带来经济损失。

龙卷风

在世界某些区域，最危险的极端天气就是龙卷风。**龙卷风(tornado)**是触及地面的剧烈的旋转大气柱。在龙卷风到达地面之前，被称作漏斗云。龙卷风通常与超级单体——最剧烈的雷暴联系在一起。因其旋转大气柱(有时称为涡旋)吸入尘埃和碎屑，或因云层中发生水蒸气凝结，龙卷风中的气流变得清晰可见。

☑ **读后自查**　**定义**龙卷风。

龙卷风的形成　当风速和风向随高度突然发生变化时，即发生风切变现象时，就会形成龙卷风。如**图13-10**所示，目前，科学家推测，龙卷风形成于当上升气流在具有不同风向和风速的大气层之间像擀面杖一样水平旋转的时候。如果这种旋转发生在雷暴的上升气流附近，原来扭转的风柱可能会因从水平变成垂直而发生倾斜。随着上升气流加速这种旋转，空气会从风柱的中心处移出，进而降低了中心处的气压。龙卷风中心及其外部之间巨大的气压梯度产生了强风。尽管龙卷风的直径很少有超过200 m的，并且在一地通常也就持续几分钟，但它却极具破坏性。实际上，对龙卷风的分类正是根据它们的破坏力进行的。

■ **图13-10**　*龙卷风的形成伴随着风速和风向的变化。*

推测　*什么会导致上升气流？*

低层大气中风向和风速的变化形成了一个水平旋转体。

强烈的上升气流使得旋转的气体从水平方向向垂直方向倾斜。

旋转的强风形成了龙卷风。

表13–1 改良藤田龙卷风强度级数			
改良藤田龙卷风强度级数	弱(EF0 和EF1) 69%的龙卷风 风速:105～177 km/h	强烈(EF2 和EF3) 29%的龙卷风 风速:178～266 km/h	剧烈(EF4和EF5) 2%的龙卷风 风速:267～322(以上) km/h
龙卷风照片			

龙卷风的分类 龙卷风的规模和强度各不相同,通常根据**改良藤田龙卷风强度级数(Enhanced Fujita Tornado Damage scale)**来进行分类。改良藤田龙卷风强度级数是在原有的藤田等级基础上更新的,是20世纪70年代以日本龙卷风研究者藤田哲也博士的名字来命名的。改良藤田龙卷风强度级数从EF0(风速高达137 km/h)到强度令人难以置信的EF5(风速超过322 km/h)。绝大多数的龙卷风都不会超过EF1级。实际上,只有大约2%的龙卷风能达到EF4和EF5的强度。然而,一旦达到这些等级,龙卷风能够将整座建筑物摧毁殆尽,并将汽车和卡车像玩具一样随意抛扔。改良藤田龙卷风强度级数如**表13–1**所示。

龙卷风的分布 虽然龙卷风可以发生在任何时间、任何地方,但在某些地区和时间内更容易发生龙卷风。大多数的龙卷风,尤其是那些剧烈的龙卷风,形成于春季的黄昏和夜晚,因为此时极地气团和热带气团之间的温度差异最大。在美国,这种巨大的温差大多发生在中部地区,因为这些地区经常会有寒冷的大陆性极地气团与来自墨西哥湾的北向海洋性热带气团相遇。这些巨大的温差常常会诱发超级单体的发育,每一个超级单体都足以产生好几次强烈的龙卷风。每年都会有超过1 000个龙卷风造访美国。其中,有许多是发生在一个被称作"龙卷风巷道"的地带,这条龙卷风带从北部的得克萨斯州一直延伸到俄克拉何马州、堪萨斯州和密苏里州。

图13-11 在一些地区，龙卷风避难所是很常见的。如果你遇见了龙卷风，请躲到地下室、底层的房间或壁橱下，或者像图中这样的龙卷风避难所。

龙卷风的安全防范 在美国，龙卷风平均每年会造成约80人死亡，1 500人受伤。目前正在进行的一项试图减少龙卷风相关伤亡的措施是，美国国家气象局在龙卷风袭击之前都会发布龙卷风预警信息。当龙卷风可以在气象雷达上显示或可以在该区域内观察到时，这些警报就会通过当地广播台和电视台向公众播报。在一次剧烈的雷暴中，昏暗发绿的天空、高耸的云墙、大颗粒的冰雹，以及像货运火车一样轰鸣的强烈噪声，都是一场龙卷风正在靠近或正在发育的迹象。

美国国家气象局强调，尽管有先进的追踪系统，但有些龙卷风发育得异常快。在这种情况下，预先警告几乎是不可能的。然而，当人们发现天空有异常情况时，就第一时间寻找躲避场所，这样龙卷风造成伤亡就会大幅度地减少，如**图13-11**所示。

第2节 本节回顾

要点梳理

- 超级单体的特征是剧烈的螺旋式上升气流。
- 下击暴流是由雷暴引起的具有破坏性的强风。
- 冰雹是伴随着强烈风暴的球状冰或块状冰形式的降水。
- 龙卷风是一种沿着地面移动的强风涡旋，是破坏性最严重的风暴。

要点理解

1. 主要概念 **指出**剧烈风暴的特征。
2. **描述**导致冰雹形成的雷暴的两个特征。
3. **解释**一些冰雹是如何变成棒球大小的。
4. **对比与比对**巨暴流和微暴流。
5. **指出**龙卷风中风切变变化的步骤。
6. **指出**引发狂风、冰雹和闪电的条件。

批判性思维

7. **解释** 为什么在平原地区形成的龙卷风风暴比在山地地区更多？
8. **分析** 根据改良藤田龙卷风强度级数的数据，确定为什么EF5级龙卷风的运动轨迹通常比EF1级龙卷风更长。

地学写作

9. 设计一本关于龙卷风安全防范的宣传册。

第3节 热带风暴

主要概念 平时很平静的热带洋面上可以产生地球上最剧烈的天气系统之一——热带气旋。

核心问题
- 热带气旋是如何形成的?
- 什么是热带气旋的生命周期?
- 飓风有哪些危险?

关键术语
热带气旋
风暴眼
风暴眼壁
萨菲尔-辛普森飓风等级
风暴潮

地球科学在你身边

如果你想要在一个比较浅的碗里搅拌面糊,你可能会发现慢点搅动效果更好,因为快速搅动就会弄得一团糟。热带气旋跟其他风暴系统的形成过程相似,但是它们更快的风速会对途经的地区造成巨大的破坏。

热带气旋

在夏秋两季,热带地区的气候条件正是大型旋转低气压热带风暴——**热带气旋**(**tropical cyclone**)形成的理想条件。在世界上不同地区,这类最巨大的风暴分别被称作飓风、台风和气旋。

气旋的位置 除了在南大西洋海域和南美洲西海岸以西的太平洋海域,其他热带洋面上都可能生成热带气旋。因为这两个区域的海水比较冷,洋面上几乎都是长期稳定的大气,所以热带气旋不会在这些区域内生成。不过,它们确实也在太平洋西部广阔、温暖的水域中出现,在这里发生的热带气旋被称为台风。生活在印度洋附近的人们将它们称作热带风暴。在北大西洋附近的加勒比海、墨西哥湾以及墨西哥的西部海岸地区,这些剧烈的风暴被称作飓风。**图13-12**展示了热带气旋常见的形成区域。

■ **图13-12** 除了海水温度相对较低的南太平洋海域和南大西洋海域,热带气旋可形成于其他所有热带海洋区域。

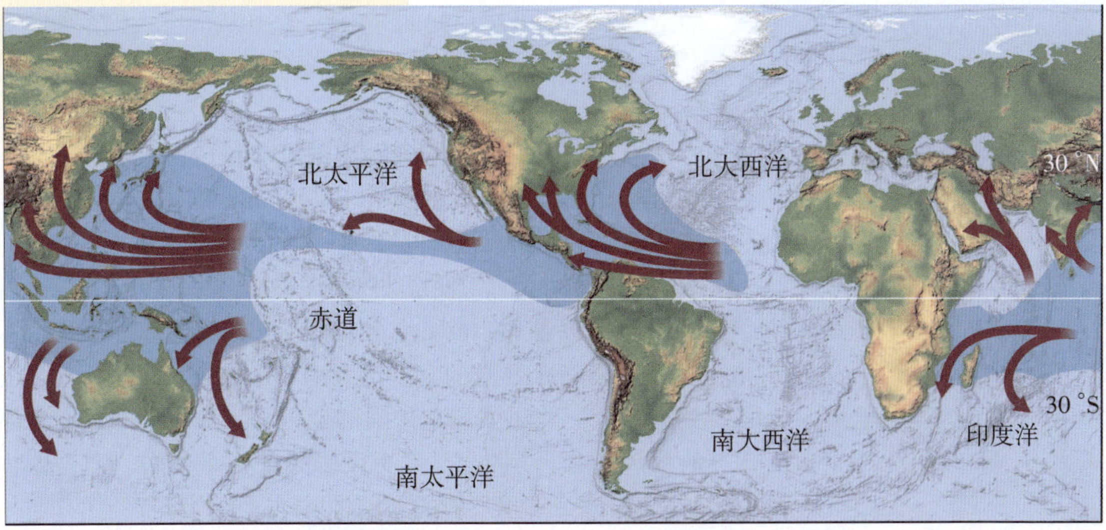

■ **图13-13** 这个形成于大西洋上空的飓风有着非常明显的气旋风暴的旋转特征。

热带气旋的形成 热带气旋的形成需要两个基本的条件：一是足量的温热海水；二是某种扰动以抬升温暖空气，并使其持续上升。热带气旋从温暖的热带海洋上聚集巨大的能量。当水分从海洋表面蒸发时，潜热被储存起来。当空气上升，水蒸气凝结时，这些潜热便会被释放出来。

热带地区上方的空气上升，通常是由于某种气流扰动经过该区域时引起的，许多类似的扰动都起源于赤道附近。其他的则是由被称作热带波的微弱的低压系统引起的。热带扰动常见于夏季和初秋季节。无论它们的发源地在哪里，只有一小部分的热带扰动可以发育成气旋。热带气旋的发育过程可以分为三个阶段。

☑ **读后自查** **推断** 水蒸气凝结时产生了什么？

形成期 热带气旋形成的第一个阶段是行进中的热带扰动使得密度小的湿润空气上升，引起降雨和大气环流。这些扰动产生的降水越多，同时释放的潜热也越多。此外，上升气流使大洋表面形成一个低压区域。由于受科里奥利效应的影响，当密度小的暖空气向低压中心移动去填补上升气流留下的空间时，北半球的气流方向会向右偏转，变为逆时针方向运动。这便产生了热带气旋的涡旋运动(逆时针方向)，如**图13-13**所示。当热带洋面上的扰动具备了低压中心周围气旋环流的特性时，它就进入了发育阶段，也被称作热带低压期，如**图13-14**所示。

成熟期 当运动中的空气接近成长中的风暴中心时，它们会旋转上升，并且会随着凝结所释放的更多能量而加速旋转。在这个过程中，气压系统中心的气压不断下降。只要大气条件允许，暖空气不断地补给地面的气压系统，并从高空大气系统中不断移出，那么风暴将会持续地生长。随着气压降低，风的旋转也会逐渐增强。

当热带低压的低压中心周围风速超过62 km/h时，这一系统就叫作热带风暴。如果气压持续降低并且其中心周围风速达到至少119 km/h，这样的风暴被正式归类为热带气旋。一旦风速达到这个水平，便会发生另一种现象——一个平静的风暴中心即**风暴眼(the eye of the cyclone)**形成了，如**图13-14**所示。气旋风暴眼的直径通常有30～60 km，那里天气平静，天空湛蓝。飓风中风速最强的地方常常集中在紧挨着风暴眼的强风和浓云一带，也称为**风暴眼壁(eyewall)**。风暴眼壁是可见的，因为那里形成的云层将风暴眼的边缘描绘出来了。

图解气旋的形成

图13–14 与大多数风暴一样，气旋发生于湿润的暖空气上升时。

由于科里奥利效应，运动的空气开始旋转。

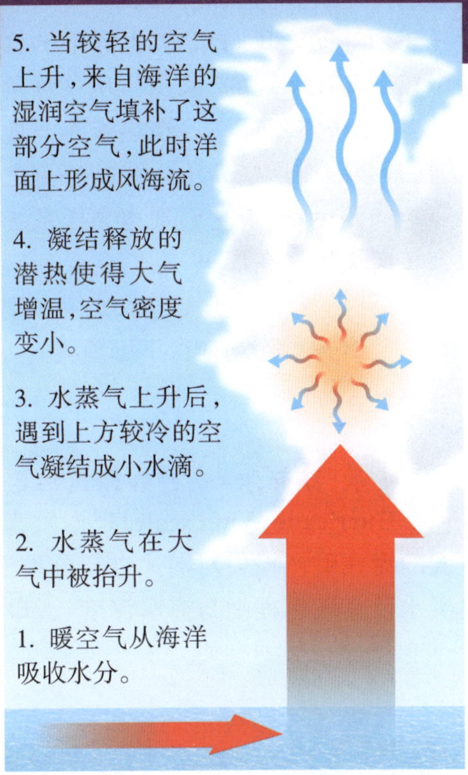

热带低压 风暴形成期的第一个阶段拥有明显的涡旋、雷暴和风速持续达到62 km/h的热带低压。

热带风暴 当风速达到63～118 km/h时，强雷暴开始发育，并且轮廓分明。这时可以称为热带风暴。

热带气旋 伴随风速超过119 km/h的强风，并有明显涡旋的剧烈的热带天气系统称为热带气旋，也叫作台风或飓风。

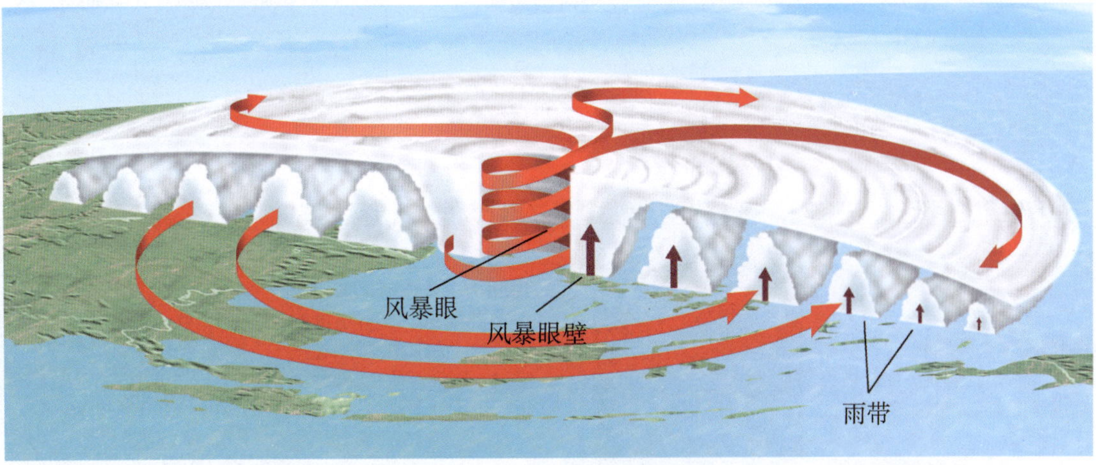

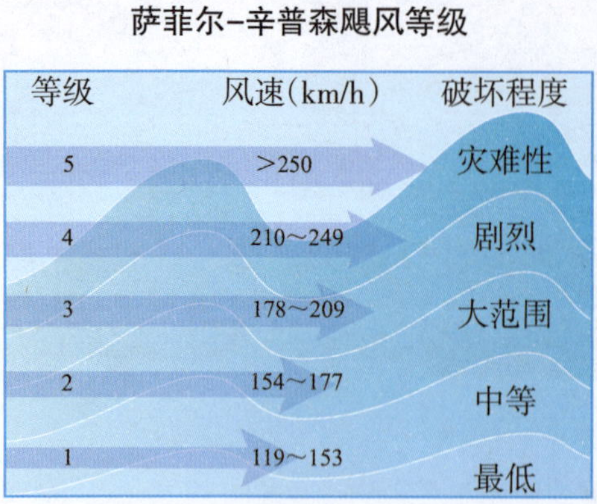

■ **图 13–15** 萨菲尔–辛普森飓风等级根据风速对飓风进行分类，同时也揭示了其可能造成的潜在财产损失。

消散期 气旋生成后，会一直持续到无法再产生足够的能量来支撑自身运转为止。这种情况常常发生在风暴运动至陆地上空或较冷的水域上空时。在气旋的生命周期里，随着与其他大气系统的相互作用，它一般会经历几次较强烈的波动。

热带气旋的运动 与所有的大规模风暴一样，热带气旋随着狂风而运动。我们知道，世界上的许多海洋都是副热带高压系统的"家园"，从某种角度来说，这些高压系统终年存在。在热带海洋地区，热带气旋常常被困在这些高压系统的环流之中。它们稳定地向西运动，当它们到达高压系统的边缘时就会转向极地。在那里，它们会受到盛行西风的引导，并开始与中纬度气压系统相互作用。在这种情况下，风暴的运动变得不可预测。

飓风的危害

如**图 13–15** 所示，**萨菲尔–辛普森飓风等级**（**Saffir-Simpson Hurricane Wind scale**）根据风速及其可能造成的潜在财产损失对飓风进行分类。飓风造成的洪水及其破坏程度与海岸深度、人口密度，以及受灾区的城市规划有关。

■ **图 13–16 追踪风暴** 科学家致力于发展气象预测技术，并利用它来帮助人们减少各种类型的风暴造成的生命财产损失。

1888 年 持续三天的暴风雪在美国东北部地区造成了 125 cm 的降雪，积雪高达 17 m。大雪埋没了房屋和火车，造成 400 人死亡，200 艘船只沉没。

1861 年 英国报纸刊登了第一则根据最新发明的电报编译的有全国数据的每日天气预报。

1900 年 4 级飓风袭击了得克萨斯州。5 m 高的海浪席卷了加尔维斯顿，造成超过 8 000 人死亡，陆地上近一半的房屋被冲毁。

1925 年 EF5 级龙卷风横穿密苏里州、伊利诺伊州和印第安纳州，在 3 小时内跨越了 352 km。

破坏 飓风可以造成巨大的损失，尤其是在人口密集的沿海地区。风暴会对城镇造成严重的破坏，如**图 13-16** 所示。

风 绝大部分损失都是由猛烈的风所引起的。飓风中，风速最强的地方通常在风暴眼壁附近。在风暴眼壁的外面，随着与飓风中心的距离增大，风速会逐渐变小。尽管如此，超过 60 km/h 的风依然会从飓风中心向周边延伸 400 km。

风暴潮 在沿海地区，向海岸吹动的强风还会造成另一种强烈的威胁——风暴潮。**风暴潮（storm surge）**的发生是由于飓风风力驱动大片海水向海岸运动，从而冲刷陆地。风暴潮有时会比正常海平面高出 6 m，如**图 13-17** 所示。如果风暴潮发生在涨潮期，形成的风暴潮会导致更为巨大的损失。在北半球，风暴潮主要发生在风暴中心风暴眼的右侧，因为这里吹向海岸的风最强烈。这是由于风暴的逆时针旋转所导致的。

飓风会带来大量降雨，因为它们不断地吸收温暖、湿润的海水。强降水带来的洪水是另一种形式的飓风灾害。当风暴在山区运动时，那里的地形抬升加强了大气的抬升运动，造成更多的水蒸气凝结，会加剧灾害。

■ **图 13-17** 风暴潮有时可以高出海平面 6 m 以上，并造成巨大的损失。

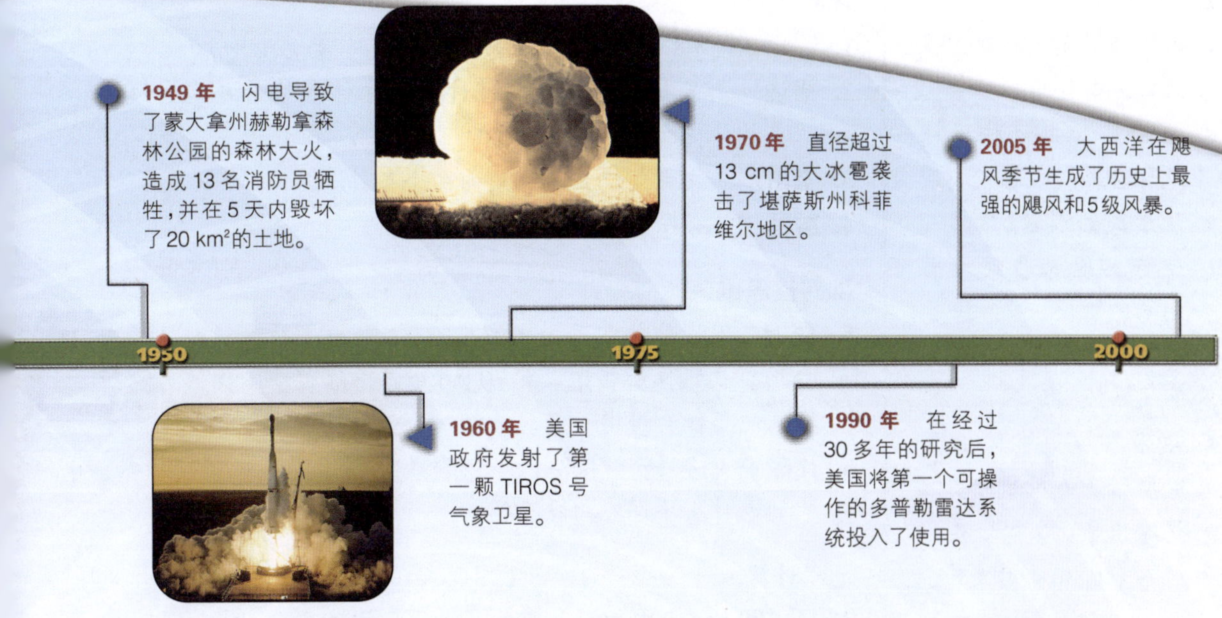

1949 年 闪电导致了蒙大拿州赫勒拿森林公园的森林大火，造成 13 名消防员牺牲，并在 5 天内毁坏了 20 km²的土地。

1960 年 美国政府发射了第一颗 TIROS 号气象卫星。

1970 年 直径超过 13 cm 的大冰雹袭击了堪萨斯州科菲维尔地区。

1990 年 在经过 30 多年的研究后，美国将第一个可操作的多普勒雷达系统投入了使用。

2005 年 大西洋在飓风季节生成了历史上最强的飓风和 5 级风暴。

■ **图13–18** 卡特里娜飓风带来的洪水吞没了这个居民区，只留下一些房屋的残骸。大多数由飓风导致的人员伤亡主要是由于洪水灾害而不是狂风。

地球科学相关职业

风暴观测员 风暴观测员驾驶着载有仪器的飞机进入飓风中。他们会测量风速并收集有关飓风特征的气象数据。

飓风警报和安全防范 美国国家飓风中心位于佛罗里达州迈阿密，负责追踪并预报西半球热带气旋的强度及其运动情况，并在飓风袭击前至少36小时内发布飓风警报。该中心还随时发布相关信息，包括每次风暴的位置、强度和运动情况。根据这些信息，人们可以在飓风追踪图上找到风暴的位置。在本章末的“地学实验”中，我们会用到这类追踪图。随着对飓风的认识加深，以及人们学会正确的安全防范措施，近年来由飓风所造成的死亡人数大大减少。**图13–18**展示了飓风带来的洪水给城镇造成的破坏。在风暴到来之前就疏散居民，可以减少风暴造成的人员伤亡。

第3节 本节回顾

要点梳理

- 热带气旋在北半球按逆时针方向旋转。
- 热带气旋也可称为飓风和台风。
- 从形成到消散，热带气旋与其他风暴经历着相同的阶段。
- 热带气旋形成后受不同的风系统推动。
- 热带气旋最危险的是它所带来的风暴潮。
- 飓风预警至少需要在飓风到来前36小时发布。

要点理解

1. 主要概念 **指出**热带气旋形成的三个主要阶段。
2. **描述** 引导热带气旋从热带地区到中纬度地区移动的风系统是如何变化的？
3. **指出**形成热带气旋必须满足的两个条件。
4. **解释** 什么原因导致热带气旋消散？

批判性思维

5. **分析** 假设你住在美国东海岸地区，并被告知一场飓风的中心正在从距你所在地以北70 km处向内陆移动。你认为你所在区域可能会遭遇一场风暴潮吗？为什么？
6. **比较**萨菲尔–辛普森飓风等级和改良藤田龙卷风强度级数。它们有什么不同？为什么？

地学计算

7. 确定**图13–15**中每一个飓风等级的平均风速。

第4节 重复出现的天气

主要概念 如果持续的时间太长，即使是相对温和的天气系统也可以具有破坏性和危险性。

核心问题

- 重复出现的天气模式产生的问题有哪些？
- 什么大气事件会引发重复出现的天气？
- 热浪和寒潮有什么不同？

关键术语

干旱
热浪
寒潮
风寒指数

地球科学在你身边 你是否曾因为吃了太多糖果而变得不舒服？任何特殊类型的天气，无论寒冷、潮湿、温暖或干燥，如果持续时间太长的话都会变得不受欢迎，因为这样的天气会导致严重的后果。

洪水

仅一次雷暴就能够释放出足够多的雨水，从而形成洪水。飓风也会带来倾盆大雨，最后引起猛烈的洪水。然而，即使是温和的风暴，若在同一片区域内持续出现，这样的重复天气模式也会造成洪水的发生。例如，一次降水率为1.5 cm/h的风暴仅仅维持一两个小时的话，那它并不是一个太大的问题。但是如果同样的风暴在一个区域逗留18小时，总降水量就达到了27 cm，此时就足以在该区域内的大部分地方形成洪水。2010年春天，一次持续两天的风暴造成田纳西州、肯塔基州和密西西比州的大部分地区发生洪水灾害。如**图13–19**所示，在田纳西州纳什维尔一次猛烈的洪水中，超过10 000栋房屋遭到破坏。

地势较低的区域更容易受到洪水的影响，这使得海岸线附近更容易受到飓风带来的风暴潮袭击。狭窄的山谷中，河流水位会迅速上涨，形成力量巨大、破坏性强的水墙。位于河流或溪流的洪泛平原上的建筑在洪水期也会受到影响，甚至面临危险。

图13–19 田纳西州纳什维尔的街道、汽车和建筑被强降水导致的洪水淹没。

推断 *哪些区域受到洪水的影响最大？*

迷你实验

科学实验室

模拟洪水环境

温和的降水是如何导致洪水泛滥的？反复而缓慢移动的风暴在同一区域内长时间的降雨会造成洪水。

实验步骤

1. 阅读并遵守实验室安全守则。
2. 在一个大水池或浴缸底部放一个方格塑料冰块盒。
3. 在一个干净的塑料瓶子中倒入水，直至瓶子有2/3满为止。拧上瓶盖。
4. 在冰块盒的一端约8 cm高处，倒举塑料瓶，并将瓶盖稍稍拧开，使塑料瓶中的水缓缓流出。注意保持流入冰块盒的水维持在相对恒定的量。
5. 在30秒内，慢慢地把塑料瓶从冰块盒的一端移向另一端。尽量在每一冰格中倒入大致相同的水。
6. 测量每一格内的水深，计算出其平均深度。
7. 重复步骤2～4，但这次要在15秒内将塑料瓶从冰格的一端移到另一端。

实验分析

1. **比较** 在步骤5和步骤7中，其平均水深有什么不同？你怎么解释出现这些差异的原因？
2. **推断** 根据这些结果，推断移动的风暴对一个区域内所接收的降水量的影响。
3. **推测** 如果要把这个实验用来模拟不同的降雨速率，你会对它做哪些调整？

■ **图 13–20** 在旱季，棉花在干裂的土地上艰难地生长。

干旱

持续太长时间的干燥天气几乎能和过多的雨水一样造成浩劫。**干旱**(**drought**)是指长时间处在降水很少或低于正常降水量的天气。在20世纪30年代，美国中部地区就经历了一次历史上极为严重的干旱。这次长时间的干旱，造成了大范围的庄稼死亡，使得无数农场主破产。

干旱通常是由全球风模式的改变所引起的。因为全球风模式的改变，使得强大的高压系统在大陆区域持续数周或数月。在高压脊上，空气大规模下沉。下沉气流阻止湿空气上升，使得水蒸气无法凝结形成降雨，从而出现干旱，直到全球风模式再次改变，这一高压系统移走为止。**图13–20**展示了长时间干旱对农作物造成的影响。

热浪 干旱带来的另一个糟糕的副作用是**热浪**(**heat wave**)，热浪又会导致持续的高温。热浪也是由造成干旱的同一高压系统产生的。随着强高压系统内的空气下沉，它将因压缩而变暖，从而产生高于常态的温度。高压系统还会阻碍较冷的气团进入该区域，因此热量难以被释放。由于处于高压系统中的下沉气流很难发生凝结，因此很少有云能遮挡炙热的太阳光。在夏季，天气系统所追随的急流更靠近北极，其影响就更弱。结果是，本来可能诱导高压系统移动的上升气流过于微弱，使得高压系统几乎停滞不动。

酷热指数 湿度增加会增强热浪带来的不适感以及潜在的危险。人体通过从皮肤表面蒸发水分来保持凉爽。在这个过程中，热量从身体中排出。如果空气湿度大，蒸发率就会降低，这就减小了人体调节体内温度的能力。热浪容易导致严重的健康问题，比如中暑甚至死亡。

由于热量和湿气的结合所造成的极度危险，美国国家气象局会定期发布酷热指数，如**表 13-2** 所示。请注意，美国国家气象局在酷热指数中使用的是华氏度，这是因为大多数美国居民对这一度量单位更为熟悉。

酷热指数根据实际空气温度和相对湿度，估测了人体感受到的空气温度。例如，在气温 85 ℉(29 ℃)和相对湿度 80% 时，人体的体感温度相当于气温 97 ℉(36 ℃)。酷热指数表明，随着相对湿度的升高，人体在调节体温方面的难度会逐渐增加。

☑ **读后自查** **指出**热浪可能导致的严重的健康问题。

表 13-2 酷热指数

相对湿度(%)	空气温度(℉)										
	70	75	80	85	90	95	100	105	110	115	120
	体感温度(℉)										
0	64	69	73	78	83	87	91	95	99	103	107
10	65	70	75	80	85	90	95	100	105	111	116
20	66	72	77	82	87	93	99	105	112	120	130
30	67	73	78	84	90	96	104	113	123	135	148
40	68	74	79	86	93	101	110	123	137	151	
50	69	75	81	88	96	107	120	135	150		
60	70	76	82	90	100	114	132	149			
70	70	77	85	93	106	124	144				
80	71	78	86	97	113	136					
90	71	79	88	102	122						
100	72	80	91	108							

资料来源：美国国家气象局，NOAA

■ **图 13–21** 持续性或周期性的寒潮会导致图示的积雪。

寒潮

热浪的反面就是**寒潮(cold wave)**,它是一种长期低于常温的状态。有趣的是,寒潮也是由巨大的高压系统形成的。不同的是,寒潮是由大陆性极地或源于北极的气压系统引起的。在北极的冬季,可提供热量的阳光很少。同时,冰雪覆盖的地表又不断地在向外辐射其有限的热量。这两种因素的结合导致极地大陆地区的上空发育成了巨大而极冷的冷气团。由于冷气团下沉,所以靠近其表面的气压上升,从而形成一个强大的高压系统。

由于一年中所发生的位置和时间的缘故,冬季高压系统比夏季高压系统更容易受到急流的影响。受急流的推移作用,这些高压系统很少会停留在某一区域。然而,急流在冬季的位置有可能连续数天或数周都不发生变化。这就意味着,好几个极地高压系统可能遵循相同的路径先后出现在相同的区域内,使得这个地区经受一场接一场的刺骨寒流。**图 13–21** 展示了长期寒冷天气造成的一些影响。

☑ **读后自查** **解释** 为什么太阳能对北极地区的空气温度影响很小?

数据分析实验

科学实验室

基于真实数据*

表格解读

如何计算一次热浪? 右下表记录的是芝加哥市夏季连续7天的日最高气温和最低气温。在这个区域,热浪的定义是连续两天或更长时间内,平均气温持续在29.4 ℃或以上。

实验分析

1. 根据表中数据,计算每日的平均气温。
2. 以“天”作为 x 轴,以最高气温作为 y 轴,绘制日最高气温和最低气温的散点图。将这些点连接起来,看看这7天内气温的变化情况。将表中的平均气温补充完整。

批判性思维

3. **确定** 从哪一天开始,这个城市开始出现热浪?这次热浪持续了多长时间?
4. **比较** 将发生热浪的日子的平均气温与剩余天数的平均气温进行比较。

数据与观察

每日气温

天	最高气温(℃)	最低气温(℃)	平均气温(℃)
1	32	23	
2	37	24	
3	41	27	
4	39	29	
5	37	25	
6	34	24	
7	32	23	

资料来源:Klinenberg. E. 2002. *Heat Wave: A social autopsy of disaster in Chicago, IL.* Chicago: University of Chicago Press.

风寒指数表

温度(℉) \ 风(mph)	5	10	15	20	25	30	35	40	45	50	55	60
40	36	34	32	30	29	28	28	27	26	26	25	25
35	31	27	25	24	23	22	21	20	19	19	18	17
30	25	21	19	17	16	15	14	13	12	12	11	10
25	19	15	13	11	9	8	7	6	5	4	4	3
20	13	9	6	4	3	1	0	−1	−2	−3	−3	−4
15	7	3	0	−2	−4	−5	−7	−8	−9	−10	−11	−11
10	1	−4	−7	−9	−11	−12	−14	−15	−16	−17	−18	−19
5	−5	−10	−13	−15	−17	−19	−21	−22	−23	−24	−25	−26
0	−11	−16	−19	−22	−24	−26	−27	−29	−30	−31	−32	−33
−5	−16	−22	−26	−29	−31	−33	−34	−36	−37	−38	−39	−40
−10	−22	−28	−32	−35	−37	−39	−41	−43	−44	−45	−46	−48
−15	−28	−35	−39	−42	−44	−46	−48	−50	−51	−52	−54	−55
−20	−34	−41	−45	−48	−51	−53	−55	−57	−58	−60	−61	−62
−25	−40	−47	−51	−55	−58	−60	−62	−64	−65	−67	−68	−69

(平静列) 霜冻时间 ■30 min ■10 min ■

■ **图 13–22** 风寒指数表显示了寒冷的气温和风带来的危险。

确定 *风速和气温为多少时，其风寒指数与温度为 10 ℉、风速平静的时候相同？*

风寒指数 风可将热量从空气中带走，冷空气的影响会因为风的作用而变得更糟。这种现象被称作风寒因子，它是用**风寒指数（windchill index）**来计算的，如**图 13–22** 所示。风寒指数可以根据实际空气温度和风速来估算人体对冷空气的实际感受。虽然风寒指数很有用，但是它并没有考虑个体对寒冷变化的敏感性，也没有考虑人体活动的影响和空气湿度。2001 年，美国国家气象局调整了计算方法，将其用于科学、技术和计算机模拟。这些调整使得风寒指数变得更加精确且易于理解，还能更有效地估测冬天风和寒冷的气温会导致的危险。

第 4 节　本节回顾

要点梳理

- 过多的热量和过少的降水量都会导致干旱。
- 高于平均温度的持续时间过长经常会导致干旱。
- 酷热指数可以估算出天气炎热、湿度过高对人体造成的影响。
- 热量太少、停滞的急流会导致寒潮或延长寒冷天气持续的时间。
- 风寒指数可以告诉你冬季风和严寒可能会对你的身体所造成的影响。

要点理解

1. **主要概念** **解释** 常见的天气为何会重复出现并具有危险性？
2. **描述**相对较少的降雨为何会引发洪水。
3. **对比与比对**寒潮和热浪。
4. **解释** 为什么有一种锋会比其他锋更容易导致洪水？

批判性思维

5. **解释** 为什么冬季高压系统中的寒冷空气不会因为压缩而变暖？
6. **比较**酷热指数表和风寒指数表中的数据。每种指数各受哪些变量的影响？

地学计算

7. 一个风暴停滞在弗吉尼亚州上空，导致当地每小时降雨 0.75 cm。如果该风暴在此地停留 17 小时，将会累积多少降雨？

风暴观测员

风暴观测员在特制的装甲车中研究内布拉斯加州卡尼地区的剧烈风暴。

当极端天气来临，风暴观测员会像大多数人一样，在家中寻找安全的地方或去地下室躲藏起来吗？不，他们会去城镇的边缘或到一个制高点观测风和天气的具体情况。

美国国家气象局的志愿者 风暴观测员作为美国国家气象局的志愿者，为美国国家气象局提供地面情况的准确信息。尽管有多普勒雷达和其他一些专业的数据采集仪器，但是这些设备只能探测到可能产生剧烈雷暴或龙卷风的天气条件。美国国家气象局一般利用这些信息监测剧烈风暴或龙卷风。当监测开始时，观测员们会分别前往各个主要的观测站汇报他们的观测情况。这些由风暴观测员们收集到的地面观测信息能帮助美国国家气象局提高监测质量，并及时做出预警。

制作报告 美国国家气象局会对观测员进行一些天气状况观测方面的培训，如观测风速、冰雹大小和云的形成等。例如，当较大的树枝开始摇摆，雨伞难以撑住，以及风吹过电话线会发出口哨般的声音时，观测员知道此时的风速在40～50 km/h。如果树木被连根拔起，风速就可能达到85～115 km/h。

观测员还能通过研究云层来确定哪里正在下冰雹，哪里可能形成龙卷风，以及风暴前进的方向。他们工作时，需要汇报观测到的天气事件，包括其发生的位置、方向以及是否需要紧急援助。

高风险 观测员冒着生命危险工作，是为了保护家园。他们面临的主要危险之一是，在恶劣的天气里，他们要驾驶汽车以及站在闪电容易击中的制高点工作。观测员们一般都会结伴而行，这样可以一个人驾驶汽车，另一个人进行气象观测。为了安全起见，观测员需要观察四面八方的情况，保持汽车发动机发动状态，并设计好逃生方案。

自20世纪70年代美国国家气象局志愿者系统投入使用以来，通过现代技术和观测员的实地工作相结合，这个项目挽救了许多人的生命，由龙卷风和其他极端天气造成的死亡人数明显减少。

地学写作

制作宣传册 调查更多有关如何成为风暴观测员及其相关培训的信息。利用这些信息制作一本关于风暴观测员的宣传册。

追踪热带气旋

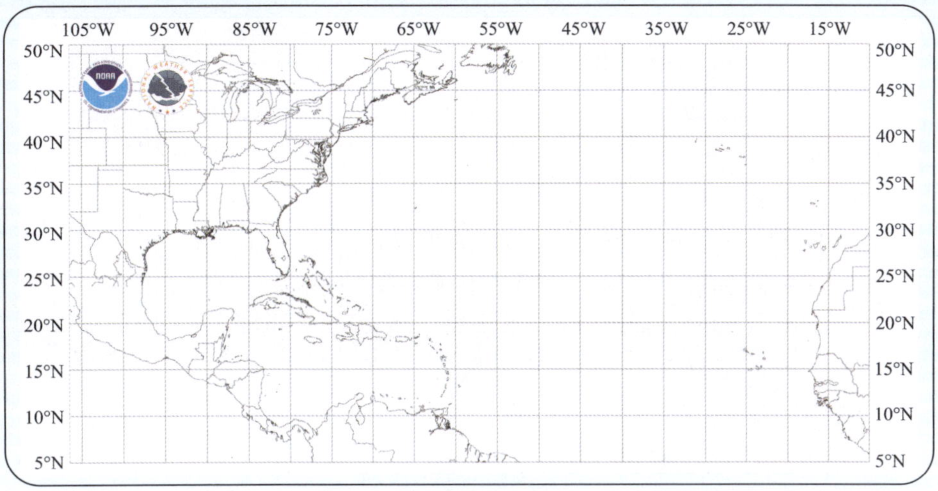

大西洋洋面飓风追踪图。美国国家飓风中心利用这张图来追踪大西洋洋面上活跃的热带气旋。

实验背景：热带气旋会形成剧烈的风暴，所以在它登陆前提前发布预警是十分必要的。通过在图上追踪风暴的位置变化，并将这些位置用线段连接起来，你就可以模拟或预测气旋行进的路径。

实验问题：通过研究热带气旋的路径，你能得到哪些信息？

实验步骤

1. 阅读并遵守实验室安全守则。
2. 提出一个假设，论证如何利用热带气旋的路径来预测风暴的强度以及可能遭受最大损失的地区。
3. 回顾老师提供给你的热带气旋的数据。
4. 从最近5年内发生的热带气旋中，选取一次热带气旋的路径进行研究。
5. 记录在热带气旋发生期内，每隔6小时的风暴位置、气压、风速和发展阶段的数据。
6. 在飓风追踪图上，绘制热带气旋位置变化的轨迹。
7. 将调查结果填入一张数据表，并加注所有你认为重要的信息。

实验分析

1. **指出**　这次热带气旋所达到的最大风速是多少？
2. **计算**　将第1题答案中的数字乘以1.85，看看风速是每小时多少千米。根据这一数据，确定这次热带气旋在**图13-15**的萨菲尔-辛普森飓风等级中应该属于哪一类。
3. **列举**该热带气旋所经过的地区的名称。
4. **指出**　你选择的热带气旋的寿命是多长？它的名字叫什么？
5. **推断**　你估计这次最强的风暴潮会发生在哪里？请解释原因。
6. **调查**　当热带气旋的中心经过陆地上空时，其强度会受到怎样的影响？

分享数据

同行评议　分享你对数据的总结。将你的数据与这个实验中收集的其他数据进行比较。

第13章 复习指南

大概念

大气圈中发生的热能转换有时会伴随着剧烈的形态、大小和持续时间的改变。

关键术语
- 气团雷暴
- 山峰雷暴
- 海风雷暴
- 锋面雷暴
- 梯级先导
- 回返闪流

第1节 雷 暴

主要概念 雷暴的强度和持续的时间取决于雷暴形成区域的实际情况。

- 一次雷暴分为三个阶段:积云期、成熟期和消散期。
- 水蒸气凝结释放潜热,然后形成云。
- 雷暴可以形成于气团之中或沿着锋面形成。
- 从形成到消散,所有雷暴都会经历相同的阶段。
- 闪电是雷暴发展的自然结果。

关键术语
- 超级单体
- 下击暴流
- 龙卷风
- 改良藤田龙卷风强度级数

第2节 极端天气

主要概念 所有雷暴都会产生狂风、暴雨和闪电,在某些情况下,还会带来危险并造成破坏。

- 超级单体的特征是剧烈的螺旋式上升气流。
- 下击暴流是由雷暴引起的具有破坏性的强风。
- 冰雹是伴随着强烈风暴的球状冰或块状冰形式的降水。
- 龙卷风是一种沿着地面移动的强风涡旋,是破坏性最严重的风暴。

关键术语
- 热带气旋
- 风暴眼
- 风暴眼壁
- 萨菲尔-辛普森飓风等级
- 风暴潮

第3节 热带风暴

主要概念 平时很平静的热带洋面上可以产生地球上最剧烈的天气系统之一——热带气旋。

- 热带气旋在北半球按逆时针方向旋转。
- 热带气旋也可称为飓风和台风。
- 从形成到消散,热带气旋与其他风暴经历着相同的阶段。
- 热带气旋形成后受不同的风系统推动。
- 热带气旋最危险的是它所带来的风暴潮。
- 飓风预警至少需要在飓风到来前36小时发布。

关键术语
- 干旱
- 热浪
- 寒潮
- 风寒指数

第4节 重复出现的天气

主要概念 如果持续的时间太长,即使是相对温和的天气系统也可以具有破坏性和危险性。

- 过多的热量和过少的降水量都会导致干旱。
- 高于平均温度的持续时间过长经常会导致干旱。
- 酷热指数可以估算出天气炎热、湿度过高对人体造成的影响。
- 热量太少、停滞的急流会导致寒潮或延长寒冷天气持续的时间。
- 风寒指数可以告诉你冬季风和严寒可能会对你的身体所造成的影响。

第13章 复习检测

术语回顾

从斜体的术语中选取合适的术语填空。

1. ________ 雷暴的特征是一个气团中的温度不同。

   锋面,剧烈,气团

2. 剧烈的、能够自我维持的雷暴称为 ________。

   下击暴流,龙卷风,超级单体

对比与比对下列术语。

3. 寒潮,风寒指数
4. 风暴眼,风暴眼壁
5. 气团雷暴,锋面雷暴
6. 梯级先导,回返闪流

从复习指南中选取合适的术语替代下列画线部分的内容。

7. 有更多人死于飓风引起的<u>热浪</u>而不是它的狂风。
8. 微暴流是<u>天气</u>的一种形式,它很难被预测。
9. 台风的另一个名字是<u>预报</u>。
10. <u>气象图</u>是指一个区域内长时间的极端寒冷天气。
11. <u>改良藤田龙卷风强度级数</u>表示与飓风有关的风速。

理解要点

12. 下列哪项会阻碍雷暴的发育?
    - **A.** 上升空气
    - **B.** 稳定空气
    - **C.** 水分
    - **D.** 不稳定空气
13. 下列哪项不能用来描述一种破坏性的雷暴?
    - **A.** 下击暴流
    - **B.** 微暴流
    - **C.** 陆风
    - **D.** 巨暴流

根据下图,回答第14题。

14. 下列哪个词语描述的是梯级先导?
    - **A.** 回返闪流
    - **B.** 部分带电大气
    - **C.** 正电荷
    - **D.** 下击暴流
15. 下列哪项对冰雹的形成起不到关键作用?
    - **A.** 超冷的水体
    - **B.** 结冰的温度
    - **C.** 温暖的海水
    - **D.** 强烈的上升气流
16. 热浪是导致空气下沉、温度变暖的高压系统。下列哪项因素造成了这一现象?
    - **A.** 压缩
    - **B.** 传导
    - **C.** 蒸发
    - **D.** 凝结
17. 下列哪种气象灾害是因为缺失水分造成的?
    - **A.** 冰雹
    - **B.** 干旱
    - **C.** 风暴潮
    - **D.** 洪水

18. 下列哪种类型的风暴导致的降雨可能引发洪水？
   A. 以25 m/s的速度运动的5级飓风
   B. 以10 m/s的速度运动的EF2级龙卷风
   C. 静止的热带风暴
   D. 以2 m/s的速度运动的雷暴

根据下图，回答第19题。

19. 在上图中看不出热带气旋的哪个部分？
   A. 风暴眼
   B. 风暴眼壁
   C. 风暴潮
   D. 较多的卷云
20. 根据改良藤田龙卷风强度级数，约有多少比例的龙卷风可被认定为EF4或EF5？
   A. 2%
   B. 10%
   C. 50%
   D. 75%
21. 下列哪个因素增加会导致剧烈雷暴的发生概率增加？
   A. 上层温度
   B. 表面水分
   C. 急流的强度
   D. 传导
22. 下列哪片海域不会出现热带气旋？
   A. 西太平洋
   B. 印度洋
   C. 北大西洋
   D. 南大西洋
23. 下列哪种天气事件通常与寒潮有关？
   A. 洪水
   B. 极地高压系统
   C. 热带高压系统
   D. 干旱

简要概述

24. **确定**湿度对酷热指数的影响。
25. **对比与比对**1级飓风与4级飓风的风速。请参考**图13-15**。

根据下图，回答第26题。

26. **预测**这个飓风登陆的区域、受风暴潮影响的区域以及撤离路线。
27. **对比与比对**龙卷风和飓风。
28. **指出**巨暴流和微暴流之间的区别。
29. **设计**一个家庭安全计划，用于应对可能面临的洪水、闪电和龙卷风灾害。

批判性思维

30. **解释**　为什么温度和凝结过程是雷暴生长过程中的限制因素？
31. **辨别**　研究者如何区分微暴流和龙卷风？
32. **指出**南大西洋阻碍飓风形成的可能因素。

33. **解释**　为什么能够产生龙卷风的超级单体经常还会带来大冰雹？

34. **预测**　为什么剧烈的寒潮在北半球的发生频率比南半球更高？

35. **描述**　为什么冷锋比暖锋更可能形成剧烈的雷暴？

根据下图，回答第36～37题。

36. **解释**　产生龙卷风的风切变是如何从水平方向变为垂直方向的？

37. **指出**　是什么导致垂直运动的气流抬升？

38. **地球科学相关职业**　假设你在美国国家气象局工作，你的工作是撰写公共服务公告。请为居住在飓风频发地的人们写一份安全须知。

概念图解

39. 绘制一幅用于区分雷暴、龙卷风和热带气旋的概念图。

挑战难题

40. **评价**　利用风寒指数确定在什么样的气温、光照或结冰条件下，学校需要延迟上课或停课。

地学写作

41. 假设你是一位正在研究如何阻止飓风的气象学家。请谈谈你的研究结果，包括你是如何使海洋表面冷却的。

材料分析

当飓风经过大洋表面，大洋表面的温度(SST)会有所下降。这是因为较冷的海水受到搅动后，从较深的海底涌到表层。半径距离是指从测量点到风暴眼(TC)中心的距离，用纬度来测量。

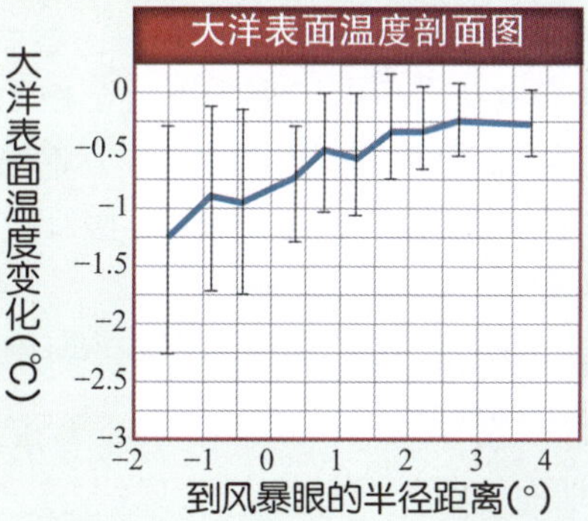

资料来源：National Oceanic and Atmospheric Administration, 2004. *Hurricane Research Division.*

42. 每个半径距离对应的温度变化范围大约是多少？

43. 只有0.5 ℃的差异也会导致某个风暴变得更剧烈，或者使另一个风暴停止发育。距离风暴眼多远时，其导致的变化范围最大？

44. 飓风中的什么因素可能导致气温剧烈变化现象发生在风暴眼附近，而不是在风暴边缘？

综合复习

45. 地球地壳中，含量最丰富的两种元素是什么？**(第4章)**

46. 描述为什么无线电探空仪的数据非常重要。**(第12章)**

综合 标准化测试

选择题

根据下图，回答第1~2题。

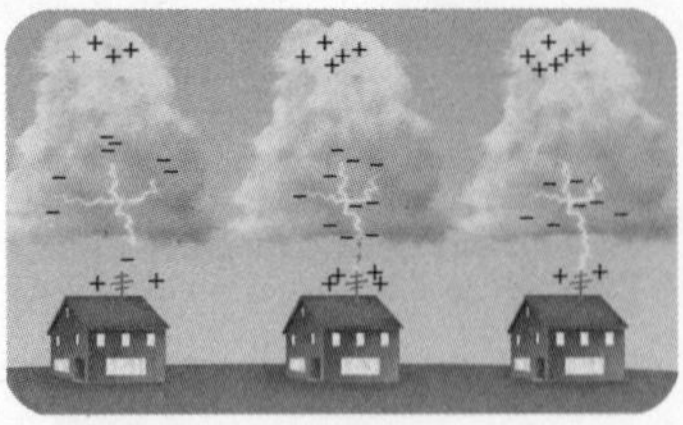

1. 下列哪种云与闪电相关？
   A. 高积云
   B. 层积云
   C. 卷云
   D. 积雨云
2. 闪电发生在带负电的离子下沉至地面形成可见的离子流，而带正电的离子流快速向上运动并与其相遇时。这个过程中，带正电的离子流被称为什么？
   A. 回返闪流
   B. 梯级先导
   C. 地面返流
   D. 电子先导
3. 如果土壤A层颜色较深，这意味着什么？
   A. 这层土壤富含腐殖质
   B. 这层土壤非常肥沃
   C. 这层土壤来自于排水条件较差的区域
   D. 这层土壤富含金属铁离子
4. 大多数淡水储存在什么地方？
   A. 大气圈
   B. 地表下方
   C. 河流、溪流和湖泊
   D. 极地冰盖和冰川
5. 为什么地理信息系统对科学研究十分有用？
   A. 它与传统地图很相似
   B. 它可以被科学家用于许多不同的领域
   C. 它使地图限制在一层信息上
   D. 它无法更新信息
6. 多普勒雷达监测什么？
   A. 雨滴的运动
   B. 大气压力
   C. 温度、气压和湿度
   D. 云层高度
7. 多普勒雷达采集的数据能被用于制作一种基于数字数据的预报。这种预报被称作什么？
   A. 模拟预报
   B. 数字预报
   C. 等值线
   D. ASOS

根据下图，回答第8~9题。

8. 环状的箭头表示什么？
   A. 辐射
   B. 大气对流过程
   C. 风海流
   D. 大气传导过程
9. 下列哪项描述的是辐射加热地球表面的过程？
   A. 辐射将能量从太阳输送到地球，并通过不同形式的电磁波加热地球
   B. 它通过分子之间的相互碰撞传输能量，加热地球
   C. 它通过受热的物质流传输能量，加热地球
   D. 辐射使大气层吸收太阳光或将其反射回太空

简答题

根据下图，回答第10～13题。

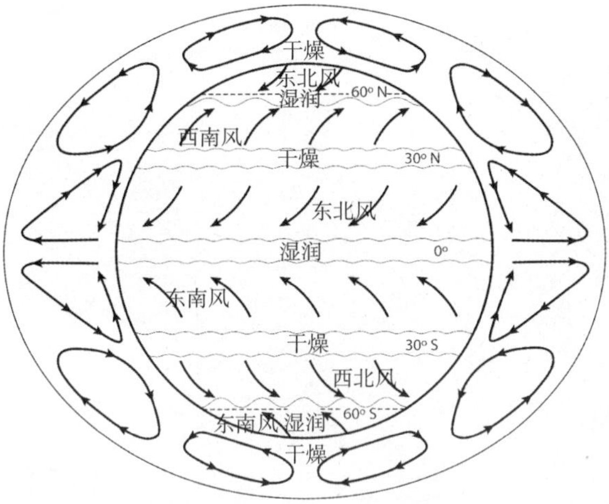

10. 地球自转对风系统有何影响？

11. 分析出现在赤道与南北纬30°之间的风场类型。

12. 为什么了解航行中经过的风系统类型对船员来说很有用？

13. 为什么大多数龙卷风形成于春季的傍晚和夜晚？

14. 描述一种农民提高土壤肥力的方法。

15. 解释间歇泉的特征。

16. 地球上的水量是如何通过水循环而相互转化的？

阅读理解

防范飓风

萨菲尔–辛普森飓风等级由美国国家气象局于20世纪70年代开始使用，它主要用于飓风分类，按飓风的强度可将其划分为1～5级，并且还可用于估测飓风着陆时可能带来的财产损失以及是否会导致洪水。5级风暴持续风速超过155 mph，可能导致大范围的破坏，比如对房屋造成毁灭性或很大程度的结构损坏。它还可以引发高于正常水平5 m多的风暴潮。

人们可以采用两种最基本的方法来防范飓风：配备避难应急用品、制订应急预案。尽管这些方法都很简单，但是当灾难来临时，它们会起到重要作用。

资料来源：Booth, M. Hurricane Isabel strengthens to Category 5. *In the News*. September 12, 2006.

17. 萨菲尔–辛普森飓风等级可用于什么目的？

A. 估测飓风着陆时可能带来的财产损失以及是否会导致洪水

B. 估测风暴潮高于正常水平的高度

C. 确定飓风来袭时应该疏散哪些人群

D. 测量正在靠近的飓风的强度

18. 从这篇文章中，你能推断出什么结论？

A. 只有5级飓风才会导致严重的破坏

B. 飓风来临时，只有居住在海岸线附近的人们才会有危险

C. 5级飓风可以造成严重的破坏

D. 5级飓风总是会导致洪水

需要更多帮助？																
如果你回答错误……	1	2	3	4	5	6	7	8	9	10	11	12	13	14	15	16
请复习相应章节……	13.1	13.2	7.3	10.1	2.3	12.3	12.3	11.1	11.1	12.2	12.2	12.2	13.2	7.3	10.1	11.3

第14章

气　候

大概念　地球上不同的气候不仅受自然因素的影响，也受人类活动的影响。

内容提要

1　什么是气候
2　气候分类
3　气候变化
4　人类活动的影响

起步实验

科学实验室

如何模拟云层的覆盖？

通常，有些地区的云会比另一些地区多一些。这种差别对这些地区的温度和降水量都有影响。在这个实验中，我们将模拟云层覆盖的作用。

实验步骤

1. 阅读并遵守实验室安全守则。
2. 在一个晴朗的下午，在一片开阔的草坪上放两张深色的绘图纸。在每张纸上压一块石头，以免纸被风吹走。
3. 打开一把雨伞，将它撑在草地上，遮住其中一张纸的上空。
4. 在接下来的4天里，观察、记录这两张绘图纸发生了什么变化。

实验分析

1. **描述**　你每天观察到的两处草地上露水的情况有什么差异？
2. **解释**　这个实验中，雨伞与大气中的云层有何相似之处？
3. **推断**　在云层很厚和云量很少的夜晚，气温会有什么不同？

温带雨林

位于华盛顿州奥林匹克国家公园的温带雨林，年降水量达到500 cm。相反，沙漠地区的年降水量少于25 cm。

折叠式学习卡

气候分类

根据右图所示，制作一张多层折纸。用它来整理你学习五种主要气候类型过程中的笔记。

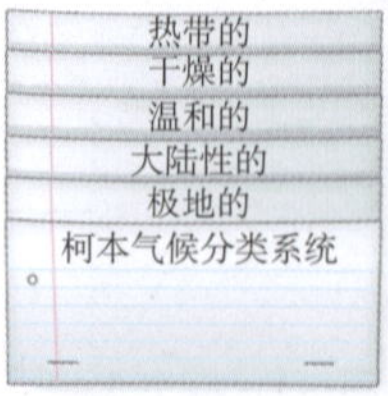

落叶林
沙漠

第1节 什么是气候

主要概念 气候受多种因素的影响，包括纬度和海拔。

核心问题

- 使用正常值有哪些局限性？
- 气候为什么具有多样性？
- 地球上不同地区的温度为何不同？

关键术语

气候学
正常值
热带
温带
寒带

地球科学在你身边 你肯定不会因为看到某个人晚餐吃了一顿牛排，就认为他每顿饭都吃牛排。在自然界，“抓拍”的某一天的天气，并不一定能反映这个地区长期的气候状况。

年平均值和年变化

5万年以前，美国的天气模式与现今有着很大的差别。当时的平均气温比现在要低好几摄氏度，并且大气中的急流很可能更靠南。了解并预测这样的气候变化就是气候学的基本目的。**气候学**(**climatology**)是研究地球气候以及影响过去、现在和未来气候变化的因素的科学。

气候描述了一个区域内长期的天气模式。这些模式不仅包括天气的平均状况，还包括温度、降水量、风和其他天气变量的年变化特征。气候研究的目的是要揭示这些变量随时间发生异常性波动的情况。例如，气候数据可以显示一个地区有记录以来的最高气温和最低气温。**图14-1**反映了芝加哥夏季和冬季天气的差异。若将这类信息与近期天气状况和长期平均天气状况的比较结果结合起来进行分析，可以帮助企业确定新厂房的选址，并为那些因为健康状况需要生活在某种气候条件下的人提供信息等。

图14-1 气候数据包括一个地区有记录以来的最高气温和最低气温。芝加哥历史上的最高气温为41 ℃，出现在1934年7月；最低气温为零下33 ℃，出现在1985年1月。

芝加哥，夏季

芝加哥，冬季

正常值 用来描述一个区域内气候条件的数据是由气候学家记录和整理出来的。这些数据从全世界数千个站点持续不断地采集，包括日最高和最低气温、降水量、风速和风向、湿度和气压。一旦采集了这些数据，气候学家们可以根据至少30年内的月平均值或年平均值来得出一个地区的**正常值**(**normal**)或标准值。

地球科学相关职业

气候学家 研究长时间气候变化规律的科学家被称为气候学家。气候学家通过冰芯或者测量海水温度来采集数据。

☑ **读后自查** **指出**可以用于计算正常值的数据。

正常值的局限性 尽管正常值提供了有用的信息，但使用它们时必须小心谨慎。任何给定的某一天的天气条件都可能与正常值差异很大。例如，一座城市1月份的最高气温的正常值可能是0 ℃。然而，很可能在1月份里没有一天的气温正好是0 ℃。正常值的目的不是用来描述日常天气条件，它们只是一个较长周期内的平均值。

气候描述的是某一个地区的平均天气条件，而正常值只能反映采集气象数据的那个特定地点的平均状况。大多数气象数据都采集于机场，因为离开了最新的、精确的天气信息，机场就无法正常运行。然而，许多机场都位于远离城市的郊外。当气候正常值是基于机场数据的时候，它们很可能与其附近城市的实际天气条件有很大的不同。海拔的变化和其他诸如临近大型水体等因素，都可能导致气候发生改变。

数据分析实验

科学实验室

基于真实数据*

数据解读

美国亚利桑那州菲尼克斯的气温是多少？ 下表是亚利桑那州菲尼克斯的气温数据，数据采集于1948年7月1日至2010年4月30日。

实验分析

1. 利用每月平均最高气温数据绘制气温变化曲线图。x轴表示月份，y轴表示气温。
2. 利用每月平均最低气温数据重复步骤1。

批判性思维

3. **指出**气温比平均最高气温更高的月份。
4. **指出**气温比平均最低气温更低的月份。
5. **推断** 根据平均气温，亚利桑那州菲尼克斯的气候是什么样的？

数据与观察

亚利桑那州菲尼克斯月气温变化

温度(℃)	1月	2月	3月	4月	5月	6月	7月	8月	9月	10月	11月	12月	平均气温
平均最高气温	19	21	24	29	34	39	41	40	37	31	24	19	29.8
平均最低气温	5	7	9	13	18	23	27	26	23	16	9	5	15.1

资料来源：Western Regional Climate Center. 2010.

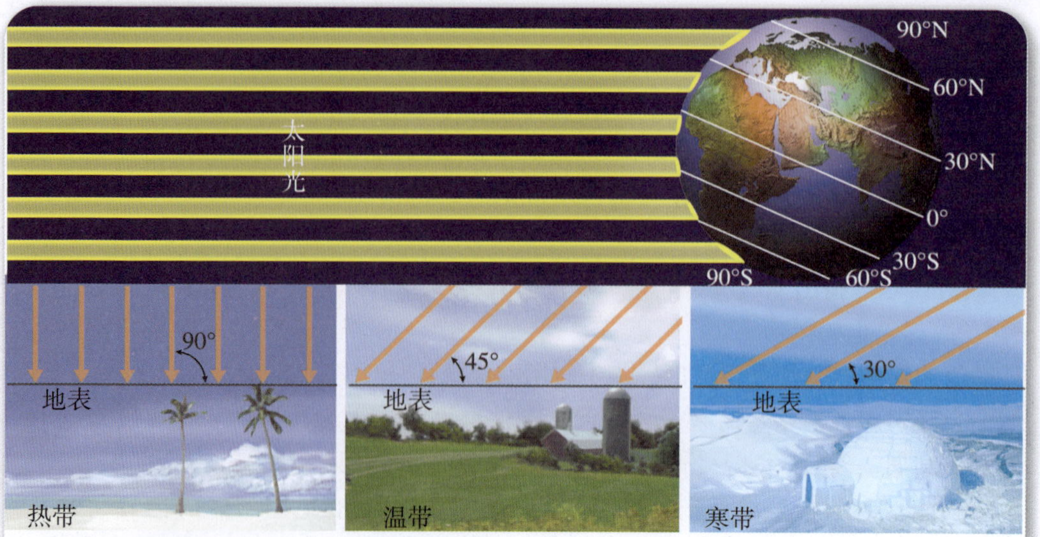

■ **图 14-2** 纬度对气候的影响相当大。从赤道到两极，地球所接收的太阳辐射总量逐渐减少。

描述 *从赤道到两极，太阳光到达地球表面的角度是如何变化的？*

气候的成因

你可能从天气报道中已经发现了，美国不同地区的气候有着很大的差别。例如，得克萨斯州达拉斯地区的日平均气温比明尼苏达州明尼阿波利斯地区要高。有很多种因素造成了气候的差异，包括纬度、地形、距离湖泊和海洋的远近、空气湿度、全球风模式、洋流和气团等。

纬度 回顾前面所学过的，地球的不同地区所接收的太阳辐射量是不同的。某一地点接收到的太阳辐射量之所以与其他地点不同，是因为地球自转轴与公转轨道面有一固定倾角，影响了太阳光照射地球表面时的效果。南北纬23.5°之间的区域，便是众所周知的**热带(tropic)**。如**图14-2**所示，由于太阳光几乎垂直照射在这些地区，使之接收了最多的太阳辐射量。正如你所预料的那样，热带地区常年都很炎热。例如，位于10 °N的委内瑞拉的加拉加斯，全年平均最高气温在24～27 ℃之间。**温带(temperate zone)**位于南北纬23.5°～66.5°之间。跟它们的名字所表示的意思一样，这些区域的气温都是冷暖适中的。**寒带(polar zone)**位于南北纬66.5°至极点之间。太阳辐射以很小的角度入射寒带，因此，极地地区的气温通常是非常寒冷的。格陵兰岛的图勒，位于77 °N，全年平均最高气温在零下20 ℃至8 ℃之间。

地形效应 水体的升温和降温都要比陆地慢得多。因此，大型水体会影响周边地区的气候。在冬季，许多沿海地区都比相同纬度的内陆地区温暖一些，而在夏季则更为凉爽一些。

同样，较低层大气的温度通常随着海拔增加而降低。因此，山区气温一般要比海平面上的气温更低。此外，山脉两边的气候也常常不同。由于地形抬升的作用，空气沿着山脉的一侧上升。上升的空气冷却、凝结，并释放其中的热能，形成丰沛的降水，如**图 14-3** 所示。所以山脉迎风坡的气候常常湿润而凉爽。而在山脉另一侧的背风坡，空气较干燥，在气流下降时还会变暖。由于这种原因，沙漠常见于山脉的背风面。

读后自查 **解释** 大型水体对沿海地区的气候有何影响？

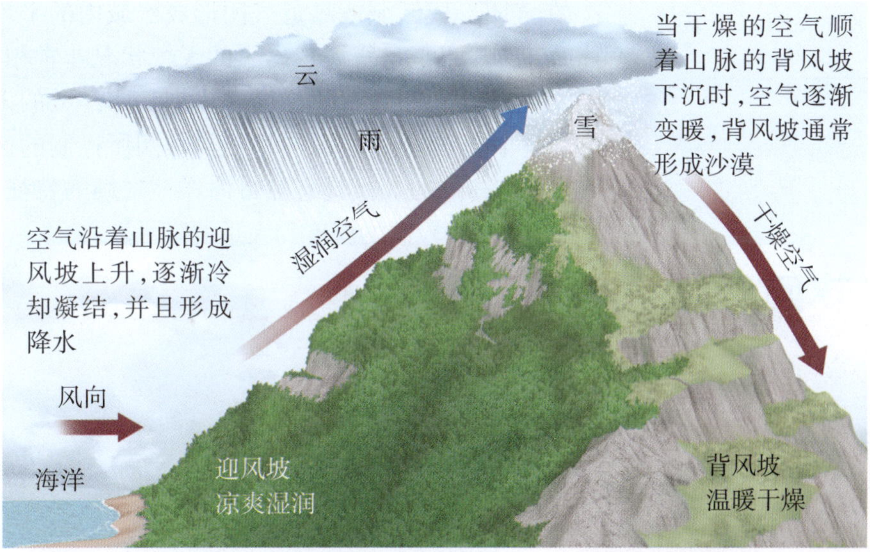

图 14-3 地形抬升导致山脉迎风坡降雨，而背风坡通常温暖干燥。

夏威夷毛伊岛山脉的迎风坡

夏威夷毛伊岛山脉的背风坡

北美洲上空的主要气团

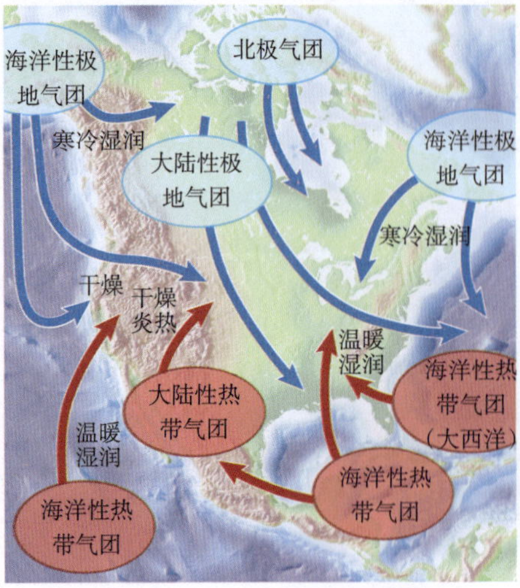

■ **图14–4** 气团通过从它们的发源地传输热量和水分,从而影响区域气候。温暖湿润的海洋性热带气团为多米尼加岛上茂盛的植被提供了良好的生长条件。

多米尼加岛上茂盛的植被

气团 形成天气的两个主要因素就是气团的运动和气团之间的相互作用。气团也会影响气候。由于主要受太阳辐射量差异的影响,气团都有着明确的发源地。气团的特性同时也取决于它们是形成于陆地上空还是水域上空。**图14–4**显示的是北美洲上空常见的气团。

在气团形成区域或靠近气团形成区域内的平均天气状况,与气团本身所展现出来的天气状况非常相似。例如,**图14–4**右侧显示的是位于热带大西洋上的多米尼加岛。由于该岛位于海洋性热带气团所控制的区域内,所以该岛屿的气候具有热带海洋性气候的特征,比如温暖的气温、较高的湿度和大量的降水。

第1节 本节回顾

要点梳理

- 气候描述的是一个区域内长期的天气模式。
- 正常值是一个地区的气候标准值。
- 热带、温带和寒带之间的气候不同。
- 气候受几种不同的因素影响。
- 气团都有明确的发源地。

要点理解

1. 主要 概念 **描述**导致不同气候的两种因素。
2. **指出** 使用正常值有哪些局限性?
3. **对比与比对**热带、温带和寒带的气温。
4. **推断** 农民会如何使用气候数据?

批判性思维

5. **评定** 一座位于15 °S的城市A的日平均气温比另一座位于30 °S的城市B的日平均气温低5 ℃。城市A明明更靠近赤道,它的气温为什么反而更低?

地学写作

6. 解释下列情况:在其他影响因素都相同的情况下,从一座机场采集到的气象数据与从一个大型湖泊附近采集到的数据之间存在差异。

第2节 气候分类

主要概念 气候根据平均气温和降水量来分类。

核心问题

- 用于气候分类的标准是什么？
- 如何描述不同的气候？
- 什么是小气候？

关键术语

柯本气候分类系统

小气候

热岛

地球科学在你身边 如果让你去某个热带地区度假，你想象中这会是一个什么样的地方？是一个天气很热、经常下雨的地方吗？如果你觉得是的话，那么即使你没有去过热带地区，你也已经对热带气候有所了解了。

柯本气候分类系统

图14–5左侧是内华达州雷诺市一片沙漠的气温降水量图，右侧是新几内亚岛上热带雨林的气温降水量图。那么，用什么样的标准可以区分图中的气候呢？气温是一个显而易见的选择，降水量也是如此。**柯本气候分类系统（Köppen classification system）**是一种基于月平均气温和降水量的气候分类系统。这一分类系统由德国气候学家弗拉迪米尔·柯本创立，该系统同时也考虑了出现在不同气候条件下具有明显特征的植被因素。

柯本认为，区别不同气候区较好的方法是用自然植被来划分。例如，棕榈树不能生长在寒带，它们主要生长在热带和亚热带地区。柯本随后认识到，定量的数据能使他的分类系统更客观、更科学。因此，他修订了分类系统，增加了气温和降水量的数据。**图14–6**展示了一幅根据修订版柯本气候分类系统描绘的全球气候图。

■ **图14–5** 这两张图显示了两种不同气候的气温和降水量，两地分别是内华达州雷诺市的一片沙漠和新几内亚岛上的热带雨林。

描述 *这两种气候之间气温的差异。*

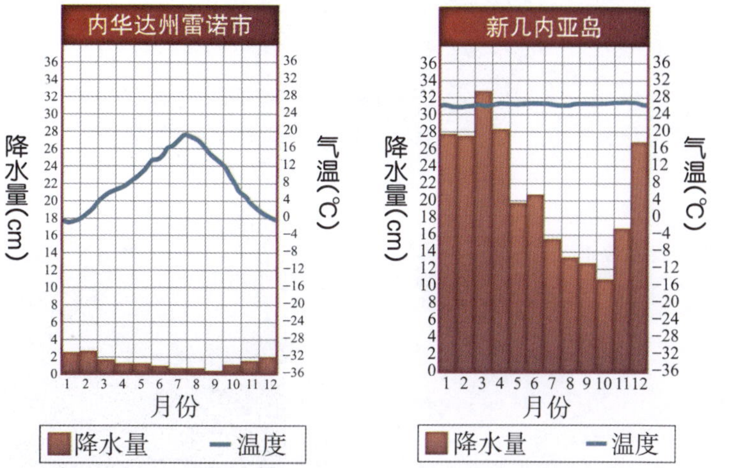

图解世界气候

图 14-6 修订版的柯本气候分类系统根据气温和降水量，将气候分为五大主要类型。

估算 *根据地图确定大陆上热带湿润气候所占的大致比例。*

高原气候，加拿大

干旱气候，澳大利亚

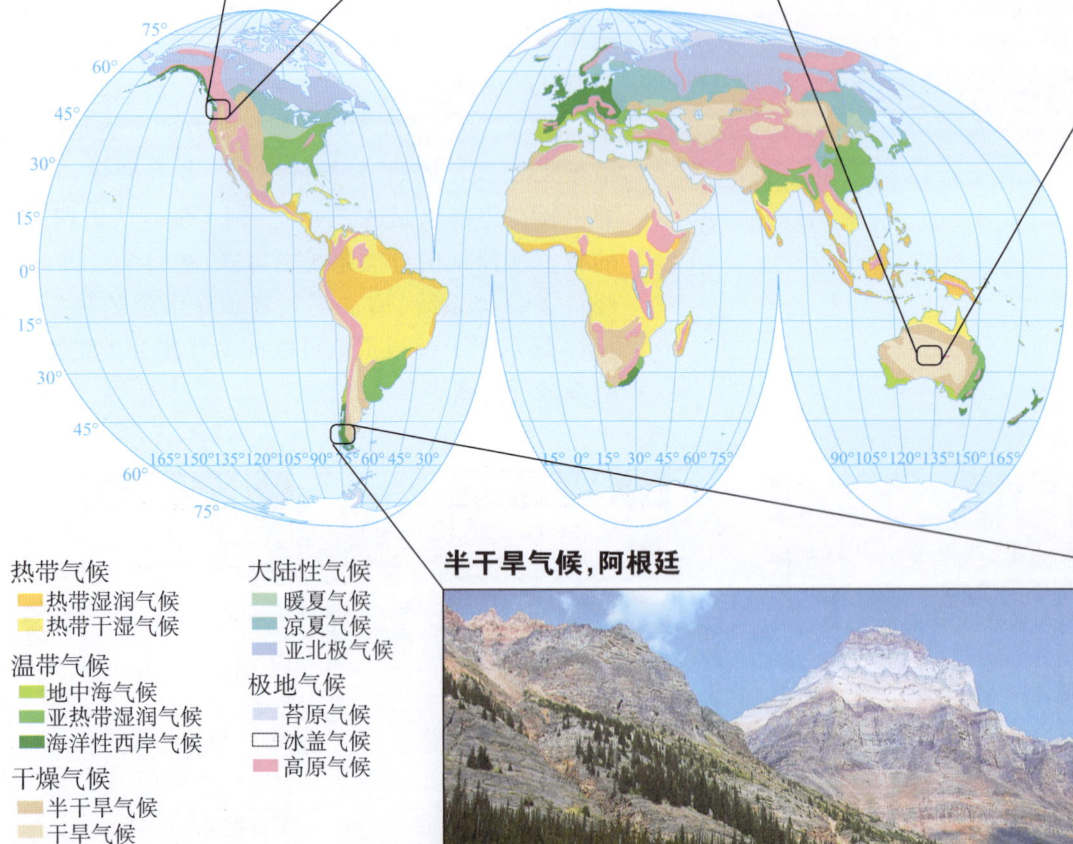

半干旱气候，阿根廷

热带气候 热带气候的特征是常年高温。在某些热带湿润气候区,如**图 14-6** 所示,伴随高温的是高达600 cm的年降水量。热量和雨水的结合形成了热带雨林,在这里,生长着地球上最具特色的植被。热带地区几乎一直处于海洋性热带气团的影响之下。

位于赤道热带雨林南北两侧边界处的过渡地区,通常称为热带干湿气候区。热带干湿气候区包括热带稀树草原带。这些热带草原主要分布在非洲、澳大利亚等地区。由于有干燥的大陆性气团季节性地侵入,这些区域有着显著的冬季干旱的特征。**图 14-7** 所示是位于澳大利亚东北部热带稀树草原带的诺曼顿地区的月平均气温和降水量。

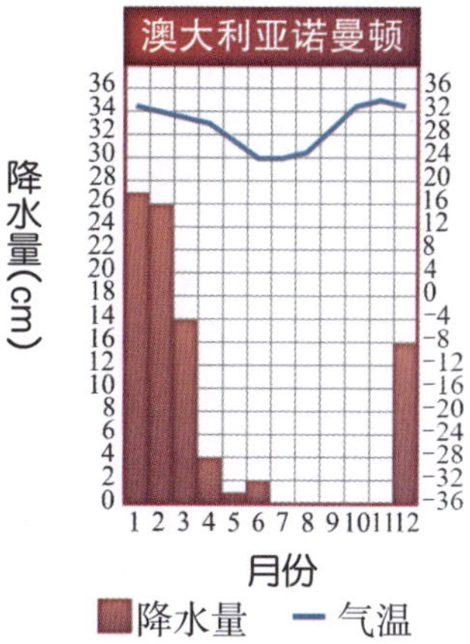

■ **图 14-7** 图中显示的是位于澳大利亚热带稀树草原带的气温和降水量。

分析 *为什么这个区域的降水情况不同于热带雨林地区?*

☑ **读后自查** **解释** 热带湿润气候区和热带干湿气候区的差异。

干燥气候 干燥气候覆盖了地球陆地的30%左右,是最大的气候区。世界上大多数沙漠,比如撒哈拉大沙漠、戈壁滩以及澳大利亚大沙漠,都被归入干燥气候区。在这些气候区,大陆性热带气团占主导作用,降水量少,植被缺乏。这些区域的许多地方都靠近热带。因此,强烈的太阳辐射导致了较高的蒸发率。总体而言,蒸发量大于降水量,由此导致的水分匮乏使得这个区域的名称名副其实。干燥气候可以分为两个亚类:干旱气候,也称为荒漠地区,以及半干旱气候,或称为半荒漠地区。如**图 14-8** 所示,半荒漠地区通常比荒漠地区湿度更高。它们一般位于干旱气候与其毗邻的湿润气候区之间。

■ **图 14-8** 位于哈萨克斯坦的这个半荒漠地区是另一种典型的过渡带。它将沙漠与更湿润的气候区分隔开来。

■ **图 14–9** 图中的植物是生长在西班牙韦斯卡的橄榄树。这里是夏季温暖干燥、冬季凉爽多雨的地中海气候。

温带气候 温带气候可以分为三个亚类：亚热带湿润气候、海洋性西岸气候和地中海气候。亚热带湿润气候通常受夏季海洋上出现的副热带高压系统的影响。美国东南部就有这一类型的气候存在。在那里，夏季温暖、湿热，而冬季则干燥、凉爽。海洋性西岸气候受从海洋持续地吹向内陆的气流的主导，产生了温暖的冬季和凉爽的夏季，全年都有丰沛的降水。地中海气候因其分布于地中海周围的陆地而得名，但它也存在于加利福尼亚州和南美洲的部分地区。**图 14–9** 就是这种类型气候的一个例子。地中海气候的夏季通常温暖干燥，因为地中海南部接近中纬度干燥气候区；冬季则凉爽多雨，是因为中纬度天气系统带来了北面的风暴系统。

☑ **读后自查** **对比与比对**亚热带湿润气候与海洋性西岸气候。

大陆性气候 大陆性气候也可分为三个亚类：暖夏气候、凉夏气候和亚北极气候。当热带气团和极地气团在大陆性气候区相遇时，经常形成锋。因此，这些区域经历着快速的，有时甚至是剧烈的天气变化，包括强雷暴或者龙卷风，如**图 14–10** 所示。由于冬季极地气团的影响很强，而夏季受温暖的热带气团控制，这些区域内夏季和冬季的气温都可能很极端。温暖、湿润气团的存在，使得夏季通常会比冬季湿润一些，尤其是那些纬度相对靠近热带的地区。

■ **图 14–10** 图中这个龙卷风就发生在大陆性气候区。

极地气候 亚北极气候的北边是极地气候中的苔原气候。正如热带因其全年炎热而闻名，苔原气候也因其寒冷而著称，那里最温暖月份的平均气温也低于10 ℃。苔原气候区没有树木，降水量通常很少，这是因为冷气团携带的水汽比暖气团要少。另外，这些地区的地球表面所接收的太阳辐射量也非常少，因此很难形成大雨所需要的强对流条件。冰盖气候，位于南北半球最高纬度，那里没有一个月的平均气温在0 ℃以上。没有植被生长在冰盖气候区，陆地永远被冰雪所覆盖。**图14–11**展示了极地气候区的冰山。

■ **图14–11** 在格陵兰岛的冰盖气候区，海上漂浮着冰山。

高海拔地区会出现极地气候的特点，称作高原气候。这种气候类型包括赤道附近的南美洲安第斯山脉的部分地区。在这里，靠近赤道地区的强烈的太阳辐射，被因海拔上升而降低的气温抵消了。

小气候

有时候，一片小区域内的气候可能与其周围大区域的气候有着天壤之别。不同于主要区域性气候的局地性气候被称作**小气候（microclimate）**。如果你爬上一座山峰的顶部，你会感受到一种小气候的特征：随着海拔的升高，气温会变得越来越凉爽。**图14–12**显示了一座城市内由建筑物等引起的小气候。

折叠式学习卡

将本节信息整合到你的折叠式学习卡中。

热岛 有时候，仅仅一座建筑物的出现就可能在紧靠其周边的区域内产生小气候。许多混凝土建筑和大面积沥青铺成的道路等都会造成城市**热岛（heat island）**，使城市的气温比其周边的农村地区要更高一些，如**图14–12**所示。在19世纪早期，伦敦人第一次认识到这种效应，他们注意到城市内的气温显著高于周边乡村。

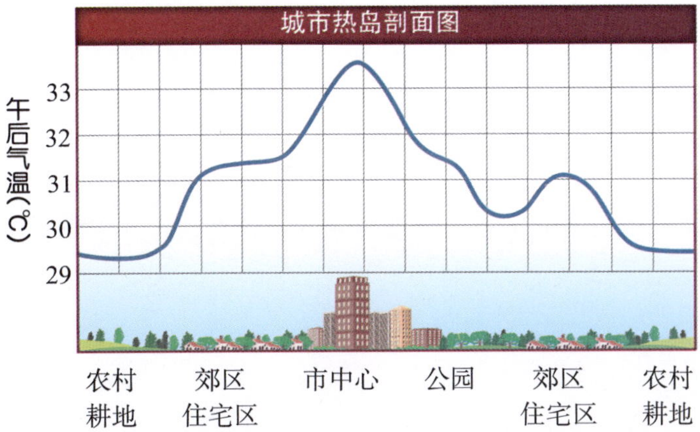

■ **图14–12** 这张图反映了城市中心和周边郊区以及农村地区的气温差异。

分析 *城市的气温比农村地区高多少？*

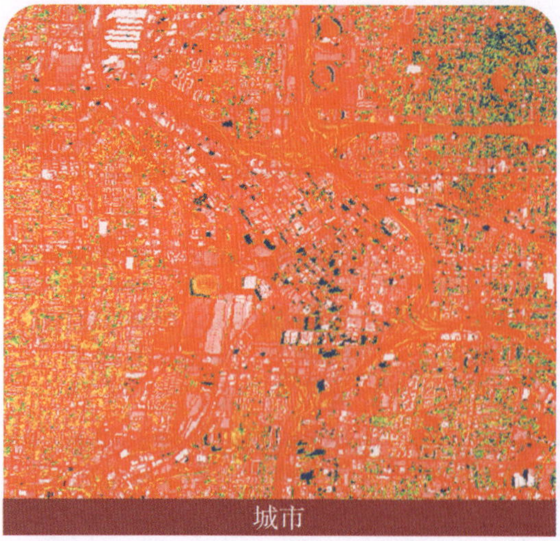

■ **图 14-13** 这两张热成像照片显示的是城市和郊区白天的气温差异。蓝色表示最低气温，红色表示最高气温。

城市热岛效应的出现，是因为沥青等深色材料建成的人行道、建筑和屋顶吸收的太阳能比周边的植被更多。这导致大城市的平均气温明显高于其周边地区，如**图 14-13**所示。热岛效应也可以导致气温随海拔而出现更大幅度的变化，同时会产生强烈的对流，这反过来又增加了云量，并使得城市内的总降水量增加15%左右。

城市热岛就是小范围气候变化的实例。在第3节和第4节中，你将学习由自然事件和人类活动共同作用所引起的大范围气候变化。

第2节 本节回顾

要点梳理

- 德国科学家弗拉迪米尔·柯本创立了气候分类系统。
- 5种主要的气候类型分别是热带气候、干燥气候、温带气候、大陆性气候和极地气候。
- 城市中可以产生小气候。

要点理解

1. 主要概念 **描述** 柯本气候分类系统是根据哪些标准进行分类的？
2. **解释** 什么是小气候？指出和描述小气候的一个例子。
3. **对比与比对**5种主要的气候类型。
4. **归类** 你居住在哪一个气候区？通常，哪些类型的气团会影响你所在区域内的气候？

批判性思维

5. **绘制**一个有关柯本气候分类系统的表格。表中需要包括主要的气候区、气候亚区以及各自的气候特征。

地学写作

6. 在所有不同的气候类型中，你认为哪种气候会受到极锋急流的强烈影响？请写一小段文字来解释其原因。

第3节 气候变化

主要概念 地球的气候在许多不同的时间尺度上持续地发生变化。

核心问题

- 长期气候变化和短期气候变化的区别是什么?
- 导致气候变化的自然因素是什么?
- 为什么会出现气候变化?

关键术语

冰期

季节

厄尔尼诺

蒙德极小期

地球科学在你身边 你可能不会注意到每天见到的朋友在外表上发生的变化;然而,如果你跟某个人一年才见一次面,你可能就会觉得他看起来变化很大。气候变化是长时间尺度上的过程,气候的差异在短时间内很难看出来。

长期气候变化

某些年份的气候可能会比其他年份温暖、凉爽、湿润或干燥一些,但是平均而言,在短短几十年内,气候的变化并不是很显著。然而,一项关于地球历史上几百万年气候变化的研究表明,从过去到今天,全球气候一直处于持续不断的变化之中。这些变化通常要经历极其漫长的时间周期。

冰期

气候变化的一个典型例子与冰川有关。近200万年来,冰川一直处于前进或后退的交替变化之中。地球表面的很大部分区域曾几度被巨大的冰川所覆盖。这些有广泛冰川覆盖的时期称为**冰期**(ice age),冰期的全球平均气温降低了大约5 ℃。全球气候通常变得更加寒冷,降雪量也会增加,而这又会有助于冰原的扩张。冰期与间冰期(也称作温暖期)交替出现,目前地球正处于一次间冰期。距今最近的一次冰期结束于大约10 000年前,如**图14-14**所示。在北美洲,冰川曾经从东海岸一直延伸至西海岸,其最南端到达了印第安纳州和俄亥俄州。

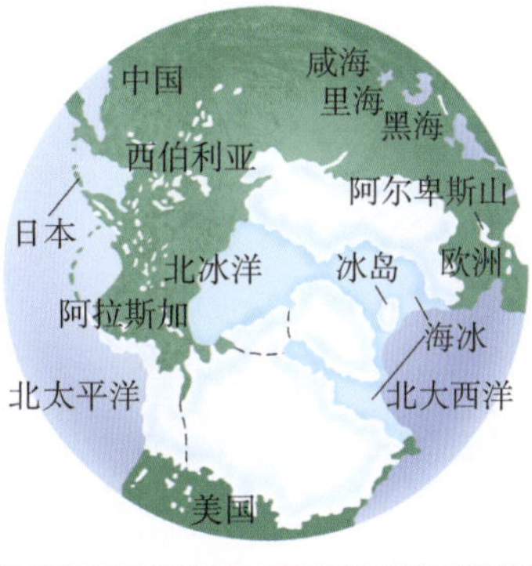

■ **图14-14** 在最近一次冰期,冰川覆盖了北美洲、欧洲和亚洲的大部分地区。当时的海平面平均高度大约比现在低130 m。

解释 *为什么全球气温下降会导致冰期出现?*

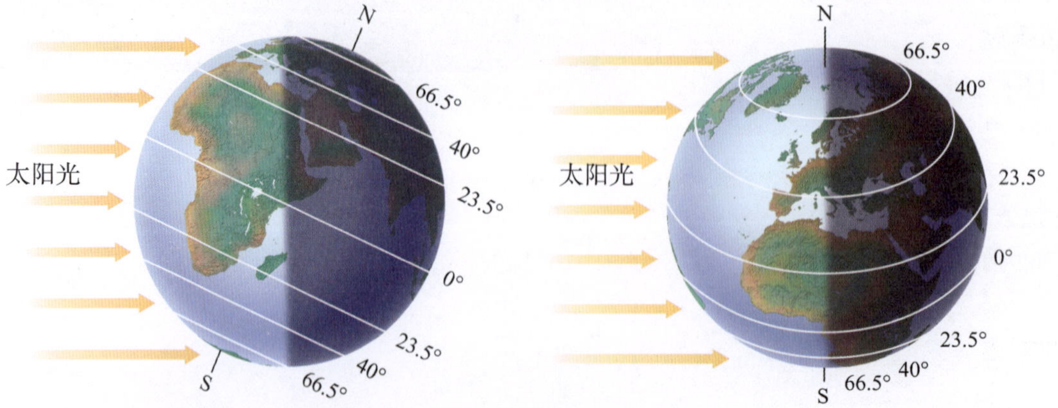

图 14-15 当北极点朝向太阳时，北半球是夏季，而南半球是冬季。在春秋季节，南、北两个极点都不朝向太阳。

短期气候变化

尽管一次冰期可能持续几万年，但其他气候变化发生的时间却短得多。气候变化可以影响季节变化。**季节(season)**是由规律性的白昼、气温和天气模式变化所引起的短期气候变化。

季节 季节是由于某一区域内所吸收到的太阳辐射量的差异而出现的。如**图 14-15** 所示，当地球围绕太阳公转时，地轴的倾斜会导致地球表面不同区域所接收到的太阳辐射量有所差别。在北半球的冬季，北极点不朝向太阳，因此该半球黑夜时间最长，气温较低。与此同时，南半球是夏季，南极点朝向太阳，南半球白昼时间最长，气温较高。在一年之中，南北半球的季节是相反的。在春秋季节，南、北两个极点都不朝向太阳。

厄尔尼诺 **厄尔尼诺(El Niño)**现象也是引起短期气候变化的原因之一。厄尔尼诺是由不定期发生在南美洲西海岸一带的海水异常升温引起的。

在东南太平洋海域的正常条件下，气流和洋流通常沿着南美洲海岸向北移动，携带了来自南极地区冰冷的海水。与此同时，信风和洋流穿过热带向西移

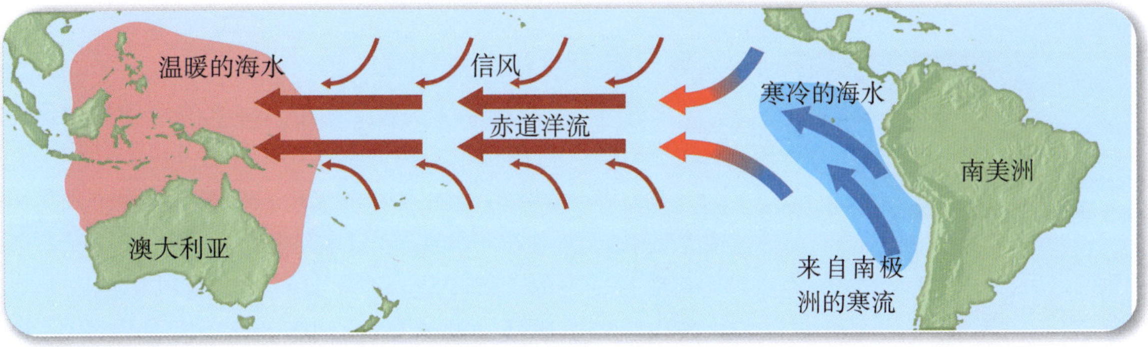

动，维持着西太平洋水域的温度，如**图 14-16** 所示。受半永久性高压系统所驱动的这个环流，使南美洲西北海岸沿线的大部分地区形成了凉爽、干燥的气候。

图 14-16 在正常条件下，信风和洋流使温暖的海水向西穿过太平洋。

然而有时候，由于某些尚未完全被我们所认知的原因，这一高压系统及其相关的信风会急剧减弱，使得太平洋西海岸的温暖水体向东涌入南美洲海岸，如**图 14-17** 所示。这种状况便是一次厄尔尼诺事件。

这些突如其来的温暖水体加热了靠近水体表面的大气，对流得以加强，本来凉爽而干燥的南美洲西北海岸因此变得非常温暖、湿润。加强的对流活动使得大量的热量和水分进入上层大气，那里的上层风又将高热、湿润的大气向东吹过热带地区，导致气候的剧烈变化，并给美国加利福尼亚和墨西哥湾海岸地区带来暴风。高热、湿润的上层大气的影响可延伸到更东面的地区，给那些通常干燥的区域带来暴风雨天气，而给那些通常湿润的区域带来干旱的天气。最终，南太平洋的高压系统会重新形成，厄尔尼诺现象才会减弱。

有时，信风比以往吹得更猛烈，推动着温暖的海水穿过太平洋，直达澳大利亚。南美洲海岸因而变得异常寒冷刺骨。这种现象称为拉尼娜现象。

图 14-17 厄尔尼诺期间，温暖的海水汹涌地流回南美洲，改变了天气模式。

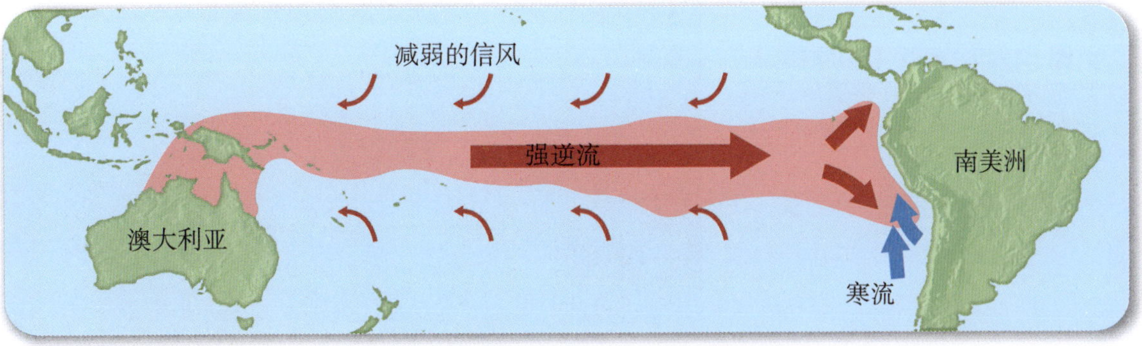

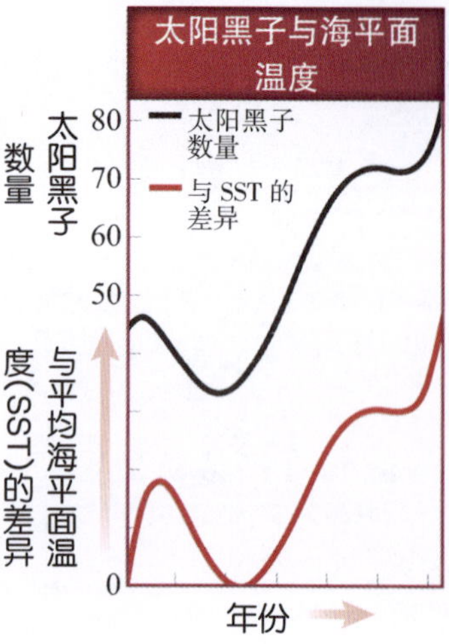

■ **图 14–18** 科学家们建立了一套关于太阳活动可能与气候变化相关的理论。

评估 *太阳黑子的数量与海平面温度的变化有什么关系?*

导致气候变化的自然因素

近年来,人们就地球气候变化是否因人类活动引起这一问题进行了大量的讨论。我们将在第4节学习更多的相关知识。在这里,需要指出的重要事实是,气候变化早在人类出现之前就已经存在了。树轮、冰芯、化石和放射性碳元素的研究都为过去的气候变化提供了证据。地球气候的这些变化是由诸如太阳活动的异常、地轴倾斜度及其轨道变化,以及火山爆发等自然事件所引起的。

太阳活动 太阳活动与地球气候之间可能存在关系的相关证据,是由英国天文学家E. W. 蒙德于1893年提出的。太阳黑子的出现周期持续11年左右,这一结论是由德国科学家S. H. 施瓦贝于1843年提出的。然而,蒙德却发现,在1645~1716年间,太阳黑子的活动很少,甚至不存在。太阳黑子活动量非常低的这段时间,被称作**蒙德极小期(Maunder minimum)**。它与通常被称为小冰期的异常寒冷气候存在密切的相关性。在此期间,欧洲大部分地区都处在刺骨的寒冬中,全年气温都低于正常值。据说,伦敦的居民曾于6月份在泰晤士河上面溜冰。作为气候的一种指标,海平面温度与太阳黑子较少时期的关系如**图 14–18**所示。研究表明,太阳活动的增强是与高于正常值的海平面温度相吻合的,而在太阳活动减弱期间,比如蒙德极小期,却是与寒冷的海平面温度相一致的。

地球轨道 气候变化也可能是由于地轴和地球运动轨道的变化所引起的。地球的椭圆形轨道形状在10万年的周期内会发生变化——有时更像椭圆,有时又更像圆一些。如**图 14–19**所示,当轨道变扁时,地球在某些年份会更加靠近太阳。此时,气温会比平时变得更高。当轨道更趋近于圆形时,地球始终在离太阳稍远的轨道上,气温便会降至平均值以下。

■ **图 14–19** 科学家们推断,如果地球以更扁平的椭圆轨道绕太阳运动,可能会引起地球气候的显著变化。

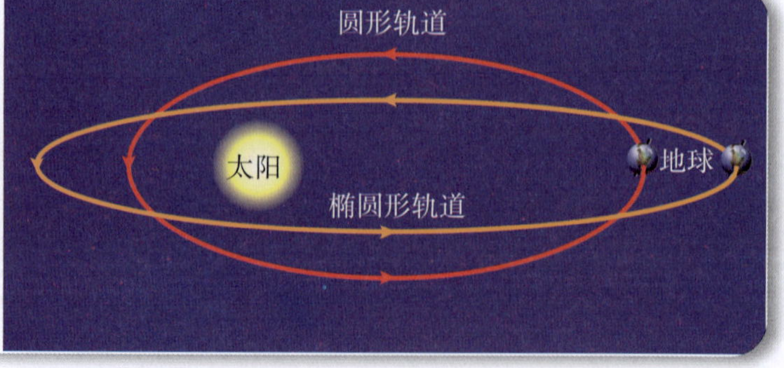

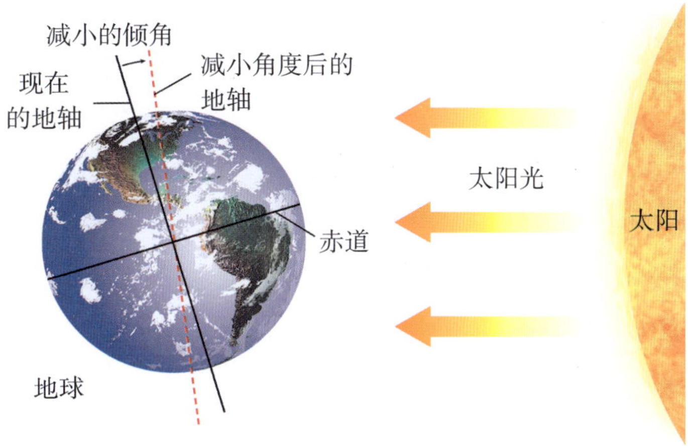

图 14-20 如果地轴的倾角减小，那么夏季和冬季之间的温差会减小。

地球倾角 众所周知，季节是由于地轴的倾斜造成的。目前，地轴的倾角是23.5°。然而，在一个41 000年的周期内，该倾角的大小都在最小值22.1°与最大值24.5°之间变化着。科学家们从理论上解释了地轴倾角变化导致地球上不同的季节。例如，如**图 14-20**所示，地轴倾角变小，可能会导致冬夏季之间温差的减小。冬季将会更温暖和湿润，而夏季则会更凉爽。因为气温比平均值更低，所以靠近极地的纬度带内的多余积雪在夏季将不再融化，这会导致冰川数量增加，以及冰川覆盖面的扩张。事实上，某些科学家通过假说认为，正是地轴倾角的变化导致了极地附近的冰原。

☑ **读后自查** **描述**地球倾角的变化对气候变化的影响。

地球的摆动 地球的另一种运动也可能会导致气候的变化。在一个大约26 000年的周期内，地球在绕轴自转的过程中会出现摆动。目前，地轴指向北极星，如**图 14-21**所示。然而由于地球的摆动，在大约13 000年后，地轴最终会旋转着远离北极星，指向另一颗恒星——织女星。目前，当地球运动到远日点，地轴倾斜的方向使得太阳直射在北半球时，北半球是夏季。然而，再过13 000年，地轴指向织女星时，则变成地球运动到近日点时，太阳直射北半球，此时，北半球是夏季。

图 14-21 地球的摆动决定了季节出现的时间。在大约13 000年后，当地轴指向织女星，北半球夏季的时间会变成现在冬季的时间。

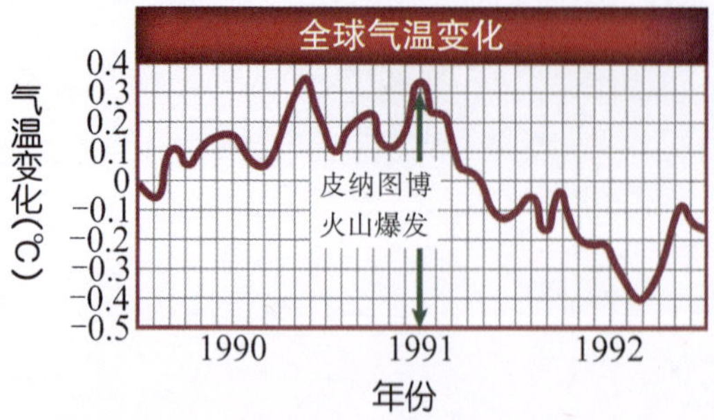

■ **图14–22** 在皮纳图博火山喷发期间，超过2 000万吨的二氧化硫气体被释放进大气圈，导致之后两年，全世界年平均气温下降0.5 ℃。

火山活动 气候变化也可能是由火山剧烈喷发时向大气释放的大量尘埃所引起的，如**图14–22**所示。火山尘埃可能悬浮于大气中若干年，阻碍入射的太阳光，降低全球气温。一些科学家提出理论认为，强烈的火山活动期可以导致凉爽的气候期。这一理论被过去一个世纪以来的几次大型火山喷发及其随之而来的低于正常值的全球气温的记录所证实。例如，1991年菲律宾境内的皮纳图博火山喷发期间释放了大量的火山灰和气体，导致之后两年全世界的气温出现轻微的下降。

一般来说，火山喷发只会对气候产生短期的影响。火山喷发以及之前所提到的其他一些对气候短期和长期的影响因素，都是导致气候变化的自然因素。

第3节　本节回顾

要点梳理

- 气候变化可以在长时间尺度或者短时间尺度下发生。
- 太阳活动的变化与气候变化相关。
- 地球轨道、倾角和摆动的变化都与气候变化相关。

要点理解

1. 主要概念 **指出**和解释长期气候变化的一个例子。
2. **描述** 什么是季节？其形成原因是什么？
3. **阐述** 厄尔尼诺对加利福尼亚州和墨西哥湾沿岸地区的天气可能会产生什么影响？
4. **分析** 火山活动对气候有何影响？它会影响短期气候变化还是长期气候变化？

批判性思维

5. **评定** 如果地球轨道变成更扁平的椭圆，与此同时，地轴倾斜角度也增大，那么会对季节产生怎样的影响？

地学计算

6. 阅读**图14–18**。太阳黑子数量最少是在哪个时期？太阳黑子数量最多又是在哪个时期？

第4节 人类活动的影响

主要概念 随着时间的推移，人类活动可以改变大气条件，并足以影响到天气和气候的变化。

核心问题
- 什么是温室效应？
- 什么是全球变暖？
- 人类是如何影响气候的？

关键术语
温室效应
全球变暖

地球科学在你身边 如果你下载的文件携带着病毒，它会入侵你的电脑，甚至会改变电脑的操作系统。如果不认真对待，那么人类活动也会改变地球的自然系统。

对大气圈的影响

地球的大气圈显著地影响着它的气候。没有被云反射回去的太阳辐射会顺利地穿越大气层。接着，这些辐射将被地表吸收，并以长波辐射的形式释放出来，被诸如水蒸气、甲烷和二氧化碳等组成的大气气体所吸收。然后，这些被大气吸收的能量的一部分再次辐射到地球表面。

温室效应 大气圈吸收和辐射能量的过程导致了**温室效应（greenhouse effect）**，即地球表面被某些气体（温室气体）覆盖而出现自然升温的现象。如**图14–23**所示，如果没有温室效应，目前地球上的生命也将不复存在。

科学家们提出的理论认为，可以通过改变大气中温室气体的含量，尤其是二氧化碳和甲烷的含量，来加强或降低温室效应。这些气体含量的增加将导致辐射量和吸收量的增加。大气二氧化碳和甲烷的含量正在日益升高，其结果可能导致全球气温升高，也就是**全球变暖（global warming）**。

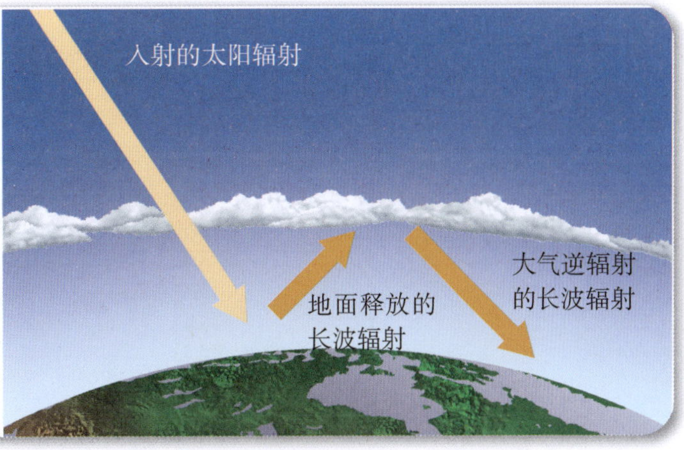

■ **图14–23** 太阳辐射到达地球表面，并以长波辐射的形式传输能量。这种辐射无法轻易逃离到大气圈之外，因而大多数被大气中的气体吸收，并再次释放出来。这个过程称为温室效应。

迷你实验

科学实验室

模拟温室效应

大气层如何吸收辐射?

温室效应是大气层吸收和释放辐射而产生的一种自然现象。

实验步骤

1. 阅读并遵守实验室安全守则。
2. 选一个天气晴朗的日子，在室外阴凉处放置一个纸板箱。
3. 在箱子旁垂直放置两支温度计。注意，不要让太阳光直射温度计。
4. 用一只干净的玻璃瓶罩在其中一支温度计上。
5. 在30分钟内，每隔2分钟观察并记录一次两支温度计的读数。

实验分析

1. **指出** 这个实验中的自变量和因变量分别是什么?
2. **绘制**一张图来展示两支温度计的读数是如何随时间变化的。
3. **评估** 根据你绘制的图，哪一支温度计的温度升高得更多? 为什么?
4. **联系** 将你的观察结果与大气圈中的温室效应联系起来。

全球变暖

在过去的200年里，全球气温呈现上升的趋势，包括有记录以来最温暖的年份都出现在近20年。**图14–24**反映了这种趋势。如果这一趋势持续下去，那么极地冰盖和冰山将会融化。这会导致海平面上升，沿海城市发生洪水，沙漠化扩张，海平面温度上升以及风暴发生的频率和灾害程度增加等。

根据现有的气温数据，许多科学家都同意全球变暖是正在发生的事实。然而，他们无法在解释全球变暖的机制上达成一致。一些科学家提出假说认为，目前气温的升高主要是自然的变化。然而，越来越多的证据表明，在过去的150年里，全球气温变化很大程度上是由于人类活动造成的。

燃烧化石燃料 人类排放到大气中的二氧化碳的一个主要来源是化石燃料，包括煤炭、石油和天然气的燃烧。美国98%的二氧化碳排放都来自于车辆行驶、房屋保温、商业活动和发电站燃烧使用的化石燃料。几乎任何一个与燃烧化石燃料有关的过程都会释放二氧化碳。燃烧化石燃料还会排放其他温室气体，例如甲烷和氧化亚氮。

☑ **读后自查** **解释** 燃烧化石燃料为什么可能会导致全球变暖?

图14–24 20世纪气温最高的年份都出现在世纪末的20年内。

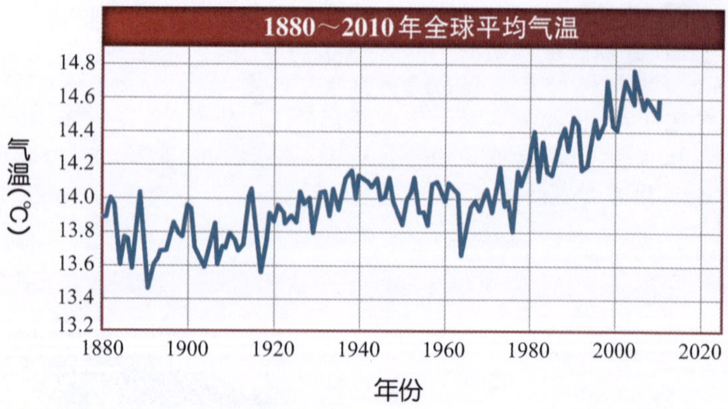

■ **图 14–25** 森林砍伐导致树木大量减少。

解释 *森林砍伐对全球变暖有何影响?*

森林砍伐 大规模砍伐森林也是造成大气中二氧化碳含量升高的原因之一。在光合作用的过程中,植物可以吸收大气中的二氧化碳。当如**图 14–25** 所示的树木被砍伐后,光合作用的速率降低了,更多的二氧化碳留在了大气圈中。许多科学家都认为,森林砍伐增强了全球变暖的趋势。

环境保护 个人可以通过节约能源来减少二氧化碳的排放量,这同时也减少了化石燃料的消费。节约能源的简便方式包括:在不需要时,关闭电器;冬季,将暖气温度调低一些;废物回收再利用;少用内燃机设备,比如车辆和割草机;等等。

第 4 节 本节回顾

要点梳理

- 温室效应影响地球的气候。
- 在过去 200 年里,全球气温呈现上升趋势。
- 人类活动可以影响天气和气候的变化。
- 个人可以减少其对气候变化的影响。

要点理解

1. 主要概念 **描述**可能会影响地球气候的一些人类活动。
2. **解释**温室效应。
3. **应用** 什么是全球变暖?全球变暖可能造成的结果有哪些?
4. **推断** 为什么一些科学家认为全球变暖可能不是由于大气中二氧化碳增多导致的?

批判性思维

5. **评估** 将热带雨林比喻成地球之"肺"的说法。

地学写作

6. 写一本宣传小册子,解释全球变暖及可能导致全球变暖的原因,并在宣传册中加入一些个人如何减少二氧化碳排放量的方法。

地球科学与社会

全球变暖对北极的影响

北极一些区域的气温在过去30年间上升了2 ℃，结果导致永久冻土融化、海冰变薄、房屋下陷、道路沉降、洪水和侵蚀现象开始增多。

永久冻土融化 阿拉斯加州85%的土地覆盖在永久冻土层上。永久冻土是一层温度低于0 ℃，在两年或更长时间里保持冰冻状态的土壤。最新的数据显示，北极地区任何一处永久冻土的温度都上升了0.5～2.0 ℃，这导致某些区域的冻土开始融化。在永久冻土融化的区域，地面下降达5 m，严重影响了道路、机场跑道、房屋和办公楼等建筑设施。有些建筑物，例如医院和学校，由于地面下沉的影响将无法继续使用；阿拉斯加州费尔班克斯的公路也需要经过修复才能继续通行。

海冰变薄 住在阿拉斯加州西北海岸希什马里夫小村庄的人们，为了避免房屋倒塌落入周围的海水中，将自己的家搬到了更高的地方。海冰可以帮助村庄抵御海浪，海冰变薄导致陆地变得更容易受到侵蚀。阿拉斯加州基瓦利纳附近的村庄也面临相同的问题。工程师估计，要将村庄中380位居民的住所搬迁到更牢固的土地上，需要花费1亿至4亿美元。

传统破坏 温度的变化也影响了北极当地居民打猎的习惯。冰上钓鱼的季节通常从10月份开始，但是现在，要等到12月份海水终于结冰才能开始。当地的语言习惯也受到了温度和季节变化的影响。

阿拉斯加州希什马里夫海岸附近的一座房屋。由于海冰变薄和永久冻土融化，房屋发生沉降。

因纽特人的语言中，“qiqsuqqaqtug”通常表示6月。这个单词描述了6月特殊的积雪状况，白天地表一层薄薄的积雪融化，夜晚又再次结冰，形成一层坚硬的外壳。随着气温的变化，这种情况现在发生在5月份。因此，一些因纽特人认为这个单词已经不能再准确地表示6月了。

释放二氧化碳 永久冻土的土壤中含有大量有机物。当永久冻土融化时，土壤中的有机物分解，释放二氧化碳。北极有超过100万平方千米这样的土壤，科学家认为，冻土继续融化会向大气圈释放大量的二氧化碳。

地学写作

公告板展示 调查更多有关北极气候变暖所造成的影响。准备一个公告板，用插图和照片展示几个具体的气候变暖实例。

识别小气候

实验背景： 高楼大厦、大型水体、高大山脉等都可以形成小气候。在本次活动中，你将观测不同的小气候类型并试着确定：是哪些因素增强了小气候？这些因素如何随着它们与地球表面距离的变化而发生变化？

实验问题： 哪一种地表类型最能导致显著的小气候？

实验材料

温度计

干湿计

纸条或风向袋

米尺

相对湿度表

警告：使用玻璃温度计时要小心。如果不小心打破了温度计，不要用手触碰它，请老师来妥善处理玻璃碎片和水银。

实验步骤

1. 阅读并遵守实验室安全守则。
2. 3人或4人一个小组。根据上面的问题，提出假设。
3. 设计一个实验方案验证你们的假设。在这个实验方案中，应该包括在不同类型地表和距离这些地表的不同高度下，如何使用仪器测量气温、相对湿度和风速。
4. 选择实验点。
5. 绘制实验点的地图。设计并创建记录观测结果的数据表格。
6. 确定实验中的常量和变量。
7. 经过老师审阅并批准后，再开始实验。
8. 开展实验。
9. 将你的数据制成图。在地图上用不同的颜色标记出各个实验点的最高和最低气温、最高和最低相对湿度以及最大和最小风速。
10. 将每个实验点的数据制成曲线图，显示不同高度的温度差异。x轴表示温度，y轴表示高度。重复这一步骤，标出相对湿度和风速的数值。

实验分析

1. **分析**地图、曲线图和数据，并找出分布规律。哪些站点表面有着最为显著的小气候？
2. **断定** 表面高度会影响数据结果吗？为什么？
3. **分析**假设和实验结果。实验结果支持你的假设吗？请解释原因。
4. **推断** 为什么有些区域会比其他区域有着更为显著的小气候？哪些因素对小气候的形成影响最大？
5. **确定** 哪一个变量随着高度变化而发生的变化最大，温度、相对湿度还是风速？
6. **确定** 哪一个变量随着高度变化而发生的变化最小？
7. **推断** 为什么某些变量比其他变量更容易受到高度变化的影响？

技能运用

设计实验 根据你在这次实验中学到的知识，设计一个实验验证你所在地区的小气候。这种大范围的实验与上述实验有什么不同？

第14章 复习指南

大概念 地球上不同的气候不仅受自然因素的影响，也受人类活动的影响。

第1节 什么是气候

关键术语
- 气候学
- 正常值
- 热带
- 温带
- 寒带

主要概念 气候受多种因素的影响，包括纬度和海拔。

要点梳理
- 气候描述的是一个区域内长期的天气模式。
- 正常值是一个地区的气候标准值。
- 热带、温带和寒带之间的气候不同。
- 气候受几种不同的因素影响。
- 气团都有明确的发源地。

第2节 气候分类

关键术语
- 柯本气候分类系统
- 小气候
- 热岛

主要概念 气候根据平均气温和降水量来分类。

要点梳理
- 德国科学家弗拉迪米尔·柯本创立了气候分类系统。
- 5种主要的气候类型分别是热带气候、干燥气候、温带气候、大陆性气候和极地气候。
- 城市中可以产生小气候。

第3节 气候变化

关键术语
- 冰期
- 季节
- 厄尔尼诺
- 蒙德极小期

主要概念 地球的气候在许多不同的时间尺度上持续地发生变化。

要点梳理
- 气候变化可以在长时间尺度或者短时间尺度下发生。
- 太阳活动的变化与气候变化相关。
- 地球轨道、倾角和摆动的变化都与气候变化相关。

第4节 人类活动的影响

关键术语
- 温室效应
- 全球变暖

主要概念 随着时间的推移，人类活动可以改变大气条件，并足以影响到天气和气候的变化。

要点梳理
- 温室效应影响地球的气候。
- 在过去200年里，全球气温呈现上升趋势。
- 人类活动可以影响天气和气候的变化。
- 个人可以减少其对气候变化的影响。

第14章 复习检测

术语回顾

描述下列术语的含义。

1. 气候学

2. 温带

3. 正常值

4. 寒带

5. 热带

从复习指南中选取合适的术语填空。

6. 由于大城市的存在而导致的温度差异是 ________ 的一个实例。

7. ________ 用于命名诸如山顶气候这类局部性的气候。

8. 以月份为时间尺度下发生的气候变化是 ________。

9. ________ 是由于太阳黑子数量变化而导致的一种气候变化。

从复习指南中选取合适的术语替换画线部分的内容。

10. 大气中二氧化碳含量升高被认为是导致<u>温室效应</u>的原因。

11. 大气圈能保存热量是由于<u>全球变暖</u>的结果。

理解要点

12. 关于气候正常值，下列哪种说法不正确？

A. 它们是30年周期内的平均值

B. 它们与日常天气情况不同

C. 它们描述的是平均状况

D. 它们收集于同一地点

根据下图，回答第13～14题。

13. 下列哪个选项可以更好地描述山脉背风坡的气候？

A. 温暖多雨

B. 凉爽干燥

C. 温暖干燥

D. 凉爽多雨

14. 大气经过山脉的迎风坡后会发生什么变化？

A. 它会下沉并聚集水分

B. 它会下沉并开始凝结

C. 它会上升并开始凝结

D. 它会上升并蒸发

15. 下列哪个选项属于长期气候变化？

A. 干旱

B. 冰期

C. 风暴

D. 厄尔尼诺

16. 厄尔尼诺的形成是因为下列哪项减弱了？

A. 极地锋

B. 信风

C. 盛行西风

D. 急流

17. 下列哪种现象还未被证实是导致全球变暖的原因？

A. 砍伐森林

B. 厄尔尼诺

C. 燃烧化石燃料

D. 工业排放

18. 下列哪种现象是由于全球变暖造成的？
   A. 海平面上升
   B. 火山活动增多
   C. 极地冰盖扩张
   D. 大气中二氧化碳含量降低
19. 下列哪个地区不可能产生小气候？
   A. 海岸线地带
   B. 山谷
   C. 平坦的草原
   D. 大型城市
20. 城市热岛属于哪种气候类型？
   A. 热带气候
   B. 小气候
   C. 干燥气候
   D. 极地气候

根据下表，回答第21～22题。

世界气候	
位置	对气候的描述
南太平洋新喀里多尼亚岛	持续高温，雨量充沛
以色列南部	夏季干燥，冬季湿润
蒙古戈壁滩	大陆性极地气团，降水较少，植被稀疏
哥伦比亚波哥大	冬季温暖，夏季凉爽，降水丰富
加拿大育空地区	常年寒冷，降水量少

21. 以色列南部地区属于哪种气候类型？
   A. 亚热带湿润气候
   B. 干燥气候
   C. 地中海气候
   D. 大陆性气候
22. 下列哪处最有可能存在半荒漠地区？
   A. 新喀里多尼亚岛
   B. 戈壁沙漠
   C. 波哥大
   D. 育空地区

简要概述

23. **指出**气候正常值可能无法精确用于确定日常天气的两种情况。
24. **应用**　哪一个温度带在一年之中的温差最小？为什么？
25. **联系**　为什么雾是海洋性西岸气候的常见特征？
26. **对比与比对**柯本气候分类系统中温带气候的两种不同气候类型。
27. **对比**地球轨道变化引起的气候变化与地轴倾角变化引起的气候变化之间的差别。
28. **推测**大多数干旱气候都位于热带附近的原因。

根据下图，回答第29题。

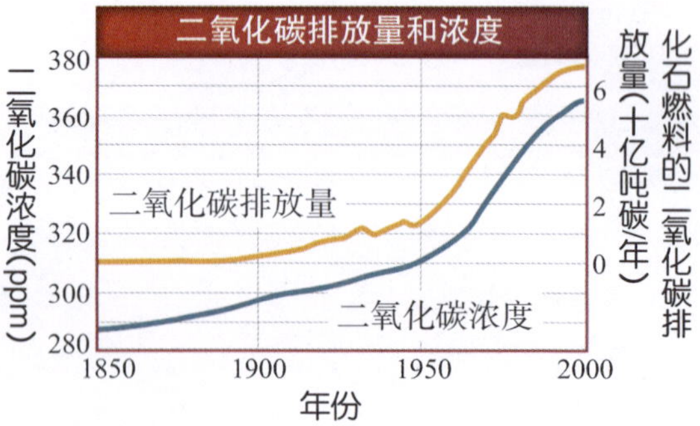

29. **分析**在过去的150年里，二氧化碳排放量和大气中二氧化碳浓度之间的关系。
30. **分析**　为什么温室效应对地球上的生命非常重要，但也可能是有害的？
31. **推测**　为什么一些科学家提出，全球变暖可能会影响飓风发生的频率和灾害程度？
32. **分析**　厄尔尼诺对短期气候变化有何影响？
33. **解释**　为什么科学家无法在解释全球变暖的成因上达成一致？

批判性思维

34. **推测** 为什么小到5 ℃的气温变化却可能导致像冰期一样剧烈的气候变化？

35. **预测** 你觉得晚上气温下降更快的是海洋性气候还是大陆性气候？为什么？

36. **联想** 铁木生长在沙漠地区。铁木下的气温可以比周边低8 ℃。这描述的是一种什么现象？这对生存在沙漠里的生物有何影响？

根据下图，回答第37题。

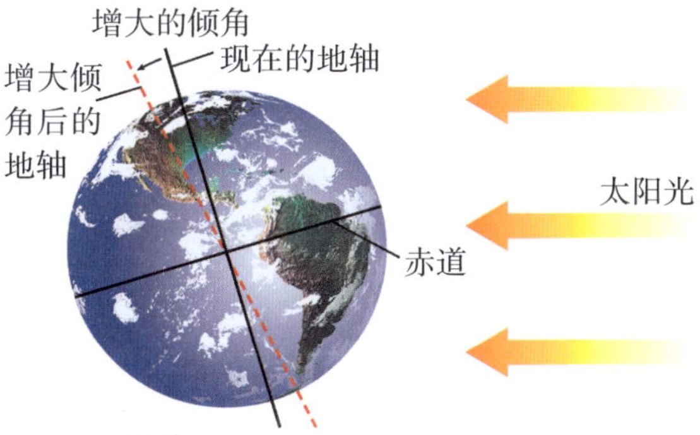

37. **预测** 如果地轴倾角增大到25°，会对地球气候产生什么影响？

38. **评定** 如果你想建造一座用太阳能供热的房子，你会将它修建在山脉的迎风坡还是背风坡？请解释原因。

概念图解

39. 绘制一幅用于整理厄尔尼诺相关知识的概念图。

挑战难题

40. **分析** 运用世界地图和**图14-6**确定下列城市的气候类型：法国巴黎、希腊雅典、英国伦敦和澳大利亚悉尼。

地学写作

41. 假设有人评论说，人类必须为气候变化负责。请写一篇小文章，提供支持或反对这种观点的论据。

材料分析

下图显示的是，北半球在32年周期里每年被海冰覆盖的海水区域的平均面积。科学家将海冰覆盖的面积作为观察全球气候变化的一种指标。

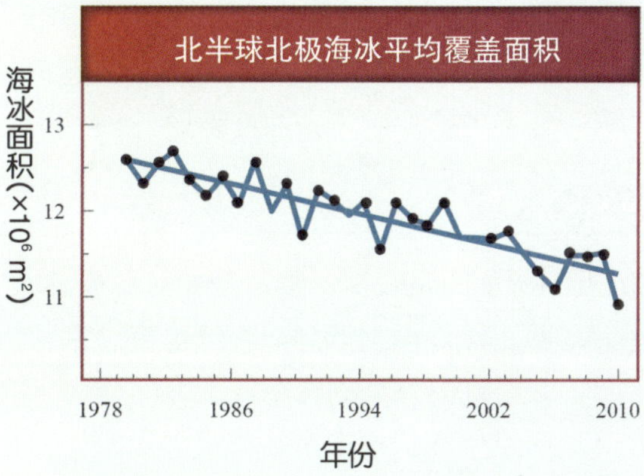

资料来源：The National Snow and Ice Data Center.2010.

42. 描述图中所示时期海冰覆盖面积的变化趋势。哪一年海冰覆盖面积最小？

43. 从图中的海冰覆盖面积变化中，可以推断出关于全球气候的什么结论？

44. 从这幅图中可以看出，海冰面积以每十年3.5%的速率减小。根据图上数据，预测2020年的海冰覆盖面积。

综合复习

45. 对比与比对岩浆与熔岩。(**第5章**)

46. 列举热量在大气圈中传输的三种主要机制。(**第11章**)

综合 标准化测试

选择题

1. 赤道附近的陆地上空最有可能形成下列哪种气团？

   A. mP　　**B.** mT

   C. cP　　**D.** cT

根据下图，回答第2～3题。

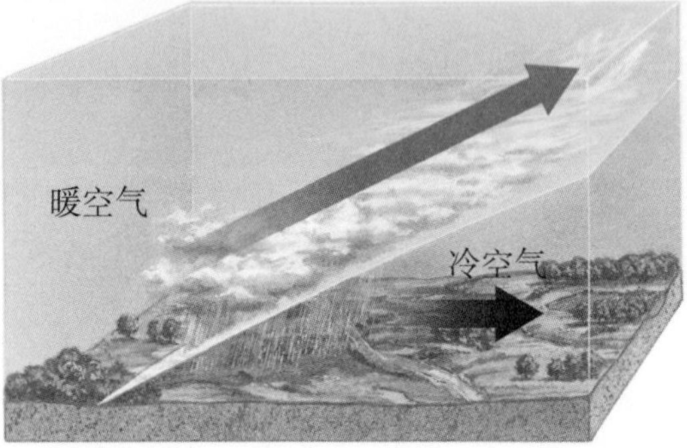

2. 上图所示的是暖锋。暖锋是如何形成的？

   A. 暖空气逐渐上升到冷空气上方

   B. 暖空气突然升到冷空气上方

   C. 暖空气被快速地推到冷空气上方

   D. 暖空气与冷空气碰撞，并且不再前进

3. 在这种条件下，你将会观察到哪种天气类型？

   A. 在很宽的一带有轻微的降水

   B. 在很窄的一带有强烈的降水

   C. 在很宽的一带有强烈的降水

   D. 在很窄的一带有轻微的降水

4. 下列哪两种气体占地球大气的99%？

   A. 二氧化碳和氧气

   B. 氮气和氧气

   C. 二氧化碳和氮气

   D. 水蒸气和氧气

5. 当速度大于120 km/h的风推动着海水冲向海岸地区时，会发生什么情况？

   A. 下击暴流

   B. 寒潮

   C. 风暴潮

   D. 海啸

6. 下列哪种因素与热浪无关？

   A. 高压系统

   B. 减弱的急流

   C. 高于正常值的温度

   D. 增多的云量

根据下表，回答第7～8题。

位置	对气候的描述
南太平洋新喀里多尼亚岛	持续高温，雨量充沛
南卡罗来纳州	夏季干燥，冬季湿润
蒙古戈壁滩	大陆性极地气团，降水较少，植被稀疏
哥伦比亚波哥大	冬季温暖，夏季凉爽，降水丰富
加拿大育空地区	常年寒冷，降水量少

7. 根据柯本气候分类系统，南卡罗来纳州地区属于哪种气候类型？

   A. 热带气候

   B. 干旱气候

   C. 亚热带湿润气候

   D. 大陆性气候

8. 下列哪个地方最有可能存在苔原？

   A. 新喀里多尼亚岛

   B. 戈壁滩

   C. 波哥大

   D. 育空地区

9. 为什么传导只影响靠近地球表面的大气层？

   A. 它是与地球直接接触的一层

   B. 它是唯一含有空气粒子的一层

   C. 它是最冷的一层

   D. 它是最热的一层

10. 大气当前的状态被称作什么？

   A. 气候　　**B.** 天气

   C. 降水　　**D.** 气团

简答题

根据下图，回答第11～12题。

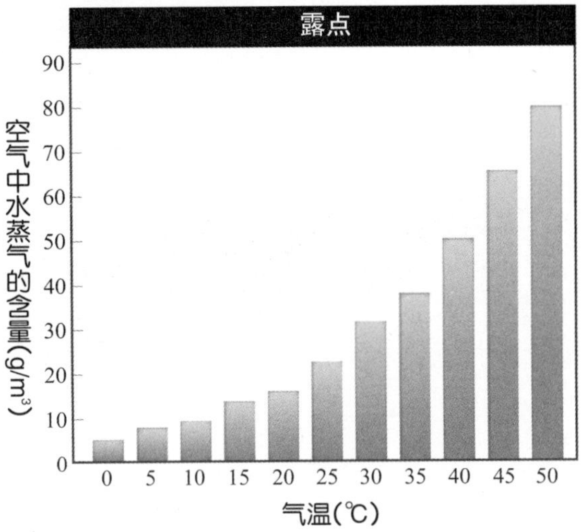

11. 根据上图，你可以推断出露点的什么结论？

12. 如果当前气温是35 ℃，水蒸气含量是50 g/m^3，会发生什么情况？

13. 为什么一般不可以直接用正常值描述一个区域的气候？

14. 讨论地理信息系统的工作原理。

15. 描述雷声是如何产生的。

16. 金是一种昂贵的、高延展性的金属。推测珠宝匠选择用金铜合金制作戒指，而不用纯金的两种原因。

阅读理解

全球变暖

约翰·哈特是一位来自加州大学伯克利分校的生态学教授，他正在研究未来全球变暖可能导致的结果。15年来，他对一部分落基山脉的草场采用人工加热的方式使其升温3.6 ℉(2 ℃)，并用这种方法来研究全球变暖可能产生的影响。哈特记录了草场植物群落发生的显著变化。尽管当地海拔限制了蒿属植物自然生长的范围，它们却开始逐渐取代高山花卉。更明显的变化是，试验区的土壤已经失去了原来20%的天然碳。这种影响如果蔓延开，将会显著地增加地球大气中的二氧化碳含量，甚至远远超过人类预计的最坏状况。“全球土壤中以有机物形式存在的碳含量是大气中碳含量的5倍以上。”哈特说道。如果类似的碳流失在全球范围内出现，那将会使大气中的碳总量增长一倍。

资料来源：Handwerk, B. Global warming: How hot? How soon? *National Geographic News*. July 27, 2005.

17. 可以从落基山脉的研究中预测下列哪种情况？

A. 落基山脉试验区发生的变化会在全球其他地方出现

B. 这些变化只影响落基山脉区域

C. 需要做更多的研究来确定这种变化是否真的发生了

D. 落基山脉地区在结构上很特殊，因此它受全球变暖影响最大

18. 人们从这篇文章中，可以学到什么？

需要更多帮助？																
如果你回答错误……	1	2	3	4	5	6	7	8	9	10	11	12	13	14	15	16
请复习相应章节……	12.1	12.2	12.2	11.1	13.3	13.4	14.2	14.2	11.1	12.1	11.2	11.2	14.1	2.3	13.2	3.2

第15章

地球上的海洋

大概念 海洋研究帮助科学家们了解全球气候和地球的历史变迁。

内容提要

起步实验

科学实验室

地球表面被水覆盖的面积有多少？

地球被称为“蓝色星球”，因为地球表面的绝大部分被水体覆盖。如果你仔细研究一个地球仪或者一幅从太空拍摄的地球照片，你会清晰地发现海洋覆盖地球的面积要比陆地覆盖的面积大得多。在这个实验中，你将探索地球表面水体覆盖的情况。

实验步骤

1. 阅读并遵守实验室安全守则。
2. 用一根长约1 m的细绳沿地球仪的赤道绕一圈。
3. 用蓝色记号笔将经过海洋的细绳部分着色。
4. 用尺子测量绕地球仪赤道一圈的细绳长度，然后再测量细绳上蓝色部分的长度。将所有蓝色部分的细绳长度相加。
5. 用蓝色部分的总长除以地球仪赤道的长度。

实验分析

1. **计算** 海洋覆盖了地球赤道的百分之多少？陆地覆盖了地球赤道的百分之多少？
2. **观察** 再次观察地球仪，哪个半球的水体覆盖面积更多？

折叠式学习卡

波浪的特性

根据下图所示，制作一张四格折纸。用它来整理你学习波浪过程中的笔记。

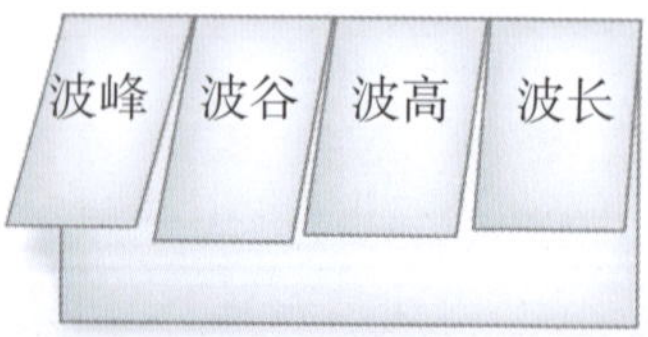

退潮后的海水在海岸贮留形成潮水坑，潮水坑大多形成于海滩和基岩海岸。

第1节 海洋的概述

主要概念 全球海洋由巨大的水体组成，覆盖了超过三分之二的地球表面。

核心问题

- 科学家研究地球海洋的方法有哪些？
- 海洋是如何形成的？
- 地球表面上的水是如何分布的？

关键术语

侧扫声呐

海平面

地球科学 在你身边 如果只看某个人的外表，你如何知道他的年龄？随着时间的推移，皮肤会长出皱纹。同样，科学家从形成于大洋底部的岩石的变化中寻找线索，以此估测海洋的年龄。

数据采集和分析

海洋学是研究地球上海洋的科学。在19世纪末，英国的“挑战者号”作为第一艘科考船，开始利用相对精密的测量设备研究海洋。从那时起，海洋学家开始利用仪器在海洋表面和洋底深处采集数据。一些技术，比如声呐、浮标、卫星、潜水器和计算机，已经成为现在探索海洋的主要工具。**图15-1**以编年史的形式总结了海洋研究中的一些重要发现。

海洋表面 声呐，即声波导航和测距，被海洋学家用于探究洋底的地形。为了确定海洋的深度，科学家向洋底发送声呐信号，并记录声波到达底部和回到表面的时间。声音在水中以1 500 m/s的速度匀速传播，因此，科学家可以通过将总用时乘以1 500 m/s，再除以2来确定海洋的深度。

■ **图15-1 海洋学的发展**
技术的进步使海洋学逐渐有了许多新的发现。

1925年 德国“流星号”探险队利用声呐设备调查南大西洋底，并发现了大西洋中脊。

1943年 在法国，第一套潜水的设备是胶皮软管、吹嘴、氧气筒和一个重新设计的汽车调控装置。这个装置为潜水者提供压缩空气。

1900　1925　1950

1872年 “挑战者号”探险队标志着海洋学的开端。科学家开始测量海洋的深度，研究洋底的组成，并采集许多关于海洋的数据。

1932～1934年 第一次深海潜水使用了一个系绳式的深海球形潜水器。这次潜水发现了发冷光的生物，并采集了沉积物样本。

1955年 一艘调查船探测到洋底的磁异常条带。这种磁场模式激发了板块构造学说的构想。

利用**侧扫声呐**(side-scan sonar),人们已经绘制了大部分洋底的地图,这是一项能够以一定的角度将声波发送到洋底,从而把水下山坡的侧面以及其他地形特征绘制成图的技术。

海洋学家利用装有传感器的浮标可以了解更多关于表层海水的温度、盐度以及气体和营养物质浓度的信息。浮标可以记录海流运动时波浪的移动情况和速度。你可能了解过,诸如OSTM/Jason-2等卫星,也在持续不断地监测海洋表面的温度、海流与波浪的状况。

图15-2 “阿尔文号”是一艘深海潜水艇,它可以容纳两位科学家和一位驾驶员。

海洋深处 潜水艇是一种可以被远程操控或者能将人类送达海洋深处的水下船只。它能帮助科学家探索新的领域。如**图15-2**所示,“阿尔文号”是一艘现代化的潜水艇,它可以承载两位科学家和一位驾驶员到达4 500 m深的海底。“阿尔文号”曾发现了一些地质特征,比如深海热泉,以及原先未知的海洋生物。它也可以用于携带沉积物和水样到地表。

☑ **读后自查** **列举**一些利用潜水艇得到的发现。

计算机 在采集和分析来自海洋的数据时,一个不可或缺的工具就是计算机。来自卫星和浮标传感器的信息可以直接传送和下载到计算机上。一些复杂的程序可以使用数学方法分析数据和建造模型。海洋模型与监测相结合,能够提供不能被直接观测到的深层海流的相关信息。全球海洋模型的操作方式与天气预测模型相似,它在模拟地球气候变化时起到重要作用。海洋模型也被用于模拟潮汐、海啸和海岸污染物的扩散情况。

1962年 法国建造了第一个水下实验室。在那里,科学家可以一次待很多天,并可以开展实验。

1984年 太平洋监测系统帮助科学家预测厄尔尼诺现象,并帮助他们理解海洋现象与天气之间的联系。

2002年 从洋底采集的数据显示了一个由地震引起的新海浪。

2006年 一个互联网门户网站向全世界的科学家提供了从洋底实验室采集到的实时数据。

1960 1980 2000

1977年 “阿尔文号”潜水艇发现了深海热泉和一个不需要太阳能量、包括了巨型蠕虫和蛤蜊的深海生态系统。

1995年 科学家利用卫星数据绘制了整个洋底的地图。

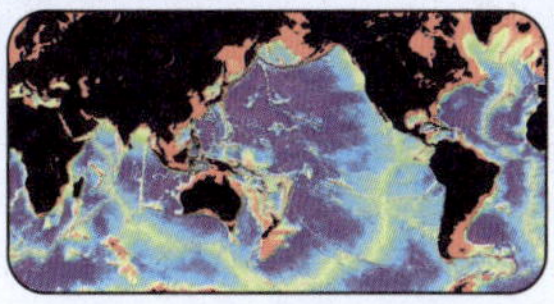

2010年 利用远程监控技术,在印度尼西亚海岸发现的新海底火山、深海热泉系统以及新奇的动物生态系统的高清视频,可以实时地传送给岸上的科学家。

大洋的起源

一些地质线索表明，海洋几乎自地质历史开始时就已经存在了。放射性同位素的研究表明，地球的年龄大约是46亿年。科学家已经发现了一些几乎与水下沉积物同样古老的岩石。古代的熔岩流是另一条线索——某些熔岩流中含有玻璃质的硬壳，这些硬壳只能当熔岩在水下急速冷却时才能形成。放射性研究结果和熔岩流都提供了充足的证据，它们表明，在整个地球地质历史上，地球上一直有着丰富的水源。

地球科学相关职业

海洋学家 研究海洋的科学家被称为海洋学家。海洋学家研究海洋化学、波浪作用、海洋生物或沉积物等。

☑ **读后自查** **解释** 证明海洋几乎在地球地质历史上一直存在的证据。

水从哪里来？ 科学家认为，地球上的水可能来自于一个远距离的源头——彗星和陨石，或者来自地球本身，或者两者都是。如**图15-3**所示，彗星在整个太阳系中穿行，偶尔与地球相撞。彗星与地球碰撞时会释放出水，因此，很可能在地质时期就已经有足够的水填满了洋盆。

如**图15-3**所示，陨石与早期行星可能由相似的物质组成。此外，研究表明，陨石含有高达0.5%的水分。陨石撞击会向地球释放水分。如果早期的地球含有与陨石相同含量的水分，那么这些水分足够形成早期的海洋。然而，必须存在某种机制，使水分能从地球内部上升至地球表面。科学家认为，这种机制就是火山活动。

图15-3 彗星由尘埃、岩粒、冰冻的水和气体混合而成。彗星与地球相撞可能会释放出足够的水分，填满洋盆。陨石含有高达0.5%的水分。

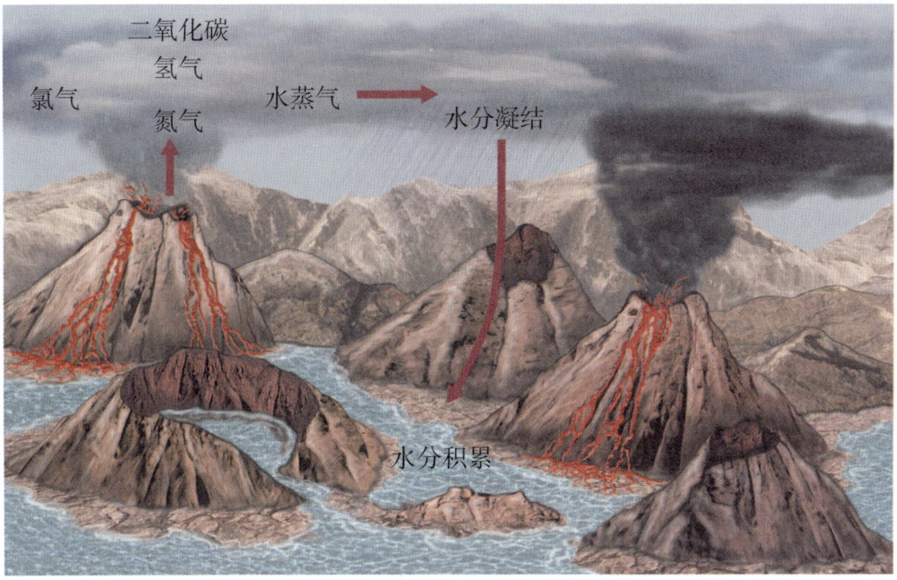

■ **图15-4** 除彗星以外，地球早期海洋中的水还可能来自火山喷发。地球形成不久后，就出现了一段强烈的火山活动时期。火山活动向大气中释放了大量的水蒸气和其他气体。最终，水蒸气通过冷凝、降水而进入海洋。

火山活动 火山喷发期间，会释放出大量的气体。这些火山气体主要由水蒸气和二氧化碳组成。在地球形成后不久，当时年轻的地球比如今的地球要热得多，在大约几亿年的过程中，发生了一系列大规模、剧烈的火山活动。如**图15-4**所示，这种火山活动释放了大量的水蒸气、二氧化碳和其他气体，它们共同形成地球早期的大气圈。随着地壳的冷却，水蒸气逐渐冷凝，以降水的形式降落到地球表面，逐渐累积形成海洋。目前已知的最为古老的地壳岩石大约形成于40亿年前，那时，地球海洋很可能已经接近于现在地球海洋的大小了。水分仍然通过火山活动加入到水圈中，但是大气中的一些水分子也不断地被来自太阳的紫外线辐射所破坏。这两种过程最终达到了一种平衡。

■ **图15-5** 地球上大约97%的水是海洋中的咸水。

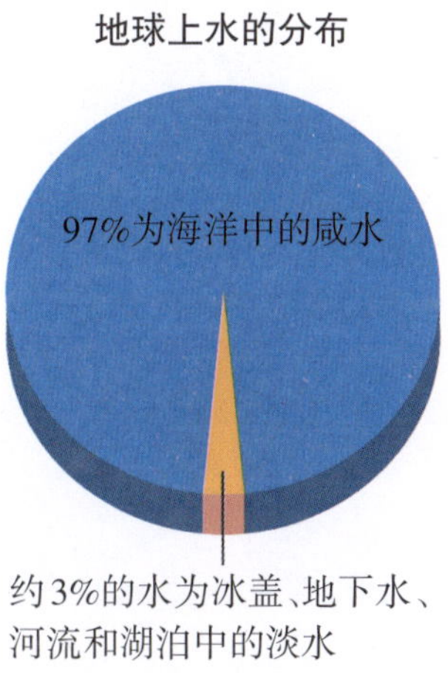

地球上水的分布

如**图15-5**所示，海洋容纳了地球上约97%的水，剩下约3%的淡水储存在格陵兰岛和南极洲冰盖以及世界各地的河流、湖泊和地下水中。地球上冰川所占的百分比在地质历史时期有着很大的变化，从接近于0到大约占总水量的10%。在这一节中，你会了解到更多关于这些变化如何影响海平面变化的知识。

图 15-6 在北半球，水覆盖的面积比陆地稍多，南半球则几乎全部被水覆盖。

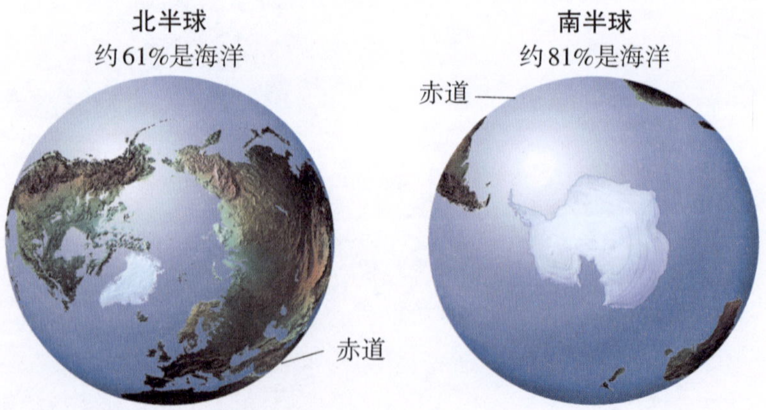

蓝色星球 地球被称作“蓝色星球”的主要原因是，地球表面大约71%的地方都被海洋所覆盖。世界海洋的平均深度是3 800 m。地球上的大陆就像巨大的岛屿，几乎完全被水域所包围。由于大多数的大陆都在北半球，因此，北半球的海洋仅仅覆盖了北半球地表的61%。然而，南半球表面的81%都被海洋所覆盖。**图 15-6** 显示了南北半球海洋的分布情况。所有的海洋形成一个巨大的、相互连通的水体。由于历史和地理的原因，它们被分成几个特定的海洋。

海平面 全球的**海平面**(**sea level**)，即海洋表面的高度，因为间冰期冰川融化和冰期冰川扩张，会出现上下数百米的浮动。影响海平面变化的其他过程还有来自地球地壳上升或下降的构造力运动。洋底上升导致海平面上升，而洋底下沉则导致海平面下降。**图 15-7** 显示，海平面在1993年至2010年间以每年3 mm的速度上升。科学家认为，这种海平面的上升与全球变暖所导致的冰川融化和海洋的热膨胀有关。

图 15-7 NASA科学家利用浮标和卫星采集了1993年至2010年间海平面变化的数据。

解释 *引起这段时期内海平面上升的原因可能是什么？*

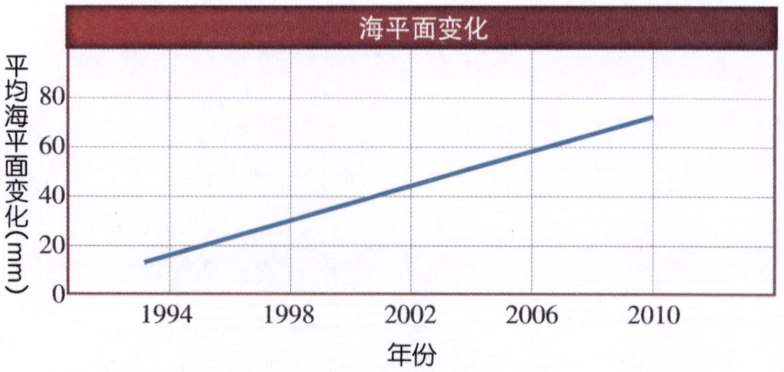

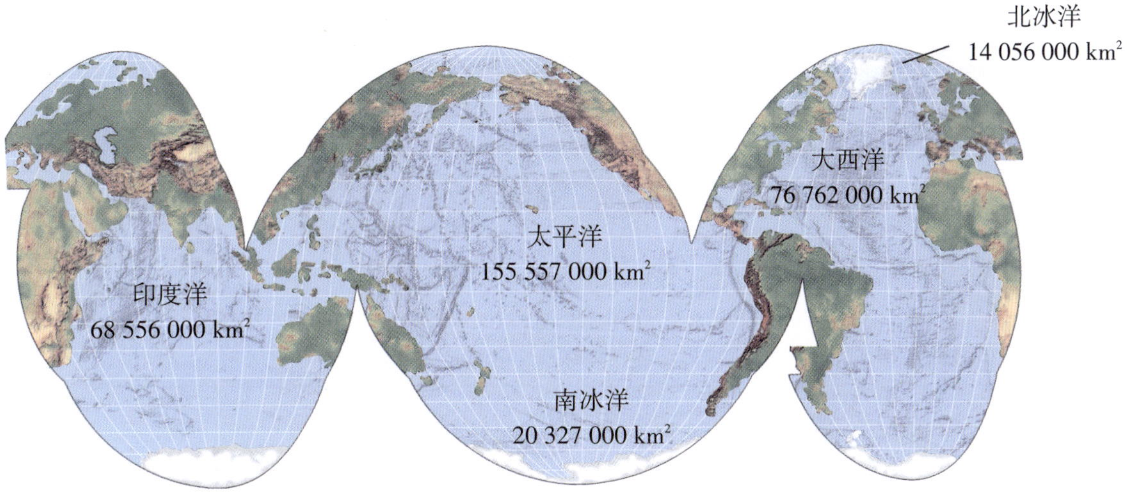

图 15-8 太平洋、大西洋和印度洋从南极洲一直延伸到北半球。面积较小的北冰洋和南冰洋分别位于北极和南极地区。

主要的大洋 如**图 15-8**所示，地球上主要有三个大洋：太平洋、大西洋和印度洋。其中，太平洋是最大的。它容纳了大约一半的地球海水，其面积比地球上所有的陆地之和还要大。第二大洋是大西洋，其范围从南极洲到北极圈，横跨了20 000 km以上。在北极圈以北的大西洋，通常也被称为北冰洋。第三大洋是印度洋，它主要位于南半球。在50 °S以南、南极洲周围饱受暴风雪袭击的海域，也被称为南冰洋。

☑ **读后自查** **指出**最大的大洋。

极地海洋 北冰洋和南冰洋都被巨大的海冰覆盖着，尤其是在冬季。在夏季，这些冰块会稍微融化一些。因为冰的密度比水小，所以会漂浮在水面上。在海冰晶体第一次形成时，海水表面会形成一种冰晶泥。这种逐渐变厚的冰晶最终凝固成一些单独的圆形冰片，称为饼状冰，如**图 15-9**所示。最终，这些饼状冰变厚并冻结成一片连续的冰层，称作浮冰。在北冰洋和南冰洋最冷的海区，不会出现夏季解冻现象，因此其浮冰通常有几米厚。在冬季，这些浮冰覆盖的宽度可达1 000 km以上。

图 15-9 这些饼状冰最终会变厚并冻结成浮冰。

表15-1 海洋—大气相互作用	
举例	描述
海洋是大气圈中氧气的主要来源之一	大气圈中50%的氧气来自于海洋浮游植物，它们通过光合作用向表层海水释放氧气
海洋是一个二氧化碳的储存库	大气圈中，大量的二氧化碳溶解在冰冷的海水中。当冰冷的、密度较大的表层海水下沉，海水中溶解的二氧化碳也会随之下沉到海洋底部
海洋是热量和水分的来源之一	赤道地区温暖的海水加热上方的空气，使其含有海洋表面蒸发的大量的水蒸气。这种条件会促进飓风的形成

海洋—大气相互作用 海洋为大气提供水分和热量，并影响大范围的大气环流模式。我们已经学过，温暖的海水会导致热带气旋的形成，影响急流的位置和强度，并对厄尔尼诺现象的形成也有重要的作用。

海洋也是一个巨大的二氧化碳储存库。表层海水溶解的二氧化碳随着水团下沉而进入深层海水，在几百年之后重回海水表面。没有海洋吸收二氧化碳的自然过程，大气中积累的二氧化碳含量会比如今观测到的多很多。海洋中，在阳光照射到的地方，浮游植物通过光合作用也会吸收二氧化碳。在这个过程中，二氧化碳被储存在海洋中，氧气被释放到大气圈，使地球环境变得适宜生物居住。**表15-1**总结了一些海洋与大气之间的相互作用。

第1节 本节回顾

要点梳理

- 科学家利用许多不同的仪器从海洋中采集和分析数据。
- 科学家对于地球海洋中水的来源有不同的看法。
- 大部分地球表面被海洋覆盖。
- 地球上的大洋有太平洋、大西洋、印度洋、北冰洋和南冰洋。

要点理解

1. 主要概念 **说明** 地球表面有多少地方是被海洋覆盖的？海水在地球表面是如何分布的？
2. **描述**科学家用来采集海洋数据的两种工具。
3. **联系** 什么证据能表明海洋形成于地球地质历史的早期？
4. **指明** 地球早期海洋中的水来自于哪里？

批判性思维

5. **预测**海平面上升可能造成的一些结果。
6. **联想** 近期的一项研究表明，在过去的25年里，北冰洋浮游植物的浓度下降了30%。海洋浮游植物的显著减少可能会对大气中氧气和二氧化碳的含量产生什么影响？

地学计算

7. 如果一次声呐信号返回船只接收器的时间是6秒，试计算船只与海底之间的距离。

第2节 海 水

主要概念 海洋中的水团因温度和盐度的差异而出现明显的分层。

核心问题

- 海水的组成成分有哪些?
- 海水的物理性质有哪些?
- 如何理解大洋的分层?
- 深层水团是如何形成的?

关键术语

盐度
河口
温度剖面
温跃层

地球科学在你身边 一个人的口音可以透露出很多关于他家乡的信息。同样,水团的温度和盐度通常也可以反映水团在何时何地开始出现在海洋表面。

海水的化学组成

海水包含溶解的气体,例如氧气和二氧化碳,以及溶解的营养物质,比如硝酸盐和磷酸盐。海水的化学性质随着位置和深度的变化而变化,如**图15-10**所示。影响某区域海水中物质含量的因素包括波浪作用、海水的垂直运动和生物活动。

图15-10显示,北大西洋和北太平洋表面的氧气含量都很高。这是因为生活在海水表层的浮游植物释放了氧气。这两个大洋的二氧化硅含量也如**图15-10**所示。因为许多生物从海水中吸收二氧化硅,然后形成贝壳,所以海水表层的二氧化硅含量通常较低。二氧化硅含量一般随深度增加而增加,这是因为腐烂的有机体沉入海底,将二氧化硅释放回海水。

盐度 **盐度**(**salinity**)用来描述海水中溶解盐的含量。海洋学家用每千克海水中盐的克数,或者用千分之几(ppt)来表示盐度。海水的平均含盐量是35 ppt(3.5%)。海水中,含量最丰富的盐是氯化钠,其他还有氯化物、硫酸镁、硫酸钾和硫酸钙等。

■ **图15-10** 微摩尔(μM)是表示海水中溶解的气体和营养物质的浓度的单位。这些浓度都随位置和深度的变化而变化。

检测 *为什么北大西洋和北太平洋的氧气含量有所不同?*

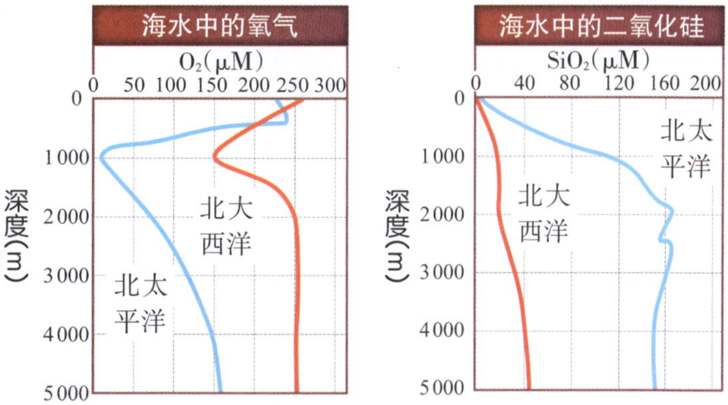

海洋盐度图

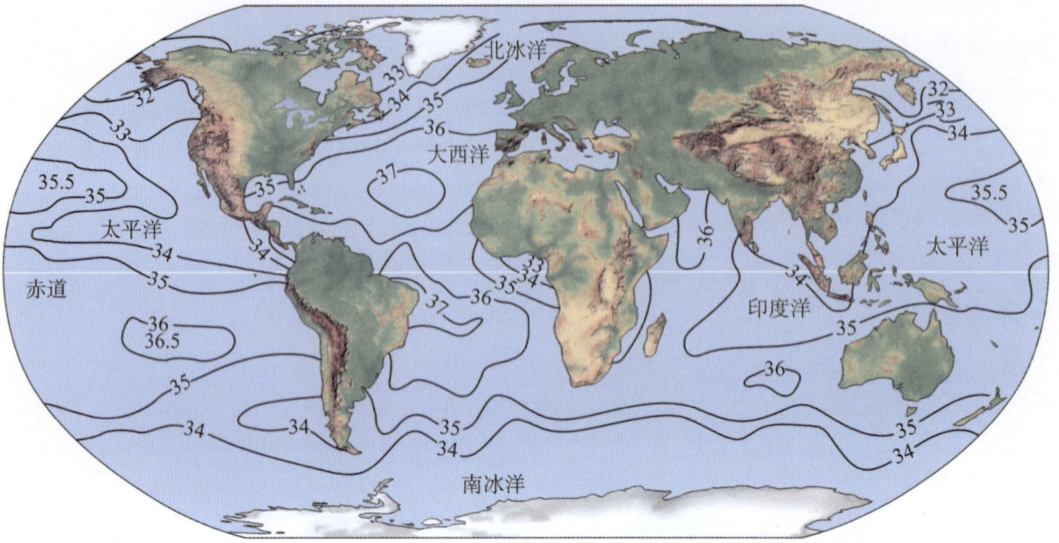

■ **图 15–11** 世界各地的海洋盐度各不相同。通常，蒸发率高的地方盐度较高，而河口地区盐度最低。

盐度的变化 虽然海洋的平均盐度是35 ppt，但实际上，各个地区的盐度并不完全相同，如**图 15–11**所示。在亚热带地区，其蒸发量超过了降水量，因此随着水的蒸发，残留的盐离子在海洋表层聚集。在这些地方，盐度可高达37 ppt。在赤道地区，降水量丰富，所以盐度要低一些。而在极地地区，由于海水受到了融化海冰的稀释，盐度低至32 ppt或33 ppt。盐度最低的海域通常出现在大河入海口，其形成的水域叫作**河口（estuary）**。尽管海水盐度是不同的，但由于所有海水都在不停地运动，并最终完全混合，所以各大洋中几种主要类型的海盐的相对含量是比较恒定的。

☑ **读后自查** **描述**影响海水盐度的因素。

海盐的来源 地质证据表明，古代海洋中的盐度与今天并没有太大的差异。证据之一就是基于某些海洋有机体的碳酸钙贝壳中镁元素的含量。这一含量取决于这些贝壳形成时海水中的总体盐度。现今的贝壳与地质年代早的贝壳相比，其中镁元素的含量是大致相同的。

海盐的来源不会随时间变化。火山释放的气体包括二氧化硫和氯气。这些火山气体溶解于水，形成硫酸根离子和氯离子。地壳岩石的风化物为海洋提供了丰富的离子。其中，海水中的钠离子、钙离子和钾离子来自长石的风化物；铁离子和镁离子来自富含这些元素的岩石风化物。这些因岩石风化而产生的离子进入河流，并最终被运送至海洋，如**图 15–12**所示。

图解盐的循环

图15–12 盐通过火山喷发和岩石的风化侵蚀作用进入海水，又通过生物过程，或以蒸发岩的形式离开海水。风也会将含盐的小水滴带到内陆。

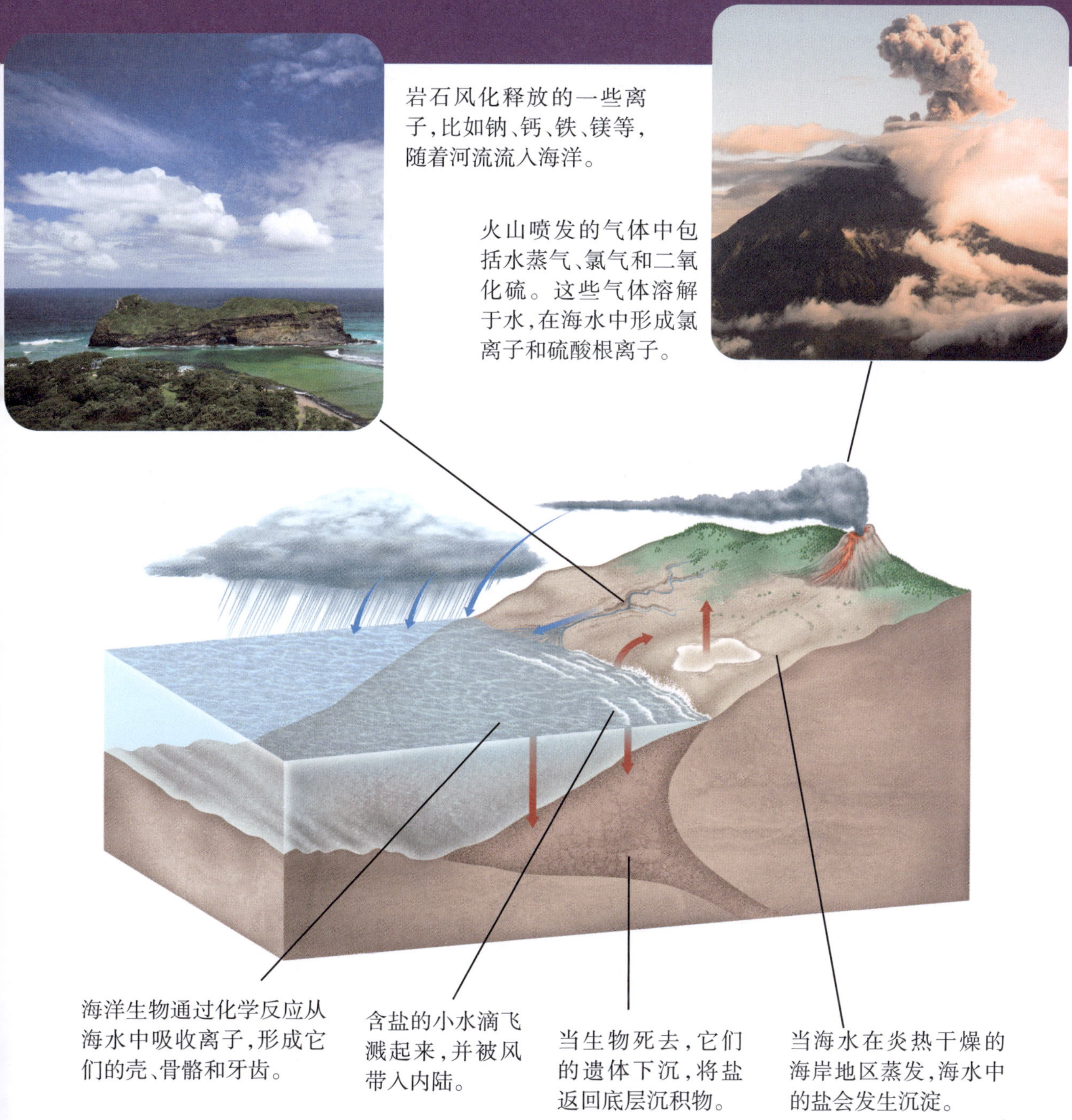

表15-2　海盐的去向		
过程	描述	举例
形成蒸发岩	当水从高浓度的海水中蒸发后，会留下固态的盐	
生物活动	生物形成它们的壳、骨骼和牙齿时，需要从海水中吸收钙离子	

海盐的去向　虽然盐离子不断地进入海水，海水的盐度却并不增加，这是因为在它们进入海水的同时，盐也在不断地被移走。**表15-2**描述了海盐的两个去向。当水从高浓度的海水中蒸发后，会形成蒸发岩。在干旱的海岸地区，海水中的水蒸发，留下固体的盐粒。海洋生物在形成它们的贝壳、骨骼和牙齿时，同样会从海水中吸收一些离子。当生物死去，它们的遗体会在洋底积聚，成为海底沉积物的一部分。这些固态物质中的盐不会再返回海水。风也会带走碎浪中的含盐小水滴，并将其沉降至内陆地区。所有这些过程都从海水中去除了大量的盐。这样，海水中现有的盐度就在去除盐类和增加盐类的过程中达到了平衡。

迷你实验

科学实验室

模拟海水

海水的化学组成有哪些？利用表格中列举的材料来确定海水的化学组成。海水的盐度通常用千分之几(ppt)来表示。

实验步骤

1. 阅读并遵守实验室安全守则。
2. 根据右侧表格，回答下列问题。
3. 假定向溶液中加入965.57 g蒸馏水。

实验分析

1. **计算**　加入这些材料后，得到的溶液有多少克？该溶液中，盐的含量占多少？
2. **应用**　该溶液的盐度是多少？用ppt表示。
3. **推断**　这份溶液与实际海水有什么差异？

组成成分	含量
氯化钠($NaCl$)	23.48 g
氯化镁($MgCl_2$)	4.98 g
硫酸钠(Na_2SO_4)	3.92 g
氯化钙($CaCl_2$)	1.10 g
氯化钾(KCl)	0.66 g
碳酸氢钠($NaHCO_3$)	0.19 g
溴化钾(KBr)	0.10 g

海水的物理性质

海水中的各种盐类使得海水的物理性质与淡水有着很大的不同。

密度 淡水的最大密度是1.00 g/cm^3。盐离子溶解到水中，增加了水的密度。海水的密度还会随着盐度的增大而增大。温度也会影响密度——冷水的密度比温水大。因为盐度与温度的差异，海水的密度在1.02～1.03 g/cm^{3}间浮动。这些差异看起来可能很小，却具有重要意义。盐度的差异会影响许多海洋过程。

☑ **读后自查** **解释**温度与盐度对海水密度的影响。

冰点 盐度的差异使海水的冰点比淡水要低一些。淡水的冰点是0 ℃，海水的冰点是-2 ℃，这是因为海水中的盐离子妨碍了冰晶体结构的形成。

吸收光的特性 如果你曾经在一个湖泊中游过泳，你可能会注意到，随着深度的增加，光的强度会降低。虽然湖水可能很清澈，但如果湖水很深，那么湖底也是黑暗的。水会吸收光，这就形成了海洋的另一个物理性质——黑暗。通常，光线只能穿透海水上层的100 m。在这一深度之下的海洋都是黑暗的。

图15-13描绘了光线穿过海水的状况。请注意，红光没有蓝光穿透得深。红色的物体，比如**图15-13**中巨大的红色虾，在某个特定的深度以下看起来是黑色的，而水中的其他反射物则是绿色或蓝色的。尽管蓝光可以照射到海面下几百米的深度，但可供进行光合作用的光仅仅存在于海洋表层100 m的深度范围内。在深海的黑暗环境中，包括某些鱼类、虾和螃蟹在内的一些生物，眼睛几乎都是看不见周围物体的。其他的生物能通过某种化学反应来发光和吸引猎物，称为生物发光。

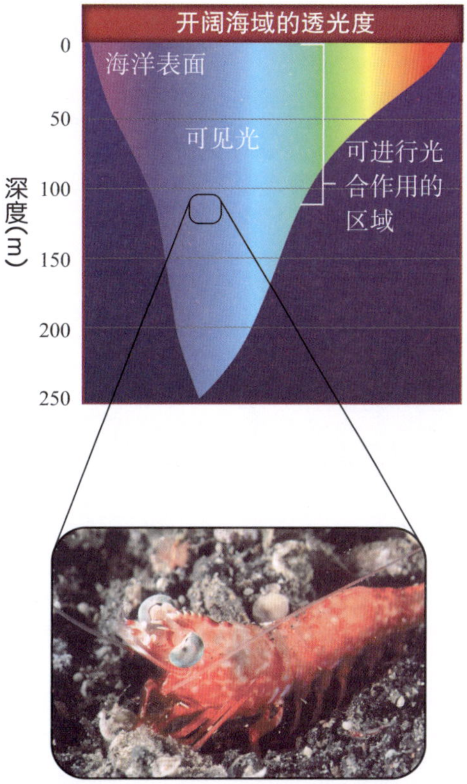

■ **图15-13** 在海洋中，红光没有蓝光穿透得深。某些海洋生物，如图中的虾以红色作为隐蔽色，使其在10 m以下的海中看起来都是黑色的，从而免遭捕食者抓获。

指出 *蓝光可以穿透到多深的海水中？*

■ **图 15–14** 海水温度随深度增加而降低。热带地区表层海水的温度比温带或寒带地区更高。

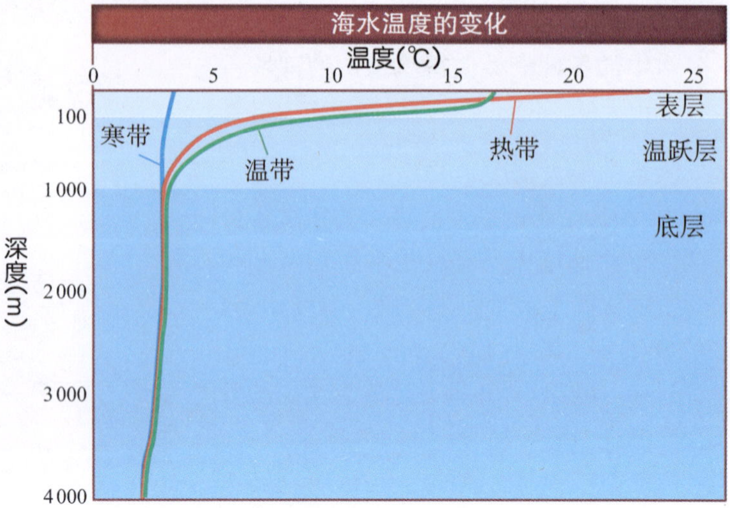

大洋的分层

大洋表面的温度在–2 ℃(极地水域)至 30 ℃(赤道地区)之间,其表面平均温度为 15 ℃。然而,海水温度随深度的增加而急剧下降。因此,即使是热带海洋地区的深海海水,也都是寒冷的。

温度剖面 **图 15–14** 展示了一幅典型的大洋**温度剖面图**(**temperature profile**)——描述水温随深度变化的曲线图。由于位置和季节的不同,温度剖面也是不同的。在本图所示的温度剖面中,大约在 100 m 以下,温度随深度增加而持续降低,在 1 000 m 深处的温度是 4 ℃左右。1 000 m 以下的黑暗水体温度大致均匀且低于 4 ℃。根据这些温度的差异,可以将大洋分为三层,如**图 15–14** 所示。第一层是相对温暖、有阳光照射的表层,大约有 100 m 厚。注意,热带地区表层温度比温带或寒带的表层温度更高。在表层之下是一个过渡层,称为**温跃层**(**thermocline**),其特征是随深度增加水温急速下降。最底层海水寒冷、黑暗,水温接近于冰点。极地地区没有温跃层和温暖的表层,那里的海水温度从顶层到底层都是寒冷的。通常,海洋的分层是由密度差引起的。由于冷水比暖水密度大,所以冷水下沉到底部,而密度小的暖水则位于海洋表面附近。

☑ **读后自查** **描述**大洋海水的三个主要层级。

水团

大洋底层的水温接近于冰点。即使是表层海水温度较高的热带海洋也是如此。这些冷水是从哪里来的?

深海水团 冷水来源于地球极地海洋。我们知道,高盐度和低温度的海水密度更大。阅读**图 15-15**,图中显示了深层水团是如何形成的。当冬季北极或南极地区的海水结冰时,海冰便形成了。因为盐离子不会进入不断变大的冰晶中,它们会在冰下聚集。这使得冰下的冷水比周围海水的盐度更高、密度更大,进而,这部分海水就会下沉。下沉的这些海水会形成一种寒冷的深海水团,它会沿着洋底向赤道地区迁移。当大洋表层洋流将中纬度或亚热带的盐度较高的水体输送到极地地区时,又会形成同样寒冷的深海水团。在冬季,这些水体比周围的极地表层海水更冷、密度更大,因此它们又会下沉。

大洋中大多数深海水团主要可分为三种:南极底层水团、北大西洋深层水团和南极中层水团。当南冰洋结冰时,就会形成南极底层水团。这种水团温度低于0 ℃,它是所有大洋中最为寒冷且密度最大的水团,如**图 15-16**所示。形成于格陵兰岛海岸的北大西洋深层水团具有与其相似的性质。南极底层水团比北大西洋深层水团更寒冷,密度更大,所以它会下沉到北大西洋深层水团的下方。

☑ **读后自查** **指出**大洋中深海水团中的三种。

解释水的密度与形成深海水团之间的关系。

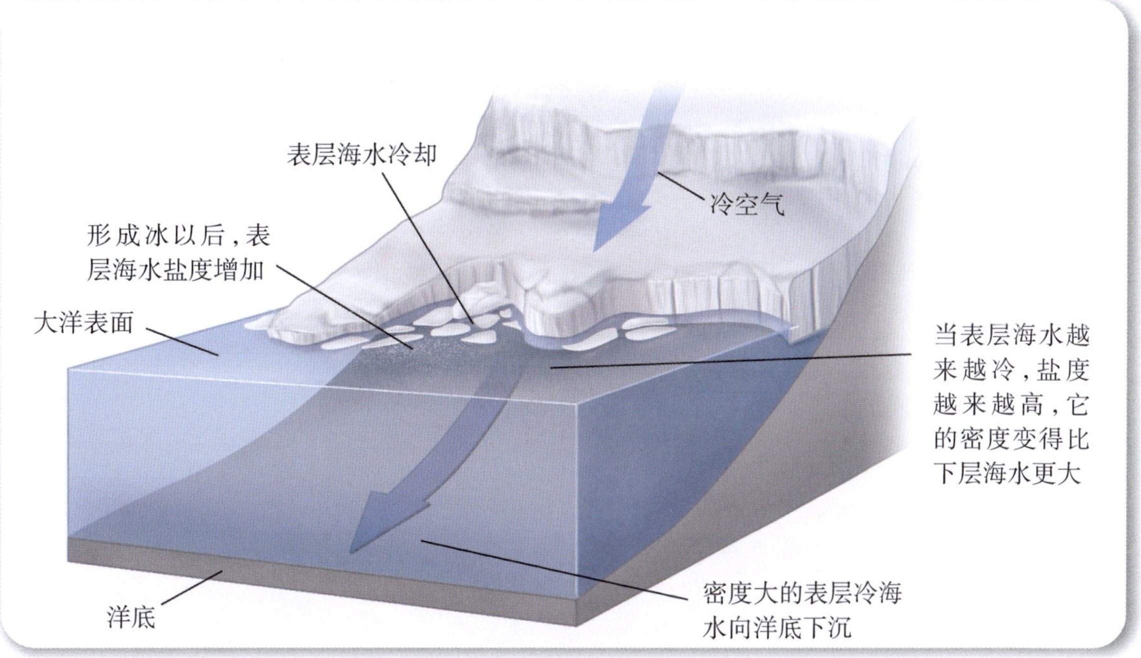

■ **图 15-15** 密度大的极地海水下沉,形成深海水团。

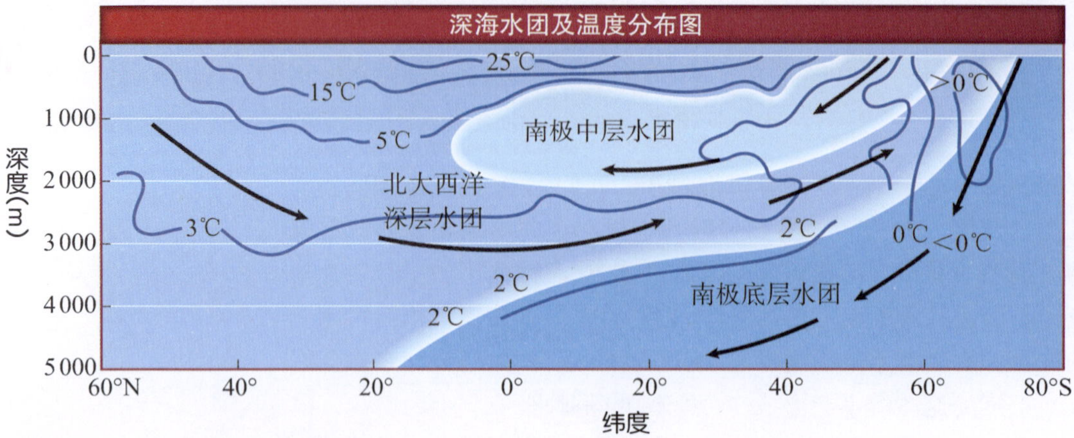

■ **图15–16** 南极底层水团是密度最大、最寒冷的深层水团。它被稍微温暖且密度较小的北大西洋深层水团所覆盖。而南极中层水团则较温暖且密度较小,因此,它叠置在其他两种深层水团之上。

中层水团 如**图15–16**所示,南极中层水团是在冬季温度下降时,南极附近相对盐度较高的海水下沉时形成的。因为南极中层水团比北大西洋深层水团稍微温暖一些,且密度较轻,所以它不会下沉到另外两种深层水团的深度。大西洋中存在所有这三种主要深海水团——南极底层水团、北大西洋深层水团和南极中层水团,而印度洋和太平洋只有两种南极深海水团。在第3节中,你将会学到更多有关海洋中海水运动的知识。

第2节 本节回顾

要点梳理

- 海水中包含溶解的气体、营养物质和盐。
- 盐通过自然过程加入到海水中或从海水中移除。
- 海水的性质包括温度和盐度,它们都会随位置和深度的变化而变化。
- 许多大洋深海水团是从极地海洋表面下沉的。

要点理解

1. **主要概念** **对比与比对**北大西洋深层水团和南极底层水团。
2. **指出** 影响海水化学性质的因素有哪些?
3. **阐述** 根据温度划分的三个大洋层级是什么?
4. **排序** 排列深海水团形成的步骤。

批判性思维

5. **推测** 寒冷的淡水和温暖的海水,哪一个密度更大?
6. **预测** 在超过50 m深的海水中,黄色的鱼呈现哪种颜色?

地学计算

7. 一份海水样品的密度是1.027 16 g/mL,计算4.0 mL样品的质量。

第3节 海水的运动

主要概念 波浪和洋流驱动海水运动，同时导致热量、盐和营养物质在海洋不同区域有不同的分布。

核心问题

- 波浪有哪些物理特性？
- 潮汐是如何形成的？
- 不同的洋流之间有哪些相似性和差异性？

关键术语

波	大潮
波峰	小潮
波谷	表层流
破浪	上升流
潮汐	密度流

地球科学在你身边 想一想你最近观看的体育赛事。观众们通过在适当的时候起立、坐下，做出"波浪"为运动员助威。尽管观众并没有在体育场中移动，但是"波浪"在移动。这同样可以用于理解海水波浪的运动。

波

海洋在不断地运动着。海水运动最明显的表现就是波浪运动。**波**(wave)是能量通过空间或物质(这里指海水)的一种有规律的运动形式。海浪主要是风吹拂海水表面所产生的。**图15-17**展示了在宽阔的海洋上，典型的波浪所具有的一些特性。波的最高点是**波峰**(crest)，波的最低点是**波谷**(trough)。波峰与波谷之间的垂直距离是**波高**(wave height)，波峰与波峰之间的水平距离是**波长**(wavelength)。当能量增加，波长和波速都会增加。因此，波长越长，波的传播速度就越快。

当海浪传播时，海水以转圈的方式上下运动，并最终返回初始的位置，如**图15-17**所示。在这一过程中，只有能量在稳定地向前传播，海水自身仅做转圈运动，本身并不向前运动。波长决定了波扰动海水的深度。这一深度被称作波基面，它等于波长的一半。

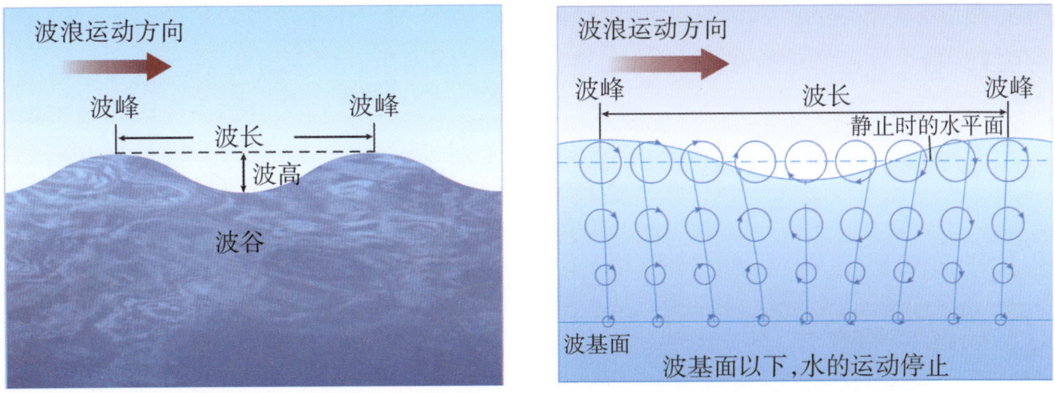

■ **图15-17** 波的特性包括波高、波长、波峰和波谷。在海浪中，水以转圈的方式运动，越往深处，形成的圆圈越小。在大约一半波长的深度，水的运动基本停止。

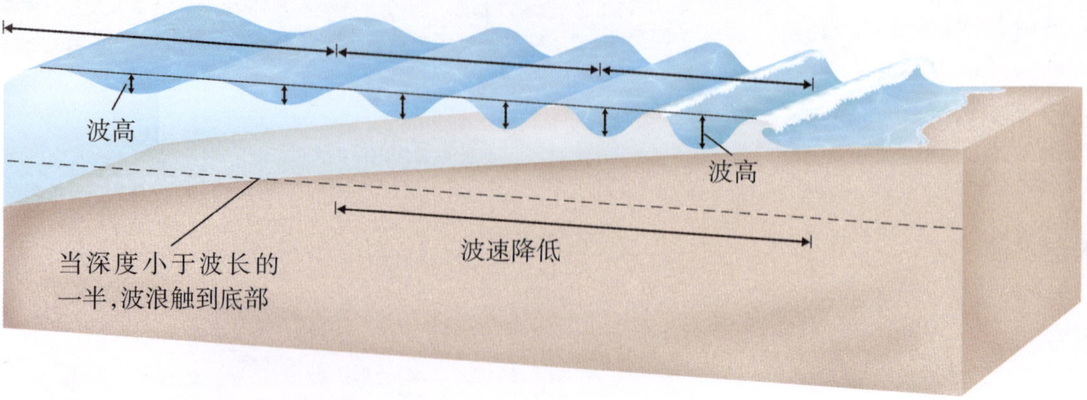

■ **图15-18** 当海浪接近海岸时，波长减小，波高增加，这时会形成破浪。

解释 *当波浪变陡且不稳定时，会发生什么情况？*

折叠式学习卡

将本节信息整合到你的折叠式学习卡中。

波高 波高取决于三个因素：风浪区、风的持续时间和风速。风浪区指的是风所吹过的水域范围。风在大面积水域（风浪区）上空不间断地吹的时间（风的持续时间）越长，产生的波浪越大。同样，风在海洋上空很长的时间里吹得（风速）越快，产生的波浪也越大。最高的波浪通常出现在南冰洋，在这个区域，风几乎在连续不断地吹着。大型风暴制造的波浪要比平均值高得多。例如，飓风可以产生高达10 m的巨浪，比三层楼还要高。

☑ **读后自查** **指出**影响波高的三个因素。

破浪 如**图15-18**所示，当海浪抵达靠近海岸线的浅水区域时，水的深度最终小于波浪波长的一半。较浅的深度导致波浪底部水质点的运动发生改变，使得波浪移动的速度减慢。随着海水逐渐变浅，后面的波峰会逐渐赶上前面运动较慢的波峰。其结果是，波峰与波峰之间的波长不断减小，后面的波浪变高、变陡且不稳定，最后波峰向前崩塌。崩塌的波浪称作**破浪**（**breaker**）。破浪的形成还受波峰运动的影响，由于波峰受到的摩擦力要比波谷小一些，因而波峰会超过波谷。如**图15-19**所示，破浪崩塌的波峰向海岸高速地运动，这对海岸线的形成起着重要的作用。

■ **图15-19** 当波浪运动到浅水区，会形成破浪。

潮汐

潮汐(**tide**)是海平面周期性的升降运动。海水上升的最高水面叫作高潮,海水下降的最低水面叫作低潮。由于海底地形和纬度的差异,潮差——高潮与低潮之间的高度差,在各个地方都不相同。例如,在墨西哥湾,其潮差不足1 m;而在新西兰,潮差可达6 m。最大的潮差出现在加拿大新不伦瑞克省和新斯科舍省之间的芬迪湾,那里的潮差高达16.8 m。通常,高潮与低潮的日变化周期是24小时50分钟。海底地形和纬度差异会导致三种不同的潮汐日变化周期,如**图15-20**所示。呈半日变化周期的区域在24小时内会出现两次高潮,呈混合变化周期的区域在24小时内会出现一次显著的高潮和一次较小的高潮,而呈日变化周期的区域在24小时内只出现一次高潮。

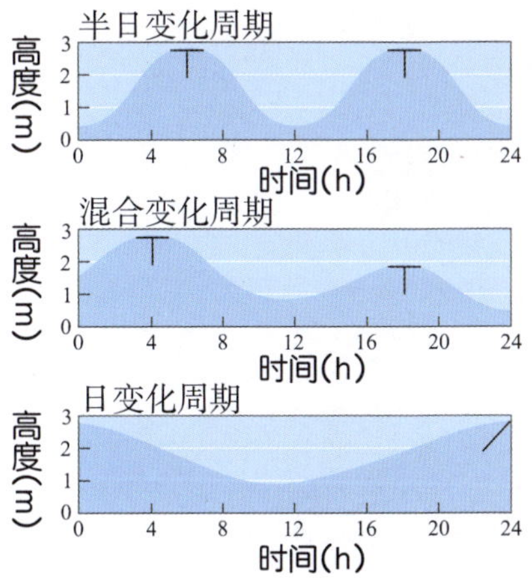

图15-20 三种不同的潮汐日变化周期:半日变化周期、混合变化周期和日变化周期。

☑ **读后自查** **解释**半日变化周期与混合变化周期之间的差异。

数据分析实验

科学实验室

基于真实数据*

图表数据

潮汐什么时候出现? 潮汐数据通常每隔一小时测定一次。表格中的水位数据是在一个24小时的周期内测量的。

批判性思维

1. **应用** 以x轴表示时间、y轴表示水位,在坐标图上绘制表格中的数据。
2. **估算**高潮和低潮出现的大致时间和水位。
3. **指出**该区域潮汐日变化周期的类型。
4. **确定**该区域的潮差。
5. **预测**下一次高潮的水位,并估算这次高潮出现的时间。

资料来源:The National Oceanic and Atmospheric Administration, Center for Operational Oceanographic Products and Services.

数据与观察

潮位记录

时间	水位(m)	时间	水位(m)
00:00	2.11	13:00	1.70
01:00	1.79	14:00	1.37
02:00	1.33	15:00	1.02
03:00	0.80	16:00	0.68
04:00	0.36	17:00	0.48
05:00	0.10	18:00	0.50
06:00	0.03	19:00	0.69
07:00	0.20	20:00	1.11
08:00	0.55	21:00	1.58
09:00	0.99	22:00	2.02
10:00	1.45	23:00	2.27
11:00	1.74	24:00	2.30
12:00	1.80		

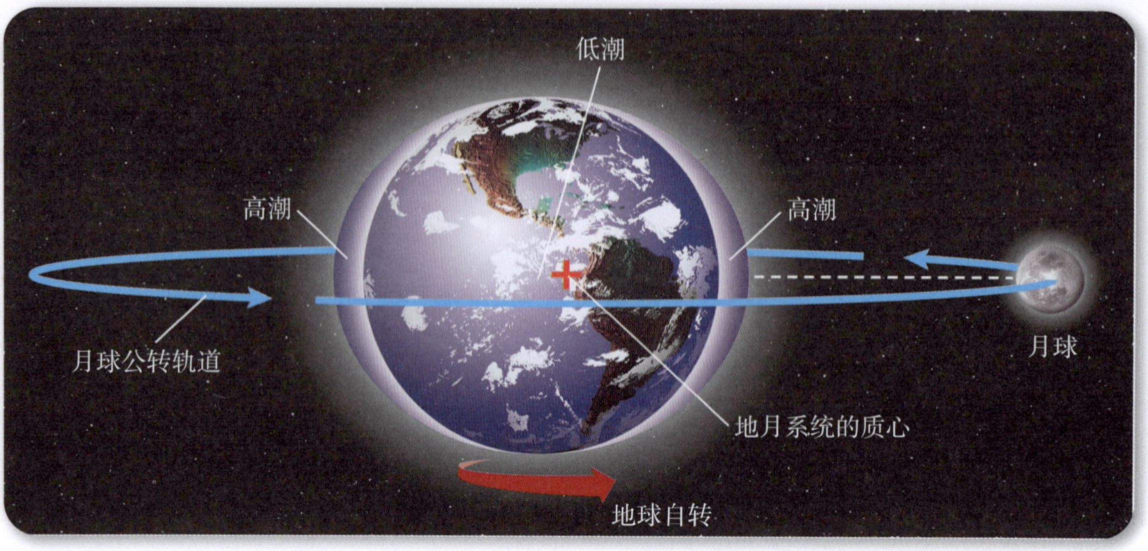

■ **图15–21** 月球和地球都围绕着一个共同的质心旋转，两者受到不平衡的万有引力。这些作用力在地球的海洋表面引起了潮汐。（注意：图不是按比例绘制的）

月球的影响 形成潮汐的根本原因是地球、月球和太阳三者之间存在万有引力的作用，以及地球自转的影响。来看一下地—月系统，如**图15–21**所示，地球和月球都围绕一个共同的质心（图中用红色加号表示）在转动。这种运动的结果，使得地球和月球受到不同的引力作用。这种不平衡的力导致了地球相对两侧的涨潮。月球引力对地球上海洋的影响，与汽车里咖啡杯中的液体在车转弯时发生的变化是相似的。在车转弯时，液体会向弯道的外侧方向泼溅。

太阳的影响 太阳和地球之间的万有引力以及地球围绕太阳进行的运动同样会产生潮汐。虽然月球比太阳小得多，但由于月球更接近地球，所以月球产生的潮汐要比太阳产生的潮汐大两倍以上。其结果就是，地球的涨潮方向总是与月球的位置成一条直线。

根据月相，太阳潮汐要么增强月球潮汐，要么减弱月球潮汐，如**图15–22**所示。注意**图15–22**中，当月亮是满月或新月时，太阳、月球和地球在同一条直线上。此时太阳潮汐增强月球潮汐，导致高潮比平时要高，低潮比平时要低。在此期间，潮差最大。这种类型的潮汐叫作**大潮**（**spring tide**）。当地球最靠近太阳时，即北半球冬季时的大潮潮差更大。当出现上弦月或下弦月时，太阳、月球和地球成一个直角。发生这种情况时，太阳潮汐削弱月球潮汐，导致高潮比平时更低，低潮比平时更高。在此期间，潮差最小。这种类型的潮汐叫作**小潮**（**neap tide**）。大潮和小潮每隔两周交替出现。

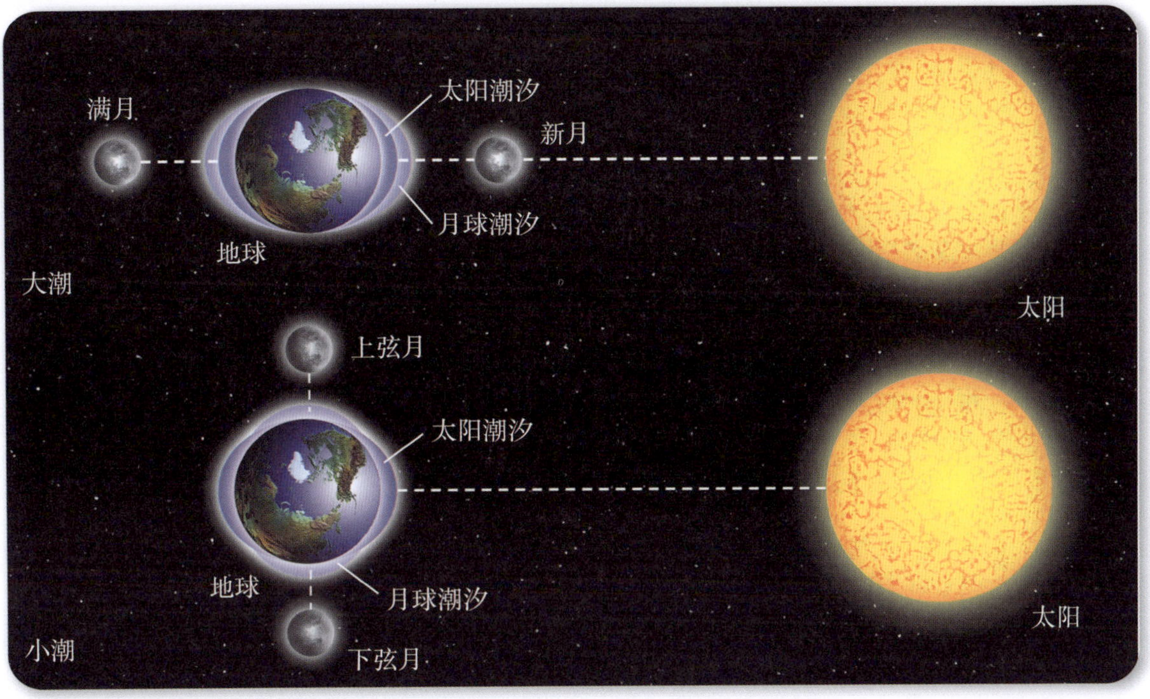

■ **图 15–22** 当太阳、月球和地球处于一条直线上时，会出现大潮。当太阳、月球和地球成直角排列时，会出现小潮。(注意：图不是按比例绘制的)

洋流

大洋中的洋流可以在海洋的表层或深处做水平运动或者垂直运动。表面的洋流通常由风产生，有一些洋流则是潮汐的产物。深层洋流通常是由水团之间密度的差异引起的。

表层流 **表层流**(**surface current**)主要出现在大洋上层100～200 m范围内，它们的运动速度可高达每天100 km。受全球风系统的驱动，表层流遵循一些可预测的运动模式。在北半球，热带信风自东向西吹。所以由此产生的热带洋流也是自东向西流动的。在北半球中纬度地区，盛行西风和由此产生的洋流都是自西向东运动。在北极地区，极地东风推动着表层海水自东向西流动。

表层流的方向也受地形(大陆)以及科里奥利效应的影响。我们已经学过，科里奥利效应使得运动的粒子在北半球向右偏，在南半球向左偏。

☑ **读后自查** **解释**风对表层流有何影响。

环流 如果地球没有陆地，那么全球的大洋将只有向东和向西的简单的表层流。但是大陆的存在使得洋流向南北偏转，进而形成了闭合的洋流系统，称为环流。

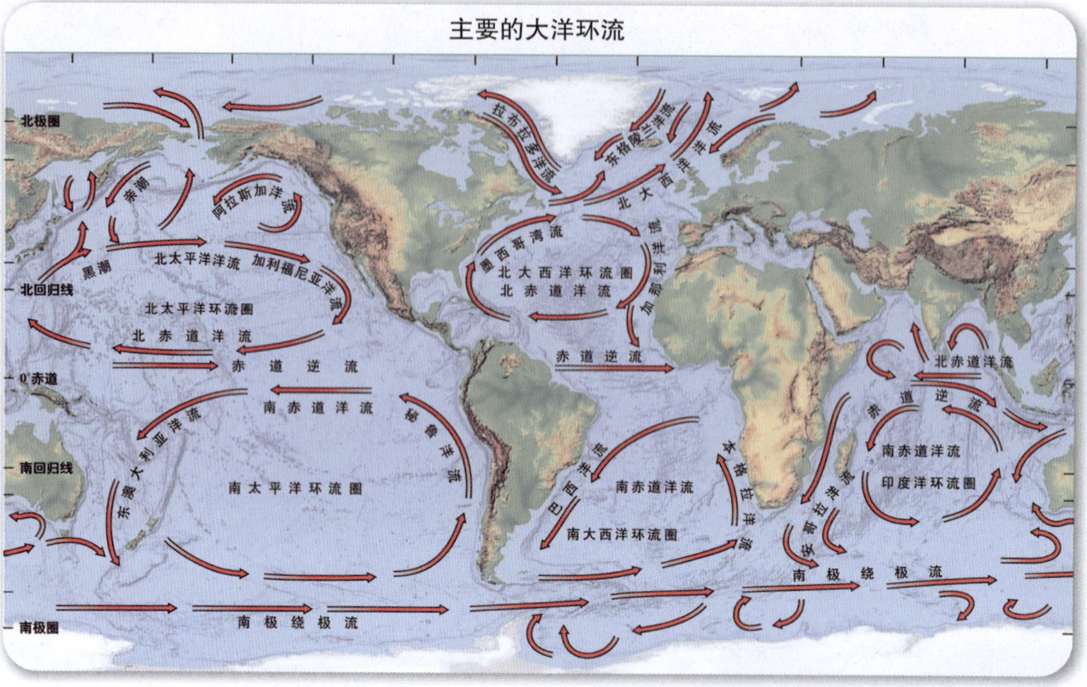

■ **图 15–23** 每个大洋上的环流都由表层流组成。红色箭头表示暖流，蓝色箭头表示寒流。

指出组成南大西洋环流的洋流。

如**图 15–23** 所示，全球共有 5 种主要的环流：北太平洋环流、北大西洋环流、南太平洋环流、南大西洋环流和印度洋环流。由于科里奥利效应，北半球的环流是顺时针方向的，而南半球的环流则是逆时针方向的。所有环流靠近赤道的部分都以赤道流的方式向西运动。当这些洋流遇到陆地时，它们都会向高纬度地区偏转。这些向高纬度地区流动的洋流将温暖的热带海水带到纬度更高、更寒冷的地区。这种洋流称为暖流，如北大西洋的墨西哥湾暖流。

当这些温暖的水体进入纬度较高的地区后，便会逐渐变冷，并被陆地阻碍而发生转向，最终又返回赤道地区。这种将冷水从高纬度地区携带到热带地区的洋流称为寒流，如北太平洋东部的加利福尼亚寒流。

■ **图 15–24** 当表层海水向离岸的方向运动时，深层寒冷的海水上升至表面补充原来的海水，这时便形成了上升流。

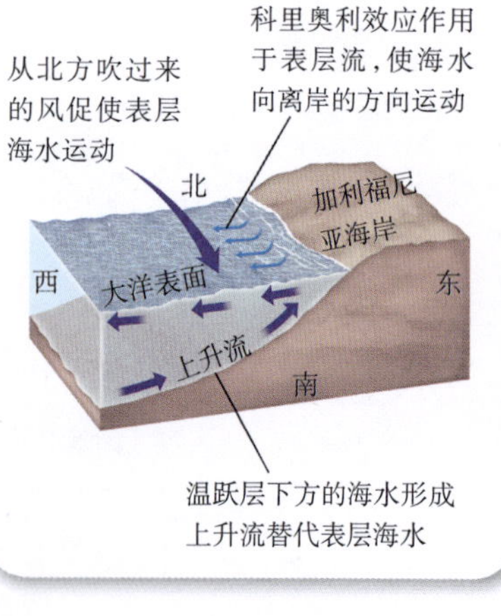

上升流 除了水平运动，海水也会垂直运动。大洋水体的上升运动称为**上升流（upwelling）**。上升的海水来自温跃层以下的深层海水，因此通常是寒冷的，并且含有丰富的营养物质。上升流的区域主要分布在靠近大陆西海岸的信风带内。例如**图 15–24** 所示的发生在加利福尼亚海岸附近的洋流。从北边吹来的风使得表层海水开始运动，运动的水体受科里奥利效应的影响，向它运动方向的右侧偏转，导致表层海水向离岸的方向运动，表层海水随之被上升的深层海水所替代。

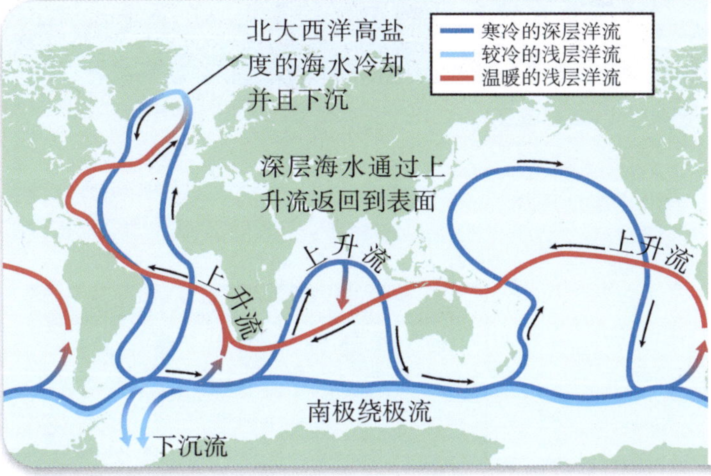

■ **图 15–25** 由于盐度和温度的差异，深海中产生了密度流。

密度流 回顾一下第 2 节中关于南极底层水团的讨论。南极底层水团的下沉运动就是一种洋流。这种情况下的洋流被称作**密度流**(**density current**)，它是由大洋水体的温度和盐度差异引起的，这两者也影响到海水的密度。密度流在大洋深层的水体中缓慢地运动，它一般都沿着一条路径运动，这条路径有时被称为全球输送带。

如**图 15–25** 所示，这条输送带起始于寒冷且密度大的海水，包括北大西洋深层海水和南极底层海水在极地地区的下沉运动。下沉之后，这些水团缓慢地远离极地地区，并在主要的大洋盆地上循环。几百年之后，深层海水终于通过上升流返回到表层。一旦到达表面，这些深层海水便会被太阳辐射加热。这些被加热的海水持续地沿着全球输送带运动，直到到达极地，变得寒冷后又下沉，然后开始它的再一次旅程。

第 3 节　本节回顾

要点梳理

- 能量以波浪的形式在海水中运动。
- 潮汐受到月球和太阳的共同影响。
- 表层流在主要的大洋盆地上形成连通的环流。
- 大洋中垂直运动的洋流包括密度流和上升流。

要点理解

1. 主要概念 **描述**环流中的表层流是如何重新分布赤道与极地地区之间的热量的。
2. **阐述**波浪。描述波浪的下列特性：波峰、波谷、波长、波高和波基面。
3. **解释**潮汐是如何形成的。
4. **对比与比对**表层流和密度流。

批判性思维

5. **预测** 如果没有上升流，会对海洋生态系统产生什么影响？
6. **评估**大潮与小潮之间的差异。

地学写作

7. 写一则说明，解释上升流形成的每一步过程。

地球科学与环境

细菌数量与满月

你对去海滩玩已经期待良久。在炎热的太阳下，你终于到达沙滩，手里拿着毛巾和午餐，迫不及待想要快点跳进凉爽、消暑的海水中。当你走到海滩的入口处，你却看到一个告示牌，上面写着“海滩关闭：水中有大量细菌”。

水中的细菌 尽管海水中的大多数细菌对人类是无害的，但有一些细菌会引起人体胃肠疾病，导致游泳者出现腹泻、呕吐等症状。许多海滩都要对海水中一种名为肠球菌的细菌进行周期性测试，这种细菌通常寄生在哺乳动物和鸟类的肠道里。尽管肠球菌通常是无害的，但当海水中出现肠球菌时，通常是其他致病细菌出现的预兆。如果肠球菌的数量上升并超过某一水平，管理者出于安全考虑，会关闭海滩。

细菌数量与月相 科学家发现，海水中肠球菌数量变化与月相有关，如右图所示。我们知道，大潮发生于新月和满月时期。在大潮期间，涨潮时潮水达到最高水位，而落潮时，潮水达到最低水位，此时，潮差最大。

在研究了南加利福尼亚沿岸的60个海滩之后，科学家在其中50个海滩都发现，大潮期间细菌的数量也最多。细菌数量较低时与小潮有关，通常发生在上弦月和下弦月期间。数据还显示，细菌在大潮的退潮期，也就是当海水达到最高点后回落的期间里，数量较多。

细菌可能的来源 科学家提出了几种假设来解释大潮时海水中细菌可能的来源。其中一种是，细菌在地下水中含量较高，而地下水只在大潮时与海水混合。另一种可能的来源是海滩中腐烂的有机物，或者是在高潮滩附近的鸟粪，这些都有可能在大潮涨潮时与海水混合。

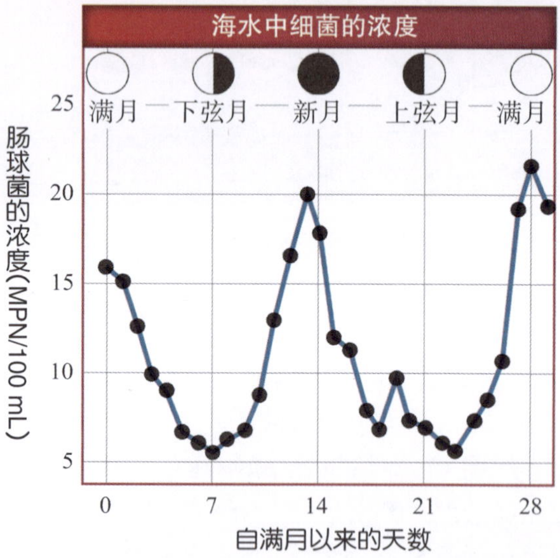

海水中细菌的数量随着月相而变化。

地学写作

新闻广播 调查更多关于海水中细菌数量的信息。假设你是一位新闻评论员，准备在晚间新闻中报道关于海滩细菌含量的新闻。向全班汇报你的发现，解释关于细菌含量的科学研究结果，以及为什么这些信息对游泳者来说十分重要。

模拟水团

实验背景：大洋中的水是分层的，这是因为密度较大的水团会沉在密度较小的水团之下。海水的密度取决于海水的温度和盐度。

实验问题：盐度和温度的变化对水的密度有何影响？

实验材料

天平	食盐
500 mL量筒	温度计
4只100 mL玻璃烧杯	点眼药器
水	坐标纸
红色、黄色和蓝色的食用色素	直尺
	计算器

实验步骤

1. 阅读并遵守实验室安全守则。
2. 在量筒中，将200 mL水和7.5 g食盐进行混合。再把混合后的食盐溶液分成两份分别倒入两只烧杯中。在另外两只烧杯里分别倒入100 mL的淡水。
3. 在装有食盐溶液的两只烧杯中，一只滴入几滴红色的食用色素，另一只滴入几滴黄色的食用色素；在装有淡水的两只烧杯中，一只滴入几滴蓝色的食用色素，另一只不添加任何色素。
4. 把盛有红色食盐溶液和盛有蓝色淡水的烧杯放入冰箱中，冷藏30分钟。
5. 测量并记录所有4只烧杯中水的温度。
6. 在盛有温暖的黄色盐水的烧杯中，滴入几滴寒冷的红色盐水，观察出现的现象。记录你的观察结果。
7. 在盛有温暖的清澈淡水的烧杯中，滴入几滴寒冷的蓝色淡水，观察出现的现象。记录你的观察结果。
8. 在盛有温暖的黄色盐水的烧杯中，滴入几滴寒冷的蓝色淡水，观察出现的现象。记录你的观察结果。

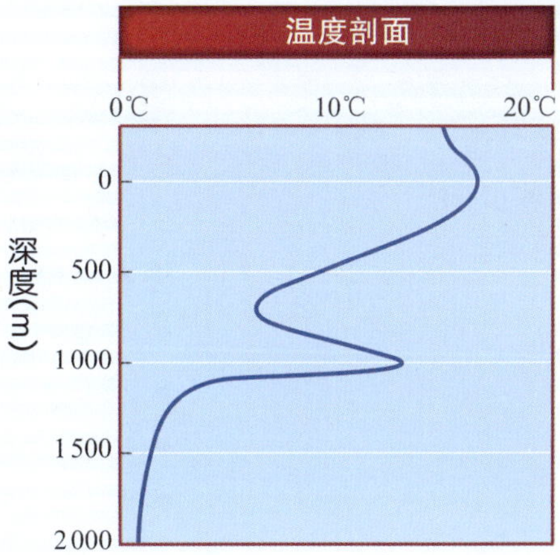

实验分析

1. **描述** 步骤6中寒冷的红色盐水的运动情况。将其与步骤8中寒冷的蓝色淡水的运动进行比较。是什么原因导致了你所观察到的差异？
2. **指出** 用相应的颜色，将不同水样按其密度从低到高进行排列。
3. **解释** 如果你把这四种水样都倒入量筒中，从自下而上的分层颜色看，水样会自动排列成什么顺序？
4. **绘图** 假设某一大型水体中的4种水团，与4只烧杯中盛有的水具有相同的特性。其中，温暖的水层厚100 m，寒冷的水层厚1 000 m。绘制该大型水体的温度剖面图。

技能运用

推断 最上方的温度剖面图是根据西班牙远海处的大西洋海水的测量结果绘制的。研究这一剖面，然后推测一下为什么高温层存在于温跃层之下。这一层水的密度比其上部较寒冷的海水层更大吗？解释你的答案。

第15章 复习指南

大概念 海洋研究帮助科学家们了解全球气候和地球的历史变迁。

第1节 海洋的概述

关键术语
- 侧扫声呐
- 海平面

主要概念 全球海洋由巨大的水体组成，覆盖了超过三分之二的地球表面。

要点梳理
- 科学家利用许多不同的仪器从海洋中采集和分析数据。
- 科学家对于地球海洋中水的来源有不同的看法。
- 大部分地球表面被海洋覆盖。
- 地球上的大洋有太平洋、大西洋、印度洋、北冰洋和南冰洋。

第2节 海 水

关键术语
- 盐度
- 河口
- 温度剖面
- 温跃层

主要概念 海洋中的水团因温度和盐度的差异而出现明显的分层。

要点梳理
- 海水中包含溶解的气体、营养物质和盐。
- 盐通过自然过程加入到海水中或从海水中移除。
- 海水的性质包括温度和盐度，它们都会随位置和深度的变化而变化。
- 许多大洋深海水团是从极地海洋表面下沉的。

第3节 海水的运动

关键术语
- 波
- 波峰
- 波谷
- 破浪
- 潮汐
- 大潮
- 小潮
- 表层流
- 上升流
- 密度流

主要概念 波浪和洋流驱动海水运动，同时导致热量、盐和营养物质在海洋不同区域有不同的分布。

要点梳理
- 能量以波浪的形式在海水中运动。
- 潮汐受到月球和太阳的共同影响。
- 表层流在主要的大洋盆地上形成连通的环流。
- 大洋中垂直运动的洋流包括密度流和上升流。

第15章 复习检测

术语回顾

从复习指南中选取匹配下列各项描述的合适的术语。

1. 海水中溶解的盐的含量。
2. 温度随深度增加而急速下降的过渡层。
3. 海水温度随深度变化的曲线图。

从复习指南中选取合适的术语填空。

4. 波浪的最低点是 ________。
5. 地球上海洋的水平面叫作 ________。
6. ________ 以一定的角度向洋底发送声波。
7. ________ 是海平面周期性的升降运动。
8. ________ 是由海水的温度和盐度的差异引起的。
9. 海水向上的运动被称作 ________。
10. 波浪的最高点是 ________。
11. 在海岸附近破碎的波浪叫作 ________。

理解要点

12. 下列哪项可以用来测量海洋深度？
    - **A.** 底部挖泥机
    - **B.** 渔网
    - **C.** 声呐
    - **D.** 潮汐模式
13. 海洋的平均深度是多少？
    - **A.** 380 m　　**B.** 38 m
    - **C.** 3 800 m　　**D.** 3 km
14. 火山喷发出的最常见的气体是什么？
    - **A.** 氢气和氦气
    - **B.** 氧气和氮气
    - **C.** 水蒸气和二氧化碳
    - **D.** 氯气和氢气

根据下图，回答第15～16题。

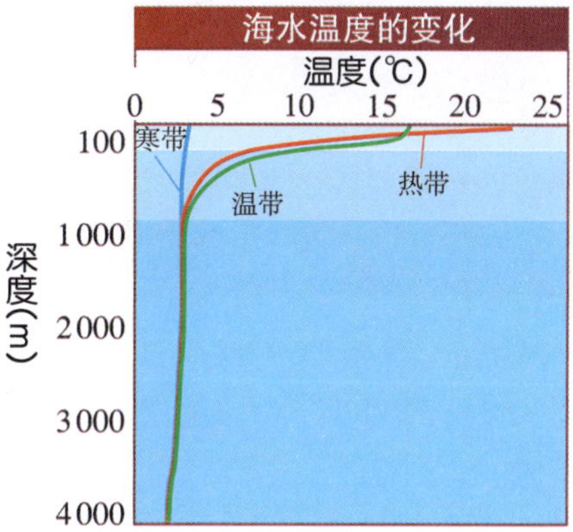

15. 温跃层在下列哪个深度区间？
    - **A.** 0～100 m
    - **B.** 100～1 000 m
    - **C.** 100～4 000 m
    - **D.** 1 000～4 000 m
16. 温跃层以下的深层海水的平均温度是多少？
    - **A.** 15 ℃
    - **B.** 大于4 ℃
    - **C.** 小于4 ℃
    - **D.** 0 ℃
17. 波浪经过时，水主要随之做什么运动？
    - **A.** 向前运动
    - **B.** 向后运动
    - **C.** 上下运动
    - **D.** 转圈运动
18. 下列哪项对全球海水密度影响最大？
    - **A.** 强风
    - **B.** 日照时数增加
    - **C.** 大气温度长期升温
    - **D.** 带有强降雨的雷暴
19. 下列哪个过程不会将盐从海水中去除？
    - **A.** 在干燥的海岸地区的含盐降水
    - **B.** 亚热带地区的水分蒸发
    - **C.** 盐被风从飞溅的海水中带入内陆
    - **D.** 盐被海洋生物吸收

根据下图，回答第20题。

20. 如上图所示，当太阳、月球和地球在一条直线上时，会发生哪种类型的潮汐？
    A. 大潮
    B. 小潮
    C. 月球潮
    D. 太阳潮
21. 当太阳、月球和地球成直角分布时，会发生哪种类型的潮汐？
    A. 大潮
    B. 小潮
    C. 月球潮
    D. 太阳潮

简要概述

22. **绘制**一张图表，展示海洋是如何成为碳的“回收站”的。
23. **联系** 在大洋中，哪里可以找到盐度最高的地方？是什么过程导致了高盐度海域？
24. **解答** 波长200 m的波浪的波基面有多深？
25. **采访** 写下几个你准备访问海洋学家的关于如何使用电脑分析海洋数据的问题。
26. **确定** 下列哪种环流是顺时针方向流动的：北太平洋环流、南太平洋环流、南大西洋环流、印度洋环流？请解释原因。
27. **绘制**一幅图，说明太阳对潮汐作用的影响。
28. **分析** 为什么波浪会破碎？
29. **解释**月球对潮汐作用的影响。

根据下图，回答第30题。

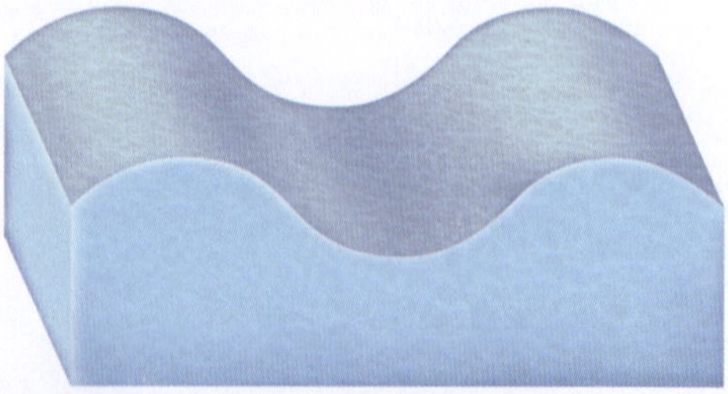

30. **绘图** 复制上面这幅图，然后利用下列术语把海浪的相应特性标注出来：波峰、波谷、波高和波长。
31. **原因与影响** 冷水团通常比暖水团密度大，但是来自地中海的暖水团在流入大西洋时会下沉到超过1 000 m的深度。是什么原因导致了这种现象？

批判性思维

32. **预测** 根据你所学过的有关水密度的知识，描述当河流中的淡水汇入大海时，会如何运动。
33. **推断** 为什么涨潮会在地球相对的两侧同时发生？
34. **建议** 举出一个通过增加盐度来降低冰的熔点的实际应用。
35. **计划** 根据**图15-23**，计划一条最快的乘船环游路线：从美国马萨诸塞州波士顿出发，到英国伦敦。返回的路线会与出发的路线相同吗？请解释原因。
36. **地球科学相关职业** 假设你是一位NASA的首席科学家，请设计一个实验验证地球上的水来自于彗星的假说。
37. **对比与比对**南极中层水团与北大西洋深层水团。
38. **解释** 生物和物理过程对海洋中不同区域的二氧化碳含量有何影响？

根据下图，回答第39题。

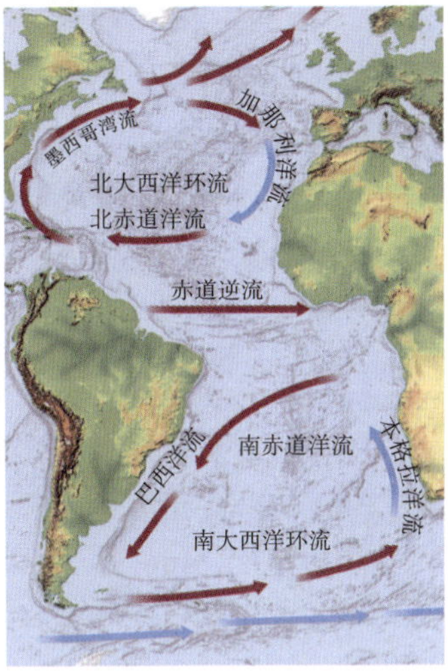

39. **评定** 表层流能够影响沿岸的气候。墨西哥湾流和本格拉洋流都是表层流，它们会对沿岸气候产生相同的影响吗？请解释原因。

40. **预测** 你在之前已经学习过，厄尔尼诺效应的一个影响就是使吹过赤道太平洋的信风减弱。预测这会对秘鲁海岸的上升流有何影响。

41. **评定** 密度流和全球输送带是如何将溶解的气体（如氧气）和营养物质（如氮）从一个大洋运输到另一个大洋的？

概念图解

42. 运用下列术语或短语来绘制一幅用于描述波浪的概念图：*波浪的最低点、波浪的特性、波峰、波长、波高、波谷、波峰与波峰之间的水平距离、波浪的最高点*和*波峰与波谷之间的垂直距离*。

挑战难题

43. 调查地球上不同的淡水资源所占的百分比，包括冰川、冰盖、河流、湖泊和地下水。绘制一幅如**图15-5**所示的新的饼状图来展示新的数据。

地学写作

44. 为学校的宣传册写一个关于海洋学专业的介绍。在你的介绍中需要包括录取条件、毕业要求和就业机会等信息。

材料分析

由于波浪作用导致的海洋混合作用对污染物扩散、海洋生产力和全球气候都有十分重要的影响。在下图中，箭头表示不同数据采集点（图中的黑点）波浪的方向和等级。从黑点出发的箭头如果缺失，则意味着波浪比较小，可以忽略不计。

波浪的方向和等级

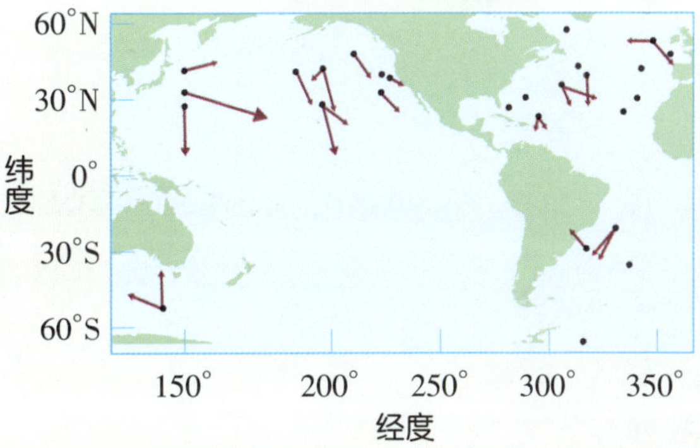

资料来源：Alford, M. 2003. The redistribution of energy available for mixing by long-range propagation of internal waves. *Nature* 423: 159–162.

45. 北半球大多数的波浪都向哪个方向运动？这与南半球的波浪有什么不同？

46. 根据南半球采集点的数量，你能得出关于这个区域波浪的一般性结论吗？

综合复习

47. 科学方法通常会包括哪些步骤？（**第1章**）

48. 说出一种碳酸盐矿物的名字。它的化学组成是什么？（**第4章**）

综合 标准化测试

选择题

1. 为什么森林砍伐通常与全球变暖相关?
   A. 它增加了地球表面干旱土地的面积
   B. 它向大气释放有毒气体和污染物
   C. 它减少了植物从大气中吸收二氧化碳的量
   D. 它减少了向大气中释放的二氧化碳总量

根据下图,回答第2~3题。

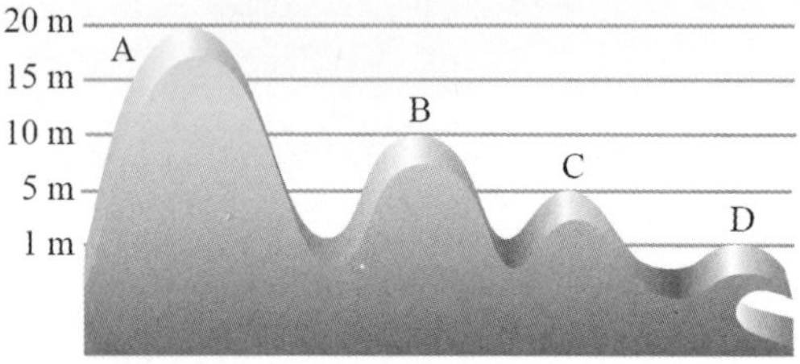

2. 哪种波浪最有可能是由一次强飓风引起的?
   A. A　　B. B
   C. C　　D. D
3. 是什么导致波浪D崩塌?
   A. 波峰与波峰之间的波长减小
   B. 风暴活动
   C. 波峰与波峰之间的波长增加
   D. 洋底的摩擦
4. 下列哪个地方最有可能出现热岛效应?
   A. 农场
   B. 海滩
   C. 山顶
   D. 内陆城市
5. 下列哪项是证明某一区域受到大陆冰川作用影响的最有力的证据?
   A. 很厚的沉积层
   B. 砂和砾石组成的狭长的蛇形丘
   C. 植物和动物适应寒冷的气候
   D. 大型浅水湖
6. 藤田级数用下列哪项来衡量龙卷风?
   A. 风速
   B. 漏斗云的长度
   C. 破坏路径
   D. 持续时间

根据下图,回答第7~8题。

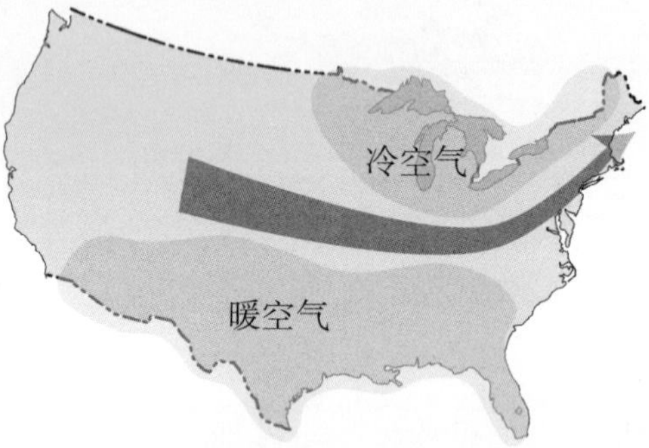

7. 图示箭头表示的气流是什么?
   A. 热带辐合带
   B. 盛行西风
   C. 盛行东风
   D. 信风
8. 如果冷空气下沉到暖空气区,可能会造成哪种类型的天气?
   A. 多云以及范围较广的轻微降水
   B. 少量的云,但没有降水
   C. 倾盆大雨和雷暴
   D. 没有云的寒冷天气
9. 下列哪个地区的海水盐度最高?
   A. 赤道地区
   B. 亚热带地区
   C. 极地地区
   D. 河流入海处的三角洲
10. 如果飓风期间突然出现一段平静期,你对此可以做出下列哪种假设?
    A. 飓风已经结束,此时外出很安全
    B. 飓风的风眼正在这个区域的上空
    C. 飓风的强度有所减弱
    D. 飓风已经结束,但外出仍不安全

简答题

根据下图，回答第11～13题。

地球表面

11. 描述上图展现的是什么过程。

12. 虚线表示什么？目的是什么？

13. 为什么太阳对地球来说十分重要？

14. 讨论1～3天的天气预报能预测什么，不能预测什么。

15. 水和陆地对太阳辐射的吸收率有什么不同？

16. 利用水汽图的优势有哪些？

阅读理解

利用海水降温

工程师已经开始致力于研究将深海作为一种冷却源。由于风、波浪和洋流的搅动作用，海水只有从深处上涌才能保持低温。夏威夷政府部门的自然能源实验室(NELHA)运用他们的深源冷却设备为校园中的建筑降温。该设备从610 m深处抽取42.8 ℉(6 ℃)的海水。“通过采用冷海水空调系统技术，NELHA一个月节省了3 000美元的电费，”业务经理简说道，“但我们依旧使用淡水循环来给建筑降温，因为海水有很强的腐蚀性。”到目前为止，深源冷却技术仅用于靠近大型水体的一些建筑群。世界上多数的主要城市都是人们在大航海黄金时代定居下来的地方，离海岸很近。当你下次在大海里潜水时，可能就会看到这种设备，到时你可能会大吃一惊。

资料来源：Smith, J. The AC of tomorrow? Tapping deep water for cooling. *National Geographic News*. September 10, 2004.

17. 从这段文字中，你能推断出什么结论？

A. 只有太平洋沿岸城市能使用海水降温技术

B. 利用海水为建筑降温是个很好的选择，但是这项技术还需要更多的研究和发展

C. 利用海水降温是一项昂贵的工程

D. 海水降温最终将完全取代淡水降温

18. 为什么这种新技术对世界上多数的主要城市有利？

A. 大多数城市在海岸边建有许多建筑物

B. 城市可以为这项新技术提供资金

C. 城市都坐落在太平洋沿岸

D. 城市不靠近淡水

19. 讨论位于堪萨斯州的农业小镇不会从这项海水技术中获利的两个原因。

需要更多帮助？

如果你回答错误……	1	2	3	4	5	6	7	8	9	10	11	12	13	14	15	16
请复习相应章节……	14.4	15.3	15.3	14.2	8.3	13.2	12.2	12.2	15.2	13.3	11.1	11.1	11.1	12.4	11.1	12.3

第16章

海洋环境

大概念 海洋有着复杂多变的地质条件和丰富的自然资源。

内容提要

1 海岸线的特征
2 海　底

起步实验

科学实验室

白垩是如何形成的?

尽管你现在住的地方可能离海岸很远,但你居住环境的某些部分却是由海洋塑造的。例如,距离你家几米处的地方,原先是一个海底沉积,而现在却是底下基岩的一部分。像这样的一种海底沉积叫作白垩,它是一种微小的碳酸钙沉积物。怎样才能辨别白垩是在海底形成的呢?在这个实验里,我们将探究白垩的起源。

实验步骤

1. 阅读并遵守实验室安全守则。
2. 用研钵将一小片天然白垩碾成粉末。用这些粉末状的白垩放在载玻片上。
3. 用显微镜观察这些白垩粉末。

实验分析

1. **描述**这些白垩粉末。这些粉末的颗粒大小和形状规则吗?这些颗粒有特定的样式吗?
2. **分析**数据,提出有关白垩起源的假说。有什么证据能证明你的结论?

折叠式学习卡

岩石圈

根据下图所示,制作一张三格折纸,并用它来整理你学习海底特征过程中的笔记。

大陆 | 大陆边缘 | 大洋盆地

英国著名的多佛白崖是由细小海洋有机物死亡后沉入海底的残余物组成的碳酸钙沉积而成的。随着时间的推移，由堆积物塑造的成层的白垩随着地质变化过程而露出水面。

第1节 海岸线的特征

主要概念 海浪连续不断地侵蚀海岸，同时其携带的海洋沉积物在海岸堆积，由此塑造了一系列变化的海岸线。

核心问题

- 海岸线的特征是如何形成的？海洋如何塑造海岸线？
- 海岸线侵蚀和沉积的主要特征各有哪些？
- 近海岸可以用哪种防护结构？

关键术语

海滩
波折射
沿岸沙坝
沿岸流
障壁岛

地球科学在你身边 你是否在海滩上捡过光滑的鹅卵石？曾有一段时间，雕塑家创作的伟大作品都是在木头或石头上一点点凿出来的。而海浪就像一位天然的雕塑家，在海滩上展示了它精雕细琢的作品。

海滨

如**图16–1**所示，海滨是低潮时最低线与受到海浪影响的陆地最高线之间的区域。海滨是连续不断的，同时受频繁而剧烈的地质活动影响。在那里，人们甚至每天都可以看到各种地质变化。海岸线是海洋与陆地的衔接地带。海岸线因波浪、潮汐、洋流的作用而形成。海岸线的位置随着潮涨潮落而不断变化。当海浪侵蚀海岸线时，会形成一些世界著名的岩石奇观。而在其他另一些区域，波浪使松散的物质沉积，形成了宽广的砂质海滩。

海滩 在漫长的海岸线上分布着广阔的砂质海滩。如**图16–1**所示，**海滩（beach）**是海边一段由海浪运输并沉积在沿海岸线处的松散沉积物组成的区域。沉积物的颗粒大小取决于海浪拍打海岸的能量和沉积物的来源。受巨大波浪冲击而成的基岩海岸海滩，通常由鹅卵石、小砾石等粗糙物质组成。

■ **图16–1** 海岸线的位置随着潮水的涨落而变化。

指出 *海滩是如何与海滨相连的？*

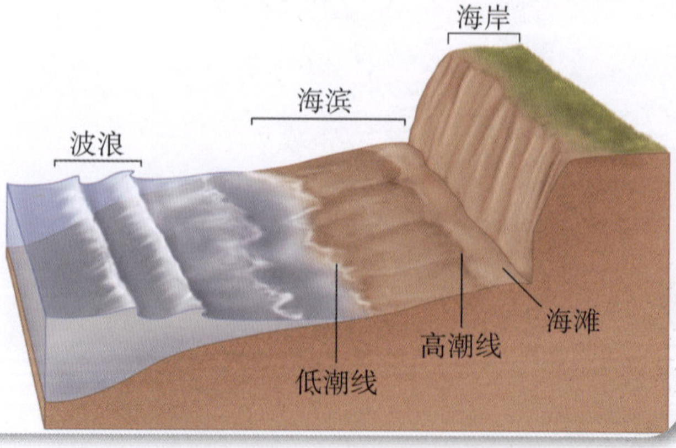

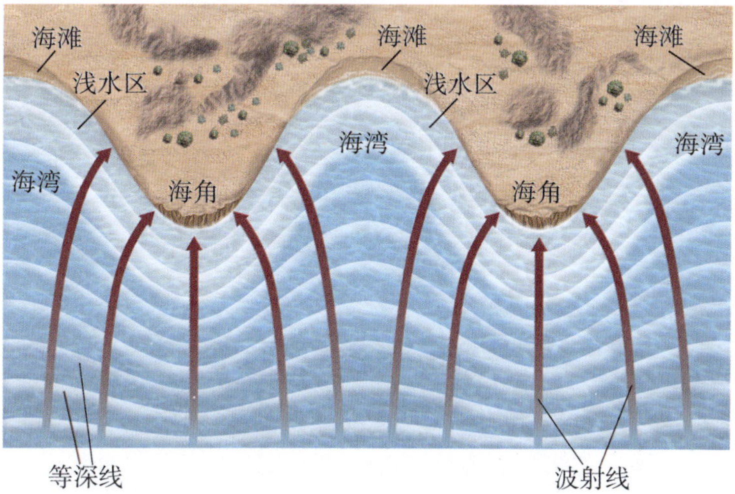

■ **图16–2** 波峰在向海岸线推进的过程中，到达浅水区时，速度会减慢。这就导致了波峰向海角处弯曲，并且沿着箭头指向前进。

海岸线特征的形成

大型的破浪能推动数千吨含有悬移质岩石碎片的海水冲向海岸，如此巨大的破坏力足以侵蚀海岸的坚硬岩石。

侵蚀地形 波浪在深水中的移动速度比在浅水中快。当波峰的某一部分移动到浅水区时，波速的差异会使得最初平直的波峰发生弯曲，这一过程称为**波折射**（**wave refraction**），如**图16–2**所示。沿着一个有海岬和海湾的不规则海岸，波峰会向海岬弯曲，结果导致大多数破浪的能量在海岬尖部周围相对较短的一段海岸内汇聚，而其余波能则沿着较长的海岸线散布开来。因此，海岬就会出现严重的侵蚀现象。而从海岬中带走的物质被席卷至海湾中，积聚成新月形的海滩。长此以往，海岬不断受侵蚀，海湾则不断被填充，直至海岸线变得平直。

海蚀平台 很多海岬有着壮观的岩石构造。通常来讲，随着海岬被逐步磨损，会形成一个平整的侵蚀平面——海蚀平台。如**图16–3**所示，海蚀崖旁边是海蚀平台。

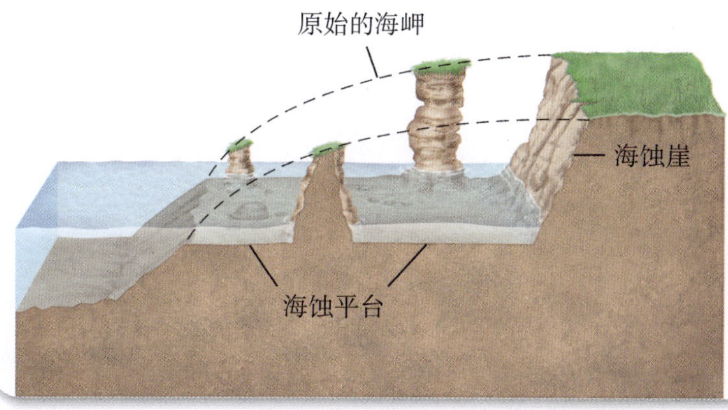

■ **图16–3** 海岬因海浪侵蚀而改变形状。虚线表示海岬最初的形状。

■ **图16-4** 这些沿着法国海岸线分布的海蚀柱和海蚀拱，是在基岩质海岬处波的折射作用下形成的。

海蚀柱 差异侵蚀可以剥蚀不太坚固或靠近海平面的岩石，这使得岩质海岬形成了多种多样的地貌特征。如**图16-4**所示，海蚀柱是一个孤立的塔形岩石或遗留在海蚀平台上的侵蚀遗存物。海蚀拱是由坚硬岩石受波蚀作用发生底切所形成的。海蚀洞则是由破浪持续不断冲击海平面处的海岬而形成的管状通道。

沿岸流 假设你现在正从海滩走向海洋。如果你一直面朝大洋走去，你会发现海水越来越深，但后来又会发现海水变浅了。这些海岸附近的浅水区域位于沙坝上，称作**沿岸沙坝**（**longshore bar**），它们大多形成于海滩前方，如**图16-5**所示。波浪会在我们称之为碎浪带的沿岸沙坝一带破碎。沿岸沙坝与海岸之间的较深水域称作沿岸海沟。

尽管沿岸沙坝朝大海方向的波浪通常不与海岸平行，但是拍打海滩的波浪几乎都会与海岸线平行。这是波折射的另一种方式。浅水区域内的波浪减速使得波峰向海岸方向弯曲。

■ **图16-5** 一个典型的海滩包括沿岸海沟和沿岸沙坝在内的碎浪带。

解释 *沿岸海沟与沿岸沙坝之间有什么区别？*

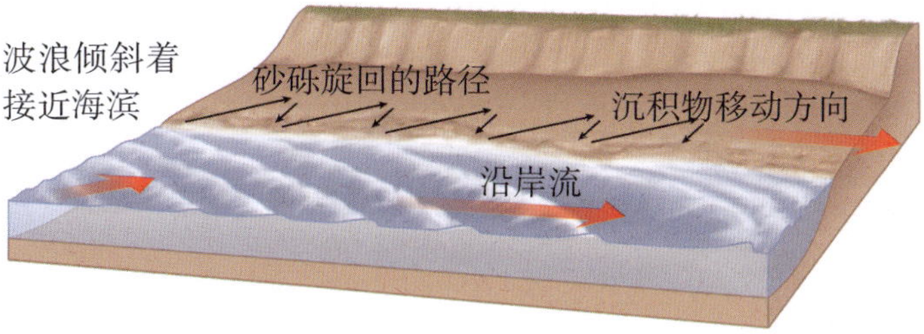

■ **图 16–6** 沿岸流受到流入波浪的推动。

随着流入碎浪带的水溢出沿岸沙坝，就会形成一种平行于海岸的洋流，称作**沿岸流**（**longshore current**）。这种洋流的强度与流向每天都不一样。一年之中，由于受盛行风和波浪类型的影响，某一方向常常会占据主导地位。

沉积物的运动 沿岸流使大量的沉积物沿海岸移动，如**图 16–6** 所示。其中，细颗粒的物质，如泥沙，悬浮于海水中，随汹涌移动的水体向前移动；而较大的颗粒物则随沿岸流沿底部向前推移。其余沉积物被流入和退回的波浪冲击，在海滨地带前后移动。流入的波浪还会沿着波浪运动方向将沉积物以一定的角度输移至海岸线。总体而言，沉积物的移动方向与沿岸流的方向是一致的。在美国的大西洋和太平洋沿岸，沿岸沉积物的输移方向通常是向南的。

☑ **读后自查** **解释**沿岸流是如何运移沉积物的。

离岸流 波浪作用也可以形成**离岸流**（**rip current**）。离岸流是通过沿岸沙坝中的缺口流向大海的水流，能将溢入沿岸海沟的水返回至开阔的海洋中，如**图 16–7** 所示。离岸流是危险的，其速度可达每小时几千米。假如你遭遇了离岸流，千万不要想着往岸边的方向游回去，你能做的是向平行于海岸的方向游，这样可以避开它。

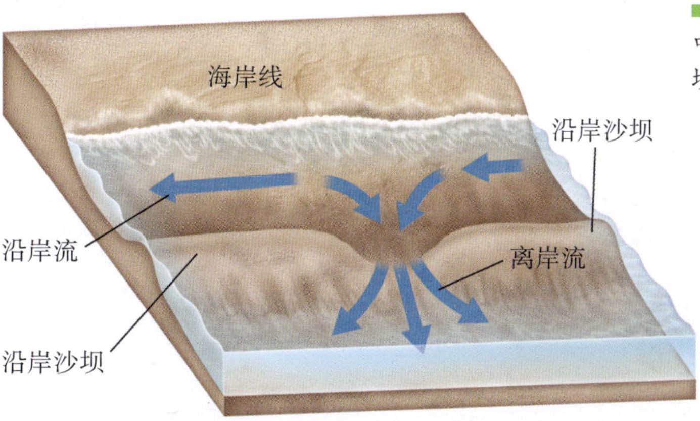

■ **图 16–7** 离岸流通过沿岸沙坝中的缺口退回海中。越过沿岸沙坝以后，离岸流就会散开、减弱。

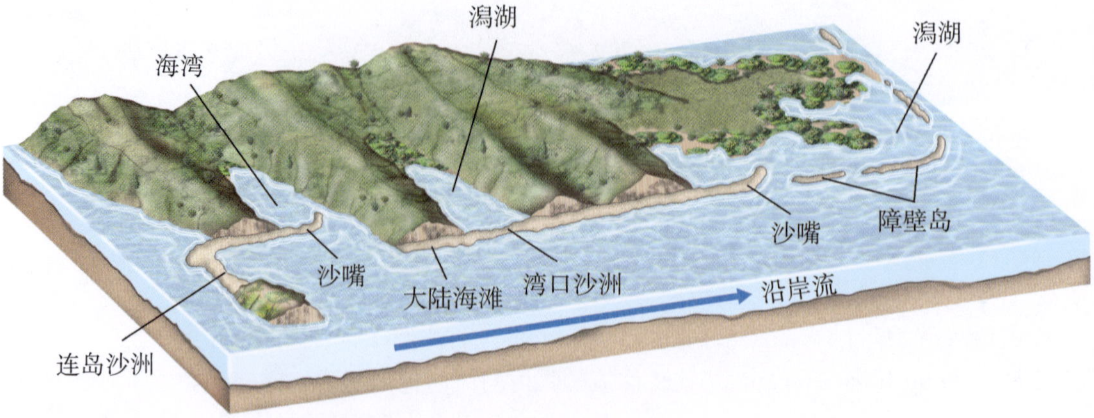

■ **图16-8** 海岸线的沉积特性包括连岛沙洲、沙嘴、湾口沙洲、潟湖和障壁岛。

海岸的沉积特性 由于波蚀、沿岸运移和沉积物的沉积作用，大多数海岸都处在不断变化之中。沉积物受到大型风暴和海浪的侵蚀作用后，沉积在波浪和洋流强度减弱的地区。被沿岸流移动和堆积的沉积物塑造了各种海岸地貌，比如沙嘴、障壁岛、湾口沙洲和连岛沙洲，如**图16-8**所示。

沙嘴 指陆地突入水中、呈尖角的沙滩。**沙嘴**(**spit**)处海岸线走向发生了变化，使之免受波浪作用干扰。当沙嘴延伸到海湾的另一侧时，就形成了湾口沙洲。

■ **图16-9** 近北卡罗来纳州海岸的这座障壁岛是美国东海岸众多的障壁岛之一。

障壁岛 **障壁岛**(**barrier island**)是由沿岸流塑造而成的，与大陆隔开的长脊，由沙子和其他沉积物组成。障壁岛可达几百米宽、几千米长，如**图16-9**所示。墨西哥湾和新英格兰南部东海岸的大部分地区都分布着一个几乎连续的障壁岛链。

湾口沙洲 当沙嘴逐渐封闭海湾时，会形成**湾口沙洲**(**baymouth bar**)，如**图16-10**所示。位于湾口沙洲和障壁岛后面受保护的浅水水域被称作潟湖——一种通过浅浅的狭窄出口和开阔外海相连的滨海相咸水湖。

连岛沙洲 这是另一种海岸地貌，如**图16-10**所示。**连岛沙洲**(**tombolo**)是一种形成于陆地和岛屿之间，能将岛屿和大陆连接起来的沙脊。如果出现这种情况，岛屿已不再是岛屿，而成为半岛的顶端了。

☑ **读后自查** **描述**连岛沙洲是怎样形成的。

湾口沙洲

连岛沙洲

■ **图 16-10** 湾口沙洲和连岛沙洲是反映海岸沉积特征的两个典型例子。

自然和人类对海岸的影响 所有这些海岸沉积地貌，包括大型的障壁岛，都是不稳定的。大型风暴偶尔会横扫整个障壁岛，将其中的物质重新堆积在其他地方。如**图 16-11** 所示为 2004 年 8 月的南高榭岛，一个月后，"伊万"飓风引起的超强风暴潮完全摧毁了这座岛屿。即使在没有风暴的时候，波浪的变化也会缓慢侵蚀海滩并重新布局整个海岸线。例如美国马萨诸塞州科德角的海岸线正以每年 1 m 的速度后退。

沿海地区有丰富的自然资源、温和的气候和舒适的环境，所以人口众多。美国沿海地区仅占国土面积的 17%，但全国一半以上的人口都居住在这里。人口增长会引起海岸环境的剧烈变化，包括环境污染、海岸侵蚀、湿地和野生动植物栖息地减少。这些海岸变化反过来也会减弱当地对飓风和海啸等自然灾害的抵抗力。

之前

之后

■ **图 16-11** 南高榭岛位于靠近路易斯安那州的海岸。2004 年 9 月，该岛被"伊万"飓风完全摧毁。

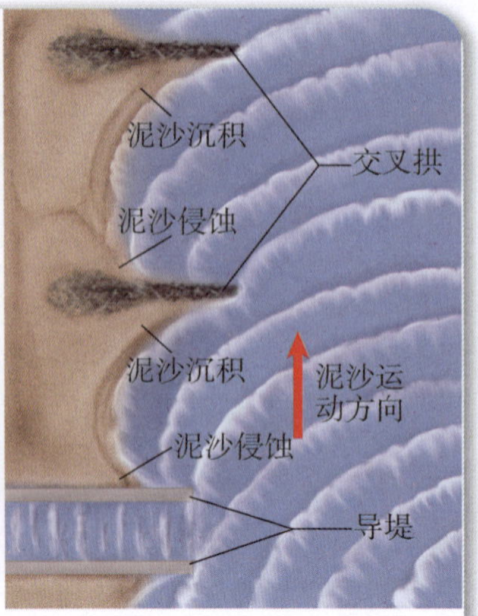

■ **图16–12** 海堤阻挡了海浪冲击海岸的能量。交叉拱和导堤使得泥沙聚集并沉积于一侧。

防护结构

许多滨海地区都建造了诸如海堤、交叉拱、导堤（用来平顺地引导水流或约束水流的建筑物）和防波堤等防护结构，以阻止海滩侵蚀，避免滨海特性的丧失。然而，这些人工结构也阻碍了天然的海岸线变化过程，并可能导致预想不到的负面影响。

海堤 如**图16–12**所示，海堤与海岸平行，用于保护海滩免受强风暴潮的影响。海堤可以反射返回至海滩的波浪的能量，从而减缓了海滩的侵蚀。但是，海堤终有一日会被破坏，为此人们又不得不建造比以前更大、更坚固的海堤。

交叉拱和导堤 如**图16–12**所示，交叉拱是在水中建造的垂直于海岸线、用以圈闭海滩泥沙的墙状结构。交叉拱阻碍了沿岸泥沙输移的天然过程，其结果加速了海岸之下海滩的侵蚀过程，并搬运走了海滩中的泥沙。导堤也具有相似的效果，它是一种用来保护港口入口处免受流沙影响的混凝土结构，如**图16–12**所示。

防波堤 如**图16–13**所示，防波堤主要是为小型船只提供抛锚停泊之处。防波堤平行于平直海岸线，沿岸流在到达防波堤后会减速而无法再搬运沉积物，因此使得这些沉积物堆积下来。如果任由沉积物不断累积，它将最终填满该停泊点。为了防止这一过程发生，所有这类停泊点都必须定期疏浚。

■ **图16–13** 防波堤会减慢沿岸海水的流速，并导致更多的沉积物在此聚集。

海平面的变化

在末次冰期的鼎盛期，即大约10 000年以前，全球海平面比现在低约130 m。从那时开始，因冰期时代的大多数冰川不断融化，使得海平面逐渐抬升至目前的高度。在过去的100年中，全球海平面平均升高了约18 cm。今天，海平面还在持续地缓慢上升，据估计，目前海平面上升的速度约为每年3 mm。

许多科学家认为，海平面的持续上升是全球变暖的结果。在过去的一个世纪中，地球平均地表温度大约提高了0.6 ℃。随着地表温度的升高，海水变暖，而海水变暖后会膨胀，这会增加大洋中水的总体积。此外，地表温度变高使得冰川融化，融化了的冰水流入大洋，这又增加了大洋中的水量。

海平面变化的影响 如果目前存在于格陵兰岛和南极洲地区的极地冰川完全融化，那么融化产生的冰水可以使海平面上升70 m。如果这样，那么上升的海水将完全淹没某些国家（比如荷兰）、美国的某些沿海城市（比如纽约），以及美国一些地势低洼的州（如佛罗里达州和路易斯安那州）。据NASA于2002年发射的GRACE卫星数据显示，格陵兰冰盖正在加速融化，南极洲冰川也同样在缩小。如果格陵兰冰盖完全消融，这将导致海平面上升6～7 m。

大西洋和墨西哥湾岸区的许多障壁岛可能曾经是海岸沙丘，后因海平面上升而被淹没，变成了障壁岛。海平面上升导致的其他地貌还有挪威的峡湾，如**图16-14**所示。它是冰期时冰川刻蚀而形成的深邃的海岸峡谷，在冰川融化之后又被海水淹没而形成的。

■ **图16-14** 峡湾是由冰川刻蚀后被水淹没的U形谷，它可深达1 200 m。

■ **图 16-15** 海岸阶地是以前的海蚀平台抬升至当前海平面以上后出现的台地。图中的海岸阶地位于新西兰。

地质构造力的影响 影响海平面变化的过程还有构造抬升和构造下沉。如果海岸线下沉，那么沿着该海岸的海平面就相对上升。相反，海岸线上升就会使得海平面相对下降。在美国西部，由于地质构造作用，西海岸大部分地区的抬升速度远远快于海平面的上升速度。由于西海岸的大部分地区原来都位于水下，所以它被称作上升海岸。

出露的海底地貌远比具有山丘和峡谷的典型陆地地貌平缓，因而上升海岸往往都是相对平直的。上升海岸的其他特征包括未上升前的海岸线特征，比如远在内陆的砂质滩脊。在这些特征中，最有趣的是上升的海岸阶地——之前被海浪侵蚀，而如今是高耸、干燥，且裸露于当前海平面之上的台地。**图 16-15** 展示了一个这类台地的实例。有些古老的海蚀平台现在已经高出海平面几百米了。

第 1 节 本节回顾

要点梳理

- 海岬的波蚀产生了海蚀平台、海蚀崖、海蚀柱、海蚀拱和海蚀洞。
- 波浪作用和沿岸流导致沉积物沿海岸输移，并塑造了海岸堆积地貌。
- 人造防护建筑干扰了沉积物的沿岸输移过程。
- 过去的全球海平面比现在要低约 130 m。

要点理解

1. 主要概念 **判断** 海岸线具有海岬和海湾，其中哪一种地貌遭受破浪的侵蚀更为严重？为什么？
2. **描述** 什么是海蚀柱？它们是如何形成的？
3. **应用** 导堤和交叉拱对沿岸流有何影响？
4. **分析** 海堤会对海滩产生什么样的影响？

批判性思维

5. **评估** 许多旅游胜地是建立在障壁岛上的。这些地方每年都要花费不菲的费用来加固海岸线沿线的海滩。请解释这样做的必要性。

地学计算

6. 美国佛罗里达州奥兰多位于海平面之上 32 m，如果海平面以每年 3 mm 的速度上升，多少年后奥兰多有可能会被海水淹没？

第2节 海 底

主要概念 海底地貌与陆地地貌相似，其覆盖着的沉积物也有多种来源。

核心问题

- 大陆边缘最主要的地质特征是什么？
- 洋盆最主要的地质特征是什么？
- 如何分类和描述不同的海洋沉积物？

关键术语

大陆边缘	深海平原
大陆架	深海海沟
大陆坡	大洋中脊
浊流	海底山
大陆隆	海底平顶山

地球科学在你身边 为什么你要在倒橙汁之前摇一摇？因为果肉都沉在瓶底，所以靠近容器底部的橙汁会更加浓稠。海底也是这样，地球引力使得泥沙颗粒聚集在大洋底部。

大陆边缘

如果让你绘制一幅海底的地图，你的图上会包含哪些地理特征呢？尽管直到现在，大多数人对大洋底部的特征仍知之甚少，然而，借助现代海洋科技，包括卫星影像图，科学家发现海底的地貌跟大陆一样是千变万化的。

海底的地貌是非常粗糙且高低不平的，有着无数的高山和凹地。海底最深的地方位于太平洋的马里亚纳海沟，有11 km深。

如**图16-16**所示，**大陆边缘**（**continental margin**）是大陆与大洋的过渡区域，它是指与洋壳连接的、上覆沉积物的陆壳部分。大陆边缘是大洋最浅的地方，包括大陆架、大陆坡和大陆隆。

大陆架 大陆边缘从海岸处开始延伸至海洋的最浅部分是**大陆架**（**continental shelf**）。大陆架的宽度各异，平均宽度是60 km。在美国太平洋沿岸，其大陆架只有几千米宽，而大西洋沿岸则宽达几百千米。

图16-16 大洋剖面图显示，海底与陆地有许多相似的地形。

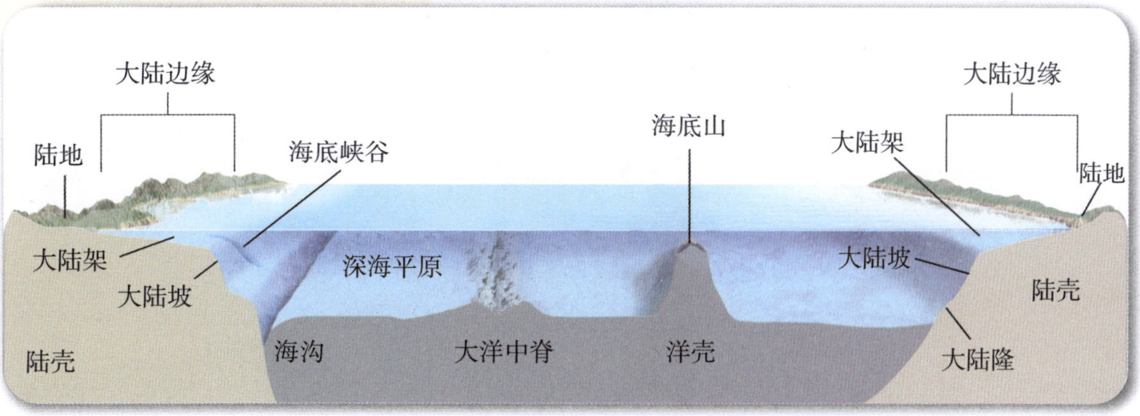

大陆架部分的海水平均深度是130 m。我们已经知道，末次冰期时的海平面比现在低130 m左右，因此，世界上绝大多数大陆架在那时一定都是位于海平面之上的。现在的海岸线与末次冰期时的海岸线完全不同。在那时，西伯利亚是通过白令陆桥与北美大陆相连，大不列颠（英国）属于欧洲大陆，如今在巴哈马群岛地区广泛散布的岛屿曾经也是一块巨大的陆地。

末次冰期后，地表开始变暖，大陆冰川开始融化，海水逐渐淹没了大陆架。那时的海滩、河谷以及其他海岸地貌如今都被海水所淹没，且离现在的海岸线已经非常遥远。如今，大量具有商业价值的鱼类栖息于营养物丰富的大陆架浅水域地区。此外，大陆架上厚厚的沉积物还蕴藏着丰富的石油和天然气资源。

☑ **读后自查** **列举**大陆架上可能发现的资源。

大陆坡 在大陆架以外，海底深度急剧下降至几千米，其平均坡度几乎可达100 m/km。这些斜坡区域就是**大陆坡**（**continental slope**）。对于地质学家来说，大陆坡是大陆的真正边缘，这是由于它通常标志着陆壳的边缘。在许多地方，这些斜坡被很深的、类似于陆地峡谷的海底峡谷切断了，如**图16–17**所示。其中某些峡谷的规模与亚利桑那州的大峡谷相当。

这些海底峡谷是由**浊流**（**turbidity current**）切割而成的。浊流是一种沿着海底快速流动并携带着大量沉积物的水流，与陆地上的泥石流相似。如**图16–18**所示，浊流可能源于大陆坡上因地震而引发的水下山体滑坡，或者大陆架上大型风浪所搅动起来的沉积物。一旦浊流形成，其速度可达30 km/h以上，会严重侵蚀海底沉积物和海底岩床。

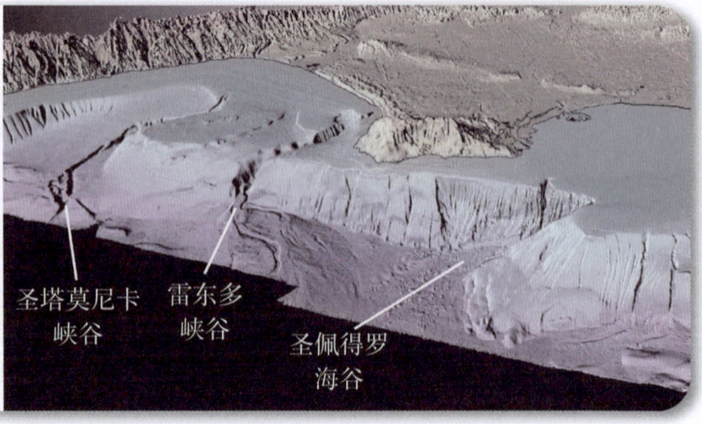

■ **图16–17** 海底峡谷与陆地峡谷相似。这些位于大陆坡上的深切峡谷规模不一，有些跟美国大峡谷一样深。

解释 *海底峡谷是如何形成的？*

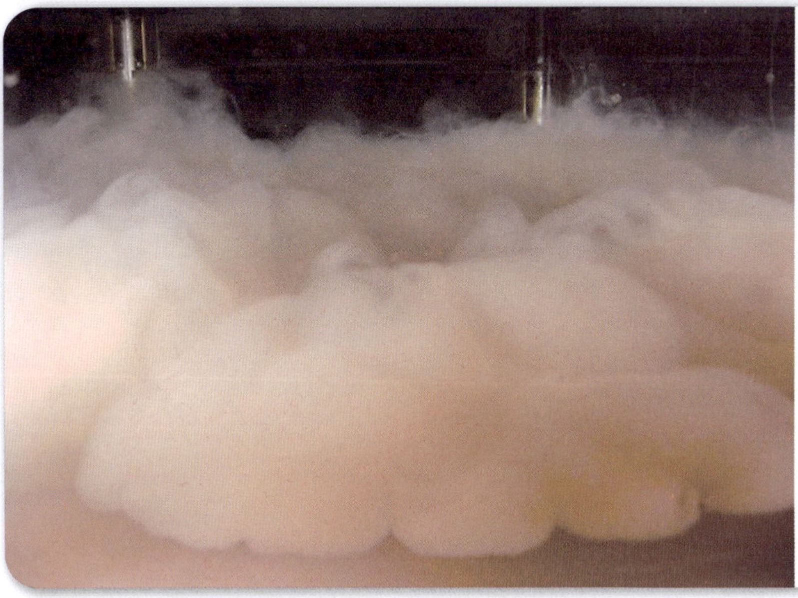

■ **图 16-18** 浊流沿着海底流动，是因为夹杂混合沉积物的水流比海水密度更大。如图所示是科学家在实验室里用玻璃缸模拟浊流的运动。

大陆隆 由浊流产生的，形成于大陆坡基部的平缓堆积坡被称为**大陆隆**（**continental rise**），它可能厚达几千米。这种隆起会逐渐变得越来越薄，最终会在大陆边缘之外与海底沉积物融合在一起。在某些地方，尤其是在太平洋周围，大陆坡终止于海底较深的凹陷区，即海沟处。在这些地区，大陆边缘的末端没有大陆隆。

☑ **读后自查** **区分**大陆坡和大陆隆。

技能实验

科学实验室

图表解读

如何比较地表高程？下图比较了陆地高程和海洋深度。

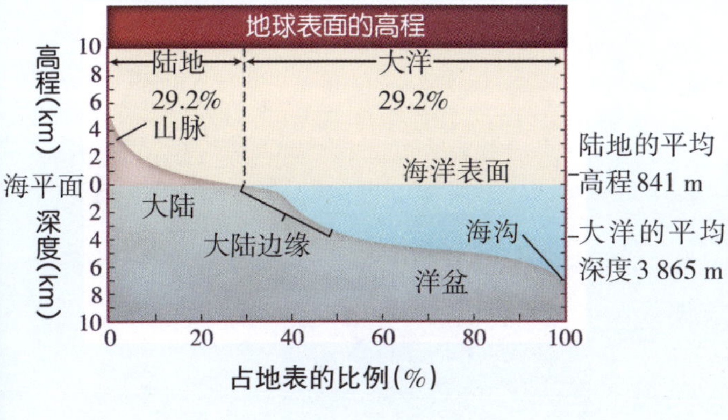

实验分析

1. 地表最高峰的海拔是多少千米？
2. 在该海底区域，大约在多少深度的地方可以发现深沟？
3. 海平面以上的地表部分的比例是多少？
4. 大陆边缘占地表的比例大约是多少？

批判性思维

5. **计算** 洋壳是海平面以下深度大于或等于2 km的地壳。那么位于洋壳以上的部分占地表的比例是多少？

图解海底

图16–19 海底地形包括大洋中脊、海沟、深海平原以及海底山。

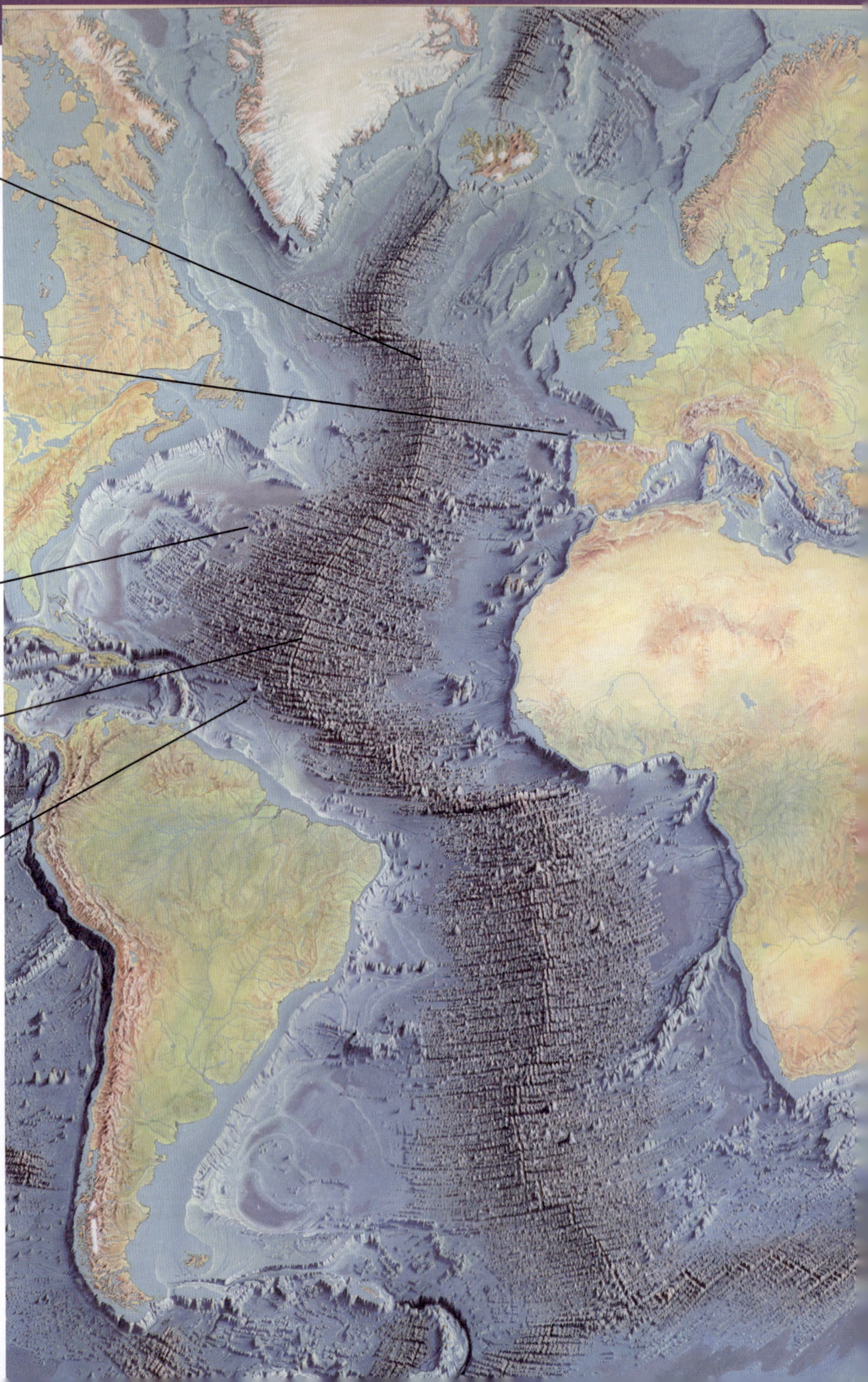

洋盆

在陆缘之外就是洋盆，洋盆占据了60%的地表。它是海底中较深的部分，具有许多特殊的地貌。**图16-19**显示了大西洋洋盆的地形。

深海平原 海平面以下5～6 km处，平缓的部分称作**深海平原**(**abyssal plain**)。如**图16-19**所示，深海平原是被数百米厚的细颗粒泥质沉积物以及堆积于玄武质火山岩顶部的沉积岩所覆盖的平坦区域。

深海海沟 洋盆中最深的部分是**深海海沟**(**deep-sea trench**)区域。它们是海底中狭长的、偶尔呈弧形的凹陷区域，比其邻近的深海平原要深几千米。许多深海海沟都位于火山岛链(如阿拉斯加的阿留申群岛)旁，且大部分都位于太平洋的大陆边缘附近。深海海沟相对较窄，大约只有100 km宽，但是它们可延伸数千千米。如**图16-20**所示，秘鲁—智利海沟几乎长达6 000 km，平均宽度有40 km。

图16-20 秘鲁—智利海沟穿过南美洲西海岸。

大洋中脊 **大洋中脊**(**mid-ocean ridge**)是洋盆中最为突出的特征，它们穿越了所有的洋盆，总长度在65 000 km以上——比地球的周长还要长。大洋中脊的平均相对高度为1 500 m，但其宽度却可达数千千米。大洋中脊的最高峰超过6 km，以火山群岛的形式存在于海洋中。大洋中脊是经常发生火山喷发和地震活动的场所，在其顶部通常有一些裂谷穿越中脊中心，裂谷可深达2 km。

大洋中脊并不是连续的脊线，而是被一系列断层分为较短的、阶梯状的分段。这些断层垂直于每条大洋中脊，称为转换断层。其中断裂点出现的区域称作断裂带，如**图16-21**所示。断裂带大约有60 km宽，它们弯弯曲曲地穿越海底，有时可长达数千千米。

折叠式学习卡

将本节信息整合到你的折叠式学习卡中。

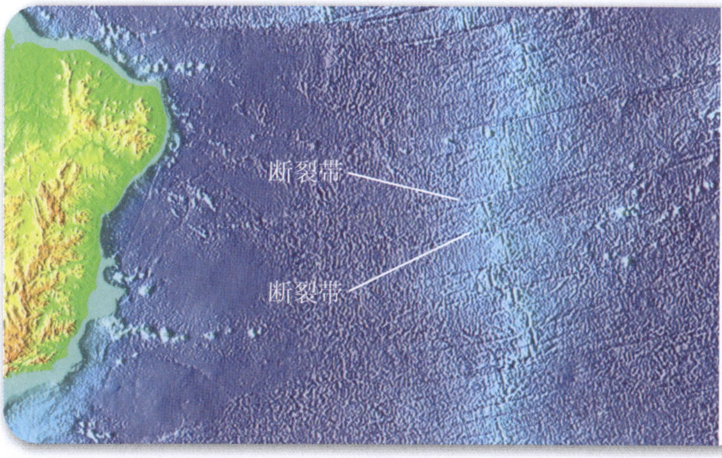

图16-21 大西洋中脊有很多断裂带，这些断裂带与大洋中脊垂直相交。

图 16-22 海底"黑烟囱"来自岩浆受热析出的金属氧化物和硫化物。"白烟囱"来自大洋中脊裂缝中喷出的热液所析出的钙和钡沉淀。

热液喷口　**热液喷口**(hydrothermal vent)是海底中能喷发出被岩浆加热的液体的洞口。大多数热液喷口都位于大洋中脊的裂谷底部沿线。当从这些喷口中喷出的热液中含有金属氧化物和硫化物时,这些物质会立刻从液体中析出并形成浓厚的、黑烟状的喷流。这一类型的热液喷口,俗称"黑烟囱",会喷射温度高达350 ℃的超热水柱。**图 16-22** 展示了发现于某大洋中脊裂谷中的"黑烟囱"。

另一类喷口是"白烟囱",会喷射出温水,如**图 16-22** 所示。白烟囱喷出的水柱比黑烟囱温度低,它的颜色也是由热液中析出的物质决定的。两个类型的"烟"都是由循环通过大洋中脊中心滚烫的地壳岩石的海水所产生的。

☑ **读后自查**　**指出**大多数热液喷口的位置。

海底山和海底平顶山　卫星雷达影像图显示,海底散布着数以万计的独立山峰,这些山峰并不位于靠近活火山的区域。那么,它们是如何形成的呢?我们已经学过,在大洋中脊和断裂带处的洋盆,其火山活动较强,而海底大多数其他区域几乎没有地震,并且区域内的火山活动已经停止很长一段时间了。因此,海底的大多数山峰很可能都是死火山。

对海底的火山调查发现,这些火山可以分为两类:海底山和海底平顶山。**海底山**(seamount)是淹没于水中的玄武岩火山,高达1 000多米。在太平洋洋盆中,分布着许多方向大致相同的线状海底山链,例如皇帝海底山链。**海底平顶山**(guyot)是顶部平坦且淹没于水中的大型玄武岩死火山。

海洋沉积物

覆盖海底的沉积物来源有很多，但是大部分都来源于大陆。陆源性沉积物包括被河流冲刷至大海的泥和沙石，以及被风吹入大洋的尘埃和火山灰。河流携带的绝大部分较粗糙的物质都沉积在靠近海岸线的地方或者海滩上，但颗粒细小的物质，如粉砂和黏土较难沉积，其中的一些颗粒甚至可能需要数个世纪才能到达海底。

陆源沉积物 洋流可使细颗粒的粉砂、黏土和火山灰等来自陆地的陆源沉积物分散在整个洋盆中。因此，深海海底中主要的沉积物是细颗粒的深海泥。由于存在某些沉积物颗粒中的铁离子在其移动至大洋洋底的过程中发生了氧化作用，所以深海泥通常呈微红色。靠近陆地的区域，沉积物就会掺杂一些颗粒较粗的物质，比如砂石。但是一些砂质沉积物偶尔也会抵达深海平原，尤其是在具有强烈浊流的地方。

生物源沉积物 深海沉积物的另一个来源是生物活动，这种来源的沉积物叫作生物源沉积物。当一些海洋生物死去，如**图16-23**所示的硅藻，它们的外壳会沉积在海底。来源于曾经是活的有机体的颗粒占有很大比例的沉积物称作软泥。软泥大多颗粒细小，主要成分是碳酸钙或氧化硅。软泥和深海泥的沉积速度都仅为每千年几毫米。

■ **图16-23** 微型海洋生物的贝壳，例如硅藻外壳、贝壳碎片以及大型海洋生物的坚硬部分等组成了生物源沉积物。这是一张硅藻的电子显微镜扫描图(SEM)。

迷你实验

科学实验室

测量沉积物的沉降速率

实验步骤

1. 阅读并遵守实验室安全守则。
2. 找直径约0.5 mm、1 mm、2 mm、5 mm和10 mm的沉积物颗粒。
3. 绘制一张数据表，其中，表格栏目应包括：颗粒的类型、直径(mm)、距离(cm)、时间(s)、沉积速率(cm/s)。
4. 利用卡尺测量每一个样品的直径，并在数据表中记录测量结果。
5. 在一个250 ml的量筒中倒入食用油。
6. 将最大的样品放入油中。测量该样品沉入筒底所需要的时间。如果该样品下沉得比较慢，那么就测量一下在给定距离内其下沉所需要的时间，并记录在数据表中。
7. 对其余的每个样品重复步骤6的操作。

实验分析

1. **计算**每个样品的沉降速率，并填入数据表中。
2. **绘制**沉降速率与粒径关系图。
3. **解释**沉降速率随粒径减小的变化情况。

■ **图16-24** 从海水可以析出金属，比如锰。图中这些锰结核由锰和铁组成，颗粒大小在几厘米到10 cm之间。

水生沉积物 陆源沉积物来源于陆地，生物源沉积物来自生物活动，还有一种沉积物叫作水生沉积物，它来源于海水中的元素。例如，从过饱和的咸水湖中析出的盐即为水生沉积物，它也包括深海热液喷口处析出的硫化物。如**图16-24**所示，从海水中析出的锰结核，由锰、铁、铜的氧化物和其他贵金属组成。它们的成长速度非常缓慢，都是以毫米/百万年来衡量的。

锰结核在深海底部的大部分区域都有分布。尽管有人尝试从铁锰结核中提炼贵金属，但将其从5 000～6 000 m深的水底取出的难度很大，费用很高，因此这项研究进展很缓慢。

第2节 本节回顾

要点梳理

- 海底包括洋壳和一部分陆壳。
- 大陆边缘包括大陆架、大陆坡和大陆隆。
- 深海洋盆由深海平原、海沟、大洋中脊、海底山以及海底平顶山组成。
- 大多数深海沉积物都是细颗粒的，且沉积速度缓慢。

要点理解

1. 主要概念 **描述**洋盆的特征。
2. **辨别** 哪种沉积物沉降速度更快，鹅卵石还是沙粒？
3. **总结**深海泥和软泥的差异。
4. **对比与比对**大陆边缘三个主要区域的特点。

批判性思维

5. **假设** 如果深海平原中基本没有火山活动，却分布着数以千计的海底山，那么这些海底山是从哪里来的呢？

地学写作

6. 假设你乘坐在太平洋自东向西航行的轮船里，携带了侧向扫描声呐定位仪。根据你所预测的海底特征，描述你将如何解释收集到的声呐数据。

"阿尔文号"是一个用于研究深海热泉和其他深海特征的载人潜水器。

探索深海海底

有一系列装置可以用于收集深海海底数据，如载人潜水器、全自动机器人，以及远程操作装置。海洋学家利用这些装置来研究深海的地形、生物和化学特征。

潜水器 "阿尔文号"潜水器是世界上广泛使用的几种深海载人潜水器之一。"阿尔文号"下潜海底需要两个小时，返回海面也需要两个小时。顶着数以千吨水的强大压力，同时还有深海的黑暗与寒冷，科学家在海底有四个小时的时间来接收信息，采集海水、沉积物以及生物样本。在1977年，科学家利用"阿尔文号"首次看到了深海热泉，这对于地质学家和生物学家来说，都是一项重大的发现。

水下自动装置 水下自动装置(ABE)长两米，重500多千克。好在有电脑系统控制，能使得这个笨重的装置潜入深海海沟和深达5 000 m的海底山附近。水下自动装置能够脱离驾驶员、船只与潜水器独立活动。它已经完成了150多次深海海底的潜水任务，包括录制深海环境视频和采集水温、水样。

远程操作装置 Jason/Medea是一个可以收集深达6 000 m的海底数据的远程操作装置(ROV)。ROV部署在轮船上，与ABE不同的是，它需要一个驾驶员(工程师或者潜水员)在船上操控它。2006年，Jason/Medea探索了西太平洋马里亚纳海沟附近的海域，并收集了活火山和火山口附近的水体化学数据。在2009年，科学家操控Jason/Medea录制了距太平洋表层1 200 m的深海火山爆发视频，这也是人类看到的首个海底火山爆发的现场画面。

地学写作
时间轴 搜集更多有关深海载人潜水器探索海底的历史信息。画出可以展示该领域重要技术革新的时间轴。

辨识海岸地貌

实验背景：海岸地区的地形图展示了二维空间的海岸地貌。你可以根据海岸线沿线的地貌和内陆地区的地貌来识别上升海岸。

实验问题：如何在地形图上识别和描述上升海岸的海岸地貌？

摩洛岩坐落于加利福尼亚州的海岸边。

实验材料

米尺

绘图指南针

方格纸

计算器

实验步骤

1. 阅读并遵守实验室安全守则。
2. 确定下页所给地图的比例尺及其等高距。
3. 在小地图中，从海平面等深处到内陆 2 000 ft处，在艾莱河北面画出东西向的海岸剖面图。其中，比例尺为1∶24 000。
4. 利用这两张地图，回答以下问题。

实验分析

1. **描述** 摩洛岩半岛属于哪种海岸地貌？
2. **解释** 附近的皮勒岩具有哪种地貌特征？它们是如何形成的？
3. **解读** 中部摩洛湾州立公园所处的海岸特征是什么？这一特征是如何形成的？
4. **推断** 摩洛湾州立公园沿岸泥沙的输移方向是什么样的？
5. **应用** 你所绘制的东西向剖面是一个靠近海岸线的上升平面。这种海岸地貌的类型是什么？它是如何形成的？
6. **得出结论** 如果海平面下降10 m，那么海岸线将如何变化？它将向大海方向延伸多远？海岸线将变得更加规律还是更加不规律？摩洛湾会发生什么改变？
7. **指出** 如果海平面上升6 m，指出海岸地区会出现的三种主要变化。

技能运用

比较和对比 比较这一海岸与得克萨斯州的科珀斯克里斯蒂和加尔维顿之间的海岸。哪些海岸特征是相似的？哪些不相似？

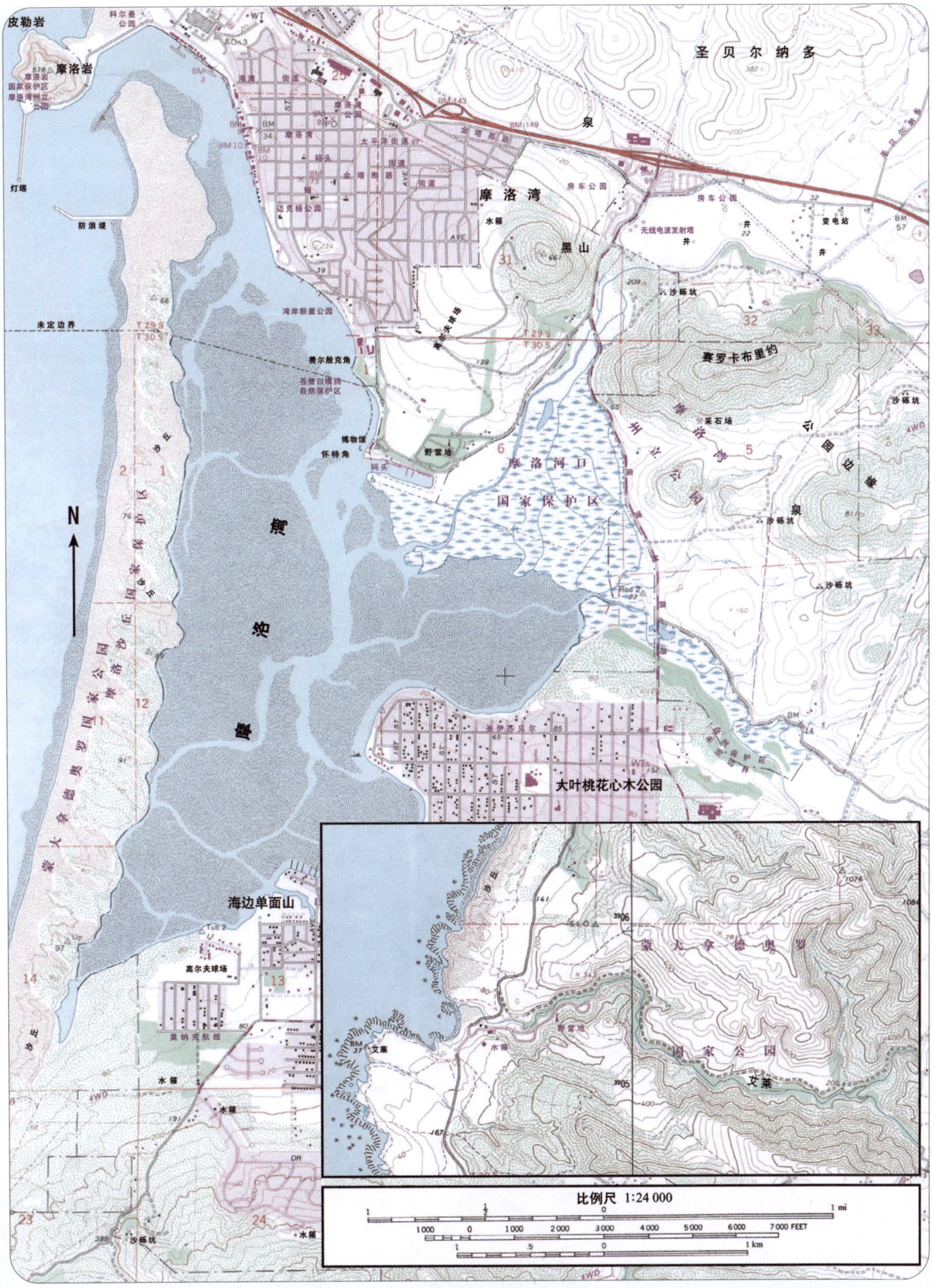

皮勒岩
摩洛岩
科尔曼公园
灯塔
防浪堤
圣贝尔纳多
泉
摩洛湾
水箱
黑山
房车公园
无线电波发射塔
井
变电站
沙砾坑
赛罗卡布里约
采石场
未定边界
海岸断崖公园
费尔般克角
博物馆
怀特角
野营地
码头
摩洛河口
国家保护区
N
摩
洛
湾
大叶桃花心木公园
海边单面山
高尔夫球场
莫纳克航线
水箱
沙砾坑
沙丘
蒙大拿德奥罗
国家公园
文莱
野营地
比例尺 1:24 000
1 mi
7 000 FEET
1 km

第16章 复习指南

大概念 海洋有着复杂多变的地质条件和丰富的自然资源。

第1节 海岸线的特征

关键术语
- 海滩
- 波折射
- 沿岸沙坝
- 沿岸流
- 障壁岛

主要概念 海浪连续不断地侵蚀海岸，同时其携带的海洋沉积物在海岸堆积，由此塑造了一系列变化的海岸线。

要点梳理
- 海岬的波蚀产生了海蚀平台、海蚀崖、海蚀柱、海蚀拱和海蚀洞。
- 波浪作用和沿岸流导致沉积物沿海岸输移，并塑造了海岸堆积地貌。
- 人造防护建筑干扰了沉积物的沿岸输移过程。
- 过去的全球海平面比现在要低约130 m。

第2节 海　底

关键术语
- 大陆边缘
- 大陆架
- 大陆坡
- 浊流
- 大陆隆
- 深海平原
- 深海海沟
- 大洋中脊
- 海底山
- 海底平顶山

主要概念 海底地貌与陆地地貌相似，其覆盖着的沉积物也有多种来源。

要点梳理
- 海底包括洋壳和一部分陆壳。
- 大陆边缘包括大陆架、大陆坡和大陆隆。
- 深海洋盆由深海平原、海沟、大洋中脊、海底山以及海底平顶山组成。
- 大多数深海沉积物都是细颗粒的，且沉积速度缓慢。

第16章 复习检测

术语回顾

描述下列术语的含义。

1. 障壁岛
2. 海滩
3. 沿岸沙坝
4. 波折射

从复习指南中选取合适的术语填空。

5. 通过对海底沉积物和岩床的侵蚀，________能塑造出海底峡谷。
6. 洋盆中最深的地方是________。
7. ________是沉浸在海洋下的大陆的一部分。
8. 超过1 km高的水下玄武岩质火山是________。

理解要点

9. 下列哪项海岸特征通常出现在不规则海岸沿线且有海岬的海湾中？

   A. 海蚀柱　　**B.** 海蚀崖

   C. 海蚀平台　　**D.** 海滩

10. 下列海岸地貌中，哪项不是由沉积物沿岸输运产生的？

    A. 障壁岛　　**B.** 沙嘴

    C. 湾口沙洲　　**D.** 海蚀柱

11. 下列哪项是大陆边缘从陆到海地貌特征的正确排序？

    A. 大陆坡，大陆架，大陆隆

    B. 大陆隆，大陆沟，大陆架

    C. 大陆架，大陆坡，大陆隆

    D. 大陆坡，大陆架，大陆沟

12. 洋盆占地球表面的比例是多少？

    A. 10%

    B. 30%

    C. 50%

    D. 60%

13. 深海平原中的沉积物大部分由什么组成？

    A. 沙子和砾石

    B. 盐

    C. 海贝类

    D. 软泥和深海泥

14. 大多数深海海沟位于哪里？

    A. 大西洋

    B. 太平洋

    C. 印度洋

    D. 北冰洋

15. 下列哪项贯穿所有海洋？

    A. 深海平原

    B. 大洋中脊

    C. 深海海沟

    D. 海底山和海底平顶山

根据下图，回答第16～17题。

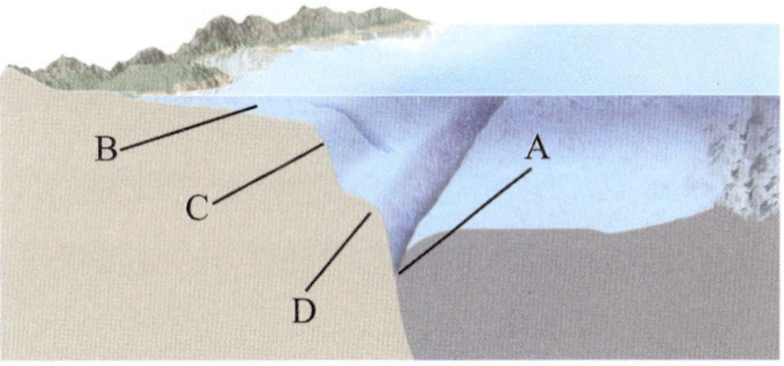

16. 下列哪处是大陆架？

    A. A

    B. B

    C. C

    D. D

17. A地有哪种地貌特征？

    A. 海底平顶山

    B. 大陆坡

    C. 大陆隆

    D. 海沟

18. 下列哪项表示真正的大陆边缘？
   A. 海底峡谷　　B. 大陆坡
   C. 大陆架　　D. 深海平原
19. 在大洋中脊的断裂处可以发现哪种海底地貌？
   A. 热液喷口　　B. 锰结核
   C. 深海海沟　　D. 海底山
20. 下列哪种地貌是地球表面最平坦的？
   A. 深海海沟
   B. 大陆边缘
   C. 深海平原
   D. 大洋中脊

根据下图，回答第21题。

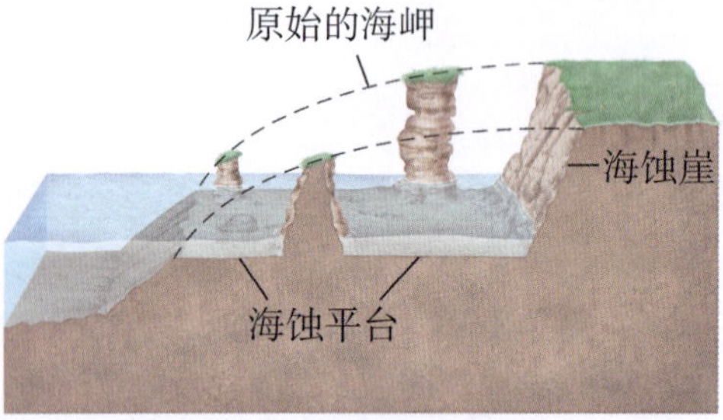

21. 下列哪种地貌不是由侵蚀作用引起的？
   A. 海蚀平台
   B. 海蚀崖
   C. 原始的海岬
   D. 海蚀柱
22. 下列哪种海底地貌是由浊流侵蚀造成的？
   A. 沿岸沙坝
   B. 海底峡谷
   C. 深海平原
   D. 湾口沙坝
23. 下列哪项与大洋中脊无关？
   A. "黑烟囱"
   B. 海底平顶山
   C. 断裂带
   D. 热液喷口

简要概述

24. **解释**　目前，全球海平面是在上升、下降还是保持不变？末次冰期时，海平面比现在高、低，还是与现在一样？请解释原因。
25. **解释**深海软泥与沉积岩白垩之间的关系。
26. **阐述**　一个波峰正以一定的角度靠近平直海岸带，描述波折射对这个波峰的影响。

根据下图，回答第27题。

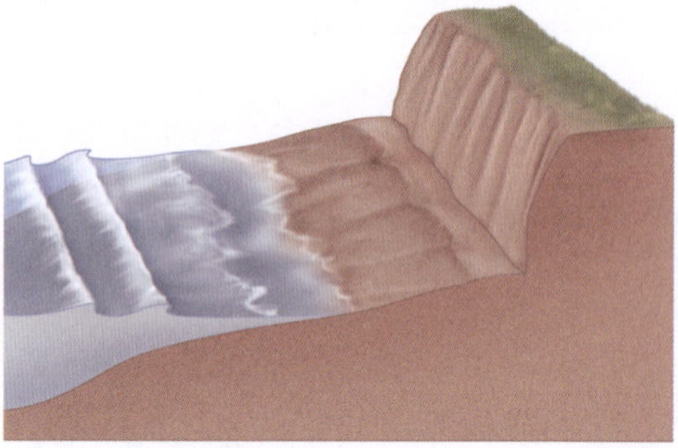

27. **应用**　在一张纸上复制上图，并且标注出：海岸线、海滩、低潮线、高潮线、海岸带与波浪。
28. **阐述**　沿着海岸线涌入的波浪是如何产生沿岸流的？
29. **应用**　如果一个海岸有上升的海岸阶地，它一般是会上升还是下沉？请解释原因。
30. **区分**湾口沙洲和连岛沙洲的区别。
31. **讨论**可以引起海岸线变化的过程。
32. **对比与比对**海底山和海底平顶山，以及它们的成因。
33. **分析**　为什么深海泥总是略带红色？
34. **对比与比对**不同海洋沉积物的起源。

批判性思维

35. **推断**并解释为什么海底山是死火山。

36. **假设**你在加利福尼亚州的海滩边冲浪。描述哪些近岸流可能影响你每次冲浪一圈之后回到海岸的相对位置。你能回到同样的起点吗?

37. **建议** 有证据表明,末次冰期时,猛犸象从西伯利亚迁移到北美。它们是如何横跨这两个大洲的?

38. **假设**你朝着海岸线的方向在海里游泳,突然发现自己用尽全力也无法前进。解释为何会出现这种情况,同时描述一下为摆脱这个困境,你该如何改变游泳路径。

39. **评估** 当全球海平面下降时,有没有可能看到一个正在沉降的海岸?

根据下图,回答第40题。

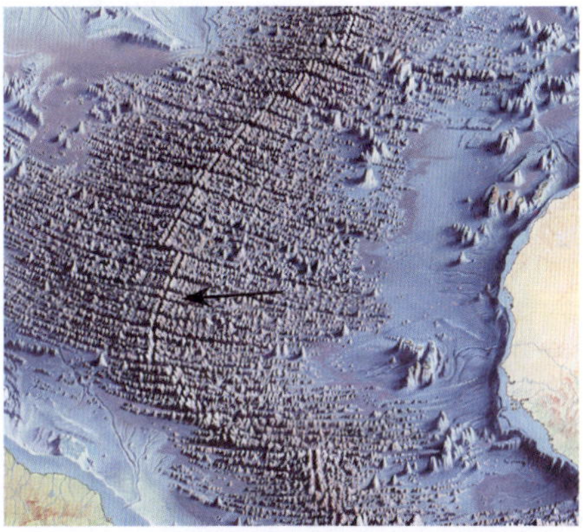

40. **评价** 箭头指向的是哪种海底地貌?这种地貌有什么重要性?

概念图解

41. 利用下列术语绘制一幅有关大陆边缘的概念图:*大陆架*、*大陆坡*、*大陆隆*、*浊流*以及*海底峡谷*。参考*技能手册*,获取更多信息。

挑战难题

42. 调查在过去的五年中,发生在美国或其他国家的由海岸侵蚀带来的自然灾害。

地学写作

43. 撰写一篇新闻稿,讨论居住在沿海低地的一些风险。

材料分析

下图显示了美国高夫海岸两个城市100年里的年平均海平面变化。

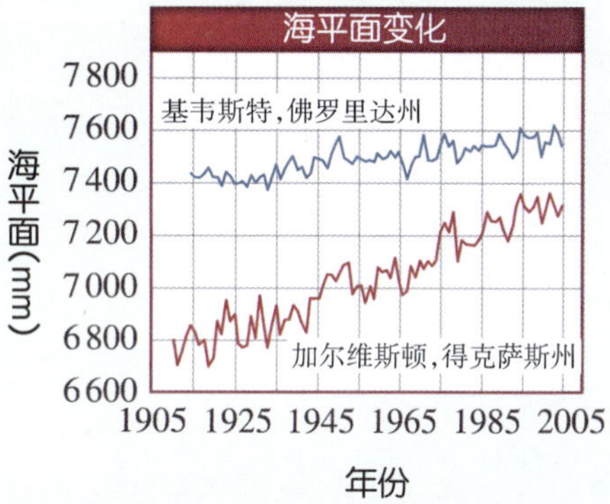

资料来源:National assessment of shoreline change: part 1 historical shoreline changes and associated land loss along the U.S. Gulf of Mexico. Report 2004-1043. *U.S. Geological Survey*.

44. 根据图中的数据点,绘制一条最佳拟合线,以此评估佛罗里达州的基韦斯特和得克萨斯州的加尔维斯顿的海平面变化。

45. 在过去的一个世纪里,全球海平面平均上升了大约0.18 m。哪个地区的海平面上升高度与全球平均值最接近?

46. 哪个因素可能导致全球海平面升高?哪种原因导致局地海平面变化幅度要远高于全球平均值?

综合复习

47. 最常见的四种叶片状变质岩是哪些?(**第6章**)

48. 描述超大风暴的产生过程。(**第13章**)

综合 标准化测试

选择题

1. 下列哪种海水运动速度缓慢且发生在深水里？

   A. 表层洋流　B. 上升流
   C. 密度流　D. 环流

根据下图，回答第2～3题。

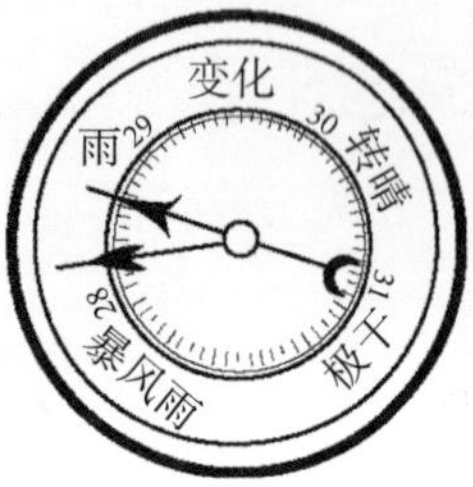

2. 这是什么仪器？

   A. 温度计　B. 湿度计
   C. 气压计　D. 雨量计

3. 如果一个气压计显示高压，那么最有可能是哪种天气？

   A. 暴风雨　B. 多云
   C. 晴天　D. 酷暑

4. 为什么太平洋和大西洋中，海水的硅含量随水深增加而升高？

   A. 表层海水的化学物质中含有更多的溶解态的硅
   B. 当贝壳类生物死亡，它们的贝壳沉落到洋底并分解，向海水中释放了硅
   C. 表层的波浪运动稀释了硅含量
   D. 氧气进入表层海水后，促使硅沉降到更深层的海水中

5. 火山活动可能会对气候变化产生什么影响？

   A. 火山灰遮挡了入射的太阳光，从而导致全球气温降低
   B. 火山灰阻挡了地球大气层的辐射，从而导致全球气温升高
   C. 岩浆在地表流动增加了地表温度，进而导致全球气温升高
   D. 喷射到高空中的岩浆增加了大气温度，进而导致全球气温升高

6. 如果北半球正在经历黑暗和严寒，那么南半球正好处于哪个季节？

   A. 春季　B. 夏季
   C. 秋季　D. 冬季

根据下图，回答第7～9题。

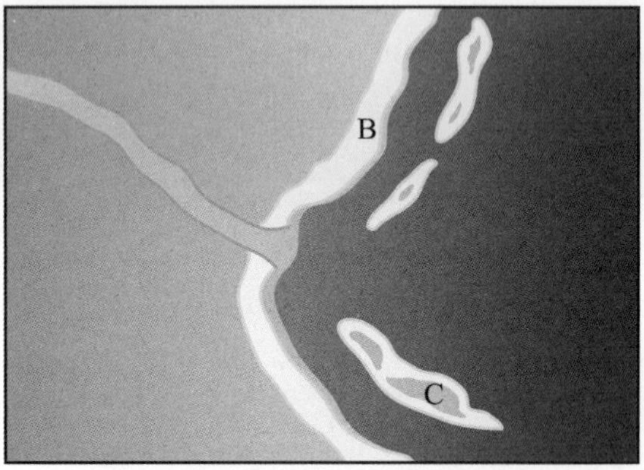

7. B表示哪种海岸地貌？

   A. 连岛沙洲　B. 沙嘴
   C. 潟湖　D. 海滩

8. B处的沉积物很粗糙，从中可以得出关于此地波浪和沉积物来源的什么结论？

   A. 该区域多岩石且受大风浪冲击
   B. 该区域多岩石且受小风浪冲击
   C. 该区域沉积物颗粒细小且受大风浪冲击
   D. 该区域沉积物颗粒细小且受小风浪冲击

9. C处是受什么影响而形成的？

   A. 大型风浪
   B. 沿岸沙坝的缺口
   C. 沿岸流
   D. 离岸流

10. 在足够的热量和压力作用下，石灰岩会变成哪种岩石？

    A. 大理岩　B. 板岩
    C. 石英岩　D. 片麻岩

简答题

根据下图,回答第11~12题。

11. 辨识和描述图中所表示的过程。
12. 温室如何模拟地球大气层?
13. 温室效应是如何加剧的?
14. 描述彗星可能导致地球出现早期海洋的假说。
15. 讨论一种模拟预测比数字预测更有用的情形。
16. 如果海洋学家绘制海底地图时,用声呐信号放射到接收用时3 s,那么该处海洋的深度是多少?(提示:水中的声速是1 500 m/s)
17. 如果一个气团中的空气因地表受热不均匀而上升,会导致什么情况?

阅读理解

水下热点

科学家认为,水下热点可能产生了唯一且未知的生命形式。大洋中脊的深海热液有利于海水中化学物质的平衡。它们构成了地表所没有的生态系统,同时也被认为是地球早期生命形成和演化的地方。研究这种有机体,有助于加深科学家对生物灵活性和适应性的认识。从热液喷口喷出的液体温度高达350 ℃,其中富含硫和盐类物质。一些能适应热液喷口处环境的微生物逐渐演化出了更复杂的水生生态系统。一些科学家认为,这种现象一定程度上能代表某些地球早期的生命形态。

资料来源:Roach, J Hydrothermal vents found in Arctic Ocean. *National Geographic News*. January 23,2003.

18. 下列哪项不属于深海热液的重要性?
    A. 它们提供了独特的生态系统
    B. 它们创造了丰富的水下环境
    C. 它们帮助水生生物适应极热的温度环境
    D. 它们有助于海水的化学平衡
19. 为什么在热液喷口处很难找到生命形式?
    A. 因为它们非常热
    B. 因为它们沿着大洋中脊分布
    C. 因为它们没有与海洋其他地方进行化学平衡
    D. 因为没有生命能够生存在这个富含硫的环境里
20. 为什么对科学家而言,研究深海热液非常重要?

需要更多帮助?																	
如果你回答错误……	1	2	3	4	5	6	7	8	9	10	11	12	13	14	15	16	17
请复习相应章节……	15.3	12.3	11.2	15.2	14.3	14.3	16.1	16.1	16.1	5.2	11.1	11.1	11.1	15.1	12.4	15.1	13.1

第5单元

动态的地球

单元内容

地球科学相关职业 火山学家

这位火山学家正在监测火山活动，以此来预测下一次火山喷发的时间。火山学家要花大量的时间在野外收集样品，测量火山的形状变化等。

第17章

板块构造论

大概念 大多数地质活动发生在板块的边界。

内容提要

起步实验

科学实验室

加利福尼亚州在移动吗?

在美国加利福尼亚州,一系列的裂缝将加利福尼亚州的西南部与本州的其他部分割裂开来,这些裂缝叫作断层,其中之一就是著名的圣安德烈斯断层。裂缝沿线经常会发生地壳运动,相对于北美大陆的其他地区,沿着这条断层的地壳运动使美国加利福尼亚州的西南部正以每年大约5 cm的速度向西北方向推移。在本实验中,你将学习更多有关板块运动的知识。

实验步骤

1. 阅读并遵守实验室安全守则。
2. 从老师处获得一张加利福尼亚州的地图。用尺子和比例尺确定圣弗朗西斯科到洛杉矶的实际距离。
3. 根据目前板块移动的速度,这两个城市什么时候会相遇?

实验分析

1. **推断** 是什么原因导致这些陆地板块的移动?
2. **计算** 加利福尼亚州西南地区在15年的时间里,将移动多远距离?

折叠式 学习卡

板块边界

根据下图所示,制作一个折纸,并用它来整理你学习板块边界过程中的笔记。

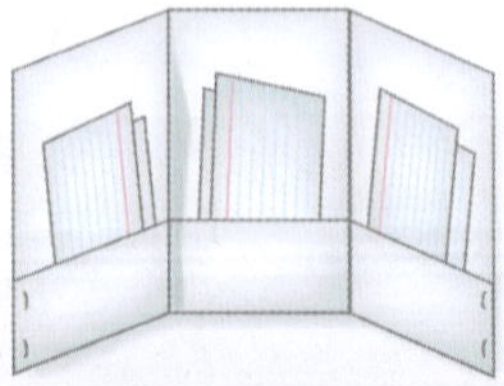

圣安德烈斯断层是一个1 200 km长的裂缝，它从美国加利福尼亚州北部一直延伸到墨西哥。沿着这条断层的板块运动使得洛杉矶以每年约5 cm的速度向圣弗朗西斯科方向推移。

第1节 漂移的大陆

主要概念 大陆的形状和地质特征表明，它们曾经是连在一起的。

核心问题

- 魏格纳假设地球大陆是移动的理论是根据哪些证据提出的？
- 古气候中，哪些事实支持了大陆漂移的观点？
- 当大陆漂移说第一次提出时，为什么没有被人们接受？

关键术语

大陆漂移
泛大陆

地球科学 在你身边 当你拼一副七巧板时，你一般通过七巧板的哪种特征来找到与其匹配的其他板块？科学家运用形状和位置等特征来还原各大陆几百万年前的排列方式。

早期的观察

除了地震、火山喷发、滑坡、崩塌这些现象外，在短短几十年内，地球表面看上去似乎没有明显的变化。然而从地质时期的宏观尺度上来看，地球表面几乎在以令人难以想象的速度迅速地变化着。最早注意到大陆在移动的人是早期的制图师。16世纪晚期，荷兰制图师阿拉伯罕·奥特利乌斯注意到大西洋两侧的大陆轮廓非常吻合。他提出是地震和洪水使南北美洲从欧洲和非洲大陆分离开来的。在此后的300年时间里，很多人注意到了大西洋两侧的海岸线吻合这个现象，并发表了各自的意见。如**图17-1**所示是一个19世纪制图师绘制的地图。

大陆漂移这个观点最早作为一个科学假说提出来是在20世纪早期。1912年，德国科学家阿尔弗雷德·魏格纳向科学界展示了他的大陆漂移说。

☑ **读后自查** **推断** 为什么制图师是最先提出大陆曾经相连在一起假说的人？

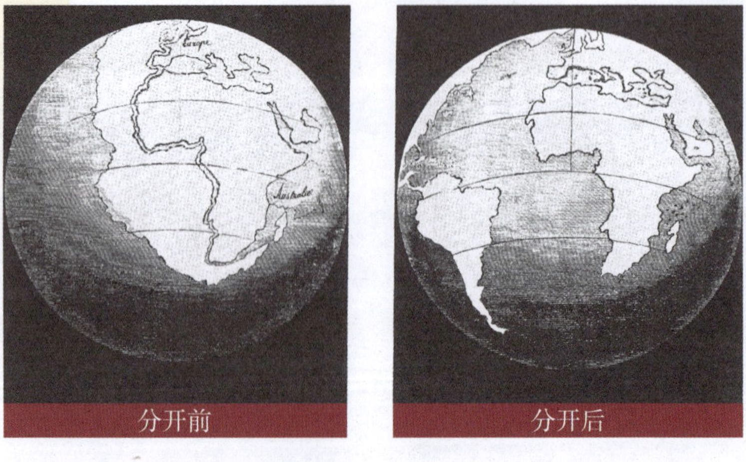

■ **图17-1** 许多年轻的制图师，例如绘制图中1858年地图的作者——安东尼奥·斯尼德·珀里格瑞尼，发现大陆之间可以相互贴合。

大陆漂移

魏格纳将他的假说称为**大陆漂移**(continental drift)。大陆漂移说认为,地球上的大陆曾经是一个相连的整体。魏格纳称这个超级大陆为**泛大陆**(Pangaea),这是希腊语,表示“全部陆地”的意思。他认为,大约2亿年前,泛大陆开始分裂。并且他还推论,从那时起,各大洲持续而缓慢地漂移到它们目前所在的位置,如**图17-2**所示。

为了证实他的观点,魏格纳从大西洋两侧陆地海岸线的拼图游戏里跳出来,试图寻找更多的证据来支持他的假说。对魏格纳来说,这些巨大的拼图仅仅是开始,他还收集并整理了岩石、化石和气候方面的证据来支持他的假说。

■ **图17-2** 魏格纳提出的假说认为,所有大陆都曾连在一起。他提出,大陆漂移用了2亿多年才使得各大陆移动到现在的位置。

定位 *部分泛大陆演变为北美洲和南美洲。何时它们是相连的?又是何时分离的?*

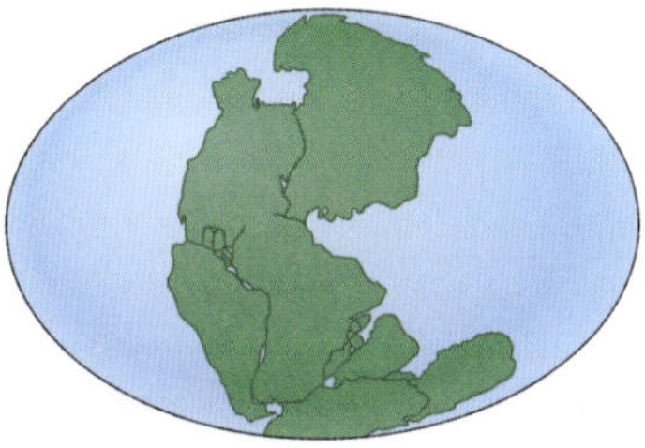

2亿年前:所有大陆连成一片,魏格纳将这片大陆命名为泛大陆

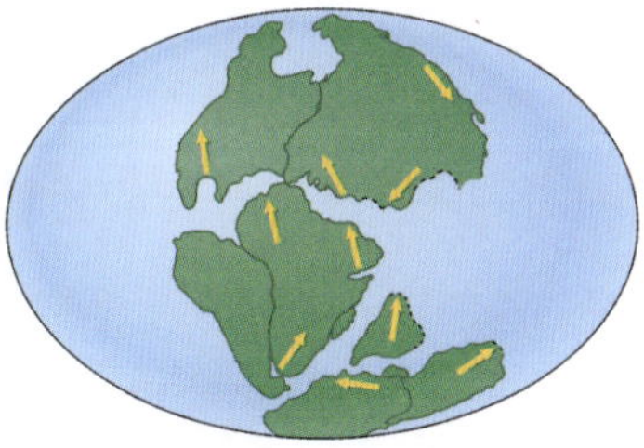

1.8亿年前:大陆漂移使得泛大陆分裂,北大西洋开始形成

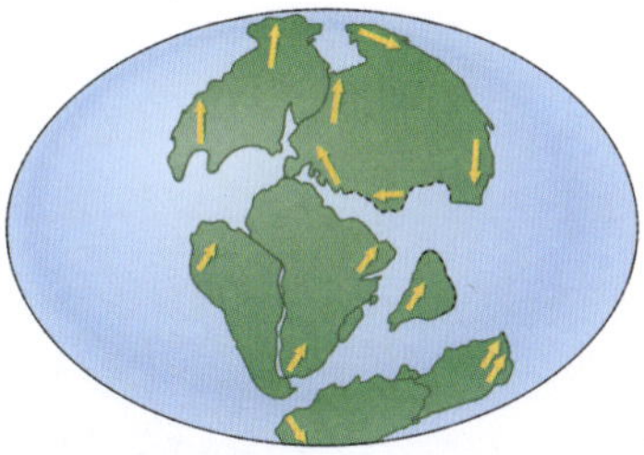

1.35亿年前:非洲和南美洲开始分离

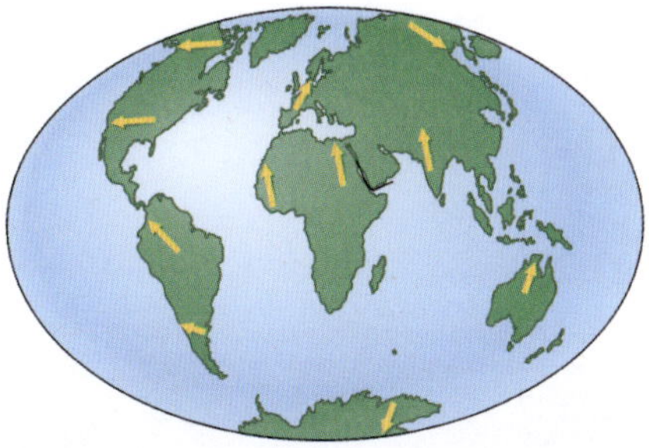

现在:印度与亚洲大陆碰撞后形成喜马拉雅山脉,澳大利亚从南极洲分离开来。东非大裂谷正在逐渐形成。各大陆仍在继续移动

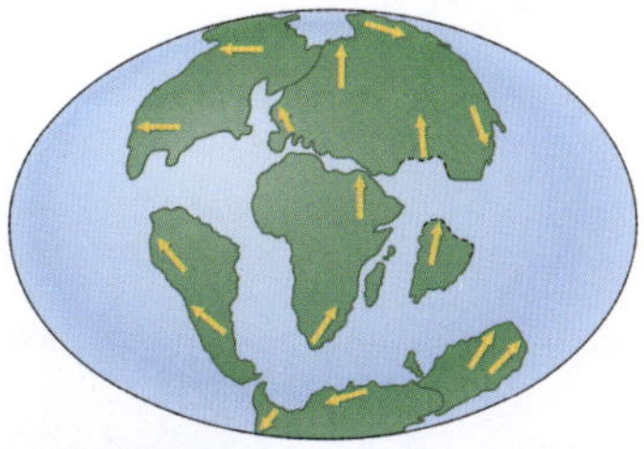

6 500万年前:印度向北移向亚洲

来自岩石的证据 魏格纳推断，泛大陆开始解体时，例如山脉这种大的地质构造，会随着大陆的分离而断裂。根据这个推断，他猜测在大西洋两侧一定存在具有相似岩石类型的地区。他发现美国的阿巴拉契亚山脉与格陵兰岛和欧洲有类似的岩石特征，而且这些类似的岩石年龄都在2亿年以上。这些岩石证据支持了魏格纳的陆地曾经连为一体的观点。**图17-3**中标识出这些被发现的岩层群组的位置。

来自化石的证据 魏格纳还收集了化石证据来证明泛大陆的存在。在被大洋远隔的不同大陆上，他发现了若干种相似的、曾经生活在陆地上的动植物的化石，如**图17-3**所示。魏格纳推断，陆生动物，例如肯氏兽和迷龙，不可能游过目前横亘于各大洲之间的海洋。他还指出，证据之中还有中龙化石，而中龙也不太可能远涉重洋迁移到另一个大陆上，因此这些动物应当曾经生活在同一块土地上。通过化石年龄的测定，魏格纳还确定了泛大陆分裂的年代框架，这给了他继续验证假说的信心。

■ **图17-3** 魏格纳将化石和大西洋两侧岩层构成的相似性作为地球上各大洲曾连为一体的证据。

指出能表明地球曾连为一体的证据。

古气候证据 魏格纳对气象学颇有研究，他从所研究的化石中发现了有关古气候的线索。其中，魏格纳用来证明大陆漂移说的是舌羊齿化石，这是一种类似低矮灌木丛的种子蕨类植物，如**图17-4**所示。这种植物的化石在很多地方可见，包括南美洲、南极洲和印度。魏格纳推断，分布有这些化石的区域太大，不可能出现相同的单一气候。由此他得出结论，含有这类化石的岩石曾经是连在一起的。他还论证，由于舌羊齿生长在温和的气候环境下，因此发现这些化石的区域曾经位于赤道附近。

■ **图17-4** 含有舌羊齿的化石遍布全球很多地方，魏格纳利用该化石来证实他的大陆漂移说。

☑ **读后自查** **推断** 魏格纳的气象学研究对于证实大陆漂移的假说有何作用？

煤炭沉积 我们已经学过，沉积岩为过去的环境和气候研究提供了线索。通过对多种沉积岩的研究，魏格纳发现了许多大陆气候显著变化的证据。例如，在南极洲和其他高纬度地方发现了煤炭沉积。煤炭通常是由长在温暖潮湿地区的古湿地植物密封和变质后形成的。南极洲煤层的存在表明，这个冰冻的陆地曾经有过温暖、多雨的气候。魏格纳由这个证据得出结论：南极洲在某个地质时期曾经非常接近赤道。

冰川沉积 另一个气候上的证据来自在非洲、印度、澳大利亚和南美洲所发现的冰川沉积。这些有着2.9亿年历史的沉积物表明，这些大陆曾经被很厚的冰帽所覆盖。由于这些地区没有现代大陆冰川的存在，魏格纳提出，在泛大陆解体以前，它们曾经位于南极附近，如**图17-5**所示。魏格纳提出两种可能来解释冰川沉积，一种是南极点发生了位移，另一种是这些陆地曾经离南极点更近，而后漂移到现在的位置。他认为大陆漂离南极的可能性比地球旋转轴发生改变的可能性要大。

■ **图17-5** 在许多大陆上，存在接近3亿年的冰川沉积。这使得魏格纳提出这种观点：这些地区曾经被冰覆盖并且连在一起。图中白色部分表示冰川。

■ **图17-6** 魏格纳在1930年的格陵兰岛考察中为他提出的假说收集了更多的证据。他在这次考察途中去世了。直到他去世多年后,他收集的数据才成为板块构造理论的基础。

一个不被接受的假说

在20世纪早期,很多科学界人士都坚决相信大陆和海洋是地球表面永恒的、固定的面貌。魏格纳在余下的生命时间里一直在旅行,去边远地区收集大陆漂移的证据。**图17-6**是他在格陵兰岛最后一次考察的场景。尽管魏格纳已经收集了大量证据,但当时大多数科学家仍然拒绝接受他的大陆漂移说。

魏格纳的假说主要有两个缺陷阻碍了它被广泛接受。首先,魏格纳没有合理的理由解释是什么使大陆发生移动,即究竟是什么力量能强大到将如此巨大的岩石板块移动那么远的距离。魏格纳认为有可能是地球转动的力量,然而物理学家却能证明这个力量还不足以移动陆地。

其次,科学家们对大陆怎样移动存在疑问。魏格纳提出大陆像犁一样从静止的海底移过,但众所周知的是,地壳下的地幔是固体。因此,大陆是如何在固体上面移动的呢?这两个未能回答的问题——是什么力量使大陆移动以及大陆怎样移动并保持完整,是大陆漂移说在刚提出时不被人们接受的主要原因。

直到20世纪60年代初,当新技术提供了大陆如何移动的更多证据时,科学家才开始重新思考魏格纳的假说。海底绘图技术的进步以及对地球磁场的深入认识为解释大陆如何移动及其推动力的来源提供了必要的证据。

第1节　本节回顾

要点梳理

- 大西洋两侧大陆的海岸线能相互贴合,表明这两块大陆可能曾经连在一起。
- 大陆漂移说是泛大陆发生分裂、移动的学说。
- 魏格纳从岩石、化石以及冰川沉积中收集证据来支持他的假说。
- 大陆漂移说在当时不被接受,是因为魏格纳没有合理的解释来说明大陆是如何移动的,以及是什么原因引起了大陆移动。

要点理解

1. 主要〈概念　**绘制**各大陆曾经是如何连接为泛大陆的示意图。
2. **解释**　在非洲、印度、澳大利亚和南美洲发现的古冰川沉积是如何证明大陆漂移说的?
3. **总结**　岩石、化石以及古气候是如何为大陆漂移说提供证据的?
4. **推断**　作为泛大陆一部分的古代北美洲,其气候特征是怎样的?

批判性思维

5. **解读**　仔细观察**图17-5**。在巴西发现了2亿年前的石油沉积,那么地质学家还可能在哪里发现与之年代相近的石油沉积?
6. **评估**这个说法:我所生活的地区一直在地球上的同一个位置。

地学写作

7. 从20世纪早期反对大陆漂移说的科学家的角度出发,写一篇稿件。

第2节 海底扩张

主要概念 洋壳形成于大洋中脊，同时也是海底的主要组成部分。

核心问题

- 证明海底扩张的证据有哪些？
- 海底磁相有哪些重要意义？
- 如何解释海底扩张的过程？

关键术语

磁力计
地磁转向
古地磁学
等时线
海底扩张说

地球科学在你身边 你是否曾经用数树桩年轮的方法来判断树龄？科学家可以通过相似的方法来研究海底特征，进而推断它的年龄。

绘制海底

直到20世纪中叶，大多数人，包括许多科学家在内，都认为海底与大陆不同，基本上是平坦的。许多人甚至错误地认为洋壳是不会变化的，并且年龄远远大于陆壳。然而，20世纪40年代至50年代的技术进步带来的发现证明了所有这些被广泛接受的思想都是错误的。

其中一项用于研究海底的技术是磁力计。如**图17–7**所示，**磁力计**(**magnetometer**)是一种能探测磁场微小变动的装置。磁力计被轮船拖着行走，可以记录沿途海底岩石的磁场方向、强度等数据。利用测量得到的结果可以绘成海底地磁图。在本节后面的内容中，你将了解到更多的地磁学知识以及它们是如何支持大陆漂移说的。

另一种使科学家们能够非常细致地探测海底世界的技术是回声探测技术，声呐就是其中一种回声探测技术。我们已经学过，装载于船上的声呐发出一种声音脉冲波，这种声波穿过水体，然后从海底反射回来。根据声波从发出到返回这个过程的时间就可以计算出船到海底的距离。声呐技术的发展使得科学家能够测量水深以及绘制海底的地图。

■ **图17–7** 磁力计可以探测磁场中微小的变化。利用放入海里的磁力计所收集的数据，科学家加深了对海底岩石的认知。

■ **图 17-8** 声呐数据显示了大洋中脊以及深海海沟的分布区，这些地区也是地震和火山的多发带。

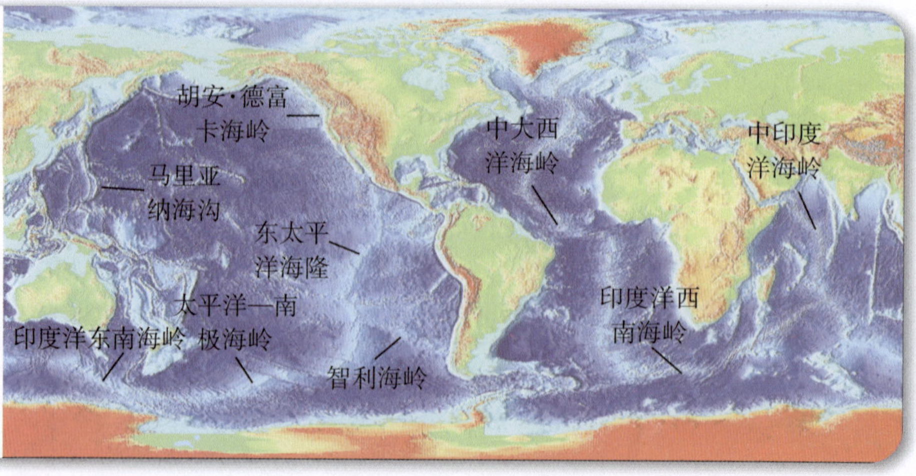

海底地形

用声呐和磁力计收集到的海底地图数据震惊了很多科学家。由此，大规模的水下山脉链——大洋中脊被发现，它特别像橄榄球上的缝合处。如**图 17-8**所示，大洋中脊这个海底特征构成了地球上绵延最长的山脉链。最初发现这些大洋中脊时，仅仅是因为它们的长度和高度分别可达65 000 km和3 km。后来，科学家们还发现大洋中脊是火山和地震的多发地带。

☑ **读后自查** **描述** 地球上绵延最长的山脉链在哪里？

由声呐数据绘制的地图还揭示了与这些水下的山脉链相对应的海底地貌类型——深海海沟，如**图 17-8**所示。前文曾经提到，深海海沟是一种狭长的海底凹陷，侧坡非常陡峭。海沟有可能长达数千千米，并且非常深。世界上最深的海沟在太平洋，叫马里亚纳海沟，深度超过11 km。而世界上的最高峰珠穆朗玛峰，绝对高度大约9 km，还需要在其上面搭建6个纽约帝国大厦才能达到马里亚纳海沟的深度。

海底的两种地貌特征——海沟和洋脊，自从被发现后困惑了科学家们十多年之久。是什么造成了蔓延全球的水下山脉？与这些山脉相关的火山的成因又是什么？是什么力量能使地壳凹陷得这样深，以致形成了深度为科罗拉多大峡谷6倍的海沟？你将在本章后面的内容中找到相关答案。

海底岩石和沉积

除了绘制海底地图，科学家们还收集了深海沉积物以及沉积物之下的洋壳岩石样本，以更好地了解海底。对这些岩石和沉积物的分析得出两个重要发现。第一，组成海底的岩石的年龄随地点发生有规律的变化。从大洋中脊附近采集的岩石样本比深海海沟附近采集的岩石样本年龄小。进一步的分析表明，洋壳的年龄随着离大洋中脊距离的增加而持续增加，如**图 17–9** 所示。这一趋势是随着大洋中脊均匀、平行分布的。科学家还从岩石样本中发现，即使是大海底部最古老部分的岩石，从地质年龄上看也非常年轻，仅有 1.8 亿年。与一些年龄至少有 40 亿年的陆地岩石相比，为什么海底岩石的年龄这么短？地质学家们知道，早在 1.8 亿年前，大洋就已经存在了，那么，早期的洋壳到哪里去了呢？

第二个发现是关于海洋底部的沉积物。测量表明，海底沉积物的厚度远小于人们的预料，一般只有几百米厚。而陆地上的大部分地区都覆盖着几千米到 20 km 厚的岩石沉积。科学家们知道，海洋中也有侵蚀和沉积作用，那么，为什么海底的沉积物不像陆地上的那样厚？海底沉积物相对比较薄难道是因为洋壳年龄的缘故？对海底沉积物的详细观测还发现，沉积物厚度随着离大洋中脊距离的增加而加厚，如**图 17–9** 所示。

地球科学相关职业

海洋地质学家 海洋地质学家是通过研究海底来认识譬如板块构造等地质进程的地球科学家。

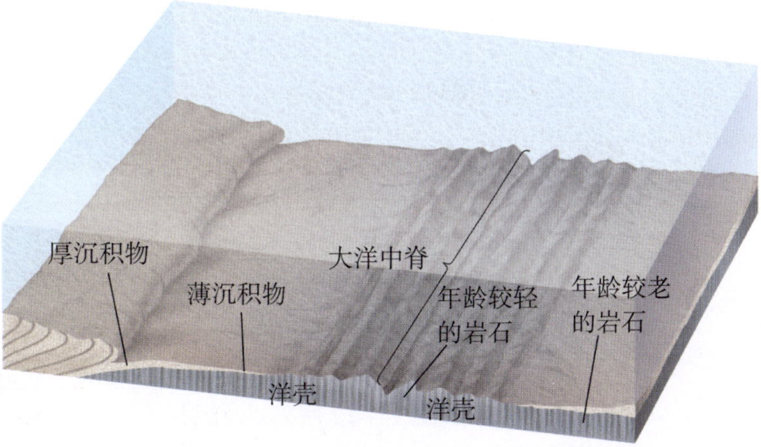

图 17–9 洋壳和海底沉积物的年龄随着与大洋中脊距离的增加而增加。

■ **图 17-10** 地球磁场是由于地球液态外核中熔融的铁的流动而形成的。磁场的极性一直在正向和反向中不停改变。

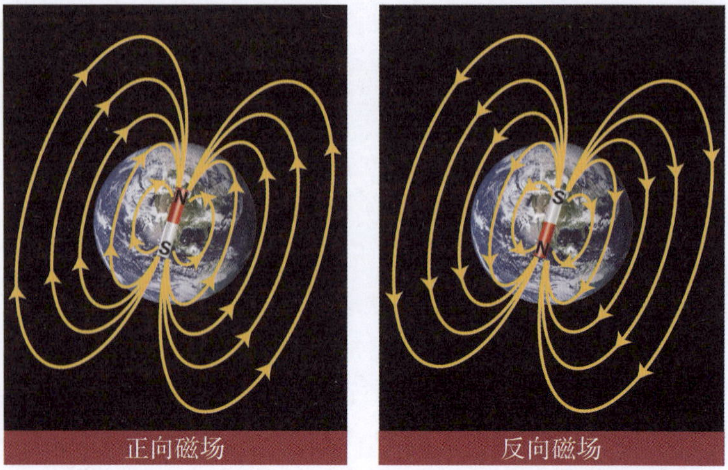

■ **图 17-11** 正向极性期和反向极性期来回变化。如图所示，地球磁场的长期变化称为期，短期变化称为事件。

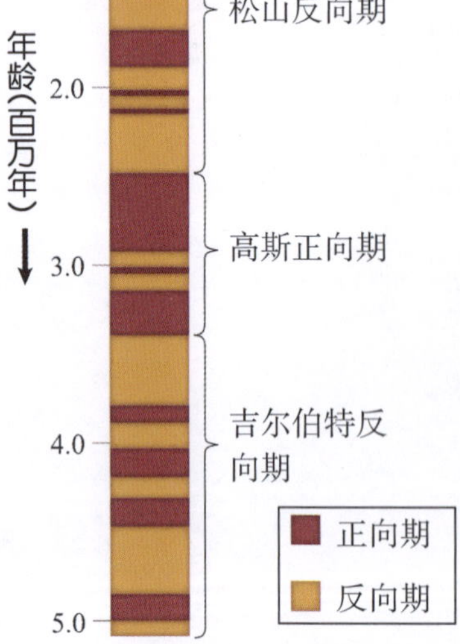

地磁

地球有着由地壳外核中流动的熔融的铁形成的磁场。这种磁场使得罗盘指针指向北方。当地球外核中液体流动方向改变时，会发生一次**地磁转向**(**magnetic reversal**)，即地球磁场方向改变。这会使得罗盘指针指向南方。地球历史上，地磁转向已经发生过很多次。如**图 17-10** 所示，一个磁场如果与目前地球磁场的方向一致，我们就说它有正向极性；一个磁场如果与目前地球磁场的方向相反，则说它有反向极性。

地磁年代表 **古地磁学**(**paleomagnetism**)是关于地磁历史的研究。当岩浆冷却时，铁磁性矿物会记录当时的地球磁场的方向及强度。这些矿物实际上就相当于罗盘的指针。当岩浆固结后，磁化的方向就被锁定在岩石中，成为表明当时地球磁场方向的有力证据。通过利用陆地上玄武岩熔岩流的古地磁研究，科学家可以构建地磁年代表，如**图 17-11** 所示。

磁场的对称 洋壳主要由玄武岩构成，它是火山的主要来源，包含了大量的含铁矿物。科学家们猜测海底的岩石可能有磁场转向的记录。当科学家利用安装在船尾的磁力计测量海底岩石的磁场方向时，一个令人惊讶的结果出现了：正向和反向磁性的区域形成了一系列平行于大洋中脊的条带，大洋中脊两侧纹理的年龄和宽度都是对称的。如**图 17-12** 所示是洋脊两侧的磁场分布模式。

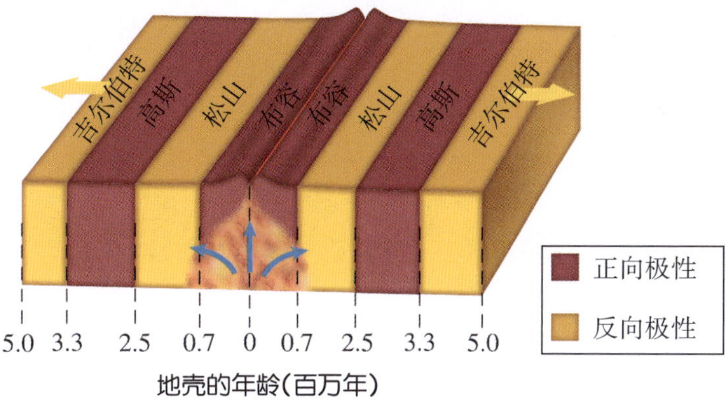

图 17-12 地球磁场中两极极性的转换被记录在组成海底的岩石中。

指出 *现在大洋中脊附近形成的玄武岩的磁性。*

将海底的磁性分布模式与已知的陆地地磁转向模式相比较，科学家们可以从磁性记录中确定海底岩石的年龄。这个方法使科学家们很快就绘制了大洋底部等时线图。**等时线**(**isochron**)是在地图上将相同年龄的点连接起来的一条线。观察如**图 17-13**所示的等时线图，请注意：年龄相对较轻的洋壳分布在大洋中脊两侧附近，而年龄较老的洋壳分布在深海海沟附近。

图 17-13 这幅洋底等时线图中的每一条色带均表示那个条带里地壳的年龄。

观察 *你能从图中观察出什么规律?*

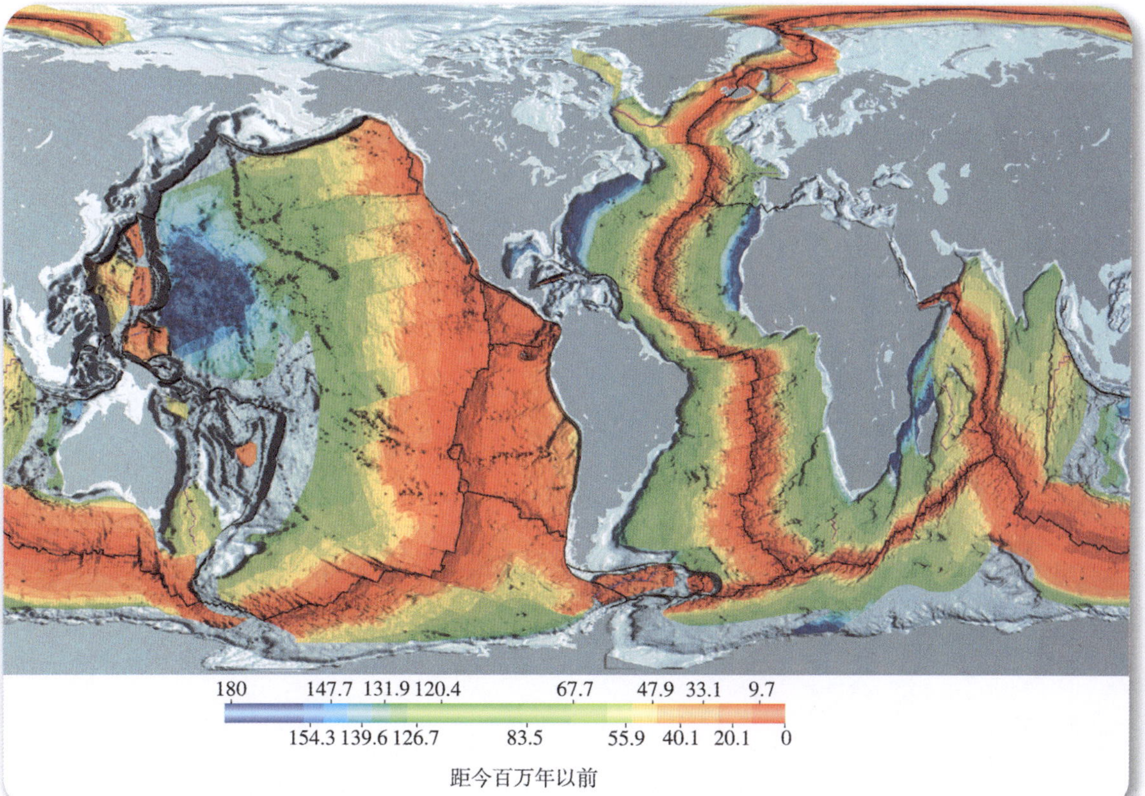

图解海底扩张

图17-14 根据地形、沉积物以及古地磁的研究，科学家提出了海底扩张说。海底扩张是大洋中脊处形成新的洋壳，继续上升的熔岩使得洋壳从扩张中心缓慢移动到深海海沟地带，然后俯冲到大陆地壳之下的地幔处，逐渐熔化并消亡的过程。

岩浆从洋脊的裂缝处涌到海底并填补了缺口。熔融物质凝固后就成为新的洋壳。

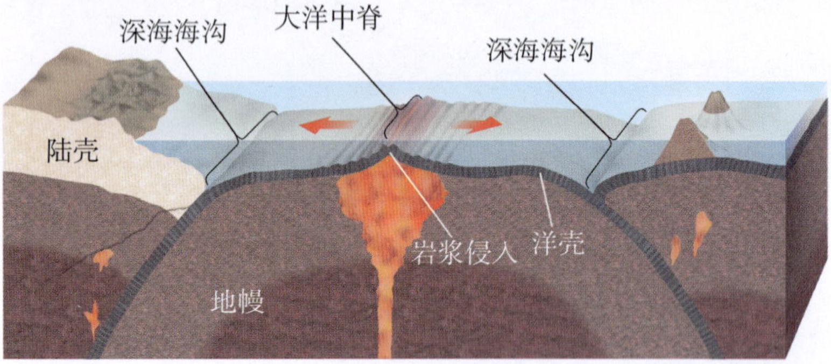

海底持续扩张和岩浆不断涌入形成了新的洋壳。一分为二的洋壳缓慢扩张，像传送带一样张开。

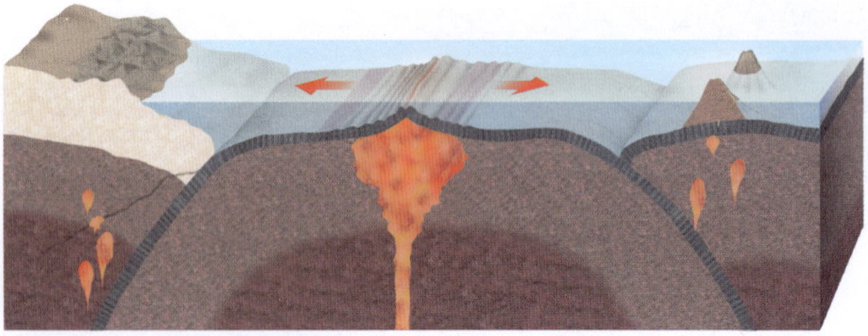

部分洋壳边缘沉陷在陆壳下方。洋壳下降过程中，矿物中的水被释放出来，使岩石熔点下降，进而造成上覆地幔熔化，形成岩浆。岩浆上升并成为陆壳的一部分。

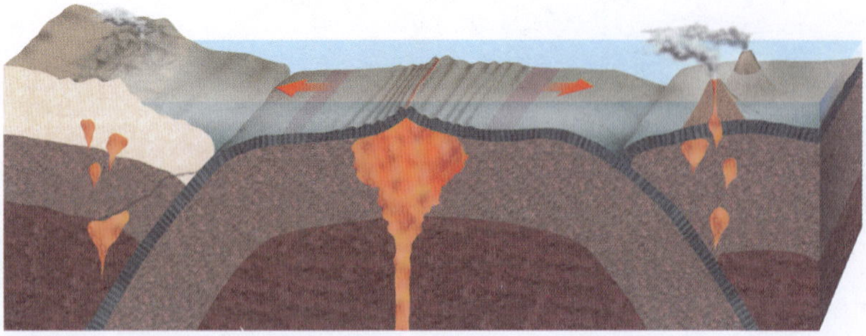

海底扩张说

科学家在分析所有来自海底的地形、沉积物和古地磁数据之后，提出了海底扩张说。**海底扩张说(seafloor spreading)**认为，新的洋壳形成于大洋中脊后缓慢向外移动，并在深海海沟处消融。**图17-14**解释了海底是如何扩张的。

在海底扩张过程中，由于岩浆比周围的地幔物质温度高且密度低，因此岩浆沿着洋脊上涌到地壳。当洋脊两侧开始分开，上涌的岩浆填充在地壳裂缝中。当岩浆冷却凝固后，大洋底部就新添了一小块新的洋壳。通常海底扩张都发生在水下，但是冰岛——大西洋中脊的一部分抬升发生在海平面之上。如**图17-15**所示，熔岩流沿洋脊上涌。

前文曾经提到，魏格纳无法解释是什么引起陆地的移动以及它们是怎样移动的。海底扩张说回答了陆地怎样移动的问题。陆地并不是像魏格纳所提出的那样在洋壳上推移，而只是随着洋壳缓慢地远离大洋中脊。在下一节，你将了解是什么导致了地壳板块和刚性上地幔顶部的移动。

■ **图17-15** 整个冰岛都处于大西洋中部。因为海底扩张，冰岛的面积在扩大。1783年，冰岛喷发的火山岩浆超过12 km^3，如果将这些岩浆平摊在美国州际高速公路上，高度将达10 m。

第2节 本节回顾

要点梳理

- 对海底的研究证明了海底是不平坦的，且在不断地发生变化。
- 洋壳的地质相对年轻。
- 洋脊处上涌的岩浆凝固后，形成了新的洋壳。
- 当新的洋壳形成后，老的洋壳会逐步远离洋脊。

要点理解

1. **主要概念** **描述** 为什么说海底扩张过程像移动中的传送带？
2. **解释** 海底的岩石和沉积物是怎样证明海底扩张说的？
3. **区分**正向地磁极性和反向地磁极性。
4. **描述**海底地形。

批判性思维

5. **解释** 大洋底部的等时线地图是怎样支持海底扩张理论的？
6. **分析** 相比大西洋洋脊的地磁条带，为什么太平洋的地磁条带没有完全镜面对称？

地学计算

7. 分析**图17-11**，并计算过去五百万年中，反向极性期占多少百分比？

第3节 板块边界

主要概念 火山、山脉和深海海沟都形成于板块的边界处。

核心问题

- 构造板块的运动对于地质地貌有什么作用?
- 三种板块边界类型和特征是什么?
- 与消减带形成有关的过程是什么?

关键术语

板块构造论
离散型板块边界
裂谷
汇聚型板块边界
消减作用
转换型板块边界

地球科学在你身边 设想冰箱里有一锅冷藏的汤。汤里的脂肪凝固在表面,但是如果你来回晃动锅,你会发现表层的脂肪变形和开裂。这与地球不同板块之间的关系很相似。

板块构造论

海底扩张的证据表明,陆壳和洋壳像巨大的厚板一样,地学家称其为**构造板块(tectonic plate)**。构造板块是由地壳和刚性上地幔顶部合在一起形成的,它覆盖了整个地球表面。如**图17-16**所示,地球上大约有8个主要板块和一些小的板块。这些板块的移动速度非常缓慢,每年只有几厘米——与人的指甲生长速度差不多。板块构造论是描述构造板块如何运动和塑造地球表面的。它们以不同速度向不同方向移动,在板块交界处发生相互作用。每种类型的板块边界都有特定的地质特征和相关的作用过程。离散型板块边界发生在板块相互远离时,汇聚型板块边界出现在板块相互靠近时,而转换型板块边界则发生在两个板块在水平方向相互滑动时。

图17-16 地壳和刚性上地幔顶部分裂为一些巨大的块体,叫作构造板块。构造板块在板块边界处发生相互作用。

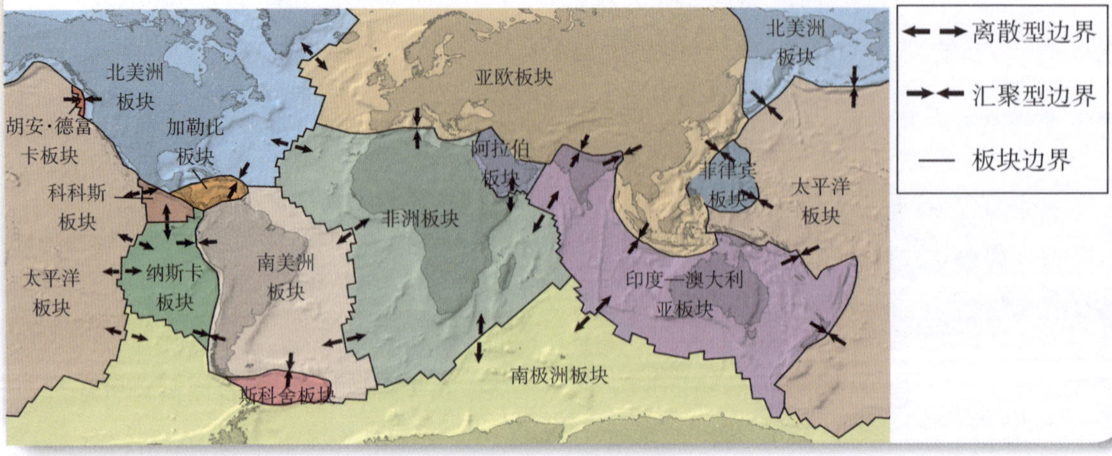

离散型板块边界 两个构造板块向相反方向背离运动的地方叫**离散型板块边界**(**divergent boundary**)。大多数离散型边界都位于海底,形成大洋中脊。离散型边界位于沿着洋脊中轴线形成的断裂或断层谷。海底扩张过程正是从这个中央断裂上开始的。在大多数离散型边界上,新洋壳形成的过程是造成与这些边界相关的高热流、火山和地震活动的原因。

☑ **读后自查** **解释** 结合大洋中脊,解释火山和地震的成因。

上百万年以来,沿离散型板块边界的海底扩张过程使得大洋盆地变宽。尽管大多数离散型边界在海底形成了大洋中脊,但是也有一些离散型边界位于大陆上。在陆壳开始分离的地方,被拉伸的地壳会形成一个狭长的下陷带,叫作**裂谷**(**rift valley**)。如**图 17–17** 所示,一条大裂谷逐渐在东非形成。裂谷可能最终会形成新的大洋盆地。

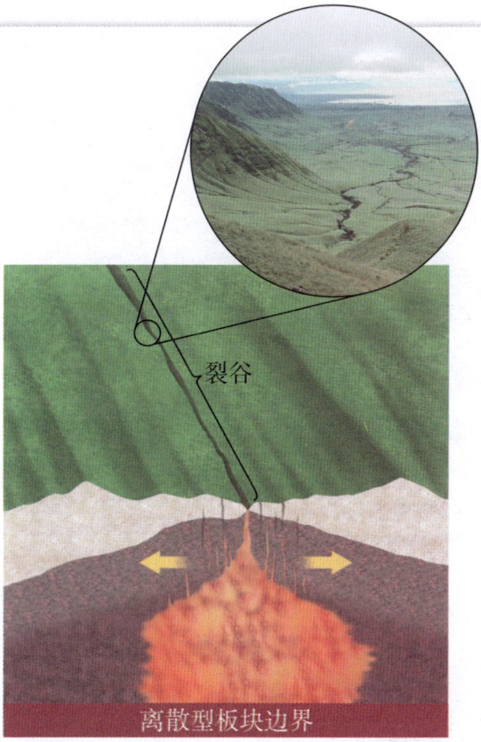

图 17–17 离散型板块边界是板块相互分离的地方。大洋中脊是海底的离散型边界。在东非,离散型边界也可能形成裂谷。

迷你实验

科学实验室

模拟洋盆的形成

离散型边界是怎样形成南大西洋的? 大约在1.5亿年前,离散型边界导致古大陆分离。随着时间的推移,板块边界形成了新的地壳,并拓宽了非洲和南美洲之间的裂缝。

实验步骤

1. 阅读并遵守实验室安全守则。
2. 用一张世界地图做南美洲和非洲的纸模板。
3. 将这两个洲的模板放在一张A3纸的中心,并沿着大西洋海岸线将它们拼在一起。
4. 用铅笔沿模板边缘小心地描下图形轮廓。移开模板,并在图上注明“1.5亿年前”。
5. 以平均每年4 cm的分离速度和1:50 000 000的地图比例尺,制作一系列地图,从1.5亿年前开始到现在,以每3 000万年为单位,精确显示大西洋的发展过程。

实验分析

1. **比较** 将你的最后一张地图与现在的世界地图相比较,两幅地图上南大西洋的实际宽度是否相同?
2. **思考** 导致模型上的宽度和目前南大西洋的实际宽度不同的原因是什么?

玄武岩

花岗岩

■ **图 17–18** 大洋板块主要由玄武岩组成。陆壳主要由花岗岩和沉积岩组成，这两种岩石都比玄武岩密度小。

汇聚型板块边界 两个构造板块相向运动的接触面就是**汇聚型板块边界**(**convergent boundary**)。当两个板块相互挤压，密度大的板块俯冲到了另一个板块之下，这个过程叫作**消减作用**(**subduction**)。根据涉及地壳类型的不同，汇聚型板块边界有三种。前文曾提到过，洋壳主要由富含铁、镁的化学物质组成，主要是密度大且颜色深的玄武岩，如**图 17–18** 所示。而陆壳主要由花岗岩和沉积岩组成，这两种岩石都比玄武岩密度小。三种汇聚型边界分别是：洋壳和洋壳的汇聚、洋壳和陆壳的汇聚以及陆壳和陆壳的汇聚。**表 17–1** 显示了这三种类型边界及其所塑造的地貌类型。

洋壳—洋壳型边界 **表 17–1** 中显示的大洋与大洋板块边界，其中一个板块俯冲到另一个板块之下，形成一个消减作用带。深海海沟就是由于消减作用而形成的。消减的板块下沉到地幔中，逐渐熔化而消亡，从而使在洋脊处形成的洋壳物质产生循环。下沉板块中携带的水分可以降低上地幔顶部物质的熔点，并使其熔化。熔化的物质叫作岩浆。岩浆密度小，有一部分新形成的岩浆被抬升到地表，伴有火山喷发，形成了平行于海沟的火山岛弧。例如西太平洋中的马里亚纳海沟和马里亚纳群岛，北太平洋的阿留申海沟和阿留申群岛，都是这样形成的。**表 17–1** 显示了阿留申群岛的一座火山山峰。

洋壳—陆壳型边界 消减作用还发生在大洋板块和陆地板块的汇聚带，如**表 17–1** 所示。请注意：密度较大、位置较低的大洋板块被消减。大洋与大陆板块的汇聚也会形成海沟和火山弧，但不像大洋与大洋板块汇聚时那样形成火山岛弧，而是形成沿着大陆板块边缘的隆起及出现一系列火山喷发。这种类型的消减作用的结果是形成了一个有众多火山的海岸山脉。位于沿南美洲西海岸的秘鲁—智利海沟和安第斯山脉就是这样形成的。

表17–1　汇聚型板块边界小结

汇聚型板块边界类型	边界（实例）	边界处的地貌（实例）
洋壳—洋壳型边界 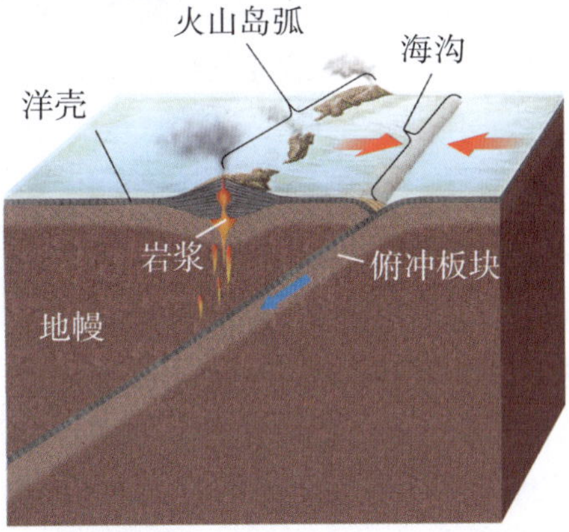	 阿留申群岛	 阿拉斯加查古拉克岛
洋壳—陆壳型边界 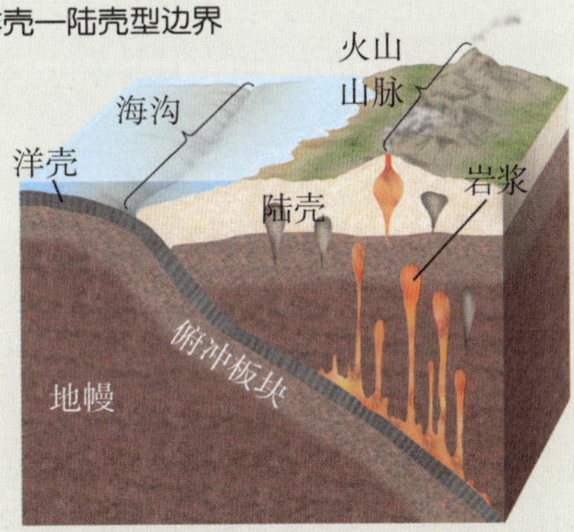	 安第斯山脉	 智利欧索诺火山
陆壳—陆壳型边界 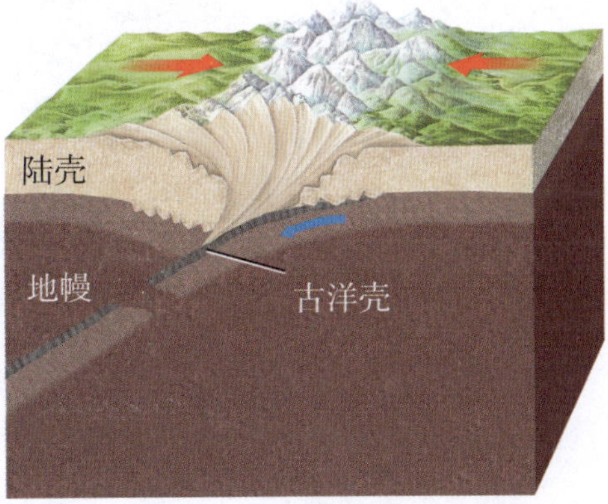	 喜马拉雅山脉	 尼泊尔艾玛达布兰雪山

陆壳—陆壳型边界 第三种汇聚型边界类型是由两个陆地板块对撞形成的。陆壳—陆壳型边界形成于大洋板块与大陆板块汇聚很久之后。我们已经学过，大陆板块总是与大洋板块相邻。随着时间的推移，当一个大洋板块被完全消减时，与它相连的大陆板块就被拖移到这个消减带。由于洋壳密度较大，结果导致在消减带，洋壳沉在陆壳之下。被拖移到这个消减带的大陆板块，由于其岩石密度较小，无法被压沉到地幔中消减掉，结果使得对撞的陆地边缘被挤压并抬升而形成褶皱山脉，如**表 17-1** 所示。喜马拉雅山脉就是这样形成的。

折叠式学习卡

将本节信息整合到你的折叠式学习卡中。

转换型板块边界 两个板块在水平方向相对滑动的边界是**转换型板块边界(transform boundary)**，如**图 17-19** 所示。转换型边界的特征是具有很长的断层，有时甚至长达数百千米，多发浅源地震。多数转换边界都会使洋脊错断，各段之间发生偏移。在离散型边界，会形成新的洋壳；在汇聚型边界，有的板块因为消减作用而消失；而在转换型边界，地壳只是发生变形或断裂。

技能实验

科学实验室

解读科学图表

沿着转换边界的板块运动是如何变化的？ 右图是吉布斯断裂带，它位于冰岛以南和不列颠群岛以西的大西洋中脊处，是一段转换边界。复印此图。

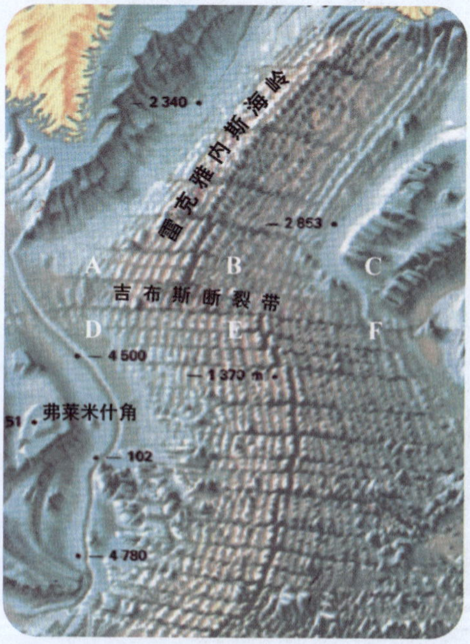

实验分析

1. **绘制** 在你复印的图上画出箭头，表示A、B、C、D、E和F位置上海底的移动方向。
2. **比较**以下几个位置的运动方向：A和D、B和E、C和F。

批判性思维

3. **区分** 哪三个位置位于北美洲板块？
4. **指出**北美洲和欧洲板块边界的断裂带的位置。
5. **评定** 哪两个位置表示最古老的地壳？

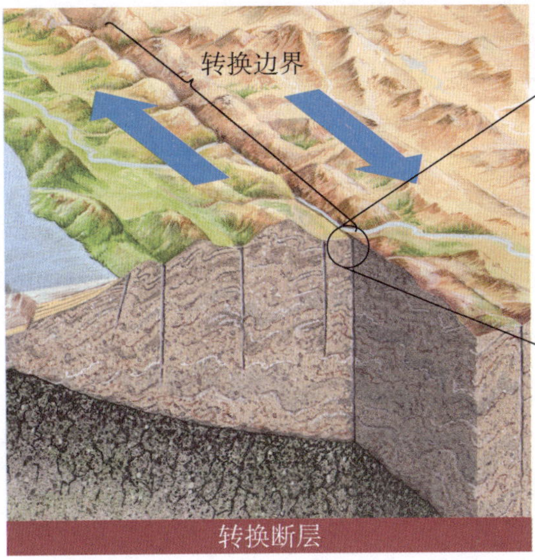

■ **图 17-19** 板块沿着转换型边界水平移动。火车轨道由于正好穿过加利福尼亚州南部的转换边界而变形。

正如你在上一页的"技能实验"中观察到的那样，转换边界很少位于陆地，而圣安德烈斯断层可能是最著名的例子。本章开头的"起步实验"中曾提到圣安德烈斯断层将美国加利福尼亚州的西南部与这个州的其余部分割裂。这条转换断层所导致的结果如**图 17-19** 所示。扭曲的铁轨、路面、围栏以及溪流都是由转换断层引起的。每年发生在加利福尼亚州的地震大部分都是由沿着圣安德烈斯断层的地质活动所造成的。

第 3 节　本节回顾

要点梳理

- 地壳和刚性上地幔顶部破裂成巨大的岩石厚板，称为构造板块。
- 各个板块在地表以不同的速度向不同方向移动。
- 在离散型板块边界，板块相互背离；在汇聚型板块边界，板块相互靠拢；在转换型板块边界，板块在水平方向上相对滑动。
- 每种类型的边界都有特定的地质特征。

要点理解

1. **主要概念** **描述**板块构造对地球上主要地质特征演变所起的作用。
2. **总结**板块汇聚导致的喜马拉雅山脉形成过程。
3. **列出**每种汇聚型边界的地质特征。
4. **指出**转换边界最常出现的位置。

批判性思维

5. **选择图 17-16** 里的三个板块边界，并预测随着时间的推移，每个板块边界会发生什么情况。
6. **描述**　在被一个转换边界偏移的两段洋脊之间，新形成的洋壳是怎样移动的？

地学写作

7. 写一则有关阿拉斯加的阿留申群岛构造活动的新闻报道。

第4节 板块运动的成因

主要概念 地幔的对流引起板块运动。

核心问题

- 对流的过程是怎样的？
- 地幔中的对流对构造板块的运动有何影响？
- 脊推和板拉的过程是怎样的？

关键术语

脊推
板拉

地球科学在你身边 你可能已经知道，熔岩灯里并没有真的熔岩，但是熔岩灯里物质的运动形式与地球内部的熔岩相似。

地幔的对流

自从魏格纳提出大陆漂移说以来，有一个关于板块构造理论的主要问题一直未能得到解答。这就是，究竟哪种或哪些力量使得构造板块发生移动？直至现在，科学家对于究竟是什么力量导致板块移动仍然不是非常清楚。在众多假说中，占主导地位的观点认为，地幔中的大范围运动是驱动构造板块发生位移的机制。

对流圈 由受热物质的运动形成的热能传递，称为对流。加热物体能使它膨胀，密度降低，因此受热后的物质由于浮力而上升，较冷的物质由于重力而下沉，这种上下流动形成了一种叫作对流圈的运动模式。对流圈使得热能从温度高的区域向温度低的区域传送。从**图 17-20** 中可以看到一个对流圈的形成过程。地幔中的对流圈被认为是板块运动的驱动机制。地幔是固体，并受来自地幔本身和地核的放射性衰变的不均匀加热作用。放射性衰变加热地幔，使得固体岩石缓慢移动，巨大的对流圈推动了地幔中的物质对流。

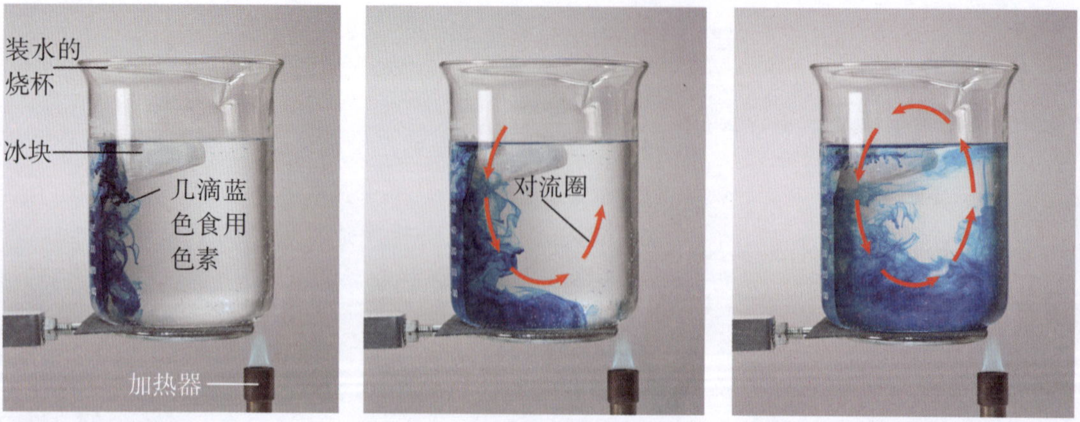

图 17-20 冰块下沉处的水变冷，被加热器加热处的水升温。这个过程一直在持续。

推断 *由于对流运动，冰块会发生什么情况？*

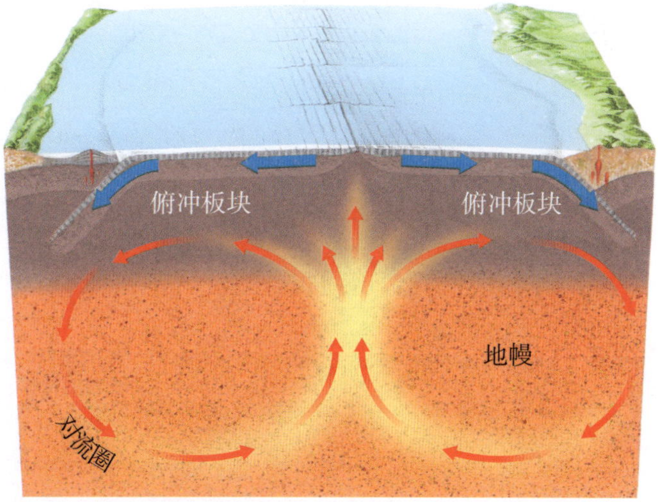

■ **图 17-21** 在地幔中形成的对流圈推动地壳和地幔外层运动，同时将地球内部的能量传递到外部。

地幔中的对流 地幔中的对流圈如**图 17-21** 所示，可以看作是板块运动的驱动机制。虽然地幔是固态的，但是地幔中的很多物质能像轻薄柔软的塑料一样运动。地幔中过冷和坚硬的部分在紧邻地壳的下部，并作为构造板块的一部分在运动。在地幔对流圈中，冷的地幔物质比热的地幔物质密度大，因此在构造板块底部，冷的地幔物质慢慢地向地心方向下沉，热的地幔物质被取代并上升，就与用蜡加热熔岩灯的原理一样。物质的上升和下沉形成了地幔中的对流圈，并引起了地球高温的内部与冷却的外部之间的能量传递。尽管对流圈可以在地幔中贯穿几千千米，但是流动速度每年仅有几厘米。科学家猜想，可能是这些对流圈引发的板块的消减作用导致了板块的运动。

☑ **读后自查** **讨论** 哪种过程导致了对流圈流动：热物质的上升，还是冷物质的下沉？

板块移动 地幔对流究竟与板块构造有什么关系？当对流圈的上升部分到达上地幔顶部时，就会向四周展开，形成了向上和向两侧的力。在离散型板块边界，这些力使得岩石圈抬升和断裂。当板块断裂，从地幔上升的岩浆填充了裂隙，岩浆硬结后生成新的洋壳。在汇聚型板块边界，当俯冲的力量向下拖动构造板块，就形成了对流圈的下沉部分。

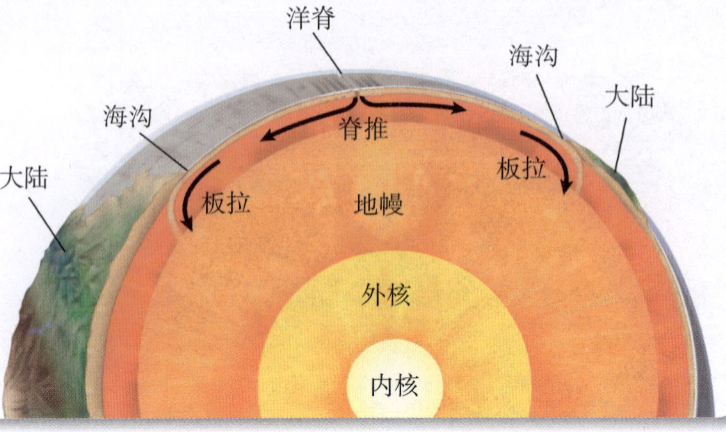

■ **图 17-22** 脊推和板拉是构造板块运动的两个过程。

推和拉

科学家们猜测，地幔对流与板块构造运动之间涉及多种过程，如**图 17-22**所示。当洋壳冷却并远离离散型板块边界时，与新形成的密度较小的洋壳相比，它变得密度更大并向下沉降。随着海底老的洋壳下沉，被抬升的洋脊的重量推动着大洋板块向形成于消减带的海沟移动，这个过程叫**脊推**（ridge push）。

第二种可能对构造板块运动影响更大的过程叫作**板拉**（slab pull）。在板拉的过程中，相对较冷且密度大的俯冲板块的重量会将被拖拽的岩板拉到消减带，就像桌布从桌子上滑落时，可以把上面的物品拖走一样。在大洋板块远离大洋中脊的过程中，板拉的重要性是脊推的两倍。在消减地带的板块运动中，可能还有很多与这些机制类似的组合作用参与其中。

第 4 节　本节回顾

要点梳理

- 对流通过热物质的运动进行能量传递。
- 地球高温的内部和冷却的外部之间通过地幔中的对流圈进行能量传递。
- 板块运动是脊推过程与板拉过程作用的结果。

要点理解

1. 主要概念　**绘制**一幅示意图，比较一壶热水中的对流过程和地幔中的对流过程。将对流过程与板块运动联系起来。
2. **复述**地幔对流、大洋中脊和消减带之间的关系。
3. **制作**一个能够说明脊推和板拉这两种构造过程的模型。

批判性思维

4. **评估**这个结论：对流圈只移动了洋壳。
5. **总结**对流对地表陆地分布的作用。

地学写作

6. 编写脊推和板拉这两个专业术语的词典释义。

瓦鲁鲁海底山

美属萨摩亚群岛是南太平洋岛链的一部分。有关岛链边缘的探究揭示了构造过程是如何导致全新、独特的环境的。

绘制瓦鲁鲁山地图 1999年，海洋学家首次用声呐遥感技术绘制出了瓦鲁鲁这座活跃的海底火山。地图勾画出了一个具有凹陷破火山口的巨大火山。该处大洋深5 km，火山口的环形脊在海平面以上约600 m。1999年的地图显示，破火山口底部平坦，位于海平面以下1 km。科学家认为这座火山是从热点——地幔下部受热的岩浆区域演化而来的。

火山的发现 2005年，一队科学家利用深海潜水器研究了瓦鲁鲁火山。在深潜前，他们重新绘制了海底山的地图，结果惊奇地发现破火山口底部发生了剧烈的变化。在过去六年里，火山活动使得熔岩锥上升了300 m，这相当于纽约帝国大厦的高度。这个熔岩堆很快被命名为纳法奴阿，这个名字源于萨摩亚女神战争。科学家利用潜水器进行了多次考察，并研究了构造活动如何产生一个全新的生态系统。

鳗鱼城 在纳法奴阿熔岩堆顶部，他们遇到了数量众多的30 cm长的鳗鱼，科学家将之戏称为“鳗鱼城”。在圆锥体顶部，因为位置太深很难有阳光照到，导致该处植物稀少，于是科学家对鳗鱼的食物来源感到十分困惑。调查显示，海底山改变了当地的对流圈，使得纳法奴阿周边有很多小虾。

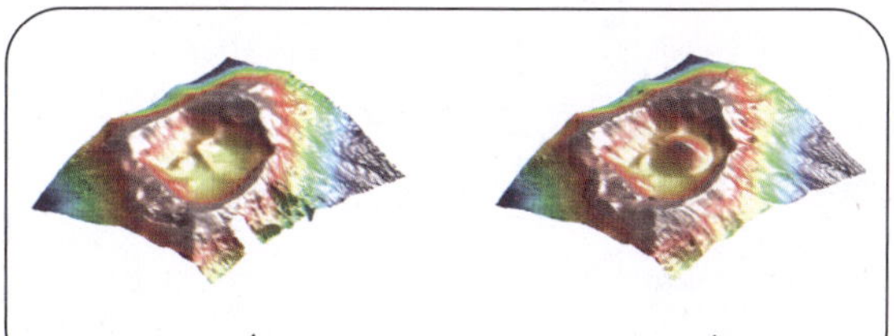

比较这两幅图，你可以清楚地看到破火山口中部的纳法奴阿熔岩锥。

死亡深沟 破火山口底部的热液喷口释放出有毒化学物质，包括含二氧化碳的混浊的油状液态物质，还有一些喷口喷出85 ℃的热水。这个给鳗鱼带来小虾作为食物的对流圈也将鱼类携带到这种有毒环境中，所以它又被称为“死亡深沟”。其中，有一些生物能够存活下来，而大多数死亡的生物在破火山口底部堆积，上面覆盖了一米厚的微生物，亮红毛虫就生活在这些鱼类尸体周围。

岛屿的诞生 纳法奴阿熔岩堆仍然在继续生长。按照现在的速度，它可以在几十年后出露大洋表面，并成为萨摩亚群岛链中最年轻的岛。地球科学家会继续关注纳法奴阿熔岩堆的生长，并研究板块构造运动怎样帮助塑造新的生态系统。

地学写作

探究生物活动和发现于瓦鲁鲁火山独特的栖息地环境。写一则描述海底山的生物群和生存环境的新闻稿。

模拟板块边界和等时线

实验背景：大洋底部等时线地图是利用海底岩石和沉积物的数据而制作的。等时线是地图上一条虚构的线，是地球表面同一年龄的点的连线。当地质学家最初分析海的等时线地图时，他们发现地壳沿着大洋中脊形成，并在洋壳边缘消失。这一发现形成了板块构造学说。地质学家还在继续利用地图研究构造板块的运动。

实验问题：你能够确定地壳的年龄以及板块边界的类型吗？

实验材料

纸
彩色笔
剪刀
米尺
计算器

实验步骤

1. 阅读并遵守实验室安全守则。
2. **图 17-23** 表示板块 B 与板块 A 是相互联系的。在一张纸上画出或描出板块并将它们裁开。
   警示：剪刀可能划伤皮肤。
3. 箭头表示板块间的相互运动方向。如**图 17-23** 所示，移动板块 A。
4. 利用图例标明如**图 17-23** 所示的每种板块边界的类型。
5. 如**图 17-24** 所示，板块 A 和板块 B 被大洋中脊的转换断层分开。板块 A 和板块 B 以 2 cm/y 的速度分离。将 2 cm/y 的速度转换成以 km/y 为单位。
6. 在另一张纸上描出**图 17-24**。假设**图 17-24** 中的板块边界的形状不会随着时间而变化。分别画出 1 000 万、2 000 万、3 000 万以及 4 000 万年的等时线。
7. 根据地壳年龄填色：0～1 000 万年为红色，1 000～2 000 万年为黄色，2 000～3 000 万年为绿色，3 000～4 000 万年为蓝色。

实验分析

1. **确定** 每种情况下，板块 A 相对于板块 B 的运动。
2. **应用** 在你的等时线地图中，确定转换型板块边界位置的最简单的方法是什么？
3. **解读** 观察**图 17-25**。根据海底等时线的分布规律，确定沿大西洋和沿太平洋的离散型板块边界。
4. **区分** 哪个大洋的等时线更宽？根据给定时间内洋壳产生的数量，哪个板块边界分离得更快？
5. **推断** 太平洋的分离中心不像大西洋那样居中。解释这种情况如何证明存在汇聚型板块边界。

地学写作

写一封信 魏格纳没能充分证明大陆漂移说的科学性。在海底地图被绘制出来前，他就去世了。假设你现在能给过去的魏格纳写一封信，请解释一下海底地图是什么样的，以及板块构造是如何被发现的。

图例

下列图示表示不同的板块边界类型。

- 离散型边界
- 汇聚型边界
- 转换型边界

图 17–23

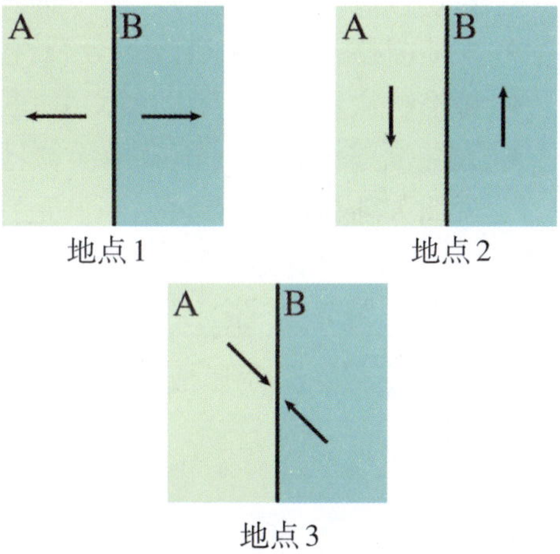

图 17–24

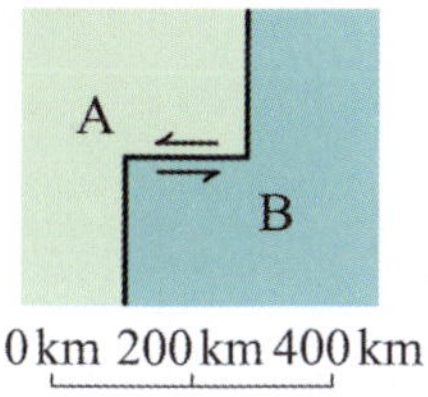

图 17–25

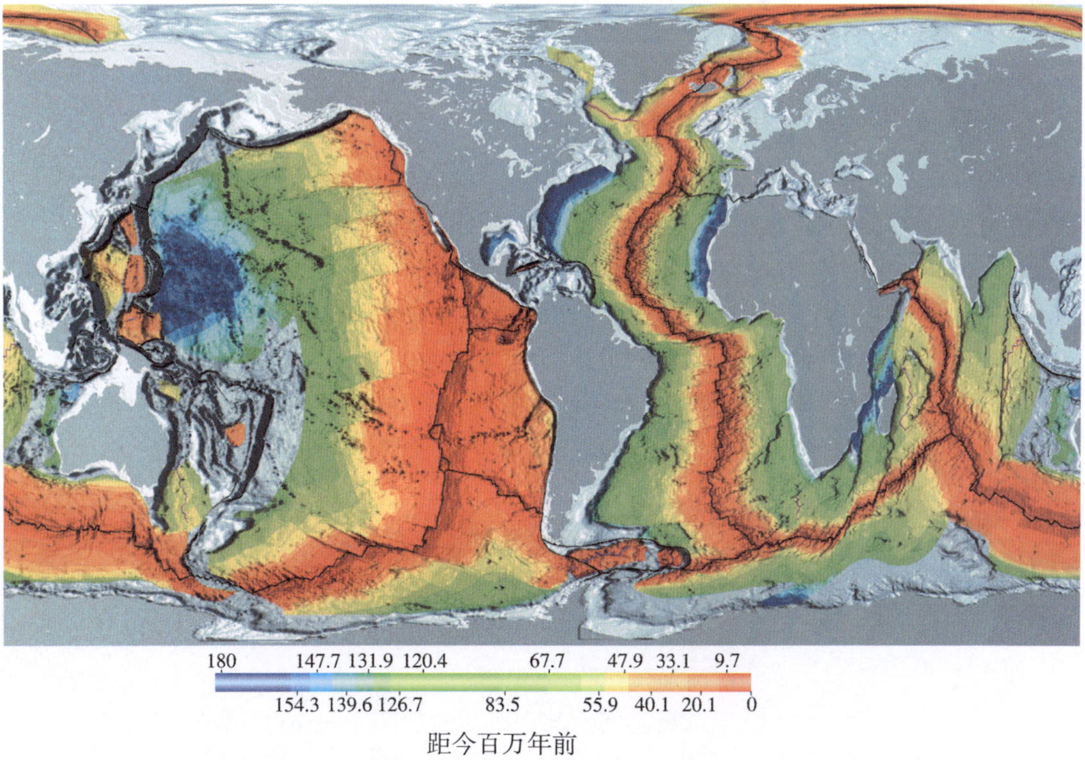

第17章 复习指南

大概念 大多数地质活动发生在板块的边界。

第1节 漂移的大陆

关键术语
- 大陆漂移
- 泛大陆

主要概念 大陆的形状和地质特征表明，它们曾经是连在一起的。

要点梳理
- 大西洋两侧大陆的海岸线能相互贴合，表明这两块大陆可能曾经连在一起。
- 大陆漂移说是泛大陆发生分裂、移动的学说。
- 魏格纳从岩石、化石以及冰川沉积中收集证据来支持他的假说。
- 大陆漂移说在当时不被接受，是因为魏格纳没有合理的解释来说明大陆是如何移动的，以及是什么原因引起了大陆移动。

第2节 海底扩张

关键术语
- 磁力计
- 地磁转向
- 古地磁学
- 等时线
- 海底扩张说

主要概念 洋壳形成于大洋中脊，同时也是海底的主要组成部分。

要点梳理
- 对海底的研究证明了海底是不平坦的，且在不断地发生变化。
- 洋壳的地质相对年轻。
- 洋脊处上涌的岩浆凝固后，形成了新的洋壳。
- 当新的洋壳形成后，老的洋壳会逐步远离洋脊。

第3节 板块边界

关键术语
- 板块构造论
- 离散型板块边界
- 裂谷
- 汇聚型板块边界
- 消减作用
- 转换型板块边界

主要概念 火山、山脉和深海海沟都形成于板块的边界处。

要点梳理
- 地壳和刚性上地幔顶部破裂成巨大的岩石厚板，称为构造板块。
- 各个板块在地表以不同的速度向不同方向移动。
- 在离散型板块边界，板块相互背离；在汇聚型板块边界，板块相互靠拢；在转换型板块边界，板块在水平方向上相对滑动。
- 每种类型的边界都有特定的地质特征。

第4节 板块运动的成因

关键术语
- 脊推
- 板拉

主要概念 地幔的对流引起板块运动。

要点梳理
- 对流通过热物质的运动进行能量传递。
- 地球高温的内部和冷却的外部之间通过地幔中的对流圈进行能量传递。
- 板块运动是脊推过程与板拉过程作用的结果。

第17章 复习检测

术语回顾

从复习指南中选取合适的术语替代斜体部分内容。

1. *板块构造*是20亿年前存在的唯一大陆的名字。
2. *大陆断裂*是关于现在被大洋分隔的大陆曾经连为一体的假说。
3. 构造板块沉入地幔的过程叫作*分离*。
4. 两个板块相向移动的边界是*转换型板块边界*。
5. 在大陆内部形成的一种离散型边界叫作*海沟*。

从复习指南中选取合适的术语匹配下列各项描述。

6. 一种绘制在地图上的线，表示形成于同一时期的地壳。
7. 在大洋中脊处，岩浆上涌形成新洋壳的过程。
8. 有关地球磁场历史的研究。
9. 一个测量磁性的装置。

解释下列术语。

10. 构造板块
11. 脊推
12. 板拉

根据复习指南中的术语，解释下列术语间的关系。

13. 离散型板块边界，转换型板块边界
14. 消减作用，汇聚型板块边界
15. 大陆漂移，板块构造
16. 海底扩张，地磁转向

理解要点

17. 下列哪项使得制图师认为各大洲曾经连为一体？
 A. 海洋深度
 B. 南极点的位置
 C. 大陆的形状
 D. 大西洋的大小
18. 魏格纳的假说叫什么？
 A. 海底扩张说　　B. 板块构造论
 C. 大陆漂移说　　D. 板拉说

根据下图，回答第19～20题。

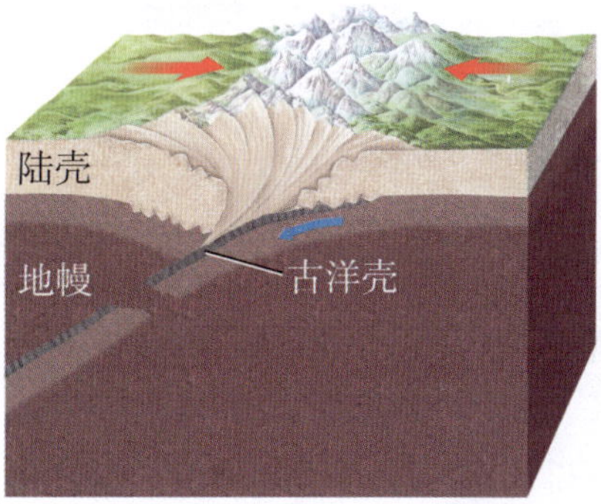

19. 图示是哪种类型的板块边界？
 A. 大洋中脊
 B. 陆壳—陆壳型边界
 C. 转换型板块边界
 D. 洋壳—陆壳型边界
20. 下列哪种地貌出现于这种板块边界？
 A. 消减带　　B. 海沟
 C. 岛弧　　D. 褶皱山脉
21. 在哪个过程中，消减板块的重量将它拖入消减带？
 A. 板拉　　B. 脊推
 C. 板推　　D. 脊拉
22. 下列哪种汇聚型板块边界不处于消减带？
 A. 洋壳—洋壳型边界
 B. 洋壳—陆壳型边界
 C. 陆壳—陆壳型边界
 D. 转换型板块边界

根据下图，回答第23～24题。

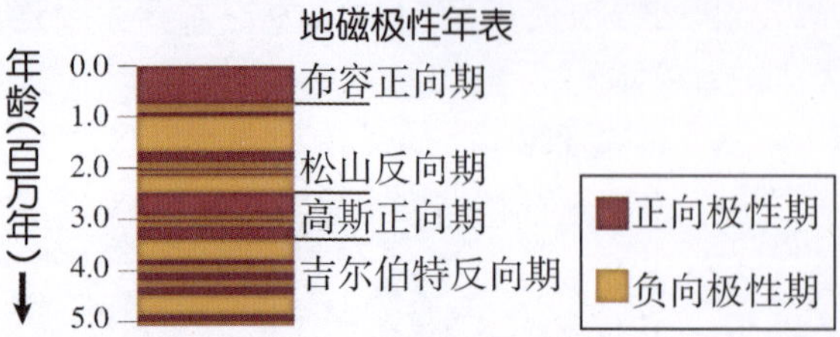

23. 高斯正向期大约持续了多久？

A. 500万年

B. 300万年

C. 100万年

D. 10万年

24. 下列哪个时期的正向和反向波动期最多？

A. 高斯

B. 松山

C. 吉尔伯特

D. 布容

25. 通常来说，洋壳的年龄如何？

A. 与陆壳年龄相同

B. 比陆壳年轻

C. 比陆壳年老

D. 科学上无法确定洋壳的具体年龄

26. 下列哪种情况与海底扩张说的提出无关？

A. 洋壳的磁性

B. 大洋的深度

C. 海底沉积物的厚度

D. 确定冰川沉积物的位置

27. 板块间的相对移动速度有多快？

A. 每天几毫米

B. 每年几厘米

C. 每年几米

D. 每天几厘米

28. 下列哪项形成了深海海沟？

A. 消减作用

B. 地磁转向

C. 地震

D. 转换型边界

根据下图，回答第29～30题。

29. 如图所示，冰水会向哪个方向流动？

A. 上方

B. 下方

C. 保持不动

D. 两侧

30. 烧杯中水的运动可以模拟下列哪个过程？

A. 消减作用

B. 大陆漂移

C. 地磁转向

D. 地幔对流

31. 下列哪项不是引起板块运动的动力？

A. 脊推

B. 板拉

C. 火山喷发

D. 对流

简要概述

32. **总结**　哪种现象引出了大陆漂移说？

33. **地球科学相关职业**　解释为什么海洋学家会发现，随着与洋脊的距离变远，海底沉积物的厚度反而变大。

34. **区分**地核中产生的磁场与洋壳中保存的磁场。

35. **分析**　为什么陆壳—陆壳型边界与洋壳—洋壳型边界不同？

36. **总结**　为什么在提出海底扩张说以后，大陆漂移说的观点被更广泛地接受了？

批判性思维

根据地图，回答第37题。

37. **推断** 如果在纳米比亚发现了形成于2亿年前的石油，那么地质学家还可能在哪里也发现同期的石油？请解释原因。
38. **对比与比对**脊推和板拉。
39. **推断** 像GPS这样的卫星定位系统如何使构造板块运动的研究变得更方便简单且成本反而更低？
40. **思考** 板块一直保持同一种形状和大小吗？请解释原因。
41. **评估**这个结论：一共只有两种构造板块——大陆板块和大洋板块。

概念图解

42. 利用下列术语绘制一幅概念图：*汇聚*，*裂谷*，*分离*，*转换*，*岛弧*，*浅源地震*，*山脉*和*板块边界*。参考*技能手册*获取更多信息。

挑战难题

43. **预测** 假设地球构造板块会如**图17-2**所示一样继续移动，在地球仪上标出各大陆6 000万年后移动到的位置。

地学写作

44. 假设你在一艘靠近智利海岸的远洋船只上。你听到了震耳的隆隆声，GPS数据显示这部分海岸区域抬升了1.5 m。写一则日记，试着描述你所看到的和经历的地质现象。

材料分析

大多数地震发生在板块边界，由于板块相对滑动而引起。这个地图显示了阿拉斯加州1990～2000年发生的地震的位置和深度。

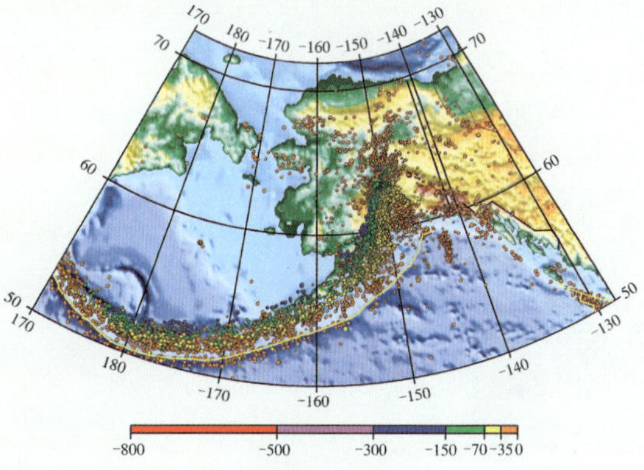

资料来源：Seismicity of the Central United States: 1990–2000. *USGS National Earthquake Information Center*.

45. 确定哪个板块正处于消减过程中，并从图中找出证据来支持你的答案。
46. 将该图与**图17-16**做对比，哪张图显示了板块边界的位置？为什么有些板块边界没有或很少有地震发生？

综合复习

47. 地球资源观测卫星如何收集和分析数据，并绘制地球表面的地图？(**第2章**)
48. 科学家如何利用冰川来研究地球的过去？(**第8章**)
49. 描述在柯本气候分类法中所用到的主要参数。(**第14章**)

综合 标准化测试

选择题

1. 导堤对于海岸线有什么负面影响?
   A. 用来停泊船只的停泊点会被沉积物填满
   B. 它们通过将沉积物搬离该地,阻碍防波堤
   C. 它们反射冲击到海滩的波浪的能量,从而加快海滩的侵蚀
   D. 它们通过沙堤剥蚀了沿岸海滩

根据下图,回答第2~3题。

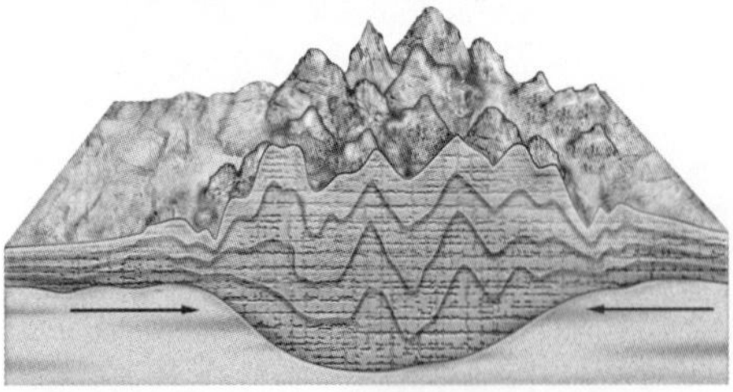

2. 图示的是什么类型的板块边界?
   A. 洋脊
   B. 陆壳—陆壳型边界
   C. 转换型板块边界
   D. 洋壳—陆壳型边界
3. 下列哪个特征形成于图中所示的这类边界?
   A. 消减带　　B. 大洋海沟
   C. 岛弧　　D. 褶皱山脉
4. 下列哪种是逃离离岸流的最好方式?
   A. 平行于海岸游泳
   B. 顺着离岸流游泳
   C. 逆着离岸流游泳
   D. 在离岸流下面游泳
5. 位于水下5~6 km的大洋海底的平滑部分叫什么?
   A. 大洋中脊
   B. 深海海沟
   C. 深海平原
   D. 大陆隆

根据下表,回答第6~8题。

锻炼与心率			
个体	休息	快走	慢跑
1	65	72	110
2	78	88	120
3	72	83	125
4	69	78	105
5	75	90	135
平均	71.8	82.2	119

6. 上表表示人体在不同状态下的心率。下列哪种说法是对上表数据的最好描述?
   A. 心率与锻炼之间没有关系
   B. 锻炼增加了参与者的心率
   C. 锻炼强度增大,心率增加
   D. 十分钟的锻炼不足以增加锻炼者的心率
7. 根据表中数据,哪个个体的状态最佳?请解释原因。
   A. 个体1,因为在休息时具有最低心率
   B. 个体4,因为在慢跑时具有最低心率
   C. 个体5,因为在休息时具有最高心率
   D. 根据表中数据,不能得到足够的信息来确定每个个体的状态
8. 下列哪种图最适合呈现表中的数据?
   A. 柱状图
   B. 折线图
   C. 扇形图
   D. 模型图

简答题

根据下图，回答第9～11题。

9. 当太阳、地球和月球成直角时，潮汐会出现什么情况？

10. 当太阳、月球和地球在同一条直线上时，对潮汐有什么影响？

11. 月球潮汐与太阳潮汐有什么区别？

12. 强风暴会给障壁岛带来哪些负面影响？

13. 在不同区域，大气和大量水体对气候有何影响？

14. 在冰期时，如果温度降低5 ℃会引起哪些主要变化？

阅读理解

海底地图

2005年，美国"圣弗朗西斯科号"核潜艇撞上了南太平洋中未知的水下山脉，多位核潜艇员受伤，还有一位人员丧生。这起事故引起了公众对航海现状及困境的关注。我们知道的有关月球的地理特征可能都远远多于了解海底。尽管科学界对海底有不同的估测，但近年来公众领域公开的海底地图仅占全部海底的2%～3%。

尽管装载有声呐系统的考察船只可以通过发射声波绘制精确的海底地图，但是这种方法一次只能绘制一小块区域的海底地图。如果用这种方法来绘制所有大洋，可能需要一千年的时间以及耗费上亿美元的费用。不过，这种地图可以用来准确地预测海啸。不管大洋有多深，海啸都在海洋底部移动，它的移动轨迹受海底地形的影响。因此，确认海沟、海底山以及其他海底地貌的位置，对计算海啸的移动和去向，以及研究如果它要到达海岸，需要受哪种驱动力作用等方面都很重要。其他能从海底地图中获益的研究包括海洋生物栖息地的研究，以及分析温室气体吸收情况的海水混合速率研究。所有这一切研究都取决于我们是否能够了解更多有关海洋的详细信息。

资料来源：Handwerk, B. Seafloor still about 90 percent unknown, experts say. *National Geographic News.* February 17, 2003.

15. 从这篇文章中可以推断出什么？

A. 使用声呐对船只和核潜艇来讲很重要，因为它可以防止船只或潜艇撞上海底山脉

B. 绘制海底地图的代价太高，且对人类来说并没有那么重要

C. 我们目前对海底了解很少，增加对海底的认识会使人和动物受益

D. 如果科学家继续绘制海底地图，许多海洋动物的生活将会被打扰

16. 了解海底信息对海洋学家追踪一场海啸有什么帮助？

需要更多帮助？														
如果你回答错误……	1	2	3	4	5	6	7	8	9	10	11	12	13	14
请复习相应章节……	16.1	17.3	17.3	16.1	16.2	1.2	1.2	1.3	15.3	15.3	15.3	16.1	14.1	14.3

第18章

火山活动

大概念 从地球深处喷涌而出的岩浆通过火山活动到达地表。

内容提要

1 火　山
2 火山喷发
3 侵入活动

地球现今有近500座活火山。如图所示，危地马拉的圣地亚古多火山口喷涌而出的火山灰能升到海平面以上8 000 m。

起步实验

科学实验室

是什么导致岩浆上涌？

岩浆是指地球内部熔融状态的岩石。在本实验中，你可以通过制作一个“熔岩灯”来模拟岩浆在地球内部的活动。

实验步骤

1. 阅读并遵守实验室安全守则。
2. 在600 mL的烧杯中倒入约300 mL水。
3. 在烧杯中再倒入80 mL植物油。
4. 慢慢数到5，在油的上面撒一些精盐。
5. 继续撒盐，让烧杯里的运动能继续保持下去。

实验分析

1. **确定** 这个模型中，什么代表岩浆？
2. **描述** 在你撒盐前后，油发生了什么变化？
3. **假设** 是什么导致了“岩浆”上涌？

折叠式学习卡

火山的分类

根据下图所示，制作一张四层折纸，并用它来整理你学习火山活动过程中的笔记。

火山类型
盾状火山
复式火山
锥状火山

第1节 火 山

主要概念 火山的分布主要由板块构造决定。

核心问题

- 板块构造对火山有何影响?
- 火山活动的主要地带在哪里?
- 火山包含哪些部分?
- 火山地貌之间有什么区别?

关键术语

火山活动	火山口
热点	破火山口
玄武岩熔岩	盾状火山
裂缝	锥状火山
火山通道	复式火山
火山颈	

地球科学在你身边 马路工人在冬日结冰的路面上撒盐,是因为盐能使冰的熔点降低。极高温条件下,岩石会熔化。通常,如果高温的岩石遇到水,会更容易熔化。

火山活动地带

所有的火山都是由地球内部的岩浆活动引起的。我们已经学过,岩浆是一种由熔化的岩石、矿物颗粒以及溶解的气体组成的黏稠混合物。正如你在“起步实验”中观察到的,一旦岩浆形成,它就能涌出地面,这是因为它的密度比周围的地幔和地壳都要小。喷出地表的岩浆叫作熔岩。**火山活动(volcanism)**是指喷出岩浆、热流、火山灰以及气体的一系列过程。

就在你阅读的过程中,地球上约有20座火山正在喷发。每年,全球差不多有60个不同地方的火山会喷发。地表火山分布不是偶然的。如**图18-1**所示是全球活火山分布图,图上标注了地表的显著特征。许多火山形成于板块边界,大多数火山主要分布于汇聚型板块边界和离散型板块边界。在这些边界地带,岩浆朝着地表上升。全球仅有5%左右的岩浆喷发没有发生在板块边界地带。

■ **图18-1** 地球上大部分活火山分布于板块边界。

汇聚型火山活动 构造板块在汇聚型板块边界发生碰撞从而形成消减带，这就是洋壳的岩板下沉到上地幔并最终熔化的地带。如**图 18-2** 所示，大洋板块俯冲到另一板块下方，沉入地幔。随着大洋板块的消减，其携带的水分释放后有助于上覆地幔熔化，最后形成岩浆。由于岩浆比周围物质密度小，它会携带着岩石、矿物以及来自上覆板块的沉积物一起上升。大多数火山处于海陆板块俯冲形成的消减带，这些火山的特点是会发生爆发式喷发。

图 18-2 在海陆板块的消减带，密度更大的海洋板块俯冲到大陆板块之下，沉入高温的地幔中。上地幔顶部部分熔化成岩浆后上升，最终喷发形成火山。

***指出**图 18-1 位于汇聚型海陆板块边界的一座火山。*

☑ **读后自查** **定义** 什么是汇聚型火山活动？

两大主要火山带 位于汇聚型板块边界的火山组成了一条主要的火山带，如**图 18-1** 所示。从环太平洋火山带的名字中可以看出这条火山带所处的地理位置。“环”表示火山带是环形的，火山带的轮廓与太平洋的轮廓相符。这条火山带从南北美洲西海岸，途经阿留申群岛，然后沿着亚洲东海岸南下。美国西海岸喀斯喀特山脉的火山与菲律宾的皮纳图博火山都位于环太平洋火山带。还有一条较小的火山带叫作地中海火山带，意大利的埃特纳和维苏威这两座火山就位于此带。它的轮廓大致与亚欧板块、非洲板块以及阿拉伯板块之间的边界相符。

数据分析实验

科学实验室

基于真实数据*

图表解读

岩浆形成与火山活动带之间有什么关系？研究人员将火山喷发进行分类，并研究每种类型的火山平均每年喷出多少岩浆。饼状图显示了 5 337 次火山喷发的数据和每个区域一年喷出的岩浆量。

数据与观察

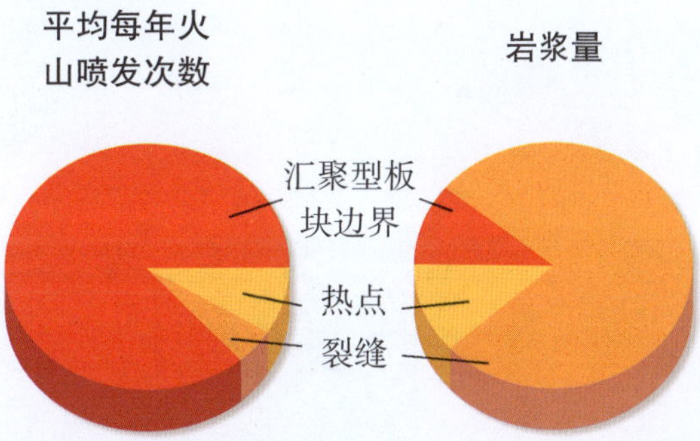

资料来源：Crisp, J. 1984. Rates of magma emplacement and volcanic output. *Journal of Volcanology and Geothermal Research* 20:177–211.

批判性思维

1. **描述**火山活动类型与年岩浆喷发量之间的关系。
2. **思考** 为什么对科学家来说，研究这组数据之间的关系很重要？
3. **评估** 研究者下一步要研究的内容是什么？

■ **图 18-3** 离散型板块边界的火山喷发不是爆发性的。在洋底的离散型边界，火山喷发通常形成一种叫作枕状熔岩的巨大的熔岩堆。

离散型火山活动 在板块做相互背离运动的离散型板块边界，岩浆上升填补了因板块分离而造成的缝隙，生成了新的洋底。在大洋中脊，这些熔岩形成如**图 18-3** 所示的枕头形状，叫作枕状熔岩。相比如**图 18-4** 所示的爆发性火山，离散型板块边界的火山不是爆发性的火山，但可以喷出大量熔岩。世界上大约三分之二的火山活动都发生在海底大洋中脊的离散型板块边界。

☑ **读后自查** **计算**发生在海底的火山活动占全部火山活动的百分比。

热点 有一些火山的位置不在板块边界，而是由热点形成的。科学家推断**热点**（**hot spot**）是高温的地幔物质向地表上升，在地幔中形成的羽毛状异常高温区。

■ **图 18-4 主要的火山喷发事件**
火山活动不断改变地表形态。

6000 B.C.

3000 B.C.

公元前 4845 年 俄勒冈州的马扎梅火山喷发。该山脉崩塌成一个 9 km 宽的坑，即现在的火山湖，如图所示。

公元前 1630 年 在希腊圣托里尼的一处火山喷发，引起了高达 200 m 的海啸，摧毁了附近克里特岛上的克里特文明。

公元 79 年 意大利维苏威火山喷发，火山灰掩埋了两个城市。

热点火山 世界上一些著名的火山就是由海洋底下的热点形成的。例如夏威夷群岛，如**图18–5**所示，就坐落在羽状岩浆上。当上升的岩浆熔化并冲出地壳时，火山就形成了。岩浆形成的热点是不会动的，但是太平洋板块在缓慢地向西北移动，所以随着时间的推移，热点在太平洋上形成了一连串的火山岛链。其中最老的岛——考艾岛上的火山都是死火山，因为这个岛已经不再位于热点上方了，即使其西北部最老的火山也不在海面以上。世界上最活跃的基拉韦亚火山则坐落在正处于热点之上的夏威夷群岛。夏威夷群岛东面的洋底正在形成另一个火山——洛西火山，它最终将露出海面，形成一个新的岛屿。

热点和板块运动 在热点上形成的火山链提供了板块活动的重要信息。通过火山的位置，我们可以计算出板块运动的方向和速度。如**图18–5**所示，夏威夷群岛位于夏威夷—帝王火山链的一端，而最老的明治岛位于火山链的另一端，年龄约8 000万年，说明这个热点存在的时间至少有8 000万年了。火山链在大觉寺岛的转折点记录了太平洋板块在大约4 300万年前移动方向发生了变化。

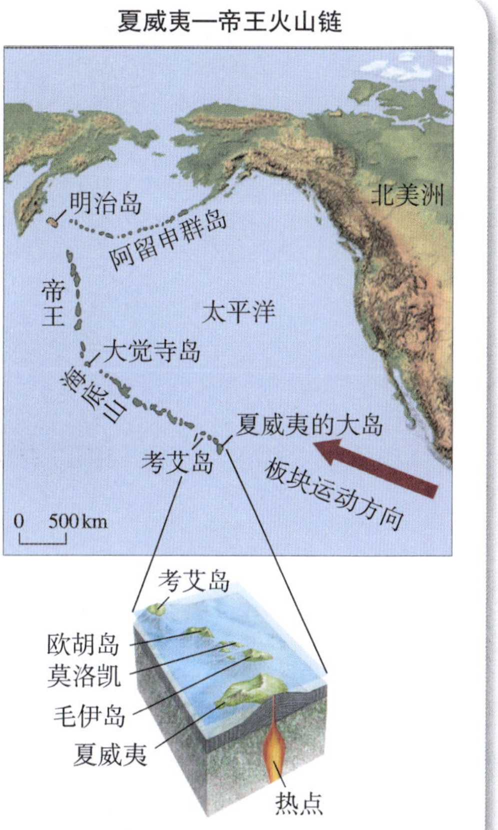

■ **图18–5** 缓慢移动的太平洋板块经过地幔中一个静止热点的上方，几百万年后，形成了夏威夷群岛。这个热点现在位于夏威夷群岛下方。

1980年 华盛顿的圣海伦火山喷发，超过57处的公共设施被火山灰掩埋。

1991年 菲律宾的皮纳图博火山喷发，产生了10 km³的火山灰，并导致全球气温下降0.5 ℃。

1800 1900 2000

1883年 印度尼西亚的喀拉喀托火山喷发，摧毁了周围大约三分之二的岛屿，超过36 000人在其所引发的海啸中死亡。

1912年 阿拉斯加州的卡特迈火山爆发的威力是圣海伦火山的10倍。这是历史上最强的火山喷发事件之一。

2010年 冰岛的艾雅法拉火山喷发所产生的火山灰使得整个欧洲处于昏暗中，全世界至少1 000万人受影响。

■ **图 18-6** 大量岩浆从裂缝中喷出，在地表堆积成 1 km 厚的岩层。随着时间的推移，溪流以及其他地质作用力侵蚀玄武岩岩层，形成了类似华盛顿州帕卢斯峡谷这样的高原。

玄武岩熔岩 当热点出现在陆壳下，岩浆从地壳的长裂缝中流出时，可以形成**玄武岩熔岩**（flood basalt）。这些长缝隙叫作**裂缝**（fissure）。经过成百年甚至上千年后，这些裂缝里喷发的熔岩可以形成平坦的高原，如**图 18-6** 所示。与其他火山喷发一样，当岩浆流出地表时，水蒸气和其他气体都逸散到大气中。

哥伦比亚河玄武岩 在裂缝处喷出的玄武岩的体积巨大。例如，位于美国西北部的哥伦比亚河玄武岩，如**图 18-7** 所示，总共含有 170 000 km^3 玄武岩。这个体积的玄武岩能够填满 15 个苏必利尔湖（五大湖中面积最大）。然而，与德干高原相比，哥伦比亚河玄武岩数量还是很少。

德干高原 在 6 500 万年以前的印度，一股大型玄武岩熔岩喷发形成了巨大的高原——德干高原。据估算，德干高原的玄武岩总体积大约有 512 000 km^3。这差不多可以在曼哈顿岛上覆盖 10 000 km 厚的岩层或者将整个纽约州覆盖 4 km 厚的岩层。一些地质学家猜测，德干高原火山喷发引起的全球气候变化可能导致了恐龙灭亡。

■ **图 18-7** 在超过 1 700 万年的时间里，大量的岩浆从大裂缝中涌出，在美国西北部形成了超过 1 km 厚的玄武岩高原。

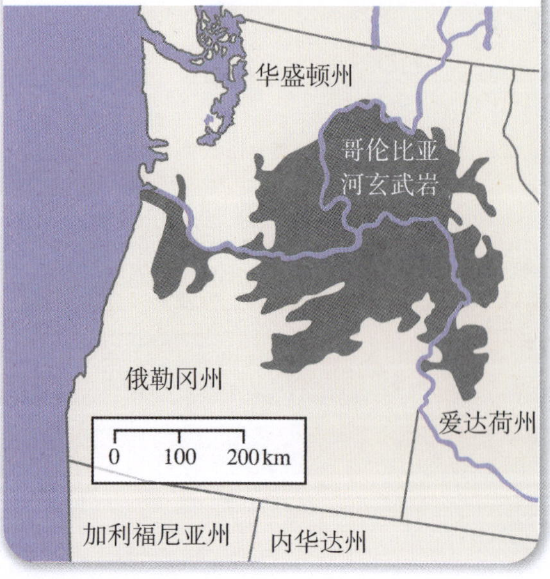

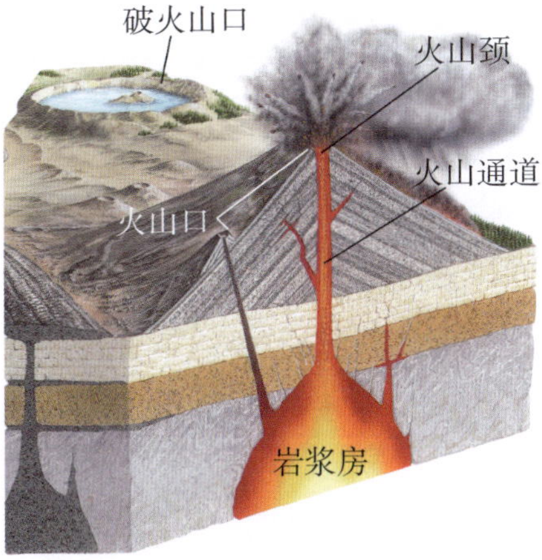

■ **图 18-8** 地球内部的岩浆通过火山通道从深处上升，通过火山颈在地表喷发。火山颈周围的区域叫作火山口。地壳塌陷入空的岩浆房后形成破火山口。

解剖火山

我们已经学过，到达地球表面的岩浆叫作熔岩。熔岩通过一个管道状的结构喷出地表，这个管道状结构叫作**火山通道**（**conduit**），并且通过一个洞口出露地表，这个洞口叫作**火山颈**（**vent**）。熔岩流出地表后，在火山颈周围冷凝。随着时间的推移，固化的熔岩层堆积成山体，形成火山。在火山顶部，是一个碗状的洼地，叫作**火山口**（**crater**）。火山口通过火山颈与岩浆房相连。火山通道、火山颈、火山口如**图 18-8** 所示。

火山口的直径通常小于 1 km。被称作**破火山口**（**caldera**）的大型洼地，直径可以达到 100 km。在大量喷发之后，火山下方的岩浆房被掏空，火山的顶部或侧壁崩塌陷入掏空的岩浆房，留下了一个面积很大的圆形洼地。破火山口就是这样形成的。当地表物质塌陷，流水注入破火山口后，就形成了火山口湖。例如南俄勒冈州的火山口湖就是在马扎马山塌陷后形成的。

迷你实验

科学实验室

模拟破火山口

破火山口是如何形成的？ 破火山口是当火山的顶部或边缘向曾经喷发过火山的岩浆房内发生塌陷时所形成的火山口。

实验步骤

1. 阅读并遵守实验安全守则。
2. 从老师那里拿一个小盒子、一个长 10 cm 的橡皮管、一个夹钳和一个气球。
3. 将报纸与盒子对齐，用剪刀分别在盒子和报纸上戳一个小洞。
4. 将气球口从盒子里穿过洞口，并将橡皮管套进气球口，用胶带固定好。通过橡皮管给气球充气，并用夹钳夹住橡皮管。
5. 在气球上倒 6 杯沙子。
6. 将沙子堆积成火山形状。你也可以尝试改变沙子的量以及盒子的样式来达到设想的效果。
7. 移开夹钳，释放气球中的空气。观察破火山口的形成过程，并记录观察的现象。
8. 与其他同学的破火山口做比较。

实验分析

1. **排序** 将破火山口的形成过程写下来。
2. **比较**火山口与破火山口的特点。
3. **推断** 如果改变充入气球的气体量，破火山口的形态会发生什么变化？

表18-1　火山类型

描述	火山实例
盾状火山 ● 三种类型中，最大的火山 ● 长且平缓的坡度 ● 由固态玄武岩熔岩层组成 ● 平静地喷发	 夏威夷的莫纳罗亚山
锥状火山 ● 三种类型中，最小的火山 ● 陡坡，圆锥状 ● 通常由玄武岩熔岩的碎屑组成 ● 爆发式喷发 ● 一般分布于大型火山边缘	 拉森火山国家公园
复式火山 ● 比锥状火山更大 ● 高而雄伟的山体 ● 由爆发式喷发后的岩石层和熔岩形成 ● 在平静喷发期和爆发期之间循环	 阿拉斯加州奥古斯丁火山

火山的类型

火山的外形由两个因素决定：形成火山的物质类型和火山喷发的类型。根据这两个标准，**表 18–1** 将火山划分为三种类型：盾状火山、锥状火山和复式火山。每种火山的大小、形状和组成物质各不相同。

盾状火山 **盾状火山**（shield volcano）通常有宽阔、平缓的侧坡和接近圆形的顶部。盾状火山是由平稳喷发的玄武岩熔岩一层层堆积形成的。它们是最大型的火山。**表 18–1** 中的莫纳罗亚山是一座盾状火山。

锥状火山 被火山喷发至高空的物质落回地面，堆积在火山口周围，形成**锥状火山**（cinder cone）。锥状火山的侧坡非常陡峭，规模一般较小，高度多数不超过 500 m，如**表 18–1** 的拉森火山国家公园的锥状火山有 700 m 高。锥状火山总是出现在紧挨着大火山的地方。例如，火山学家已经在夏威夷莫纳克亚盾状火山的两翼发现了近 100 处锥状火山。

复式火山 火山碎屑和熔岩层交替堆积，形成了**复式火山**（composite volcano）。复式火山通常有圆锥形的凹面斜坡，比锥状火山大得多。由于复式火山有强烈的爆发性，它们对人类和环境存在较大的潜在威胁。**表 18–1** 的阿拉斯加州的奥古斯汀山和美国西部卡斯卡达山的圣海伦斯火山都是复式火山。

地球科学相关职业

火山学家 研究火山喷发、熔岩、岩浆及其形成过程的科学家是火山学家。一些火山学家通常在野外工作，研究活火山；还有很多火山学家在实验室里工作，研究岩石是怎样熔化成岩浆的。

折叠式学习卡

将本节信息整合到你的折叠式学习卡中。

第 1 节 本节回顾

要点梳理

- 火山活动包括岩浆与气体喷发到地表的所有过程。
- 大部分陆地上的火山分布在两个主要火山带上：环太平洋火山带和地中海火山带。
- 火山由火山颈、岩浆房、火山口和破火山口组成。
- 熔岩流从裂缝流出地表，形成玄武岩熔岩。玄武岩熔岩能形成平坦的平原或高原。
- 火山有三种主要类型：盾状火山、锥状火山和复式火山。

要点理解

1. **主要概念** **解释** 火山位置与板块构造学说有什么关系？
2. **指出**地中海火山带中的两座火山。
3. **绘制**一幅火山图，并标明火山的各个部位。
4. **建议** 黄石国家公园曾是火山活动地带。根据美国地图，分析与该区域相关的构造运动类型有哪些，提出自己的看法。

批判性思维

5. **评价**下列说法：火山只分布在海岸线地带。
6. **判定**玄武岩熔岩流是否为火山。

地学计算

7. 如果在过去的 470 万年里，太平洋板块移动了 500 km，计算它每年移动的厘米数。可参考*技能手册*获得更多信息。

第2节 火山喷发

主要概念 岩浆的组成决定了火山喷发的特征。

核心问题
- 岩浆类型对火山喷发情况有什么影响?
- 压力和溶解的气体在火山喷发中扮演什么角色?
- 火山喷发喷出了哪些物质?

关键术语
黏性
火山碎屑物
火山碎屑流

地球科学在你身边 你是否有过这样的经历?摇一摇一罐苏打水,马上打开它。喷出的苏打水很可能会溅到你的手上、衣服上,甚至还可能殃及站在你身边的朋友。这个过程与地下火山的爆发式喷发过程很相似。

岩浆形成

为什么有的火山平静地喷发,而有的火山却剧烈地喷发?一座火山喷发的剧烈程度是由岩浆的组成成分所决定的。如**图18-9**所示,有些火山喷发出的熔岩层可能很薄且容易移动,有些可能又厚又笨重。为了了解火山喷发的不同原因,首先需要理解岩石是如何熔化成岩浆的。

温度 根据组成成分,大多数岩石在温度达到800~1 200 ℃时就开始熔化。地壳和上地幔都具有这个温度。我们已经学过,地球内部的温度随着距离地表的深度增加而升高。除了温度以外,压力、含水量以及溶解的气体都会影响岩浆的形成。

压力 受上层岩石的重力影响,压力随着深度的增加而升高。压力增加时,物质的熔点也随之升高。**图18-10**显示了钠长石的两条熔化曲线。从图中可以看到,在地表,干燥钠长石大约在1 100 ℃熔化;在地下12 km深处,干燥钠长石的熔点大约是1 150 ℃;而在地下100 km深处,它的熔点升高到1 440 ℃。压力对熔点的影响,解释了为什么尽管地壳底部和上地幔顶部的温度已足够高,但大多数岩石并未熔化成岩浆的原因。

■ **图18-9** 熔岩流动的方式取决于岩浆的组成。埃特纳火山熔岩较薄且容易移动,相比之下,圣海伦斯火山熔岩则又厚又笨重。

岩浆的组成

岩浆的组成决定了火山如何喷发、熔岩如何流动等一系列火山喷发活动。那么，是哪些因素决定了岩浆的组成成分？

现在，科学家已经知道的影响因素有：岩浆与上覆地壳之间的相互作用，岩浆的温度、压力、溶解气体的数量，以及起重要影响的硅含量。了解决定岩浆状态的因素有助于科学家预测火山喷发的类型。

溶解气体 一般来说，岩浆中气体的含量越多，岩浆爆发性越强。就像苏打水中的气体会形成气泡一样，岩浆中的气体也会使火山爆发。岩浆中主要的气体包括水蒸气、二氧化碳、二氧化硫以及硫化氢。水蒸气是岩浆中最重要的溶解气体。水蒸气决定了岩浆会形成于何处。如**图 18-10** 所示为地幔中的矿物，例如钠长石在高温下的熔化情况。水蒸气的存在降低了矿物的熔点，使得地幔物质熔化为岩浆，从而形成了火山以及火山喷发物。

黏性 表示物质流动阻力的物理性质叫作**黏性**（viscosity）。温度和硅含量对岩浆的黏性有影响。一般来说，岩浆的温度越低，黏性越大。换句话说，冷岩浆就像冷蜂蜜一样，流动更缓慢。

☑ **读后自查** **推测** 糖浆和水，哪个黏性更高？

硅含量较高的岩浆更浓稠且黏性更大。因为硅含量高的岩浆中气体含量更多，从而容易引起爆发式的火山喷发。反之，硅含量较低的岩浆黏性更小，就像热糖浆一样稀薄且流动性更大。同时，硅含量较低的岩浆多形成平静的火山喷发。

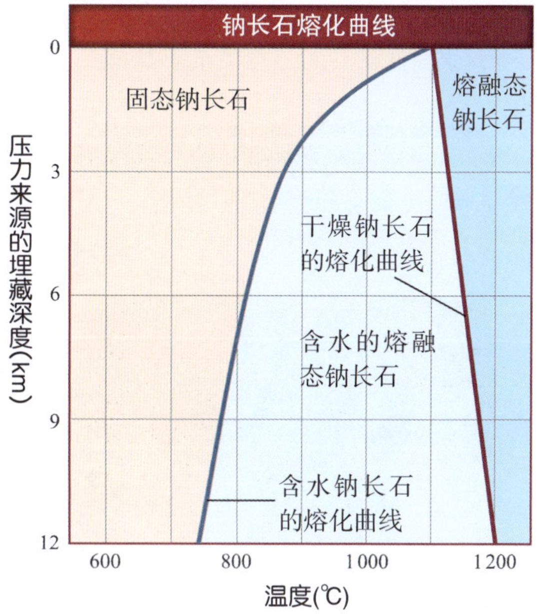

■ **图 18-10** 压力和含水量均影响矿物的熔点。

定位 *请分别对比含水钠长石和干燥钠长石在深度 **3 km** 和深度 **12 km** 处的熔点。*

■ **图18-11** 一般来说，硅含量低的岩浆和熔岩黏性较小，硅含量高的黏性较大。

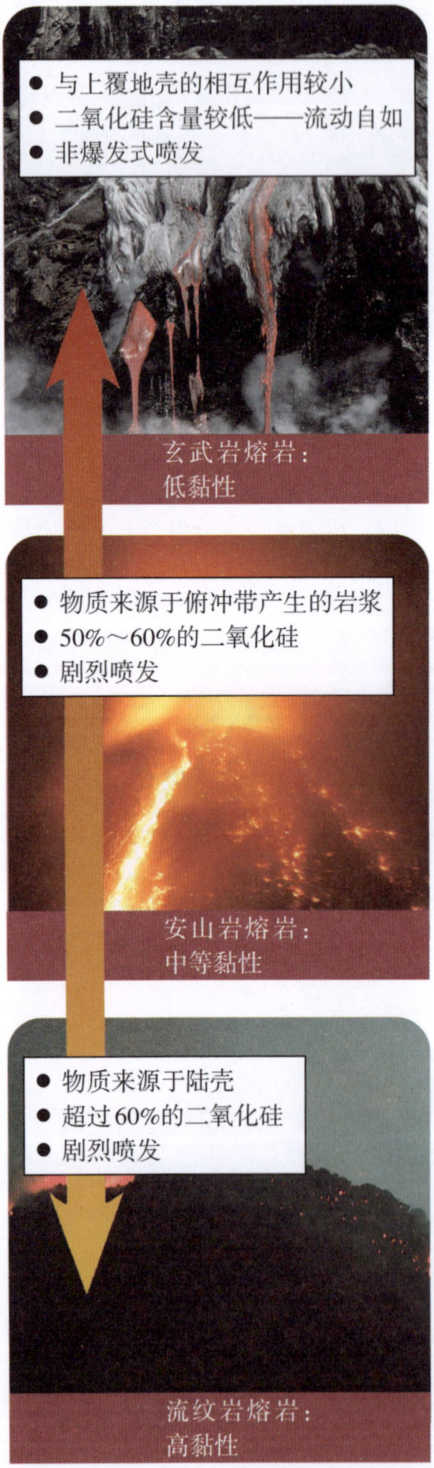

岩浆种类

岩浆中的二氧化硅含量不仅决定了岩浆的爆发程度和黏性，也决定了熔岩流冷却形成的火山岩类型，如**图18-11**所示。

玄武岩岩浆 玄武岩岩浆通常由上地幔顶部的岩石熔化而成。玄武岩岩浆的硅含量与玄武岩一样都少于50%。大部分玄武岩岩浆能以较快的速度上升到地表，并且很少与地壳岩石发生反应。玄武岩岩浆中溶解的气体和硅的含量很少，因此这种岩浆导致的火山喷发程度相对比较温和。如**图18-12**所示，岩浆性质会影响火山喷发的类型。基拉韦厄火山和莫纳罗亚火山喷发的都是玄武岩岩浆，1963年形成于冰岛南部的叙尔特塞是另一座喷发玄武岩岩浆的火山。

安山岩岩浆 安山岩岩浆的硅含量与安山岩一样，都是50%～60%。安山岩岩浆出现在大陆边缘，位于洋壳向地幔消减的地方。这种岩浆的物质来源于洋壳和海底沉积物。因硅含量较高，所以岩浆的黏性中等，而它导致的火山喷发强度也为中等。墨西哥的科利马火山和印度尼西亚的坦博拉火山是两座安山岩火山，它们喷发时都会向大气中喷出大量的火山灰和碎片。

流纹岩岩浆 熔融物质上升并且与上覆的富含硅和水分的陆壳混合，形成了流纹岩岩浆。流纹岩岩浆的硅含量与流纹岩相同，都超过60%。流纹岩岩浆的黏性较大，影响了它的流动性。流纹岩岩浆流动性较弱，加上这些岩浆中所含的大量气体，使得它导致的火山喷发强度很大。美国西部黄石国家公园里的休眠火山都是由流纹岩岩浆喷发后形成的。离现在最近的一次火山喷发发生在640 000年以前，那次火山喷发规模巨大，向大气中喷发了约1 000 km^3的火山物质。

图解火山喷发

图 18-12 板块构造和热点使得岩浆上升，而岩浆中混合着地壳物质。这种混合会引起温度、硅含量、到达地表岩浆中的气体含量等的差异。这些岩浆的性质则决定了火山的喷发类型。

平静式喷发 地球上最活跃的火山与洋壳下的热点有关。从洋壳中涌升的岩浆温度高、硅含量低且含有气体。从这些火山中喷发出的熔岩流相对比较温和。

水下喷发 大多数枕状熔岩形成于洋底的离散型板块边界处。从洋底的裂缝处渗出的熔岩流在冷却后形成气泡状块体。

爆发式喷发 岩浆熔化，并混合了富含硅的陆壳岩石。这种岩浆中还含有气体，会产生巨大的压力。这种压力释放时会引发剧烈的火山喷发。

火山灰

火山块

■ **图 18-13** 火山灰是一种较小的火山碎屑物。右图这个从厄瓜多尔的科多帕希火山喷出的一米高的火山块，是一种较大的火山碎屑物。

比较 *两种类型的火山碎屑物，它们有何共同点？*

爆发式喷发

当熔岩黏性太大，不能自行从火山口流出来时，熔岩会积聚压力，最终导致火山剧烈喷发。火山喷发时，被抛射到空中的岩石碎屑叫作**火山碎屑物（tephra）**。火山碎屑物可以是刚刚冷凝固化后的岩浆，或喷发前已结晶的矿物颗粒，又或者是火山锥的碎屑。火山碎屑物根据大小可以分为不同的种类。直径小于 2 mm 的火山碎屑物是火山灰，如**图 18-13 左图**所示。最大的火山碎屑物叫作火山块，**图 18-13 右图**所示的火山块有 1 m 高，还有些火山块甚至有一辆轿车那么大。大型的火山喷发可以将火山碎屑物散播到地球各处。在一些火山喷发的过程中，火山灰可以飘到 40 km 的高空，从而对飞行器造成威胁，甚至可能改变天气状况。如**图 18-14** 所示，1991 年菲律宾皮纳图博火山喷发时，火山灰被喷到 24 km 的高空中。细小的硫酸液滴与颗粒在平流层停留了两年，它们遮挡了太阳光，并导致全球温度降低了 0.5 ℃。

■ **图 18-14** 1991 年，菲律宾皮纳图博火山喷发的大量火山灰进入平流层并停留了两年时间，这使得全球温度略降。

火山碎屑流

培雷火山喷发

■ **图18-15** 培雷火山喷发的火山碎屑流在短短几分钟内摧毁了整个圣皮埃尔小镇。

火山碎屑流

有一些火山碎屑物能造成极大的破坏，甚至夺去数以千计人的生命。强烈的火山喷发使成团的气体、火山灰以及其他火山碎屑物能以80 km/h的速度顺坡而下。这些高速流动的火山物质叫作**火山碎屑流**（pyroclastic flow），它可能混有炙热、令人窒息的气体。火山碎屑流中心温度可超过700 ℃。最广为人知、致命的火山碎屑流之一，是1902年发生于加勒比海马提尼克岛的培雷火山形成的火山碎屑流。这次火山碎屑流导致超过29 000人因窒息或烧伤而死亡。**图18-15左图**为2000年菲律宾马荣火山喷发的火山碎屑流，**图18-15右图**为培雷火山喷发后的情景。

第2节　本节回顾

要点梳理

- 三种主要类型的岩浆是玄武岩、安山岩和流纹岩。
- 由于硅含量不同，玄武岩岩浆喷发强度较为和缓，而流纹岩岩浆喷发强度最剧烈。
- 温度、压力以及水分都是影响岩浆形成的因素。
- 火山喷发喷射出的岩石碎屑叫作火山碎屑物。

要点理解

1. 主要概念 **讨论**　岩浆的组成如何影响火山的喷发特征？
2. **重申**　岩浆的黏性与其喷发程度有什么联系？
3. **预测**岩浆中硅和气体含量都很高的火山的喷发程度。
4. **辨别**　以粒径大小区分火山碎屑物。

批判性思维

5. **对比与比对**形成基拉韦厄火山和埃特纳火山的构造过程。
6. **推测**公元前79年，维苏威火山喷发后埋没庞贝城的岩浆的组成。

地学写作

7. 撰写一则有关1902年培雷火山喷发的新闻报道。

第3节 侵入活动

主要概念 在地下凝固的岩浆与在地表冷凝的岩浆所形成的地质特征是不同的。

核心问题

- 如何描述在地下凝固的岩浆的形成特征?
- 侵入岩体有哪些不同类型?
- 哪些地质过程导致侵入岩出现在地表?

关键术语

深成岩体
岩基
岩株
岩盖
岩床
岩脉

地球科学在你身边 你是否注意过,夹心蛋糕里层的糖霜的颜色和口感往往与表层不同。同样,如果你看到地球的内层,你会发现其中有很多地表无法看到的火山。

深成岩体

不是所有的岩浆都能喷到地表,地球上大多数的岩浆活动都发生在地表以下,而未到达地表之前的上升岩浆以多种方式与地壳发生交互作用,如**图18-16**所示。岩浆能导致上覆岩石破裂,并侵入新形成的裂缝中。其次,岩浆能使岩石块体剥离而落入岩浆房,并最终熔化成岩浆。最后,岩浆还能将它所侵入的岩石熔化。那么,当岩浆逐渐冷却时,地球的深处会发生什么呢?

回顾之前所学的内容,岩浆冷却后,矿物质开始结晶。随着时间的推移,岩浆中的矿物质结合在一起形成侵入的火成岩岩体。其中一些岩体很薄,只有几厘米厚,却长达几百米,像条丝带。还有一些岩体相当大,体积从1立方千米到几百立方千米不等。这些侵入的火成岩岩体,叫作**深成岩体**(**pluton**)。因地壳的抬升和侵蚀作用,深成岩体可能会出露地表。按照大小、形状和与围岩的关系,深成岩体可被分为几种类型。

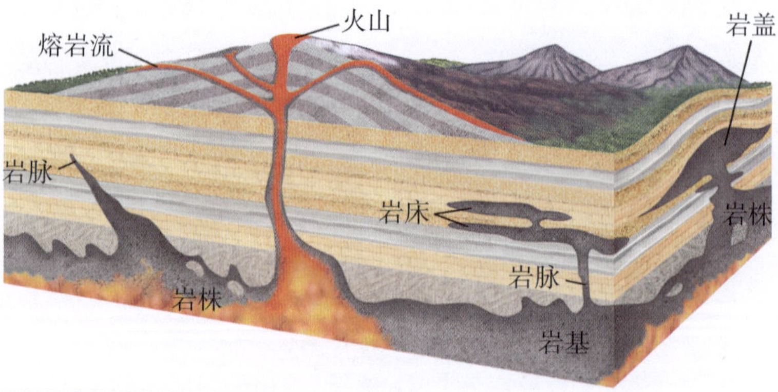

■ **图18-16** 岩浆上涌后凝固,并在地表和地下形成岩体。

岩基和岩株 最大的深成岩体叫作**岩基**(**batholith**)。这些形状不规则、粗颗粒的火成岩体至少能覆盖100 km²,历经数百万年才能形成。岩基在主要的山脉链内部很常见。

北美洲的很多岩基主要由花岗岩组成,花岗岩是深成岩体中最常见的岩石。不过,岩基中也发现有辉长岩和闪长岩(相当于玄武岩和安山岩的侵入体)。北美洲最大的岩基是不列颠哥伦比亚的海岸山脉岩基,其长度超过1 500 km,如**图18–17**所示。与岩基形状相似,但是规模较小的不规则深成岩体叫**岩株**(**stock**)。如**图18–16**所示,岩基和岩株都切入较老的岩石,通常形成于地下5～30 km深处。

岩盖 有时,当岩浆侵入靠近地表的平行岩层时,有一部分岩石由于受到炙热和巨大的压力作用而向上隆起成弓形,等侵入的岩浆冷却凝固后就形成了岩盖,如**图18–16**所示。**岩盖**(**laccolith**)是蘑菇形的深成岩体,有一个圆形的顶部和平坦的底部。与岩基和岩株相比,岩盖的规模较小,最宽不过16 km。**图18–17**显示了科罗拉多州红山和白山的岩盖。其他很多地方也都有岩盖分布,例如美国南达科他州的布莱克山、蒙大拿州的朱迪思山脉等。

☑ **读后自查** **对比** 岩盖和岩基有什么区别?

岩床 **岩床**(**sill**)是岩浆侵入平行的岩层后形成的一种深成岩体,如**图18–16**所示。岩床的厚度小到几厘米,大到几百米。如**图18–17**所示的是美国纽约市附近的哈得孙河岸边悬崖上出露的帕利塞德岩床,厚度达300 m。最初在该小丘之上的岩石已经被侵蚀掉了。岩床对它所侵入的沉积岩产生了两种影响:一种影响是抬高了上覆岩石。因为抬起整块岩石需要很大的力,所以大多数岩床形成于地表附近。另一种影响是使得周围岩石变形。

图18–17 当岩浆侵入地壳并凝固时,形成了岩基、岩盖以及岩床。

不列颠哥伦比亚的海岸山脉岩基形成于地表以下5～30 km处。

岩盖使得地表抬升,形成了圆形顶部和平坦的底部。

纽约州的帕利塞德岩床形成于2亿多年前。

■ **图 18-18** 与岩床不同，岩脉切过它侵入的岩石。有时候，岩脉会从火山通道延伸出来。当火山被侵蚀时，火山通道和岩脉会遗留下来。想象一下一座曾位于右图这座新墨西哥州火山颈附近的火山。

推测 *这座火山会有多大？*

岩脉

火山颈

岩脉 与平行侵入岩层的岩床不同，**岩脉**(**dike**)是切入先前存在的岩石的一种深成岩体。当岩浆侵入周围岩体的岩缝时，通常会形成岩脉。大多数岩脉的宽度在几厘米到几米，长度能达到数十千米。不过，非洲津巴布韦的大岩脉却是个例外，它宽8 km、长500 km。

火山通道的岩浆冷却后形成火山颈。岩脉通常与火山通道有关，但不会都形成火山颈。如**图 18-18**所示，新墨西哥州的希普卡山口有从火山颈延伸出的岩脉。

质地 虽然岩床和岩脉的质地各异，但这两种深成岩体大都是粗颗粒的。在第5章中曾说过，矿物颗粒的大小与冷却速度有关。粗颗粒质地的岩床和岩脉大多在地壳深处形成，那里的岩浆冷却速度缓慢，因此能发育大的矿物颗粒；细颗粒的岩脉和岩床形成于接近地表的地方，同时，这里发育的晶体数量也较多，如**图 18-19**所示。

■ **图 18-19** 地下深处形成的深成岩体冷却速度缓慢，晶体有充足的时间生长，大颗粒的晶体能产生粗颗粒质地的岩石。地表附近形成的侵入岩冷却速度较快，使得大量的晶体在同一时间快速形成，导致岩石颗粒较细。

粗颗粒质地的岩脉

细颗粒质地的岩床

深成岩体与构造运动

很多深成岩体都是造山运动的产物。事实上，岩基存在于地球上很多山脉的核心部位。经冷凝形成这些火成岩体的大量岩浆从何而来？岩基的形成过程很复杂。回顾第17章的内容，很多主要的山系都是沿陆壳—陆壳型汇聚板块边界形成的。科学家们设想，这些大陆板块的对撞迫使陆壳向上地幔下沉，在那里逐渐熔化，然后又侵入到上覆的岩石中，最终冷却形成岩基。

也有人认为，大洋板块和大陆板块的汇聚也能形成岩基。再次回顾第17章的内容，当两个大洋板块汇聚时，温度较低、密度较大的大洋板块俯冲到另一个板块之下，然后被加热并排出水体。被大洋板块排出的水体降低了上覆地幔的熔点，并使其熔化。当熔化的矿物上升但没有喷出地表时，就形成了深成岩体。

美国西部的内华达岩基就是由目前加利福尼亚所在位置的地下岩浆活动形成的，由于地壳的抬升和侵蚀而出露于地表。美国加利福尼亚州约塞米蒂国家公园的花岗岩峭壁（如**图18–20**所示），是这个大规模岩基相对较小的部分。它们曾远低于地表，但是抬升和侵蚀活动导致它们到达了现在的位置。

图18–20 高耸于美国加利福尼亚州约塞米蒂国家公园的花岗岩峭壁，是内华达山脉出露于地表以上的岩基的一部分。

第3节 本节回顾

要点梳理

- 火成侵入岩可以根据它们的大小、形状及其与周围岩石的关系进行分类。
- 地球上大多数的岩浆活动都发生在地表以下。
- 岩浆能以不同的方式侵入岩体，并在冷却时形成不同类型的岩体。
- 岩基是很多山脉的核心。

要点理解

1. 主要概念 **对比与比对**地表火山喷发和岩浆侵入活动。
2. **描述**不同类型的深成岩体。
3. **联系** 深成岩体的大小与其所发现地的位置有何关系？
4. **指出**深成岩体在地表的裸露过程。

批判性思维

5. **预测** 同一个岩床的质地有所不同：岩床边缘的颗粒比较细，而靠近岩床中心的颗粒比较粗。是什么原因导致了这种差异？
6. **推测** 在消失的火山位置上，可能发现哪种深成岩体？

地学写作

7. 为以下结论写一个辩护或反驳的理由：在不同类型的深成岩体中，岩床都形成于地下最深处。

夏威夷火山观测台

火山学家总是戴着头盔、氧气面具，穿着抗热服装，带着攀爬设备和其他设备，这些设备可以在活火山这样危险的环境中保护他们。

基拉韦厄山是夏威夷岛上的盾状火山。根据美国地质调查局调查，它是世界上最活跃的火山之一，也是美国最危险的火山。科学家在附近的夏威夷火山观测台(HVO)监测基拉韦厄火山。这个观测台同时也是采集该火山及其附近研究样品的实验室。

岩浆采集 设想一下，你站在温度高达1 170 ℃的流动岩浆附近。为了得到温度数据或者采集样品，火山学家作业时必须忍受高温并且时刻留意脚下情况。他们所采集的样品带有余温，需要放置在装有水的密闭容器中进行迅速冷却，以防被周围的空气污染。为了保护自己，火山学家们穿着如图所示的特种装备。

地震活动性 火山底下的地震活动是附近即将发生火山喷发的前兆。监测地震的其中一种方法是勘察地震活动性。科学家在火山口及其附近放置地震计来监测地震活动。

气体样品 火山学家采集火山口释放的气体样品，在夏威夷火山观测台里分析其中二氧化硫和二氧化碳的含量。这两种气体含量的增加表明接下来可能会有一场火山喷发。

地面监测 科学家借助一种叫作电子测距仪(EDM)的工具来监测火山周围的地面和预测接下来的火山喷发。当岩浆涌至地表，地面可能会倾斜、下沉或者因为受压而膨胀。

火山学家在夏威夷火山观测台里不断记录、测试和分析数据，他们的研究成果在世界上处于领先水平。如果没有他们的辛勤付出，今天我们不可能对火山有这么多的了解。

地学写作

研究火山学家用来预测火山喷发时间、规模与类型的方法。概述你的发现并且与同学一起分享。

预测火山的安全性

实验背景：一些火山有剧烈喷发的危险。除了火山灰和其他火山碎屑的烟云可以在大气中残留多年外，火山碎屑流、滑坡和泥石流也都是常见的火山次生灾害。然而，如果一座爆发性强的火山远离人口聚集地或者喷发次数很少，它也可能不会对人类生命和财产造成威胁。

实验问题：在评估一座火山的安全性时，需要考虑哪些因素？

直升机将研究者运送到火山观测点。研究者通过分析数据来确定火山对人类的危害程度。

实验材料

老师所提供的火山数据

记录火山相关数据的参考书

记号笔或者彩色铅笔

实验步骤

设想你在美国地质调查局工作，你们团队需要对世界上的几座火山做评估。你的工作是确定火山对于附近居民区来说是否安全。如果火山不安全，你必须为保证附近居民的安全提出相应的对策。

1. 阅读并遵守实验室安全守则。
2. 组建一个具有3至4人的团队。
3. 团队讨论可能用到的评估火山安全性的影响因子，并记录你们的想法。影响因子可以包含火山喷发周期、岩浆组成、火山附近大概的人口数量，以及上一次火山喷发的时间等。
4. 小组讨论，确定你们将采用哪些影响因子。
5. 利用你们所选择的影响因子来构建数据表格。在构建数据表格之前，请老师确认你们所选择的影响因子。
6. 再利用老师所给的信息，选择一个具有已知火山的国家。
7. 完成第一个国家的数据表格。
8. 再选择其他两个国家，重复步骤6和步骤7。

实验分析

1. **解读数据**　在火山附近居住的居民是否安全？请说明你的理由。
2. **解读数据**　有没有一座火山对于居住在它周围的居民来说是有直接威胁的？请说明你的理由。
3. **总结**　向来自世界各地的科学家报告你的研究成果。确保报告中包括你的预测和建议，并且准备一些问题。在汇报研究成果的时候可以展示你的数据表格，这有助于你们的交流和沟通。

分享数据

同行评议　概述你对每一座火山的安全性建议，并将你的数据与其他同学的数据进行对比和比对。

第18章 复习指南

大概念 从地球深处喷涌而出的岩浆通过火山活动到达地表。

第1节 火 山

关键术语

- 火山活动
- 热点
- 玄武岩熔岩
- 裂缝
- 火山通道
- 火山颈
- 火山口
- 破火山口
- 盾状火山
- 锥状火山
- 复式火山

主要概念 火山的分布主要由板块构造决定。

要点梳理

- 火山活动包括岩浆与气体喷发到地表的所有过程。
- 大部分陆地上的火山分布在两个主要火山带上:环太平洋火山带和地中海火山带。
- 火山由火山颈、岩浆房、火山口和破火山口组成。
- 熔岩流从裂缝流出地表,形成玄武岩熔岩。玄武岩熔岩能形成平坦的平原或高原。
- 火山有三种主要类型:盾状火山、锥状火山和复式火山。

第2节 火山喷发

关键术语

- 黏性
- 火山碎屑物
- 火山碎屑流

主要概念 岩浆的组成决定了火山喷发的特征。

要点梳理

- 三种主要类型的岩浆是玄武岩、安山岩和流纹岩。
- 由于硅含量不同,玄武岩岩浆喷发强度较为和缓,而流纹岩岩浆喷发强度最剧烈。
- 温度、压力以及水分都是影响岩浆形成的因素。
- 火山喷发喷射出的岩石碎块叫作火山碎屑物。

第3节 侵入活动

关键术语

- 深成岩体
- 岩基
- 岩株
- 岩盖
- 岩床
- 岩脉

主要概念 在地下凝固的岩浆与在地表冷凝的岩浆所形成的地质特征是不同的。

要点梳理

- 火成侵入岩可以根据它们的大小、形状及其与周围岩石的关系进行分类。
- 地球上大多数的岩浆活动都发生在地表以下。
- 岩浆能以不同的方式侵入岩体,并在冷却时形成不同类型的岩体。
- 岩基是很多山脉的核心。

第18章 复习检测

术语回顾

从复习指南中选择合适的术语替换下列斜体术语。

1. 在最剧烈的火山喷发中，熔岩聚集形成*盾状火山*。
2. 岩浆通过火山通道传输并在火山顶端的*裂缝*处喷出。
3. *热点*是指释放岩浆、热液和热流的全过程。
4. 火山灰是*熔岩流*的最小类型。

从复习指南中选取合适的术语填空。

5. ________ 是指火山顶部碗状的洼地。
6. ________ 是指空岩浆房塌陷时形成的洼地。
7. 最小且有最陡峭斜坡的火山是 ________。

从复习指南中选择与下列描述相匹配的术语。

8. 在地下深处形成的岩体。
9. 一种面积超过100 km^2的深成岩体，且常常作为山脉的主体。
10. 含有火山灰和其他火山碎屑物，以及炙热、有毒气体的混合物
11. 岩浆垂直侵入岩体所形成的物质。

利用所学知识解释下列每一组术语的相同之处。

12. 岩盖，岩床
13. 盾状火山，玄武岩熔岩
14. 裂缝，火山通道
15. 岩床，岩脉

理解要点

16. 下列哪个地区在环太平洋火山带附近？
    A. 英国
    B. 美国
    C. 俄罗斯
    D. 印度

根据下图，回答第17～18题。

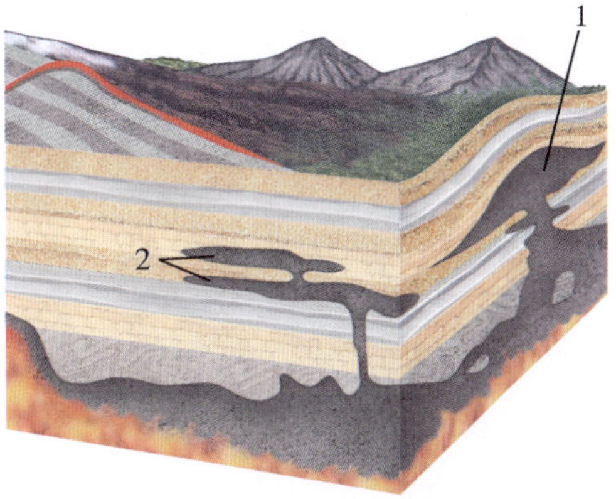

17. 图中标注1的地质结构是什么？
    A. 岩基
    B. 岩盖
    C. 岩脉
    D. 岩床
18. 图中标注2的地质结构是什么？
    A. 岩基
    B. 岩盖
    C. 岩脉
    D. 岩床
19. 下列哪种说法不正确？
    A. 硅含量增加使得岩浆黏性增大
    B. 安山岩岩浆气体含量和爆发性均适中
    C. 温度升高使得岩浆黏性增大
    D. 玄武岩岩浆黏性较低，且气体含量也较少

根据下图，回答第20～21题。

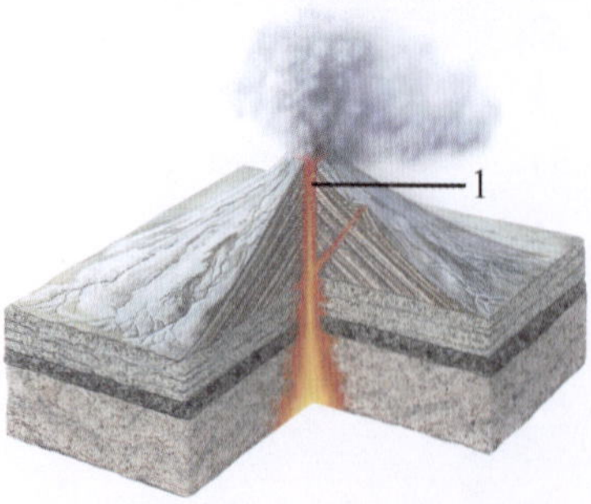

20. 图示为哪类火山？
- **A.** 盾状火山
- **B.** 复式火山
- **C.** 玄武岩熔岩形成的火山
- **D.** 锥状火山

21. 图中数字1标示的是哪种地质特征？
- **A.** 火山口
- **B.** 锥状火山
- **C.** 火山颈
- **D.** 岩浆房

22. 什么原因导致岩浆从地幔柱中向上涌升？
- **A.** 岩浆比它周围物质密度更小
- **B.** 岩浆比它周围物质密度更大
- **C.** 岩浆受气压影响而向上涌
- **D.** 岩浆受地表岩石影响而向上涌

23. 下列哪项活动每年产生的岩浆最多？
- **A.** 板块汇聚
- **B.** 板块分离
- **C.** 热点
- **D.** 锥状火山

简要概述

24. 区分 根据大小和形状区分岩基、岩株和岩盖。

25. 推断 一块出露地表的岩石近乎垂直地穿过数层砂岩岩层的狭窄玄武岩带。这种特征叫什么？

26. 描述热点。

27. 指出三种类型火山的各一个具体实例。

28. 对比与比对有关基拉韦厄山和哥伦比亚河玄武岩的发展过程。

29. 分析 为什么火山块在盾状火山中并不常见？

根据下图，回答第30题。

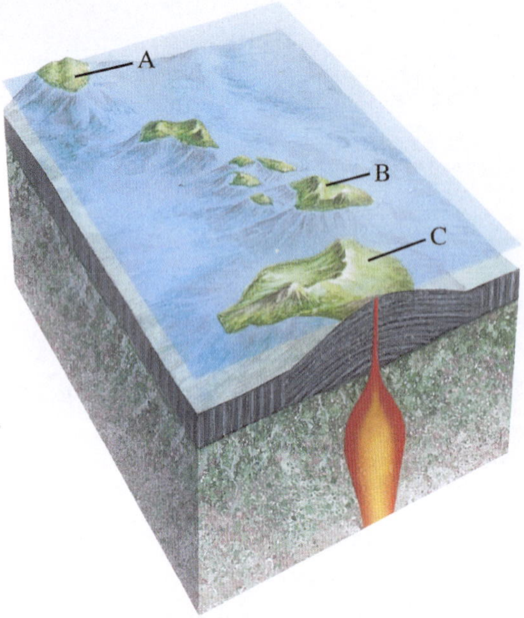

30. 区分 图中哪个岛屿年龄最老？板块移动方向是哪里？请解释原因。

31. 确定 环太平洋火山带这个名字确切吗？请解释原因。

32. 解释岩浆的黏性与其温度之间的关系。

33. 解释火山活动如何影响全球气候。

34. 绘制三种火山类型的示意图，并反映它们的大小关系。

35. 分析 为什么小的深成岩体颗粒更细，大的深成岩体颗粒更粗糙？

批判性思维

根据下表,回答第36~37题。

岩浆的组成和特征			
	玄武岩岩浆	安山岩岩浆	流纹岩岩浆
物质来源	上地幔	洋壳和沉积物	陆壳
黏性	低	中等	高
气体含量	1%~2%	3%~4%	4%~6%
二氧化硅含量	大约50%	大约60%	大约70%
岩浆位置	洋壳和陆壳都有	大陆边缘的消减带	陆壳

36. 分析 根据上表信息,分析和排列三种岩浆喷发强度的顺序,并解释原因。

37. 分类 利用上表中岩浆特征的相关信息,将三种火山进行分类。

38. 预测 如果没有板块构造的话,会发生哪种类型的火山活动?

概念图解

39. 利用下列术语绘制一幅概念图:*深成岩体*、*垂直*、*岩基*、*横切*、*岩株*、*平行*、*岩盖*、*岩床*、*岩脉*。如需帮助,可以参考*技能手册*。

挑战难题

40. 构想一种方法来区别古代熔岩流和侵入岩之间的差异。

地学写作

41. 设想你在负责一座火山的监测工作。一天,GPS定位仪显示这座火山的面积正在扩张,同时还发生了几次地震,喷出的火山气体也有增加。在这种情况下,你应该发布火山即将喷发的警告吗?给正处于这种环境中的居民写一则新闻警示。

材料分析

研究历史上火山喷发的数据对预测火山喷发具有重要意义。下图显示了夏威夷两个岛200多年里的岩浆喷发总量。

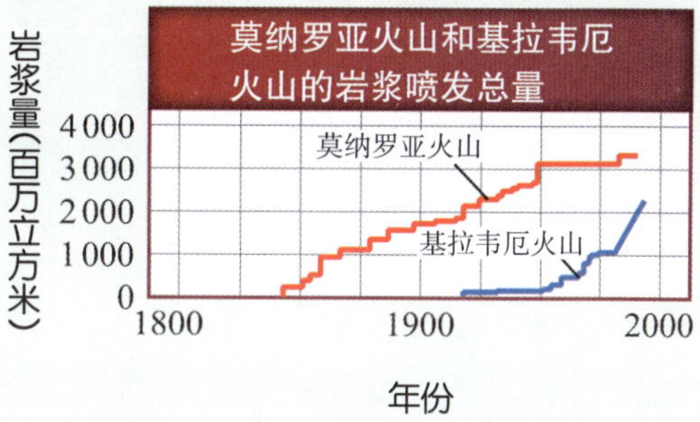

资料来源:Takada, A. 1999. Variations in magma supply and magma partitioning: the role of tectonic settings. *Journal of Volcanic Geothermal Research* 83:93-110.

42. 莫纳罗亚火山两次最大的火山喷发发生在什么时候?

43. 莫纳罗亚火山1840年到1990年间平均岩浆量为多少?

44. 你能预测下一次火山喷发的时间吗?请说明理由。

45. 莫纳罗亚火山喷发规模大但喷发时间短。图上哪个特征能反映出此现象?对比与比对基拉韦厄火山和莫纳罗亚火山最近一次的火山喷发情况。

综合复习

46. 列出矿物鉴定中主要的矿物特性。(**第4章**)

47. 举例说明哪些发现可以支持板块构造理论?(**第17章**)

综合 标准化测试

选择题

根据下图，回答第1～2题。

1. 图中所示过程发生在哪里？
   A. 陆壳—陆壳离散型边界
   B. 洋壳—陆壳离散型边界
   C. 陆壳—陆壳消减带
   D. 洋壳—陆壳消减带
2. 压力增大对岩石的熔化温度有什么影响？
   A. 熔化温度上升
   B. 熔化温度下降
   C. 熔化温度大致稳定
   D. 对熔化温度没有影响
3. 下列哪种证据没有被魏格纳用来支持他的大陆漂移说？
   A. 美国的煤层
   B. 陆栖动物的化石
   C. 冰川沉积
   D. 古地磁数据
4. 不断形成新洋底的活动叫什么？
   A. 大陆漂移
   B. 热点
   C. 海底扩张
   D. 消减作用
5. 因为消减板块的重量，使得岩石圈被拖入消减带的是哪一个过程？
   A. 脊拉
   B. 脊推
   C. 板拉
   D. 板推
6. 下列哪种模型是利用黏土、土壤和化学物质来模拟火山喷发的？
   A. 概念模型
   B. 物理模型
   C. 数学模型
   D. 计算机模型
7. 水循环的哪个过程受太阳热量的直接影响？
   A. 降水的形成
   B. 土壤中水的流失
   C. 蒸发
   D. 土壤中水的下渗

根据下图，回答第8～9题。

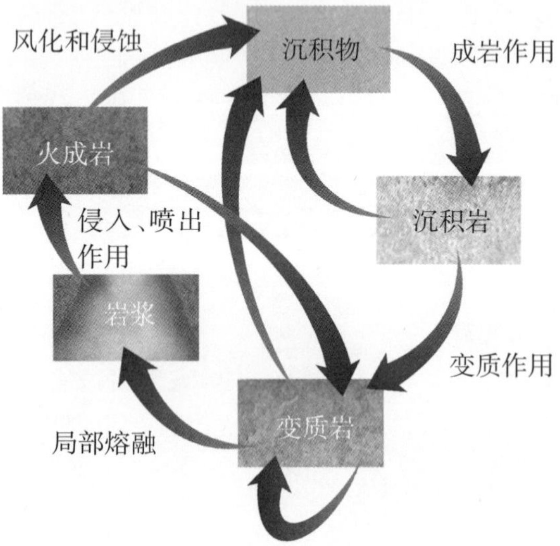

8. 下列哪个过程产生了沉积物？
   A. 岩化作用
   B. 风化作用
   C. 固化作用
   D. 变质作用
9. 岩浆凝固后会形成哪种岩石？
   A. 变质岩
   B. 沉积岩
   C. 火成岩
   D. 熔岩

简答题

根据下表，回答第10～12题。

著名的火山喷发事件			
火山	喷发时间	火山喷发量（km^3）	羽流（km）
图巴火山	74 000年以前	2 800	50～80
维苏威火山	79年	4	32
坦博拉火山	1815年	150	44
卡拉卡图火山	1883年	21	36
圣海伦火山	1980年	1	19
皮纳图博火山	1991年	5	35

10. 根据火山喷发量将以上火山排序。

11. 推测为什么尽管公元79年维苏威火山喷发与1991年皮纳图博火山喷发的规模相当，但前者导致的伤亡人数更多。

12. 计算1815年坦博拉火山喷发与1980年圣海伦火山喷发的羽流高度的差异。

13. 辨别理论的科学释义。

14. 为什么热带雨林带消失后，仅隔几年土壤就不能再种植农作物了？

15. 在地球的岩石循环中，冰川扮演了什么样的角色？

16. 做一个概述水循环主要步骤的带编号的列表。

阅读理解

皮纳图博火山喷发

1991年6月15日，皮纳图博火山在沉睡6个世纪后再次苏醒。1 760 m高的火山喷出物中包含了气团和火山灰等火山碎屑物。喷出物的温度高达816 ℃。火山灰和二氧化硫一直冲向了35 km高的平流层。黎明时的另一次喷发炸开了山体的一侧。大气中布满了大量的火山灰和浮石，天空直到下午还是暗沉的，同时，火山岩块像冰雹一样向下掉落。当天晚上，地震又袭击了这座已经濒危的城市。皮纳图博火山喷发还形成了一个地下洞穴，它自己也陷了进去。

17. 从文中可以推断出什么？

A. 火山喷发是不可预测的，随时可能发生

B. 火山喷发总是猛烈的

C. 火山喷发可以通过多种方式来改变地表

D. 火山喷发总是伴随着地震的发生

18. 根据这篇文章，哪种说法是错的？

A. 火山可以向平流层释放气体

B. 皮纳图博火山喷发是由于地下洞穴倒塌而发生的

C. 1991年的这次火山喷发所释放的气体和火山灰的温度高达816 ℃

D. 火山喷发可以改变山脉的形状

19. 在6月15日的这次火山喷发之前，皮纳图博火山附近村镇的居民被疏散。根据文中信息，解释为什么有必要疏散该地区的居民。

需要更多帮助？																
如果你回答错误……	1	2	3	4	5	6	7	8	9	10	11	12	13	14	15	16
请复习相应章节……	17.3	5.1	17.1	17.2	17.4	1.3	9.1	6.1	5.1	18.1	18.3	18.3	1.3	8.3	3.3	9.1

第19章

地　震

大概念　地震是地面的自然振动，其中一些是地壳断裂和位移引起的。

内容提要

起步实验

科学实验室

地震是由什么造成的？

当地壳板块间突然发生相对运动时，地震就发生了。断层就是地壳移动造成的。在本实验中，你将探究引发地震的原因。

实验步骤

1. 阅读并遵守实验室安全守则。
2. 将两个光滑木块沿它们的最大表面相互滑动，描述它们的运动情况。
3. 剪两张粗粒的砂纸，使它们比每个木块最大的一面宽1 cm。
4. 将两张砂纸分别盖在两个木块最大的一面上，有砂的一面朝上。用砂纸包住木块，并用图钉将砂纸钉住。
5. 将两个包有砂纸的木块的砂面相互擦动，然后描述它们的运动情况。

实验分析

1. **比较**实验中的两种运动情况。
2. **应用**　木块代表地球的哪个部分？
3. **推断**　这两种运动中，哪种表示地震发生时的运动？

折叠式 学习卡

断层的类型

根据下图所示，制作一张三格折纸。用它来整理你学习三种类型断层过程中的笔记。

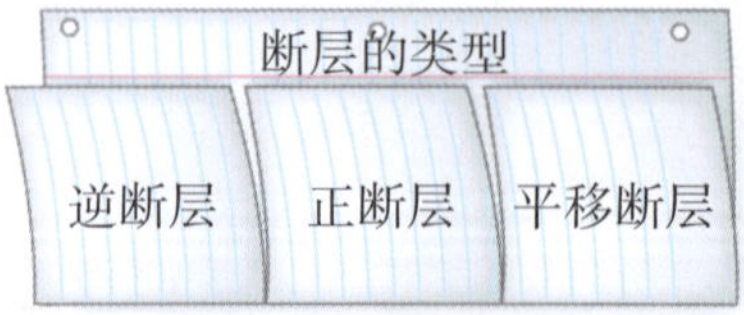

美国国家地震信息中心每天检测到的地震有50次左右，每年约有20 000次。

第1节 地球内部的力

主要概念 作用在岩石上的力超出其本身的承受能力后，会出现断层。

核心问题

- 应力与应变如何作用于岩层？
- 三种类型的断层各是什么？
- 三种类型的地震波各是什么？

关键术语

应力
应变
弹性形变
塑性形变
断层
地震波
纵波
横波
震源
震中

地球科学在你身边 如果你试着折一个曲别针，你会发现它可以折成一个新的形状。但当你折一根冰棍棒时，它会被折断。同样，当外力作用于岩石时，它们要么发生弯曲，要么出现断裂。

应力与应变

大多数地震是由于板块构造引起地壳运动而导致的。整体来看，构造板块移动速度十分缓慢。沿着板块交界处，地壳中的岩石会受到挤压。时间一长，就产生了应力。**应力**(stress)是作用于物体单位面积上的力。当应力超过它所作用的岩层的强度时，岩层就会发生断裂。这种突然移动引起的振动就是一次地震。地震的特征取决于作用在岩石上的应力方向、大小，以及该岩石的承受能力。

作用于岩层上的应力有三种类型：压力、张力和剪力。压力是使物质体积减小的应力，张力是将物体拉伸的应力，而剪力是使物体发生扭曲的应力。由于应力而造成的物体变形称为**应变**(strain)。**图19-1**表示了压力、张力和剪力造成的应变。

尽管岩石可以被扭曲、挤压、拉伸，但当应力与应变到达临界点时，岩石会发生断裂。到达临界点时，岩石会发生移动，同时释放出能量。地震就是这种移动和释放能量的结果。例如，2010年海地地震就是由一系列地球内部压力释放所导致的。这种能量最终以地震的形式释放，造成了超过230 000人死亡。

图19-1 压力使得物质压缩，张力使其拉伸，而剪力使其变形。

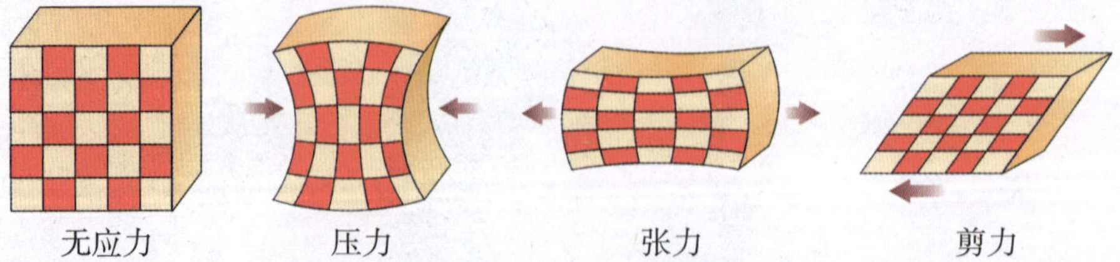

相关岩层的实验表明，应力和应变之间有着明显的联系。将作用于岩层的应力与它对应的应变绘成点图，可以连成一条应力—应变曲线，如**图19-2**所示。一条应力—应变曲线通常由两部分组成：直线段和曲线段。不同线段表示对于应力的不同类型的反应。

弹性形变 直线段表示在低应力条件下会发生什么变化。当物质受到较弱的压力、张力、剪力作用时，会发生**弹性形变（elastic deformation）**。弹性形变能使物体弯曲或变长，就像轻轻拉伸一根橡皮筋一样。当撤去外力时，橡皮筋又会恢复原来的大小和形状。如**图19-2**所示，弹性形变与应力成正比，如果应力降低为零，形变就会消失。

塑性形变 当应力超过一定值以后，物体会发生**塑性形变（plastic deformation）**，如**图19-2**所示的曲线段。与弹性应变不同，这种应变会造成永久变形，这意味着即使应力减小至零，物体也不能恢复原状。例如当应力使橡皮筋拉伸到超过它的弹性极限时，橡皮筋就会发生塑性形变。这种永久变形使橡皮筋的长度增加，并产生微小的裂缝。同时，当应力超过物质的强度时，物质被破坏或断开，如图中所示的"×"点。你可能有过这样的经验，当你用力拉橡皮筋时，橡皮筋最终会崩断，这就是一个塑性形变的实例。

读后自查 **区分**弹性形变和塑性形变。

大多数物质都同时表现出弹性形变和塑性形变两方面的特征。脆性物体，例如玻璃、某些塑料、干燥的木头，只要出现轻微的塑性形变就会断裂。而像橡胶、硅胶、金属等塑性物体，则能够经受较强的塑性形变后才会发生断裂，甚至不会发生断裂。大多数岩层在地壳温度相对较低的情况下呈现脆性的一面，但是在更深的地下、更高的温度处，则呈现塑性的一面。

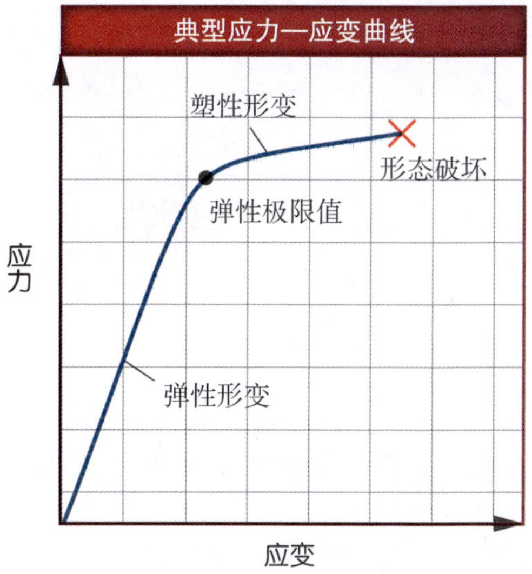

图19-2 典型的应力—应变曲线由两部分组成。弹性形变是低应力的结果。当应力消失时，物质回归到最开始的形状。塑性形变发生在高应力条件下，物质的形变是永久的。当地壳内塑性形变超过限度的时候，就会发生地震。

描述 *图中弹性形变过渡到塑性形变的拐点时，物质会发生什么情况？*

■ **图 19-3** 一个大型断层横穿了这个地区。

指出这个断层的移动方向。

断层

当作用在岩层上的应力施加得太快，或者应力太大时，很多组成地壳的岩层都会发生破裂，由此而产生的断裂或断裂体系叫作**断层**(**fault**)，如**图 19-3** 所示。断层两侧，岩块将会沿着破裂面发生运动，这些移动着的破裂面叫作断层面。断层面的倾角变化很大，有的接近水平，有的几乎垂直。当断层移动时会引发地震，如**图 19-4** 所示是历史上几次重大地震的时间轴。

逆断层和正断层　逆断层是由于岩体受到水平和垂直挤压而形成的断裂，结果导致受挤压的岩层水平距离缩短。逆断层一侧的岩体沿断层面向上滑动到另一侧岩体上。逆断层一般出现在汇聚型板块边界。

正断层是由于水平张力形成的断裂。沿正断层的运动是部分水平，部分垂直的。水平拉伸使得岩石分裂并拉伸地壳，垂直移动使得被拉伸的断层一侧的岩体移动到另一侧的岩体之下。美国西南部的盆地和山脉地区正是由正断层形成的，该地区的地壳被拉伸。如**表 19-1** 所示，被逆断层隔开的两块区域间的距离比断层出现前更为接近，而被正断层隔开的两块区域则相反。

折叠式学习卡

将本节信息整合到你的折叠式学习卡中。

■ **图 19-4　大地震和前沿调查**　地震会在全世界范围内造成伤亡和灾难事件，为了更好地保护生命和财产安全，科学家们致力于寻找更好的途径来进行地震预警。

1800　1900　1950

1811～1812 年　在三个多月的时间内，沿密西西比河谷发生了多次强地震，地震摧毁了密苏里州新马德里整个城镇。

1880 年　日本地震后，科学家发明了第一个可以记录地震强度的现代地震仪。

1906 年　圣弗朗西斯科的一场地震造成了 3000～5000 人死亡，地震引发的大火足足燃烧了 3 天，几乎摧毁了整个城市。

1923 年　日本大地震及引发的火灾造成约 140 000 人死亡，100 多万东京和横滨市民无家可归。

1948 年　土库曼斯坦的阿什哈巴德发生地震，造成居住在该城市及其附近地区的近十分之九的居民死亡。

表19-1 断层类型

断层类型	移动类型	举例
逆断层	压力引起断层面垂直移动	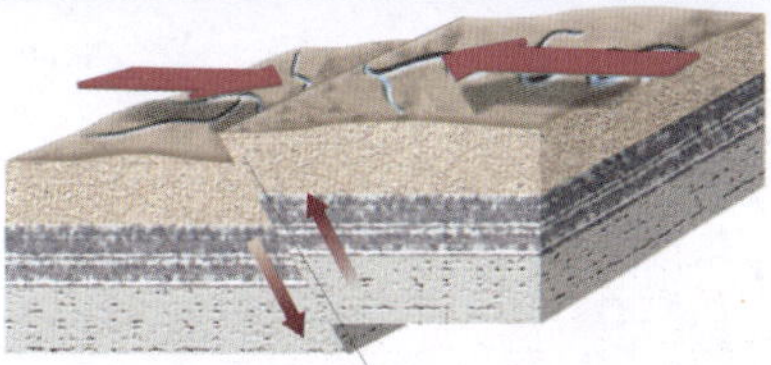
正断层	张力引起断层面垂直移动	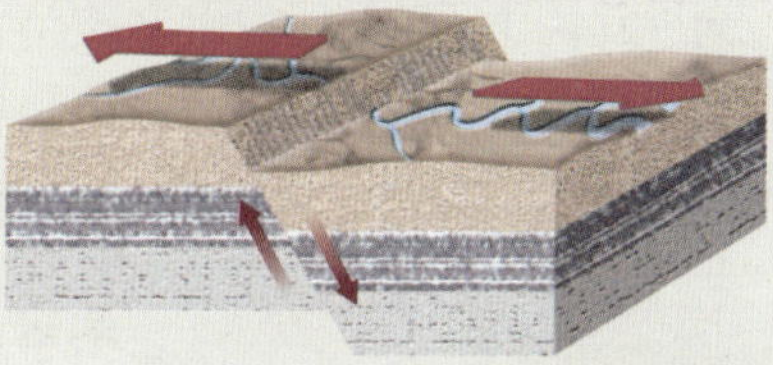
平移断层	剪力引起断层面水平移动	

平移断层 平移断层是由水平剪力形成的。如**表19-1**所示，平移断层的移动主要是沿水平相反方向运动，就像行驶在高速公路两个相反车道上的汽车。贯穿美国加利福尼亚州的圣安德烈斯断层就是一条平移断层。圣安德烈斯断层的水平移动和其他断层的移动是导致该州地震的主要原因。平移断层的移动结果很容易从断层两边不同的错断地貌中看出来。

1965年 美国、日本、智利和俄罗斯成立了国际太平洋海啸预警系统。

1982年 新西兰建造了第一个隔震建筑，他们利用含铅橡胶轴承来防止建筑物受地震影响而摇晃。

2004年 印度洋里氏9级地震引发了史上最严重的海啸。这次海啸一直影响到非洲东海岸。

1960 1980 2000

1960年 智利发生了里氏9.5级地震并引发海啸，对夏威夷、日本、新西兰和萨摩亚岛等都造成了影响。这是有记录以来最高等级的地震。

1972年 加州大学伯克利分校建造了第一个可以检测建筑物抗震程度的现代震动台。

2011年 日本东海岸发生了里氏9级地震及次生海啸，并破坏了13 600 km之外的南极洲冰川。

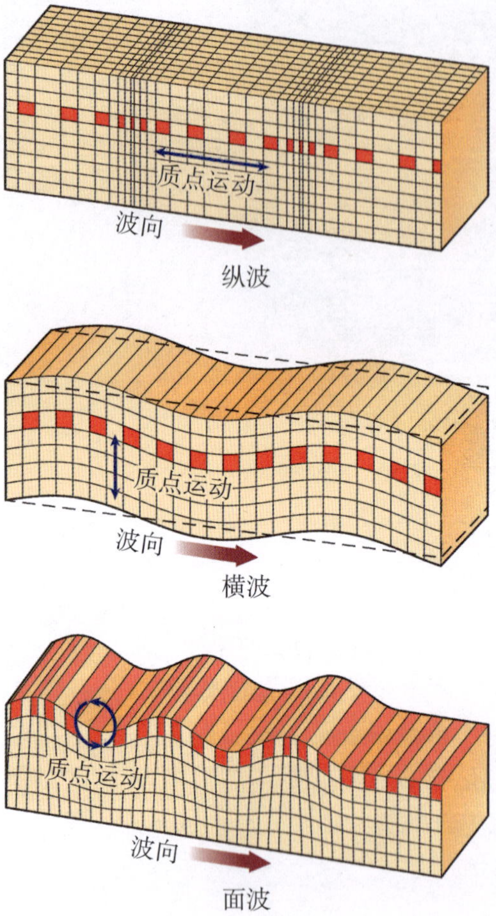

■ **图 19–5** 纵波使岩层物质在波的传播方向上来回移动。横波使岩层物质在垂直于波的传播方向上移动。面波使岩层物质既能上下移动，又能左右移动。

地震波

大多数地震是由于断层两侧的地壳活动造成的。回想本章“起步实验”的内容，一些沿断层的滑动相对比较平滑。但在有些岩块运动中，如前面砂纸覆盖的木块所模拟的，其粗糙不平的岩块面在滑动时会产生很强的摩擦力并互相锁定。如果应力持续作用于这些岩块，当达到岩层的弹性极限时，岩层就会断裂，并引发地震。

地震波的类型 地震过程中地面的震动称作**地震波**(**seismic wave**)。每次地震都会产生三种类型的地震波：纵波、横波、面波。

纵波 **纵波**(**primary wave**)又称P波，其沿地震波传播的方向挤压和拉伸岩层，如**图 19–5** 所示。注意图中红色小方块所表示的一块岩石的体积是如何随着P波的通过而改变形状的。纵波的挤压运动与松散的螺旋线圈运动相似。如果线圈被用力拉伸并快速释放，可以观察到线圈的振动方向与最初的拉动方向一致。

横波 **横波**(**secondary wave**)又称S波。横波传播速度比纵波慢，所以人们会先感觉到纵波，再感觉到横波。横波使岩层沿垂直于地震波传播的方向移动，如**图 19–5** 所示。横波的运动与一根一边抓牢的跳绳的上下运动相似。波垂直传播到跳绳的另一端。纵波和横波都能在地球内部传播，因此，这两种波又称为体波。

面波 第三种，也是传播速度最慢的地震波，称为面波，其在穿越岩层时沿着两个方向运动。当面波通过岩层的时候，能使岩层产生类似于海浪的上下运动；同时，面波也能使岩层产生水平运动，如**图 19–5** 所示。面波会使得地面产生剧烈晃动，同时它也是传播时间最长的波，所以通常会造成严重的后果。

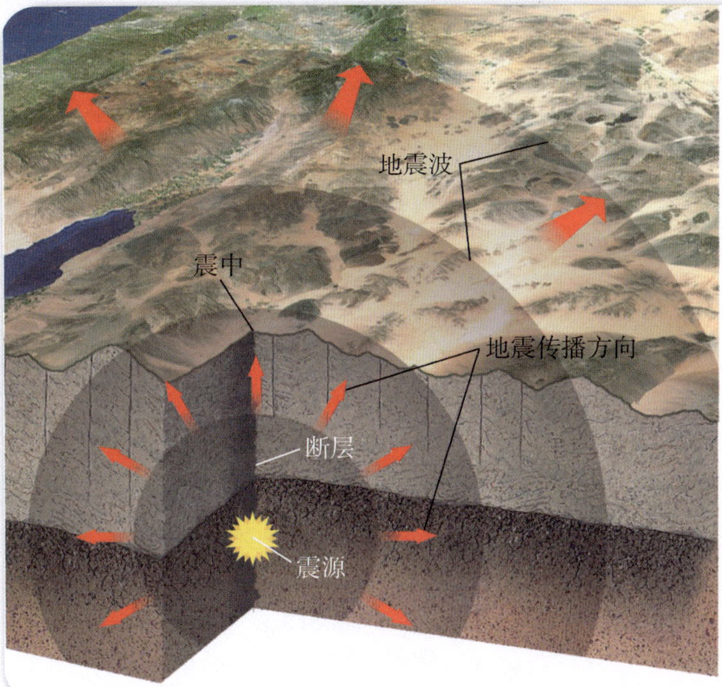

■ **图19-6** 震源是断层最初破裂的那一点。震源与地表正对的点叫震中。

推测 *面波能造成最大限度破坏的地方在哪个点?*

地震波的产生过程 地震产生的第一个波从地球深处的岩层断裂点开始向外传播。岩层发生断裂引起地震的地方,叫作**震源**(**focus**)。震源通常在地表以下至少几千米的深处。以震源深度划分,地震可以分为浅源地震、中源地震和深源地震。地面上正对震源的点叫**震中**(**epicenter**),如**图19-6**所示。面波从震中开始,向四周扩散。

第1节 本节回顾

要点梳理

- 应力是作用在物体单位面积上的压力,应变是物体在应力作用下的形变。
- 逆断层、正断层和平移断层是三种主要的断层类型。
- 三种类型的地震波是纵波、横波和面波。

要点理解

1. 主要概念 **描述** 断层的形成如何引发地震?
2. **解释** 为什么应力—应变曲线通常由两部分组成?
3. **对比与比对**三种不同类型断层所引起的岩体移动。
4. **绘制** 用三张图表来表示三种类型地震波是如何穿过岩石的。它们之间有什么区别?

批判性思维

5. **联系** 描述当一个人站在地表时,他所能感受到的不同类型的地震波。

地学写作

6. 将地震波的移动与你每天看到的物体运动做比较,并列表与同学们交流。

第2节 地震波和地球内部

主要概念 地震波可以用来描述地球内部的构造。

核心问题

- 地震检波器的工作原理是什么?
- 如何用地震波确定地球内部的结构和组成物质?

关键术语

地震检波器

震波图

地球科学在你身边

当你照镜子时,可以在镜子中看到自己,这是因为光照射到你脸上后,被反射到镜面,镜面又将光反射到你的眼睛里,所以你就能在镜子中看到自己的像。同样的,地震波在地球内部的传播也能反射出地球的内部构造,这些内部结构能通过图像的形式表现出来。

地震检波器和震波图

地震产生的震动能够晃动地球。虽然大多数的震动人们都感觉不到,但是利用敏感的仪器,在距震中较远的地方仍然能够检测和记录地震,这种仪器叫地震仪,或称为**地震检波器(seismometer)**。地震检波器通常由一个覆盖着纸的转筒、一支笔或其他记录工具和一个重锤组成。各种地震检波器虽然在设计上有所不同,但是它们都包括一个固定在地面底座上的支架和一个悬挂在弹簧或金属丝上的重锤,如**图19–7**所示。地震发生时,由于惯性的缘故,重锤会保持和地面一致的相对静止,而支架会发生摇摆振动。这种重锤相对于支架的运动信息通过笔被记录在纸上,或直接存入计算机中。地震检波器所做的记录叫作**震波图(seismogram)**。**图19–8**显示了震波图的一部分。

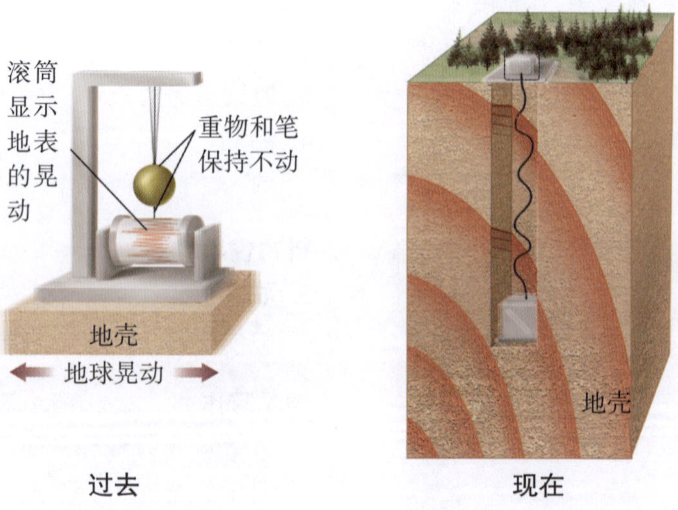

■ **图19–7** 传统的地震检波器是安装在地面上的。当地震发生时,支架移动,但是重锤和连接的笔不动。重锤和笔可以记录装置的相对运动痕迹。请将传统地震检波器与现代地震检波器做比较。

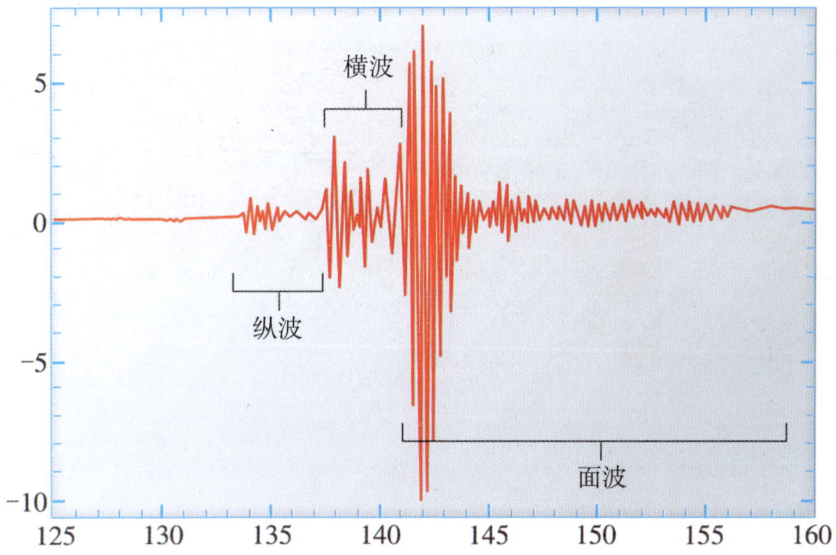

■ **图 19–8** 地震检波器记录了一次地震引起的地震波。

时距曲线 由震中向外传播的地震波可以被设在远离震中的地震检波器记录下来。多年以来，无数次地震的地震波传播到世界各地所花的时间，都被地震检测设备记录了下来。利用这些数据，地震科学家们可以为一次地震的纵波和横波曲线构建全球时距曲线，如**图 19–9** 所示。这些普通的曲线能提供地震波传播到不同地点所用的平均时间。

☑ **读后自查** **总结** 地震检波器是如何绘制全球时距曲线的？

震中距 请看**图 19–9**，正如**图 19–8** 所示，我们注意到不论震中距离的远近，纵波总是首先到达地震检波器。同时，我们也发现，随着传播距离的增加，纵波和横波传播时间的差距也在增加。这意味着，较远距离的地震检波器记录在震波图上的地震波之间的时间间隔，要比在震中附近的台站所记录的震波图上的时间间隔大。利用地震波在震波图上的间距，可以测定本次地震的震中到记录震波图的地震检波器间的距离。你知道怎么计算吗？第3节会介绍精确定位震中的方法。

■ **图 19–9** 时距曲线表示横波和纵波到达距震中不同距离的地震台站所需要的时间。

确定 *图中纵波传播到 2 000 km 远的地方需要多久？横波传播到相同地方需要多久？*

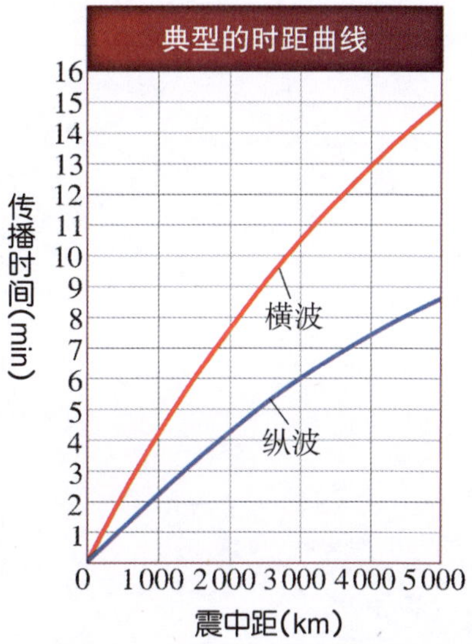

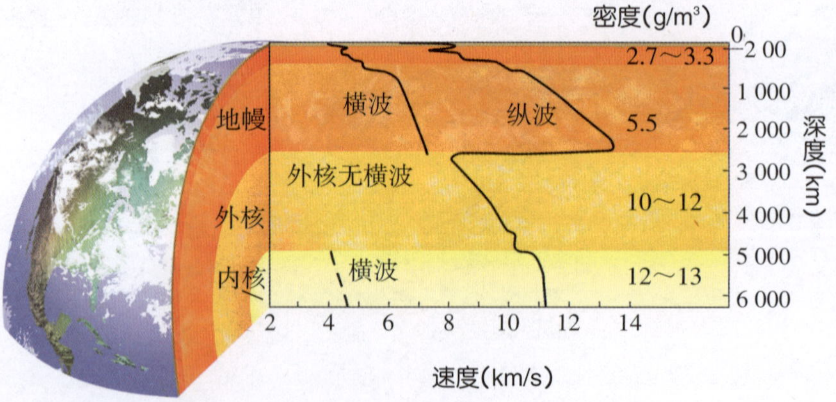

图 19-10 地球内部的不同圈层由不同物质组成。通过检测地震波穿过不同类型的岩石的变化，科学家们确定了地球内部各圈层的组成成分。

地球内部的线索

我们关于地球内部的大部分知识都来源于地震波的研究。这些研究帮助科学家构建了地球的内部结构模型。因此，虽然地震波给地表造成了破坏，但是它们也能帮助科学家了解地球的内部结构。

地球的内部结构 地震波在传播过程中遇到不同物质时，会改变传播速度和方向。如**图 19-10** 所示，纵波和横波在地幔中都沿着直线传播。纵波遇到地核时会被折射或发生弯曲。地震波也能反映地球内部的主要边界。通过时距曲线和每种波的传播路径，地震学家可以区分地球内部不同的密度和物质组成。

地震产生的横波会发生什么情况？为了回答这个问题，地震学家首先确定了横波不能在液体中传播。随后，地震学家发现，横波不能到达地球中心。地震学家根据这个观察结果，判断地球内部必定有部分液态物质。对地球内部地震波的传播路径和传播时间等数据的研究表明，地核的外核是液态的，内核是固态的。

地球的物质组成 如**图 19-11** 所示，当地震波到达不同组成物质的边界时，其传播路径和速度都会改变。通过比较地震波在不同类型岩石中的传播速度，科学家确定了地球不同区域的物质组成和厚度。结论显示，上地幔主要是由橄榄石组成的橄榄岩。外核是由液态铁和镍组成的，内核是由固态铁和镍组成的。

图解地震波

图 19–11 地震波的传播时间和路径详细刻画了地球的内部结构。这些地震波同时也提供了地球各圈层物质组成的信息。

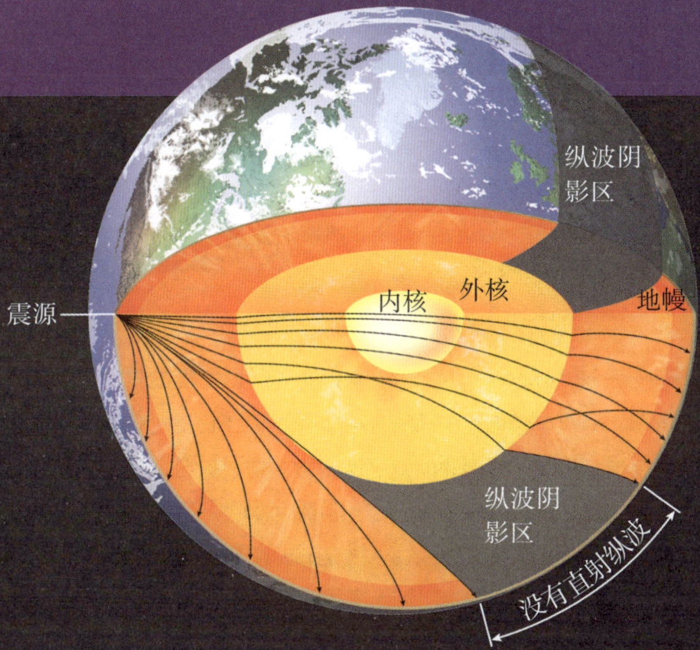

纵波在地球外核中被折射，这使得地球表面的震波图上出现接收不到直射纵波的纵波阴影区，而其他纵波在内核被反射或折射。在另一侧阴影区的地震检波器也发现了同样的情况。

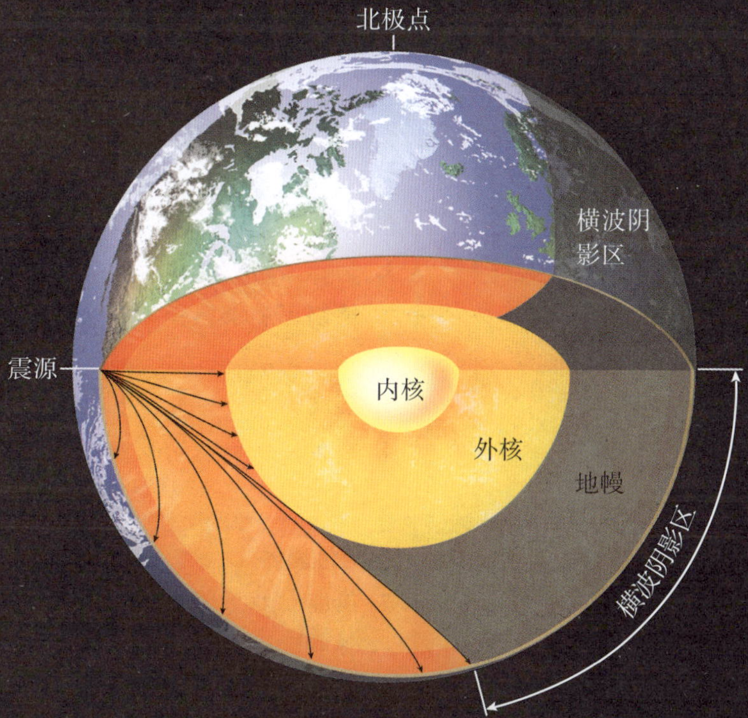

横波不能在液态的外核中传播，因此不会再出现在横波阴影区。

■ **图 19-12** 这幅来自日本的图像捕捉到了经过地球内部的地震波。红色区域表示地震波传播速度低于平均值，蓝色区域则相反。蓝色区域是一块俯冲板块。

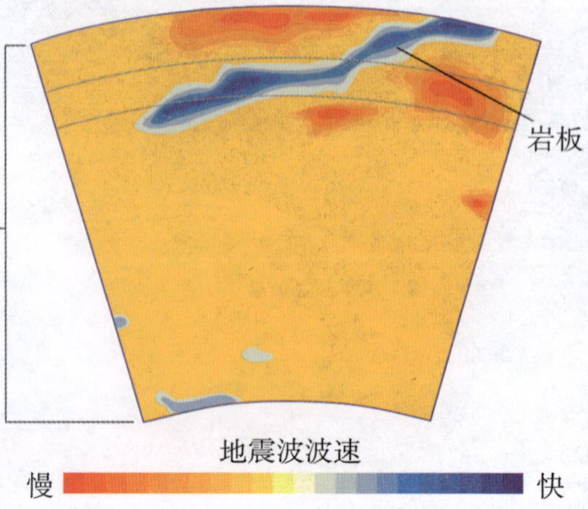

地球内部成像 地震波波速和地球密度受深度以外其他因素的影响。前面提到过，在消减带，冰冷、密度大的俯冲板块（岩板）前缘沉入地幔中。而地幔柱是指热地幔物质涌升的区域。因为地震波的波速取决于地球内部的温度和组成物质，所以可以利用地震波来绘制岩板或者地幔柱的结构。一般情况下，当温度上升时，地震波波速减缓。这就是说，在较热的区域，地震波传播速度较慢；而在较冷的区域，地震波传播速度较快。全球范围内的地震检波器测量和记录了数以千计的地震，利用这些数据可以建构和观察地球的内部结构，例如**图 19-12** 中显示的岩板这种构造。这些图像类似于CT扫描图像，只不过CT扫描使用的不是地震波，而是X射线。

第 2 节　本节回顾

要点梳理

- 地震检波器是在震波图上记录地震波活动的装置。
- 纵波和横波的传播时间能帮助科学家查明地震的震中位置。
- 当遇到不同介质时，纵波和横波会改变传播速度和方向。
- 地震波的分析为地球内部的物质组成提供了详细的图像数据。

要点理解

1. 主要 概念 **解释** 怎样利用纵波和横波确定地球的内部结构？
2. **绘制**图表来解释地震检波器的震波图如何体现地震在地球内部的运动。
3. **描述** 如何利用时距曲线图研究地震？
4. **区分** 在较热的物质和较冷的物质中，地震波的传播速度有何区别？

批判性思维

5. **推断** 利用**图 19-8** 所示的震波图，解释为什么面波最后达到地震区，引起的破坏程度却最大。

地学写作

6. 写一则有关科学家如何确定地球物质组成的新闻稿。

第3节 地震的测量与定位

主要概念 科学家利用地震波测量地震强度以及确定地震发生的位置。

核心问题

- 地震震级和烈度的度量标准是什么?
- 为什么需要至少三个地震台站的数据,才能确定地震的震中位置?
- 地球上的地震带主要分布在哪里?

关键术语

里氏震级表
震级
振幅
矩震级标度
修订麦加利地震烈度表

地球科学在你身边 当别人站在你身边跟你说话时,你可以非常清楚地听到他们的声音,但是当他们走远后,声音就会减弱。地震波的能量也是这样,离震源地越远,能量越弱。

地震的震级和烈度

每年,地球上会发生100多万次地震,然而新闻中报道的都是造成重大破坏的大地震。科学家已经可以利用很多方法来判断地震的规模。

里氏震级表 以地质学家查尔斯·里克特命名的**里氏震级表**(**Richter scale**),用地震产生的振幅最大的地震波来衡量**震级**(**magnitude**)。里氏震级表的数字取决于最大地震波的高程,即**振幅**(**amplitude**)。震级用从1～10的数字来表示。震级表中每增大一个单位,则表示地震波的大小,即振幅是原来的10倍。例如,里氏震级表中,震级为8的地震产生的地震波振幅是震级为7的地震波振幅的10倍。地震释放的能量差异则比地震波振幅的差异还要大得多,即震级每增加一级,相当于地震释放的能量增大到32倍。因此,里氏震级为8的地震释放的能量,是里氏震级为7的地震释放能量的32倍。**图19-13**显示了里氏震级为7的地震造成的破坏。

图19-13 照片显示了2010年10月发生在海地,震级为里氏7级的地震造成的破坏。

■ **图 19–14** 修订麦加利地震烈度表可以度量一次地震的破坏程度。如图所示，使得商品从商店货架上掉落的地震烈度在修订麦加利地震烈度表中对应为Ⅴ级。

矩震级标度 虽然通常用里氏震级标度来描述地震的强度，但是大多数当今的地震学家还采用矩震级标度来度量地震的强度。**矩震级标度（moment magnitude scale）**将断层裂开的大小、断层移动的距离以及岩石的坚硬程度等因素都考虑在内。大多数时候，当你听到地震的报道时，有的震级就是矩震级标度。

修订麦加利地震烈度表 另一种度量地震的方法是通过测量它对建筑物造成的破坏程度来实现的。这种测量叫作地震的烈度，通过**修订麦加利地震烈度表（modified Mercalli scale）**来度量。它用观测员在地震过程中或震后记录到的地表破坏程度以及地震的其他影响来评估地震烈度，用罗马数字Ⅰ到Ⅻ表示烈度的等级。特定的数字对应特定的影响和破坏程度，数字越大，破坏越严重。**表 19–2** 是一个简化了的修订麦加利地震烈度表。试用表中的内容评价**图 19–14** 中显示的地震烈度。

表 19–2 修订麦加利地震烈度表	
Ⅰ	无感觉，除非在特殊条件下
Ⅱ	个别人有感觉，悬挂的物体可能会摇晃
Ⅲ	在室内可明显感觉到，有些像卡车经过时的振动
Ⅳ	室内的大多数人和室外的少数人会有感觉；器皿和窗户嘎嘎作响，停着的汽车会明显晃动
Ⅴ	几乎每个人都能感觉到，一些器皿和窗户破裂，墙面出现裂缝
Ⅵ	所有人都会有感觉，家具移位，墙灰掉落，一些烟囱毁坏
Ⅶ	所有人需要跑出室外，一些烟囱断裂，坚固的建筑物轻微损坏，简陋的建筑物明显损坏
Ⅷ	烟囱和墙体倒塌，重家具翻倒，一般建筑物发生部分倒塌
Ⅸ	普遍性的严重损坏，建筑物脱离地基，地面出现裂缝，地下管道破裂
Ⅹ	大多数普通建筑物被毁坏，铁轨弯曲，滑坡频繁
Ⅺ	只剩少数建筑物立在原地，桥梁被毁坏，铁轨大量弯曲，地表形成宽阔的裂缝
Ⅻ	毁灭性的破坏

地震烈度 地震的烈度主要受面波振幅的影响。因为面波和体波一样，振幅随着离震源距离的增加而递减，因此，随着离震中距离的增加，地震的烈度相应减小。地震中烈度值最大的地方是在震中附近，随着离震中距离越远，烈度值逐渐减小到Ⅰ级。

不同地点的地震烈度值不同，用等值线将烈度值相同的点连接起来，即为等震线。由等震线绘制而成的地震烈度图中，最大的烈度值通常在震中的位置。在“迷你实验”中，你将利用修订麦加利地震烈度表来制作一张地震烈度图。

震源深度 地震的烈度与地震的震级有关，两者都反映了地震产生的地震波振幅的大小。另一个决定地震烈度的因素是震源的深度。根据震源的位置不同，地震可以分为浅源地震、中源地震和深源地震，如**图19-15**所示。高烈度的灾害性地震往往都是浅源地震。

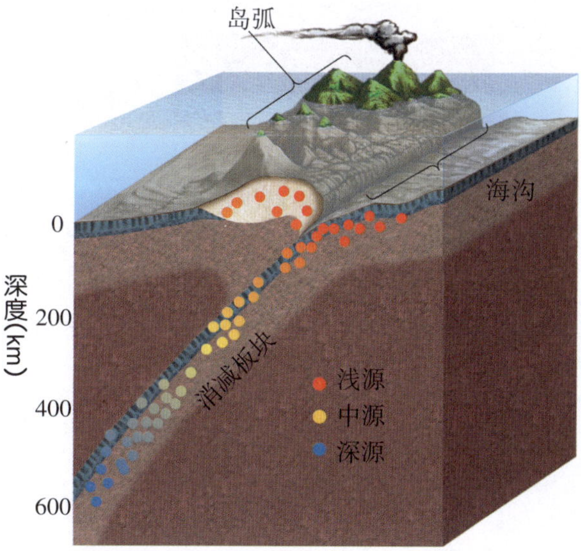

■ **图19-15** 根据震源的深度不同，地震可以分为浅源地震、中源地震和深源地震。浅源地震往往会带来最大程度的破坏。

迷你实验

科学实验室

制作地震烈度图

如何绘制地震烈度图？ 地震烈度图上的烈度数据为科学家提供了震中位置和地震大小的信息。

实验步骤

1. 阅读并遵守实验室安全守则。
2. 将右图描在一张纸上，标出地图中各字母标志的位置。
3. 在字母旁边注上相对应的麦加利烈度值：A，Ⅰ；B，Ⅲ；C，Ⅱ；D，Ⅲ；E，Ⅳ；F，Ⅳ；G，Ⅳ；H，Ⅴ；I，Ⅴ；J，Ⅴ；K，Ⅵ；L，Ⅷ；M，Ⅶ；N，Ⅷ；O，Ⅲ.
4. 在地图上画出等震线以区分不同的烈度值。

实验分析

1. **确定** 最大烈度值是多少？
2. **找到** 最大烈度值出现在什么位置？
3. **估量**震中在什么位置。

地震的烈度值

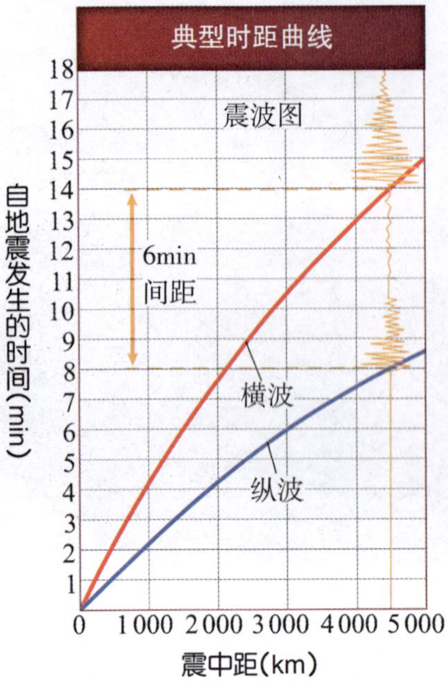

■ **图 19–16**　这个时距曲线图中增加了一场地震的震波图数据。

■ **图 19–17**　为了确定震中位置，科学家在一张图上标出多个地震台站，并以每个台站测得的震中距为半径画圆。三个圆的交界点即为这次地震的震中。

指出图中的震中位置。

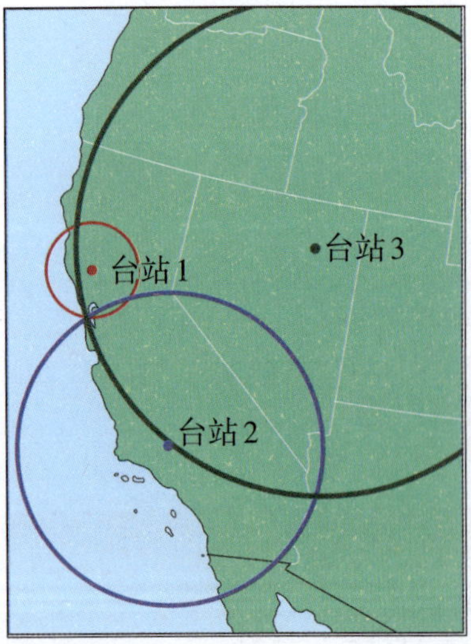

由于浅源地震通常比深源地震在震中造成的振动大，因此一个中等浅源震级，例如6级的浅源地震，产生的最大烈度可能比一个8级的深源地震还要大。高烈度的灾害性地震往往都是浅源地震。因为修订麦加利地震烈度表主要是基于烈度而不是震级，所以是一种较好的测定地震对人类影响的方法。

地震的定位

人们最初不知道地震震中的确切位置和地震发生的确切时间，但是现在利用震波图和时距曲线，能够很容易地确定所有地震的震中位置和地震发生的时间。

地震的距离　就像骑自行车比走路速度更快一样，纵波也会比横波更早到达地震台站，而且传播距离越远，时间差也越大。**图 19–16** 的时距曲线与第 2 节**图 19–9** 相同，但这里加入了一次地震的震波图。地震检波器记录了第一个纵波和第一个横波之间的时间间隔。地震学家根据地震检波器记录的震波图上纵波和横波之间的间距，确定了地震台到震中的距离以及时距曲线上对应的具体时间间隔。**图 19–16** 中，纵波和横波相隔时间为6分钟。根据地震波的传播时间，可以知道从震中到记录地震波的地震台站的距离只能是4 500 km。因为在这个距离上，纵波的传播时间是8分钟，而横波的传播时间是14分钟。如果离震中的距离增加，那么这两种波的传播时间都要增加，而且这两种波到达的时间间隔也会增加。

☑ **读后自查**　**应用**　如果纵波和横波之间的时间间隔是2分钟，那么你能推断出震中到地震检波器之间的距离吗？

计算地震震中和地震台之间的距离可以帮助确定震中位置，震中是位于以地震台站为中心的一个圆上，而这个圆的半径相当于震中距。但是单一的地震台到震中的距离还不足以用来确定震中的位置——它可能位于地震台的任何一个方向上，所以地震学家需要分析多个地震台的数据来确定震中位置。一般情况下，如果知道三个以上的地震台站的震中距，就可以确定震中的确切位置，如**图19-17**所示。

地震发生的时间 利用震波图中不同地震波的时间间隔可以很容易地计算出震中位置。地震学家还能利用震波图获得计算地震发生确切时间的数据。从震波图上，我们能够读出纵波和横波到达地震台站的确切时间。由时距曲线，我们还能得到任意一个波在这个震中距上传播所需要的时间，如**图19-9**所示。将地震波到达的时间减去传播时间，就是地震发生的时间。例如，假设震波图显示纵波到达的确切时间为上午10:00，如果纵波的传播距离是4 500 km，根据时距曲线可知，纵波的传播时间为8分，那么可以推算出地震发生的确切时间为上午9:52。

☑ **读后自查** **列出**震波图中所包含的信息。

地震带

地震学家收集了多年来地震的资料，并将它们的震中位置绘制在地图上。全球地震震中分布呈一个有趣的模式。地震的分布不是随机的，世界上大多数地震都发生在一些狭窄的地震带上，这些地震带从没有或鲜有地震活动发生的大区域中被分离出来。

数据分析实验

科学实验室

基于真实数据*

解读数据

如何确定震中位置？ 通过分析地震台站记录的纵波和横波数据，可以确定震中位置。

实验步骤

1. 从老师那里拿一张西半球的地图并在地图上标记出表格里的地震台站。
2. 计算并记录下每个台站中纵波和横波的时间差。
3. 利用纵波和横波之间的时间差和时距曲线（**图19-9**），找出震中与每个台站间的距离，并记录下来。
4. 在地图上以每个台站为圆心，计算得到的震中距为半径画圆。
5. 找出震中位置。

数据观察

地震台站	纵波到达时间（PST）	横波到达时间（PST）	到达时间差（min）	震中距（km）
纽科姆地震台，纽约州	8:39:02	8:44:02		
爱达荷泉地震台，科罗拉多州	8:35:22	8:37:57		
达尔文地震台，加利福尼亚州	8:35:38	8:38:17		

资料来源：Significant earthquakes of the world. 2006. *USGS earthquake center.*

批判性思维

6. **解释** 为什么要计算每个台站中纵波和横波的时间差？
7. **指出** 确定地震震中时会出现的错误主要有哪些？
8. **解释** 为什么多个地震台站的数据对于确定震中位置更有帮助？

■ **图 19–18** 观察地球上全球地震震中位置的特征。

指出 *从这幅地图上看，你生活在地震震中附近吗？*

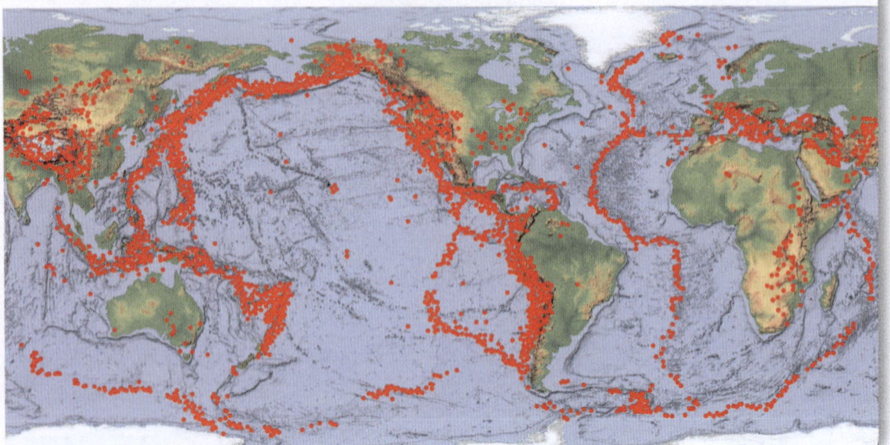

如**图 19–18**所示，地震的分布不是随机的，世界上大多数地震都发生在一些狭窄的地震带上。事实上，大约80%的地震发生在环太平洋带，约有15%的地震发生在横跨亚欧的地中海—喜马拉雅地震带。剩下的地震大多发生在沿大洋中脊顶部的狭窄地带。仅有极少数地震发生在远离板块边界的地方。

第 3 节　本节回顾

要点梳理

- 地震震级是测量地震释放的能量的标准，可以用里氏震级表来测定。
- 烈度是测量地震破坏程度的标准，可以用修订麦加利地震烈度表来测定。
- 确定地震震中位置至少需要三个地震台站的数据。
- 大多数地震发生在地震带，即板块交界地带上。

要点理解

1. 主要概念 **总结**科学家利用地震波测量和定位地震的方法。
2. **对比和比对**地震震级和烈度以及它们的测量方法。
3. **解释** 为什么需要至少三个地震台站的数据才能确定震中位置？
4. **描述**地球板块边界与如**图 19–18**所示的全球地震震中位置的关系。

批判性思维

5. **阐述** 为什么里氏 3 级地震有可能比里氏 6 级地震造成更大的破坏？

地学计算

6. 计算里氏 9 级地震比里氏 7 级地震多释放出多少能量。

第4节 地震与人类社会

主要概念 地震发生的概率取决于以前发生地震的历史记录、应力积聚的位置以及它是如何积累的。

核心问题

- 影响地震破坏程度的因素有什么?
- 解释有关地震发生的可能性研究中应考虑的一些因素。
- 定义地震空白区。

关键术语

土壤液化
海啸
地震空白区

地球科学 在你身边 如果你所在的城市每年7月平均下雨天数为11天,那么你能预测10年以后的7月4日的天气吗?是的,你可以推测出这一天下雨的可能性为三十一分之十一。同样,通过历史上该区域的地震历史可以推测接下来发生地震的可能性。

地震的危害

我们都知道,地震经常发生在板块边界地区。一次5级地震可能对某地造成灾难性的破坏,但对其他地区就没什么影响。一次地震造成的危害程度受很多因素影响,这些因素叫作地震灾害因素。了解一个地区的地震灾害因素有时可以避免造成更大的破坏和伤亡。例如,地震造成的危害与建筑结构和质量有直接关系。有些建筑有专门的抗地震结构设计。如**图19-19**所示,一些由混凝土等脆性材料建成的,未经加固的建筑物在地震时受到的损坏最严重,而木质结构由于弹性强,通常遭受到的破坏要小得多。

图19-19 混凝土建筑脆性强、易碎,在地震中容易被损坏。图中左边这栋建筑在地震后发生了倾斜,人们用一根木头予以支撑。

■ **图 19-20** 地震造成的其中一种破坏叫作平坠。地震使得承重墙倒塌，上层楼板坍塌到下层楼板上，一层层摞起来像"烤煎饼"。

建筑结构倒塌 在很多地震高发区，建筑物下的地面震动会摧毁建筑物。在某些情况下，第一层的承重墙倒塌，使得原本保持完好的上层楼板落下，砸在下层楼板或地面上，从而造成倒塌，形成的废墟很像一堆叠在一起的薄煎饼，因此这个过程就像烤煎饼。这种建筑倒塌的样子如**图 19-20** 所示，这是 2005 年巴基斯坦伊斯兰堡地震后的情景。

☑ **读后自查** **解释** 当楼房倒塌成"煎饼"时，会发生什么情况？

另一类建筑结构倒塌与建筑物的高度有关。例如在 1985 年墨西哥城地震中，大多数 5～15 层高的建筑物倒塌或被完全摧毁，如**图 19-21** 所示。低于或高于它们的其他类似结构的建筑物，却都只有轻微的损伤。你知道为什么吗？这是因为地震引起的地面振动的频率与这些中层建筑的固有振动频率相同而发生共振，这使它们在地震中的振动强度加剧。在这次地震中，高层建筑物的振动频率比地震波的频率低，因而地面的振动频率比高层建筑物的高；低层建筑物的振动频率比地震波的频率高，因而地面震动的频率比低层建筑物的低。因此该地震对高层和低层建筑物的影响不大。

■ **图 19-21** 在 1985 年墨西哥城地震中，许多中型建筑物被损毁，这是因为它们与地震波具有相同的振动频率。

■ **图 19–22** 土壤液化是指地震波使得松散的土壤液化成流沙一样。图中这座在地震中倒塌的建筑物就是建在这种沉积物上。

陆地和土壤破坏 地震除了影响人工建筑外,还能对地球本身造成巨大破坏。在坡地上,地震可能会引发巨大的滑坡。例如1970年发生在秘鲁的里氏7.8级地震引发的滑坡,掩埋了几个城镇。这次地震造成约3万人死亡,其中大部分都死于这次滑坡。在水分饱和的沙土地区,震动会使地表物质液化,表现出类似于流沙的特性,使得即使在低起伏的地区也能形成滑坡,这种情况叫作**土壤液化(soil liquefaction)**。土壤液化还能使树或房屋倾倒或陷入地下,或者使地下管道和容器露出地表。如**图 19–22**所示,在圣弗朗西斯科的一场地震中,因底部土壤液化而倾倒的房屋压在了一辆汽车上。

☑ **读后自查** **总结**沙土地面如何储水。

除了使土壤液化,地震波在土壤和岩石中传播时还会被增强或减弱。由于软的物质较易变形,地震波在这样的物质中会被增强,但在不易变形的物质中会被减弱。因此,在软的、松散的土壤和沉积物中,地震波的振幅和地震烈度最大;而在坚硬、抵抗力强的岩石,比如花岗岩中,振幅和烈度相对较小。1985年墨西哥城发生的地震中,建筑物遭到严重破坏,就是因为墨西哥城是建在松软沉积物上的。沉积物厚度使它们易与具有相同频率的面波产生共振,振动的回波大大加剧了地表的振动和被破坏的程度。

■ **图 19-23** 海啸是海底断层或滑坡造成的水柱整体运动。

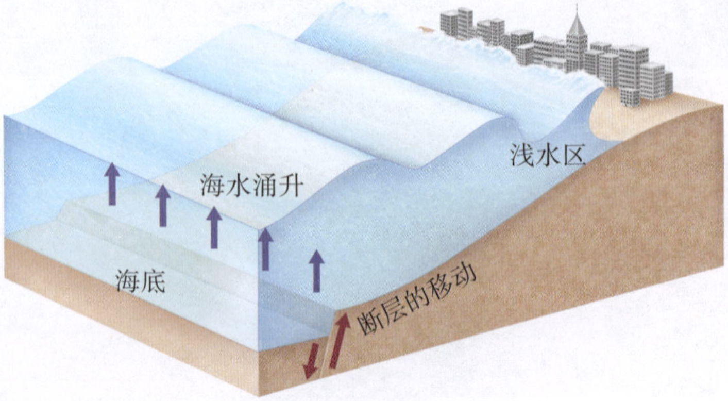

海啸 地震造成的另一个灾难是**海啸**(tsunami),它是地震过程中海底的垂直运动产生的巨大海浪。海底的垂直运动使覆盖在断层之上的水柱整体运动,水体发生剧烈起伏,如**图 19-23** 所示。这种波动从震中开始以长波的形式向外扩散。当这些波浪在开阔的海面时,它们的高度通常不超过 1 m。但是当波浪进入浅水区后,有可能形成高度超过 30 m 的巨浪。不管距离震中的远近如何,这些巨浪的高度,加上它们在开阔海域里 500~800 km/h 的移动速度,使海啸成为沿海区域面临的重大威胁。2004 年 12 月 26 日的印度洋海啸,是由苏门答腊岛以西 160 km 的里氏 8.9 级地震引起的。高达 10 m 的海啸穿过印度洋,袭击了印度尼西亚、斯里兰卡、印度、泰国、索马里等几个国家的沿海地区,如**图 19-24** 所示。这次海啸造成的死亡人数超过 22.5 万,是现代历史上最具破坏性的自然灾害之一。

■ **图 19-24** 2004 年 12 月 26 日印度洋海啸后的场景。在这次海啸中,不仅海岸地区受到严重破坏,内陆地区也遭到严重破坏,超过 22.5 万人在此次海啸中丧生。

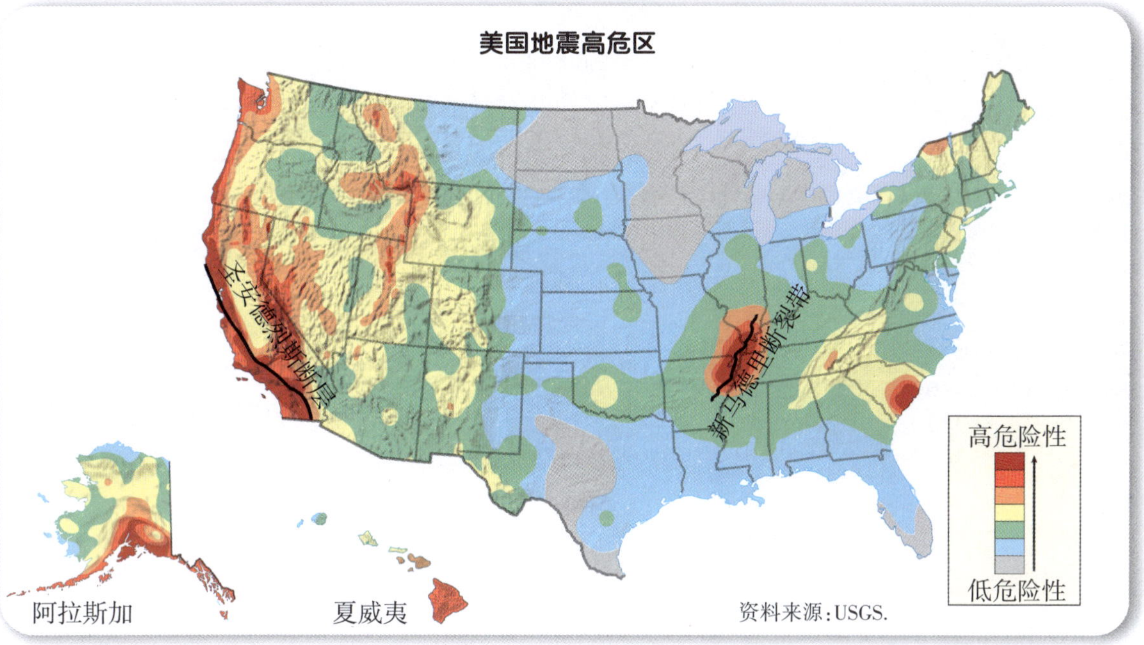

■ **图 19–25** 美国地震高危险性区域包括阿拉斯加、夏威夷以及西部一些州。

定位 *指出图中的地震高危区。*

地震预报

地震学家们正在研究预报地震的方法，试图将地震造成的损失和伤亡降到最低。地震预报主要依靠地震概率的研究。地震发生的概率基于两个因素：一个地区的地震历史和岩石中应变积累的速度。

☑ **读后自查** **指出** 地震学家用于确定一个地区地震发生概率的两个因素。

地震危险性 大多数地震发生在被称为地震带的区域内，因此在这些地震带内未来发生地震的可能性比别的地方大很多。一个地区过去的地震活动，也是该地区未来地震的可靠指标，可以被用来绘制地震危险性评价图。美国的地震危险性评价图如**图 19–25** 所示。除了阿拉斯加、夏威夷和西部一些州，在美国中部和东部，也有一些地震危险性相对较高的区域。这些区域在过去都遭受过地震的袭击，将来很可能再次发生地震。

■ **图19-26** 这个位于加利福尼亚州帕克菲尔德的钻探装置可以钻深达2.3 km的钻孔。钻孔钻好后，这个钻孔里将放置一些用来记录地震数据的装置。这个项目的目的是能够更好地认识地震的机制以及诱因。这些信息能够帮助科学家预测地震。

地震重复频率 地震重复发生的频率表明相关的断层在以一定的时间间隔反复发生破裂，产生相似等级的地震。例如美国加利福尼亚州的帕克菲尔德，1857～1966年间，大约每22年就发生一次里氏6级左右的地震。1987年，地震学家预测在今后的几十年内，这个地区有90%的可能将发生一次大地震。科学家在帕克菲尔德附近的观测点安置了好几种仪器，用来尝试预测未来的地震，如**图19-26**所示。2004年9月，这里发生了一次里氏6级地震。在2004年的那次地震前后，科学家在这里收集了大量数据。这些信息对于世界范围内的地震预测和应对未来重复出现的地震是很有帮助的。

☑ **读后自查** **推断** 学习地震重复发生频率的重要意义在哪里？

地震空白区 地震概率的预测还和**地震空白区**(**seismic gap**)的位置有关。地震空白区是活动断层在较长的一段时期内没有发生过大地震的部分。圣安德烈斯断层穿过圣弗朗西斯科的一段是地震空白区，这段断层自1906年这座城市遭受大地震以来就没有发生过断裂活动。由于长时间没有地震活动，地震学家们普遍预测，在今后的30年里，圣弗朗西斯科地区发生一次里氏7级以上地震的概率为67%。如**图19-27**所示是一个通过土耳其某断层部分区域的地震空白区。就像加利福尼亚州的圣安德烈斯断层地区，下图所示地区沿主要断层区域也有一段地震空白区。

■ **图19-27** 1912年和1999年的两次地震分别发生在伊斯坦布尔两侧，这个城市有1 800万人口。发生在该城市附近的地震留下了一个地震空白区，未来这里很可能发生地震。

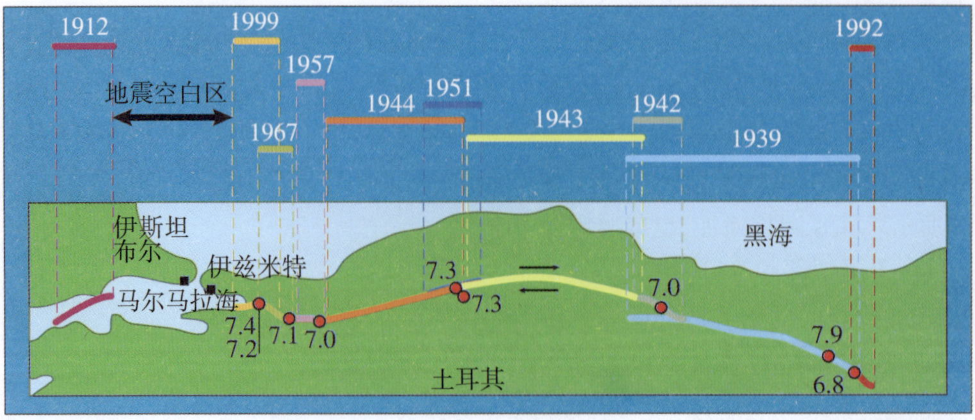

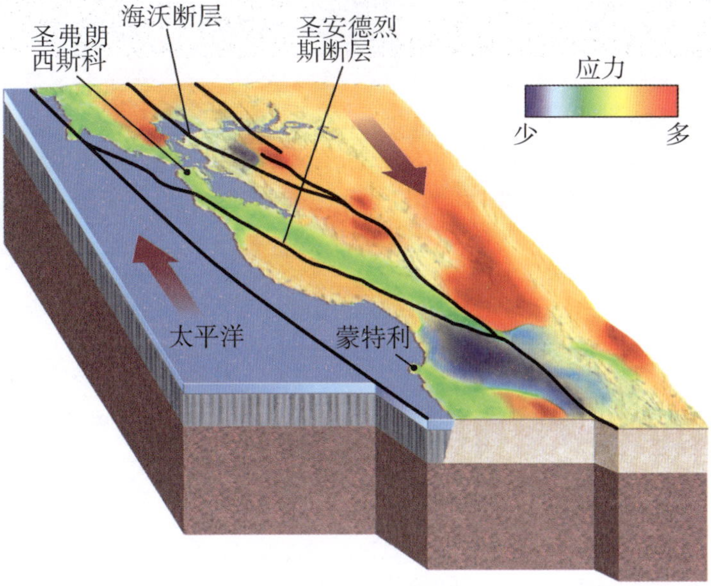

■ **图 19-28** 应力积累图能帮助科学家确定特定地点发生地震的概率。

解释 *为什么图示地区能够积累应力？*

应力的积累 岩石中应力积累的速度是确定断层某部分地震发生概率的一个因素。应力最终被释放出来，这就形成了地震。科学家利用卫星技术，例如GPS，来测量断层地带积累的应力。断层特定部分的应力积累程度，以及在之前地震中该部分断层所释放的应力，是地震概率研究中的两个重要因素，可以用如**图 19-28** 所示的图像呈现。另外一个因素是距离这个断层上次发生地震的时间。

第 4 节 本节回顾

要点梳理

- 地震预报是根据该地区的地震历史及其岩石中积累的应力。
- 地震具有破坏性是因为它产生的振动能震动山河。
- 地震会导致建筑物倒塌、滑坡、土壤液化以及海啸。
- 地震空白区是活动断层在很长一段时间内没有发生重大地震的地方。

要点理解

1. 主要概念 **举出**几个科学家确定地震发生概率的实例。
2. **总结**地震所引发的不同灾难。
3. **绘制**沿断层发生的地震前后可能出现的场景。
4. **总结**引起海啸的主要过程。

批判性思维

5. **评定** 下列哪个地方更有可能发生地震：一个是在20年前发生过一次里氏7.5级地震的地方，一个位于20年前发生过地震的地区和60年前发生过地震的地区之间的位置。

地学写作

6. 假设你是国际救援组织的一员。请撰写一份有关确定易发生地震地区的报告。

地球科学与社会

汲取过去的经验

某个星期三的凌晨5:15,大多数人还在熟睡时,加利福尼亚州发生了地震。整个圣弗朗西斯科都受到了严重影响。剧烈的地震持续了整整一分钟,众多房屋在地震中倒塌。在接下来的几天时间里,附近地区又发生五次余震。

地震将城市夷为平地 据现代地质学家测算,1906年4月18日发生的地震等级约为里氏7.9级。这次地震摧毁了圣弗朗西斯科490个街区,地面下沉了1 m,桥梁倒塌,约2.5万栋房屋被毁,许多人被埋在废墟下。这次地震造成25万人无家可归,近3 000人死亡。

地震造成的气体泄漏还引发了大火,大火熊熊燃烧了三天。因为市区的供水系统也在地震中被破坏,所以消防员对大火束手无策。灾后还出现了饮用水污染、食物受限等问题,导致整座城市疾病传播,盗窃猖獗。

科学家对这次地震的分析 1906年的圣弗朗西斯科地震对当地居民的生产和生活都造成了重大影响。在1906年之前,科学家对地震知之甚少,这次地震可看作是美国现代地震学的开端。

一个理论的提出 当年地震发生的时候,板块构造学说还没提出,科学家对这种大型的地面震动原理并不清楚。地质学家分析了地壳在移动和震动中释放的能量,提出了弹性回跳理论,并一直沿用至今。该理论认为,位于圣弗朗西斯科南北一线地壳内部的应力是逐渐积累起来的。这条线就是今日的圣安德烈斯断层。

圣弗朗西斯科市政厅在1906年的地震中被摧毁。

当地壳中积累的应力超过其临界值,像橡皮筋被拉伸过头时,地壳就会发生断裂。1906年的地震就是由于这种突然释放的能量所引起的。

为未来做好准备 科学家认为,发生1906年圣弗朗西斯科地震的海沃断层只是圣安德烈斯断层中的一个分支,其地壳中的应力仍在持续积累。但是,在过去一个世纪里,科学家和整个社会都在为未来的地震做准备,他们开始预测地震可能发生的位置以及设计和建造具有抗震能力的建筑物。

地学写作

地震探险 做一个对比与比对1906年圣弗朗西斯科地震和1989年洛马普里埃塔地震的海报、PPT或者网页,并解释科学家如何利用这类过去的事件来预测未来地震可能发生的位置及带来的危害。

地震震中和板块构造

实验背景：震波图上纵波和横波的时间间隔，能用来计算记录数据的地震台站和地震震中之间的距离。如果已知三个或以上地震台站的震中距，就可以确定震中的确切位置。通过构造板块边界图中的震中位置，你就可以确定哪种类型的板块运动会引起地震。

实验问题：地震学家如何确定地震的震中？

实验材料

构造板块地图
图19-9
计算器
圆规
米尺

实验步骤

利用3个地震台站记录的震波图上，纵波和横波的时间间隔，确定震中位置以及地震发生的时间。

1. 阅读并遵守实验室安全守则。
2. 表格中是三个地震台站测得的数据。利用**图19-9**所示的时距曲线、纵波和横波之间的间隔时间确定震中到每个地震台站的距离。补齐表中震中距一行。
3. 在美国地图中标明这三个地震台站的位置。
4. 以cm为单位，在地图中量出震中距，并将数据填写在表中地图距离一行。
5. 将第一个地震台站到震中的距离，即表中的地图距离，设置为圆规的半径。

地学实验数据表

地震台站	加利福尼亚州伯克利	科罗拉多州博尔德	田纳西州诺克斯维尔
纵波和横波的间隔时间(min)	3.9	3.6	4.6
震中距(km)			
地图距离(cm)			

6. 再以地震台站为圆心，画一个圆。
7. 其他两个地震台站也重复以上步骤画圆。
8. 标出三个圆重合点，这就是这次地震的震中位置。

实验分析

1. **数据解读** 震中位于哪里？
2. **描述** 这次地震发生在哪个地震带上？
3. **数据解读** 联系构造板块地图，确定这次地震与哪些板块边界有关。
4. **断定** 描述构造运动对这次地震的影响。

地学写作

设想 你在这次地震震中附近的报社工作，写一篇文章来解释引起这次地震的地质过程。描述这次地震对于附近居民来说是否很意外，并根据板块边界确定地震发生的位置。

第19章 复习指南

大概念 地震是地面的自然振动，其中一些是地壳断裂和位移引起的。

第1节 地球内部的力

关键术语

- 应力
- 应变
- 弹性形变
- 塑性形变
- 断层
- 地震波
- 纵波
- 横波
- 震源
- 震中

主要概念 作用在岩石上的力超出其本身的承受能力后，会出现断层。

要点梳理

- 应力是作用在物体单位面积上的压力，应变是物体在应力作用下的形变。
- 逆断层、正断层和平移断层是三种主要的断层类型。
- 三种类型的地震波是纵波、横波和面波。

第2节 地震波和地球内部

关键术语

- 地震检波器
- 震波图

主要概念 地震波可以用来描述地球内部的构造。

要点梳理

- 地震检波器是在震波图上记录地震波活动的装置。
- 纵波和横波的传播时间能帮助科学家查明地震的震中位置。
- 当遇到不同介质时，纵波和横波会改变传播速度和方向。
- 地震波的分析为地球内部的物质组成提供了详细的图像数据。

第3节 地震的测量与定位

关键术语

- 里氏震级表
- 震级
- 振幅
- 矩震级标度
- 修订麦加利地震烈度表

主要概念 科学家利用地震波测量地震强度以及确定地震发生的位置。

要点梳理

- 地震震级是测量地震释放的能量的标准，可以用里氏震级表来测定。
- 烈度是测量地震破坏程度的标准，可以用修订麦加利地震烈度表来测定。
- 确定地震震中位置至少需要三个地震台站的数据。
- 大多数地震发生在地震带，即板块交界地带上。

第4节 地震与人类社会

关键术语

- 土壤液化
- 海啸
- 地震空白区

主要概念 地震发生的概率取决于以前发生地震的历史记录、应力积聚的位置以及它是如何积累的。

要点梳理

- 地震预报是根据该地区的地震历史及其岩石中积累的应力。
- 地震具有破坏性是因为它产生的振动能震动山河。
- 地震会导致建筑物倒塌、滑坡、土壤液化以及海啸。
- 地震空白区是活动断层在很长一段时间内没有发生重大地震的地方。

第19章 复习检测

术语回顾

从复习指南中选取合适的术语填空。

1. ________是应力产生的形变。
2. 物质被弯曲或拉伸后产生的形变称为______。
3. 测量地震释放的能量以及地震波振幅的标准是________。
4. ________是指地震波引起地表物质液化，使其能像滑沙一样运动。
5. 时距曲线表示地震波传播时间和________距离之间的关系。
6. 不能通过地壳外核的地震波是________。

下列的每一句表述都有误。从复习指南中选取合适的术语替代斜体的术语，使句子表述正确。

7. *断层面*是一个可能发生地震，但是已经很久没发生过地震的区域。
8. 可以用*矩震级*来测定地震的烈度。
9. 水下地震会引起水柱的运动，形成*地震波*。
10. 地震检波器记录的是*时距曲线*。

词组辨析。

11. 震中，震源
12. 应力，应变
13. 塑性形变，弹性形变
14. 横波，面波，纵波
15. 里氏震级表，矩震级标度
16. 振幅，震级

理解要点

17. 什么是应力？
    - A. 地震波的传播速度
    - B. 岩石破裂和产生地震的点
    - C. 作用在物体每单位面积上的力
    - D. 测量岩石变形程度的单位

根据下图，回答第18~20题。

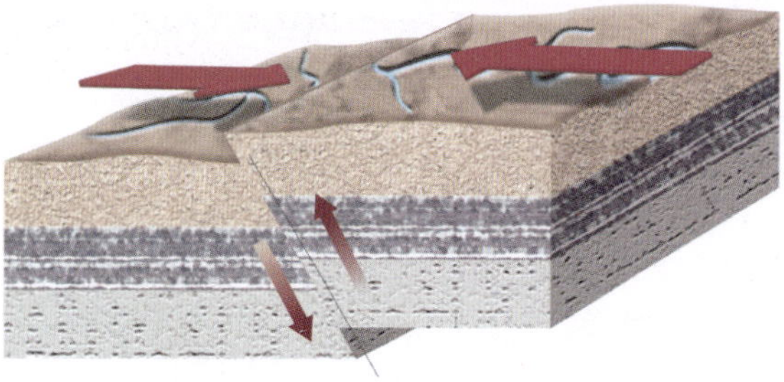

18. 图中表示哪种断层？
    - A. 逆断层
    - B. 正断层
    - C. 韧性断层
    - D. 平移断层
19. 这条断层是由于哪种作用力引起的？
    - A. 挤压
    - B. 张力
    - C. 剪力
    - D. 偏移力
20. 该断层的移动方向是什么？
    - A. 水平
    - B. 水平与垂直
    - C. 两边相对运动
    - D. 垂直
21. 导致岩石弹性形变的应力消失时，会发生什么情况？
    - A. 回到原来形状
    - B. 引起地震
    - C. 变为塑性形变
    - D. 不改变形状
22. 下列哪种物质最容易液化？
    - A. 花岗岩
    - B. 变质岩
    - C. 土壤和松散沉积物
    - D. 熔岩流

根据下图，回答第23~25题。

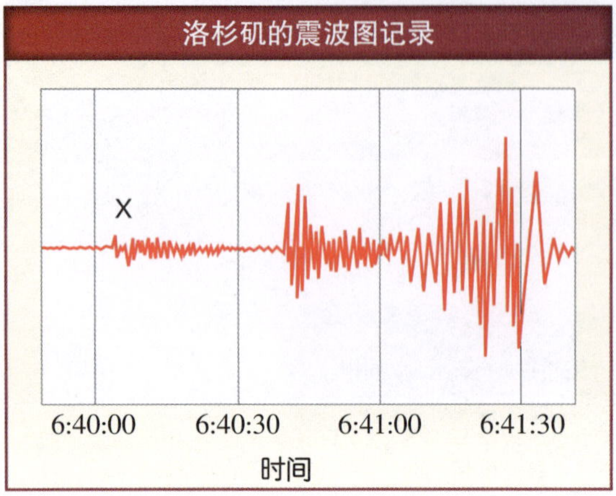

23. 图中标"X"的是哪种地震波？
- **A.** 纵波
- **B.** 横波
- **C.** 面波
- **D.** 剪切波

24. 面波什么时间到达这个台站？
- **A.** 6:40:00
- **B.** 6:40:05
- **C.** 6:40:33
- **D.** 6:41:10

25. 纵波和横波传播的时间间隔由什么决定？
- **A.** 到震中的距离
- **B.** 断层类型
- **C.** 地震深度
- **D.** 地核是否为液态的

26. 下列哪种地震灾害是由于建筑物的构造问题所导致的？
- **A.** 海啸
- **B.** "烤薄饼"式坍塌
- **C.** 土壤液化
- **D.** 地震空白区

简要概述

根据下表，回答第27~29题。

近代历史上的一些地震

位置	年份	里氏震级
智利	1960	8.5
美国加利福尼亚州	1906	7.9
美国阿拉斯加州	1964	8.6
美国哥伦比亚市	1994	6.8
中国台湾省	1999	7.6

27. 计算 加利福尼亚地震释放的能量比哥伦比亚地震释放的能量大约多多少？

28. 估算 阿拉斯加地震时，地震波的振幅比台湾地震大多少？

29. 分类 根据板块边界类型将上述几起地震进行分类，并说明构造运动与地震之间的联系。

30. 列举美国五个地震高发的州名。

31. 对比与比对海啸和面波。

32. 解释为什么科学家需要三个地震台站的数据才能定位地震发生地。制作一个如**图19-17**形式的表格来验证你的解释。

33. 描述地震对人类造成的三种不同形式的危害。

批判性思维

34. 总结影响评定地震高发区的因素。

35. 评估地震烈度与断层类型之间的关系。

36. 绘制地震检波器的主要组成。

根据下图,回答第37~38题。

37. **评价**图示这种地震损坏的具体类型,并试着解释原因。

38. **推断** 利用修订麦加利地震烈度表,推断图示这种程度的地震烈度。

39. **解释** 三种不同的地震度量方式有什么区别?

40. **评论** 对于论点:如果一个区域超过一百年都没有发生地震,那这个地区以后也不会发生地震。你如何评价?

41. **设计**一栋具有抗震结构的房屋。标出这栋房屋的抗震特点,并解释这些特质对减轻地震危害有什么作用。

42. **提议**一个美国地震救援的高效方法。佛罗里达州与加利福尼亚州的地震救援会有什么不同吗?

概念图解

43. 利用下列术语完成概念图:*逆断层、张力、应力类型、平移断层、压力、剪力、成因、正断层*。

挑战难题

44. **解释**为什么大多数地震都是浅源地震。利用塑性形变、脆性破裂的概念以及你所了解的地球内部温度的知识来解释这个问题。

地学写作

45. 设想你生活在活跃断层的边界地区。为你的学校写一个防灾计划,列出地震发生前、发生时和发生后需要做哪些事情,并列明需要的物资。

材料分析

下图表示从地球表面到地幔、地核边界部分的截面。不同颜色表示不同的地震波传播速度。这个截面图的地点在南美洲西岸的消减带。左侧为西,右侧为东。

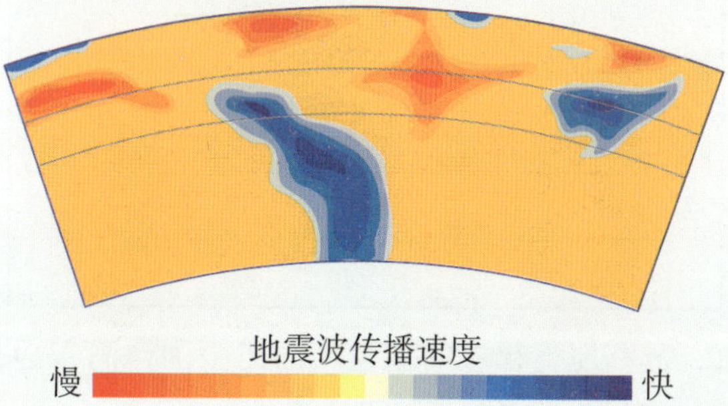

资料来源:Fukao Y., S. Widiyantoro, and M. Obayashi. 2001. Stagnant slabs in the upper and lower mantle transition region. *Reviews of Geophysics* 39(3):291-323.

46. 地下物质的哪些特征造成了地震波在蓝色区域传播快而在红色区域传播慢?

47. 从板块构造的角度,图中哪些地方可以表示消减带上熔岩从消减板块上升引起火山喷发?

综合复习

48. 什么是最常见的侵入岩浆岩?(**第5章**)

49. 描述影响海水盐度的三个过程。(**第15章**)

综合 标准化测试

选择题

1. 为什么北半球只有61%的区域被水覆盖？
   A. 大多数陆地在北半球
   B. 大多数陆地在南半球
   C. 北半球较冷所以流动的水较少
   D. 地球重力导致南半球有更多的水

根据下表，回答第2～3题。

近代历史上的一些地震		
位置	年份	里氏震级
智利	1960	8.5
美国加利福尼亚州	1906	7.9
美国阿拉斯加州	1964	8.6
美国哥伦比亚市	1994	6.8
中国台湾省	1999	7.6

2. 智利地震释放的能量大约比中国台湾省地震释放的能量多多少？
   A. 多1倍
   B. 多9倍
   C. 多31倍
   D. 多41倍
3. 美国阿拉斯加州地震产生的地震波振幅是中国台湾省地震产生的地震波振幅的多少倍？
   A. 大约2倍　　B. 大约10倍
   C. 大约100倍　　D. 大约1000倍
4. 谁是第一个提出地球上的陆地曾经都是连在一起的人？
   A. 探险家
   B. 数学家
   C. 科学家
   D. 绘制地图者
5. 地球潮汐不受哪个因素影响？
   A. 地球　　B. 月球
   C. 太阳　　D. 大气层
6. 浊流沉积形成了什么？
   A. 大陆隆
   B. 大陆坡
   C. 深海平原
   D. 深海海沟

根据下图，回答第7～8题。

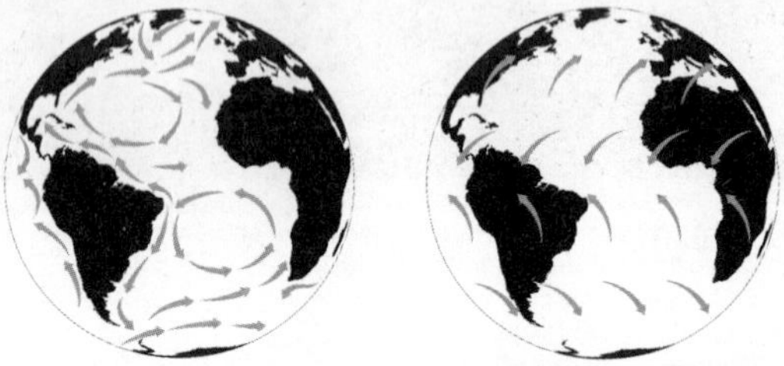

大洋环流　　大气环流

7. 比较上面两张地图，可以得出什么结论？
   A. 大气环流大多向东，大洋环流大多向西
   B. 大气环流大多向西，大洋环流大多向东
   C. 大洋环流流向与大气环流流向相反
   D. 大洋环流的方向与表层风大气环流的方向有关
8. 科里奥利力（地转偏向力）导致风在北半球向右偏，在南半球向左偏。地转偏向力的成因是什么？
   A. 冷暖海水交替
   B. 日—地作用
   C. 地球自转
   D. 全球气温的季节更替
9. 大多数沉积岩是由什么原因形成的？
   A. 板块抬升和熔化
   B. 压实和黏结
   C. 火山喷发
   D. 地球深处的变化
10. 对人类和环境来说，哪种类型的火山危险性最高？
   A. 盾状火山
   B. 复式火山
   C. 锥状火山
   D. 致密型火山

简答题

根据下图，回答第11～12题。

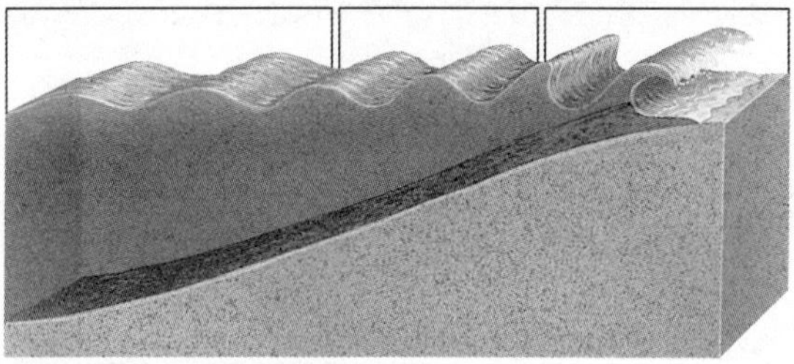

11. 描述波浪靠近海岸时的变化。

12. 比较海浪中水流的传播和能量的传播。

13. 海底山附近没有活火山，这说明了什么？

14. 地幔中的对流对板块运动有什么影响？

15. 描述火山灰及其两个可能的来源。

16. 末次冰期后覆盖着海水的大陆架对人类有何意义？

阅读理解

地震预报

多个世纪以来，人们一直相信动物可以预报地震。据历史学家记录，在公元前373年，希腊海利斯城发生地震的前几天，老鼠、蛇和黄鼠狼都突然消失了。类似的记录在之后的时间里一直都有。

据报道，地震发生前，出现过鲶鱼飞快地游动，母鸡停止下蛋以及蜜蜂逃离住所等现象，但目前来说，动物对地震的感知能力还是一个谜。其中一种说法是，野生和家养的动物都能比人先感知地球的震动。另一种说法是，动物能从空气中感觉出地球的电流变化。地震是一种突发现象，地震学家无法确切地知道接下来，何时何地会发生地震。相关数据表明，地球上每年发生大约500 000次地震，其中，约有100 000次地震可以被人类感知，约100次地震会给社会带来损失。有一些研究人员长时间研究动物的感知能力，试图发现它们在地震发生前能听到或感受到什么特殊讯息，以期为未来的地震预报提供参考。还有一些美国地震学家对此表示怀疑，尽管有数据显示地震发生前，某些动物会有异常举动，但是根据美国地质调查局的资料显示，动物的特殊行为与地震一直未能建立可重复性的联系。

资料来源：Mott, M. Can animals sense earthquakes? *National geographic News*. November 11, 2003.

17. 从这篇文章中可以推断下列什么信息？

A. 动物能预报地震，是因为它们能够先于人类感受到地球的震动

B. 动物不能预测地震

C. 对于动物到底能否预测地震，还有待进行更深入的调查研究

D. 多个世纪以来，动物一直被用来预测地震

18. 下列哪项不是用来证实动物可以预测地震的？

A. 鲶鱼飞快地游动

B. 母鸡下蛋

C. 蜜蜂飞离住所

D. 蛇离开城市

需要更多帮助？																
如果你回答错误……	1	2	3	4	5	6	7	8	9	10	11	12	13	14	15	16
请复习相应章节……	15.1	19.3	19.3	17.1	15.3	16.2	15.3	12.2	6.1	18.2	15.3	15.3	16.2	17.4	18.2	16.2

第20章

造山运动

大概念 地壳经过挤压、褶皱和生成断层等动态过程后形成山脉。

内容提要

起步实验

科学实验室

地壳如何置换它下面的地幔？

陆壳和洋壳的密度不同，但它们都可以置换地幔。在本实验中，你将探究这两种置换活动是如何进行的。

实验步骤

1. 阅读并遵守实验室安全守则。
2. 从老师处领3个木块（分别为2 cm厚的软木块、2 cm厚的硬木块和4 cm厚的软木块），确定每个木块的质量、体积和密度，并将这些数据记录在一个表格中。
3. 往一个干净的塑料容器中倒入一半水，将两个2 cm厚的木块放入容器中。
4. 用尺子量出每个木块在水面以上的高度，并记录下来。
5. 将2 cm厚的硬木块换成4 cm厚的软木块。
6. 测量并记录每个软木块在水面以上的高度。

实验分析

1. **描述** 木块的密度和厚度对它浮在水面上的高度有什么影响？
2. **推断** 哪种木块代表洋壳？哪种代表陆壳？

折叠式 学习卡

造山过程

根据右图所示，制作一张折纸，并用它来整理你学习板块边界处的山脉和非板块边界处的山脉形成过程中的笔记。

山脉的不同地层记录了该地区过去的地质历史。在许多山脉上部，包括珠穆朗玛峰在内，都曾发现过海洋生物化石。

第1节 地壳和地幔的关系

主要概念 山脉的高程主要由地壳的密度和厚度决定。

核心问题

- 怎样描述地球表面的高程分布?
- 什么是地壳均衡? 它与地球上的山脉有什么关系?
- 地壳对物质增加和搬移有什么反应?

关键术语

地形
地壳均衡
山根
地壳均衡反弹

地球科学在你身边 当你坐上一艘漂浮在水中的橡皮艇时,因为增加了你身体的质量,橡皮艇会再向水中下沉一定的深度。反之,当你离开时,橡皮艇在水中会上浮。同样,当山脉被侵蚀后,因为山脉质量减少,山脉下面的地壳就会上升。

地球上的地形

当你观察地球仪或世界地图时,你会看到海洋和陆地。在这些地表模型上,你可以估计出大约有71%的地表位于海平面以下,剩余的29%高于海平面。然而,从地图或者地球仪上不容易看出的是地壳高程的变化,即**地形(topography)**。之前提到过,地形图能反映一个地区的山脉和峡谷。如**图 20-1** 所示的大范围地图能反映整个地壳的地形。将地球上的陆高和海深绘成统计图,高程的分布模式就显现出来,如**图 20-2** 所示。注意图中有两个高程众数。地球的高程集中分布在这两个众数附近:海平面以上0~1 km 和海平面以下4~5 km。这两个众数在地形上占绝对优势,反映了陆壳和洋壳在密度和厚度上的基本差异。

图 20-1 地形图上显示了地表的海拔变化。

解读 *地图上的最高点和最低点各在什么位置?*

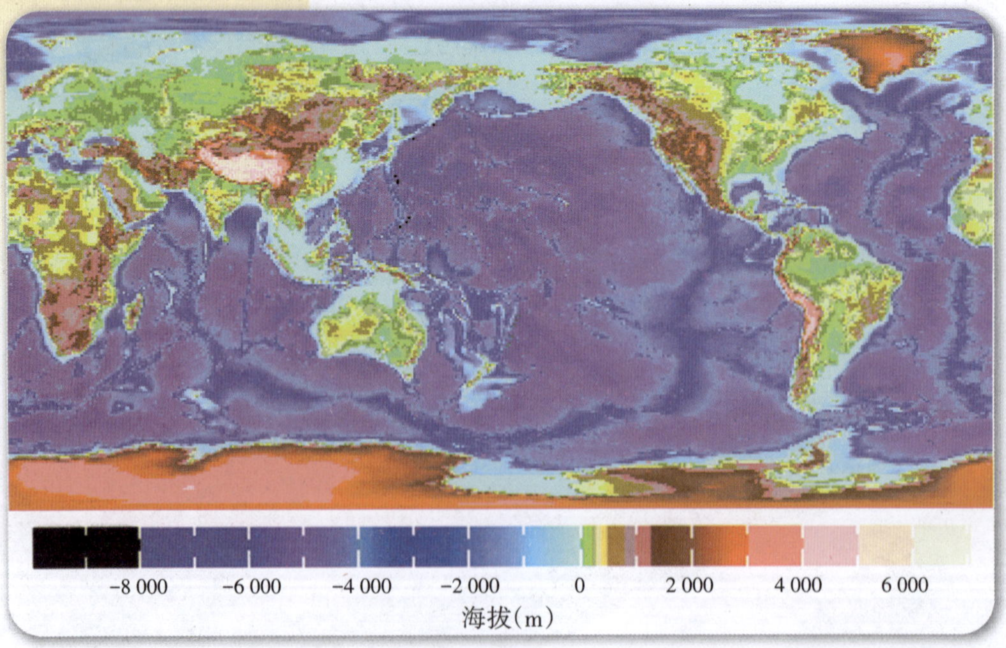

陆壳 在本章开始的“起步实验”中，你观察到不同密度的木块置换出的水的体积也不同，以致露出水面的高度也不同。密度较大的木块置换的水的体积比较大，同时比密度小的木块下沉得更深。前面提到过，洋壳主要是由玄武岩组成的，平均密度是2.9 g/cm^3；陆壳主要是由花岗岩组成的，平均密度是2.8 g/cm^3。与同等厚度的陆壳相比，密度稍大一些的洋壳能够置换更大体积的地幔。地幔的密度是3.3 g/cm^3。

然而，高程的差异不仅仅是由密度不同造成的。回忆一下开头的实验，当你把更厚的木块放入水中时，发生了什么现象？这个木块比其他两个木块置换的水的体积都更大，但是由于它的密度较小，它浮在水面上的部分却比其他两个木块高。陆壳比洋壳厚，又比洋壳密度小，表现出与厚木块相似的特征。由于它的厚度大，它深入地幔比洋壳深；而由于它的密度比洋壳小，它在地表出露得也比洋壳高，如**图20-3**所示。

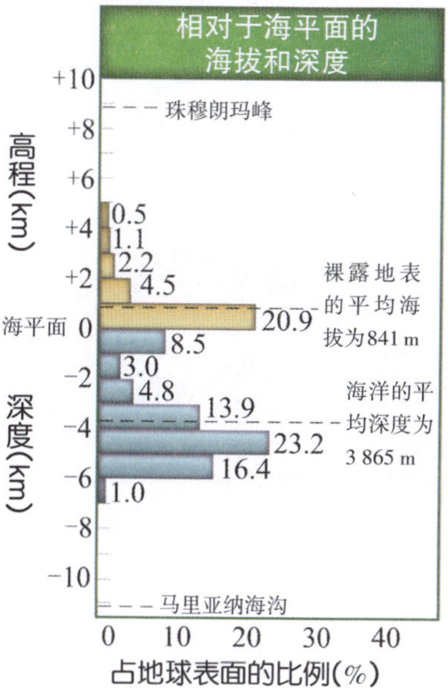

■ **图20-2** 地球表面29%是陆地，71%是水。

解读 *地球表面占比最大的高程是多少？深度呢？*

地壳均衡

地球的陆壳和洋壳对于地幔的置换处于一个平衡状态，这叫作**地壳均衡**（**isostasy**）。当地壳组成物的重力与它受到的浮力保持平衡时，地壳和地幔就处于均衡状态。如果你曾经见过有人上下一条小船，你一定会熟悉这种平衡。当人上船时，船会下沉一些。相反，当人从船上下来时，船置换出的水体积会变小，船就会浮出水面高一些。当组成山脉的地壳物质增加或减少时，就会发生类似的沉浮现象。通过对重力和地震的研究发现，山脉下面有很厚的物质，其组成的**山根**（**root**）可以一直深入到位于山脉下方的地幔中。

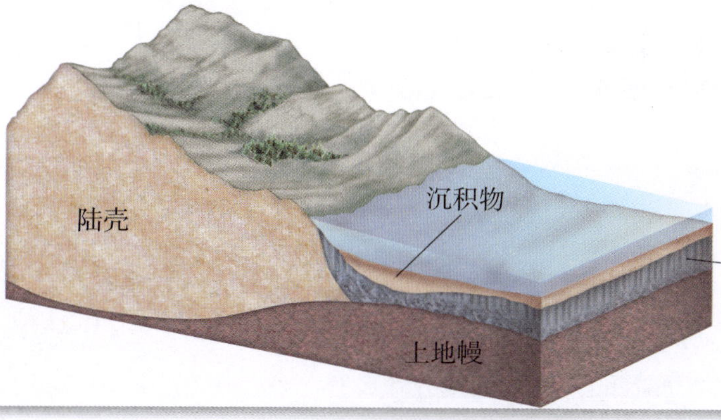

■ **图20-3** 陆壳与洋壳相比，密度小、厚度大，因此它与洋壳相比，高出地表，也更深入地幔。

■ **图 20-4** 根据地壳均衡原理，一部分地壳会上升或下降，直至它们被山根的浮力支撑住。

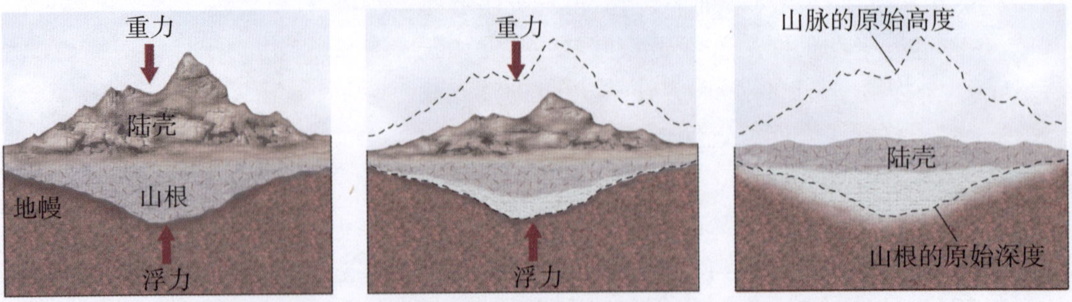

山的下部由巨大的山根支撑

当山体发生侵蚀时，山的质量减轻，根部也相应上升

当山体被完全侵蚀到与陆壳厚度差不多时，一度支撑它的山根也消失了

山根 一座山脉需要很大的山根才能支撑它在地表之上巨大的质量。如**图 20-4**所示，根据地壳均衡原理，地壳的一部分会上升或者下沉，直到这部分重量能被它们根部的浮力支撑住。陆地和山脉被认为是漂浮在地幔上的，这是因为它们比下部的地幔密度小，因而必须有一部分延伸到地幔中获得必要的浮力支持。如果一座山或者山脉的物质被侵蚀或搬运后，你认为会发生什么现象？如果山脉受到侵蚀，山体质量减少，山根会向上移动。如果侵蚀作用持续进行，那么山脉和山根最终都会消失。

迷你实验

科学实验室

模拟地壳均衡反弹

如何测量地壳均衡反弹？ 地壳均衡反弹是地壳由于上覆物质被夷平而抬升的缓慢过程。

实验步骤

1. 阅读并遵守实验室安全守则。
2. 小组合作，将 700 mL 的玉米糖浆装入 1 000 mL 的烧杯中。
3. 用一支铅笔将一个纸杯或塑料杯（侧面开口）压入糖浆的四分之三深度，并记录杯底到液面的深度，然后观察杯子的沉浮。
4. 间隔 5 秒记录下杯底到液面的深度。

实验分析

1. **描述** 杯子向哪一个方向移动？为什么？
2. **解释** 为什么杯子的沉浮速度会发生改变？
3. **推断** 如果等待足够多的时间，杯子就不再动了，这是为什么？

■ **图20–5** 阿巴拉契亚山脉在侵蚀之前的高度比现在高几千米。像山脉侵蚀一样，因为地壳均衡反弹，深入地下的山根也上升了几千米。今天所见的山脉只是古代山脉的根部。它们还会被继续侵蚀，某天会与加拿大北部的稳定地块相类似。

地壳均衡与侵蚀

如**图20–5**所示，阿巴拉契亚山脉形成于几百万年前北美大陆和欧洲大陆相撞的时候。若以陆地上的侵蚀速度计算，这座山脉应该在很久以前就被夷为平地了。那么为什么这些山脉现在仍然存在呢？当山脉在地表崛起时，它们的下部同时也形成了巨大的深入地幔的山根，直到这些山脉的浮力与其重力保持平衡。当山峰受到侵蚀以后，山体质量减小，山根也会上升和变小。

侵蚀作用和山根减小之间的平衡，将一直持续上亿年，直到山体和山根全部消失。地壳由于上覆物质被夷平而抬升的缓慢过程叫作**地壳均衡反弹**（**isostatic rebound**）。侵蚀与反弹使得地底深处的变质岩上升到山脉顶部，就像阿巴拉契亚山脉那样。

技能实验

科学实验室

制作并使用图表

你能看出这种反弹吗？ 地壳均衡反弹的速度随时间而变化：初期速度较快，通常到后期速度就降得很慢了。表格中的数据显示了在10 000年前北美冰盖融化后的地壳均衡反弹。

实验分析

1. **绘制**一个图表，横坐标表示距今时间，纵坐标表示地壳均衡反弹总量。
2. **描述** 在你所研究的时间段中，地壳均衡反弹速度是如何减小的？

批判性思维

3. **指出** 在最初的2 000年里，地壳均衡反弹总量所占的百分比是多少？
4. **预测** 地壳还将产生多少反弹？大约还会持续多长时间？
5. **对比与比对** 根据地壳均衡反弹对比与比对山脉侵蚀和冰川作用。

数据与观察

地壳均衡反弹数据

距今时间(y)	8 000	6 000	4 000	2 000	0
地壳均衡反弹总量(m)	50	75	88	94	97

■ **图20-6** 位于亚洲的珠穆朗玛峰是当今世界的最高峰，山峰下部有一个非常深的根部支撑它的重量。科学家推断，珠穆朗玛峰的山根厚度达70 km。

海山 地壳均衡造成的地壳运动并不局限于陆地上，它们也可以发生在洋壳上。例如，之前提到过，当板块从地幔中的热点上方移过时，在洋底的地壳上可以形成一个单体火山，叫作海山。从地质时间的尺度上看，这些海山形成的速度非常快。你认为这些海山形成后，海底会发生什么现象？这些海山增加了洋壳的质量，由于地壳均衡的结果，这些山峰周围的洋壳下沉而置换地幔物质，直到达成新的平衡。

深的山根 之前已经学过，地壳的高程取决于它的密度和厚度。山峰的下部有山根支撑，山根的厚度可能是山体厚度的很多倍。如**图20-6**所示，珠穆朗玛峰是喜马拉雅山脉的最高峰，海拔将近9 km。一部分位于喜马拉雅山脉之下的山根厚度高达70 km！因为印度洋板块不断向北挤压亚洲板块，所以喜马拉雅山脉和珠穆朗玛峰还将继续抬升。形成如此巨厚地壳所需要的巨大力量来自哪里？你将在下一节中找到答案。

第1节 本节回顾

要点梳理

- 地球上的高程主要在海平面以上0～1 km或者海平面以下4～5 km。
- 地表以上的山脉部分是由深入地幔的山根所支撑的。
- 地壳上覆物质挤压着地壳，由于上覆物质被移走而引起的地壳发生反弹过程，叫作地壳均衡反弹。

要点理解

1. **主要概念 联系** 造山运动与地壳密度、厚度之间有什么联系？
2. **描述**地球上的高程分布，并解释造成这种分布特征的原因。
3. **解释** 为什么地壳均衡反弹随时间的增长而减慢？
4. **推断** 为什么陆地上山脉处的地壳厚度比地势平坦处更厚？

批判性思维

5. **应用** 北美洲五大湖区曾经被很厚的冰原覆盖。用地壳均衡的原理解释这些冰原的融化对五大湖区周围的陆地有何影响。
6. **思考** 根部对于山脉和植物来讲，有什么不同的作用？

地学计算

7. 假设一座山每1 000年抬升1 m，同时它也以每年1 cm的速度受侵蚀。那么这座山是变高了还是变低了？请解释原因。

第2节 造山运动

主要概念 汇聚作用导致地壳变厚并形成山脉带。

核心问题

- 造山运动的过程是怎样的?
- 沿汇聚型板块边界形成的不同类型的山脉有什么区别?
- 阿巴拉契亚山脉是怎样形成的?

关键术语

造山运动

挤压力

地球科学在你身边 当你用扫雪车或铁锹铲雪时,会将雪推成厚厚的一堆。板块构造活动造成的挤压也会使得地壳上形成山脉。

汇聚型边界的造山运动

所有山脉形成的过程都叫作**造山运动**(**orogeny**)。我们已经学过很多这类运动,比如变质作用会导致岩石挤压和重叠,上升的岩浆会形成火成岩侵入体、喷出地表或断层移动等。造山运动发生在广阔的呈线状分布的地壳变形区——造山带内。如**图20-7**所示,汇聚型板块边界的相互作用都发生在板块边界,而大部分造山带都与板块边界有关。这些板块边界的**挤压力**(**compressive force**)造成了地层的剧烈变形——褶皱作用、断层作用、变质作用和火山活动,这些都是造山带的特征。一般来说,最高的和变化最多样的造山带都在汇聚型板块边界。每种汇聚型板块边界的相互作用都会形成不同类型的山脉。

图20-7 地球上大多数山脉(图上用蓝色和红色标记)都形成于板块的边界。

指出 *指出沿南美洲板块分布的山脉,并将它与世界地图上的南美洲山脉做比较。*

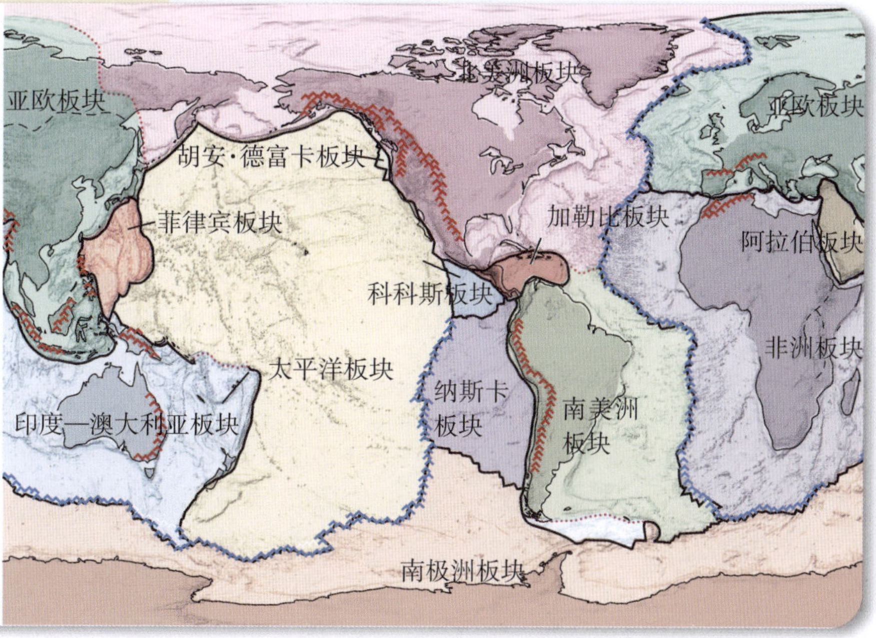

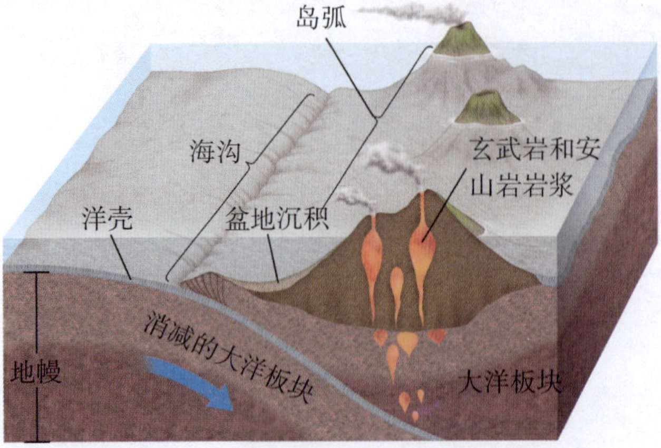

■ **图 20-8** 两个大洋板块的汇聚导致了组成岛弧复合体的火山峰的形成。位于南加勒比海小安的列斯群岛的马辛加火山就是组成岛弧复合体的火山峰之一。

小安的列斯群岛的岛弧

小安的列斯群岛的马辛加火山

海洋—海洋型汇聚 当一个大洋板块与另一个大洋板块汇聚时，其中一个板块向下俯冲到地幔，形成一个消减带。部分消减的板块熔化后，岩浆受压上升，形成一系列火山峰，这叫作岛弧复合体。阿拉斯加附近的阿留申群岛和加勒比海附近的小安的列斯群岛是岛弧复合体的典型代表。**图 20-8** 详细绘制了与海洋—海洋型汇聚有关的构造关系和过程。

岛弧复合体是由什么岩石组成的？通常，它们是由各种岩石混合而成的。前文曾经提到过，其中有一部分是由玄武岩和安山岩岩浆组成的。除了这些火山岩之外，一些大的岛弧复合体也包含了沉积岩。这些沉积岩是如何最终成为山脉的一部分的呢？我们已经学过，岛弧和海沟之间有一个凹陷，或者说盆地，它填充着从岛弧侵蚀下来的沉积物。如果消减作用持续足够长的时间，一部分沉积物可能会被抬升，发生褶皱，并被推向岛弧，形成由沉积岩和岛弧火山岩共同组成的复合体，并最终形成了新的沉积物和火山岩。日本岛的其中一部分就是这样形成的。

地球科学相关职业

岩石学家 岩石学家主要研究岩石的组成和形成过程。通常来说，岩石学家专门研究特殊类型的火成岩、沉积岩或者变质岩。

海洋—大陆型汇聚 海洋—大陆型板块边界与海洋—海洋型板块边界非常相似，因为它们的汇聚都形成消减带和海沟。但是，它们的相同之处仅此而已，因为海洋板块和大陆板块汇聚可以产生比岛弧复合体更大、更复杂的山脉带。当海洋板块与大陆板块汇聚时，受下降海洋板块的挤压，大陆板块的边缘被迫抬升。这种抬升标志着造山运动的开始。除了抬升，挤压力还能使陆壳发生褶皱和增厚。随着地壳的增厚，山脉越来越高，并形成很深的山根以便支撑这些岩石的巨大质量。

消减板块处还会形成火山带。如**图20-9**所示，从这类火山中侵蚀出的沉积物，可以填充在海沟和海岸带之间的低洼区。这些沉积物，连同海洋沉积物和从下降板块“刮擦”下来的物质一起，被挤向大陆边缘，形成由高度褶皱岩石、断层岩石和变质岩组成的混合物。**图20-9**所示的变质岩来自威尔士的卡迪根湾，它是在数百万年前英国大陆与北美板块碰撞时形成的。

☑ **读后自查** **比较**海洋—大陆型汇聚边界与海洋—海洋型汇聚边界。

■ **图20-9** 在海洋—大陆型边界，挤压导致陆壳发生褶皱和增厚。海洋板块和大陆板块的汇聚作用导致变质岩岩层抬升并出露地表。

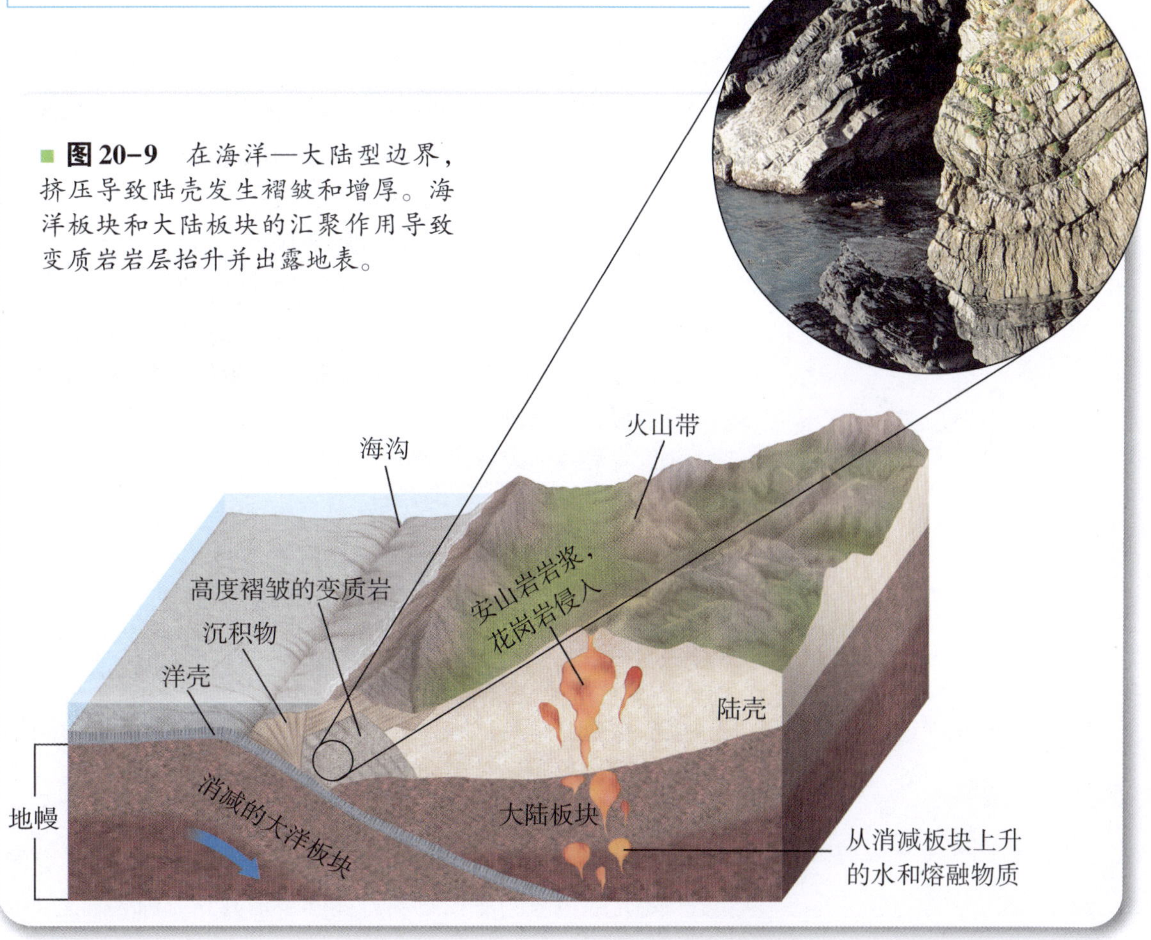

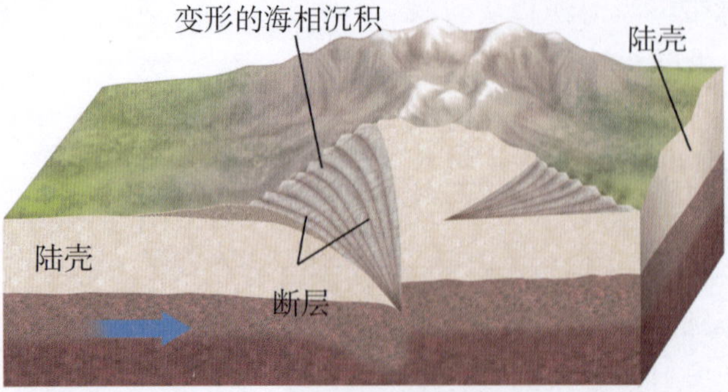

■ **图20-10** 沿大陆—大陆型板块边界发生的强烈的褶皱和断层作用，造就了地球上一些最高的山脉。喜马拉雅山脉就是印度洋板块和亚欧板块汇聚的结果。

大陆—大陆型汇聚 包括珠穆朗玛峰在内的地球上最高的山脉，都形成于大陆—大陆型板块边界。由于陆壳的密度相对较小，当两个大陆板块汇聚时，陆壳不能向地幔消减。相反，密度低的大陆地壳会发生高度褶皱、断裂或者增厚，如**图20-10**所示。挤压力使地壳破裂成很多巨厚的块体，以低角度断层的形式相互交错。这个过程使得变形的地壳厚度加倍。变形也可以从大陆边缘向内陆延伸数百千米。例如，关于青藏高原南部的岩石研究表明，自从印度洋板块和亚欧板块开始碰撞，亚洲最初的边缘已经东移了2 000 km。由于大陆—大陆型造山运动形成的岩浆在地表以下硬化，结果形成花岗岩岩基。

☑ **读后自查** **解释** 为什么陆壳没有被消减？

海相沉积岩 两个大陆板块相撞时形成的山脉还有一个常见特征，就是在接近山顶处可以发现海相沉积岩。这些岩石来自大陆板块相撞前，存在于板块之间的沉积在洋盆的沉积物。例如位于喜马拉雅山脉西面的乔戈里峰，也被称为K2峰，是由几千米厚的海相石灰岩覆盖在花岗岩岩基之上形成的。这些石灰岩表明，5 000万年前当印度大陆与亚洲大陆相撞时，古老的印度大陆北部边缘的海相石灰岩被推挤抬升到亚洲大陆之上。

阿巴拉契亚山脉——个案研究

前面已经学过，魏格纳用阿巴拉契亚山区、格陵兰和北欧山地中的岩石与地质构造相吻合这个证据来支持他的大陆漂移说。除了魏格纳，很多其他科学家也研究过阿巴拉契亚山区。根据这些研究，地质学家将阿巴拉契亚山脉划分成了几块截然不同的区域，如**图20-11**所示。每个区域的岩石变形程度各不相同。例如，岭谷区的岩石发生高度褶皱。相反，山麓地区则有古老、变形的变质岩和火成岩覆盖在无变形的沉积岩之上。如**图20-12**所示，这些地区的区别在于它们是通过不同方式形成的。

早期的阿巴拉契亚山脉 阿巴拉契亚山脉的构造历史开始于大约8亿～7亿年前，古北美洲板块沿着两条离散边界从古非洲板块中分离，形成了两个大洋。其中的古大西洋位于古非洲的西海岸之外，有一个很浅的边缘海形成于古北美洲的东侧，还有一小块陆地位于这两条离散边界之间。

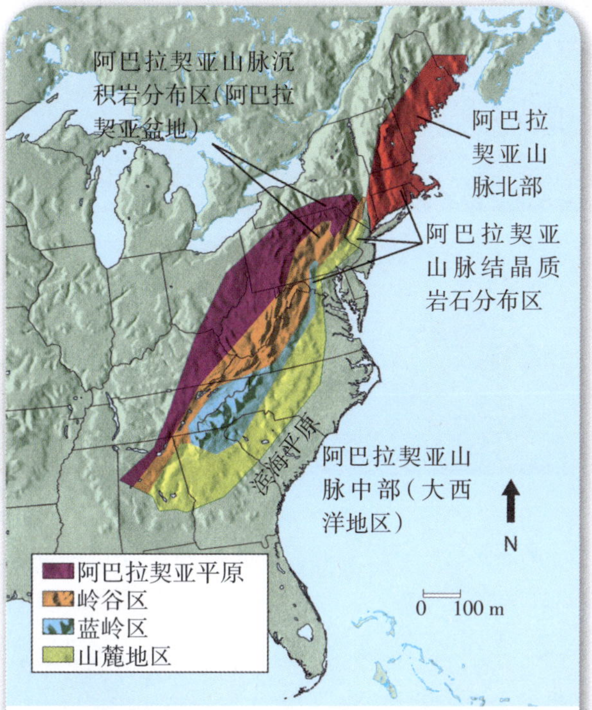

■ **图20-11** 阿巴拉契亚山脉由多种山脉组成，它有几个截然不同的区域，每个区域具有各自的造山历史。

■ **图20-12** 阿巴拉契亚山脉岭谷区覆盖着高度褶皱的岩层，而山麓地区的岩层则基本没有发生变形。

图解阿巴拉契亚山脉的抬升与沉降

图20-13 阿巴拉契亚山脉形成于数亿年前的板块汇聚。

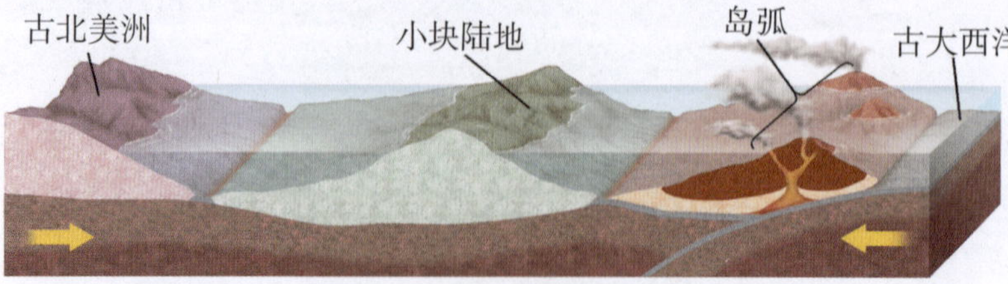

7亿～6亿年前 板块汇聚导致古大西洋开始闭合，在古北美洲东侧的消减带上形成了一条岛弧。

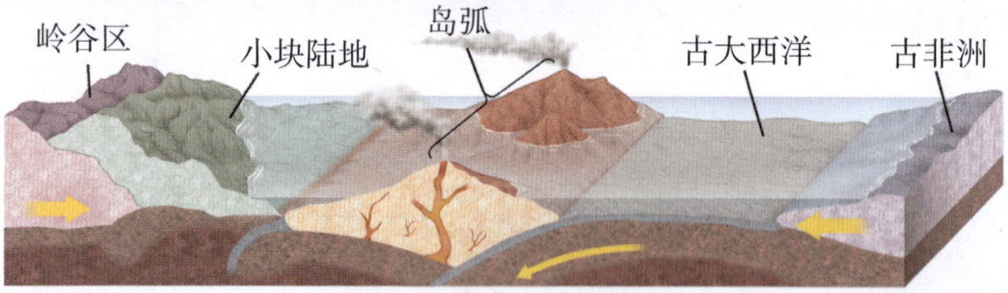

5亿～4亿年前 最终成为蓝岭区的小块陆地开始与古北美洲汇合。

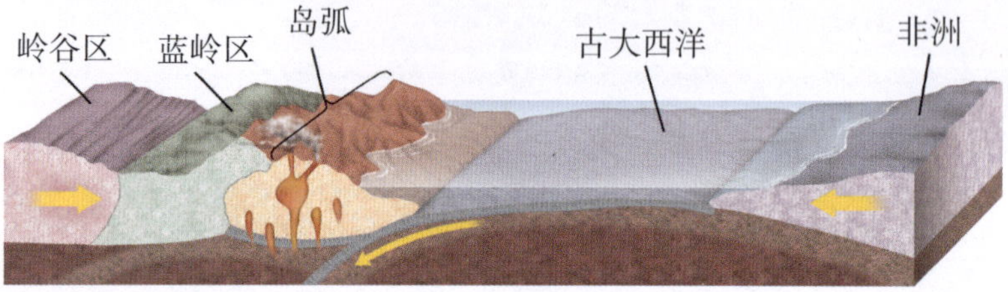

4亿～3亿年前 岛弧开始与古北美洲相连，小块陆地进一步被推向古北美洲大陆，岛弧成为山麓地区。

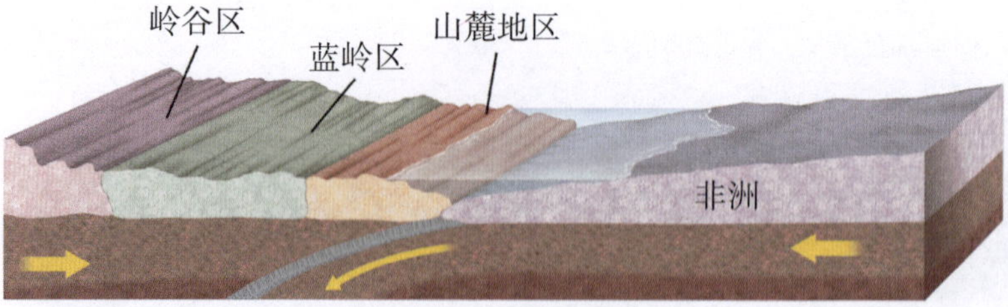

3亿～2.6亿年前 泛大陆形成。古非洲等板块与古北美洲板块相撞，古大西洋闭合。挤压力使蓝岭区和山麓地区向西深入，并形成褶皱的岭谷区。

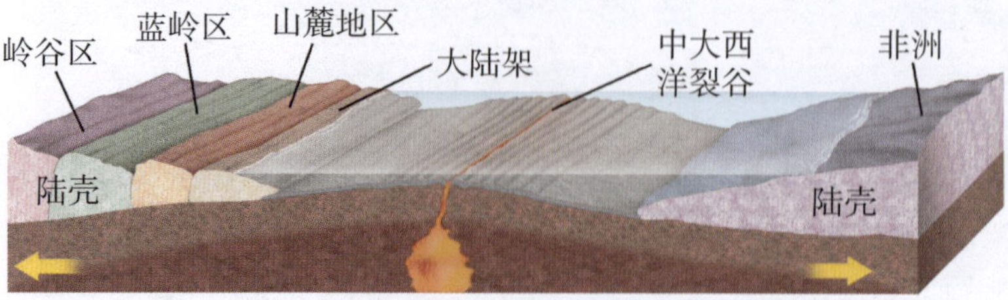

现代 泛大陆解体后，张力打开了现代大西洋，并使得大陆分离。北美洲和非洲随着大西洋的扩张继续分离。

大约7亿～6亿年前，板块运动的方向发生了逆转。由于板块的汇聚，古大西洋开始闭合。板块的汇聚导致古北美洲东部形成了一个消减带和火山岛弧，如**图20-13**所示。

大约2亿年过去后，小块陆地与古北美洲板块聚合，如**图20-13**所示。这些高度变质的岩石被挤到更年轻的岩层上，形成蓝岭区，如**图20-14**所示。

形成的最后阶段 大约4亿～3亿年前，岛弧与北美洲大陆会合，如**图20-13**所示。保留在山麓地区的一组变质岩和火成岩被认为是这次事件的证明。这些岩石以断层的形式冲到陆地上，推挤蓝岭区岩层进一步向西。

大约3亿～2.6亿年前，古非洲板块、亚欧板块、南美洲板块与古北美洲板块发生碰撞，古大西洋闭合，形成了泛大陆。这次碰撞导致了剧烈的褶皱和断层活动，形成了岭谷区，如**图20-13**所示。大约2亿年前，由于裂谷作用，泛大陆解体，现代大西洋形成了，如**图20-13**所示。

阿巴拉契亚山脉只是许多形成于汇聚型板块边界的山脉中的一个。在下一节中，你将了解发生在离散型板块边界的造山运动，还有其他一些非板块边界的山脉类型。

图20-14 在蓝岭区，图中所示的出露地表的岩石十分常见。

第2节 本节回顾

要点梳理

- 造山运动是指形成山脉带的所有过程。
- 大多数山脉带都与板块边界有关。
- 复杂的岛弧链、高度变形的山脉以及非常高耸的山脉都是由于构造板块汇聚作用形成的。
- 阿巴拉契亚山脉地质历史悠久，它们形成于8亿～7亿年前。

要点理解

1. 主要概念 **描述**汇聚作用与造山带有什么关系。
2. **指出**马辛加山在哪个构造板块上。
3. **解释** 为什么山峰处可能发现贝类化石？
4. **区分**形成于汇聚型板块边界的山脉类型。

批判性思维

5. **推断** 阿拉斯加州的阿留申群岛是怎样形成的？
6. **评估**这个观点：阿巴拉契亚山脉比喜马拉雅山脉更年轻。

地学写作

7. 为一位初中生写一个说明阿巴拉契亚山脉形成的故事。

第3节 其他类型的造山运动

核心问题

- 不在板块边界的山脉是怎样形成的?
- 沿洋脊的山脉是怎样形成的?
- 怎样区别褶曲上升山地和断块山地?

关键术语

褶曲上升山地
高原
断块山

主要概念 位于洋底的山脉以及其他某些大陆上的山脉是通过一些非汇聚作用形成的。

地球科学在你身边 当你从烤箱中拿出一只刚烤好的蛋糕后，蛋糕冷却后会收缩。洋底远离洋脊时，其下的地壳和地幔也会冷却并收缩。

离散型边界的山脉

当人们最初发现洋脊时，它们的规模在科学界引起了轰动。这些山脉在海底形成了一条蜿蜒的山脉链，长度超过65 000 km。它们不仅比陆地上的山脉高大绵长，而且造山过程也不相同。洋脊是宽阔的上升区，与形成于洋脊之下、地幔深处的对流圈的上升有关。洋脊处新形成的地壳和其下的地幔温度都很高。岩石受热发生膨胀，导致其密度降低进而导致洋脊隆起，如**图20-15**所示。当大洋板块从洋中脊向外移动时，新形成的地壳和地幔冷却、收缩，且地壳表面会下沉。最终，洋底最高的部分变成最年轻的部分，并逐渐形成坡度平缓的海底山脉链。

图20-15 洋脊是一条宽阔的高地。位于离散型边界的岩石圈随温度升高而向上隆起，形成洋脊。

确定 *接近洋脊处的海洋更深还是远离洋脊处的海洋更深?*

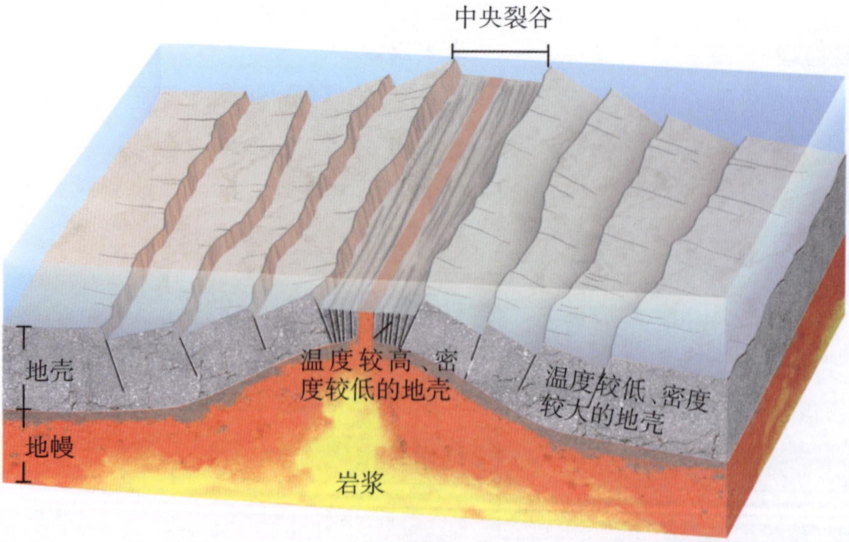

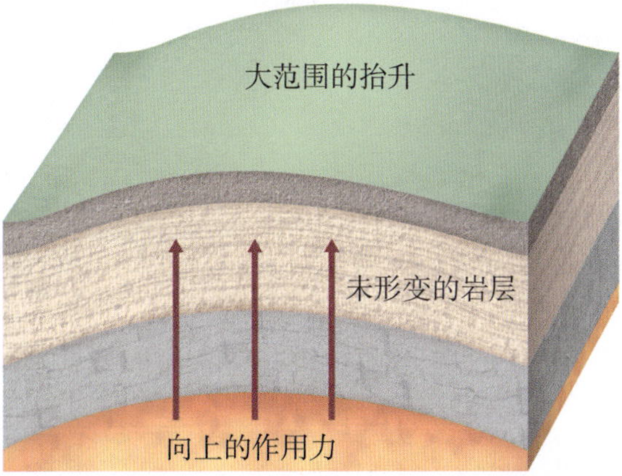

■ **图20-16** 美国纽约州的阿迪朗达克山脉是褶曲上升山地。当大的地壳区域被迫抬升，在没有明显构造形变的情况下会形成褶曲上升山地。

褶曲上升山地

如**图20-16**所示，当地球上很大的一块区域作为一个整体缓慢向上抬升时，**褶曲上升山地**（**uplifted mountain**）就形成了，例如美国纽约州的阿迪朗达克山脉。一般来说，构成褶曲上升山地的岩层与板块边界造山运动形成的岩层不同。前者变形较小，并且不像后者那样经历了强烈的褶皱、断层和变质的过程。大规模区域抬升的机制目前还不太清楚。一种可能是地幔中温度较高的区域将这部分岩石圈加热，致使地壳的密度降低。另一种可能的原因是地幔向上的运动，它使得地壳区域抬升而不发生很大程度的变形。地壳的区域抬升可能形成广阔的高原，例如**图20-17**所示的美国科罗拉多高原，它的范围覆盖了科罗拉多州、犹他州、亚利桑那州和新墨西哥州。侵蚀力最终将抬升的区域切割成山脉、谷地和峡谷。

■ **图20-17** 内华达山脉就是区域抬升的结果。

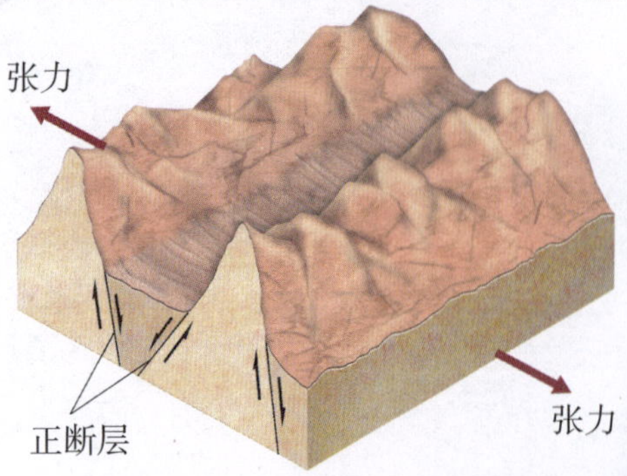

■ **图 20-18** 断块山是岩层由于断层运动而高出周围区域的地形。岭谷区由正断层分开的上百座山体组成。

断块山

另一种与板块边界无关的山地是断块山。我们已经学过，沿断层面两侧的岩层会发生相对错动，若地壳被拉伸，就会形成一系列正断层。当这些断层之间的地块受张力作用下陷时，就形成了**断块山**(**fault-block mountain**)，如**图 20-18** 所示。美国西南部和墨西哥北部的盆岭区，就是由上百座被正断层分割的几乎平行的山脉组成的。美国怀俄明州的大蒂顿山也是断块山。你将在本章末的“地学实验”中探究这座山的地形。

第 3 节 本节回顾

要点梳理

- 离散型边界、地表抬升和断层作用形成了地球上的一些山脉。
- 位于离散型板块边界的海底火山形成了地球上最长的山脉链。
- 区域性抬升形成了褶曲上升山地，它们由几乎未变形的岩层组成。
- 正断层之间的大型地块下陷时，就形成了断块山。

要点理解

1. 主要概念 **解释** 为什么不是所有的山脉都形成于汇聚型板块边界？
2. **指出**与洋脊有关的岩石类型。
3. **解释** 为什么洋脊比周围的地壳高？
4. **比较**洋脊和断块山。
5. **对比与比对**褶曲上升山地和断块山的形成过程。

批判性思维

6. **阐述** 指出褶曲上升山地的特征。

地学写作

7. 为你的同学出三道测试题，测测他们对于造山运动相关知识的掌握程度。

阿巴拉契亚山道

卡塔丁山位于阿巴拉契亚山道一端的缅因州。

阿巴拉契亚山脉从加拿大一直延伸到美国亚拉巴马州。每年，超过300万人在阿巴拉契亚山旅行与探险。丰富的地质历史使得这里成为美国既刺激又美丽的徒步地。

历史 阿巴拉契亚山道于1937年开放，目的是为了让人们可以远离喧嚣，接近自然。现在的山道长3 499 km，从佐治亚州的施普林格山一直到缅因州的卡塔丁山。阿巴拉契亚山道可以分成三片区域——南段、中段和北段。

徒步山道 每年，都有一支经过严格挑选的徒步队伍穿越整个阿巴拉契亚山道。大多数时候，他们会选择从佐治亚州开始，向北进入缅因州。这样一趟完整的徒步旅行需要6个月甚至更久，此外还需要详细的计划。

阿巴拉契亚山脉南段 佐治亚州的斯普林格山海拔1 860 m，覆盖的主要为变质岩，所以这里树木稀少。阿巴拉契亚山脉南段与北段不一样，南段的抬升山脉不受冰川作用影响。

阿巴拉契亚山脉中段 在阿巴拉契亚山脉中段，徒步者会经过纽约州卡斯基尔山脉的斯莱德山。卡斯基尔山脉有陡峭的山坡和圆形的高地，主要由砂岩和砾岩组成，这使得斯莱德山多次阻挡了侵入阿巴拉契亚山脉的恶劣天气。最高峰的海拔为2 047 m，但是因为树木密集，人们很难爬到山顶欣赏美景。

阿巴拉契亚山脉北段 在几个月的徒步旅行之后，就到了阿巴拉契亚山道末端，这里能看到雄伟的卡塔丁山。从山的东面可以看到两个大的圆形盆地——大盆地和北部盆地。这些地区在25 000年以前被冰川覆盖。因为这里海拔高且位置靠北，不利于高大树木的生长，因此从卡塔丁山望出去的景色非常壮观。在2010年，仅有11 502名徒步者成功走完阿巴拉契亚山道。

地学写作
研究 假设你获得了来自阿巴拉契亚山道徒步者的第一手资料，请描述他们所到之处的地质构造。

绘制地形剖面图

实验背景：地形剖面图也叫横截面图，是根据地形图绘制的地理或地质特征的侧面图。本次实验中，你要绘制并分析位于美国怀俄明州的大蒂顿山的剖面图。当一些巨大的岩块沿山脉的东侧产生断层后，岩块向西倾斜，形成了大蒂顿山。

实验问题：怎样绘制一幅地形剖面图？

崎岖的大蒂顿峰耸立在怀俄明州大蒂顿国家公园的一片平原上。

实验材料

米尺

坐标纸

铅笔

安全警示

实验步骤

等高线是地图上相同海拔的点的连线。在下页的地形图中找出指标等高线，用加粗线表示。

1. 阅读并遵守实验室安全守则。
2. 在坐标纸上画出如下页图所示的坐标方格。
3. 设想有一条连接巡逻小屋和静峰的剖面线。将一张纸条的边缘沿这条剖面线放在地图上，再在每一条等高线与纸条的交点处标上记号。
4. 在每个交点上注明正确的高程值。
5. 将纸条上的点转绘到剖面的方格上。
6. 用一条平滑的线连接各点，绘制巡逻小屋和静峰间的山脉剖面图。
7. 在剖面图上标记出主要的地理特征。

实验分析

1. **数据解读** 描述从巡逻小屋出发，剖面图在地形起伏上是怎样变化的。
2. **数据解读** 剖面图上最高点的高程是多少？最低点的高程呢？
3. **数据解读** 剖面的平均高程是多少？
4. **数据解读** 计算剖面图上的总的高程变化。
5. **数据解读** 你的剖面图与巡逻小屋到静峰上的地形成比例吗？请解释原因。
6. **分析** 什么决定了这个剖面图的比例尺？

技能应用

应用 搜集一张你家乡的地形图并据此绘制一张地形剖面图。这张剖面图与你在这次实验中绘制的图有什么不同？

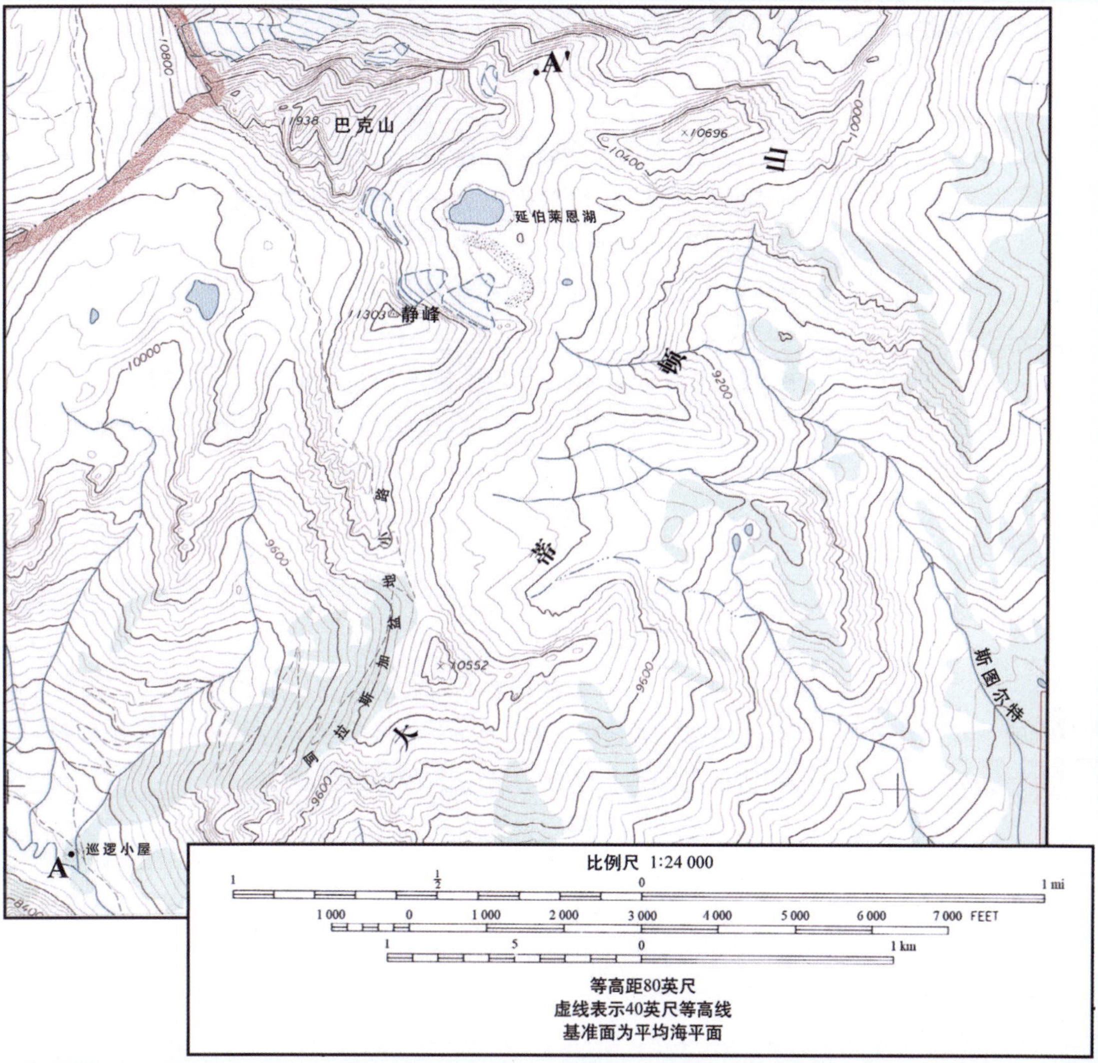
A′
11938
巴克山
10696
10400
10000
10800
延伯莱恩湖
11303
静峰
10000
9200
大蒂顿山
阿拉斯加盆地小路
9600
10552
9600
9600
斯图尔特
巡逻小屋
A
8400
比例尺 1:24 000
1 mi
FEET
1 km
等高距80英尺
虚线表示40英尺等高线
基准面为平均海平面

12 000
11 000
10 000
9 000
8 000
7 000
高程（英尺）
A
A′

第20章 复习指南

大概念 地壳经过挤压、褶皱和生成断层等动态过程后形成山脉。

第1节 地壳和地幔的关系

关键术语
- 地形
- 地壳均衡
- 山根
- 地壳均衡反弹

主要概念 山脉的高程主要由地壳的密度和厚度决定。

要点梳理
- 地球上的高程主要在海平面以上0～1 km或者海平面以下4～5 km。
- 地表以上的山脉部分是由深入地幔的山根所支撑的。
- 地壳上覆物质挤压着地壳，由于上覆物质被移走而引起的地壳发生反弹过程，叫作地壳均衡反弹。

第2节 造山运动

关键术语
- 造山运动
- 挤压力

主要概念 汇聚作用导致地壳变厚并形成山脉带。

要点梳理
- 造山运动是指形成山脉带的所有过程。
- 大多数山脉带都与板块边界有关。
- 复杂的岛弧链、高度变形的山脉以及非常高耸的山脉都是由于构造板块汇聚作用形成的。
- 阿巴拉契亚山脉地质历史悠久，它们形成于8亿～7亿年前。

第3节 其他类型的造山运动

关键术语
- 褶曲上升山地
- 高原
- 断块山

主要概念 位于洋底的山脉以及其他某些大陆上的山脉是通过一些非汇聚作用形成的。

要点梳理
- 离散型边界、地表抬升和断层作用形成了地球上的一些山脉。
- 位于离散型板块边界的海底火山形成了地球上最长的山脉链。
- 区域性抬升形成了褶曲上升山地，它们由几乎未变形的岩层组成。
- 正断层之间的大型地块下陷时，就形成了断块山。

第20章 复习检测

术语回顾

从复习指南中选取符合下列描述的术语。

1. 陆壳延伸至地幔深处的部分。
2. 地幔和地壳间的均衡条件。
3. 以正断层为界的山地。
4. 一般表现为微小变形的山地类型。

从复习指南中选取合适的术语填空。

5. ________ 是山地变形的过程。
6. 褶皱、断裂和变质作用是由 ________ 形成的。
7. 一个由抬升形成的顶部平坦的地形叫作 ________。

下列每句表述都有误。从复习指南中选取合适的术语替换斜体术语,使句子表述正确。

8. 地壳上的高程变化称为*地理*。
9. *造山作用*是指大量的地壳上覆物质被移走而引起的地壳抬升过程。

理解要点

10. 陆地所覆盖的地表大约占全部地表的多少?
    A. 10%
    B. 30%
    C. 50%
    D. 70%
11. 山根的作用是什么?
    A. 避免山脉被侵蚀得太严重
    B. 平衡一个区域的地壳和地幔数量
    C. 支撑上覆重量从而达到均衡
    D. 避免山脉陷入地幔中
12. 什么造成了地表的高程差异?
    A. 地壳的密度和厚度
    B. 垂直的岩脉和枕状玄武岩
    C. 海山和热点
    D. 褶曲上升山地和断块山
13. 下列哪项与汇聚型边界的造山运动无关?
    A. 岛弧
    B. 高度褶皱和断层的山脉
    C. 洋脊
    D. 变形的沉积岩
14. 在海洋—海洋型汇聚边界,火山岛弧在哪里形成?
    A. 消减的板块上
    B. 没有消减的板块上
    C. 在任一板块上都不会形成
    D. 在两个板块上都会形成

根据下图,回答第15题。

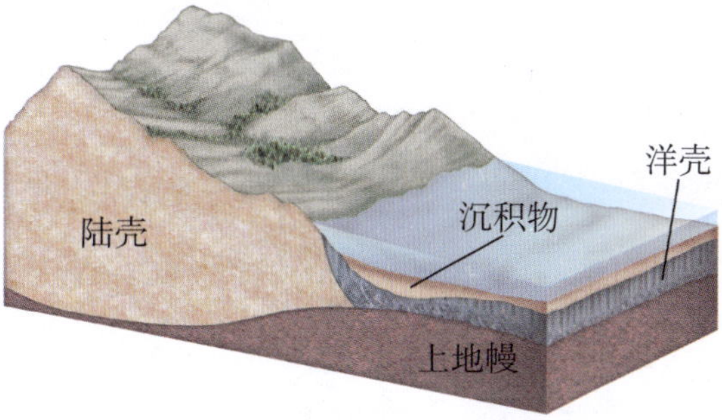

15. 将下列物质按照密度从小到大的顺序排列:地幔,陆壳,洋壳。
    A. 地幔,洋壳,陆壳
    B. 洋壳,地幔,陆壳
    C. 陆壳,洋壳,地幔
    D. 洋壳,陆壳,地幔
16. 哪种板块边界可以形成最高的山脉?
    A. 汇聚型;大陆—大陆型
    B. 汇聚型;大陆—海洋型
    C. 离散型;海洋—海洋型
    D. 离散型;海洋—大陆型

*根据下图和**图20-13**，回答第17～18题。*

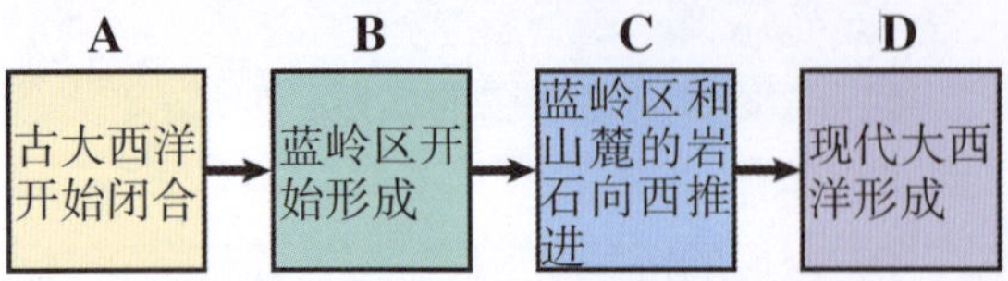

17. 下列哪个事件发生在事件B和事件C之间？

A. 岛弧与北美洲连为一体

B. 板块运动逆转

C. 非洲与北美洲碰撞

D. 岛弧发展

18. 事件C大约发生在什么时候？

A. 8亿～7亿年前

B. 7亿～6亿年前

C. 5亿～4亿年前

D. 3亿～2.6亿年前

简要概述

根据下图，回答第19～20题。

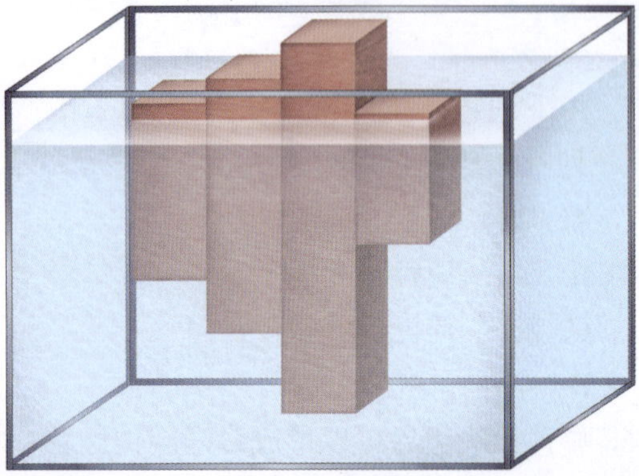

19. 重述 解释图中表示的地学原则。

20. 联系 将图中最大的长方体与本章中描述的一座山脉联系起来。

21. 描述 当山脉被侵蚀后，山根会发生什么变化？

22. 解释 为什么陆壳置换的地幔比洋壳更多？

23. 解释 为什么洋脊比它周围的洋底抬升得更高？

24. 讨论山根上升到地表的过程。

25. 描述三种地壳增厚机制。

根据下图，回答第26～27题。

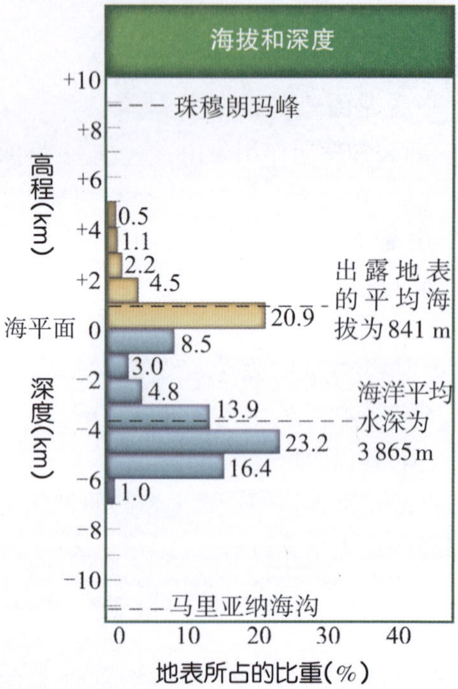

26. 计算陆地平均海拔和海洋平均水深。

27. 推测 根据图中数据，归纳一个有关珠穆朗玛峰和马里亚纳海沟的结论。

28. 推断 哪里的地壳最厚？

29. 总结岛弧的成因。

批判性思维

30. 阐述 为什么两个洋壳板块之间罕有形成高大的山脉？

31. 推测 假设安第斯山脉分布在南美洲西海岸，推测其形成的构造作用。

32. **地球科学相关职业** 构造地质学家从野外调查和实验分析中收集数据，解释一片区域的构造历史。地质学家如何解释本章起始页图片中的出露岩层？

根据下图，回答第33题。

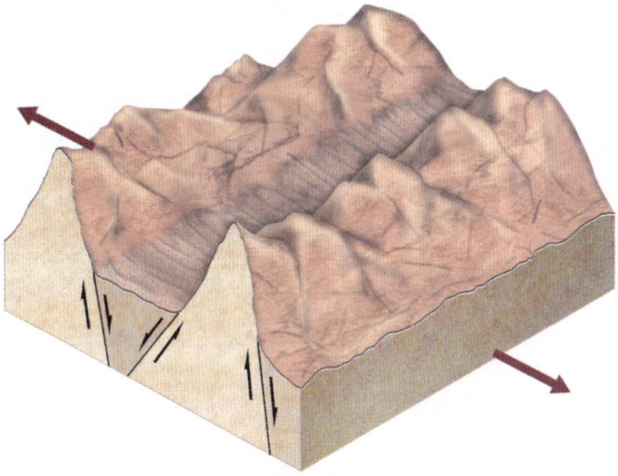

33. **解读**并且解释什么类型的力使得这片区域形成断块山。

34. **确定** 如果一块平均厚度为40 km的陆壳变薄了，那么它压制地幔的程度与之前相比，有什么变化？

35. **评估** 一个地区的地壳均衡反弹是否停止过？

概念图解

36. 运用下列术语来绘制一幅概念图：*地球上最高的山脉、褶曲上升山地、独立火山峰、离散型板块边界、小的构造形变、挤压、断块山、洋脊以及汇聚型板块边界*。如需帮助，请查询*技能手册*。

挑战难题

37. **思考** 是否所有的山脉都处于地壳均衡反弹状态？请解释原因。

地学写作

38. 回顾**图20-13**，预测5亿年后地球可能会发生什么变化。为1亿年、3亿年以及5亿年后的地球绘制三幅图景，并各写一个概述，描述你认为那时会发生的造山运动和板块构造过程。

材料分析

下图显示浮力(*R*)与造山带年龄之间的关系。

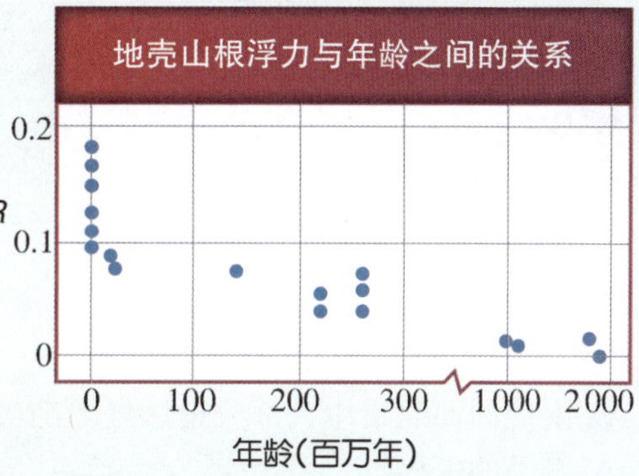

资料来源：Fisher, K.M.2002. Waning buoyancy in the crustal roots of old mountains. *Nature* 417: 933-936.

39. 描述图中数据呈现的明显变化趋势(如果存在的话)。

40. 因为浮力取决于地壳和地幔的密度，如果陆壳密度是连续变化的，那么浮力会怎样变化？

41. 试着解释浮力的变化。导致浮力改变的地壳山根部发生了什么情况？

综合复习

42. 解释科学家所说的地球像一个系统一样运行是什么意思。**(第1章)**

43. 解释为什么单一的岩石风化不会形成土壤？**(第7章)**

综合 标准化测试

选择题

根据下图,回答第1~2题。

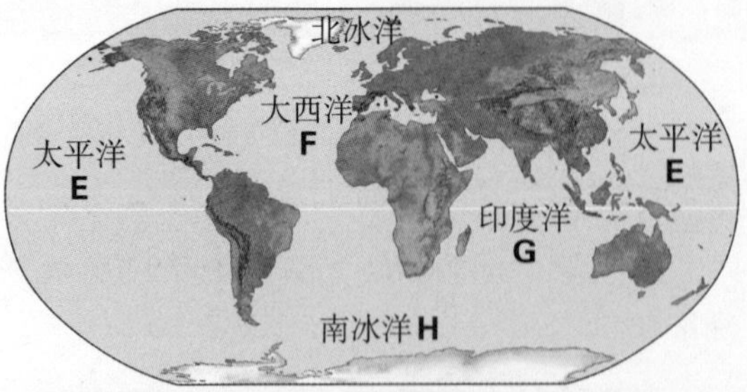

1. 厄尔尼诺环流从哪里开始?

A. E

B. F

C. G

D. H

2. 厄尔尼诺期间会发生什么事件?

A. 南美洲西北沿岸大部分地区经历凉爽、干燥的气候

B. 大西洋中出现频繁、猛烈的飓风

C. 猛烈的季风使得太平洋的海水向西移动

D. 南美洲西海岸产生一股温暖的洋流

3. 为什么相同厚度的陆壳比洋壳置换出的地幔物质更少?

A. 陆壳密度更大

B. 陆壳密度更小

C. 陆壳大多是玄武岩

D. 陆壳更接近地幔

4. 盾状火山是怎么形成的?

A. 非爆发式喷发的火山熔岩一层层地累积而成

B. 爆发式火山喷发出的坚硬的、有气体和岩浆混合的多孔熔岩层与缓慢渗出的熔岩层交替而成

C. 火山喷发出的岩浆碎屑进入空气后,这些碎屑掉落并堆积在火山口而形成

D. 厚的岩浆在中央火山口变硬后形成

5. 下列哪种方法不能增加土壤肥力?

A. 种植豆类植物

B. 向土里增加肥料

C. 每年种植同一种作物

D. 使用化肥

根据下图,回答第6~7题。

6. 图中的崩塌是由什么导致的?

A. 岩石的化学风化

B. 从基岩中剥离出土壤、岩石和碎屑

C. 斜坡上的物质侵蚀和滑落

D. 岩石上的冰雪融化

7. 河道上的岩崩会产生什么后果?

A. 改变河流的化学组成

B. 改变河流的物理形态

C. 永久地增加河水水位

D. 冲垮河道,引起洪灾

8. 下列哪项不出现在海洋—海洋型汇聚边界上?

A. 断裂带

B. 海沟

C. 消减带

D. 岛弧链

简答题

根据下图，回答第9～11题。

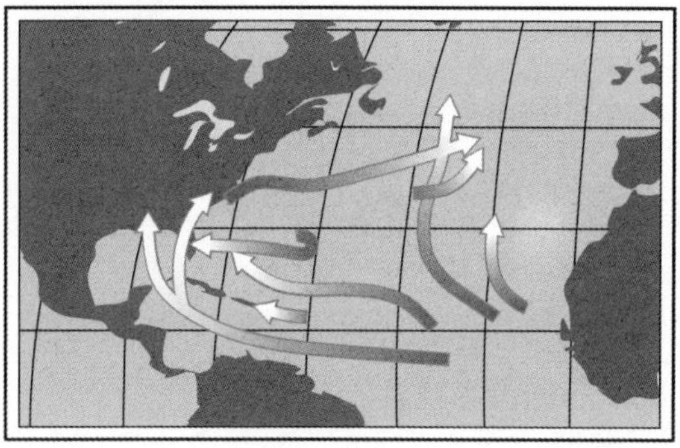

9. 上图显示了发生在2004年的大西洋飓风。为什么东北大西洋不会形成飓风？

10. 形成在大西洋的飓风会对北美产生什么影响？

11. 这些飓风最容易出现在什么时候？为什么？

12. 利用地貌学知识解释为什么美国中部会经历极冷的冬季和极热的夏季。

13. 岩床和岩脉有什么不同？

14. 西弗吉尼亚州有很多喀斯特地貌区。如果你是一位地质学家，请对此地做一个环境影响评价，讨论和权衡该地发展房地产的潜在价值。

阅读理解

伊比利亚地震

葡萄牙大地震是欧洲历史上的大型自然灾难之一。1755年，葡萄牙里氏8.7级的地震造成至少60 000人死亡，并导致了葡萄牙、西班牙以及摩洛哥沿岸的海啸。这次地震的成因仍然是个谜，因为科学家尚不清楚该地区的地质活动。与西班牙和葡萄牙所在的伊比利亚南部的板块边界相关的地质研究进展甚少。一个新的研究表明，这次地震可能是板块消减作用的结果，是由于大洋的岩石圈潜入大陆岩石圈之下造成的。研究同时表明，板块系统的持续活动可能还会导致该地区未来还有一次灾难性地震。最近的地震波图像和海洋探测显示，该区域的消减作用还在持续，它产生的压力会沿着构造板块边界不断积累，并最终诱发地震。

资料来源：Lovgren, S. Great Portugal quake may have a sequel, study says. *National Geographic News*. August 30, 2004.

15. 最近的图像显示，地震的诱因是什么？

A. 造山运动发生之后的分层

B. 该地消减作用引起的板块间的挤压力

C. 破坏海港的大型海啸

D. 该地区不为人知的地质活动

16. 为什么调查一个发生在很久之前的地震也很重要？

需要更多帮助？														
如果你回答错误……	1	2	3	4	5	6	7	8	9	10	11	12	13	14
请复习相应章节……	14.3	14.3	20.1	18.1	7.3	8.1	8.1	20.2	13.3	13.3	13.3	14.1	18.2	10.2

图书在版编目（ＣＩＰ）数据

科学发现者. 地球科学 : 第二版 : 2023修订版. 中册 / （美）弗朗西斯科・博雷罗等著 ; 段玉山等译. -- 杭州 : 浙江教育出版社, 2023.8（2024.10重印）
ISBN 978-7-5722-6271-5

Ⅰ. ①科… Ⅱ. ①弗… ②段… Ⅲ. ①地球科学一高中一教学参考资料 Ⅳ. ①G634

中国国家版本馆CIP数据核字(2023)第139272号

美国高中主流理科教材

科学发现者

第二版 2023修订版

地球科学

[美] 弗朗西斯科·博雷罗 等 著
段玉山 等 译 班武奇 郭剑峰 审校

地质学、环境与宇宙

Earth Science

Geology, the Environment and the Universe

下册

浙江教育出版社·杭州

图书在版编目（CIP）数据

科学发现者. 地球科学 第二版 2023修订版 下册 / (美) 弗朗西斯科·博雷罗等著 ; 段玉山等译. -- 杭州 : 浙江教育出版社, 2023.8（2024.10重印）
ISBN 978-7-5722-6271-5

Ⅰ. ①科… Ⅱ. ①弗… ②段… Ⅲ. ①地球科学—高中—教学参考资料 Ⅳ. ①G634

中国国家版本馆CIP数据核字(2023)第157511号

下册目录

第6单元 地质年代

第7单元
资源与环境

第8单元

地球之外

学习资源

第6单元

地质年代

单元内容

地球科学相关职业 古生物学家

这位古生物学家正在挖掘23 000年前死亡的猛犸象的残骸。古生物学家在野外花费了大量时间，他们利用化石来还原地球的历史。

第21章

化石和岩石记录

大概念 科学家们运用不同的方法来了解地球漫长的历史。

内容提要

起步实验

科学实验室

化石如何形成？

你在博物馆参观时是否曾看到一个巨大的霸王龙骨骼化石？骨骼或身体其他坚硬的部分被泥、沙或其他沉积物迅速掩埋后，它们从沉积物中吸收矿物，经过很长时间的石化作用，最后变成化石。化石为恐龙及其他远古生物的存在提供了证据。在本实验中，你将模拟化石的形成过程。

实验步骤

1. 阅读并遵守实验室安全守则。
2. 剪掉塑料牛奶瓶的顶部，倒入500 mL沙子。
3. 在沙子中间埋一块海绵。
4. 在一个500 mL的烧杯中倒入250 mL热水。
5. 量取100 mL食盐，将食盐倒入装有热水的烧杯，并用搅拌棒搅拌均匀。
6. 将盐水倒入装有沙子的牛奶瓶，把牛奶瓶放在阳光下晒5～7天，保证它不受其他因素干扰。
7. 挖出你的海绵化石。

实验分析

1. **描述** 在你的科学笔记中，描述海绵发生了什么情况。
2. **解释** 这个活动是如何模拟化石形成的？

折叠式学习卡

相对年龄与绝对年龄

根据下图所示，制作一张两格折纸，并用它来整理你学习相对年龄和绝对年龄过程中的笔记。

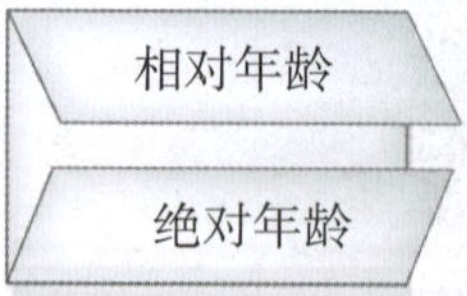

这块位于南达科他州荒地国家公园的土地曾被广阔的森林、沼泽和草地所覆盖。两千万年前，短吻鳄、骆驼和犀牛的祖先就在这里生活、繁衍。

第1节 岩石记录

主要概念 科学家通过梳理地质时间来讨论地球的历史。

核心问题

- 为什么科学家需要地质年代表?
- 如何划分宙、代、纪、世?
- 在地球历史上,不同代占据优势的植物或动物群落各是什么?

关键术语

地质年代表
宙
前寒武纪
代
纪
世
物种灭绝

地球科学在你身边 想象一下,如果没有将时间划分成月、周、天、时和分,和朋友约见面时间将是一件多么困难的事情。通过把地质时间编制成不同的时间单元,地质学家们就可以更方便地讨论地球历史上发生的事件。

时间整理

沿着科罗拉多大峡谷拾级而上,你会发现峡谷的谷壁是由彩色的岩层组成的,如**图21-1**所示。岩层,也称地层。有些岩层中包含化石,即古生物的残骸、遗迹。通过研究岩层的特征和它们所包含的化石,地质学家就可以追溯地球的历史,解释古环境。

为了方便分析地球上的岩石,地质学根据岩石中所含的化石将地球的历史划分为不同的时间单元。这些时间单元组成了**地质年代表**(**geologic time scale**),它是地球从46亿年前形成之初到现在的历史记录。从1795年第一个地质年代——侏罗纪被命名开始,对地质年代的补充和完善工作一直在进行。几个世纪以来,有一些时间单元始终保持不变,另外一些则随着科学家们认识的加深而得以修正。地质年代表如**图21-2**所示。

■ **图21-1** 科罗拉多大峡谷的岩层表明,它经历的地质时间跨度为20亿年左右。地质学家通过研究每一层的岩石及其包含的化石来了解不同地质时期的地球历史。

图解地质年代表

图 21-2 地质年代表开始于46亿年前地球形成的时候。地质学家用宙、代、纪、世来编制地质时间。在地质时间尺度上，每个宙包括若干个代，每个代可以分为若干个纪，每个纪又包括几个世。最近的世是全新世。

指出 *最近的纪、代、宙分别是什么？*

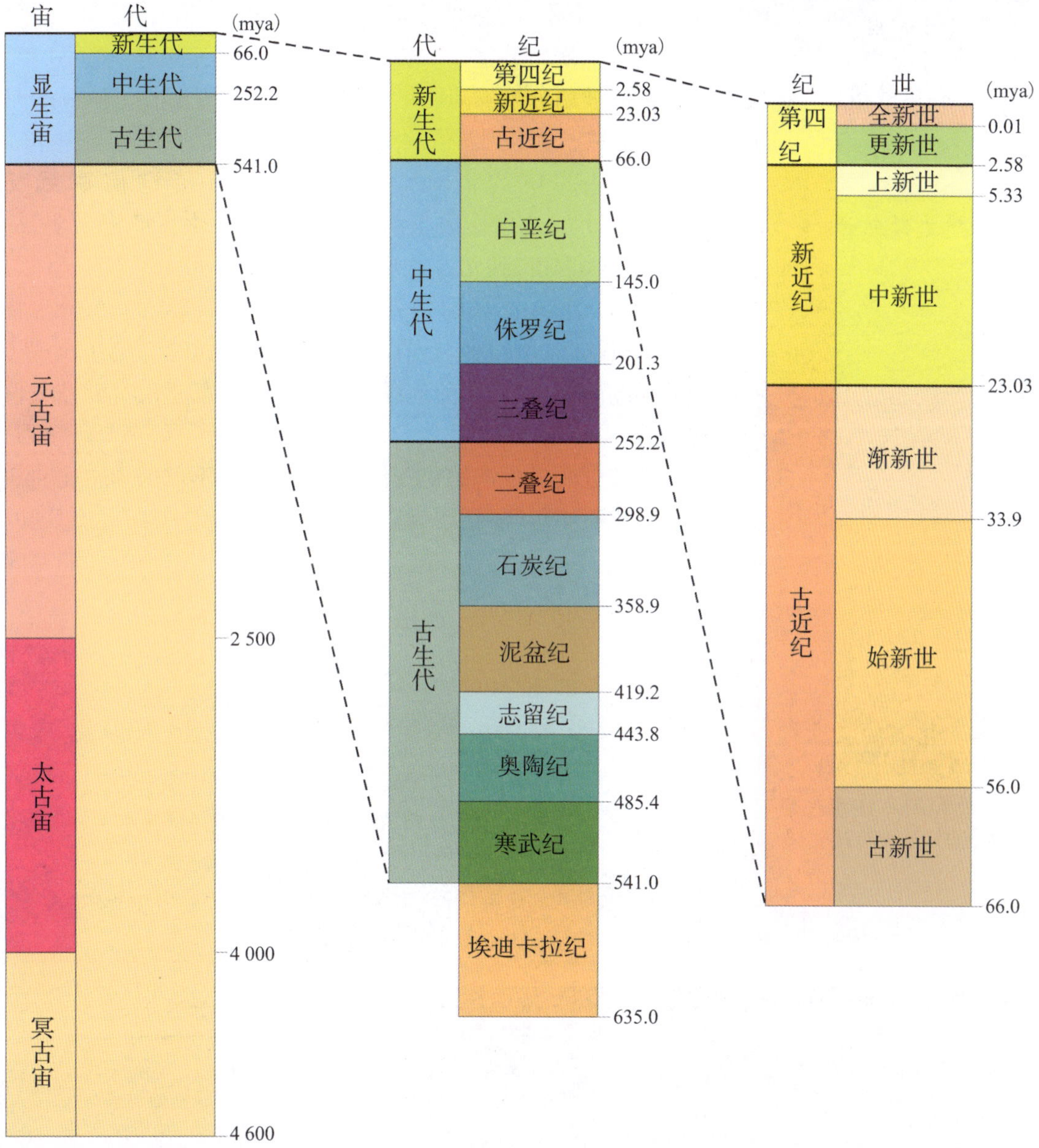

资料来源：国际地层委员会2018年公布的地质年代表。

■ **图 21-3** 这是一个保存完好的前寒武纪时期沉积岩中的化石。在该时期，地球上最初的复杂生命形式开始进化。

推断 *这种生物能否移动。*

地质年代表

地质年代表能使世界各地的科学家将保留在各地岩石记录中的地质事件、环境变化和生物演变相互联系起来。如**图 21-2** 所示，在地质年代表的最底部是最古老的年代单元，随着地质年代表逐阶向上移动，每一个年代单元都比它下面的更年轻。正如岩层一样，从岩层的底层往上看，岩层的年代越来越新。

☑ **读后自查** **说明** 科学家为什么需要地质年代表？

宙 地质年代被划分为不同的年代单位：宙、代、纪、世。**宙（eon）**是最长的年代单位。从老到新依次为冥古宙、太古宙、元古宙、显生宙。

三个较早的宙约占地球历史的 90%，俗称**前寒武纪（Precambrian）**。地球形成于前寒武纪时期。化石证据表明，简单生物出现于太古宙，到元古宙末期，生命开始进化，一些有机体可以用复杂的方式移动。如**图 21-3** 所示，这些化石中的大部分生物都是软体有机体，其中很多与现在的动物相像。这个时期还出现了地球上最早的硬体生物，此前地球上所有的生物都是没有骨骼或贝壳的软体动物。

发掘于最近的显生宙的化石保存得最好，这不仅因为它比前寒武纪的其他化石更年轻，还因为该时期的生物有易于保存的坚硬的身体结构。**图 21-4** 是发现一些重要的化石和测年技术发展的时间进度表。

■ **图 21-4 化石的发现和测年技术的发展**

化石的发现和测年技术改变了我们对地球生命的认识。

1857 年 采石场的一个工作人员发现了与现代人类相似的尼安德特人的骨骼化石。

1929 年 阿纳萨齐废墟成为利用树轮年代学测定的第一个史前遗址。

1796 年 运河勘测员威廉·史密斯根据独特的化石岩层绘制了第一张地层图。

18 世纪 20 年代 一个叫玛丽·安宁的木匠之女发现和辨识了众多的古生物化石，对古生物学界产生了极大的影响。

1909 年 在加拿大落基山脉发现的伯吉斯页岩中的化石，揭示了寒武纪时期大量繁衍的无脊椎动物的多样性。

代 所有的宙都由代组成,代是仅次于宙的年代单位。**代(era)**通常以1亿到10亿年来计。与其他时间单元一样,代是以岩石中发现的不同生物来划分的,代的名称就是根据这些生物的相对年龄来定义的。例如,在希腊语中,paleo意思是"古老的",meso意思是"中间的",ceno意思是"近代的",zoic表示"生命的",因此Paleozoic意思就是"古生代",Mesozoic意思就是"中生代",Cenozoic意思就是"新生代"。

■ **图21-5** 澳大利亚的埃迪卡拉山里首次发现了埃迪卡拉纪的典型化石,于是后来在世界各地发现的那个时期的化石都称为埃迪卡拉纪化石。

纪 所有的代都被划分为纪,**纪(period)**通常以几千万到几亿年来计,还有一些前寒武纪中的纪持续时间更长。有些纪是根据最早被发现、研究和描述的形成于那个时期的岩石或化石的地理区域来命名的,例如在元古宙末期的埃迪卡拉纪,就是因为澳大利亚的埃迪卡拉山而得名,如**图21-5**所示。该纪的典型化石在这里被发现。2004年,埃迪卡拉纪加入地质年代表。

世 世是比纪更小的地质年代单位。尽管**图21-2**只显示了新生代各个纪中世的划分情况,但地质时间上所有的纪都被划分为不同的世。**世(epoch)**通常以几百万到几千万年来计。新生代由于年代较近,这一部分的地球历史记录还没有经历长时间的风化和侵蚀,所以其岩石和沉积物保留得相对比较完整。新生代的各个世持续的时间相对较短,例如当前阶段的全新世,大约是从12 000年前开始的。

1946年 芝加哥大学的科学家表示,最近的有机物和手工艺品可以利用放射性碳来测定年龄。

1974年 在埃塞俄比亚北部发现了最完整的成年雌性非洲南方古猿,科学家将它取名为露西。

1993年 在西澳大利亚发现的化石证明,在35亿年前地球上就存在细菌。

2006年 中国研究者发掘的1.64亿年前的海狸化石表明,水栖哺乳动物可能与恐龙生活在同一时期。

1940 1970 2000

1987年 詹妮·克拉克带领一支远征队去格陵兰岛,在那里发现了3.6亿年前的动物化石,并从该化石中发现动物是先进化了腿,然后再到陆地上生活的。

2010年 科学家发现了已知的最古老的化石,一种生活在南澳大利亚的距今6.5亿年前的海绵状生物化石。

■ **图21-6** 全世界范围内发现的三叶虫都是古生代的节肢动物化石。在那个时期末，约95%的海洋生物在大灭绝事件中灭亡。

生物的演化

显生宙时期，多细胞生物开始出现。显生宙的化石很多，然而前寒武纪的化石相对来说就很少。显生宙(phanerozoic)在希腊语中的意思为“可见的生命”。在显生宙的第一个代——古生代，海洋中开始出现各种各样的生物。如**图21-6**所示，有一种小的节肢动物叫作三叶虫，它是地球历史上最早出现的硬壳动物。在古生代早期，三叶虫在海洋中占优势，然后陆生植物和陆生动物相继出现。沼泽为后来石炭纪的煤炭沉积提供了植物原料。古生代的结束以地球上最大的物种灭绝事件为标志。在**物种灭绝(mass extinction)**事件中，许多有机体在岩层记录中也同时消失。在古生代末期，约95%的海洋生物灭绝。

恐龙时代 古生代之后是以恐龙的出现著称的中生代，这个时期也出现了许多其他生物。大型食肉类爬行动物统治了海洋，与现代珊瑚密切相关的古珊瑚塑造了大型的珊瑚礁系统，两栖动物开始了在水中和陆地上的两栖生活，有一些大型的昆虫兴盛起来，哺乳动物进化并且开始出现多样性，开花植物和树木开始发展、进化。中生代的结束也是以大灭绝事件为标志，包括非鸟类恐龙和大型海洋生物在内的很多生物在这次事件中灭绝。

哺乳动物出现 中生代之后是新生代。在这一时期，哺乳动物在数量和种类上激增，人类的祖先——第一个灵长类动物出现在新生代的古新世，现代人类则出现在更新世。

第1节 本节回顾

要点梳理

- 科学家将地质时间划分为宙、代、纪、世。
- 科学家主要根据动植物化石来划分时间单元。
- 前寒武纪时期占据了近90%的地质时间。
- 地质年代表随着科学家对地球认识的逐渐加深而不断修正。

要点理解

1. 主要 概念 **解释**地质年代表的用途。
2. **辨别** 利用具体的例子区分宙、代、纪、世。
3. **描述**物种灭绝事件对于地质学家的重要性。
4. **解释** 为什么科学家对新生代的了解比其他代更多？

批判性思维

5. **讨论** 为什么科学家对于前寒武纪的了解甚少？

地学计算

6. 制作一个柱状图，比较显生宙各个代跨越时间的相对百分比。若需更多帮助，请参考*技能手册*。

第2节 岩石的相对年龄测定

主要概念 科学家运用地质法则来研究地质事件出现的先后顺序。

核心问题

- 均变论是怎么定义的？它对地质学有什么重要意义？
- 什么地质法则可以用于解释岩石的年代序列和测定岩石的相对年龄？
- 地层不整合的类型有哪些？如何区分它们？
- 科学家是如何利用相关性了解一个区域的历史的？

关键术语

均变论
相对年龄测定
原始水平层理
叠加
互切关系
包裹体法则
不整合
相关性
标志层

地球科学在你身边

如果要你将下列事件按照先后顺序排列，你会怎么做？去学校，起床，穿衣服，吃中午饭。或许你会参考自己以前的经验来排序。科学家们同样也会利用过去的信息将事件按可能出现的时间顺序排序。

解读地质学

地球的历史可以追溯到数十亿年前，但科学家们对地球的年龄有不同的看法。早期，人们对地球年龄的认识主要根据一个人能理解的生命的时间跨度。随着人们开始使用科学的方法探索地球和地球演化过程，早年一些关于地球年龄的观点逐渐被新的观点替代。生活在18世纪末期的苏格兰地质学家詹姆士·赫顿，是第一批认为地球的年龄很古老的科学家之一。他尝试利用持续改变地表特征的力量，如侵蚀和海平面变化，来解释地球的时间尺度。他的工作也推进了地质年代表的研究和发展。

均变论 **均变论**(uniformitarianism)是赫顿的理论基础。均变论认为，目前发生的一切地质过程从地球形成之初就一直存在了，只是在速度、强度和规模上有所改变。比如，当你站在海边看波浪向岸边推进时，你看到的是自海洋形成以来就一直存在的过程。冲击侏罗纪海岸和现代海岸的波浪都是一样的。如**图21-7**所示的照片拍摄于俄勒冈州的一个海滩上，这个海滩的样子可能与侏罗纪时期的海滩十分相似。

■ **图21-7** 侏罗纪时期的海滩可能与图中的这个沙滩十分相似。形成海滩的地质过程是不会发生变化的。

■ **图 21-8** 大峡谷的水平岩层是沉积物经过上百万年的沉积形成的。原始水平层理原则表明，底部的倾斜岩层是水平岩层在地质作用下形成的。

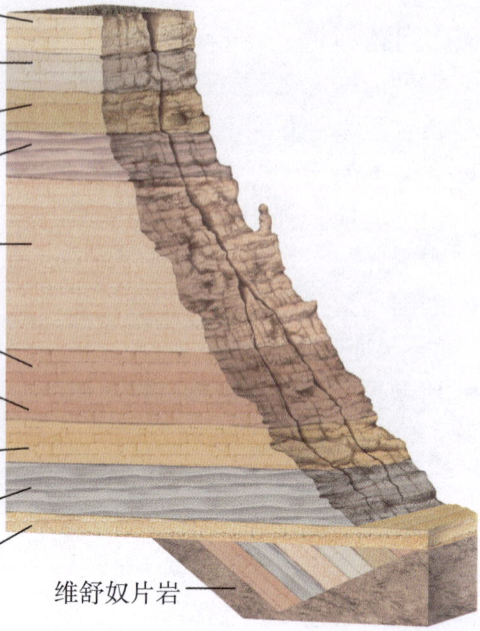

确定相对年龄的地质法则

折叠式学习卡

将本节信息整合到你的折叠式学习卡中。

科学家通过研究现在来了解地球过去的历史。他们利用一种叫**相对年龄测定**(**relative age dating**)的方法来研究地质事件发生的顺序。虽然这种方法并不能帮助科学家明确事件具体发生在多少年前，但它能让科学家比较清楚地了解地球历史上的地质事件发生的相对顺序。科学家用来确定相对年龄的方法或原则包括：原始水平层理、叠加、互切关系和包裹体法则。

原始水平层理 **原始水平层理**(**original horizontality**)表明，沉积岩形成时的原始层理是水平或接近水平状态的。这个现象可以在大峡谷的岩壁上看到，如**图 21-8** 所示。同样，海滩上的沉积物也是水平层理沉积，所以海滩上的沙层基本上是水平的。也就是说，在重力、风力和水的作用下，沙层均匀分布。

叠加 利用相对年龄测定，地质学家可能无法确定大峡谷中大多数岩层的实际年龄，但是他们能够断定最老的岩层堆积在最下面，自下而上每一层的年龄逐渐变小。这样，他们可以推断大峡谷顶部的凯巴灰岩比底部的维舒奴片岩年轻得多，这是**叠加**(**superposition**)法则的应用。叠加法则是说，在未受干扰的岩石序列中，最古老的岩层在底部，上层的岩石都比下层岩石更年轻。

互切关系 暴露在大峡谷最深处的岩石大多是火成岩或变质岩。大峡谷底部的维舒奴片岩中有侵入的花岗岩岩脉，如**图21–9**所示。我们已经学习过，侵入体是在岩浆侵入、凝固过程中形成的。**互切关系**（**cross-cutting relationship**）表明，侵入体比它们切入的岩层年龄小。因此，大峡谷的花岗岩比它侵入的片岩年龄小。

互切关系也可以应用在断层上，断层是地球内部的断裂，地壳运动沿着断层发生。在地震多发地区，如加利福尼亚，或在古老的山地，如纽约的阿迪伦达克山，两地都有很多断层存在。断层要比其周围的地层更年轻。

包裹体 我们还能够通过上覆岩层中包含的下层岩石的碎屑来确定岩层的相对年龄。这种情况通常出现在一个出露的岩层被侵蚀或它表层的一些松散物质被上层岩石包裹后。**包裹体法则**（**principle of inclusion**）表明，岩层中的这种叫作包裹体的碎屑一定比包含它们的岩层年龄更老。

我们已经学过，一旦岩石被侵蚀，产生的沉积物可以被搬到几千米之外的地方再次沉积。这样，形成于三叠纪的岩石可能包含属于寒武纪的包裹体。包裹体还可以由岩浆流捕捉到周围的岩石碎屑组成。

■ **图21–9** 根据互切关系法则，火成侵入岩比它切入的片岩更年轻。

推断 *火成侵入岩是如何形成的？*

迷你实验

科学实验室

确定相对年龄

如何确定相对年龄？ 科学家们利用地质法则来确定岩层的相对年龄。

实验步骤

1. 阅读并遵守实验室安全守则。
2. 画一幅包括4个岩层的出露岩层示意图，并按顺序将岩层标上1～4。
3. 画出穿过岩层1～3的垂直侵入岩。
4. 在示意图的左下角标上*X*，右上角标*Y*。
5. 将纸沿着*XY*对角线裁开，并将左半边沿剪裁线移动1.5 cm。

实验分析

1. **描述** 用什么法则可以确定图中岩层的相对年龄？
2. **解释** 如何用互切关系法则解释侵入岩的相对年龄？
3. **推断** *XY*之间的直线代表什么？直线*XY*比周围岩层的年龄更老还是更年轻？

■ **图 21–10**　不整合是分隔两个在不同时期沉积的岩层的侵蚀面。不整合的三种类型如下图所示。

平行不整合

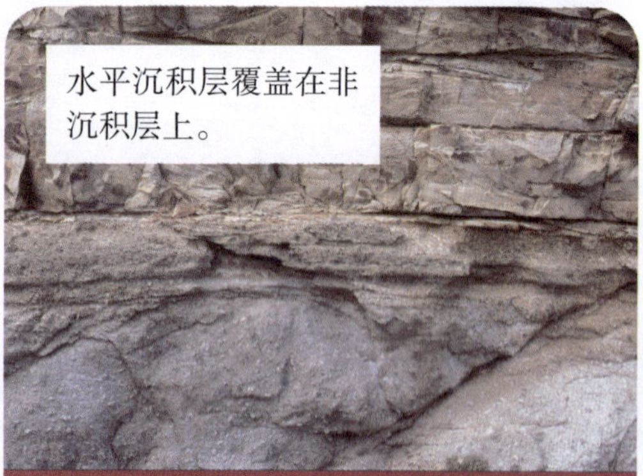

非整合

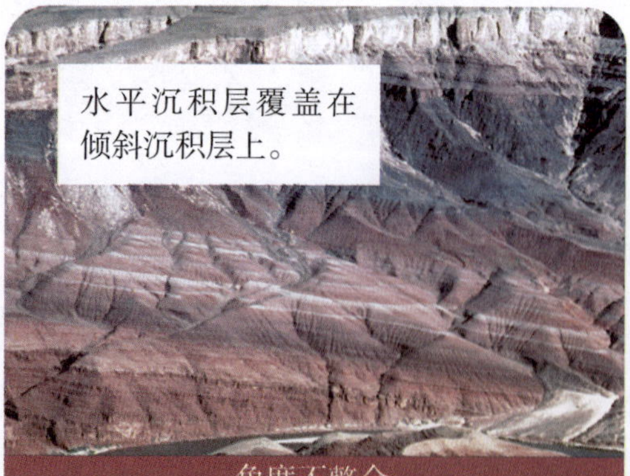

角度不整合

不整合　地球由于风化、侵蚀、地震和火山等过程而处在不断变化之中，自然界中很难发现未受到干扰的岩层序列。有时，过去的时间或时间信息会全部丢失。例如，如果记录火山喷发的岩石被侵蚀，那么该事件的记录也就丢失了。另外，如果某个被侵蚀的表面后来被新的沉积层覆盖，这种被覆盖的侵蚀面导致了岩石记录的断代，这种埋藏的侵蚀面叫作地层**不整合**（**unconformity**）。通常来说，不整合面以上的岩层比不整合面以下的岩层年轻。科学家们将不整合面分为三种不同类型，如**图 21–10** 所示。

平行不整合　如果水平沉积岩覆盖在已经被侵蚀的水平沉积岩上，这种不整合叫作**平行不整合**（**disconformity**）。侵蚀面不平坦时，平行不整合很容易被发现；当侵蚀面很光滑时，平行不整合就很难被发现。

非整合　如果沉积岩覆盖在非沉积岩，如花岗岩或大理石之上，侵蚀面很容易被发现，这种侵蚀面称为**非整合**（**nonconformity**）。花岗岩和大理岩在地球深处形成，被抬升到地表之后受到侵蚀，在顶部形成了新的沉积层，非整合就表示这种岩石记录上的断代。

☑ **读后自查**　**区分**平行不整合和非整合。

角度不整合　在造山运动或其他包括挤压在内的地质事件发生时，水平沉积岩会被抬升或发生倾斜。在这个过程中，岩层受到风化和侵蚀作用的影响。此后当沉积作用恢复时，新的水平岩层会覆盖在倾斜的侵蚀岩层上，这种类型的不整合称作**角度不整合**（**angular unconformity**）。角度不整合反映了岩层被压缩和侵蚀的复杂历史。

相关性 凯巴灰岩层发现于美国亚利桑那州的大峡谷的顶层，同样也发现于100 km以外犹他州的锡安山国家公园底部。地质学家如何确定这些相距很远的同类岩层？一种方法是根据相关性法则。**相关性（correlation）**法则是指一个地质区域出露的岩层或化石与另一个地质区域出露的岩层或化石相匹配的法则。通过许多不同岩层的相关性研究，地质学家已经确定锡安山国家公园、布赖斯大峡谷和美国大峡谷都是大阶梯序列的一部分，如**图21-11**所示。

标志层 在陨石撞击、火山爆发或其他短期事件的作用下，会有一些特殊的岩层沉积在十分广阔的地质区域。例如1980年圣海伦斯火山爆发，大量火山灰散布到美国很多州和加拿大的部分地区。因为这些含火山灰的岩层很容易识别，当它们出露地表时，可以帮助地质学家将不同地质区域的岩石的形成过程联系起来。这种能作为标志的岩层或沉积层叫作**标志层（key bed）**。利用叠加法则，地质学家知道了标志层上面的岩层比下面的岩层更年轻。

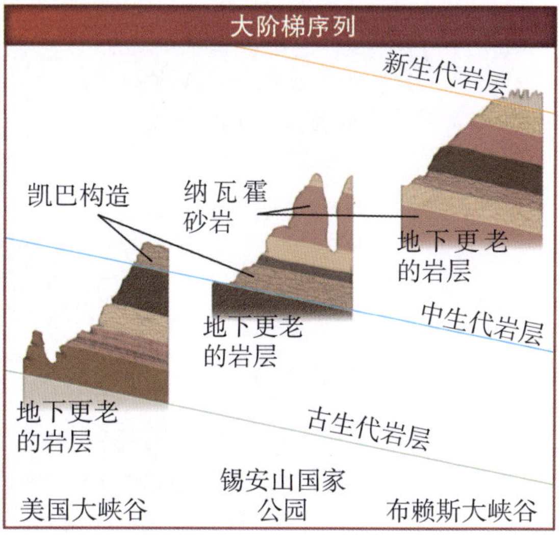

■ **图21-11** 美国大峡谷顶部的岩层与锡安山国家公园底部的岩层一样，而锡安山顶部的岩层与布赖斯大峡谷底部的岩层一样。

推断 *埋藏在锡安山凯巴岩层下面的岩层组成。*

技能实验

科学实验室

图表解读

如何解释岩层的相对年龄？ 右图给出了一组岩石序列。地质学家利用确定相对年龄的地质法则来排列这些岩层形成的顺序。

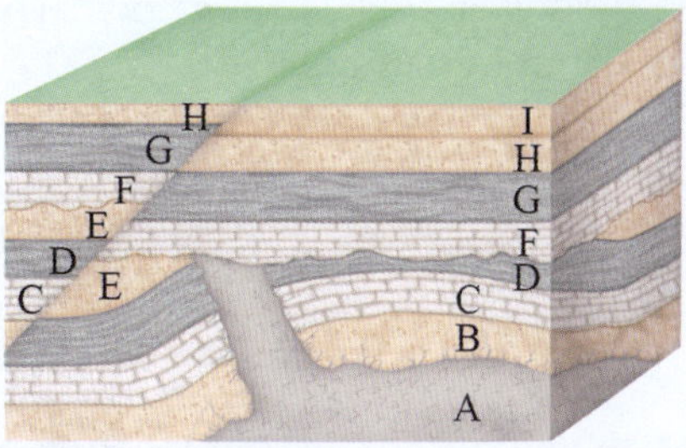

实验分析

1. **指出**任何两个岩层之间存在的一种不整合类型，并证明你的答案。
2. **解读** 图中哪个岩层最老？
3. **推断** 哪里能发现包裹体？请解释原因。
4. **对比与比对** 图中左边的岩层和右边的岩层为什么不匹配？

批判性思维

5. **应用** 图中的岩脉和发生褶皱的岩层哪一个更年轻？你是用哪个地质法则确定答案的？
6. **解释** 为什么左侧没有岩层Ⅰ？

■ **图 21-12** 一个地区岩层中的化石与另一个地区岩层中的化石具有相关性，这表明这些岩层沉积于一个大致相同的时期。

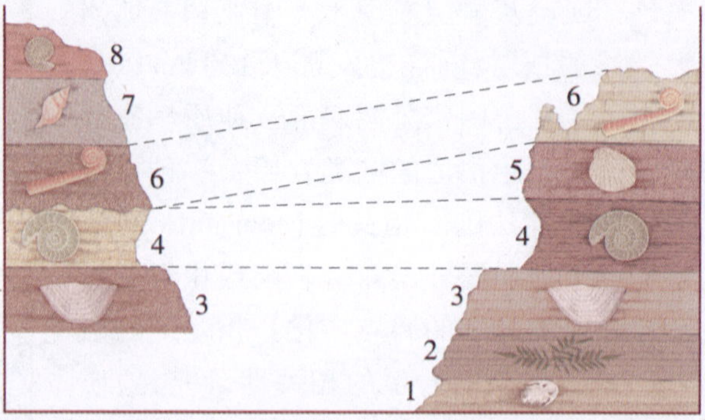

化石相关性

地质学家还可以利用化石将不同地区的岩石的形成过程联系起来。如**图 21-12** 所示，生活在同一时期的生物化石可以将很大区域范围内的岩层联系起来。尽管沉积物的组成，甚至最后形成的岩石可能完全不同，但是化石能够表明这些沉积作用发生在相近的时期。

化石和岩层的相关性不仅可以帮助确定岩石序列的相对年龄，还能帮助地质学家了解大区域范围内的历史。石油地质学家还利用相关性法则来探测石油和天然气资源。例如，如果一个地区的砂岩层中含有石油，那么在另一个地区同样的岩层中很可能也含有石油。相关性法则在很大程度上也帮助地质学家完善了地质年代表。

地球科学相关职业

石油地质学家利用地质法则来寻找岩层中的石油或天然气资源。

第 2 节 本节回顾

要点梳理

- 均变论认为，目前发生的一切自然过程从地球形成之初就存在了。
- 科学家利用地质法则来确定岩石序列的相对年龄。
- 岩层不整合表示岩石记录的断代。
- 地质学家利用相关性法则来比较不同地理区域的岩层。

要点理解

1. 主要概念 **总结**地质学家用来确定岩石相对年龄的地质法则。
2. **制作表格** 用图表对比与比对三种不整合。
3. **解释** 地质学家如何利用化石来确定一个大范围地区的岩层的相对年龄？
4. **讨论** 煤层如何作为标志层？
5. **应用** 解释均变论法则如何帮助地质学家确定特定火成岩岩浆的来源。

批判性思维

6. **提议** 解释地质学家会如何验证以下假设：一个采石场的岩石和另外一个 50 km 之外的采石场的岩石形成于相同时期。

地学写作

7. 写一段话解释某次事件，例如一次大型台风，是如何形成标志层的。在你所写的这段话中应用一个具体的实例。

第3节 岩石的绝对年龄测定

主要概念 放射性衰变和特定的几种沉积物可以帮助科学家测定许多岩石的年龄。

核心问题

- 绝对年龄和相对年龄有什么区别?
- 如何用某些特定的放射性元素测定岩石及其他物体的年龄?
- 科学家们如何利用特定的非放射性物质测定地质事件?

关键术语

绝对年龄测定
放射性衰变
放射性测年
半衰期
放射性碳测年
树轮年代学
纹泥

地球科学在你身边 如果电视节目预告里只列出电视节目的顺序而没有列出播放时间,那么你就不知道你想看的节目在什么时候开始。同样,科学家们认为知道事件发生的确切时间是十分有用的。

放射性同位素

我们已经学过,相对年龄测定是根据岩石中观察到的地层顺序来比较过去的地质事件的年龄的方法。相反,**绝对年龄测定**(**absolute-age dating**)使科学家们能够确定岩石、化石或其他物体的真实年龄。科学家们发明了用放射性同位素的衰变速度来测定古老的物体年龄的方法。这些同位素存在于火成岩、变质岩以及保存生物遗体或遗迹的沉积岩中。

放射性衰变 放射性同位素以恒定的速度从原子核内部释放出粒子。在这一过程中,放射性原子中质子数目随着每一次释放而改变,从而使一种元素转变为另一种元素。原始的放射性元素被称为"父元素",新元素被称为"子元素"。例如,经过一定的时间,铀的放射性同位素U-238会衰变为铅的同位素Pb-206,如**图21-13**所示。最终,当足够多的父元素衰变后,父元素变得无法测定,只能测定子元素。放射性元素随时间转变为其他元素的现象叫作**放射性衰变**(**radioactive decay**)。一旦这些原子开始衰变,不论压力、温度或任何其他物理变化都不会改变放射速度,所以科学家们可以利用放射性同位素来确定岩石或一个地质事件的绝对年龄。

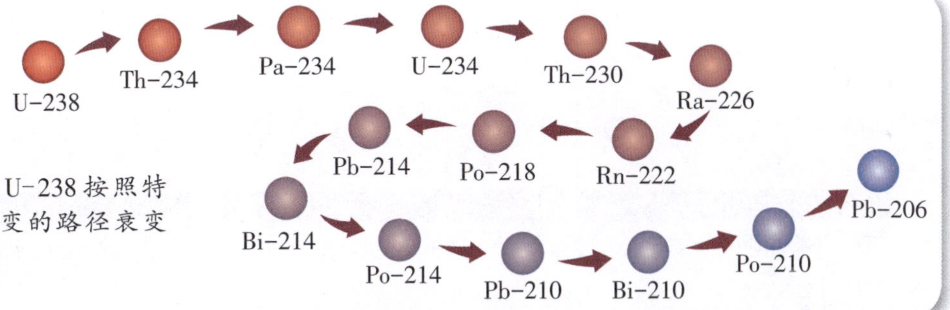

图21-13 U-238按照特定的、恒定不变的路径衰变为Pb-206。

■ **图 21–14** 衰变过程中，随着父元素数量的减少，子元素以相同的数量增加。

解读 *在一个有50%父元素的样品中，子元素的比例是多少？*

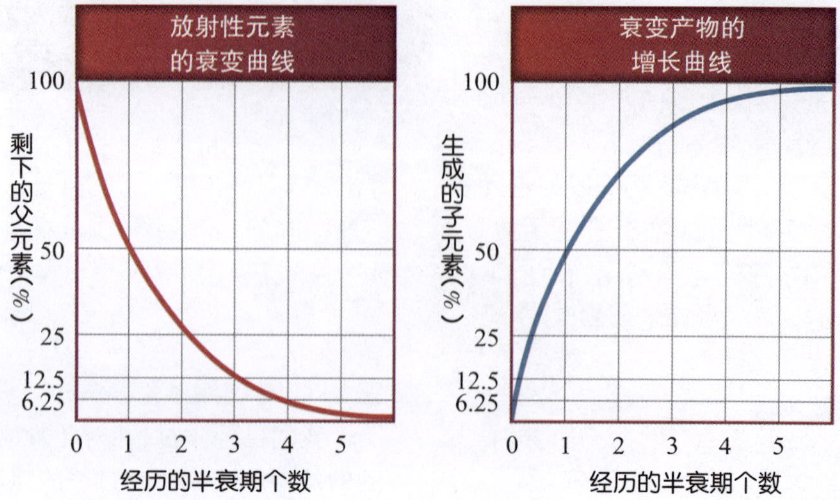

放射性测年

在放射性衰变过程中，父元素数目减少，子元素数目增加，如**图 21–14** 所示。利用矿物中的父元素和子元素的比例，可以推断矿物的绝对年龄。例如，通过测定火成岩矿物中的这个比例，科学家得到了岩浆第一次结晶成该矿物的时间。当科学家利用放射性同位素测定一个物体的年龄时，他们使用的是一种叫作**放射性测年**(**radiometric dating**)的方法。

半衰期 由于一种同位素的完全衰变通常需要很长的时间，科学家只需要用初始量衰变一半来计算，这个时间称为**半衰期**(**half-life**)。一个半衰期之后，父元素还有50%，父元素和子元素的比例是1:1。两个半衰期之后，上次保留的50%的父元素还剩一半，25%的父元素和75%的子元素形成了1:3的比例。这个过程如**图 21–15** 所示。

■ **图 21–15** 经过一个半衰期之后，一个样品中有50%的父元素和50%的子元素。经过两个半衰期后，变为25%的父元素和75%的子元素。

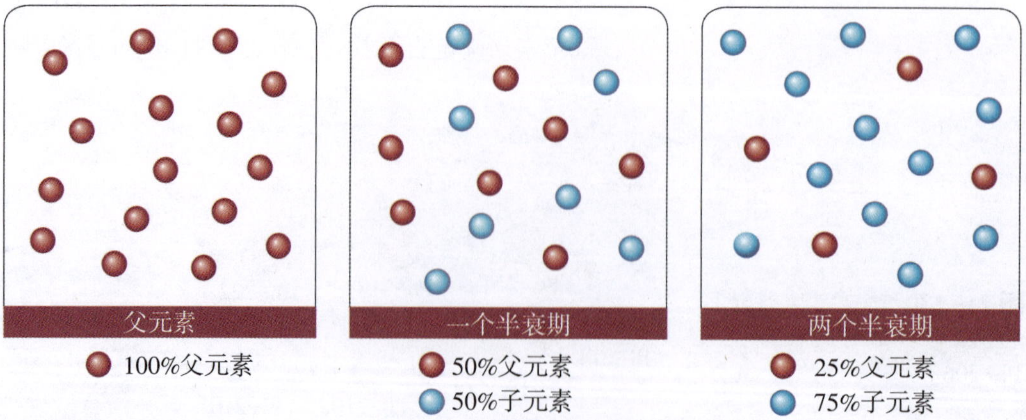

表 21-1 部分放射性同位素的半衰期

放射性同位素	大致半衰期	衰变产物
铷-87(Rb-87)	488亿年	锶-87(Sr-87)
钍-232(Th-232)	140亿年	铅-208(Pb-208)
铀-238(U-238)	45亿年	铅-206(Pb-206)
钾-40(K-40)	13亿年	氩-40(Ar-40)
铀-235(U-235)	7亿年	铅-207(Pb-207)
碳-14(C-14)	5 730年	氮-14(N-14)

岩石测年 为了使用放射性测年法测定火成岩或变质岩的年龄,科学家们会测定组成岩石的矿物中父元素和子元素的比例。**表 21-1** 列举了他们可能使用的一些放射性同位素。我们要根据被测岩石的大致年龄来选取最合适的同位素。例如,科学家们可能会用半衰期为7亿年的铀-235来给年龄几千万年的岩石测年。如果要给年龄几亿年的岩石测年,那么科学家们可能会使用半衰期更长的铀-238。如果用一种半衰期较短的同位素给一块年龄非常古老的岩石测年,可能会出现因为父元素和子元素的比例太小而无法测量的情况。

我们已经学过,沉积岩中的矿物是之前就已经形成的,所以放射性测年法在测定沉积岩年龄时并不适用。**图 21-16** 向我们展示了地质学家如何通过测定沉积岩岩层之间的火成岩的年龄,来了解沉积岩岩层的大致年龄。

☑ **读后自查** **解释** 为什么放射性测年法不能用于测定沉积岩的年龄?

放射性碳测年 你可能已经注意到,**表 21-1** 中碳-14的半衰期比其他同位素更短。这种同位素特别适用于有机体年龄的测定,如琥珀、骨骼、木炭等。科学家用碳-14测定含有大量碳元素的有机体年龄的方法叫作**放射性碳测年**(**radiocarbon dating**)。

包括人类在内的所有生物体中,都含有少量碳-14。在生物体的一生中,碳-14不断衰变,但是通过呼吸作用又不断增加。当生物体死亡之后,碳-14不再增加,一段时间之后,碳-14大量减少。科学家们可以通过测量有机物中碳-14的含量来确定生物体死亡的时间,但这种方法只适用于6万年以内的地质事件。

■ **图 21-16** 科学家们通过测定沉积岩夹层中的火成岩或火山灰,来确定沉积岩的年龄。

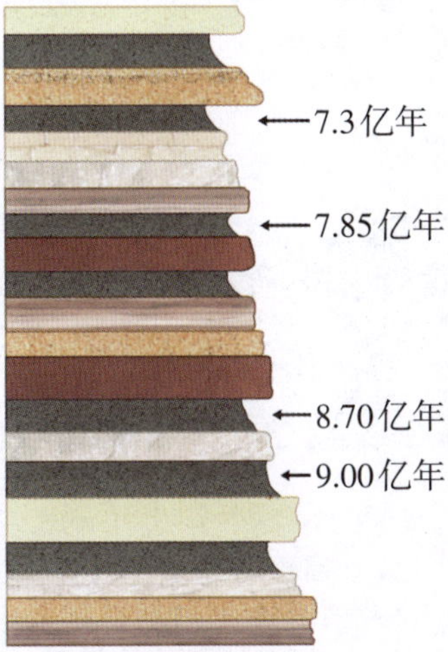

火山灰的放射性测年结果

绝对年龄的其他测定方法

放射性测年是地质学家测定地质年龄的一种常规方法，此外，年轮、冰芯、湖底和海底沉积物也可以帮助地质学家确定物体或事件的年龄。

树轮 在树干的截面上，有一圈圈的年轮。年轮在增加的过程中，记录了许多信息，树干中的这些年轮叫作树轮。树木每一个生长轮包含早材带和晚材带两部分。树轮的宽度与它生长期的气候条件有直接关系。例如，降水充足的年份，树木生长得快，树轮较宽；雨水稀少的年份，树轮则很窄。在相同的时间跨度内，同一地质区域的树木有相似的年轮模式。如**图21–17**所示，通过比较这些树的树轮，科学家们确定了时间跨度超过一万年的树轮年表。

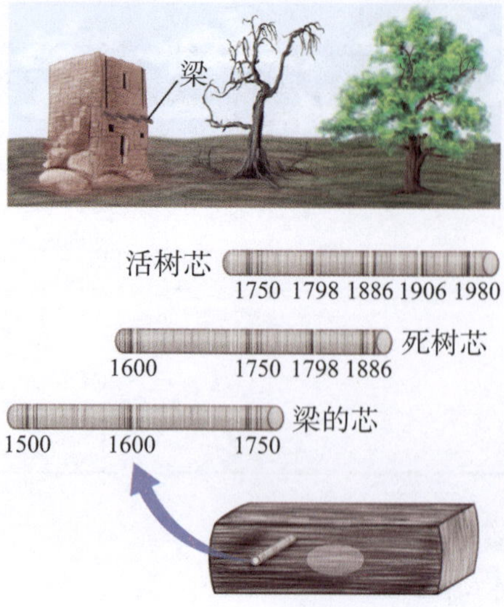

■ **图21–17** 通过比较不同树木样品，包括死的树木和活的树木的年轮，可以确定树轮年表。利用树轮来测定绝对年龄的科学叫作树轮年代学。

计算 *这个树轮年表中表示的年数。*

☑ **读后自查** **描述** 树轮如何体现过去的环境条件？

利用树轮来确定绝对年龄的科学叫作**树轮年代学**(**dendrochronology**)，它已经帮助地质学家确定了近代几起与树木倾倒有关的地质事件的时间，这些地质事件包括火山、地震和冰川作用。树轮年代学在考古方面也十分有用。美国科罗拉多的梅沙尔地国家公园里建造的阿纳萨齐村庄的木椽的年龄就是考古学家用树轮年代学确定的。同样，树轮年代学也为地质学家证实放射性碳的测量结果提供了一个可靠的佐证。

冰芯 冰芯和树轮类似，也包含了过去环境的记录，从冰芯的冰雪沉积层中可以看出每年温度和大气成分的信息。夏天的冰与冬天的冰相比，气泡更多，晶体也更大。地质学家利用**冰芯年代学**(**ice-core chronology**)研究地质历史上的冰期旋回。科罗拉多的国家冰芯实验室是世界上少数几个保存有数千米长冰芯的机构之一，如**图21–18**所示。因为冰芯中包含了过去环境的信息，所以科学家们常用它来研究气候变化。

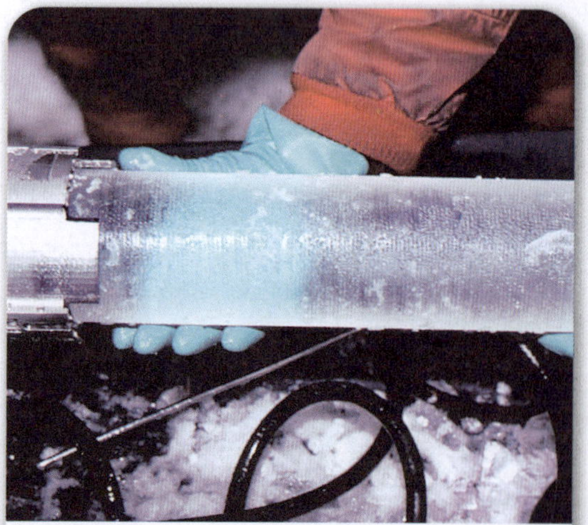

■ **图21–18** 冰芯储藏在一些特定的地方，如图中这个位于科罗拉多州丹佛市的机构。科学家们通过测定冰芯中冰川沉积物的年龄来研究古气候。

■ **图21-19** 纹泥中沉积物的交错条带能帮助科学家测定冰湖沉积物的年龄。

纹泥 颜色深浅交错的砂、黏土和淤泥的混合条带，叫作**纹泥**(**varve**)。纹泥代表了沉积物的季节性沉积，通常发生在湖底。夏季，通常是有机物的砂级颗粒沉积，所以条带较厚、颜色较浅，而冬季沉积物的条带则相对较薄、颜色较深。如**图21-19**所示，纹泥是典型的冰川附近湖底沉积。夏季，冰雪融水带来大量泥沙沉积物，而冬季则几乎没有沉积。利用纹泥，科学家们能够测定12万年左右的冰期沉积旋回。

第3节 本节回顾

要点梳理

- 绝对年龄测定技术帮助地质学家确定地质事件发生的时间。
- 某种放射性元素的衰变比例可以用于计算地质时间。
- 树轮、冰芯和沉积物都可以用来测定近代地质事件发生的时间。

要点理解

1. 主要概念 **指出**相对年龄测定和绝对年龄测定的不同点。
2. **解释** 为什么利用放射性元素衰变测年比相对年龄测年更精确?
3. **对比与比对**在绝对年龄测定中，铀-238和碳-14的使用方法。
4. **描述**纹泥对于研究冰湖沉积物的地质学家的意义。
5. **讨论**均变论和绝对年龄测定之间的联系。

批判性思维

6. **提议** 为什么科学家可能选择两种不同的方法来测定被冰川撞倒的树木的年龄?科学家们可能会使用哪些方法?

地学计算

7. 一个岩石样品中包含25%的钾-40和75%的衰变产物氩-40。如果钾-40的半衰期是13亿年，计算该岩石的年龄。

第4节 化石遗迹

主要概念 化石为科学家提供了地球上生命历史的记录。

核心问题

- 化石保存的方式有哪些？
- 科学家们是如何利用标准化石的？
- 如何利用化石解释地球过去的自然环境和历史？

关键术语

生物进化
实体化石
硬体化石
矿物交代
印模
铸型
遗迹化石
标准化石

地球科学在你身边 想一想你上次出去旅游或因其他原因买的纪念品。当你去一个新的地方或者见到一些新的事物，你可能会买一些带有当时当地特色的纪念品。和纪念品一样，化石也是一种过去的记录。

化石记录

化石是地球上曾经生活过的动植物的遗体或遗迹。虽然过去生存过的大多数生物都已经灭绝了，但是化石可以为我们提供多种生物存在的证据，而且化石还记录了不同物种进化的证据。**生物进化**（**evolution**）是指物种随着时间发展、演变的过程。

当地质学家在岩石中发现化石，他们知道这些岩石和化石的年龄大致相同，继而可以推断在别处发现的同种化石年龄也相似。有些化石，如**图21-20**所示的放射虫微化石，也能够提供过去环境和气候的信息。放射虫是寒武纪时期就生活在海洋里的单细胞硬壳生物。这些生物死后，壳大量沉积在海底，形成放射虫软泥。

石油地质学家可以利用放射虫和其他微化石来确定可能存在石油的岩石的年龄和种类。微化石还可以用来推断岩石是否曾受到形成石油和天然气必需的温度和压力。**图21-20**这些直径不超过1 mm的放射虫微化石，为地质学家研究古海洋环境提供了依据。图示为处理过的色彩增强扫描电子显微镜图片。

图21-20 这些直径不超过1 mm的放射虫微化石，为地质学家研究古海洋环境提供了依据。图示为色彩增强处理过的扫描电子显微镜图片。

实体化石 **实体化石**(**original preservation**)是指动植物的有机体死亡后,其硬体和软体比较完整地保存下来而无显著变化的化石。这种化石非常罕见,因为它们的保存需要在冰冻、干旱或无氧环境等特殊条件下。例如,美国加利福尼亚州拉布雷亚沥青坑的软泥中保存的猛犸象的软体部分,阿拉斯加州的由沼泽形成的永冻土内埋藏的1万年以前的植物的木质部分,还有史前树木分泌的树液硬化形成的琥珀中包着的昆虫化石,如**图21-21**所示。当动植物的遗体被风干成木乃伊时,它们的软体部分也能保留下来。

图21-21 这只昆虫被困在树液中有几百万年了。

原始保存的化石有的会很古老。例如,2005年,一个来自美国北卡罗来纳州的科学家在蒙塔纳州发现了7 000万年前的恐龙骨架的软体组织。而后,科学家在其他恐龙的骨架化石中也发现了保存着的组织。

读后自查 **解释**实体化石稀少的原因。

硬体化石 动植物遗体中的有机物很快流失,随着时间流逝而保留下来的硬体部分,如外壳、骨骼或细胞壁等,形成的化石叫作**硬体化石**(**altered hard part**)。这些是自然界中最普遍存在的化石种类,形成硬体化石的两个主要过程如下。

矿物交代 在**矿物交代**(**mineral replacement**)过程中,有机体硬体部分的空隙被地下水中的矿物填满。地下水中的其他矿物会逐渐替代硬体部分的原始矿物。例如,SiO_2能逐渐替代外壳中的$CaCO_3$。被火山灰掩埋的树木也会发生矿物替代。随着时间的流逝,火山灰溶解后的矿物慢慢渗入树木的微小空隙中,形成如**图21-22**所示的硅化木化石。

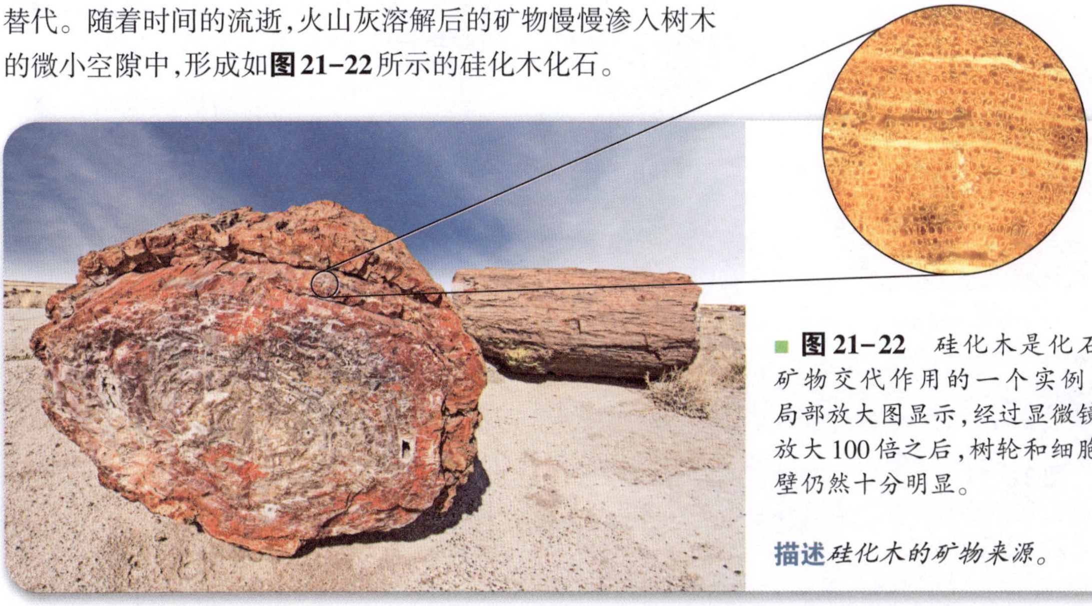

图21-22 硅化木是化石矿物交代作用的一个实例。局部放大图显示,经过显微镜放大100倍之后,树轮和细胞壁仍然十分明显。

描述硅化木的矿物来源。

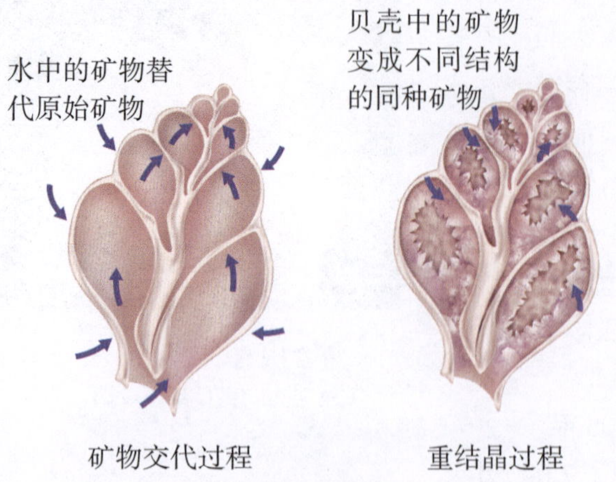

■ **图21-23** 在矿物交代过程中，被掩埋硬体中的原始矿物被地下水中的其他矿物替代。而在重结晶过程中，温度和压力改变了硬体原始矿物的晶体结构。

解释 *在重结晶过程中，贝壳的内部结构为什么会发生改变？*

重结晶 另一个硬体部分改变和保存的过程是**重结晶（recrystallization）**。当被掩埋的硬体部分承受的温度和压力发生变化时，就发生了重结晶过程。矿物交代作用中，硬体中的原始矿物被水中的其他矿物替代，而重结晶过程中，原始矿物转变成一种新的矿物。例如，蜗牛壳由霰石（$CaCO_3$）组成，经过重结晶过程，霰石内部结构发生变化，变成石灰岩或白垩岩的基础材料——方解石。尽管方解石和霰石的组成物质相同（$CaCO_3$），但方解石的晶体结构比霰石更稳定。**图21-23**说明了矿物交代作用和重结晶过程的差异。

☑ **读后自查** **对比与比对**重结晶过程和矿物交代过程。

印模和铸型 一些化石中不含任何有机体的原始矿物或替代后的矿物，这些化石可能是印模和铸型。沉积岩中的有机体外壳，如贝壳，被风化或侵蚀时，在围岩与外壳的接触面上留下凹陷的印痕，这样就形成了**印模（mold）**。这个空穴随后可能被其他物质填充，形成贝壳的**铸型（cast）**。如**图21-24**所示是一种典型的印模和铸型，叫作菊石。

遗迹化石 古生物的间接证据叫作**遗迹化石（trace fossil）**，包括蠕虫的踪迹、脚印和掘穴等。遗迹化石能够提供有机体怎样生活、怎样移动或者怎样觅食的信息。例如，恐龙的踪迹能够为科学家提供有关恐龙的大小和行走特征的线索。其他的遗迹化石还包括胃石——恐龙的胃中含有帮助它们消化和磨碎食物的光滑球形石块，粪化石——动物的固体排泄物的遗迹。通过研究粪化石的成分，科学家们能够了解动物的饮食习性。

■ **图21-24** 图中菊石的印模是动物死后的壳被侵蚀后形成的。当这部分空隙被矿物填充后，形成了铸型。

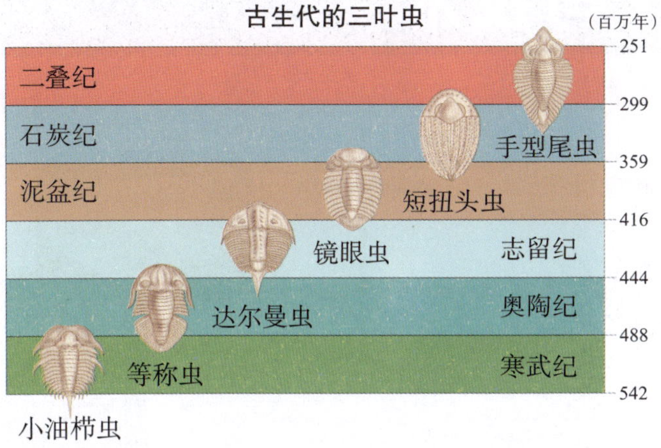

图21-25 这些三叶虫之所以能成为很好的标准化石，是因为它们在灭绝前存在的时间很短、数量丰富且分布广泛。

标准化石

前面已经学过，通过建立化石的相关性联系，地质学家能够确定岩石的相对年龄序列。一些化石在确定岩石的相对年龄时比其他化石能起到更大的作用。这些可被地质学家用来确定大范围地质区域的地层相关性或特定地层的地质年代的动植物遗体或遗迹叫作**标准化石**（**index fossil**）。标准化石容易识别、含量丰富，在地理上广泛分布，而且这个动物或植物在地质历史上生活的时间必须是短暂的。**图21-25**中不同种类的三叶虫是古生代很好的标准化石，因为每一种化石都很清楚、含量丰富且只存在某一段时间内。菊石是一种与鹦鹉螺类和鱿鱼类相关的已灭绝的海洋生物，它也是非常好的中生代标准化石。如果地质学家在岩层中发现了菊石化石，就可以立刻确定该岩层的大致年龄。

第4节 本节回顾

要点梳理

- 化石为物种进化提供线索。
- 化石帮助科学家确定岩石年龄、勘探石油和天然气资源。
- 化石有几种不同的保存方法。
- 标准化石帮助科学家确定地质记录中岩层的关系。

要点理解

1. 主要概念 **描述** 化石如何帮助科学家了解地球历史？
2. **列出**形成化石的几种方法，每种举一个例子。
3. **解释** 如果科学家们在沉积岩层中发现了三叶虫化石，他们会如何确定岩层的相对年龄？
4. **对比与比对**印模和铸型。

批判性思维

5. **评估** 为什么最好的标准化石需要分布广泛？

地学写作

6. 设想你参观了一座石化林，给你的朋友写一封信描述这座石化林的外观，并解释它是如何形成的。

地球科学与技术

钻探过去

科学家们利用海底的岩芯样品收集关于地球历史的数据。他们从过去的气候变化中找到线索，并为预测未来的气候变化提供依据。

科学钻探 “乔迪斯·决心号”（以下简称“决心号”）是地球深层取样联合海洋机构为了在地球深层取样而设计的科学钻井船。科学家通过取样获得的海底沉积物、化石和岩石中的记录来探究地球的历史。船上的车载钻机能在海底打10米深的钻孔，搜集有关地球历史上环境和气候变化的资料。

沉积物钻孔和微化石 “决心号”上的科学家利用旋转钻头穿透洋底，用钻探管钻取岩芯样品，一定要注意的是，不能搅动沉积物，以免破坏岩芯中的沉积序列。每个岩层中都有尘埃颗粒、矿物，有的还含有孢粉，这些都能提供当时沉积环境的相关信息。许多岩层中还含有生活在当时海洋里的有机体的化石。

深海沉积物钻孔中，最常分析的化石是微化石，比如像有孔虫类微生物形成的微化石。有孔虫是单细胞生物，几乎所有海洋沉积物中都含有孔虫。它们是指示过去气候和环境的良好证据。有孔虫能形成含碳酸钙的硬壳。当它们渐渐长大后，会吸收水中的氧气进入硬壳。通过测定有孔虫化石中两种氧同位素的比例，科学家们就能估测当时的水温，从而推测出当时的气候条件。

来自过去的证据 利用海底岩芯样品，不仅能够研究过去的气候条件，还能研究海平面、动植物分布、洋流、风场以及板块运动的变化。“决心号”上的国际专家组为了进一步了解地球，一直在世界范围内考察。他们通过在洋底钻孔和取样，来分析和监控地球的变化趋势。

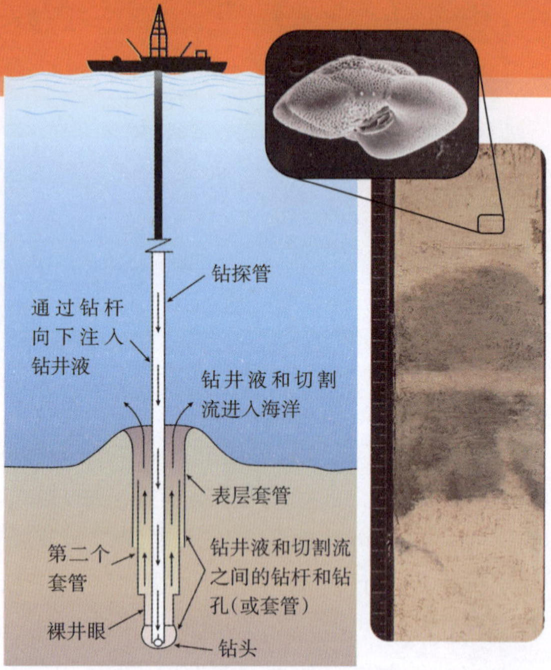

“乔迪斯·决心号”利用一根钻探管从洋底提取岩芯。岩芯里面可能包含微化石，如上图中放大后的有孔虫。有孔虫化石能为揭示地球过去的历史提供线索。

地学写作

调查“决心号”最近一次的科考资料。做一个海报或者报告，介绍“决心号”考察了哪些地方以及此次科考的目的。

解读塑造地球历史的事件

实验背景：火山喷发、地震、造山运动、洪水以及其他地质事件都会以一定的方式影响地球表面以及栖息在地表的生物。然而，每个地质事件对地球产生的影响并不一样。地球历史上，某些地质事件对地球的影响远甚于其他事件。

实验问题：地质历史上最重要的事件是什么？

贯穿加利福尼亚州的内华达山脉是一系列塑造地球历史事件的结果。

实验材料

教师提供的塑造地球历史事件清单

彩色铅笔

广告纸板

地质年代表

参考书

网络接口

实验步骤

假设美国国家航空航天局计划要向一个遥远的星系发射一个航天探测器。你的任务是与其他组员一起，列举一个影响塑造地球地质历史事件的清单。这个清单是航天探测器有效负载的一部分，它的作用是向这个星系中可能存在的居民介绍地球的信息。

1. 阅读并遵守实验室安全守则。
2. 分好小组，每个小组应有3～4名组员。
3. 仔细阅读老师提供的塑造地球历史事件清单。
4. 选择两种其他资料来源，从中找出至少10个事件，加入到小组的清单中。
5. 头脑风暴：选择你认为历史上对地球发展影响最大的事件。
6. 讨论一个展示小组研究结果最好的形式。
7. 确保小组的讨论结果得到老师的同意。
8. 执行你们的计划。

实验分析

1. **数据解读**　在一张地质年代表中，标出你们所查到的塑造地球历史事件。比较每个年代内地球塑造历史事件的数量。那些改变地球历史的事件多发生在地球历史的早期还是晚期？为什么？
2. **对比与比对**　将你们小组的清单上所列举的事件和其他小组的清单进行比较。清单上列举的共同事件有哪些？这些事件是不是有共同的特征？
3. **推断**　选择中生代的一个事件，推测如果这个事件没有发生，地球的历史进程会有什么变化。
4. **评估**　生物灭绝事件对地球上生命的发展有何影响？

数据分享

同行评议　列举10个你认为最重要的塑造地球历史事件，并与完成这次活动的其他同学所列举的事件进行比较。

第21章 复习指南

大概念 科学家们运用不同的方法来了解地球漫长的历史。

第1节 岩石记录

关键术语

- 地质年代表
- 宙
- 前寒武纪
- 代
- 纪
- 世
- 物种灭绝

主要概念 科学家通过梳理地质时间来讨论地球的历史。

要点梳理

- 科学家将地质时间划分为宙、代、纪、世。
- 科学家主要根据动植物化石来划分时间单元。
- 前寒武纪时期占据了近90%的地质时间。
- 地质年代表随着科学家对地球认识的逐渐加深而不断修正。

第2节 岩石的相对年龄测定

关键术语

- 均变论
- 相对年龄测定
- 原始水平层理
- 叠加
- 互切关系
- 包裹体法则
- 不整合
- 相关性
- 标志层

主要概念 科学家运用地质法则来研究地质事件出现的先后顺序。

要点梳理

- 均变论认为，目前发生的一切自然过程从地球形成之初就存在了。
- 科学家利用地质法则来确定岩石序列的相对年龄。
- 岩层不整合表示岩石记录的断代。
- 地质学家利用相关性法则来比较不同地理区域的岩层。

第3节 岩石的绝对年龄测定

关键术语

- 绝对年龄测定
- 放射性衰变
- 放射性测年
- 半衰期
- 放射性碳测年
- 树轮年代学
- 纹泥

主要概念 放射性衰变和特定的几种沉积物可以帮助科学家测定许多岩石的年龄。

要点梳理

- 绝对年龄测定技术帮助地质学家确定地质事件发生的时间。
- 某种放射性元素的衰变比例可以用于计算地质时间。
- 树轮、冰芯和沉积物都可以用来测定近代地质事件发生的时间。

第4节 化石遗迹

关键术语

- 生物进化
- 印模
- 实体化石
- 铸型
- 硬体化石
- 遗迹化石
- 矿物交代
- 标准化石

主要概念 化石为科学家提供了地球上生命历史的记录。

要点梳理

- 化石为物种进化提供线索。
- 化石帮助科学家确定岩石年龄、勘探石油和天然气资源。
- 化石有几种不同的保存方法。
- 标准化石帮助科学家确定地质记录中岩层的关系。

第21章 复习检测

术语回顾

根据下列定义，从复习指南中选取合适的术语。

1. 从地球起源到现在的地球历史记录。

2. 侵蚀导致的岩石序列缺失。

3. 随着时间的流逝，放射性同位素衰变成其他物质。

4. 地质年代表中最大的时间单位。

5. 将不同区域内出露岩层或化石进行匹配。

术语辨析。

6. 代，世

7. 硬体化石，实体化石

8. 绝对年龄测定，相对年龄测定

9. 化石，标准化石

10. 印模，铸型

从复习指南中选取合适的术语替代斜体术语，使句子表述正确。

11. *原始水平层理*表明断层和侵入体比它们切入的岩层年龄小。

12. *相对年龄测定*表明目前发生的一切自然过程从地球形成之初就存在了。

13. *纹泥*是可以将大范围区域内沉积物的形成过程联系起来的独特的沉积层。

14. *相关性*是指随着时间的流逝，物种发生变化。

理解要点

15. 下列哪个代末期的标志是发生了地球历史上最大的生物灭绝事件？

A. 新生代

B. 中生代

C. 古生代

D. 前寒武纪

16. 如果一段猛犸象的象牙中残留25%的碳-14，那么这段象牙的年龄是多少？已知碳-14的半衰期是5 730年。

A. 5 730年

B. 11 460年

C. 17 190年

D. 22 920年

根据下图，回答第17题。

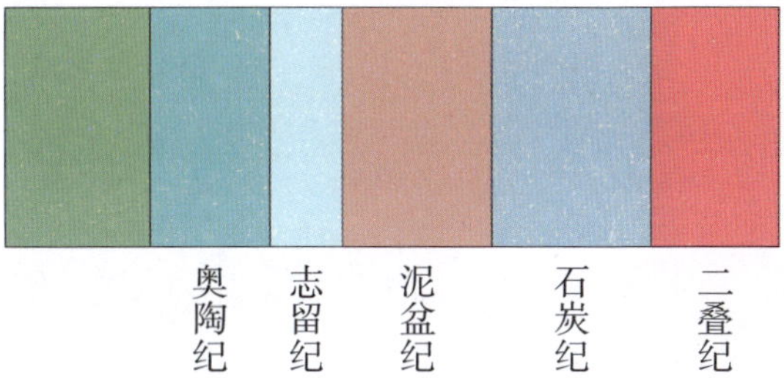

17. 图中缺少了哪一个纪？

A. 寒武纪

B. 侏罗纪

C. 三叠纪

D. 白垩纪

18. 下列哪条不是标准化石的特征？

A. 活着的时候非常普遍

B. 存活了很长一段时间

C. 地理上分布广泛

D. 易于识别

19. 下列哪个地质单位最小？

A. 代

B. 宙

C. 世

D. 纪

20. 地质学家通过观察一块出露的岩石，确定最下层的岩石年代最老。他们依据的是哪种地质学法则？

A. 均变论法则

B. 原始水平层理法则

C. 叠加法则

D. 包裹体法则

21. 铀-238可以衰变为钍-234，那么钍-234对铀-238来说，相当于什么关系？
   A. 父母
   B. 兄弟
   C. 孙代
   D. 子代

根据下图，回答第22题。

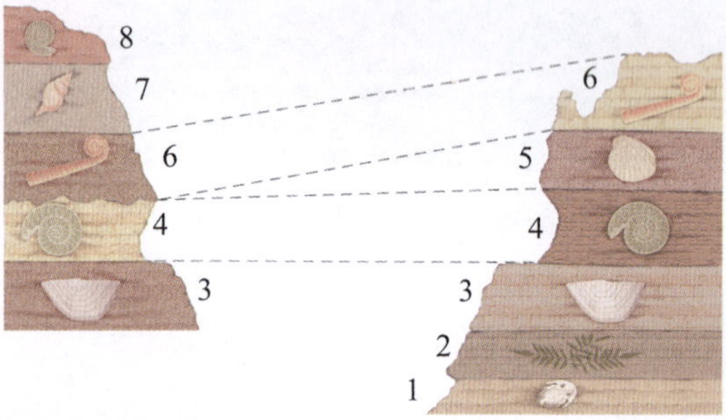

22. 上图反映了什么？
   A. 均变论
   B. 包裹体
   C. 互切关系
   D. 相关性
23. 被火山灰掩埋的树木以什么方式保存？
   A. 实体化石
   B. 干化
   C. 矿物交代
   D. 重结晶
24. 能反映周期性沉积的冰湖沉积物叫什么？
   A. 年轮
   B. 冰碛岩
   C. 纹泥
   D. 不整合

简要概述

25. **排序** 给印模和铸型的形成过程排序。
26. **推断** 生物灭绝事件为什么对地质学家而言很重要？
27. **对比与比对**绝对年龄测定和相对年龄测定。
28. **评定**一个公认的地质年代表的作用。
29. **解释** 用自己的语言解释为什么不整合代表岩层记录中的空缺。
30. **判断** 对于将地质年代表的时间单位划分成相同的时间长度的主张，你持支持意见还是反对意见？
31. **联系** 如何将微化石和特定地点的石油勘探联系起来？

批判性思维

根据下图，回答第32～34题。

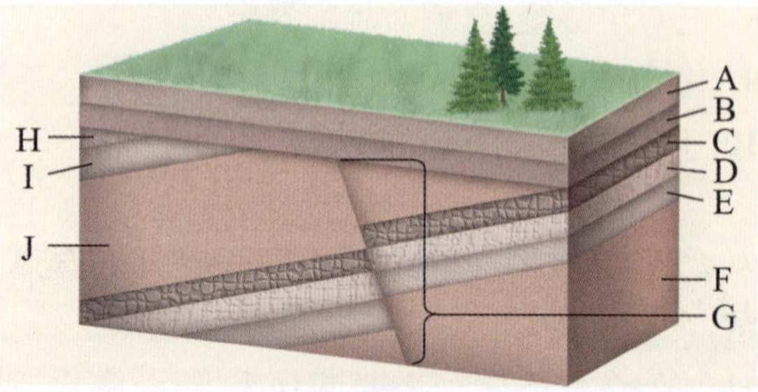

32. **指出**图中最老的岩层。
33. **找出**图中的角度不整合。
34. **应用** 根据地质学法则，按从老到新的顺序列出图中所示的地质事件。
35. **评价**以下观点：确定相对年龄的法则都是基于常识。
36. **创造** 离合诗是指将某些序列单词的首字母组合成一个短语，再用同样的字母顺序编出一个新的句子。例如："**M**y **D**ear **A**unt **S**ally"（我亲爱的莎莉阿姨）常用来记忆数学运算法则"**M**ultiply and **D**ivide before you **A**dd and **S**ubtract"（先乘除后加减）。请创作一句离合诗帮助你记住显生宙中的纪。

37. **计算** 钾-40的半衰期是13亿年。有一块古老的火成岩,其矿物中包含12.5%的钾-40和87.5%的氩-40,这块岩石的年龄大约是多少?

38. **对比与比对**标准化石和标志层。

39. **评定** 蛤蜊和蜘蛛哪个更可能形成化石?

40. **评估** 放射性碳能不能用于测定恐龙的年龄?为什么?

根据下图,回答第41题。

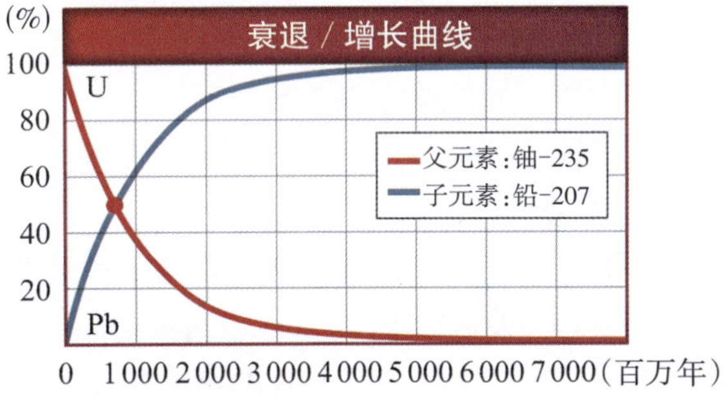

41. **分析** 图中的红点表示什么?

42. **地球科学相关职业** 一位地质学家发现了被滑坡沉积物掩埋的树木,他认为这可能是由过去的地震导致的。列举两种这位地质学家可以用来确定地震发生时间的方法。

概念图解

43. 利用下列术语绘制一幅概念图:*绝对年龄测定*、*地质年代表*、*相对年龄测定*、*化石*、*不整合面*和*放射性测年*。

挑战难题

44. **评定** 你认为家犬能够成为未来地质学家好的标准化石吗?为什么?

地学写作

45. 假设你是一个只能存活20分钟的细菌。请解释这种情况下你了解的世界和一个能活80岁的人类观察到的世界有什么不同?评估人类时间和地质时间的差异。

材料分析

下图列出了从寒武纪到新近纪不同类型海洋生物的数量,反映了海洋生物的多样性变化。这些海洋生物被划分为不同的属,相近的物种归为一个属。利用这些数据回答下列问题。

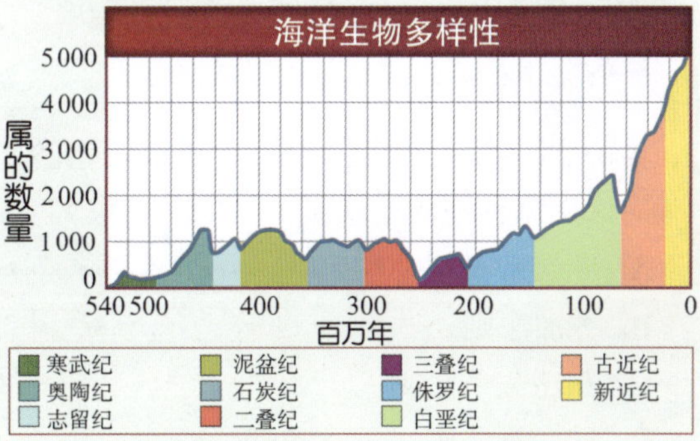

资料来源:Bam,R.K.,et al. 2004. origination, extinction, and mass depletion of marine diversity. *Paleobiology* 30: 522–542.

46. 图中多样性骤降的时间与地质年代表中的什么对应?

47. 多样性的减少意味着什么?

48. 利用图中的信息,在显生宙中增加一个或多个新的纪。

综合复习

49. 什么样的亚原子粒子组成了原子核?(**第3章**)

50. 为什么龙卷风在美国中部出现得最频繁?(**第13章**)

综合 标准化测试

选择题

1. 下列哪种类型的山是由板块边界抬升造成的?
   A. 海岭　B. 断块山
   C. 褶皱山　D. 火山带

根据下图,回答第2～3题。

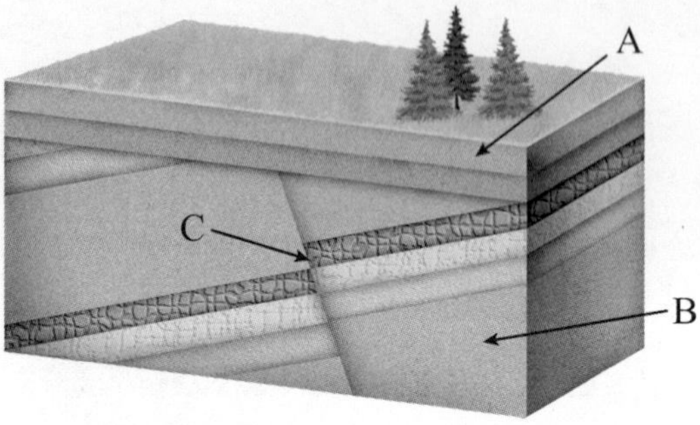

2. 要确定上图所示岩层中A点的相对年龄,应该用哪种地质学法则?
   A. 原始水平层理法则
   B. 叠加法则
   C. 互切关系法则
   D. 均变论法则
3. 与图中C点有关的地质法则是什么?
   A. 原始水平层理法则
   B. 叠加法则
   C. 互切关系法则
   D. 均变论法则
4. 对科学界来说,海岭的什么方面最具研究价值?
   A. 位置
   B. 火山活动
   C. 高度
   D. 年龄
5. 下列哪项不是形成岩浆的因素?
   A. 时间
   B. 温度
   C. 压力
   D. 水
6. 地壳分裂成的一块或者更多的岩板叫什么?
   A. 边界　B. 构造板块
   C. 俯冲区　D. 俯冲板块

根据下图,回答第7～8题。

7. 图中所示的是哪类火山?
   A. 锥状火山　B. 复合火山
   C. 盾状火山　D. 火山碎屑
8. 如果这座火山爆发,会对人类造成哪种程度的威胁?请解释原因。
   A. 低;因为这座火山是在非爆发性喷发时一层层累积起来的
   B. 低;因为这是一座休眠火山
   C. 中等;这座火山是由于岩浆在火山口附近喷发后形成的,但是喷发量非常小
   D. 高;它具有强烈的爆发性
9. 洋底磁性岩石记录的磁场显示了什么?
   A. 洋底的磁场没有发生逆转
   B. 洋脊的每一边都有自己的磁场模式
   C. 正向的磁场和反向的磁场呈与洋脊垂直的条带状
   D. 正向的磁场和反向的磁场呈与洋脊平行的条带状
10. 造山运动指什么?
   A. 微大陆的漂移
   B. 山脉的隆起
   C. 火山岛的形成
   D. 超级大陆的分解

简答题

根据下图，回答第11～13题。

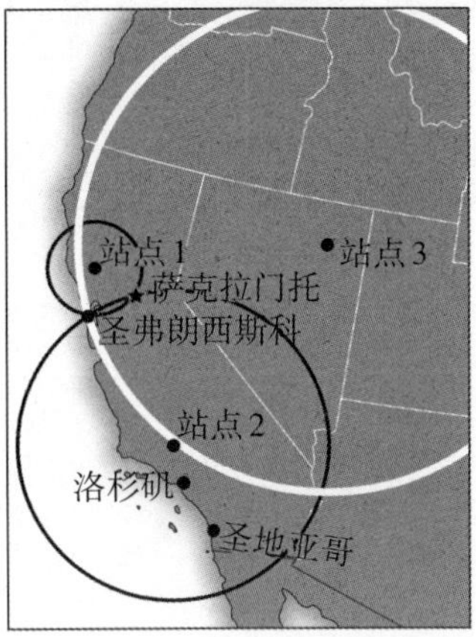

11. 根据地图，这次地震的震中在哪里？如何确定震中的位置？

12. 为什么要用三个站点来确定这次地震震中的位置？

13. 这次地震将对洛杉矶产生怎样的影响？

14. 佛罗里达半岛比美国其他地区雷暴天气更多。这是由佛罗里达半岛的什么地质特征导致的？这些特征如何导致雷暴？

15. 为什么阿巴拉契亚山脉带可以划分成几个不同的区域？

16. 用pH范围描述酸雨，并解释导致这个pH取值的原因。

阅读理解

测定金子的年龄

南非金块中的金属放射性衰变，帮助科学家确定了世界上最大的金矿中金的来源。冲积矿模型表明，金比周围的岩石年龄更老。热液模型表明，热液将金子沉积在岩石中。根据金子和岩石的年龄，可以确定金子的来源。如果金子比其所在的岩石年龄更老，说明岩石是在金子周围形成的，这就支持了冲积矿模型的观点。如果金子比岩石更年轻，说明金子是随流体渗入岩石的，这就支持了热液模型的观点。金中发现的两种元素——铼和锇，可以作为放射性"时钟"。铼衰变成锇需要很长的时间，铼变成锇的半衰期为423亿年。科学家们通过将金粒溶解在酸里，然后测定铼和锇的比例，以此来确定金的年龄。兰德公司的金子大约有30亿年的历史，比它周围的岩石老2.5亿年，这个结果支持了冲积矿模型的观点。

资料来源：Choi, c. 2002. Origin of world's largest gold deposit found? *United Press International Science News* (September):1-2.

17. 铼的半衰期是多少？

A. 42.3年

B. 42 300年

C. 4 230万年

D. 423亿年

18. 为什么要进行这项研究？

A. 为了确定金矿中金的来源

B. 为了反驳热液模型

C. 为了支持冲积矿模型

D. 为了解释放射性衰变

需要更多帮助？																
如果你回答错误……	1	2	3	4	5	6	7	8	9	10	11	12	13	14	15	16
请复习相应章节……	20.3	21.2	21.2	21.3	18.2	17.3	18.1	18.1	17.2	20.2	19.3	19.3	19.3	13.1	20.2	7.1

第22章

前寒武纪的地球

大概念 海洋、大气和生命都陆续形成或出现于前寒武纪时期的三个宙，这段时期也占据了地质历史时间的近90%。

内容提要

1 早期的地球
2 地壳和陆地的形成
3 大气和海洋的形成
4 地球上的早期生命

起步实验

科学实验室

如何利用不同密度的液体模拟早期的地球？

地核、地幔和地壳的平均密度不同，地核密度最大，地壳密度最小，地幔密度介于两者之间。科学家们假设地球形成的时候温度很高，足以使组成地球的物质在一定程度上能像液体一样流动。在本实验中，你将模拟地层是怎样形成的。

实验步骤

1. 阅读并遵守实验室安全守则。
2. 在一个250 mL的烧杯中倒入50 mL的水。
3. 在烧杯中倒入50 mL的植物油。
4. 在烧杯中再倒入50 mL的玉米糖浆。
5. 让混合物静置几分钟。

实验分析

1. **描述** 烧杯中的液体出现了什么现象？
2. **指明** 这个实验中，什么代表地幔？什么代表地壳？什么代表地核？
3. **联系** 将实验结果与早期地球的圈层形成过程联系起来。

折叠式学习卡

地球大气的形成

根据下图所示，制作一张折叠式学习卡，并用它来整理你学习大气形成过程中的笔记。

早期大气 晚期大气

叠层石是由一种叫蓝藻的微生物形成的板状、锥状或柱状的结构体。虽然叠层石现在只存在于地球上某些特定的地方，但它一度是前寒武纪几十亿年里海洋中分布最为广泛的岩石。

第1节 早期的地球

主要概念 一系列证据表明，地球的年龄是46亿年。

核心问题

- 什么证据能表明地球有46亿年的历史？
- 早期地球的热量来源是什么？

关键术语

锆石
陨石
小行星

地球科学在你身边

假设你正在玩拼图，但是盒子上没有这个拼图完整的图片，所以你不知道这个拼图到底是什么样子的。更糟糕的是，你手中只有这幅拼图10%的碎片。科学家研究前寒武纪时所面临的挑战就差不多是这样一种情况。

地球的年龄

前寒武纪包括冥古宙、元古宙和太古宙，占据地球历史近90%的时间，是一个非正式的时间单元。地球形成初期，温度很高，火山活动频繁，地表也没有大陆存在。在地球上最早的宙——冥古宙时期，岩石稀少，所以科学家对于地球形成初期的6亿年了解甚少。如**图22–1**所示，地球上早期的生命形式是简单的单细胞有机体。

地壳岩石的证据 根据绝对年龄测定办法，我们已知地球上最老的岩石年龄是42.8亿年。在澳大利亚前寒武纪时期的变质沉积岩中发现的锆石矿物证明，地壳的年龄大于42.8亿年。**锆石（zircon）**是一种非常稳定并且常见的矿物，能够经受侵蚀和变质，科学家通常用它来测定古老的岩石。科学家提出的理论认为，澳大利亚的锆石是曾经存在的地壳早期岩石的残余物。放射性测年的结果表明，锆石的年龄至少有44亿年，由此可推测，地球的年龄也至少是44亿年。

■ **图22–1** 前寒武纪时期持续了近40亿年，直到元古宙末期，多细胞生物才出现。

来自太阳系的证据 来自陨石和太阳系其他天体的证据表明，地球的年龄已经不止44亿年。**陨石(meteorite)**是坠落到地表的轨道天体的小碎片。陨石坠落贯穿了整个地球演变的历史时期，很多陨石的年龄都已经测定在45亿～47亿年之间。大多数科学家都认同整个太阳系形成于同一时间这个观点，所以，地球的年龄应该与陨石相当。

此外，20世纪70年代，“阿波罗号”登月时采集的月球上最老的岩石样品的年龄大约是44亿～45亿年。科学家认为，在地球形成初期，一个与火星大小差不多的太阳系天体与地球相撞后形成了月亮。综合以上所有证据，科学家们普遍认为地球的年龄应该是46亿年。

图22-2 小行星和流星体对地球的撞击是早期地球的热量来源之一。

☑ **读后自查** **解释** 为什么科学家们认为地球的年龄比地壳中最古老的岩石的年龄还要大？

地球的热量来源

地球形成之初可能是非常炎热的，它有三种可能的热量来源：地球本身的重力收缩，放射能以及小行星、流星体和太阳系其他天体对地球的撞击，如**图22-2**所示。

重力收缩 科学家们认为，地球是因为太阳周围轨道上的小的星际物质逐渐积累而形成的。随着地球上这些物质的不断积累，地球的体积和质量也不断变大。地球的质量变大后，地球受到的万有引力也变大，巨大的重力导致地球中心开始收缩，收缩产生的能量转变为热能，升高了地球内部的温度。

放射能 地球热量的第二种来源是放射性同位素的衰变。科学家们认为，早期的地球比现在含有更多的放射性同位素。这些同位素中，有的半衰期比较短，所以现在已经不存在了，而如铀-238这类半衰期长的放射性元素现在仍然存在。放射性元素衰变会产生能量，从而释放热能。因为在地球早期有更多的放射性同位素，科学家们推测那时放射能产生的热量也比现在更多，所以地球早期一定比现在更热。

小行星和流星体的撞击 早期地球的第三种热量来源是流星体、小行星或太阳系其他天体对地球的撞击。**小行星**(**asteroid**)的直径在1 m～950 km之间，富含碳或其他的矿物。如今，大多数小行星在火星和木星之间的环太阳轨道上运行。大行星很少撞击地球。行星地质学家推测，在过去的6亿年里，撞击地球的直径大于5 km的天体只有约60个。现在，撞击地球的大多数天体都是小行星的碎片——陨星。

然而，来自月球和部分行星表面的证据表明，在地球形成最初的5亿～7亿年，太阳系中分布着更多的小行星，那时候的撞击事件比现在更频繁。这些撞击产生了巨大的热能。例如，科学家们认为，可能是因为形成月球的大量撞击事件产生了非常多的热量，结果导致部分地球被熔化。撞击产生的碎片像毯子一样覆盖在地球上，阻止热量向太空散逸。

地球科学相关职业

行星地质学家 行星地质学家，也称天体地质学家，主要研究太阳系或宇宙中的行星或其他空间。还有一些行星地质学家研究地球外可能存在生命的条件。

冷却 在重力收缩、放射性衰变、太阳系其他天体的撞击等共同作用下，早期地球是非常炽热的。最终，地球表面开始冷却，海洋和大气开始形成。科学家们不确定这个过程具体持续了多长时间，但是有证据表明，在地球形成最初的2亿年里，它已经冷却到能够形成液态水的温度了。这个冷却过程一直持续到今天。从地球形成至今，地球内部还保留了一半的原始热能。

第1节 本节回顾

要点梳理

- 科学家利用地球上的岩石、锆石晶体，月球上的岩石和陨石来确定地球年龄。
- 早期地球的热量来源可能是重力收缩、放射能以及来自小行星和流星体对地球的撞击。
- 地球的冷却导致了液态水的形成。

要点理解

1. 主要概念 **总结**科学家们用来确定地球年龄的数据。
2. **解释** 为什么科学家们认为月球上的岩石和陨石都与地球的年龄大致相当？
3. **解释** 重力收缩、放射能以及小行星和流星体的撞击是如何导致地球变热的？
4. **描述** 锆石作为一种测年工具有何重要意义？

批判性思维

5. **评估** 哪一种地球早期的热量来源不是目前地球内部热量的主要来源？

地学计算

6. 假设在冥古宙时期，平均每百万年有5 000颗小行星撞击地球，按照这个速度，计算整个冥古宙时期小行星撞击地球的次数。可以参考如**图22-1**所示的地质年代表。

第2节 地壳和陆地的形成

主要概念 早期地球表面布满了熔岩，这些熔岩后来形成了如今的地壳和大陆。

核心问题

- 如何总结地球重力分异过程？
- 地壳和陆地是怎样形成的？
- 前寒武纪时的陆地是如何变化的？

关键术语

重力分异
微大陆
克拉通
前寒武纪地盾
加拿大地盾
劳伦西亚大陆

地球科学在你身边 你做过布丁吗？如果做过的话，你就会知道，当布丁冷却的时候，表面会结一层硬皮。科学家们认为，地壳的形成也是这样的。

地壳的形成

地球形成之初，温度非常高，所以许多科学家认为，当时的地球主要是由熔融状态的岩浆组成的。随着地球的冷却，岩浆中的矿物和元素开始集中在特定的密度带。

重力分异 我们知道，密度较小的材料会浮在密度较大的材料上面，在“起步实验”中，我们也已经观察过，因为油的密度比水小，所以油能浮在水上面。这个原理同样适用于早期熔融状态的地球。铁等较重的元素集中在地球内部，硅和氧等较轻的元素则集中在地球表层。这种较重的物质向地心下沉，较轻的物质向地表集中的分层过程，就叫作**重力分异**(differentiation)。如**图22-3**所示就是地球重力分异后形成的圈层。

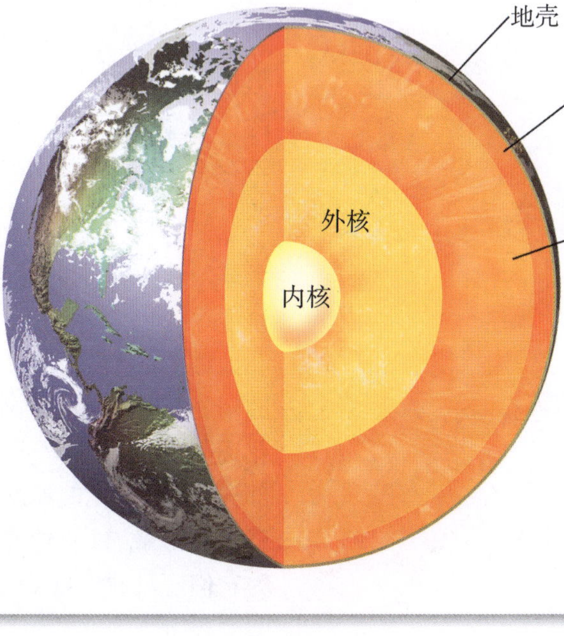

图22-3 地球形成后不久，就出现了重力分异后的圈层。

推断 *地球密度最大的部分是哪里？*

■ **图 22-4** 分子量较大的元素在整个地球中的含量比在地壳中更多。

估算铁元素在地壳和整个地球中所占的百分比。

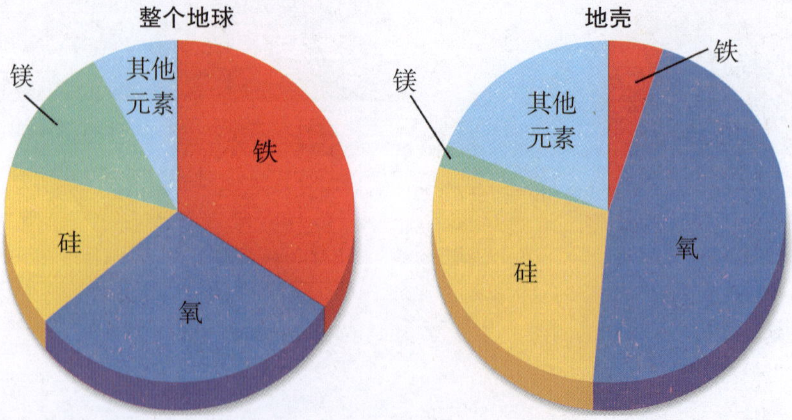

相对密度 重力分异过程解释了现在地球各个部分的相对密度。如**图 22-4**所示是地壳和整个地球中各种元素的含量分布。注意看铁元素，它是一种分子量较大的元素，所以它在地壳中的含量比在整个地球中的含量少得多；相反，氧、硅等分子量较小的元素则在地壳中所占比例更大。这也能解释为什么花岗岩出现在地表。因为花岗岩是由长石、石英和云母等密度小的矿物组成的。

☑ **读后自查** **解释** 为什么地核比地壳中含有更多的铁元素？

早期地壳 一些早期地壳是上地幔冷却形成的，这些地壳很可能与现在洋底的玄武质地壳类似。我们已经学过，现代洋壳在消减带会发生循环过程，其实早期地壳也有循环过程，但是科学家们还不是很清楚这个循环过程到底是怎么进行的。有些科学家认为，早期地球上发生的循环过程现在已经不存在了，还有很多科学家认为，物质循环是一个非常活跃的过程，所以地球形成之初的地壳如今已不复存在。

大陆地壳 早期的地壳碎片回到地幔的时候，携带了水。地幔中水的加入对于第一块大陆地壳的形成来说十分重要。水和地幔中的物质发生反应，生成了比原始地壳碎片密度更小的新物质。这些物质结晶后再度出现在地表，就形成了含有花岗岩的地壳小碎块。花岗岩是现代地球陆壳的重要组成部分。在太古宙时期，火山活动频发，富含花岗岩的地壳小碎块就不断形成，这些地壳碎块叫作**微大陆**（**microcontinent**），因为它们还没有大到能够称之为陆地的程度。

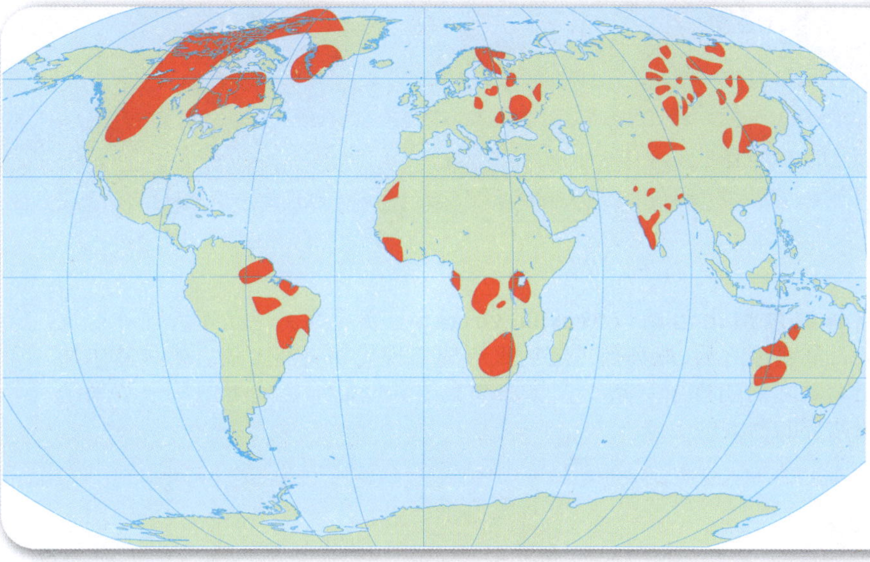

■ **图 22-5** 太古宙克拉通占据了地球陆地的10%。这些富含花岗岩的大陆核心部分伸入地幔，深达200 km。

克拉通 大部分形成于太古宙和早期元古宙的微大陆依然是现代大陆的核心部分。**克拉通（craton）**是一块大陆中最古老、最稳定的部分。它由地壳和部分上地幔组成，深度可达200 km。克拉通由花岗质岩石和变质玄武岩形成的交互层组成。这些花岗质岩石有花岗岩和片麻岩等，而变质玄武岩形成的交互层则反映了古大陆的碰撞。如**图22-5**所示，太古宙时期的克拉通占地球所有陆地的10%。

前寒武纪地盾 大部分克拉通掩埋于沉积岩之下。然而，有些地区经过强烈的侵蚀，克拉通岩石已经出露地表，这些出露的区域叫作**前寒武纪地盾（Precambrian shield）**。

在北美洲，前寒武纪地盾又叫**加拿大地盾（Canadian shield）**，因为它的大部分区域在加拿大境内。加拿大地盾也包括格陵兰岛的很大一部分以及美国的明尼苏达州、威斯康星州和密歇根州的北部地区。在加拿大地盾的岩石中发现了镍、银和金等有价值的矿产。地球上已知的最古老的地壳岩石出自42.8亿年前的加拿大地盾。与之相反，北美洲地台的岩石年龄普遍小于6亿年。

陆地的生长

地球上所有的陆地曾经是一个统一的大陆，叫作**泛大陆（Pangaea）**。泛大陆形成于地球历史上相对较近的时期，大约2.5亿年前，但形成泛大陆的板块构造活动至少从太古宙末期开始就一直在发挥作用。

图解大陆形成

图22-6 北美大陆的形成是数十亿年来一系列造山事件作用的结果。下图展示了发生在前寒武纪时期的造山事件。前寒武纪末期,75%的北美大陆已经形成。

格林威尔造山运动(Grenville Orogeny)发生在劳伦西亚大陆和亚马孙古陆碰撞之后,亚马孙古陆后来形成了现代南美洲大陆。格林威尔造山运动之后出现了一条一直从加拿大纽芬兰岛绵延到美国北卡罗来纳州西部的巨大的山脉。

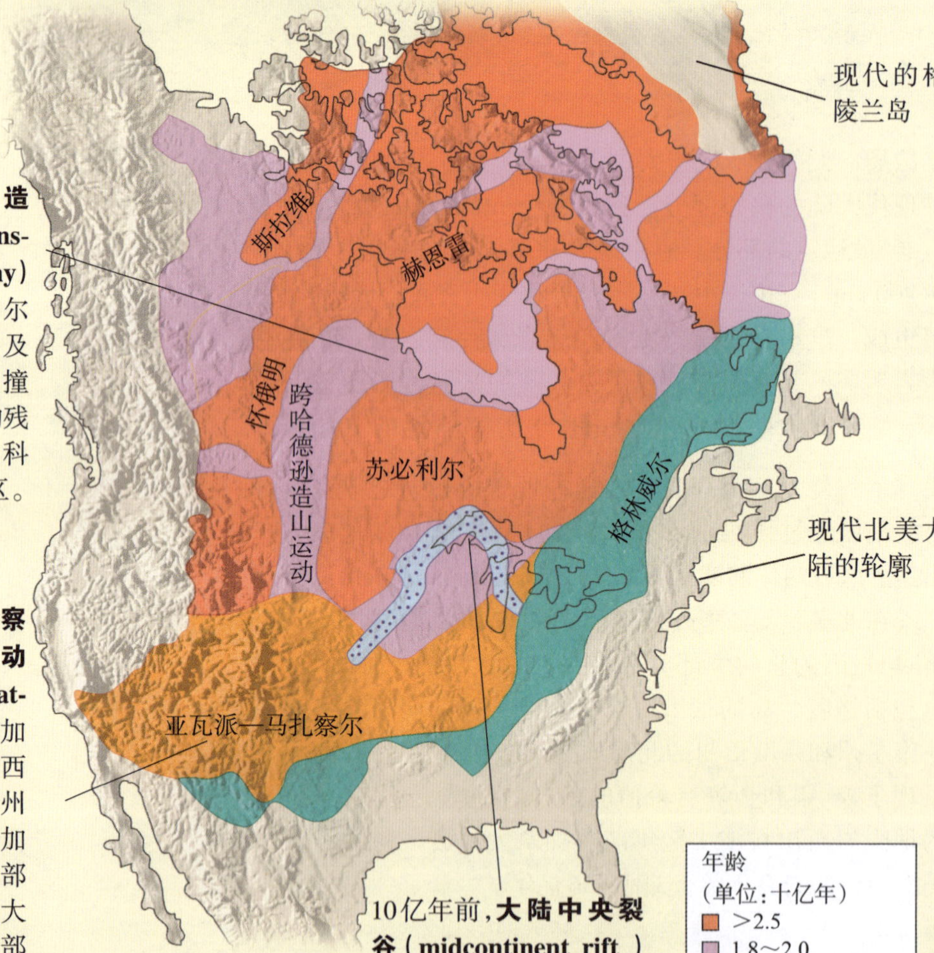

哈德逊转换造山运动(Trans-Hudson Orogeny)发生在苏必利尔地区和怀俄明及赫恩雷地区碰撞时。这次碰撞的残余部分在南达科他州的黑山地区。

亚瓦派–马扎察尔造山运动(Yavapai-Mazatzal orogeny)增加了现在的新墨西哥州、亚利桑那州以及犹他州和加利福尼亚州的部分地区。美国大峡谷最古老的部分也是形成于这次事件。

10亿年前,**大陆中央裂谷(midcontinent rift)**开始分离大陆,但是在几百万年之后这个分离活动就停止了。科学家们目前还不知道其中的原因。

造山运动 在元古宙,形成于太古宙的微大陆开始相互碰撞。碰撞的结果使得微大陆聚集在一起,成为面积较大的陆地,但数目变少。碰撞还形成了大量的山脉。造山运动形成的狭长的岩石变形带叫作造山带。形成北美洲的造山运动如**图 22-6** 所示。

劳伦西亚大陆 地球上最大的元古宙大陆之一就是**劳伦西亚大陆(Laurentia)**。劳伦西亚大陆是现代北美洲大陆的前身。如**图 22-6** 所示,劳伦西亚大陆的发展经历了许多不同的造山事件。例如,在元古宙末期时,大约18亿~16亿年前,劳伦西亚大陆和一个火山岛弧相撞后,面积增加了数千平方千米。这次碰撞称为亚瓦派-马扎察尔造山运动。

最早的超级大陆 在约12亿年前的元古宙中期,劳伦西亚大陆和亚马孙古陆(现代南美洲大陆的前身)发生碰撞。这次碰撞形成了最早的超级大陆——罗迪尼亚超大陆,如**图 22-7** 所示。罗迪尼亚超大陆位于赤道上,劳伦西亚大陆接近其中心位置。随着罗迪尼亚超大陆的形成,75%的地球大陆地壳已经形成,剩下25%的大陆扩张发生在显生宙时期。超级大陆的解体始于7.5亿年前。

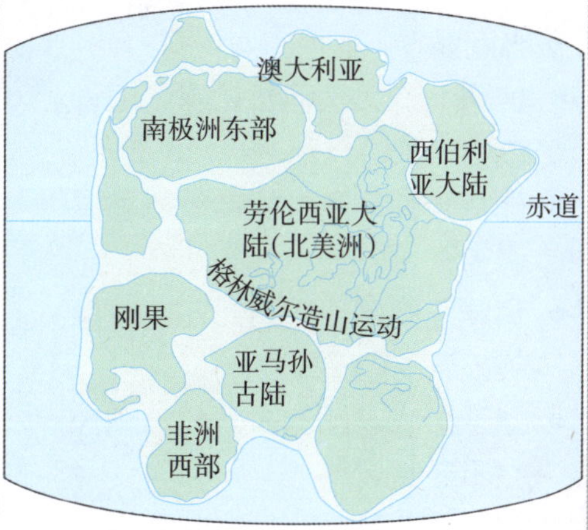

■ **图 22-7** 罗迪尼亚超大陆是地球上最早的超级大陆,它是由于格林威尔造山运动中劳伦西亚大陆和亚马孙古陆碰撞后形成的。

第 2 节 本节回顾

要点梳理

- 地球形成之初,由于重力分异形成了不同密度的圈层。
- 在元古宙时期,板块构造导致微大陆碰撞并黏合在一起。
- 劳伦西亚大陆的形成是因为众多的造山事件。
- 地球上最早的超级大陆的形成和解体都发生在元古宙。

要点理解

1. 主要 概念 **描述**地球陆地的形成。
2. **解释** 为什么最早的地壳碎片现在已经不复存在?
3. **推断** 克拉通如何成为一块大陆的根基?
4. **讨论** 均变论的概念对于解释为什么地球上形成了不同密度的圈层有何意义?

批判性思维

5. **评估** 将元古宙称为陆地形成的时代是否合理?
6. **推断** 为什么现在几乎找不到太古宙时期造山运动的证据?

地学写作

7. 假设你是北美克拉通,写一则说明劳伦西亚大陆是如何围绕着你形成的小故事。

第3节 大气和海洋的形成

主要概念 地球上原始大气和海洋形成后，为生命起源提供了适宜的环境。

核心问题

- 地球上的大气和海洋是如何形成的？
- 什么原因导致大气中氧气含量增加？
- 科学家们如何知道元古宙时期的大气中存在氧气？
- 地球形成之初的氧气和水有什么重要意义？

关键术语

蓝藻
叠层石
条带状含铁建造
红层

地球科学在你身边 你感谢过植物吗？植物和其他能够产生氧气的有机体提供了几乎所有你呼吸所需要的氧气。如果地球早期不存在产生氧气的有机体，那么很可能今天就没有你的存在了！

大气的形成

科学家认为，在地球形成的同时，地球上的大气也开始形成了。在这个时期，小行星、流星体或者其他天体撞击地球的时候带来了水，水受到冲击开始蒸发，形成薄雾围绕着地球。这个时候可能还存在少量的氢气、氦气，以及更少量的氨气和甲烷。然而，许多科学家认为，氢和氦的原子质量较轻，地球对它们的引力很小，因此这两种气体都不能长时间停留在地表附近，它们会向外层空间逃逸。还有些科学家认为，包裹着地球的氨气和甲烷，被强烈的太阳紫外线辐射后发生分解，向太空释放了更多的氢气。

排气作用 地球形成之后，大气就随着火山喷发出的气体而增加。前寒武纪时期的火山活动频繁，火山喷发释放了大量的气体。如**图22-8**所示，现代火山喷发同样会释放大量气体。

■ **图22-8** 1980年圣海伦斯火山爆发，释放出了大量的二氧化碳、水蒸气和其他气体。

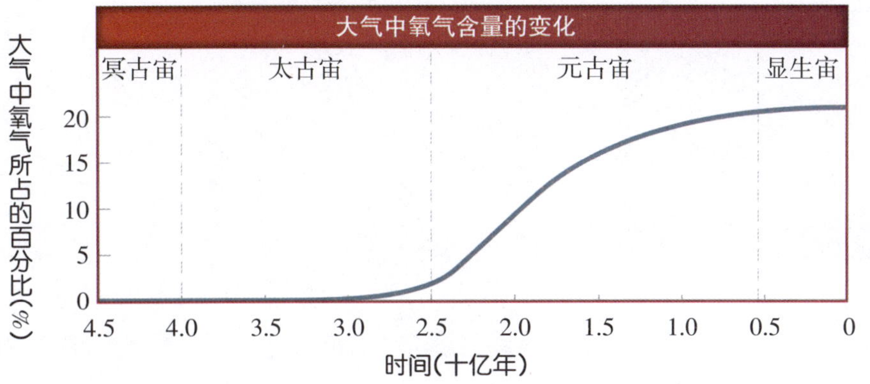

■ **图 22-9** 直到元古宙早期，地球大气中的氧气含量都还很稀少。

分析 *当氧气开始在大气中累积时，地球的年龄是多大？*

现代火山喷发时，释放出大量的水蒸气、二氧化碳、氮气和其他气体，这个气体释放的过程叫作排气作用。然而，科学家还不能准确地知道地球早期的大气成分，它很可能含有现代火山喷发释放出的气体。

大气中的氧气

火山通常不喷发氧气，所以冥古宙和太古宙的大气中几乎没有氧气。如**图 22-9** 所示，大气中的氧气直至元古宙才开始逐渐积累。那么氧气来自哪里呢？

折叠式学习卡

将本节信息整合到你的折叠式学习卡中。

氧气的制造者 发现于澳大利亚和南非的35亿年前的岩石中含有目前已知的最古老的化石，它们能够帮助我们回答这个问题。这些化石中含有微小的丝状有机体——**蓝藻**(**cyanobacteria**)。与现代的蓝藻一样，远古的蓝藻也能通过光合作用制造生存所需要的养分。在光合作用过程中，有机体利用太阳能将水和二氧化碳转化为糖，同时将氧气作为产物排出。今天，一些细菌、原生生物以及绝大多数植物也是通过相同的过程产生氧气。

☑ **读后自查** **解释** 植物如何产生氧气？

叠层石 绝大多数科学家认为，在太古宙时期，这些微小的蓝藻制造出的氧气还不足以改变早期地球大气的成分。到元古宙时，蓝藻的数量已经变得非常巨大。无数的蓝藻形成的类珊瑚礁的垛状**叠层石**(**stromatolite**)在元古宙的浅海占据了主导地位。叠层石由数以亿计的能积聚沉积物的蓝藻菌落组成。本章起始页的照片所示的就是现代叠层石。这些叠层石的结构与发现于冰河国家公园的前寒武纪叠层石化石在大小和形状上都很相似，如**图 22-10** 所示。

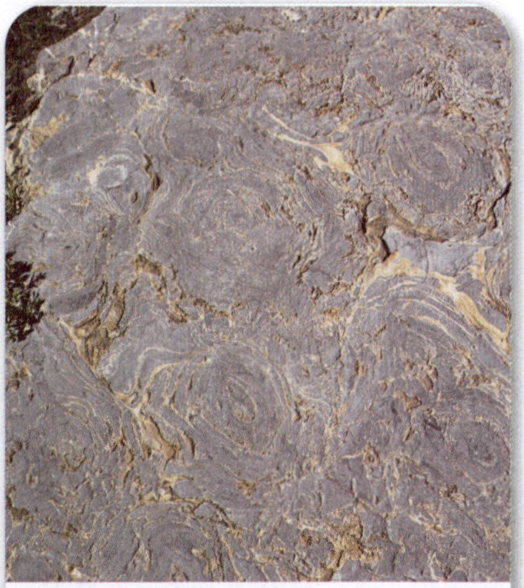

■ **图 22-10** 冰河国家公园中保存完好的叠层石证实了前寒武纪存在蓝藻。

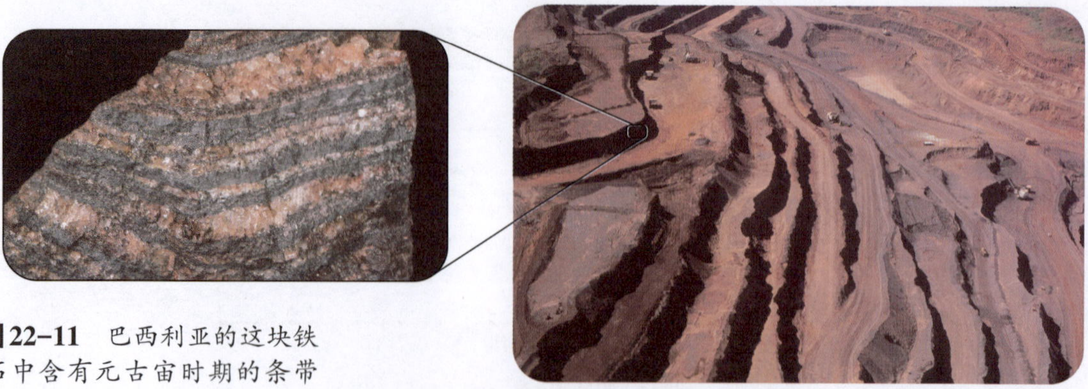

■ **图22-11** 巴西利亚的这块铁矿石中含有元古宙时期的条带状含铁建造。

解释 *为什么条带状含铁建造可以作为大气中含有氧气的证据？*

岩石中的证据 科学家们通过在太古宙岩石中寻找氧化铁来确定太古宙时期的大气中是否含有氧气。铁和大气中游离态的氧发生反应，生成铁的氧化物，通常称为铁锈。铁的氧化物呈红色，很容易辨别，它们能证明大气中存在氧气。如果太古宙的大气中含有氧气，氧气会和水中的铁离子或沉积岩中的铁发生化学反应，但在太古宙晚期的岩石中没有发现铁的氧化物，说明那时候大气中几乎没有游离态的氧存在。

条带状铁 在元古宙初期，蓝藻光合作用产生的氧气足以使得局部区域内铁与大气中的氧气反应生成铁氧化物，这些特定区域的高浓度的铁氧化物叫作**条带状含铁建造**（**banded-iron formation**）。这些条带状含铁建造是由含铁较少的沉积岩——燧石和铁氧化物交替组成的条带。铁氧化物沉积层循环出现，可能是受季节交替的影响。今天，这些构造作为铁矿被开采，如**图22-11**所示，这是一个铁矿以及条带状含铁建造的特写。

技能实验

科学实验室

计算收益

怎样计算采矿成本？ 前寒武纪的岩石中包含很多重要的矿产资源，例如用于核反应堆的铀。在加拿大安大略省南部的氧化铀沉积矿中，含矿的岩层平均厚度为3 m，分布于一个长750 m、宽1 500 m的区域内。对于这些沉积物的地球化学分析表明，平均每吨岩石中含有0.2 kg氧化铀。另外，每0.3 m^3的含铀岩石重1 t。

实验分析

1. **解答** 沉积矿中含有多少千克氧化铀矿石？
2. **计算** 如果采矿的费用为每立方米45美元，采矿10年一共需要花费多少美元？

批判性思维

3. **评定** 假设现在氧化铀的市场价是每千克132美元。根据第2题的答案，这个矿的开采有经济价值吗？

红层 许多18亿年前元古宙中期的沉积岩颜色呈铁锈红，因为其中含有大量的铁氧化物，这些岩层也叫**红层**(red bed)。元古宙中期或更年轻的岩石中的红层是这些时期大气中含有游离态氧的有力证据。

氧气的重要性 氧气重要不仅是因为动物需要它才能呼吸，而且还因为它所形成的臭氧为地球阻挡了来自太阳的有害紫外线辐射。今天，因为地球低层大气的上部有一层天然的臭氧层，它能阻挡大部分太阳的紫外线辐射，所以最终到达地球表面的紫外线就只剩一小部分了。

一个臭氧分子(O_3)由三个氧原子组成。高能的紫外线辐射能将氧气分子(O_2)中的氧原子分离，单个氧原子与其他氧气分子结合，形成臭氧。随着地球大气中氧气含量逐渐增加，臭氧也开始形成。臭氧层阻挡了大部分紫外线，提供了适合生命生存和发展的环境。

☑ **读后自查** **描述**氧气对于生命进化的重要性。

海洋的形成

有些科学家认为，在地球形成初期，海洋的大小就已经达到了现在的规模。海洋中水的来源可能与大气中水的两个主要来源一样，都是来自于火山的排气作用以及小行星、流星体和其他天体对地表的撞击。因此，地球早期前寒武纪的大气中含有丰富的水蒸气。当地球开始冷却，水蒸气便逐渐凝结成液态水。凝结是指物质由气态变为液态的过程。

降雨 水蒸气凝结成液态水之后，地球上出现大量的降雨，逐渐充满了地势较低的盆地，并最终形成了海洋。与今天的雨水一样，远古的雨水溶解了地球表面的可溶性矿物，河流等地表径流和地下水将这些物质输送到海洋。这些溶解的矿物质使前寒武纪的海水变咸，就像今天海水中的可溶性矿物使海水变咸一样。

迷你实验

科学实验室

模拟红层的形成

为什么红层是红色的？ 红层包含很多铁氧化物，所以颜色上呈铁锈红。元古宙中期的红层证明当时的大气中已经存在氧气。

实验步骤

1. 阅读并遵守实验室安全守则。
2. 将40 mL白沙倒入150 mL的烧杯中。
3. 向烧杯中加入水，加至120 mL刻度。
4. 加入15 mL漂白剂。

警示：要在通风良好的地方使用漂白剂。

5. 将一块大拇指指甲盖大小的钢丝球放入烧杯。
6. 用一个培养皿盖住烧杯，并把它放在一个不受干扰的地方静置一天。
7. 拿出钢丝球，并搅拌烧杯中的物质，然后将混合物放置5分钟。
8. 慢慢地将水倒出，使烧杯中留下氧化铁的沉积物。
9. 再次搅拌混合物，然后使用勺子舀出一些沙子，放在一片观察玻璃上干燥。

实验分析

1. **描述** 沉积物的颜色是如何变化的？
2. **解释** 实验中的铁来自何处？
3. **断定** 自然界中岩石的红色是怎么来的？
4. **评定** 实验中漂白剂的作用是什么？

■ **图22-12** 这张火星侦察轨道器拍摄的照片为火星地表曾有流动的液态水提供了证据。

水和生命 前寒武纪之初，地球上的环境不适宜生命生存。到了前寒武纪末期，大部分地球表面被海洋覆盖，海洋中出现了蓝藻和其他生命。和今天地球上的生命一样，远古的生命也离不开液态水。

科学家们认为，地球并不是唯一存在水的太阳系天体。一些科学家认为，谷神星上的淡水比地球上更多。科学家们也认为，火星上一些地表特征，如**图22-12**所示的冲沟，就是液态水切割导致的，火星上的水甚至仍可能短暂流动。土星和木星的某些卫星内部也可能含有水。

今天，寻找宇宙中的生命的焦点都集中在寻找水上。从南极冰川到深海热液喷口，地球上发现生命的所有环境中几乎都含有水。科学家认为，在太阳系其他天体的类似环境中也可能存在简单生命体。

第3节 本节回顾

要点梳理

- 地球上的大气和海洋在地球形成之初就开始形成了。
- 元古宙时期，蓝藻的光合作用累积了氧气。
- 岩石中可以发现大气中含有氧气的证据。
- 地球上的海洋水主要有两个来源。

要点理解

1. 主要概念 **解释** 为什么大气中含有足够的氧气对于生命进化来说十分重要？
2. **解释** 科学家们如何推断出古代的蓝藻可以产生氧气？
3. **描述**条带状含铁建造和氧气的关系。
4. **描述**地球上的海洋水来自哪里。

批判性思维

5. **断定** 如果大气中没有氧气，地球将会是什么样子？

地学计算

6. 如果小行星每50 000年携带的水能使地球海洋水深增加1 cm，现在海洋的平均深度是3 700 m。假如地球上水的来源只有这一个，那么要花费多少年这些水才能填满海洋盆地？

第4节 地球上的早期生命

主要概念 地球形成约10亿年后，地球上开始出现生命。

核心问题

- 如何通过实验证明地球上生命的起源？
- 原核生物和真核生物有什么区别？
- 如何描述地球早期的多细胞生物？

关键术语

氨基酸
原核生物
真核生物
埃迪卡拉生物群

地球科学在你身边 如果你闻过含氨水的家庭清洁剂，你就知道它味道辛辣、刺鼻。然而，一些科学家认为，氨气对于地球上生命的起源至关重要。

生命的起源

你已经知道，化石证据表明35亿年前地球上就出现了蓝藻。虽然蓝藻是简单生物，但是生成氧气的光合作用是复杂的，而且蓝藻很有可能是从更简单的生命体进化而来的。大部分科学家认为，地球形成初期，小行星和流星体频繁地撞击地球，一直到39亿年前，地球上可能都没有生命。地球上最初的生命体从何而来、如何发展等问题依然是目前热门的研究领域。

原生汤 20世纪上半叶，科学家们猜测早期的大气中含有氢气、甲烷和氨气。一些生物学家认为，这种大气条件加上闪电产生的巨大能量，会生成地球浅海中的有机“**原生汤**”(**primordial soup**)。primordial的意思是最早的或原始的。

1953年，斯坦利·米勒和哈罗德·尤里设计了一套设备来检验这个假设，如**图22-13**所示。他们用一个充满氢气、甲烷和氨气的容器来模拟原始大气。容器下部连接有另一个容器，用来接收上部容器中产生的物质，再用钨电极制造火花来模拟大气中的闪电。实验开始仅仅一个星期之后，下部容器内就出现了有机分子——原生汤。

图22-13 1953年，斯坦利·米勒和哈罗德·尤里对地球早期能否形成有机分子进行了实验。

不确定因素　米勒和尤里的实验中产生的有机分子包括**氨基酸**(amino acid),它是组成蛋白质的基础。米勒和尤里第一次用实验证明了在地球早期环境下,能生成生命起源必需的氨基酸和其他有机分子。然而地球早期的大气中,主要是火山喷发的气体,如二氧化碳、水蒸气、氨气、甲烷与氢气。当用这些气体混合物模拟实验时,并没有产生大量的氨基酸。于是,科学家们开始怀疑这些过程是否足以解释生命起源。另外一些科学家还在继续研究与米勒—尤里实验类似的海洋环境中生成氨基酸和出现生命的可能性。

其他方案　因为米勒—尤里实验条件中的不确定因素,科学家提出了其他不同的方案,对生命起源的途径和条件进行新的实验,其中一些实验如**表22-1**所示。有些科学家认为,氨基酸可能形成于宇宙的其他地方,通过陨石或彗星运输到地球上。他们的实验表明,有机分子的化学合成有可能发生在星云中,小行星上已经发现了氨基酸。另外一些科学家认为氨基酸可能来源于地球或海洋的深处,实验表明那里的条件有利于化学合成,已经有人在3 km深的地方发现了有机体。

表22-1　地球生命起源的三种假设

	地表	地球深处	太空

假设	生命起源于地表温暖的浅海	生命起源于深海的热液喷口	陨石和彗星将有机分子带到地球
必要条件	大气中必须有氢气、甲烷和氨气	生命必须能存活于高温高压条件	地球之外的环境中存在有机分子
证据	模拟实验产生了氨基酸	热液喷口的模拟实验产生了氨基酸	一些小行星中含有氨基酸
缺点	地球早期的大气中可能没有足够的必要气体	热液喷口温度太高,不适合有机分子存活	目前,受科学技术所限,很难检验

现在有研究指出，生命可能起源于深海的热液喷口。在这个环境中，具备了生命起源所需的能量和营养。如**图22-14**所示，在热液喷口附近，生活着大量独特的有机体——嗜极生物。

没有一个理论能确切解释生命起源的所有问题，可能上述所有理论都与生命起源相关。无论生命如何出现，我们知道那个时候生存环境恶劣，地球生命可能经历过多次反复的过程。39亿～35亿年前生命起源的时候，行星撞击地球的事件依然很频繁。这期间如果发生大的撞击事件，很可能使许多早期生命消亡。

RNA的世界 尽管已有实验表明，地球早期可能存在氨基酸，但科学家们仍在研究氨基酸如何组成复杂的蛋白质或其他生命有机分子。生命的一个基本特征就是有繁殖能力，而所有细胞的繁殖都需要RNA和DNA。在现代生物体中，RNA携带和转化细胞运转必需的指令。RNA和DNA都需要酶才能复制。

最近的实验表明，一些叫作核糖酶的RNA分子能够起到酶的作用，因此它们可以在没有酶的条件下复制。这表示RNA分子可能是地球上最早被复制的分子。一个以RNA为基础的世界可能是无机世界和后来以DNA为基础的有机世界之间的过渡。

■ **图22-14** 这些管状蠕虫忍受着极端的高温高压，生活在海底2 km的热液喷口附近。

推测 *为什么热液喷口附近的压力很大？*

元古宙的生命

化石证据表明，直至元古宙末期，地球上的生物都是单细胞生物。这些生物属于**原核生物(prokaryote)**，它们没有细胞核。细胞核包含RNA和DNA，细胞中含有细胞核的有机体叫作**真核生物(eukaryote)**。**图22-15**反映了原核生物和真核生物在携带RNA和DNA上的区别。

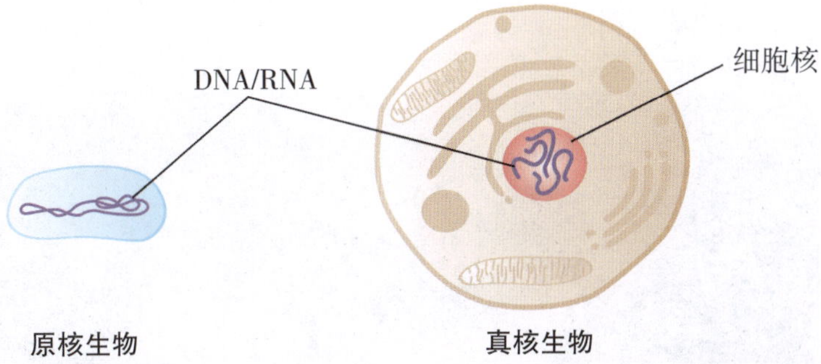

■ **图22-15** 与原核生物不同，真核生物的细胞核中含有DNA。

■ **图22-16** 7.5亿年前，地球大部分区域被冰覆盖，冰面中透过的一点光照为一些生命提供了能量。

简单的真核生物 真核生物可能是单细胞生物，也可能是多细胞生物。真核生物中含有细胞核和其他细胞结构，所以一般来说，真核生物比原核生物大。这在确定一个化石是原核生物化石还是真核生物化石的时候非常有用，因为很少有化石能够保留完整的细节让人来确定它的细胞中是否含有细胞核。已知的最早的真核生物化石是单细胞真核生物，发现于美国密歇根州21亿年前的条带状含铁建造中。

☑ **读后自查** **解释** 真核生物和原核生物的相对大小对古生物学家来说有什么用处？

冰雪地球 一些科学家认为，距今8亿～5.5亿年前，地球上存在一个冰期，它可能在地球早期许多单细胞真核生物的灭绝中起了至关重要的作用。那时，地球上冰川分布十分广泛，以至于地质学家将当时的地球比作一个巨大的雪球。全世界的古冰川沉积证据表明，当时的冰川几乎延伸到赤道，甚至海洋也是冰冻状态。尽管这段时间内，许多物种灭绝，但还是有一些生物存活了下来。这些生物可能就生活在深海的热液喷口附近或者是透过破碎冰面有光照的地方，如**图22-16**所示。

多细胞有机体 冰川退缩到极地后不久，气候戏剧性变暖，许多海洋多细胞有机体出现在岩石记录中，不过它们可能并不是最早的多细胞生命体。1947年，在澳大利亚的埃迪卡拉山发现了一些该时期的化石。这些化石统称为**埃迪卡拉生物群（Ediacaran biota）**，从这些化石中能看出大型软体真核生物的痕迹。**图22-17**是这些有机体模拟还原的图片。

■ **图22-17** 这张埃迪卡拉纪海洋的重建图片展示了地球早期多细胞有机体可能的模样。它们的长度从几厘米到两米不等。

埃迪卡拉生物群 埃迪卡拉生物群的发现最初似乎回答了地质学上一个最为神秘的问题——为什么寒武纪时期存在的复杂多样的有机体没有相应的化石祖先？埃迪卡拉生物群似乎提供了复杂有机体的祖先的化石证据。如**图22-18**所示，某种埃迪卡拉有机体的整体形态和海鳃相似，还有一些有机体与水母、分节蠕虫、节肢动物和棘皮动物也非常相似，这些正是地质学家期望能够发现的动物的祖先。

然而，进一步研究后，一些科学家开始怀疑之前的结论，并提出新的论点：埃迪卡拉生物群和现代动物群落没有亲缘关系，而是代表了一个特有的生物群。他们指出，埃迪卡拉生物群的化石中没有任何一种具有嘴、肛门和内脏的特征，而且几乎没有证据表明这些生物可以移动。因此，关于这些化石的确切性，科学界还一直存在争议。

图22-18 一种埃迪卡拉有机体和现在的海鳃很像，科学家们认为这两者之间可能有联系。

物种灭绝 近年来，地质学家在世界各地都发现了埃迪卡拉化石，这表明这些有机体曾广泛地分布在晚元古宙的浅海中。它们似乎在6亿～5.4亿年前非常繁盛。后来，绝大部分埃迪卡拉生物群在一场显然是大规模的灭绝事件中消失了，与现代动物门类有关的有机体则开始在海洋中出现。

第4节 本节回顾

要点梳理

- 科学家认为地球上的生命起源于39亿～35亿年前。
- 斯坦利·米勒和哈罗德·尤里率先通过实验证明早期地球可以合成有机分子。
- 科学家提出了几种有关生命在哪里以及如何起源的假设。
- 真核生物的出现晚于原核生物。
- 前寒武纪末期，地球上的多细胞有机体开始进化。

要点理解

1. 主要概念 **列出**关于生命起源的三种假说，并逐一描述支持各假说的证据。
2. **解释** 为什么科学家认为地球上的生命起源于39亿年前？
3. **识别** 米勒和尤里认为组成地球早期大气的物质成分有哪些？
4. **对比与比对**原核生物和真核生物。
5. **讨论** 为什么有些科学家认为埃迪卡拉生物群不能代表现代动物群？

批判性思维

6. **假设** 提出埃迪卡拉生物群灭绝的一种原因。

地学写作

7. 写一篇关于发现一处含前寒武纪末期化石岩层的新闻报道，并描述在这个岩层中发现的化石。

地球科学与技术

火星微环境

科学家对地球过去的气候条件和地球早期生命的发展等历史一直抱有疑问，他们对火星也同样好奇。

火星上有生命吗？ 正如大家所知，高强度的辐射和没有液态水的火星表面不太可能存在生命。然而，越来越多的证据表明，在火星表面以下曾经有过液态水，甚至现在可能仍然存在。科学家正在研究与火星环境类似的地球上的微环境点，这些点分布在像热液喷口等环境中，这些地方生存着地球上最顽强的生命。

硅和甲烷 火星任务的理想着陆点有一些特殊要求，比如能方便地获取岩石样品、过去水的痕迹或者曾经的生物活动痕迹。火星勘测轨道飞行器拍摄的一个可行的着陆位置的照片显示，该处有一个明亮的土堆，这可能是一座火山上的硅沉积。在热液和蒸汽的作用下，硅可以被溶解、搬运和浓缩，而且它在火山上的位置类似于地球上热液喷口附近的硅沉积。

另外一个可行的地点是一个已经探测到甲烷气体的地方。在火星上的夏季，夏威夷W. M.凯克天文台的分光仪在三个明显的区域监测到了大量的甲烷气柱。地球大气层中的大部分甲烷都是由生物活动或者地质过程产生的，但火星上的甲烷究竟从何而来，研究者们至今还没有充分的数据来回答这个问题。

好奇号 2012年着陆的火星科学实验室，也称“好奇号”的火星探测器对火星过去或现在是否存在微生物生命体进行了调查。它由放射性同位素热电发生器驱动，通过放射性衰变产生的热能发电。“好奇号”火星探测器能用激光击中7 m外的岩石。它的光谱分析仪能利用闪光来识别每一块岩石中包含的元素。当它穿过太空或者在火星上穿梭时，搭载的辐射评估装置会监测太空或者火星上的辐射水平，为以后的载人飞行任务提供重要信息。

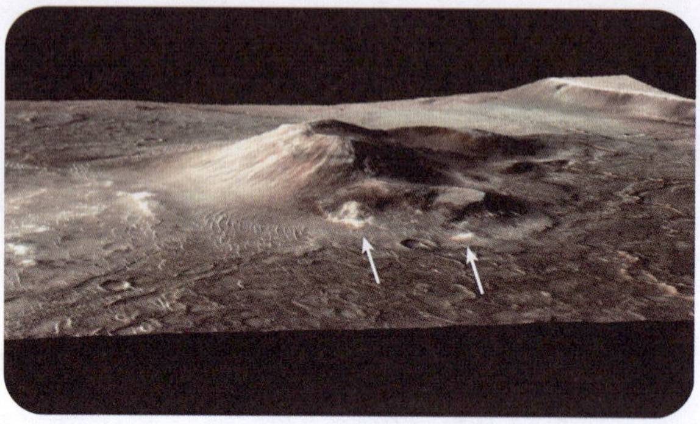

这张假彩色图像显示，尼里帕特拉火山口的火山锥上有色彩明亮的沉积物。科学家们认为这些沉积物可能是硅，这说明该地的环境曾经适合微生物生存。

关于地球上生命体的极端生存环境研究，不断突破了我们对生命体生存条件的认知。这些研究也为科学家们探索火星和太阳系其他地方的生命生存条件拓宽了思路。

地学写作

讨论 研究有关未来火星探索和数据收集的技术更新情况。将你的研究结果总结下来，并和你的同学讨论下列问题：为什么要采取措施阻止地球有机体对火星产生污染？

绘制陆地的增长

实验背景：前寒武纪时期，微大陆和岛弧碰撞，形成了现代大陆的前身。

实验问题：岩石年龄分布对科学家们重建大陆发展顺序有什么帮助？

实验材料

岩石样品

纸

米尺

彩色铅笔

实验步骤

假设你在一个地质调查队里工作，你们的任务是更新一块大陆的地质图，并且你已经得到了这块大陆上不同地区的岩石样品的年龄数据。

1. 阅读并遵守实验室安全守则。
2. 老师会在教室里选择几个位置，并在每个位置放一块岩石样品。画一个房间的草图，并在图中标出岩石的位置及其年龄。
3. 测量并记录岩石间的距离。
4. 根据上面的数据画一幅教室的简图，比例尺为1 cm=1 m。
5. 用铅笔在图上画线，将不同年龄的岩石分开。
6. 用不同颜色的彩色铅笔给图上含有相同年龄岩石的区域着色。这些区域是你的地质年龄省。
7. 画一个地图图例，并以从老到新的顺序分别标注"A省""B省"等。

实验分析

1. **对比** 将你的地图和其他同学的地图进行对比。
2. **区分** 你的地图上，岩石年龄最老的省在哪里以及它位于其他省的什么方位？
3. **描述** 根据你的地图，描述形成大陆的碰撞事件的顺序。
4. **数据解读** 在你的地图上找出最有可能发现变质岩的地方，并确定可能是哪种变质作用导致的。
5. **数据解读** 在你的地图上，最高、最崎岖的山脉在哪里？风化最厉害的山脉在哪里？请解释原因。

技能应用

时间轴 制作一条时间轴，表示**图22-7**中北美大陆的扩张顺序。

第22章 复习指南

大概念 海洋、大气和生命都陆续形成或出现于前寒武纪时期的三个宙，这段时期也占据了地质历史时间的近90%。

第1节 早期的地球

关键术语
- 锆石
- 陨石
- 小行星

主要概念 一系列证据表明，地球的年龄是46亿年。

要点梳理
- 科学家利用地球上的岩石、锆石晶体，月球上的岩石和陨石来确定地球年龄。
- 早期地球的热量来源可能是重力收缩、放射能以及来自小行星和流星体对地球的撞击。
- 地球的冷却导致了液态水的形成。

第2节 地壳和陆地的形成

关键术语
- 重力分异
- 微大陆
- 克拉通
- 前寒武纪地盾
- 加拿大地盾
- 劳伦西亚大陆

主要概念 早期地球表面布满了熔岩，这些熔岩后来形成了如今的地壳和大陆。

要点梳理
- 地球形成之初，由于重力分异形成了不同密度的圈层。
- 在元古宙时期，板块构造导致微大陆碰撞并黏合在一起。
- 劳伦西亚大陆的形成是因为众多的造山事件。
- 地球上最早的超级大陆的形成和解体都发生在元古宙。

第3节 大气和海洋的形成

关键术语
- 蓝藻
- 叠层石
- 条带状含铁建造
- 红层

主要概念 地球上原始大气和海洋形成后，为生命起源提供了适宜的环境。

要点梳理
- 地球上的大气和海洋在地球形成之初就开始形成了。
- 元古宙时期，蓝藻的光合作用累积了氧气。
- 岩石中可以发现大气中含有氧气的证据。
- 地球上的海洋水主要有两个来源。

第4节 地球上的早期生命

关键术语
- 氨基酸
- 原核生物
- 真核生物
- 埃迪卡拉生物群

主要概念 地球形成约10亿年后，地球上开始出现生命。

要点梳理
- 科学家认为地球上的生命起源于39亿～35亿年前。
- 斯坦利·米勒和哈罗德·尤里率先通过实验证明早期地球可以合成有机分子。
- 科学家提出了几种有关生命在哪里以及如何起源的假设。
- 真核生物的出现晚于原核生物。
- 前寒武纪末期，地球上的多细胞有机体开始进化。

第22章 复习检测

术语回顾

根据下列描述找出复习指南中对应的术语。

1. 位于火星和木星之间，并绕太阳公转的天体。
2. 组成大部分北美大陆的古大陆名字。
3. 地球上最早进行光合作用，并产生氧气的有机体。
4. 较重的物质向星球的中心下沉，较轻的物质在它的表面集中的过程。

根据复习指南中的术语，回答下列问题。

5. 蛋白质的组成是什么？
6. 北美洲的前寒武纪地盾叫什么名字？
7. 岩石中含有铁和燧石交替条带的构造叫什么？
8. 哪一种生物的细胞核中有DNA？

从复习指南中选取合适的术语填空。

9. ________ 是元古宙时期进化的多细胞真核生物。
10. ________ 是一种稳定矿物，常常用于测定前寒武纪时期的岩石年龄。
11. ________ 是微生物在浅海制造的高地。
12. 大陆中古老并且稳定的部分叫作 ________。

理解要点

13. 下列哪个过程对地球早期大气的形成有影响？
    - A. 排气作用
    - B. 重力分异
    - C. 结晶过程
    - D. 光合作用
14. 下列哪项不是早期地球的热源？
    - A. 陨石的撞击
    - B. 热液能
    - C. 重力收缩
    - D. 放射能

根据下图，回答第15～16题。

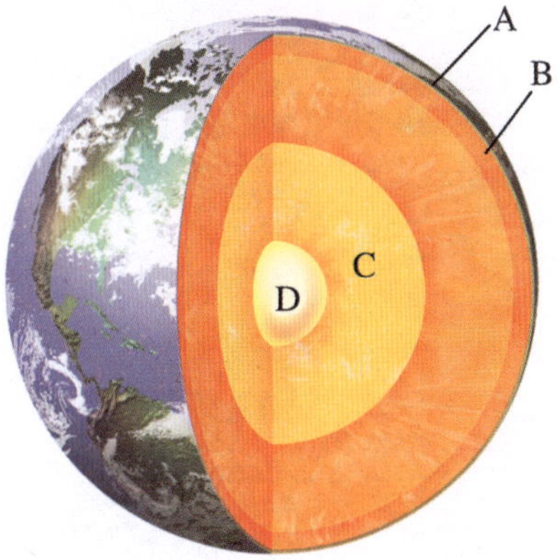

15. 哪个部分的密度最大？
    - A. A　　B. B
    - C. C　　D. D
16. 在哪个区域能够发现花岗岩？
    - A. A　　B. B
    - C. C　　D. D
17. 为什么氧气对地球上的生命至关重要？
    - A. 植物用氧气来进行光合作用
    - B. 蓝藻细菌和叠层石需要氧气才能生存
    - C. 它是地表热量的来源
    - D. 保护地球上的生命免受太阳紫外线辐射的伤害
18. 科学家们普遍公认的地球年龄是多少？
    - A. 4 600年
    - B. 460万年
    - C. 46亿年
    - D. 4 560亿年
19. 陨石是什么的碎片？
    - A. 太阳
    - B. 小行星
    - C. 行星
    - D. 月球

根据下图，回答第20题。

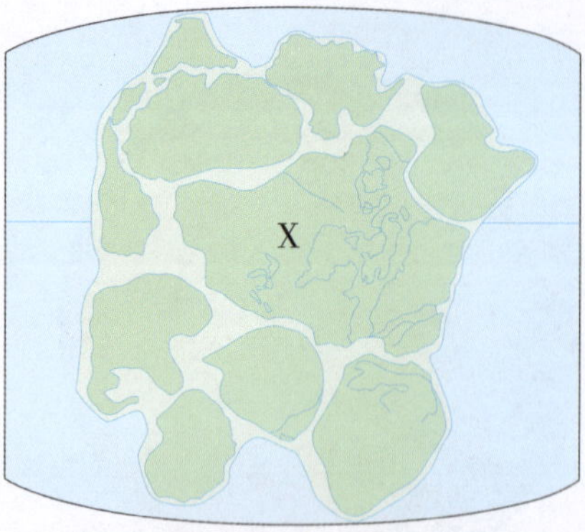

20. 在罗迪尼亚超大陆中，用X标记的大陆叫什么名字？

A. 波罗地大陆

B. 亚马孙大陆

C. 冈瓦纳大陆

D. 劳伦西亚大陆

21. 下列哪种岩石的放射性年龄测定结果可能是最古老的？

A. 石英　　**B.** 花岗岩

C. 锆石　　**D.** 变质岩

22. 地球上最早的生命形式是什么？

A. 真核生物

B. 原核生物

C. 核糖酶

D. 埃迪卡拉生物群

23. 根据**图22-6**，美国亚利桑那州的基岩年龄是多少？

A. 10亿～13亿年

B. 18亿～20亿年

C. 16亿～18亿年

D. 大于25亿年

简要概述

24. 列出科学家用于确定地球年龄的证据。

25. 指出组成地球早期大气的气体来源。

26. 解释重力收缩是如何加热地球的。

27. 讨论超级大陆是如何形成的。

28. 解释　为什么地球早期的地壳已经不复存在？

29. 解释　为什么科学家们认为蓝藻不是地球上最初的生命形式？

30. 评定　红层如何证明元古宙中期大气中含有氧气？

批判性思维

31. 指出现在地球内部热量的来源。

32. 解释　为什么现在的地球大气中几乎没有氢和氦？

33. 讨论　科学家们是如何推测出存在早冥古宙的？

根据下图，回答第34题。

34. 讨论　照片中的构造和大气中的氧气有何联系？

35. 评价　如何用均变论的概念解释第34题的答案？

根据下图，回答第36题。

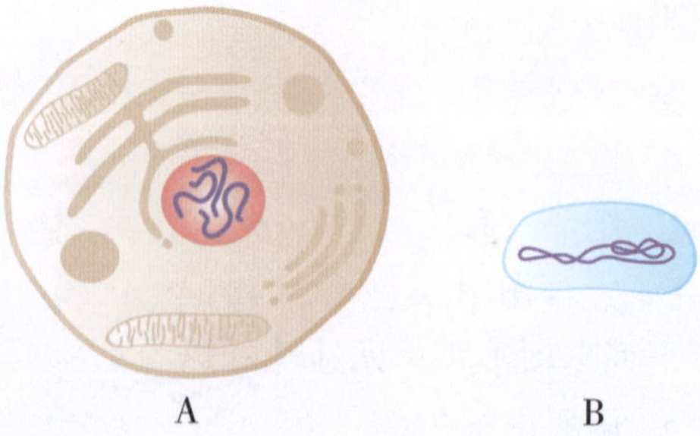

36. 指出　上图中哪个是真核生物细胞？哪个是原核生物细胞？请解释两者的区别。

37. **推断** 如果地球上从来没有出现生命，大气的组成会是什么样的？

38. **讨论** 科学家们提出的“RNA的世界”是什么意思？

根据下图，回答第39题。

39. **解释** 图示过程对海洋的形成有什么影响？

40. **解释** 如果你想寻找太古宙生命的证据，你要去北美洲的哪里寻找？

41. **评估** 液态水和氧气，哪一个对生命的起源更重要？

42. **地球科学相关职业** 假设你有一块来自一个遥远的类太阳系中类地行星的岩石样品。请设计一个实验，测定行星的年龄。

43. **评估**冰雪地球对于生命进化的重要意义。

概念图解

44. 绘制一幅概念图，解释有关地球大气中氧气的起源及影响。在概念图中使用下列术语：*氧气*、*呼吸作用*、*臭氧*、*光合作用*和*蓝藻细菌*。

挑战难题

45. **提议** 如果大陆地壳和大洋地壳由相同的物质组成，地球将会是什么样子？

地学写作

46. 假设你的太空飞船已经降落在一个行星上，你认为该行星上有类似蓝藻的生命体。给你的好朋友写一封信，解释你看到的飞船窗外的景象。

材料分析

地球上的岩石年龄差别很大，但是它们在时间上并不是均匀分布的。也就是说，关于地球过去不同时间段的历史，我们并没有同等数量的信息。利用下面的数据回答下列问题。

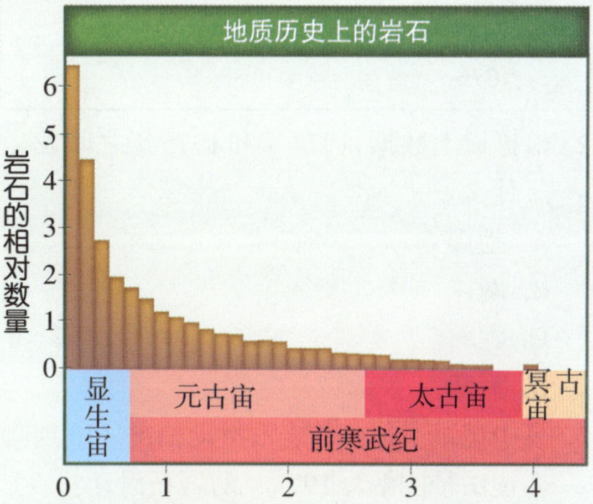

资料来源：Schopf, J.W. 1999. *Cradle of Life: The discovery of Earth's earliest fossils.* Princeton: Princeton University Press.

47. 哪一个宙的岩石记录最复杂？

48. 地质时间上看，岩石数量的明显变化趋势是什么？

49. 为什么表上的数据会有这种趋势？

综合复习

50. 为什么冬天使用盐溶解道路上的冰，会对地下水资源产生不利影响？(**第10章**)

51. 解释均变论。(**第21章**)

综合 标准化测试

选择题

1. 下列哪个年代单位最小？
   A. 宙　B. 代
   C. 纪　D. 世

根据下表，回答第2～3题。

断层线活动情况	
年份	岩石滑动距离(mm)
1973	5
1974	8
1975	300
1976	10

2. 根据以上数据，1974年和1975年之间发生了什么？
   A. 地震
   B. 飓风
   C. 泥石流
   D. 海啸
3. 表中记录了每年的岩石滑动情况。下列哪个说法最能解释1973年的岩石滑动？
   A. 每年都有某些形式的地震出现
   B. 岩石的上升运动对科学家们来说预示着地震即将到来
   C. 这次滑移太轻微，所以人们没有感觉到
   D. 断层滑动和地震后的余震相似
4. 气压差异会导致什么？
   A. 风　B. 云
   C. 雨　D. 雷电
5. 下列哪项不是气候变化的原因？
   A. 纬度
   B. 锋面系统
   C. 地形
   D. 气团
6. 下列哪种化石中保留了有机体的原始结构？
   A. 印模化石
   B. 矿物替代化石
   C. 铸型化石
   D. 遗迹化石

根据下图，回答第7～8题。

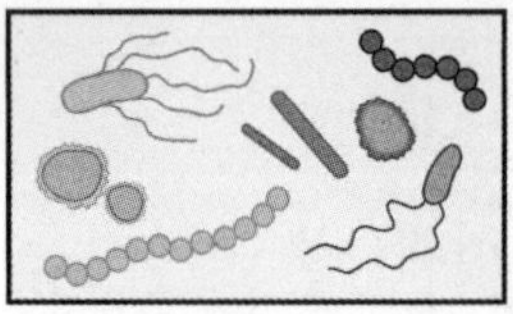
A组

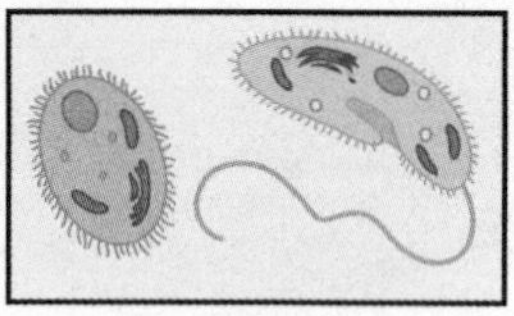
B组

7. A组生物与B组生物相比，有什么不同？
   A. A组生物属于植物界
   B. A组生物发现于元古宙化石中
   C. A组生物不含细胞核
   D. A组生物都是单细胞生物
8. B组生物在冰雪地球时期起源于哪里？
   A. 冰川
   B. 热液喷口
   C. 澳大利亚动物群
   D. 石油沉积
9. 下列哪种图表能够最好地反映一段时间内的火山喷发数量？
   A. 折线图
   B. 扇形图
   C. 统计图表
   D. 柱状图
10. 板块边界挤压导致强烈的变形，从而形成山脉的过程叫什么？
    A. 造山运动
    B. 汇聚作用
    C. 分离作用
    D. 横向运动

简答题

根据下图，回答第11～12题。

11. 最先提出这种观点的科学家是谁？

12. 支持这个假设的证据有哪些？

13. 大洋地壳和大陆地壳有什么区别？

14. 为什么山在地下有山根？

15. 为什么不是所有地面上的水都能被吸收？

16. 测定大峡谷多层沉积岩的相对年龄时，要使用什么地质法则？请解释形成水平岩层的作用力。

阅读理解

阿基利亚岩石分析

阿基利亚是格陵兰岛西南海岸的一个小岛。过去，科学家分析此地发现的岩石后确定，该地至少有38.5亿年的历史，并且还包含有关地球上最早的生命体的证据。"不是这样的。"地质学家克里斯·费多和马丁·怀特豪斯说。费多说："在几十亿年间，(这些岩石)已经在地下被压扁了数十米。地下的岩石已经严重变形，要研究这些不同岩层间的原始关系已经变得异常困难。"岩层中的一些条带在厚度上显示出不规则变动，这种模式不是由沉积作用产生的。"这些条带没有沉积起源，"费多继续说道，"当然，我们认为绿色条带是火成岩。"如果条带状岩石是火成岩，那么阿基利亚岩石可能形成于没有生命的海洋里，这些岩石中也就不可能含有地球早期生命的痕迹。

资料来源：Harder, B. New analysis throws age of life on earth into doubt. *National Geographic News.* May 23, 2002. (Online resource accessed October 1, 2006.)

17. 从这篇文章中可以推断出什么结论？

A. 格陵兰岛是地球上最古老的陆地

B. 沉积岩比火成岩更可能包含化石

C. 岩石中的绿色条带使得岩石年龄的测定变得困难

D. 只有文中的科学家认为地球年龄少于45.6亿年

18. 知道地球年龄对科学家们的研究来说有什么帮助？

需要更多帮助？																
如果你回答错误……	1	2	3	4	5	6	7	8	9	10	11	12	13	14	15	16
请复习相应章节……	21.1	19.1	19.1	11.2	14.1	21.4	22.4	22.4	1.3	20.2	17.1	17.1	20.1	20.2	10.1	21.2

第23章

古生代、中生代和新生代

大概念 随着大陆逐渐移动到今天的位置，生命体在显生宙的三个地质年代里也向着多样化与复杂化的方向发展。

内容提要

1 古生代
2 中生代
3 新生代

起步实验

科学实验室

石油是怎样储藏在岩石中的？

很多沉积岩的孔隙中都包含石油和水。沉积岩中如何储藏这些物质？在本实验中，你将模拟石油和水在岩石中的流动。

实验步骤

1. 阅读并遵守实验室安全守则。
2. 将一块砖块或者砂岩放在桌子上。
3. 在加油或水之前，绘制并标记砖块或砂岩的放大截面。
4. 用滴管慢慢地将水或油滴到砖块或者砂岩上，每分钟3~5滴，持续10分钟。
5. 将加水或油之后的砖块或砂岩的截面绘制下来。

实验分析

1. **推断** 仔细观察砖块或者砂岩，滴入的水或油都去哪里了？
2. **对比与比对** 加入水或油前后，砖块或者砂岩的截面图。
3. **总结** 自然界中的岩石是如何储存水和油的？

折叠式 学习卡

根据右图所示，制作一张三格折纸，分别标注早古生代、中古生代和晚古生代。用它来整理你学习古生代生命形式过程中的笔记。

当杉木的树皮被划破后,会分泌树脂,树脂硬化后可以形成琥珀。困在琥珀里的昆虫的细胞结构可以保存几百万年。

第1节 古生代

主要概念 古生代时期，生命形式逐渐变得复杂，与此同时，大陆碰撞形成了泛大陆。

核心问题

- 什么是被动大陆边缘？
- 海进和海退如何反映海平面变化？
- 古生代期间的什么构造事件塑造了劳伦西亚大陆？
- 如何总结古生代的生命体变化过程？

关键术语

古地理
被动边缘
海进
海退
寒武纪大爆发

地球科学 在你身边 你是否注意过，有些事情在某一刻突然就发生了？例如，你发现学校里的同学们突然开始讨论起一个昨天还默默无闻的乐队。在古生代的岩石中，也突然出现了一套全新的、复杂的生命形式的完整记录。

古生代的古地理

显生宙三个代的地质活动在岩石记录方面是非常具有代表性的。通过研究这些记录，地质学家可以重建消失已久的大致景观。一个区域的古代地理环境叫作**古地理**（**paleogeography**）。显生宙第一个代——古生代的古地理是根据罗迪尼亚超大陆的分裂定义的。随着这个分裂的持续进行，多细胞生命体进化得越来越复杂，如**图23–1**所示。

被动边缘 我们知道，在古生代早期，组成古北美洲大陆的劳伦西亚大陆是从罗迪尼亚超大陆中分裂出来的。它位于赤道附近，四周被海洋包围，而且几乎全部被热带浅海覆盖。整个寒武纪时期，劳伦西亚大陆没有板块构造活动，因此没有山脉形成。陆地的尽头称作边缘，而那些没有构造活动的大陆边缘叫作**被动边缘**（**passive margin**）。整个寒武纪时期，劳伦西亚大陆的边缘都是被动边缘，因为这里没有发生构造运动。

■ **图23–1** 经过古生代的六个纪，生命形式变得更加复杂。

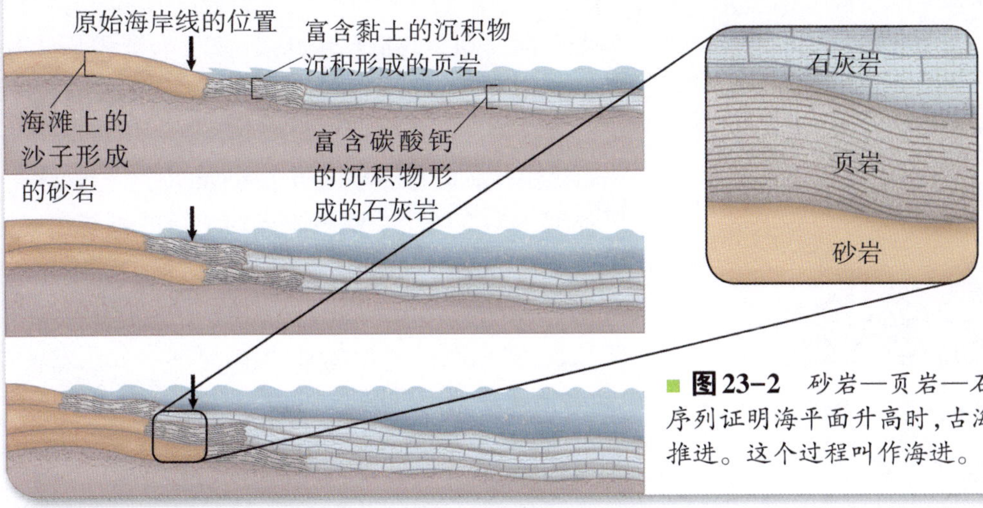

■ **图 23–2** *砂岩—页岩—石灰岩的垂直序列证明海平面升高时，古海岸线向陆地推进。这个过程叫作海进。*

岩石记录中的海平面变化

古地理学家从保存在被动大陆边缘的岩石序列中，了解了很多有关古海岸线的内容。这些序列在制作海平面升降图时非常有用。为了理解这些内容，我们首先需要知道在海岸线上，沉积岩是如何沉积的。

海岸线位置 潮汐将颗粒状的沙子和其他沉积物带到岸上，形成沙质海滩，而更小的黏土颗粒（<0.002 mm）则被潮汐带走，并沉积在近海中。含碳酸钙（$CaCO_3$）的有机体死亡后沉入海底，并在离海岸线更远处的海底形成碳酸钙沉积。最终，沉积在海滩上的沙变成砂岩，近海的黏土被压缩成页岩，而海底的碳酸钙沉积形成了石灰岩，如**图 23–2** 所示。

海进 当海平面升高或降低时，沉积物的位置就会发生改变。如**图 23–2** 所示，当海平面上升时，海水向陆地侵入，海岸线向陆地推移，现在的海滩就到达了一个过去干燥的区域，而原本黏土沉积的近海区也向岸边推移，覆盖在原先海滩沉积物的上部。这个过程叫作**海进（transgression）**。海进的结果是深海相沉积物覆盖在浅海相沉积物之上，在岩石记录中出现垂直或阶梯状的砂岩—页岩—石灰岩沉积序列。

海退 当海平面下降时，海岸线向海洋方向推进的过程叫作**海退（regression）**。海退的结果是浅海相沉积物覆盖在深海相沉积物之上，证据是一个石灰岩—页岩—砂岩的沉积序列。

■ **图23-3** 新墨西哥州白沙国家公园里的白色沙子由古蒸发岩沉积中的石膏组成。

蒸发岩 科学家们还通过研究**蒸发岩**(evaporite)沉积来了解海平面波动。我们已经知道，蒸发岩沉积是从可溶性矿物的饱和水中结晶出来的岩石，一些蒸发岩沉积还与化石礁有关。

化石礁由一种叫作珊瑚的微小生物的碳酸盐骨骼组成。礁体通常形成一个与陆地或岛屿平行的长条护堤，它们吸收了向海的一侧海浪冲击的能量，保护了礁体后侧的环境免受波浪冲击。礁体后侧的平静水体叫作潟湖。在热带，受温暖的阳光影响，潟湖里的水分蒸发，像石盐、石膏等矿物就会沉淀下来。经过漫长的时间后，蒸发岩沉积序列也能反映海平面的变化。

☑ **读后自查** **解释**蒸发岩和礁体之间的联系。

矿物沉积

古生代潟湖中沉积着大量的石盐和石膏蒸发岩。石盐可以作为道路用盐，石膏是生产灰泥和石膏板的原料。如**图23-3**所示，白沙国家公园里的白色沙子就是这种蒸发岩沉积的残留物。北美五大湖区域的其他蒸发岩沉积则可用于商业开采。

不渗透性 如**图23-4**所示，礁岩体石灰岩往往有很大的孔隙，石油或其他液体能够穿过。相反，蒸发岩则具有不渗透性，这意味着它们的孔隙非常小，液体不能透过。

当蒸发岩沉积在礁岩上时，相当于将石油层密封，阻止了石油的流动。一个很好的例子就是在二叠纪的盆地——得克萨斯州西部和新墨西哥州东南部的**二叠纪大礁复合体**(Great Permian Reef Complex)所在地，由于蒸发岩的紧密封锁，这个复合体里的石油几乎没向地表泄漏。

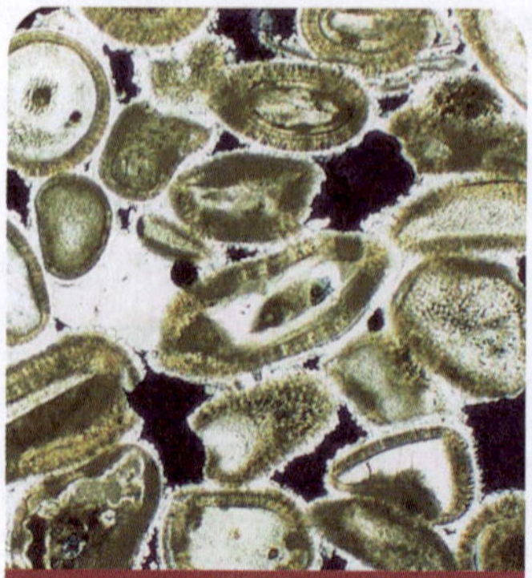

礁岩

蒸发岩

■ **图23-4** 礁岩体往往有很大的孔隙，能透过石油或其他液体。蒸发岩则相反。

推测 *为什么古蒸发岩沉积对于石油地质学家来说十分重要?*

影响海平面变化的其他因素　科学家发现，古生代末期的海进和海退重复了50多次。对此，地质学家们认为，气候与冰期旋回、地壳沉降和抬升、不同的沉积比率、板块运动等，都可能是造成古生代海进和海退交替的原因。

☑ **读后自查**　**推测**冰期如何影响海平面变化。

造山运动

在古生代第一个纪——寒武纪里，劳伦西亚大陆是稳定的，所以这个时期没有山脉形成。这个现象一直到奥陶纪才发生变化。在这个时期，劳伦西亚大陆和塔康岛弧发生碰撞，现在北美洲东北部的山脉开始隆起。这次事件叫作塔康造山运动。塔康造山运动形成了一些新的岛屿，并在劳伦西亚大陆东部边缘形成了活跃的火山带。纽约的塔康山就是这次事件留下的结果。

劳伦西亚大陆变形　在志留纪，劳伦西亚大陆东部边缘与波罗地大陆、阿瓦隆尼亚大陆发生碰撞后，进一步发生变形。波罗地大陆是今天的北欧和俄罗斯部分地区，阿瓦隆尼亚大陆是一个大洋岛弧。在**图23-5**中，你可以看到靠近劳伦西亚大陆的波罗地大陆和阿瓦隆尼亚大陆。造成这次变形的撞击叫作阿卡迪亚造山运动。它引起的变形作用给塔康造山运动的变形区造成了更多的褶皱、断层和火成岩侵入。

■ **图23-5**　在奥陶纪，波罗地大陆、阿瓦隆尼亚大陆与塔康岛弧发生碰撞。这是许多改变劳伦西亚大陆东部的古生代构造事件之一。

沃希托造山运动 另外一件改变劳伦西亚大陆的造山运动——沃希托造山运动发生在石炭纪，它是指劳伦西亚大陆东南部边缘和冈瓦纳大陆发生碰撞。冈瓦纳大陆最终形成南半球陆地，包括非洲和南美洲的古大陆。沃希托造山运动形成了阿肯色州和俄克拉何马州的沃希托山脉，这次撞击十分强烈，直到今天，科罗拉多所在位置的地壳仍在继续抬升。巨大的垂直断层将岩层抬升了至少2 km。地质学家将这次造山运动形成的山脉叫作古落基山脉。

阿勒格尼造山运动 随着冈瓦纳大陆与劳伦西亚大陆之间继续发生撞击，阿巴拉契亚山脉开始形成。这次事件叫作阿勒格尼造山运动，这是古生代时期影响北美东部的最后一次造山运动。在古生代末期，阿勒格尼造山运动完成的时候，阿巴拉契亚山脉可能已经比喜马拉雅山脉更高，而巨大的泛大陆也终于形成。

地球科学相关职业

古生态学家 古生态学家利用岩石或化石中的证据来研究古环境下的生态和气候。一些古生态学家将这些知识应用到了预测未来的全球气候变化上。

折叠式学习卡

将本节信息整合到你的折叠式学习卡中。

古生代的生物

泛大陆的形成是古生代的主要地质事件，但是古生代岩层还记录了另外一些戏剧性的故事。这些岩石中的化石表明，多细胞生物在古生代初期经历了广泛的多样化过程。前面已经学过，化石能帮助地质学家将地质时间与相关的地质景观对应起来。它还能够帮助古生态学家了解古环境下的生态。生态指的是生物和环境之间的关系。古生代的环境变化会导致当时的古生态变化。

数据分析实验

科学实验室

基于真实数据*

解释图表

你能发现时间吗？ 古生态学家通过研究有机体化石的形状和成分来了解它们曾经的生活环境和生活状态。化石还能用于解释气候的变化和了解过去。

时间记录的数据

地质年代	每天的时数	每年的天数	地质时间（百万年）
新生代	23.5～24	365～377	0～66
中生代	23.5～22.4	377～392	66～252
古生代	22.4～20	392～430	252～541

资料来源：Prothero, D.R., and R.H. Dott, Jr. 2004. *Evolution of the Earth*. New York: McGraw-Hill.

实验分析

1. **画一幅时间记录图。** x轴表示地质年代，一个y轴表示每天的小时数，另一个y轴表示每年的天数。

批判性思维

2. **确定** 4亿年前的一天有多少个小时？
3. **确定** 2亿年前的一天有多少个小时？
4. **确定** 1.5亿年前的一天有多少个小时？
5. **预测** 什么时候一天会有24.5个小时？

■ **图23-6** 这张艺术复原图中的生物是寒武纪硬体生物。

寒武纪大爆发 几乎所有生活在今天的海洋生物种群都出现于寒武纪初期。在寒武纪化石记录中，这种如此大规模的生物多样性增长叫作**寒武纪大爆发**(**Cambrian explosion**)。加拿大落基山脉中的布尔吉斯页岩，以及中国南部都发现过一些保存完好的寒武纪有机体化石。这些地方还发现了极为丰富的硬体生物化石，如**图23-6**所示生物的化石。

奥陶纪物种灭绝 在奥陶纪末期，寒武纪出现的海洋物种超过一半灭绝，存活下来的物种在数量上也大大减少。是什么导致了这次灭绝？地质学家在北非的岩石发现了冰川沉积的证据，那时，北非还位于南极。前面已经学过，冰期海水结冰，海平面下降，像今天一样，大量的海洋生物生活在大陆架相对较浅的水域。当海平面上升，大陆架变得更宽，海洋生物有更多的居住空间。然而，海退之后，大陆架变窄，也无法为大量的动物提供栖息地。

泥盆纪物种灭绝 奥陶纪的物种灭绝事件之后，海洋生物逐步恢复，并进化出新物种。在这个阶段，出现了大量脊椎动物，如鱼类和陆地上最早出现的四足动物。在晚泥盆纪，大约50%的海洋物种从地球上消失。一些科学家认为，这次灭绝事件也是由于全球变冷导致的，因为有证据表明这一时期某些大陆上出现了冰川。

迷你实验

科学实验室

模拟大陆架地区

大陆碰撞时，大陆架地区会发生什么变化？ 大陆碰撞导致生活在浅海大陆架地区的海洋生物的栖息地减少。

实验步骤

1. 阅读并遵守实验室安全守则。
2. 先用250 g橡皮泥做一个球，再将它压成0.5 cm厚的圆盘。用它来代表一块大陆。
3. 将另一块250 g的橡皮泥分成相等的两份，也像上面一样压成圆盘。
4. 再取250 g橡皮泥，搓成3个直径为0.5 cm的长条，将它们绕在橡皮泥圆盘的边缘，代表大陆架。
5. 用面积公式：面积$=\pi r^2$计算圆盘面积和圆盘加上大陆架的总面积。从总面积中减去圆盘面积得到大陆架的面积。
6. 按照步骤5，计算步骤3中两个大陆的面积。

实验分析

1. **评定** 两个小的大陆面积之和大还是一个大的大陆面积大？为什么？
2. **断定** 如果只有一个超级大陆的话，海洋生物的栖息地面积会受到什么样的限制？
3. **解释**动物栖息地的减少和物种灭绝之间的关系。

■ **图23–7** 这张艺术复原图还原了石炭纪沼泽的大致模样。

解释 *为什么石炭纪沼泽会产生煤炭沉积?*

陆生植物 奥陶纪和泥盆纪灭绝事件的出现主要影响的是海洋生物,对陆地上的生命几乎没有影响。在奥陶纪,一些简单的陆地植物开始出现。在石炭纪,第一个有种子的植物——蕨类植物进化形成。因为种子自身含有水和养分,这使得陆生植物在多种环境中都能够存活下来。

石炭纪沼泽 如**图23–7**所示,许多石炭纪的植物生活在低洼的沼泽里,这些植物死后,沉积物累积并最终形成煤炭沉积。沼泽还是昆虫的繁殖基地。在石炭纪的沉积物中,发现了已知的最大昆虫化石,其中包括一只翼幅达74 cm的蜻蜓,而已知的现代蜻蜓最大的翼幅只有19 cm。

二叠纪变化 二叠纪末期,发生了地球历史上最大的物种灭绝事件。二叠—三叠灭绝事件导致几乎95%的海洋生物消失。与奥陶纪末期和泥盆纪末期的灭绝事件不同的是,这次灭绝事件不仅影响了水生生物,还影响了陆生生物,65%以上的两栖动物和几乎三分之一的昆虫也一起灭绝。是什么原因造成了如此大规模的灾难?原因可能有很多,其中最主要的原因可能是泛大陆的形成导致浅海面积减小,海平面下降。只有一块大陆时,海退对栖息在大陆架上的生物有非常显著的影响。其他原因可能还包括西伯利亚火山爆发、大气中氧含量较低以及气候变化等。

第1节 本节回顾

要点梳理

- 科学家通过研究沉积岩和蒸发岩来研究过去海平面的变化过程。
- 劳伦西亚大陆东部是被古生代的许多造山运动改变的。
- 大量多细胞生物出现在古生代的第一个纪——寒武纪。
- 地球历史上最大的灭绝事件出现在古生代末期。

要点理解

1. 主要概念 **解释** 泛大陆的形成对生物进化有何影响?
2. **比较**比较海进和海退。
3. **讨论**石油沉积和蒸发岩之间的关系。
4. **评估**寒武纪生物大爆发的重要意义。

批判性思维

5. **推断** 古落基山脉形成之后发生了什么?
6. **预测** 能指示海洋物种灭绝的化石和岩石记录的变化是什么?

地学计算

7. 如果目前存在的物种有1 000万,平均每天有5.5个物种灭绝,那么现在存活的96%的物种灭绝需要多少年?

第2节 中生代

主要概念 中生代时期，爬行动物开始统治大陆，与此同时，泛大陆也开始解体。

核心问题
- 泛大陆的解体对地球生命和古地理有何影响？
- 北美西部的山是如何形成的？
- 什么原因可能导致非鸟类恐龙和其他中生代生物的灭绝？

关键术语
浮游植物
羊膜卵
铱

地球科学在你身边 你喜欢悬疑小说吗？科学历史上最大的未解之谜就是什么导致了非鸟类恐龙的灭绝。

中生代古地理

古生代末期的物种大灭绝为中生代的动植物创造了一个新的机会。地球上生命形式的变化变得十分激烈，如**图23-8**所示，一系列新的生物进化，填充了空旷的生境。虽然这些生物体中有的依然生活在现代地球上，但是统治当时海、陆、空的大型爬行动物或者其他有代表性的生物没有一种存活下来。在中生代末期，非鸟类恐龙全部灭绝。

泛大陆解体 中生代初期，单一的海洋和单一的大陆——泛大陆决定了地球的古地理。三叠纪晚期，泛大陆开始解体，来自泛大陆下地球内部的热量使得大陆膨胀，泛大陆脆性的岩石圈开始破裂。随着大的裂缝或裂谷的扩张，陆地开始分离。海水填充了裂谷，形成海上航道，一些大块地壳坍塌，形成深谷。整个中生代时期，气候都很温暖，甚至炎热，所以这个时期地球上没有形成冰期。

图23-8 虽然恐龙是中生代最有名的生物，但是这个时期还出现了很多其他生物。

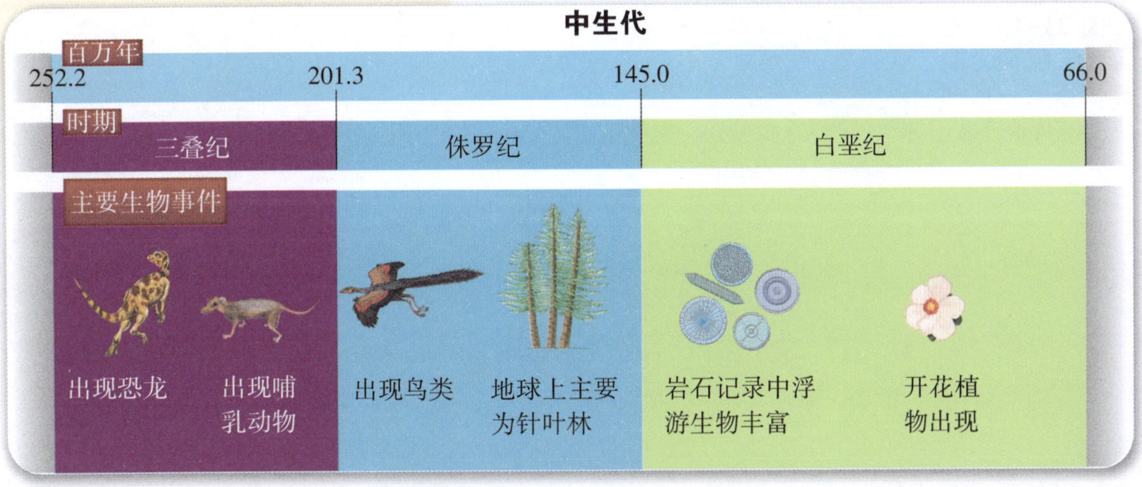

■ **图23-9** 红海和亚丁湾正在慢慢扩张成新的海上航道。

指出 *形成这个新的海上航道的构造力。*

海上航道 随着大陆持续分离，海洋中间的裂谷在裂缝处继续发展，扩宽的海上航道变成海洋。三叠纪时期，北美洲漂离欧洲和非洲，大西洋开始形成。一些扩张带连接在一起，形成了一个绵长、连续的裂谷，叫作大西洋洋中脊。正如前文所说，大西洋洋中脊至今仍然活跃，在扩张时，海洋深处会喷发出岩浆。如**图23-9**所示，红海和亚丁湾是非洲东部新的海上航道，因为大陆解体，今天它正以每年几厘米的速度慢慢变宽。

☑ **读后自查** **解释**大西洋是如何形成的。

海平面变化 大洋裂谷的形成可能是中生代时期海平面上升的一个原因。洋脊中喷发的炙热岩浆导致大量的海水冲向陆地。然而，在三叠纪末期，海平面下降，北美西部发展成荒凉的环境。像古沙丘证据显示的那样，这里的气候变得干旱，一些地区被厚厚的砂层覆盖。在侏罗纪时期，海平面再次上升，北美中部形成了一片浅海。白垩纪时期海平面继续上升，北美洲大部分地区被海洋覆盖。如**图23-10**所示，当时近三分之一的地球陆地被海水覆盖。

造山运动

古生代大陆碰撞改变了劳伦西亚大陆的东部边缘，而西部边缘依然是被动边缘。在中生代和新生代早期，情况却相反。随着泛大陆解体，大量的造山运动发生在劳伦西亚大陆的西部边缘，然而在东部边缘几乎没有造山运动。

■ **图23-10** 中生代晚期，地球将近三分之一的陆地表面被水覆盖。

三期科迪勒拉造山运动

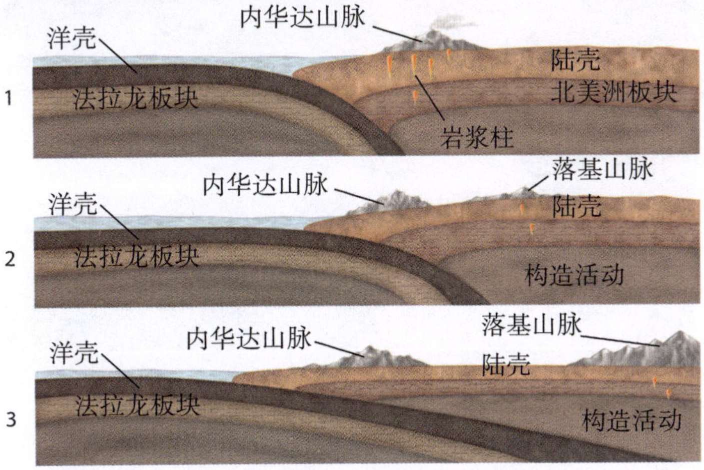

第一期
俯冲角度陡峭，速度缓慢
海岸附近有火山活动

第二期
俯冲角度低平，速度加快
大规模的逆断层
构造活动向内陆移动

第三期
俯冲角度变得更平缓，速度更快
构造活动继续向内陆移动
大型的垂直抬升

图 23-11 在三期科迪勒拉造山运动中，随着俯冲角度变缓、速度加快，出现了大型的断层和抬升，内陆更远的地方则形成了山脉。

科迪勒拉 发生在劳伦西亚大陆西部的大部分造山运动，是由于法拉龙大洋板块俯冲到劳伦西亚大陆的西部边缘之下所造成的。随着板块的下沉，形成了当今落基山脉、内华达山脉和其他北美西部山脉的许多结构特征。地质学家将这段时间内形成于北美西部的一系列山脉叫作**科迪勒拉**（**Cordillera**）。如**图 23-11** 所示，科迪勒拉造山运动有三期，每期俯冲的比率和角度都不同。

第一期 第一期出现在侏罗纪晚期和白垩纪早期，大洋板块俯冲过程缓慢，俯冲角度陡峭并产生岩浆，这个时期出现了内华达山脉。

第二期 科迪勒拉造山运动的第二期出现在白垩纪，俯冲速度加快，大洋板块以低角度下沉。结果是劳伦西亚大陆边缘几乎没有火山活动，而落基山脉地区内陆构造活动增多，出现了大规模的逆冲断层。

第三期 科迪勒拉造山运动的第三期从白垩纪晚期持续到新生代，与第二期相比，俯冲的角度更低，速度更快。这个俯冲速度甚至快到一些科学家认为大洋板块垂直抬升了北美洲板块。因此，第三期造山运动的特征是造成落基山脉大规模的垂直抬升以及火山活动的减少。今天，这个范围已经从墨西哥北部扩大至加拿大。

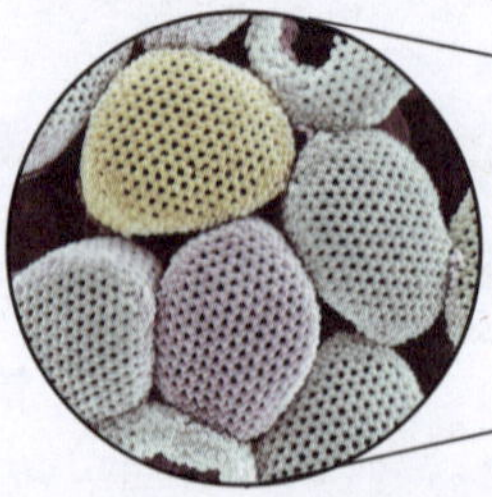

■ **图23-12**　英国的多佛白崖主要由含有小型浮游植物的化石组成。

中生代的生物

由于泛大陆在中生代早期开始解体，大量在泛大陆形成时失去的大陆架上的栖息环境得到了恢复。包括从大型肉食爬行动物到小型光合浮游植物在内的新海生生物，进化并填补了这些栖息地。**浮游植物（phytoplankton）**是组成海洋食物链基础部分的微型有机体。这些植物在白垩纪时期数量非常丰富，它们遗留下来的类壳状硬体部分可以在世界各地的许多白垩沉积中看到，包括英国著名的多佛白崖，如**图23-12**所示。

植物　古生代末期的寒冷气候终于在中生代结束，地球上的植物发生了巨大的改变。随着气候逐渐变暖，大范围的温带沼泽干涸。苏铁是没有真正花朵的种子植物。在侏罗纪时期，苏铁和银杏、松树以及其他的松柏科植物一起进化。到白垩纪时期，开花植物开始出现。

陆生动物　三叠纪晚期出现了原始哺乳动物和恐龙。然而，统治中生代的动物是爬行动物。爬行动物不像两栖动物那样，需要把自己的卵放在水中以防变干，它们把自己的卵放在干燥的陆地上，这种卵叫作**羊膜卵（amniotic egg）**。羊膜卵中含有胚胎发育所需的营养和水分。羊膜卵的进化，使得包括恐龙在内的爬行动物能够到更广阔的地方生活。

恐龙　初龙是爬行动物的始祖，包括恐龙类和鳄鱼类等。初龙独特的骨骼构造能让它们快速、灵活地移动。虽然蜥蜴和海龟以匍匐的姿态行走，但有些初龙的臀部结构特殊，例如一些恐龙的腿长在身体的正下方，它们能够以直立的姿势跑动，如**图23-13**所示。

■ **图23-13**　有些恐龙有独特的臀部结构，如图所示的迅猛龙，它能以直立的姿势跑动。

解释　*恐龙的姿态与其他爬行动物有何区别？*

表 23-1 显生宙主要的物种灭绝事件

灭绝事件	奥陶纪末期	泥盆纪晚期	二叠—三叠	三叠纪末期	白垩纪末期
大致时间(距今百万年)	440	360	250	200	65
物种灭绝的比例	57%的海生生物	50%的海生生物	95%的海生生物,70%的陆生生物	48%的海生生物	75%的海生生物,56%的陆生生物

物种灭绝 在中生代末期,一次大的物种灭绝事件毁灭了地球上的恐龙、绝大多数海生爬行动物、植物以及许多其他生物。今天,许多科学家认为当时大量的火山活动影响了地球气候,再加上白垩纪末期大型陨石撞击的共同作用,导致了这次物种灭绝事件。科学家们推测,这次撞击地球的是一颗直径至少为10 km的陨星。这次撞击将25万亿吨的岩石和沉积物扬起并卷入大气中,同时还导致了长时间的温室效应。这次撞击的证据有两个,一个是在墨西哥尤卡坦半岛的撞击点——希克苏鲁伯陨石坑,另一个是分隔白垩纪和早第三纪的独特黏土层。在世界范围内,这层黏土中铱的含量都异常高。**铱**(**iridium**)是一种在地球表面非常罕见,但在陨石中相对常见的金属元素。如**表23-1**所示,与古生代末期的二叠—三叠灭绝事件相比,中生代末期的物种灭绝事件影响相对较小。

第2节 本节回顾

要点梳理

- 泛大陆的解体引发了一系列的地质构造事件,改变了劳伦西亚大陆西部。
- 中生代时期,随着北美洲大陆漂离欧洲大陆,大西洋开始形成。
- 恐龙和其他生物体的进化填充了二叠—三叠灭绝事件后留下的空余栖息地。
- 除了鸟类以外,所有恐龙和其他一些生物体都在中生代末期的灭绝事件中毁灭了。

要点理解

1. 主要概念 **讨论**二叠—三叠灭绝事件对于生活在中生代的动物的重要意义。
2. **解释**裂谷和海洋形成之间的联系。
3. **比较**改变劳伦西亚大陆东、西部边缘的构造事件。
4. **讨论**陨星撞击导致中生代末期灭绝事件的证据。

批判性思维

5. **推测** 在中生代,当大洋板块俯冲到北美洲板块西部之下后发生了什么?

地学写作

6. 准备一个报告,内容是一旦陨星撞击地球,可能会发生哪一系列事件。可以讨论陨星撞击对气候、空气质量、动植物的生命等会造成什么影响。

第3节 新生代

主要概念 新生代时期，哺乳动物统治了地球上的陆地，与此同时，各大洲也开始逐渐形成今天的模样。

核心问题

- 新生代冰期持续了多久？
- 如何描述新生代时期北美洲的地质构造活动？
- 新生代时期气候变化对生命形式有何影响？

关键术语

智人

两足动物

地球科学在你身边

你踢过足球吗？当一个队员受伤的时候，通常会有另一个队员替补入场，比赛继续进行。在自然界中也是如此，当一些生物灭绝的时候，会出现另一些新的物种来填充空余的生境。

新生代古地理

新生代占地球全部历史的1.5%，包括地球历史最近的大约6 600万年。尽管新时代的历史相对较短，但科学家对这个阶段的了解程度远甚于其他阶段。人类从新生代开始进化，到更新世时，基本变成了现在的模样。如**图23-14**所示，你现在生活的时期是全新世，这也是新生代时期的一个世。

变冷的趋势 通过第二节的学习我们已经知道，中生代时期，地球上的气候相对较暖，到了古新世（新生代最早的一个世），地球上的气候依然比较温暖。然而在始新世时期，随着澳大利亚大陆从南极大陆分离出来，全球开始变冷。科学家们认为，这一时期气候变冷的部分原因是洋流的变化。在澳大利亚和南极大陆相连的时候，来自太平洋、大西洋和印度洋的暖流使南极洲的温度适中。在渐新世，当南极洲与澳大利亚分离后，它独立在南极的位置，开始被一股寒流包围，并形成了冰盖。

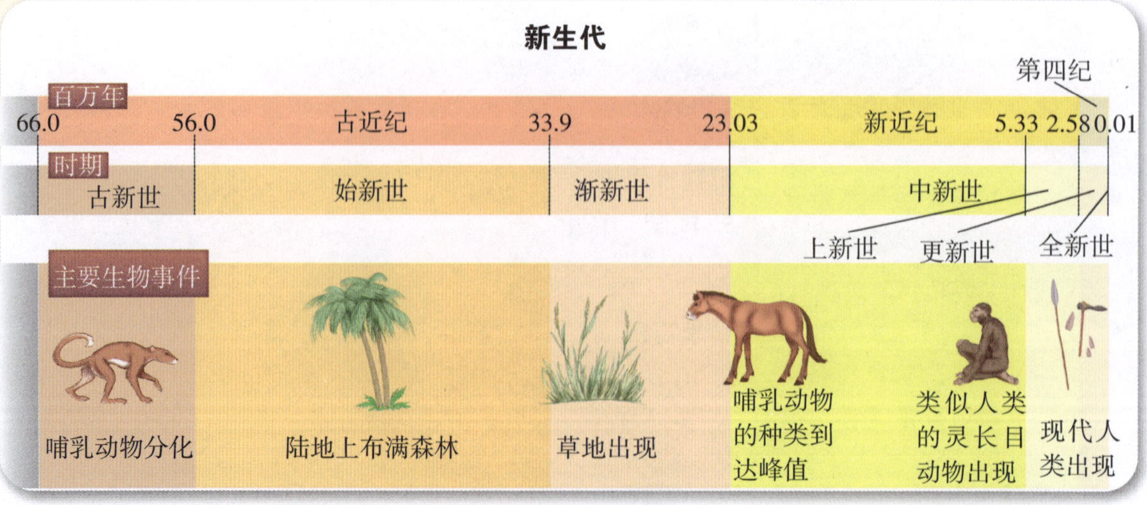

■ **图23-14** 在新生代时期，多种哺乳动物广泛进化，但现代人类直至新生代末期才出现。

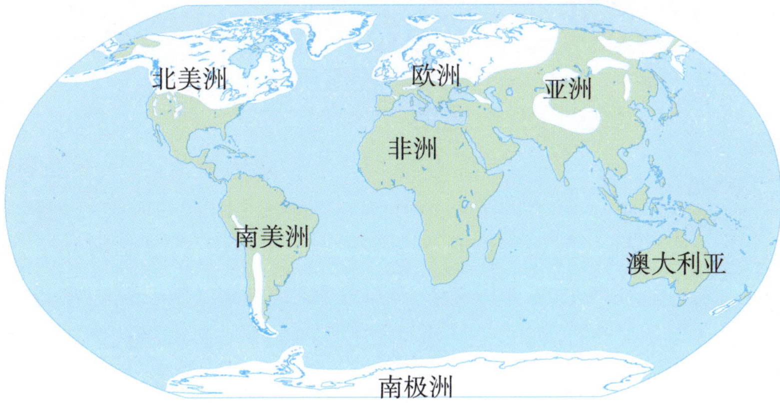

■ **图23-15** 在更新世冰期鼎盛的时期，冰川覆盖了地球近三分之一的地表。

断定 *为什么赤道附近还存在小块的冰川？*

中新世变暖 在早中新世，气候再次变暖。南极洲的冰盖开始融化，北美洲边缘的海平面再次上升。但这种趋势在中、晚中新世又发生了逆转，南极大陆的冰盖停止融化，北冰洋的海水开始结冰，形成北冰洋冰盖。这些都为冰期奠定了基础。

冰期 在整个更新世，北半球经历了广泛的冰期。冰川从北冰洋向北美洲前进和退缩了至少4次。在更新世冰期鼎盛的时期，厚达3 km的冰川覆盖了地球近三分之一的地表，如**图23-15**所示。在北美洲，俄亥俄河和密苏里河的河道标志着冰川到达北美洲最南端的位置。冰川切割出湖泊和山谷，掉落大块岩石，留下丰富的黏土、泥沙和砾石沉积物。在美国华盛顿州东北部，末次冰期最后融化的冰川产生了大量的水流，在地表形成了有记录的最大瀑布。瀑布的遗址如**图23-16**所示。

■ **图23-16** 这张照片是位于华盛顿州的地表最大瀑布的遗址。这个瀑布长5 km，它以前流动的水来自古冰川融水。

■ **图 23–17**　这个 3 800 万年前的鸟类化石发现于怀俄明州的格林河构造中。化石长约 25 cm。

新生代造山运动

中生代的造山运动将大量地块抬升，形成了落基山脉。由于山地的抬升和侵蚀，与之相邻的大型盆地被侵蚀的沉积物填满。今天这些沉积物作为煤矿被开采，其中还包含保存完好的鱼类、昆虫、植物和鸟类的化石，其中最著名的是怀俄明州的格林河构造，如**图 23–17** 所示是发现于该地区沉积物中的鸟类化石。

西部的消减作用　始新世末期，当法拉龙大洋板块以陡峭的角度俯冲到太平洋西北部地区之下后，北美洲西海岸的火山活动再次活跃，结果形成了美国的卡斯卡达山脉。卡斯卡达山脉周围的火山在今天依然很活跃，如**图 23–18** 所示。

随着北美洲西北部的消减作用的持续，法拉龙板块消失在现在的加利福尼亚州底下。于是，北美洲板块和太平洋板块相连，但两者的移动方向不同，结果形成了圣安德烈斯断层。圣安德烈斯断层是两个板块之间的转换边界。转换边界两边的板块之间相互滑动，没有发生消减作用。由于现在的加利福尼亚州中南部底下暂时没有消减作用，所以这里几乎没有火山活动。

盆岭省　北美洲板块和太平洋板块开始相互作用，美国西南地区和墨西哥北部地区形成**盆岭省**（**Basin and Range Province**），这两者是同时发生的。盆岭省包括了几百条几乎平行的山脉，这些山脉是由于扩张性构造运动将地壳向两侧拉开而形成的。如**图 23–19** 所示，这个过程至今仍在发生。

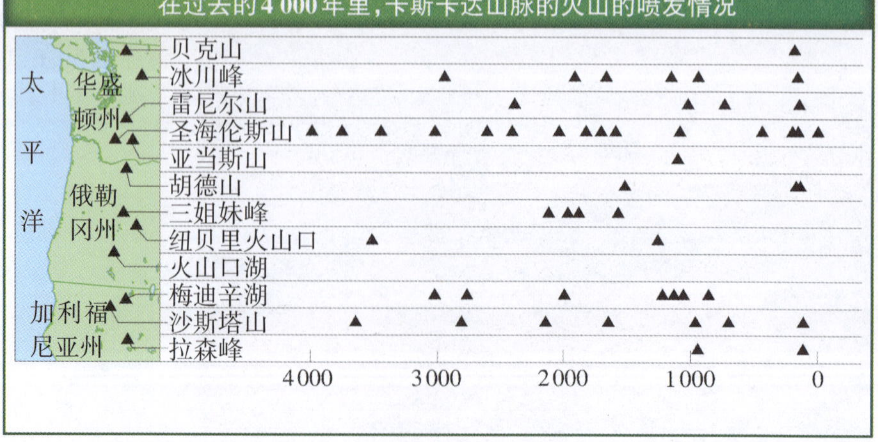

■ **图 23–18**　卡斯卡达山脉地区有一些活跃的火山，在过去的 4 000 年里，这些火山曾多次喷发。

断定　*哪个火山最活跃？*

图解盆岭省

图23–19 盆岭省是指从加利福尼亚内华达山脉西部到犹他州瓦萨奇山脉东部的一系列山脉和盆地。在过去的2 500万年里，地壳拉伸使这两处间的距离增大了250 km以上。

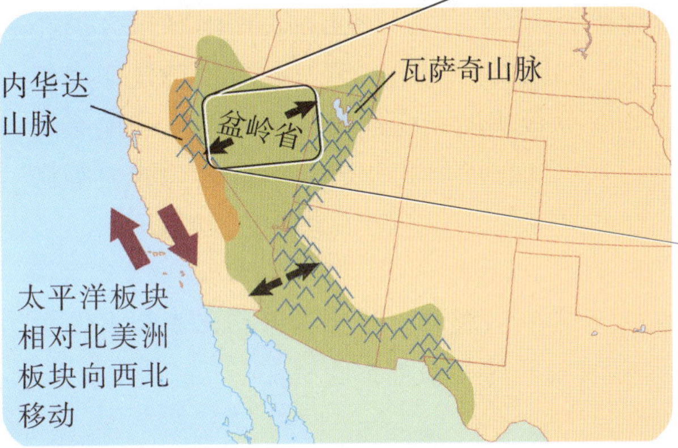

盆岭省底部的拉伸部分原因是太平洋板块相对北美洲板块平稳移动。北美洲板块被拉向西北方，而盆岭省在东西向上被拉伸。

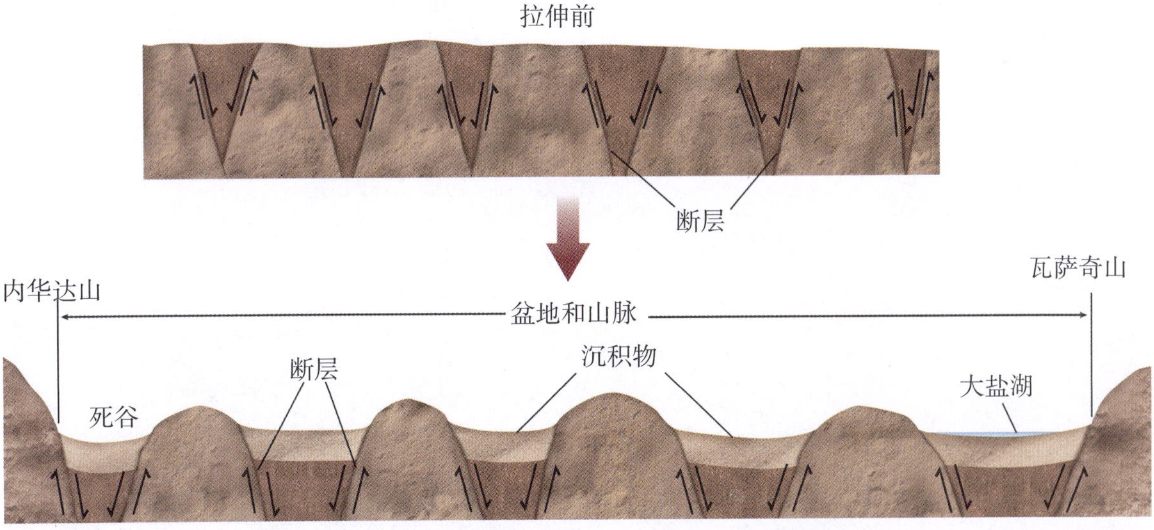

受地壳拉伸影响，大型的岩石沿着正断层线破碎成岩石碎块。一些碎块上升形成山脉，邻近的区域下降形成盆地。这些山脉继续向上抬升，抬升速度和它被侵蚀的速度一样；而盆地继续下降，然后被侵蚀后的碎屑物填充。盆岭省底部的地壳受到很强的拉伸作用，所以它是现在地壳最薄的部分之一。

■ **图23-20** 当印度板块撞击亚洲板块时，喜马拉雅山脉作为一个突变连接出现了。

陆地的碰撞 新生代早期，泛大陆最终解体，形成了几个分离的大陆，同时也将部分陆地连接在一起。在古新世，非洲板块和亚欧大陆碰撞，形成了阿尔卑斯山，而曾经分隔亚欧大陆和冈瓦纳大陆的古特斯提海则变窄。古特斯提海现在已经被分为欧洲和中亚地区的黑海、里海、咸海和地中海。

在古新世，印度板块和亚洲板块的南部边缘碰撞，形成了喜马拉雅山脉，该山脉至今仍在上升。如**图23-20**所示，喜马拉雅山脉是印度板块和亚洲板块的突变连接。珠穆朗玛峰顶部的岩石是奥陶纪的海相灰岩。构造运动的力量将曾经的奥陶纪海底推向了世界的顶峰。

☑ **读后自查** **解释** 为什么海相化石会出现在珠穆朗玛峰的顶部?

持续的构造力 许多科学家认为，地球现在仍处于较暖的阶段，将来气候肯定会再次变冷。没有人可以预测这一点会不会发生以及什么时候发生，但我们清楚地知道的是，从46亿年前到现在，构造力一直在塑造地表形态。一些科学家认为2.5亿年之后，受构造力作用，大西洋会大幅缩减，而现在的几个大陆会组成另外一个超级大陆，如**图23-21**所示。

■ **图23-21** 在这张假想的地图上，2.5亿年后，大西洋几乎消失了。

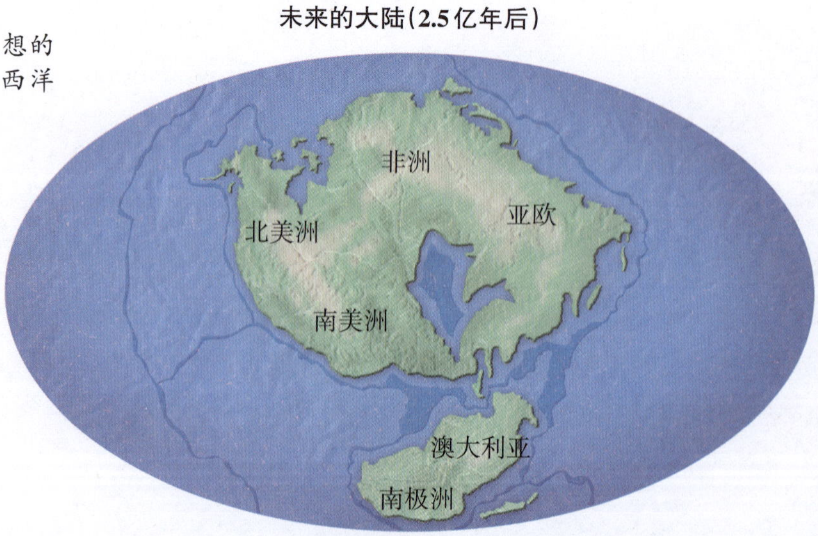

新生代的生物

许多现代海洋生物，如蛤、海胆和鲨鱼等，都是从白垩纪末期的物种灭绝事件中存活下来的，这些生物在新生代海洋中继续生活。陆地上，森林统治着新生代早期的地表。随着晚始新世气候的变冷，森林退化为开阔地，草地开始出现。到晚渐新世，像今天东非一样的热带稀树草原遍布世界各地。草地的增长为哺乳动物的多样化创造了条件。因为哺乳动物是占据主导地位的陆生动物，所以许多科学家将新生代称为哺乳动物的黄金时代。

■ **图 23–22** 这张艺术复原图中的猛犸象和马刀齿猫已经适应了更新世寒冷的气候。

冰期哺乳动物 随着冰期的开始，气候变冷，北半球的新物种得到进化。晚更新世最著名的两种哺乳动物是猛犸象和马刀齿猫，如**图 23–22** 所示。当地球上出现这些动物时，一种叫作**智人**(**Homo sapiens**)的现代人类也出现了。

人类 人类属于**两足动物**(**bipedal**)，最典型特征是他们能够保持直立的姿态，用两条腿行走。不完整的化石记录表明，最早的两足灵长类动物大约出现在600万年前的晚中新世。非洲发现的化石则表明现代人类大约有19.5万年的历史。

迁移 毋庸置疑，早期人类的迁移也受晚更新世冰期的影响。例如，科学家们认为在晚更新世冰期，由于地球上大部分水都结成了冰，现在分隔俄罗斯和阿拉斯加的白令海峡底部就出露水面，而最早的北美土著民可能就是穿过白令海峡到达美洲的。

第 3 节 本节回顾

要点梳理

- 在新生代冰期鼎盛时期，冰川覆盖了地球近三分之一的地表。
- 卡斯卡达山开始抬升和圣安德烈斯断层形成都是在新生代时期。
- 新生代被称为哺乳动物的黄金时代。
- 化石证据表明，现代人类出现在更新世。

要点理解

1. 主要概念 **描述** 为什么新生代被称为哺乳动物的黄金时代？
2. **评估**北美洲冰川的范围。
3. **讨论**盆岭省和圣安德烈斯断层之间的构造联系。
4. **解释**大陆的位置对新生代气候变化的影响。

批判性思维

5. **提议** 你认为早期人类为什么迁移？

地学计算

6. 如果地球上所有的冰川融化，海平面将在目前的基础上上升约 50 m。如果海平面以平均每年 2 mm 的速度缓慢上升，那么地球上所有的冰川融化约需多长时间？用“距离＝速度×时间”这一公式来计算。

挖掘恐龙

在这次蒙塔纳州的挖掘中，年轻的古生物学家在仔细地清理化石。

“快过来看看我发现了什么！”听到我的呼喊，队伍里的古生物学家和志愿者们都匆匆跑到山上来看我挖到了什么。我手里拿着的是1.5亿年前的兽脚类肉食恐龙的尖牙。

第1天　抵达挖掘点　队员们把装备、齿轮和工具等装上货车，开车去挖掘点。当大家在路上看到远处正在挖掘的采石场时，每个人都兴奋地期待着，但我们到达的第一件事是先搭好帐篷。

这块土地属于当地的一个农场主。1985年，这个农场主在这里发现了第一块骨头碎片化石。2003年，他又在这里发现了更大的骨头化石，这次发现也让他意识到了事情的重要性。于是，他联系了一位朱迪斯河恐龙研究所的古生物学家，想看看他们有没有兴趣挖掘这里的恐龙化石。从那之后，研究所里每年夏天都有人来采石场进行挖掘。

第2天　基本的挖掘技术　我们团队里的大部分人都是没有挖掘经验的志愿者，其他还有一些地质学家、古生物学家和科学老师。我们使用的基本工具有看起来像碎冰锥的锥子、坚硬的刷子等。挖掘过程中还用到了铲子、气锤和独轮车。

整个挖掘过程速度很慢，每一个岩层都要小心地分离，然后将碎屑轻轻刷走，还要时刻检查岩石中的化石有没有被不小心刷走或者破坏。小组里的每个成员用铲子将碎屑倒入桶中时还要再仔细检查一遍。就这样，我们发现了兽脚类肉食恐龙的骨骼化石。

第3～6天　挖掘剑龙化石　还有一小部分队员发现了一些剑龙的尾椎骨化石和其他碎片。队员们在山腰继续挖掘，最终发掘出了更多的尾椎、腿和脚骨化石。

第7天　挖掘结束　挖掘工作的最后几个小时相当忙碌，每个人都希望能收集尽可能多的数据。我们通过素描和拍照记录化石，测量化石发现地的相关数据，并给每一个化石贴上标签。

我们带着化石和装备回到货车上，化石会被分类储存在研究所里。这些数据会用于研究报告，并发表在科学杂志上。

地学写作

制作模型　对每一种化石从挖出到运走的过程进行研究和建模。写一段展示这个模型的描述文字。

解答恐龙化石之谜

实验背景：在史前人类聚集地附近发现的打磨过的石块，可以看作是史前人类使用过的工具。这些工具的形状和发现的地点可以帮助科学家推测早期人类的生活方式。研究恐龙的古生物学家也用同样的技术收集和研究化石。

实验问题：通过研究化石，你能推测出哪些有关下列两种恐龙的生活方式和食性的信息？

上方是艾伯塔龙的头盖骨，下方是埃德蒙顿龙的头盖骨。

实验材料

书本

老师提供的其他照片

实验步骤

假设你跟一个由古生物学家组成的团队在遥远的荒漠地区工作，你们团队在工作中发现了两种恐龙的化石遗迹。请你跟古生物学家们一起研究这些化石，并回答有关恐龙如何生存的问题。

1. 阅读并遵守实验室安全守则。
2. 对比和比对两种恐龙的牙齿、颌骨和臀部。
3. 在科学笔记中记录你的观察结果。

实验分析

1. **推断**　在确定恐龙的食性时，恐龙的哪一部分骨骼最为关键？为什么？这一部分的骨骼被保存下来的可能性有多大？
2. **数据解读**　描述两种恐龙的食性。
3. **数据解读**　描述每种恐龙是何种运动形态。
4. **推断**　你用牙齿和颌骨的哪些证据来推测每种恐龙的食性？
5. **推断**　你用什么证据来推测每种恐龙的运动形态？

技能应用

应用　猛犸象和乳齿象都生活在更新世。虽然它们看起来非常相似，但两者的生活方式略有不同。仔细观察它们牙齿的化石照片，确定它们可能的栖息地和食性。

第23章 复习指南

大概念 随着大陆逐渐移动到今天的位置，生命体在显生宙的三个地质年代里也向着多样化与复杂化的方向发展。

第1节 古生代

关键术语

- 古地理
- 被动边缘
- 海进
- 海退
- 寒武纪大爆发

主要概念 古生代时期，生命形式逐渐变得复杂，与此同时，大陆碰撞形成了泛大陆。

要点梳理

- 科学家通过研究沉积岩和蒸发岩来研究过去海平面的变化过程。
- 劳伦西亚大陆东部是被古生代的许多造山运动改变的。
- 大量多细胞生物出现在古生代的第一个纪——寒武纪。
- 地球历史上最大的灭绝事件出现在古生代末期。

第2节 中生代

关键术语

- 浮游植物
- 羊膜卵
- 铱

主要概念 中生代时期，爬行动物开始统治大陆，与此同时，泛大陆也开始解体。

要点梳理

- 泛大陆的解体引发了一系列的地质构造事件，改变了劳伦西亚大陆西部。
- 中生代时期，随着北美洲大陆漂离欧洲大陆，大西洋开始形成。
- 恐龙和其他生物体的进化填充了二叠—三叠灭绝事件后留下的空余栖息地。
- 除了鸟类以外，所有恐龙和其他一些生物体都在中生代末期的灭绝事件中毁灭了。

第3节 新生代

关键术语

- 智人
- 两足动物

主要概念 新生代时期，哺乳动物统治了地球上的陆地，与此同时，各大洲也开始逐渐形成今天的模样。

要点梳理

- 在新生代冰期鼎盛时期，冰川覆盖了地球近三分之一的地表。
- 卡斯卡达山开始抬升和圣安德烈斯断层形成都是在新生代时期。
- 新生代被称为哺乳动物的黄金时代。
- 化石证据表明，现代人类出现在更新世。

第23章 复习检测

术语回顾

从复习指南中选取合适的术语匹配下列定义。

1. 一个地区的古代地理环境。
2. 海洋食物链底端的有机体。
3. 古生代初期，海洋生物的多样性和丰富度大幅增长。
4. 海平面降低时，海岸线向海洋方向移动。

根据复习指南中的术语，回答下列问题。

5. 哪个术语用来描述两腿直立行走的生物？
6. 哪种金属在地表很罕见，但是在陨星中却很常见？

从复习指南中选取合适的术语填空。

7. 海平面升高时，海岸线向内陆方向移动的过程叫作 ________。
8. ________ 是用双足行走的灵长类动物。
9. ________ 是允许爬行动物在陆地上广泛迁移的生殖特征。

理解要点

10. 下列哪种生物在中生代陆生生物中占主导地位？
    A. 哺乳动物　B. 恐龙
    C. 鸟类　D. 鱼类
11. 下列哪个词描述的是没有经历任何构造活动的海岸线？
    A. 活动边缘
    B. 被动边缘
    C. 海沟
    D. 海退
12. 大西洋开始形成是在哪一个纪？
    A. 三叠纪　B. 白垩纪
    C. 侏罗纪　D. 泥盆纪

根据下图，回答第13～15题。

13. 上图中的沉积是由什么形成的？
    A. 小行星残留
    B. 海水蒸发
    C. 冰期
    D. 浮游生物
14. 这些沉积最可能形成于哪里？
    A. 海底　B. 海岸线
    C. 潟湖　D. 珊瑚礁
15. 这种沉积物可以做成什么？
    A. 洗衣粉　B. 爽身粉
    C. 粉笔　D. 海绵
16. 在冰期的鼎盛时期，冰川大约覆盖了地球陆地表面的多少面积？
    A. 10%　B. 30%
    C. 60%　D. 90%
17. 哪种金属在地表的岩石中很罕见，但是在小行星中却很常见，所以可以用来证明白垩纪末期地球曾受陨星的撞击？
    A. 铁　B. 铱
    C. 二氧化铀　D. 锆石
18. 下列哪个超级大陆形成于古生代末期？
    A. 罗迪尼亚大陆
    B. 冈瓦纳大陆
    C. 劳伦西亚大陆
    D. 泛大陆

根据下图，回答第19～20题。

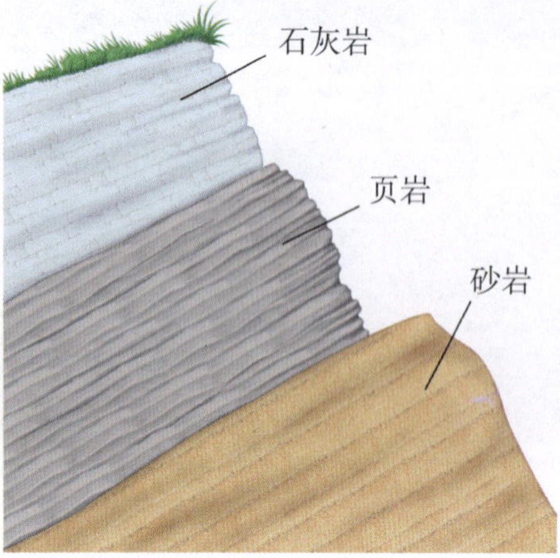

19. 上图中的岩石序列表明了什么？
    A. 海平面上升处的海进层序
    B. 海平面下降处的海退层序
    C. 海平面波动较大
    D. 蒸发岩沉积
20. 下列哪项可能是石灰岩的来源？
    A. 压实的黏土沉积
    B. 海滩泥沙
    C. 浮游生物的骨骼沉积
    D. 植物沉积
21. 下列哪项是三叠纪末期北美洲气候干旱的证据？
    A. 海上航道的形成
    B. 古珊瑚礁的出现
    C. 古沙丘的出现
    D. 东部被动边缘的出现

简要概述

22. **解释** 石炭纪进化之后，种子植物是如何改变陆地的？
23. **解释** 什么样的骨骼特征能够区分恐龙和其他爬行动物？
24. **总结** 为什么找古珊瑚礁是勘探石油的好方法？
25. **解释** 为什么加利福尼亚州南部地区几乎没有活火山，却有频繁的地震？
26. **绘制**一幅能证明海退的图。
27. **比较**三期科迪勒拉造山运动的俯冲速率和角度。
28. **描述**海平面变化和冰期之间的联系。
29. **解释** 为什么火山灰沉积可以用作古代造山运动的证据？

批判性思维

根据下图，回答第30～31题。

30. **解释** 图中用X标记的中生代时期的印度板块是怎样移动的？移向哪里？
31. **推测** 现在，野生大象只存在于亚洲和非洲。用板块构造学说解释这个现象。
32. **讨论** 超级大陆的解体如何形成一个新的海洋？

33. 总结 如何证明靠近北美洲东海岸的阿巴拉契亚山脉曾经是一个活动边缘？

根据下图，回答第34题。

34. 解释 一次大型的海退活动对上图中的生物会产生什么样的压力？

35. 地球科学相关职业 为什么古珊瑚礁的发现对石油地质学家来说是一个振奋人心的消息？

36. 推测 如果白垩纪末期没有陨星的撞击，今天的地球会是什么样子？

37. 评估灭绝事件和生物进化的关系，并举一个例子。

38. 评估如果南极洲没有到达南极点而是在跟澳大利亚差不多纬度的位置，地球会有什么不同。

39. 评估 根据**图23-10**评估和解释白垩纪晚期的海平面。

概念图解

40. 画一幅有关显生宙三个代的概念图，列出在每一个代进化的生物体的例子。

挑战难题

41. 解释 地球内部的热量如何导致大陆分离？

地学写作

42. 写一个报告，总结和阐述大气中尘埃过多是如何导致哺乳动物种群灭亡的。

材料分析

通过这章的学习，你知道了陨星撞击会影响地球上的生命。陨星撞击有多普遍？最近的研究表明，地球上保存的撞击点比你想象的要多。根据下图，回答问题。

美国本土的撞击坑

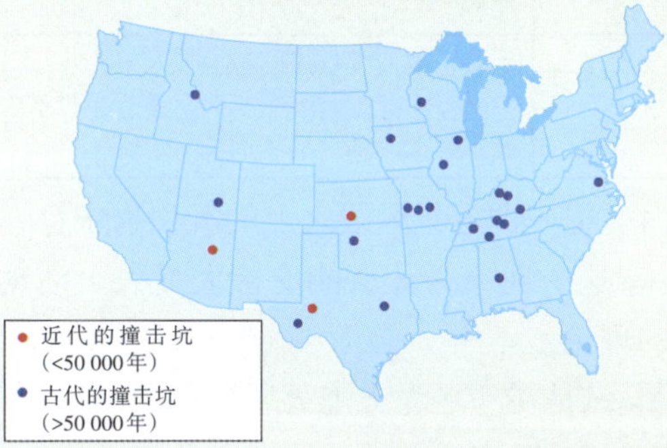

资料来源：Evans, K.R.et al.2005.The sedimentary record of meteorite impacts: an SEPM research conference. *The Sedimentary Record* 3:4–8.

43. 近50 000年的撞击坑占总数的百分比是多少？

44. 描述撞击坑是如何分布的。

45. 指出导致这种分布模式可能的原因。

综合复习

46. 哪里是绝大部分地震的震中？绝大部分地震的深度是多少？请解释原因。**（第19章）**

47. 分别列举粗颗粒碎屑沉积岩、中等颗粒碎屑沉积岩和细颗粒碎屑沉积岩。**（第6章）**

综合 标准化测试

选择题

1. 新的洋壳以哪种板块边界的形式变成地球的地质构造板块？
   A. 汇聚边界　　B. 离散边界
   C. 深海沟　　D. 转换边界

根据下表，回答第2～3题。

物种灭绝理论	
陨星撞击的证据	白垩纪—古近纪界线上的沉积物中，铱的含量异常高； 奇科苏卢布陨石坑的发现
大量火山活动的证据	印度白垩纪晚期的火山喷发； 白垩纪—古近纪界线之上的沉积物中含量异常高的铱、烟灰和木炭

2. 白垩纪—古近纪界线之上的沉积物中存在铱，这个现象为什么能支持大量火山活动的理论？
   A. 铱是在一场大火熄灭后沉积的
   B. 铱是燃烧反应常见的副产品
   C. 铱存在于地球内部
   D. 铱在地球表面无法保存
3. 奇科苏卢布陨石坑下面是一层厚厚的熔化的岩石，这些岩石为什么会熔化？
   A. 它们被火山作用熔化
   B. 它们包含更高含量的铱
   C. 它们是撞击作用下的破碎的围岩碎片
   D. 它们由于撞击的热量而熔化
4. 发生在奥陶纪和泥盆纪的灭绝事件是由什么导致的？
   A. 全球变冷和冰期
   B. 全球饥荒
   C. 全球疾病
   D. 低氧
5. 下列哪项不是前寒武纪时期可能的热量来源？
   A. 放射现象　　B. 小行星撞击
   C. 太阳活动增加　　D. 重力分异
6. 下列哪项不是地质记录中地球早期氧气的来源？
   A. 红层　　B. 条带状含铁建造
   C. 叠层石　　D. 陨石

根据下图，回答第7～9题。

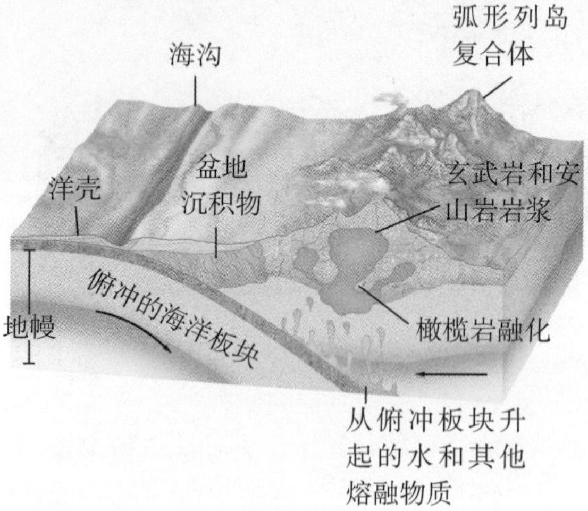

7. 上图展示了哪一种造山运动？
   A. 洋壳—洋壳汇聚
   B. 洋壳—陆壳汇聚
   C. 陆壳—陆壳汇聚
   D. 分离
8. 橄榄岩属于哪一种岩石？
   A. 变质岩　　B. 岩浆岩
   C. 沉积岩　　D. 火山岩
9. 弧形列岛复合体在现代地球中最可能出现在什么地方？
   A. 南极洲
   B. 非洲
   C. 菲律宾群岛
   D. 北美洲
10. 地质学家通过什么来划分地球上的岩层历史？
   A. 岩石中的化石
   B. 岩床和岩脉
   C. 岩层中的断层线
   D. 岩石的颜色

简答题

根据下图,回答第11～13题。

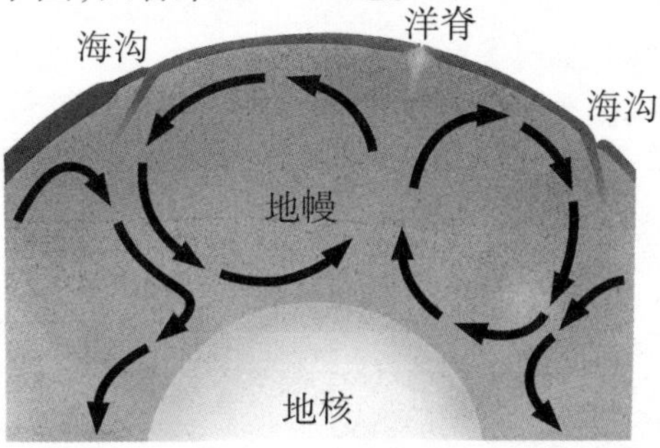

11. 图示模拟了什么过程？它是如何影响地球板块的?

12. 在地球固态的地幔中,这些过程是如何发生的?

13. 为什么这些循环没有导致地表发生大规模移动?

14. 解释詹姆士·赫顿的工作跟均变论法则有什么联系。

15. 列举出现在前寒武纪时期的两个重要事件。前寒武纪时期占了地质时间的多少比例?

16. 解释为什么氢和氦是两种宇宙中含量最丰富的元素,却不是地球大气的主要成分。

阅读理解

小行星撞击与物种灭绝事件

美国国家航空航天局航天飞机雷达地形测绘任务拍摄的高分辨率地图,为测定一个宽180 km、深900 m的撞击坑提供了最有力的可视证据。这个撞击坑是6 500万年前一颗巨大的彗星或者小行星撞击地球后形成的。撞击坑的存在最初是在1980年提出的。在20世纪90年代,卫星数据和地面研究为科学家们提供了一些证据,这些证据可以用于解释恐龙和地球上超过70%的物种最终灭亡的可能原因。这部分相对模糊的证据几乎都藏在墨西哥尤卡坦半岛平坦的石灰岩高原上。

关于行星撞击如何导致地球上的物种灭绝,科学家们提出了三种解释:大量的尘埃进入大气后,遮挡了太阳光,导致植物无法继续生长;撞击释放的硫引起了全球范围的硫酸云,这些云遮挡了太阳光并产生了酸雨;来自坠落的小行星或彗星的炽热的碎片引起了全球范围的火灾。

资料来源:Dinosaur-killer asteroid crater imaged for first time. *National Geographic News* March 7, 2003.(Online resource accessed October 3, 2010)

17. 下列哪项不是文章中科学家对小行星撞击导致地球物种灭绝事件的解释?

A. 大量的尘埃进入大气后,遮挡了太阳,导致动物吃的植物死亡

B. 撞击直接杀死了成千上万的动物,导致繁殖率降低

C. 硫产生了酸雨,从而导致动物死亡

D. 燃烧的碎片落到地球上,导致了全球范围的火灾

18. 为什么美国国家航空航天局的航天飞机带回的撞击坑的照片对于科学家们研究地球历史非常重要?

需要更多帮助?																
如果你回答错误……	1	2	3	4	5	6	7	8	9	10	11	12	13	14	15	16
请复习相应章节……	17.3	23.2	23.1	23.1	22.1	22.3	20.2	19.2	20.2	21.1	17.4	17.4	17.4	21.2	21.1	22.3

第7单元

资源与环境

单元内容

地球科学相关职业 环境技术员

这位环境技术员正在收集溪流的水样。环境技术员们通过监控空气、土地和水来帮助所有生物维持一个洁净的环境。

第24章

地球资源

大概念 人类和其他生物的生存和发展都需要利用地球资源。

内容提要

起步实验

科学实验室

在教室里，你使用了哪些自然资源？

你在教室里每天都会用到的物品，例如纸、铅笔、课本等，都来自于各种资源。纸张由树木制成，那么墨水是如何制得的呢？在本实验中，你需要找出教室里其他常见物品的来源。

实验步骤

1. 阅读并遵守实验室安全守则。
2. 从老师处获得一件教室里的物品。
3. 与你的搭档一起，确定你获得的这件物品是由哪些部件组成的。
4. 接下来，逐个分析这些部件的来源，并按照生物体还是非生物体进行分类。
5. 根据分类的生物体和非生物体种类，判断它们是否可再生。

实验分析

1. **对比与比对** 你们小组和其他小组的结果。
2. **解释** 你表中有多少种物品是不可再生的？为什么？
3. **确定** 这些物品中有哪些可以被回收？请解释原因。
4. **分析** 你拿到的这件物品可否用其他可再生物质制作？

折叠式学习卡

可再生资源与不可再生资源

根据下图所示，制作一张两格折纸，并用它来整理你学习两种主要资源类型过程中的笔记。

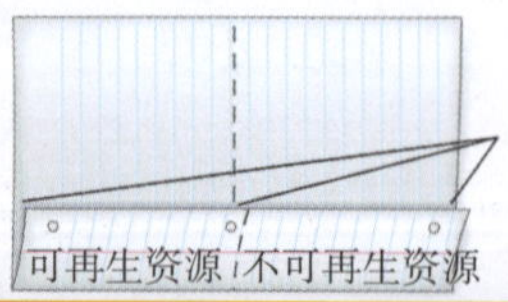

水、土壤和树木都是地球自然资源的一部分。一棵白蜡树可制作60根棒球棒。每个美国职业棒球大联盟的球员一季平均使用100根球棒。

第1节 自然资源

主要概念 资源是生物体所需要的物质；一旦被利用，有些资源可以再生，有些资源则不可再生。

核心问题

- 什么是可再生资源和不可再生资源？
- 什么是可持续产出？
- 地球上的自然资源是如何不均匀分布的？

关键术语

自然资源
可再生资源
可持续产出
不可再生资源

地球科学在你身边 今天早晨你吃水果或蔬菜了吗？每天你都要吃东西和喝水，因为这些都是你生存所必需的资源。

资源

和地球上的其他生物一样，你也需要一定的资源才能生长、发育、维持身体机能以及生育后代。地球所提供的资源称为**自然资源**（**natural resource**），它包括地球上所有的生物体、营养物质、岩石、水和矿物等。自然资源可能来自土壤、空气、水或地壳深处。如**图24-1**所示，你日常使用的物品都来自于自然资源。

可再生资源 如果你砍了一棵树，你可以在同样的地方再种一棵树。树木是一种典型的**可再生资源**（**renewable resource**）。可再生资源指的是可以在短时间内被自然界替代的自然资源，包括新鲜的空气、河流湖泊中的地表水以及大部分地下水。如果合理利用，肥沃的土壤也是可再生资源。然而，如果土壤长时间暴露在风和水中，就会被侵蚀。可再生资源还包括所有生物以及通过地球系统循环的元素，如氮、碳、磷等。像太阳能等取之不尽的资源也是可再生资源。

■ **图24-1** 照片中的大部分物品都来自于自然资源。

识别图中出现的三种资源。

生物的可持续产出 人类可以通过有计划地更新他们使用的资源,从而达到合理利用自然资源的目的。只要使可再生资源以与消耗速率相同或更快的速率更新,就可以保证它们**可持续产出**(**sustainable yield**)。

生物圈中的有机体是重要的可再生资源。动植物都能繁衍后代,因此只要某种动物种群中有成熟的个体生存下来,它们就可以通过繁衍将物种延续下去。当阳光、降水以及有机质和化肥所提供的营养充足时,作物可以在同一块耕地上常年地春种秋收。为了获取肉制品而饲养的动物,如鸡和牛,也可以在短时间内繁殖再生。当然,不同生物资源的再生速度是不一样的。造纸所需的树木在砍伐后重新栽种,要经过10～20年才能再次被利用。而作为木材的树木要经过长达60年的时间才能再次利用。

如**图24-2**所示的竹子是世界上用处最广泛的自然资源之一。世界上有一半以上的人会利用竹子来做食物、房子、燃料和衣服等。竹子是世界上生长速度最快的植物之一,因为竹子是草本植物,砍伐后不用重新栽种。不用肥料和杀虫剂,竹子生长3～5年后又可以再次砍伐利用。

■ **图24-2** 竹子是一种可持续产出的作物,因为它的生长速度很快且不需要重新种植。竹子可以用来生产很多东西,比如地板、炊具和衣服。

折叠式学习卡

将本节信息整合到你的折叠式学习卡中。

读后自查 **举出**一个可持续产出的例子。

阳光 地球上一些可再生资源并不是地球本身提供的,而是来源于地球之外,比如太阳。太阳为地球提供了用之不竭的能源。至少在未来的50亿年,阳光都能够持续地为人类所利用,因此它也是一种可再生资源。

不可再生资源 铜在日常生活中应用广泛。现在铜的价格虽然起伏不定，但是在过去的15年里，它的价格走势平稳升高。铜之所以贵是因为铜矿的数量是有限的，但是人们对铜的需求却一直在增加。当现存所有的铜矿开采耗尽后，除非又发现新的铜矿，否则世界上就再也开采不出新的铜了。铜是一种典型的**不可再生资源(nonrenewable resource)**，固定数量的不可再生资源分布在地壳的不同地方，只有通过上亿年的地质、物理、化学作用才能形成。因此，诸如化石燃料、钻石、其他宝石以及金、银、铜等金属元素都是不可再生资源。**图24-3**所示的是你日常生活中用到的物质及制造它们的不可再生资源。

地球科学相关职业

材料工程师 材料工程师利用金属、石头、塑料以及物质混合而得到的复合材料来制作其他新的物质，如电脑、电视屏幕、高尔夫球杆和滑雪板等。

读后自查 **解释** 为什么金子、化石燃料和宝石都是不可再生资源？

资源的分布

你可能已经注意到，地球上的自然资源分布并不均匀。在美国俄亥俄州、宾夕法尼亚州和西弗吉尼亚州有大量的煤炭资源，加利福尼亚州以金矿著称，佐治亚州有丰富的可供生产纸张和木材的树木。世界上有一些国家拥有大量的不同类型的自然资源。还有一些国家拥有的资源类型是有限的，但是数量却十分丰富。例如，中东的沙特阿拉伯和科威特的石油储量是世界上最丰富的。

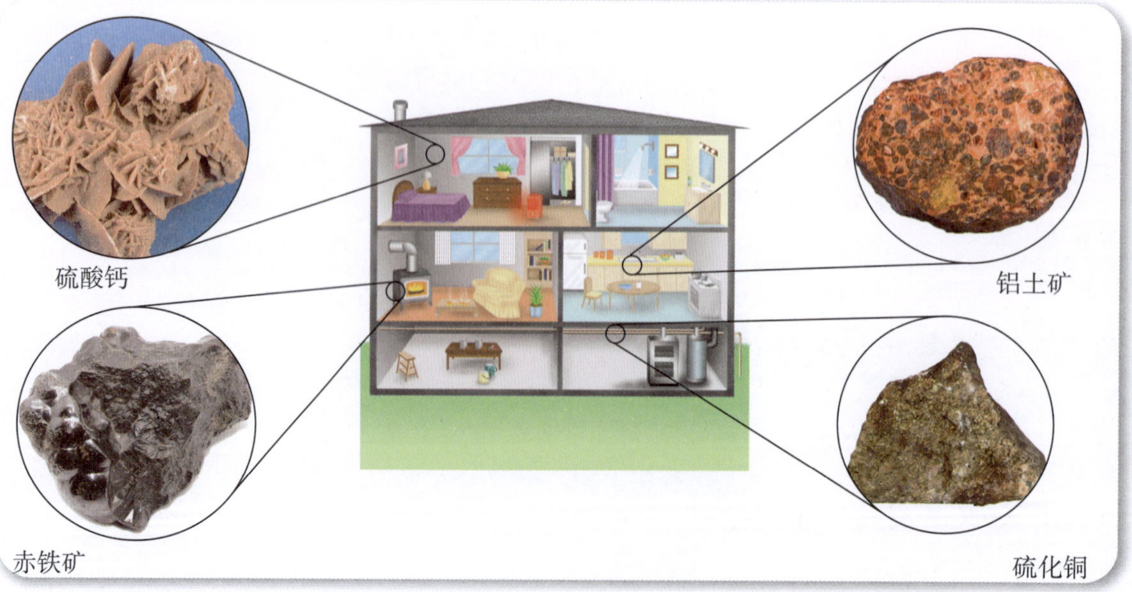

图24-3 我们身边有各种各样的不可再生资源。铝土矿中的铝可以用于制作厨房里的瓶瓶罐罐，硫化铜可以用来炼铜并制作铜管，硫酸钙可以用于粉刷房屋的墙壁，赤铁矿中的铁则可以用来制作家庭用具，如火炉。

■ **图24-4** 全世界范围内，不同地区的自然资源消耗量存在很大差别。美国每人每年平均消耗价值15 000美元的自然资源。一个美国人消耗的自然资源数量相当于30多个非洲人消耗的自然资源数量。

确定 *美国人均自然资源消耗量与印度(或加拿大)相比，结果又会如何?*

资源的消耗 世界上数十亿的人每天都在消耗自然资源。然而，地球上的自然资源分布并不均匀，而且消耗也不均匀。虽然美国的人口只占世界人口的6%，但是美国每年都要消耗约占世界30%的矿物和能源。因此，美国需要从其他地区进口很多资源。

第1节 本节回顾

要点梳理

- 自然资源是地球所提供的资源，如生物体、营养物质、岩石、矿物、空气和水。
- 可再生资源可以在短时间内再生。
- 不可再生资源数量有限，且需要很长的时间才能再生。

要点理解

1. 主要概念 **解释** 包括人类在内的生物体是如何利用自然资源的?
2. **解释** 为什么铜和其他金属材料的价格持续增长?
3. **分类** 将以下资源分为可再生资源与不可再生资源:树木、铝、棉花、宝石和玉米。哪种物质能够可持续产出?

批判性思维

4. **提议** 为什么美国的自然资源消耗量很高? 为什么我们要知道这些?

地学计算

5. 用铝土矿生产铝的成本为每吨2 000美元，铝回收成本为每吨800美元。回收铝能节约多少比例的成本?

第2节 地壳中的资源

主要概念 地壳提供了多种多样的资源，包括土地、建筑材料、金属和矿物等。

核心问题

- 来自地壳的哪些物质是自然资源？
- 为什么保护地表的土地资源很有必要？
- 如何解释地球上资源的不均匀分布？

关键术语

荒漠化
集料
基岩
矿石
尾矿

地球科学在你身边 想象一下，商场里有各种衣服、电子产品以及其他你需要的东西。地壳就像一个商店，它提供了人类需要的绝大部分物质。

土地资源

每年春天，人们会到花卉市场购买沙子、护根物、植物肥料、表层土以及各种各样的石头来美化家里的花园。这些材料都来源于土地。土地为人类和其他生物提供生活场所，还为作物、树木、花草的生长以及各种自然保护区提供空间。

公开管理土地 美国联邦政府、州政府和地方政府管理了超过8.28亿英亩（约335万 km^2）的土地。如**图24-5**所示，美国联邦政府代理机构管理了美国28%的土地，这些土地主要用于保护休闲娱乐用地、牧草地、矿产和能源资源产地。国家森林公园可以通过管理实现可持续产出，并为人们提供休闲娱乐用地。在偏远地区，有一些土地可能成为自然保护区，用于维持当地的生态平衡，保护这个区域不被开发和破坏。

■ **图24-5** 美国的许多政府机构，包括土地管理局、农业部林务局和鱼类及野生动物管理局等，负责管理本国的土地。

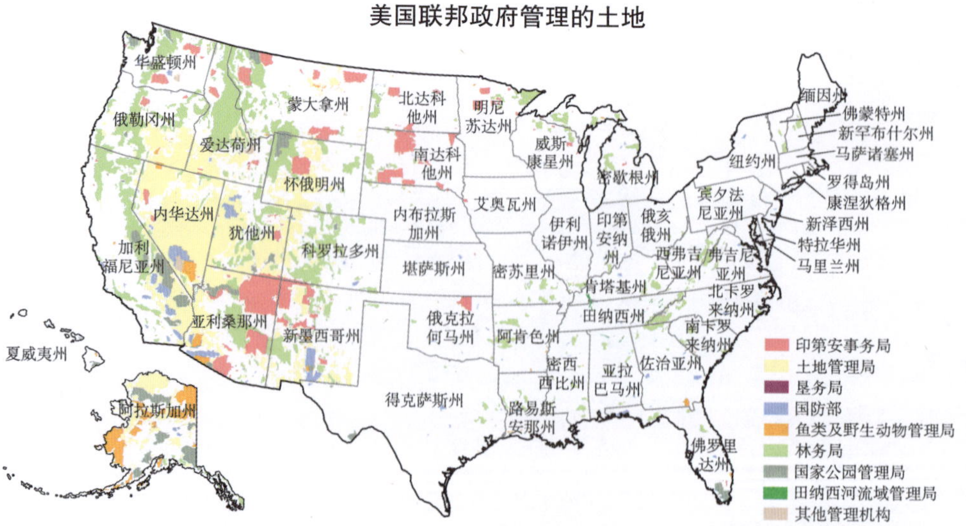

国家公园 美国国家公园体系保存了风景优美、独特的自然景观，呈现了国家的历史和文化遗产，保护了野生动物的栖息地及自然保护区，并为人们的各种休闲娱乐提供场所。美国国家公园体系中大约有50%的土地已被划为自然保护区。

国家野生动物保护区 美国国家野生动物保护区为野生动物提供了受保护的栖息地和繁殖场所，其中一些还为濒危动物提供保护。在满足保护区相关条件的情况下，允许将保护区用作其他用途，如钓鱼、捕猎、耕作和采伐等。

土壤 你知道土壤是如何形成的吗？在地壳的某些地方，仅仅几厘米厚的土壤都要经历长达数千年的时间才能形成。然而在风和水的侵蚀下，表层土在短短几分钟内就会流失掉。耕作和缺少植被会加剧土壤侵蚀。

表层土流失会使土壤失去肥力和保水能力，导致作物无法生长。如今，在全球约三分之一的耕作区里，表层土的流失速度大于其形成速度。每10年，地球大约会流失7%的表层土，而这些被侵蚀的耕地还必须为持续增长的人口提供粮食。在干旱和半干旱地区，表层土流失导致**荒漠化**（**desertification**）。荒漠化是指有生产力的土地变成荒漠的过程。在干旱地区过度放牧，或者在能源缺乏地区，过度采伐树林和灌木丛作为燃料，都会导致荒漠化。

如**图24-6**所示，非洲的荒漠化问题日益严重，中东、美国西部及澳大利亚也存在同样的问题。在这些地方，可以通过减少过度放牧、栽种植被等方法保持土壤、涵养水源，使荒漠化得到有效遏制。

图24-6 在许多地方，荒漠化受到越来越多的关注。过度砍伐和过度开垦导致非洲一些地方面临着很大的荒漠化风险。

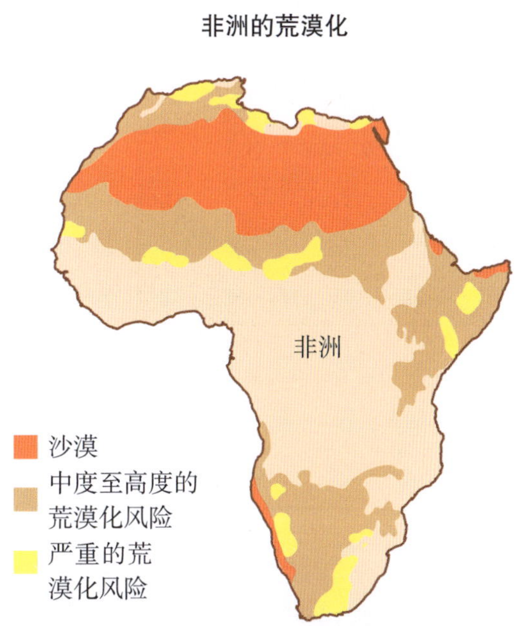

读后自查 **描述**会导致表层土侵蚀的活动有哪些。

■ **图24-7** 地表的不同层次都有资源价值。表层土为作物生长提供养分，集料可以用来铺设道路。

集料

你观察过高速公路是如何建造的吗？建筑工人们在开始铺设路面前，要先把碎石、卵石和沙土等铺在路基上。这些用来铺设道路第一层的材料被称为**集料(aggregate)**。集料是砾石、沙土和碎石等物质的混合物，天然地汇集在地表或近地面。

前文已经介绍过地球运输物质的过程。一些集料分布在河漫滩以及山区的洪积扇地区，另外一些集料在冰川作用下沉积在冰碛、冰丘和冰积平原上。用作建筑材料的集料与水泥、石灰、石膏等物质混合在一起就组成了混凝土、灰泥或沥青。

☑ **读后自查** **定义** 给集料下定义。

基岩

在表层土下面是一层由无机物组成的土壤，主要包括破碎的岩石、沙子、黏土和砂砾等，如**图24-7**所示。这层物质下面是未受侵蚀的母岩，称作**基岩(bedrock)**。基岩是坚固的岩石，可能由石灰岩、花岗岩、大理石或其他可以作为石料开采的岩石组成。厚重的岩块通常从采石场的母岩表层切割出来，这种大块的岩石主要用来建造楼房、纪念碑、地板、工作台面以及壁炉等。基岩破碎之后可以作为集料使用。

矿石

矿石(ore)是一种具有开采价值的自然资源，从理论上说，只要矿石的市场价值高于提炼成本就可以进行开采。例如，赤铁石(Fe_2O_3)就是一种具有开采价值的铁矿石，因为其中铁的含量达到矿石重量的70%。其他矿石，例如褐铁石，虽然也含有铁元素，但因为其含铁量太低而没有开采价值，因此不作为矿石。矿石可以按照它们的形成方式来分类。有的矿石与火成岩有关，有的矿石则是在地表运动的过程中形成的。

晶体沉积 与火成岩有关的矿石可能含有铁、铬、铂等金属。当矿物质结晶并因密度差下沉到正在冷却的岩浆体底部时，就形成了铬和铂的矿物。铬矿通常分布在火成岩侵入体基部附近。世界上最大的铬铁矿之一位于南非的布什维尔德。

热液 热液是最重要的金属矿产来源之一。在岩浆结晶的最后阶段，含有水和其他液体的炙热岩浆会侵入附近的岩石中。由于在岩浆冷却过程中，铜、金等金属不会进入长石和其他矿物的晶体中，这些金属就会富集在最后结晶的岩浆里。最终，富含金属和硅的溶液侵入周围的岩石里，并形成矿石沉积，这就是众所周知的热液矿脉，如**图24-8**所示。热液矿脉通常沿岩石的断层和裂隙处形成。

化学沉淀 锰矿石和铁矿石通常来自化学沉积作用。存在沉积岩中的铁矿，通常呈条带状交替分布含铁物质与燧石，如**图24-8**所示。这些矿藏被称为条带状含铁建造，它们的形成机理目前还不是十分清楚。一些科学家认为条带状含铁建造是前寒武纪时大气中氧气含量增加造成的。

砂矿 含有金和银等重金属的一些沉积物通常密度较大。当水流速度降低时，例如当河流转弯、水流减速时，这些重矿物颗粒就会沉入水底并沉积在河滩的沙子和砾石中。这类沉积物就称为砂矿。砂矿含有许多贵金属和其他有价值的矿物，如金、钻石、铂、宝石、锡以及钛氧化物等。19世纪40年代美国加利福尼亚州淘金热时，人们就在砂矿中寻找金子。

铬铁矿层

热液喷口

条带状构造

砂矿

■ **图24-8** 布什维尔德的铬铁矿厚度达到0.5 m。矿石在热液喷口、条带状构造和砂矿中都有发现。

图24-9 和图中新墨西哥州这座矿场的尾矿一样，很多废石会在采完之后被丢弃。

采矿的影响

尽管你在本节所学到的许多资源的开采活动对周围环境不会产生太大的影响，但实际上，人类所进行的任何矿产资源的开采活动，都会对环境产生负面的影响。开采矿藏通常需要移走地表物质，这会破坏原有的地貌。如**图24-9**所示，露天采矿后留下的废弃岩石会被风化侵蚀，并向空气和水中释放污染物。矿物的提炼通常需要对母岩进行粉碎以筛选矿石。矿石提炼后剩下的物质称作**尾矿**（**tailing**），它含有的有害化学物质可能会污染地表水和地下水。这些物质风化后，还会产生污染环境的酸性物质。

在矿物提炼中，有时需要使用对环境有危害的化学物质。除了造成环境污染外，采矿本身就是一项危险的活动。事实上，美国国家安全委员会已经认定，采矿是美国最危险的职业之一：在所有职业中，采矿业每年的死亡率最高。

第2节　本节回顾

要点梳理

- 表层土流失会导致荒漠化。
- 在冰川沉积中会发现沙子、砂砾和碎石等集料。
- 矿石是有开采价值的资源，它通常与火成岩或地表形成过程有关。

要点理解

1. 主要概念 **描述**来自地壳的三种自然资源。
2. **解释**　表层土流失为什么是世界性的问题？
3. **识别**　保护地球土地资源的三个重要原因是什么？
4. **解释**矿石和尾矿之间的联系。
5. **确定**砂矿来源于哪些地方。

批判性思维

6. **预测**　当某种土地资源，比如铝矿，被耗尽时会发生什么情况？

地学写作

7. 制作一本小册子，解释建立国家公园和野生动物保护区的目的。

第3节 大气资源

主要概念 大气中包含了地球生命所需的所有气体。

核心问题

- 为什么说大气是一种资源？
- 如何用图说明碳循环和氮循环？
- 空气污染的自然源头是什么？

关键术语

固氮细菌

污染物

地球科学在你身边 鱼和其他水生生物有鳃，鳃可以帮助它们从水中汲取氧气。然而，人类需要通过呼吸获得氧气。当潜水员潜入水下的时候，需要携带装满压缩氧气的水中呼吸器。

氧气的来源

地球上大多数生物都需要氧气或者二氧化碳来维持生命，但地球大气中的氧气并不是从一开始就有。科学家们推测，在46亿～45亿年前，地球大气的组成与火山喷发所释放的混合气体的组成相似。这些气体包括二氧化碳、氮气和水蒸气。随着地球冷却并变成固体后，雨水冲刷了空气中的大部分二氧化碳，把它们从大气带入了海洋。海洋中早期的生命体通过光合作用吸收了这些二氧化碳，并释放出氧气和水蒸气。随着时间的推移，大气中氧气的含量逐渐积累，最终达到了一定水平，能够进化出依靠氧气维持生命的生物体，如**图24-10**所示。

图24-10 科学家们认为，原核生物出现在40亿年前，然而直到20亿年前，真核生物才出现在地球上。注意观察图中原核生物和真核生物出现时的氧气水平。

确定 *陆地植物第一次出现是什么时候？*

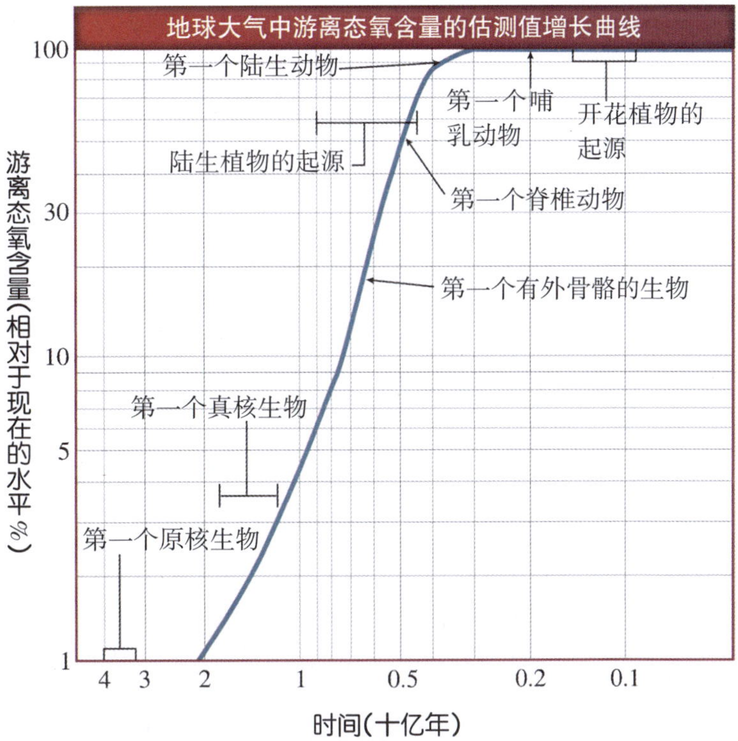

数据分析实验

科学实验室

基于真实数据*

解释图表

亚马孙森林的砍伐速度有多快? 许多科学家为全世界热带雨林地区森林覆盖率的不断下降而忧心忡忡。在亚马孙河盆地,科学家们估测每小时就有一公顷森林消失。

数据与观察

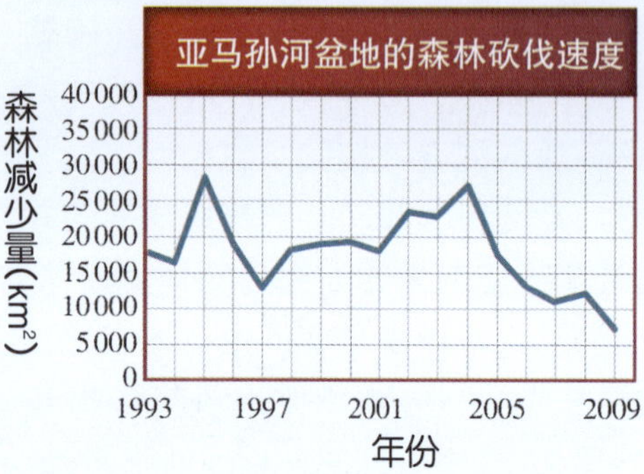

资料来源:Estimated Deforestation Rate After 1998. *The National Institute for Space Sciences.*

实验分析

1. 在2002~2004年之间,亚马孙河盆地被砍伐了多少平方千米的森林?

2. 根据图表,亚马孙河盆地的森林采伐量最高是哪一年?

批判性思维

3. 计算 1993~2001年和2001~2009年的森林采伐率。

4. 比较 1993~2001年和2001~2009年的森林采伐率。

5. 预测 接下来的30年里,亚马孙热带雨林会发生什么情况。

6. 解释 热带雨林减少对碳循环有什么影响?

物质循环

物质守恒定律表明,地球上物质的总量是不会改变的。地球上的元素在有机体和无机环境之间进行循环。你已经学过有关地球上水循环的知识,而地球上的大气在其他循环中起重要作用,如氮循环和碳循环。

地球上的循环处于非常微妙的平衡之中。当化石燃料被燃烧,其中储藏了上百万年的碳就被释放到地球大气中;砍伐森林则导致能通过光合作用吸收二氧化碳并释放氧气的树木变得更少了。

碳循环 地球上生命的存在离不开碳,因为碳是糖、淀粉、蛋白质和其他组成生物体的化合物中的重要元素。碳循环如**图24-11**所示。绿色植物和藻类通过光合作用将二氧化碳和水转换成碳水化合物,向大气中释放氧气。这些碳水化合物是食物网中所有生物的能量来源,而其他有机体则通过呼吸作用从大气中吸入氧气并释放二氧化碳。

当有机体埋藏在地下时,碳就被贮藏在地下,经过上百万年之后,这些有机体会转换成泥煤、煤炭、石油或其他天然气等。当这些化石燃料被开采并燃烧后,储存在其中的碳又会以二氧化碳气体的形式被释放到大气中。

☑ **读后自查** **解释** 生命体和无机环境之间的碳循环是如何通过光合作用和呼吸作用进行的?

氮循环 氮是生命体合成蛋白质的必要元素。氮占据了大气含量的78%,但是动植物都不能直接利用大气中的氮。有一种细菌叫**固氮细菌(nitrogen-fixing bacteria)**,它们生活在水或土壤中,或者是长在一些植物的根上。这些固氮细菌能将空气中的氮气转换成能被植物用来生产蛋白质的氮。氮也是通过食物链从一个有机体传递到另一个有机体中的。有机体产生排泄物或者死去后,氮元素又再次回到了土壤和大气中。**图24-11**反映了氮循环过程:氮元素先从大气到土壤,再到有机体,最后又回到大气中。

图解碳循环和氮循环

图24–11 生物在许多方面都需要碳元素和氮元素，如图所示。

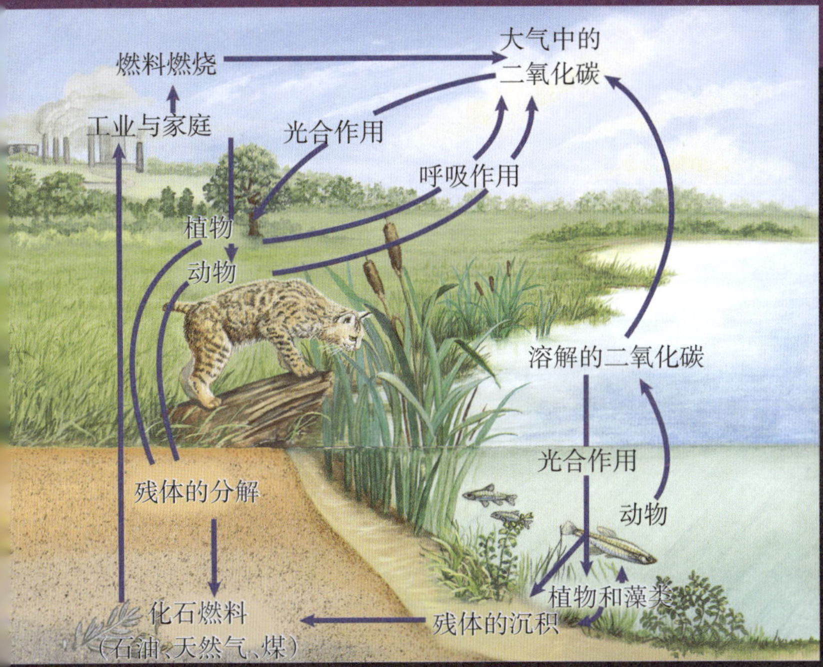

人类通过燃烧燃料影响碳循环。当煤、石油等燃料燃烧时，会生成二氧化碳。二氧化碳释放到大气中并继续参与碳循环。

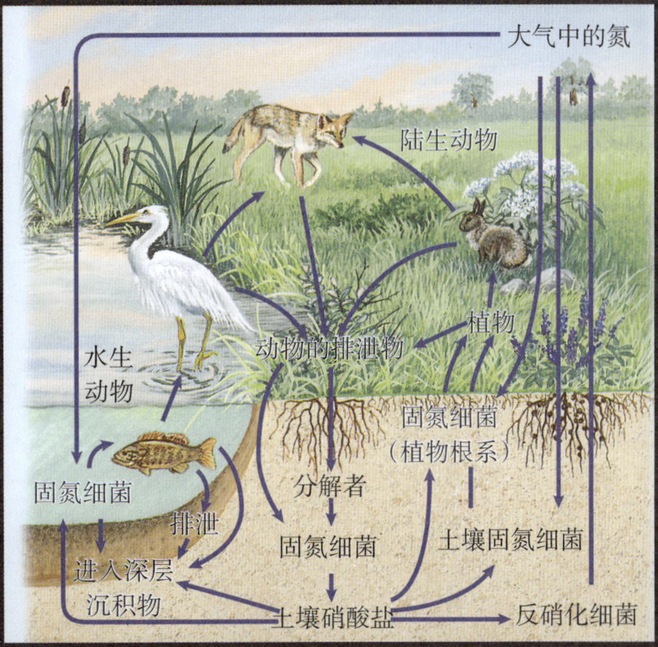

固氮细菌是氮循环的重要组成部分。当动物产生排泄物或者当动植物死亡，残体被分解后，都会产生氮。固氮细菌能够固定氮气，使之转换成能够被其他动植物利用的氮。

■ **图 24-12** 火山烟雾是火山活动释放的二氧化硫等颗粒物在阳光照射下与空气中的氧气和水混合形成的。

大气污染的自然来源

污染物(**pollutant**)是指能参与到地球化学循环，会危害生物健康，影响生物活动的物质。大气污染物可以来自自然和人为两个方面，它影响了室内和室外的空气质量。大气污染的自然来源包括火山喷发、火和氡气。

火山 火山喷发是大气污染物的一个重要来源。1980 年 4 月 18 日，美国华盛顿州的圣海伦斯火山向天空喷发了 24 km 高的巨大烟柱，火山喷发持续了近 9 个小时。一些火山灰三天内到达了美国东部，一些被喷射到高空急流中的小颗粒在两周时间内围绕地球循环了一圈。此后，圣海伦斯火山在 2004～2008 年间又多次喷发，喷发时一天内可释放二氧化硫 4 500～27 000 kg。意大利的埃特纳火山位于人口稠密地区，它喷发的二氧化硫是圣海伦斯火山的 100 倍。这些硫催生了酸雨和一种火山学家称之为“火山烟雾”的蓝色烟雾。如**图 24-12** 所示，火山喷发的蓝色烟雾覆盖了大片区域。

☑ **读后自查** **描述** 火山喷发如何造成大气污染？

火 烟雾是木材和其他有机体燃烧产生的气体和细颗粒物的混合物。烟雾对人体最大的健康威胁来自于其中的细颗粒物。这些微小颗粒可以进入你的眼睛和呼吸系统，会造成眼睛灼热、流鼻涕或慢性支气管炎等健康问题。有慢性肺病的人在烟雾中会受到很大的伤害。

森林火灾会释放成千上万吨一氧化碳。一氧化碳会影响人体血液中的氧气运输。森林火灾释放的气体还会导致几百千米范围内的烟雾污染。如**图 24-13** 所示，2004 年，美国阿拉斯加州和加拿大的一场大火向大气释放了 0.3 亿吨一氧化碳，这相当于美国全国当月人类活动产生的一氧化碳总和。

■ **图 24-13** 森林火灾会释放大量的有害气体进入大气。患有呼吸道疾病的人在这类高浓度烟雾和气体环境中非常危险。

氡气 氡-222是一种无色无味、自然生成的气体。氡-222是铀-238衰变形成的产物。在美国北部三分之一的地方，大多数土壤、岩石以及地质构造中都含有少量的铀-238。通常，这些沉积物中的氡气会通过土壤向上逸出而进入大气，大气中的氡气含量已经被稀释到无毒无害的水平。但如果用中空的混凝土砖块建筑房屋，或者地基有裂缝时，氡气就会进入室内并集聚到一定浓度，如**图24-14**所示。一旦进入室内，氡气就会衰变成其他能被人体吸入的放射性粒子。

美国每年约有21 000人死于氡气引起的肺癌，其中2 900人从来不吸烟。因为氡气无色无味，所以很难判断建筑物中是否有氡气集聚，美国环境保护署建议人们定期检测家里和办公室的氡气含量。

读后自查 **解释** 为什么氡气非常危险？

图24-14 氡气进入家里和办公室的途径有很多。氡气进入室内后，因为无色无味，所以人们很难发觉。为此，很多家庭安装了氡气检测设备，一旦室内空气中的氡气超出安全水平，检测器就会发出警报。氡气不仅可以通过地基中的裂缝、地下管道或者开放的地下室进入室内，还可以通过其他渠道，比如淋浴头等进入室内。

■ **图24-15** 森林里的酸雨改变了土壤的pH，结果导致树木生长变缓，甚至大量树木得病。

预测 *如果酸雨持续降落，这片森林会变成什么样？*

输送和稀释

当大气底层的空气在地表流动时，会携带自然和人为的污染物。然后这些污染物会被大气输送、稀释、转变或者清除。

大气污染物通常会沿着顺风方向被带走。污染物的输送取决于风向、风速、地形特征和污染源的高度。比如，山脉、山谷和建筑物会阻碍风的流动，因而影响到污染物的输送。有些污染物的输送距离很长。如**图24-15**所示，降落在美国北卡罗来纳州主要山脉的酸雨，其中的多数污染物来自西部各州的煤炭发电厂。如果空气在对流层的流动强烈，有些污染物就会被稀释而扩散，浓度就会大大降低。

一些污染物在输送过程中可能会发生物理变化。例如，比较干的小颗粒可能会聚集在一起，在达到足够重后便重新返回地球表面。于是这些污染物和其他的一些污染物一起，以雪、雾和雨等降水的形式，从大气中清除了。

第3节　本节回顾

要点梳理

- 地球早期大气中没有氧气，它是由光合生物长期作用后产生的。
- 氧、碳、氮在生物体和无机环境之间循环。
- 火山喷发、火和氡气是大气污染的自然来源。

要点理解

1. **主要概念** **解释** 为什么大气是一种自然资源？
2. **对比与比对**碳循环和氮循环。
3. **描述**中西部的煤炭发电厂如何导致纽约州的酸雨。

批判性思维

4. **预测** 如果地球上没有固氮细菌，会发生什么情况？
5. **应用** 家庭能源利用率的提高为什么可能导致室内氡气含量的提高？

地学计算

6. 美国每年约有21 000人死于氡气引起的肺癌，其中2 900人从来不吸烟。死于氡气引起的肺癌的患者中，不吸烟患者的比例占多少？

第4节 水资源

主要概念 水是生命的必需品，然而它在地球表面的分布并不均匀。

核心问题

- 为什么说水的特性对地球上的生命非常重要？
- 地球上的水是如何分布和利用的？
- 人类可以通过哪些方式降低对淡水资源的需求？

关键术语

氢键
海水淡化

地球科学在你身边 昨天晚饭你吃了什么？准备这顿饭你用了多少水？水不仅可以用来洗菜、做饭和清洗，植物也需要水才能生长。

水的特性

地球表面有71%的面积被海洋覆盖。海洋对于调节气候、为海洋生物提供栖息地、稀释和降解污染物都有帮助，甚至对地表形态的塑造也有重要作用。淡水是进行农业生产、运输、娱乐和其他许多人类活动的重要资源。此外，地球上的生物也主要是由水组成的。大多数动物体内，水占其体重的50%～65%；即使是树木，也含有60%左右的水。

液态水 为什么水是一种重要的资源？水的沸点高，可达100°C，而冰点却比较低，只有0°C。因此，在地球上的大部分地方，水都是以液态形式存在的。水分子之间能形成氢键，使得水在很大的温度范围内以液态形式存在。当一个水分子的正极与另一个水分子的负极相遇时就会形成氢键。如**图24-16**所示，氢键的存在使得水表面向内收缩，还能使水黏附和包裹在固体上。正是因为这一性质，水能沿植物的根系上升，经由茎，到达叶片。

储存热量的能力 液态水能够储存大量热能，且又不会使水温升得太高。水的这一性质能保护生活在水中的生物不会受到水温骤变的影响，同时对水参与调节地球气温发挥了重要作用。水能储存大量热能的性质，使水在人类生产、生活中也有诸多应用，如作为汽车发动机、发电厂以及其他冷却过程的冷却剂。在炎热的夏天，你是否因室外活动而大汗淋漓呢？当大量的汗水从你的皮肤散发出去之后，你就会感觉凉爽了许多。这是因为水从液态水变成水蒸气散发时，带走了大量的热量，从而降低了你的体温。

水作溶剂 水能溶解各种各样的物质，由于这个性质，水能为生物体的组织输送各种营养，并带走一些可溶于水的废物。水能自由穿过细胞膜，从而调节细胞内外的压力。

图24-16 一个水分子的正极与另一个水分子的负极之间会形成氢键。

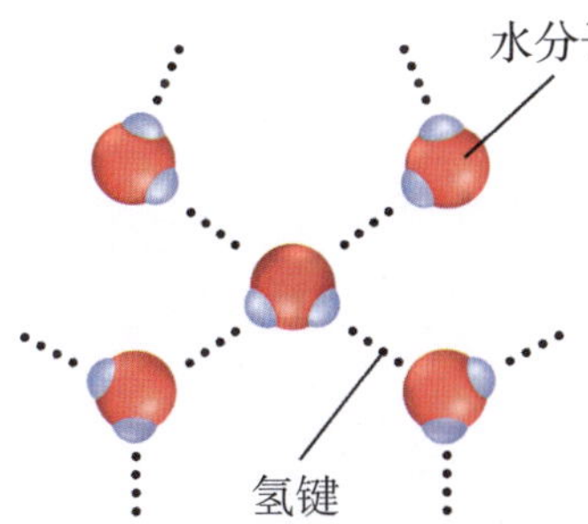

固态水 和大多数液体不同，水结冰后体积会变大。因为冰的密度要比液态水的密度小，因此冰可以浮在水面上。水总是从最上面开始结冰的，如果不是这样的话，一到严冬，池塘和小溪就会被冻得严严实实，水中生物就会全部死去。如**图24–17**所示，水结冰之后体积膨胀，导致岩石胀裂。水就是用这种方式使地球上的岩石发生风化的。

■ **图24–17** 风化的岩石裂缝中的水结冰后，体积变大，导致裂缝加宽。

淡水资源的分布

地球上的淡水分布很不均匀。美国东部的降水较多，那里的淡水主要用于冷却、发电以及工农业生产。相反，西南部的降水偏少，大部分的淡水用于农业灌溉。由于淡水短缺，人们对地下水的开采速度远远大于其更新的速度，结果导致这些地方的地下水位持续下降。

在世界范围内，虽然多数大陆都拥有丰富的水资源，但水资源分配不均匀是一个全球性的问题。自20世纪70年代以来，水资源短缺导致全球每年约有24 000人死亡。在一些水资源缺乏的地区，人们每天需要步行很远的距离，去获取只能勉强维持日常所需的少量淡水。据估计，全世界有数百万人生活在日趋干旱的土地上，大约有25个国家长期处于水资源短缺情况。**图24–18**所示的是预测2025年全球范围内的水资源短缺情况。这个预测主要根据预测的人口增长情况，当然也有其他的因素。

■ **图24–18** 根据预测，美国大部分地区水资源将是轻度短缺，而亚洲则是大范围短缺。

预测2025年全球水资源短缺情况分布图

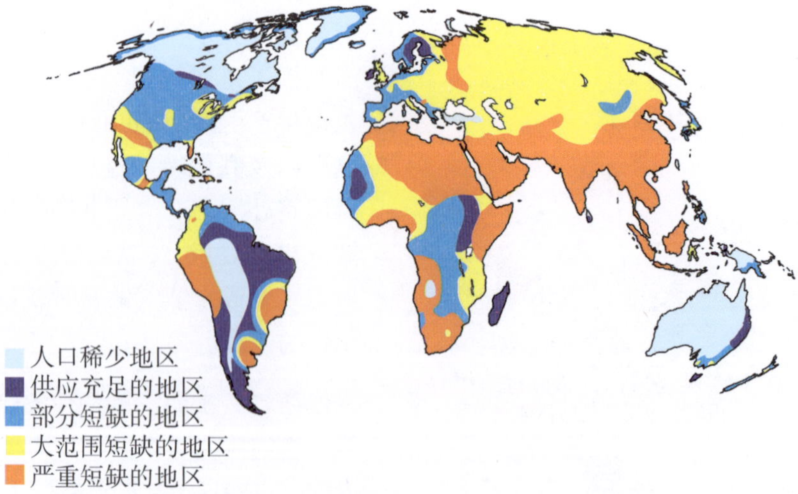

水资源的利用

地下水的上表面叫作地下水位，而地下水流过的含水沙土层叫作蓄水层。落到地表的降水通过土壤和岩石向下渗透，蓄水层的水就得到了补充。

在美国，20%的淡水是通过抽取蓄水层中的水获取的，地下水以每天 15 m 的速度穿过蓄水层。如果地下水的开采速度超过其自然更新的速度，开采点的地下水位就会降低，也叫水位下降。如果某个区域同一蓄水层中有过多的水井，就会导致该地区地下水水位快速降低，甚至会被抽干。

全球消耗 全球淡水资源的利用方式差别很大，但每年有高达70%的淡水资源消耗在了仅占全球面积18%的耕地上。大约23%的淡水用于工业生产，如发电厂的制冷剂、石油和天然气的炼制与加工以及其他的工业生产。家庭和市政用水占开采水资源的7%。

淡水资源的管理

很多国家都通过修建水坝、调配地表水或开采地下水的方式管理淡水资源。**图 24-19** 所示的大坝是位于中国长江上游的防洪大坝——三峡大坝。三峡大坝坝顶高程(海拔)185 m，宽 2 335 m，是世界上最大的水力发电工程之一，为中国数百万人提供了淡水资源和能源。然而，为了修建大坝，大片地区被淹没，原先居住在附近的上百万居民必须迁移到其他地方。

图 24-19 在河道上建造大坝、储存河水，为人类提供了利用便捷的淡水资源。不过修建大坝也会引起许多有争议的问题，包括淹没农田、附近居民必须迁走等。

迷你实验

科学实验室

确定水的硬度

怎样轻易地制造肥皂泡？ 水中包含的矿物取决于它的来源。当水中的矿物含量很高时，我们称之为硬水。

实验步骤

1. 阅读并遵守实验室安全守则。
2. 取6个干净的装食物的玻璃瓶，从A到F分别做标记。
3. 取 20 mL 某种水样，注入A瓶中。
4. 再重复第3步4次，将不同的水样分别注入B到E瓶中。
5. 取 20 mL 蒸馏水样，注入F瓶中。
6. 在你的科学笔记上绘制一个数据表，在表格的第一列分别标上字母A～F。
7. 向A至E瓶中各滴一滴肥皂液，F瓶中不滴加。拧紧盖子，然后用力摇晃每个瓶子各5秒。
8. 利用下面的测量标准，在你的表格中记录每个瓶中的肥皂泡数量：1——没有泡沫，2——少许泡沫，3——中等数量泡沫，4——大量泡沫。

实验分析

1. **排序** 按照从最硬到最软的顺序来排列水样。
2. **解释** 硬水和软水的区别是什么？
3. **确定** 硬水有哪些缺点？
4. **分析** 用F瓶中的样品做实验的目的是什么？

水坝和水库 一个国家管理水资源的主要方式之一就是建造水坝。大型水坝通常建在河谷里，目的是控制下游的洪水，大坝上游的水库用来蓄积洪水、雨水以及冰雪融水。水库中拦截的水根据需要用作农业灌溉用水、水力发电或市政用水，如家庭和商业用水等。水库还可以提供一些娱乐休闲项目，如钓鱼和划船。目前各大洲25%～50%的径流都被水库和水坝控制。

调配地表水 如果你去过欧洲或者是中东，你就会发现那里有许多年代久远的水渠。早在2 000多年前，罗马人就建造了水渠，将其他地方的水引到城市里。今天，许多国家同样通过开挖水渠、隧道以及铺设地下管道，从淡水资源丰富的地区引水，以满足缺水地区人们的需要。

如**图24-20**所示，美国加利福尼亚州的引水工程就是一个调配地表水使居民受惠的实例。在加利福尼亚州，大约75%的降水集中在萨克拉门托市以北，而75%的人口都集中在该市以南。加利福尼亚州建造的这一引水工程，通过水坝、泵井和水渠等系统将该州北部的水调往南部。调配的这些水有82%用于农业灌溉。洛杉矶和圣地亚哥的居民抽取地下水的速度比自然界的补充速度更快，所以他们想要调配更多的水到南方。当人口增长导致对水资源的需求增加时，关于水资源调配的冲突可能还会不断增加。

■ **图24-20** 水坝、泵井和水渠等工程将水从降水较多的加利福尼亚州北部调往气候干旱的南部。

■ **图 24-21** 海水淡化有几种不同的方法：一种叫作蒸馏，它通过将水煮沸来脱盐；另外一种是用过滤系统来脱盐。如图所示就是一个海水淡化工厂。

海水淡化 为了利用海洋水，一些国家正在探索将海水脱盐变成淡水的办法，即**海水淡化**(**desalination**)。海水淡化的一种重要方法就是海水蒸馏，将海水加热至蒸发，再将水蒸气冷却并收集。在水分蒸发后，盐便留了下来。大多数通过海水淡化获取淡水的国家都是利用太阳能提供能量。尽管利用太阳能蒸发海水是个缓慢的过程，但也是很廉价的方法。如**图 24-21** 所示，一些海水淡化工厂利用燃料来蒸发海水，但由于成本昂贵，所以主要用来生产饮用水。海水淡化的所有过程都需要大量的能量。

第 4 节 本节回顾

要点梳理

- 水具有使地球上存在生命的独特性质。
- 地表上水的分布并不均匀。
- 通过水坝、泵井和水渠等水资源管理办法可以使淡水资源的分布更加均匀。

要点理解

1. 主要概念 **描述** 淡水资源的分布对人类有何影响？
2. **解释** 为什么水储藏热量的能力对地球上的生命十分重要？
3. **解释** 为什么水从水面开始结冰？

批判性思维

4. **提议** 你认为像美国西南部这样对淡水资源需求量大的地方，采用海水淡化是一个好的选择吗？请解释原因。
5. **分析** 关于节约日常用水，你能做的事有什么？

地学写作

6. 假设你家附近有一条河，每年，居民们都在这条河里钓鱼、划艇和游泳。最近，政府计划在河上建坝，用来提供清洁、可再生的能源。写两篇报纸社论，一篇支持修建大坝，一篇反对修建大坝。

地球科学与社会

水的价值

当你从饮水机取水喝的时候，你有没有想过这些水是从哪里来的？水可能来自于地下水、地表水、水井或水厂，具体取决于你居住在哪里。

我们的水源 水资源看起来非常丰富，因为地球表面大约71%的面积被水覆盖着。然而，地球上只有不到1%的水能够作为日常用水，用于饮用、做饭和灌溉等。因为水资源是有限的，所以水源是一个非常关键的问题。

绿色沙漠 美国西南地区气候炎热、干旱，这里很难看到绿色的草坪和街上成排的棕榈。因为年降雨量极少，这个区域的大部分地方属于干旱地区。但是，随着该地区许多城市的人口持续增长，其对水的需求量也随之增加。

美国西南地区的许多城市都是抽取同一片地下水源。该地区抽取地下水的数量往往大于降水补充量，结果导致地区供水不足。有一些大城市想要通过将河流、小溪或湖泊里的水作为家庭用水来解决这一问题。

用水争议 约100年以前，美国西部一些州的居民意识到他们需要从科罗拉多河取水。在1922年，他们达成了科罗拉多协议，确定了用水范围以及用水量。

今天，美国和墨西哥有3 000万的人在使用科罗拉多河里的水。随着上游用水的增加，下游用水越来越紧张。当科罗拉多河流到美国和墨西哥的边界时，已经变成了一股细流。河流水量的减少导致墨西哥和美国的关系变得紧张。墨西哥北部的居民要求，对于科罗拉多河，他们应该有和上游居民一样的用水权利。

葛兰峡谷大坝是科罗拉多河上可以控制河流流量的水坝之一。

环境影响 因为公共用途对河流造成了一些危害，结果导致一些依靠河流的自然生态系统也受到了影响。如图所示，河流的某些区域建了水坝，或者被人为改道，这些都会对该地的野生鱼类造成危害。

随着河流流量减少，携带到科罗拉多河口三角洲的营养物质和沉积物越来越少。原先在这个区域里生活的动植物也开始面临生存危机。

地学写作

调查 在网上查找更多有关可持续用水的资料。你所在的城市是否做到了水资源可持续利用？写一篇随笔解释你所在的城市水资源利用情况。

科学实验室

监控日常用水

实验背景：一个美国人平均每天使用300～380 L水。想一想你每天刷牙、洗衣服等各种用水方式。

实验问题：你每天使用多少水？

实验材料

用水量表格　计算器

实验步骤

1. 阅读并遵守实验室安全守则。
2. 从老师处拿一张用水量表格。
3. 填写表中的估计量一列。估计量是你预估的每天每项用水活动会消耗多少升水。
4. 连续5天记录你的用水量并填写在表格中。

实验分析

1. **计算**　你每天冲马桶用了多少升水？
2. **计算**　你每天淋浴用了多少升水？
3. **计算**　你平均每天用了多少升水？
4. **分析**　哪一种用水活动消耗的水量最多？你的结果跟同班同学的结果一样吗？
5. **预测**　在不同的季节，用水量将会有什么变化？
6. **推荐**两种减少每天用水量的方法。

在家尝试

修正　你用了在第6题中提出的两种方法后，再记录5天的用水量。总用水量减少了吗？为什么？

用水活动	每次用水量	估计量	第一天	第二天	第三天	第四天	第五天	总计
冲马桶	7.5升/次							
淋浴	15升/分							
泡澡	100升/桶							
洗碗	45升/次							
洗衣	151升/次							
洗手	7.5升/分							
厨房用水	11升/分							
							全部用水量	

第24章 复习指南

大概念 人类和其他生物的生存和发展都需要利用地球资源。

第1节 自然资源

关键术语
- 自然资源
- 可再生资源
- 可持续产出
- 不可再生资源

主要概念 资源是生物体所需要的物质；一旦被利用，有些资源可以再生，有些资源则不可再生。

要点梳理
- 自然资源是地球所提供的资源，如生物体、营养物质、岩石、矿物、空气和水。
- 可再生资源可以在短时间内再生。
- 不可再生资源数量有限，且需要很长的时间才能再生。

第2节 地壳中的资源

关键术语
- 荒漠化
- 集料
- 基岩
- 矿石
- 尾矿

主要概念 地壳提供了多种多样的资源，包括土地、建筑材料、金属和矿物等。

要点梳理
- 表层土流失会导致荒漠化。
- 在冰川沉积中会发现沙子、砂砾和碎石等集料。
- 矿石是有开采价值的资源，它通常与火成岩或地表形成过程有关。

第3节 大气资源

关键术语
- 固氮细菌
- 污染物

主要概念 大气中包含了地球生命所需的所有气体。

要点梳理
- 地球早期大气中没有氧气，它是由光合生物长期作用后产生的。
- 氧、碳、氮在生物体和无机环境之间循环。
- 火山喷发、火和氡气是大气污染的自然来源。

第4节 水资源

关键术语
- 氢键
- 海水淡化

主要概念 水是生命的必需品，然而它在地球表面的分布并不均匀。

要点梳理
- 水具有使地球上存在生命的独特性质。
- 地表上水的分布并不均匀。
- 通过水坝、泵井和水渠等水资源管理办法可以使淡水资源的分布更加均匀。

第24章 复习检测

术语回顾

从复习指南中选取正确的术语填空。

1. 煤和石油都是 ________ ，因为它们短时间内不能再生。
2. 竹子是 ________ ，因为它能快速地再生，数量不会随着不停地使用而减少。
3. 沙子、砾石和碎石的混合物叫作 ________ 。

从复习指南中选取合适的术语代替下列下划线上的词语，使句子表述正确。

4. 矿石是松软土壤以下的坚硬岩石和地壳中的岩石。
5. 土壤是矿石开采后留下的岩石残渣。
6. 去除海水中的盐叫作硝化作用。
7. 过度利用土地可能会导致肥沃的土壤经历土壤形成过程。

用完整的句子定义下列术语。

8. 污染物
9. 可持续产出
10. 矿石

从复习指南中选出适合下列定义的术语。

11. 地球提供的资源。
12. 生活在水或土壤中，并能捕获或固定氮的细菌。
13. 一个水分子的正极被另外水分子的负极吸引后形成的。

理解要点

14. 下列哪种资源能够以可持续的速率再生？
 A. 铁
 B. 小麦
 C. 金
 D. 钻石
15. 为什么固氮细菌非常重要？
 A. 它们是大型动物的猎物
 B. 它们是碳循环的一部分
 C. 动植物不能直接利用大气中的氮
 D. 它们是光合作用的一部分

根据下图，回答第16～17题。

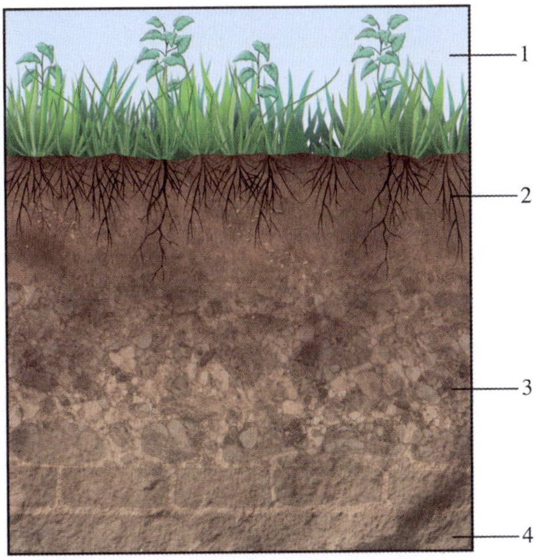

16. 下列哪个区域能够发现集料？
 A. 1
 B. 2
 C. 3和4
 D. 4
17. 2代表的是哪一层？
 A. 表层土
 B. 基岩
 C. 集料
 D. 矿物

18. 携带沉积物的水速率降低时，会出现什么情况？
A. 基岩溶解
B. 细沙被抬高和移动
C. 重的沉积物沉积
D. 新的矿物形成

19. 下列哪种资源是无限的？
A. 阳光　　B. 宝石
C. 木柴　　D. 鱼类

20. 过度放牧可能导致什么状况？
A. 土壤形成
B. 化学沉淀
C. 集料累积
D. 荒漠化

21. 下列哪一部分不属于氮循环？
A. 大气　　B. 植物
C. 光合作用　　D. 土壤

22. 为什么认为水是极性分子？
A. 一个水分子有一个极
B. 每一个水分子都有正、负极
C. 水分子形成于极地地区
D. 水分子能被磁性材料吸引

根据下图，回答第23题。

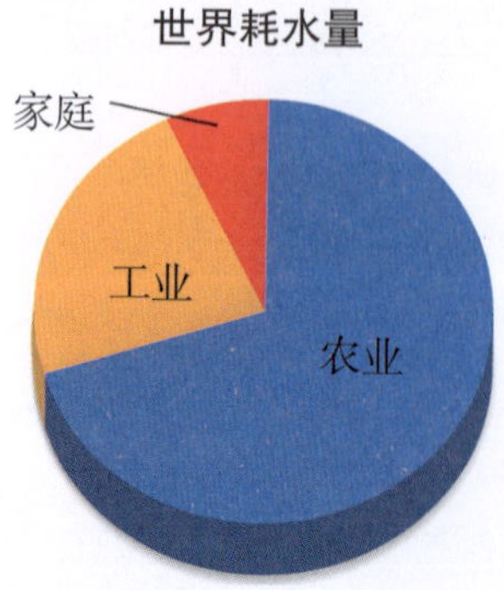

23. 工业用水大约占了世界耗水量的多少？
A. 7%　　B. 23%
C. 70%　　D. 100%

简要概述

24. **解释** 为什么生鲜超市里购买的牛肉和鸡肉是可再生资源？

根据下表，回答第25～26题。

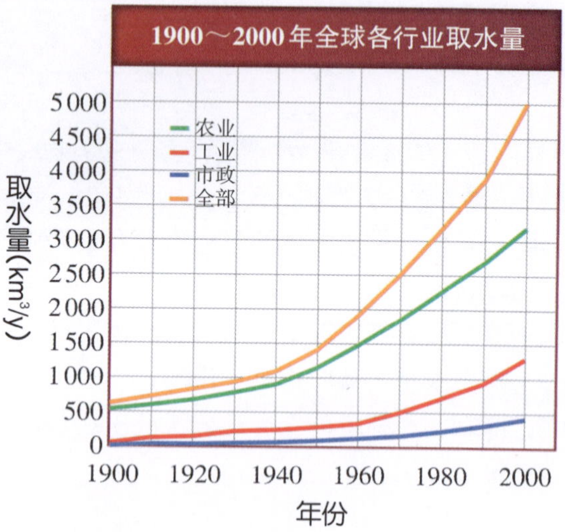

25. **解释** 为什么1900年以后全球的淡水取水量曲线斜率开始改变？

26. **确定** 自1900年到2000年，哪种类型的取水量增长最多？

27. **解释** 为什么亚马孙河流域的森林覆盖率降低是一个全球性问题？

28. **解释** 如果计划建一个大坝，首先要考虑什么问题？

29. **指出**世界上淡水资源贫乏的几个地区。

30. **指出**地球上自然存在的水是什么形态。

31. **区分**十亿年前的大气组成和今天的大气组成。

32. **解释** 对地球上的生命来说，为什么某种物质既是污染物又是必需品呢？

批判性思维

33. **解释** 为什么说水资源能循环利用，导致水污染成了一个严重的问题？

34. **思考** 关于垃圾填埋的研究对深刻理解自然资源利用效率有何帮助？

根据下图，回答第35题。

35. **推测** 根据本章内容，你能推断出是什么损坏了这座雕像吗？它又是如何损坏雕像的？

36. **解释** 矿工从什么时候开始利用密度原则查探有价值的自然资源？

37. **预测** 如果光合作用减少，大气中的碳含量会有什么变化？

38. **地球科学相关职业** 调查和描述你所知道的一种与保护当地水资源相关的工作。

概念图解

39. 运用节名和每节中的关键术语来绘制一幅概念图。如需帮助，请查询*技能手册*。

挑战难题

40. **确定**你们学校水的供应源。回答这个问题时，你将遵循什么步骤？

地学写作

41. 调查当地的公园和保护区。你附近有没有一个正准备开发的新区？这个地区有没有濒危物种？写一封信给当地的有关部门，详述你认为开发新区应该采取的措施。

材料分析

美国西部17州的灌溉区面积占全国的77%，平均每年的用水量在150～2 500英亩-英尺(灌溉水量单位，相当于1英亩地1英尺深的水量，即1 233.5m³)。为了保护水资源，美国农业部(USDA)提出了一些水源保护的方法。

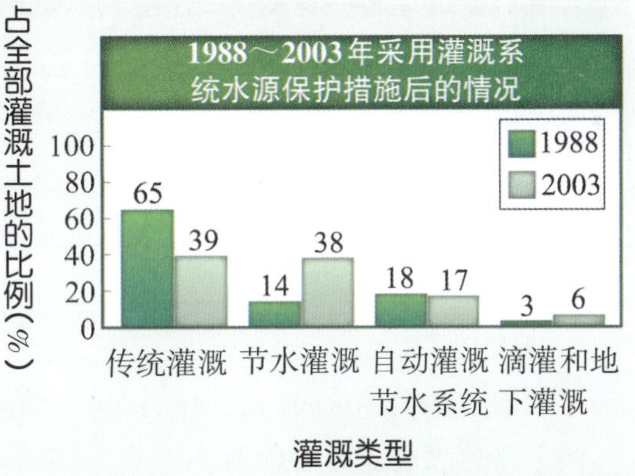

资料来源：Weibo,K., and N.Gollehon,eds.2006. Agriculture resources and environmental indicators. *USDA*(July):134–143.

42. 2003年，最广泛使用的是哪两种灌溉方法？

43. 1988年，采用传统灌溉系统的地区占全部灌溉区的比例是多少？2003年呢？

44. 2003年，采用滴灌和地下水系统灌溉的地区占全部灌溉区的比例是多少？

综合复习

45. 为什么火山活动和汇聚型板块边界有关？(**第20章**)

46. 解释美国黄石国家公园间歇泉和温泉的热量来源。(**第10章**)

综合 标准化测试

选择题

1. 海平面升高，海岸线向陆地推进的现象叫什么？

   A. 海退　　B. 形成大陆边缘

   C. 海进　　D. 抬升

根据下表，回答第2～3题。

化石辨认标志	
1	a. 螺旋形，到第2步
	b. 非螺旋形，到第3步
2	a. 短于6 mm，腹足类动物
	b. 长于6 mm，头足类动物
3	a. 圆形的，海百合纲动物
	b. 分枝的，苔藓虫类动物

2. 米娅有一块大约7 mm长的化石，是螺旋形的。米娅发现了哪种化石？

   A. 腹足类动物　　B. 头足类动物

   C. 海百合纲动物　　D. 苔藓虫类动物

3. 如果米娅发现的化石是从沉积岩上凿下来的，那么这块化石最可能是哪种化石？

   A. 铸型　　B. 琥珀

   C. 标准化石　　D. 遗迹化石

4. 下列哪个陈述最能解释为什么科学家们不能根据化石证据来研究前寒武纪的问题？

   A. 前寒武纪的生命没有时间变成化石

   B. 在前寒武纪早期，地球上没有生命

   C. 在前寒武纪的某一个时间，一个全球事件消灭了地球上所有的生命形式

   D. 前寒武纪时期，地球上的生命体都是软体动物，所以几乎没有留下化石痕迹

5. 如何根据早期地球的火山活动解释海洋的形成？

   A. 火山喷发形成了地表上聚集水的主要洼地

   B. 火山气体包含水蒸气，水蒸气冷却后形成液态水，填充了大洋盆地

   C. 火山气体造成了大量的云，云形成降雨，填充了大洋盆地

   D. 火山喷发物阻挡了太阳光，吸收水的植物死亡，于是径流形成了海洋

6. 下列哪个是显生宙生命形式的正确顺序？

   A. 海洋生物，陆地植物，陆地动物

   B. 陆地植物，陆地动物，海洋生物

   C. 陆地植物，海洋生物，陆地动物

   D. 陆地动物，陆地植物，海洋生物

根据下图，回答第7～8题。

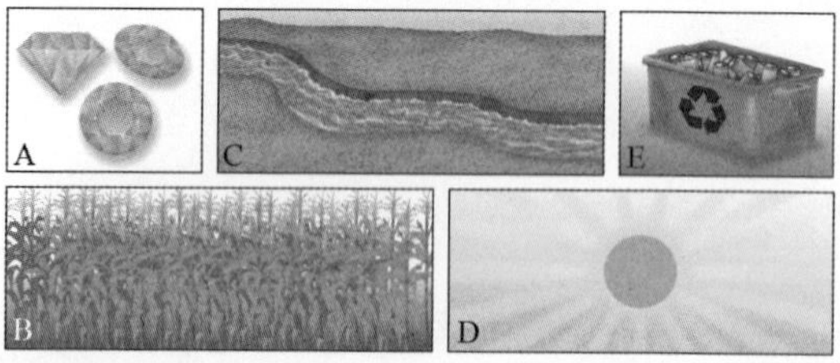

7. 哪幅图显示的是不可再生资源？

   A. A　　B. B

   C. C　　D. D

8. 哪种资源的自然更替速率比使用速率更快？

   A. B　　B. C

   C. D　　D. E

9. 为什么放射性衰变在测定岩石的绝对年龄时十分有用？

   A. 它只分解岩石中的化石而不是岩石本身

   B. 它只分解岩石而不是岩石中的化石

   C. 不管是环境、压力、温度或者是其他物理条件如何变化，它都是恒定的

   D. 它随环境、压力、温度或者是其他物理条件的变化而变化

10. 当冈瓦纳大陆和劳伦西亚大陆相撞时，在北美洲形成了什么？

    A. 喜马拉雅山脉

    B. 阿巴拉契亚山脉

    C. 安第斯山脉

    D. 大堡礁

简答题

根据下图，回答第11～12题。

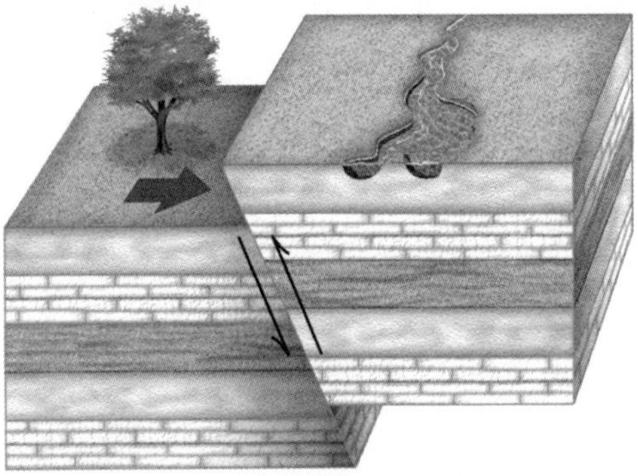

11. 图中显示的是哪种类型的断层？它是如何形成的？

12. 描述沿着这个断层的岩石表面是如何导致地震的。

13. 为什么说抬升的山脉很独特？

14. 讨论为什么早期地球的热源导致了不适合生命生存的条件。

15. 制订地质年代表的目的是什么？

16. 描述中生代时期，落基山脉的形成过程。

阅读理解

本土景观

用本土植物作为园林绿化能提升环境质量。因为本土植物适应当地的环境，所以生命力更顽强。一旦存活，它们也不再需要额外的农药、肥料或水。

本土景观不需要像传统草地那样定时修剪，这样一来，就减少了对不可再生资源的需求，还提升了当地水和空气的质量。为了维护良好的环境，传统草地还需要像天然草原周期性循环那样，定期地燃烧。由本土的野花和草类组成的园林景观不仅有助于恢复区域生态健康，还能吸引更多的动物，提高区域的生物多样性。

资料来源：Green landscaping: Greenacres. Green Landscaping with Native Plants. *United States Environmental Protection Agency*. October 2006.

17. 为什么周期性地燃烧有利于维护草原景观？

A. 它除去了多余的野草

B. 它模拟了天然草原周期循环

C. 它清除了植物上的害虫

D. 它为创造新环境提供了机会

18. 从这篇文章中可以推断出什么结论？

A. 用当地本土植物设计景观是一个区域绿化的最好选择

B. 只有本土植物能够在当地生存

C. 本土景观只适用于草原环境

D. 种植本土植物可能会花费很多金钱和时间，但是很有必要

19. 为什么环境保护署要宣传这则信息？

A. 降低非本土植物的销售量

B. 帮助保护不可再生资源，以及保护环境不受刺激性化学物质的伤害

C. 为植物爱好者提供建造花园的新方法

D. 为园艺新手提供低价的园艺方法

需要更多帮助？																
如果你回答错误……	1	2	3	4	5	6	7	8	9	10	11	12	13	14	15	16
请复习相应章节……	21.1	19.1	19.1	11.2	14.1	21.4	22.4	22.4	1.3	20.2	17.1	17.1	20.1	20.2	10.1	21.2

第25章

能　源

大概念　人们日常生活中使用的能源，大都来源于太阳。

内容提要

1　传统能源
2　新能源
3　能源的保护

起步实验

科学实验室

你能确定能量的来源吗？

能量不会凭空产生或消失，但它可以转变形态或发生转移。因此，同样的能源可以反复利用。在本实验中，你将研究一种常见的能量转移形式。

实验步骤

1. 阅读并遵守实验室安全守则。
2. 在一个250 mL的烧杯中加入200 mL水。
3. 将这个烧杯放在加热板上。
4. 打开加热板开关。观察当水升温及沸腾时会发生什么现象。

警示：实验结束后，要等烧杯冷却后再拿走。

实验分析

1. **描述**　在对水进行加热并使其沸腾的过程中，能量发生了什么变化？
2. **推断**　当水开始沸腾时，能量去哪里了？
3. **确定**　加热水的能量来自哪里？追溯学校里的电能的最初能量来源。

风力发电已经成为美国艾奥瓦州、明尼苏达州、得克萨斯州和加利福尼亚州等几个州的能源来源。蒙大拿州的朱迪斯加普风能中心有90个风力发电机，每个发电机的功率为1 500 kW。

折叠式学习卡

根据右图所示，制作一张多层折纸，并用它来整理你学习传统能源和新能源过程中的笔记。

第1节 传统能源

主要概念 生物质燃料和化石燃料储藏的能量都来自太阳。

核心问题

- 为什么地球上绝大多数能源都来源于太阳？
- 什么样的物质可以用作燃料？
- 煤炭是怎样形成的？

关键术语

燃料
生物质燃料
碳氢化合物
泥炭
化石燃料

地球科学 在你身边

每天早晨你会做些什么？在厨房里，你可能会烤面包或者用微波炉来加热你的早餐。你可能会选择乘公共汽车或步行去学校。所有这些活动都需要能量，而你所吃的面包等食物，为身体的各项活动提供了所需的能量。

地球上的能量来源

人类及其他所有的生物需要的能量大部分都来自于太阳。那么太阳能是如何被生物利用的呢？植物是生产者，能通过光合作用捕捉太阳能，并将这些太阳能转换成用于维持自身生长和繁殖的能量形式。当这些生产者被消费者吃掉时，消费者就利用生产者所储存的能量进行自身的生命活动。例如，当兔子吃草的时候，它获得了储藏在草中的能量。当兔子被吃掉、产生排泄物或死去之后被分解至土壤中时，这些能量又转移到其他生物体中。**图 25–1** 所示的是被捕捉的光能如何从植物转移到人类。

人们需要能量来做饭、抽水、照明以及在寒冷的天气里取暖等。许多不同来源的燃料能为人类提供能量，其中大多数燃料储藏的能量都来自太阳。

■ **图 25–1** 人类需要能量才能生存。当你吃一碗谷物的时候，你得到了来自太阳的能量。田里的小麦通过光合作用吸收太阳能，一些太阳能储存在麦子中，人类可以从小麦中获取生存所需的能量。

生物质燃料

燃料是一种燃烧后能产生能量的物质。在一个生态系统中，有生命的物质的总量是这个生态系统的生物量。因此，由生物体演变而来的燃料叫作**生物质燃料**（**biomass fuel**）。**图25-2**所示的生物质燃料是可再生能源。

人类利用最广泛的燃料直接来源于植物体。植物体能够燃烧是因为含有**碳氢化合物**（**hydrocarbon**），碳氢化合物是由碳原子和氢原子组成的化合物。二氧化碳和水通过光合作用生成碳氢化合物，而当植物体燃烧时，二氧化碳又作为一种废气释放到大气中。

木柴　人类利用木柴作为能源已经有几千年的历史了。地球上有几十亿人将木柴作为主要燃料，用来做饭和取暖。这些人大多数居住在发展中国家。不幸的是，将木柴用作燃料的需求导致世界上很多地区的森林被砍伐。一旦村庄附近的森林被用作燃料砍伐掉，人们就会到更远的地方去砍伐他们需要的木柴。在一些地区，对木柴的这种需求导致森林整片地消失，随后造成的是水土侵蚀和表层土壤的流失。

作物　发展中国家普遍使用的另一种生物质燃料是作物。玉米秸秆、干草和稻草等作为燃料最简单的利用方式就是直接燃烧。当作物收割后，所剩的残余材料，如玉米、谷物和坚果等作物的茎、麸皮、内核和外壳等，都是能源物质。

粪便　粪便是动物的排泄物。在很多情况下，干燥的粪便中含有未消化的纤维，这有助于粪便的燃烧。在一些森林资源有限的发展中国家，牛粪往往能够满足人们对能量的需求。一些牧民收集牛粪，并贴在畜舍或院子的外墙上，晾干后作为燃料，如**图25-2**所示。

☑ **读后自查**　**解释**　为什么木材、作物和粪便都属于生物质燃料？

■ **图25-2**　木柴、作物和粪便等生物质燃料是许多发展中国家人们的主要燃料。下图中的粪便在燃烧之前被贴在外墙上晾干。

■ **图25-3** 人们从沼泽地将泥炭带回家作为燃料。

泥炭 沼泽是由死亡的和正在腐烂的植物形成的，像海绵一样松软，主要存在于潮湿的排水不畅的地区。当沼泽里的植物死亡后，植物体就沉入水底。由于沼泽水呈酸性，含氧量很低，因此会导致水中分解死亡后的有机体的微生物生长缓慢甚至停止生长。结果，死亡的和部分腐烂的植物体就不会完全分解，得以沉积在沼泽底部。随着时间的推移，这些植物体就在水和其他沉积物的重力作用下形成一种轻质的、海绵状的物质，称为**泥炭**（**peat**），如**图25-3**所示。现在我们作为燃料使用的大部分泥炭都是几千年前开始形成的。

数百年来，泥炭一直作为一种低成本的燃料使用。这是因为泥炭可以很容易地从沼泽中开采出来，在阳光下晒干，然后就能直接在火炉里燃烧。被高度分解的泥炭的燃烧率比木柴要高很多。今天，在爱尔兰、英国、北欧部分地区及美国仍有许多人在室内燃烧泥炭来取暖。

化石燃料

植物和其他生物体在部分腐烂和高压作用下，经过漫长的地质年代所形成的能源叫作**化石燃料**（**fossil fuel**）。虽然煤炭、石油和天然气都是由生物体演变而来的，但它们是不可再生资源，它们的形成要经过上百万年的时间，而人们使用它们的速率则远远超过它们的形成速率。

化石燃料中主要为碳氢化合物，是高效的能源。这就是为什么包括美国在内的大部分工业化国家都依靠煤炭、石油和天然气作为发电的原料和汽车燃料。尽管化石燃料种类多样，但所有化石燃料都来源于留在沉积岩中的有机体。

煤炭 地球上含量最多的化石燃料是**煤炭**（**coal**）。煤炭是泥炭经过上百万年的时间后形成的。在压力的持续作用下，泥炭中的氧和氢逐渐流失，只有碳保留了下来。碳的含量越高，煤炭产生的热量也就越多。美国煤炭储量的大部分是烟煤，因此，美国的许多发电厂都使用这种煤发电。研究**图25-4**，了解各种煤是如何形成的。

图解煤

图25-4 有机质经过长时间的压缩后形成煤炭。

褐煤(**lignite**)是一种松软、呈褐色但品质较差,硫含量低于1%的煤。因为褐煤中碳含量常在40%左右,燃烧效率较低。与其他煤相比,想获取相同的能量,要燃烧更多的褐煤。

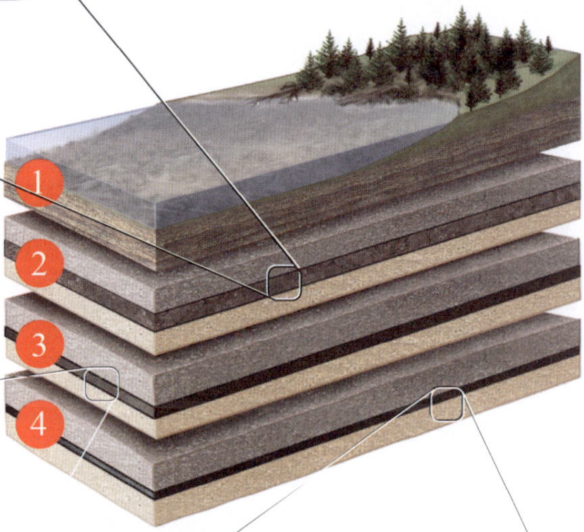

1. 没有完全分解的植物体形成泥炭
2. 泥炭埋藏、压缩后形成褐煤
3. 褐煤进一步压缩形成烟煤
4. 温度和压力增加后,烟煤形成无烟煤

烟煤(**bituminous coal**)的碳含量可达85%。当烟煤燃烧时,会向空气中释放二氧化碳和其他含硫、氮的气体混合物,从而导致大气污染。

无烟煤(**anthracite**)的碳含量高达90%~95%。与其他煤相比,无烟煤储藏的能量更多,燃烧时更清洁。然而,在美国的煤炭资源中,只有不到1%是无烟煤。

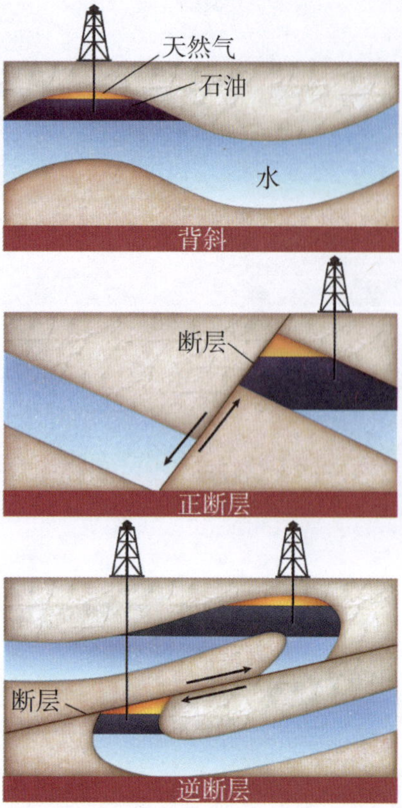

■ **图25-5** 这些图显示了油田和天然气田的典型构造。

石油和天然气 大多数石油由微生物在海底积聚沉积而成。另一些则沉积于古老的湖床上。在沉积时，如果水不流动或者不含氧气，那么有机物将不能被完全分解，于是就形成一个有机物层。随着时间的推移，有机物层上面又覆盖了新的沉积物层。当沉积层不断增加时，有机物层受到的温度和压力越来越高，最后形成液态石油，也叫原油。地面采集和地下抽取的原油通过提炼可以制得许多石油产品，如汽油、柴油和煤油。

天然气通常和石油一起形成，主要存在于坚硬的岩层下面。岩层能够保护气体不逃出地表。

移动 有气孔和空间能让液体流动的岩石叫作可渗透岩石。原油和天然气会从它们的形成地向两侧或向上移动。移动过程中，它们积聚在可渗透岩石的孔隙中，这些可渗透岩石就成了储油岩，如石灰岩和砂岩。因为石油密度比水小，所以石油和天然气会继续上升，直到它们遇到一个阻止它们继续上升的不可渗透的岩石屏障，如板岩和页岩。这个屏障将石油有效地密封起来，并形成一个石油聚集区。在一些地质构造，如断层和背斜中，会发现石油，如**图25-5**所示。

☑ **读后自查** **描述** 石油如何通过沉积岩向上移动？

迷你实验

科学实验室

模拟石油的流动

石油如何穿过多孔岩层？

实验步骤

1. 阅读并遵守实验室安全守则。
2. 在一个100 mL的量筒里倒入20 mL食用油。
3. 小心地将沙子倒入量筒中，使沙油混合物到达40 mL刻度。
4. 然后在沙子上加入一层有色的玻璃砂，直至70 mL。
5. 在量筒中加入自来水，直至水面到100 mL。
6. 静置量筒，观察5分钟。

实验分析

1. **指出** 食用油、沙子和玻璃砂各代表什么？
2. **解释** 当把水加入量筒内的混合物时，发生了什么现象？为什么加水后会导致这种变化？
3. **预测** 如果用碳酸饮料代替水加入量筒的混合物里，可能会发生什么现象？冒出的气泡代表什么？

油页岩 石油资源储存于不同类型的岩石中。例如，油页岩是有细密纹理的岩石，包含了固态的碳氢化合物的蜡状混合物，这种混合物也叫油母。把这种油页岩开采出来后，进行粉碎、加热至油母蒸发，油母蒸气冷却形成质重、黏稠、黑褐色的页岩油。页岩油除去氮、硫等杂质后，即可经由管道送至炼油厂精炼。

世界上最大的油页岩矿藏在美国犹他州、怀俄明州和科罗拉多州的格林河流域，如**图25-6**所示。这个地区含有沉积于5 000万年前始新世时期的湖相沉积物。预计这些沉积物中储存有8 000亿桶可开采的石油，是已探明的沙特阿拉伯石油储量的3倍。美国人民每天大概使用2 000万桶石油。如果这些页岩油用于满足美国四分之一的需求，那么格林河流域的8 000亿桶可开采石油可以使用400多年的时间。

从历史上看，提炼页岩油的成本比开采石油的成本要高很多。如果原油价格上升，提炼油页岩中的石油在商业上就变得可行，政府和工业部门就有兴趣开发油页岩。

■ **图25-6** 油页岩主要分布在沉积岩中。美国格林河流域的油页岩储量最丰富，见图深绿色地区。

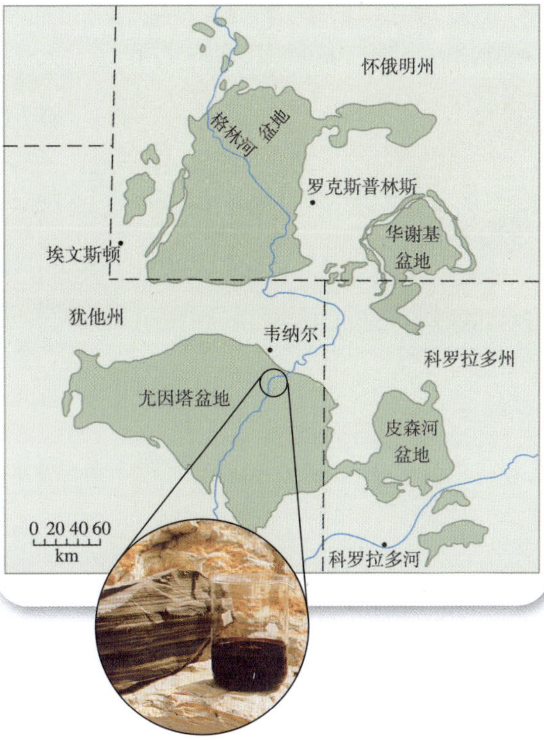

第1节 本节回顾

要点梳理

- 太阳是地球上绝大部分能源的来源。
- 几千年来，人们一直使用木材等生物材料作为可再生的燃料。
- 化石燃料由上百万年前生活在地球上的有机体形成。

要点理解

1. **主要概念 解释** 来自太阳的能量如何储存在煤炭中？
2. **列举**四种生物质燃料。
3. **阐述**煤炭的形成。
4. **讨论** 列举你家里使用的两种能源，它们的来源如何追溯到太阳？

批判性思维

5. **评估**这个结论：与褐煤相比，无烟煤通常储存于更深的地壳中。
6. **辩论** 科学家是否应该研究从格林河流域开采石油的前景？

地学写作

7. 研究开采煤炭的不同方法，写一篇报告说明开采煤炭的积极影响和消极影响。

第2节 新能源

主要概念 地球上还有许多非化石燃料类资源可以为人类所用。

核心问题

- 新能源有哪些?
- 如何利用太阳能?
- 水能、风能、核能和热能如何发电?
- 为什么对核能有争议?

关键术语

光电池
水力发电
地热能
核裂变

地球科学在你身边 你是否曾在炎热的夏天光脚走过深色的人行道?来自太阳的热能加热了人行道路面,走在路上你会感觉非常烫脚。现在科学家们正在研究如何高效率地将太阳能转化成人们需要的电能。

太阳能

你使用过太阳能计算器吗?太阳能计算器通过收集太阳能提供能量。你已经学过,太阳能是地球上大部分能量的最初来源。它主要的优点就是免费而且几乎不会造成任何污染。

前面还学过,我们今天使用的许多燃料都属于可再生能源,如木柴等,然而使用更多的是不可再生的化石燃料。在美国,煤、石油、天然气等不可再生的化石燃料占全国电力、制暖和运输等部门所消耗的能源总量的80%左右。

然而,地球上化石燃料的总量是有限的。**图25-7**所示是目前能源的消耗速率。科学家们估算,以目前的消费速率,石油和天然气资源能够持续大约50年。虽然煤炭资源能持续的时间稍长一些,但是煤炭燃烧会向大气释放有害气体,如二氧化硫。科学家、公司和政府机构都在研究可再生能源来替代化石燃料等传统能源的可行性,这些可替代能源包括太阳能和其他新能源。

植物能通过食物网,将太阳能转移到其他生物体中;而人类还能根据自身的需求,通过被动和主动的方式直接利用太阳能。

图25-7 根据现在的消费速率估算,石油资源只能持续大约50年。

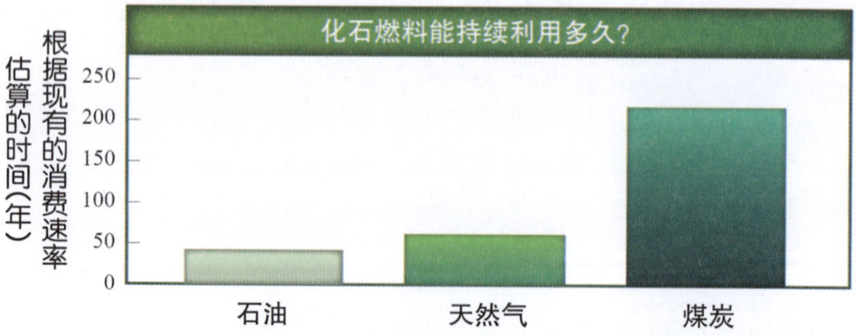

被动式太阳能供暖 你有过在汽车的座椅上被阳光直射的经历吗？如果有的话，你就会知道光能可以透过玻璃窗使车内温度升高。太阳能还可以用同样的方法使室内温度升高。如**图25-8**所示，来自太阳的热量穿过窗户进入室内。窗户和墙由混凝土、土砖、石头和瓦片等建成，这些物质都有储存热量的能力，能够保存室内的热量。它们白天吸收太阳能，夜晚当周围温度下降的时候，再缓慢地释放这些能量。

在一些气候温暖的地区，仅仅这些物质就能提供足够的能量来保持房间暖和。太阳能被某种物质吸收后再缓慢释放的形式叫作被动式太阳能供暖。这种被动式太阳能的设计可以为保持房间温度提供高达70%的能量。尽管这种被动式太阳能房屋的建造费用要比传统房屋贵一些，但是这种房屋的日常能源消耗要比传统房屋低30%～40%。

读后自查 **解释**使用被动式太阳能供暖加热房间的过程。

主动式太阳能供暖 尽管一些地区不能接收持续的阳光照射，但太阳能仍可为其提供热量。主动式太阳能供暖系统包括太阳能收集器（如能吸收太阳能的太阳能板）、风扇和泵等装置，它们可以将能量传到房间的各个角落。

如果避免被树木遮挡，安装在屋顶上的太阳能板可以持续地接受阳光。这些太阳能板吸收的热量可以直接用来给房屋加温，也可以把热量储存在装满水、石头或某些吸热化学物质的隔热容器内，以备后用。如**图25-8**所示，安装在屋顶上的太阳能板能将水加热到65°C，这个温度足够人们洗盘子和洗衣服等日常所用。

被动式太阳能供暖和主动式太阳能供暖都是直接依靠太阳光。直接利用太阳光相对容易，但夜间的几个小时或者光照不足的地区一样需要能量，怎样将太阳能储存起来以备后用就是一个难题了。目前，人们还没能开发出可长时间储存大量太阳能的经济、实用的方法。

被动式太阳能供暖

主动式太阳能供暖

图25-8 太阳能是一种很好的可替代传统能源的新能源，因为它是一种清洁能源，并且在一些地区可以很便捷地获得。然而，太阳光只能在一天中有限的几个小时内出现，且很难储存起来备用。为了使太阳能成为更多人的日常选择，我们还需要做更多的研究。

折叠式学习卡

将本节信息整合到你的折叠式学习卡中。

光电池　**光电池**(photovoltic cell)可以将太阳能转换为电能，它由两层不同类型的硅晶片组成。光电池吸收照射在电池板上的太阳能，将其转化为电能，并把产生的电能储存在电池里。光电池安全、不扰民，通常能使用30年以上。人们可以把大量的电池板安装在沙漠或者是其他没有用途的空地上。

光电池的一个应用实例是太阳能发电塔。太阳能发电塔利用太阳能来产生电能。发电塔周围的玻璃棚起到温室的作用，用来加热底下的地面。这些热量产生了一个独立的风场，驱动32个涡轮机组成的电能网络。如**图25-9**所示，借助科技的发展，能帮助人们在未来更方便地获取可再生能源。

水能

水力发电(hydroelectric power)是利用水流下降时的能量进行发电。通常，在大河的上游拦腰建一座水坝，被挡住的上游水聚集在一个水库中。当储存在水库中的水以可控的流速冲击涡轮机时，就会带动涡轮机转动而产生电能。水力发电还可以利用水流流动时的能量进行发电，如尼亚加拉河上的发电厂。当前，水力发电量约占世界电能总量的20%，占能源总量的6%。在美国，水力发电量占能量总量的10%左右；在加拿大，水力发电量占总发电量的70%以上。在北美和欧洲，各种水电资源已经得到了充分的开发和利用，但是在非洲、南美洲和亚洲，许多具有水力发电潜力的地方还没有被开发出来。

■ **图25-9　可替代能源的发展**

许多国家开发新的能源以满足日益增长的需求。

1800年　荷兰有9 000个风车，主要用于地面排水和磨谷。

1919年　乙醇是早期汽车的燃料，但在美国"禁酒令"时期被禁止使用，后来汽油就成为主要的发动机能源。

1933～1935年　美国建立了胡佛大坝和大古力水坝，用来生产水电。到1984年，水电已经成为美国仅次于煤炭的第二大主要能源。

1952年　在欧洲大部分地区，由于森林过度砍伐，煤炭代替了木材，但是由此导致的大气污染在伦敦曾造成12 000人死亡。为此，英国出台了一系列新的污染防治法案。

潮汐能 海洋是一个潜在的能量来源。以风为原动力的波浪，其动能可用来发电。在海湾或河流入海口建造的屏障可以捕获潮涨潮落时产生的潮汐能。

地热能

地热能不是来自太阳，相反，它是来自地球内部的热量。当水被地下的热岩浆加热变成的水蒸气后，可以带动涡轮机发电。如**图25-10**所示就是一个地热能发电厂。这种由热水和水蒸气产生的热量叫作**地热能(geothermal energy)**。当一些地热能小规模地冲出地表时，它可能不会被人们注意；而在另一些地区，地热能大量地逸出地表，这些地区通常是板块交界地区，那里的地热能可用于生产电能。

图25-10 *在板块交界地带，地热发电厂利用地热能生产清洁能源。*

分析 *地热能是可再生能源吗？请解释原因。*

风能

在荷兰，人们利用风车获得风能已经有2 000多年的历史了。我们今天用的风车准确地说应该叫作风力涡轮机，因为它们能将风能转化为电能。目前，风力涡轮机为丹麦提供了20%的电能。专家预测，到2050年，风力将为全世界提供超过30%的电能。

1960 1980 2000

1957年 美国第一座大型商用核电站在宾夕法尼亚州西平波特开始运行。

1969年 冰岛建立了它第一个地热能发电厂。现在，冰岛87%的家庭都是用地热供暖的，并且地热能提供了冰岛能源需求总量的17%。

1995年 美国开始使用垃圾填埋气发电，减少了温室气体的排放。

1997年 第一代油电混合动力汽车在日本批量生产并投放市场。

2005年 以色列90%的家庭利用太阳能烧水。近年来，其他国家也开始使用该技术。

2010年 中国在总的可再生电力消费中居世界前列，仅次于美国、巴西和加拿大。

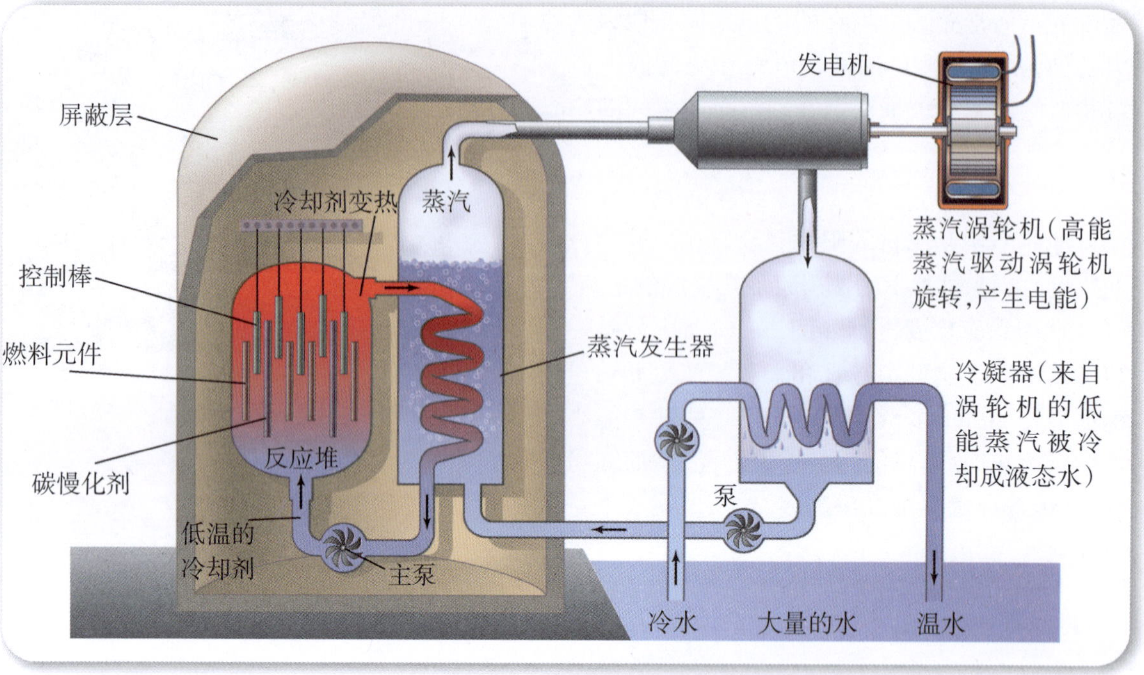

■ **图 25-11** 核反应堆依靠核裂变产生热能。被加热的水转化成水蒸气,再带动涡轮机旋转产生电能。

识别 *在这个核反应堆中,有多少个独立的系统?*

核能

我们学过,在放射性元素衰变过程中,原子失去粒子。原子释放粒子的过程叫作核裂变。**核裂变(nuclear fission)**是一个重核(质量分数大于200)分裂成几个轻核以及一两个中子的过程。这个过程会释放大量的能量。放射性元素是由具有核裂变趋势的原子组成的。铀就是这样一种放射性元素,常用于产生核能。核能是另一种不是直接来自太阳的能量。

20世纪50年代后期,美国的发电公司开始发展核电站,核电站工作原理与**图 25-11**类似。科学家们认为,核电站的发电成本比用煤或其他化石燃料低得多。核电站的另一个优势就是它不会产生二氧化碳或其他任何温室气体。然而,经过50多年的发展,全球445个商用核反应堆仅生产了全世界电量的14%。欧洲、美国核电站的建造速度也明显变慢。

核能作为一种新能源,前景如何呢?高昂的运作成本、糟糕的反应设计和公众对安全和放射性废弃物处理的担心,这些都限制了核电站的进一步发展。除此之外,诸如1979年美国宾夕法尼亚州三里岛和1986年乌克兰切尔诺贝利的核泄漏事件等核电事故,更加深了全世界对核电站危害性的担忧。因为核电站的风险,美国也不再将核能视为一种值得进一步发展的未来新能源了。

生物质燃料

生物质燃料包括木柴、干燥的秸秆以及动物排泄物。如果可提供生物质能的有机体在不断更替，那么生物质能就是一种可再生能源。科学家们研究出了一种从玉米和大豆中提炼出来的类似汽油的燃料，这种燃料叫作生物质燃料。

乙醇 乙醇是一种由大麦、小麦和玉米等作物发酵后提取的液态物质，如**图25-12**所示。将乙醇和汽油混合使用，能够降低化石燃料的使用量。此外，乙醇燃料比纯汽油燃烧起来更清洁。2011年，美国国家环境保护局通过了一项提议，即2001年以后制造的汽车可以使用混掺15%乙醇的汽油作为燃料。一些交通工具，如机动燃料车，甚至能使用含有85%乙醇的混合燃料。

图25-12 像玉米等作物制造的乙醇是一种比汽油更清洁的燃料。

生物柴油 生物柴油可以由菜油、动物脂肪和厨余回收油制成。生物柴油安全、可降解，且还能降低空气污染。由20%的生物柴油和80%的汽油组成的混合燃料(B20)能够普遍用于未改造的柴油引擎。然而就目前来说，它比正规的柴油还要贵。

第2节 本节回顾

要点梳理

- 新能源能补充逐渐减少的化石燃料储备。
- 太阳能是取之不尽的，但现在仍需发展科技手段来找到收集和保存太阳能的方法。
- 核能是放射性元素的原子在核裂变过程中释放出粒子而产生的能量。
- 生物质燃料能够降低化石燃料的消耗。

要点理解

1. **主要概念 识别** 分别举出一种与地球各圈层相关的新能源：大气圈、水圈、生物圈和地圈。
2. **比较**主动式和被动式太阳能供暖。
3. **推断** 如果所需的技术都能达到，哪一种新能源对环境的危害最小？请解释原因。

批判性思维

4. **分析** 理论上，太阳能能够满足全世界的能源需求，但是目前为什么没实现呢？
5. **评估**核能的优点和缺点。

地学写作

6. 写一篇新闻报道，描述你生活的地方是如何使用新能源的。

第3节 能源的保护

主要概念 有效地使用能源可以减少不可再生资源的消耗量。

核心问题

- 如何保护能源资源？
- 提高能源利用效率对保护化石燃料有何帮助？
- 如何更有效地使用能源？

关键术语

能源效率

热电联产

可持续能源

地球科学在你身边 想象一下越野赛的运动员，或者400 m游泳比赛的运动员。比赛刚开始的时候，他们不会急着冲刺，而是按照自己的速度前进，这样他们才有足够的力气完成整个比赛。能源也可以按照这种方法使用。

能源资源的全球使用

前面已经学过，化石燃料是不可再生资源，其供应量有限。然而，地球上的人类仍然以持续增长的速率消耗着这些有限的资源。如**图25-13**所示是美国包括可再生资源和不可再生资源在内的自然资源消耗结构。然而，能源的消耗结构在世界上并不均衡，例如，在一些发达国家，可再生能源占能源总量的25%；而在一些工业化国家，可再生能源只占了能源总量的7%。

就地利用可再生资源可以节省资源运输和加工过程中使用的燃料。利用多种资源，而不是选择单一的、不可再生的能源，如化石燃料，也可以帮助节约资源。例如，一个社区平时以水能发电，到了水位低的月份，也可使用太阳能或风能代替水能发电。

图25-13 石油是使用最广泛的资源，之后是煤炭和天然气。

解释 *为什么不可再生资源占了美国能源消耗总量的近**85%**？*

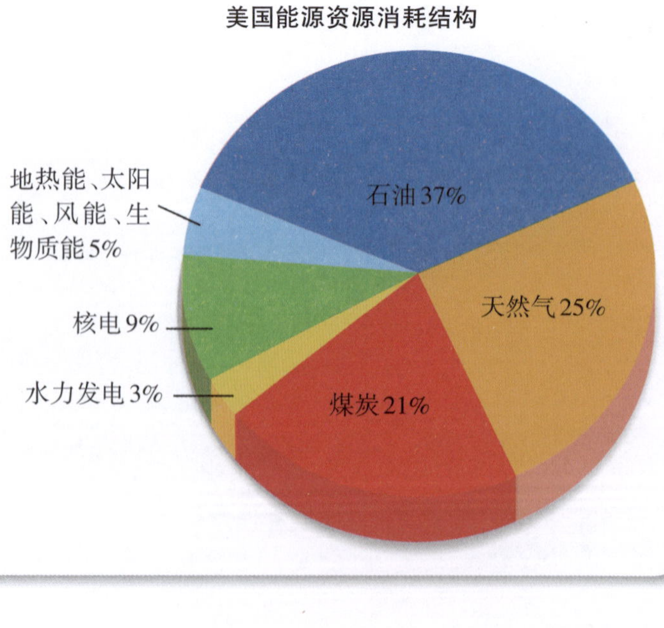

能源效率

能源效率(**energy efficiency**)是产出的能量与实际消耗的能量的比值。能源效率不可能达到100%,即能源中所储存的能量不可能全部得到利用。

当汽车燃烧汽油的时候,一些储存在汽油里的能量转化成驱动汽车的机械能;还有一些能量用于汽车的辅助功能,如汽车里的空调;但汽油里的大部分能量以热能的形式散失。降低热量损失就能提高能源效率。为了提高能源效率,科学家们研究了当今的各种能源利用方式,并寻找其中需要改进的地方。高效利用能源也是保护能源的一种方式。例如,加强房屋的绝缘性能可以降低热量损失,这样一来,保持房间温度所需要的能源就变少了。

地球科学相关职业

环境顾问 环境顾问一般负责解释环境数据,进行野外实地考察和做环境影响评价。综合这些信息,他们再给出对环境影响有限且满足政府政策法规的商业建议。

☑ **读后自查** **解释** 什么是能源效率?

提高工业生产的能源效率 美国大部分的电力是通过燃烧化石燃料,将水加热成水蒸气后进行发电的。前面已经学过,气体的温度升高时,气体的压强也会升高。蒸汽压力带动涡轮机旋转,驱动发电机产生电力。不幸的是,这是一个效率很低的过程,因为原始燃料里的能量只有约三分之一转换成了蒸汽压力。

提高交通运输业的能源效率 交通运输业承担了将人、食物以及其他物品从一个地方转移到另一个地方的任务。虽然目前大部分交通运输依赖石油,但合理地运用交通方式能够帮助降低交通运输业对石油的依赖性。**表25-1** 列举了公共交通的一些优点,多搭乘公共交通工具是人们在交通运输方面提高能源利用效率的一种方法。

表25-1 公共交通的优点

使用公共交通,美国每人每年能够节省300~3 000美元的燃料费
使用公共交通,美国每年能够节省30亿升的汽油,这相当于美国每年生产电脑和电子设备使用的所有能源
如果美国人10%的日常出行都利用公共交通,那么美国对外国石油的依赖度大约会降低40%
一个人如果每天都利用公共交通,每天能够减少9.1 kg的碳排放,每年减少的碳排放超过3 300 kg

通勤效率 生活在大城市的人们通过搭乘公共交通工具来提高能源效率。美国的大部分城市，如纽约，用地铁和轻轨列车运载乘客。在欧洲，有长途铁路系统和有轨电车等交通方式。如果使用私家车，拼车出行同样能减少路上的汽车数量。有些城市还为乘坐两人以上的汽车开设了专用通道，用来鼓励拼车。

汽车 降低石油资源消耗量的其中一个方法就是使用能源效率高的机动车。汽车制造商已经有能力制造出能源效率高又不会降低使用性能的汽车。未来的汽车产业将融合混合动力、燃料电池和电子技术等进入消费市场。同样，重量小的物体移动所需要的能量也更少，因此轻型、小型汽车所需的汽油也更少。另外一种保护石油资源的方法是以小于100 km/h的速度行驶或使用其他交通工具。

低消耗、高效率 日益增加的燃料需求要求有更大的燃料供应量，从而导致能源价格上涨。发电的成本很高，然而家庭和工厂对电的利用效率不高。在美国，用于机动车、家庭和商业楼取暖的电能中，大约有40%是被浪费掉的。如果能够更加有效地提高能源利用效率，那么我们需要的能源就会变少，而花在能源上的费用也会降低。

数据分析实验

科学实验室

基于真实数据*

制作和使用图表

用于家庭取暖的不同类型的能源比重如何？

美国家庭取暖主要利用天然气、电力、燃料油、丙烷和煤油。右表所示是美国家庭取暖使用的不同能源的比重。

数据与观察

美国家庭使用的不同类型能源所占比重(%)

能源种类	独栋住宅	多户型住宅	活动房屋
天然气	60	48	32
电力	23	42	43
燃料油	8	7	3
丙烷	5	0	15
煤油	1	0	4
其他	3	3	3

资料来源：The National Energy Education Development Project.2004. *Secondary Energy Infobook*.

批判性思维

1. **比较** 根据表中所示的数据，比较能源的不同来源。不同的能源用不同的颜色表示，并用x轴表示能源类型，y轴表示百分比。
2. **推断** 为什么独栋住宅使用的天然气比多户型住宅更多？
3. **推断** 为什么在家庭取暖所用能源中，燃料油、丙烷和煤油没有得到广泛的应用？

利用废热 生产过程中会释放出很多废弃的热量，我们可以利用这些废热发电。利用废热生产其他形式的可利用能源的过程叫作**热电联产**（cogeneration）。热电联产将捕获的废热（蒸汽）用于家庭、工业取暖或大型空调机组。在一个空调机组中，废热带动连接压缩机的涡轮机工作，将水制冷。冷却水随后被输送到不同建筑的空气处理装置中。过量废热同样可以用于发电和清除从发电厂烟囱中释放的硫。在美国，工业生产消耗了约三分之一的能源，而热电联产可以让一些工厂在增加产量的同时，减少能源的消耗。由于利用热电联产，佛罗里达中部有全美最清洁的煤电发电厂。**图25-14**所示的发电塔利用废热发电，为一家炼油和化学工厂提供电能。

图25-14 英国汉普郡的一个炼油和化工厂利用废热发电，以此降低能源的消耗。

可持续能源

地球上的能源是相互联系的，也是相互影响的。**可持续能源**（sustainable energy）是指对地球自然资源的全球性管理，以满足当下和未来人类对能源的需求，同时还应不以破坏环境为代价。一个好的能源管理计划，应该是把节约能源和提高能源的利用效率结合起来。另外，开发新技术以拓展能源来源也应该是这个计划的重要组成部分。最后，必须进行全球合作，需要各国确保后代有充足的能源来维持高质量生活的承诺。只有这样才能有助于确保环境保护与经济增长之间的平衡，真正实现能源的可持续发展。

第3节 本节回顾

要点梳理

- 如果保护和提高能源利用效率的措施不断发展和改进，能源的使用时间会更长久。
- 能源效率体现在用更少的资源提供更多可用的能量。
- 热电联产可以在同一时间、同一过程中产生两种不同形式的可利用能量，它能够帮助人类节约资源。
- 可持续能源能够帮助人们满足当下和未来的能源需求。

要点理解

1. 主要概念 **总结** 为什么保护和提高能源利用效率很重要？
2. **列出**三种你可以在家节约电能的方式。
3. **比较**发展中国家和工业化国家的能源消耗情况。
4. **分析** 为什么说节约能源比寻找新的化石燃料资源更重要？

批判性思维

5. **阐明** 你家里可以怎样利用热电联产来节约能源资源？

地学计算

6. 如果全球的煤炭消耗量降低25%，那么煤炭消耗的比例是多少？若需要更多的信息，请查阅网络资料。

地球科学与环境

细菌的力量

我们周围到处都是细菌，有些细菌是有益的，有些是有害的。如果没有细菌，我们的生活将会变得很不一样。生活在人类肠胃里的细菌能帮助我们消化食物，但也有一些细菌会导致链球菌咽喉炎和肺结核等疾病。

以污染物为食的细菌 研究发现，一些细菌能够食用污染物，还有一些细菌能够产生能源为人类所用。脱亚硫酸菌属的细菌因为其独特的嗜好，很早之前就吸引了科学家们的关注。它们食用污染物，如有毒的废物，然后将其转化为少毒或无毒的物质。最近，科学家通过对脱亚硫酸菌的研究，成功发现了一系列能够分解淡水污染物的细菌。

微生物发电厂 脱亚硫酸菌不仅能够分解有毒废弃物，而且还能产生一定的能量。尽管科学家已经知道细菌具有分解不同毒素的能力，及其能够产生能量，但这是他们第一次发现能够同时完成这两项任务的细菌。细菌产生的能量能够用来驱动一些小的电子设备。

脱亚硫酸菌能够在极端高温、辐射和其他足以消灭细菌群落的极端环境中生存。把含有脱亚硫酸菌的燃料电池放置在一个很多年内不能使用、环境恶劣的地方。如果脱亚硫酸菌作为燃料电池的能量来源，在被利用或环境改善前，电池可以经历一个类似冬眠的阶段。

不同的"饮食"习惯 脱亚硫酸菌的新陈代谢能力非常独特。正是因为具有不同的"饮食"习惯，所以细菌能够利用废水、化学污染物、杀虫剂等不同的原料来生产电能。

未来，脱亚硫酸菌可以为废水处理厂供电并处理废水。

生物技术仍处在探究和发展的早期阶段，未来还会有更多激动人心的新发现。人们用细菌群落为水处理厂供电并处理废水的设想在未来很可能成为现实。

地学写作

小册子 假设你在销售以细菌为原料的燃料电池。制作一本小册子，向大众解释燃料电池的潜能以及为什么生物技术在现代社会非常重要。

设计一个能量高效利用的建筑

实验背景：建筑物要求能保温御寒。一些有关建筑物保温的设计，包括用于建筑的材料、用于保温的材料以及建筑物的总体布局等，都会影响建筑物的保温效果。通过使用高能效的设计和材料，消费者可以减少每月的天然气费和电费支出，并且也节约了自然资源。

实验问题：如何设计一个保温御寒的建筑物？

实验材料

玻璃或透明塑料
结实的纸板盒
剪刀
胶带
胶水
温度计
染料
纸
铝片
泡沫板
石头
镜子
织物
光源

实验步骤

1. 阅读并遵守实验室安全守则。
2. 以3～4人为一组进行头脑风暴，列举可能对建造能量高效利用型建筑有所帮助的设计要点。考虑一下如何将其中的一些要点应用到建筑物的设计中。
3. 设计你的建筑物。
4. 列举你提出的保存热量的观点。
5. 决定建造你设计的房屋需要的材料，并收集这些材料。
6. 建造一个你设计的建筑物和一个用作对比的对照建筑物。
7. 确定检测这两个建筑物保温效果的方法。
8. 用你的方法检测这两个建筑，为了检测建筑物的保温效率，需要给建筑物加热，再测定每个建筑物能保存多长时间的热量。

   警示：确保热源远离建筑材料，以防材料燃烧或熔化。
9. 在表中记录你测得的数据，再利用这些数据绘制图表。
10. 在设计上做一些改进，以提高建筑物的能量利用效率。

实验分析

1. **总结** 你所设计的建筑物是否比对照建筑物能更高效地利用能量？
2. **分析** 你遇到了哪些问题，你是如何解决这些问题的？
3. **分析** 如果重复这个实验，你的观察结果会影响到你的哪些决定？你认为你的设计方案为什么会成功（或不成功）？
4. **预测** 你的设计在你家或你的社区能够起作用吗？在不同气候条件的社区呢？
5. **对比与比对**你设计的建筑物和对照建筑物。
6. **对比与比对**你的设计和同学们的设计。
7. **确定** 如何改进你的设计？
8. **预测** 如果使用不同的能源，对你的设计可能会有什么影响？

在家尝试

应用 如果要你设计自己家的建筑，你会如何把你的各种设计要素结合起来？和家人讨论你的实验，提出房屋保温的建议。

第25章 复习指南

大概念 人们日常生活中使用的能源，大都来源于太阳。

第1节 传统能源

关键术语
- 燃料
- 生物质燃料
- 碳氢化合物
- 泥炭
- 化石燃料

主要概念 生物质燃料和化石燃料储藏的能量都来自太阳。

要点梳理
- 太阳是地球上绝大部分能源的来源。
- 几千年来，人们一直使用木材等生物材料作为可再生的燃料。
- 化石燃料由上百万年前生活在地球上的有机体形成。

褐煤

烟煤

无烟煤

第2节 新能源

关键术语
- 光电池
- 水力发电
- 地热能
- 核裂变

主要概念 地球上还有许多非化石燃料类资源可以为人类所用。

要点梳理
- 新能源能补充逐渐减少的化石燃料储备。
- 太阳能是取之不尽的，但现在仍需发展科技手段来找到收集和保存太阳能的方法。
- 核能是放射性元素的原子在核裂变过程中释放出粒子而产生的能量。
- 生物质燃料能够降低化石燃料的消耗。

第3节 能源的保护

关键术语
- 能源效率
- 热电联产
- 可持续能源

主要概念 有效地使用能源可以减少不可再生资源的消耗量。

要点梳理
- 如果保护和提高能源利用效率的措施不断发展和改进，能源的使用时间会更长久。
- 能源效率体现在用更少的资源提供更多可用的能量。
- 热电联产可以在同一时间、同一过程中产生两种不同形式的可利用能量，它能够帮助人类节约资源。
- 可持续能源能够帮助人们满足当下和未来的能源需求。

第25章 复习检测

术语回顾

用一句话定义下列术语。

1. 燃料

2. 泥炭

3. 化石燃料

4. 能源效率

5. 地热能

6. 热电联产

从复习指南中选取合适的术语填空。

7. ________ 是指将水能转换成电能。

8. 太阳能通过 ________ 转换成电能。

9. 由碳和氢键组成的物质叫作________。

从复习指南中选取合适的术语替代画线部分，使句子表述正确。

10. 重的原子核分裂成较小的原子核的过程释放了大量的能量。

11. 地球自然资源的全球化管理满足了人们的需求，允许人们能够获得生活所需要的所有能源。

12. 有机物形成的燃料在发展中国家作为主要的热量来源。

理解要点

13. 下列哪项是地球的主要能源来源？

A. 石油

B. 煤

C. 太阳

D. 木材

14. 当消费者食用生产者时，获得的能量来自哪里？

A. 地球

B. 植物

C. 太阳

D. 地表

根据下图，回答第15～16题。

15. 下列哪项能最好地描述上图所示的资源类型？

A. 生物质

B. 生物燃料

C. 太阳能供暖

D. 化石燃料

16. 图中所示属于哪种类型的资源？

A. 化石燃料

B. 可再生能源

C. 不可再生资源

D. 热电联产

17. 下列哪项不是来源于生物？

A. 石油

B. 煤

C. 泥炭

D. 核能

18. 下列哪种能源的形成与构造板块边界有关？

A. 化石燃料

B. 地热能

C. 风能

D. 生物质燃料

根据下图，回答第19～20题。

19. 下列哪个过程发生在层1？

A. 植物累积后形成泥炭

B. 烟煤形成于褐煤

C. 褐煤形成于累积的植物

D. 无烟煤形成于烟煤

20. 下列哪项形成于层4？

A. 无烟煤

B. 烟煤

C. 褐煤

D. 泥炭

21. 下列哪项是核能不能广泛应用的原因？

A. 核能不是高效能源

B. 核反应器会产生温室气体

C. 核反应只能依赖于太阳能

D. 核反应的负面影响公众皆知

简要概述

22. 描述化石燃料作为能源的三种利用方式。

23. 绘制图表解释被动式太阳能供暖。

24. 指出一种不来源于太阳的能量形式。

25. 描述褐煤的形成。

26. 解释　新生代地球上的生物是如何变成化石燃料的？

27. 分析　为什么像水这样的物质对被动式太阳能供暖有利？

28. 列出节约石油的三种方法。

批判性思维

29. 解释　为什么碳含量40%的褐煤比碳含量在90%～95%的无烟煤燃烧效率低？

30. 辨别　水的什么特征让它既能产生能量，又能储存能量？

31. 解释　为什么发展中国家有时候使用的生物质燃料比石油更多？

根据下图，回答第32～33题。

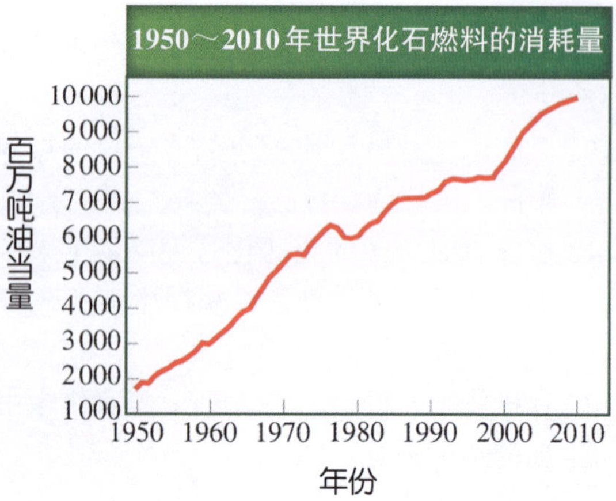

32. 计算　与1960年相比，2000年使用的化石燃料多了多少吨？

33. 预测　如果发展中国家和工业化国家分开计算的话，你认为图中显示的趋势还一样吗？为什么？

34. 解释　为什么并非所有的有机资源都是可再生的？列举几种有机资源中的可再生资源和不可再生资源。

35. 预测　如果一个国家只能依赖外国的能源资源，会有什么不利结果？

36. 对比与比对 生活在美国东北部地区的人们使用燃料的情况和生活在美国南部和西南地区的人们使用燃料的情况有什么区别?

37. 想象 假设你和朋友去一个荒岛上旅行,那里的植物最高的也只有灌木。请描述你将如何在岛上寻找燃料来源。

38. 评估你所在的地区利用太阳能的潜力。哪一种收集太阳能的方式更有用?太阳能在这里是利用效率高的能源吗?为什么?

39. 分析 为什么生物质燃料在美国的应用并不广泛?

40. 对比与比对核能和石油中提炼的能源。

41. 想象 假设你在吃汉堡,从汉堡中,你获得了来自太阳的能量。解释这些能量来源的具体途径。

42. 预测 如果继续以现在的速率消耗石油,且没有找到可替代的新燃料资源的话,天然气价格会发生什么变化?请解释原因。

43. 解释 为什么在炉子里烧木材不是一种有效地给房间升温的方式?

概念图解

44. 运用下列术语来绘制一幅总结新能源信息的概念图:*地热能*、*水力发电*、*太阳能*、*风能*、*潮汐能*和*生物质燃料*。如需帮助,请查询*技能手册*。

挑战难题

45. 应用 假设一间标准房屋的建造费是15万美元,每年的供暖费需要2 300美元。同样的房屋如果用被动式太阳能供暖的设计材料,建造费是18万美元,每年的供暖费就只需要400美元。弥补两间房屋的差价需要多长时间?

地学写作

46. 给当地报纸的编辑写一篇能说服别人进行回收利用的文章。文中应列举实例说明这些行动会如何帮助拓展特定自然资源的有限供应。

材料分析

能源消耗(千兆英热单位)

年份	化石燃料	核能	可再生燃料	全部
2003	84.01	7.96	6.14	98.13
2004	85.81	8.22	6.25	100.31
2005	85.79	8.16	6.41	100.45
2006	84.69	8.22	6.82	99.79
2007	86.25	8.46	6.72	101.53
2008	83.50	8.43	7.37	99.40

资料来源:Annual Energy Review 2009. August 2010. *Energy Information Administration* (EIA-0384).

47. 对比与比对可再生能源资源的消耗量与其他能源资源的消耗量。

48. 2003年美国消耗的全部能源中,化石燃料占多少?根据图中数据,在21世纪初的前5年时间里,这个比例有明显改变吗?

49. 从2003年到2008年,哪种资源的消耗量增长最快?

综合复习

50. 说出地球早期大气中没有,但是生命体必需的分子名称。**(第22章)**

51. 基岩在地壳中随处可见。解释丰富的基岩是否会导致人们减少其作为一种可用性资源的关注。**(第24章)**

综合 标准化测试

选择题

1. 在美国,下列哪种供水方式最昂贵、最少用?
   A. 开采地下水　B. 沟渠
   C. 海水淡化　D. 大坝

根据下图,回答第2~3题。

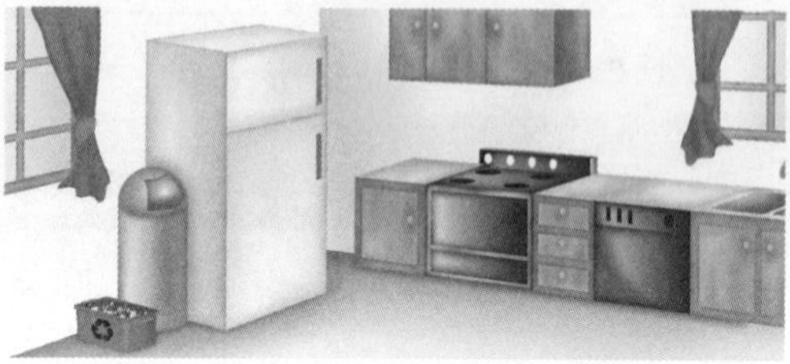

2. 如何提高这个厨房的能源利用效率?
   A. 继续使用旧用具而不替换为新的
   B. 替换厨房的橱柜
   C. 用洗碗机洗碗代替手洗
   D. 用新窗户代替旧窗户
3. 如果这是美国亚利桑那州一个家庭的厨房,那么他们可以使用哪种可替代能源?
   A. 泥炭
   B. 太阳能
   C. 乙醇
   D. 水力发电
4. 下列哪种描述对说明地质结构和板块边界的关系最准确?
   A. 爆发型火山大部分出现于汇聚型边界附近
   B. 褶皱山一般出现于分离型边界
   C. 裂谷通常出现于汇聚型边界
   D. 火山岛弧通常出现于转换型边界
5. 大气中的氧气除了是呼吸作用必需的物质外,还有什么重要作用?
   A. 它阻挡了来自太阳的紫外线辐射
   B. 它调节了地球的气候和天气模式
   C. 它是冷却地球的风的主要成分
   D. 它允许太阳光照射和温暖地球
6. 斯坦利·米勒的探究目的是什么?
   A. 反驳早期地球存在生命的观点
   B. 解释早期地球氧气的形成
   C. 检验“原生汤”假设
   D. 分析存在于早期地球的大气成分

根据下图,回答第7~8题。

5月1日的地球

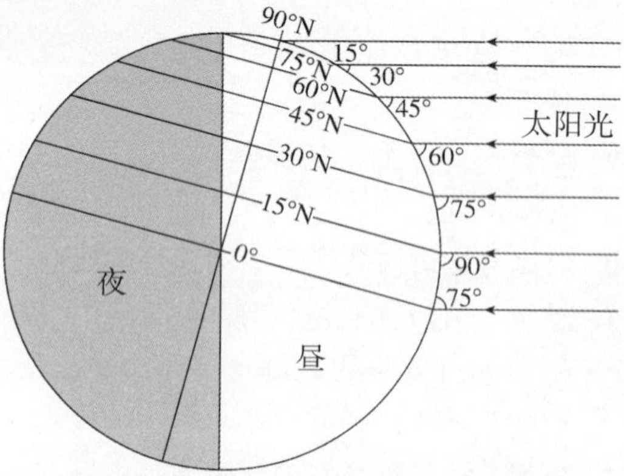

7. 接下来30天里,在45°N会出现什么变化?
   A. 太阳辐射持续时间减少,温度降低
   B. 太阳辐射持续时间减少,温度升高
   C. 太阳辐射持续时间增加,温度降低
   D. 太阳辐射持续时间增加,温度升高
8. 哪里晒伤的风险最高?
   A. 赤道
   B. 15°N
   C. 45°N
   D. 75°N
9. 除了泛大陆形成,发生在古生代的其他事件还有什么?
   A. 第一次大型火山喷发
   B. 生命体第一次出现
   C. 复杂生命体的出现
   D. 所有生命体的灭绝事件

简答题

根据下图，回答第10～12题。

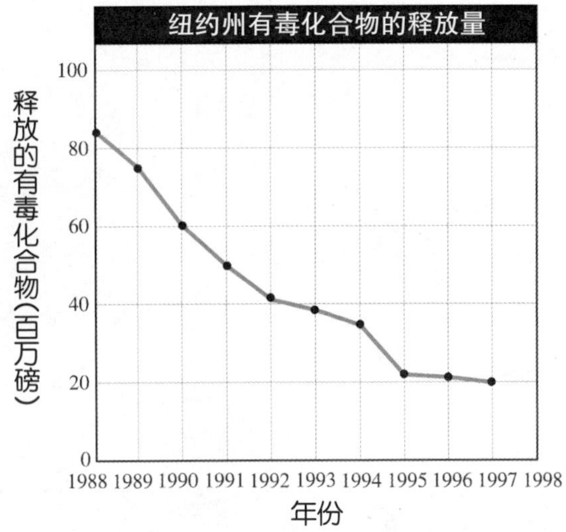

10. 1988年到1997年，有毒化合物的释放量改变了多少？

11. 哪4年里有毒化合物的释放量下降最明显？这次明显下降的一个原因可能是什么？

12. 为什么1995年到1997年间，有毒化合物的释放量保持相对稳定？请做一个合理解释。

13. 如何识别岩层记录中的海退序列？

14. 相对年龄测定与绝对年龄测定有何不同？

15. 科学家认为地球中生代的气候变冷的原因是什么？

阅读理解

植物油燃料

科学家们和可替代能源技术的支持者们正在把目光对准用来炸薯条的油脂。与石油产品不同，植物油是无毒、可生物降解的，并且来源于可再生资源。然而问题是，植物油的生产成本比石油产品更高。支持使用植物油的人表示，与传统石油产品相比，植物油的前景更好。它可以生物降解，所以对环境更友好。当洒在地上时，植物油的98%可以被分解，而石油产品只能分解20%～40%。此外，植物油还是一种可再生资源。

资料来源：Roach, John. Vegetable Oil – The New Fuel? *National Geographic News*. 22 April 2003 1–2.07 Oct 2006.

16. 从这篇文章中，可以推断出什么结论？

A. 作为能源资源来说，石油产品比植物油更好

B. 植物油不能用于汽车引擎

C. 虽然植物油对环境更友好，但要用它替代石油产品还需要一段时间

D. 尽管植物比石油产品对环境更友好，但它还是不适合作为能源资源

17. 当洒在地上时，植物油能分解的比例是多少？

A. 3%　　**B.** 75%

C. 98%　　**D.** 100%

需要更多帮助？															
如果你回答错误……	1	2	3	4	5	6	7	8	9	10	11	12	13	14	15
请复习相应章节……	24.4	25.3	25.2	18.1	22.3	22.4	12.1	12.1	23.1	24.3	24.3	24.3	23.1	21.3	23.3

第26章

人类对地球资源的影响

大概念 人类对自然资源的使用会影响到地球上的土地、空气和水。

内容提要

起步实验

科学实验室

教室里的物品都用到了哪些资源?

自然资源包括空气、水、土地和生物资源。在这个实验中,你将探究制造教室中的物品需要用到哪些资源。

实验步骤

1. 阅读并遵守实验室安全守则。
2. 2人或3人一组,列出教室里的15种物品。
3. 绘制一个表格,在表格中填入这些物品的名称。尽可能多地列出每个物品的以下信息:
   - 它是由哪些资源组成的?
   - 这些资源属于可再生资源还是不可再生资源?
   - 这个物品是在哪里制造的?

实验分析

1. **观察** 你所收集的物品中,包含了多少种不同的资源?
2. **计算** 15种物品中,可再生资源和不可再生资源各占多少百分比?

折叠式学习卡

根据右图所示,制作一张两格折纸。用它来整理你学习两种主要的水污染产生过程的笔记。

点源 非点源

人们已经发现了多种可以减少自然资源对环境造成影响的方法。如图所示，楼顶花园不仅能减少烟雾等大气污染，同时还能减少径流的速率和体积，从而减少对地表水和地下水的污染。

第1节 生物种群及其对自然资源的利用

主要概念 随着人口的增加，人类对自然资源的需求也与日俱增。

核心问题

- 生物种群数量增长的典型模式是什么?
- 当种群数量超过环境承载力时，会发生什么情况?
- 哪些环境因素会影响种群数量增长?

关键术语

指数增长
承载力
非密度制约因素
密度制约因素

地球科学在你身边 你养了多少宠物？如果你只有一只宠物，你不用花太多的时间和金钱来照顾它。假如你有8只宠物，情况又会怎样呢？你花在照顾它们上的时间和金钱，可能会让自己的生活捉襟见肘。同样，随着世界人口的增长，自然资源变得越发紧张。

资源与有机体

和所有的生物一样，人类也需要一定的自然资源来维持生存、生长和繁殖。生物需要各种资源包括空气、食物、水以及栖息地。为了满足基本需求，许多生物必须适应它们周围的环境，并与周围环境中的自然资源形成一种平衡状态。比如，鸣鸟在草地上生活，它们以草籽为食，用干草和小树枝编织巢穴，并在附近的池塘或小溪中饮水。

还有一些生物能改变自己的生存环境，以更好地满足自身的需求。比如，河狸会在溪流上建起堤坝。如**图26-1**所示，河狸创造了一个新的池塘。生物对环境的改造有着正面和负面的双重影响：这些改变会使一些树木死亡，迫使某些水生生物和陆生生物搬迁；但与此同时，这些改变也为其他生物创造出了新的湿地环境。然而，在所有的生物中，人类改变生存环境的能力最强。这种能力使得人类可以生存在地球的几乎任何陆地环境中。因此，人类对地球上的自然资源产生的影响也最大。

图26-1 河狸能通过改变环境来满足自身的需求。值得注意的是，河狸能通过拦截溪流来改变水位。

推断 *这种情况会对该环境中的其他生物产生什么影响?*

资源与种群增长

种群增长是指种群数量随时间的增量。种群增长曲线初期类似于J字形。无论是草地上的蒲公英，还是城市公园里的松鼠，抑或是孤岛上的海鸥，任何一个种群的初期增量都是很小的，这是因为此时具有繁殖能力的成年个体数量还比较少。

随着有繁殖能力的成年个体数量的增加，种群增长的速率就迅速上升。随后种群经历一个**指数增长**(exponential growth)的过程，即随着时间的推移，种群数量按指数规律增长，如**图26-2**所示。

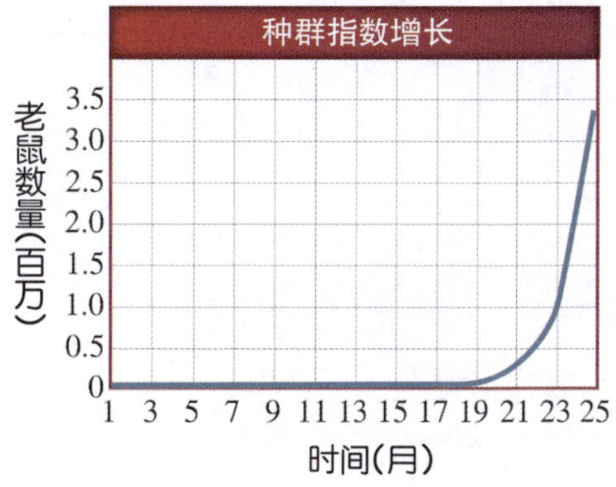

图26-2 假设两只老鼠在最适宜的情况下进行繁殖，同时它们的后代全部存活，那么种群数量一开始增长缓慢，然后会快速增长。

☑ **读后自查** **解释**指数增长。为什么这个概念对理解生物对环境的影响具有重要意义？

种群增长的限制因素 如**图26-2**所示的曲线再延长一段时间，你认为种群的数量会发生怎样的变化？它是否还会继续按指数增长？由于地球上的许多资源都是有限的，因此，大多数种群不会无限制地增长下去。最终，因为一种或几种限制因子，如食物、水分、新鲜空气的供给等，一个种群会停止增长。结果是种群数量将在某一水平上下波动，呈现S形曲线，如**图26-3**所示。

承载力 特定环境所能承受的生物数量叫作**承载力**(carrying capacity)。当种群数量还没有达到特定环境的承载力时，种群会由于多种原因继续增长。首先是因为充足的资源使得出生率大于死亡率，其次还有许多个体会迁徙到这个资源丰富的区域。而当种群数量超过环境承载力时，死亡率上升，或出生率下降，直到种群数量又回到承载力范围之内。一个种群处于其所在的环境承载力范围内时是平衡态。只要有自然资源的供给，这个种群的数量就会在承载力水平附近波动。

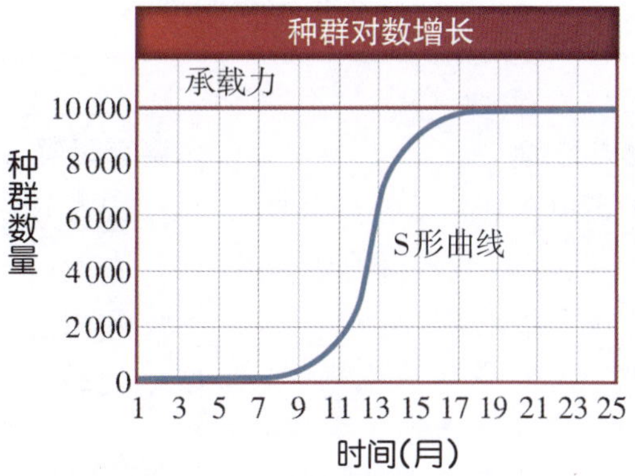

图26-3 种群数量会呈指数增长到环境承载力水平附近上下波动。承载力受到种群所拥有的资源的限制。

预测 *如果种群数量超过环境承载力水平，会发生什么情况？*

■ **图26-4** 森林火灾是种群增长的一个非密度制约因素。火灾会影响森林里的树木、鸟类、哺乳动物和其他种群。如上图所示，火灾还能够促进新的种群生长。

环境的限制 不影响种群密度的环境因素叫作**非密度制约因素**(density-independent factor)，例如风暴和火灾。如**图26-4**所示，无论种群数量的大小，这些因素都能影响种群。影响种群增长的另外一些环境因素，如疾病、寄生虫和食物短缺等，被称作**密度制约因素**(density-dependent factor)。密度制约因素对一个种群的影响会随着种群数量的增加而增大。

密度制约因素对种群的影响可以从美国白尾鹿的数量变化中看出。白尾鹿生活在美国大陆的大部分地区。近些年，一些地区的白尾鹿种群数量迅速增长，这很大程度上是由于它们的天敌数量减少了。虽然白尾鹿种群数量迅速增长，但它们的食物数量并没有改变。因为这个原因，每年有许多白尾鹿饿死。在这个案例中，密度制约因素就是种群过量所导致的食物短缺。

人口增长

在你的生活中，你可能会注意到周围的汽车、房子和道路越来越多。截至目前，世界总人口仍然在继续高速增长，增长曲线目前仍处于J字形阶段。事实上，按照目前的人口增长速率，到2050年，世界人口总量预计将达到98亿。

虽然目前人口数量还未达到地球的承载力，但若按现在的人口增长率一直持续下去，会产生严重后果。随着人口的继续增长，人类对自然资源的需求还将不断增多，而目前我们对自然资源的使用已经对全球的环境造成了极大的影响。

第1节 本节回顾

要点梳理

- 所有生物的生存都需要利用资源，利用资源会对环境产生影响。
- 随着种群数量的增长，其对资源的需求也会增长。因为资源是有限的，所以当种群数量达到环境承载力水平时，会停止增长。
- 种群数量在初期呈指数增长。目前地球正在经历一次人口爆炸。

要点理解

1. **主要概念 解释** 人口数量的增长为什么会对地球上的自然资源产生更多的需求？
2. **指出**阻碍种群无限增长的三个限制因素。
3. **比较**限制种群增长的密度制约因素和非密度制约因素。

批判性思维

4. **预测** 假设将少量的细菌放入盛有有限营养物质的陪替氏培养皿中，预测一下随着时间的推移，细菌的数量会如何变化。画图表示种群的增长趋势。

地学计算

5. 假设某市有13万居民，出生率为平均每人生1.5个新生儿，那么该市下一代会有多少人？

第2节 人类对土地资源的影响

主要概念 开采矿物、农业耕作和废弃物处理都会对环境产生不利影响。

核心问题

- 开采矿物对环境有何影响?
- 农业和林业造成了什么环境问题,有何解决办法?
- 城市发展对土壤和水有何影响?

关键术语

改造
森林砍伐
农药
生物治理

地球科学在你身边 你是否经常煲电话粥、听音乐或者玩电脑？是否还经常用微波炉加热食物？制作电话和微波炉等物品的原材料有很多都来源于土地。

资源开采

你认为每年需要多少土地才能提供你消耗的所有原材料？据估计，一个普通的美国人每年消耗的资源相当于约5公顷森林和农田的产出。许多原材料都来自地球表面，人类必须通过各种技术来获取所需的资源。

采矿技术对地球表面会产生巨大的影响。事实上，现代社会需要大量土地资源，以满足人类对铁、铝、铜、砂土、砾石和石灰石等各种各样物质的需要。但是，开采这些资源常常会破坏地球表面的平衡，如**图26-5**所示。采矿会带来地下水污染、环境破坏、空气质量下降等各种环境问题。平衡人类对矿物资源的需求，同时又控制好由此带来的环境变化并不是一件容易的事，但科学家和采矿公司还是共同研发了一些方法来减少矿产开采对环境的影响。

■ **图26-5** 矿业会对环境产生负面的影响，如侵蚀表层土壤。

确定 *这些被侵蚀的土壤去哪里了？如图中这样的矿产开采活动对环境还有哪些影响？*

■ **图 26-6** 在怀俄明州的东部，白尾鹿和当地其他野生物种在这片经过改造的露天采矿区茁壮成长。

恢复土地 美国1977年颁布的《地表采矿控制和恢复法》明确规定，矿场应当恢复地表的原样，并且在**改造**（**reclamation**）过程中重新种上植物。然而，植物在没有表层土壤的地方很难生长。于是，采矿公司在开矿前先把原生的表层土壤移走并存放在某处，待到开采完成后，再把这些表层土壤移回来进行改造。**图 26-6** 所示的就是经过改造的某露天矿场。尽管改造在一定程度上恢复了因地表开采造成的破坏，但要把土地和植被恢复到原样还是很困难的。

☑ **读后自查** **解释** 为什么有必要立法规定采矿公司必须将地表恢复原样？

■ **图 26-7** 来自附近矿区的水流污染了这条河。

地下开采 地下开采也称地表以下开采，用于开采深藏在地下的矿产资源。从表面上看，在地下开采矿产似乎对地表破坏比地表开采小，但实际上其对环境的破坏同样不可小觑。地下开采从表面上虽然看不出来，但从地下挖出来的废石却堆成了小山。如**图 26-7** 所示，流入河流的水已经呈黄色。这是因为降水渗入矿区的废弃物矿堆，其中的有毒金属就溶解出来，从而导致河水变色。同样，水生生物也会受到这类径流的影响。为此，许多矿场都建造了很大的池塘来接纳这些被污染的水，并进行治理，但是，这些池塘有时会发生渗漏而照样污染周边环境。

林地

为了满足人类对木柴、木炭、纸张和木材的需要,全球每年有数千万公顷的森林被砍伐。在很多地区,人们为了经济利益而大肆进行**森林砍伐**(**deforestation**)。森林砍伐是指林木砍伐后,没有重新种植树木。其结果通常是整个地区的所有树都会被砍光,导致表层土壤遭受侵蚀而流失。

目前,世界上许多国家已经改变了开采林木的习惯。他们采取选择性砍伐的方式,并在河床沿岸种植树木,以减小森林砍伐对环境可能造成的消极影响。所谓选择性砍伐,就是指伐木工仅砍伐指定的树木而不是整片森林。这种做法减少了光秃秃的林地数量,有利于防止土壤侵蚀。而在河床沿岸建立的树木缓冲区,则可涵养土壤,避免更多的土壤被冲入河流。

城市的发展

随着人口数量的不断增加,越来越多的人迁入城市或城镇。原先城市附近的农业用地被转变为郊区住宅,曾经的农村变成了居民区、仓库或者工厂。在北美,目前有80%的人生活在城市或城镇。据统计,到2025年,全世界生活在城市和城镇的人口将达到50亿!

城市的迅速扩张将对环境造成多方面的影响。随着城镇和城市的外向发展,修建道路、建造房屋和其他建筑物等,很多自然生境都消失了。城市的发展会占用不少农业用地,这给农业生产带来了压力。此外,工业建设和城市建筑中,大量使用混凝土和沥青铺设地面后也会带来许多问题,如渗入土壤的降水减少,导致地下水不能及时得到补充;当暴雨来临时,引发地面洪水的可能性增加等。

固体废弃物 在美国,每人每天平均产生2 kg固体垃圾。城市里产生的这些固体废弃物,大部分都被填埋在了垃圾填埋场。**图26-8**为2008年在美国垃圾填埋场处理的固体废弃物的类型和比例。

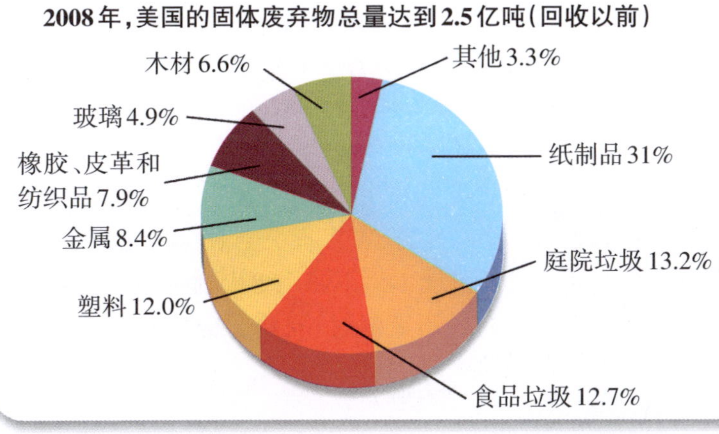

■ **图26-8** 这张饼状图表示美国2008年的固体废弃物情况。

确定 *2008年美国固体废弃物中,哪一种废弃物占的比重最大?你认为原因是什么?这种废弃物可以被回收吗?*

迷你实验

科学实验室

模拟养分流失

土壤在农业生产、露天采矿和城市发展中是如何流失养分的呢？ 如果一个地区的土壤在一段较长的时间里没有植被覆盖，土壤中的养分会因为雨水冲刷而流失。

实验步骤

1. 阅读并遵守实验室安全守则。
2. 在漏斗上放置咖啡滤网。
3. 沿着杯壁将漏斗放在100 mL的烧杯里。
4. 在咖啡滤网上倒入沙子混合物。
5. 量取50 mL的水并倒在沙子混合物上。
6. 做好观察与记录。
7. 小心地拿出带有沙子混合物的漏斗，把烧杯里的水倒在老师指定的地方。
8. 重新将带有沙子混合物的漏斗放在100 mL的烧杯里。
9. 重复步骤5～8，重复4次。
10. 将沙子混合物和漏斗放在老师指定的地方。

实验分析

1. **观察** 在重复实验的过程中，你观察到水有什么变化？
2. **分析** 在两次实验中间为什么要将过滤出来的水倒掉？
3. **预测** 如果沙子中的混合成分代表植物生长所需要的养分，沙子代表土壤，那么如果用实验最后剩下的沙子种植作物，会发生什么情况？
4. **推测** 养分流失可能会通过哪几种方式影响环境？
5. **应用** 如何减缓养分流失的过程？

如果没有对固体废弃物进行正确的处理，会造成环境污染。包括铅、汞等重金属以及类似砷等剧毒化学物质都是在现代工业生产中产生的，它们会对土壤和地下水造成严重的污染，从而威胁人类的健康和生命安全。当然，导致这类污染的部分原因是许多工厂没有认识到固体废弃物的危害性，因而没有对其进行正确处理。

农业

包括农作物在内的植物，需要来自表层土壤的养分才能生长，而表层土壤的形成需要几千年的时间，且一旦遭到破坏就很难恢复。翻耕土壤时，固定土壤的植物根部被拔起，表层土因此就会变得更容易被风和水侵蚀，造成养分流失。添加肥料虽然能帮助被侵蚀的表层土壤恢复部分养分，但表层土里有些物质是肥料所不能提供的。

表层土壤中含有各种微量元素，也包含一些生物，如蚯蚓和固氮细菌。蚯蚓能为土壤通气，并为植物根部的生长提供空间。固氮细菌能把空气中的氮转化为可供植物直接利用的氮。表层土壤中还含有大量的有机物质，包括土壤中生物的排泄物和腐烂的生物遗体等。当这些有机物质分解后，它们又把营养物质返还到土壤中，水土流失得以缓解，为此人们会用**图26–9**中的各类耕作方式来保持土壤的肥力。

农药的影响 农业上用于控制杂草、害虫和真菌的化学制品被称为**农药**（**pesticide**）。农药可以杀死危害庄稼的各种害虫，大大提高农作物的产量。但是有些农药不易分解，能长期存在于环境中，具有潜在的危害。

农药会通过食物链在各级生物中慢慢集聚，比如鱼类和鸟类。还有一些农药，在杀死有害昆虫的同时也会杀死一些有益的昆虫。杀虫剂还能杀死一些像蚯蚓之类的腐生生物，这将使得整个表层土壤的肥力下降。并且，害虫很快会对杀虫剂产生抗性，这样一来农民就不得不使用更大剂量的杀虫剂来控制虫灾。在风雨天气时，农药还会被雨水携带出农田，污染附近的水域。

图解农业耕作

图26-9 使用农业保护型的耕作方式不仅可以帮助保护土壤里珍贵的养分，还能减少表层土壤的流失。如下图所示的梯田、轮作和免耕都是典型的保护型耕作方式。

梯田 通常适用于山坡或者其他易受雨水冲蚀的地区。农民根据地表的特点种植农作物，从而减缓径流的速度，防止土壤侵蚀。

免耕 农民把没有用的秸秆留在田里，而不是每年都进行翻耕。在这张图中，前一年的农作物是小麦，收割以后，麦秆留在田里不仅可以防止侵蚀，还能保护表层土壤。

轮作 种植一系列不同的农作物。比如，一个农场主在一片地上第一年种植了苜蓿，第二年种植玉米，接下来种植冬小麦。轮作的方式可以帮助平衡土壤中的养分，还能减少特定农作物的害虫数量。

保护

目前,随着环境保护意识越来越深入人心,在城市继续发展的同时,社会各界为保护环境做出了各种各样的努力。例如,开发者们通常会在开发地周围设置障碍物,以拦截由于不断侵蚀而产生的沉积物,如**图26-10**所示。在美国,人们认为湿地是一种具有重要价值的生态系统,所以禁止开发。

■ **图26-10** 图中的这类障碍物通常设置在建筑工地,它可以防止土壤侵蚀和减少表层土壤的流失。

因为数量过于庞大,固体垃圾的处理始终是一个棘手的问题。现如今许多国家在填埋垃圾时,会先对垃圾进行一些处理,目的是最大限度地减少有毒物质的渗漏。例如,在垃圾下面铺几层不透水的黏土或塑料薄膜。每天的垃圾都用机器加以压缩,以减小垃圾的体积并除去可随风吹走的轻质垃圾,填埋后还要再盖上一层土。另外,还在垃圾填埋场里事先铺设一些通风管,排除垃圾分解时产生的甲烷和其他气体。

对于被工业有毒物质污染的土地,还需采取其他的治理办法。其中一种办法是把所有被污染的土壤收集起来在垃圾填埋场进行集中处理。这些土壤还可以用高温煅烧的方法破坏其中的有毒化合物,但这种办法的缺点是,当受污染的土壤面积过大时,治理的成本太高,而且在燃烧时又会产生污染空气的有毒灰烬。

生物治理(bioremediation)是一种用生物来清理和分解有毒废弃物的方法。这些生物以污染物为食,能中和污染物对环境的负面影响。这一方法对于治理汽油和石油泄漏导致的污染十分有效。

第2节 本节回顾

要点梳理

- 人类需要大量的土地资源。
- 对资源的开发会破坏地球表面。
- 人口增长、城市的快速发展增加了对土地资源的需求。
- 农业、不良的林业政策和城市发展会导致动植物的栖息地减少,并逐渐加剧土壤侵蚀、水污染和土壤污染。
- 人类对土地资源的影响可以通过现代技术降低。

要点理解

1. 主要概念 **描述** 资源利用、农业生产和城市发展会对土地和水污染产生怎样的影响?
2. **提出**在露天采矿区采煤后的重建方法。
3. **预测** 今天你的午餐都吃完了吗?产生了多少剩饭剩菜?一周内又扔掉了多少食物?一个月呢?这与城市发展对环境的影响有什么关系?

批判性思维

4. **建议** 提出可以持续减少水土流失和减轻水污染的方法。

地学写作

5. 为校报写一篇文章,呼吁大家减少自己的垃圾产生量。

第3节 人类对大气资源的影响

主要概念 工业生产过程和化石燃料的燃烧会污染地球上的大气。

核心问题

- 温室效应和全球气候变暖有什么关系？
- 氟氯烃导致臭氧层空洞的反应顺序是怎样的？
- 酸雨形成的原因是什么？有什么影响？

关键术语

光化学烟雾
臭氧空洞
酸雨

地球科学在你身边 参加篝火晚会时，你可能会好奇木头燃烧时发生了什么变化？当人们燃烧燃料来获取能量以及生产日常用品时，一些颗粒物和类似二氧化碳等气体就会被释放到地球大气中。

大气污染的全球性影响

人类活动的影响是全球性的，这是一个不争的事实。大气污染的全球性影响包括全球变暖、臭氧空洞和酸雨。

全球气候变暖 温室效应是地球大气吸收了对流层的热能，从而使地球变暖的一种自然现象。温室效应的结果是**全球气候变暖**(global warming)，也即地球表面平均温度升高。

地球历史上经历过阶段性的全球气候变暖和全球气候变冷。许多科学家认为，目前地球正在经历的全球气候变暖与大气中二氧化碳的浓度升高有关。而二氧化碳浓度的升高，主要是由人类活动造成的。

人类的各种生产和生活活动，尤其是与化石燃料有关的活动正是二氧化碳浓度升高的主要原因。化石燃料的主要成分是碳，当化石燃料燃烧时，碳和氧气结合便生成了二氧化碳。自18世纪工业革命以来，人类一直在燃烧化石燃料，而且使用数量不断增加。**图26-11**显示了自1960年以来，大气中二氧化碳含量的增加情况。

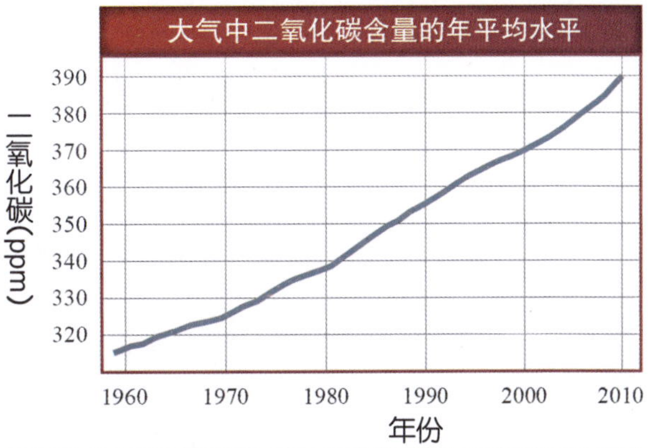

图26-11 1960年以来，大气中二氧化碳的含量一直在显著增加。

解释 *什么因素可能会导致二氧化碳含量的增加？这对环境有什么影响？*

研究表明，在过去的100年里，地表平均温度上升了约0.6 ℃。一些科学家预测，如果继续大量排放二氧化碳和其他温室气体，未来100年全球平均温度还将上升1.5～4 ℃。不过也有一些科学家认为，人类对天气的记录时间还不够长，因而目前还无法断定当前的全球变暖究竟是自然现象还是人为因素造成的。他们认为，地球温度的升高是气候自然变化的一部分。

光化学烟雾 在晴朗的日子，你可能在大气污染物比较密集的地方看见过棕黄色薄雾。这主要是汽车尾气在太阳光作用下产生的一种大气污染物，叫作**光化学烟雾**（**photochemical smog**）。**图26-12**显示了来自汽车尾气的污染物形成地面臭氧的过程。我们已经知道，臭氧通常出现在大气圈的上部，是氧气受太阳辐射转化而来的。低层大气上部的臭氧对人类是有益的，因为它能吸收和过滤有害的紫外线（UV）辐射。但是在地面附近，臭氧会刺激人类和其他动物的眼睛、鼻子、喉咙和肺，同时也会对植物造成伤害。如果一座城市发生了烟雾污染，就会影响这座城市中居民的呼吸系统，尤其是对那些本来就有呼吸系统疾病的人来说，烟雾污染的危害更加严重。

除气体污染物以外，大气中还存在固体污染物颗粒，如灰烬、尘土和花粉等。这些固态污染物大小各不相同，包括在显微镜下才可见到的细小微粒到谷粒大小的颗粒。如果人类吸入了这些粒子，它们就会集聚在人体的肺组织中，导致人体呼吸困难，严重者甚至发展为肺癌。

■ **图26-12** 汽车尾气在太阳光作用下形成的烟雾被称为光化学烟雾。

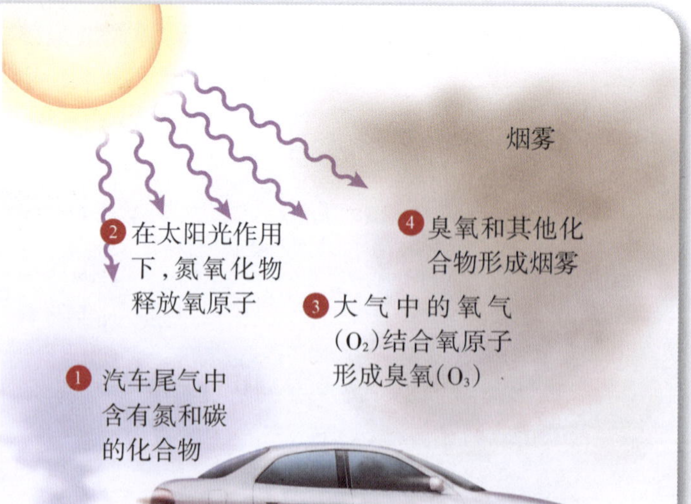

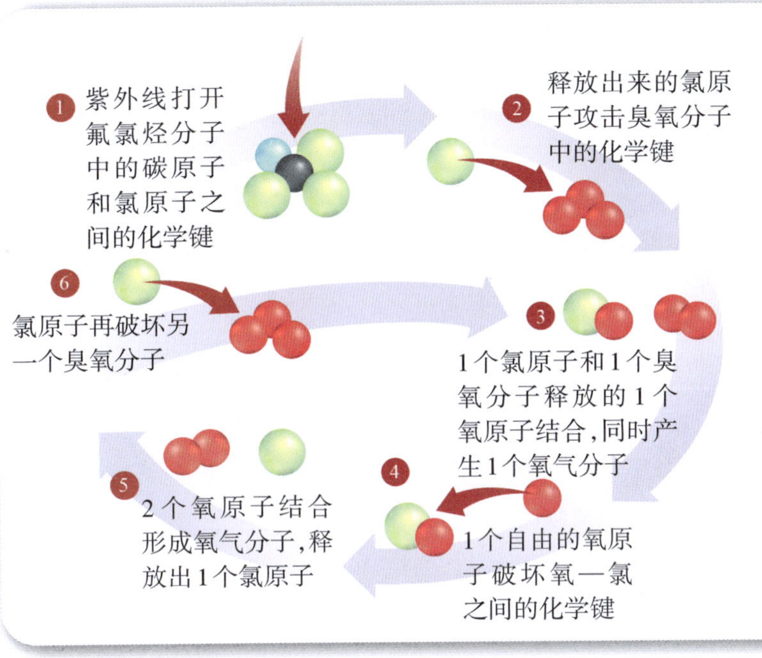

■ **图 26-13** 氟氯烃中的氯原子能大量破坏臭氧分子。

臭氧空洞 我们知道紫外线对人类及地球上的其他生物都会造成伤害，如伤害人的眼睛，导致皮肤癌，使庄稼减产等。存在于平流层的臭氧可以吸收和过滤掉这些有害的紫外线，所以臭氧层对人类来说就是一道保护屏障。

20世纪70年代，科学家首先发现，人类向大气释放的氟氯烃能破坏低层大气上部的臭氧。大气中所有的氟氯烃都是人类活动导致的。它主要是由清洁器、未经适当处理的冰箱、空调和气雾剂释放出来的。尽管氟氯烃在地球表面非常稳定，对人类无害。但科学家发现，当氟氯烃进入低层大气上部以后，它们就会发生化学反应，破坏那里的臭氧分子，如**图 26-13**所示。自20世纪80年代中期到90年末期，对大气圈的研究已经监测到臭氧层正在变薄，深入研究发现，最薄的区域在南极洲上空，称为**臭氧空洞**(**ozone hole**)。在地球两极地区，臭氧层会出现季节性地变薄。

酸雨 影响全球的第三个大气污染问题是酸雨，就是pH低于5.6的降水。我们知道，pH是衡量物质酸碱性的指标，范围从0～14，7代表中性。

自然降雨的pH通常为5.6，呈弱酸性。如果大气受到酸性气体的污染，其中的二氧化硫和氮氧化物就会与大气中的水分发生化学反应，生成硫酸和硝酸。这些酸随着降水落到地面，形成**酸雨**(**acid precipitation**)。酸雨包括酸性的雨、雪、雾、薄雾和水汽。研究发现，尽管火山和沼泽也会向大气释放含硫的气体，但在北美东部，有90%的硫来自人类的生产活动。

■ **图26-14** 这张地图显示了美国本土降水的pH水平。

解释 *为什么美国东部降水的pH水平普遍较低?*

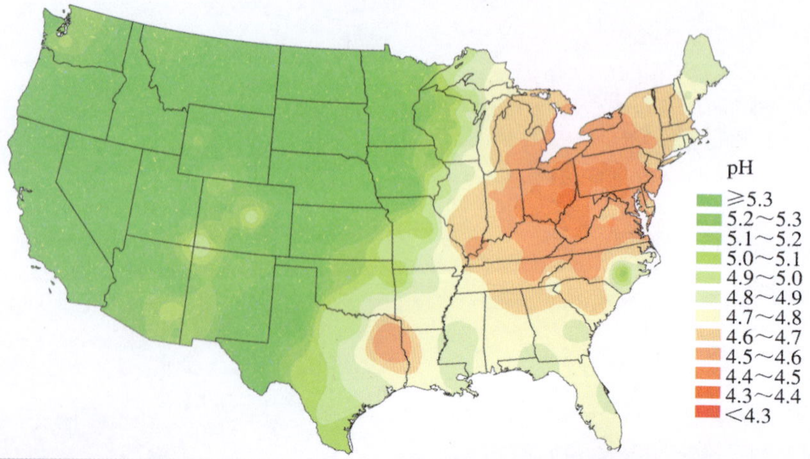

燃煤 造成酸雨的其中一个原因是火力发电厂燃煤释放的气体。煤里含有大量黄铁矿(FeS_2)和其他含硫化合物。当燃烧这些富含硫的煤时,会释放出大量的二氧化硫。这些二氧化硫进入高空,并在西风的带动下吹向美国东海岸。二氧化硫还会与雨水混合降落到地面,形成酸雨。**图26-14**展示了美国的酸雨分布情况。

酸雨的影响 如果酸雨进入地表水体,它不仅会给水域的生态系统带来危害,还会对植物和土壤产生不利的影响。虽然生长在酸雨影响地区的树木通常不会立即死去,但酸雨会使它们更容易受到伤害或患病。酸雨还会带走土壤里的很多营养物质,通过加快风化速度来侵蚀建筑物和雕像等。

数据分析实验

科学实验室

基于真实数据*

数据解读

你呼吸到更洁净的空气了吗? 这张表格列出了美国《清洁空气法》颁布以来,污染物排放量的变化。

批判性思维

1. **绘制** 根据表格中的数据,用不同的颜色表示不同的污染物,x轴表示年份,y轴表示每年的污染物排放量,绘制一张图表。
2. **推测** 为什么1970年后,铅的排放量大幅度减少?
3. **评估** 根据这张表格,你能预测2005年不同污染物的排放量如何变化吗?请解释原因。

污染物(百万吨)	1970年	1980年	1990年	2000年	2004年
颗粒物质	12.2	6.2	3.2	2.3	2.5
二氧化硫	31.2	25.9	23.1	16.3	15.2
氮氧化物	26.9	27.1	25.2	22.3	18.8
挥发性有机化合物	33.7	30.1	23.1	16.9	15.0
一氧化碳	197.3	177.8	143.6	102.4	87.2
铅	0.221	0.074	0.005	0.003	0.003

资料来源:Air Emission Trends—Continued Progress Though 2004. *U.S. Environment Protection Agency*.

减少大气污染物

由于大气污染物可以四处飘移，所以很难控制。解决大气污染物问题需要各个地区、各国政府的通力合作。在过去的几十年里，许多国家的政府领导人已经多次会晤，达成了不少协议，以减少全球大气污染物，尤其是像二氧化碳和氟氯烃这样的污染物排放。

1963年，美国国会通过了《清洁空气法》，确定了详细的多种大气污染物类型的减排目标和执行政策。因为法律的实施，美国自1970年以来大气污染物大幅度减少。

图26-15 安装在发电厂的清洁器通常会对燃煤产生的气体进行处理。清洁器吸收有害气体和颗粒物后，再将它们排放到大气中去。

控制来源 目前，全世界的许多火力发电厂都安装了如**图26-15**所示的清洁器，以减少颗粒物和二氧化硫的排放。在北美和西欧，工厂尽可能使用含硫少的煤和天然气，这有助于减少氮、硫氧化物的排放。然而，科学家们一致认为，最有效的减少大气污染物的办法就是让陈旧的、高污染的汽车在公路上消失。据统计，汽油发动机所产生的大气污染物中有50%～60%是由10%的旧汽车产生的。鼓励使用更有效的新型电动车能显著减少全球的大气污染物。

第3节 本节回顾

要点梳理

- 人类活动造成了大气污染，而大气污染威胁人类健康。
- 氟氯烃是造成臭氧空洞的主要原因。
- 因为《清洁空气法》的颁布，1970年以后，美国的大气污染物排放量逐渐减少。

要点理解

1. 主要概念 **说出**两种大气污染物的名称以及它们的来源。
2. **联系** 全球气候变暖和温室效应有什么联系？
3. **描述** 氟氯烃是如何破坏臭氧的？
4. **列出**酸雨对生态系统的影响及其原因。

批判性思维

5. **预测** 金星的大气层中有96.5%是二氧化碳。根据这一信息，你推断金星表面的平均温度会是怎样的？请说明你的理由。

地学计算

6. 如果某年一氧化碳的排放量从1.02亿吨减少到8 700万吨，这相当于减少了多少比例的排放量？

第4节 人类对水资源的影响

主要概念 控制水污染，节约水资源。

核心问题

- 有哪些方法可以保护水资源？
- 水污染有哪些类型和来源？
- 如何减少水污染？

关键术语

点源

非点源

地球科学在你身边 想象在一次远途露营中，你带了足够的水，但中途加入了一些新朋友或者你带的水洒了一半，你会怎么办呢？

水资源的利用

水在人类生活中扮演着多种重要的角色。对于大多数家庭来说，淡水主要用于洗澡、饮用、烹调和洗衣。大部分的淡水用于工农业生产。地球上水资源的分布极不均匀，由此导致一些地区出现了水资源供不应求的现象。

节约水资源 你家有漏水的水龙头吗？仅仅在美国，就大约有20%～35%的公共供水因管道、马桶、浴缸和水龙头的渗漏而流失。当水资源供应不足的时候，人们可以选择开源或节流。多数情况下，开发新的水源往往不切实际或过于昂贵，所以，节约水资源是解决水资源供应不足最好的办法。农业生产消耗了大量的水资源，通过有效的灌溉方式，可以减少很多水资源的浪费。例如，长期监测土壤湿度，只有在土壤较干时才进行灌溉；如**图26–16**所示，利用仪器在土壤根部进行滴灌，以减少水分蒸发；还可以通过提高水价来有效地控制用于灌溉的水量。工业上可以通过发展循环利用冷却水和废水技术，或者采取其他一些节水措施来节约用水。

■ **图26–16** 如图所示，农民通过滴灌的方式来节约水资源。在滴灌系统中，水滴得很慢，这样可以使更多的水被土壤吸收，从而减少水分的流失或蒸发。

水污染

人类对水资源的不恰当利用，已造成比较严重的水污染。在不少国家和地区，很多水源已经严重污染，无法继续使用。导致水污染的污染源主要有两种类型：**点源**（point source）和**非点源**（nonpoint source）。如**图 26–17**所示，点源产生的污染来自单一的污染点，如一家工厂；而非点源产生的污染来自较大范围的多个污染点。

大多数日常生活用水，包括洗澡用水、洗衣用水、烹饪用水和洗手间用水，都会经过污水处理设备的处理。然后，经过处理的污水会通过一个点源排入河流。过去，经过处理的污水中仍含有较多污染物。现在，污水处理技术已经得到了大幅提升。污水的点源还包括非法排放、意外泄漏的工厂生产过程中产生的废水和废弃物。

非点源的污水包括降水和径流等。降水能够吸收空气污染物，并且将它们带到很远的地方。地表径流在流经农场和草坪时，会将其中的农药和化肥带入河流。地表径流还能将路上和停车场里的石油、汽油和其他化学物质带走。

点源

非点源

图 26–17 点源污染来自单一的污染点，而非点源污染则来自较大范围的多个污染点。

读后自查 **比较**点源污染和非点源污染。

地下水的污染 渗入地下的有毒物质来自存放化学物质的容器、地下汽油储存罐、垃圾填埋场等的泄漏，路盐（一种用来融化路面结冰的化学用剂）、化肥、农药、废弃物中的污水等。如果地下水被污染，当地那些以井水为饮用水的人的健康就会受到危害。而且，地下水一旦受到污染，就很难治理。

海水污染 人类的生产与生活不仅大大影响了淡水的质量，还严重污染了海水。在美国，将近50%的人口住在海岸线附近。沿海城市的污染物会直接或间接排入江河口或附近的海岸地区。海岸地区的污染会对生物产生严重的影响，因为许多生物都在河口地区繁殖和成长。

汞污染也是一种比较常见的海洋污染。燃煤和工业生产释放的汞进入空气和水后，被鱼吸收。这些鱼类又被更大型的肉食动物捕食，于是，汞就这样在食物链内不断积累。在离污染区很远的熊体内都曾发现过汞，其原因是熊捕食了在海里四处游动的鲑鱼。

地球科学相关职业

水文学家 研究地表水和地下水的分布、循环及其物理性质的地球科学家被称为水文学家。他们有时也帮助公司制订环境方面的规定。

减少水污染

在过去的几十年里，人们发现预防污染要比设法处理已污染的水源更加经济，而且更加有效。因此，人们积极采取各种措施来防止和减少污染。美国已制定了两部关于水污染防治的法律：《饮用水安全法案》和《清洁水法案》。

《饮用水安全法案》 1974年通过的《饮用水安全法案》主要是用于确保美国居民能得到安全的饮用水。不过，尽管这部法律的颁布使得用于污水防治的多项工程顺利开展，但仍有许多厂商没有坚持按标准执行。在2009年一年的时间里，就有20%的公共水源至少违反该法案一次。《饮用水安全法案》的目标是将这个数字降到5%以内。

《清洁水法案》 1972年通过的《清洁水法案》是一部主要用于保护美国水质的联邦法案。这部法律分别在1977年、1981年和1987年进行了三次修订。该法案有两个主要目的：一是禁止一切部门和个人向河流、小溪、湖泊和湿地排放污染物；二是治理污染水源，使其水质能达到用于水上娱乐活动，包括钓鱼和游泳的标准。

《清洁水法案》的实施收效良好。自1972年以来，受益于污水治理的人口数量从8 500万上升到1.9亿。在同一时期，每年湿地递减量从146 000公顷下降到约32 000公顷。美国现有三分之二的水域可供安全地游泳和钓鱼，而在1972年，这一数据仅为三分之一。尽管如此，其水质还有待于继续检测和提高。据美国环境保护署报告，2000年，美国仍有39%的河流和45%的湖泊不符合标准水质的要求。

第4节 本节回顾

要点梳理

- 人类对水资源的利用大到工农业生产，小到煮饭、洗澡和饮用等。
- 节约水资源可以延长水的供应时限。
- 水资源污染源可分为点源和非点源。地下水和海洋也会被污染。
- 美国通过法律手段来控制水污染。

要点理解

1. 主要概念 **指出**地表水被污染的途径。
2. **确定** 一个城市的居民该如何减少水的消耗量？
3. **分析** 《清洁水法案》有哪些积极影响？
4. **预测** 有哪些方法可以减少农业灌溉的用水量？

批判性思维

5. **推测** 哪种形式的污染更容易治理，点源还是非点源？举例说明并解释原因。

地学写作

6. 如果让你制定一部《清洁水法案》，你会把重点放在工业用水还是家庭用水上？你觉得用多长时间能改善水污染的现状？

测量和模拟气候变化

你一定看过因气候变化导致世界末日的电影或电视节目吧？但究竟是什么原因导致气候变化呢？

气候变化 任何时候，不同地区的地表温度都大相径庭。其中一个能确定地球温度的方法就是计算特定时间段内地表的平均温度。数据显示，在过去的100年里，全球年平均温度已增加0.6 ℃，这种全球平均气温升高的变化称为全球变暖。

数据 用来计算全球平均温度的数据来自陆地和海洋上的温度计。还有一些用来重建气候历史记录的数据来自冰芯、湖底和海洋沉积物柱样、树木的年轮和珊瑚等。

可能的原因 地球表面的温度是由地球吸收热量和释放热量的平衡过程决定的。温室气体浓度的增加，导致地球吸收的热量增加，从而造成全球气温升高。数据显示，目前大气中二氧化碳的浓度与19世纪中叶人类开始使用化石燃料相比，增加了约100 mg/L（35%），二氧化碳含量的增加和全球温度升高几乎是同步的。

除此之外，太阳活动和火山爆发等因素也会造成全球温度的变化。那么，气候变化的原因究竟是人类活动产生的温室气体还是自然因素，又或者是两者都有呢？

计算机模拟气候变化模型 全球平均气温的变化可以用气候模型进行计算机模拟。这些程序可以计算温室气体、太阳辐射和其他因素的变化是如何改变地球表面温度的。

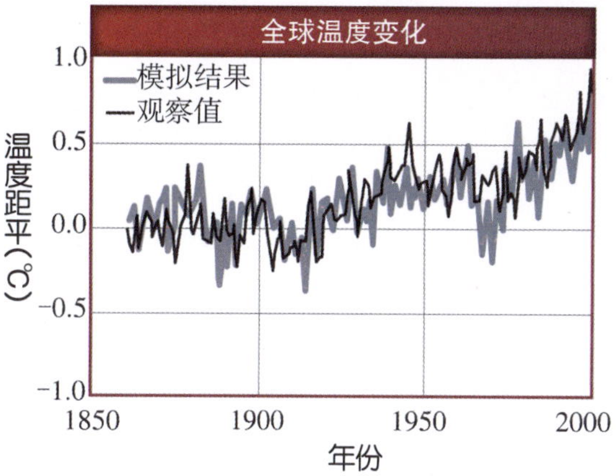

在综合考虑自然因素和温室气体的情况下，计算机气候模型计算得出的全球平均气温（蓝线）和测量得出的结果（黑线）基本吻合。

如何获得最好的吻合结果？ 计算机气候模型可以根据多种气候变化因素计算出全球平均温度。当综合考虑自然因素和温室气体变化时，计算所得结果与实际测量结果的吻合程度最好。这表明，自然因素和温室气体的增长可能共同导致了我们现在所观测到的气温变化。

地学写作

辩论 准备一次有关气候变化国际政策的课堂辩论。想要获得更多信息，可以查阅*技能手册*。

查明污染物的来源

实验背景：下页的地图显示了美国艾利斯城及其周边地区。艾利斯城是一个有10万人口的中等规模的城市。这座城市曾经经历了多种类型的环境问题。艾利斯城从奥珀尔湖获取饮用水。已有研究检测发现，湖中的氮、磷、碳氢化合物、污水和淤泥的含量逐年增加。

奥珀尔湖的西北部地区正处于经济快速发展的时期，而周边的其他地区则满是森林伐木留下的矮树桩。去年春天，藻类疯长堵住了地处自然保护区的维斯塔河。为了防止污水、污物的流入，设置在艾利斯湾的商业性甲壳类动物养殖场已经关闭。

维斯塔运河附近的A点是已停运的码头，有人建议，可在此地建一个天然气发电厂。发电厂既能发电，又能提供就业机会。厂家还应计划把25%的维斯塔河水调入运河。

一家名为“幸运”的矿场已经废弃了60多年。而今又有一家矿业公司取得了重新开采的许可。使用现代技术预计能够开采出100万克黄金。

请你和小组成员一起讨论，为艾利斯城的居民提出一些合理的建议，其中包括奥珀尔湖可能的污染源，造成藻类疯长可能的原因，天然气发电厂的发展建议，幸运矿场的开采建议。

实验问题：艾利斯城的居民如何实现优化水资源供给的管理？

实验材料

米尺

科学笔记本

实验步骤

1. 阅读并遵守实验室安全守则。
2. 小组头脑风暴，讨论奥珀尔湖和艾利斯湾可能的污染源。
3. 讨论艾利斯城居民可能会采取什么措施来保护他们的饮用水。
4. 调查藻类疯长的常见原因。讨论造成维斯塔河口藻类大量繁殖的原因。
5. 讨论如果将维斯塔河的水调入运河，可能会产生哪些积极和消极影响。发展天然气发电厂有哪些积极和消极影响？
6. 讨论幸运矿场重新开采的可能性。如果重新开采，采矿公司应采取哪些措施，才能使其对环境的负面影响降到最低？
7. 准备在班级里做一个汇报。

实验分析

1. **指出** 你们小组列出了奥珀尔湖或者艾利斯湾哪些可能的污染源呢？这些污染是点源污染还是非点源污染？
2. **实验** 你如何确定维塔斯河藻类疯长的原因？你是通过什么测试来确认的？
3. **研究** 你在艾利斯湾蓝藻调查中发现了哪些信息？列出你们小组发现的所有可能的污染源。
4. **研究** 你已经确定了奥珀尔湖可能的污染源。相关报告指出，湖中的氮、磷、碳氢化合物、污水和淤泥含量逐年增加。研究这些变化会对以该湖为水源的当地居民的身体健康造成什么影响？

地学写作

写一份关于艾利斯城的报告，详述小组的发现和建议。

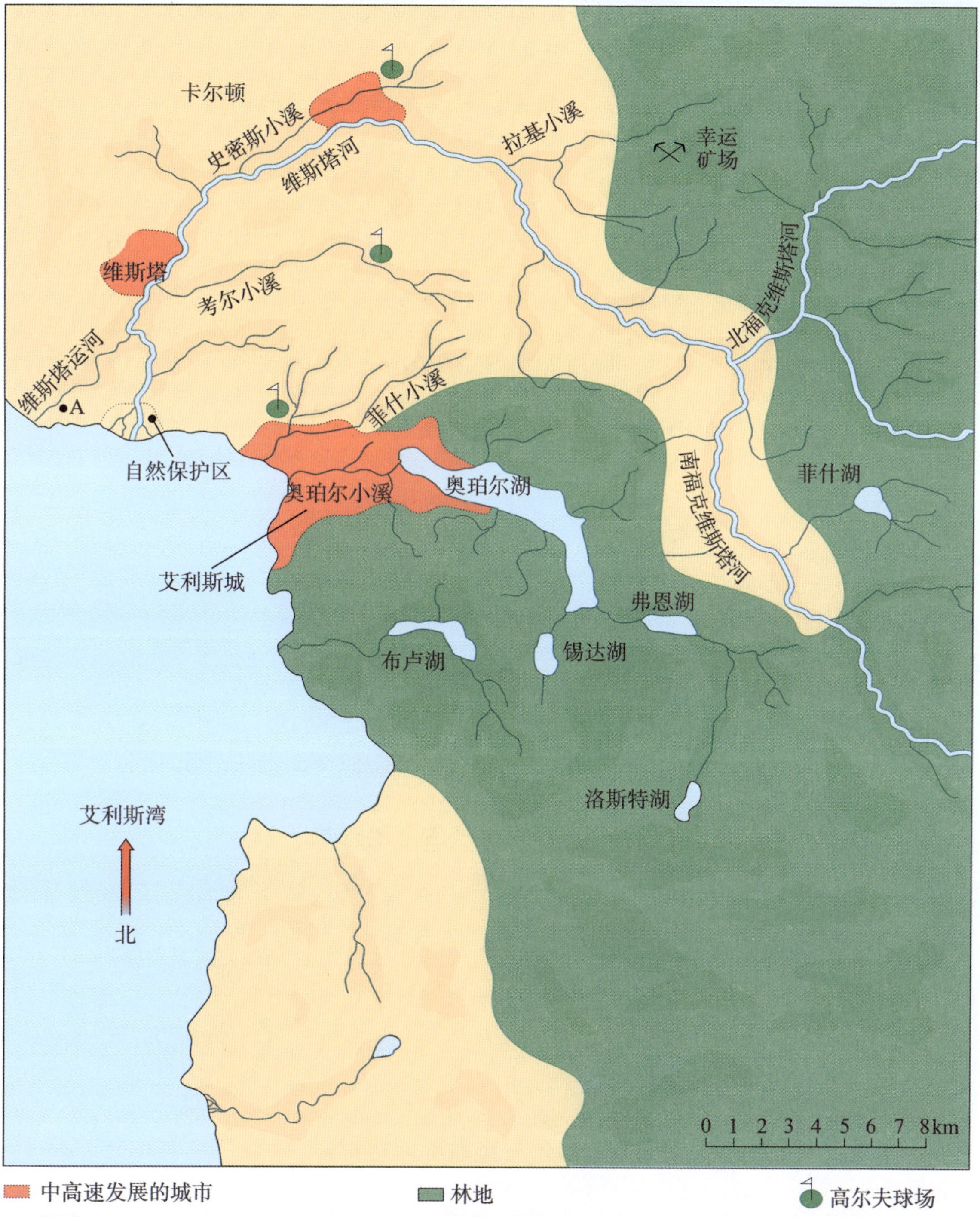

卡尔顿
史密斯小溪
维斯塔河
拉基小溪
幸运
矿场
维斯塔
考尔小溪
北福克维斯塔河
维斯塔运河
A
菲什小溪
自然保护区
奥珀尔小溪
奥珀尔湖
南福克维斯塔河
菲什湖
艾利斯城
弗恩湖
布卢湖
锡达湖
洛斯特湖
艾利斯湾
北
0 1 2 3 4 5 6 7 8km
中高速发展的城市
河流
林地
农场/乳牛场
高尔夫球场
矿场

第26章 复习指南

大概念 人类对自然资源的使用会影响到地球上的土地、空气和水。

第1节 生物种群及其对自然资源的利用

关键术语
- 指数增长
- 承载力
- 非密度制约因素
- 密度制约因素

主要概念 随着人口的增加，人类对自然资源的需求也与日俱增。

要点梳理
- 所有生物的生存都需要利用资源，利用资源会对环境产生影响。
- 随着种群数量的增长，其对资源的需求也会增长。因为资源是有限的，所以当种群数量达到环境承载力水平时，会停止增长。
- 种群数量在初期呈指数增长。目前地球正在经历一次人口爆炸。

第2节 人类对土地资源的影响

关键术语
- 改造
- 森林砍伐
- 农药
- 生物治理

主要概念 开采矿物、农业耕作和废弃物处理都会对环境产生不利影响。

要点梳理
- 人类需要大量的土地资源。
- 对资源的开发会破坏地球表面。
- 人口增长、城市的快速发展增加了对土地资源的需求。
- 农业、不良的林业政策和城市发展会导致动植物的栖息地减少，并逐渐加剧土壤侵蚀、水污染和土壤污染。
- 人类对土地资源的影响可以通过现代技术降低。

第3节 人类对大气资源的影响

关键术语
- 光化学烟雾
- 臭氧空洞
- 酸雨

主要概念 工业生产过程和化石燃料的燃烧会污染地球上的大气。

要点梳理
- 人类活动造成了大气污染，而大气污染威胁人类健康。
- 氟氯烃是造成臭氧空洞的主要原因。
- 因为《清洁空气法》的颁布，1970年以后，美国的大气污染物排放量逐渐减少。

第4节 人类对水资源的影响

关键术语
- 点源
- 非点源

主要概念 控制水污染，节约水资源。

要点梳理
- 人类对水资源的利用大到工农业生产，小到煮饭、洗澡和饮用等。
- 节约水资源可以延长水的供应时限。
- 水资源污染源可分为点源和非点源。地下水和海洋也会被污染。
- 美国通过法律手段来控制水污染。

第26章 复习检测

术语回顾

从复习指南中选取合适的术语填空。

1. 大气污染主要是由于汽车尾气在阳光下经过__________后形成的。
2. 环境__________是指在一个环境里能生存的最大生物数量。
3. 能清除有毒废弃物的生物作用被称为__________。
4. 森林中树木砍伐后，没有重新种植新的树木，称为__________。
5. 将矿区重新恢复原样称为__________。

从复习指南中选取合适的术语匹配下列描述。

6. 人口按一定规模快速增长的一种模式。
7. 一种用于消灭害虫、真菌和杂草的化学药剂。
8. 来自广泛分布地区的水污染源。
9. 一种影响人口的因素，比如缺少食物。

下列每一句表述都有错误。从复习指南中选取合适的术语替代斜体的术语，使句子表述正确。

10. 一种出现在两极地区的季节性变化称为*酸雨*。
11. 不受生物种群数量影响的环境因素，比如暴雨、干旱、洪水、火灾和污染等，也称为*密度制约因素*。
12. *生物治理*是指二氧化硫和氮氧化物与大气中的水气相结合形成酸性降水。

理解要点

13. 下列哪一个示意图可以表示老鼠的数量增长？

A.
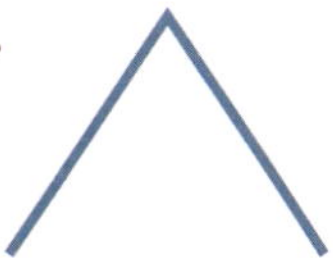
B.

C.

D.

14. 砍伐森林会对环境造成什么影响？
    A. 表层土壤侵蚀
    B. 光化学烟雾增加
    C. 臭氧空洞减少
    D. 有毒污染的生物治理
15. 下列哪一个问题与高密度人口区域的扩张有关？
    A. 自然资源的减少
    B. 建筑的增加
    C. 资源的集中
    D. 文化资源的可用性
16. 下列哪一部联邦法律保护了美国水资源的供给？
    A.《清洁水法案》
    B.《清洁海洋法案》
    C.《清洁空气法》
    D.《清洁水圈法案》
17. 下列哪一个是点源污染？
    A. 酸雨
    B. 停车场的径流
    C. 污水出口
    D. 农场的表层土壤
18. 美国光化学烟雾的主要原因是什么？
    A. 点源污染
    B. 汽车尾气
    C. 发电站
    D. 酸雨

根据下图，回答19题。

美国本土降水pH分布图

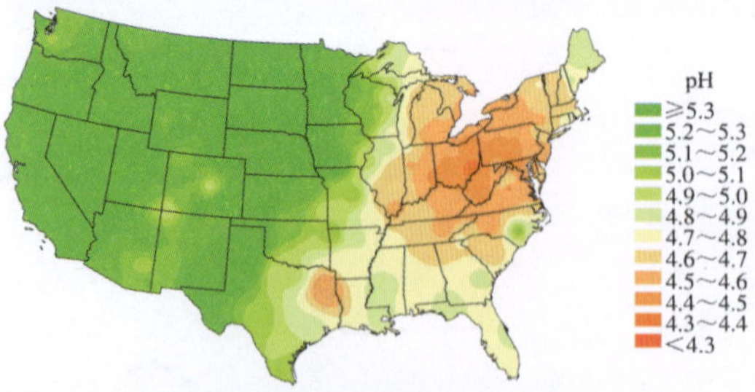

19. 美国哪一个区域的酸雨最严重？

A. 西南部

B. 西北部

C. 东南部

D. 东北部

20. 酸雨的主要来源是什么？

A. 火力发电厂

B. 颗粒物污染

C. 氟氯烃

D. 二氧化碳

21. 制定《饮用水安全法案》的目的是什么？

A. 清洁美国的饮用水

B. 确保饮用水的安全

C. 增加美国可用的饮用水

D. 减少美国饮用水的消耗

22. 造成地下水污染的主要原因是什么？

A. 地下储油罐的泄漏

B. 酸雨

C. 森林砍伐

D. 颗粒物质

23. 下列哪一个是常见的海洋污染？

A. 碳

B. 臭氧

C. 氖

D. 汞

简要概述

根据下图，回答第24题。

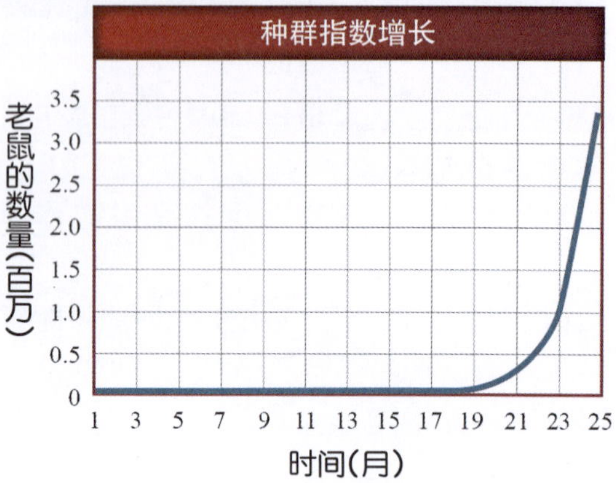

24. 确定 预计10年以后老鼠数量的变化趋势。

25. 描述酸雨对生态系统的两个影响。

26. 绘制一幅示意图。图中每100年温度升高3℃，如果温度从16.5℃开始上升，150年后的平均温度是多少？250年后呢？

27. 预测 如果全球变暖继续发展，地球上会出现什么情形呢？

28. 分析 有什么方式可以减少光化学烟雾？

29. 比较可能造成臭氧空洞和全球变暖的原因。

30. 分析 在晴朗的工作日，为什么地表的臭氧污染比在同等天气条件下的周末更糟糕？

31. 解读 如果矿产资源对环境有消极影响，为什么人类还在不断开采？

32. 分析 想象你有一个种了谷物和苜蓿草等农作物的农场，但农场的大部分区域都是有一定倾斜度的小坡。你有什么方法可以减少这里的土壤侵蚀？请解释原因。

批判性思维

33. **提出**一个解决城市模型中土地利用和污染防治问题的计划。
34. **区分**点源污染和非点源污染。为什么认识每一种污染方式对环境的影响非常重要?
35. **提出**一个解决我们周边固体废弃物不断增加的方案。
36. **解读** 如果没有一个集中处理污染的地方,那么该如何防止非点源污染?
37. **分析** 人类如何适应他们所处的环境?根据现在的环境状况,人们应怎样改变生活方式来适应环境?
38. **提出**你日常生活中节约用水的两种方式。
39. **分析** 一个小岛生活着许多鸟类,它们以种子和浆果为食,在树上筑巢。某个季节里没有浆果可吃,鸟类的数量一下子减少了。下一季度时,出现了飓风,许多鸟巢从树上掉落。上述哪些是密度制约因素?哪些是非密度制约因素?

概念图解

40. 运用下列术语绘制一幅可以总结第2节内容的概念图:*侵蚀*、*表层土壤流失*、*水污染*、*废石*、*采矿*。如需帮助,请查询*技能手册*。

挑战难题

41. **应用** 当一个没有开发过的地区发展成城市和乡镇时,许多野生生物失去了它们的家园。另外,还有些动物也会失去捕食和繁衍的区域。进行头脑风暴,讨论对于这些需要较大栖息地的动物来说,人类应如何保护它们免遭灭绝,且还能在新的地区继续生活。

地学写作

42. 写一份庆祝地球日的电台公告,鼓励人们警惕自身行为可能会对地球造成的消极影响。你可以尝试编一个朗朗上口的顺口溜来吸引听众。

材料分析

下图是根据环境保护机构公布的2008年常见的回收材料和回收产品的比例数据绘制的。

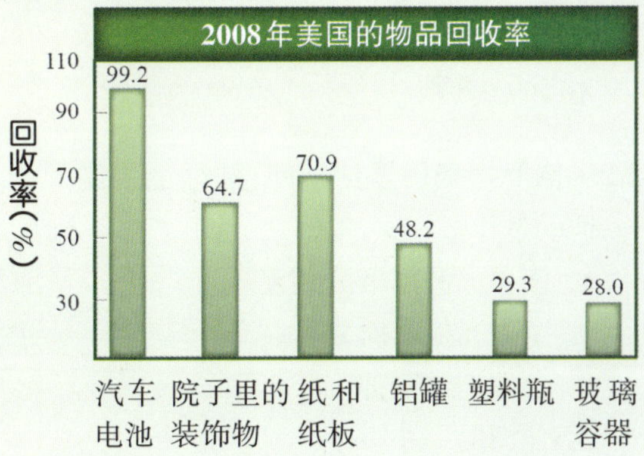

资料来源:Municipal Solid Waste Generation, Recycling, and Disposal in the United States: Facts and figures 2008. Environmental Protection Agency, Figure 4.

43. 哪一种材料的回收率很高?
44. 哪一种产品的回收率很低?
45. 你认为是什么原因导致铝罐的回收率高于玻璃容器?

综合复习

46. 潜热存储和释放在什么过程中?(**第11章**)
47. 板块构造与板块之下的地幔有什么关系?(**第17章**)
48. 人类如何利用水能?(**第25章**)

选择题

1. 下列最高效的燃煤是哪种？
   A. 泥炭　　B. 褐煤
   C. 烟煤　　D. 无烟煤

根据下图，回答第2~3题。

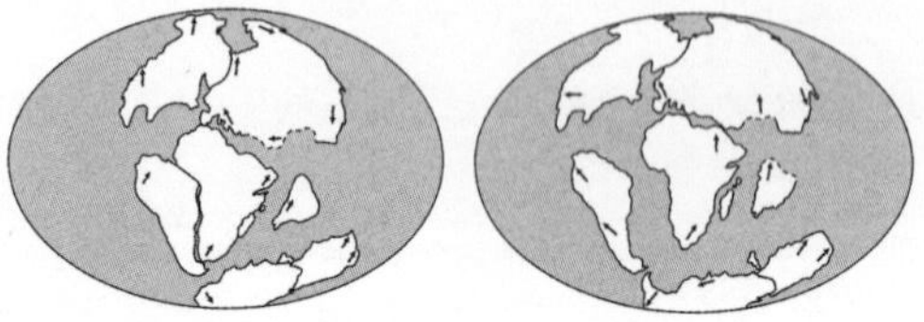

2. 从侏罗纪到白垩纪期间，陆地上最激烈的运动是什么？
   A. 南美洲和南极洲相互靠近
   B. 南美洲从非洲分离
   C. 北美洲的延伸
   D. 非洲的缩小
3. 下列关于上图所示地质时期的表述，哪项是正确的？
   A. 现在的降水比早期地质时期更多
   B. 早期地质时期的海水比现在更咸
   C. 洋流的变化对气候变化有重要影响
   D. 早期地质时期的河流比现在更大
4. 钾-40(K-40)衰变为氩-40(Ar-40)的半衰期为13亿年。科学家研究发现，矿物样本中，K-40和Ar-40之比是1:3，那么这块岩石的年龄有多大？
   A. 6亿年　　B. 13亿年
   C. 26亿年　　D. 39亿年
5. 下列哪一个不是节约交通运输所需能源的好方法？
   A. 低速行驶
   B. 频繁刹车
   C. 在家工作
   D. 使用油电混合或电动车
6. 如果火灾摧毁了一片林区，那么限制这个区域种群数量增长的原因是什么？
   A. 均衡
   B. 密度制约因素
   C. 非密度制约因素
   D. 承载力

根据下表，回答第7~8题。

基拉韦厄火山喷发创造了大量的陆地	
火山活动事件	陆地净增量(km^2)
1~48	17.2
48	34.3
49	3.7
50	0.11
51~52	0.01
53	2.3
54	0.24
55	59.5

7. 下列哪项能最好地描述关于基拉韦厄火山喷发活动？
   A. 基拉韦厄火山活动的每个阶段，都会喷发出等量的熔岩
   B. 基拉韦厄火山会定期喷发，并且每次的喷发形式相似
   C. 基拉韦厄火山喷发时而安静，时而剧烈
   D. 在不同的火山活动阶段，基拉韦厄火山生成的新陆地的面积是不同的
8. 科学家可能会利用这个数据来做什么？
   A. 预测下一次地震
   B. 根据火山喷发来测量陆地的增长情况
   C. 根据陆地的净增量预测地震强度
   D. 预测下一次火山喷发后形成的新陆地规模
9. 下列哪项是导致空气污染的自然原因？
   A. 火山　　B. 火灾
   C. 氡　　D. 烟雾

简答题

根据下图，回答第10~11题。

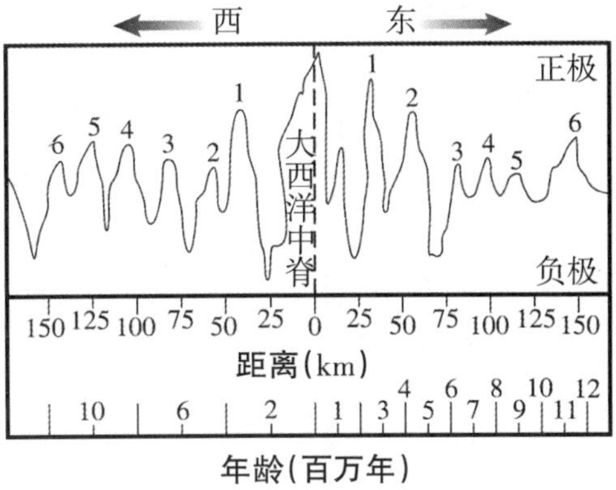

10. 一组科学家用一个磁力计和其他设备获取了部分大洋底部的磁场剖面。这个剖面能反映什么信息？

11. 关于大西洋中脊附近的洋底是如何形成的问题，科学家们可以得出什么结论？

12. 解释为什么生物被认为是可再生资源。

13. 为什么光合作用对人类来说非常重要？

14. 描述在地球上的大陆形成过程中的分异过程。

阅读理解

酸沉降

酸沉降会深入到生态系统的内部，改变土壤和河流的化学成分，并且使某些植物和动物的生存空间缩小。由于酸沉降所带来的影响巨大，即便后来排放量减少，或者降水的pH恢复正常，生态系统仍然需要花很多年的时间来自我修复。但是，在此过程中，人们可以帮助湖泊和河流更快地恢复健康。我们可以通过向酸性湖泊中添加石灰石或者石灰来中和其酸性。使用石灰这一方法价格昂贵，且还需重复作业，以防湖泊回到酸性。因此，这个方法只能作为某些特定地区的权宜之计，因为在这些地区，这种形式可能要好于减少或阻止污染。此外，这个方法并不能解决流域内土壤化学成分变化、森林健康状况改变等更大的问题。同时，它对解决湖泊、河流能见度降低，物质破坏和威胁人类健康等问题也没有任何帮助。

资料来源：Acid rain. Reducing acid rain. *Environmental Protection Agency*. October 4, 2006. (Online resource accessed October 17, 2006.)

15. 下列哪项不是用石灰改善酸性湖泊的局限性？

A. 它不能改善土壤化学成分

B. 它不能改善森林健康状况

C. 它不能减少对人类健康的威胁

D. 它不能作为一个权宜之计

16. 为什么说向酸性湖泊中添加石灰石是有好处的？

A. 它能中和湖泊的酸度

B. 它能自然地恢复水中的物质

C. 它只需要使用一次就能解决问题

D. 它能恢复野生生物

17. 添加石灰这一方法对改善水环境仍有缺陷，但为什么还说这是一个好的选择呢？

需要更多帮助？														
如果你回答错误……	1	2	3	4	5	6	7	8	9	10	11	12	13	14
请复习相应章节……	25.1	23.3	23.3	21.3	25.3	26.1	18.2	18.2	24.3	17.2	17.2	24.1	24.3	22.2

第8单元

地球之外

单元内容

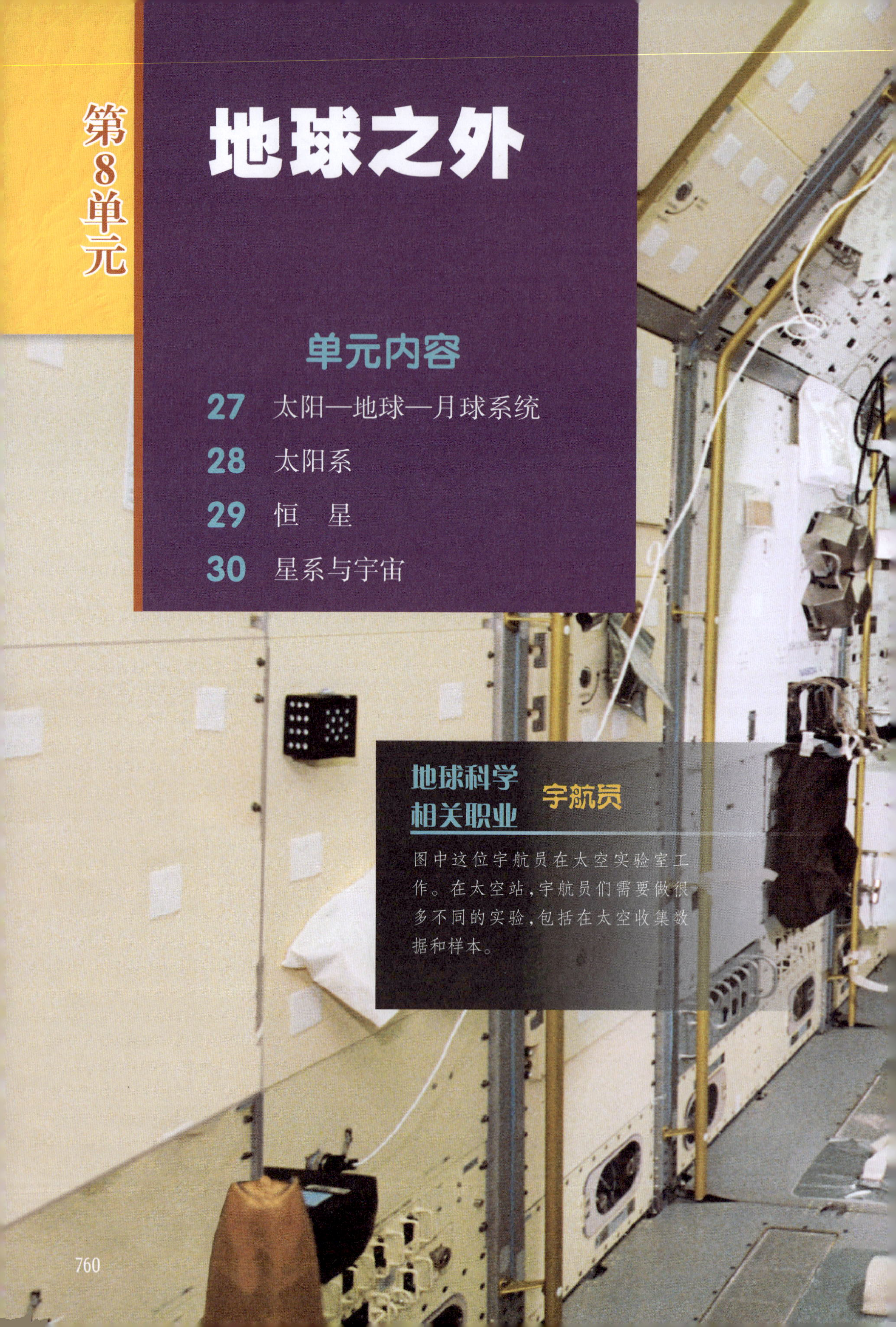

地球科学相关职业 宇航员

图中这位宇航员在太空实验室工作。在太空站，宇航员们需要做很多不同的实验，包括在太空收集数据和样本。

第27章

太阳—地球—月球系统

大概念 日、地、月三者形成了一个影响地球上所有生命体的动力系统。

内容提要

起步实验

科学实验室

如何建立日—地—月系统的模型?

太阳的直径约为地球的109倍,而地球的直径约为月球的3.7倍。月球和地球之间的距离是地球直径的30倍,日地距离则是地月距离的390倍。在本实验中,你可以建立太阳—月球—地球系统的模型。

实验步骤

1. 阅读并遵守实验室安全守则。
2. 假定月球的直径为1 cm,以此大小为比例尺,计算地球与太阳的直径。
3. 再根据这个比例尺计算出地月距离和日地距离。
4. 按比例裁剪出地球和月球的模型,再将它们按比例放置。

实验分析

1. **比较** 你所裁剪的地球和月球的尺寸以及地月距离。
2. **推断** 为什么实验中不要求你裁剪太阳的比例模型,并将之放在相应的位置?

宇航员用紫外线、无线电和X射线望远镜等来研究太阳系中的月球、太阳和其他天体。

折叠式学习卡

月相

做一本小册子,在每一页的底部画上不同阶段的月相,并注明太阳、月球和地球的位置。总结地球上所见到的月球形态变化规律,即月相的变化规律。用这本小册子来整理你学习月相过程中的笔记。

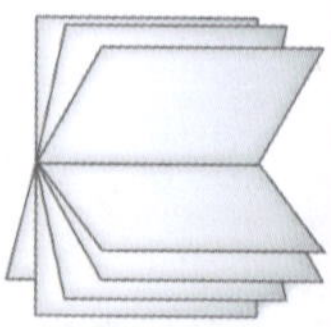

太阳的假彩色紫外线图像

太阳的假彩色 X 射线图像

第1节 天文学的工具

主要概念 科学家通过研究遥远天体发射或反射的辐射来探索宇宙。

核心问题

- 什么是电磁辐射？
- 望远镜是如何工作的？
- 太空探险对科学家探索宇宙有何帮助？

关键术语

电磁波谱
折射望远镜
反射望远镜
干涉测量法

地球科学在你身边 你是否用放大镜看过很小的字？当你这么做时，你其实是用工具将光聚焦在一起。科学家们就是用望远镜将来自遥远天体的光聚焦在一起，从而探索宇宙的。

辐射

科学家研究的来自遥远的宇宙天体辐射称为电磁波。电磁波是由变化的电场和变化的磁场组成，以波的形态在太空中传播的。电磁波包括可见光、红外线、紫外线、无线电波、微波、X射线以及γ射线，通常称为电磁波谱。

你也许已经相当熟悉某些类型的电磁波。如过多的紫外线辐射会灼伤皮肤，微波可以加热食物，医生使用X射线来帮助诊断和治疗病人。如**图27-1**所示的是按波长和频率排列的各种类型的电磁波及其形成的**电磁波谱**（**electromagnetic spectrum**）。

波长和频率 电磁波可以按波长来分类，波长是指两个波峰之间的距离。如**图27-1**所示，红光的波长要比蓝光长，而无线电波的波长远远大于γ射线。电磁波也可以根据频率来划分，频率是指每秒内传播的波的个数或振动的次数。可见光部分的光谱频率在4.3×10^{14}～7.5×10^{14} Hz之间变化。

图27-1 电磁波谱反映了不同辐射的频率和波长。

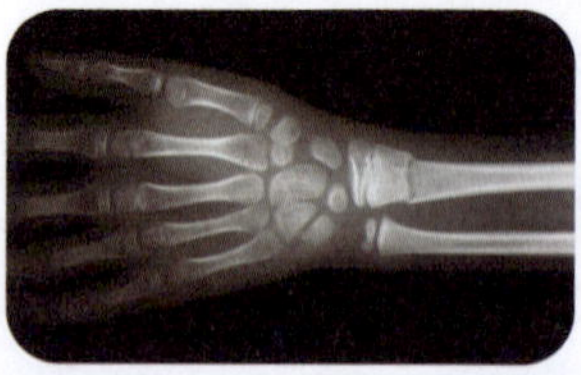

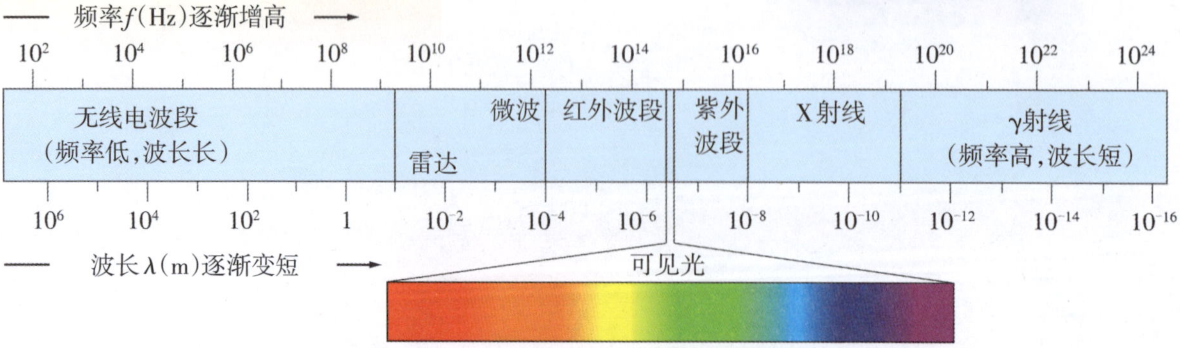

礁湖星云

马亚尔4米口径望远镜

马亚尔天文台

■ **图27–2** 这张礁湖星云图片是用马亚尔天文台的马亚尔4米口径望远镜拍摄的。

频率和波长的数学关系是$c=\lambda f$，其中c代表光速(3.0×10^8 m/s)，λ代表波长，f代表频率。请注意，各种不同类型的电磁波，其传播速率都等于真空中的光速。天文学家会根据他们想要研究的辐射类型来选择工具。比如，他们利用对红外线敏感的特殊望远镜来观察在星际云中形成的星球，利用对紫外线、X射线和无线电波敏感的望远镜来观察其他超新星。

太空望远镜

天空中的天体会发射出各个波段的电磁辐射。如**图27–2**所示的太空望远镜能让人类观测到所有波段的光谱，包括人眼不能观测到的电磁波。太空望远镜要把来自遥远天体的电磁辐射收集并聚焦，形成可以记录的影像。在黑暗环境中，人眼的瞳孔直径可放大到7 mm，而太空望远镜镜片的直径，可高达10 m。太空望远镜镜片的直径也称光圈，光圈越大，收集的电磁辐射就越多，太空中的昏暗物体就会显得更加明亮。

☑ **读后自查** **说出**使用太空望远镜的两个好处。

太空望远镜在收集电磁辐射方面还有一个特点是，在照相机或其他图像设备的辅助下，它可以控制曝光时间。人眼对于可见光成像的频率大约为每秒10次，如果光线过于微弱，肉眼就可能无法在这么短的时间内察觉到这个发光物体。太空望远镜可以收集几分钟甚至几小时内的光，这样一来，太空望远镜就能观测到人眼所不能感知的天体。同时，天文学家也会使用一些专业设备，比如他们会用光度计测量光的强度，用光谱仪显示不同辐射的强度。

地球科学相关职业

太空工程师 太空工程师设计和检测太空探测仪。他们通常会设计探测仪来收集太阳系中某个天体的信息和样本，并研究收集的相关数据。

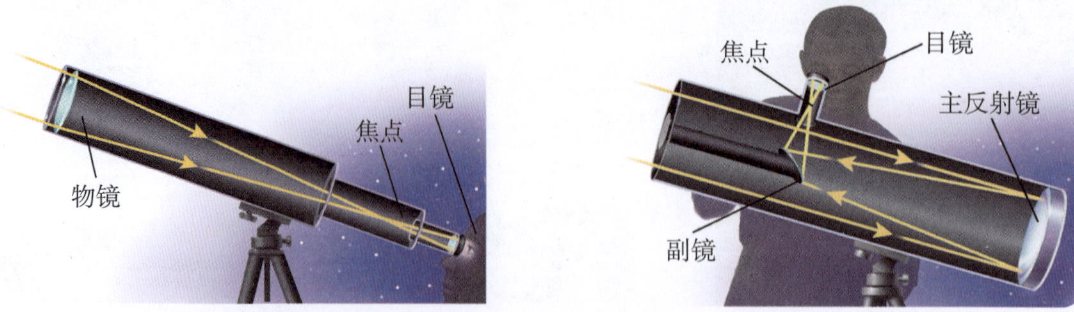

■ **图27–3** 折射望远镜利用透镜聚光，反射望远镜利用反射镜聚光。

折射望远镜与反射望远镜 有两种不同的望远镜可以用来聚焦可见光。望远镜是1608年左右发明的，其工作原理是使用透镜来聚焦可见光。这种望远镜称为**折射望远镜**(**refracting telescope**)或折射镜，最大的镜片称为物镜。1668年，人们又设计出了使用反射镜的新型望远镜。这种望远镜通过反射镜来聚光，因此称为**反射望远镜**(**reflecting telescope**)或反射镜。**图27–3**展示了折射望远镜与反射望远镜的工作原理。

目前，上述两种望远镜人类都在使用，但大多数天文学家选择反射望远镜，反射镜因为可以做得比透镜更大，所以它可以汇聚更多的光。如**图27–4**所示是天文学技术的发展史。

☑ **读后自查** **比较**折射望远镜与反射望远镜。

太空望远镜在天文学研究中的应用很多，望远镜通常安置在远离城市灯火的天文台站，如位于高海拔地区的天文台，这样可以减少大气造成的消光因素。世界上最好的一些天文台站大多建在高山的顶峰，如美国西南部和安第斯山脉在智利境内的高峰以及夏威夷群岛巨大的死火山莫纳克亚山的主峰。

■ **图27–4** **天文学的发展**
在1957年第一个人造探测仪升空之前，人类对于太空的探索一直被限制在地球上。

公元前28000年 克罗马尼翁人在骨头做的工具上画出了月相。

公元前4236年 古埃及人用阴历和阳历预测农耕时节，之后又根据天狼星的运动规律制订了365天制的日历。

公元前410年 美索不达米亚人提出了第一个关于五个可见行星、月球和太阳的位置的预言。

900年 极客星盘是一种用于确定时间和位置的天体导航仪，阿拉伯天文学家在其原来基础上做了很大改进。

1054年 中国古天文学家记录到超新星爆炸形成了蟹状星云，他们认为这是明君降临的预兆。

使用不可见波长的望远镜　使用这类望远镜，能尽可能多地将电磁辐射聚焦成像。其中，红外辐射、紫外辐射与可见光有很多相同的地方，通常用反射镜聚焦；X射线不能用普通的反射镜聚焦，而需要其他专门的器材，γ射线则不能被聚焦。所以，对于短波长的电磁辐射来说，现有的望远镜最多只能测查出射线来源的大致方向。

射电望远镜能收集波长较长的无线电波，因为它有一个很像卫星电视接收器的抛物面天线，天文学家称之为天线系统。抛物面反射器的作用相当于反射望远镜的主反射镜，可将接收的射电波聚焦到盘状反射器上方的一点，然后由接收机将射电波转化为可存储在电脑中的电信号，供天文学家进行分析处理。

图 27-5　图中的甚大阵射电望远镜位于靠近新墨西哥州索科罗。射电望远镜的抛物面天线被安装在可移动轨道上，以此可提高其分辨率。

收集的数据可以由电脑转化为图像，为了提高图像的分辨率，还需要运用**干涉测量法（interferometry）**，它是一种可以将不同望远镜得到的图像合成一个图像的技术。通过结合多个望远镜获得的图像，天文学家可以合成一个高分辨率的图像，这个图像的分辨率等同于一个直径相当于两个望远镜之间距离的望远镜所获得的图像的分辨率。如**图 27-5** 所示为可移动的射电望远镜。射电望远镜和光学望远镜也是通过这种方式联系在一起的。

空间站

由于地球上的大气层会阻挡宇宙天体向地球发射的大部分红外和紫外辐射、X射线以及γ射线，地面获得的图像普遍比较模糊，因此，为了避免大气的干扰，天文学家经常需要把观测仪器放置在太空中。空间望远镜可以让天文学家不受大气层的干扰，得到更清晰的太空资料。美国、欧洲、俄罗斯以及日本等许多国家和地区，都通过其太空研究部门发射了多个空间天文台来收集太空信息。

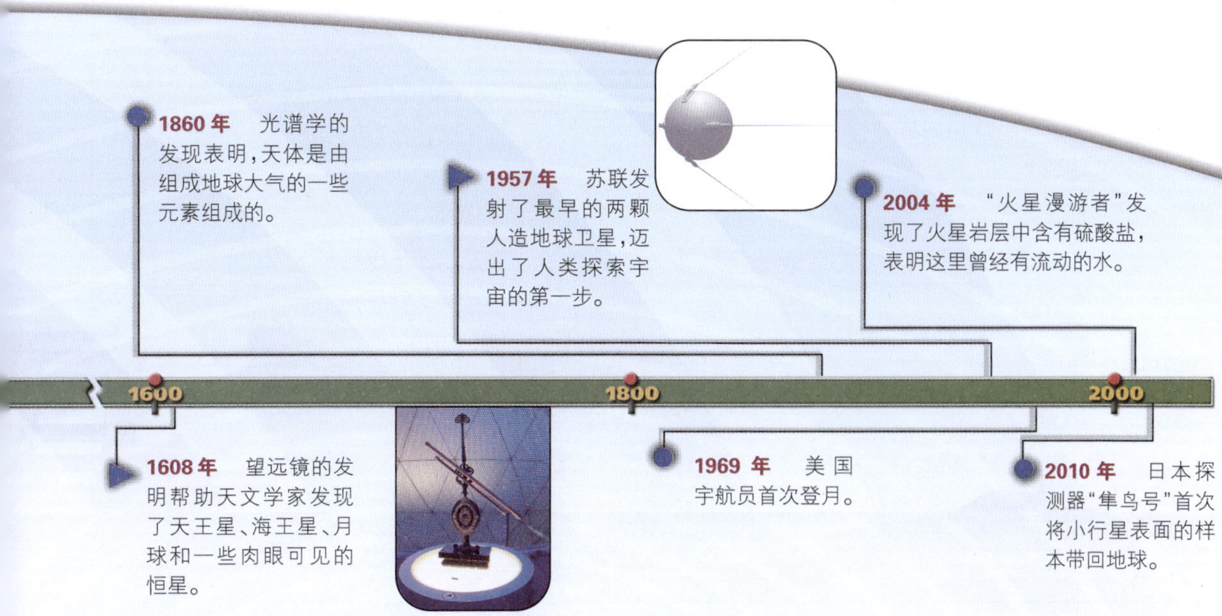

■ **图 27–6** 哈勃太空望远镜不仅观测到了彗星碰撞木星的现象，还能观测到目前已知的最远星系。

哈勃太空望远 最著名的太空望远镜是哈勃太空望远镜(HST)，它于1990年升空，绕地球一圈需97分钟。这个望远镜主要用于接收不受大气干扰、清晰的可见光，它也能观测红外波段和紫外波段的射线。哈勃太空望远镜能探测到银河系中超过120亿光年远的地方。

詹姆斯·韦伯太空望远镜(JWST)是新一代的哈勃太空望远镜。它主要观测红外线波段和一些可见波段。**表 27–1** 列出了其他太空望远镜。

宇宙飞船 除了在地球大气层外观测宇宙空间外，天文学家还通过发射空间探测器来观测太空，如向待观测的天体直接发射宇宙飞船。这类飞船上安装有自动化的探测器，可进行近距离观测，有时甚至可以登陆到天体表面直接采集信息。不过，这类探测器目前只能探测太阳系中的天体，还无法触及遥远的恒星。在2005年，“卡西尼号”太空探测器到达土星，在其轨道上拍到了土星卫星和土星环的清晰影像。火星科学实验室又称“好奇号”，于2012年登陆火星，它的任务是评估火星地表是否曾经出现过或现在是否仍具备适合微生物生存的环境条件。2006年发射的探测冥王星及其相关区域的“新视野号”航天器，不仅装备了可见光、红外线和紫外线相机，还配备了可以测量磁场的仪器，已于2015年到达冥王星。

表 27–1 轨道望远镜

名称	发射时间	波段	研究范围	研发机构
Integral	2002年	X射线、γ射线	广泛、中子星	欧洲航天局、俄罗斯、美国国家航空航天局
CHIPSat	2003年	X射线	星际等离子体	美国国家航空航天局
Galex	2003年	紫外线	俯拍	喷气推进实验所、美国国家航空航天局
MOST	2003年	可见光	观测天体	加拿大
Spitzer	2003年	红外线	广泛	美国国家航空航天局
Swift	2004年	X射线、紫外线、可见光	黑洞	美国国家航空航天局
Suzaku	2005年	X射线	高能现象	日本
Akari	2006年	红外线	俯拍	日本
Agile	2007年	γ射线	广泛	欧洲航天局
Kepler	2009年	可见光	太阳系外行星	美国国家航空航天局
WISE	2009年	红外线	俯拍	美国国家航空航天局

人类的太空飞行 在人类可以安全地探索宇宙之前，科学家们必须先了解太空环境的影响，如失重和辐射。从1981年到2011年，航天飞机为人类探索和研究太空增加了动力。航天飞机上通常会放置诸如哈勃望远镜和钱德拉X射线望远镜等设备。航天飞机为科学研究创造了有利的空间环境，如可以在航天飞机上研究失重对人类、植物、晶体生长的影响以及其他宇宙现象。然而，航天飞机巡天飞行最长不过17天，长时间的研究必须在空间站中才能进行。如**图27–7**所示的国际空间站是由多个国家共同建设的，它是研究太空效应的理想场所。2010年，美国国家航空航天局和其他国际合作伙伴一起庆祝了国际空间站(ISS)成功运行10周年。宇航员们在这个失重的环境下完成了许多实验。

图27–7 这张国际空间站的图像由"发现号"航天飞机拍摄。

回顾 *什么类型的研究可以在太空站完成？*

技术转换应用 多年的空间探测计划，不仅加深了人类对宇宙的了解，而且空间计划的很多研究成果已不断应用于人们的日常生活。你知道人工心脏起搏器吗？这个给人类带来巨大福音的发明，就缘于航天飞机的燃油泵技术。而人类广泛利用在床垫中的记忆泡沫则源于美国国家航空航天局对碰撞保护技术的研究。事实上，美国国家航空航天局有超过1 500个不同的专利技术，现已被商业机构用于制造民用产品，这就是所谓的**技术转换应用(spinoff)**。

第1节 本节回顾

要点梳理

- 太空望远镜可以收集和聚焦遥远物体发射或反射的电磁辐射。
- 电磁辐射根据波长和频率进行分类。
- 折射望远镜与反射望远镜是两类主要的光学望远镜。
- 空间天文学包括轨道望远镜、人造卫星和探测器等方面的研究。
- 很多太空探索技术现在也被应用于制造民用产品。

要点理解

1. **主要概念 解释** 电磁辐射对科学家探索宇宙有何帮助？
2. **辨别**折射望远镜与反射望远镜，以及它们的工作原理。
3. **报告** 干涉测量法是如何影响图像合成的？
4. **调查**天文学家发射天文望远镜和探测器到太空的原因。

批判性思维

5. **评定**技术转换应用给社会带来的好处。
6. **思考** 用探测器研究太空中的远距离天体的有利和不利因素。

地学计算

7. 已知某辐射的频率是10^{12} Hz，求它的波长。(公式提示：$c=\lambda f$)

第2节 月 球

主要概念 月球是地球在太空中最近的邻居，在太阳系所有卫星中，它是独一无二的。

核心问题

- 月球的探索历史是怎样的？
- 如何描述月球的特性和结构？
- 月球的特征是什么？
- 月球形成的理论是什么？

关键术语

反照率
月陆
月海
陨击坑
溅射物
辐射纹
月谷
月壤

地球科学在你身边 你知道有多少歌曲、诗歌和故事中提到月亮吗？月球是我们在夜晚中最熟悉，同时也是各类文学作品中描述和记载的最多的天体。

探索月球

借助太空望远镜，天文学家对月球有了相当全面的了解。但是，我们现在所知的有关月球的知识，则主要来自太空探测器的探索活动，如卫星和月球勘测轨道飞行器（LRO），以及宇航员的登月探索。1957年，苏联“卫星一号”的发射升空迈出了此领域的第一步。四年后，苏联宇航员尤里·加加林成为进入太空的第一人。

同年，阿朗·谢巴德成为随“水星”计划登陆太空的第一名美国人；继而开始的“双子星”计划，又将两名宇航员送入太空；1969年7月20日，随着“阿波罗11号”成功登陆月球，尼尔·阿姆斯特朗和巴兹·奥尔德林也成为首次踏上月球的人。“阿波罗”计划中的宇航员探索了月球的一些区域，他们使用的特殊工具有如**图27-8**所示的月球车。多年来，科学家们都希望未来某一天人类可以重返月球。宇航员们也希望可以在月球停留更长的时间，甚至建立永久的月球基地。美国国家航空航天局还会帮助一些私人公司来建造载人宇宙飞船。

读后自查 **指出**相关月球信息的大部分来源。

■ **图27-8** “阿波罗15号”的宇航员利用月球车来探索月球表面。

解释 *如何提高月球车的工作性能？*

月球的表面

尽管月球是夜晚天空中最明亮的天体，但事实上，月球表面一片漆黑。月球的**反照率**(albedo)，即月球表面反射阳光的比率非常小，仅为7%。相比而言，地球的平均反照率接近31%。另外，太阳光的照射使得月球温度极端化。由于没有大气层吸收热量，在阳光照射下的月表温度高达127℃；而在阳光照射不到的时候，月表的温度可降至-233℃。

从地球上看到的"月宫人"景象是由月球表层的特性造成的。颜色较亮的区域称为**高地**(highland)或月陆，多山脉；较暗的区域称为**月海**(maria)，是低洼的平原，平均高程比月陆低3 km。尽管月海的表面相当平坦，它也含有零星分散的月坑和似河谷状蜿蜒曲折的**月谷**(rille)。另外，环绕月海的周边分布着一些月脊。

读后自查 **解释** 月球的什么特征造成了"月宫人"景象？

月坑 月球上所有的月坑都是由小天体撞击形成的**陨击坑**(impact crater)。月坑周围堆积的物质称为**溅射物**(ejecta)，是陨石撞击后产生的物质碎片。一些陨击坑附近沉积有放射状、长尾状的溅射物，从影响点向外辐射的形状就像自行车的辐条，所以又称**辐射纹**(ray)。它呈明亮的条带状，如**图27-9**所示。

图27-9 从月球的全貌中，你可以更清晰地看见月陆和月海。下图为陨击坑、溅射物、月谷、辐射纹的特写镜头。

表27-2 月球与地球		
	月球	地球
质量(kg)	7.349×10^{22}	5.974×10^{24}
半径(km)	1 737.1	6 371.0
体积(km^3)	2.196×10^{10}	1.083×10^{12}
密度(kg/m^3)	3 350	5 515

月球的性质 作为地球的卫星,月球在太阳系的所有卫星中是独一无二的。首先,如果从卫星运动的轨道半径来看,可以说月球是太阳系中体积最大的卫星,如**表27-2**所示。其次,与太阳系中大多数行星的卫星相比,月球的轨道离地球要相对远些。最后,月球是固态的,其成分大多是岩石类的物质,与太阳系其他冰体卫星形成鲜明对比。如**图27-10**所示的是从太空拍摄的月球和地球的拼接图。

物质组成 与地球类似,月球主要是由硅酸盐组成的。我们已经学过,硅酸盐是由硅和氧组成的化合物,它组成了地壳中96%的矿物。月球高地的表面基本上是角砾岩,它是由细小的岩屑在陨击过程中熔融聚合而成的。与地球上沉积的角砾岩不同,月球上的角砾岩的主要成分是斜长石,这是一种富含钙铝但贫铁的硅酸盐。月海中广泛分布的则是玄武岩,但它与地球上的玄武岩也不同,因为其中不含水。

☑ **读后自查** **描述**月陆和月海的组成。

月球的历史

月球表面有着古老的历史。通过对月陆上岩石的放射性同位素年龄测定发现,月球的年龄介于38亿~46亿年之间,与地球年龄相当。根据月陆的年龄以及陨击坑覆盖的比例,科学家从理论上推断出了月球的大致历史:在月球形成后最先的8亿年,月球经历了最为严重的陨击期,导致月球岩石圈的破裂、升温,月表也因此形成了一层松散的碎屑岩风化物,即**月壤**(**regolith**)。月壤的平均厚度有几米深,不过深度随位置的不同而不同。

■ **图27-10** 这张拼接图反映了在40万千米远处观测到的地球和月球的相对大小,由"近地小行星宇宙飞船"(NEAR)拍摄。

月球的结构 根据地震波数据，科学家推断月球跟地球一样具有分层结构，由月壳、上月幔、下月幔以及月核组成，如**图 27-11**所示。月壳厚度不均，月球背面最厚；上月幔为固态，下月幔则部分熔化；月核是固态的铁核。月球离地球远的那一侧永远背对地球。

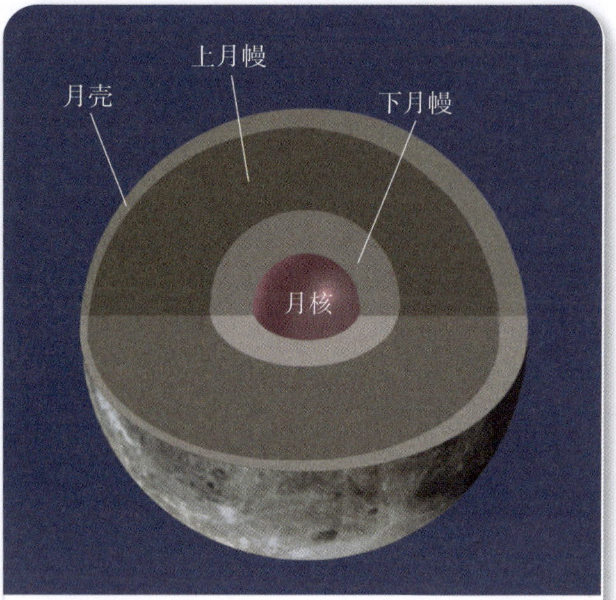

■ **图 27-11** 科学家根据放置在月球表面的地震仪获得的数据，推测出了月球的内部结构。

月海的形成 在形成月陆的强烈陨击期结束后，月球内部的熔岩从岩层破裂处流入大的陨击坑内，填充整个盆地从而形成了平坦、较暗的月海。科学家推测，月海比月陆要稍微年轻些，介于31亿～38亿年间。在月海的表面常常有熔岩流过，结果就留下了一道道月谷，就像是地球上的熔岩管道，岩浆通过它流入地下河。之后，因为发生在月球上的陨击事件逐渐减少，月海中的月坑就显得较少。

在形成月海的过程中，熔岩常常因无法完全填满陨击造成的盆地，从而使得盆地的边缘隆起，形成了月脊，这种现象普遍存在于月海的周围。如**图 27-12**所示，月球的背面几乎没有月海，那里的绝大部分区域是月陆。科学家推测，月球背面的月壳厚度是正面的2倍，这使得熔岩很难突破月球背面厚厚的月壳。在本章末的“地学实验”，你将判断月表地貌的相对年龄。

■ **图 27-12** 受到严重陨击的月球背面比月球正面的月海少。

月球的地质构造运动 放置在月球上的地震仪也能测量月震的强度和频率。检测结果表明，平均每年月球也会发生在地球上能将盘子从碗厨中震落这样强度的月震；但科学家们从理论上分析后认定，月球没有构造活动，也不存在活动火山以及明显的磁场。他们根据月球上山脉的位置和形状推测，与地球上由地质构造活动形成的山脉不同，月球上的山脉海拔更高，并且被填满熔岩的古老的撞击盆地包围。

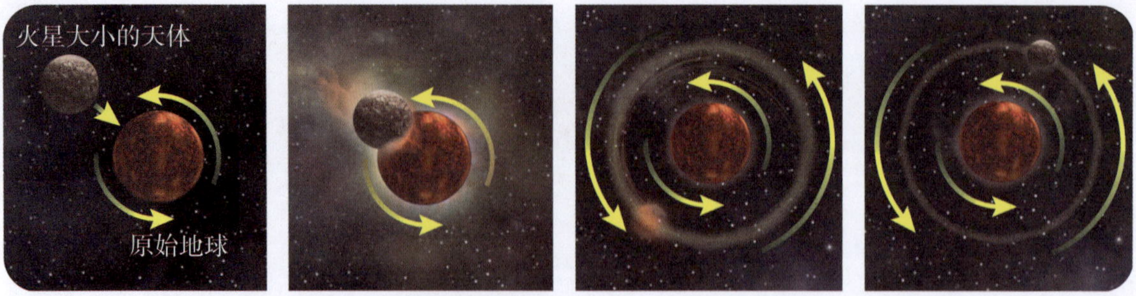

■ **图27-13** 碰撞说认为，碰撞把地球物质和破碎的碰撞体抛向太空，这些碎屑物最终形成了月球。

月球的形成

关于月球的形成，科学家曾提出过不同的假说。目前较为公认的理论是通过计算机模拟出的**大碰撞说**（**the giant impact theory**）。

根据碰撞说，大约45亿年前，在太阳系形成的过程中，原始地球与一个火星大小的天体发生了剧烈的碰撞。结果导致地球外层物质和该碰撞体的残骸被激射到太空，这些物质受地球的引力作用，开始围绕地球运动，经过很长时间后，最终形成了月球。大碰撞理论的过程就如**图27-13**所示。根据这个模型，月球的月核中含有一小部分铁，而月球上的大部分硅酸盐则来自地球的地幔和地壳。这就可以解释月壳和地壳的化学成分为什么十分相似。此外，科学家也从地球和月球采集的岩石样本中发现了这种相似性，因此这一假说得到了很多科学家的认同。

第2节 本节回顾

要点梳理

- 天文学家通过太空望远镜、太空探测器和宇航员的探索来收集有关月球的信息。
- 与地壳一样，月壳的主要成分也是硅酸盐。
- 月球表面坑坑洼洼，有多种不同形态，包括月陆、月海、溅射物、辐射纹和月谷。
- 大约在45亿年前，地球和一个火星大小的天体碰撞后形成了月球。

要点理解

1. 主要概念 **对比与比对**月球、其他行星的卫星。
2. **分类** 根据年龄从大到小排序：月海、月陆、月谷。
3. **解释** 科学家是如何推断月球上没有地质构造运动的？
4. **辨别** 碰撞说中月球的形成过程是怎么样的？

批判性思维

5. **推断** 如果月球的背面和正面的厚度一样，那么月球表面看起来会是什么样的？
6. **总结** 用大纲的形式总结这一节的要点，要求包括以下几个术语：月陆、月壳、熔岩、月海、陨击坑、地质构造运动和碰撞说。

地学写作

7. 写一篇题为“月球的历史”的说明文。

第3节 日—地—月系统

主要概念 日—地—月系统的运动决定了地球上的日、月、年。

核心问题

- 地球、太阳和月球的运动及它们在宇宙空间中的位置关系如何？
- 什么是月相？
- 二分日和二至日的区别是什么？
- 如何解释日食和月食？

关键术语

黄道面
二至日
二分日
同步自转
日食
近地点
远地点
月食

地球科学在你身边 你是否试过根据太阳的位置来判断当地时间？如果试过，你就是在观察日—地—月系统的运动所产生的效应。

周日运动

地球上的观察者看到无垠的天空，叫作天球。太阳、月球、恒星以及一切可见天体在天球上最明显的运动模式是它们每天的升落。太阳每天从东边升起，在西边落下，月球、行星和恒星也大致如此。这些天体的升落实际上是因地球的自转而导致的视觉效果。其实，除月球以外，太阳、行星以及众多的恒星都不是环绕地球运动的，只是因为我们在一颗每天自转一周的行星上进行观测，才会看到这些天体每天升落的现象。

但是，人们又是如何知道地球在自转的呢？

地球的自转 地球的自转可以用两种比较简单的方法来演示。一种是利用如**图 27–14** 所示的傅科摆。如果排除空气阻力的影响，傅科摆能在同一方向上持续摆动。但由于地球自转的缘故，我们在看这个摆摆动时，发现摆在缓慢地改变摆动方向。第二种方法是利用地球上南北向流动的大气会偏转成东西向的事实来证明地球的自转。这种方向的偏转就是科里奥利效应。

日长 地球上连续两个正午之间的时间间隔称为一个太阳日，我们的时间系统就是建立在这个原理基础上的。但是我们恪守的一天比地球绕地轴旋转一周的时间略长，这是因为地球在自转的同时，还在公转轨道上前进了一小段。

■ **图 27–14** 这个傅科摆的周围钉着一圈小球，随着地球自转，摆会敲击不同的小球。这个过程能说明地球的自转运动。

■ **图 27-15** 地球在黄道面上绕着太阳运动，运动轨道近乎圆形。一年中，在地平线和黄道面附近可以看到不同的天体。

预测 *当你看天空中的星星时，它们的位置会变化吗？*

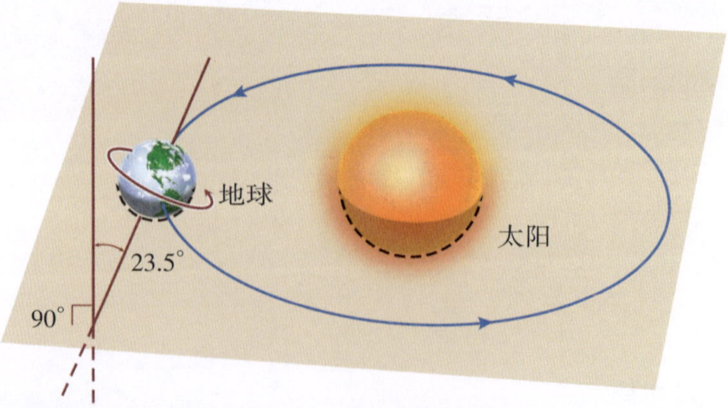

周年运动

地球围绕太阳运动的轨道近似圆形，如**图 27-15** 所示。地球绕太阳运动的轨道平面被称为**黄道面**（**ecliptic plane**），黄道面与天球相交的圆称为**黄道**（**ecliptic**）。当地球公转时，太阳看起来沿着黄道运行。在天球上的不同区域还可以看到不同的星座。

地轴倾斜的效应 相对于黄道面，地轴约倾斜 66.5°。在地球围绕太阳公转的过程中，地轴的方位始终保持不变。因此，一年中的不同时间，太阳直射在地球的不同纬度上。太阳直射的最南、最北纬度，分别称为南、北回归线。一年中的季节变化就是因为地轴的倾斜以及地球绕太阳的公转运动形成的。

迷你实验

科学实验室

预测夏至日时太阳的位置

夏至日时，如何预测太阳在某个特定纬度所处的位置？ 在北半球的夏至日时，太阳直射在北回归线上。

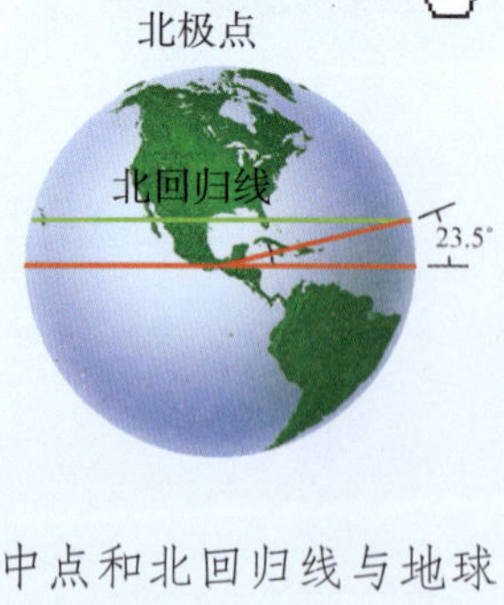

实验步骤

1. 阅读并遵守实验室安全守则。
2. 画一条直线表示赤道，标出中点。
3. 以赤道中点为起点，用量角器找到并画出北回归线，用线段连接赤道中点和北回归线与地球圆周的交点。
4. 在地图上定位你家所在的纬度，用线段连接该点与赤道中点。
5. 测量步骤 3 和 4 中两条线段的夹角，用 90° 减去测得的夹角就是你所在位置在夏至日时的正午太阳高度。

实验分析

1. **描述** 地球上不同纬度的太阳位置如何变化？
2. **思考** 如果是冬至日，这个角度会是多少呢？

二至日 **图27–16**展示了地球围绕太阳公转时位置的变化以及地轴的倾斜情况。位置1和位置3分别对应二至日时的情况。在**二至日**(solstices)时，太阳直射点离赤道最远，分别位于南回归线和北回归线。南北回归线之间属于热带地区。位置1对应夏至日，时间在每年的6月21日左右，此时，太阳直射在北纬23.5°。这一天，北半球白天时间最长，北极圈内出现极昼现象，相反，南半球白天时间则最短，南极圈内出现极夜现象。

读后自查 **指出** 夏至日时，太阳直射在什么地方？

当地球公转运动离开位置1后，北半球的正午太阳高度逐渐减小，直到到达位置3，北半球的正午太阳高度达到最小，这时是冬至日，时间在每年的12月21日左右。此时，太阳直射在南纬23.5°的南回归线上。这一天，北半球白天时间最短，北极圈内出现极夜现象。随着地球继续公转，北半球正午太阳高度又逐渐增加，直到地球运动到位置1。

二分日 地球运动到二至日的中间位置(位置2和位置4)时，就是二分日。这时，南北半球昼夜等长。在**二分日**(equinoxes)时，地轴与太阳直射光垂直，太阳直射在赤道地区。位置2对应秋分日，位置4对应春分日。

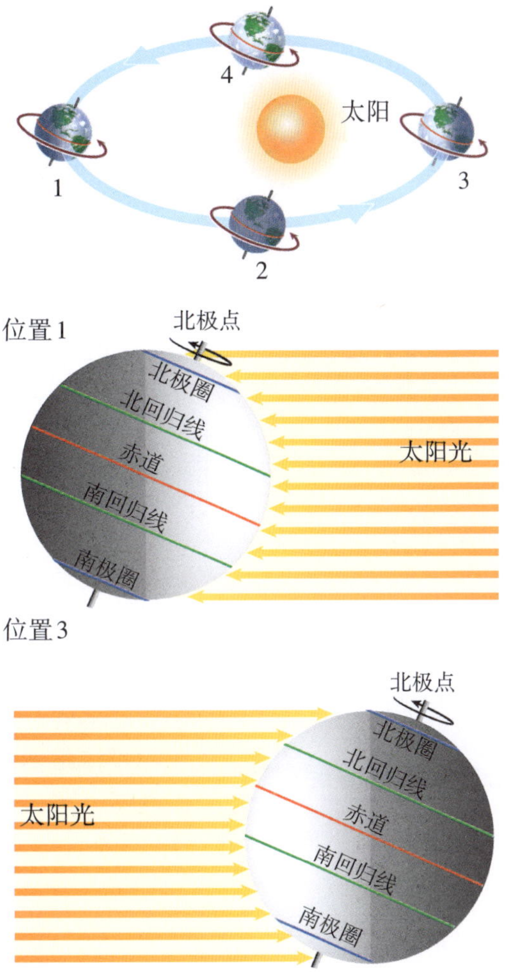

图27–16 地球围绕太阳公转时，不管是向着太阳运动还是背离太阳运动，地轴倾斜角度总是保持不变，位置1和位置3对应二至日，位置2和位置4对应二分日。

指出 *每个位置上对应的正确日期。*

■ **图 27-17** 在北纬23.5°，夏至日时正午太阳高度最大，达到90°，冬至日则最小。

绘图 *绘制你所在纬度一年里太阳高度变化的示意图。*

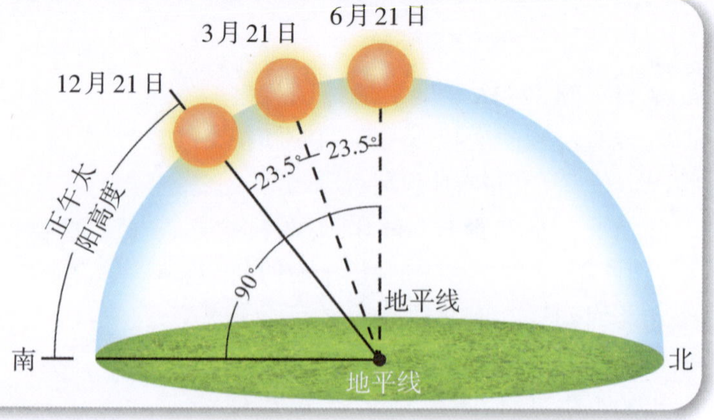

地平纬度的改变 观察者垂直上方与天球的交点称为天顶。不同的时间，不同的纬度位置，观察者看到的太阳或其他天体与天顶的相对位置也不一样。比如，在夏至日时，一个站在北纬23.5°的人可以看到正午太阳的位置与天顶重合。随后，正午太阳逐渐远离天顶，到冬至日时，正午太阳距天顶最远，如**图 27-17**所示。然后再次升高，逐渐回到最高点，并如此循环往复。

折叠式学习卡

将本节信息整合到你的折叠式学习卡中。

月相

与太阳一样，月球在天空中的位置也在不断变化，这是因为月球围绕地球的轨道运动以及地球相对于太阳的位置也在不断变化。月球位置变化十分复杂，你将在这一节中继续学习。另外，随着月球绕地球运转，它被照亮部分的景象也是变幻的，人们把所看到的月表的这种变化称为月相，如**图 27-18**所示。

☑ **读后自查** **解释**月相这个词的含义。

前面我们已经学过，月球本身是不会发光的，我们看到的月球实际上是月球反射太阳光所产生的影像。事实上，任何时候，月球都只有一面被照亮。被照亮一面的月球，在地球上能看到多少，则取决于月球绕地球公转的位置。当月球位于地球和太阳之间时，地球上只能看到无光的暗月，这种月相称为新月。

月盈和月亏 从新月开始，随着月球在轨道上绕地球运动，我们看到的受到太阳照射的月球面积逐渐增大，这一过程称为月盈。这类月相包括蛾眉月、上弦月和盈凸月。随着月球在轨道上继续运行，当地球处于太阳和月球之间，此时我们能看到被太阳照亮整个月球面，称为满月。

满月之后，我们看得见的月球受光部分开始减少，这一过程称为月亏。月亏过程的月相命名与月盈过程相似，月亏过程的月相包括凸月和残月。而在月亏阶段的中点，被太阳照亮的半个月面称为下弦月。

图解月相

图27–18　月球的半边总是面向太阳，但只有在满月时，地球上的人们才能看见被全部照亮的月面。其余时候，你所看见的月球都只有部分被照亮。月面的这些变化称为月相。

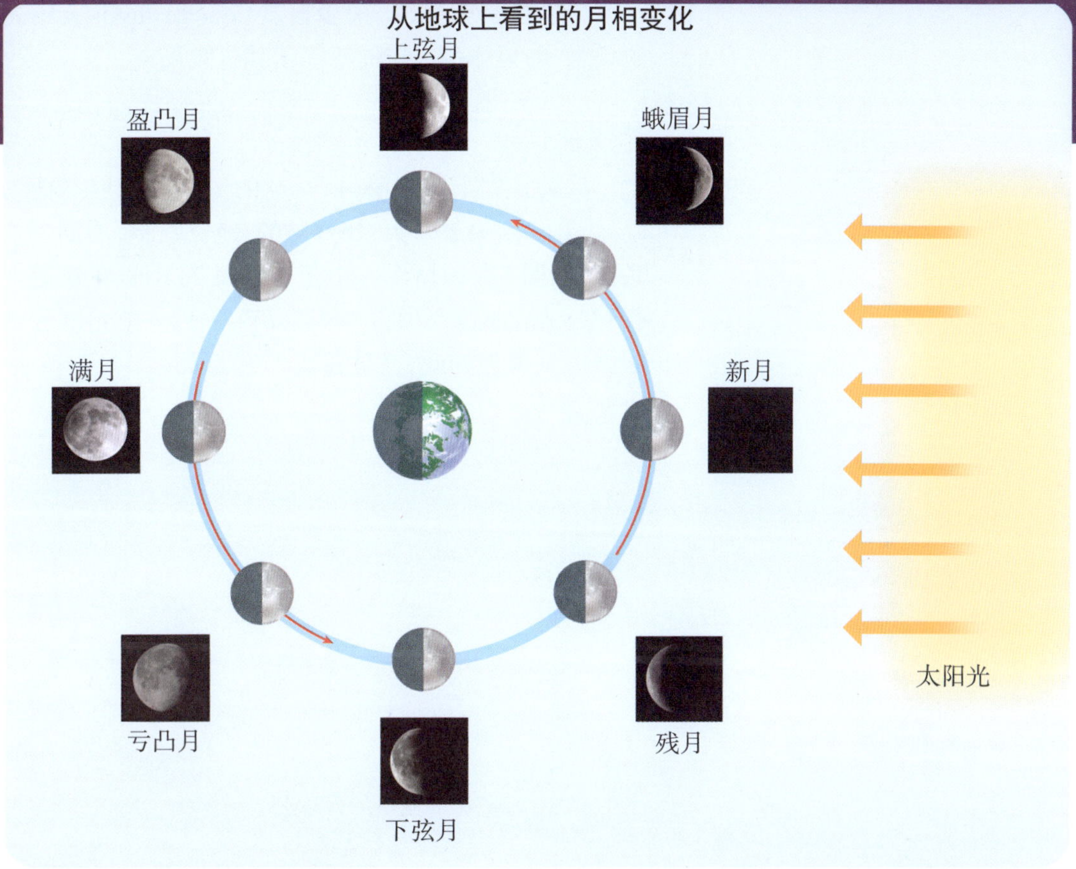

有时，朦胧的满月看起来像蛾眉月，这是因为地球反射光照到了月球表面。这被形象地称为“新月抱旧月”。

随着月球的不断运转，月相也会有所不同，或呈镶边状，或呈扭曲状。

同步自转 你也许会注意到，我们看到的月球受光面似乎总是月球的同一面。也就是说，月球围绕地球公转时，总是以同一面朝向地球。这是因为月球的自转周期与其公转周期相等，每环绕地球一周恰好自转360°，且公转和自转的方向皆为自西向东。当然，这并不是一个巧合，科学家们推断，正是地球对月球的引力减缓了月球的自转速度，使之最终达到了**同步自转(synchronous rotation)**的状态，即天体的公转周期等于其自转周期。

月球的运动

从满月到下一个满月，月球的一个月相周期称为朔望月，其长度为29.5天，比月球的公转或自转周期27.3天略长，如**图27-19**所示。由于月球每24小时在轨道上运行13°，地球本身必须再自转约13°，人们才能再次看到月球。也正因为如此，月球每天的升落都会比上一天推迟约50分钟。

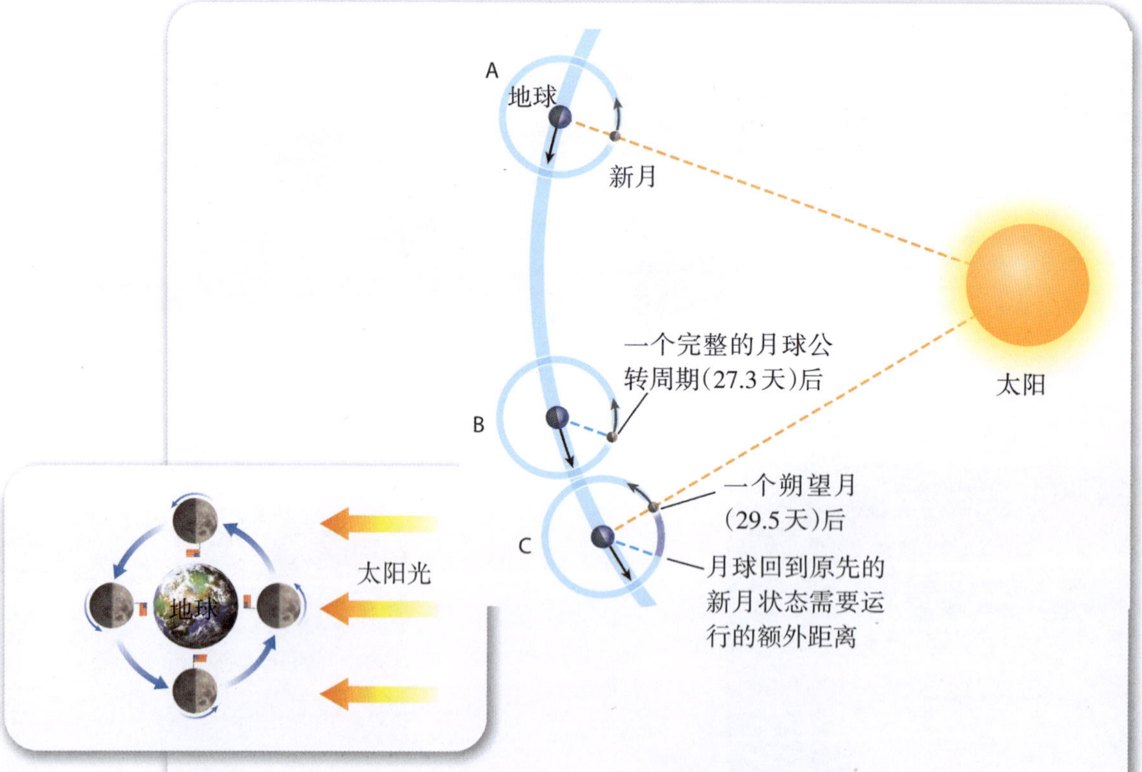

■ **图27-19** 月球从图A位置运转到B位置刚好公转一周，月相从新月变为残月；由于月球同时还在随地球绕太阳公转，要再运行2.2天才能回到新月状态(C)。如图所示，月球绕地球公转，同时也在自转，而面向地球的月球始终是同一面。

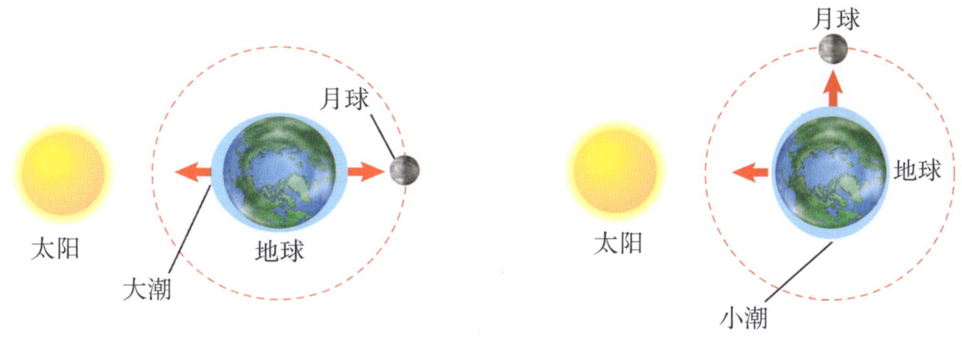

■ **图27–20** 如左图所示，当月球和太阳排成一条线时形成大潮。如右图所示，当太阳和月球垂直时形成小潮。

潮汐 潮汐现象是月球对地球产生的影响之一。引发潮汐的作用力在沿地球和月球中心的连线上，这种引力随地球表面与月球之间距离的变化而变化。在地球表面上位于月球最近处，引力最大，此时引起海水的膨胀，产生直接潮；在地球表面上位于月球最远处，引力最小，在离心力的作用下同样引起海水的膨胀，产生间接潮。不过，正如我们学过的，地球的自转也对这一自然现象的形成有一定作用。随着地球的自转，这些膨胀点保持与月球中心对齐，所以在海滩上每12小时25分就可观察到一次涨落潮。

大潮和小潮 太阳与地球相距遥远，因此它对地球的引潮力只是月球的一半左右。但是，当太阳、月球处在同一条直线上时，它们的合力可引起地球上较高强度的潮汐，称为大潮；如果此时的月球刚好处在椭圆轨道的近地点而地球处于椭圆轨道的近日点，地球上的潮汐则会达到其最高点。反之，当月地连线与日地连线垂直相交时，地球上的潮汐会比平时小，称为小潮。大潮和小潮的出现是因为太阳和月球的引力同时对地球产生作用。在大潮和小潮之间，太阳和月球的位置关系如**图27–20**所示。

日食

当月球运行到地球和太阳之间连线的位置时，从地球上看，月球遮住了太阳，此时人们就会看到天空中的一个球形黑影遮挡了太阳，称为**日食**(**solar eclipse**)。虽然太阳比月球要大得多，但因为距离太过遥远，从地球上看，太阳与月球的大小几乎没有差别。如果月球完全遮住整个太阳圆面时，我们只能看到暗淡的太阳大气层，如**图27–21**显示了这一特别的景象，称为日全食。而日偏食则是指月球只遮挡了太阳圆面的一部分的现象。

■ **图27–21** 从这张多次曝光的图像上可以看出一次日食过程。

解释 *为什么看起来月球是以一定角度经过太阳，而不是从右到左直接经过呢？*

■ **图27-22** 发生日食时，月球正好运行到地球和太阳之间。在地球的本影区的人们可以看到日全食，而在半影区的人们只能看到日偏食。

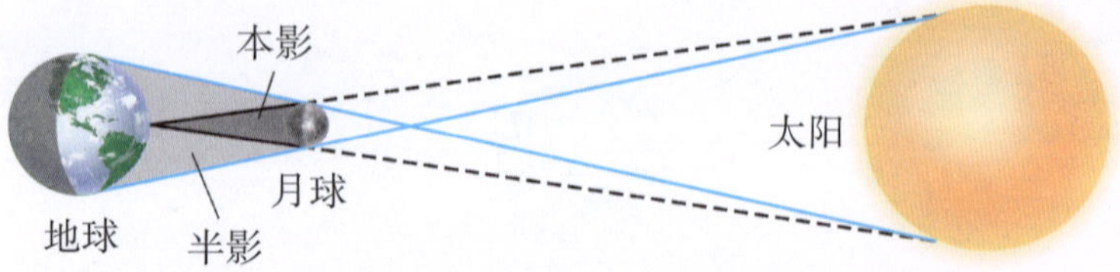

日食的形成 太阳系中每一个天体都因为阻挡了太阳光的传播而产生一个阴影区。整个阴影区位于该天体背面，呈圆锥状，这部分区域也是完全黑暗的。如**图27-22**所示，发生日食时，月球在地球和太阳中间。月影由两个区域组成，内部的锥形区域阻挡了所有直射的太阳光，称为本影，位于本影区的人可以看到日全食，即月球完全遮挡了太阳。本影的外部称为半影，可以接收部分太阳光，位于半影区的人则可以看到日偏食，即月球部分遮挡了太阳。通常情况下，月影扫在地球上的本影区不超过270 km宽，因此，只有很小一部分地方可以观看日全食；而半影阴影范围宽阔，有较大部分地方可见到日偏食。

技能实验

科学实验室

解读科学图像

随着观察者位置的变化，日食形状会发生什么变化？ 下图示意月球遮挡了太阳，在A～E这5个不同位置观察太阳，会有什么不同的发现？

实验分析

1. **观察** 与月球的本影区和半影区有关的点有哪些？

批判性思维

2. **画出** 位于图上各点的观察者所看到的日食。
3. **设计** 用一个数据表格描绘各点所观察到的日食现象。
4. **分类** 你画的不同形状的图像代表了哪些类型的日食？

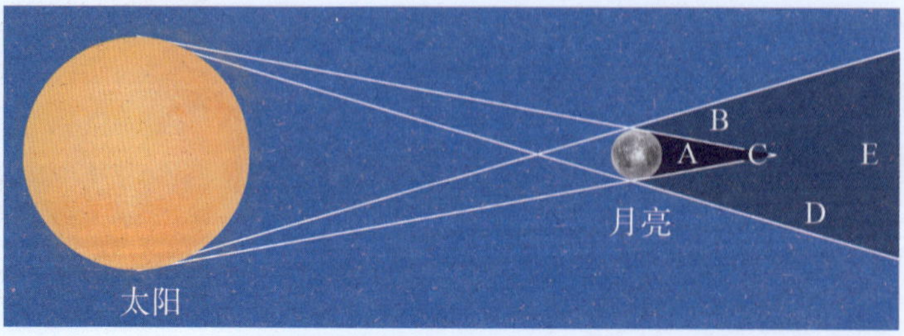

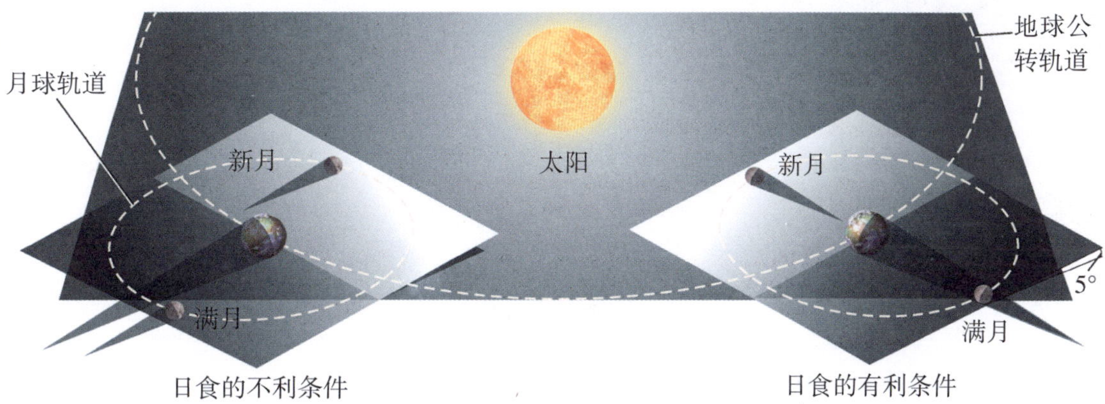

■ **图 27–23** 当地球、月球和太阳满足特殊条件时，日食才会发生。此时，月球运转到月球公转平面(白道面)和黄道面的交线，且恰好位于日地连线上，如右图所示。在左图所示的情况中，日食不会发生，因为月球的阴影没有落到地球上。

轨道效应 你也许会感到奇怪，月球每月都会在朔望月的新月阶段穿过太阳和地球之间，但为什么日食却不是每月都会发生呢？这是因为月球的轨道面(白道面)相对于黄道面倾斜5°，从地球上看，月球在新月阶段通常位于黄道面的上方或下方，因此，就不会产生日食现象。只有当月球穿过黄道面，日、月、地才有可能位于发生日食所需的重叠位置，而且即使如此，也无法保证一定会产生日食。事实上，月球的轨道面与黄道面的交线也在缓慢地移动着，只有当黄、白道的交点与地球、太阳处在同一条直线上时才会产生日食现象，如**图 27–23**所示。

☑ **读后自查** **确定** 为什么日食不会每个月都发生？

日环食 月球的轨道运动不单单是与黄道面有一定的倾角，在环绕地球的椭圆形公转过程中，月球与地球的距离也在不断地变化。月球离地球最近的点称为**近地点**(**perigee**)，最远的点则称为**远地点**(**apogee**)。当月球位于远地点时，月球的视半径变小，如果此时出现日食，它就不能完全遮住整个日面。如**图 27–24**所示，当太阳圆面的中间部分被月球遮住而外缘仍显露时，称为日环食。同样，地球离太阳最近的点称为近日点，最远的点称为远日点。当地球位于近日点，而月球位于远地点时，月球不能完全遮住太阳。当地球位于远日点，月球位于近地点时，则相反。

■ **图 27–24** 当月球位于远地点，月球本影区离地球太远时，会出现日环食。此时，太阳圆面的中间部分被月球遮住而外缘仍显露。

预测 *如果月球的轨道是一个圆，日环食还会发生吗？*

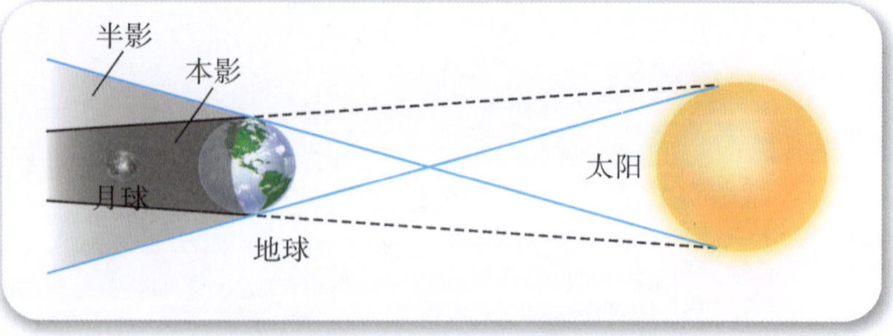

■ **图27-25** 如右图所示，当月球完全位于地球的本影区时，会发生月全食。这时月球看起来会有淡淡的红色，如左图所示，这是因为地球大气使太阳光弯曲，并发生折射、散射作用。

月食

月食(lunar eclipse)现象是当月球穿过地球的影子时产生的，如**图27-25**所示，月食只有在月球运行到背离太阳的满月阶段时才会发生。正如月影那样，地影也由本影和半影两部分组成。当月球运行到地球本影区内时，就会出现月全食，整个过程可以持续约2个小时。如果只有部分月球进入地球的本影，出现的为月偏食。发生月全食时，地球大气层类似于棱镜，太阳光中的红色光线被过滤出来，折射到地影中；当太阳光被折射到地影中的月球表面时，人们可以依稀看到古铜色的月面。像日食一样，月球在满月时通常位于黄道面的上方或下方，所以，我们并不是每个月都能欣赏到月食现象。

第3节 本节回顾

要点梳理

- 地球自转一周为一日，地球公转一周为一年。
- 四季变化的出现是因为地轴相对于黄道面是倾斜的。
- 太阳和月球对地球的引力作用导致了潮汐。
- 月相是月球被照亮的一面绕地球运动时，我们所看到的结果。
- 发生日食和月食是因为太阳光受到了遮挡。

要点理解

1. **主要概念** **举例** 分别举一个例子证明地球在自转、地球自转周期为24小时和地球绕太阳公转一周为一年。
2. **比较**日食和月食，包括日、地、月的位置关系。
3. **绘制**月盈和月亏的月相示意图。
4. **分析** 为什么太阳比月球大很多，但月球对地球潮汐的影响反而更大呢？

批判性思维

5. **联系** 根据你所学的月相知识推断，如果在月球上观察“地相”，会出现什么情况？请画出这些地相变化，并标出太阳、地球和月球的相对位置，请说明理由。

地学写作

6. 思考如果地轴倾斜45°会发生什么情况。在二分日和二至日时，太阳直射在什么纬度？

探险现场

生活在太空

这位宇航员正在微重力环境下工作，注意观察她手上和脚上固定的地方。

载着宇航员和各种物品的宇宙飞船绕着地球飞行。这个过程中涉及失重，即宇航员们会经历微重力环境。在微重力环境中，宇航员们完成每天必做的事情，比如睡觉和锻炼，也成了一个很大的挑战。那么，在太空中飘浮是一种怎样的体验呢？

迷失方向 一些宇航员在微重力环境下的开始几天里会出现恶心、呕吐等症状，这是因为他们的大脑被接收到的错配的视觉、感觉和压力信息搞混乱了。为了更好地适应这种微重力环境，宇航员们会在特殊的航天飞机里进行一段时间的自由落体式失重训练。一旦感官系统适应了这种微重力环境，宇航员们对太空的不适感就会减弱。

睡觉 如果没有重力，你怎么样才能躺在床上睡觉呢？在航天飞机和国际空间站里，宇航员每天要保证充足的睡眠。尽管宇航员可以在任何他们喜欢的地方睡觉，但他们睡觉时必须固定在墙、椅子或床等物品上。这是为了避免他们睡觉时会飘浮起来而碰撞到别的东西，比如别的宇航员和器材。

锻炼 在航天飞机上，锻炼对于所有宇航员的健康都非常重要。在地球上，因为有重力作用，宇航员可以通过拉伸、支撑等方式锻炼肌肉。但在微重力环境下，肌肉无法充分利用，结果会造成肌肉萎缩，导致宇航员体重下降，健康水平下降。

在地球上，支撑身体的重量是骨头的功能之一。科学家知道，重力在骨头的形成和维持过程中起到了重要的作用。但在微重力环境中，骨头的作用过程被打乱，还会流失重要的矿物质，结果导致骨头变得越来越脆弱，骨折的概率也会增大。因此，宇航员在太空时每天都需要用皮带绑在健身器材上进行锻炼。

地学写作

采访 假设你是一名报社的记者，你要采访一位刚从太空返回的宇航员。请为这次采访准备至少5个关于微重力如何影响人类身体和宇航员每天必须完成的任务方面的问题，也可以问一些宇航员个人经历方面的问题。你还可以访问美国国家航空航天局等官方网站，了解更多太空旅行的知识。

鉴定月貌的相对年龄

实验背景：前面已经学过，侵入作用或断层可以叠加到一个更老的地质特征上。利用叠加法也可以鉴定月貌的相对年龄。通过观察月貌间叠加的方位，人们可以推断出它们的年代差异。

实验问题：怎样用月球的影像来判读各种月貌的相对年龄？

实验材料

纸

米尺

实验步骤

1. 阅读并遵守实验室安全守则。
2. 从书中第770页开始，复习关于月球的历史和月貌的相关内容。
3. 观察照片1，根据叠加法则判断A–D和C–B中较老的月坑。
4. 观察照片2，按相对年龄从大到小列出图中的各种月貌。
5. 观察照片3，确定月海、月谷、月坑，并按相对年龄从大到小排列。
6. 观察照片4，根据你学过的叠加法和月球演变的知识来识别月貌，并按年龄次序排列。

实验分析

1. **总结**你在识别和确定月貌年龄时遇到的困难。
2. **选择**　根据所有图片信息，你认为通常哪种月貌最古老、哪种最年轻？
3. **解释**　科学家是否可以通过同样的步骤来确定叠加月坑的绝对年龄差异？请说明理由。
4. **指出**科学家用来确定地球上陨石坑的相对年龄的办法。
5. **评估**　如果照片2中字母A指示的小月坑直径为44 km，则照片的比例尺是多少？在这个比例尺下，F代表的较大月坑有多大？
6. **判断**　究竟是有辐射纹穿过的月坑古老，还是辐射纹起源的月坑古老？请解释原因。
7. **估算**　如果月坑A的直径大约为17 km，那么这条月坑链有多长？
8. **推断**　是什么造成了照片1的月坑链？

地学写作

指南　利用你在实验中学习到的知识，写一份指认和确定月貌相对年龄方法的指南。如需更多信息，请访问NASA官方网站。

❶

❷

❸

❹

第27章 复习指南

大概念 日、地、月三者形成了一个影响地球上所有生命体的动力系统。

第1节 天文学的工具

关键术语
- 电磁波谱
- 折射望远镜
- 反射望远镜
- 干涉测量法

主要概念 科学家通过研究遥远天体发射或反射的辐射来探索宇宙。

要点梳理
- 太空望远镜可以收集和聚焦遥远物体发射或反射的电磁辐射。
- 电磁辐射根据波长和频率进行分类。
- 折射望远镜与反射望远镜是两类主要的光学望远镜。
- 空间天文学包括轨道望远镜、人造卫星和探测器等方面的研究。
- 很多太空探索技术现在也被应用于制造民用产品。

第2节 月 球

关键术语
- 反照率
- 月陆
- 月海
- 陨击坑
- 溅射物
- 辐射纹
- 月谷
- 月壤

主要概念 月球是地球在太空中最近的邻居，在太阳系所有卫星中，它是独一无二的。

要点梳理
- 天文学家通过太空望远镜、太空探测器和宇航员的探索来收集有关月球的信息。
- 与地壳一样，月壳的主要成分也是硅酸盐。
- 月球表面坑坑洼洼，有多种不同形态，包括月陆、月海、溅射物、辐射纹和月谷。
- 大约在45亿年前，地球和一个火星大小的天体碰撞后形成了月球。

第3节 日—地—月系统

关键术语
- 黄道面
- 二至日
- 二分日
- 同步自转
- 日食
- 近地点
- 远地点
- 月食

主要概念 日—地—月系统的运动决定了地球上的日、月、年。

要点梳理
- 地球自转一周为一日，地球公转一周为一年。
- 四季变化的出现是因为地轴相对于黄道面是倾斜的。
- 太阳和月球对地球的引力作用导致了潮汐。
- 月相是月球被照亮的一面绕地球运动时，我们所看到的结果。
- 发生日食和月食是因为太阳光受到了遮挡。

第27章 复习检测

术语回顾

从复习指南中选取合适的术语填空。

1. 将各种太空望远镜相结合，可以提高图像分辨率的方法称为____________。

2. 使用曲面透镜来聚焦可见光的太空望远镜称为____________。

3. 只有在新月阶段，才可能出现__________。

下列每一个句子都是错误的。从复习指南中选取合适的术语来替换句子中的斜体术语，使句子表述正确。

4. 月球的*近地点*是指月球表面反射太阳光的比率。

5. 月球的背面比正面有更多的*月海*。

6. *干涉测量法*解释了为什么地球上看见的都是月球的同一面。

从复习指南中选取匹配下列描述的合适的术语。

7. 一个用反射镜收集来自遥远物体光线的装置。

8. 月球绕地球运行时，距离地球最远的点。

9. 覆盖了大部分月球表面的一层松散的碎屑风化物。

理解要点

10. 下列哪一项是太阳在某一天有可能到达的天空中的最高点？

A. 黄道
B. 二至日
C. 回归线
D. 极点

根据下图，回答第11～12题。

11. 上图所示为北半球的什么季节？

A. 秋季
B. 春季
C. 夏季
D. 冬季

12. 当地球处在如图所示的位置时，太阳直射在地球的什么地方？

A. 北极圈
B. 赤道
C. 北回归线
D. 南回归线

13. 哪种电磁波辐射的波长大于可见光？

A. γ射线
B. X射线
C. 无线电波
D. 紫外线

14. 下列哪种月貌特征的年龄可能是最古老的？

A. 月坑
B. 月陆
C. 月海
D. 月壤

15. 月球岩石中含量最高的矿物是什么？

A. 含水的玄武岩
B. 含铁量较高的长石
C. 沉积的角砾岩
D. 硅酸盐

*根据下图和**图27-13**，回答第16～17题。*

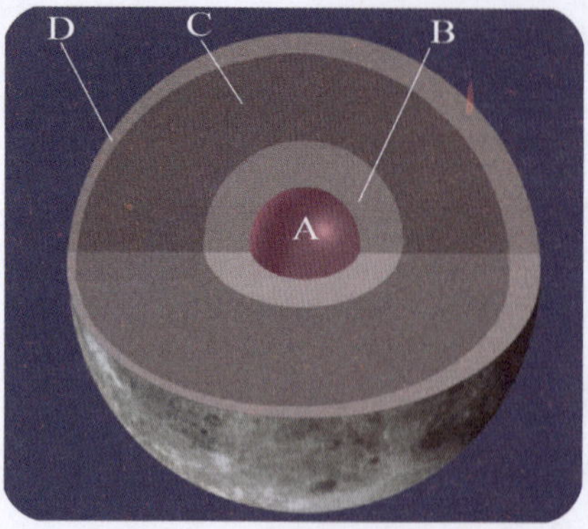

16. 月球的哪一个区域是部分熔融的？
    A. 月核
    B. 下月幔
    C. 上月幔
    D. 月壳
17. 月球的哪一个区域可能是固态铁？
    A. 月核
    B. 下月幔
    C. 上月幔
    D. 月壳

简要概述

18. **描述**在太空中放置望远镜的好处。

根据下图，回答第19题。

19. **指出**　在这张图上可以看出月球表面的哪些部分？
20. **辨别**辐射纹和月谷，包括它们是在哪里发现的，以及在月球上是如何形成的。
21. **总结**地球的卫星在太阳系所有卫星中的独特之处。
22. **评估**人类驾驶太空飞船探索太空与使用机器人驾驶太空飞船探索太空相比的优势。

批判性思维

根据下图，回答第23题。

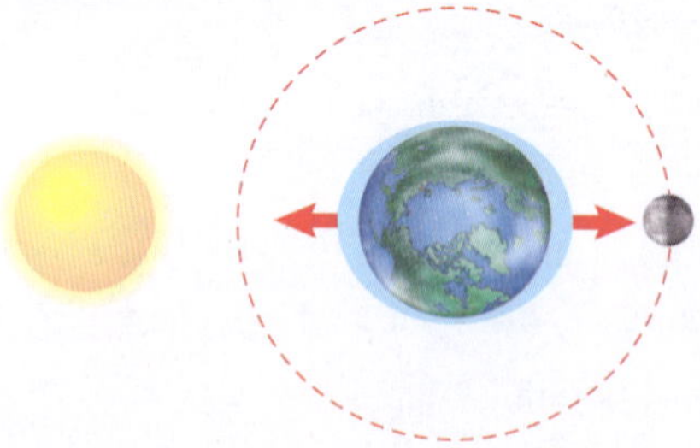

23. **绘制**一张与上图相似的示意图来说明不是大小潮时期的潮汐。
24. **推断**　为什么月球上的角砾岩并非像地球上发现的角砾岩一样是沉积岩？
25. **比较**月海和月陆的地质历史。
26. **思考**　如果地轴不倾斜，四季会是什么样子？
27. **绘制**一张表示在夏至日时，从北纬40°观察到的太阳高度示意图。
28. **推断**　如果地球没有卫星，潮汐还会不会存在？如果真是这样，它们会是什么样子？

根据下图,回答第29～30题。

29. 列出每种情况下从地球背光面所能观测到的阴影种类和月食种类。

30. 推断在不同情况下从月球上看到的太阳的样子。

31. 评估 根据你掌握的关于月海如何形成的知识,你认为月球哪个位置的含铁量最高?

32. 对比与比对月球的内部结构(如**图27-11**所示)和地球的内部结构。

概念图解

33. 运用下列术语来绘制一幅概念图:*月球*、*反照率*、*地球*、*月相*、*碰撞理论*、*月陆*、*月海*、*月谷*、*月坑*、*辐射纹*、*角砾岩*和*月壤*。如需帮助,请查询*技能手册*。

挑战难题

34. 描述 根据潮汐和日食来讨论太阳、地球和月球之间的相互关系。

地学写作

35. 假设你是一个来自其他星球的从事侦查任务的科学工作者,你刚刚观察到了形成地球卫星的撞击。写一份记述此事件的报告。

材料分析

长期待在微重力环境下的宇航员面临一个严重的问题,他们的下肢和脊柱会出现骨质疏松的症状。下表显示了国际太空站13位宇航员每个月的骨矿物丢失率。

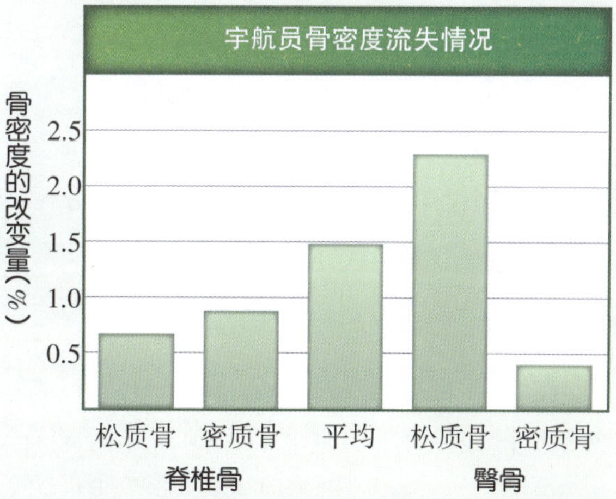

资料来源:Lang, T. et al.2004. Cortical and trabecular bone mineral loss from the spine and hip in long-duration spaceflight. *Journal of Bone and Mineral Research* 19(6).

36. 评估身体的哪个部位骨质流失率最高?

37. 比较臀部两种类型的骨头骨质流失情况。哪一种流失率更高?流失率高多少?

综合复习

38. 氟氯烃的来源是什么?氟氯烃是如何造成臭氧空洞的?**(第26章)**

39. 花岗岩中最常见的矿物是什么?玄武岩呢?**(第5章)**

选择题

1. 下列哪项不是可再生资源？
   A. 砖
   B. 石头
   C. 铜
   D. 木材

根据地质剖面图，回答第2~3题。

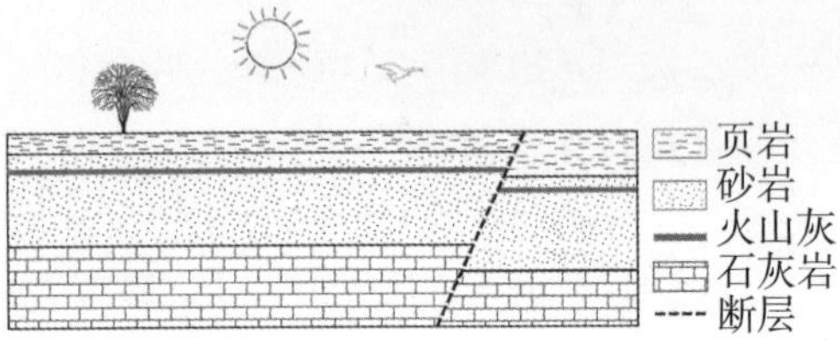

2. 假设图示岩层的沉积方向是一样的，那么哪个岩层年龄最老？
   A. 页岩
   B. 砂岩
   C. 火山灰
   D. 石灰岩
3. 哪个岩层对于确定岩石的绝对年龄最有帮助？
   A. 页岩
   B. 砂岩
   C. 火山灰
   D. 石灰岩
4. 哪种化石燃料最初被认为是岩石油？
   A. 石油
   B. 天然气
   C. 煤
   D. 页岩油
5. 消减板块的重量将岩石圈拖曳到消减带中的过程叫什么？
   A. 板拉
   B. 脊拉
   C. 板推
   D. 脊推
6. 月球陨击事件中，落在月表的碎片叫什么？
   A. 月谷　　B. 月海
   C. 溅射物　　D. 辐射纹

根据下图，回答第7~9题。

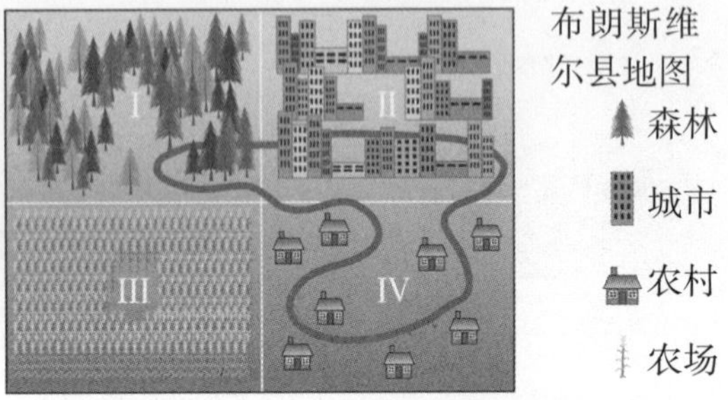

7. 布朗斯维尔县的哪一个区域最容易在暴雨天出现洪水？
   A. Ⅰ　　B. Ⅱ
   C. Ⅲ　　D. Ⅳ
8. 如果布朗斯维尔县为了扩张区域Ⅲ的面积，决定将区域Ⅰ改造成区域Ⅲ，这可能导致该地出现表层土壤侵蚀和农药污染等问题。下列哪种方法可能使负面效应最小化？
   A. 砍伐森林
   B. 清除所有植被
   C. 单一栽培
   D. 选择性砍伐
9. 如果布朗斯维尔县的人口已经达到了其环境的承载力，那么会发生什么情况？
   A. 出生数比死亡数多
   B. 出生率和死亡率都增加
   C. 人口会达到一个平衡状态
   D. 死亡率增加，出生率下降
10. 太平洋中的马里亚纳群岛是由火山活动形成的。下列哪种说法是正确的？
    A. 马里亚纳群岛附近有冰川
    B. 马里亚纳群岛附近有板块碰撞
    C. 马里亚纳群岛比其他大部分群岛都要大
    D. 马里亚纳群岛不适宜居住

简答题

根据下图，回答第11~13题。

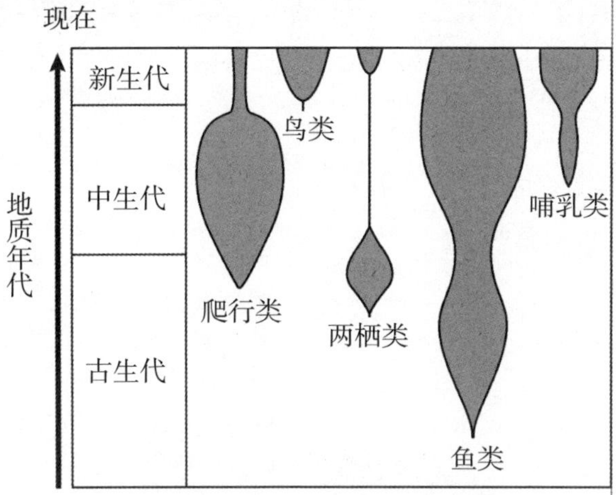

11. 如果条带越宽，代表生物种类越多，那么请描述一下两栖动物从出现到现在的生物多样性变化过程。

12. 从新生代开始到现在，关于地球上生物的生存条件，你能推断出什么信息？

13. 根据示意图，你能找出哪些证据证明海洋比陆地发展得更早？

14. 被动式太阳能供暖和主动式太阳能供暖有什么区别？

15. 为什么提升汽车的能源效率很重要？

16. 魏格纳的大陆漂移说中哪两个不足是科学家用来反对它的理由？

阅读理解

太空天文台

为什么在太空中也要设立天文台？大部分天文台安装在地面上，因为这样人们可以部署更大的望远镜，并且维护也很方便。目前的问题是，安装在地表的望远镜必须穿过地球的大气层后才能观测太空，而地球大气层阻挡了电磁波谱中的很大一部分电磁波辐射，只允许可见光等很少的一部分电磁波到达地球表面。望远镜利用可见光谱以外的光来探索宇宙，例如钱德拉X射线天文台上的望远镜需要被携带到具有吸收作用的大气层以上才能工作。地球大气层还会导致通过的光线变得模糊。这种模糊是由大气的密度变化和不断运动造成的。哈勃空间望远镜在地球大气层以外的轨道上运行，所以能获得更清晰的图像。

资料来源：Astronomy picture of the day. Hubble Floats Free. *NASA*. May 25, 2009.(Online resource accessed October 20,2010.)

17. 安装在地表的望远镜有什么优势？

A. 它们更大且维护方便

B. 它们能够获得完整的电磁光谱

C. 它们的反射镜更大

D. 它们能汇聚可见光

18. 从这篇文章中，你能推断出什么结论？

A. 在科学研究中，安装在地表的望远镜毫无意义

B. 地球大气层以外的望远镜能获得最清晰的图像

C. 哈勃空间望远镜需要更大的反射镜

D. 维护在地球大气层以外轨道上运行的望远镜是不可能的

需要更多帮助?																
如果你回答错误……	1	2	3	4	5	6	7	8	9	10	11	12	13	14	15	16
请复习相应章节……	24.1	21.2	21.3	25.1	17.4	27.2	26.2	26.2	26.1	17.3	23.1	23.3	23.1	25.2	25.3	17.1

第28章

太阳系

大概念 根据运动和万有引力定律，天文学家可以了解太阳系中行星和其他天体的运动轨道和特性。

内容提要

起步实验

科学实验室

从太空探索中我们能学到什么？

迄今为止，人类已发射了许多无人驾驶的空间探测器，对太阳系内的八大行星进行了多种探索。这些探索还在继续，空间探测计划的发起机构、参与的科学家通常都会发布有关探测计划设计、运作和目标等信息。在这个实验中，你可以了解一些空间探测器的探测任务以及它们探测到的信息等情况。

实验步骤

1. 阅读并遵守实验室安全守则。
2. 研究4个不同空间探测器的探测任务。
3. 绘制表格，列出每个探测任务的关键点，包括任务的类型（飞行器、卫星、登陆器）、科研目标、发射日期以及抵达行星的日期等。

实验分析

1. **总结** 用表格总结每个探测任务的结果或者科学家们预期的探测结果。
2. **确定** 哪些探测任务现在仍在进行，哪些已经超乎原来的预期，哪些已经结束？
3. **建议** 未来，科学家还可以进行哪些方面的空间探测？

木星表面可见的最亮的旋涡和条纹是云带，它散落在大红斑等大型风暴中。

折叠式学习卡

行星

根据右图所示，制作一张折纸并标注文中的要点，用它来整理你学习行星过程中的笔记。

木星的大红斑
“旅行者2号”
木星
哈勃太空望远镜
木星及其卫星
低能量地基望远镜

第1节 太阳系的形成

主要概念 太阳系是由坍缩的星际云形成的。

核心问题

- 太阳系是如何形成的?
- 早期太阳系结构的概念有哪些?
- 我们对于太阳系的认知过程是如何发展的?
- 太阳系中物体的运动和引力有什么关系?

关键术语

星子
逆行
椭圆
天文单位
离心率

地球科学在你身边 你堆过雪人或者滚过雪球吗?行星从一个小颗粒物质逐渐变成现在的模样也经历了一个类似的过程。

形成理论

有关最初太阳系形成的一些理论是建立在探测器的直接观察结果及其获得的数据基础上的。科学理论必须能解释一些观察到的现象,比如太阳系的形状,行星间的区别,以及小行星、陨星和彗星等古老行星的原始表面。

坍缩的星际云

在太空的恒星之间存在一种由气体、尘埃组成的星际云,其主要组成部分是氢气、氦气和少量含其他元素的尘埃。因为星际云中的尘埃阻挡了来自恒星里面或后面的光,所以星际云看上去颜色较深。通常,恒星发出的光可以直接照亮星际云中不含尘埃的那些区域,而在恒星光的加热下,星际云本身也能自行发光。这也是我们看到的太空总是一片漆黑中透着局部光亮的原因,如**图28-1**所示。星际尘埃可能是一种含有更古老的恒星元素的尘埃,这些尘埃很久以前脱离了其组成物质。

最初,这些星际气体的密度很低,甚至比实验室制造的最佳"实验室真空"的密度还小许多。然而,在引力的作用下,星际云可以不断收缩、凝聚,直到形成恒星以及行星。天文学家猜想太阳系就是这样形成的。他们还观测了围绕其他恒星运转的行星,并且希望可以从这类行星系统中得到有关太阳系形成的线索。

■ **图28-1** 恒星形成于星际云的坍缩,如图中所示的老鹰星云。

■ **图 28-2** 形成太阳系的星际云坍缩成尘埃和气体组成的扁平云盘。当物质越来越集中，到达一定的质量时，中心形成太阳，剩下物质形成行星。

坍缩过程 在星际云收缩、凝聚过程中，开始时非常缓慢，随后不断加速，这使得大量的气体、尘埃很快聚集在核心中央。如果星际云在坍缩前处于自旋状态，那么，在收缩过程中这种旋转就会加速，就像滑冰的人把手臂收缩得离身体越近，就会产生向心力，旋转得越快一样。在星际云的自旋过程中，惯性离心力逐渐减缓赤道面的收缩程度，最终，整个星际云变成具有致密核心、旋转的扁平星云盘，如**图 28-2** 所示。

☑ **读后自查** **解释** 为什么扁平星云盘在收缩过程中会越转越快？

物质凝结 天文学家认为，太阳系是以下面这种方式形成的：当旋转的太阳星云盘中心不断聚集气体和尘埃，到达氢能聚变为氦的温度和压力时，就形成了太阳。围绕着年轻太阳的星云便形成了太阳系中的其他天体。在这个星云盘中，不同位置的温度差异很大。靠近太阳的区域温度较高，而星云盘边缘区域温度则较低。离太阳的距离差异造成的温度变化，凝结出了不同的元素、化合物，这也影响到了不同行星的物质组成。内行星富含熔点高的物质，外行星则大部分含挥发性的物质。这就是外行星及其卫星大部分由气体和冰组成的原因。最终，各种不同的物质慢慢冷凝成液体或固体。

表 28-1　行星的物理参数

行星	直径(km)	相对质量(地球质量=1)	平均密度(kg/m^3)	大气成分	距离太阳的距离(AU)	卫星数*
水星	4 880	0.055	5 430	无	0.39	0
金星	12 104	0.815	5 240	CO_2,N_2	0.72	0
地球	12 742	1.00	5 520	N_2,O_2,H_2O	1.00	1
火星	6 779	0.11	3 930	CO_2,N_2,Ar	1.52	2
木星	139 822	317.83	1 330	H_2,He	5.20	79
土星	116 464	95.16	690	H_2,He	9.54	62
天王星	50 724	14.50	1 270	H_2,He,CH_4	19.20	29
海王星	49 244	17.10	1 640	H_2,He,CH_4	30.05	14

*根据2018年数据。

折叠式学习卡

将本节信息整合到你的折叠式学习卡中。

星子

然后，凝结而成的细小粒子开始累积，合并成了体积较大的颗粒。随着固体粒子之间的碰撞粘接和气体粒子在固体颗粒表面的吸附，这些颗粒逐渐变大。最终，在太阳系形成的早期，这些相互碰撞的粒子就聚集成了直径从一千米到数百千米不等的天体，这就是**星子**(**planetesimal**)。星子之间会继续相互碰撞，进一步合并而增大体积；有时碰撞过程过于激烈，以至于将星子摧毁。但是，碰撞的最终结果是有少量的、更大的天体形成，那便是行星。太阳系行星的部分特征如**表 28-1** 所示。

巨行星的形成　第一个形成的太阳系大行星是木星。木星主要由含较轻元素的冰状星子合并而成，随着碰撞的持续进行，其体积不断增加。随着体积的增大，其引力也不断增大，以至于开始吸收周围的气体、尘埃和星子。这又促使木星的体积进一步扩大。土星和其他巨行星的形成过程都与此类似，但由于木星吸收了周围大部分物质，因此，后来形成的行星的体积都无法超过木星。另外，由于巨行星形成过程中从周围获取了大量的物质，在它们低纬度附近也形成了相应的小星云盘，这与早期太阳系星云盘类似。这些小星云盘中的物质不断合并，最后形成了行星环和卫星。

类地行星的形成　在太阳系星云盘内层靠近原始太阳的主盘区域里，星子的合并也同样形成了行星。这些星子主要由高熔点的难熔物质组成，因此内行星相对于外行星而言，更加坚硬、致密。同时，科学家认为太阳强大的引力扫除了内行星区域的大部分气体物质，从而限制了内行星从周围获取更多的物质。

地球科学相关职业

行星学家　行星学家应用科学理论和方法，比如物理学、化学、地质学和数学等，来研究行星系统的起源、组成和物质分布。

残留物 行星和卫星形成以后残留下的物质被称为残留物。随着与行星的碰撞或轨道偏离(运动至太阳系外),星际中的残留物日渐稀薄。一些没有从太阳系喷射出去的残留物变成了被称为彗星的冰状体。还有一些残留物形成了被称为小行星的岩石体。在木星与火星中间的星子因木星的引力未能合并成行星而保留下来,这就是著名的小行星带,又称太阳系小天体群,如**图 28-3** 所示。

■ **图 28-3** 在火星和木星之间的小行星带上,有数以千计的小行星。

模拟太阳系

古代天文学家认为,太阳、行星以及其他恒星均围绕着静止的地球在旋转,由此创造了著名的"地心说"模型,这是一个以地球为中心的天体模型。他们认为这能解释大部分恒星显而易见的日常运动,还有行星的东升西落。但我们前面已经学过,这些现象不是因为它们绕地球旋转,而是因为地球绕着地轴在自转。

事实上,行星的某些运动很难用"地心说"模型来解释。比如,行星在某个夜晚出现在比之前夜晚更东边的天空,这就违背了恒星绕地球旋转的理论。人们偶尔也发现一颗行星在天空中朝着相反的方向运动,即自东向西移动,这种明显的反向运动被称为**逆行(retrograde motion)**。比如,一般情况下,火星每晚都是自西向东运动的,但几乎每两年,火星在夜晚的位置似乎都会发生改变,变成自东向西运动。火星逆行的示意图如**图 28-4** 所示。为了找到这一现象简单的科学解释,天文学家对早期的模型进行不断改进,如加入更多的本轮和均轮,使其向着更为合理的方向发展。现在,我们知道了火星逆行是因为地球和火星在一起围绕太阳运动时,地球"追上"并超越了火星。地球围绕太阳公转的速度大于火星。火星绕太阳旋转一周时,地球已经旋转了两周,其结果是,每隔 26 个月,从地球上看,火星会出现逆行运动。

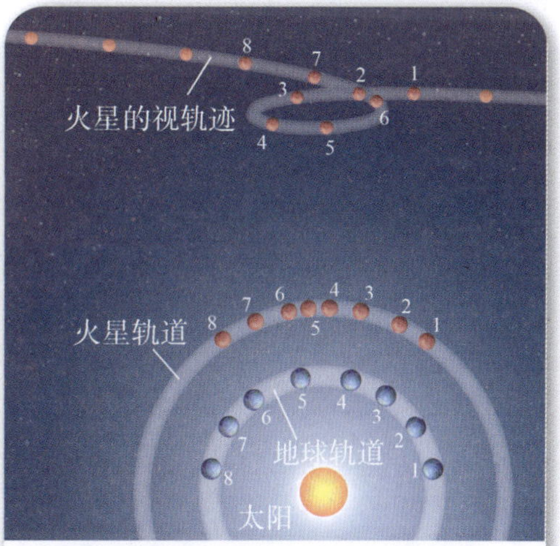

■ **图 28-4** 这张示意图展示了火星的逆行运动,以及从地球上看会出现这种现象的原因。

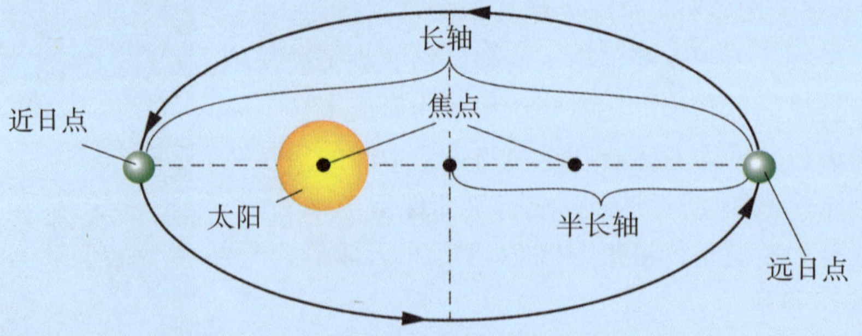

■ **图28-5** 这张示意图以几何学的椭圆表示行星运动的轨道。太阳总是位于其中的一个焦点上。椭圆长轴等于行星近日点到远日点的距离。半长轴表示行星与太阳间的平均距离。

“日心说”模型 1543年，波兰科学家尼古拉斯·哥白尼认为，太阳才是整个太阳系的中心，为此他提出了一个以太阳为中心，地球和其他行星一起围绕太阳公转的“日心说”模型。在这个模型中，离太阳越近，受到的太阳引力越大，因此太阳系的内行星环绕太阳运行的速度比外行星快。同时它也能对行星的逆行现象做出最简单的解释。

开普勒第一定律 在不到一百年的时间里，其他天文学家陆续发现了许多支持哥白尼“日心说”模型的证据。例如，丹麦天文学家第谷·布拉赫设计和建造了许多观察星体的精密仪器。在太空望远镜发明之前的1576～1601年间，他对大量行星的位置进行了精确测量。德国天文学家约翰尼斯·开普勒利用这些资料演算出行星绕太阳的公转轨道并非正圆而是椭圆，这就是行星运动中著名的开普勒第一定律。椭圆呈卵形，与正圆只有一个中心不同，它有两个中心，称为焦点。椭圆上经过两个焦点的连线称为长轴，它是椭圆最长的直径，如**图28-5**所示。

☑ **读后自查** **描述**行星轨道的形状。

各个行星都有各自绕太阳运动的椭圆轨道，而太阳总是位于其中的一个焦点上。对每个太阳—行星组成的椭圆而言，半长轴的长度是行星与太阳之间的平均距离，如**图28-5**所示。地球公转轨道的半长轴是衡量太阳系中距离的重要指标。日地平均距离是 1.496×10^{8} km，或称为1个**天文单位**(**astronomical unit**)（缩写AU）。太空间的距离常用天文单位表示，比如，火星离太阳的距离是1.52 AU。

离心率 在椭圆轨道上运行的行星与太阳的距离时刻都在发生变化。行星椭圆轨道的形状由**离心率**(eccentricity)决定，它是指椭圆两焦点之间的距离与长轴长度的比值。你可以在迷你实验中研究这个比值。大部分行星轨道的离心率都很小，事实上，大部分行星轨道都几乎接近于圆。

行星轨道的离心率可能发生微小的改变。目前，地球轨道的离心率是0.02，但是其他行星的引力可能使地球轨道的离心率拉伸到0.05，也可能会使它降到0.01。

开普勒第二、第三定律 在发现行星轨道的形状后，开普勒还发现离太阳越近时，行星的公转速度越快。他还证明了行星与太阳的假想连线(向径)在相同时间内所扫过的面积相等，如**图28-6**所示，这就是著名的开普勒第二定律。

行星绕太阳公转一周所花的时间称为轨道周期。在行星运动的开普勒第三定律中，他证明了行星轨道大小与轨道周期之间的数学关系如下：

$$P^2=a^3$$

其中P以地球公转一周的时间(年)为单位，a表示轨道半长轴的长度，以天文单位来表示。

迷你实验

科学实验室

探究离心率

如何计算椭圆的离心率?

离心率是指椭圆两焦点之间的距离与长轴长度的比值，范围在0～1之间，离心率越大，则椭圆越扁。

实验步骤

警示：使用尖锐物品时请小心。

1. 阅读并遵守实验室安全守则。
2. 准备一块厚纸板，在厚纸板上放一张纸。
3. 将一根绳子做成环状，将圆环平放在厚纸板的纸上。
4. 在靠近纸的中心区域摁下两枚有几厘米的间隔的图钉。
5. 将绳子套在两枚图钉上，用铅笔将绳子一端绷紧后围绕图钉旋转一周，在纸上画出运动的轨迹。
6. 用直尺测量长轴和两枚图钉之间的距离，计算出所画椭圆的离心率。

实验分析

1. **指出** 两枚图钉代表什么?
2. **解释** 当改变图钉之间的距离时，离心率会如何变化?
3. **预测** 如果两枚图钉钉在同一位置(即用一枚图钉)，将会得到什么样的图形?

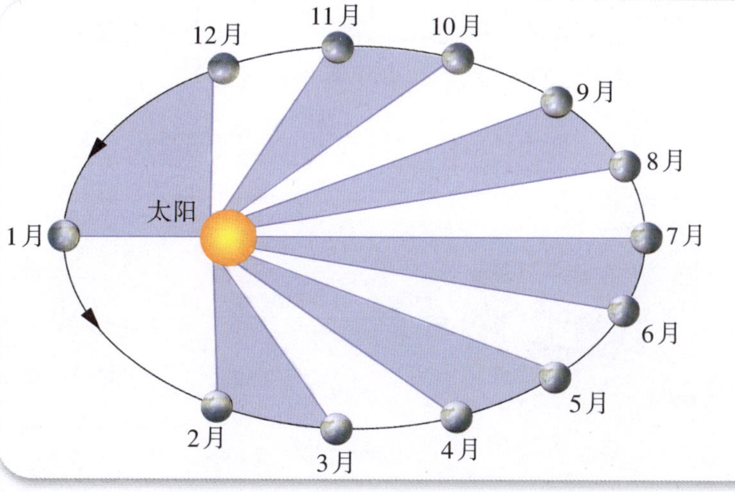

图28-6 开普勒第二定律表明，离太阳越近时，行星的公转速度越快，离太阳越远则越慢。这也意味着行星的向径在相同时间内所扫过的面积相等。(注意：左图不是按比例绘制的)

■ **图 28–7** 伽利略看到这张组合图像中的木星及其四颗最大的卫星的话或许会被震撼到。但他关于木星及其卫星的观点对证明“日心说”具有里程碑式的意义。

伽利略 当开普勒的想法还在发展中时，意大利科学家伽利略成为第一个使用望远镜观察天空的人。伽利略的许多重要发现都支持哥白尼的“日心说”理论。其中最著名的是他发现了木星的4颗大卫星，这推翻了“所有天体均围绕地球公转”的谬误，也再一次证实了地球并不是太阳系的中心。伽利略观察到的木星卫星的图像与本章开篇的图像相似，与现在拍摄到的图像也可进行对比，如**图 28–7** 所示。但尽管如此，“日心说”并未完全被当时的科学家普遍接受。直到1684年，英国科学家艾萨克·牛顿提出了万有引力定律。由此“日心说”才被科学家普遍接受。

引力

牛顿一开始是通过观察物体下落时的现象，认识到这些都是引力作用的结果。他发现，下落物体会出现加速现象，这是两个物体之间的引力作用的结果。他还发现，两个物体之间的吸引力取决于两者的质量和相互间的距离。万有引力定律的示意图如**图 28–8** 所示，数学表达式为：

$$F=\frac{Gm_1m_2}{r^2}$$

其中F为引力，以牛顿为单位；G是万有引力常数，等于$6.67\times10^{-11}m^3/kg\cdot s^2$；$m_1$和$m_2$分别为天体的质量，以千克为单位；$r$是两个天体间的距离，以米为单位。

引力与公转 牛顿发现，万有引力定律可以解释开普勒第一定律中行星绕太阳公转的原因。他观察到了月球的移动，并意识到月球的运动方向会因为地球的引力作用而发生改变。从某种意义上说，月亮总是朝地球坠落。如果没有地球的引力，那么月球就会做直线运动而不是绕地球旋转。这一定律同样适用于行星和它的卫星、恒星和宇宙中所有的天体。

■ **图 28–8** 两个物体间的万有引力是3.3×10^{-10}N。

预测 *如果这两个物体的质量都增大到原来的两倍的话，会有什么影响？用牛顿引力公式说明你的预测。*

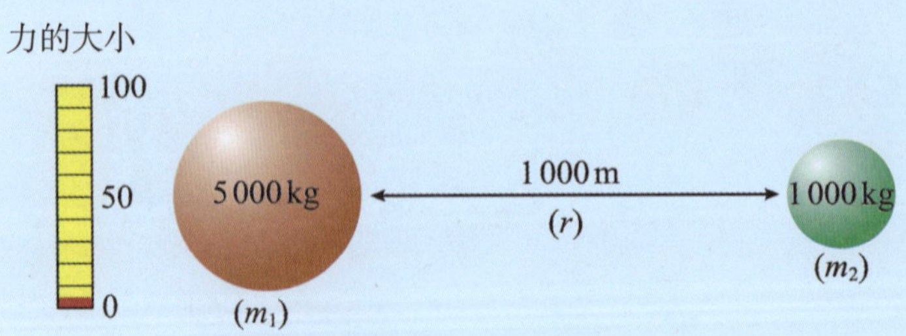

质量中心 牛顿还推算出每颗行星与太阳围绕共同的质量中心旋转。对于所有的行星和太阳来说，质量中心是在太阳的表面或内部，因为太阳的质量远大于任何一颗行星。如**图28-9**所示，两个物体的质量中心类似于跷跷板的支点。

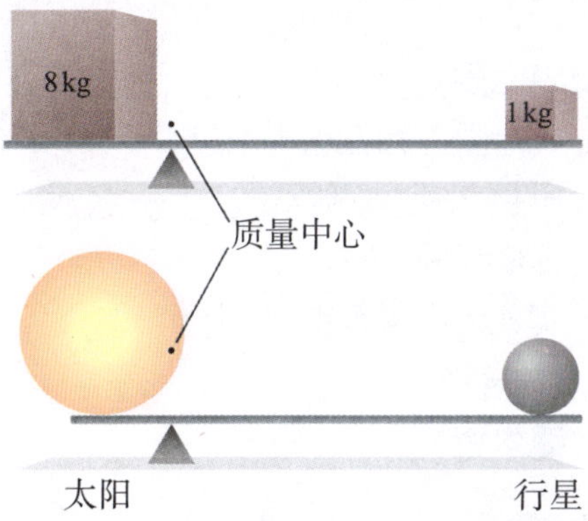

图28-9 跷跷板的平衡点靠近质量较大的物体，同样，两个天体的质量中心也靠近质量较大的天体。

目前的观点

天文学家通常把行星分为两大类：四颗较小的、岩石组成的内行星，包括水星、金星、地球、火星；另外四颗为外行星，包括木星、土星、天王星和海王星。冥王星因为不具有巨行星的轨道和成分特征，同时，也不符合目前关于太阳系发展的理论，所以没被划分为行星。在21世纪初，天文学家在太阳系外界，海王星轨道外侧的太空中发现了大量的冰质小型天体，其中至少有一个大于冥王星。

这些发现让很多天文学家开始重新思考关于太阳系的传统理论。一些天文学家把太阳系中的这些天体分为三类：巨行星、类地行星、矮行星和彗星。从科学的角度来说，随着新数据的挖掘和新理论的提出，天文学家的看法还会不断发生改变。现在的天文学是一个快速发展的领域。

第1节 本节回顾

要点梳理

- 从旋转的星盘中坍缩的星际云形成了太阳和行星。
- 内行星比外行星更靠近太阳，星际中的残留物形成了小行星和彗星。
- 哥白尼提出了“日心说”模型，开普勒确定了模型的形状和数学公式。
- 牛顿解释了太阳系天体运动的动力来源，并证明了开普勒定律。
- 目前，天文学家将太阳系中的天体分为三大类。

要点理解

1. 主要概念 **描述**太阳系的形成过程。
2. **解释** 为什么逆行是一个明显的运动？
3. **描述** 两个天体间的万有引力与它们的质量和距离有什么关系？
4. **比较**两个离心率分别为0.05和0.74的椭圆的形状。

批判性思维

5. **推断** 根据你所学的开普勒第三定律，木星和海王星的公转速度哪一个更快？请解释原因。

地学计算

6. 利用牛顿万有引力定律计算两个距离12 m的学生之间的引力。他们的体重分别为65 kg和50 kg。

第2节 内行星

主要概念 水星、金星、地球和火星的密度较大，且表面都有岩石。

核心问题

- 内行星都有什么相似之处？
- 哪些太空探测器曾被用于探索太阳系？
- 类地行星之间有何区别？

关键术语

类地行星

悬崖

地球科学在你身边 一个家族里的兄弟姐妹之间总有一些相似之处，同样，内行星之间也有许多共同的特征。

类地行星

四颗内行星又称为**类地行星**（terrestrial planet），因为它们的密度与地球相似，表面均为坚固的岩石层。它们的平均密度可由行星的质量除以体积得出，大约在3.9～5.5g/cm³。平均密度是行星自身条件的重要指标，这个范围内的密度也意味着这些星球的内部受到挤压。

水星

水星是距离太阳最近的行星，白天被太阳光遮挡，地球上很难看见水星的身影，只有在日出和日落时才比较容易看到。水星的体积约为地球的十八分之一，质量很小，没有卫星环绕。20世纪60年代的射电波观察表明，水星自转缓慢，自转一周为1 407.6小时。水星在环绕太阳公转一周中，自转一周半，如**图28-10**所示。由于水星的自转，开始面朝太阳的那一面在绕日公转一周后变成背朝太阳。这样，水星围绕太阳公转的两个“水星年”才相当于3个“水星日”。

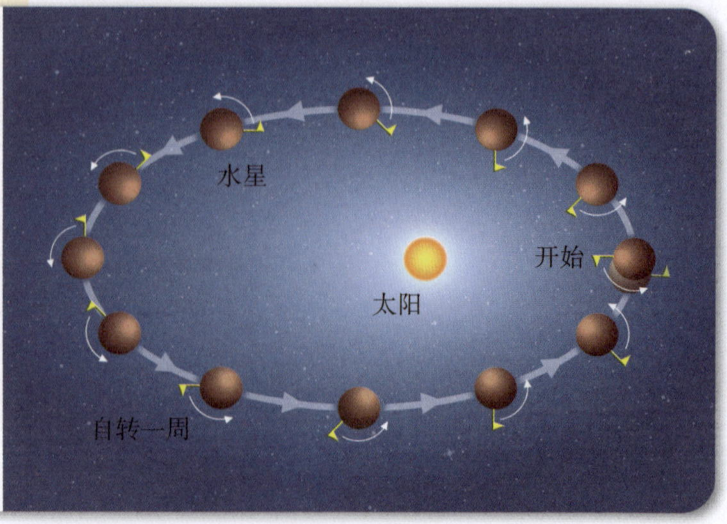

■ **图28-10** 因为水星奇怪的自转方式，它的一天会持续约它的三分之二年。

比较水星和月球的公转运动。

■ **图28-11** 从“水手10号”拍摄的影像中可以看出水星坑坑洼洼的表面。这些坑的直径为100～1 300 km。

水星的大气 与地球和其他星球的大气不同，水星大气被太阳风不断补充。水星大气中含有少许的氧、钠等气体和被太阳分离出来的氢气。水星表面白天的温度高达427℃，而夜晚则低至-173℃，是太阳系中昼夜温差最大的行星。

水星的表面 我们早期对水星的了解大部分来自地球上的无线电波段的观察以及美国“水手10号”空间探测器发送回来的水星影像。该探测器在1974～1975年间，曾3次接近水星拍摄水星表面影像。“信使号”太空探测器也于2011年到达水星周围，成为第一个绕水星运动的宇宙飞船。如**图28-11**所示，水星表面跟月球表面类似，布满了陨击坑和平原。不同的是，水星表面的平原很平坦，陨击坑较少。科学家认为，水星上的平原与月海相似，都是由熔岩流填充陨击坑形成的。水星表面的重力比月球要大一些，因此，水星表面的陨击坑直径更大，陨击抛射的溅射物则距离较近。

水星上广泛分布着叶状**悬崖**（**scarp**），如**图28-12**所示。水星上的悬崖比地球上的更高，科学家认为这可能是水星构造早期岩壳冷却、收缩、断裂形成的。

☑ **读后自查** **比较**月球和水星的表面。

水星内部 没有水星的地震波数据，科学家无法分析这个星球内部的结构。然而，水星的平均密度较大这一特点表明，水星有一个巨大的铁-镍内核。同时，水星磁场强度弱则表明，水星内部可能存在熔融层。

■ **图28-12** “发现者号”拍摄到的水星上最大的悬崖，长550 km，高1.5 km。

■ **图 28-13** 水星内部的结构，其中水星内核远大于地球内核，这表明水星曾经的体积可能比现在大很多。

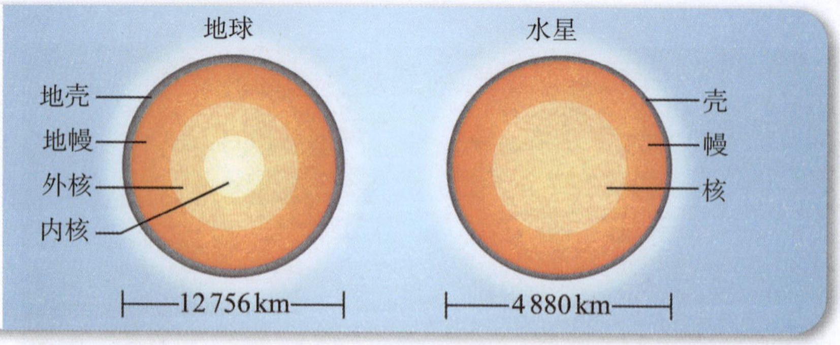

早期的水星 综合水星体积小、密度大、内部可能存在熔融层等信息可以认为，它就像地球除去地壳和地幔后的样子，如**图 28-13** 所示。对于水星这些现象的解释有三种主流的观点。第一种观点是，在水星形成的早期阶段，因与外来天体碰撞而使其失去了外层的壳和幔。第二种观点是，早期的太阳系星云蒸发掉了水星的外层。最后一种观点是，在水星形成之前，太阳附近的较轻气体可能向内缓慢下降，外面留下了密度更高的物质。

金星

金星和水星是比地球更靠近太阳的仅有的两颗行星。与水星类似，金星也没有环绕它的卫星。它离地球很近，且反照率可以高达0.90。在所有太阳系行星中，金星的反照率最高，因此，它是夜晚天空最明亮的行星。金星是日落后西方天空中能看到的"第一颗"最亮的星星，或者是日出前看到的"最后"一颗星，这取决于太阳面对我们的是哪一面。正因为如此，金星又被称"启明星"或"长庚星"。

金星大气中布满了浓厚的云层，阻挡了天文学家对金星表面的直接观测。迄今为止，美国、俄罗斯等发射了多艘宇宙飞船对金星进行观测，根据这些资料，天文学家对金星有了更多的了解。美国1978年发射的"先锋金星号"探测器和1989年发射的"麦哲伦号"探测器，利用雷达绘制了金星近98%的地表图像。如**图 28-14** 所示是一张金星表面的假彩色图片，它是利用雷达数据结合"麦哲伦号"探测器和波多黎各的阿雷西博射电望远镜获得的数据后绘制的图像。在2006年，欧洲的太空探测器"金星快车号"进入金星轨道。它发现了金星过去发生过火山活动的痕迹，而且可能现在仍有火山活动。

■ **图 28-14** 雷达图像展示了金星表面形态。如图中红色区域表示高地，蓝色区域表示谷地，大型的高地区域就如同地球上的大陆。

推断 *绿色的区域表示什么？*

逆转 雷达数据显示金星的自转速度很慢，金星上的一天等于地球上的243天。另外，雷达数据还表明，金星呈顺时针方向自转，这与大多数行星的自转方向相反。金星的反向自转方式称为逆转。这意味着如果在金星表面观察，可发现太阳做西升东落方向的运动。天文学家认为，金星的逆转可能是因为太阳系早期时它与另一个天体碰撞而导致的。

金星的大气 金星的许多物理性质，如直径、质量及密度等都与地球最为类似，但其表面状况和大气与地球却大为不同。金星表面的大气压是地球海平面气压的92倍，如果你在金星，就相当于置身地球上水下920 m深的海底。

金星的大气主要由二氧化碳、少量氮气和水蒸气组成。像地球一样，金星大气中也存在云层，如**图28-15**所示是一张由环绕金星的“先锋金星号”探测器拍摄的图像。然而，与地球上由水和冰组成的云不同，金星上的厚云层由硫酸组成，降落的话会形成极强的“酸雨”。

图28-15 这张图片中围绕金星旋转的云层是用紫外波段拍摄的。

温室效应 金星的大气层也具有和地球一样的温室效应，而且更为显著。我们知道，地球大气的温室气体俘获了地面向宇宙空间发射的红外辐射，使地球表面能保持较高的温度；如果没有温室效应，地表温度将会显著降低。金星大气中含有高浓度的二氧化碳气体，使其表面保持足以融化铅的高温状态。事实上，金星是表面温度最高的行星，表面平均温度高达464℃，而地球表面的平均温度只有15℃。这同时也使得金星上的液态水完全蒸发了。

技能实验

科学实验室

开普勒第三定律的应用

行星的公转运动如何印证开普勒第三定律？

开普勒发现离太阳最近的六颗行星的运动遵循如下关系：$P^2=a^3$。其中P表示公转周期（年），a表示椭圆轨道的半长轴（天文单位，AU）。

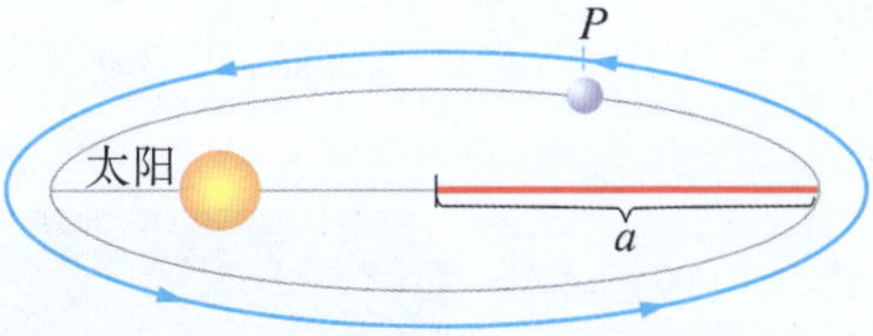

实验分析

1. 根据行星公转示意图、**表28-1**中的数据，比较每颗行星的P^2和a^3的关系。

批判性思维

2. **准备** 用表格表示你的结果与期望值之间的偏差。
3. **确定** 哪一颗行星的数据最接近开普勒第三定律，哪一颗行星不遵守该定律？
4. **思考** 如果天王星和海王星是在开普勒时代被发现的，你认为开普勒还会坚信他的第三定律吗？请说明原因。
5. **预测** 一颗距离太阳2.5 AU的小行星，它的公转周期是多少？
6. **解答** 哈雷彗星的公转周期为76年，它的半长轴是多少？

金星的表面　“麦哲伦号”探测器在环绕金星运动的过程中，用主动雷达测量的方法详细绘制了金星表面的地图。它揭示了在火山熔岩流的冲刷下，金星表面变得平坦，仅有为数不多的陨击坑痕迹。从“金星快车号”观测到的数据来看，250万年前，金星曾发生过火山活动，现在可能仍有活跃的火山活动。与地球不同，金星上几乎没有造山运动的证据，也没有明确的岩石圈板块系统。

金星内部　金星的大小、密度与地球类似，两者的内部结构也很可能极其相似。天文学家通过理论研究认为，金星具有液态的金属内核，其向外延伸至金星半径的二分之一处。尽管有液态的金属内核，但金星磁场强度几乎为0，这可能是其自转缓慢的结果。

地球

如**图28-16**所示，地球与其他行星相比，有许多独一无二的性质。地球与太阳之间的距离以及近圆形的公转轨道使得存在于地表的水能保持固、液、气三态，生命需要液态水，充足的液态水保障了地球上生命的存在和演化。另外，地球大气密度适中，主要由氮气和氧气组成；而适宜的温室效应则为生命创造了有利的生存条件。

地球是类地行星中最致密的，也是目前唯一存在板块运动的行星。与金星和水星不同，地球还有一颗可能是由于撞击而出现的卫星。

火星

如**图28-16**所示，由于具有火红色外表，火星通常被称为红星。火星的半径、平均密度均小于地球，有两颗形状不规则的卫星，分别为火卫一和火卫二。人类也对火星进行了多次探索，如2003年发射的“火星快车号”，2004年发射的“火星探索漫游者”，2006年发射的火星勘测轨道飞行器，2008年发射的“凤凰号”探测器等。

图28-16　地球上有蓝色的海和白色的云，这与淡红色、荒芜的火星形成了鲜明的对比。

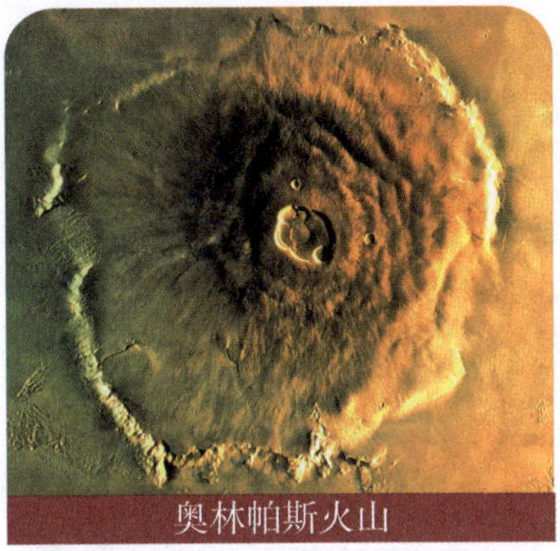

■ **图 28-17** 轨道探测器和着陆器提供的图像显示了火星表面及其详细特征，比如火星上的奥林帕斯山和古瑟夫环形山。

火星的大气 火星大气的组成成分与金星大气类似，但火星大气的密度和压力比金星要小很多，所以火星上不存在像金星那样强烈的温室效应。尽管火星大气稀薄，但风的强度很大，常年有大风，沙尘暴往往能持续数月时间。

火星的表面 如**图 28-17** 所示，火星的南北半球具有不同类型的表面特征：南半球为陨击严重的高地，与月球上的月陆相似；北半球则是广阔的平原，很少有陨击的痕迹。科学家推测，火星的北半球也曾经存在陨击坑，但被熔岩覆盖了。火星北半球塔西斯高地附近分布了4座巨型的盾状火山，包括太阳系中最大的奥林帕斯火山。奥林帕斯火山的基底与北美科罗拉多州面积相当，高度约是珠穆朗玛峰的3倍。

火星的构造 如**图 28-18** 所示的是火星上的一个巨型峡谷——水手谷，位于火星赤道附近，其将萨希斯高地劈为两半。这个峡谷有4 000 km长，几乎是美国大峡谷长度的10倍，而深度是后者的3倍多。它可能是由30亿年前，当塔西斯高地抬升时，地表发生断裂形成的。这些巨大的火山是由同时期的岩浆在热点位置向上喷涌所形成的，这很像夏威夷岛链的形成过程。然而，由于火星上没有板块运动，岩浆会聚集在同一区域，所以会形成大型火山。

■ **图 28-18** 水手谷是火星上一座4 000 km长的峡谷。

侵蚀特征 火星表面的其他特征包括干涸的河流和湖床、河流或径流通道等，这些流水侵蚀特征证实了火星表面曾存在过液态水。天文学家认为，火星表面曾有含量更加丰富、浓度更加密集的二氧化碳，大气温度也曾比现在要高，这些条件保证了火星上液体水的存在。火星勘测轨道飞行器发现中纬度火星表面以下有冰存在，天文学家还希望在火星两极和其他地方也能找到水。

■ **图28-19** 这些火星北极冰盖图片是哈勃望远镜在不同时间拍摄的。

解读 *这些图片表明火星轴的倾斜方向是什么？*

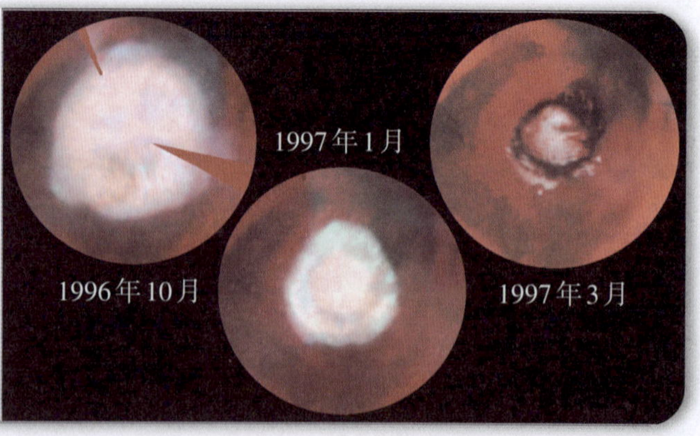

火星的冰盖 火星的两极覆盖着极地冰盖，大小随季节的变化而变化。火星较为扁长的轨道以及倾斜的自转轴造成了其季节的变化。两极冰盖由固态的二氧化碳，即干冰组成，如**图28-19**所示。北极的水冰位于干冰的下部，当夏季上覆的干冰蒸发后，水冰就会显露出来。南极冰盖下面也可能存在水冰，然而因为上覆的干冰太厚，从未出现完全蒸发的现象。

火星的内部 天文学家暂时无法确认火星的内部结构，他们猜想火星有一个铁-镍内核，中间层可能由硫化物组成，延伸到核心以外的1 200～2 400 km处。火星上没有磁场，科学家由此推测火星的核为固态，核的上面是幔。火星表面没有任何进行中的构造活动或板块运动的痕迹。

第2节 本节回顾

要点梳理

- 水星有许多陨击坑和悬崖。它没有真实存在的大气，是所有行星中昼夜温差最大的。
- 金星有含硫酸的云和能产生强烈温室效应的二氧化碳大气层。
- 地球是唯一表面存在三态水的行星。
- 火星有稀薄的大气层，表面特征包括四座火山和一些能表明曾经存在液态水的通道。

要点理解

1. 主要概念 **指出**内行星被称为类地行星的原因。
2. **总结**不同类地行星的特征。
3. **比较**地球和金星的表面平均温度，并解释原因。
4. **描述**能反映水星、金星和火星曾经发生过构造活动的证据。

批判性思维

5. **思考** 如果碰撞没有影响内行星的形成和演化过程，那现在它们会是什么样的？

地学写作

6. 设计一个坐标系，以不同类地行星与太阳的距离作为x轴，类地行星的轨道周期（地球时间）作为y轴。若需更多帮助，请参考*技能手册*。

第3节 外行星

主要概念

木星、土星、天王星和海王星质量大、密度低，还有许多卫星和光环。

核心问题

- 巨行星之间有什么相似之处？
- 主要卫星有哪些？
- 卫星和行星环是如何形成的？
- 如何比较巨行星和太阳的成分？

关键术语

巨行星
液态金属相氢
带纹
条带

地球科学在你身边 属于一个“家族”的内行星有很多相似的物理特征，外行星同样也有很强的“家族”特征。

巨行星

在太阳系内有4颗**巨行星**(**the gas giant planet**)：木星、土星、天王星和海王星。它们的体积都非常庞大，质量为地球的15～300倍，半径为地球的4～10倍。巨行星内部一般为气体或液体，可能具有固态的小内核。巨行星的物质组成以轻元素为主，如氢、氦、碳、氮、氧；表层的温度很低；周围环绕着众多的卫星和光环。

木星

木星是太阳系最大的行星。木星的直径约为太阳的十分之一，是地球的11倍多。木星的质量占太阳系行星总质量的七成。木星的反照率达0.343。望远镜拍摄的木星外表具有带状的条纹，这是木星大气流动模式导致的结果。如**图28-20**所示是木星云带中的大红斑，这是一种已经持续了300多年的猛烈的大气风暴。

木星环 “伽利略号”宇宙飞船在20世纪90年代对木星及其卫星进行了长达7年的观测。它发现了木星有两个微弱的光环，而“旅行者号”发现了木星的光环有6 400 km宽。如**图28-20**所示是一部分木星环。

图28-20 木星的云带中有大红斑。木星周围环绕着三个由尘埃组成的微弱光环。

木星云带

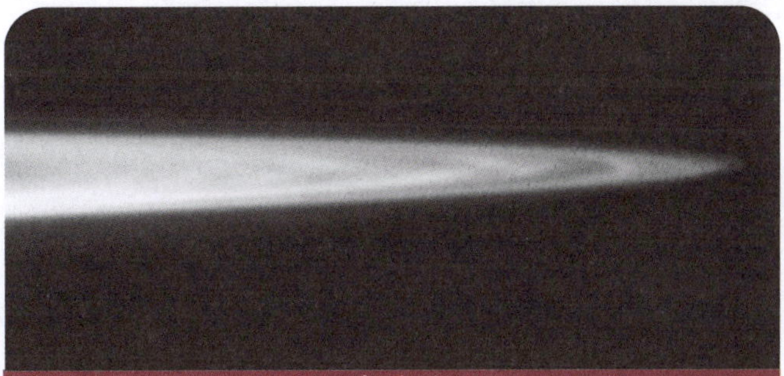
木星环

木星的大气和内部 相对于木星的体积而言，它的平均密度较低，为1 326 kg/m³。木星大气的主要成分为以气态或液态形式存在的氢和氦。在液态氢的下面，有一层**液态金属相氢(liquid metallic hydrogen)**，这是只存在于高压状态下，具有液体和金属性质的氢；电流存在于这一液态氢层之中，进而产生了木星的磁场。模型表明，木星可能有地球大小的含重金属的固体内核。

木星的自转 相对于木星巨大的体积而言，其自转极其迅速。木星自转一周不到10小时，它是太阳系中最短的一天。木星的快速自转使其形状发生了较大的变形，赤道的直径比两极的距离要长7%；另外，木星云也随之高速流动，**带纹(belt)和条带(zone)**这两种不同颜色的木星云交替环绕在木星的表面。带纹外观为深色，是温度较高的低云层，做下降运动；条带外观为浅色，是温度较低的高云层，做上升运动。木星云层的运动与地球大气中受地转偏向力驱动的气流相似。

木星的卫星 木星至少有79颗卫星，但大部分都非常小。其中，木卫一(艾奥，Io)、木卫二(欧罗巴，Europa)、木卫三(盖尼米得，Ganymede)、木卫四(卡利斯托，Callisto)是木星的4颗大卫星，它们都是伽利略发现的，所以又称为"伽利略卫星"，如**图28-21**所示。木星的4颗大卫星中，有3颗都比月球大，且它们都由冰和岩石组成。艾奥和欧罗巴中冰的含量较少，因为它们是距离木星最近的两颗伽利略卫星，受木星引力的拉升，内部物质相互挤压而升温。事实上，艾奥内部挤压所产生的热量几乎使它完全处于熔融状态，其表面长期发生着火山喷发活动。天文学家认为，引力的加热作用使欧罗巴内部的冰融化，至少曾经如此；他们还推测欧罗巴的次表层仍存在液态水的海洋。裂缝和水通道是欧罗巴的冰层表面的标志。

■ **图28-21** 艾奥、欧罗巴、盖尼米得、卡利斯托是木星的4颗大卫星。盖尼米得比水星都要大。卡利斯托的亮斑说明它长期受到碰撞。艾奥是太阳系中火山活动最活跃的天体。科学家认为欧罗巴的次表层海洋中可能有生命存在。

读后自查 **解释** 为什么科学家认为欧罗巴的表层之下存在液态水的海洋？

美国已向木星发射了一系列的太空探测器，1970年发射的"先驱者10号"和"先驱者11号"发现了木星的数颗小卫星，而后发射的"旅行者1号"和"旅行者2号"探测到了木星环。但大部分关于木星及其卫星的信息主要都来自1995年到达木星的"伽利略号"太空探测器。木星的内部小卫星被认为是木星环的来源。科学家认为，光环的产生可能是因为流星体与卫星发生撞击，释放出的尘埃进入了木星轨道。

引力助推 这个技术最初是利用金星的引力加快卫星的速度，推动"水手10号"探测器进入水星。现在，这种利用行星的引力推动卫星进入太空深处的技术已经十分成熟。木星是太阳系最大的行星，这意味着任何经过木星的卫星都可以利用木星的引力进入更远的太空。"卡西尼号"和"新地平线号"探测器都曾在飞去土星和冥王星的途中利用了木星引力。

土星

土星是太阳系第二大行星，如**图28–22**所示。迄今为止，已有多艘宇宙飞船探访过土星，包括“先驱者11号”、“旅行者1号”和“旅行者2号”等。2004年，美国发射的“卡西尼号”探测器抵达并进入土星轨道。

土星的大气和内部 土星的体积比木星稍小、平均密度小于水。与木星类似，土星拥有庞大的体积，却在相对高速地自转，有层状云系。土星大气的主要成分是氢和氦，以及位于云层顶部的氨冰晶云。土星的内部结构也很可能与木星相似，除了一个小的固态核心外，其余均为流体，土星的磁场强度为地球的1 000余倍。土星的磁轴与自转轴重合，这在行星中极为罕见。

土星环 土星光环系统是其最引人注目的特征，如**图28–22**所示，相比太阳系其他巨行星的光环，它更加宽广、明亮。土星的光环由碎状的岩石和冰块组成，尺寸从微粒到房子般大小不等。光环分为7道，事实上，每道主环都由更窄的环，即子环构成，子环之间有许多空隙。

子环是土星众多卫星引力作用的结果。由于自转力作用，光环集中在土星的赤道面上，这也导致其厚度不超过200 m。在土星引力的牵引下，组成光环的颗粒之间保持了一定的距离而无法聚集在一起形成卫星，这也是巨行星的大卫星总是在光环以外旋转的原因。

土星环的来源 直到不久前，部分天文学家还认为，光环的物质颗粒仅仅是土星和众多卫星在形成初期留下来的。现在，许多天文学家则认为，组成光环的碎物质更多源于卫星与小天体或其他天体碰撞后产生的残骸，或者是土星引力吸引的碎状物。

土星的卫星 土星周围环绕着超过60颗卫星，包括最大的泰坦，它甚至比水星还大。泰坦是所有行星的卫星中最独特的一颗，它有氮气和甲烷组成的稠密大气，泰坦表面的甲烷以气态、液态以及固态三种形态存在。在2005年，“卡西尼号”飞船释放的“惠更斯号”探测器进入泰坦大气层。“卡西尼号”还探测到土卫二向外喷射出羽状冰和水蒸气，这说明该卫星有地质活动。

图28–22 “卡西尼—惠更斯号”提供了土星及其光环详细的影像资料。土星最大的光环是美国国家航空航天局的斯必泽太空望远镜于2009年发现的，它在距离土星600万千米的轨道上公转。

解读 *为什么土星环的物质颗粒在同一平面上绕土星旋转？*

■ **图 28-23** 天王星显示蓝色是因为其大气中的甲烷反射了蓝光。

天王星

在1781年，天文学家观测到一颗蓝色天体在恒星遍布的天空中不断移动，偶然发现了天王星。1986年，“旅行者2号”探测器飞越天王星，发回了许多详细的信息，包括新发现的卫星和光环。天王星的平均温度为-215℃。

天王星的大气 天王星的体积是地球的65倍，质量则为地球的15倍。如**图28-23**所示，天王星是一颗蓝色、外表光滑的行星，这是天王星大气中的甲烷导致的。虽然天王星大气中的甲烷含量没有其他主要成分高，例如氢和氦，但它可以向宇宙空间反射出强烈的蓝光。天王星大气中也有少量的云层，然而云层的亮度和颜色与周围的大气区别很小，这使天王星表面呈现出较为平滑的视觉效果。天王星的内部结构与木星、土星类似，除了一个小的固态核外，完全由液体组成。其外部有强度颇高的磁场。

天王星的卫星和光环 天王星有至少29颗卫星和微弱的光环系统。天王星的大部分光环颜色暗淡，接近黑色，几乎是看不见的。它是天王星在轨道运动过程中，因光环掩食了背后明亮的恒星才得以发现的。

天王星的自转 天王星的自转轴严重倾斜，其北极点几乎位于公转平面上，如**图28-24**所示，天文学家猜测这是在太阳系早期，质量巨大的外来天体（如一颗大的小行星）与天王星相撞所致。由于天王星自转轴的倾斜以及环绕太阳公转的漫长轨道周期，每个极点平均有42年处于极昼或极夜状态。

■ **图 28-24** 天王星的自转轴倾斜了98°，如图所示的是天王星上的秋分位置。

绘制二至日以及春分日时的天王星位置图。

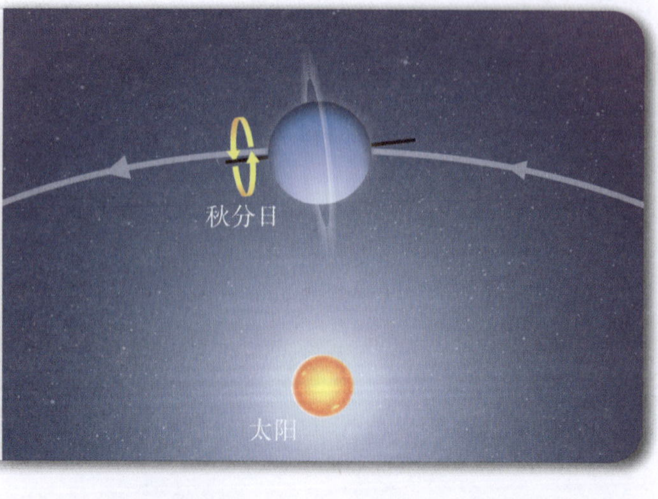

海王星

早在发现海王星之前，人们就已经预测到天王星外还存在着一颗行星。这是科学家应用牛顿万有引力定律和研究天王星轨道运动时，发现存在细小偏差后得出的结果。1846年，海王星如期出现在天文学家预测的区域。然而地球上的望远镜很难观测到海王星的细节特征，直到1989年"旅行者2号"飞越海王星时，人们才获得这颗星球云纹大气的影像，如**图28–25**所示。海王星是围绕太阳公转的最外侧的一颗巨行星，距离太阳45亿千米。

海王星的大气　海王星比天王星体积略小、密度稍大，而半径大约是地球的4倍。海王星和天王星的其他相似之处包括它们因大气中含有甲烷而产生的蓝色外表、大气组成成分、温度、磁场、内部结构以及光环带。然而与天王星不同的是，海王星有明显的云层，以及与木星、土星类似的带纹和条带。事实上，海王星大气中有持续的风暴，最著名的是大黑斑，它与木星大红斑的特征相似，但于1994年消失。

海王星的卫星和光环　海王星有14颗卫星，其中最大的是特里顿。与太阳系其他的大卫星不同，特里顿在围绕海王星的轨道上逆行，即向后运动。如**图28–25**所示，它的表面有一层薄薄的大气和氮的间歇泉，后者是因为在太阳光照射下，特里顿南极冰盖下面的氮气向上喷发而形成的。

海王星的6个光环由微粒状的尘埃组成，不能很好地反射光线。因此从地球上看，海王星的光环不像土星的光环那样清晰可见。

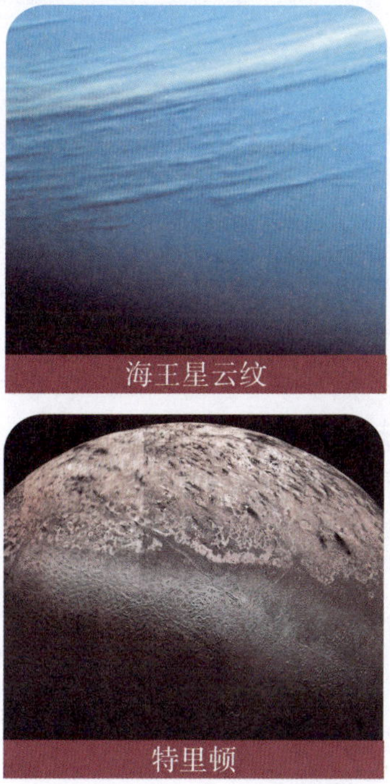

图28–25　"旅行者2号"拍摄到了海王星云纹影像，还近距离观察了海王星最大的卫星特里顿，其黑色条纹是氮气喷发后留下的。

第3节　本节回顾

要点梳理

- 巨行星主要由氢和氦组成。
- 巨行星有光环系统和许多卫星。
- 木星和土星的一些卫星上有水和火山活动的痕迹。
- 四大巨行星都曾被太空探测器探测过。

要点理解

1. 主要概念　**创建**一个总结巨行星及其特征的表格。
2. **比较**巨行星和太阳的物质组成。
3. **比较**地球的卫星和巨行星的卫星。

批判性思维

4. **评估**　你认为哪里最可能发现地外生命？请解释原因。

地学写作

5. 研究和描述任何一个"旅行者号"探测器探访星际空间的任务内容。

第4节 太阳系中的其他天体

主要概念 除了太阳和行星，太阳系中还存在许多其他天体，它们主要是由岩石、尘埃和冰组成的。

地球科学在你身边 在智能手机面世之前，你一般会用音乐播放器听音乐。随着科技的进步，天文学家发现了许多与冥王星相似的天体，于是就不再把冥王星看作行星了。

核心问题

- 行星和矮行星之间的区别是什么？
- 太阳系中最古老的成员是什么？
- 如何描述流星体、流星和陨星？
- 彗星的结构是什么？

关键术语

矮行星
流星体
流星
陨星
柯伊伯带
彗星
流星雨

矮行星

在21世纪初，天文学家开始探索冥王星以外，距离太阳40 AU的大天体——柯伊伯带。在2003年，他们发现了一个比冥王星更大的天体阋神星。与此同时，科学家开始再次研究冥王星的行星地位以及太阳系中的其他天体。

谷神星 在1801年，意大利天文学家皮亚齐在火星和木星之间发现了一个大型天体。科学家曾经猜测，这个区域应该有一颗行星，而这次发现的大型天体可能就是曾经猜测的行星。然而，如**图28-26**所示，谷神星如果说是一颗行星的话未免也太小了。在接下来的时间里，科学家在这片区域发现了数以百计，甚至数以千计的其他天体。因此，谷神星不再被认为是行星，而是小行星带中最大的小行星。

冥王星 在克莱德·汤博1930年发现冥王星以后，它一度被认为是太阳系的第九大行星。但是冥王星与其他的行星并不相同。它不是类地行星，也不能归于巨行星。冥王星由岩石和冰组成，没有圆形的轨道。它的轨道很长，呈椭圆状，且与海王星的轨道相交。它的四颗卫星在其黄道面上以奇特的角度绕冥王星运动。冥王星的体积比月球还要小，其实它只是海王星轨道之外很多相似天体中的一个。

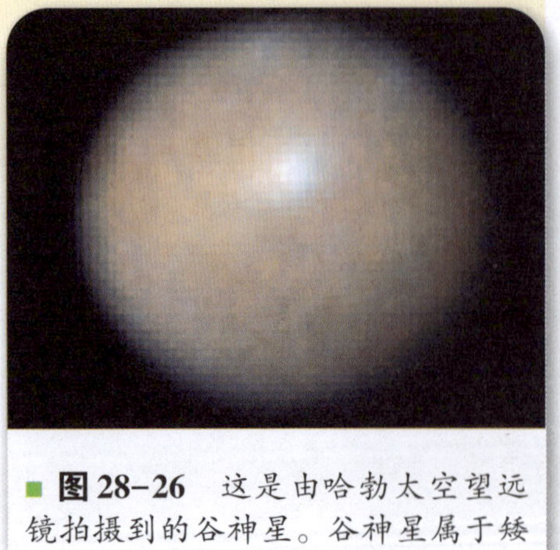

■ **图28-26** 这是由哈勃太空望远镜拍摄到的谷神星。谷神星属于矮行星，也是小行星带中最大的天体。

还有多少其他的天体？ 随着与冥王星差不多大小，甚至比它更大的天体不断被发现，国际天文学联合会(IAU)面临一个问题：阋神星是第十大行星吗？还是应该改变新天体的分类标准？从现在来看，答案是改变天体分类标准。冥王星、阋神星和谷神星已经被归纳入新的矮行星一类。国际天文学联合会对**矮行星(dwarf planet)**的分类标准定义为：围绕太阳运转，自身引力足以克服其刚体力而使天体呈圆球状，不属于卫星，不能清除其轨道附近更小物质的天体。目前，国际天文学联合会已经确定了冥王星、阋神星、谷神星、鸟神星、妊神星的所属种类，但还有至少10个其他天体的种类还未确定，如**图28-27**所示。

图解太阳系中的其他天体

图28-27 科学家在冥王星之外陆续发现了其他天体，这使得他们开始重新思考和定义行星的标准。

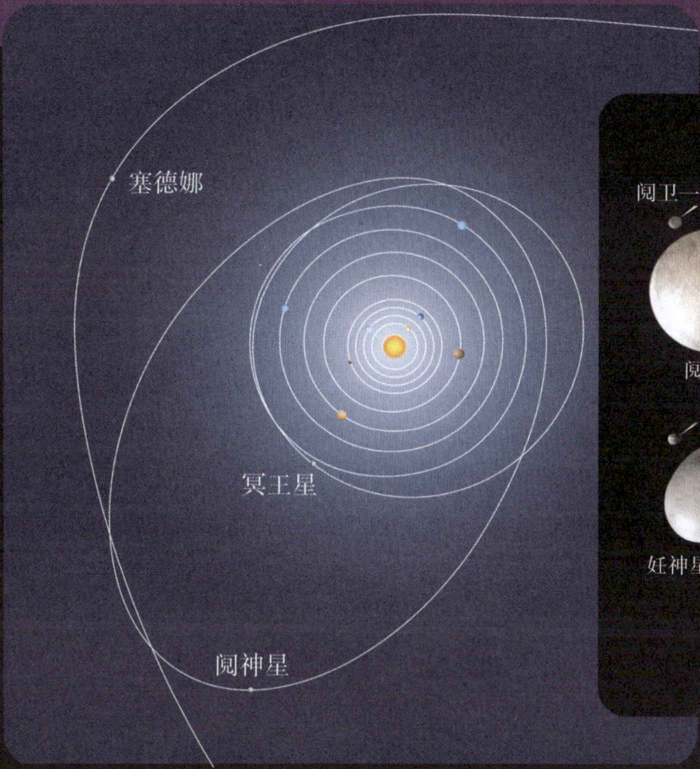

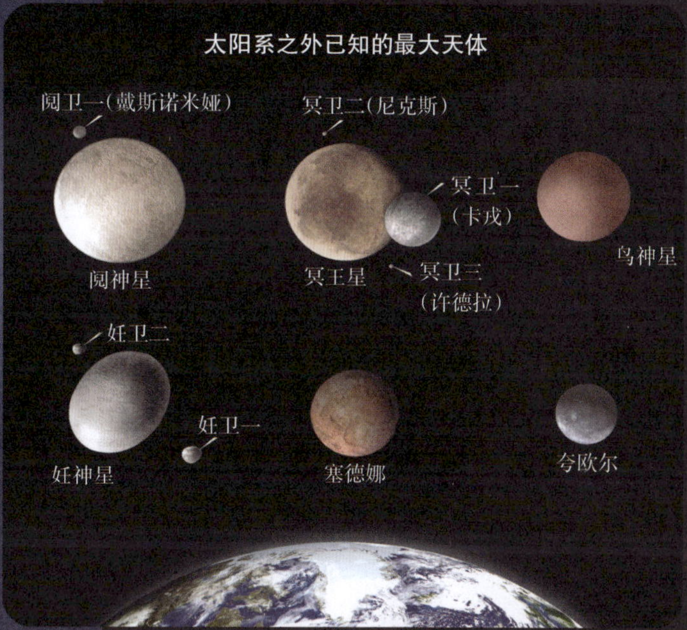

海王星之外的天体的特征					
特征	冥王星	塞德娜	阋神星	妊神星	巴菲（注意：巴菲是它的发现者取的昵称）
到太阳的距离（AU）	40	519	68	43	58
相对大小	1	0.67	1.05	0.33	0.25
卫星	5	?	1	2	?
公转周期（年）	248	10 500	557	284	436
轨道倾角（°）	17	12	44	28	47
轨道离心率	0.25	0.85	0.44	0.19	0.11

■ **图 28–28** 如图所示是由“伽利略号”太空飞船拍摄的小行星艾达及其小小的卫星达克载的图像。

太阳系小天体

国际天文学联合会确定了行星和矮行星后，他们还需要确定剩下的其他天体。在18世纪早期，火星和木星之间的石质星子被称为小行星带。海王星轨道之外的天体被称为海王星外天体、柯伊伯带天体、彗星和奥尔特云成员。国际天文学联合会统称其为太阳系小天体群。

小行星 在火星和木星的行星轨道之间，有成千上万个小天体在围绕太阳旋转。它们由岩石组成，表面布满大小不一的撞击坑，绝大多数小行星呈不规则形状。一些小行星甚至还有自己的卫星，比如小行星艾达（Ida），如**图28–28**所示。天文学家估测，太阳系中所有已知的小行星的质量之和仅为地球质量的0.08%。

小行星在公转过程中，偶尔会相互碰撞，断裂成碎片，碰撞生成的这些碎片就是我们所称的**流星体**（**meteoroid**）。流星体在地球大气层中因与大气高速摩擦而燃烧，产生一束亮光，称为**流星**（**meteor**）。如果流星体没有完全燃烧殆尽，部分陨落到地表，这就是**陨星**（**meteorite**）。如果陨星的体积较大，在撞击地面时会形成陨击坑。地球上可见到的陨击坑都相对较年轻，年久的坑则已被侵蚀作用抹平。

■ **图 28–29** 柯伊伯带位于行星盘的最外部，奥尔特云则围绕着太阳，类似太阳系的大气圈。

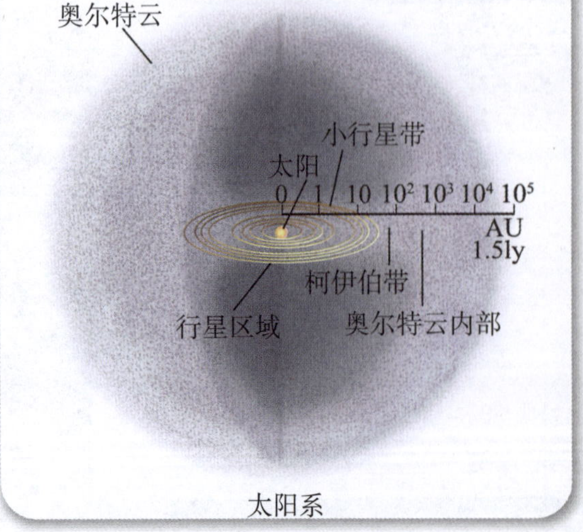

柯伊伯带 和由岩石组成的小行星带一样，另一个小天体系统主要由岩石和冰组成，位于海王星轨道之外的**柯伊伯带**（**Kuiper belt**）。这里的大部分天体形成于距离太阳30～50个天文单位的区域，由形成太阳和行星后剩下的物质形成，其中一些天体最初可能形成于靠近太阳的区域，但是后来被木星或其他巨行星撞入柯伊伯带。阋神星，冥王星及其卫星，还有越来越多的天体都在这一区域被发现，但它们都不属于彗星。彗星通常来自太阳系最远的区域，也被称为奥尔特云，如**图28–29**所示。

彗星

彗星(comet)是一种体积较小的冰质天体,以高度扁圆的轨道围绕太阳公转。彗星的直径在1～10 km之间,大部分彗星连续分布于柯伊伯带到距离太阳100 000AU,位于太阳系最外侧的奥尔特云区域。有时,偶尔会有几颗彗星在其他天体引力的干扰下,从彗星云中脱离,闯入太阳系内部。

彗星的结构 当彗星距离太阳3 AU时,它就开始蒸发,形成一个头,以及一个或多个尾巴。彗头被一团向外膨胀的发光气体包围,它还有一个较小的固体彗核。彗尾由被太阳辐射和粒子流推离彗星的气体和尘埃组成。受太阳粒子流和辐射的作用,彗尾被推向背离太阳的一侧。因此,我们看到的彗星尾巴总是背离太阳,如**图28-30**所示。

周期彗星 每隔一定的时间就运行到太阳系内部的彗星称为周期彗星,如哈雷彗星就是一颗著名的短周期彗星,每76年回归地球一次。哈雷彗星上一次回归地球附近是在1986年。在2061年,它将再次出现。周期彗星在运行到太阳附近时,彗星会损失部分质量,变成尾巴状。当地球行经彗星的轨道时,从彗星分裂出来的颗粒会进入地球上层大气并发生燃烧而形成**流星雨(meteor shower)**。事实上,大多数流星是彗星分裂的尘埃颗粒。

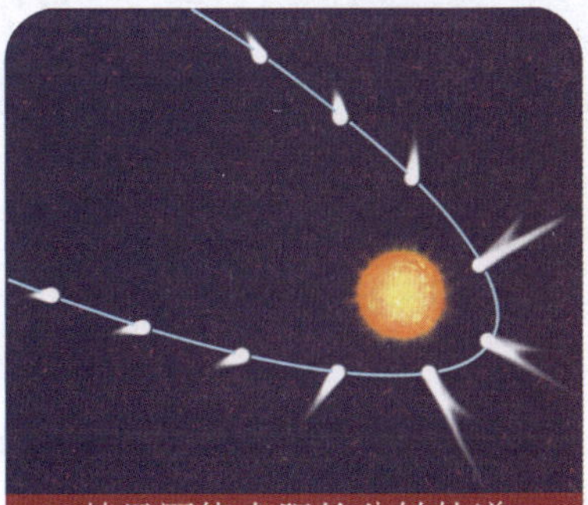
彗星围绕太阳的公转轨道

海尔-波普彗星

■ **图28-30** 由于来自太阳粒子流和辐射的作用,彗尾被推向背离太阳的一侧。图中的海尔-波普彗星拍摄于1997年它靠近太阳的时候。

第4节 本节回顾

要点梳理

- 矮行星、小行星和彗星都由太阳系形成后的残留物形成。
- 流星体是在太阳系中运动的岩石质天体。
- 目前,科学家正在探测和分析主要由岩石和冰组成的柯伊伯带上的天体。
- 周期彗星在固定的永久轨道上围绕太阳运动,其余的彗星只会经过太阳一次。
- 太阳系最外侧区域的奥尔特云是彗星的聚集地。

要点理解

1. 主要概念 **指出**太阳系小天体的所有种类及其组成。
2. **比较**行星和矮行星。
3. **辨别**流星体、流星和陨星。
4. **解释** 为什么彗星的尾巴总是背离太阳?
5. **对比与比对**小行星带和柯伊伯带。

批判性思维

6. **推断** 为什么彗星会形成高度扁圆的轨道?

地学写作

7. 假设你正从外到内穿过太阳系,科学地描述你所见的景象。

太阳系中的水

近几年，来自太空飞船和地面雷达的数据表明，太阳系中除了地球以外，还有其他地方存在水，比如火星和地球的卫星——月球上可能就存在水。科学家还认为，在木星的某些卫星、水星的两极以及至少一个土星的卫星上可能存在水。美国国家航空航天局和其他太空机构计划收集更多的数据，对此展开进一步调查。

科学家猜测，欧罗巴冰质表面下存在液态海洋水。

木星的卫星 木星最大的四颗卫星中，盖尼米得、卡利斯托和欧罗巴这三颗卫星的表面都覆盖着冰。在地球上，固态冰的导电性很差，而盐水的导电性就非常好。“伽利略号”探测器发回的磁性测量数据显示，盖尼米得、卡利斯托和欧罗巴上有电流。根据这些资料以及其他一些相关研究，比如有证据表明在欧罗巴上还存在类似冰山的结构，科学家猜测这三颗卫星的冰层下都有很深的液态盐水海洋。美国国家航空航天局和欧洲航天局合作，开展了一项木星探测的新任务——木卫二(欧罗巴)木星系统任务(ESJM)。该任务计划在2020年发射两个无人探测器，预计2026年到达木星和它最大的卫星。此次任务的目标是，了解更多关于木星系统起源和演化的信息，描述三颗卫星地下海洋的特征，确定木星系统是否可能存在生命。

水星的两极 因为水星的行星轴不是倾斜的，所以水星两极的大陨击坑永远也见不了太阳光，其内部温度从未高于-212℃。雷达图像显示，陨击坑中存在冰。为了绘制水星表面的地图和了解更多有关水星组成的资料，美国国家航空航天局2004年发射的“信使号”太空探测器于2011年进入绕水星运动的轨道。“信使号”探测器搭载了光谱仪，它在水星的两极探测到了氢元素，这是水的组成成分之一。

土星的卫星——土卫二 美国国家航空航天局发射的“卡西尼号”宇宙飞船曾记录到地质活动活跃的土卫二表面发生过类似间歇泉喷发的现象。这些喷发物来源于温暖的裂缝，这些裂缝被称为“虎纹”，它们喷发出的水蒸气、冰晶和微量有机化合物会进入太空。这种裂缝中，最大的被称为大马士革沟，这里的温度为-93℃，相对于平均温度只有-201℃的该卫星来说，这已经是相当高的温度了。

地学写作

海报 调查更多资料，查找太阳系中哪些地方可能存在水。将你查到的相关地点的资料整理成一张海报，并附加一些科学家正在或计划对其做的探究行动的资料。

模拟太阳系

实验背景：模型有助于我们更好地理解太阳系的规模。

实验问题：你知道如何选择合适的比例尺才能更好地显示太阳系内部各个天体间的大小和相对距离吗？

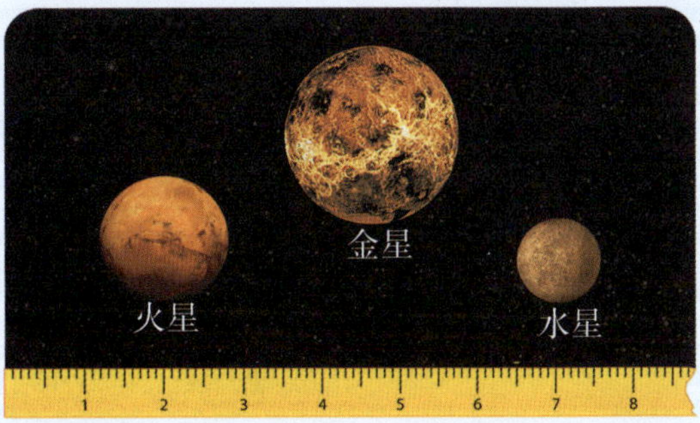

1 cm相当于4 000 km

如果记住了模型中最大和最小的天体体积，可能会更容易算出合适的比例尺。

实验材料

计算器

卷尺

米尺

标记笔

胶带

大小不等的圆形物体

实验步骤

1. 阅读并遵守实验室安全守则。
2. 设计并制作一个模型来展示太阳系中各个天体的相对大小和它们之间的距离。
3. 在开始动手之前，请老师确认你的计划是可行的。
4. 为完成这个模型，你还需要设计一个数据表，里面包括太阳系天体的原始数据和比例尺数据。
5. 根据国际单位制为你的模型选择合适的比例尺。记住，制作模型的过程中，只能使用同一个比例尺。
6. 计算你计划模拟的天体的相对大小和距离。
7. 选择模型所需的材料和数量，并根据你选择的比例尺搭建模型。

实验分析

1. **批判性思维** 为什么你选择的比例尺适用于你的模型？
2. **解释** 你为什么选择这个比例尺？
3. **观察与推断** 如果选择了更大或更小的比例尺，模型可能会出现什么问题？
4. **对比与比对**你制作的模型与其他同学制作的模型。描述你选择的比例尺有什么优点或缺点。

技能应用

课题 比邻星（Proxima Centauri）是距离太阳最近的恒星，与太阳的距离大约为4.01×10^{13} km。根据上述实验中你选择的比例尺，在模型中比邻星距离太阳有多远？为了使模型更适合表示比邻星与太阳，你可以对比例尺进行调整。根据调整后的比例尺，天王星和太阳之间的距离又变成了多少？

第28章 复习指南

大概念

根据运动和万有引力定律，天文学家可以了解太阳系中行星和其他天体的运动轨道和特性。

第1节 太阳系的形成

关键术语
- 星子
- 逆行
- 椭圆
- 天文单位
- 离心率

主要概念 太阳系是由坍缩的星际云形成的。

要点梳理
- 从旋转的星盘中坍缩的星际云形成了太阳和行星。
- 内行星比外行星更靠近太阳，星际中的残留物形成了小行星和彗星。
- 哥白尼提出了“日心说”模型，开普勒确定了模型的形状和数学公式。
- 牛顿解释了太阳系天体运动的动力来源，并证明了开普勒定律。
- 目前，天文学家将太阳系中的天体分为三大类。

第2节 内行星

关键术语
- 类地行星
- 悬崖

主要概念 水星、金星、地球和火星的密度较大，且表面都有岩石。

要点梳理
- 水星有许多陨击坑和悬崖。它没有真实存在的大气，是所有行星中昼夜温差最大的。
- 金星有含硫酸的云和能产生强烈温室效应的二氧化碳大气层。
- 地球是唯一表面存在三态水的行星。
- 火星有稀薄的大气层，表面特征包括四座火山和一些能表明曾经存在液态水的通道。

第3节 外行星

关键术语
- 巨行星
- 液态金属相氢
- 带纹
- 条带

主要概念 木星、土星、天王星和海王星质量大、密度低，还有许多卫星和光环。

要点梳理
- 巨行星主要由氢和氦组成。
- 巨行星有光环系统和许多卫星。
- 木星和土星的一些卫星上有水和火山活动的痕迹。
- 四大巨行星都曾被太空探测器探测过。

第4节 太阳系中的其他天体

关键术语
- 矮行星
- 流星体
- 流星
- 陨星
- 柯伊伯带
- 彗星
- 流星雨

主要概念 除了太阳和行星，太阳系中还存在许多其他天体，它们主要是由岩石、尘埃和冰组成的。

要点梳理
- 矮行星、小行星和彗星都由太阳系形成后的残留物形成。
- 流星体是在太阳系中运动的岩石质天体。
- 目前，科学家正在探测和分析主要由岩石和冰组成的柯伊伯带上的天体。
- 周期彗星在固定的永久轨道上围绕太阳运动，其余的彗星只会经过太阳一次。
- 太阳系最外侧区域的奥尔特云是彗星的聚集地。

第28章 复习检测

术语回顾

下列的每一句表述都有错误。从复习指南中选取合适的术语替代斜体的术语，使表述正确。

1. 水星的岩壳快速冷却收缩后断裂形成的地表特征被称为*谷地*。
2. 木星表面上明暗相间的条纹被称为*流动带*。
3. *流星*是掉落到地球表面的岩石类天体。
4. *陨星*是早期太阳系中固体颗粒和气体颗粒黏结在一起后形成的。
5. 当地球在绕太阳公转的轨道上超越了火星时，火星明显的向后运动就是火星的*同步旋转*。
6. *光年*是用于测量太阳系内距离的单位。

从复习指南中选取符合下列描述的术语。

7. 绕太阳公转的高度扁圆的小型冰质天体。
8. 水星、金星、地球和火星。
9. 由于固体物质在地球大气层中燃烧而产生的亮光。
10. 用于表示轨道形状的测量指标。
11. 一个新的太阳系天体种类。

理解要点

12. 谁第一个提出了太阳系的"日心说"模型？
    A. 哥白尼 **B.** 伽利略
    C. 开普勒 **D.** 牛顿

根据下图，回答第13题。

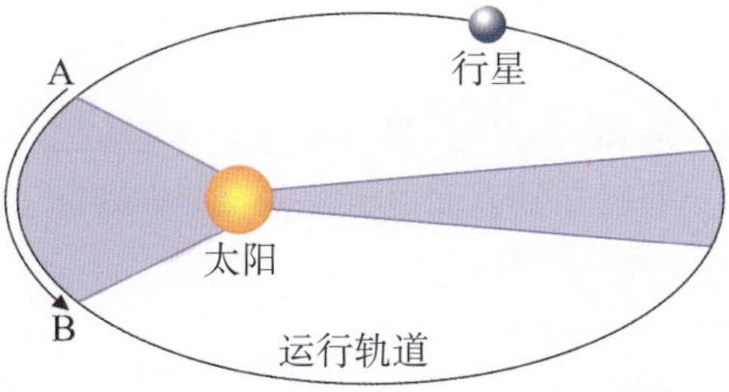

13. 这张示意图表示行星运动的什么定律？
    A. 开普勒第一定律
    B. 开普勒第二定律
    C. 开普勒第三定律
    D. 牛顿万有引力定律
14. 下列哪一项能最好地描述行星的反向运动？
    A. 视运动
    B. 轨道运动
    C. 实际运动
    D. 转动
15. 下列哪一位科学家推算出了每颗行星与太阳围绕共同的质量中心旋转？
    A. 哥白尼
    B. 伽利略
    C. 开普勒
    D. 牛顿

根据下图，回答第16题。

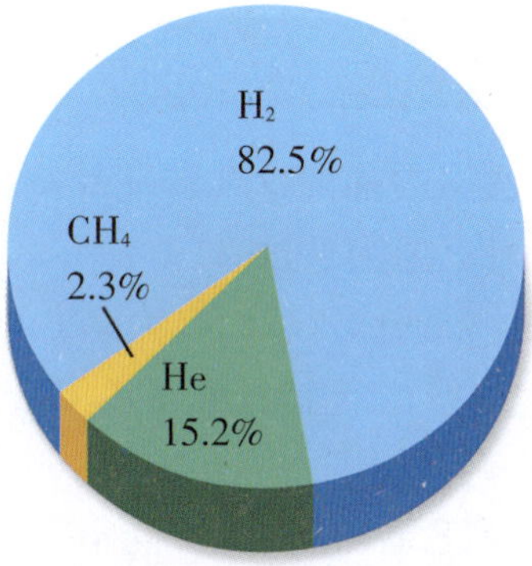

16. 图中所示的是哪一颗行星的大气组成？
    A. 木星
    B. 火星
    C. 天王星
    D. 金星

17. 大部分的陨星都源自哪里？
   A. 小行星带
   B. 柯伊伯带
   C. 奥尔特云
   D. 土星的卫星

简要概述

根据下图，回答第18～19题。

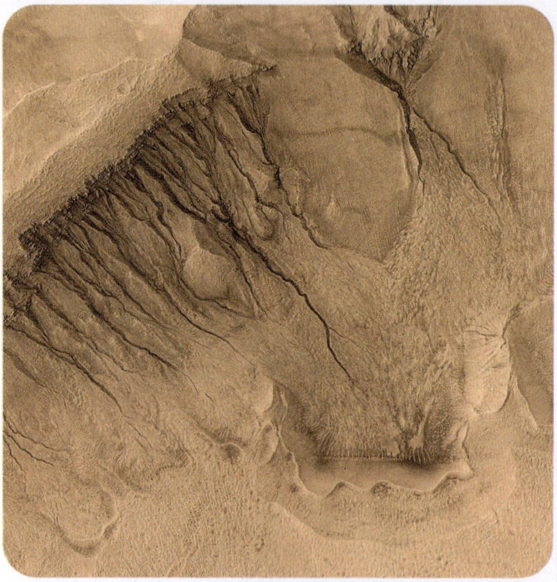

18. **指出**火星表面的这些特征并解释最可能是由什么原因导致的。
19. **推断** 根据你所学的有关火星的知识，推断像这样的新特征现在是否还可以形成，并解释原因。
20. **比较**冥王星和阋神星，确定它们的共同特征。
21. **比较**塞德娜、妊神星和其他矮行星，确定它们之间的共同特征。
22. **解释** 为什么探测器不能在金星表面工作？
23. **比较**跷跷板的支点和两个运动天体的质量中心。
24. **计算** 画一个偏心率为0.9的椭圆。

根据下图，回答第25～26题。

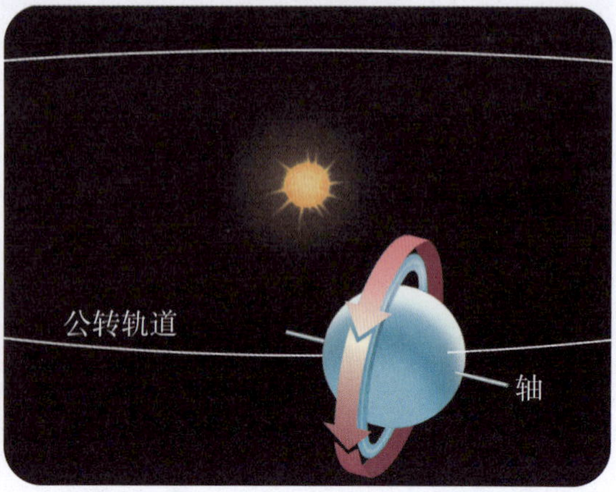

25. **指出**如图所示的行星是哪一颗，并解释为什么科学家认为它的自转轴是这样的。
26. **推测** 如果地轴类似于天王星的自转轴，那么地球上的四季会变成什么样子？

批判性思维

27. **解释** 火星和金星的大气中，二氧化碳的含量差不多，但是金星因为温室效应，表面温度很高。为什么火星上却没有出现这种情况呢？
28. **地球科学相关职业** 大部分天文学家不会花很长时间盯在望远镜上。他们通过电脑遥控望远镜，大部分时间都花在数据分析上。除了天文学之外，天文学家的成果对其他哪些学科也有用？
29. **讨论**土星和其他巨行星的光环形成理论。
30. **推断**引力在巨行星光环形成过程中所扮演的角色。
31. **推断** 随着哈雷彗星绕太阳旋转时质量持续下降，它最终会发生什么情况？
32. **解释** 为什么科学家认为木星的卫星欧罗巴在其表面之下可能会存在液态水？

根据下表，回答第33～35题。

行星	半径(km)	轨道偏心率	长半轴(AU)
水星	2 439.7	0.205 6	0.39
金星	6 051.8	0.006 7	0.72
地球	6 378.1	0.016 7	1.00
火星	3 397	0.093 5	1.52
木星	71 492	0.048 9	5.20
土星	60 298	0.056 5	9.54
天王星	25 559	0.047	19.19
海王星	24 766	0.009	30.07

33. 解读 哪一颗行星的运动轨道最近似一个圆？

34. 比较 哪两颗行星的半径最相近？

35. 评估 哪两颗行星的轨道之间分隔最远？

36. 讨论小行星和星子的关系。

37. 解释 为什么谷神星和冥王星最早被确定为矮行星？

38. 对比与比对小行星带和柯伊伯带。

概念图解

39. 运用下列术语来绘制一幅概念图：*星际云、气体、尘埃、星盘、颗粒、星子、内行星、巨行星、卫星、残留物、小行星、陨星和彗星。*

挑战难题

40. 思考 冥王星的轨道有时在海王星的轨道之内，但为什么两者之间不太可能发生碰撞？请解释原因。

地学写作

41. 写一段文字向朋友解释科学是如何发展的，并讨论开普勒定律和牛顿万有引力定律之间的关系。

材料分析

天文学家已经在200多颗恒星的周围探测到了它们的行星。尽管这些行星有的小到无法直接观测，但是当恒星与其他无法直接观测的行星绕它们共同的质量中心运动时，天文学家可以通过测量恒星光线的多普勒频移来检测到这些无法直接观测的行星。下面就是这个工作原理的示意图。

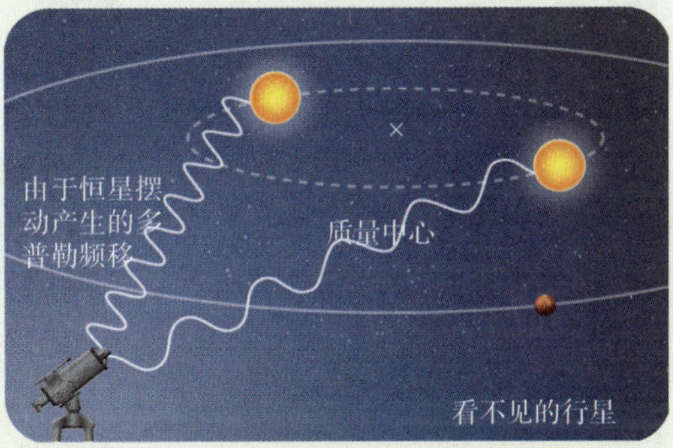

资料来源：*Physics World*. 2001.(January):25.

42. 如图所示，恒星的转动方向是什么？请解释原因。

43. 根据你所学的质量中心的相关知识，在其他星系中，用这种方法最容易检测到太阳系中的哪一颗行星？

综合复习

44. 说出一种长英质火成岩的名字。**(第5章)**

45. 描述月球表面溅射物和辐射纹之间的关系。**(第27章)**

综合 标准化测试

选择题

1. 如果一个区域的狐狸到了濒临灭绝的地步，那么这个地区兔子的数量会发生什么情况？
   A. 兔子也濒临灭绝
   B. 兔子数量的增长不确定
   C. 兔子的数量先增长到环境承载极限，然后减少
   D. 兔子的数量先减少到环境承载力以下，然后快速增长

根据下图，回答第2～3题。

2. 如果太阳和月球在同一直线上，地球上会出现什么结果？
   A. 大潮　B. 小潮
   C. 秋分　D. 夏至
3. 如果图中的月球正好位于太阳和地球之间，遮挡了太阳光，那么你在地球上会经历什么？
   A. 月食　B. 日食
   C. 本影　D. 半影
4. 地球上的主要能源是什么？
   A. 化石燃料
   B. 碳氢化合物
   C. 太阳
   D. 风
5. 如何描述早元古代时期的生命形式？
   A. 简单的单细胞生物
   B. 复杂的单细胞生物
   C. 简单的多细胞生物
   D. 复杂的多细胞生物
6. 下列哪种燃料不是生物质燃料？
   A. 泥炭
   B. 煤
   C. 粪便
   D. 木头

根据下图，回答第7～8题。

7. 如图所示是哪一种类型的化石？
   A. 遗迹化石
   B. 实体化石
   C. 铸模化石
   D. 硬体化石
8. 利用图中的化石，科学家不可以从这些遗迹中研究生物体的什么信息？
   A. 运动
   B. 大小
   C. 栖息地
   D. 行走特征
9. 当岩石中的矿物填充了腐烂有机体留下的空间时，形成了什么类型的化石？
   A. 遗迹化石
   B. 铸模化石
   C. 石化化石
   D. 琥珀
10. 水星和月球有什么相似之处？
   A. 表面都有陨击坑和平原
   B. 有相同的昼夜温差
   C. 有相同的表面引力
   D. 都有一个巨大的铁-镍内核

简答题

根据下表，回答第11~13题。

体感温度索引					
		相对湿度(%)			
		80	85	90	95
气温(°F)	**85**	97	99	102	105
	80	86	87	88	89
	75	78	78	79	79
	70	71	71	71	71

(华氏度=摄氏度×1.8+32)

11. 如果气温为24℃，相对湿度为85%，体感温度是多少？

12. 随着气温的升高，相对湿度对体感温度有什么影响？

13. 在温度适宜的秋天，考虑到相对湿度的影响，人们应该如何应对温度变化？

14. 尽管混合动力车仍然需要燃料来运行，但为什么它仍被认为是一种较好的能源利用方式？

15. 为减少对环境的破坏，矿业公司采取了哪些行动？

阅读理解

美国国家航空航天局的探测器在前往太空站的途中

美国国家航空航天局的“旅行者1号”太空飞船经过33年飞行，已经到达太阳系的边缘，那里的太阳风已不再向外运动。随着它现在正在向离太阳173亿千米之外的星际空间飞驰，“旅行者1号”已经飞越了一个热电离气体，或等离子体的速度已经降到零的区域。“旅行者1号”飞行过程中的一件里程碑事件是它经过日鞘，日鞘是受太阳圈影响的湍流外壳。另外，这艘太空飞船即将飞离太阳系。太阳发射出一连串的带电粒子流，在太阳系周围形成了气泡一样的日球层。太阳风以超音速的速度运动，直到穿越一种被称为“终端激波”的冲击波。在这里，太阳风突然减速，并在日鞘被加热。“旅行者1号”在2004年12月穿越“终端激波”，进入日鞘。科学家认为，“旅行者1号”现在还没有穿过日鞘，进入星际空间。进入星际空间意味着热粒子的密度急速下降，冷粒子的密度急速上升。研究者目前估测，“旅行者1号”会在4年内穿越日鞘边界。

资料来源：NASA News Releases. NASA probe sees solar wind decline en route to interstellar space. *NASA*. December 13, 2010.(Online resource accessed January 23, 2011.)

16. 从文章中可推断出什么结论？

A. 太阳风会无限期地持续下去

B. 检测到终端激波是不可能的

C. 太阳风在太阳系边缘会减慢

D. 日鞘的宽度有173亿千米

17. 当“旅行者1号”进入星际空间时，它会检测到哪种物质的密度增加了？

A. 冷粒子

B. 太阳风

C. 热粒子

D. 日球层

需要更多帮助?															
如果你回答错误……	1	2	3	4	5	6	7	8	9	10	11	12	13	14	15
请复习相应章节……	26.1	27.3	27.3	25.1	22.4	25.1	21.4	21.4	21.4	28.2	11.2	11.2	11.2	25.3	26.2

第29章

恒　星

大概念　每一颗恒星的生命周期都取决于它的质量、光度、亮度、温度和组成。

内容提要

1　太　阳

2　观测恒星

3　恒星的演化

恒星演化的最后阶段存在不同的形式。行星状星云就像是太阳这样的恒星最后的喘息。当质量更大的恒星开始坍缩时，就会出现超新星爆发，或许还会形成脉冲星——一个磁场是地球的一万亿倍的高速旋转的天体。

起步实验

科学实验室

如何观测太阳黑子?

随着太阳的自转，我们可以通过观察太阳的转动来观察太阳黑子在太阳表面移动。在本实验中，你将会使用一种特殊的望远镜来观察太阳黑子。

实验步骤

警示：不要直视太阳，也不要用望远镜直视太阳，这些行为可能会对你的视力造成伤害。

1. 阅读并遵守实验室安全守则。
2. 在望远镜的目镜前放置一块夹着纸的写字板。注意，将望远镜对准太阳，但是目镜将太阳的影像投射在写字板上。
3. 来回移动写字板，直到写字板上太阳的图像最大为止，并在纸上描绘出太阳的轮廓。
4. 太阳图像上，暗一点的区域就是太阳黑子，在纸上描下太阳黑子的位置。在接下来的一周里，每天的同一时刻重复前面的实验步骤。
5. 测定太阳黑子的移动情况。

实验分析

1. **计算**　根据你的实验数据，计算太阳的自转周期。
2. **确定**　最大一个太阳黑子的运动速度是多少？

折叠式学习卡

恒星

根据右图所示，制作一本词汇小册子，并标注你学到的新词。用它来记录本章的关键词及其含义。

蝴蝶星云
超新星
脉冲星

第1节 太 阳

主要概念 太阳集中了太阳系的大部分质量，它还有许多其他恒星都具备的典型特征。

核心问题

- 太阳的结构及其特点是什么？
- 如何解释太阳的能量产生过程？
- 如何定义太阳三种类型的光谱？

关键术语

光球层
色球层
日冕层
太阳风
太阳黑子
耀斑
日珥
核聚变
核裂变

地球科学在你身边

你是否有过这样的经历：在阳光灿烂的日子里，因为在户外待的时间太长而被晒伤？太阳距离地球超过1.5亿千米，但因为太阳的辐射实在太强了，所以人们在烈日下仍需要涂防晒霜。

太阳的性质

无论是从大小还是质量上来说，太阳都是太阳系中最大的天体。太阳的直径是地球直径的109倍，差不多是木星直径的10倍。太阳的质量约是地球质量的330 000倍，木星的1 048倍。事实上，太阳的质量占太阳系所有天体总质量的99%以上。因此，太阳的质量影响着太阳系的行星和其他天体的运行。

太阳的平均密度与气体巨行星相似，木星就是气体巨行星的代表，如**表29-1**所示。天文学家根据某些理论，推测出了太阳内部特定位置的密度以及其他信息。例如，根据对太阳观测所获得的信息，建立能够解释观测现象的计算机模型。天文学家根据建立的模型推断，太阳核心的密度约为1.50×10^5 kg/m^3，大约是铅的13倍！照这个密度，一粒骰子大小的物质就重达约0.5 kg。

与其他许多恒星一样，由于高温，太阳的内部全部为气体，其核心温度约为1×10^7K。在如此高的温度下，所有气体都处于完全电离的状态，也就是说，这些气体仅由原子核和电子组成，这种状态的物质称为等离子体。太阳表层虽然有部分电离，但它的温度还不够高，不能形成等离子体。太阳每秒产生的光相当于4万亿兆100瓦灯泡发出的光，最后到达地球的只有一小部分，约1.35 kW/m^2。

表29-1 太阳的相对性质

	太阳	地球	木星
直径(km)	1.4×10^6	1.3×10^4	1.4×10^5
质量(kg)	2.0×10^{30}	6.0×10^{24}	1.9×10^{27}
密度(kg/m^3)	1.4×10^3	5.5×10^3	1.3×10^3

■ **图 29-1** 太阳黑子是太阳表面光球层上可见的黑点。颜色较白的区域温度几乎高达 6 000 K，深色、红色的区域温度近 3 000 K。日珥和耀斑都发生在太阳表面红色的薄薄色球层。

推断 *为什么这两幅图看起来差别很大？*

太阳大气

你或许会问：既然太阳是气态的，那么它怎么还会有大气层呢？和其他许多恒星一样，太阳外部是分层的。每一层由于温度的不同，发射着不同波长的能量。

光球层 如**图 29-1** 所示，**光球层**（**photosphere**）是太阳圈层中可以看见的那一层。这一层大气厚约 400 km，平均温度约为 5 800 K，同时它也是太阳大气的最底层。你也许会问，既然光球层处在太阳大气的最底层，为什么它还能被看见呢？这是因为太阳发出的可见光大部分来自光球层，且光球层外面的两层大气自身发出的光波非常微弱，可以让大多数波长的可见光完全透过。

折叠式学习卡

将本节信息整合到你的折叠式学习卡中。

☑ **读后自查** **解释** 为什么我们能够看见处在太阳大气的最底层的光球层？

色球层 光球层之上是**色球层**（**chromosphere**），厚约 2 500 km，平均温度接近 15 000 K。通常，色球层只有在日全食时才可以看见，因为此时，光球层被遮挡住了。不过，天文学家利用特殊的滤光镜在不发生日全食的时候也能观测到色球层。如**图 29-1** 所示，色球层显玫瑰色，这是因为该层发出的最强的波长位于狭窄的红光波段。

日冕层 太阳大气的最外层叫作**日冕层**（**corona**），其从色球层的外缘开始向外扩展到数百万千米远。日冕层的温度通常从 300 万～500 万开尔文不等。这一层气体的密度非常小，所以日冕层非常暗淡，只有使用特殊仪器（如日冕仪）或在日全食时（月球挡住太阳），当光球层被挡住后才能观察到，如**图 29-2** 所示。太阳的外层大气温度很高，色球层主要发射紫外线，日冕层主要发射 X 射线。

■ **图 29-2** 日冕是太阳的最外层，也是温度最高的一层。它只有在日食时才能看见。

太阳风　太阳日冕层的外围一直向星际空间延伸，似乎没有明显的分界线。日冕层会不断地向星际空间高速流出等离子体，形成**太阳风（solar wind）**。太阳风是由带电粒子或离子组成的粒子流，其不断向外高速扩散至整个太阳系，并冲击太阳系中的每一颗行星。太阳风不是一成不变的。当太阳自转时，太阳风以300～800 km/s的流速经过地球。带电粒子流运动到地球附近时，会在地球磁场的作用下发生偏转，并被捕获到地球磁场中的两个巨大的环状带（范·艾伦带）里。在这两个环状带中，高能粒子与地球大气发生碰撞，使地球大气发出光芒，这就是我们所看到的极光。极光在地球或太空都可以看见，如**图29–3**所示一般在地球的极地地区看见的极光。

■ **图29–3**　极光是太阳发出的高能粒子与地球大气发生碰撞后产生的。观看极光最好的位置是在地球的极地地区。

推断　*什么时候可以看见极光呢？*

太阳活动

太阳风和太阳的各层大气是太阳的固有特征，一般不会变化，但太阳还有一些随太阳活动周期性发生变化的特征。有些太阳活动包括炽热气体的喷射和成环。这些气体中，有的还具有一定的结构，它们会在时间和空间上以特定的顺序排列。这种结构是由磁场所驱动的。

太阳磁场和太阳黑子　太阳磁场周期性地干扰太阳大气层，使得太阳出现异常的特征。最明显的就是**太阳黑子（sunspot）**，如**图29–4**所示。太阳黑子是出现在光球层上的黑点，位于太阳强磁场穿透光球层的区域。实际上，太阳黑子很亮，只是因为温度比周围区域低，所以看上去显得比周围区域颜色深。太阳黑子的温度偏低的原因是太阳磁场阻止了太阳内部的炽热气体上升到表面而无法加热黑子。太阳黑子以相反的磁极成对出现，就像条形磁铁一样有南、北两个磁极。

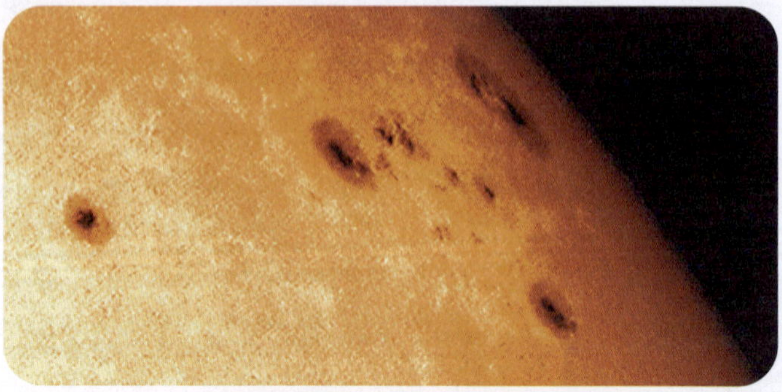

■ **图29–4**　太阳黑子是光球层表面温度相对较低，颜色较暗的区域。它的形成与太阳磁场有关。太阳黑子一般持续几天，有的甚至可以持续几个月。

太阳活动周期 天文学家观测到，太阳黑子的数量变化会呈现一个可预测和相对固定的模式。以太阳黑子数量从最小值到最大值，再到最小值为一个周期，这个过程通常需要11年。当太阳磁场发生逆转时，磁南极变成磁北极。因为太阳黑子是由太阳磁场引起的，所以如果太阳磁场的极性发生逆转，那么成对出现的太阳黑子的极性也会发生逆转。如果考虑到太阳磁场极性的变化，太阳黑子的活动周期可加倍到22年，称为磁周期。而后，磁场转回到原先的极性，由此又开始一个新的循环周期。

☑ **读后自查** **确定** 太阳磁场多久逆转一次？

太阳的其他特征 **图29–5**展示的是由X射线摄影仪拍摄的冕洞照片。冕洞常常位于太阳黑子群的上方，是日冕层中气体密度较低的区域，也是形成太阳风的粒子流逃逸的主要区域。

高度活跃的**太阳耀斑**(**solar flare**)也与太阳黑子活动相关，如**图29–5**所示。太阳耀斑是色球层表面粒子和辐射剧烈喷发而形成的突然增大、增亮的斑块。喷发的粒子通常随太阳风逃逸太阳表面，几天后，这些粒子会撞击地球。人类记录的最强烈太阳耀斑发生在2003年11月，从太阳表面逸出的粒子速度达9 000 000 km/h。

日珥(**prominence**)是太阳活动活跃的另一个特征，有时与耀斑有关。日珥是色球层喷射的弧状气体柱，或者是降落至太阳表面的日冕层内部收缩的气体，如**图29–5**所示。日珥温度能达50 000 K以上，并能持续几个小时到数个月。像耀斑一样，日珥也与太阳黑子和太阳磁场有关，耀斑和日珥的发生都随着太阳活动周期而变化。

■ **图29–5** 太阳表面的其他特征包括冕洞、耀斑和日珥。

太阳的内部

■ **图29-6** 太阳中的能量大部分以辐射的形式从核心区向外传输至75%的辐射区，外层（即对流层）则是靠气体对流的形式传输能量。

你也许会问，使得太阳活动和发出光亮的这些能量来自何处？现已知道，在太阳的核心区域，温度和压力都极高，这里时刻都在进行着核聚变反应。**核聚变(fusion)**是指质量轻的原子核聚合成质量重的原子核的过程，比如氢合成氦。裂变与聚变的反应过程相反，**核裂变(fission)**是质量重的原子核裂变成更小、更轻的原子核的过程，比如铀裂变成铅。

太阳能产生的过程 在太阳核心部位发生核聚变反应，反应物是氢核，产物是氦核。由于生成的氦核的质量小于聚变前四个氢核的质量之和，因此，在聚变过程中就有部分质量损失。按照爱因斯坦的狭义相对论，质量与能量是守恒的，换句话说，质量可以转化成能量，能量也可以转化成质量。质量和能量的这种关系可用$E=mc^2$来表示，其中E代表能量，单位焦耳(J)；m是转化成能量的物质质量，单位千克(kg)；c为光速，单位米每秒(m/s)。狭义相对论解释了在氢聚变为氦的过程中，损失的质量转化成了能量，这就是太阳能量的来源。以目前太阳内部氢的含量及聚变的速率来看，太阳正处于旺盛的壮年期，还能继续"燃烧"50亿年左右。从太阳诞生开始到现在，只消耗了太阳3%的氢。

能量传输 如果太阳的能量都是从其核心区产生的，那么，在太阳开始向地球辐射前，这些能量又是如何从太阳核心区传输到太阳表面的呢？答案就是太阳内部有两个区域，如**图29-6**所示。在太阳的内部，86%都为辐射区，能量以辐射的形式传输。辐射区上面是对流区，在此区域，流动的气体通过对流的形式将能量运送到太阳表面。随着能量向外传递，它的温度从中心的大约1×10^7K降低到色球层的大约5 800 K。离开太阳的最外层后，能量以不同的波长向各个方向传递。这些巨大数量的太阳能中，有很小一部分到达了地球。

■ **图29-7** 能量刺激物质中的不同元素，使之发出不同波长的光。

推断 *光谱的颜色代表什么？*

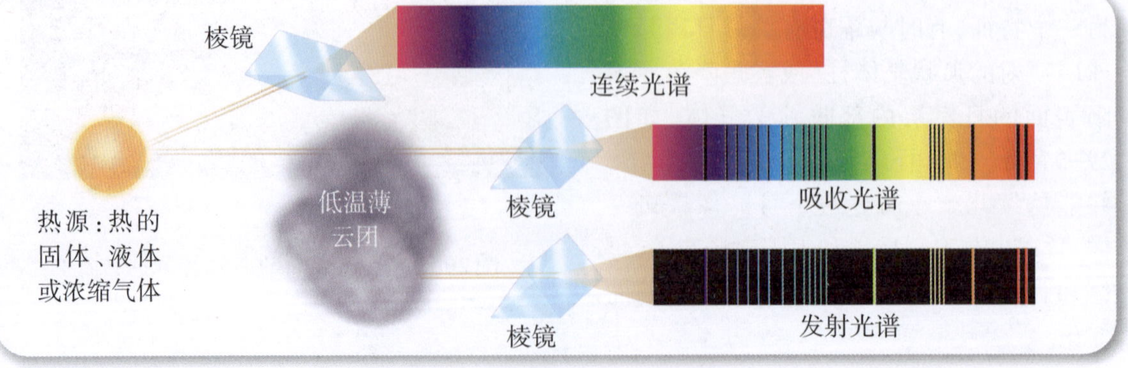

太阳能 每天到达地球的太阳辐射能相当大。在地球大气层顶部，每平方米面积每秒可接收到的太阳辐射能为1 354 J（即为1 354 W/m²）。按此换算，1m²面积接受的太阳辐射能可点亮13个100 W的灯泡。然而，由于地球大气的吸收和散射等作用，并不是所有的能量都能到达地表。

光谱 你肯定看到过雨过天晴时天空中出现的彩虹。彩虹就是一种**光谱（spectra）**，由可见光按波长排列而成。自然界有三种类型的光谱：连续光谱、发射光谱和吸收光谱，如**图29-7**所示。

中间没有断裂的光谱叫连续光谱，比如普通灯泡的灯光透过棱镜后所产生的光谱。炽热的固体、液体或高度浓缩的气体也能发出连续光谱。未经压缩的气体发出光中，包含一些具有特定波长的亮光，这种光谱叫作发射光谱，其中的亮线叫作发射谱线。亮线在光谱中的位置取决于发光元素，因为每种元素都有自己的特征发射谱线。

☑ **读后自查** **描述**连续光谱和发射光谱。

太阳光的光谱有一系列的黑色线条。这些黑色光谱线是由不同的化学元素吸收了特定波长的光而产生的，这样的光谱称为吸收光谱，中间的线条称作吸收谱线。发出连续光谱的光源前如果有温度较低的气体，这些气体就会吸收部分谱线，从而产生吸收光谱。对同一种气体而言，其组成元素能吸收的谱线与该元素自身的发射谱线完全相同，这些谱线在光谱中处于同一位置。因此，通过实验，比较不同气体的发射谱线与太阳光谱中的暗线，就可鉴定出组成太阳外围大气层的元素成分。在本章末的"地学实验"中，你将尝试鉴定谱线。

数据分析实验

科学实验室

基于真实数据*

数据解读

你能指出恒星中的元素吗？天文学家们通过观察恒星的吸收光谱来研究其物质组成。恒星外部圈层中的每种元素都会在恒星的吸收光谱中产生一系列谱线。根据谱线分布，天文学家即可判断恒星的元素组成。

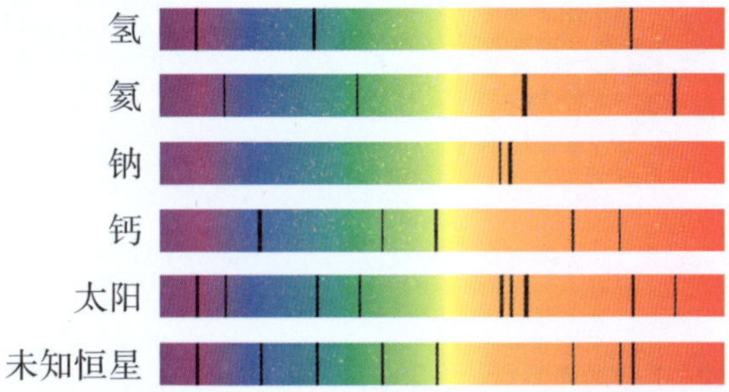

资料来源：James B.Kaler Professor Emeritus of Astronomy. University of Illinois. 1998.

实验分析

1. **研究**四种元素的光谱。
2. **检测**太阳和未知恒星的光谱。
3. **确定**利用尺子和已知元素的谱线确定太阳和未知恒星的元素组成。

批判性思维

4. **指出** 太阳吸收光谱中包含哪些元素？
5. **指出** 未知恒星的吸收光谱中包含哪些元素？
6. **确定** 太阳和未知恒星共同包含哪些元素？

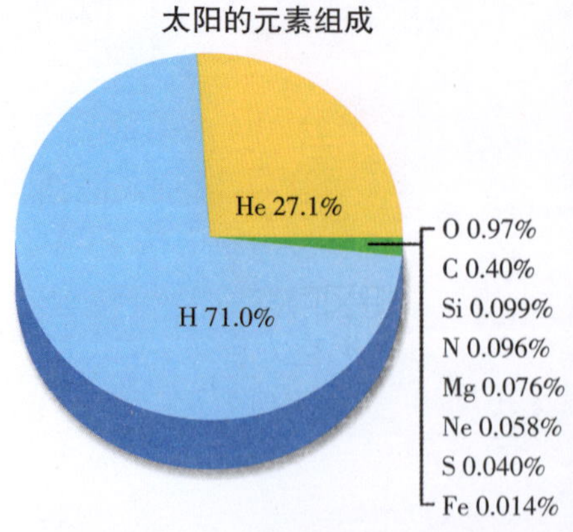

■ **图 29-8** 太阳主要由氢和氦组成，还包括少量的其他元素。

太阳的成分

尽管科学家不能直接从太阳上取样，但他们已经从光谱中很好地了解了太阳的成分。吸收光谱，就如同指纹一样，天文学家可以用它来确定太阳的元素组成。目前，科学家已经确定了太阳含有60多种元素。太阳的组成成分中，71.0%是氢元素，27.1%是氦元素，另外还有一小部分其他元素，如**图29-8**所示。这样的物质成分与其他气态巨行星非常相似。这说明，太阳和气态巨行星的物质组成就是形成太阳系的原始星云的物质组成；而类地行星则在演化过程中流失了绝大多数质量轻的气体，它们组成成分中，质量更重的元素可能是来自于能形成星际云的、死亡已久的恒星副产物。

太阳的成分表明，银河系是一个整体，其中大多数恒星的元素组成与太阳的相似。氢气和氦气在恒星乃至整个宇宙中都占绝对支配地位。即使是濒死的恒星，它的外层依然含有氢和氦，因为它内部的温度可能只用了其10%的氢聚合成氦的能量。相对氢、氦而言，其他所有的元素只占很小的比例。恒星诞生时的质量越大，它一生中产生重元素越多。在本章中你还将学到，恒星的死亡有不同的阶段和宿命。当恒星死亡后，50%的质量会回到星际空间，再次形成新一代的恒星和行星。

第1节　本节回顾

要点梳理

- 太阳集中了太阳系的大部分质量。
- 太阳的平均密度与气态巨行星大致相当。
- 太阳有分层的大气结构。
- 太阳磁场造成了太阳黑子和其他太阳活动。
- 氢聚变成氦的过程中，产生了太阳的能量和组成成分。

要点理解

1. 主要概念 **指出** 太阳具有恒星的哪些典型特征？
2. **描述** 太阳可见层之上的外层气体。
3. **分类** 区分不同类型的光谱及其形成过程。
4. **描述** 太阳核聚变的过程。
5. **比较** 根据**图29-8**，比较太阳和巨行星的成分差异。

批判性思维

6. **推断** 如果地球没有磁场，太阳会对地球有何影响？
7. **联系** 日珥、耀斑与太阳活动周期有何关系？

地学写作

8. 制作一本介绍太阳的分层结构及其特征的指导手册。

第2节 观测恒星

主要概念 恒星的分类可以根据光谱、温度和成分等指标。

核心问题

- 如何测量恒星之间的距离？
- 亮度和光度有什么区别？
- 根据什么性质可以对恒星进行分类？

关键术语

星座
双星
秒差距
视差
视星等
绝对星等
光度
赫茨普龙－罗素图
主星序

地球科学在你身边

夜晚，你坐在一辆在高速路上行驶的车里，对面远处有辆车向你驶来，随着两车距离越来越近，你看到对面车的车灯也越来越亮。距离遥远的恒星或许和距离较近的恒星一样大，一样亮，但因为距离遥远，它们看起来就又小又模糊。

恒星的形状

很久以前，人们就注意到了天空中最明亮的一些恒星，还以动物、神话人物或日常事物给这些成群出现的恒星起了名，并称之为**星座**(**constellation**)。现在，天文学家通常按照祖先命名的88个星座对天空中的这些恒星进行分类。根据观察者所处的位置不同，有些星座常年都可看到。在北半球，你可以看见一些好像在围绕地球北极转动的星座，称为绕极星座。大熊座就是北半球的绕极星座之一。

与绕极星座不同，由于地球围绕太阳公转时位置不断变化，其他星座只能在一年中的某些特定时段才能观察到，如**图29–9**所示。例如，猎户座只能在北半球的冬季才能观察到，而武仙座仅见于北半球的夏季。因此，人们将星座划分为夏、秋、冬、春这几个季节性星图。其中我们最熟悉的是黄道十二宫中的星座。这十二星座在黄道面附近，与我们能看到的行星在同一路径上运动。南半球或北半球可以看见不同的星座，黄道十二宫在两个半球都可以看到。古代的人们根据黄道十二宫安排播种、收割等农业活动，以及礼仪庆典等。

■ **图29–9** 因为地球绕太阳公转，于是天空中可以看到不同的星座。

■ **图 29-10** 星团是相互之间受引力约束的一组恒星。昴宿星属于疏散星团，M13属于球状星团。

星团 尽管星座中的恒星看起来似乎相距很近，但只有极少数的恒星会在引力作用下相互绕转。事实上，因为人类的肉眼无法分辨恒星之间的实际距离，因此，星座中的恒星看起来就显得彼此很近。有时候，两颗恒星在天上看上去好像是左右相邻，甚至几乎挨在一起，然而，其中的一颗也许离地球有100万亿千米，而另一颗恒星则可能离地球200万亿千米远。通过测量恒星的距离以及观察恒星之间的相互作用，科学家可以判断哪些恒星会因为引力作用而相互影响。科学家把在引力作用下相互绕转的一组恒星称为星团，还根据星团中恒星的疏密将它们分类。如金牛座昴宿星团属于疏散星团，因为其中分布的恒星比较疏散，如**图 29-10**所示；而球状星团中的恒星数量很多且紧密聚集，外观呈球状，如**图 29-10**所示的武仙座M13。不同种类的星团如**图 29-12**所示。

☑ **读后自查** **区分**疏散星团和球状星团。

■ **图 29-11** 天狼星和它的伴星（左下方）是一种最简单的星体组合，被称为双星。

双星 如果有两颗恒星在引力作用下围绕共同的质量中心旋转，这样的两颗星就称为**双星**（**binary star**）。星空中一半以上的恒星属于双星或多星体。明亮的天狼星就是双星体的一半，如**图 29-11**所示。如果只用肉眼或一般的望远镜观察，大多数的双星看上去就像是单颗恒星。这是因为，双星的两颗恒星通常靠得很近以至于很难察觉它们其实是分开的，而且，双星中的一颗恒星通常要比另外一颗明亮得多，这样就会干扰人们的观察。

天文学家会根据双星的特点，使用各种方法来鉴别双星。例如，如果双星体中只有一颗恒星是可见的，那么，通过精确的测量，观察主星与看不见的伴星在围绕共同的质量中心转动时，可以通过该双星体的位置是否前后移动来加以鉴别。再如，有些双星体的轨道平面有时会与地球轨道处在同一平面上，在这种情况下，两颗恒星会互相交替遮挡对方，这样，双星体的整体亮度就会发生变化。通过观察这种亮度变化也可鉴别双星。这种类型的双星也叫作食双星。

图解星团

图 29-12 当你抬头观察夜晚的星空时，你会觉得星星似乎是随机排列在天空中的。通过近距离观察，你会发现有的恒星在某一区域十分密集，形成星团。星团是相互之间受引力约束的一组恒星，它们之间的引力作用将恒星牵制在星团中。

银河系 不完全是一个星团，事实上，银河系是一个包含各种不同星团的超大恒星群。

球状星团 由一组密集的相同年龄的恒星组成，受互相之间的引力牵制而成球状，通常被发现于星系的光晕上。

疏散星团 由一组疏散的恒星组成的星团。在英仙座发现的这两个疏散星团非常年轻，里面有不同种类的恒星，包括比太阳黯淡的恒星、巨行星和超巨星等。

双星 最小星团组合，只包含两颗绕同一个质量中心运转的恒星。

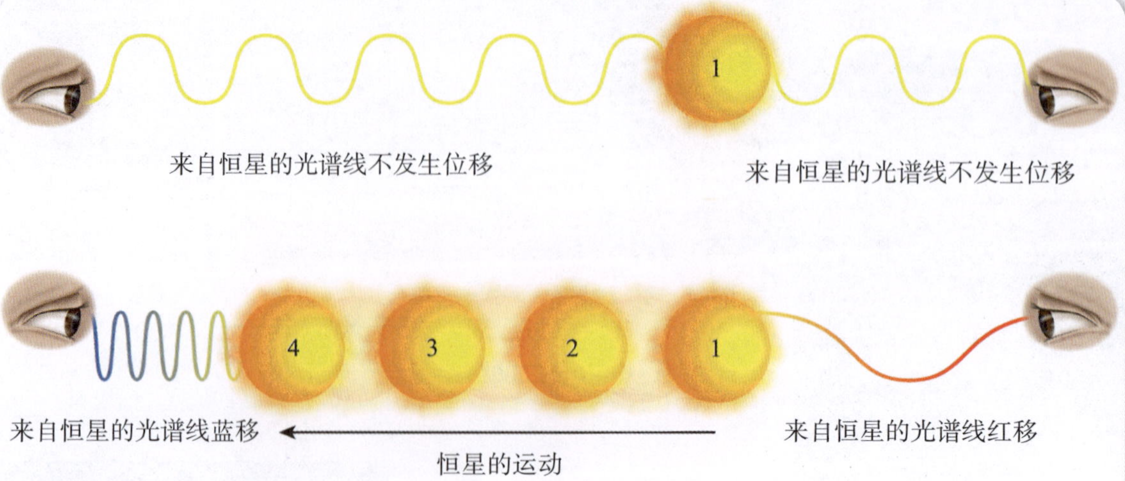

■ **图 29-13** 如果恒星向接近观测者的方向移动，其光谱线会向短波位移，即发生光谱蓝移；如果恒星向远离观测者的方向移动，则光谱线向长波位移，即发生光谱红移。科学家可以利用多普勒频移来确定恒星移动的速度和方向。

解释 *多普勒频移如何造成光的颜色变化？*

多普勒频移 判断恒星是不是双星之一，最常见的方法是找到其微小的波长位移，这就是**多普勒频移(Doppler shift)**。如**图29-13**所示，恒星在观测者的视线中移动时，它的光谱线也会发生位移。如果恒星向接近观测者的方向移动，其光谱线会向短波位移，即发生光谱蓝移；如果恒星向远离观测者的方向移动，则光谱线向长波位移，即发生光谱红移。恒星运动的速度越快，光谱波长的位移越大，因此，仔细测量光谱线的波长可以推断恒星运动的速度。但是，如果恒星是在沿视线方向左右移动，对观测者而言，就不存在多普勒频移。因此，利用多普勒频移，天文学家只能了解靠近或远离地球的恒星的运动状况。例如，如果双星围绕质量中心公转接近或远离地球时，则通过测量其光谱线的多普勒频移就可以发现双星的存在。但是多普勒频移无法分辨出到底是恒星在靠近观测者，还是观测者在靠近恒星，又或是两者在相互靠近。一颗恒星经历周期性的多普勒频移只能解释它是双星之一。通过这种方式识别出来的恒星被称为**分光双星(spectroscopic binaries)**。双星可以揭示许多单个恒星的特征。

恒星的位置和距离

天文学家在测量遥远天体的距离时，通常采用两种单位。其中一种单位你可能很熟悉，就是光年(ly)。一光年表示光在一年内传播的距离，等于9.461×10^{12} km。但天文学家更多使用的是比光年更大的单位——秒差距，一个**秒差距(parsec，缩写为pc)**等于3.26 ly或3.086×10^{13} km。

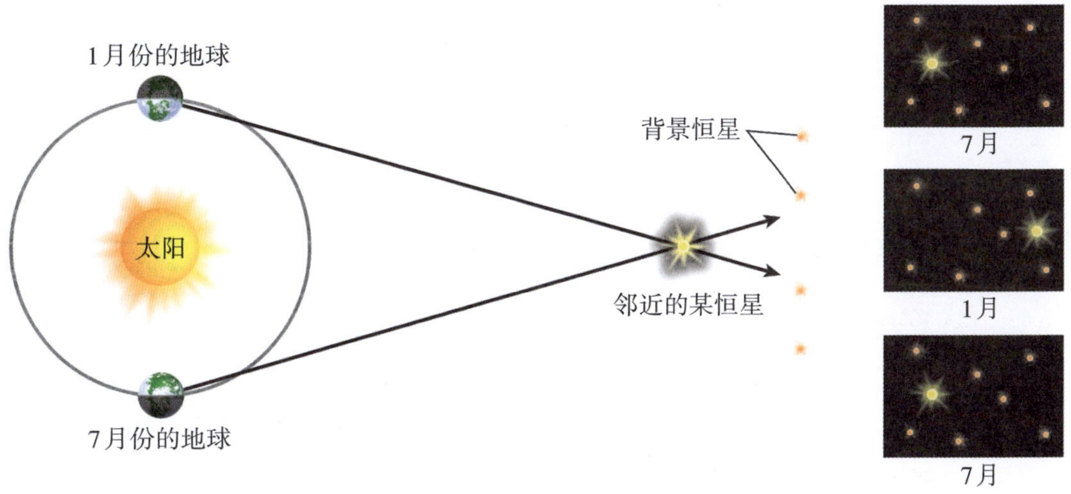

■ **图29–14** 随着地球绕太阳公转，相对于距离地球较远的恒星，较近的恒星在天空中的位置会发生变化。每隔六个月，这一位置的变化会达到最大值，恒星的这两个位置间的角度也会达到最大值。像这样，在观测者的位置上测得的位移称为视差。视差可以用来估算观测者与恒星之间的距离。

预测 *9月份恒星的位置。*

视差 精确的位置测量是获知恒星距离的重要前提。为确定恒星与地球之间的距离，天文学家必须考虑在地球上观测时，邻近的恒星会发生位置偏移这一事实。由于观测者位置变化而导致观测到的恒星的明显位移称为**视差（parallax）**。在这里，观测者的位置变化是地球围绕太阳转动而产生的。当地球从其轨道的一侧运行到另一侧时，邻近的恒星看起来发生了前后移动，如**图29–14**所示。恒星离地球越近，发生的偏移就越大。科学家可以通过测定角度的变化来得到视差的大小，然后再来测算恒星的距离。以前，天文学家利用视差技术能获知最远大约50光年或15秒差距以内恒星的精确距离。随着技术的进步，如利用依巴谷卫星测量视差，天文学家已能获知100秒差距内恒星的精确距离。

☑ **读后自查** **指出**示意图中观测者的移动情况。

恒星的基本性质

恒星的基本性质包括质量、直径和光度，它们之间是相互关联的。温度是另一个性质，并且可以通过寻找恒星的光谱类型来预测。温度可以控制核反应的速率，影响光度或绝对星等。通过绝对星等和视星等的比较，可以用来确定恒星的距离。

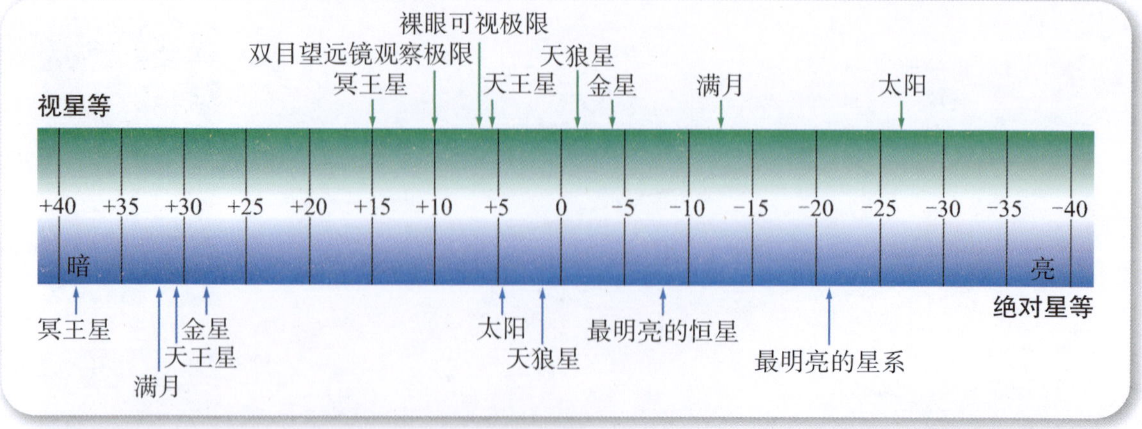

■ **图 29–15** 视星等表示恒星和行星在地球的天空中看起来的亮度。绝对星等则考虑恒星或行星的距离并做了相应的调整。

星等 可以观察到的恒星的最基本的性质之一就是看起来的亮度，也称为**视星等(apparent magnitude)**。古希腊人根据恒星的亮度建立了一个恒星分类体系，分成不同的星等。最亮的恒星为+1等星，其次亮的为+2等星，以此类推。如今，天文学家依然采用这套亮度分类体系，不过，对此进行了一些改进。在这套体系中，星等相差5级，对应的亮度差是100倍。也就是说，+1等星比+6等星亮100倍。

绝对星等 视星等不能反映恒星真正的亮度，因为这个体系没有考虑距离的因素。一颗昏暗的恒星如果距离地球较近，也会显得非常亮，而一颗很亮的恒星可能因为距离地球遥远而看上去暗淡。考虑到这个因素，天文学家建立了另一套亮度分类体系——绝对星等。**绝对星等(absolute magnitude)**是假设恒星被置于距地球10秒差距处的亮度。绝对星等对恒星的分类可以在观察者距离相同的基础上比较不同恒星的亮度。绝对星等分类体系的缺点是只有在知道恒星真实距离的情况下才能计算出其绝对星等。如**图 29–15**所示是几个天体的绝对星等。

光度 视星等不能给出恒星能量输出的真正测量值。欲测量恒星表面每秒能源输出量，即恒星的**光度(luminosity)**，天文学家必须知道恒星的视星等和恒星的距离。由于人类所观察到的恒星亮度取决于恒星的光度和距离，并且因为亮度会按距离平方的规律衰减，因此，测定光度时必须校正距离因素。光度的测量单位是每秒发射的能量，单位一般用瓦特。太阳光度约为 3.85×10^{26} W，相当于 3.85×10^{24} 盏100 W的白炽灯的功率。不同恒星的光度相差很大，范围从相当于太阳光度的0.000 1到超过太阳光度的100万倍。恒星的任何其他性质都没有光度这么大的变化幅度。

恒星的分类

你已经学过，太阳光谱在特定波长处有黑色的吸收线，其他恒星的光谱中也存在黑色吸收线。根据这些吸收谱线的类型就可以对恒星进行分类。光谱线提供了很多关于恒星的温度和成分的信息。

温度 恒星的光谱类型以字母O、B、A、F、G、K、M的次序排列，每大类下又以数字0至9分为更具体的小类。例如，一颗恒星可以被确定为A4或A5类。

这种分类最初只是为了根据光谱线类型而对恒星进行区分，但后来天文学家发现，恒星的光谱类型与恒星温度存在对应关系，O类恒星温度最高而M类温度最低，因此，通过检测恒星的光谱就可以估测其温度。

太阳是G2类恒星，对应的表面温度约为5 800 K。恒星表面温度在从最高50 000 K的O类恒星到最低2 000 K的M类恒星之间变化。**图29-16**表示了不同恒星的光谱是如何分类的。

温度也与光度和绝对星等有关。温度高的恒星比温度低的恒星产生更多的光。对于大多数普通恒星来说，温度与光度对应。根据温度，可以计算出恒星的光度，并确定它的距离。

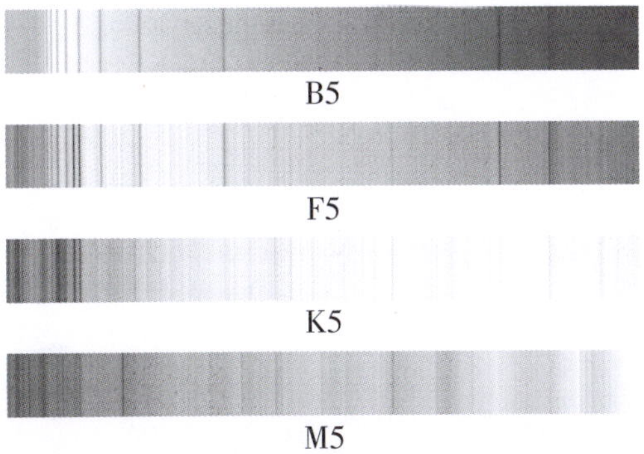

■ **图29-16** 图中是典型的黑色和白色吸收光谱，分别对应B5类恒星、F5类恒星、K5类恒星和M5类恒星。黑色线条是吸收谱线，能告诉我们每颗恒星的元素成分。

迷你实验

科学实验室

模拟视差

视差角度如何随距离的改变而改变？ 如果间隔6个月再观察一颗恒星，它的位置看起来会发生变化，这是因为地球与上一次的观察点相距了3亿千米。这种由于观测者位置变化而导致观测到的恒星的明显位移称为视差。

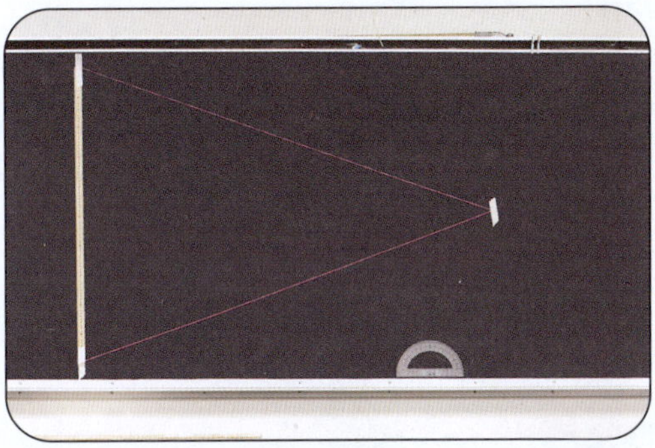

实验步骤

1. 阅读并遵守实验室安全守则。
2. 将米尺放在一个固定的位置，两端分别系上4 m长的绳子。
3. 站在远离米尺处，同时拉住两根绳子的另一端成一个三角形，确保拉直绳子。
4. 用量角器测量两根绳子的夹角，记录绳子的长度及测得的角度。
5. 缩短或加长米尺上绳子的长度，重复步骤3和4。
6. 绘制绳子的长度与绳子同米尺相应角度之间的关系图。

实验分析

1. **解读** 米尺的长度代表了什么？绳子同米尺之间的相应角度代表什么？
2. **分析** 从绘制的图表中可以得出什么结论？视差角度与距离存在什么关系？
3. **解释** 你所测得的角度与实际恒星的视差角度类似吗？请解释原因。

表29-2　不同恒星的光谱类型

恒星的颜色	光谱类型	H-R图
	O5	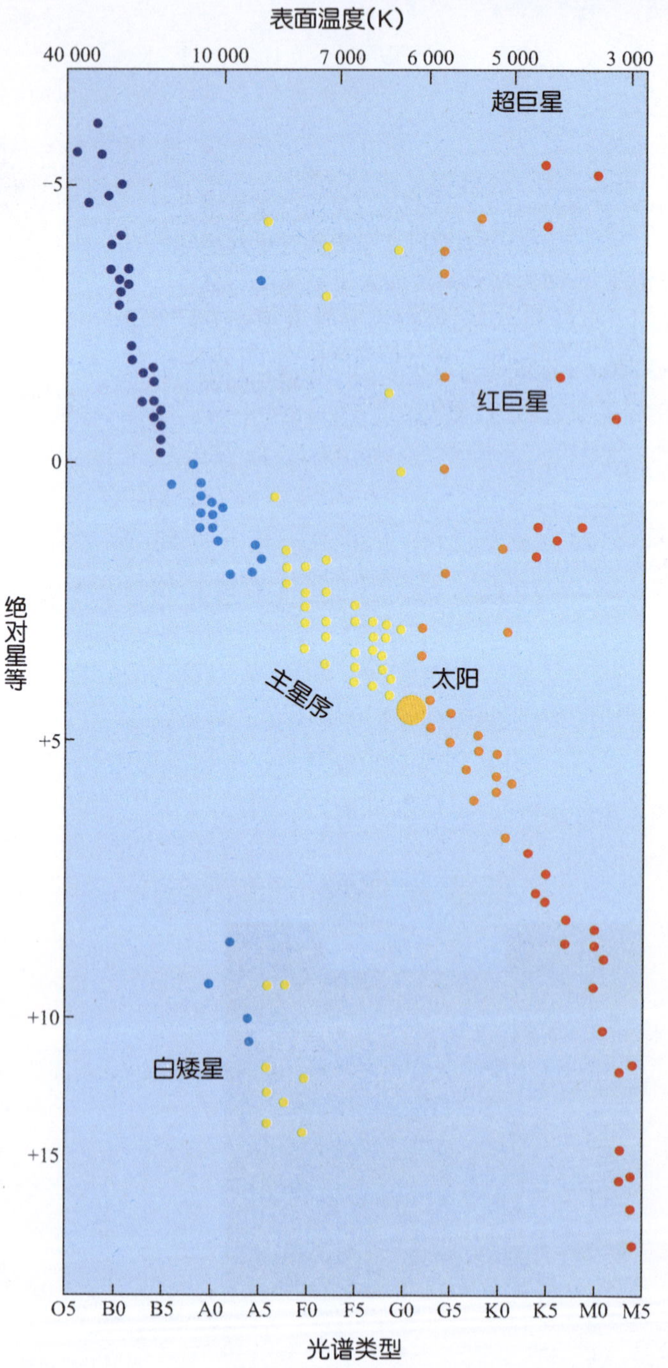
	B5	
	F5	
	G5	
	M5	

成分 尽管包括太阳在内的所有恒星的光谱都有一些差异，但它们却具有几乎相同的组成成分。天文学家发现，不同恒星之所以存在光谱上的差异，都是因为温度效应。如**表29–2**所示，温度高的恒星光谱线稀少且非常简单，而温度低的恒星的光谱线则比较多。对于温度最低的恒星来说，由于其大气中含有某些分子（如氧化钛），因此，光谱上会出现条带状吸收带。典型恒星的物质组成一般为：约73%的氢（H），25%的氦（He），剩下的2%是其他各种元素。不同恒星的组成成分上的差异，主要表现在这最后的2%部分，而恒星的大部分组成则都是相同的。

H–R图 恒星的质量、光度、温度和直径等性质之间有密切的相互关系。每种类型的恒星都有特定的质量、光度、星等、温度和直径，其关系可用**赫茨普龙–罗素图（Hertzsprung Russell diagram）**（H–R图）表示。H–R图的纵轴表示绝对星等，横轴表示温度或光谱类型，如**表29–2**所示。最早的H–R图在20世纪初期绘制，纵轴表示光度的H–R图与**表29–2**非常相似，可用于计算恒星的演化。

图中大部分恒星聚集的区域被称为**主星序（main sequence）**，它从左上角向右下角呈对角线分布。左上角显示炽热、明亮的恒星，右下角显示低温、暗淡的恒星。**表29–3**概述了主星序恒星的基本特征。

地球科学相关职业

光谱学家 有一些专门制作和分析恒星光谱的科学家被称为光谱学家。

表29–3 主星序恒星的性质

光谱类型	质量	表面温度（K）	光度	半径
O5	40.0	40 000	5×10^5	18.0
B5	6.5	15 500	800	3.8
A5	2.1	8 500	20	1.7
F5	1.3	6 580	2.5	1.2
G5	0.9	5 520	0.8	0.9
K5	0.7	4 130	0.2	0.7
M5	0.2	2 800	0.008	0.3

主星序 大约90%的恒星(包括太阳)都集中在H-R图上被称为主星序的宽带中。位于主星序中的恒星,其核内发生着核聚变。这些相互关联的性质意味着这些恒星的内部结构和功能都很相似。当恒星在主星序上进一步演变时,它们核内的氢聚合成氦,核边缘的氢则在燃烧。

太阳靠近主星序的中心,温度和光度处于恒星中的平均水平。恒星的质量决定了其大部分的性质,包括它在主星序的生命周期。质量越大的恒星,中心温度越高,氢燃烧的速度更快。这主要是受辐射压力与引力的比例的影响。辐射压力越高,燃烧越快。结果导致恒星中的氢消耗也越快,这样一来,质量大的恒星比质量小的恒星在主星序中的演化速度也更快。

红巨星和白矮星 处在H-R图右上方的恒星温度非常低,但非常明亮。因为低温表面每平方米发出的辐射量比高温表面少很多,所以这些温度低的恒星必须具有很大的表面积才能如此明亮。科学家把这些巨大、低温而又明亮的恒星称为红巨星。红巨星体积巨大,某些情况下甚至比100个太阳之和还要大,它们当中最大的又被称为红超巨星。如果太阳变成一颗红巨星的话,地球就将被其吞没掉。相反,位于H-R图左下角暗淡、高温的恒星一定非常小,否则它们会明亮得多。这些小而暗淡、高温的恒星称为白矮星。一颗白矮星的大小跟地球差不多,但其质量却相当于太阳。在下一节中,你将了解到这些不同的恒星是如何形成的。

第2节 本节回顾

要点梳理

- 大部分恒星受引力牵制而存在星团中。
- 最简单的星团是双星。
- 视差用来测量恒星间的距离。
- 恒星的亮度与它的温度有关。
- 恒星可以通过光谱进行分类。
- H-R图与恒星的种类、温度和光度等基本性质有关。

要点理解

1. **主要概念 联系** 恒星的温度与恒星的种类有什么关系?
2. **解释**视星等和绝对星等之间的区别。
3. **解释** 如何运用视差来测量恒星间的距离?
4. **对比与比对**光度和亮度。
5. **比较**恒星的视星等和绝对星等。
6. **比较**光年和秒差距。

批判性思维

7. **设计**一个模型来解释视差。
8. **解释** 用**表29-3**解释半径和质量的关系。

地学写作

9. 狮子座的一等星(B类)是狮子座内最亮的恒星,巴纳德星(M类)是离太阳最近的恒星之一。根据**表29-3**,比较这两颗恒星。

第3节 恒星的演化

主要概念 太阳和其他恒星有相似的生命周期，它最后会离开富集重元素的银河系。

核心问题

- 恒星的质量与其演化有何关系？
- 巨大的恒星和一般恒星的生命周期各有什么特点？
- 恒星的生命周期对宇宙有何影响？

关键术语

星云
原恒星
中子星
脉冲星
超新星
黑洞

地球科学在你身边 只要有燃料，篝火会一直发出明亮的火光。然而随着燃料的殆尽，火光会变得越来越弱，直至熄灭。与篝火不同的是，恒星的光来自内部的核反应，但当其核燃料消耗到一定程度，它也会走向死亡。

恒星的基本结构

恒星的质量决定了它的温度、光度和直径。事实上，天文学家已经发现，恒星的质量及其组成几乎决定了恒星的其他所有性质。

质量的影响 恒星的质量越大，其向内部挤压的重力也越大，这样，恒星内部必须具有更高的温度、更大的密度，才能平衡自身的这种重力的作用。恒星内部的温度决定了核反应的速率，进而决定了恒星的能量输出，也决定了它的光度。恒星重力向内的自引力与内部因原子核聚变及辐射产生的向外的张力之间的平衡称为流体静力学平衡。这种平衡必须持续保持，才能维持恒星的稳定。否则，恒星将膨胀或塌陷，如**图29-17**所示。恒星的质量控制着这个平衡。

核聚变 恒星内部发生的变化与太阳内部的情况大致相同：向核心方向，物质的温度和密度不断递增，核心处的原子核聚变产生能量。与太阳一样，主星序上的恒星都是通过氢核聚变成氦产生能量；而主星序以外的恒星，它们的核心处或者发生其他非氢元素的核聚变，或者根本不进行任何核聚变。

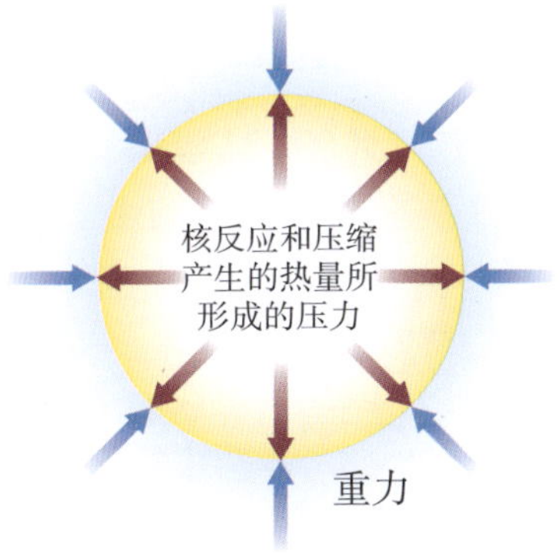

■ **图29-17** 当辐射和聚变形成的压力和重力平衡时，恒星就会维持稳定，不会扩张或变异。

恒星的演化

由于恒星核心处不断发生着将一种元素转变成另一种元素的核聚变反应，因此，恒星的内部组成也在不断变化，这样，随着时间的推移，恒星就会不断演化。由于核心处物质组成的变化，恒星的密度变大，温度升高，光度也增大。只要恒星稳定地进行氢向氦的转化，它就依然属于主星序恒星。最终，恒星的核燃料燃尽。与此同时，恒星的内部结构和产生向外压力的机制也需要改变，以平衡向内的重力作用。这些变化从恒星形成之初便开始了。

■ **图29-18** 随着引力将陨落物质吸入旋转盘中，原恒星的温度会持续上升。当原恒星内部开始发生核聚变反应时，原恒星就变成了恒星。

推断 *盘状内的气体和物质会发生什么情况?*

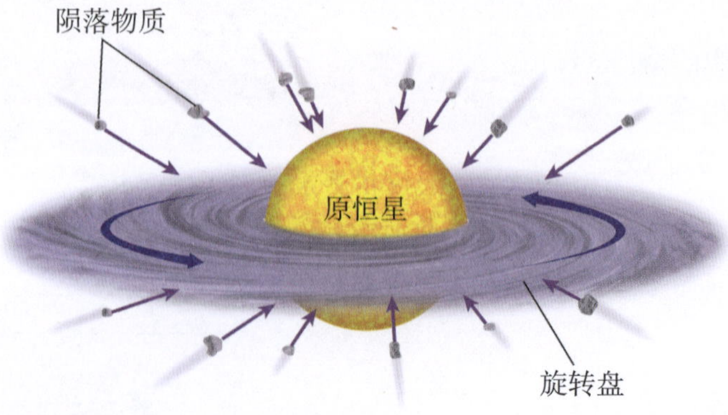

恒星的形成 所有恒星的形成方式与太阳的形成基本相似。恒星都是由一团星际气体和尘埃，即**星云**(**nebula**)形成的。星云在自身引力作用下发生坍塌。随着星云的收缩，星云在自转作用下形成盘状的外表，而中心则是高温的密集体——**原恒星**(**protostar**)，如**图29-18**所示。引力的摩擦会持续增加原恒星的温度，直到密集体达到引发核反应的温度，并逐步演化为新星，原恒星的谱线在红外波段最明亮。

☑ **读后自查** **推断** 原恒星呈圆盘状的原因是什么?

核聚变的开始 当原恒星内部的温度不断升高时，就会引发核聚变反应。最先开始的反应一般总是氢转化为氦。这个反应一旦开始，恒星就变得稳定，因为反应产生的热量使得恒星内部产生了足够的向外的张力，以平衡外部重力。这样，原恒星变成了真正的恒星，随后即依据自身的质量开始了在主星序上的演化。新星通常能照耀周围环绕的气体和尘埃，如**图29-19**所示。

■ **图29-19** 用斯皮策太空望远镜红外波段拍摄到的象鼻星云中的原恒星。

以太阳为例的恒星生命周期

恒星的生命进程取决于其质量。例如，像太阳这样的恒星，其核心区发生的核聚变反应将氢转变为氦。随着核心区密度和温度缓慢升高，核反应速率加快，恒星就会变得越来越明亮。对于质量与太阳相当的恒星，大约需要100亿年的时间才能将其核心区的所有氢转变为氦。因此，这样的恒星在主星序上的生命周期约为100亿年。然后，小质量恒星生命周期的下一阶段是进化为红巨星。

红巨星 对于一颗恒星而言，由于外部区域的温度永远无法达到发生核聚变的临界值，因此，只有最核心区约占总质量10%的部分才会发生核反应。当核心区的氢耗尽时，恒星便有了一个氦心，而外围主要由以氢为主的气体组成。一些氢在氦心边缘很薄的区域内继续反应，如**图29-20**所示。由这个薄层产生的能量促使恒星的外层膨胀并冷却。此时，恒星变成红巨星。

成为红巨星后，恒星外层气体逃逸。由于恒星的体积巨大，表面引力很弱，恒星变得不稳定，由此导致的小规模膨胀、收缩或冲击，使得外层的物质脱离。同时，恒星的核心区温度升到足够高，达到1亿开尔文，使得氦开始聚合成碳。恒星又收缩回正常的大小，进入一个稳定阶段。不过，氦反应阶段的时间仅仅是前面氢聚变阶段时间的十分之一。随后，当核心区的氦用完时，恒星就剩下了碳核心。

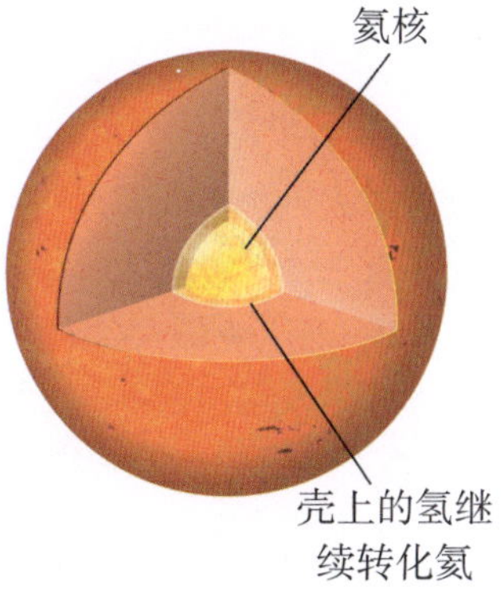

■ **图29-20** 如果红巨星内部的温度足够高，氦开始转化为碳。在其外部的球状外壳上，氢继续转化为氦。外层大气的低温是由恒星扩张导致的，而温度的降低导致它看起来呈红色。

最后阶段 质量如太阳大小的恒星，其核心部分永远达不到碳核聚变的温度，因此它在氦聚变终止后不再产生能量。此后恒星外层再次膨胀，气体物质被源自外层的震荡而抛射向宇宙空间，这层气体的外壳即为行星状星云。不过，虽然称其为行星状星云，但实质上它跟行星没有任何关系。如**图29-21**所示，在行星状星云的中心，恒星残留的核心裸露，成为像地球那样大小的一个小而高温的物体，然后恒星就变成了由碳组成的白矮星。

白矮星的内部压力 尽管缺乏核反应，白矮星依然非常稳定，这是因为其内部被紧密压缩的电子产生了足够的斥力，因而不需要内部产生热量来维持与外部引力的平衡。天文学家发现，恒星核心残留的质量只要小于太阳质量的1.4倍，电子的斥力就能和引力达到平衡而支持星核。因为小质量的恒星很暗淡，并且消耗核燃料的速度没那么快，因此这类恒星在主星序上的生命周期往往能比质量大的恒星维持更长时间。由于电子产生斥力不要求核聚变不断进行，所以它可以无限期地持续下去。白矮星的温度一般比较低，最终它会失去亮度，成为无法察觉的黑矮星。

■ **图29-21** 爱斯基摩星云中心的恒星现在是一颗白矮星。它也是其周围剩余气体的来源。

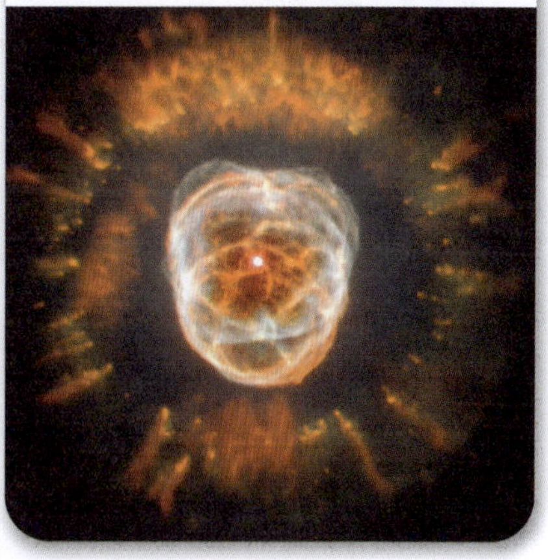

大质量恒星的生命周期

比太阳质量更大的恒星，其演化道路非常不同。大质量恒星在生命周期的开始阶段与太阳类似，核心区也发生氢聚变为氦的反应，只是在主星序上处于更高的位置。这类恒星在氢聚变阶段停留的时间很短暂，因为这类恒星非常明亮，以至于内部的核反应燃料很快被消耗完。

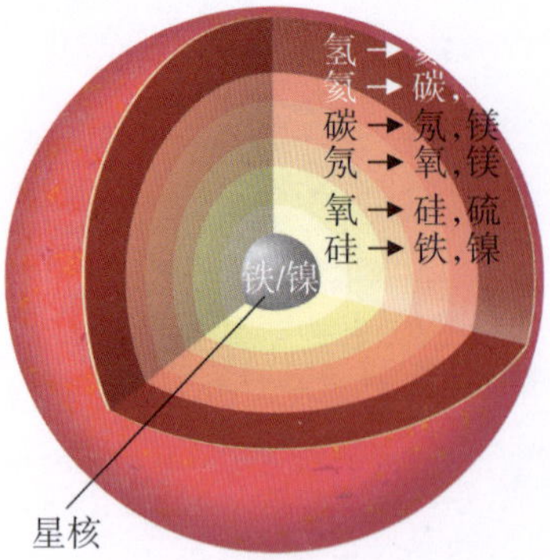

■ **图 29–22** 质量巨大的恒星可以有许多圈层进行核聚变，产生不同元素组成的壳。这些恒星是宇宙中较重元素的来源。

超巨星 大质量恒星要经历更多的反应阶段，因此其内部会发生不同元素的核聚变反应，产生一系列不同的化学元素。每个核反应阶段结束后，恒星都会膨胀为红巨星，如此反复若干次。随着核聚变反应过程中产生的越来越多的元素圈层，如**图 29–22**所示，恒星膨胀，体积更大，成为一颗超巨星，如猎户座的参宿四。

超新星的形成 一些恒星在演化中质量损失不够，不能成为白矮星。初始质量为太阳质量 8～20 倍的恒星因为演化后期最终残留的星核质量太大，电子产生的斥力无法支持，这样的恒星的演化结局会非常剧烈。一旦恒星的核心区产生了铁元素，将无法发生进一步的反应以产生能量，星核自身发生剧烈塌陷，如**图 29–23**所示。在这个过程中，核心区的电子和质子结合形成中子。像电子一样，中子也不能被压缩得太紧密。中子的斥力阻止了星核进一步坍缩，星核随之演化为**中子星**(**neutron star**)。中子星的质量约为太阳的 1.4～3 倍，但直径却只有大约 20 km！中子星的密度高得难以置信——约为水密度的 100 万亿倍，与原子核的密度处在同一水平。

脉冲星 有的中子星很特别，除极高密度外，它们自转也极快(1 000 转/秒左右)，并且有超强的磁场，因此它们能发射脉冲信号。这些恒星的磁场使它们的光聚焦呈圆锥状发射。然后随着这些中子星的自转，它们所发出的每一个光锥都会扫过地球所在的方向，因而这些旋转的中子星所发出的光看起来就像是一系列的光脉冲。这种中子星也称为**脉冲星**(**pulsar**)。

■ **图 29–23** 当恒星的最外层坍缩成中子核时，中子的中心部分就会产生压力。这个压力会导致这部分物质以超新星的形式向外扩张，留下的部分形成一颗中子星。

比较 *超巨星和中子星的半径。*

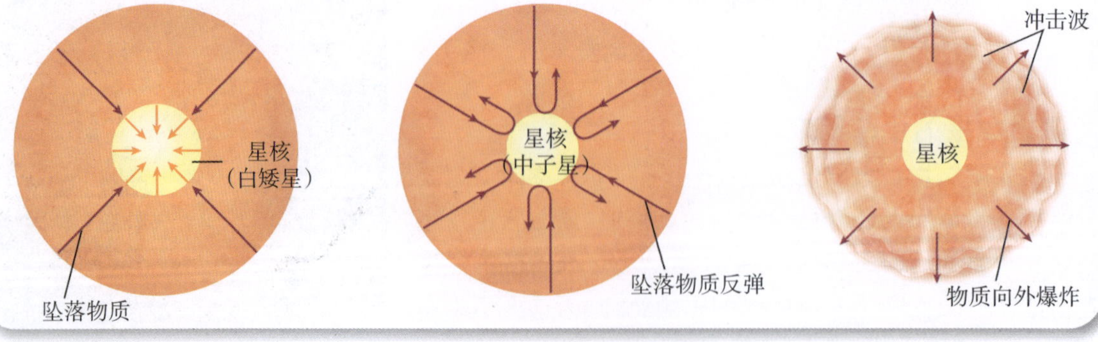

超新星 中子星的形成速度很快，同时恒星的外层物质仍然朝星核方向坠落。当下落气体撞击到中子星坚硬的外壳时会发生反弹，形成向外的爆炸。恒星的整个外层部分在一次大规模爆炸中被抛射到宇宙空间，这次大规模爆炸称为**超新星**（**supernova**）爆发。爆炸产生了比铁还要重的元素，从而丰富了宇宙的物质组成。如**图29-24**所示是超新星爆炸之前和正在爆炸的影像。天文学家在1987年2月记录到了这一次超新星爆炸事件。一颗远距离的超新星爆炸可能比它所在的整个星系都还要亮。

黑洞 另一些恒星由于质量太大，甚至不能形成中子星。如果恒星的质量大于太阳质量的3倍，相互挤压的中子所产生的斥力就无法支撑星核。一个开始演化时质量超过太阳质量20倍的恒星，因不能突破这一质量底线而无法形成中子星。中子之间的斥力无法阻止坍塌，因此星核不停地坍缩，将物质压缩在越来越小的空间中。这样一个体积极小但密度极大的残留天体，就称为**黑洞**（**black hole**）。由于引力巨大，任何物质，甚至光线，都不能逃脱黑洞的吸引。天文学家无法观察到黑洞内究竟发生着什么，但他们可以观察呈螺旋状进入黑洞的X射线发出的气体。

图29-24 在大麦哲伦星云中的一颗恒星经历超新星爆发之前，它在天空中看起来与其他星云并没有什么不同。

第3节 本节回顾

要点梳理

- 恒星的质量决定了它的内部结构和其他性质。
- 对于一颗稳定的恒星来说，引力和压力是相互平衡的。
- 如果恒星核内的温度足够高，它就开始聚合出比氢更重的元素。
- 当恒星外层物质碰撞到中子星核，并向外爆炸时，就出现了超新星。

要点理解

1. 主要概念 **解释**恒星的质量如何决定它的演化。
2. **推断**恒星的质量如何决定它的流体静力学平衡。
3. **确定**恒星的质量如何决定它的生命周期。
4. **确定** 为什么只有质量较大的恒星为星系中的重元素做出了重要贡献？

批判性思维

5. **解释** 如果大质量的恒星在其生命周期的最后没有发生爆炸，宇宙会有何不同？
6. **辨别** 在主星序恒星、白矮星、中子星和黑洞中，是否存在引力和压力的平衡？

地学写作

7. 观察其他星系中的一颗超新星，并写一篇描述性的文章。

地球科学与技术

空间气象和地球

强烈的飓风和龙卷风会对房屋和其他建筑物造成价值数百万美元的损失。这样的强风暴还可能造成某些地区的人员伤亡和电力、通信系统的中断。在宇宙空间中，也有这样的天气现象。太阳风暴会对地球造成怎样的影响呢？

空间气象 太阳耀斑和日冕抛射的太阳风暴向宇宙空间释放了数十亿高能粒子，这些粒子的运动速度可以高达2 000 km/s。其中的一些粒子会与位于其运动路线上的地球磁层发生碰撞，就像河水遇到河中央的大块岩石一样。通常，地球的磁层会使这些来自太阳的粒子的运动路径发生偏转，但是，当太阳风暴足够强烈时，这些高能粒子会导致地球上的电力和通信系统中断。

监测空间气象 美国的两个政府机构：美国国家航空航天局、美国国家海洋和大气管理局，会对包括太阳耀斑和太阳风暴在内的空间气象进行监测并每日更新相关信息。电力公司、联邦航空管理局和美国国防部等都会利用这些数据，来帮助减小太阳风暴带来的损失。

通信 通信卫星、定位系统和军事信号都依赖由地球电离层反射的无线电波。电离层是具有带电粒子的一层大气，尤其容易受到来自太阳的高能粒子的干扰。这些高能粒子会扰乱无线电信号，并中断信息传输。

卫星 太阳风暴会造成地球高层大气温度和密度的变化，进而导致卫星偏离其运行轨道。为避免出现这种现象，卫星必须被转移到更高的轨道上。另外，通信卫星还可能受聚集的带电粒子的影响而无法工作。

一次大规模的日冕物质抛射以每小时数百万千米的速度向宇宙空间喷发了超过十亿吨的粒子。幸运的是这种大规模的抛射事件十分罕见。

电力 电力公司会特别留意接收有关太阳风暴的信息，以避免造成电力中断。太阳风暴会通过供电线中产生感应电流而导致电力中断。1989年，一次太阳风暴造成了加拿大一些地区9个小时的电力中断。这次事件影响了约600万人，电力公司花费的维修费用也超过1 000万美元。

地学写作

小册子 探索更多有关空间气象的资料，并制作一本能够用来回答关于空间气象常见问题的小册子。小册子中要包括有关空间气象的成因，以及为什么要监测空间气象等信息。

鉴别恒星的光谱线

实验背景：天文学家通常从鉴定天体的光谱线开始，来研究恒星或其他类型的天体。通过分析光谱线的特征，天文学家就能获知遥远天体的化学组成、温度以及其他一些性质。

实验问题：根据两条已知谱线，如何鉴定恒星光谱中的其他谱线。

实验材料

尺子

实验步骤

1. 阅读并遵守实验室安全守则。
2. 找出恒星1上两个标记的光谱线之间的差值。
3. 精确测量两条标记的光谱线之间的距离。
4. 通过将两条光谱线波长的差值除以所测量的光谱线之间的距离，来建立一个转换标准。例如，1 mm距离代表12 nm的波长。
5. 测量一条已标记的光谱线到任意一条未标记的光谱线之间的距离。
6. 将这些距离转换成波长。你所测得的实际上是两条光谱线波长之差，因而转化得到的这个值必须加上或者减去原来标记的光谱线的波长。如果标记的光谱线位于被测量的光谱线的右侧，那么就减去你所测得的值。反之，则需要加上。最后所得的才是待测光谱线的实际波长。

可能的元素和对应波长

元素/离子	波长(nm)
H	383.5，388.9，397.0，410.2，434.1，486.1，656.3
He	402.6，447.1，492.2，587.6，686.7
He^+	420.0，454.1，468.6，541.2，656.0
Na	475.2，498.3，589.0，589.6
Ca^+	393.4，480.0，530.7

7. 将所得到的波长值和上表中各元素发射谱线波长进行对比，识别光谱中的元素。
8. 重复上述步骤，鉴别恒星2光谱中的谱线。

实验分析

1. **指出** 根据恒星光谱图，你认为该恒星上哪些元素最常见？试说明理由。
2. **解释** 对上表中所列举的所有元素而言，两颗恒星的光谱图中对应谱线相同吗？
3. **评估** 在恒星光谱图中，某些元素的吸收谱线较宽，这对你的测量精度有何影响？能否改进测量方法以降低这种影响？请说明理由。

课题探究

自主设计 找到阳光、荧光和白织灯光等各种光源的光谱，并将它们的光谱线与地学实验室中的光谱线进行对比，找出有哪些共有的元素。

恒星1

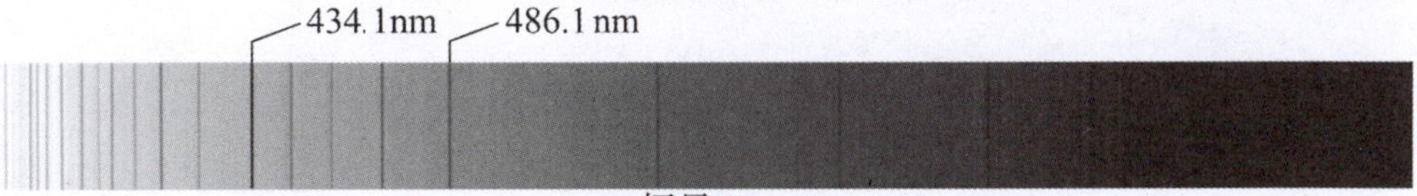

恒星2

第29章 复习指南

大概念 每一颗恒星的生命周期都取决于它的质量、光度、亮度、温度和组成。

第1节 太 阳

关键术语
- 光球层
- 色球层
- 日冕层
- 太阳风
- 太阳黑子
- 耀斑
- 日珥
- 核聚变
- 核裂变

主要概念 太阳集中了太阳系的大部分质量，它还有许多其他恒星都具备的典型特征。

要点梳理
- 太阳集中了太阳系的大部分质量。
- 太阳的平均密度与气态巨行星大致相当。
- 太阳有分层的大气结构。
- 太阳磁场造成了太阳黑子和其他太阳活动。
- 氢聚变成氦的过程中，产生了太阳的能量和组成成分。

第2节 观测恒星

关键术语
- 星座
- 双星
- 秒差距
- 视差
- 视星等
- 绝对星等
- 光度
- 赫茨普龙-罗素图
- 主星序

主要概念 恒星的分类可以根据光谱、温度和成分等指标。

要点梳理
- 大部分恒星受引力牵制而存在星团中。
- 最简单的星团是双星。
- 视差用来测量恒星间的距离。
- 恒星的亮度与它的温度有关。
- 恒星可以通过光谱进行分类。
- H-R图与恒星的种类、温度和光度等基本性质有关。

第3节 恒星的演化

关键术语
- 星云
- 原恒星
- 中子星
- 脉冲星
- 超新星
- 黑洞

主要概念 太阳和其他恒星有相似的生命周期，它最后会离开富集重元素的银河系。

要点梳理
- 恒星的质量决定了它的内部结构和其他性质。
- 对于一颗稳定的恒星来说，引力和压力是相互平衡的。
- 如果恒星核内的温度足够高，它就开始聚合出比氢更重的元素。
- 当恒星外层物质碰撞到中子星核，并向外爆炸时，就出现了超新星。

第29章 复习检测

术语回顾

从复习指南中选取匹配下列描述的术语。

1. 太阳的最外层大气，温度大约为1 000 000 K。

2. 将氢一类的轻核聚合成更重的核。

3. 太阳光球层表层温度较低的黑点。

4. 由于观测者的移动而导致的物体明显位移。

5. 从日冕层流出，并扩散至整个太阳系的带电粒子流。

6. 两颗恒星受引力相互约束，并绕一个共同的质心转动。

7. 从恒星表面面积单位上每秒输出的功率或能量。

8. 恒星外层掉落而引起的一次爆炸。

术语辨析。

9. 食双星，分光双星

10. 巨星，主星序恒星

11. 视星等，绝对星等

12. 黑洞，中子星

13. 核裂变，核聚变

解释下列术语。

14. 星座

15. 日珥

16. 主星序

17. 星云

18. 超新星

19. 黑洞

20. 原恒星

理解要点

根据下图，回答第21题。

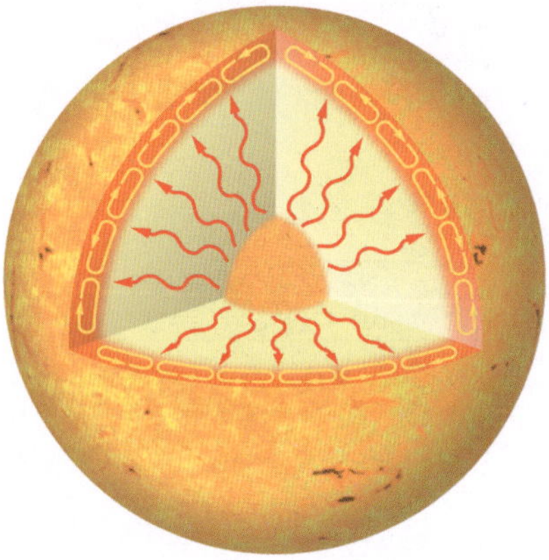

21. 从中心开始，太阳各层的正确顺序是什么？

A. 辐射区，核心，对流区

B. 核心，对流区，辐射区

C. 核心，辐射区，对流区

D. 对流区，地幔，辐射区

22. 为什么太阳黑子看上去颜色比较深？

A. 它们比周围的温度更低

B. 它们是太阳内部的洞

C. 它们没有强磁场

D. 它们比周围的温度更高

23. 为什么太阳的物质组成与气态巨行星很相似？

A. 它们是在同时期形成的

B. 它们都损失了较重的元素

C. 它们都是由相同的星际云形成的

D. 它们都获得了较重的元素

24. 太阳的磁性与它的活动周期有什么联系？

A. 当太阳活动周期开始时，它的磁场会改变方向

B. 太阳活动周期与太阳黑子数量的峰值相关

C. 太阳活动周期与太阳耀斑的数量无关

D. 太阳耀斑与地球上的磁暴无关

25. 下列有关双星的说法哪项是不正确的？
A. 它们看上去通常就像是一颗恒星
B. 它们绕共同的质心运动
C. 它们是一个星系中最常见的恒星
D. 它们通常有相同的亮度

根据下图，回答第26题。

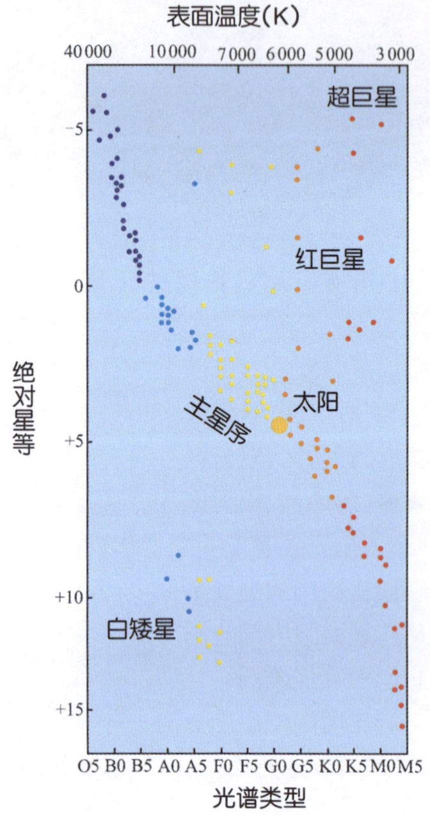

26. 下列有关恒星的光谱分类系统的说法哪项是正确的？
A. 一颗A类恒星比一颗M类恒星更冷，但是比一颗F类恒星更热
B. 一颗O类恒星比一颗B类恒星更冷，但是比一颗F类恒星更热
C. 一颗K类恒星比一颗G类恒星和一颗M类恒星都要热
D. 一颗G类恒星比一颗B类恒星更冷，但是比一颗K类恒星更热

27. 恒星的哪两个关键性质决定了其他所有性质？
A. 半径和直径
B. 质量和半径
C. 物质组成和质量
D. 直径和物质组成

28. 对于像太阳这样的恒星，下列哪个时间顺序是正确的？
A. 主星序恒星，红巨星，白矮星，行星状星云
B. 行星状星云，红巨星，白矮星，主星序恒星
C. 主星序恒星，白矮星，行星状星云，红巨星
D. 行星状星云，主星序恒星，白矮星，红巨星

简要概述

29. **地球科学相关职业** 通过观察星团中的恒星，天文学家能够告诉我们不同质量的恒星是如何演化的。

30. **详述** 如果地球公转轨道的直径变成现在的2倍，恒星视差和我们测量恒星距离的方法会受到什么影响？

31. **解释** 为什么我们说太阳活动的周期是22年而不是11年？

根据下图，回答第32~33题。

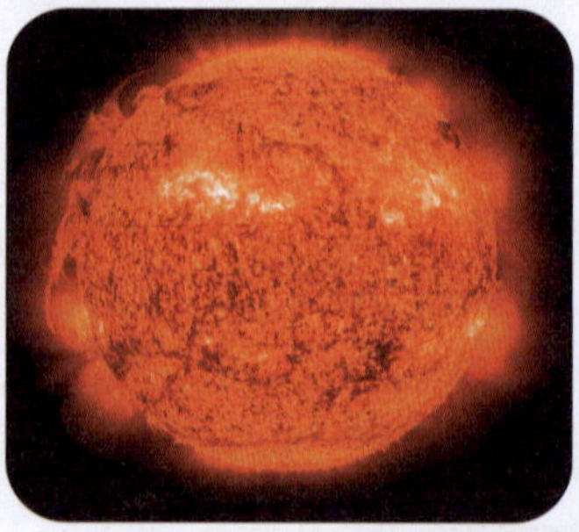

32. **指出** 这张照片中可以看出太阳的哪几层？

33. **指出**这张照片中太阳表面相对明亮和黑暗的区域。

34. **解释**日珥和太阳磁场的关系。

批判性思维

35. **推断** 为什么太阳的中心比表面更热?

36. **预测**除太阳之外的恒星的分层情况和物质组成。

37. **解释** 为什么太阳的密度这么大,但它却是气态的?

根据下图,回答第38~39题。

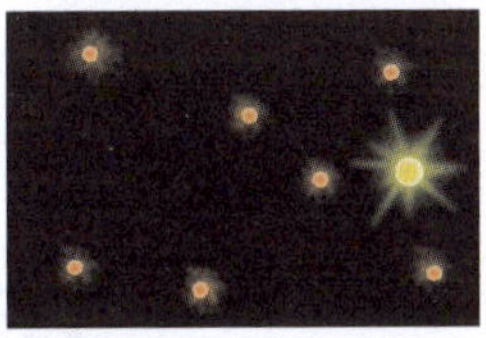

1月

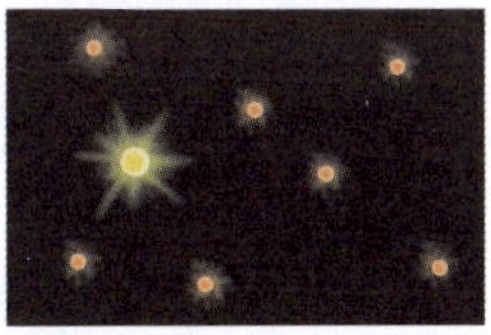

7月

38. **绘制** 根据示意图,画出地球、太阳和其他恒星在3月和11月时的相对位置。

39. **推断**视差对科学家确定恒星的大小和亮度有何帮助。

40. **推断** 为什么选择秒差距,而不选择天文单位或光年作为表示恒星距离的标准单位?

41. **比较** 根据H-R图,比较一颗B5类恒星和太阳。

42. **比较**超新星、中子星和脉冲星。

43. **对比**行星状星云和超新星之间的区别。

概念图解

44. 运用下列术语来绘制一个概念图:*核聚变*、*亮度*、*原恒星*,还可以加一个其他术语。

挑战难题

45. **组织**一个确定一颗恒星是否为双星之一的探究活动。

地学写作

46. 安妮·坎农建立了现代光谱分类系统。查找一些她的研究成果的相关资料,然后写一段话来阐述她为女性投身科学领域所做的贡献。

材料分析

双星互绕对方旋转。径向速度是指双星中的恒星靠近或远离观测者的运动速度。将每颗恒星的最高速度减去最低速度,再除以2,就能得到它们的平均速度。

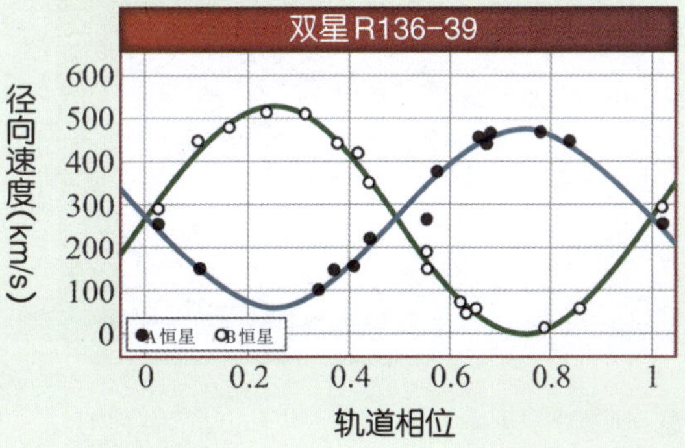

资料来源:Massey, P., et al. 2002. Orbit of four very massive binaries in the R136 cluster. *The Astrophysical Journal* 565: 982–993.

47. 如果体积更大的恒星平均速度更小,那么哪颗恒星的质量更大?

48. 当恒星的轨道相交时,对于观测者来说,会看到"食"现象。那么在轨道的什么位置处,可能会出现"食"现象?

综合复习

49. 地壳中含量最丰富的矿物族是哪一个?**(第4章)**

50. 概述气团是如何形成的。**(第12章)**

51. 岩浆侵入地壳而不从地表喷发出来所形成的结构是什么?**(第18章)**

52. 什么导致星际云崩塌,并开始形成恒星?**(第28章)**

选择题

1. 在12月，南极比一年中的其他任何时候都要更靠近太阳，同时北极则离太阳最远。这时，北半球处于什么节气？
   A. 冬至
   B. 夏至
   C. 春分
   D. 秋分

根据下图，回答第2～3题。

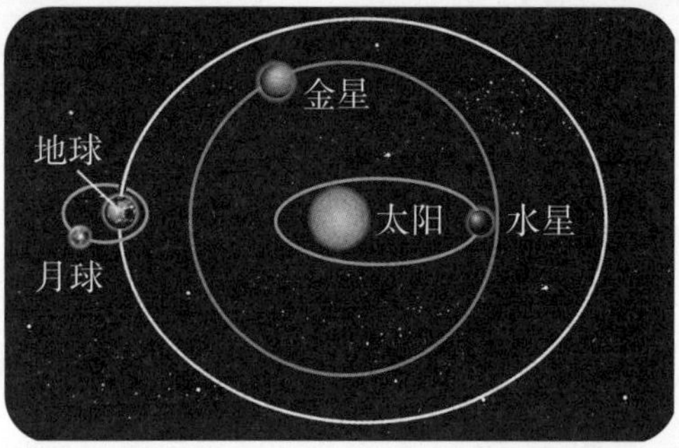

2. 哪颗行星在自己的轨道上运行得最快？
   A. 水星
   B. 金星
   C. 地球
   D. 太阳
3. 图中哪条轨道的偏心率最接近0？
   A. 水星　B. 金星
   C. 地球　D. 月球
4. 沉积岩地层以1 cm/y的速率沉积。如果有一个地层厚350 m，那么它需要沉积多久？
   A. 350年
   B. 3 500年
   C. 35 000年
   D. 350 000年
5. 下列哪颗气态巨行星最大？
   A. 木星
   B. 土星
   C. 天王星
   D. 海王星
6. 下列哪一种能源不是来自太阳？
   A. 风能　B. 水能
   C. 地热能　D. 海洋能

根据下图，回答第7～9题。

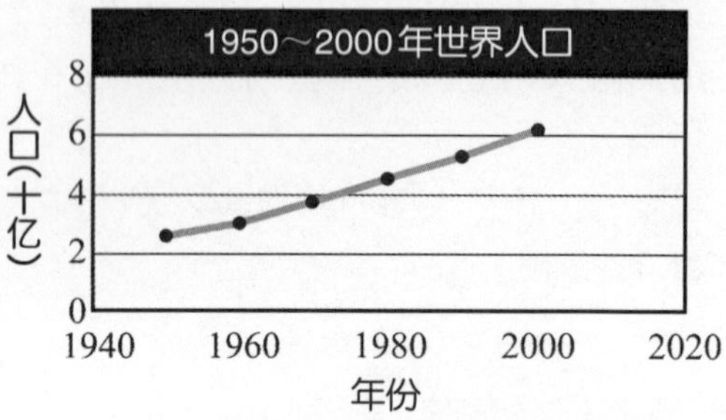

7. 从上图中能得出哪一个结论？
   A. 再过80年，地球上将养活不了这些人口
   B. 世界人口的增速为每十年增加10亿人
   C. 1940年世界上大约有25亿人口
   D. 按照图示的增长趋势，在2020年前世界人口就会超过70亿
8. 根据上图，你能得出关于地球的承载力的什么推断？
   A. 地球上的人口正处于平衡状态
   B. 地球还未达到其承载力
   C. 地球已经达到其承载力
   D. 地球已经超过其承载力
9. 在上图中，年份是什么？
   A. 常量
   B. 因变量
   C. 自变量
   D. 变量
10. 太阳黑子形成的原因是什么？
   A. 强磁场穿过光球层所致
   B. 带电粒子流入太阳系所致
   C. 它们是光球层表面的黑点，温度比周围更高
   D. 日冕中低密度气体区

简答题

根据下图，回答第11～13题。

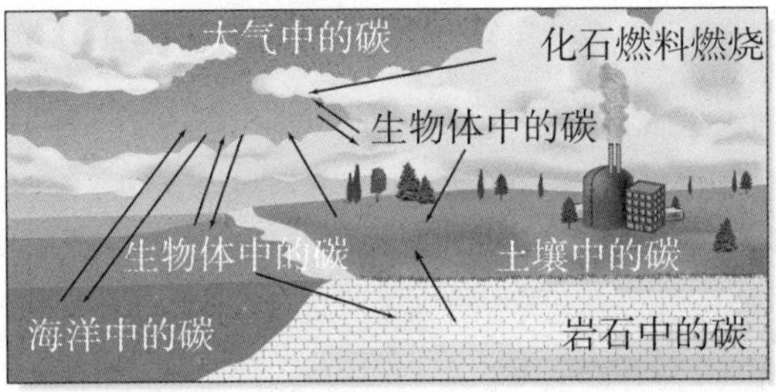

11. 描述上图所示的过程。

12. 为什么燃烧化石燃料是这个过程中的重要组成部分?

13. 为什么大气中的碳和生物体中的碳之间有两个箭头?

14. 描述如果地球上没有生命，地球的大气会有什么不同。

15. 为什么全球变暖导致的温度微小上升也会对地球造成威胁?

16. 为什么设计公交快车道是一个很好的节能办法?

阅读理解

太阳对气候的影响

一项最新的研究结果显示：太阳黑子能改变地球从太阳处获得能量的数量，但是不足以影响地球上的气候变化。太阳在全球变暖中所扮演的角色一直以来都充满争议，而且也很有可能会继续成为争议的焦点。

自从伽利略时期以来，科学家们一直在思考太阳与地球气候之间的关系。我们经常有这样的直观感受，就是太阳不同程度的亮度，例如黑子的出现或消失，可能会对气候产生影响。大多数气候模型已经纳入了太阳的变化对地球气候的影响。太阳黑子的数量周期循环，每11年达到峰值，但是根据人们所观测的气候变化的历史数据，太阳黑子所引起的太阳亮度变化对地球气候的影响可以说微不足道。太阳黑子周期循环中，其最高点与最低点之间的太阳亮度差异比太阳输出的总能量的0.1%还要小。

资料来源：Handwerk, B. Don't blame Sun for global warming, study says. *National Geographic News*. September 13, 2006.

17. 从这篇文章中，可以推断出什么结论?

A. 太阳黑子不会影响全球气候变化

B. 太阳黑子很大程度上改变了地球从太阳处获得能量的数量

C. 很久以来，太阳黑子一直被认为是影响地球气候的因素

D. 太阳黑子周期内所输出的能量变化巨大

18. 一次太阳黑子周期内，太阳亮度的变化占太阳输出总能量的百分比是多少?

A. 11%　　**B.** 1.0%

C. 0.1%　　**D.** 0.01%

19. 虽然太阳黑子确实能改变地球从太阳处获得能量的数量，但为什么它不会影响地球上的气候?

需要更多帮助?																
如果你回答错误……	1	2	3	4	5	6	7	8	9	10	11	12	13	14	15	16
请复习相应章节……	27.3	28.1	28.1	6.1	28.3	25.2	26.1	26.1	1.2	29.1	24.3	24.3	24.3	22.3	25.3	25.3

第30章

星系与宇宙

大概念 科学家通过对星系膨胀、宇宙背景辐射和大爆炸理论的研究，描绘出了一个已经扩张了大约140亿年的宇宙。

内容提要

1 **银河系**

2 **河外星系**

3 **宇宙学**

起步实验

科学实验室

银河系有多大?

与地球相比，太阳系显得非常巨大。但在银河系中，太阳系也不过是沧海一粟。

实验步骤

1. 阅读并遵守实验室安全守则。
2. 银河系的直径约为6.3×10^9 AU，已知206 265 AU＝3.26 ly，计算银河系的直径。
3. 已知柯伊伯带的直径约为50 AU，则换算成光年为单位是多少?
4. 如果以1 mm＝1 ly为比例尺，那么银河系会有多大?
5. 太阳在距离银河系中心26 000 ly处，根据步骤4中的比例尺，太阳距离银河系中心多少毫米?
6. 如果你想在这个模型中表示柯伊伯带，那么它的轨道直径应是多少毫米?

实验分析

1. **观察** 在你的科学笔记中，你建立的银河系模型是怎么样的?
2. **解释** 为什么在这个银河系模型中，很难表示太阳系?
3. **解释** 如果要在这个模型中显示出地球的大小，你需要如何改进这个模型?

折叠式学习卡

星系的类型

根据右图所示，制作一张三格折纸，并用它来整理学习这三个主要类型星系过程中的笔记。

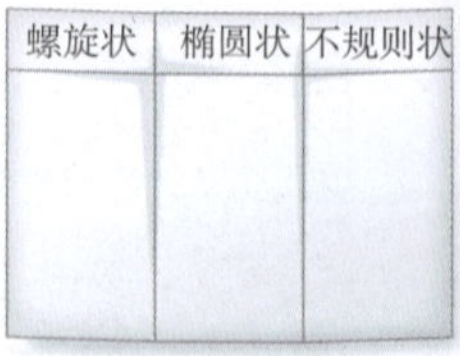

星系有各种各样的形状，但大部分呈螺旋状或椭圆状。每个星系都包括数十亿颗恒星，宇宙中存在数十亿个这样的星系。

第1节 银河系

主要概念 恒星发出的不同的光让天文学家能勾画出一个有银晕、旋臂和中心为巨大黑洞的银河系。

核心问题

- 我们所在的银河星系有多大？它是什么形状的？
- 有哪些不同类型的变星？
- 不同类型的恒星在星系的什么位置？

关键术语

变星
天琴RR变星
造父变星
银晕
星族Ⅰ
星族Ⅱ
螺旋密度波

地球科学在你身边

当你在家时，你可以通过几种方法来了解外界发生的事。你可以通过一个窗户或门看外面的情况，或者你也可以用手机或电脑搜索相关信息。同样，科学家也可以通过一些方法来了解我们周围星系中的恒星。

银河系的发现

仰望天空中的银河，我们很难得知它的大小和形状，这不仅是因为我们离得太近，更重要的是我们身处其中。当你观察到气体和尘埃呈带状在空中不断延伸时，你只是从内部望向盘状银河系的边缘。然而，银河系到底有多大？它的中心在哪里？或地球身处银河系的何处？尽管天文学家已经能回答这些问题，但他们还在不断地改进测量的精度，寻找更准确的答案。

变星 在20世纪20年代，天文学家研究并绘制出了球状星团的位置图。在银盘平面的上下方，分布着大量巨大的、圆状的星团。天文学家通过确认球状星团中的**变星**（**variable star**）来估算星团的距离。变星属于H-R图中的巨星系列，变星由于星体外层的膨胀或收缩，其亮度会发生有规律的脉动。变星直径最大时最亮，直径最小时最暗，如**图30-1**所示是一颗变星最暗和最亮的时候。

图30-1 变星的直径在几个小时或几天内会发生变化，同时它们的明暗程度也会发生变化。

较暗的变星

较亮的变星

变星的类型 对于某些类型的变星，星体的光度与脉动周期还存在一定的关系，即亮度随时间的函数。变星的脉动周期越长，星体的光度就越大。**天琴RR变星（RR Lyrae variable）**的脉动周期从一个半小时到1.2天，但平均而言，它们有相同的光度。然而，**造父变星（Cepheid variable）**的脉动周期从1～100天不等，所以它从最暗到最亮，亮度会增加100倍。通过测量恒星的脉动周期，天文学家可以推算出恒星的绝对星等；再通过对恒星的光度（或能量）与视星等（亮度）做比较，就能计算出具有这个亮度的恒星应该所处的距离。

银心 天文学家推测，球状星团在围绕银河系的中心旋转，他们利用天琴RR变星推算出了该球状星团的距离。他们发现，这些星团距离太阳系非常遥远，并且在太空中绕着一个遥远的中心点分布，该点距离地球26 000光年。在银河系中心，恒星的密度非常高，如**图30–2**所示，银河系很多恒星在星际气体和尘埃的遮挡下显得有些模糊，银心位于人马座的方向。另一张银河系的图所示的是从银盘看向太空的景象。

读后自查 **描述**天文学家如何确定银河系的星系中心。

银河系的形状

只有用无线电波对银河系进行"测绘"，天文学家才能了解银河系的形状。无线电波可以穿透星际空间的气体、尘埃物质，不会被散射或吸收。通过测量无线电波以及红外辐射，天文学家发现银心被核球包围着，核球突出于银盘平面之上，样子就像煎鸡蛋的蛋黄；核球和银盘的周围是**银晕（halo）**，银晕是一个范围更大的球状区域，一些球状星团位于银晕之中。银河系结构的详细图解请参见**图30–2**。

图30–2 上方的两张图分别是从两个视角观测到的银河系。一张是从河外星系，一张是从银河系中心。第三张图是从太空看到的银河系的抽象示意图。

从银盘看向太空

从银河系中心看

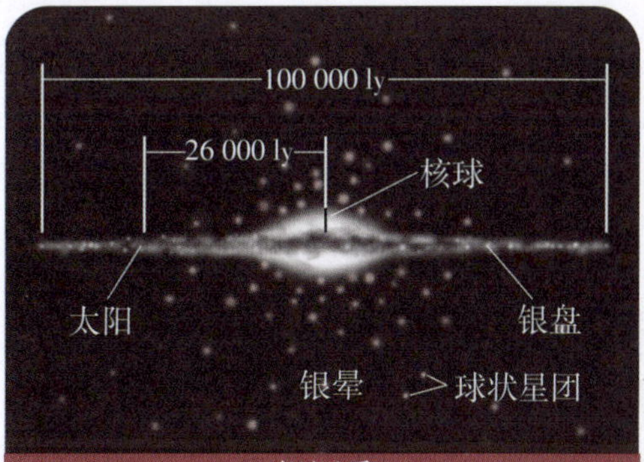

银河系

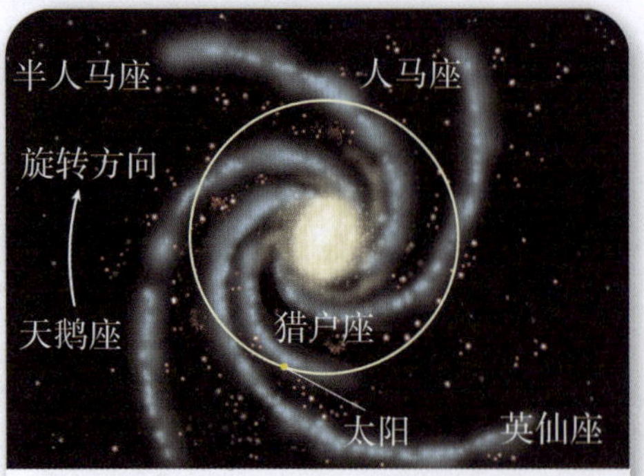

■ **图30-3** 太阳位于猎户座小支臂上，沿图中所示的轨道绕银心旋转。（注意：图不是按比例尺绘制的）

推断旋臂是如何命名的。

旋臂 在知道银河系是具有中心核球的盘状结构后，天文学家推测银河系可能像许多其他星系那样还有旋臂。但这个推测很难证明，因为距离太远，天文学家无法到银河系之外俯视银盘的形状。然而，天文学家还是利用氢原子发现了银河系的旋臂结构。

利用氢原子的发射光谱来绘制银河系的旋臂结构主要有以下三个优势：第一，氢是宇宙空间丰度最高的元素；第二，星际气体浓缩于旋臂中，这些气体主要由氢组成；第三，氢发出的21 cm波长的辐射可以穿透星际气体和尘埃，可在整个银盘面上被检测到。

利用氢的辐射和红外图像，天文学家鉴定了银河系的4个旋臂以及数不清的支臂。通过这些数据，科学家发现太阳位于距离银核26 000光年的猎户座小支臂上。太阳的轨道速度大约是220 km/s，因此，太阳的轨道周期大约是2.25亿年；假定太阳已有50亿年的生命，那么到现在为止，太阳已经围绕银核公转了大约20次。**图30-3**所示的是太阳在一个旋转星系中的轨道。

☑ **读后自查** **解释**天文学家如何利用氢原子的发射光谱来确定银河系的旋臂结构。

核球还是核棒？ 许多螺旋星系连接旋臂的是类似棒的结构而不是圆盘结构。科学家通过对星际气体的无线电观测后发现，银河系的形状有轻微拉长的迹象。近期也有证据表明，这两条旋臂都是从中心棒的末端开始出现的。如**图30-4**所示的是一个棒旋星系。

■ **图30-4** 棒旋星系的银盘中心有一块被拉长的突起部分。

天文学家正在利用各种不同波长的波，研究银河系中心的样子。一般来说，星系的核球由较老的红巨星组成，而星系中心的棒与年轻的恒星有关，圆盘则由中性氢气形成。核球处有恒星持续形成，同时，相比太阳与其他恒星至少相距200 000个天文单位，大多数恒星之间的距离大约为1 000个天文单位。另外，通过对银河系中3 000多万颗恒星的红外测量发现，银河系中有一条长度为27 000光年的条带。

银河系的质量

银河系中位于太阳轨道以内的质量大约是太阳质量的1 000亿倍。天文学家据此推断银河系银盘内大约有1 000亿颗恒星。

银晕的质量 银盘外恒星和气体的运动表明,银河系中高达90%的质量蕴藏于银晕中。这些看不见的物质中,一部分可能是暗淡的恒星残骸,如白矮星、中子星或黑洞,但迄今为止,还有一些性质仍然是一个谜。在第2节中你将学到,不可见物质(暗物质)的问题在其他星系乃至整个宇宙中都普遍存在。如**图30–5**所示的是草帽星系的银晕。

■ **图30–5** 银晕和银核处都集中了古老的、黯淡的恒星,但银核中有密度更大的恒星,还包括一些较年轻、较亮的恒星,如图中所示的草帽星系。

银核的黑洞 重量是太阳数百万倍到数十亿倍的超重黑洞占据了大部分星系的中心。当用红外线和无线电波观测银河系的中心时,一些稠密星团和超新星的踪迹豁然显现了。它们当中有一个复杂的源头,被称为人马座A,其子源被称为人马座A*,它更像是整个星系围绕旋转的一个中心点。

仔细研究在人马座A*(银核)附近转动的恒星运动后发现,该区域质量为太阳的260万倍,但空间范围却比太阳系要小。来自钱德拉天文台的数据表明,银核区X射线辐射十分强烈。天文学家认为,人马座A*是一个超级大质量的黑洞,环绕其周围的气体温度很高并且螺旋式地进入黑洞中,因此该区域出现明亮的光芒。这个黑洞可能是在银河系早期形成的,即在银盘逐渐形成的时候诞生;也可能是银盘中的气体云和恒星通过撞击,合并后形成了质量巨大的星体,最终坍缩成为黑洞的。如**图30–6**所示的是超级大质量黑洞的形成过程。这一类黑洞不会和比它小很多的恒星黑洞混淆,因为它通常是由大质量的恒星内核坍缩而形成的。

■ **图30–6** 超级大质量的黑洞形成于大密度的气体云坍缩。它积累的大质量释放了许多不同波长的射线,甚至可能出现如图所示的物质喷射。

■ **图30–7** 球状星团和银晕中包含缺乏重元素的较古老的恒星。核球中也包含古老的恒星，其中大部分的重元素含量比银晕中的恒星更多。银盘中的恒星相对年轻，重元素含量也相对较高。（注意：图不是按比例尺绘制的）

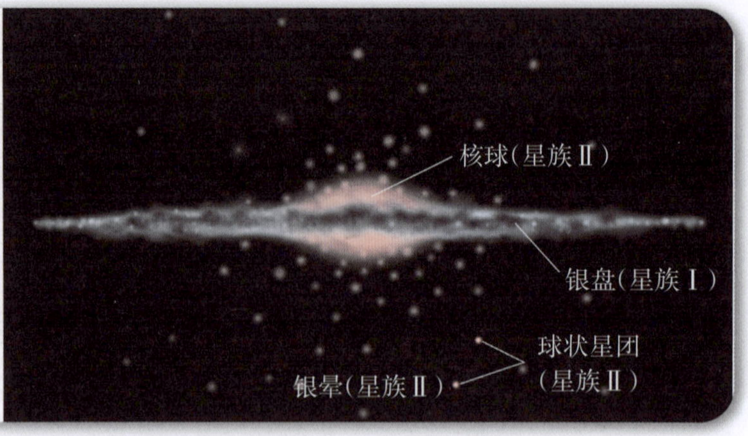

银河系的星族 即使所有恒星的基本组成都是相同的，但具体还是存在一些差异。这些差异体现在位置、运动和年龄上，从而形成了不同的星族。星族蕴含了关于星系历史的信息。事实上，银河系可以划分为两大部分：一部分是银晕和核球组成的球状区域，如**图30–7**所示，其中的恒星年代久远，含有痕量的重元素；另一部分是银盘区域，尤其是旋臂。对于天文学家来说，重元素是指任何比氦质量更大的元素。

天文学家将这两个区域中的恒星分为两类。**星族Ⅰ（Population Ⅰ）**是那些位于银盘和旋臂中的恒星，含有少量重元素；**星族Ⅱ（Population Ⅱ）**是位于银晕和核球中的恒星，仅含有痕量重元素。更多的信息可参考**表30–1**。

星族Ⅰ 银河系中大多数年轻的恒星都分布在银盘的旋臂中，旋臂中还有密集的星际气体和尘埃。大部分恒星就是在旋臂中形成的。星族Ⅰ的轨道接近于低离心率的圆，且接近于银盘的平面。最后，星族Ⅰ有一些常规的组成，这也意味着它们有接近2%的质量来自比氦重的元素。太阳是星族Ⅰ中的恒星。

表30–1 银河系中的星族Ⅰ和星族Ⅱ

	银河系中的位置	氢和氦的含量（%）	重元素的含量（%）	年龄（年）	恒星类型	星系类型	举例
星族Ⅰ	银盘旋臂和星团	98	2.0	小于100亿	年轻的恒星	螺旋状和不规则状	太阳、大部分巨星和超巨星
星族Ⅱ	核球和银晕	99.9	0.1	大于100亿	古老的主序星（K和M类）	椭圆和螺旋星晕以及核球	大部分白矮星和球状星团中的恒星

星族Ⅱ 银河系的银晕和核球中几乎没有星际物质，也很少有正在形成的恒星，这是星族Ⅱ的一个明显特征。另一个特征是年龄。银河系的银晕中存在已知的最古老的天体：球状星团。这些星团的年龄估计高达120亿～140亿年。球状星团的恒星中，比氢和氦重的元素含量极少。虽然所有的恒星所含有的重元素都很少，但球状星团中的恒星所含的重元素更少，只有痕量级。与太阳相似的恒星中，98%的成分是氢和氦，而在球状星团恒星中，这一成分的比例高达99.9%。这表明球状星团极其古老。在银河系的核球中，也有物质组成与球状星团恒星类似的恒星。**表30-1**比较了星族Ⅰ和星族Ⅱ的几种特征。

银河系的形成和演化

银晕只由古老恒星组成，核球主要由古老恒星组成这一事实说明，这个部分在银河系中形成较早，应当比只含有年轻恒星的银盘先形成。据此，天文学家猜测，银河系起源于宇宙空间的球状星云。当星云收缩成近似球状后，第一批恒星诞生了。这就解释了为什么银晕是球状的，且包含最古老的恒星；核球也是球状的，其代表了原始星云里面的部分。球状星云最终在自身引力的作用下坍缩，然后在自转中形成了盘状的外形。此后形成的恒星的运动轨道都位于银盘面内。这些恒星中的重元素的含量相对较高，因为早期大质量恒星的爆发使形成这些恒星的气体中含有丰富的重元素。如**图30-8**所示，草帽星系的帽子形状来源于核球。

图30-8 通过小型天文望远镜可以很清楚地看见草帽星系。草帽星系的名字正是来源于它发光的核球和银盘边缘的尘埃和气体。

预测 *在核球处会发现哪种类型的恒星？*

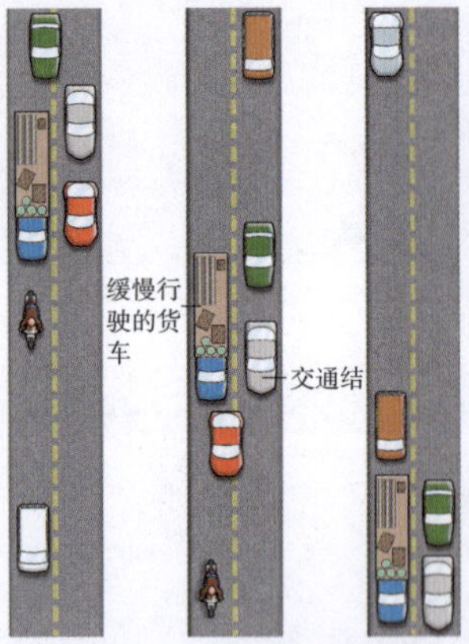

■ **图30-9** 高速公路上缓慢行驶的货车引起周围汽车聚集，这与第一个假说里星系中的螺旋密度波产生旋臂的原理相似。

旋臂

现在天文学家对银河系除了旋臂以什么方式保持以外，其他大部分主要特征都有了清楚的了解。银河系会受到邻近星系引力拉伸的作用，银河系内部也受到周期性的超新星爆发的干扰，这两个因素都能产生或影响旋臂。天文学家们对于银河系的旋臂是如何保持这一问题，提出了几种不同的假说。

第一种假说认为，螺旋密度波保持了银河系的旋臂。**螺旋密度波（spiral density wave）**在空间中的密集或非密集区域以刚性模式交替围绕中心旋转，当波在空间中经过星际气体和尘埃时，会临时聚集物质，如**图30-9**所示。这就像是一辆行驶速度很慢的卡车周围围绕着很多车，恒星、气体和尘埃与密度波对抗形成了旋臂。

第二种假说则认为，旋臂并非持久的结构，而是在如超新星爆发这样的干扰作用下持续不断地形成的。由于银河系具有破碎状的旋臂结构，因此，大部分天文学家认为，第二种假说模型更合理。然而，一些星系中存在持续的双臂结构模式，这几乎可以肯定地认为它是由密度波产生的。

第三种假说则考虑到了星系与地球之间距离的影响。研究表明，旋臂之所以能看见是因为它们包含了温度更高、蓝色的恒星，它们比黯淡的、偏红色的恒星更加明亮、突出。当用紫外线观测时，旋臂非常明显，但用红外线观测时，它们似乎就消失了。

第1节 本节回顾

要点梳理

- 变星的发现有助于确定银河系的形状。
- 天琴RR变星和造父变星是两种用来测量距离的变星。
- 古老恒星的球状星团可以在银河系的核球和银晕中发现。
- 银河系的旋臂由年轻的恒星和气体星云组成。
- 星族Ⅰ在旋臂中，而星族Ⅱ则在核球和银晕中。

要点理解

1. 主要概念 **解释** 天文学家如何确定地球在银河系中的位置？
2. **确定** 银河系质量的测量方式表明了什么？
3. **分析** 星族Ⅰ和星族Ⅱ有何区别？
4. **总结** 如何利用变星来确定球状星团的距离？

批判性思维

5. **解释** 如果太阳系只是略高于银河系的银盘，为什么天文学家还是难以确定银河系的形状呢？
6. **假设** 如果银河系中心没有黑洞，靠近银河系中心的恒星的轨道会发生什么变化？

地学写作

7. 假设你驾驶着一艘太空飞船正从银河系外缘飞向银河系中心，写出你在此过程中所看到的景象，并指出银河系的所有组成部分和不同类型的恒星。

第2节 河外星系

主要概念 科学家们发现的不同形状的星系揭示了宇宙的过去、现在和未来。

核心问题

- 天文学家是如何对星系进行分类的?
- 星系是怎样组成星系团和超星系团的?
- 如何描述宇宙的膨胀?

关键术语

暗物质
超星系团
哈勃常数
射电星系
活动星系核
类星体

折叠式学习卡

将本节信息整合到你的折叠式学习卡中。

地球科学在你身边 你是否翻阅过旧报纸,想从中找到过去人们生活的样子?天文学家通过观察遥远的古老星系来探索宇宙很久以前的样子。

河外星系的发现

在了解这些银河系外的天体之前,天文学家就观察到了在银河系以外,有很多天体散布在天空中。一些天文学家猜测,这些仍是银河系里的星云或星团;而另外一部分天文学家则假设,它们应是规模与银河系相当的遥远星系。

这些天体究竟是什么?这个问题最终由爱德温·哈勃于1924年发现仙女座大星云中的造父变星后做出了回答。哈勃利用造父变星测定了仙女座大星云的距离,他发现这个距离远远大于银河系的直径,后来仙女座星云因此改名为仙女座星系,如**图30–10**所示。

星系的特征 各类星系的质量大小不等,小到太阳质量100万倍的矮椭圆星系,大到类似银河系、重达太阳质量千亿倍的旋涡星系;而最大的星系属于巨椭圆星系,其质量可高达太阳的1万亿倍。通过对众多星系质量的测定表明,星系晕圈范围很大,其中包含的质量比可见部分更重,就像银河系那样。**图30–10**所示的是一个大的螺旋星系和一些较小的星系。

■ **图30–10** 仙女座星系是一个类似银河系的螺旋星系。明亮的椭圆形物体和靠近中心的球状物体是绕仙女座星系旋转的小星系。

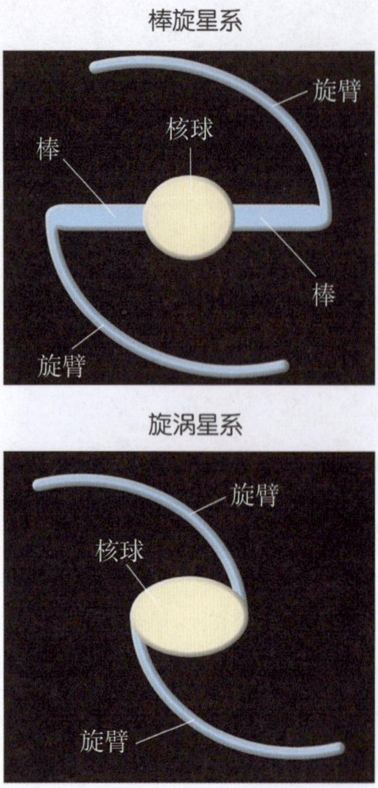

■ **图30–11** 测量数据表明，银河系中心区域可能是棒状的，而非螺旋形的。

不同星系的光度也有很大的差异，从亮度和大小都比球状星团大不了多少的矮球状星系，到亮度超过银河系100倍的巨椭圆星系。所有星系都表明，一种被称为暗物质的未知物质对其质量产生了重要影响。**暗物质（dark matter）**被认为是由亚原子粒子组成的，它与其他物质的相互作用非常弱。

星系的分类 发现仙女座星系后，哈勃继续研究星系，并根据它们的形状将星系分类。

盘状星系 哈勃将盘状的带有旋臂结构的星系称为旋涡星系，该星系又划分为正常旋涡星系和棒旋星系。如**图30–11**和**图30–13**所示，棒旋星系有一个拉长的中央区（棒），并由此延伸出旋臂。正常旋涡星系没有从中心拉长的棒。正常旋涡星系以字母S表示，棒旋星系以字母SB表示。正常旋涡星系和棒旋星系又根据旋臂扭转的紧密程度、核球的大小以及光度进一步划分为更小的类别。字母a代表紧密的旋臂和大而明亮的核球，字母c表示松散的旋臂以及小而暗淡的核球。因此，具有a类旋臂和核球的正常旋涡星系表示为Sa，具有a类旋臂和核球的棒旋星系则表示为SBa，具有扁平盘状外形，但没有旋臂的星系以S0表示。

椭圆星系 除旋涡星系外，还有一些没有扁平盘状外表和旋臂的星系，这些被称为椭圆星系，如**图30–13**所示。根据椭圆长轴与短轴的比例，可以把椭圆星系分为几个子类。圆形的椭圆星系为E0，而最扁长的椭圆星系为E7，其他按照偏心率依次分为E1到E6。旋涡星系和椭圆星系的分类可以总结为哈勃音叉图，如**图30–12**所示。

■ **图30–12** 哈勃音叉图概括了哈勃对普通星系的分类。

解释 *S0星系与椭圆星系和旋涡星系有什么联系？*

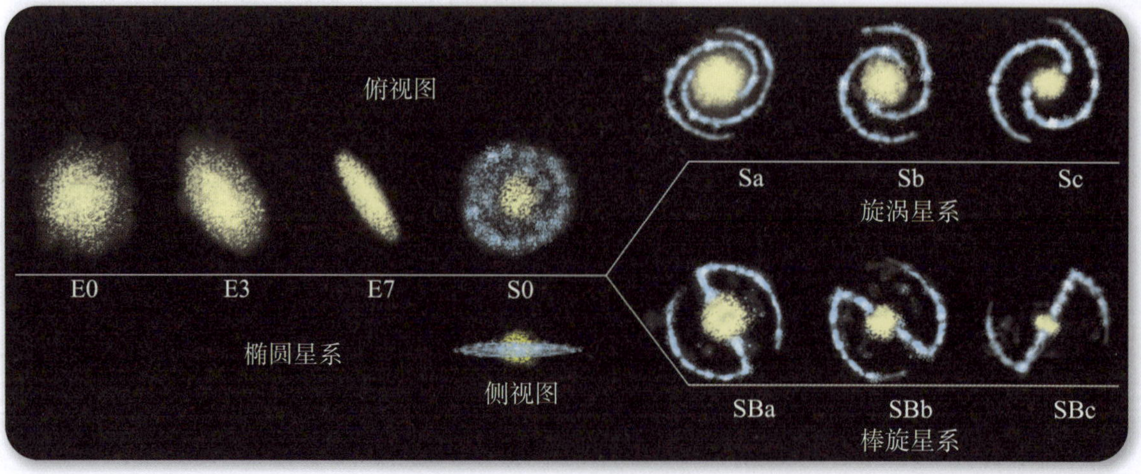

图解本星系群

图 30–13 夜空中可以看到的所有星星都来自一个星系——银河系。恒星是星系的一部分，星系受星系群或星团的引力吸引。地球附近的40个星系都是本星系群的成员。

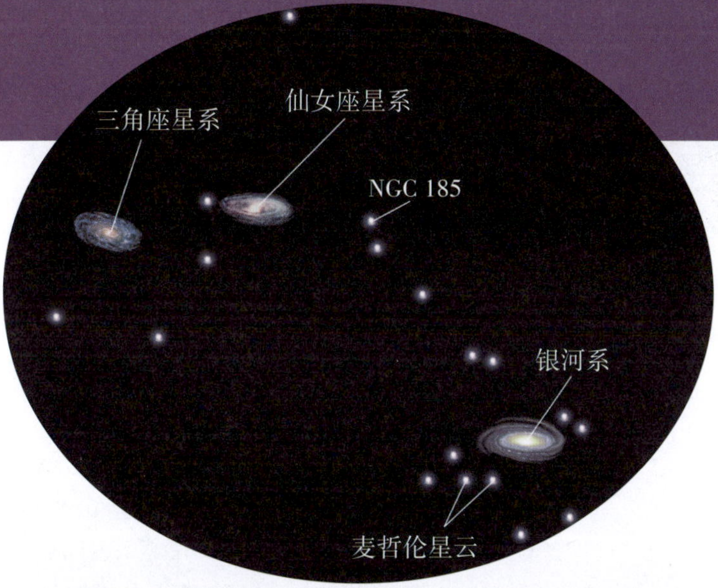

旋涡星系 本星系群中最大的两个星系——仙女座星系和银河系，它们都有一个由星际气体和尘埃组成的圆盘，同时恒星组成的旋臂从圆盘向外延伸。

棒旋星系 有时，形成旋涡星系中心区域的圆盘会拉长成棒状。最近的研究表明，银河系有棒状结构。

椭圆星系 NGC 185星系的形状接近球形，由一组致密的古老恒星组成。本星系群中有近一半的星系为椭圆星系。

不规则星系 有些星系不是旋涡星系，也不是椭圆星系，它们没有固定的形状，因此天文学家将它们归为不规则星系。

■ **图30-14** 大、小麦哲伦星云是银河系周边的小星系。

不规则星系 有些星系并不具有显著的外形特征，通常称为不规则星系，用Irr表示。大、小麦哲伦星云就是靠近银河系的不规则星系，如**图30-14**所示。

星系群和星系团

大多数星系呈星系群分布，而不是均匀地分布在宇宙空间中。**图30-13**展示了本星系群的特征。

本星系群 银河系属于一个小群星系团，称为本星系群，其直径大约为1 000万光年，已知约有40个成员，银河系和仙女座星系是其中最大的两个星系。本星系群的大部分成员为椭圆星系，它们也是较大星系的伴星。大、小麦哲伦星云在1994年以前一直被人们认为是离银河系最近的星系，直到后来，科学家发现了距离银河系更近的人马座矮椭圆星系。然而，2003年发现的大犬座矮星系是目前已知的距离我们最近的星系。大犬座矮星系在银河系引力的推动下分崩离析，只留下了一些恒星、气体和尘埃。随着暗星系的不断发现，未来会有越来越多的星系加入到本星系群中。

■ **图30-15** 附近的室女座星团拥有大约2 000个星系，其引力强到可以将银河系拉向它。

☑ **读后自查** **指出**本星系群中的各种星系。

大星团 大星团是比本星系群更大的星系群，它可能由数百个星系组成，直径为500万至3 000万光年。如**图30-15**所示的是室女座星团。大星团内部区域的星系主要是椭圆星系，而边缘区域则均匀分布着椭圆星系和旋涡星系。

在大的星系团中，星系间彼此紧密相连的区域因受星系之间的引力作用，对各自都产生了很多影响。星系之间经常发生碰撞，从而变得奇形怪状，如**图30-16**所示，或者导致星系产生多个核。

星系团的质量 对于星系团而言，通过分析各成员星系的运动而测得的质量远远大于星系可见部分的质量，光度也一样。这意味着星系团中大部分质量是不可见的，这也为天文学家提供了最强有力的证据，说明宇宙中含有大量暗物质。

■ **图30-16** 这个星系从4 000万年前开始融合，将在几十亿年后结束。

超星系团 星系团甚至可以形成更大规模的集群，叫作**超星系团**(**supercluster**)。这些巨大的天体系统，在空间延伸数亿光年。其实际的结构，只有当天文学家在巨大的距离上定位出其间分布的许多星系后，才能呈现出来。这些超星系团外表呈片状和线状，就像巨型的泡泡浴，众多的星系就分布在泡泡的表面，气泡内部则不含有任何星系。

正在膨胀的宇宙

1929年，哈勃有了另一个重大发现。他观察到，当时大多数星系的光谱都出现了红移。这表明几乎所有附近的星系都在向远离地球的方向运动。哈勃测定了红移和许多星系的距离，发现星系距离地球越远，退行速度越大。换句话说，宇宙正在膨胀。

迷你实验

科学实验室

模拟宇宙膨胀

均匀膨胀看起来是什么样子? 星系光谱红移的发现表明，宇宙正在快速膨胀。

实验步骤

1. 阅读并遵守实验室安全守则。
2. 用记号笔在未充气的气球表面画4个点，使4点在同一直线上，点与点间隔1 cm，分别标上数字1、2、3、4。
3. 给气球充一部分气体，先不要扎紧气球口。使用绳子和米尺测量点1到其他各点的距离，记录下你的测量数据。
4. 继续充气使气球膨胀，再次测量点1到其他各点的距离，并记录下测量值。
5. 重复步骤4直到气球充满气。

实验分析

1. **指出** 气球膨胀后，点与点之间的距离是否还保持不变?
2. **确定** 气球每次充气后，其余点离点1的距离增大多少?
3. **推断** 如果你的测量以点4为基准，而不是点1，结果又会是怎样的呢? 以点2为基准呢?
4. **解释** 这个实验是如何展示宇宙的均匀膨胀的?

技能实验

科学实验室

绘制并使用图表

如何推算哈勃常数？通过测量一系列星系的距离和速度，可以计算出哈勃定律中的膨胀系数。

实验分析

1. 运用数据作图，x 轴表示距离，y 轴表示速度。
2. 用直尺穿过图上所有点的中心画一条直线。注意应使直线两侧点的数目基本一致，并确保直线过原点。
3. 以直线上一点的速度除以相应的距离来计算直线的斜率。

星系数据			
距离（Mpc）	速度（km/s）	距离（Mpc）	速度（km/s）
3.0	210	26.5	2 087
8.3	450	33.7	2 813
10.9	972	36.8	2 697
16.2	1 383	38.7	3 177
17.0	1 202	43.9	3 835
20.4	1 685	45.1	3 470
21.9	1 594	47.6	3 784

批判性思维

4. **陈述** 斜率代表了什么？
5. **评估** 你认为你的 H 值精确度如何？请说明理由。
6. **考虑** 天文学家应该如何改进 H 的测量值？

红移的含义 根据上面的分析过程，也许你会产生地球处于宇宙中心的感觉，但事实并非如此。无论位于哪一个星系，或在宇宙的任何位置观测，你都会观察到相同的现象：在均匀膨胀的介质中，所有的点都在远离其他的点，没有哪个点位于中心。随着膨胀的距离越来越大，退行的速度越来越快。

还有一个推论是宇宙也随时间不断改变。如果说宇宙现在一直在膨胀，那么它过去一定体积更小，密度更大。事实上，一定会存在宇宙所有物质被压缩到一起的一个时间点。大爆炸理论就是用来解释这个膨胀过程的。

哈勃定律 哈勃根据星系的退行速度与距离画出关系图，得到宇宙正在膨胀的结论。这个图是一条直线，可以用简单的公式 $v=Hd$ 表达，其中 v 表示星系退行的速度（km/s）；d 表示观测者到星系的距离，以兆秒差距（Mpc）为单位，1 Mpc $=1\times10^6$ pc；H 是个常数，叫作**哈勃常数（Hubble constant）**，表示千米每秒每兆秒差距，也表示直线的斜率。

测量 H 值 测量 H 值需要知道许多星系的距离和退行速度，然后通过画图找到这个斜率。这是一项困难的工作，因为测定遥远星系的准确距离很困难。哈勃自己也只是得到了一个大致的 H 值。天文学家设计哈勃太空望远镜的一个重要目的就是要测定精确的 H 值。哈勃太空望远镜上天后，花了将近10年时间，才收集到足够的数据将 H 值改进到多数天文学家都满意的程度。目前，最好的测量数据表明，H 值约为70 km/(s·Mpc)。

测量距离的新方法 一旦获得了 H 值后，就可以用来推断更远星系的距离。通过测量遥远星系的退行速度，天文学家就能够使用图像确定相应星系的距离。这种方法可以运用在能观测到的最遥远的星系上，这样天文学家就能测量可观测到的宇宙的边界距离。

在星团中的星系是唯一没有看起来在移动的，因为星团内部的引力可以防止它们分离。

活动星系

内核能发射出大量能量的星系被称为活动星系。这些存在高能天体或剧烈活动的星系核称为**活动星系核**(**active galactic nucleus**,缩写为AGN),它们发射的能量等于或超过该星系剩余所有区域发射的能量总和。然而核部发射的这种能量通常随时间而变化,变化速率有时甚至只有几天的时间。在已知星系中,10%的星系是活动星系,包括射电星系和类星体。

■ **图30-17** 除了无线电波,M87还会发射可见光。

射电星系 射电望远镜的巡天观测表明,太空中存在不少极其明亮的星系,称为**射电星系**(**radio galaxy**)。它们通常是巨椭圆星系,在无线电波段发射的能量与其在可见光波段发出的能量相当或更多。射电星系具有很多特殊的性质。电波通常从可见星系正反两侧巨大的高热气体瓣中发射出来,这些瓣通过喷射出来的高热气体链接到星系。射电瓣发射的无线电波类型表明,气体是离子化的,而且喷射热气中电子的运动速度接近光速。许多射电星系的喷流只能在无线电波段观测到。巨椭圆星系M87是最明亮的射电星系之一,该星系也喷射出能发射可见光的气体流,如**图30-17**所示,可见光从核球向外延续到其中一个射电瓣。

☑ **读后自查** **描述**射电星系的特殊性质。

类星体 20世纪60年代,天文学家发现了另一类天体。它们看起来像普通恒星,但其中一些却能发射强无线电波(大多数不发射)。这类新型天体的光谱与正常恒星的光谱截然不同:多数恒星光谱中有吸收谱线,而这类新型天体光谱中大多为发射光谱。这些类似恒星但光谱中具有发射光谱的天体称为**类星体**(**quasar**)。类星体很亮,是遥远的活动星系。许多类星体的光度在几天的周期内会发生很大变化。如**图30-18**所示的是两个类星体。

■ **图30-18** 类星体是遥远的天体,它发射的能量是银河的几千倍。

回顾 *其他天体会发射什么物质?*

这些发射光谱就是普通元素(比如氢)的光谱线向长波段位移的结果。一旦天文学家确定类星体谱线的大位移后,他们就想知道这是不是宇宙膨胀所导致的红移。

■ **图30–19** 星际气体云(A)在引力的作用下坍缩形成星系(B)。随着气体的压缩，它的核(C)形成黑洞。围绕黑洞高速旋转的星盘的磁场会形成两股垂直于星盘的赤道面的高能喷流。

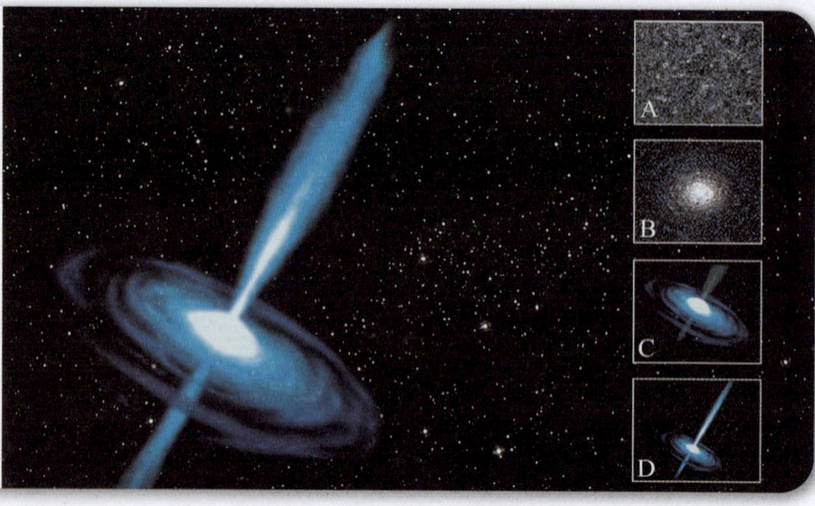

类星体的红移 类星体的红移显著，超过先前在星系中观测到的任何结果，这可能意味着类星体距离地球比任何已知星系都要远很多。起初，一些天文学家对类星体远离地球的观点持怀疑态度，但在过去的几十年里，由于发现了更多类星体，因而有了更多的证据支持类星体确实远离地球的假设。其中一个支持证据是一些类星体与有相同红移的星系团相关，这确实证明了类星体与这些星系团距离地球一样远。另外，更重要的发现是大多数类星体有暗星系的核，如**图30–19**所示。类星体看上去是格外明亮的活动星系核，其亮度比周围的星系高太多，以至于周围暗淡的星系很难首先被天文学家观测到。

☑ **读后自查** **解释** 天文学家如何确定类星体的距离？

追溯前貌 因为许多类星体距离遥远，发射的光需要经过很长时间才能到达地球，因此天文学家观测到的类星体其实是很久以前的样子。例如，太阳光到达地球约需要8分钟，因此，当你看到太阳光时，其实观察到的是太阳8分钟前的样子。同样，当你观测仙女座星系时，你看到的是200万年前的仙女座。最遥远的类星体远在数十亿光年以外，这意味着你看到的实际是它们几十亿年前的情况。如果类星体是异常明亮的星系核，那就说明许多遥远的类星体在宇宙年轻时期就存在星系核，也意味着许多星系在年轻时期经历了类星体阶段。如果那样的话，我们所观测到的活动星系核以前可能是类星体，只是现在也许已不如从前那么活跃了。

回顾很久以前，早期的宇宙中含有很多的类星体。目前的理论表明，它们存在于质量超级大的黑洞周围，黑洞能将气体拉到中心剧烈的旋涡中，摩擦加热气体到极端高温，从而产生最先被探测到的明亮的光。

能量的来源

活动星系核和类星体发射出的能量比普通星系多得多,然而它们却只有太阳系那么大,这意味着它们可能都是质量超级大的黑洞。回顾前文,我们曾假设银河系核心也存在这样一个天体,质量约为太阳的100万倍。活动星系核和类星体核心的黑洞质量更大,可能是太阳质量的数亿倍。

射电星系核心发射的带电粒子束以及形成的喷流可能是磁场造成的,当物体坠入黑洞时,磁场力促使带电粒子喷射。有证据表明,在其他类型的活动星系核或类星体上也发生过类似的电子束或喷流。事实上,带射电瓣的类星体上的喷流必然与射电星体有联系。

图30-20反映了人马座A星系中心有质量超级大的黑洞。在质量如此巨大的黑洞模型中,要将这一星系中的恒星拉向黑洞中心,黑洞的质量需要是太阳的近10亿倍。从黑洞的核心喷射出来的等离子体射流会向空间一直延伸13 000光年。

■ **图30-20** 一束高能X射线粒子流从人马座椭圆星系的活动星系核中喷射出,里面可能隐藏着一个超大质量的黑洞。

第2节 本节回顾

要点梳理

- 星系可以是椭圆形的、圆盘状的或者不规则的。
- 星系的质量从太阳的100万倍到超过10 000亿倍不等。
- 许多星系看起来以星系团的形式成群出现。
- 哈勃定律帮助天文学家发现了宇宙正在膨胀。
- 类星体是遥远星系的中心。因为距离太远,所以它们看上去很暗,也很古老。

要点理解

1. **主要概念 解释** 天文学家是如何发现银河系之外的星系的?
2. **总结** 为什么天文学家认为星系和星系团的大部分组成成分是暗物质?
3. **解释** 为什么对天文学家来说精确算出哈勃常数很难,并描述一旦确定H的值后天文学家应该如何使用它?
4. **解释**正常旋涡星系、棒旋星系、椭圆星系和不规则星系看起来有什么区别。

批判性思维

5. **推断** 如果银河系是椭圆星系,那么地球上夜晚的星空会是什么样的?
6. **推断** 黑洞为什么会导致活动星系核和类星体非常亮?

地学计算

7. 如果银河系的直径是100 000 ly,换算成以Mpc为单位,则是多少? 如果超星系团的直径是两亿光年,换算成以Mpc为单位,又是多少?(1 Mpc=3 260 000ly)

第3节 宇宙学

主要概念 通过比较宇宙最初形态的证据和模型，科学家建立了大爆炸理论。

核心问题

- 宇宙有哪些不同的模型？
- 不同模型中，宇宙各是如何膨胀的？
- 哈勃常数的重要性是什么？

关键术语

宇宙学
大爆炸理论
宇宙背景辐射

地球科学在你身边 你可以用磁铁来模拟地球的磁场。宇宙学家则可以通过粒子加速器来模拟早期的宇宙。

大爆炸模型

研究有关宇宙的学科叫作**宇宙学**（cosmology），内容包括宇宙当前的性质、宇宙的起源和演化。宇宙学的数学基础是广义相对论，科学家由此推导出了描述宇宙能量和物质含量的方程。这些方程再加上有关宇宙密度和加速度的观测，形成了目前为止最精确的模型——大爆炸模型。宇宙正在膨胀的事实暗示宇宙有一个开端。科学家提出的宇宙开始于一点，随后向四周膨胀的理论叫作**大爆炸理论**（Big Bang theory）。从名字上看，这是指太空中的爆炸，其实不然，这个理论描述了在引力的作用下，太空中的物质在空间向外扩张的过程。对于膨胀的影响，可以复习第2节的迷你实验。

向外扩展 恒星内部聚变的压力与导致恒星坍缩引力相反，同样，宇宙也受到两个相反的力的作用。在大爆炸模型中，宇宙膨胀向外的动量与宇宙物质自身向内的引力之间的竞争是延缓宇宙膨胀的因素，如**图30-21**所示。宇宙最终的结局取决于这两种力哪一种更强。

■ **图30-21** 宇宙是开放的、封闭的，还是平直的，取决于占主导地位的是引力还是膨胀动量。

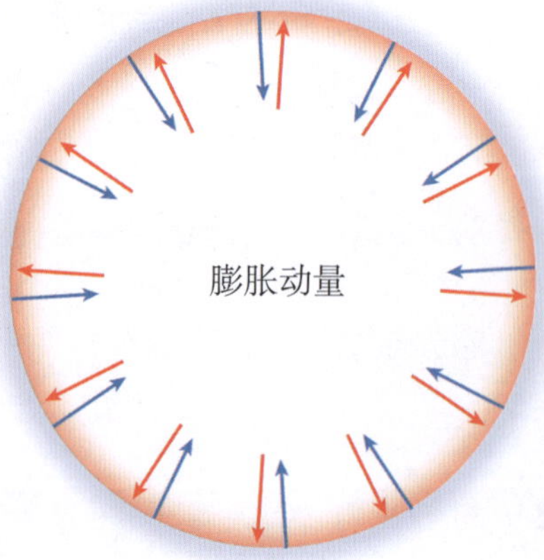

在宇宙膨胀速率已知的情况下，我们可以计算出宇宙从开始膨胀到现在经历的时间，即宇宙的年龄。在知道星系的距离和退行速度时，通过简单的计算就可以得出该星系与银河系在多长时间前曾靠在一起。用天文学术语来说，就是如果膨胀常数H值已知，那么宇宙的年龄就能确定下来。但是需要考虑进行校正，因为宇宙的膨胀速率不是固定不变的，早期宇宙的膨胀速率较慢，现在正在加速。

根据哈勃太空望远镜收集的数据以及宇宙背景辐射数据计算出的最佳H值，加上校正，现在确定宇宙的年龄为137亿年。这与天文学家推算的银河系的年龄相吻合。根据最古老的星团推算，银河系年龄为120亿～140亿年。

可能的结果 在大爆炸理论的基础上，宇宙可能有如**图30-22**所示的三种结果。宇宙的平均密度是对结果有巨大影响的可观测量。

开放的宇宙 开放的宇宙是膨胀永不终止。如果宇宙的密度不足以对抗引力，膨胀就不会停止。

封闭的宇宙 封闭的宇宙是膨胀终止，转为坍缩。这也意味着宇宙的密度足够高，最终由质量造成的引力会阻止宇宙的膨胀，并将所有质量拉回到原点。

平直的宇宙 平直的宇宙是膨胀速率变慢，在无限的时间内终止，但永远不会坍缩。这也意味着宇宙继续膨胀，但速度非常慢，看起来似乎已经停止。

临界密度 这三种情况的假设前提都是从宇宙开始以来膨胀速率在减缓，但是宇宙的密度是未知的。在临界密度下，有一个平衡，所以膨胀会在无限长的时间内停止。临界密度约为6×10^{-27} kg/m^3，这意味着每立方米的空间内平均只有2个氢原子。当天文学家试图计算某空间区域中星系的数量，并除以体积后，他们将得到一个更小的值。所以他们得出结论，除了暗物质以外，宇宙是开放的。但是，即使对暗物质密度做最好的估算，也不足以得出宇宙是一个封闭系统的结论。

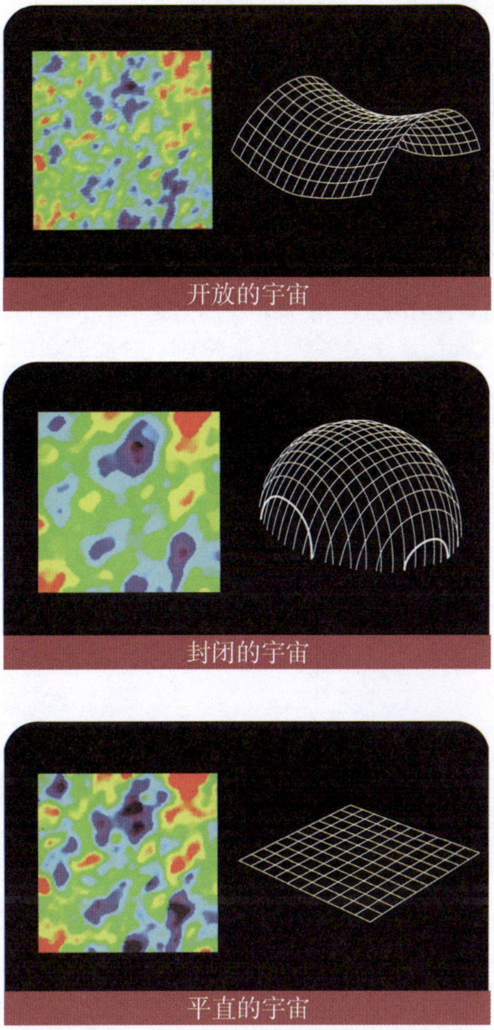

■ **图30-22** 宇宙的未来有三种结果，可能永远膨胀，形成开放的宇宙；可能最后会恢复，形成封闭的宇宙；也可能最后形成平直的宇宙，像燃烧殆尽的灰烬。绿色方块中的红色和蓝色区域的大小表示每一种结果所必需的宇宙背景辐射值。在开放的宇宙中，空间的曲率使这些变化看起来比实际要小，而在封闭的宇宙则相反。

宇宙背景辐射

科学家假设，如果像大爆炸理论所预测的那样，宇宙始于高度压缩的物质形态，那么，这些物质应该具有极高的温度。然后，随着宇宙膨胀，温度会降低。大约在30万年以后，宇宙会充满着短波形式的电磁辐射。随着宇宙继续膨胀，波长会变长。现在的辐射是以微波形式存在的。

■ **图30-23** 宇宙背景辐射是这台位于新泽西州霍姆德尔贝尔实验室里的无线电天线意外发现的。

发现 1965年科学家发现收音机天线中有持续的背景噪声，如**图30-23**所示。后来，他们确定这种噪声是微弱的辐射所致，称为**宇宙背景辐射（cosmic background radiation）**。这种宇宙背景辐射似乎来自于空间的各个方向，对应发射体的温度约为2.725 K（−270℃），非常接近于大爆炸理论预测的温度，因此，科学家认为这种辐射应当来自大爆炸开始阶段。

宇宙背景辐射图 自从发现了宇宙背景辐射后，广泛的观测结果都证实，这种辐射与宇宙膨胀过程中早期高温状态遗留下的辐射性质相匹配。地球的大气层阻挡了很多这样的背景辐射，因此，最佳的观测点是高空气球或卫星。2001年，NASA发射了威金逊微波探测器（WMAP）轨道天文台，绘制了宇宙背景辐射的详细图像。宇宙背景辐射的峰值约为1 mm波长，是电磁波谱中无线电波段的微波辐射。

☑ **读后自查** **指出** 哪种发现也证实了大爆炸理论？

膨胀加速 WMAP的数据为完善宇宙模型提供了足够的信息。特别是，天文学家发现辐射的微小波动表示宇宙最初的主要结构。这有助于确定星系和星团形成的时间，以及宇宙的年龄。根据每一个标准的模型，宇宙的膨胀速度在引力的作用下减缓。然而，关于宇宙膨胀速率的观测结果令人吃惊，天文学家发现宇宙膨胀正在加速，如**图30-24**所示。天文学家将这归因于暗能量。尽管他们还不知道其中的确切原因，但他们已经能够确定宇宙膨胀加速的速率以及估测暗能量的大小。

■ **图30-24** 标准模型预测宇宙膨胀减速，但实际数据显示宇宙膨胀正在加速。

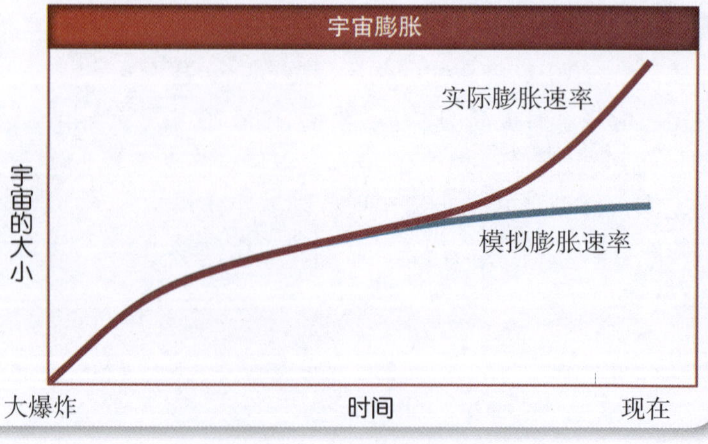

宇宙的组成

天文学家认为，所有的证据都表明，他们已经能够比较精确地描述宇宙的具体成分。他们最好的证据来自宇宙初期留下的辐射。宇宙初期辐射冷却时留下的连锁反应决定了那时宇宙的密度，同时确定了物质和能量是如何分开的。这又为未来星系的形成奠定了基础。如**图30-25**所示的是宇宙的一角。

暗物质和暗能量 宇宙学家估测，宇宙是由暗物质(约23%)、暗能量(约72%)以及亮物质组成的。如果将宇宙和地表相比较，暗能量在宇宙中的比例就相当于地球上水覆盖面积的比例。

目前，暗物质和暗能量的本质仍是未知的。暗物质被认为是由亚原子粒子组成的，但是已知的粒子中，没有一种粒子的成分可以正确解释和完整定义暗物质。虽然科学家知道暗能量的影响，但他们还不知道它到底是什么。

■ **图30-25** 在这张太空深处的图片中，星系就像是发光的斑点。天文学家估计亮物质只占宇宙的5%。

第3节 本节回顾

要点梳理

- 研究宇宙的性质、起源和演化的学科称为宇宙学。
- 大爆炸理论来自于对宇宙密度和加速度的观测。
- 临界密度和宇宙中暗能量的数量能确定宇宙到底是开放的还是封闭的。
- 宇宙背景辐射支持宇宙的大爆炸理论。
- 95%的宇宙由未知的暗物质和暗能量组成。

要点理解

1. **主要概念** **对比与比对** 宇宙的三种结局有何不同？
2. **描述** 如何利用大爆炸模型计算宇宙的年龄？
3. **解释** 为什么暗物质在确定宇宙中物质的密度上很重要？
4. **解释** 为什么宇宙背景辐射是一个重大发现？

批判性思维

5. **确定** 暗物质与临界密度有什么关系？
6. **分析** 所有模型告诉我们宇宙膨胀应该减速的，但实际上它却正在加速，这对我们的宇宙模型有何影响？

地学写作

7. 写一段话，总结宇宙大爆炸理论的证据。

地球科学与技术

黑洞是"绿色"的?

黑洞听起来就像是从科幻书里面出来的一样。它们是致密的天体,没有任何东西可以从黑洞中逃脱,甚至光也不例外。黑洞的引力足够吸引任何靠近它的天体。

寻找黑洞 黑洞很难观测,因为它们不会发射光波。同时,那些由大质量的恒星坍缩形成的黑洞其实是很小的(质量仅是太阳的2~3倍)。天文学家通过黑洞能吸收物质这一特性,来确定黑洞可能位于什么位置。

超大质量黑洞 在一些星系的中心,存在着一个与众不同的黑洞——超大质量黑洞。这些黑洞十分巨大,它们的质量可以达到太阳的100万倍,甚至10亿倍。

科学家们认为,超大质量黑洞是超大型星际气体自我坍缩时形成的。当物质经过黑洞周围被称作"事件穹界"的球形边界时,它就会被吸入黑洞,再也逃脱不了。

能量 在物质被吸入"事件穹界"前,它通过摩擦和黑洞的磁场获得能量。这些能量以漫射光和聚向射流的形式释放。

不管是以无线电波的形式,还是以高能X射线的形式,喷射流所释放的能量是漫射光所释放能量的1 000倍。喷射流从黑洞边向外运行的速度近乎光速,在它们所到之处都会形成"气泡"。这些"气泡"的大小可以达到数千光年,而科学家们正是通过这些"气泡"发现了超大质量黑洞的热效率。

黑洞是"绿色"的 近期,科学家通过对超大质量黑洞的研究,发现了一个有趣的现象:黑洞是宇宙中热效率最高的天体。事实上,斯坦福大学的一位物理学家曾经提出这样一个说法:如果你能够制造出一辆热效率跟黑洞差不多的汽车,你就可以用一加仑汽油行驶16亿千米!

在这张由钱德拉X射线望远镜拍摄的照片中,X射线由掉入黑洞中的物质被加热后发出。

天文学家们认为,超大质量黑洞释放的能量事实上阻止了恒星的形成。它们所释放的热量阻止了气体的冷却,以及数十亿颗新恒星的形成,还有效地限制了每个星系的大小。

地学写作

总结 继续深入探究黑洞,并对你找到的一篇有关黑洞的有趣、科学、准确的文章做一个总结。

星系的分类

实验背景：哈勃根据从望远镜观测到的星系形状确立了星系分类准则。天文学家对星系的分类有着浓厚的兴趣。分类信息也许能说明某一类型的星系是否更容易形成，从而帮助天文学家揭开宇宙中星系形成的神秘面纱。利用互联网资源，并与你的同伴分享数据，你可以了解星系是怎样分类的。

实验问题：如何对星系进行分类？

实验材料

互联网

参观一个附近的图书馆或者天文台，收集相关星系的图片和资料

实验步骤

1. 阅读并遵守实验室安全守则。
2. 查找能够提供多张星系图片的资源，如果可能的话，最好能获得星系的名称或类别序号。你可以登录美国国家航空航天局等网站，收集相关资料。
3. 从下列星系类别中任意选择一种，开始你的星系分类：旋涡星系、椭圆星系、不规则星系。
4. 收集星系的照片及相关信息，如类别序号、星系名称等。
5. 将星系图片按基本类型区分：旋涡星系、椭圆星系或不规则星系。
6. 填写数据表格。添加其他你认为重要的附加信息。

星系数据

星系名称	星系概图	类别	备注
NGC3486		Sc	

实验分析

1. **区分** 哪类星系最难找到相应的图片？
2. **指出** 每种星系你分别找到了多少张图片？
3. **计算**每种类型星系的数目占总星系个数的比例。你认为这反映了宇宙中每种类型星系的真实比例吗？请解释原因。
4. **讨论** 你找到的星系图片中有与你的分类系统不匹配的吗？如果有，为什么？
5. **列举** 如果遇到侧面正对着地球的星系图片，分类时你会遇到哪些困难？
6. **阐述** 整理归纳星系图片，建立一幅像哈勃音叉图那样的音叉图。

探究拓展

分享你的数据 和你的同学一起计算每种类型的星系所占的比例。根据所得结果，分析、判断你们所得的结果是不是典型的，并确定你们是如何找到星系类别的真实比例的。

第30章 复习指南

大概念 科学家通过对星系膨胀、宇宙背景辐射和大爆炸理论的研究，描绘出了一个已经扩张了大约140亿年的宇宙。

第1节 银河系

关键术语

- 变星
- 天琴RR变星
- 造父变星
- 银晕
- 星族Ⅰ
- 星族Ⅱ
- 螺旋密度波

主要概念 恒星发出的不同的光让天文学家能勾画出一个有银晕、旋臂和中心为巨大黑洞的银河系。

要点梳理

- 变星的发现有助于确定银河系的形状。
- 天琴RR变星和造父变星是两种用来测量距离的变星。
- 古老恒星的球状星团可以在银河系的核球和银晕中发现。
- 银河系的旋臂由年轻的恒星和气体星云组成。
- 星族Ⅰ在旋臂中，而星族Ⅱ则在核球和银晕中。

第2节 河外星系

关键术语

- 暗物质
- 超星系团
- 哈勃常数
- 射电星系
- 活动星系核
- 类星体

主要概念 科学家们发现的不同形状的星系揭示了宇宙的过去、现在和未来。

要点梳理

- 星系可以是椭圆形的、圆盘状的或者不规则的。
- 星系的质量从太阳的100万倍到超过10 000亿倍不等。
- 许多星系看起来以星系团的形式成群出现。
- 哈勃定律帮助天文学家发现了宇宙正在膨胀。
- 类星体是遥远星系的中心。因为距离太远，所以它们看上去很暗，也很古老。

第3节 宇宙学

关键术语

- 宇宙学
- 大爆炸理论
- 宇宙背景辐射

主要概念 通过比较宇宙最初形态的证据和模型，科学家建立了大爆炸理论。

要点梳理

- 研究宇宙的性质、起源和演化的学科称为宇宙学。
- 大爆炸理论来自于对宇宙的密度和加速度的观测。
- 临界密度和宇宙中暗能量的数量能确定宇宙到底是开放的还是封闭的。
- 宇宙背景辐射支持宇宙的大爆炸理论。
- 95%的宇宙由未知的暗物质和暗能量组成。

第30章 复习检测

术语回顾

下列每一句表述都有错误。从复习指南中选取合适的术语替代斜体的术语，使表述正确。

1. 围绕中心核球周围的球型区域是*哈勃常数*。
2. 位于可见星系两侧巨大的高热气体瓣中发射出来的无线电波是*宇宙学*的证据。
3. *星族Ⅰ*可能是来自空间各个方向上的微弱辐射，同时对应发射体的温度约为2.725 K。
4. 这些巨大的*类星体*的规模高达数亿光年，只有当天文学家们在遥远的距离外定位出其间分布的许多星系后，才能被观测到。
5. *造父变星*是组成宇宙的23%的不可见物质。
6. 关于银河系的旋臂是如何保持的假说之一是*天琴RR变星*。
7. *射电星系*研究宇宙起源和演化。
8. *超星系团*是一种大小会随着星体外层的膨胀或收缩而发生变化的恒星。

术语辨析。

9. 天琴RR变星，造父变星
10. 类星体，射电星系
11. 暗物质，宇宙背景辐射
12. 银晕，活动星系核
13. 宇宙学，哈勃常数

在下列一组术语中，找出和其他术语不属于同一类的术语，并解释它的含义。

14. 天琴RR变星，星族Ⅱ，类星体

理解要点

15. 下列银河系天体中，哪一个是最老的？
   - **A.** 球状星团
   - **B.** 旋臂
   - **C.** 造父变星
   - **D.** 星族Ⅰ

根据下图，回答第16题。

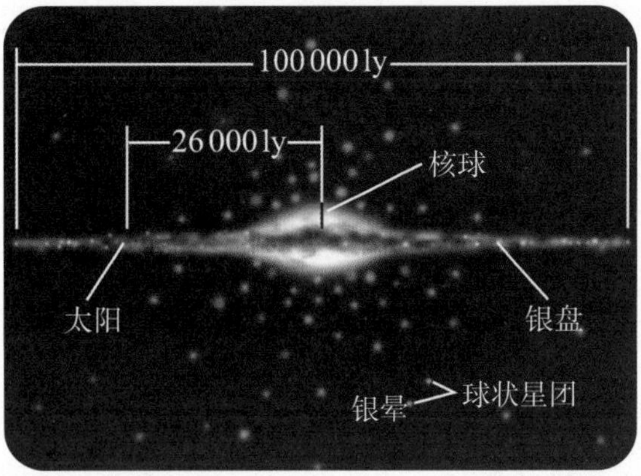

16. 新的恒星在银河系中的什么位置形成？
   - **A.** 在核球中
   - **B.** 在球状星团中
   - **C.** 在银盘的旋臂中
   - **D.** 在银晕中
17. 活动星系核和类星体发射出的能量最有可能产生于哪里？
   - **A.** 掉入超大质量黑洞的物质
   - **B.** 中子星
   - **C.** 超新星爆发
   - **D.** 脉冲星
18. 宇宙背景辐射的来源是什么？
   - **A.** 由恒星发射
   - **B.** 宇宙大爆炸的残余物
   - **C.** 由射电星系发射
   - **D.** 暗能量
19. 在宇宙大爆炸模型中，哪个词可以形容宇宙停止膨胀并开始收缩？
   - **A.** 开放的
   - **B.** 平坦的
   - **C.** 闭合的
   - **D.** 椭圆的

20. 宇宙背景辐射支持了哪个理论?

A. 临界密度

B. 哈勃常数

C. 宇宙膨胀模型

D. 宇宙大爆炸理论

21. 为了确定哈勃常数,必须要有哪两项数据?

A. 距离和速度

B. 距离和绝对星等

C. 视星等和速度

D. 视星等和绝对星等

22. 在不做任何计算的情况下,通过一颗变星的脉冲周期,天文学家能确定什么?

A. 距离

B. 视星等

C. 光度

D. 年龄

根据下图,回答第23~24题。

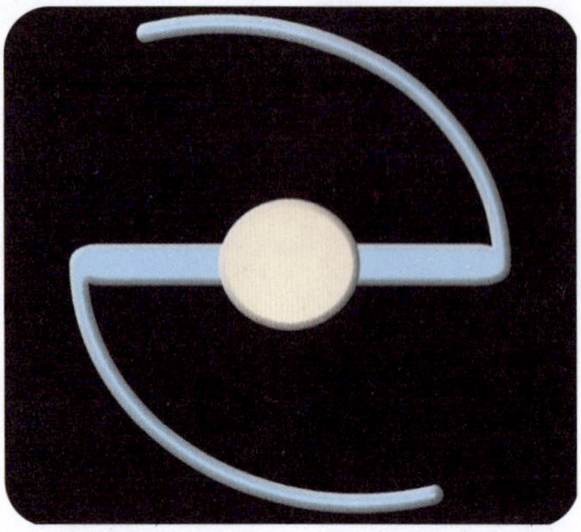

23. 上图所示的是哪一种星系?

A. 旋涡星系

B. 棒旋星系

C. 椭圆星系

D. 不规则星系

24. 在音叉图中,这种星系属于哪一类?

A. S0

B. SB

C. Sa

D. E3

根据下图,回答第25题。

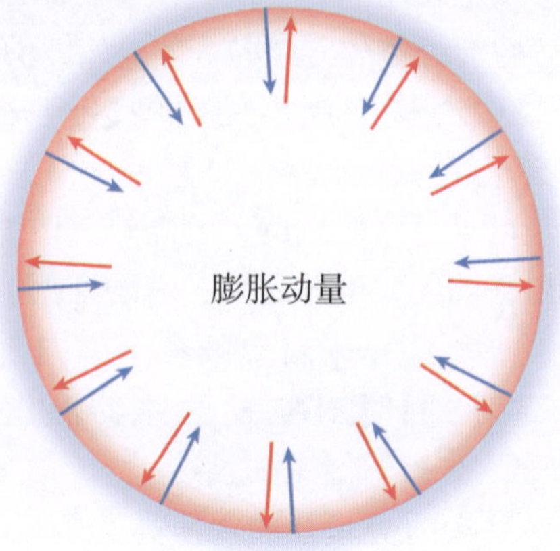

25. 是什么导致宇宙自我坍缩并形成一个闭合的宇宙?

A. 引力

B. 临界密度

C. 膨胀动量

D. 哈勃常数

简要概述

26. 解读宇宙膨胀与其质量和密度之间的关系。

27. 讨论 为什么脉冲变星对于确定球状星团的距离很有用?

28. 解释 天文学家是如何观测银河系的旋臂结构的?

29. 地球科学相关职业 天文学家为什么认为银河系的银晕具有很大的质量?

30. 解释 为什么球状星团中的恒星被归为星族Ⅱ类?

31. 联系 将星系的种类和它的形状联系起来。

32. 比较活动星系核和类星体。

33. 解释 红移和哈勃定律告诉了我们有关星系运动的哪些知识?

34. 讨论 天文学家是如何确定暗物质的存在的?

批判性思维

35. **推断** 跟太阳相比，一颗几十亿年之后在银河系内形成的恒星会变成什么样？

根据下图，回答第36题。

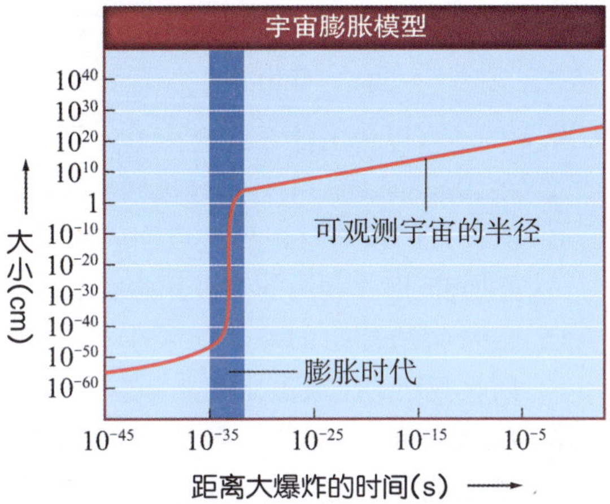

36. **解释** 在图中的 10^{-35}s 处，宇宙发生了什么情况？

37. **比较**变星和宇宙背景辐射对于确定宇宙形状的意义。

38. **指出**星族Ⅰ恒星和星族Ⅱ恒星之间的因果关系。

概念图解

39. 运用下列术语来绘制一幅概括大概念的概念图：*宇宙背景辐射*、*类星体*、*哈勃定律*、*黑洞*、*星团*和*宇宙大爆炸理论*。

挑战难题

40. **推断** 为什么说暗物质的存在对科学家确定宇宙的结局增加了困难？

地学写作

41. 写一段话来解释继续使用和发展空间卫星望远镜的必要性。

材料分析

下图反映了从宇宙大爆炸到现在的各种主要力的强度变化。

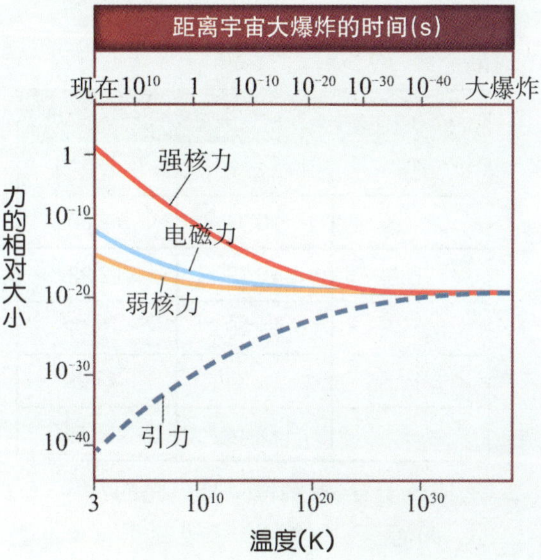

资料来源：Silk, J. 1998. The SETI module: cosmology. Syracuse University.

42. 在哪一个时间和温度处，引力与强核力、电磁力和弱核力分开？

43. 引力在宇宙大爆炸开始之后发生了什么变化？其他力呢？

44. 在宇宙大爆炸发生10亿分之一(10^{-9})秒后，原子形成。这时温度如何？

综合复习

45. H-R图上反映了恒星的哪两个基本性质？(**第29章**)

46. 为什么仅根据前几个小时的天气状况推断未来的天气是很轻率的？(**第12章**)

选择题

1. 宇宙中的物体在地球的大气层中燃烧所产生的那道光叫什么？
   A. 陨石
   B. 小行星
   C. 流星
   D. 流星体

根据下表，回答第2~4题。

星等		
恒星	视星等	绝对星等
南河三	+0.38	+2.66
牛郎星	+0.77	+2.22
十字架三	+1.25	−3.92
参宿五	+1.64	−1.29
狮子座	+2.14	−1.54

2. 从地球上看，哪颗恒星是最亮的？
   A. 南河三 B. 十字架三
   C. 参宿五 D. 狮子座
3. 从10秒差距之外看，哪颗恒星是最亮的？
   A. 南河三 B. 十字架三
   C. 参宿五 D. 狮子座
4. 从10秒差距之外看，哪颗恒星是最暗的？
   A. 参宿五 B. 牛郎星
   C. 南河三 D. 十字架三
5. 确定哈勃常数必须要有哪两个数据？
   A. 距离和速度
   B. 距离和绝对星等
   C. 视星等和速度
   D. 视星等和绝对星等
6. 如何表述开普勒第一定律？
   A. 每颗行星绕太阳公转轨道都是圆的
   B. 每颗行星绕太阳公转轨道都是椭圆的
   C. 离太阳近的行星比远的行星运行得更快
   D. 离太阳近的行星比远的行星运行得更慢

根据下图，回答第7~9题。

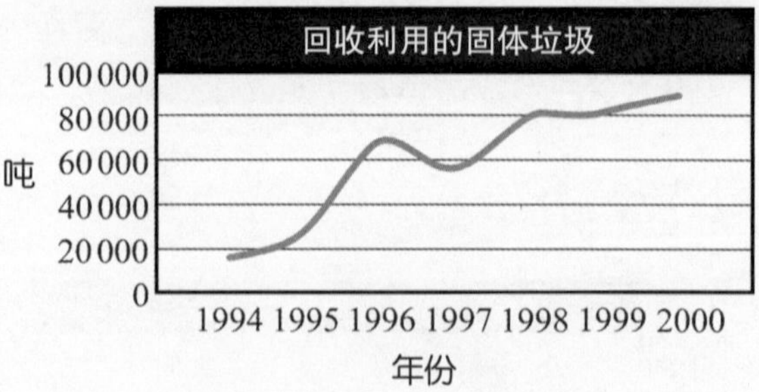

7. 从上图中可以得出什么结论？
   A. 在1994年以前，不存在垃圾回收利用
   B. 随着人们逐渐意识到垃圾回收利用的好处，被回收利用的垃圾开始增多
   C. 1994年所产生的垃圾比较少，所以被回收利用的垃圾也比较少
   D. 从1998年起，对于垃圾回收利用的兴趣开始降低
8. 下列哪一项不是1995年到1996年垃圾回收量快速增加的原因？
   A. 回收法规的实施
   B. 公众意识的提升
   C. 回收便利性的提升
   D. 需要回收的材料生产量更少
9. 下列哪个时段的垃圾回收数量增长最多？
   A. 2000~2001
   B. 1998~1999
   C. 1996~1997
   D. 1995~1996
10. 碳-14的半衰期为5 730年。碳-14测年法对下列哪个选项最有用？
    A. 月球上的岩石
    B. 印第安人的火坑
    C. 三角龙的下颌骨
    D. 加拿大地盾的花岗岩
11. 银河系中的哪一个区域占整个银河系90%的质量？
    A. 旋臂 B. 银晕
    C. 核球 D. 银盘

简答题

根据下图，回答第12～14题。

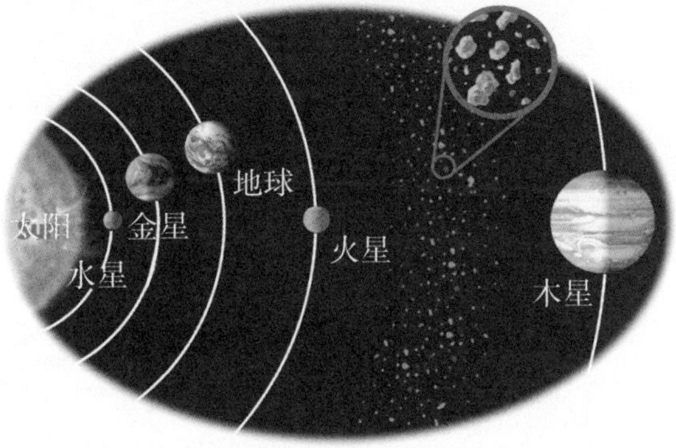

12. 图中穿过各个行星的线代表的是什么？

13. 说出并描述火星和木星之间的物质。

14. 解释为什么这些物质没有形成一颗行星。

15. 对比与比对折射望远镜与反射望远镜。目前哪种望远镜的应用更广泛？为什么？

16. 描述地心说。

17. 为什么地球的卫星是太阳系所有卫星中最独特的？

阅读理解

宇宙中最早的恒星

美国国家航空航天局的研究人员表示，他们已经探测到了可能是宇宙中最早的恒星所发射的微弱红外线。这些被归为星族Ⅲ的遥远的恒星可能是在宇宙大爆炸仅仅2亿年后形成的。

原始的恒星是由太空中的气体和尘埃形成的，它们的质量比现在的恒星大数倍。这些古老的恒星对于我们来说依旧是不可见的，它们从未被人类探测到过。美国国家航空航天局的科学家利用斯必泽太空望远镜测量到了这些恒星曾经辐射的持久的能量，并以此间接地发现了它们。随着宇宙的膨胀，恒星的光波也被拉伸得更长，更接近红光波段。早期的恒星所辐射的能量在今天以红外线的形式存在。整个宇宙都充斥着一种被称为宇宙红外背景(CIB)的背景辐射。这一辐射包括了来自所有恒星的辐射，不管是年轻的还是古老的，离地球近的还是远的。如果这些早期恒星质量巨大，同时又是在标准宇宙模型中形成的话，它们应该会在宇宙红外背景辐射中留下痕迹。

资料来源：Handwerk, B. First stars in universe detected? *National Geographic News*. November 2, 2005.

18. 从这篇文章中，可以推断出什么结论？

A. 这些恒星在现在的宇宙中依旧存在

B. 望远镜并不是一个观测恒星的好途径

C. 这些早期恒星形成于宇宙大爆炸时

D. 早期恒星已经不存在，我们现在只能观测它们留下的辐射

19. 科学家们通过什么证实了这些恒星的存在？

A. 它们发出的可见光最终到达了地球

B. 它们发出的辐射所形成的微弱红外线

C. 这些恒星的气体和尘埃颗粒

D. 现有的恒星的辐射

20. 推断为什么常规望远镜不能观测到这些恒星，而斯必泽太空望远镜却可以。

需要更多帮助？																	
如果你回答错误……	1	2	3	4	5	6	7	8	9	10	11	12	13	14	15	16	17
请复习相应章节……	28.1	29.2	29.2	29.2	30.2	28.1	26.1	26.1	26.1	21.3	30.1	28.1	28.4	28.4	27.1	28.1	27.2

学习资源

技能手册

解决问题的技能

比较

为什么要学习这项技能？

假设你想要购买一部手机，但你必须在三种不同型号中进行选择。你可能会先比较这三种型号的特点，比如价格、内存、品牌、外观、尺寸等，然后再确定哪款最适合你。

在地球科学的研究中，你也会经常遇到这类比较，比如比较不同岩石或者不同行星的特点，比较不同时期的科学发现或科学事件等。

技能学习

做比较时，你需要研究两个或多个群体、情况、事件或理论。首先，你必须决定比较的项目，并确定用于比较的特征。然后，找出它们所有的相似点和不同点。

例如，本页所示的两种矿物——岩盐与石英之间就可以做一个比较。你可以比较一下它们的物理性质。

技能训练

创建一个标题为“矿物比较”的表格。在表格中画两栏，分别标注“岩盐”和“石英”。然后根据你的观察结果，在表格里填写这两种矿物的物理性质。就相似点而言，你可能会指出两种矿物都是固体并且以晶体形式存在，两者都是无机物。不同之处可能会包括岩盐具有三方晶体结构，而石英具有六方晶体结构。

当你填完表格后，回答下列问题。

1. 比较的项目有哪些？你是如何比较它们的？
2. 这些矿物有什么共同之处？
3. 每种矿物的特有属性是什么？

技能应用

做比较 在科学期刊或杂志上阅读两篇对同一问题表达不同观点的社论文章，找出这两种观点的异同。

岩盐

石英

分析信息

为什么要学习这项技能？

分析或是通过局部理解整体，都是批判性思维的一种方法。分析信息的能力在确定哪种观点更可取时非常重要。

技能学习

你可以运用以下步骤分析信息：

- 确定讨论的主题；
- 研究信息的组织方式——确定要点；
- 用自己的语言总结信息，根据你的背景知识和对话题的理解做出陈述。

技能训练

下文节选自《美国国家地理》杂志。阅读文章，运用上述步骤分析信息并回答下列问题。

作为法国著名探险家雅克·库斯托的孙子，单法比恩·库斯托这个名字就足以令他在海洋探索领域名声显赫。而如今，在其最新作品——鲨形潜艇的帮助下，这位出生于巴黎、现定居于纽约的探险家终于将儿时的梦想化为现实：与海洋最凶猛的食肉动物“大白鲨”一同遨游大海。

这种水下装置长4.3米，造价十万多美元，正好能容下一个人，不过必须趴在里面进行导航和观察。鲨鱼给人的印象总是野蛮残暴、不动大脑的食人机器，但库斯托利用“鲨鱼潜艇”拍摄了一部纪录片，试图推翻这一印象。库斯托说，大白鲨已在海洋中存在了4亿多年，既然能在如此漫长岁月中幸存下来，本身就表明它们并不“愚蠢”。

库斯托称他的这个水下装置为“特洛伊”，希望它的未来能像传说中的特洛伊木马一样辉煌。“鲨鱼潜艇”由库斯托和一个由

法比恩·库斯托进入他的鲨形潜艇。

科学家、工程师组成的研究小组完成。它由一个来回摆动的“尾鳍”推动向前，覆盖了一层弹性极强、皮肤似的材料，里面充满了水，库斯托只能穿着潜水衣趴在其中，使用呼吸装置呼吸。

库斯托说，这一项目旨在让人们更容易地近距离观察大白鲨的活动。此前，人们大多只能在海洋馆等人造设施内观察鲨鱼的各种行为特征。他说：“现如今，我们忽然看到大白鲨像经过训练的马戏团动物一样能供人欣赏。”

尽管库斯托不愿断言，在“特洛伊”侵入鲨鱼的地盘时，真正的鲨鱼会做何反应。但这位探险家表示它们的反应似乎与以往没有什么不同。有些甚至张开它们的鳃，冲着“特洛伊”打哈欠，这一动作被看作是大白鲨发出的一种沟通信号。虽然有一些鲨鱼会做出侵略性姿态，但它们都没有对身边出现的这头人造鲨鱼进行攻击。

1. 文章讨论的主题是什么？
2. 这篇文章的要点是什么？
3. 总结文章中的信息，然后根据这些信息和你自己的已有知识对文章做出陈述。

技能应用

分析信息 在科学新发现或新科技应用领域找出一篇简短、信息量大的文章，例如一篇有关混合动力汽车技术的文章。分析文中信息并做出自己的陈述。

综合信息

为什么要学习这项技能？

综合技能包括组合和分析从不同来源或在不同时间收集的信息，并将它们建立逻辑联系。作为学生来说，当你为了报告或演讲需要从多个来源收集数据时，能够综合信息便是一项有用的技能。

技能学习

你可以根据下列步骤综合信息：

- 选择重要和相关的信息；
- 分析信息并建立联系；
- 获取新的信息后加强或修正这种联系。

假设你需要写一篇关于全球大气中二氧化碳含量的研究论文。你需要综合所学信息，并让其他人也能了解。你可以先从已有的关于全球大气二氧化碳含量的资料中找到详细的信息和观点。使用**表S-1**可以帮助你将这些资料中的信息进行分类。

表S-1 全球大气中二氧化碳含量

年份	全球大气中二氧化碳浓度(ppm)	年份	全球大气中二氧化碳浓度(ppm)
1745	279	1935	307
1791	280	1949	311
1816	284	1958	312
1843	287	1965	318
1854	288	1974	330
1874	290	1984	344
1894	297	1995	361
1909	299	1998	367
1921	302	2005	385

然后你还可以选择一些关于温室气体的文章，例如下面这篇文章。

根据美国国家科学院的报告，地球的地表平均温度在过去的100年里上升了约1°F(约0.56℃)。这种温度升高与大气中二氧化碳和其他温室气体的浓度相关。温度升高对地球气候有何影响？

二氧化碳是一种温室气体，有助于地球保持维持生命的温度。然而，二氧化碳、甲烷、氮氧化物等温室气体的积累会导致全球变暖，即地表平均气温升高。自19世纪工业革命以来，大气中二氧化碳的浓度增加了近30%，甲烷浓度增加了一倍多，氮氧化物浓度增加了约15%。科学家将这些增长归结为汽车、工业和电力等行业的化石燃料燃烧，以及森林砍伐、农业活动增加、垃圾填埋和采矿等的影响。

技能训练

根据本页的表格和文章回答下列问题。

1. 表中反映了什么信息？
2. 文章的主旨是什么？这篇文章中的哪些信息有助于增加你对该主题的了解？
3. 通过综合这两则资料和自己的知识，关于全球变暖，你可以得出什么结论？

技能应用

综合信息 从两个不同的信息源查找同一主题的内容，然后写一篇简短的报告。在你的报告中，回答下列问题：你用了哪些信息源？它们的作用是什么？每种信息源各从哪些方面增强了你对这一主题的理解？这两个信息源之间是相互补充，还是相互矛盾的？

记笔记和列提纲

为什么要学习这项技能?

记忆的最好方法之一是把它写下来。记笔记是指简明而有序地写下信息,它不仅有助于你记忆,还能使学习变得更容易。

技能学习

笔记有多种风格,但每种笔记的目的都是为了解释信息,并按逻辑顺序排列。当你阅读时,找到并归纳文中的主要观点以及支持它们的细节,并写在你的笔记上。换句话说,就是用你自己的话来表述文章所表达的信息,而不是直接照抄文章内容。你还可以使用笔记卡片或开发一种个性化的速记方法,比如用符号来表示特定文字。这些都可以帮你用紧凑的方式记录信息。

另外,你可能会发现列提纲对记笔记很有帮助。列提纲前,先阅读材料,确定文中的主要观点。特别是在教科书中,章节的标题都是该部分的主题,然后再看副标题。在一些标题下,你还可以列出文中支持它们的证据。提纲的基本形式如下图所示:

主题
- Ⅰ. 第一个观点或事件
  - A. 第一个证据
  - B. 第二个证据
    - 1. 次级证据
    - 2. 次级证据
- Ⅱ. 第二个观点或事件
  - A. 第一个证据
  - B. 第二个证据
    - 1. 次级证据
    - 2. 次级证据
- Ⅲ. 第三个观点或事件

技能训练

下文节选自《美国国家地理》杂志。阅读文章,运用上述步骤记笔记并列提纲,然后回答下列问题。

恐龙迷们仍有很多期待。根据对恐龙类型的最新研究,21世纪还会有一系列新的发现。该研究的共同作者,费城宾夕法尼亚大学的古生物学家、解剖学教授彼得·多德森说:"我们目前发现的恐龙类型可能只占其总数的29%。"

多德森和宾夕法尼亚大学斯沃斯莫尔学院的统计学教授史蒂夫·王建立了一个关于所有已知恐龙属的详细的统计分析数据库。然后,他们用这些数据来估计化石记录中保存的恐龙属的总数。

根据配对预测以及牙齿以外的其他恐龙遗骸,科学家们最终发现了1 844个恐龙属,这比目前已知的527个多了1 300多个。更重要的是,根据对历史发现模式的分析,他们认为在未来60到100年间,人类将发现全部恐龙属中的75%,而在未来100到140年间,将发现全部恐龙属中的90%。

这个统计只适用于通过化石保存下来的样本。研究人员认为,在恐龙统治地球的1.6亿年间,类型各异的恐龙可能遍布全球,但很多物种的残骸并没有通过化石保存下来,所以它们也就永远都不能为科学所知。

1. 这篇文章的主题是什么?
2. 第一个、第二个和第三个观点各是什么?
3. 说出支持每个观点的两个证据。
4. 说出支持每个证据的两个次级证据。

技能应用

记笔记和列提纲 浏览一篇关于新实验室技术的科学期刊短文。用速记或列提纲的方式做笔记,并根据你的笔记总结这篇文章。

理解因果关系

为什么要学习这项技能?

为了解某个事件,你需要知道事件或事件链是怎么发生的。当科学家不确定事件的原因时,他们常常会设计实验来探究。虽然原来可能已经有一种解释,但实验可以用来确定导致你观察到的事件的确切原因。这一过程可以检验事件的因果关系。

技能学习

当原来补充火山熔岩的岩浆房出现“空洞”,火山顶部或边缘会崩塌进岩浆房,形成破火山口。一个空的岩浆房会引起火山崩塌。形成的破火山口即是事件的影响或结果。下图表示一个事件(原因)导致另一个事件(结果)。

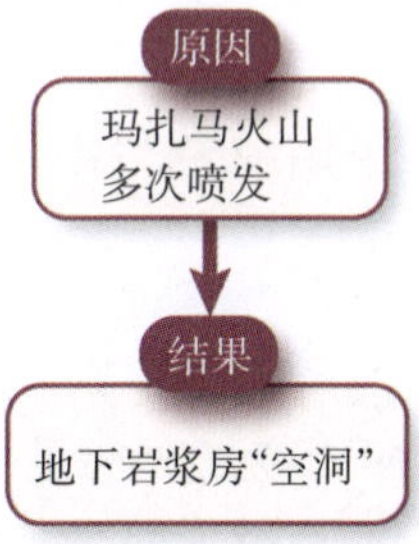

你还可以从下列词中找到因果关系的线索。

因为	**产生**
由于	**结果**
所以	**这就是为什么**
因此	**出于这个原因**
于是	**因而**
导致	**为了**

阅读下面的例句。

“火山崩塌进部分‘空洞’的岩浆房。结果,火山所在位置形成了凹陷。”

在上面的例子中,原因是火山崩塌。因果关系词“结果”两字告诉你“凹陷”是“火山崩塌”的结果。

在事件链中,一个事件的影响往往成为其他事件的原因。下图表示形成火山口的完整事件链。

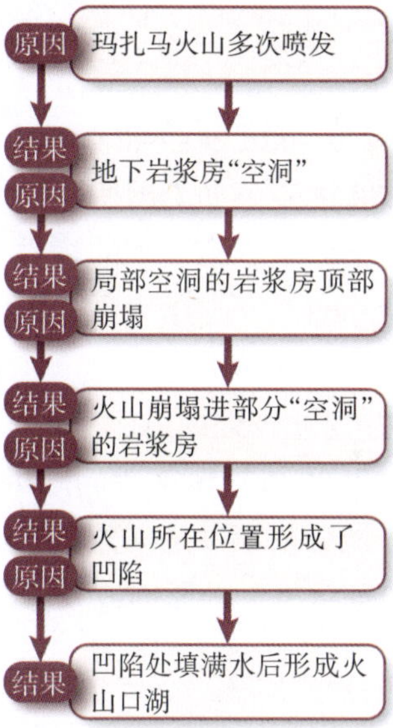

技能训练

制作一张类似上图的图表,标出下列哪些事件是原因,哪些事件是结果。

1. 水汽上升后,冷却并变回液体。
2. 云中的小水滴聚集成更大的水滴。
3. 海洋、湖泊和河流中的水蒸发。
4. 水汽上升到大气中。
5. 水滴变重并以雨或雪的形式落下。

技能应用

理解因果关系 阅读科学期刊中有关最近的科学事件或发现的报告。确定该事件的至少一个原因和结果。用图表的形式表示事件链。

阅读时间轴

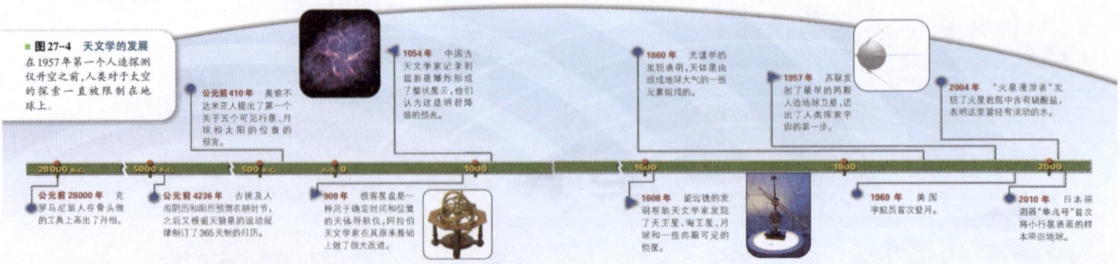

图27-4　天文学的发展
在1957年第一个人造探测仪升空之前，人类对于太空的探索一直被限制在地球上。

为什么要学习这项技能？

当你阅读一条如上图所示的时间轴时，你看到的不仅是一个发生的事件，而且还能知道这个事件前后还发生了什么事件。时间轴可以帮助你发展按时间顺序思考问题的技能，并建立较强的时序意识。掌握按事件发生的时间和顺序思考问题的技能有助于你更好地分析事件之间的关系，还能帮助你更好地理解事件的原因或结果。

技能学习

时间轴是按顺序列出特定时间发生事件的线性图表。日期之间的年数是时间跨度，比如从1910年开始到1920年结束的时间轴就有十年的时间跨度。还有一些时间轴按世纪划分，20世纪包括1900年代，19世纪包括1800年代，等等。

时间轴通常划分为更小的时间尺度或间隔。在下面两条时间轴上，第一条时间轴有300年的时间跨度，时间间隔为100年。第二条时间轴有6年的时间跨度，时间间隔为2年。

技能训练

根据上面的时间轴，回答下列问题。

1. 这条时间轴的时间跨度和时间间隔各是多少？
2. 卡特迈火山喷发比圣海伦火山喷发强多少？
3. 圣托里尼火山喷发比维苏威火山喷发早多少年？
4. 喀拉喀托火山喷发与皮纳图博火山喷发相隔多少年？

技能应用

阅读时间轴　有时，时间轴还可以显示同一时期发生的两个不同主题的事件。上面的时间轴显示了公元前6000年至公元2000年间的部分火山喷发事件。将时间轴和事件抄到纸上，然后用不同颜色的笔添上同一时间跨度内与地震相关的事件。

分析媒体来源

为什么要学习这项技能?

为了保持消息灵通,人们会使用各种媒体工具,包括平面媒体、电波媒体和网络媒体。互联网使用方便,信息量大,已成为一种特别重要的研究工具。无论你收集信息的媒体来源是哪一种,分析媒体来源,并确定信息的准确性和可靠性都非常必要。

技能学习

分析媒体来源时,需要考虑许多问题,其中最重要的是检查来源和内容的准确性。作者、出版方或倡议者应当具有可靠且明确的身份。分析媒体信息来源时,你可以试着问自己以下问题。

- 信息是最新的吗?
- 来源是否透明?
- 利用了不止一个来源吗?
- 信息是否有偏差?
- 信息是否代表了问题双方?
- 信息是第一手报道还是第二手?

对于网络媒体,除了上面提到的问题之外,还要再问这些问题。

- 作者是否值得信任并且身份明确?
- 网站上的事实有记录吗?
- 网站内的链接是否适当、最新?
- 网站是否还链接了其他有用资源?

技能训练

为了实践一下你掌握的有关分析平面媒体信息来源的技能,选择两篇有关全球变暖的文章,一篇来自报纸,而另一篇来自新闻杂志,然后回答下列问题。

1. 文章的作者试图表达什么观点?他们成功了吗?文中提到的事实能得到证明吗?
2. 这两篇文章之间是否存在对某种观点的偏差?列出其中所有对此观点有不同意见的句子。
3. 信息是第一手报道还是第二手?文章是否公平地表达了双方意见?
4. 你能在文章中找出多少信息来源?列出来。

在教师提供的链接清单中选择一个链接,做一个网络媒体信息来源的分析。阅读该网站上的信息,回答下列问题。

1. 网站的作者或倡议者是谁?
2. 网站包含了哪些链接?这些链接与讨论的话题是否相关?
3. 网站上的信息有哪些来源?

技能应用

分析媒体来源 思考一个公众意见有分歧的全国性问题。阅读报纸、期刊和网站上有关该问题的文章,并且时刻关注相关的电视报道。哪个信息来源更公正地反映了这个问题?哪一信息来源最可靠?你能找到不同报道之间的偏差吗?你能验证信息来源的可信度吗?

图像化处理

为什么要学习这项技能?

当你在阅读的时候,你会寻找一些重要的观点或概念。组织这些观点或概念的一个好办法是做一个图表。除折叠式学习卡外,本书中还有许多其他图像化处理工具。有些图像反映了事件的顺序或流程,有些则强调概念之间的相互关系。当你在阅读时,你还可以绘制一个自己的图像,这种方法有助于你更好地理解并记忆所学内容。

技能学习

事件链概念图可以用来描述一系列事件,如某一过程或流程。绘制事件链概念图前,你要先确定最初的始发事件,然后按照事件发生的顺序来排列所有事件。

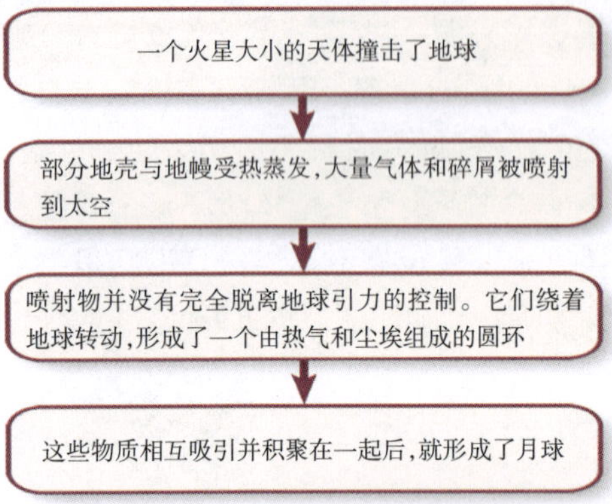

在环形概念图中,一系列的事件不会产生一个最终的结果。事件链中最后一个事件本身又循环为初始事件,环状联系的事件又开始新一轮的循环。

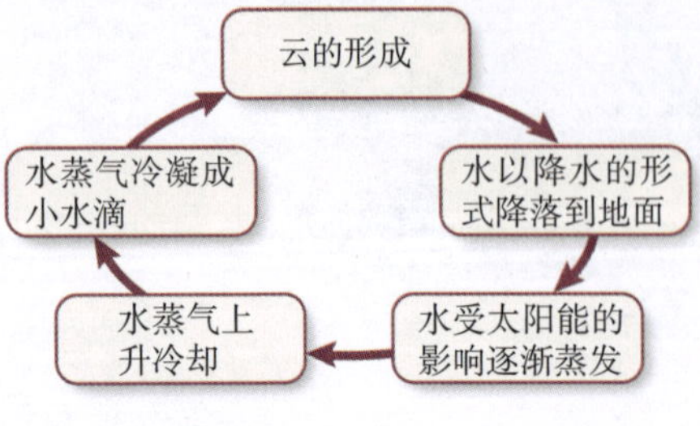

网状树形概念图以从一般到特殊的顺序呈现了概念之间的关系。各圈连接线上的文字称为连词,反映了概念之间的相互关系。这些概念和连词可以构建网状树形概念图。

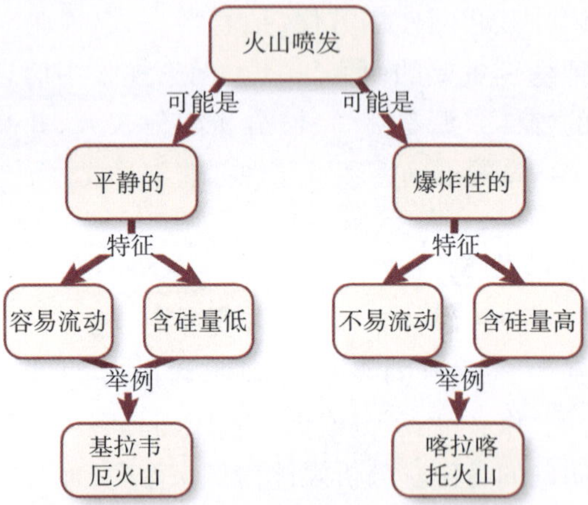

技能训练

1. 制作一幅沉积岩成岩过程的事件链概念图。
2. 制作一幅氮循环的环形概念图。确保图中事件是可以循环的。
3. 制作一幅网状树形概念图,图中需要用到下列词语:*新生代*、*三叶虫*、*纪元*、*古生代*、*哺乳动物*、*恐龙*、*最早的陆生植物*、*冈瓦纳大陆*、*中生代*、*早期泛大陆*、*晚期泛大陆*。你可能还需要自行添加一些连接词来描述这些概念之间的相互关系。

技能应用

图像化处理 制作一幅关于科学方法的事件链概念图。制作一幅水循环的环形概念图。制作一幅大气污染和水污染的网状树形概念图,图中要包括污染源,并且列举受到这类污染影响的地区。

掌握辩论技巧

新的研究往往会带来新的科学理论，而此时往往也会出现反对的声音，质疑这个研究的开展过程、解释过程和沟通过程。本书中“地球科学与社会”这个栏目就给你这样一个机会，让你可以对当前某个具有争议性的话题进行辩论。下面的内容介绍了你应该如何开展一场辩论。

选择一个支持的观点并且进行研究

首先，选择一个与地球科学相关的议题，这个议题应该至少有两个对立的观点。议题可以来自社会热点事件、书本或者由老师提供。你可以选择一个有关全球变暖或化石燃料使用的议题，然后用陈述句来表述你的观点，如“全球变暖对环境无害。”

某些同学可能会支持这一观点，而另一些同学则可能会反对这一观点。无论是个人辩论还是团体辩论，你都需要选择一个支持的观点。你选择的观点不一定代表自己的真实想法。辩论的目的是创造一个有科学依据支持的观点。

在选择好支持的观点之后，你需要找一些资料来支撑自己的观点。你可以在网络、图书馆查找文献，或者从教材中收集一些支持你观点的资料。

一个强有力的观点包括科学依据、专家意见以及你自己对这个观点的分析。如果你反对一个观点，你要做的事情也是如此。如果你能了解一些反方的观点，可能也会有助于你强化己方的观点。

举行一场辩论

根据老师的安排，在特定的一段时间内表述自己的观点。你需要在有限的时间内组织好你的发言：表达你支持的观点，呈现你的分析思路，总结你最重要的观点。试着尽可能多元化地论述自己的观点，辩论不只是事实的堆砌，将新闻标题照读一遍，又或者是你个人观点的陈述，而是对你搜集到的资料进行分析，并用自己的方式和语言呈现出来。另外，还有很重要的一点是，你绝对不能对反对你观点的辩友进行人身攻击。你们是在讨论这个议题，所以你的表现是通过整体的表达能力、组织能力，对观点的个人想法以及你选择的材料是否恰当来评定的。

其他角色 在辩论中，你还能扮演一些其他角色。比如，你可以做一个计时员。计时员负责控制辩论双方的发言时间，并在时间快要结束时，用手势提醒辩手时间快到了。

你也可以扮演一个裁判。当你在一场辩论中担任裁判时，要特别注意几点：介绍辩论双方各自的观点，记录辩论双方的关键论据并组织辩论。在辩论进行时，裁判要做好笔记，这对最后总结双方的主要观点非常有用。然后，裁判要选出辩论双方中给出了最有力观点的辩手。裁判还可以组织一场班级内的讨论，讨论内容可以为辩论双方的优缺点以及其他一些观点。

数学技能

实验数据往往用数字和单位来表示。下面就列举了一些常用的单位及其转换公式。

采用国际单位制(SI)测量

国际单位制简称为SI,是国际通用的测量标准。SI主要包括七种基本单位。其他的单位都可以从这些基本单位转换出来。

表S-2 国际单位制基本单位

测量	单位	单位符号
长度	米	m
质量	千克	kg
时间	秒	s
电流	安	A
温度	开尔文	K
物质的量	摩尔	mol
光照强度	坎德拉	cd

有些单位是由基本单位组成的,例如体积单位就来自长度。1升(L)相当于1立方分米(dm^3)。而密度单位(g/L)则是由质量单位(g)和体积单位(L)组成的。

当这些单位乘以十的倍数时,又会产生新的单位。例如一个基础单位乘以1 000之后,就会多一个前缀——千(kilo-)。1 000米等于1千米。**表S-3**给出了一些公制前缀及其含义。在以10为倍数转换的单位中,会存在一个换算系数。比如1千米=1 000米。两个换算等式如下所示:

$$\frac{1\,000\ \text{m}}{1\ \text{km}}=1 \quad 和 \quad \frac{1\ \text{km}}{1\,000\ \text{m}}=1$$

转换单位时,在选择换算等式的时候要注意单位。

$$1\ \text{km}=\frac{1\,000\ \text{m}}{1\ \text{km}}=1\,000\ \text{m}$$

原始的单位通过几次换算,最终可以得到理想的单位。

表S-3 常见的公制前缀

前缀	符号	含义
mega-	m	1×10^{6}(百万)
kilo-	k	1×10^{3}(千)
hecto-	h	1×10^{2}(百)
deka-	da	1×10^{1}(十)
deci-	d	1×10^{-1}(十分之一)
centi-	c	1×10^{-2}(百分之一)
milli-	m	1×10^{-3}(千分之一)
micro-	μ	1×10^{-6}(百万分之一)
nano-	n	1×10^{-9}(十亿分之一)
pico-	p	1×10^{-12}(万亿分之一)

练习题1　将1 000微米转换为千米。

温度的转换

下列公式可以用于转换华氏度与摄氏度。这两个等式之间可以相互转换,所以你只需要记住其中一个就够了。

华氏度转换为摄氏度:

$$℃=\frac{(℉)-32}{1.8}$$

摄氏度转换为华氏度:

$$℉=1.8(℃)+32$$

表格的绘制与使用

表格能将数据以便于理解的方式直观地表示出来。表格通常由几部分组成：描述表格内容的标题，表示信息的行和列，以及每行每列的标题。

表S-4 冰川移动速度

深度(m)	距离(m)	平均速度(m/d)
0	13.1	0.198
20	13.1	0.198
60	12.8	0.194
100	12.2	0.185
140	11.2	0.170
180	9.6	0.145

从表格中，你不仅能够得到具体的信息，还能发现变化的趋势。

练习题2　如果科学家在这座冰川上向下钻到40 m处，在这个深度上，冰川的移动速度是多少？

图象的绘制与使用

科学家用表格组织好数据后，还会以图象来展示。科学中常用的数据图是折线图、柱状图和饼状图。

折线图　折线图通常用来说明两个变量之间的关系。自变量位于横轴x轴上，而因变量则位于纵轴y轴。因变量(y)随自变量(x)的变化而变化。

假设班级里的同学想要收集湿度的数据，你可以制作一张不同大气温度下空气中水蒸气含量变化图。相关数据如**表S-5**所示。

表S-5 不同气温下大气中水蒸气含量

大气温度(℃)	水蒸气含量(g/m³)
10	10
20	18
30	31
40	50
50	80

要绘制一张大气中水蒸气含量的数据图，首先要确定自变量和因变量。气温是自变量，因此标在图中的x轴上；每立方米大气中水蒸气的含量是因变量，因此用y轴表示。

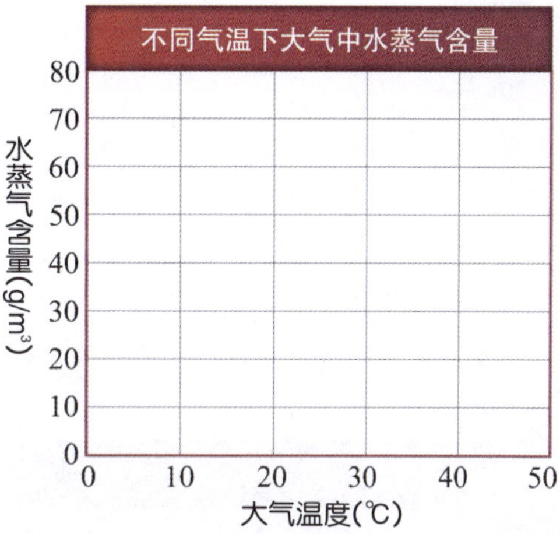

你可以用没有线条的白纸或制图纸来绘制图形。在这张白纸上，你可以画上方格网线或者沿着制图纸将你要用到的网格勾勒出来。接着写上这张数据图的标题，然后画好坐标轴，并且标明相应的刻度。在这个示例中，x轴标注的是大气温度。因为最低温度是10℃而最高温度是50℃，所以x轴标注的数值至少要从10到50。同样，因为水蒸气含量最低为10，最高为80，所以y轴标注的数值至少要从10到80。你也可以从0开始标注，以10的倍数等间隔标注到80。

接下来在图上标注空气中水蒸气的含量。你需要标注的第一对数据是：气温为10℃时，每立方米大气中的水蒸气含量为10 g/m³。首先在x轴和y轴上分别选取数值为10的点，从这两点出发画两条辅助线相交得到第一个数据点。用同样的方法标完其他的数据点之后，你就可以拟合一条“最佳”直线。

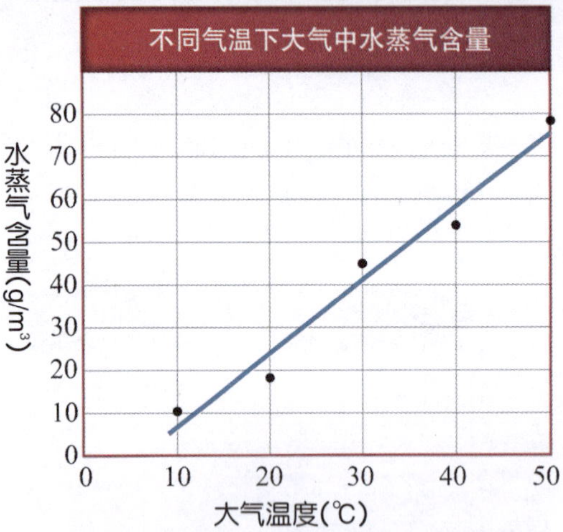

练习题3　根据上图，大气中的水蒸气含量随着气温升高是增加还是减少了？

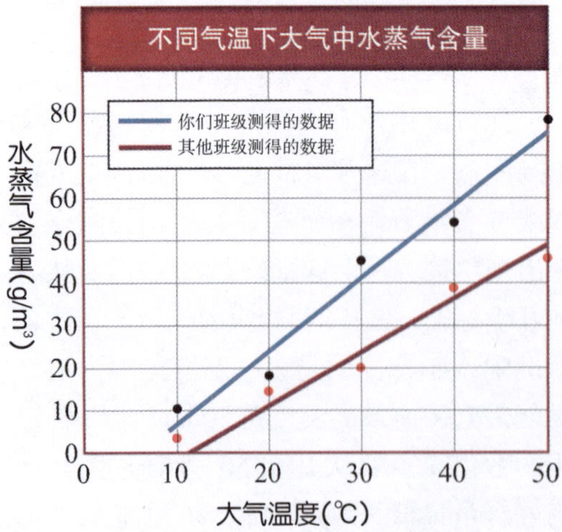

如果你想要将你们班测得的数据与其他班级测得的数据进行比较，你该怎么办呢？此时，你应该把其他班级测得的数据也标注在同一张图上，用不同的线条代表不同的数据系列，并标注图例。

练习题4　如何比较你们班测得的数据和其他班级测得的数据？

柱状图　柱状图常用来表示不同数据系列的对比。柱形的长度与这个数据的大小有关。要制作一张柱状图，就像折线图一样也需要先建立x轴和y轴。然后在x轴上将数据分别用柱形标出，每根柱的高度取决于y轴的值。

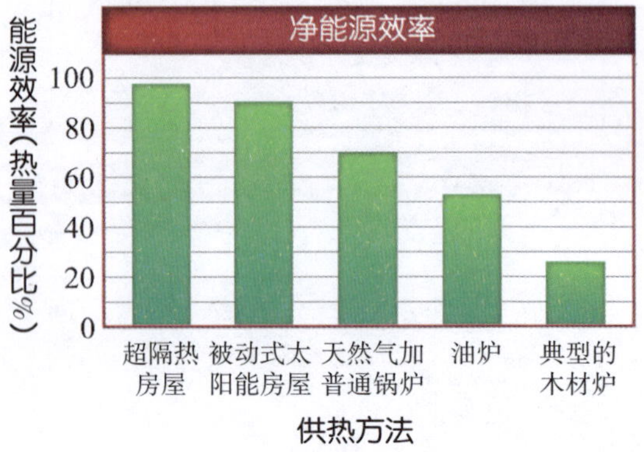

上图的自变量为供热方法，因变量为能源效率。

练习题5　哪种供热方法的能源效率排在第二位？该种供热方法的能源效率是否比排在末位的供热方法高2倍？请给出答案并解释原因。

柱状图也可以同时表示多种不同类型的数据，表示两种数据的柱状图被称为双柱图，可以用不同的颜色表示不同种类的数据。下图就是一个双柱图。

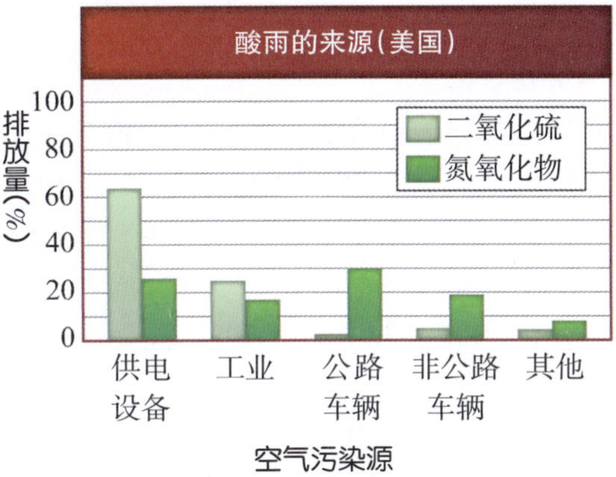

饼状图 饼状图通常是将一个圆按半径划分成几个部分来代表数据。圆饼的每一个部分代表了整体的一部分，当所有部分合在一起，就等于100%。

假设你想制作一个饼状图来表示美国不同类型的工业在一年内产生的固体废弃物。已知美国每年产生的固体废弃物估计在100亿吨左右，那么整个圆表示固体废弃物的总量100亿吨。如果其中有75亿吨的固体废弃物是由于采矿、石油和天然气行业产生的。那么它在整个圆中所占的度数计算如下：

$$\text{在整个圆周中占有的度数}=\frac{\text{采矿、石油和天然气行业产生的固体废弃物}}{\text{工业产生的固体废弃物总量}}\times 360^\circ$$

$$=\frac{75}{100}\times 360^\circ$$
$$=0.75\times 360^\circ$$
$$=270^\circ$$

绘制这张饼状图时，你需要用到圆规和量角器。首先，你要用圆规画一个圆。

然后自圆心向圆周画一条线段，将量角器的一边与这条线段重合，在圆周上标注出270°点所在的位置，用线段连接该点与圆心，这一部分就代表了每年由于采矿、石油和天然气行业所产生的固体废弃物所占的比例。

现在，用同样的操作方法就能算出其他行业在圆周上所占的度数，并在圆上画出相应的份额：农业13亿吨，制造业9.5亿吨，市政工程1.5亿吨，下水道污泥1亿吨。

在图上标注各部分的名称和饼状图的标题，这样整张饼状图就制作完成了。

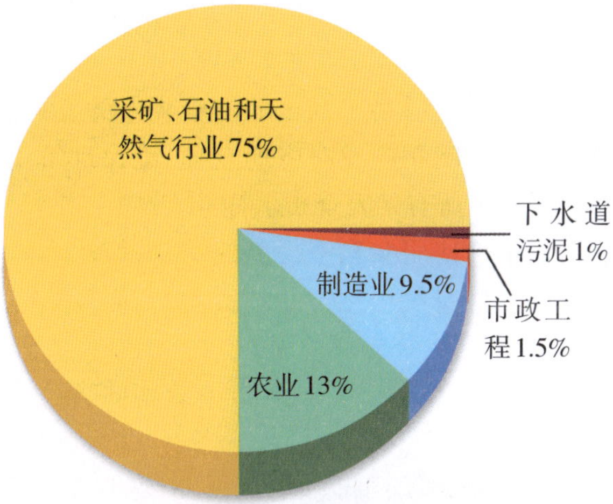

美国固体废弃物的分布图

练习题6 在某高中有25种开花植物。现在请你根据每种花的颜色来制作一张饼状图。其中有2种是黄色的花，5种是蓝紫色的花，8种是白色的花，10种是红色的花。

参考手册

实验室安全守则

在实验室进行地理科学实验时，必须小心谨慎，并遵循重要的安全守则。切记你必须对自己以及他人的安全负责。本附录列出了较完全的安全守则，遵循这些守则将有助于保护你以及他人在实验室中免受伤害。另外，在实验室从事任何操作的过程中，应当注意安全指示符号和重要提示。

安全守则

1. 开始实验前，必须得到老师的许可。阅读并遵守实验室安全守则。
2. 掌握教科书所列出的实验程序的要点，遇到问题应及时咨询老师，确保理解书本上所有的安全指示符号。
3. 正确使用实验室提供的安全设备，在所有需要使用化学品的实验中，必须戴上护目镜，穿好实验服。
4. 给试管加热时，试管口不要朝向自己或他人。
5. 实验室内不能吃、喝食物，不要把实验室的玻璃器皿当作盛食物或饮料的容器。不要吸入任何化学品，不要品尝任何实验用品或用嘴将任何物质吸入试管中。
6. 如果实验中有化学品流出或溢出，请立即用水清洗，并立即将溢出情况报告老师。
7. 了解灭火器、感烟探测器、自动喷水灭火器、灭火毯、火警警铃和急救箱的位置和正确的使用方法。**表 R–1** 中列出了实验室安全措施。
8. 实验材料应放在远离明火的位置。在进行与明火接触的操作时，应将头发和宽松的衣服朝后面系紧。
9. 如果实验室意外发生了火灾，或者如果你的实验服着了火，应当用灭火毯或外套紧紧盖住火，并尽快站到自动喷水灭火器下，或者采用消防部门推荐的方法：停止不动、躺倒在地、连续打滚，千万不要靠跑动来扑灭衣服上的火。
10. 若实验过程中发生意外或者伤害，无论事情大小，都要向老师报告。

清理打扫步骤

1. 关闭水、气阀门，断开用电设备的电源。
2. 将所有物品放回到原先位置。
3. 在老师的指导下处置化学品或其他物品。将破碎的玻璃瓶或固体物品放置在合适的容器中，不要将原料直接倒入水池中。
4. 保持工作区域干净整洁。
5. 实验结束后，认真清洗双手。

表 R–1　科学实验室急救常识

伤害类型	安全措施
烧伤	用冷水冷敷，立即联系老师
割伤和擦伤	直接按压止血，用干净的纱布包扎割伤的伤口；擦伤伤口需要用冷布包扎，立即联系老师
昏晕	让昏晕者平躺在地上，解开紧身的衣服，保持周围无人群聚集，保证空气通畅，立即联系老师
眼中误入异物	立即使用洗眼器，用大量清水冲洗
中毒	查找可疑中毒物，立即联系老师
皮肤接触溢出物	用大量的水或者自动喷水设备冲洗，立即联系老师

安全标记

下表列举的安全标记是实验活动中经常用来指示可能危险的图标，请仔细阅读每个图标的含义。本书建议在实验过程中全程戴上护目镜，穿好实验服。你所在的学校可能也有相应的规定。

安全标记	危害性	事例	警告	处理、补救方法
销毁	须经过特定的销毁步骤处理	特定的化学品，活体	不要在水池或垃圾桶中销毁这些物品	在老师的指导下进行销毁处理
生物类	有机体或者其他对人体有害的生物材料	细菌，蘑菇，血液，未经防腐的组织、植物材料	避免皮肤接触这些物品，佩戴面具、手套	若不慎接触，用清水冲洗并通知老师
极端温度	极度低温或高温的能损伤皮肤的物品	沸腾的液体，电炉，干冰，液氮	处理时采取合适的保护措施	找老师进行急救
尖锐物	极易刺伤或割破皮肤的工具或玻璃类制品	刀片、大头针、剪刀、钢楔、解剖探针和玻璃碎片	根据常识来妥善操作，遵循工具使用手册	找老师进行急救
烟或气	对呼吸道可能有一定的危害	氨水、丙酮、指甲油清洗剂、硫蒸气和樟脑丸	确保通风良好，不要直接闻烟味，佩戴防毒面具	立即离开污浊空气并通知老师
电	有电击或电灼伤的危险	不恰当的接地，液体溢出，短路，明线	反复与老师查看装备情况，仔细检查电线和设备的状况，使用漏电保护插座	不要尝试修复电力故障，应当立即通知老师
刺激物	对皮肤或呼吸道黏膜具有刺激性	花粉、樟脑丸、钢丝绒、玻璃纤维、高锰酸钾	佩戴防尘面具和手套，操作时倍加小心	找老师进行急救
化学品	能与机体起反应，并能摧毁组织或者其他物品	漂白剂，如过氧化氢；酸，如硫酸、盐酸；碱，如氨水、氢氧化钠	穿戴面罩、手套和实验服	立即用水冲洗受影响部位，及时通知老师
有毒物品	触摸、吸入或吞下会中毒	水银，一些金属合成物，碘，猩猩木	遵循老师的指导	使用后彻底清洗双手，找老师进行急救
易燃物	在明火、火花或加热时会燃烧	酒精、煤油、高锰酸钾	使用易燃物时避免明火和加热	立即通知老师，如果需要的话，使用灭火设备灭火
明火	正在使用的明火可能会导致火灾	头发、衣服、纸、合成物	使用明火时将头发和宽松的衣服向后束紧。点火、熄火时严格遵照老师的指导	立即通知老师，如果需要的话应使用灭火设备灭火

眼睛安全
任何人在操作或观察科学实验时都应全程戴上护目镜

衣服保护
该图标显示物品可能会玷污或烫坏衣服

动物安全
该图标显示动物和学生的安全必须得到保证

放射性
该图标表示使用了放射性材料

洗手处
实验后，在摘下护目镜前先用肥皂和水清洗双手

世界地形图

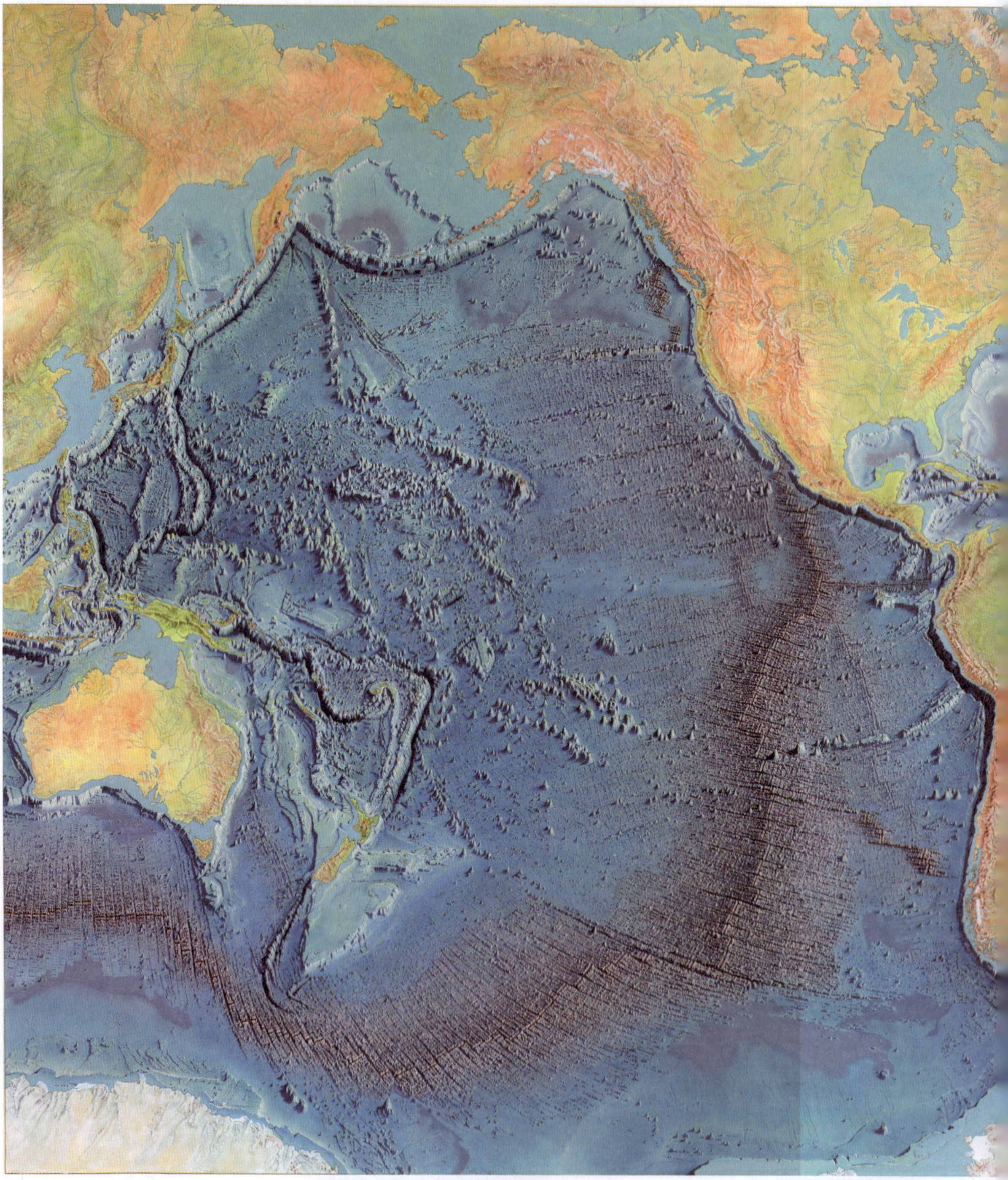

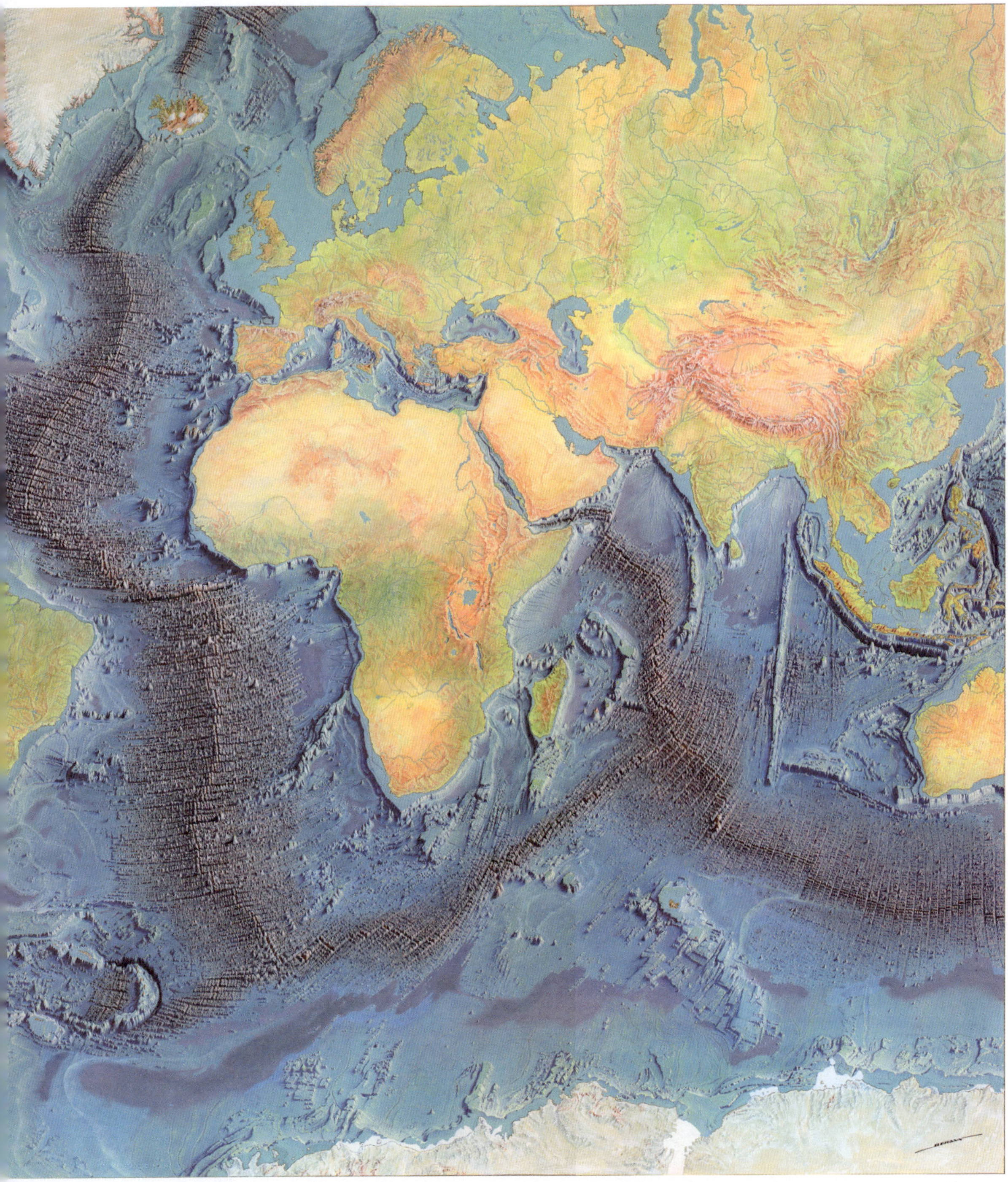

地形图图标

道路和铁路

一级公路，硬质路面

二级公路，硬质路面

轻型道路，硬质或改善路面

一般道路（未经改善路面）

铁路：单轨和复轨

并排铁路

建筑物与构造体

建筑物

学校，教堂和公墓　　公墓

谷仓和仓库

井，非水井

（油井和气井有注明）　　◦油井 ◦气井

箱：油箱，水箱，等等

（水箱有注明）　　水箱

露天矿，采石场，或者矿藏

隧道

基准点　　基准点△293

桥梁

营地

栖息地

草泽（沼泽）

林泽

树林或灌木丛

葡萄园

沥泽

红树林

岩质珊瑚礁

果园

城区

常流河

高架输水道

水井和泉水

小湍滩

大湍滩

间歇湖

间歇河

冰川

大瀑布

干涸湖盆

地表高程

点高程　　×7369

水位　　670

指标等高线　　100

中间等高线

等降压线

界线

国

州

县，市

城镇，地方行政区域

综合市，村庄，镇，小村落

国家或州的居留地

小公园、公墓、机场等界

政府赠予地

城镇政区或牧场林区线，
美国土地调查局

城镇政区、牧场林区线，大致位置

气象云图图标

气象站填图格式举例

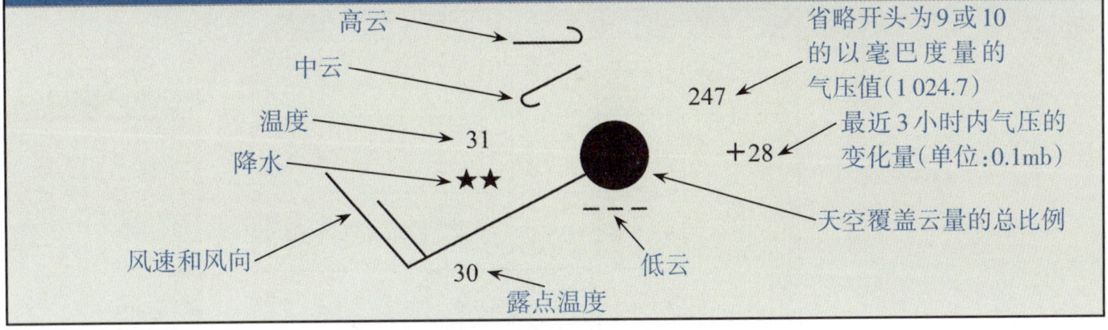

填图格式图例

降水	风向和风速	覆云率	锋面和气压系统
≡ 雾	○ 0无风	○ 无云	(H)或高压 高压中心
★ 雪	1～2节	1/10或更少	(L)或低压 低压系统
● 雨	3～7节	2/10～3/10	冷锋
雷暴雨	8～12节	4/10	暖锋
细雨	13～17节	1/2	锢囚锋
▽ 阵雨	18～22节	6/10	静止锋
	23～27节	7/10	
	48～52节	阴天有少量光线	
	1节＝1.852 km/h	● 完全阴天	

云

部分高云样式	部分中云样式	部分低云样式
散状卷云	薄高层云	晴天的积云
片状密卷云	厚高层云	层积云
覆盖整个天空的卷云	片状薄高层云	恶劣天气的碎积云
未覆盖整个天空的卷云	带状薄高层云	晴天的层云

元素周期表

元素 — 氢
原子序数 — 1
符号 — H
相对原子质量 — 1.008
物质状态

气体
液体
固体
人造元素

金属
准金属
非金属
最新报道的

	IA 1	IIA 2	IIIB 3	IVB 4	VB 5	VIB 6	VIIB 7	VIIIB 8		10	IB 11	IIB 12	IIIA 13	IVA 14	VA 15	VIA 16	VIIA 17	0 18
1	氢 1 H 1.008																	氦 2 He 4.003
2	锂 3 Li 6.941	铍 4 Be 9.012											硼 5 B 10.811	碳 6 C 12.011	氮 7 N 14.007	氧 8 O 15.999	氟 9 F 18.998	氖 10 Ne 20.180
3	钠 11 Na 22.990	镁 12 Mg 24.305											铝 13 Al 26.982	硅 14 Si 28.086	磷 15 P 30.974	硫 16 S 32.065	氯 17 Cl 35.453	氩 18 Ar 39.948
4	钾 19 K 39.098	钙 20 Ca 40.078	钪 21 Sc 44.956	钛 22 Ti 47.867	钒 23 V 50.942	铬 24 Cr 51.996	锰 25 Mn 54.938	铁 26 Fe 55.845	钴 27 Co 58.933	镍 28 Ni 58.693	铜 29 Cu 63.546	锌 30 Zn 65.39	镓 31 Ga 69.723	锗 32 Ge 72.64	砷 33 As 74.922	硒 34 Se 78.96	溴 35 Br 79.904	氪 36 Kr 83.80
5	铷 37 Rb 85.468	锶 38 Sr 87.62	钇 39 Y 88.906	锆 40 Zr 91.224	铌 41 Nb 92.906	钼 42 Mo 95.94	锝 43 Tc (98)	钌 44 Ru 101.07	铑 45 Rh 102.906	钯 46 Pd 106.42	银 47 Ag 107.868	镉 48 Cd 112.411	铟 49 In 114.818	锡 50 Sn 118.710	锑 51 Sb 121.760	碲 52 Te 127.60	碘 53 I 126.904	氙 54 Xe 131.293
6	铯 55 Cs 132.905	钡 56 Ba 137.327	镧 57 La 138.906	铪 72 Hf 178.49	钽 73 Ta 180.948	钨 74 W 183.84	铼 75 Re 186.207	锇 76 Os 190.23	铱 77 Ir 192.217	铂 78 Pt 195.078	金 79 Au 196.967	汞 80 Hg 200.59	铊 81 Tl 204.383	铅 82 Pb 207.2	铋 83 Bi 208.980	钋 84 Po (209)	砹 85 At (210)	氡 86 Rn (222)
7	钫 87 Fr (223)	镭 88 Ra (226)	锕 89 Ac (227)	𬬻 104 Rf (261)	𬭊 105 Db (262)	𬭳 106 Sg (266)	𬭛 107 Bh (264)	𬭶 108 Hs (277)	鿏 109 Mt (268)	𫟼 110 Ds (281)	𬬭 111 Rg (272)	鿔 112 Cn (285)	鿭 113 Nh (284)	𫓧 114 Fl (289)	镆 115 Mc (288)	𫟷 116 Lv (293)	鿬 117 Ts (294)	鿫 118 Og (294)

铈 58 Ce 140.116	镨 59 Pr 140.908	钕 60 Nd 144.24	钷 61 Pm (145)	钐 62 Sm 150.36	铕 63 Eu 151.964	钆 64 Gd 157.25	铽 65 Tb 158.925	镝 66 Dy 162.50	钬 67 Ho 164.930	铒 68 Er 167.259	铥 69 Tm 168.934	镱 70 Yb 173.04	镥 71 Lu 174.967
钍 90 Th 232.038	镤 91 Pa 231.036	铀 92 U 238.029	镎 93 Np (237)	钚 94 Pu (244)	镅 95 Am (243)	锔 96 Cm (247)	锫 97 Bk (247)	锎 98 Cf (251)	锿 99 Es (252)	镄 100 Fm (257)	钔 101 Md (258)	锘 102 No (259)	铹 103 Lr (262)

相对湿度

表R-2 相对湿度(%)

干球温度	干球温度－湿球温度(℃)									
	1	2	3	4	5	6	7	8	9	10
0℃	81	64	46	29	13					
1℃	83	66	49	33	18					
2℃	84	68	52	37	22	7				
3℃	84	69	55	40	25	12				
4℃	85	71	57	43	29	16				
5℃	85	72	58	45	32	20				
6℃	86	73	60	48	35	24	11			
7℃	86	74	61	49	38	26	15			
8℃	87	75	63	51	40	29	19	8		
9℃	87	76	65	53	42	32	21	12		
10℃	88	77	66	55	44	34	24	15	6	
11℃	89	78	67	56	46	36	27	18	9	
12℃	89	78	68	58	48	39	29	21	12	
13℃	89	79	69	59	50	41	32	22	15	7
14℃	90	79	70	60	51	42	34	26	18	10
15℃	90	80	71	61	53	44	36	27	20	13
16℃	90	81	71	63	54	46	38	30	23	15
17℃	90	81	72	64	55	47	40	32	25	18
18℃	91	82	73	65	57	49	41	34	27	20
19℃	91	82	74	65	58	50	43	36	29	22
20℃	91	83	74	66	59	51	44	37	31	24
21℃	91	83	75	67	60	53	46	39	32	26
22℃	92	83	76	68	61	54	47	40	34	28
23℃	92	84	76	69	62	55	48	42	36	30
24℃	92	84	77	69	62	56	49	43	37	31
25℃	92	84	77	70	63	57	50	44	39	33
26℃	92	85	78	71	64	58	51	46	40	34
27℃	92	85	78	71	65	58	52	47	41	36
28℃	93	85	78	72	65	59	53	48	42	37
29℃	93	86	79	72	66	60	54	49	43	38
30℃	93	86	79	73	67	61	55	50	44	39
31℃	93	86	80	73	67	62	56	50	45	40
32℃	93	86	80	74	68	62	57	51	46	41

矿物

表R-3 金属光泽的矿物							
矿物（化学式）	颜色	条痕	硬度	比重	晶体结构	断口形态	用途和其他属性
斑铜矿（Cu_5FeS_4）	青铜色，易氧化为深蓝紫色	灰黑色	3	4.9～5.4	四方晶系	参差状断口	铜的矿物原料，因氧化后呈紫色又称"孔雀石"
黄铜矿（$CuFeS_2$）	黄铜色至金黄色	绿黑色	3.5～4	4.2	四方晶系	参差状断口	铜的主要矿物原料
铬铁矿（$FeCr_2O_4$）	黑色至褐色	褐色至黑色	5.5	4.6	三方晶系	不规则断口	铬、不锈钢和冶金砖的矿物原料
铜矿（Cu）	铜红色	铜红色	3	8.5～9	三方晶系	粗糙状断口	硬币、管道、凹槽、电线、烹饪、器具、珠宝、装饰牌；具有可塑性和延展性
方铅矿（PbS）	灰色	灰色至黑色	2.5	7.5	三方晶系	完全立方体解理	铅的矿物原料，用于管道、X射线屏蔽、鱼钩
金矿（Au）	苍白至金黄色	黄色	2.5～3	19.3	三方晶系	粗糙状断口	珠宝、钱财、金叶、补牙填充物、药品；不氧化
石墨（C）	黑色至灰色	灰色至黑色	1～2	2.3	六方晶系	极完全解理（鳞片状）	铅笔、锁的润滑剂，小型核反应堆的控制棒，电池电极
赤铁矿（镜铁矿）（Fe_2O_3）	黑色或红棕色	红色或红棕色	6	5.3	六方晶系	不规则断口	冶铁的原料；在高炉中可冶炼成生铁，制成钢制品
磁铁矿（Fe_3O_4）	黑色	黑色	6	5.2	三方晶系	贝壳状断口	冶铁的原料，具自然磁性，又称磁石
黄铁矿（FeS_2）	亮铜黄色	绿黑色	6.5	5.0	三方晶系	参差状断口	冶铁的原料，又称"愚人金"，易氧化而成褐铁矿
磁黄铁矿（$Fe_{1-x}S$）* *铁原子数比硫原子数少1个	青铜色	灰黑色	4	4.6	六方晶系	参差状断口	铁和硫的矿物原料；可能具有磁性
银矿（Ag）	银白色，氧化为黑色	亮灰色至银色	2.5	10～12	三方晶系	粗糙状断口	硬币、补牙填充物、珠宝、银盘、电线；具有可塑性和延展性

表R-4　非金属光泽的矿物

矿物（化学式）	颜色	条痕	硬度	比重	晶体结构	断口形态	用途和其他属性
普通辉石 [(Ca, Na)(Mg, Fe, Al)(Al, Si)$_2$O$_6$]	黑色	无色	6	3.3	单斜晶系	双面解理	柱状或横断面为八边形
刚玉（Al_2O_3）	无色、蓝色、棕绿、浅粉色、红色	无色	9	4.0	六方晶系	断裂	宝石：红色为红宝石，蓝色为蓝宝石；工业研磨剂
长石（正长石）（$KAlSi_3O_8$）	无色、白色至灰色、绿色、黄色	无色	6	2.5	单斜晶系	两组断口面呈90°直角	不溶于酸，用于制造瓷器
长石（斜长石）（$NaAlSi_3O_8$）（$CaAl_2Si_3O_8$）	灰色、绿色、白色	无色	6	2.5	三斜晶系	两组断口面呈86°角	用于陶器中；一些面显示条纹
萤石（CaF_2）	无色、白色、蓝色、绿色、红色、黄色、紫色	无色	4	3～3.2	三方晶系	完全解理	用于制造光学仪器、紫外线照射下发光
石榴石(Mg,Fe,Ca,Mn)$_3$(Al,Fe,Cr)$_2$(SiO$_4$)$_3$	深黄色至红色、绿色、黑色	无色	7.5	3.5	三方晶系	贝壳状断口	用于珠宝，也用作研磨剂
普通角闪石 $Ca_2Na(Mg,Fe^{2+})_4(Al,Fe^{3+},Ti)_3Si_8O_{22}(O,OH)_2$	绿色至黑色	灰色至白色	5～6	3.4	单斜晶系	双面解理	边缘薄处具有透光性，横断面为六边形
褐铁矿（含水氧化铁）	黄色、棕色、黑色	黄色，棕色	5.5	2.74～4.3	—	贝壳状断口	冶铁的原料；极易风化，是土壤中的色素颜色
橄榄石 [(Mg, Fe)$_2$SiO$_4$]	橄榄绿	无色	6.5	3.5	正交晶系	贝壳状断口	宝石、耐火砂
石英（SiO_2）	无色，多种不同颜色	无色	7	2.6	六方晶系	贝壳状断口	用于玻璃制造、电气设备、收音机、电脑、手表和宝石
黄玉 [$Al_2SiO_4(F, OH)_2$]	白色、粉色、黄色、浅蓝、无色	无色	8	3.5	正交晶系	完全解理	价值较高的宝石

常见的岩石

表R-5 常见岩石

岩石类型	岩石名称	特征
火成岩(侵入型)	花岗岩	大的矿物晶粒有石英、长石、角闪石和云母,通常颜色较浅
	闪绿岩	大的矿物晶粒有长石、角闪石和云母,石英含量没有花岗岩中多,颜色适中
	辉长岩	大的矿物晶粒有长石、角闪石、普通辉石、橄榄石和云母,不含石英,颜色较深
火成岩(喷出型)	流纹岩	少量或存在肉眼难辨别的石英、长石、角闪石和云母晶粒,颜色较浅
	安山岩	少量或存在肉眼难辨别的石英、长石、角闪石和云母晶粒,石英含量比流纹岩少,颜色适中
	玄武岩	少量或存在肉眼难辨别的长石、角闪石、普通辉石、橄榄石和云母晶类,不含石英,颜色深,大多含有气泡
	黑曜岩	玻璃质地,无可见矿物晶粒,又称火山玻璃。断口呈贝壳状,颜色常较深,但有时出现白色斑点,夹杂红棕色或黑色
	浮岩	多气泡质地,可漂浮于水上,颜色较浅
沉积岩(碎屑型)	砾岩	矿物晶粒磨圆度差,尺寸同碎石或鹅卵石
	砂岩	矿物晶粒尺寸同砂石,为1/16~2 mm,颜色多样
	粉砂岩	矿物晶粒大小介于砂岩和黏土之间,颜色多样
	页岩	矿物晶粒最小,通常为深色
沉积岩(化学型或生化型)	石灰岩	主要矿物为方解石,通常形成于海洋、湖泊、河流和洞穴中,常包含化石,极易溶解于HCl
	煤	见于低洼、沼泽区域,经有机物沉积、堆压而成,主要为植物残体
沉积岩(化学型)	岩盐	通常因海水蒸发而析出
变质岩(叶理状)	片麻岩	带状纹理明显,通常交替出现不同颜色的矿物,常见的父岩为花岗岩
	片岩	片理构造明显,平行排列平整、薄片状矿物主要为云母,常见的父岩为页岩和千枚岩
	千枚岩	具有明显的或绢丝般光泽,外表褶皱,常见的父岩为页岩和板岩
	板岩	相对于页岩,强度更硬、密度更大,具有更亮的光泽,常见的父岩为页岩
变质岩(非叶理状)	大理岩(大理石)	由方解石和白云石晶体联结组合而成,常见的父岩为石灰岩
	滑石岩	主要由滑石矿物组成,质地柔软、细腻
	石英岩	质地坚硬,由石英晶体相互交结形成紧密的粒状结构,常见的父岩为砂岩

太阳系数据表

表 R-6　太阳系行星数据表

	水星	金星	地球	火星	木星	土星	天王星	海王星
质量(kg)	3.302×10^{23}	$4.868\ 5\times10^{24}$	$5.973\ 6\times10^{24}$	$6.418\ 5\times10^{23}$	$1.898\ 6\times10^{27}$	$5.684\ 6\times10^{26}$	$8.683\ 2\times10^{25}$	$1.024\ 3\times10^{26}$
赤道半径(km)	2 439.7	6 051.8	6 378.1	3 396.2	71 492	60 268	25 559	24 764
平均密度(kg/m³)	5 427	5 243	5 515	3 933	1 326	687	1 270	1 638
反照率	0.068	0.900	0.306	0.250	0.343	0.342	0.300	0.290
半长轴(km)	5.791×10^{7}	$1.082\ 1\times10^{8}$	$1.496\ 0\times10^{8}$	$2.279\ 2\times10^{8}$	$7.785\ 7\times10^{8}$	$1.433\ 53\times10^{9}$	$2.872\ 46\times10^{9}$	$4.495\ 06\times10^{9}$
公转周期(地球日)	87.969	224.701	365.256	686.980	4 332.589	10 759.22	30 685.4	60 189
轨道倾角(°)	7.000	3.390	0.000	1.850	1.304	2.485	0.772	1.769
轨道偏心率	0.205 6	0.006 7	0.016 7	0.093 5	0.048 9	0.056 5	0.045 7	0.011 3
自转周期(h)	1 407.6	5 832.5[R]	23.934 5	24.622 9	9.925 0	10.656	17.24[R]	16.11
地轴倾斜(°)	0.01	177.36	23.45	25.19	3.13	26.73	97.77	28.32
平均温度(K)	440	737	288	210	165	134	76	72
已知卫星数*	0	0	1	2	79	62	29	14

*根据2018年数据。

[R]指逆行的自转。

表 R-7　月球	
质量(kg)	7.349×10^{22}
赤道半径(km)	1 737.4
平均密度(kg/m³)	3 340
反照率	0.067
半长轴(km)	3.844×10^{5}
公转周期(地球日)	27.321 7
月相周期(地球日)	29.53
轨道倾角(°)	5.145
轨道偏心率	0.054 9
自转周期(h)	655.728

表 R-8　太阳	
质量(kg)	1.99×10^{30}
赤道半径(km)	6.96×10^{5}
平均密度(kg/m³)	1 408
绝对星等	+4.83
光度(W)	384.6
光谱类型	G2
自转周期(h)	609.12
平均温度(K)	5 778

版权说明

Francisco Borrero, Frances Scelsi Hess, etc
Earth Science Geology, the Environment and the Universe
ISBN: 978-0-07-658713-1

浙江省版权局著作权合同登记号:11-2017-41

图片版权说明

本书除麦格劳-希尔公司授权图片外，其余图片来源为中国图库和站酷海洛PLUS，特此声明。个别图片受条件限制，未能与图片版权所有人取得联系，对此深表歉意，请相关人员见此说明后与我社联系，联系电话：0571-88909745。

美国高中主流理科教材

科学发现者

第二版　2023修订版

地球科学

[美] 弗朗西斯科·博雷罗 等 著
段玉山 等 译　班武奇 郭剑峰 审校

地质学、环境与宇宙

Earth Science

Geology, the Environment and the Universe

指导手册

浙江教育出版社·杭州

图书在版编目（CIP）数据

科学发现者. 地球科学 第二版 2023修订版 指导手册 /（美）弗朗西斯科·博雷罗等著 ; 段玉山等译. -- 杭州 : 浙江教育出版社, 2023.8（2024.10重印）
ISBN 978-7-5722-6271-5

Ⅰ. ①科… Ⅱ. ①弗… ②段… Ⅲ. ①地球科学一高中一教学参考资料 Ⅳ. ①G634

中国国家版本馆CIP数据核字(2023)第157509号

科学发现者 **地球科学**（第二版2023修订版）

KEXUE FAXIAN ZHE DIQIU KEXUE(DI-ER BAN 2023 XIUDING BAN)

出版发行 浙江教育出版社(杭州市天目山路40号 电话:0571-85170300-80928)
原 著 名 Earth Science Geology, the Environment and the Universe
原 出 版 McGraw-Hill Education
翻 译 段玉山 张佳琦 缪 鑫 陈 敏 侯 璐
任苏蕊 朱 琳 罗 瑛
审 校 班武奇 郭剑峰
责任编辑 杨 艳
封面设计 曾国兴
责任校对 余晓克
责任印务 陆 江

图文制作 杭州兴邦电子印务有限公司
印 刷 杭州富春印务有限公司
开 本 787 mm×1092 mm 1/16
印 张 78.25
字 数 2 051 000
版 次 2023年8月第1版
印 次 2024年10月第2次印刷
标准书号 ISBN 978-7-5722-6271-5
审 图 号 GS(2018)4537号
定 价 310.00(共4册)

编写说明

当今世界正经历百年未有之大变局，新一轮科技革命和产业变革深入发展，我们与世界各国面临同样的机遇与挑战。世界在变，教育也要相应做出改变，以培养现在和未来社会所需要的人才。面对未来世界的发展，我们需要怎样的教育？应该如何培养创新人才？新型学习应该如何组织？这些都是新时代的命题。为体现立德树人的总要求，迎接信息时代的新挑战，教育部在2017年和2022年相继颁布新修订的高中和义务教育课程标准，提出了以核心素养为主轴，构建大任务、大概念或大主题等以问题解决为目标的课程内容结构单位和教学单元组织形态，有效归纳、整合学科知识点或主题活动内容。这些理念与美国《新一代科学教育标准》(Next Generation Science Standards, NGSS)有许多共通之处。

2013年，美国国家研究委员会、美国国家科学教学协会、美国科学促进会等以《K-12科学教育框架：实践、跨学科概念和学科核心概念》为基础，制定了《新一代科学教育标准》，该标准提出了科学教育内容的三个维度：学科核心概念、科学与工程实践以及跨学科概念，具有详实的细化内容和实践指导说明，以贯穿学科和年级的方式进阶呈现，最终服务于提供标准化的科学教育。2018年浙江教育出版社引进出版的《科学发现者(第二版)》系列就是美国麦格劳—希尔教育出版集团根据《新一代科学教育标准》编写的高中科学教材。在图书出版后，我们一直在思考：国外的课程标准如何实践和应用于实际教学？能否为我国新课程改革背景下的教学转型和发展提供参考资源？在本次图书修订之际，我们参考了原版教材最新使用的配套教学资源，整理和汇编了一本《指导手册》，内容包含项目活动和教学指导、参考答案和问题指导两个部分。

《新一代科学教育标准》对于高中学段的地球与空间科学分设了宇宙系统、地球的历史、地球的系统、天气和气候、人类的可持续性5个主题，以及19条预期表现。“项目活动和教学指导”部分的项目活动以这些预期表现为基准，以教材相关章节的教学内容为依托，设计了19

个地球科学项目活动以及2个大型综合跨学科项目活动，教学指导则为这些活动的实施与开展提供支架。每个活动后都附有本活动对应的《新一代科学教育标准》中的相关标准，包括预期表现、学科核心概念、科学与工程实践、跨学科概念，以及与工程、技术和科学应用的联系，与自然科学的联系等方面，帮助教师更好地理解和应用课标的要求。

“参考答案和问题指导”部分为教材中各类实验探究和测试提供了参考答案和思路。自图书首次出版以来，探究问题和测试题目的答案一直是读者们关心和讨论的话题，《指导手册》对这一需求作出了非常全面的回应。

本书编排的这些高中段地球科学项目活动及其对应的标准是美国科学教育培养体系的具体体现，展现出重视学科核心概念、重视科学与工程实践、重视学习进阶与连贯性、注重跨学科融合等特点。在国内现行的高中地理课程标准中，也提高了对地理实践、跨学科学习、项目化学习等的重视。希冀本书可以为中学地理教师、地理教学研究工作者提供成熟的活动与案例资源，满足中学生个性化的学习需求。

目录

项目活动和教学指导

参考答案和问题指导

项目活动和教学指导

活动1

太阳能量的形成和辐射

太阳释放巨大的能量——能量首先在太阳的内核产生,然后向外辐射到它的表面,再向外辐射到太阳系。然而,在太阳内核产生的能量和到达地球表面的能量是不一样的。在本次活动中,你要根据已发表的相关科学资料开发一个模型。你的模型要能够说明太阳的寿命以及核聚变在太阳内核释放的能量最终以电磁波的形式到达地球。这个活动将帮助你设计、开发和运行你的模型。

开发模型

1. 用自己的话描述你的模型将说明什么过程或解决什么问题。

____

____

2. 你会使用哪种类型的模型?你需要什么材料来开发你的模型?不要忘记你要用公开发表的资料来支持你的模型。

____

____

3. 在下框中画出你的模型的原型。如果画不下,可以另页补充。

4. 完善你的模型。解释它的工作原理,并描述它是如何模拟过程或解决问题的。

____

____

____

使用模型

根据模型,回答下列问题。

1. 太阳内核的大小和密度对可传输到太阳表面的能量值有什么影响?

2. 描述从太阳内核到辐射区、对流区、太阳大气层时,太阳的温度是如何变化的。

3. 广义地描述太阳(或任何恒星)的生命周期。太阳的年龄有多大?目前正处于太阳生命的哪个阶段?

知识应用

太阳黑子对到达地球表面的太阳辐射量有何影响?

教学指导

太阳能量的形成和辐射(第29章)

开发模型

1. 学生的回答应该包括他们如何模拟核聚变在太阳内部产生能量,这种能量如何从太阳内部传递到外部,以及这种能量如何辐射到地球表面。
2. 模型可以是图解、流程图、概念图,或用各种学习用品构建的三维模型。如果时间和资源允许,还可以鼓励学生开发动画或计算机模拟程序。美国宇航局马歇尔太空飞行中心的太阳物理中心网站上有大量关于太阳的科学资料。
3. 略。
4. 学生应该重点说明利用他们的模型来解决当前问题的方法或过程。如果他们的模型是动画、模拟程序或某种三维结构模型,那么应该说明它是如何工作的或者应该如何操作。

使用模型

1. 开放式作答。答案应该包括:太阳内核的温度和密度,讨论太阳内核的大小以及它产生的能量大小,说明核聚变主要发生在太阳内核而不会在太阳的其他区域发生的原因。
2. 答案要突出从太阳核心向外到太阳大气层,太阳温度是如何呈指数下降的。
3. 根据恒星的生命周期回答问题。太阳已有大约46亿年的年龄,预计在接下来的约50亿年里将保持相对稳定的状态。在太阳内核的氢被消耗后,太阳将变成所谓的红巨星,因为它没有足够的质量达到超新星的状态。太阳的亮度在达到红巨星状态之前会增加。当太阳变成一颗红巨星后,经过核聚变,剩下碳核心。太阳在生命周期的最后阶段,外层气体将形成行星状星云,残留的核心变成白矮星。白矮星是太阳核聚变反应冷却后形成的致密残余。据估计,这颗白矮星将存活数万亿年,然后才会失去亮度,成为无法察觉的黑矮星。

知识应用

太阳黑子的数量与到达地球表面的太阳辐射强度有关。然而,与太阳释放的总辐射相比,到达地球的辐射量(相当于不到太阳总辐射能量的1%)的变化非常小。

——本活动对应的NGSS(《新一代科学教育标准》)中的相关标准——

预期表现

HS-ESS1-1:基于证据开发一个模型,描述太阳的生命周期,以及太阳内核中的核聚变在释放最终以辐射的形式到达地球的能量中所起的作用。【说明:重点在于太阳内核中的核聚变释放的能量到达地球的能量传递机制。模型证据包括:观察其他恒星的物质和生命周期,突然爆发的太阳耀斑("空间天气")、太阳黑子11年的周期变化与非周期的长期变化导致的太阳辐射变化等。】【评价边界:评价不包括与太阳核聚变有关的原子与原子内部过程的细节。】

学科核心概念

ESS1.A:宇宙和恒星

- 太阳这颗恒星一直在发生变化,它将在大约100亿年的时间内氢核消耗殆尽。(HS-ESS1-1)

PS3.D:化学过程和日常生活中的能量

- 太阳中心的核聚变过程释放的能量最终以辐射的形式到达地球。(HS-ESS1-1二级概念)

科学与工程实践

开发和使用模型

9~12年级的"开发和使用模型"以K~8年级的经验为基础,发展到使用、整合和开发模型,用来预测和显示自然界和人工世界中系统及其组件之间的变量关系。

- 开发和使用基于证据的模型,说明系统之间和系统组件之间的关系。(HS-ESS1-1)

跨学科概念

规模、比例和数量

- 一个现象的重要性取决于它发生的规模、比例和数量。(HS-ESS1-1)

活动2
大爆炸理论

网络探究——宇宙探索

我们的宇宙约有138亿年的历史，宇宙的形成或者说诞生，始于科学家所说的大爆炸。最初，宇宙以一种密度、温度都极高的状态开始向四面八方迅速膨胀。质子、中子和电子等亚原子粒子是宇宙在最初的“爆炸”和膨胀后，大幅冷却形成的。在大爆炸期间和之后产生的物质进一步形成了星系中的恒星和行星等。通过使用各种仪器和方法，科学家能够探测到这种现象发生在多久以前。

任务

本活动的任务是学生组成3～4人的小组，根据天文学证据，包括光谱、遥远星系的运动和宇宙中物质的组成等，研究和构建大爆炸理论，并使用一系列可靠资料来做出解释。

过程

利用你所收集到的资料，回答下列问题。

1. 什么是宇宙背景辐射？哪种仪器可以为我们提供关于宇宙背景辐射的详细测量数据？这种仪器的数据告诉我们宇宙的年龄大致是多少？

____

____

2. 什么是多普勒效应？埃德温·哈勃是如何用它来验证宇宙大爆炸理论的？

____

____

3. 宇宙膨胀的三种可能结果是什么？

____

____

4. 原子的三种组成分别是什么？在原子内部模型中，确定每种组成成分的位置、质量和所带电荷情况。

____

____

展示

完成研究后，准备一个5～10分钟的演讲。这个报告需要讨论你在研究中获得的关于大爆炸的相关证据。做个活动海报，使结果可视化，例如可以用图表等形式增强展示的效果。

资源

你可以通过网络，搜索到许多在线资源，如相关网站、期刊文献、科学报道和杂志等。

评价

阅读下面的标准，评价你在这次探究活动中的表现。

评分项目	评分标准				得分
	0	5	10	15	
任务	任务没有完成	为完成任务做了一些努力，但没有明确目的	任务完成了，但有些信息遗漏或不正确	任务完成，细节完整	
过程	没有按过程要求开展活动	按照过程要求开展活动，但没有解答所有问题	按照过程开展活动并解答了所有问题，但有些答案是错误的	按照过程开展活动，围绕项目进行了认真研究，并对主题有深刻的理解	
展示	没有尝试做海报等展示	简单地制作了海报	海报上有一些很好的素材和想法	海报很好地诠释了主题，内容精彩	
总分					

教学指导

大爆炸理论(第30章)

背景资料

大爆炸理论认为,宇宙大约在138亿年前从一个点开始一直在逐渐膨胀。虽然大爆炸这个说法意味着向虚无空间的膨胀,但该理论实际上描述的是在引力控制物质的情况下,空间本身的膨胀。从太空深处测量的宇宙微波背景辐射,以及通过测量星系和天体的运动(多普勒效应),都可以作为这一事件的证据。

教学策略

- 根据当前的科学理论,和学生一起复习有关宇宙形成的基础知识。
- 回顾宇宙中形成恒星、行星和星云等的原子和物质组成。

学习资源

- NASA(美国国家航空航天局)的天体物理学网站上有大量大爆炸及其研究工具、仪器等相关资料。
- CERN(欧洲核研究组织)的相关网站上,详细介绍了他们对大爆炸的研究,以及他们为研究宇宙的形成而进行的各种实验。

过程

1. 开放式作答,最主要的是回答出宇宙微波背景辐射是分布在空间中的残余微波辐射,这种辐射是在宇宙形成初期发出的。用来探测这种辐射的仪器被称为威尔金森微波各向异性探测器(WMAP)。探测结果表明,我们的宇宙大致是在138亿年前形成的。
2. 开放式作答,最主要的是回答出当光源相对于观察者移动时,就会发生多普勒效应。当光源接近观测者时,波长变短,频率变高。当光源远离观测者时,波长变长,频率变低。哈勃通过测量从遥远星系发出的光的多普勒效应推断出宇宙正在膨胀。
3. 学生应该识别和定义三种宇宙膨胀可能的结果:一个开放的宇宙(膨胀永远不会停止),一个封闭的宇宙(膨胀最终会停止并收缩),一个平坦的宇宙(在无限的时间里膨胀减慢到停止,但不会收缩)。
4. 物质的每个原子都由一定数量的质子、电子和中子组成。原子核是由质子和中子组成的。质子是一种具有质量、带正电荷的微小粒子。中子的质量与质子大致相同,但不带电荷。因此,所有的原子核都带正电荷(质子带正电荷,中子不带电荷,总电荷显示带正电荷)。原子核周围的“云”是一种叫电子的带负电荷的微小粒子。质子数和电子数决定了原子或离子带的总电荷性质。

———本活动对应的NGSS(《新一代科学教育标准》)中的相关标准———

预期表现

HS-ESS1-2:基于光谱、遥远星系的运动、宇宙的物质组成等天文证据,构建宇宙大爆炸理论的解释。【说明:重点在于遥远星系光的红移作为宇宙正在膨胀的天文证据,宇宙微波背景辐射作为大爆炸的残留辐射的证据以及宇宙的一般物质组成——恒星和星际气体(通过恒星电磁辐射光谱获得)中找到的证据与大爆炸理论的预测(3/4氢和1/4氦)相符。】

学科核心概念

ESS1.A:宇宙和恒星

- 对恒星光谱和亮度的研究可用于确定恒星的组成元素、它们的运动以及它们到地球的距离。(HS-ESS1-2)(HS-ESS1-3)
- 大爆炸理论的证据包括遥远星系正在远离我们的观测结果,恒星和非恒星气体的组成,以及仍然散布宇宙的原始辐射(宇宙微波背景辐射)的光谱图。(HS-ESS1-2)
- 除了大爆炸时形成的氢和氦,恒星内部的核聚变产生了铁以及所有原子质量比铁更轻的元素,这个过程会释放电磁能。当某些大质量恒星到达超新星阶段并发生爆炸时,会产生更重的元素。(HS-ESS1-2)(HS-ESS1-3)

PS4.B:电磁辐射

- 每种元素的原子发射和吸收特定频率的光。这些特性使我们能够识别某种元素的存在,即使是微量元素。(HS-ESS1-2二级概念)

科学与工程实践

构建解释和设计解决方案

9～12年级的“构建解释和设计解决方案”建立在K～8年级的经验基础上,并发展为学生利用个人或团队收集到的,与科学思想、原则和理论相一致的证据来构建解释和设计解决方案。

- 基于从各种来源(包括学生自己的调查、理论、模拟、同行评议)获得的可靠且有效的证据,并假设描述自然界的理论和定律在今天和过去一样通用,并将在未来继续通用。(HS-ESS1-2)

跨学科概念

能量和物质

- 能量不会凭空产生，也不会凭空消失，只会在不同形式之间转换，或在物体(场、系统)之间转移。(HS-ESS1-2)

与工程、技术和科学应用的联系

科学、工程和技术的相互依存

- 科学和工程在研究与开发(R&D)的循环中相辅相成。许多研发项目可能涉及科学家、工程师和其他具有广泛专业知识的人。(HS-ESS1-2)(HS-ESS1-4)

与自然科学的联系

科学知识在自然系统中是有秩序和一致性的

- 科学知识是建立在这样一个假设性基础上的，即自然规律在今天和过去一样通用，并且在未来还将继续通用。(HS-ESS1-2)
- 科学假设宇宙是一个巨大的单一系统，其中的基本定律是一致的。(HS-ESS1-2)

用科学模型、规律、机制和理论，解释自然现象

- 科学理论是对自然界某些方面的一种有根据的解释，它建立在一系列经过观察和实验反复证实的事实的基础上，科学界在每个理论被接受之前都要对其进行验证。如果发现新的证据，但理论不支持，通常要根据这个新证据修改理论。(HS-ESS1-2)(HS-ESS1-6)

活动3

恒星中的元素组成

地球上构成物质的元素从何而来？这些元素起源于恒星。恒星通过核聚变的形式产生新的元素。在恒星生命周期的不同阶段，会产生不同的元素。元素种类的数量和恒星生命周期阶段的类型取决于恒星的质量。

任务

本活动的任务是研究、分析和描述恒星是如何产生新的元素的。研究完成后，团队需要将获得的资料整理成一份活动报告。

过程

在研究活动中，回答下列问题。

1. "轻质"元素是在哪里形成的？它们在恒星形成的过程中扮演什么角色？

____

____

____

2. 描述恒星生命周期各个阶段的平均质量，注意每个阶段产生或消耗了什么。恒星中产生了哪些较重的元素？它们是通过什么过程形成的？

____

____

____

____

3. 对于质量比中等质量恒星更大的恒星，确定其生命周期的各个阶段，并注意在每个阶段产生或消耗了什么。比铁和镍重的元素是如何形成的？它们是由什么类型的恒星产生的？

____

____

____

____

报告

完成探究活动后，完成一份关于恒星生命周期和它们在不同阶段产生的元素的报告。报告长度可以是3～5页，报告中应讨论恒星的发展进化过程中是怎样产生各种不同的元素的。

资源

你可以通过多种渠道开展研究，包括查找期刊文献、相关网站、科学报道和杂志等。你也可以参观大学、研究所、博物馆、科学实验室，或采访该领域的专家。

评价

阅读下面的标准，评价你在这次探究活动中的表现。

评分项目	评分标准				得分
	0	5	10	15	
任务	任务没有完成	为完成任务做了一些努力，但没有明确目的	任务完成了，但有些信息遗漏或不正确	任务完成，细节完整	
过程	没有按过程要求开展活动	按照过程要求开展活动，但没有解答所有问题	按照过程开展活动并解答了所有问题，但有些答案是错误的	按照过程开展活动，围绕项目进行了认真研究，并对主题有深刻的理解	
展示	没有尝试做报告等展示	简单地制作了报告	报告上有一些很好的素材和想法	报告很好地诠释了主题，内容精彩	
总分					

教学指导
恒星中的元素组成(第29章)

背景资料

当恒星内部的核聚变反应将一种元素转化为另一种元素时,恒星的内部成分也会发生变化。随着时间的推移,恒星内核的组成发生变化,恒星的密度、核心温度和亮度增加。只要这颗恒星稳定并能将氢转化为氦,它就还属于主序恒星。当恒星内部的核聚变原料耗尽时,恒星的内部结构和抵消重力的机制就必然发生改变。

教学策略

- 根据课本复习恒星的生命周期和形成过程。
- 研究赫茨普-罗素图。
- 回顾元素周期表,根据原子质量,认识"轻"和"重"元素。

学习资源

- 美国国家航空航天局网站。
- 视频纪录片《元素:在恒星中锻造》(*The Elements: Forged in Stars*)。
- 访问康奈尔大学的"问天文学家"(Ask an Astronomer)专栏,搜索《轻元素和重元素是如何形成的?》(*How Are Light and Heavy Elements Formed?*)。

过程

1. 最轻的几种元素,如氢、氦或锂,都是在大爆炸中产生的。恒星是由星际气体和尘埃组成的云团(星云)形成的,星云中同样含有氢和氦。星云内部的引力导致它坍缩成原恒星。原恒星内部的摩擦使温度升高,直到达到核聚变的反应点。一旦核聚变开始,恒星的状态就比较稳定。
2. 像太阳这样中等质量的恒星是由星云形成的。在它的内核,氢被转化为氦。由于内核密度和温度的缓慢上升,以及反应速率的不断加快,恒星亮度逐渐增加。这种质量的恒星大约需要100亿年才能将其内部的所有氢转化为氦。在这一阶段,恒星内核的温度高到足以让氦反应生成碳。此时,这颗恒星就变成了一颗红巨星。像太阳这样中等质量的恒星内部温度永远达不到将碳再次聚变的温度,所以到这个时候,恒星内部的能量产生过程就结束了,它变成了一颗白矮星。白矮星逐渐冷却,亮度降低,最终变成黑矮星。
3. 比太阳质量大的恒星与中等质量恒星的起源相同,但演变过程不同。对于这些恒星来说,氢转化为氦的阶段要短得多，因为这些恒星内部温度非常高，密度非常大，而且氢核消耗的速度很快。这些恒星可以多次变成红巨星，并且恒星内部能产生各种越来越重的元素（如氧、氖、镁、硫）。随着不同元素的聚合，形成更多的壳层，膨胀成一颗超巨星。当恒星内核铁元素不断聚集时，核聚变过程就结束了。这些恒星演化成超新星或脉冲星。如果恒星的质量足够大，就可能形成黑洞。当超大质量恒星的轻元素耗尽，所有元素转化成铁和镍时，它们的内核会突然发生引力坍缩，以形成超新星的形式释放能量和元素。

———本活动对应的NGSS（《新一代科学教育标准》）中的相关标准———

预期表现

HS-ESS1-3：交流关于恒星在它们的生命周期中产生元素途径的科学概念。【说明：重点在于随着恒星的质量和恒星所处的生命阶段的变化，核聚变的方式以及继而产生的元素也发生改变。】【评价边界：评价不包括不同质量恒星不同的核聚变途径的细节。】

学科核心概念

ESS1.A：宇宙和恒星

- 对恒星光谱和亮度的研究可用于确定恒星的组成元素、它们的运动以及它们到地球的距离。(HS-ESS1-2)(HS-ESS1-3)
- 除了大爆炸时形成的氢和氦，恒星内部的核聚变产生了铁以及所有原子质量比铁更轻的元素，这个过程会释放电磁能。当某些大质量恒星到达超新星阶段并发生爆炸时，会产生更重的元素。(HS-ESS1-2)(HS-ESS1-3)

科学与工程实践

获取、评估和交流信息

9～12年级的"获取、评估和交流信息"建立在K～8年级的经验基础上，并发展到评估假设、方法和设计的有效性和可靠性。

- 以多种形式（包括口头汇报、图形、文本和数学模型）交流科学思想（例如，关于现象和发展过程，以及关于一个拟定过程或系统的设计和开发）。(HS-ESS1-3)

跨学科概念

能量和物质

- 在核反应中，原子不是守恒的，但是质子加中子的总数是守恒的。(HS-ESS1-3)

活动 4

行星轨道

开普勒的行星运动定律和牛顿的万有引力定律使科学家能够描述和预测绕太阳运行的行星的运动轨道。下面的活动将帮助你做到同样的事情。

复习

1. 写出开普勒行星运动第一定律。

____

2. 写出开普勒行星运动第二定律。

____

3. 写出开普勒行星运动第三定律。写出这一定律的方程,并解释每一项的含义。

____

____

____

4. 写出牛顿的万有引力定律。写出这一定律的方程,并解释每一项的含义。

____

____

____

解释

1. 什么是偏心率?它与开普勒第一定律有什么关系?

____

____

____

2. 用开普勒第二定律来描述行星绕椭圆轨道运行时的速度变化。

____

____

____

应用

1. 如果一颗行星距离太阳15个天文单位，它的公转周期是多少？（提示：把这个星球和地球作比较）

______

______

2. 行星A到太阳的距离是10个天文单位，公转周期大约是31.6个地球年，行星B的公转周期是4.5个地球年。用开普勒第三定律来计算行星B到太阳的距离。

______

______

挑战

假设天文学家发现了几颗围绕附近恒星运行的4颗系外行星。根据下面的数据和你对行星轨道的了解来预测这4颗系外行星的运动。首先完成表格，然后简要描述每颗行星的运动。（提示：利用开普勒第三定律的表达式来比较两颗行星）

行星	周期（天）	偏心率	平均轨道半径（AU）
A	3.16	0.321	0.0280
B	5.42	0.031	
C	13.4	0.007	
D	67.8	0.215	

______

______

______

______

教学指导

行星轨道(第28章)

复习

1. 开普勒第一定律:所有行星绕太阳运行的轨道都是椭圆,太阳在椭圆的一个焦点上。
2. 开普勒第二定律:行星和太阳的连线在相等的时间间隔内扫过的面积相等。
3. 开普勒第三定律的第一种表达:所有行星绕太阳一周的周期的平方与它们轨道半长轴的立方成比例,即$\left(\frac{T_A}{T_B}\right)^2=\left(\frac{r_A}{r_B}\right)^3$,其中,$T$是周期,$r$是轨道半长轴。

   第二种表达:行星运动周期(换算成地球年)的平方等于它到太阳的平均距离(换算成天文单位)的立方。公式:$P^2=a^3$,其中P为周期(地球年),a为到太阳的平均距离(天文单位)。
4. 根据牛顿万有引力定律,两个物体之间的引力与两个物体质量的乘积成正比,与它们中心之间距离的平方成反比。公式:$F_g=\frac{Gm_1m_2}{r^2}$,F_g表示万有引力,G为万有引力常数($6.67\times 10^{-11}\ \mathrm{N\cdot m^2/kg^2}$),$m_1$和$m_2$为物体的质量,$r$为物体中心之间的距离。

解释

1. 偏心率(e)是焦点之间的距离与长轴的长度之比。开普勒第一定律指出,行星在椭圆轨道上运行,而偏心率是对轨道椭圆程度的描述。对于圆,$e=0$;对于椭圆,$0<e<1$;对于抛物线,$e=1$;对于双曲线,$e>1$。
2. 当行星绕椭圆轨道运行时,它靠近太阳时移动得更快,远离太阳时移动得更慢。

应用

1. 58.1个地球年。
2. 2.73 AU。

挑战

注意:$P^2=a^3$开普勒第三定律的这个公式并不适用于本题讨论的行星与地球。开普勒第三定律只适用于围绕相同质量中心运行的行星,所以系外行星不能直接与地球进行比较。

行星	平均轨道半径(AU)
A	0.0280
B	0.0401

续表

行星	平均轨道半径(AU)
C	0.0734
D	0.216

描述可以多样化,但都应该包括周期和平均轨道半径,以及对轨道椭圆性质的描述。可以注意到,题中行星的运行周期比地球的运行周期短得多,它们与恒星的距离比地球与太阳的距离近得多。行星C的轨道比较圆,行星B的轨道形状与地球相似,而行星A和行星D的轨道更扁平。

本活动对应的NGSS(《新一代科学教育标准》)中的相关标准

预期表现

HS-ESS1-4:用数学或计算机模型预测太阳系中公转天体的运动。【说明:重点在于决定人造卫星、行星、卫星公转的牛顿引力定律。】【评价边界:用数学模型表现天体之间的引力和用开普勒定律描述公转运动不应涉及两个以上的天体或使用微积分计算。】

学科核心概念

ESS1.B:地球和太阳系

- 开普勒定律描述了轨道物体运动的共同特征,包括它们绕太阳运行的椭圆轨道。由于太阳系中其他天体的引力效应或相互碰撞,天体运动轨道可能会发生变化。(HS-ESS1-4)

科学与工程实践

运用数学和计算思维

9～12年级的"运用数学和计算思维"建立在K～8年级的经验基础上,并发展到使用代数思维,包括三角函数、指数函数和对数函数等一系列线性和非线性函数,以及用统计分析的计算工具来实现数据分析、表示和建模。根据基本的数学模型,开发并使用简单的模拟计算。

- 使用数学或计算程序来描述现象和解释。(HS-ESS1-4)

跨学科概念

规模、比例和数量

- 代数思维用于检验科学数据和预测一个变量的变化对另一个变量的影响(例如,线性增长和指数增长)。(HS-ESS1-4)

与工程、技术和科学应用的联系

科学、工程和技术的相互依存

- 科学和工程在研究与开发(R&D)的循环中相辅相成。许多研发项目可能涉及科学家、工程师和其他具有广泛专业知识的人。(HS-ESS1-2)(HS-ESS1-4)

活动5
地壳岩石的年龄有多老?

1915年,阿尔弗雷德·魏格纳提出了一个叫作“大陆漂移”的假说,该假说认为,地球上的大陆曾经是一个叫作泛大陆的巨型超大陆的一部分。2亿年前,这些大陆分离并漂移到现在的位置。正是这个大陆漂移的概念构成了现代板块构造理论的基础。对构造板块及其运动的认识,帮助科学家更好地了解地球的地质历史及其特征的起源。

任务

本活动的任务是研究、分析和评估大洋板块和大陆板块的特征,以及如何利用板块构造理论来解释地球的地质特征。以3～4人为一组进行研究,完成研究后,小组要写一份关于活动的报告。

过程

根据收集到的资料,回答下列问题。

1. 什么是板块构造理论?

2. 大洋板块和大陆板块有什么不同的特征?

3. 哪些技术的发展使科学家能够研究海底的年龄?科学家用来测定海洋沉积物年龄的方法有哪些?

4. 科学家在海洋岩石的年代和磁性特征中观察到了什么规律?

5. 在大洋板块和大陆板块的板块边界发生了什么?这与海洋地壳的年龄有什么关系?

报告

完成研究后，准备一份2页的报告。在报告中总结你从研究活动中学到的知识，并解释板块构造理论是如何解释大洋板块和大陆板块的年龄和特征的。

资源

你可以利用许多资源来开展研究。这些资源包括期刊文献、相关网站、科学报道和杂志等。你也可以参观相关的大学、研究所、博物馆、科学实验室，或采访该领域的专家。

评价

阅读下面的标准，评价你在这次探究活动中的表现。

评分项目	评分标准				得分
	0	5	10	15	
任务	任务没有完成	为完成任务做了一些努力，但没有明确目的	任务完成了，但有些信息遗漏或不正确	任务完成，细节完整	
过程	没有按过程要求开展活动	按照过程要求开展活动，但没有解答所有问题	按照过程开展活动并解答了所有问题，但有些答案是错误的	按照过程开展活动，围绕项目进行了认真研究，并对主题有深刻的理解	
展示	没有尝试做报告等展示	简单地制作了报告	报告上有一些很好的素材和想法	报告很好地诠释了主题，内容精彩	
总分					

教学指导
地壳岩石的年龄有多老?(第17章)

教学策略

- 回顾板块构造理论。
- 回顾板块边界的类型和在每种板块边界附近发现的特征。
- 回顾岩浆对流和板块运动。

学习资源

- 美国地质调查局有一份相关主题的报告《认识板块运动》(*Understanding Plate Motions*)。
- 伍兹霍尔海洋学研究所发行的《海洋》(*Oceanus*)杂志中,有一个栏目叫"解开海洋地壳外衣"(Unraveling the Tapestry of Ocean Crust),内有关于大洋地壳的产生和地壳地质学研究进展的文本、图像和多媒体资料。

过程

1. 板块构造理论描述了构造板块(巨大、坚硬的岩石板块)如何在地幔上缓慢移动并相互作用。
2. 开放式作答,答案中应包括大洋地壳比大陆地壳更年轻、更薄、密度更大等信息。
3. 开放式作答。随着技术的进步,只要是经过充分研究,有充足理由的答案都可以接受。例如磁力计和回声探测。测定沉积物年龄的方法包括放射性测年法、磁定向的测年与分析等。
4. 开放式作答。举例:包括大洋地壳中的磁性条带,以及沉积物年龄随着与大洋中脊距离的增加而增长的规律。
5. 在大陆—大洋板块边界处,由于洋壳的密度较高,洋壳俯冲到陆壳下面。这意味着较老的大洋地壳(远离洋中脊部分)在大陆地壳下俯冲消融,使得大洋板块的平均年龄比大陆板块更年轻。

———本活动对应的NGSS(《新一代科学教育标准》)中的相关标准———

预期表现

HS-ESS1-5:评估关于过去和现在的大陆和大洋地壳移动的证据和板块构造论,解释地壳岩石的年龄。【说明:重点在于能用板块构造论解释地壳岩石的年代。例子包括大洋地壳年龄随着与洋中脊距离的增加而增长(板块扩张的结果),以及北美大陆的地壳年代随着与古代地核距离的增加而增长(历史板块相互作用的结果)。】

学科核心概念

ESS1.C:地球的历史

- 大陆岩石的年龄可能超过40亿年。通常,大陆岩石的年龄比海底岩石的年龄要大得多,海底岩石的年龄不到2亿年。(HS-ESS1-5)

ESS2.B:板块构造论和大尺度系统的相互作用

- 板块构造论解释了地球表面岩石过去和现在的运动情况,它为理解地球的地质历史提供了一个框架。(8年级ESS2.B的延伸)(HS-ESS1-5二级概念)

PS1.C:核过程

- 自发放射性衰变遵循特有的指数衰变规律。放射性测年法根据核衰变规律来确定岩石和其他物质的年龄。(HS-ESS1-5二级概念)(HS-ESS1-6二级概念)

科学与工程实践

从证据出发进行论证

9～12年级的"从证据出发进行论证"建立在K～8年级的经验基础上,并发展到能使用适当和充分的证据和科学推理来捍卫或批评关于自然界和人工世界的观点和解释。论据也可以来自当前或历史上的科学事件。

- 评估目前接受的解释或解决方案背后的证据,以确定论点的价值。(HS-ESS1-5)

跨学科概念

模式

- 需要经验证据来确定模式。(HS-ESS1-5)

活动6
地球的形成和早期历史

我们的星球——地球，大约有46亿年的历史。在此期间，它遭受了来自太空碎片的频频撞击，并经受了内力和外力对其地表的无数作用。储存在沉积岩、火成岩和变质岩（以及陨石和其他行星物质）中的信息向我们讲述了地球的过去。有了这些信息，我们就可以构建关于地球在过去千百万年间是什么样子的想法和理论。

任务

本活动的任务是运用科学推理和来自古地球物质、陨石和其他行星物质的证据，描述地球的形成过程和早期历史。3～4人为一组，构建你们的地球历史记录。

过程

根据收集到的资料，回答下列问题。

1. 什么是地质年代表？我们现在生活在哪个宙、哪个代、哪个纪、哪个世？

____

____

____

2. 写出沉积岩、火成岩和变质岩的基本定义。

____

____

____

3. 举出上述每种类型岩石的一个例子。

____

____

____

报告

完成研究后，准备一份报告。报告的长度要求5～7页。在报告中，你需要讨论地球是怎么形成的，构成地球的物质是什么，我们如何确定地球及其岩石的年龄，以及外部作用，如陨石撞击，为我们研究地球年龄提供了哪些额外线索等信息。

评价

阅读下面的标准,评价你在这次探究活动中的表现。

评分项目	评分标准				得分
	0	5	10	15	
任务	任务没有完成	为完成任务做了一些努力,但没有明确目的	任务完成了,但有些信息遗漏或不正确	任务完成,细节完整	
过程	没有按过程要求开展活动	按照过程要求开展活动,但没有解答所有问题	按照过程开展活动并解答了所有问题,但有些答案是错误的	按照过程开展活动,围绕项目进行了认真研究,并对主题有深刻的理解	
展示	没有尝试做报告等展示	简单地制作了报告	报告上有一些很好的素材和想法	报告很好地诠释了主题,内容精彩	
总分					

教学指导

地球的形成和早期历史(第22章)

教学策略

- 回顾地质时期。
- 复习三种主要的岩石类型。

学习资源

- 美国地质学会为教师和学生提供了大量的在线资源,详细介绍了地球的历史和地质年代表。
- 美国地质调查局为教师和学生提供了相关在线资源,概述了美国各地的具体地质历史。

过程

1. 地质年代表是地球从46亿年前起源到现在的历史记录。划分地质年代的标准主要取决于沉积岩中所含的化石。目前,我们处于显生宙、新生代、第四纪的全新世。
2. 答案可能略有不同,三种岩石的基本定义:沉积岩是被水、风、冰川或重力搬运和沉积的,由小块碎屑物固结而成。变质岩是地壳深处高温高压作用下发生变化的岩石。火成岩是地表或地表以下的熔岩或岩浆冷却凝固形成的。
3. 开放式作答。沉积岩的例子可以是砂岩或石灰岩,火成岩的例子可以是花岗岩或玄武岩,变质岩的例子可以是片麻岩或片岩。

———本活动对应的NGSS(《新一代科学教育标准》)中的相关标准———

预期表现

HS-ESS1-6:应用科学推理和从古地球物质、陨石以及其他行星物质中获得的证据,解释地球的形成和早期历史。【说明:重点在于用太阳系中获得的证据重建地球的早期历史,这要追溯到地球在46亿年前与太阳系中其他天体一起形成。证据包括古代物质的绝对年龄(用放射性测年法测定陨石、月岩和地球古老矿物的年龄)、太阳系天体的大小和组成,以及行星表面的撞击坑等。】

学科核心概念

ESS1.C：地球的历史

- 尽管活跃的地质过程，如板块构造和侵蚀等，已经破坏或改变了地球上大部分历史早期的岩石记录，但太阳系中的其他物体，如月岩、小行星和流星体，在数十亿年里几乎没有变化。研究这些天体可以提供有关地球形成和早期历史的信息。(HS-ESS1-6)

PS1.C：核过程

- 自发放射性衰变遵循特有的指数衰变规律。放射性测年法根据核衰变规律来确定岩石和其他物质的年龄。(HS-ESS1-5 二级概念)(HS-ESS1-6 二级概念)

科学与工程实践

构建解释和设计解决方案

9～12年级的“构建解释和设计解决方案”建立在K～8年级的经验基础上，并发展为学生利用个人或团队收集到的，与科学思想、原则和理论一致的证据来构建解释和设计解决方案。

- 运用科学推理将证据与观点联系起来，以评估推理和数据支持结论(或解释)的程度。(HS-ESS1-6)

与自然科学的联系

用科学模型、规律、机制和理论，解释自然现象

- 科学理论是对自然界某些方面的一种有根据的解释，它建立在一系列经过观察和实验反复证实的事实的基础上，科学界在每个理论被接受之前都要对其进行验证。如果发现新的证据，但理论不支持，通常要根据这个新证据修改理论。(HS-ESS1-2)(HS-ESS1-6)
- 模型、机制和解释共同作为科学理论发展的工具。(HS-ESS1-6)

跨学科概念

稳定和变化

- 很多科学理论都在解释事物如何变化以及它们如何保持稳定。(HS-ESS1-6)

活动7

模拟地球内部和地表过程

在这个活动中,你将用一个模型来说明地球内部和表面过程是如何造就大陆和海底特征的。首先进行分组,给每个小组分配一个特定的陆地地貌,如山脉、山谷、高原,或海底地貌,如海沟、洋中脊、海底山脉。然后,根据下列活动步骤来计划、开发和运行你的模型。

开发模型

1. 用自己的话描述你的模型将说明什么过程或解决什么问题。

2. 你将使用哪种类型的模型?你需要什么材料来开发你的模型?

3. 在下框中画出你的模型的原型。如果画不下,可以另页补充。

4. 完善你的模型。解释它的工作原理,并描述它是如何反映过程或解决问题的。

使用模型

根据模型，回答下列问题。

1. 你的模型反映了哪种破坏性的机制或构造性的作用力？它们是如何形成特定地貌的？

____

____

2. 描述在你所选地貌的形成过程中，不同时间尺度上内部和外部过程的作用效果。

____

____

知识应用

研究你所在地区的地貌特征。选择一个特征，并将该特征与你开发的模型关联起来。识别这个特征形成的内部和外部过程及其在时间尺度上的变化。

____

____

____

教学指导

模拟地球内部和地表过程（第20章）

开发模型

1. 略。
2. 模型可以是图解、流程图、概念图，或用各种材料构建的三维模型。如果时间和资源允许，还可以鼓励学生开发动画或计算机模拟程序。
3. 略。
4. 学生应该重点说明他们的模型中解决当前过程的方法。如果他们的模型是动画、模拟程序或某种三维结构模型，他们应该说明其工作原理。

使用模型

1. 开放式作答。答案可以包括破坏性过程，如风化、侵蚀、块体运动或板块消减，以及构造性过程，如火山作用、地表隆升或造山运动。
2. 开放式作答。答案可以包括瞬间尺度（物质坡移/崩塌）、年际尺度（侵蚀）或百年尺度（构造隆起）的变化。

知识应用

答案取决于所选的特征。学生可以互相展示成果并互相点评彼此的结论。

——本活动对应的NGSS（《新一代科学教育标准》）中的相关标准——

预期表现

HS-ESS2-1：开发一个模型，描述地球内部和地球表面在不同空间和时间尺度上的作用所导致的大陆和海底特征。【说明：重点在于陆地地貌（山脉、山谷和高原等）和海底地貌（海沟、洋中脊和海底山脉等）是怎样在构造力（火山活动、构造隆升和造山运动等）和破坏力（风化、侵蚀和搬运等）的共同作用下形成的。】【评价边界：评价不包括对具体地貌形成细节的考查。】

学科核心概念

ESS2.A：地球物质和系统

- 地球的系统是动态的，系统间的相互作用会产生反馈效应，可以增强或减缓原始的变化。（HS-ESS2-1）（HS-ESS2-2）

ESS2.B:板块构造论和大尺度系统的相互作用

- 板块构造论解释了地球表面岩石过去和现在的运动情况,它为理解地球的地质历史提供了一个框架。板块运动是造成大部分大陆和海底特征以及地壳内大部分岩石和矿物分布的原因。(8年级ESS2.B的延伸)(HS-ESS2-1)

科学与工程实践

开发和使用模型

9～12年级的"开发和使用模型"以K～8年级的经验为基础,发展到使用、整合和开发模型,用来预测和显示自然界和人工世界中系统及其组件之间的变量关系。

- 开发和使用基于证据开发的模型,说明系统之间或系统组件之间的关系。(HS-ESS2-1)(HS-ESS2-3)(HS-ESS2-6)

跨学科概念

稳定和变化

- 变化和变化的速率可以在短期或长时间尺度内量化和建模。有些系统的变化是不可逆的。(HS-ESS2-1)

活动8

俄亥俄还有猛犸象吗?
——一个关于更新世地球的网络探究活动

更新世时期发生在新生代,时间大约从180万年前到1万年前。它通常被称为“最后的冰河时代”,因为它是距离现在最近的冰川覆盖地球大部分地区的时期。冰期的冰川发展导致了当时更冷、更干燥的气候。当时地球上大部分的淡水都是冰冻状态,平均降水量大约是现在的一半,平均气温比现在的平均气温低5～10℃,这导致当时许多地区的植被覆盖非常有限,主要植被是草。

冰期出现的确切原因仍然存在争议。地球相对于太阳距离的变化、洋流的变化以及大气成分的不同都可能是导致冰期出现的原因。一些科学家认为可能是其中一个原因导致的,而另一些人则认为可能是多种因素综合作用导致的。

任务

本活动的任务是研究和分析冰川的发展是如何改变地球大气并导致冰期出现的。3～4名学生为一个小组,研究和解释冰雪的增加是如何导致地球其他系统的变化的,这些变化包括但不限于洋流、大气气体组成和地球表面的反照率等。研究完成后,小组向全班展示你们的发现。

过程

根据资料,回答下列问题。

1. 在上一个冰期,冰雪覆盖到什么程度?

____

____

2. 关于上一个冰期,现在还存在哪些证据?

____

____

____

3. 反照率是什么?解释反照率增加和反照率减小为何都属于正反馈。

____

____

____

____

4. 地球上结冰的水对地球上的洋流有何影响？进而又会对气候产生什么影响？

____

____

____

5. 你在大气CO_2含量的历史记录中发现了什么趋势？对于冰期的CO_2含量的变化，有哪些可能的解释呢？

____

____

____

____

____

汇报

完成研究后，准备一段5～10分钟的汇报，解释清楚冰川的增加对地球气候有何影响。至少要解释3种冰川冰量增加触发反馈循环，形成冰期的方式。

资源

你可以借助许多在线资源开展研究。这些资源包括网站、期刊文献、科学报道和杂志等。

评价

阅读下面的标准，评价你在这次探究活动中的表现。

评分项目	评分标准				得分
	0	5	10	15	
任务	任务没有完成	为完成任务做了一些努力，但没有明确目的	任务完成了，但有些信息遗漏或不正确	任务完成，细节完整	
过程	没有按过程要求开展活动	按照过程要求开展活动，但没有解答所有问题	按照过程开展活动并解答了所有问题，但有些答案是错误的	按照过程开展活动，围绕项目进行了认真研究，并对主题有深刻的理解	

续表

评分项目	评分标准				得分
	0	5	10	15	
展示	没有尝试做汇报等展示	简单地完成了汇报	汇报中有一些很好的素材和想法	汇报很好地诠释了主题,内容精彩	
总分					

教学指导
俄亥俄还有猛犸象吗?
——一个关于更新世地球的网络探究活动(第23章)

教学策略

- 回顾当前的洋流模式、大气气体组成、流动水和冰冻水的数量和比例。
- 回顾冬天下雪前后反照率的变化。

学习资源

- 美国地质调查局网站提供了关于大冰期和气候变化的教育资源。
- 美国商务部国家海洋和大气管理局的网站提供了有关古气候学和气候历史的教育资源。
- 美国能源部二氧化碳信息分析中心的网站上提供了有关冰芯记录的教育资源。

过程

1. 在上个冰期,整个南极洲,欧洲、北美洲和南美洲的大部分地区以及亚洲的小部分地区都被冰川覆盖。
2. 证据包括地质特征,如冰碛、冰丘、化石证据以及在冰川冰芯中发现的气体证据等。
3. 反照率描述了太阳能从地球表面反射回大气的能力,是一个衡量地球表面反射率的指标。雪和冰的反照率高,海洋的反照率低。在上个冰期,地球上的大部分水被冻结,更多的太阳能量被反射回大气,这又导致地球上出现更低的温度,形成更多的雪和冰。在反照率下降期间,太阳的大部分能量被陆地和海洋吸收,导致地表温度升高,从而导致更多的雪和冰融化。
4. 冰期大量的冰冻水导致海平面降低,出现了不同的洋流模式,改变了地球赤道到两极的热量分布。流向两极的热量越少,两极的雪和冰更多,从而导致陆地和海洋上的冰进一步增多。
5. 冰芯数据显示,二氧化碳水平在170～300 ppm之间波动。在冰期,二氧化碳浓度处于低水平,而在间冰期则处于高水平。总的趋势显示,在冰期,二氧化碳水平长期缓慢下降,而在冰期末,二氧化碳水平迅速上升。科学家解释说,冰期二氧化碳的减少是由于海洋温度降低,这增加了二氧化碳在水中的溶解度,导致大气中的二氧化碳被吸收,含量降低。此外,风吹进海洋的沙尘增加,导致浮游植物光合作用增强,这也能从大气中消耗更多二氧化碳。最后,洋流的变化减少了二氧化碳含量饱和的深海上升流的数量,从而减少了这种气体的海洋—大气交换。

———本活动对应的NGSS(《新一代科学教育标准》)中的相关标准———

预期表现

HS-ESS2-2:分析地球科学数据,作出论断——地球表面的一种改变可能产生反馈,从而导致地球其他系统发生变化。【说明:案例应当包括气候反馈,例如温室气体的增加引起全球气温升高、冰川融化,导致地表反射的太阳辐射减少,地表温度增加,造成冰川量进一步减少的机制。案例还可以来自其他系统间的相互作用,例如:地表植被减少,导致水土流失加剧;河流筑坝,导致地下水补给增加,下游泥沙量减少,造成海岸侵蚀增加;湿地减少,引起局部湿度减小,从而进一步减少湿地面积等。】

学科核心概念

ESS2.A:地球物质和系统

- 地球的系统是动态的,系统间的相互作用会产生反馈效应,可以增强或减缓原始的变化。(HS-ESS2-1)(HS-ESS2-2)

ESS2.D:天气和气候

- 全球气候系统的基础是来自太阳的电磁辐射和它在大气、海洋和陆地系统之间的反射、吸收、储存、再分配,以及反射回太空的情况。(HS-ESS2-2)(HS-ESS2-4)

科学与工程实践

分析和解释数据

9～12年级的“分析和解释数据”建立在K～8年级的经验基础上,并发展到需要引入更详细的统计分析,比较数据的一致性,并使用模型生成和分析数据。

- 使用工具、技术和模型(如计算机、数学)分析数据,以便形成有效和可靠的科学说法或确定最佳设计方案。(HS-ESS2-2)

跨学科概念

稳定和变化

- 反馈(消极或积极)可以使系统稳定或不稳定。(HS-ESS2-2)

与工程、技术和科学应用的联系

科学、工程、技术对社会和自然界的影响

- 新技术可能对社会和环境产生深远的影响,其中包括一些没有预料到的影响。对成本和效益的分析是技术决策的一个关键方面。(HS-ESS2-2)

活动 9
热对流引起的物质循环

科学家面临的挑战之一是如何了解他们看不见的东西。在这个活动中，你将学习地球科学家调查地球结构的方法。然后，你要开发一个能描述物质是如何在地球内部热对流的循环模型。你需要建立一个能体现地球内部密度变化的一维模型和一个反映热对流和板块构造关系的三维模型。下面的活动将帮助你设计、开发和运行你的模型。

开发模型

1. 用自己的话描述你的模型将说明什么过程或解决什么问题。

2. 你会使用哪种类型的模型？你需要什么材料来开发你的模型？不要忘记你要用公开发表的资料来支持你的模型。

3. 在下框中画出你的模型的原型。如果画不下，可以另页补充。

4. 完善你的模型。解释它的工作原理，并描述它是如何反映过程或解决问题的。

使用模型

根据模型,回答下列问题。

1. 当坚硬的地壳岩石俯冲到地幔中时,会发生什么?

____

____

____

2. “脊推”和“板拉”的过程分别是什么?为什么它们对地幔对流很重要?

____

____

____

知识应用

描述热对流和物质循环是如何导致地球表面形成某一特定地貌类型的,如火山、海山或裂谷等。

____

____

____

教学指导

热对流引起的物质循环（第17章）

开发模型

1. 回答应包括如何模拟物质通过热对流在地球的地幔和地壳中循环。
2. 模型可以是图解、流程图、概念图，或用各种材料构建的三维模型。如果时间和资源允许，还可以鼓励学生开发动画或计算机模拟程序。
3. 略。
4. 学生应该重点说明他们的模型中解决当前过程的方法。如果他们的模型是动画、模拟程序或某种三维结构模型，他们还应该说明其工作原理。

使用模型

1. 组成地壳板块的固体物质比它下面的地幔物质密度更大。当它下沉到地幔中时，它会被从地幔内部和地核辐射出的热能加热和液化。最终，它会再次上涌到地壳，成为地幔对流运动的一部分。
2. 脊推是由于较老的、密度较大的海洋地壳相对于洋脊附近较新的、较轻的海洋地壳下沉造成的。被抬升的洋脊的重力将大洋板块推向海沟/俯冲带。板拉是指俯冲板块的重力将板块拖拽拉入俯冲带。脊推和板拉是大洋板块向俯冲带移动的过程，为对流循环提供了新的物质。

知识应用

答案取决于选择的地貌类型。

————本活动对应的NGSS（《新一代科学教育标准》）中的相关标准————

预期表现

HS-ESS2-3：基于地球内部的证据开发一个模型，描述热对流引起的物质循环。【说明：既要建立在径向上按密度分层的地球一维模型，也要建立能表现地幔对流和由此引起的板块运动的三维模型。证据包括从地震波获得的地球三维结构图，地球磁场变化速率记录（作为对外层地

核的对流的限制性影响)以及高压实验识别的地球不同圈层的组成等。】

学科核心概念

ESS2.A:地球物质和系统

- 来自地球内部探测和地震波的证据,重建了地球表面及其磁场的历史变化。对其物理和化学过程的理解可以帮助建立一个地球模型:它有一个热的固体内核,一个液态的外核,一个固态的地幔和地壳。地幔及板块的运动主要是通过热对流发生的,这涉及物质的循环。热对流的产生是由于地球内部的能量向外流动,而密度较大的物质则向内部运动。(HS-ESS2-3)

ESS2.B:板块构造论和大尺度系统的相互作用

- 放射性元素衰变不断地在地壳和地幔内产生的热能,是驱动地幔对流的主要热量来源。板块构造可以看作地幔对流的地面表现。(HS-ESS2-3)

科学与工程实践

开发和使用模型

9～12年级的“开发和使用模型”以K～8年级的经验为基础,发展到使用、整合和开发模型,用来预测和显示自然界和人工世界中系统及其组件之间的变量关系。

- 开发和使用基于证据开发的模型,说明系统之间或系统组件之间的关系。(HS-ESS2-1)(HS-ESS2-3)(HS-ESS2-6)

跨学科概念

能量和物质

- 能量驱动物质在系统内部和系统之间的循环。(HS-ESS2-3)

与工程、技术和科学应用的联系

科学、工程和技术的相互依存

- 科学和工程在研究与开发(R&D)的循环中相辅相成。许多研发项目可能涉及科学家、工程师和其他具有广泛专业知识的人。(HS-ESS2-3)

活动10
反照率的变化

在这个活动中,你要用一个模型来说明地球反照率的变化对能量在地球系统的流入和流出有何影响,以及这对地球气候有何直接影响。这个活动将帮助你设计、开发和运行你的模型。

开发模型

1. 用自己的话描述你的模型将说明什么过程或解决什么问题。

____

____

2. 你会使用哪种类型的模型?你需要什么材料来开发你的模型?不要忘记你要用公开发表的资料来支持你的模型。

____

____

____

3. 在下框中画出你的模型的原型。如果画不下,可以另页补充。

4. 完善你的模型。解释它的工作原理,并描述它是如何反映过程或解决问题的。

____

____

____

使用模型

根据模型,回答下列问题。

1. 什么条件会导致高反照率?你认为地球上哪些地方会有这样的条件?

2. 什么条件会导致低反照率?你认为地球上哪些地方会有这样的条件?

知识应用

1. 降低反照率的自然过程有哪些?人为过程有哪些?

2. 描述反照率变化对地球系统能量流动的影响。

3. 如果全球气温上升导致北极海冰融化,并在每年夏季的大部分时间保持无冰状态,这将对反照率有何影响?为什么?

教学指导
反照率的变化(第11章)

开发模型

1. 答案应包括他们如何模拟反照率,反照率是地球表面的反射率或者说阳光被地球表面反射的量。
2. 模型可以是图解、流程图、概念图,或用各种材料构建的三维模型。如果时间和资源允许,还可以鼓励学生开发动画或计算机模拟程序。
3. 略。
4. 学生应该重点说明他们的模型中解决当前过程的方法。如果他们的模型是动画、模拟程序或某种三维结构模型,他们还应该说明其工作原理。

使用模型

1. 开放式作答。高反照率的条件可以包括较浅的颜色(如白色、黄色、黄褐色),反光的表面(如铝箔)等。高反照率的地球表面特征包括多雪、冰、沙等。
2. 开放式作答。低反照率的条件可以包括较暗的颜色(如黑色、蓝色、绿色)。低反照率的地球表面,包括柏油路面、海洋等。

知识应用

1. 开放式作答。自然过程可能包括火山喷发(覆盖黑色火山灰的地区)、冰雪融化等,而人为过程包括森林砍伐、城市化、全球气候变暖导致的冰雪融化等。
2. 开放式作答,主要应该讨论反照率变化如何影响地球表面的反射效果,即怎样改变太阳能的吸收量和反射到太空的太阳能量。反照率的下降与全球气候变化的部分特征形成了正反馈,加速了全球平均气温上升的趋势。
3. 随着气温上升、冰雪融化,反照率降低。较低的反照率导致更多的阳光被吸收,从而导致冰雪融化进一步加强。

——本活动对应的NGSS(《新一代科学教育标准》)中的相关标准——

预期表现

HS-ESS2-4:利用模型,描述流入和流出地球系统的能量的变化是怎样引起气候变化的。【说明:气候变化原因的例子随时间尺度而异。十年以内,有大型火山喷发、洋流变化;几十年到几百年尺度,有人类活动的变化、洋流变化、太阳辐射量变化;几万年到几十万年尺度,有地球公转轨道和地轴指向的变化;几千万年到几亿年尺度,有大气成分的长期变化。】【评价边界:对气候变化的结果的评价只限于地表温度、降水模式、冰川体积、海平面和生物圈分布的变化。】

学科核心概念

ESS1.B:地球和太阳系

- 千百年来,地球绕太阳运行的轨道形状以及地轴倾斜度都在发生周期性变化,进而改变了地球不同地区的光照强度和辐射分布。这些现象导致了冰期循环和其他气候变化。(HS-ESS2-4 二级概念)

ESS2.A:地球物质和系统

- 地质记录表明,全球和区域气候的变化可能是由太阳辐射量变化、地球轨道的变化、构造活动、大洋环流、火山活动、冰川、植被和人类活动等作用引起的。这些变化发生的时间尺度相差非常大,有短时的(火山灰云)、中期尺度的(冰期)、非常长周期尺度的(构造变化)。(HS-ESS2-4)

ESS2.D:天气和气候

- 全球气候系统的基础是来自太阳的电磁辐射和它在大气、海洋和陆地系统之间的反射、吸收、储存、再分配,以及反射回太空的情况。(HS-ESS2-2)(HS-ESS2-4)
- 人类活动导致大气组成中的二氧化碳浓度增加,从而影响了气候。(HS-ESS2-6)(HS-ESS2-4)

科学与工程实践

开发和使用模型

9～12 年级的“开发和使用模型”以 K～8 年级的经验为基础,发展到使用、整合和开发模型,用来预测和显示自然界和人工世界中系统及其组件之间的变量关系。

- 利用模型解释现象的机制。(HS-ESS2-4)

跨学科概念

因果联系

- 需要事实依据来区分原因和相关性,并对具体的原因和结果作出说明。(HS-ESS2-4)

活动11
河流侵蚀调查活动

安全手册

背景

乍一看，人们很难把大峡谷、密西西比河三角洲和尼亚加拉大瀑布看成同一个过程的结果。它们看起来不尽相同，但这三个自然特征都是由流水塑造的。流动的水可能是最有力的侵蚀因素，流水加上其他因素，如坡度、流量和水下的底层物质（包括岩石和沉积物）等，共同作用会导致不同的模式和景观。在本次活动中，你将设计并开展一项调查，研究不同的条件下，流水造成的侵蚀和沉积会产生怎样显著的差异。

材料

桌面径流模型、沙、细碎的石头、鹅卵石、水罐（水桶或水杯）、接水的大桶、笔记本、水彩笔。

问题

坡度、流量和底层物质等因素怎样影响侵蚀和沉积的速度，并最终影响自然界中各种各样的模式？

目标

- 计划和开展调查，收集有关流水影响侵蚀和沉积的因素。
- 收集和组织几种影响河流景观的条件。
- 推断是什么导致了流水形态的差异。

设计调查

1. 阅读并遵守实验室安全守则。
2. 列出你在调查过程中所需要的材料。
3. 列出可能影响侵蚀和沉积的条件。这些不同的因素是如何导致不同的流水模式的？你将如何验证你的假设？
4. 设计你的调查，并写一个正式的调查方案。一次只能测试一个变量。一定要充分考虑安全问题，包括调查中使用的设备和化学用品。

5. 你的活动方案和所有的使用材料等都要得到老师的书面同意。

活动记录

在下框中写出设计的活动过程，并为你的实验设计画一个草图。

数据和观察

在下框中记录你的实验数据和观察结果。表格是组织这些信息的一种有效方法。

分析

1. 沙子和鹅卵石，哪种沉积物被搬运得更快、更远，哪种沉积物几乎没有发生移动？

2. 将你的数据与其他小组的数据进行比较。

结论

1. 定义冲沟侵蚀，并说明冲沟侵蚀的一种后果。

2. 解释你测试的各种条件是如何影响侵蚀速率的。

3. 根据你的实验结果，哪些因素对河床形态的影响最大？

拓展

流水造成的侵蚀约占所有表土和底土流失的三分之二。在耕地贫瘠和农业耕作方式相对落后的地区，持续的流水侵蚀会直接导致粮食短缺和饥荒。这些地区的人们应该如何改造当地不断变化的地貌，以防止或减少水土流失？

教学指导

河流侵蚀调查活动(第7～9章)

目标

研究流水导致的侵蚀与其他景观因素(如坡度、土壤类型和水量)之间的关系。

技能和方法

设计实验、测试、推论、观察。

时间分配

一到两个实验课时。

活动提示

- 桌面径流模型设置建议:首先在径流上游位置之下垫一本笔记本,模拟一堆轻微倾斜的沉积物,创建一条至少有三个弯的河道。
- 确保缓慢而稳定地将水倒在径流的上游位置,仔细观察哪里的沉积物被侵蚀,哪些类型的沉积物被侵蚀以及这些被侵蚀的沉积物最后沉积在哪里。
- 一次实验只能测试一个变量,例如,不应该同时增加径流的坡度和流量。

活动示例

1. 阅读并遵守实验室安全守则。
2. 创建一个数据表来记录你的观察结果。
3. 准备材料。将沙石混合物放入径流模型中。把一本笔记本垫在径流上游位置,在径流模型的底部放一个水桶用于接水。
4. 在沙土中做出一条至少有三个弯的河道。
5. 缓慢而稳定地将水倒入径流的上游位置,观察流水侵蚀和沉积发生的位置。
6. 重复2次以上实验,并把你的观察结果画成草图。用不同颜色的铅笔标出沉积物发生侵蚀和沉积的位置。
7. 在径流上游位置多垫两本笔记本,增加模型的倾斜度。还原沙土混合物的形态,并在沙土中做出一条至少有三个弯的河道。
8. 重复步骤5～6,然后将结果与初始坡度的结果进行比较。
9. 拿掉多垫的两本笔记本,将模型的倾斜程度恢复到初始高度。还原沙土混合物的形态,并在沙土中做出一条至少有三个弯的河道。

10. 重复步骤5～6，但这次要通过加快倾倒速度来增加（瞬时）水量。与改变坡度的结果进行比较。
11. 清理材料，不要把沙子倒进下水道。

分析

1. 可以观察到较小尺寸的沉积物移动得更快、更远，而较大尺寸的沉积物几乎没有移动。
2. 开放式作答，但各小组应该会发现类似的结果。

结论

1. 冲沟侵蚀发生的原因是流水使河道因侵蚀加剧而变得更深、更宽。冲沟侵蚀的一种结果是，河道可以流过更多的水，而这又导致更强的侵蚀。
2. 答案会有所不同，但一般结论应该包括：坡度增大，侵蚀加强；水量增加，侵蚀加强。
3. 答案会根据学生选择的测试因素而有所不同。一般来说，坡度越大，对侵蚀的影响就越大，如果坡度足够高，还会发生滑坡。水量增加会导致河道被切割得更深。坡度的增加和水量的增加都能导致河流切割出一条直接流向下游的新水道。

拓展

在持续的流水侵蚀导致粮食短缺和饥荒地区，人们必须改造当地的地表景观。实践办法包括在较缓的山坡上建造梯田，在较陡的山坡上营造防护林，或通过建造水坝来控制河流流量等。

———本活动对应的NGSS（《新一代科学教育标准》）中的相关标准———

预期表现

HS-ESS2-5：设计并调查水的性质以及水对地球物质和地球表面过程的影响。【说明：重点在于对水与各种固体物质的作用机制与化学性质的研究，旨在为水文循环与岩石循环的系统间相互作用和联系提供证据。机制研究的例子包括用图表研究水流搬运和沉积能力，用土壤含水量的变化研究侵蚀以及根据水结冰时体积膨胀研究冰楔作用。化学性质研究的例子包括化学风化、重结晶（通过测试不同材料的溶解度）或熔融作用（通过测试水怎样降低大多数固体的熔化温度）。】

学科核心概念

ESS2.C：水在地表过程中的作用

- 地表丰富的液态水及其独特的物理和化学性质的组合是地球动力学的研究核心。水的特性包括吸收、储存和释放大量能量，透光性，结冰后膨胀，溶解和运输物质，降低岩石的黏度和熔点等能力。(HS-ESS2-5)

科学与工程实践

设计和开展调查

9～12年级的“设计和开展调查”建立在K～8年级的经验基础上，并发展到为概念、数学、物理和经验模型提供证据和测试。

- 独立计划和开展调查，合作生成基础证据的数据，并在设计中确定可靠测量所需数据的类型、数量和精确度，并考虑数据精度的限制因素(例如实验次数、成本、风险、时间)，并相应地改进设计。(HS-ESS2-5)

跨学科概念

结构和功能

- 自然和人造的物体和系统的功能与特性可以从它们的整体结构、组成部分的形状、使用方式，以及各种材料的分子结构中推断出来。(HS-ESS2-5)

活动12

地球圈层中的碳循环

美国碳循环科学计划是一项跨领域合作，旨在协调和关注政府的碳循环研究。1999年和2011年，该组织发表了名为《美国碳循环科学计划》的文件，其中总结了大量的碳循环数据，并为美国接下来十年的研究工作提供了指导。他们的模型可以帮助科学家和决策者更好地理解过去、现在和未来对碳循环的影响。在本次活动中，你将使用一个模型在一定规模上量化模拟碳在水圈、大气圈、岩石圈和生物圈中的循环。下面的活动将帮助你设计、开发和运行你的模型。

开发模型

1. 用自己的话描述你的模型将说明什么过程或解决什么问题。

____

____

2. 你会使用哪种类型的模型？你需要什么材料来开发你的模型？不要忘记你要用公开发表的资料来支持你的模型。

____

____

____

3. 在下框中画出你的模型的原型。如果画不下，可以另页补充。

4. 完善你的模型。解释它的工作原理，并描述它是如何反映过程或解决问题的。

____

____

使用模型

根据模型,回答下列问题。

1. 地球上哪个圈层的碳储量最大?碳流通量最大的地方在哪里?

____

____

2. 描述碳在不同时间尺度的循环过程。

____

____

知识应用

人类在哪些地方以哪种方式影响碳循环?

____

____

教学指导
地球圈层中的碳循环(第24章)

开发模型

1. 回答应包括如何定量模拟碳在水圈、岩石圈、生物圈和大气圈中的循环。
2. 模型可以是图解、流程图、概念图,或用各种材料构建的三维模型。如果时间和资源允许,还可以鼓励学生开发动画或计算机模拟程序。
3. 略。
4. 学生应该重点说明他们的模型中解决当前过程的方法。如果他们的模型是动画、模拟程序或某种三维结构模型,他们还应该说明其工作原理。

使用模型

1. 岩石圈是最大的碳库。最活跃的碳库是海洋。大气圈和生物圈(光合作用和呼吸作用)之间的碳流通量最大。
2. 开放式作答。应包括即时尺度(光合作用/细胞呼吸作用)、年际尺度(季节性死亡和有机物分解)或多个世纪的长时间尺度(地质过程)。

知识应用

开放式作答,例子可包括燃烧化石燃料,清除和燃烧现存生物量,以及造成土壤退化等。

——本活动对应的NGSS(《新一代科学教育标准》)中的相关标准——

预期表现

HS-ESS2-6:开发一个定量模型,描述水圈、大气圈、岩石圈和生物圈之间的碳循环。【说明:重点在于模拟生物地球化学循环,包括碳在海洋、大气、土壤和生物圈(包括人类)中的循环,为生物体生存提供基础。】

学科核心概念

ESS2.D:天气和气候

- 大气的逐渐变化是由于植物和一些其他生物体可以捕获二氧化碳,释放氧气。(HS-ESS2-6)(HS-ESS2-7)

- 人类活动导致大气组成中的二氧化碳浓度增加，从而影响了气候。（HS-ESS2-6）（HS-ESS2-4）

科学与工程实践

开发和使用模型

9～12年级的“开发和使用模型”以K～8年级的经验为基础，发展到使用、整合和开发模型，用来预测和显示自然界和人工世界中系统及其组件之间的变量关系。

- 开发和使用基于证据开发的模型，说明系统之间或系统组件之间的关系。（HS-ESS2-1）（HS-ESS2-3）（HS-ESS2-6）

跨学科概念

能量和物质

- 封闭系统中的能量和物质总量是守恒的。（HS-ESS2-6）

活动13

生物与大气的协同进化
——关于鸡—蛋悖论的网络探究活动

关于气候变化和温室气体，我们已经了解不少。怀疑论者声称：随着时间的推移，地球大气的成分发生了变化，我们现在只是在经历气候的自然变化，这与人类活动的关系并不大。然而，科学家已经一次又一次地证明，人类正在改变自然环境。大气的组成在近几十年到几百年的过程中所发生的变化，比自然界在数亿年里发生的变化要大得多。有一点是科学家和怀疑论者都同意的，那就是在地球的整个历史发展过程中，大气成分一直在发生变化。从地质记录留下的证据，如化石和岩层中，我们可以看到，随着大气中氧气浓度的增加，石灰岩沉积变得越来越普遍。例如，我们知道生命同样是根据大气成分的变化而进化的，地球上的生命也影响大气的组成：在氧气浓度增加之前，细胞进化，出现光合作用。

任务

本活动的任务是研究地球历史上不同时期的大气组成，进一步分析主要的生命进化过程与大气的主要变化具有怎样的相关性。利用这些数据，构建一个关于哪个是原因，哪个是结果的观点——是地球大气的变化导致了生物的进化，还是生物的进化改变了地球大气的组成？完成研究后，写一篇论文总结你的观点。

过程

根据收集的资料，回答下列问题。

1. 下列主要地质历史事件：地球的起源、岩层中最初出现有机体的证据、光合作用植物（藻类）的出现、石灰岩（$CaCO_3$）和条带状铁的出现、陆地植物的出现、恐龙的“统治时期”、哺乳动物的出现分别发生在多久以前？

____

____

____

____

____

2. 在地球历史的大部分时间里，哪种气体在地球大气中占比最多？

____

3. 光合作用植物的出现与大气中氧气的增加、二氧化碳的减少有什么关系?

4. 解释为什么石灰岩沉积物在18亿年前变得普遍。

5. 纵观地球历史,怎样用大气成分的变化解释环境中生物和非生物之间的关系?

汇报

完成研究后,写一篇2～3页的研究论文,比较地球大气的变化过程和地球上生物的进化过程之间的关系。在论文中,确保描述至少3个重大事件(地球大气成分的重大变化或生物的主要进化过程)。根据你的研究结果,构建一个论点——是地球大气的变化导致了生物的进化,还是生物的进化改变了地球大气的组成?

资源

你可以通过网络,搜索到许多在线资源,如相关网站、期刊文献、科学报道和杂志等。

评价

阅读下面的标准,评价你在这次探究活动中的表现。

评分项目	评分标准				得分
	0	5	10	15	
任务	任务没有完成	为完成任务做了一些努力,但没有明确目的	任务完成了,但有些信息遗漏或不正确	任务完成,细节完整	
过程	没有按过程要求开展活动	按照过程要求开展活动,但没有解答所有问题	按照过程开展活动并解答了所有问题,但有些答案是错误的	按照过程开展活动,围绕项目进行了认真研究,并对主题有深刻的理解	
展示	没有尝试做论文等展示	简单地完成了论文	论文中有一些很好的素材和想法	论文很好地诠释了主题,内容精彩	
总分					

教学指导

生物与大气的协同进化
——关于鸡—蛋悖论的网络探究活动(第22章)

教学策略

- 回顾地质时期,包括地球的年龄和人类在这个星球上生活的历史。
- 回顾进化和协同进化的概念。

学习资源

- 美国地质调查局网站提供了有关前寒武纪和早期地球历史的教育资源。
- 英国广播公司网站提供了关于地球发展时间轴的教育资源。
- 美国国家地理网站提供了关于前寒武纪的教育资源。

过程

1. 主要地质历史事件的时间。
   a. 地球的起源:约45亿~46亿年前;
   b. 岩层中最初出现有机体的证据:38亿年前;
   c. 光合作用植物(藻类)的出现:30亿年前;
   d. 石灰岩($CaCO_3$)和条带状铁的出现:18亿年前;
   e. 陆地植物的出现:4.4亿年前;
   f. 恐龙的“统治时期”:4亿年前;
   g. 哺乳动物的出现:1.7亿年前。
2. 氮气。
3. 开放式作答,但必须提到光合作用利用二氧化碳并产生氧气。
4. 开放式作答,应该提到,大气中更多的二氧化碳导致出现了更多有碳酸钙外壳的生物。它们死后,这些外壳会变成沉积物,压实后形成沉积岩,如石灰岩。
5. 开放式作答,答案合理即可。

——本活动对应的NGSS(《新一代科学教育标准》)中的相关标准——

预期表现

HS-ESS2-7：基于证据构建一个论证，说明地球系统和地球上的生物体是共同演化的。【说明：重点在于生物圈和地球其他系统之间的动态作用的原因、结果和反馈，地球系统因素控制着生命的演化，生命的演化又同时改变地球表面。案例包括具有光合作用的生命是怎样通过生产氧气改变大气，而这一效果又是怎样转而加速风化和影响动物演化的；陆地上的微生物是怎样促进土壤形成，进而影响陆地植物演化的；珊瑚的演化是怎样形成珊瑚礁，从而改变海岸侵蚀和沉积模式，为新物种的演化提供栖息地的。】【评价边界：评价不包括全面理解生物圈和地球其他系统相互作用的机制。】

学科核心概念

ESS2.D：天气和气候

- 大气的逐渐变化是由于植物和一些其他生物体可以捕获二氧化碳，释放氧气。(HS-ESS2-6)(HS-ESS2-7)

ESS2.E：生物地质学

- 生物圈和地球其他系统之间的许多动态作用和微妙的反馈关系导致地球表面和生活在其中的生命持续协同进化。(HS-ESS2-7)

科学与工程实践

从证据出发进行论证

9～12年级的"从证据出发进行论证"建立在K～8年级的经验基础上，并发展到使用适当和充分的证据和科学推理来捍卫或批评关于自然界和人工世界的观点和解释。争论也可能来自当前或历史上的科学事件。

- 根据数据和证据构建口头或书面的论证或反论证。(HS-ESS2-7)

跨学科概念

稳定和变化

- 很多科学理论都是在解释事物如何变化以及它们如何保持稳定。(HS-ESS2-7)

活动14

人类活动、自然资源、自然灾害和气候变化

你知道人们最初为什么在某一地区定居吗?自然资源的可得性对人类活动和发展产生了重大影响。自然资源对你所在地区的发展有影响吗?自然灾害可能也影响了你所在地区人们的定居地点和生活方式。自然资源和自然灾害还将继续影响人类的发展。此外,气候变化对人类活动的影响也越来越显著,未来它们的影响还将继续存在。

任务

本活动的任务是研究自然资源、自然灾害和气候变化对你所在地区的人类活动有何影响。你可以根据研究过程和对以下问题的解答来创建和制作一条能解释研究成果的时间轴。

过程

根据收集的资料,回答下列问题。

1. 你们当地有哪些自然资源?这些资源对你所在地区的人类活动有何影响?这些自然资源目前仍属于可开发状态吗?你所在地区的人们还在依赖这些自然资源吗?解释原因。

____

____

____

2. 你们当地有哪些常见的自然灾害?这些灾害对当地的人类活动有何影响?这些灾害现在是否仍然影响着你所在地区人们的生活方式和居住地选择?解释原因。

____

____

____

3. 气候变化对你所在地区的人类活动有什么影响吗?未来气候变化会影响你所在地区的人类活动吗?解释原因。

____

____

____

汇报

完成研究活动并回答问题后,你可以准备一个时间轴来说明研究成果。时间轴可能要显示50

到100年或更长时间的尺度，这样的话，历史上的一些重要的自然资源、自然灾害和气候变化的影响都能包含在内。

资源

你可以利用许多资源来帮助开展研究。这些资源包括期刊文献、网站、科学报道和杂志等。你也可以参观大学、研究所、博物馆、科学实验室，或采访该领域的专家。

评价

阅读下面的标准，评价你在这次探究活动中的表现。

评分项目	评分标准				得分
	0	5	10	15	
任务	任务没有完成	为完成任务做了一些努力，但没有明确目的	任务完成了，但有些信息遗漏或不正确	任务完成，细节完整	
过程	没有按过程要求开展活动	按照过程要求开展活动，但没有解答所有问题	按照过程开展活动并解答了所有问题，但有些答案是错误的	按照过程开展活动，围绕项目进行了认真研究，并对主题有深刻的理解	
展示	没有尝试做时间轴等展示	简单地制作了时间轴	时间轴上有一些很好的素材和想法	时间轴很好地诠释了主题，内容精彩	
总分					

教学指导

人类活动、自然资源、自然灾害和气候变化（第19～24章）

教学策略

- 确定学生研究的“本地”所指的区域范围。根据所在地区的特点和相关信息，可以考虑让学生研究省域大小的地区，或国家的某一区域。

学习资源

- 美国农业部和美国环境保护署的网站提供了有关自然资源和气候变化及其对人类活动影响的信息。
- 美国国家地理教育网站提供了北美地区主要自然资源的信息。
- 地方政府网站可能提供了更多的地方相关信息。

过程

1. 答案将根据研究领域的不同而有所不同。回答应该包括有关其所在地区自然资源的一个问题，并做一些解释。
2. 答案将根据研究领域的不同而有所不同。回答应该包括有关其所在地区自然灾害的一个问题，并做一些解释。
3. 答案将根据研究领域的不同而有所不同。回答应该包括有关气候变化的一个问题，并做一些解释。

———本活动对应的NGSS（《新一代科学教育标准》）中的相关标准———

预期表现

HS-ESS3-1：基于证据构建解释，说明自然资源的可用性、自然灾害的发生和气候的变化已经影响了人类活动。【说明：主要自然资源的例子包括可获得的淡水（河水、湖水和地下水）、具有肥沃土壤的地区（如三角洲），以及矿物和化石燃料集中度高的地区。主要自然灾害的例子包括来自地球内部过程（如火山喷发和地震）、表面过程（如海啸、物质的坡移和土壤侵蚀）、极端天气（如飓风、洪水和干旱）。主要气候变化的例子包括海平面变化、局部气温和降水模式变化，能影响种群或驱动种群大规模迁移以及可种植的农作物和饲养的家畜种类的变化。】

学科核心概念

ESS3.A：自然资源

- 自然资源的可用性主导了人类社会的发展。(HS-ESS3-1)

ESS3.B：自然灾害

- 自然灾害和其他地质事件塑造了人类历史的进程；(它们)显著改变了人口的规模，并驱动了人类的迁徙。(HS-ESS3-1)

科学与工程实践

构建解释和设计解决方案

9～12年级的"构建解释和设计解决方案"建立在K～8年级的经验基础上，并发展为学生利用个人或团队收集到的，与科学思想、原则和理论一致的证据来构建解释和设计解决方案。

- 基于从各种来源(包括学生自己的调查、模型、理论、模拟、同行评议)获得的有效和可靠的证据，构建解释，并假设该自然界的理论和定律描述的内容在过去和今天适用，并将在未来同样适用。(HS-ESS3-1)

跨学科概念

因果关系

- 需要实验证据来区分原因和相关性，并对具体的原因和影响作出声明。(HS-ESS3-1)

与工程、技术和科学应用的联系

科学、工程和技术对社会和自然界的影响

- 现代文明依靠重大技术系统的支持。(HS-ESS3-1)(HS-ESS3-3)

活动15
环境咨询：找到解决方案

项目概述

假设学生都在一家咨询公司工作。他们的工作内容是研究各种环境问题，并为客户制订解决方案。

现在，老板要求他们针对3个不同客户提出的问题开展研究并提出解决方案。每组学生负责其中一个客户，并为他们的问题确定最佳解决方案。

- 了解环境咨询。
- 每组学生负责3个客户中的一个。
- 收集有可能解决客户问题的相关数据。
- 确定标准和约束条件，选择最佳解决方案。
- 解决方案中需要考虑成本效益比。

活动展示

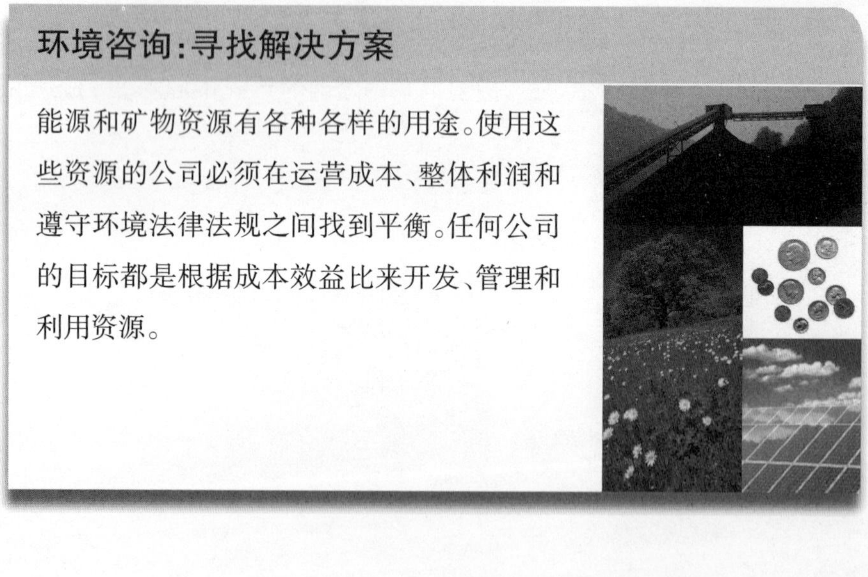

环境咨询：寻找解决方案

假设你正在一家咨询公司工作，有3个客户来咨询关于如何开发、管理和利用资源，创建一个经济且环保的企业的建议。

老板要求你研究和评估解决方案。他建议你和团队一起研究客户面临的问题并制订解决方案。

环境咨询：寻找解决方案

客户1是一位农民，他希望通过改变农业技术和土壤利用方式来增加作物产量。

客户2拥有一家矿业公司，他关心的是在开采矿物过程中产生的污染问题。

客户3是一位石油工程师，他关心天然气生产效果，并寻求更优的解决方案。

准备开始

你的工作是为每个客户的问题提供优化的解决方案。

首先，了解环境咨询到底是做什么的。

老师进行分组。

- 1组和4组将为1号客户服务。
- 2组和5组将为2号客户服务。
- 3组和6组将为3号客户服务。

需要考虑的约束条件：成本效益高，节能环保，尽可能回收和再利用资源。

头脑风暴

使用工程设计流程为客户开发解决方案。

工程设计流程图：

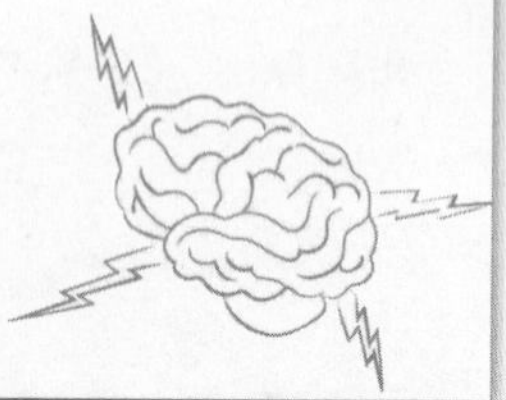

解决它

为每种解决方案创建一个表格，记录以下信息：

- 你的解决方案是什么？
- 解决方案如何处理客户关心的特定资源的开发、管理和利用的问题？
- 解决方案的成本和收益是什么？
- 这个解决方案对环境友好吗？
- 实施解决方案需要多长时间？

解决它

确保为你的客户列出所有可能的解决方案。

明确你建议的解决方案可能存在的缺点。

考虑改进你的解决方案，使其具有可接受的成本效益比，并且仍然对环境友好。

完成

使用工程过程的所有六个步骤来计划和完成这个项目。更多信息请参考科学与工程实践指导。

完成

你们团队最终的解决方案有什么优点和缺点？

解决客户问题的最大约束条件是什么？

这个（些）解决方案能解决客户关于开发、管理和利用资源的问题吗？

成本效益比对解决方案有影响吗？如果有，为什么？

教学指导

环境咨询:找到解决方案(第24～25章)

目标

本项目的目标是帮助学生在真实世界中与下列地球与空间科学主题建立联系:

- 有一些系统的评估过程可以用来检验解决方案能够满足问题的标准和约束条件的程度。

准备

- 根据班级规模和学生能力,将学生进行分组(班级人多可以分成6组,每两组负责一个客户)。
- 为这项活动预留3个课时。
- 可以利用互联网开展研究。

建议步骤

第一课时	研究指导
“环境咨询:寻找解决方案”	• 展示PPT“环境咨询:寻找解决方案”页,介绍项目概况 • 讨论能源和矿产资源 • 讨论不同类型的农业 • 列出能源资源的利弊 • 列出能源和矿产资源的开采方法
“准备开始”	• 让学生知道可以通过哪些渠道收集信息(网络、书籍等) • 将学生进行分组(每个客户两组)
“头脑风暴”	• 在为客户开发解决方案时,学生应该使用工程设计流程
第二课时	研究指导
“解决它”	• PPT“解决它!”页面上列出的问题可以指导学生开展调查活动 • 参见“附加资料”部分,帮助学生开展研究 • 如果学生需要帮助才能确定计划,教师可以问一些引导性的问题 • 准备好联网的计算机,以便查找资料 • 让学生在分组之前先讨论客户的问题和可能的解决方案 • 要求学生将他们的研究成果整理成一个图表,其中要包括对PPT“解决它!”页面上所提问题的解释 • 师生一起讨论解决方案可能面临的约束条件,如成本、材料、环境问题、法律法规和安全要求等 • 在剩下的时间里,学生针对本小组客户的问题,研究相应的解决方案

续表

第三课时	研究指导
“完成”	• 结束本次活动的探究过程后，回答PPT“完成！”页面上的问题 • 在团队针对特定客户的问题，比较解决方案的优劣之前，简要回顾项目早期设定的标准 • 学生的建议可能是针对客户提出的问题的一个特定解决方案，也可能是多种解决方案的组合 • 在团队为客户提出推荐方案后，留出额外的时间对方案进行评估和比较 • 请面对相同客户的小组解释他们的解决方案。两组的解决方案有何不同？两个方案有优劣之分吗？ • 关于解决方案的介绍可以采取课堂讨论或简短汇报的形式

附加资料

以下资料有助于指导学生开展探究。

探究关键词

- 环境咨询
- 能源
- 自然资源
- 不可再生资源
- 可再生资源
- 农业
- 矿业
- 保护
- 成本效益比

资料网站

- 美国农业部网站
- 美国陆军工程兵团网站
- 自然资源保护委员会网站
- 美国能源部网站

标准

评分细则参见“活动资源”。

———本活动对应的NGSS(《新一代科学教育标准》)中的相关标准———

预期表现

HS-ESS3-2:基于成本效益比,评价开发、管理和利用能源与矿产资源的不同设计方案。【说明:重点在于尽可能节约、回收和再利用资源(如矿物);当不能节约、回收与再利用资源时,将影响最小化。例子包括农业用地、采矿(煤、沥青砂、油页岩)、石油和天然气等的最优开发方案。科学知识可指出自然系统会发生什么——而不是应该发生什么。】

学科核心概念

ESS3.A:自然资源

- 所有形式的能源生产和其他资源开采都存在相关的经济、社会、环境和地缘政治的成本、风险以及收益。新技术和社会法制可以调控这些因素间的平衡。(HS-ESS3-2)

ETS1.B:开发可能的解决方案

- 在评估解决方案时,重要的是要考虑一系列约束条件,包括成本、安全性、可靠性和美学,以及考虑社会、文化和环境影响等。(HS-ESS3-2 二级概念)(HS-ESS3-4 二级概念)

科学与工程实践

从证据出发进行论证

9~12年级的“从证据出发进行论证”建立在K~8年级的经验基础上,并发展到使用适当和充分的证据和科学推理来捍卫或批评关于自然界和人工世界的观点和解释。争论也可能来自当前或历史上的科学事件。

- 根据科学思想和原则、经验证据和相关因素(如经济、社会、环境、伦理等)的逻辑论证,评估真实世界问题的竞争性设计方案。(HS-ESS3-2)

与工程、技术和科学应用的联系

科学、工程和技术对社会和自然界的影响

- 工程师通过持续地应用科学知识和工程设计实践不断改进技术系统,从而提高效益,并降低成本和风险。(HS-ESS3-2)(HS-ESS3-4)
- 成本和效益分析是技术决策的一个关键方面。(HS-ESS3-2)

与自然科学的联系

科学解决关于自然界和人工世界的问题

- 科学和技术可能会引发伦理问题,而科学本身并不能为这些问题提供答案和解决方案。(HS-ESS3-2)

- 科学知识表明自然系统中可能发生什么,而不是应该发生什么。后者涉及伦理、价值观和人类关于知识应用的决策。(HS-ESS3-2)
- 许多决策并不仅仅依靠科学,还要依靠社会和文化背景来解决问题。(HS-ESS3-2)

活动16

建模:模拟自然资源管理、人类可持续发展和生物多样性之间的关系

人类严重依赖地球上的自然资源。随着人口的增加,我们对自然资源的需求也在不断增加。人类的可持续发展和地球的生物多样性取决于我们对自然资源的管理。在本次活动中,你需要建立一个反映自然资源管理与人类可持续发展或地球生物多样性之间关系的简单的计算机模型。下面的活动将帮助你设计、开发和运行你的模型。

开发模型

1. 用自己的话描述你的模型将说明什么过程或解决什么问题。

____

____

2. 完成你的模型。解释它的工作原理,并描述它是如何反映过程或解决问题的。

____

____

____

使用模型

根据模型,回答下列问题。

1. 自然资源使用量的增加对人类的可持续发展和生物多样性有何影响?

____

____

2. 如果自然资源的使用受到限制,人类的可持续发展和生物多样性又将受到怎样的影响?

____

____

知识应用

1. 自然资源的消耗可能会对人类的可持续发展和生物多样性产生什么影响?

____

____

2. 生物多样性和人类可持续发展之间的关系是什么？

____

____

____

3. 你的模型中没有考虑到的其他影响因素还有哪些？模型的局限性是什么？

____

____

____

教学指导

建模：模拟自然资源管理、人类可持续发展和生物多样性之间的关系（第26章）

开发模型

1. 答案会根据模拟的过程或问题而有所不同。学生应当具体说明正在模拟的自然资源管理与人类可持续发展和生物多样性之间的关系。例如，模拟一个物种的捕捞和生物多样性之间的关系。
2. 学生应该重点说明他们的模型中能够解决当前过程的相关组成。

使用模型

1. 开放式作答。例如，捕鱼量的增加会限制其他物种的食物来源，从而减少生物多样性。
2. 开放式作答。例如，如果鱼类资源受限，人类的可持续发展可能会受到影响，因为一些以捕鱼为生的人会失去生计，我们的食物来源也会受到限制。

知识应用

1. 开放式作答。例如，一个鱼类物种的消失会减少生物多样性，并且依赖它生活的物种也可能会消失。
2. 开放式作答，应该表明人类的可持续发展取决于生物多样性。例如，一个鱼类物种的消失最终会对人类赖以生存的其他物种产生影响。
3. 答案会因模型的不同而有所不同，答案合理即可。例如，学生可能会说他们的模型没有考虑到由于过度捕捞以外的其他偶然因素（气候变化、海水成分变化等）造成的鱼类数量的变化。

——本活动对应的NGSS（《新一代科学教育标准》）中的相关标准——

预期表现

HS-ESS3-3：开发一个计算机模型，描述自然资源管理、人类可持续发展和生物多样性之间的关系。【说明：影响自然资源管理的因素包括资源开采和废弃物管理成本，人均消费以及新技术开发成本。影响人类可持续发展的因素包括农业效率、资源保护水平和城市规划等。】【评价边界：计算模拟评估仅限于使用已提供的多参数程序或构建简化的电子表格运算。】

学科核心概念

ESS3.C：人类对地球系统的影响

- 人类社会的可持续发展及其赖以生存的生物多样性要求我们对自然资源进行负责任的管理。(HS-ESS3-3)

科学与工程实践

运用数学和计算思维

9～12年级的"运用数学和计算思维"建立在K～8年级的经验基础上，并发展到使用代数思维和分析，包括三角函数、指数函数和对数函数等一系列线性和非线性函数，以及用统计分析的计算工具来实现数据分析、表示和建模。根据基本的数学模型，开发并使用简单的模拟计算。

- 创建一个关于现象、设备、过程或系统的计算模型或模拟程序。(HS-ESS3-3)

跨学科概念

稳定和变化

- 变化和变化的速率可以在短期或长时间尺度内量化和建模。有些系统的变化是不可逆的。(HS-ESS3-3)(HS-ESS3-5)

与工程、技术和科学应用的联系

科学、工程和技术对社会和自然界的影响

- 现代文明依靠重大技术系统支持。(HS-ESS3-1)(HS-ESS3-3)
- 新技术可以对社会和环境产生深远影响，包括一些没有预料到的影响。(HS-ESS3-3)

与自然科学的联系

科学是人类智慧的结晶

- 科学是人类努力、想象和创造的结果。(HS-ESS3-3)

活动17
碳固定

项目概述

本活动将研究碳固定和应对气候变化的地球工程方法。地球工程方法是一种主动地大规模改变行星过程以调整地球变化周期的方法。学生需要先整理、回顾已经提出的不同的地球工程解决方案，并对它们的科学性、合理性和可行性进行评论，然后提出自己的碳固定解决方案。

- 复习/研究碳循环。
- 回顾/研究当前的大气二氧化碳水平和预测的变化趋势。
- 研究目前科学界提出的碳固定和碳储存计划。
- 对这些地球工程解决方案进行研究和评判。
- 根据所学知识，设计自己的碳固定解决方案。
- 向全班展示自己设计的解决方案。

活动展示

碳固定

大量的研究数据表明，大气中的CO_2浓度已经显著增加，并且还在继续增加。碳循环正在失去平衡，植物、藻类和细菌吸收碳的速度无法赶上碳的产生速度。

最近的一项研究发现，陆地植物的碳固定（即从大气中吸收碳）量大幅增加，但我们知道，大型的原始森林，如亚马孙雨林等，被大规模地砍伐。

碳固定

科学家发现，原来，大量的碳是被南非和澳大利亚的干旱和沙漠地区的灌丛植物（灌木和草）固定了。

这些小型短生命周期的植物的固碳问题是，它们能固定碳的时间并不长。它们的寿命很短，被它们固定的碳在几年内又会再次回到大气中。

开始

科学家和工程师正在继续寻找固定二氧化碳的好方法——一种能将其从大气中分离并长期储存起来的解决方案。

这一系列有关的应对战略称为“地球工程”项目，它通过改变海洋、陆地和生物圈的大尺度循环来改变全球碳循环。

本次活动的目标是研究和评判现有的固定二氧化碳的地球工程方案。然后，提出你自己设计的，从大气中吸收和固定碳的想法。

开始

当你在研究各种地球工程方案时，请记住以下问题：

- 自然条件下，碳储存在哪里？
- 哪些碳汇未得到充分利用？
- 工程师提出了哪些技术解决方案？
- 科学家提出了哪些地球工程解决方案？
- 他们提出的这些解决方案有什么优点和缺点？

头脑风暴

在研究现有解决方案和提出自己的解决方案过程中，记得使用工程设计流程。

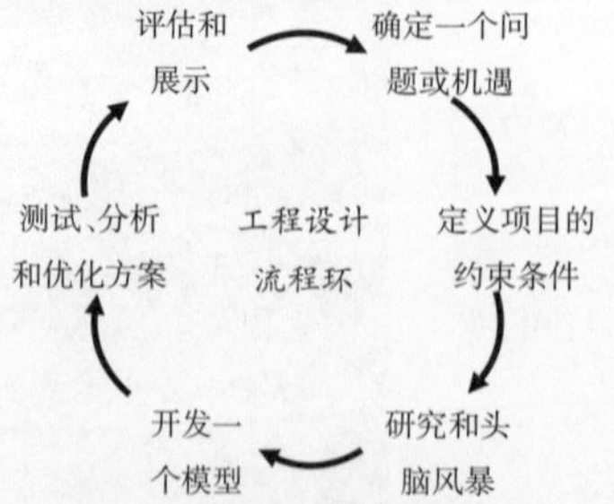

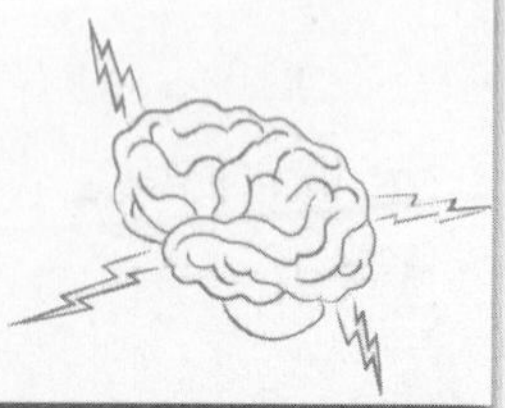

解决它

在完成研究之后，你应该可以很好地设计你自己的解决方案了。请记住以下问题：

- 你是否已经充分研究过现有的各种方案？
- 你的设计有哪些约束条件（成本、环境、政治因素等）？
- 你的设计如何实现？
- 为什么它比其他地球工程解决方案更可取？

结束

现在，你已经完成了研究并设计了自己的解决方案，不要忘记向全班展示你的想法。汇报要包括：

- 你的解决方案是如何固定碳的？
- 为什么你的解决方案比之前的方案更优？
- 你的方案能生效的时间和空间尺度如何？

教学指导
碳固定(第26章)

目标

本活动的目标是帮助学生在真实世界中与下列地球与空间科学主题建立联系:

- 人类活动会对自然系统产生影响。
- 工程解决方案需要考虑一系列与环境、安全和成本相关的约束条件。

准备

- 根据班级人数和学生的能力,将学生进行分组(2~4人为一组)。
- 让学生阅读气候变化以及人类活动对气候的影响,特别是温室效应的相关资料。学生还应该阅读有关物质循环的资料。
- 讨论地球工程的概念。为什么有人支持,但有人反对和抵制?
- 鼓励学生探索解决真实世界问题的约束条件——成本、环境影响、时间等。

建议步骤

第一天	研究指导
"碳固定"	• 询问学生对大气中二氧化碳含量的了解情况——科学家为什么关心这个话题 • 展示PPT"碳固定"页,介绍项目概况 • 师生一起讨论陆地和大气之间的碳交换 • 复习碳循环 • 讨论为什么科学家会关注一年生植物和短生命周期植物的碳固定问题
第二天	研究指导
"开始"	• 向学生介绍这个项目:学生要了解目前的碳固定策略,对其进行评价,并提出自己的设计方案 • 向学生介绍可以通过哪些渠道获取资料(网络、书籍等) • 参见"附加资料"部分,指导学生开展研究 • 让学生在搜索推荐的主题时,自然地与本活动建立联系 • 如果学生需要帮助才能确定计划,教师可以问一些指导性的问题
第三天	研究指导
"头脑风暴"	• 检查每个小组的活动进展 • 提醒学生在思考解决方案时要参考工程设计流程 • 鼓励学生从各种来源中收集背景资料和信息

续表

第四天	研究指导
“解决它”	• 提出指导性的问题,帮助学生认识自己提出的建议的优缺点 • 完成研究后,要求学生将自己的研究成果整理成报告。建议学生把汇报时间控制在5到10分钟 • 汇报应该包括研究概述以及提出的解决方案的细节
第五天	研究指导
“结束”	• 让学生在课堂上做汇报 • 针对每个小组的陈述和解决方案,请班级同学共同讨论

附加资料

以下资料有助于指导学生开展探究。

探究关键词

- 碳固定(碳汇)
- 碳储存
- 地球工程

资料网站

- 《科学美国人》(*Scientific American*):《地球工程能从全球气候变暖中拯救世界吗?》(*Can Geoengineering Save the World from Global Warming?*)
- 《大西洋月刊》(*The Atlantic*):《再造地球》(*Re-Engineering the Earth*)
- 美国环境保护署关于二氧化碳固定和储存的资料介绍
- 能源局网站关于碳固定和储存的资料介绍
- 美国林务局网站关于碳固定研究的介绍
- 麻省理工学院关于碳固定和储存技术(CC&ST)项目的介绍

评价

评分细则参见“活动资源”。

本活动对应的NGSS(《新一代科学教育标准》)中的相关标准

预期表现

HS-ESS3-4:评估或改进一个减小人类活动对自然系统影响的技术方案。【说明:关于人类活动影响的数据可以包括释放的污染物的量与类型,生物量与物种多样性的变化或地表土地利用(如城市开发用地、农业和畜牧业用地或采矿用地)面积的变化。减小未来影响的例子可以小到局部地区的措施(如减少资源的使用,资源的再利用和再循环),大到大尺度的地球工程设

计方案(如通过改变大规模大气和海洋环流来改变全球气候)。】

学科核心概念

ESS3.C:人类活动对地球系统的影响

- 科学家和工程师为开发新技术做出了重大贡献。这些新技术涵盖减少污染物和废弃物,防止生态系统退化等方面。(HS-ESS3-4)

ETS1.B:开发可能的解决方案

- 在评估解决方案时,重要的是要考虑一系列约束条件,包括成本、安全性、可靠性和美学,以及考虑社会、文化和环境影响。(HS-ESS3-2 二级概念)(HS-ESS3-4 二级概念)

科学与工程实践

构建解释和设计解决方案

9~12 年级的"构建解释和设计解决方案"建立在K~8年级的经验基础上,并发展为学生利用个人或团队收集到的,与科学思想、原则和理论一致的证据来构建解释和设计解决方案。

- 根据科学知识、学生收集的证据、标准的优先级等权衡条件,来设计、评估和完善一个复杂的真实世界问题的解决方案。(HS-ESS3-4)

跨学科概念

稳定和变化

- 反馈(正反馈或负反馈)可以保持一个系统的稳定或破坏一个稳定的系统。(HS-ESS3-4)

与工程、技术和科学应用的联系

- 工程师通过持续地应用科学知识和工程设计实践不断改进技术系统,从而提高效益,并降低成本和风险。(HS-ESS3-2)(HS-ESS3-4)

活动18

预测气候变化

科学家通过分析各种来源的数据，找到了气候长期变化的证据。他们利用这些数据建立模型，预测未来气候变化的速率和影响。通过比较长时间尺度上的地球科学数据，科学家可以比较不同气候驱动因素（如降水或温度）的变化速率，并预测其对自然界和人类活动的潜在影响。例如，科学家可以比较气温和冰川冰量的历史数据，从而创建一个可以预测气温上升对未来的影响（如冰川冰量减少和海平面上升）的模型。

任务

本活动的任务是找到并分析一组气候变化数据（例如降水或气温）和一组相关的影响数据（例如海平面变化或海洋酸化），并研究根据这些数据建立的气候模型，预测当前全球气候变化的速度以及这些变化将对地球产生的影响。完成研究后，你要写一份关于活动成果的报告。

过程

根据收集的资料，回答下列问题。

1. 你要分析哪些类型的数据？这些数据是如何收集的？

____

____

2. 如何用这些数据建立气候变化模型？

____

____

3. 根据这些数据建立的气候变化模型预测出了什么？

____

____

4. 描述这一预测会对未来的地球系统有何影响。

____

____

报告

完成研究后，将你的发现整理成一份3页左右的报告。报告应包括一个完整的参考资料列表。

资源

你可以通过多种渠道开展研究，包括查找期刊文献、相关网站、科学报道和杂志等。你也可以参观大学、研究所、博物馆、科学实验室或采访该领域的专家。

评价

阅读下面的标准，评价你在这次探究活动中的表现。

评分项目	评分标准				得分
	0	5	10	15	
任务	任务没有完成	为完成任务做了一些努力，但没有明确目的	任务完成了，但有些信息遗漏或不正确	任务完成，细节完整	
过程	没有按过程要求开展活动	按照过程要求开展活动，但没有解答所有问题	按照过程开展活动并解答了所有问题，但有些答案是错误的	按照过程开展活动，围绕项目进行了认真研究，并对主题有深刻的理解	
展示	没有尝试做报告等展示	简单地制作了报告	报告上有一些很好的素材和想法	报告很好地诠释了主题，内容精彩	
总分					

教学指导
预测气候变化(第14章)

教学策略

- 回顾如何根据一系列数据创建计算模型。
- 回顾科学家用来研究长期气候变化的数据类型(例如冰芯、放射性碳数据)。
- 气候数据的例子包括降水和气温等。相关影响数据的例子包括海平面变化、冰川体积、大气组成和海水组成等。
- 确保使用的数据是与高中课程相关且要求相当的。

学习资源

- 美国全球变化研究项目网站提供了有关气候变化的教育资源。
- 美国国家航空航天局网站提供了关于气候变化和气候变化模型的各种信息。
- 气候教育联盟网站提供了师生需要的相关气候变化素材。
- 政府间气候变化专门委员会(IPCC)网站提供了区域和全球气候变化的信息。

过程

1. 根据所选数据,开放式作答。例如,降水或气温可以作为气候变化数据。冰川量、大气或海水成分变化可以作为相关的影响数据。
2. 根据所选数据,开放式作答。例如,可以根据数据建立一个长时间尺度的气温上升和冰川减少量之间关系的模型。
3. 根据所选数据,开放式作答。例如,可以解释气温上升与冰川量减少之间的关系。根据模型,如果气温继续上升,冰川的体积将继续减少。
4. 根据所选数据,开放式作答。例如,这个预测结果是海平面上升和陆地面积减少。

———本活动对应的NGSS(《新一代科学教育标准》)中的相关标准———

预期表现

HS-ESS3-5:分析地球科学数据和从全球气候模型获得的结果,根据获得的证据,预测当前全球或局部地区的气候变化速率以及这些变化对未来地球系统的影响。【说明:数据和气候模型输出的证据包括关于气候变化(如降水和气温变化)和与之相关的影响(如海平面、冰川体积、大气与海水组成的变化)。】【评价边界:评价仅限于一种气候变化的例子和与之相关的影响。】

学科核心概念

ESS3.D：全球气候变化

- 虽然现在人类对自然界的影响程度比以往任何时候都要大，但人类现在模拟、预测和管理当前和未来对自然界影响的能力也比以往任何时候都强。(HS-ESS3-5)

科学与工程实践

分析和解释数据

9～12年级的“分析和解释数据”建立在K～8年级的经验基础上，并发展到需要引入更详细的统计分析，比较数据的一致性，并使用模型生成和分析数据。

- 使用计算模型分析数据，可以做出更有效和更可靠的科学理论。(HS-ESS3-5)

与自然科学的联系

用多种方法开展科学调查

- 科学调查可以使用多种方法，收集数据并不总是使用同一套程序。(HS-ESS3-5)
- 新技术促进了科学知识的发展。(HS-ESS3-5)

科学知识是建立在实验证据基础上的

- 科学知识的建立是以实验证据为基础的。(HS-ESS3-5)
- 科学论证可以通过多种证据支持同一解释而得到加强。(HS-ESS3-5)

跨学科概念

稳定与变化

- 变化和变化的速率可以在短期或长时间尺度内量化和建模。有些系统的变化是不可逆的。(HS-ESS3-5)

活动19

探究气候变化与人类活动的关系

人类活动会影响地球系统的变化。例如，当我们选择开车出行时，汽车燃烧的化石燃料会导致大气中的二氧化碳含量增加。许多科学家认为大气中二氧化碳含量的增加，对全球气候变暖产生了重大影响。科学家已经创建了相关的计算模型，来预测人类行为对气候变化的影响。

任务

本活动的任务是寻找和探究能够反映气候变化和人类活动之间关系的模型。你需要选择一个特定方面的人类活动来开展研究。完成研究后，向全班同学汇报你的研究成果。

过程

根据资料，回答下列问题。

1. 你研究的是哪种人类活动？

____

____

2. 描述这种行为可能会对地球系统和气候变化产生的影响。

____

____

3. 描述你开发的人类活动造成气候变化的计算模型。

____

____

4. 这个模型预测的人类活动会对未来气候产生什么影响？

____

____

汇报

完成研究后，准备一个5～10分钟的汇报。

资源

你可以通过多种渠道开展研究，包括查找期刊文献、相关网站、科学报道和杂志等。你也可以参观大学、研究所、博物馆、科学实验室或采访该领域的专家。

评价

阅读下面的标准，评价你在这次探究活动中的表现。

评分项目	评分标准				得分
	0	5	10	15	
任务	任务没有完成	为完成任务做了一些努力，但没有明确目的	任务完成了，但有些信息遗漏或不正确	任务完成，细节完整	
过程	没有按过程要求开展活动	按照过程要求开展活动，但没有解答所有问题	按照过程开展活动并解答了所有问题，但有些答案是错误的	按照过程开展活动，围绕项目进行了认真研究，并对主题有深刻的理解	
展示	没有尝试做汇报等展示	简单地制作了汇报	汇报中有一些很好的素材和想法	汇报很好地诠释了主题，内容精彩	
总分					

教学指导

探究气候变化与人类活动的关系(第14章)

教学策略

- 回顾如何根据一系列数据创建计算模型。
- 回顾可能导致气候变化的人类活动类型(燃烧化石燃料、砍伐森林等),帮助学生关注特定类型的行为。

学习资源

- 美国全球变化研究项目网站提供了有关气候变化的教育资源。
- 美国国家航空航天局网站提供了关于气候变化和气候变化模型的各种信息。
- 气候教育联盟网站提供了与气候变化有关的资料。
- 政府间气候变化专门委员会(IPCC)网站提供了区域和全球气候预报的信息。
- 全球环境变化国际人文项目网站提供了有关气候变化和人类活动的信息。

过程

1. 开放式作答。学生应该选择一个特定的行为。
2. 根据选择的特定行为,开放式作答。答案应该包括这些行为影响地球系统的机制。
3. 开放式作答。学生应表现出对模型充分了解。
4. 答案取决于所选择的行为和模型。

———本活动对应的NGSS(《新一代科学教育标准》)中的相关标准———

预期表现

HS-ESS3-6:用计算机模型描述地球各系统间的关系,以及这些关系是怎样因为人类活动而改变的。【说明:可以考虑的地球系统包括水圈、大气圈、冰冻圈、岩石圈和生物圈。关于人类活动深远影响的例子,如大气中二氧化碳的增加导致陆地上光合作用的生物量增加,海洋酸化加剧,又进一步影响海洋生物体的健康和海洋种群。】【评价边界:评价不包括开发计算模型,仅限于使用公开发布的科学计算模型的结果。】

学科核心概念

ESS2.D：天气和气候

- 根据目前的模型预测结果，尽管未来的区域气候变化将是复杂多变的，但全球平均气温将继续上升。全球气候模型预测的结果在很大程度上取决于每年人为排放到大气的温室气体数量，以及海洋和生物圈吸收这些温室气体的方式。(HS-ESS3-6二级概念)

ESS3.D：全球气候变化

- 通过计算机模拟和其他研究，科学界有关海洋、大气和生物圈之间的相互作用，及其对人类活动响应的研究结果层出不穷。(HS-ESS3-6)

科学与工程实践

运用数学和计算思维

9～12年级的"运用数学和计算思维"建立在K～8年级的经验基础上，并发展到使用代数思维，包括三角函数、指数函数和对数函数等一系列线性和非线性函数，以及用统计分析的计算工具来实现数据分析、表示和建模。根据基本的数学模型，开发并使用简单模拟计算。

- 利用反映现象或设计方案的计算模型来支持(或描述)理论(或解释)。(HS-ESS3-6)

跨学科概念

系统和系统模型

- 在研究或描述一个系统时，需要定义系统的边界和初始条件，并使用模型分析和描述它们的输入和输出。(HS-ESS3-6)

活动20

跨学科(地球科学&生物学)项目:评估环境变化对种群数量的影响
——巴拿马地峡

“人为”是一个用来描述人类对自然产生影响的术语。自然环境受人为影响和自然变化影响,例如砍伐森林或施用化肥会导致某些物种的增长、新物种的出现,以及某些物种的减少——有时甚至灭绝。巴拿马在其历史发展(巴拿马的年龄也是目前科学界争论的热点话题)过程中,经历了自然变化和人为影响。

巴拿马地峡的形成在北美洲和南美洲之间架起了一座桥梁,也在太平洋和大西洋之间筑起了一道墙。这使得陆地上的植物和动物能在南北美大陆之间迁移,但同时分离了曾经在同一片水域生活的海洋生物种群。

2014年,巴拿马运河迎来了通航百年庆典,这是一条连接太平洋和大西洋的航运要道。巴拿马运河穿过巴拿马地峡,使船只避免了从南美洲南端绕行危险而漫长的航道。运河建成后,还连接了巴拿马的查格雷斯河和格兰德河,为两条河道中被相互隔离的鱼群提供了一个在同一片水域进行物种交流的机会。

任务

本活动的任务是研究巴拿马地峡的形成和巴拿马运河这种人为工程是如何改变当地的环境,并对生物种群产生影响的。请详细记录相关信息:

- 某个物种的种群规模增加;
- 新物种形成事件,或物种灭绝事件。

完成活动后,你将参与一个苏格拉底式研讨会(美国教育学家莫蒂默·阿德勒在1982年提出的一种质性评价的方法),做一次互动式汇报。展示活动中你需要评估由同学提出的,关于自然环境变化和人为活动可以导致物种数量变化的论点和证据。

过程

根据资料,回答下列问题。

1. 随着时间的推移,陆地隔离会导致种群基因库的变化吗?提出一个论点,并用具体物种的证据加以论证。

2. 从物种形成的角度来说，生物的迁移是怎样影响陆地种群数量的？提出一个论点，并用具体物种的证据加以论证。

3. 查格雷斯河和格兰德河中的鱼类数量目前发生了什么变化？提出一个论点，并用具体物种的证据加以论证。

汇报：苏格拉底式研讨会

完成研究后，你应该有几个论点和证据来回答主要问题："环境变化会导致物种分布的变化或性状消失吗？"你可以用这个问题来准备一个由同学组成的小型苏格拉底式研讨会，在研讨会中互相评估同学提出的论点和证据的可信度，层层发问推进，并进行深度的讨论。

> （苏格拉底式研讨的）目的是共同寻求对现有文本中的思想、问题和价值的更清晰、更广泛和更深刻的理解。它是共同的探究，而不是辩论。在人们试图理解一些既困难又重要的事情时，除了面对的困惑之外，没有任何对手。
>
> ——沃尔特•帕克，华盛顿大学博士

你可以采用"鱼缸"型的苏格拉底式研讨会。第一组同学通过回答主要问题，提出他们的论点以及支持论点的相关证据；第二组同学坐在第一组同学的外围，对他们的讨论进行观察、倾听，并做好笔记。在第一组讨论完之后，观察组要分享他们对讨论组的观察结果。然后，两个小组交换位置，让观察组变成讨论组，讨论组变成观察组。活动的关键是，推进苏格拉底式研讨进程的是学生，而不是教师。

苏格拉底式研讨会的一般规范包括：

- 认真倾听，轮流发问，不要随意打断别人的发言。
- 监控整体流程，让所有人都有机会发言。
- 基本的论点要从研究证据中得出。
- 勇敢地表达自己的想法和理由，但也要灵活变通，要考虑到其他同学提出的确切证据。
- 向小组成员（不是老师）发问，避免出现只旁听、不参与的现象。

资源

你可以通过多种渠道开展研究，包括查找期刊文献、相关网站、科学报道和杂志等。你也可以参观大学、科学博物馆、实验室或采访该领域的专家。

评价

阅读下面的标准，评价你在这次探究活动中的表现。

评分项目	评分标准				得分
	0	5	10	15	
任务	任务没有完成	为完成任务做了一些努力，但没有明确目标	任务完成了，但有些信息遗漏或不正确	任务完成，细节完整	
过程	没有按过程要求开展活动	按照过程要求开展活动，但没有解答所有问题	按照过程开展活动并解答了所有问题，但有些答案是错误的	按照过程开展活动，围绕项目进行了认真研究，并对主题有深刻的理解	
展示	没有参与苏格拉底式研讨活动	简单地参与了苏格拉底式研讨活动	在苏格拉底式研讨活动中提出一些很好的素材和想法，但是这些证据不够有力	在苏格拉底式研讨活动中表现出色，诠释了主题，并用充分的证据和推理表达了自己的观点	
总分					

教学指导

跨学科(地球科学&生物学)项目:评估环境变化对种群数量的影响
——巴拿马地峡

背景资料

关于巴拿马地峡,已发表的一系列论文等资料都可供参考。

教学策略

了解更多关于苏格拉底式研讨的介绍,这将有助于教师更好地指导学生开展活动。

学习资源

- 《科学美国人》(*Scientific American*)中有巴拿马地峡形成时间线的相关文章。
- 美国国家航空航天局地球天文台有专题文章和图片介绍:《巴拿马:改变世界的地峡》(*Panama:Isthmus that Changed the World*)。
- 伍兹霍尔海洋研究所发行的《海洋》(*Oceanus*)杂志上的文章:《漂移的大陆打开或关闭海洋之间的通道,并改变地球气候》(*Drifting Continents Open and Close Gatenays between Oceans and Shift Earth's Climate*)。
- 美国国家地理网站上有对地质地峡和生物地峡的定义和介绍。

过程

1. 根据所选物种,开放式作答。例如,随着时间的推移,种群地理隔离的结果是出现新的物种。数据略,根据实际调查结果举例。
2. 根据所选物种,开放式作答。例如,一些物种的数量增长,如北美的负鼠、犰狳和豪猪,它们的祖先可以追溯到南美洲,或者南美的熊、猫、狗、马、美洲驼和浣熊,它们通过巴拿马地峡向南迁徙。答案合理即可,需要有充分的证据和推理。
3. 开放式作答。研究发现,这种混合增加了物种多样性。虽然这些物种似乎没有发生相互作用,但可以展开一场围绕“以前有地理隔离,但现在发生混合的物种之间会发生什么作用”的讨论。此外,也可能会提出一些问题,如“百年来,这条运河的开通对人口数量有什么影响”。有趣的信息是,在运河开通百年来,对原河道里的生物来说,连接两条河流之后有一些外来物种入侵,但目前该地还没有发现任何物种灭绝。

本活动对应的NGSS(《新一代科学教育标准》)中的相关标准

预期表现

HS-LS4-5:评估支持下列观点的证据:环境条件的变化可能导致某些物种个体数量的增加、新物种逐渐出现以及其他物种的灭绝。【说明:重点在于找出因果关系,如森林砍伐、捕捞、使用化肥、干旱、洪水等环境变化过程以及环境的变化速度,是怎样导致物种分布变化或性状消失的。】

学科核心概念

LS4.C:适应

- 自然环境的变化,无论是自然发生的还是人为引起的,都可能导致一些种群增长,一些种群进化出新物种,一些种群减少——有时甚至灭绝。(HS-LS4-5)(HS-LS4-6)
- 物种灭绝是因为它们不能在改变后的环境中继续生存和繁殖。如果种群个体不能适应快速或剧烈的变化,该物种就会失去进化的机会。(HS-LS4-5)

科学与工程实践

从证据出发进行论证

9～12年级的"从证据出发进行论证"建立在K～8年级的经验基础上,并发展到使用适当和充分的证据和科学推理来捍卫和批评关于自然界和人工世界的观点和解释。争论也可能来自当前或历史上的科学事件。

- 评估目前已被接受的论点或解决方案背后的证据,以确定论点的价值。(HS-LS4-5)

跨学科概念

因果关系

- 用实验证据来区分原因和相关性,并针对具体的因果关系提出论点。(HS-LS4-2)(HS-LS4-5)(HS-LS4-6)

活动21

跨学科(地球科学&工程)项目:打造一个更美好的世界

第一部分　分析一项全球性重大挑战

项目概述

请学生思考当今社会面临的全球性重大挑战。在你居住的社区,可能也面临环境问题,如污染、物种入侵或废弃物管理等。社区同样还面临一些公共卫生问题,如传染病暴发,以及科学和技术发展衍生的社会伦理问题等。遇到这些问题时,社区居民可以向其他市民、科学家、工程师和其他专业人士求助。但是很多时候,这些问题很难有明确的定义和解决方案。它们涉及很多的不同的观点和看法。

为了解决诸如长角甲虫入侵这样的问题,首先必须明确界定问题,包括确定影响问题的(判断)标准和约束条件,以及潜在的解决方案。这包括制订、提炼和评估可测试的问题。你还可以查找科学与工程实践的相关资料,了解更多有关提出和定义问题的知识。

- 选择一项全球性重大挑战进行探究。
- 获取相关背景信息。
- 确定利害关系者:与问题及解决方案有利害关系的个人或组织。
- 确定影响或会使问题复杂化的约束因素。
- 就问题之间的关系和潜在的解决方案提问。
- 为你选择的全球性重大挑战写一份问题陈述。

分析一项全球性重大挑战

思考一下现代社会面临的全球性挑战。在你居住的社区，可能也面临环境问题，如污染、物种入侵或废弃物管理等。

社区同样还面临一些公共卫生问题，如传染病暴发，以及科学和技术发展衍生的社会伦理问题等。遇到这些问题时，社区居民可以向其他市民、科学家、工程师或其他专业人士求助。

分析一项全球性重大挑战

比如，长角甲虫原产于亚洲，通过进口货物的木材包装传入美国。这些甲虫到美国后横行肆虐，为了防止它们进一步泛滥，城市和郊区砍伐了成千上万棵道路绿化树木。

分析一项全球性重大挑战

长角甲虫就是物种入侵的一个例子。这些非本土动植物物种会对当地的自然环境和人类健康造成影响，甚至还会带来经济损失。它们会与本土物种竞争，取代本土物种，对原始生境造成破坏。现在，美国每年在消除外来物种上的费用大约为40亿美元。据估计，美国每年花费在防治外来物种入侵方面的金额超过1200亿美元。

开始行动

你的任务是确定一项全球性重大挑战并进行研究。

为了确定一个诸如长角甲虫入侵这样的问题，你首先必须清楚地界定这个问题，包括确定影响这个问题的标准和约束条件。这个过程包括制订、提炼和评估可测试的问题。在设计解决方案时，这些都是应该考虑的内容。

查找科学与工程实践的相关资料，了解更多有关提出和定义问题的知识。

头脑风暴

利用工程设计过程来确定一项全球性重大挑战并进行研究。

工程设计流程图：

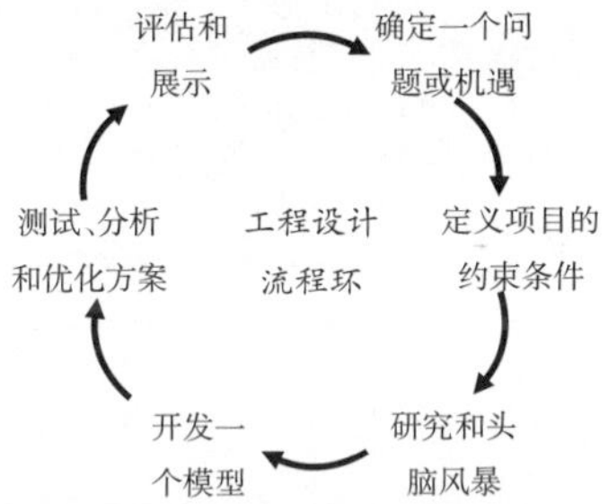

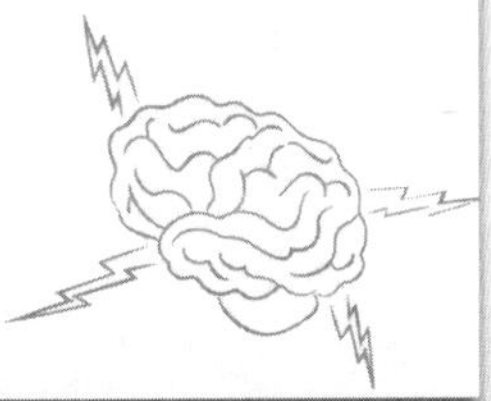

解决问题

1. 选择一项全球性重大挑战进行探究。
2. 获取相关背景信息。
3. 确定利害关系者：与问题及解决方案有利害关系的个人或组织。
4. 确定影响或会使问题复杂化的约束因素。
5. 就问题之间的关系和潜在解决方案提问。
6. 为你选择的全球性重大挑战写一份问题陈述。

完成活动

按照工程设计流程设计并完成项目。

查找科学与工程实践资料，获取更多信息。

工程设计流程图：

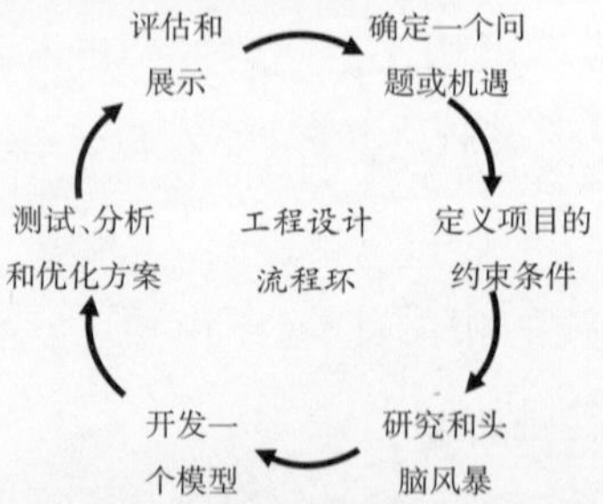

完成活动

描述你研究的这项挑战，包括获取的信息，并分析可能影响计划的各种因素。

在班级中汇报你的成果。

第二部分　设计解决方案

项目概述

全球性重大挑战通常比较复杂，无法作为单一问题得到解决，但这也不是说这些问题太大了，解决不了。相反，如果把这些问题作为小范围的单个问题的集合来处理，就变得容易多了。

活动展示

设计解决方案

全球性重大挑战通常比较复杂，无法作为单一问题得到解决，但这也不是说这些问题太大了，解决不了。相反，如果把这些问题作为小范围的单个问题的集合来处理，就变得容易多了。

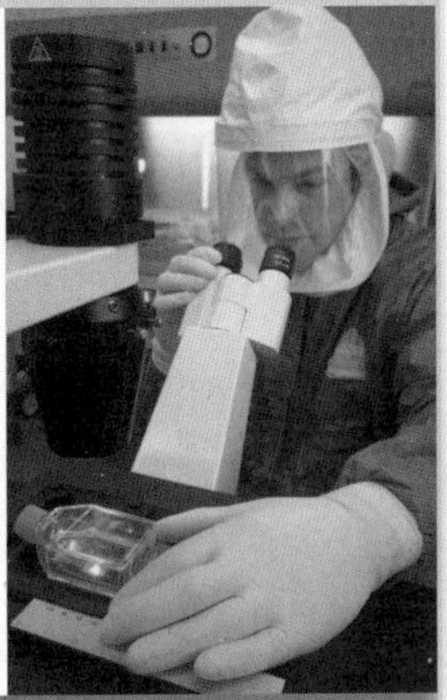

设计解决方案

回忆一下之前介绍过的物种入侵的例子，以及第一部分的活动。

一旦一个外来物种被引入新的地方，解决物种入侵的策略主要集中在早期发现和控制上。随着物种逐渐在新的地方适应生长，解决策略就必须进行调整。

设计解决方案

为了控制长角甲虫入侵的影响，需要采取一系列行动：

- 识别和检测
- 施药
- 砍掉被侵害的树木
- 进口物资的集中管理
- 对受害群体或者可能受害群体进行宣讲
- 为开展这些活动筹集资金

设计解决方案

处理外来入侵物种的一般措施：

- 通过各种方法，包括构筑物理屏障、检验、检疫，制定某些进口货物的相关规定以及其他针对特定外来物种的具体措施，来防止引入外来物种

设计解决方案

- 通过检验和调查，以及对生物体进行分类、检测、颁布许可、统计数量和公众宣传等途径，及早发现外来入侵物种，并迅速做出反应
- 对大规模入侵物种进行特定的控制和管理

开始行动

你的任务是为一项全球性重大挑战的一个或多个重要部分设计解决方案。

你可以继续选择第一部分活动中研究的问题，或者选择一个新的问题。

头脑风暴

1. 选择一个全球性重大问题并进行研究。
2. 获取相关背景资料（如果选择了新的问题）。

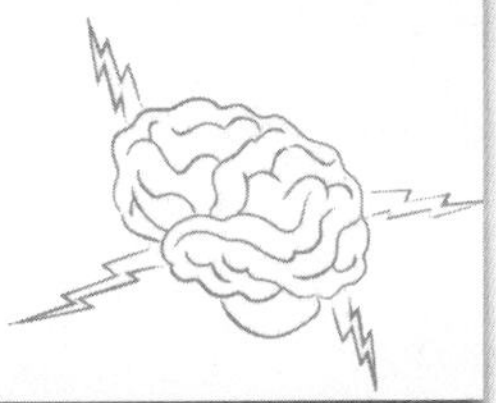

解决问题

3. 确定问题和潜在解决方案涉及的利害关系者。
4. 明确约束条件。
5. 将这个全球性重大问题分解成若干更容易处理的、较小的问题，然后在本活动中选择解决其中一个问题。

解决问题

6. 针对这个简化的问题，明确其主要的利害关系者、标准和约束条件。
7. 针对这个简化的问题及其潜在解决方案之间的关系设问。
8. 针对这个简化的问题提出一个具有可操作性的解决方案。

完成活动

按照工程设计流程设计并完成项目。

查找科学与工程实践相关资料，获取更多信息。

工程设计流程图：

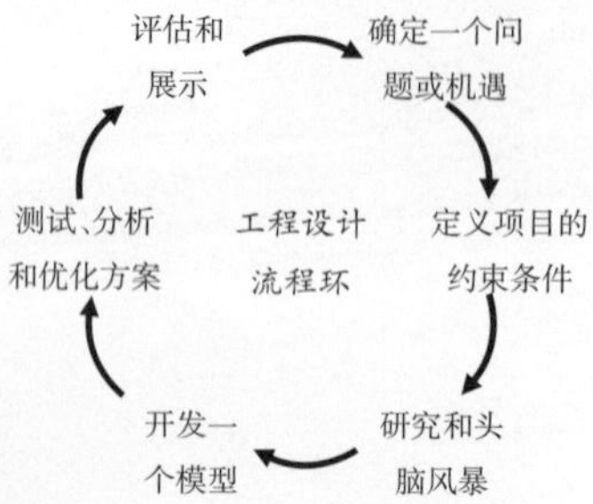

完成活动

描述你研究的这项全球性重大挑战和简化后的问题，以及你所选择要解决的这个问题涉及的基本原理。描述你提出的解决方案，包括收集的数据，以及对各种影响因素的分析。

在班级中汇报你的成果。

第三部分　评估解决方案

项目概述

在解决真实世界的复杂问题时，经常会出现相互冲突的优先级和目标。在评估一个潜在的解决方案时，应该考虑这些经常冲突的目标，并根据项目的总体目标确定优先级。

在评估物种入侵问题时，可以提出以下问题：

1. 你想要保护的、早期监测的、对公众进行宣传的、已经根除的、进行控制和管理的、进行恢复的物种分别是哪些？
2. 在学校、社区、政府等层面，可以分别采取什么策略？
3. 针对实施计划所需要的成本，你准备采取什么计划？
4. 经过调研，你发现社会主要关注哪些问题？经济方面的主要关注点有哪些？
5. 要实施你的计划，需要联系哪些行政管理机构？

活动展示

评估解决方案

在解决真实世界的复杂问题时，经常会出现相互冲突的优先级和目标。

在评估一个潜在的解决方案时，应该考虑这些经常冲突的目标，并根据项目的总体目标确定优先级。

评估解决方案

为了解决外来物种入侵的问题，科学家、社会人士和政府机构一起研究这些生物的特性，并制订计划控制其传播。

评估解决方案

最好的控制外来物种入侵的办法之一是防止外来物种进入，或者阻止它们在当地扎根。为了确定完成这一任务的最佳方法，科学家和工程师必须了解哪些物种可能会入侵，它们的习性和所需的栖息地环境特征等。

开始行动

你的任务是研究和评估一项全球性重大挑战中的一个或多个重要部分的解决方案。

你可以继续选择前述活动中的问题进行探究，或者选择一个新的真实世界问题。查找科学与工程实践的相关资料，可以获取更多有关分析和解释数据的知识。

头脑风暴

1. 谁是最主要的利害关系者?他们主要的关注点有哪些?
2. 在学校、社区、政府等层面,可以分别采取什么策略?

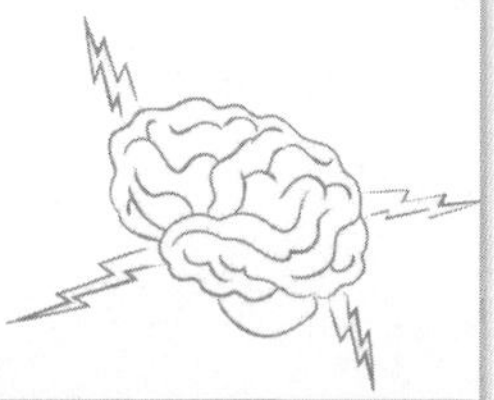

解决问题

3. 针对实施计划所需要的成本,你准备采取什么计划?
4. 经过调研,你发现社会主要关注哪些问题?经济方面的主要关注点有哪些?
5. 要实施你的计划,需要联系哪些行政管理机构?

解决问题

6. 利用工程设计流程图,设计你的解决方案。
7. 针对问题与其潜在解决方案之间的关系设问。
8. 针对你的全球性重大挑战做一个书面的陈述。

完成活动

按照工程设计流程设计并完成项目。

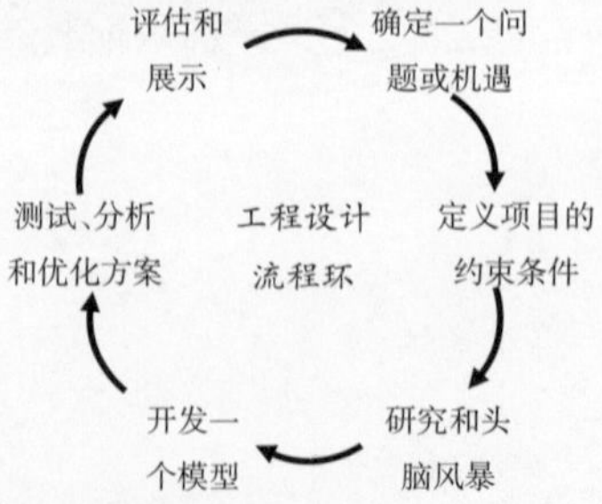

完成活动

描述你的解决方案，包括收集的数据以及对各种影响因素的分析。在班级中汇报你的成果。

第四部分　利用计算机建模

项目概述

在解决真实世界的复杂问题时，我们经常会用到计算机模拟程序和数学模型。这些方法和程序可以用于预测解决方案的效果，并可在整个工程设计过程中使用。

在解决外来物种入侵问题及预测其解决方案可能产生的影响时，可以参考以下问题：

1. 这种入侵物种最早是从哪里引入的？在本地扎根花了多长时间？
2. 这种入侵物种的繁殖速度有多快？
3. 气候对这种入侵物种的传播有影响吗？
4. 其他地理特征，如地形，对入侵物种的传播有影响吗？
5. 该地区有没有什么本土物种会对该入侵物种的传播造成影响？

这个模型（模拟程序）可以建立在前述活动的基础上，也可以建立在其他真实世界重大问题的解决方案的基础上。

活动展示

利用计算机建模

在解决真实世界的复杂问题时，我们经常会用到计算机模拟程序和数学模型。这些方法和程序可以用于预测解决方案的效果，并可在整个工程设计过程中使用。

利用计算机建模

科学家、社会公众和政府机构会使用计算机模拟程序预测入侵物种的传播路径，或者帮助他们做出限制外来物种传播的最佳决策。

在某些案例中，像GIS地图这种可以用来描述物种分布的散点图，能直观地比较物种在不同时期的分布情况，并能预测和说明一个潜在的解决方案在解决入侵物种扩散方面的效果。

利用计算机建模

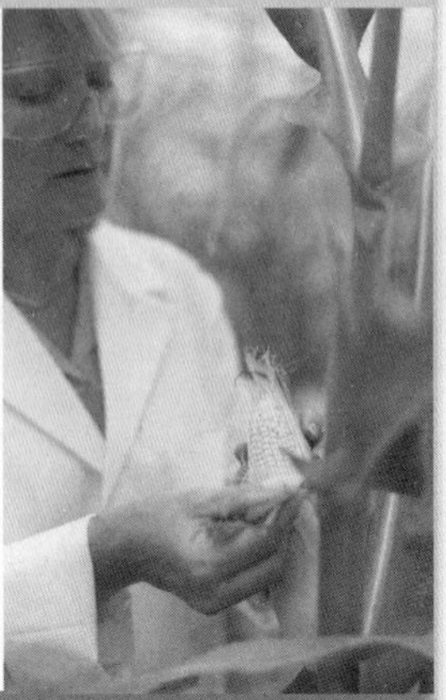

在解决外来物种入侵的问题时，要找出以下问题的答案：

1. 这种入侵物种最早是从哪里引入的？在本地扎根花了多长时间？
2. 这种入侵物种的繁殖速度有多快？

利用计算机建模

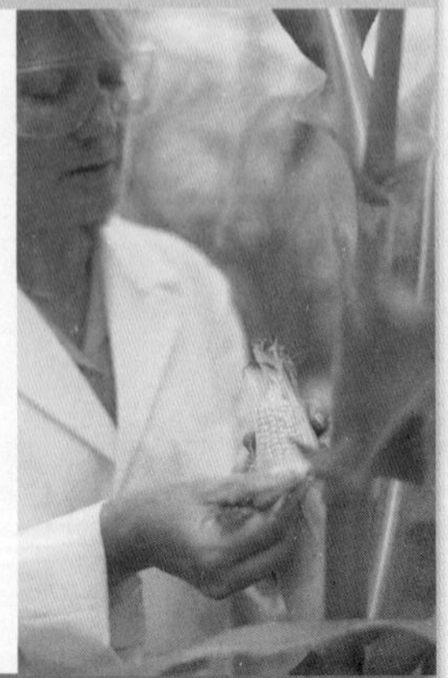

3. 气候对这种入侵物种的传播有影响吗？
4. 其他地理特征，如地形，对入侵物种的传播有影响吗？
5. 该地区有没有什么本土物种会对该入侵物种的传播造成影响？

开始行动

你的任务是在前述活动的基础上，或在其他真实世界重大问题的解决方案的基础上建立模型。

查找科学与工程实践相关资料，获取更多有关数据分析和数据解释的信息，以及计算机模拟程序相关的信息。

头脑风暴

为计算机模拟程序或模型的每个部分制定一个规则或者一套标准。

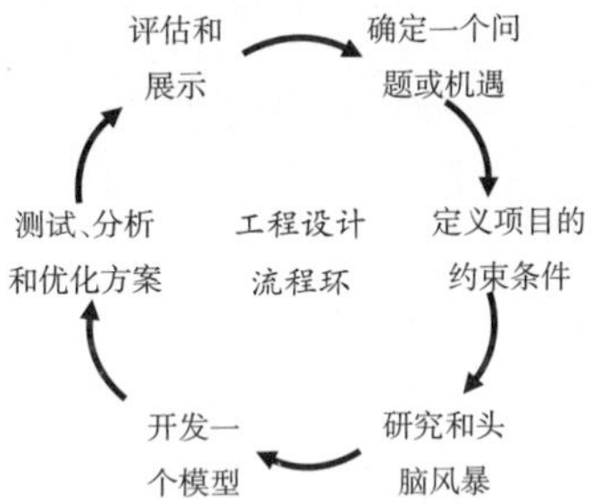

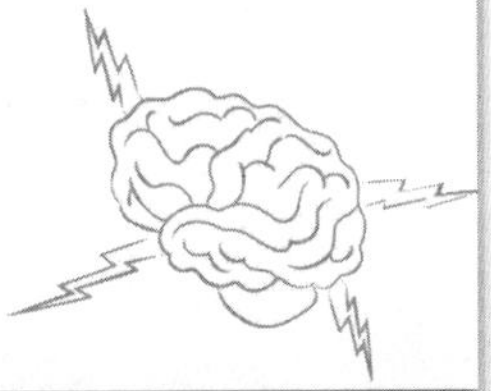

解决问题

在制定规则时，为了有效改进你的模拟程序或模型，可以考虑以下几个问题：

1. 你这个解决方案的预期效果是什么？在模拟程序或模型中体现在什么地方？
2. 谁是主要的利害关系者？他们各自主要的关注点是什么？这些在模拟程序或模型中体现在什么地方？

解决问题

3. 针对学校、社区、政府等不同层面,你分别制定了哪些策略?这些在模拟程序或模型中体现在什么地方?
4. 针对实施计划所需要的成本,你准备采取什么计划?
5. 经过你的调研,社会约束主要在哪些方面?经济约束主要在哪些方面?这些在模拟程序或模型中体现在什么地方?
6. 要实施你的计划,需要联系哪些行政管理机构?这些在模拟程序或模型中体现在什么地方?

完成活动

按照工程设计流程设计并完成项目。

完成活动

描述你的解决方案,包括展示用收集的数据建立的模型或模拟程序,以及分析各种影响因素对方案的影响。

在班级中汇报你的成果。

教学指导
跨学科(地球科学&工程)项目:打造一个更美好的世界

第一部分 分析一项全球性重大挑战

目标

这个活动的目的是帮助学生学会应用工程和设计中的基本步骤,解决一项全球性重大挑战。请注意,虽然这个活动旨在强调此过程中的前2~3个步骤,但整个流程可能在每个活动中出现一次,或者多次。

准备

- 根据班级规模、学生水平和可利用的活动材料,将学生分成2~4组。
- 本活动约需要5天时间。
- 学生需要利用互联网查找相关资料。
- 为了帮助学生更好地理解外来物种入侵对环境造成的影响,建议他们提前阅读相关资料。
- 为了提高活动的可操作性,教师可以选择在每个小组选择的真实问题上各增加一个假设的约束性条件。

建议步骤

第一天	探究指导
"分析一项全球性重大挑战"	• 以"分析一项全球性重大挑战"为PPT标题,介绍这个项目 • 讨论入侵物种有哪些,以及引进这些物种之后造成了哪些后果 • 讨论其他可通过工程手段解决的全球性重大挑战
"开始行动"	• 组织学生讨论本活动需要哪些材料和资源 • 以"开始行动"为PPT标题,介绍这个活动需要提供哪些支持 • 参阅"附加资料"栏目,为学生探究提供指导 • 让学生在搜索推荐主题时,与资料建立联系 • 让学生选择和着手探究一个全球性议题 • 如果学生需要帮助才能确定一个研究计划,教师可以问一些指导性的问题

续表

第二天	探究指导
“开始行动”	• 第一天制订的指导方针继续执行 • 如果学生在探究过程中遇到困难，可以引导他们利用“附加资料”中的关键词，列出当前全球性重大挑战清单
第三天	探究指导
“头脑风暴”	• 检查每个小组的活动进展 • 让学生针对每个问题准备一份书面回答，做成以“头脑风暴”为标题的PPT • 学生完成探究后将成果整理成报告，建议学生的报告时间为5～10分钟 • 学生在报告中应阐述他们选择这项全球性重大挑战的原因，并分析使得这项挑战复杂化的约束条件有哪些 • 报告应包括一些表现性成果，如海报、PPT展示文稿、口头汇报、图纸、3D模型或者计算机程序等
第四天	探究指导
“解决问题”	• 通过引导性的问题，帮助学生明确这项全球性重大挑战的利害关系者 • 要求学生从不同利害关系者的角度重申这项挑战的判断标准和约束条件 • 学生将自己的发现整理成报告，并根据自己的研究和分析，写一篇关于这项全球性重大挑战的问题陈述。报告中应包括收集和使用的数据，以及得出问题的逻辑思路
第五天	探究指导
“完成活动”	• 学生在教室中展示小组完成的报告 • 针对每个小组的报告，组织班级讨论，并提出建议

附加资料

以下资料有助于指导学生开展探究。

探究关键词

- 标准
- 约束条件
- 全球性挑战
- 利害关系者
- 头脑风暴
- 模型

资料网站

- 美国自然保护组织网站
- 美国野生动物保护协会网站
- 美国航空航天局网站
- 联邦应急管理局网站
- 美国国家地理学会网站
- 美国工程教育学会网站
- 学生技术协会网站
- 美国土木工程师学会网站

评价标准

评分细则参见“活动资源”。

——本活动对应的NGSS(《新一代科学教育标准》)中的相关标准——

预期表现

HS-ETS1-1:分析一项全球性重大挑战,指出满足社会需求和期望的方案的定性和定量的标准与约束条件。

学科核心概念

ETS1.A:定义和界定工程问题

- 标准和约束条件包括满足社会的多种需求,比如考虑降低风险的问题,并且应尽可能地量化,其陈述方式应让人能够判断一个给定的设计是否能满足需求。(HS-ETS1-1)
- 人类今天面临着诸多全球性重大挑战,如对清洁水与食物的需求,对污染最小化能源的需求等,而这些挑战可以通过工程手段来应对。这些全球性挑战同样会体现在局部地区。(HS-ETS1-1)

科学与工程实践

提出问题和定义问题

9~12年级的“提出问题和定义问题”建立在K~8年级的经验基础上,并发展到通过使用模型和模拟程序来构建、完善和评估可经实践检验的问题和设计问题。

- 通过具体说明成功方案的标准与约束条件,分析真实世界的复杂问题。(HS-ETS1-1)

与工程、技术和科学应用的联系

科学、工程、技术对社会和自然界的影响

- 新技术可能对社会和环境产生深远的影响，其中包括一些没有预料到的影响。对成本和效益的分析是技术决策的一个关键方面。(HS-ETS1-1)(HS-ETS1-3)

第二部分 设计解决方案

目标

将一个复杂的真实问题分解成一些更小的、更容易控制的，能通过工程措施解决的问题，然后设计一个解决方案。

- 选择一个复杂的全球性问题进行探究。
- 获取背景知识(如果选择新问题)。
- 明确这个问题和解决方案涉及的利害关系者。
- 明确约束条件。
- 将这个复杂的全球性问题分解成一些更小的、更容易控制的问题，然后在本活动中选择一个待解决的小问题。
- 确定这个待解决问题的利害关系者、标准和约束条件。
- 对于这些小范围的问题之间的关系及其解决方案进行设问。
- 为这个缩小的问题提出一个合理的解决方案。

准备

- 根据班级规模、学生水平和可利用的活动材料，将学生分成2～4组。
- 本活动约需要5天时间。
- 学生需要利用互联网查找相关资料。
- 为了提高活动的可操作性，教师可以选择在每个小组选择的真实问题上增加一个假设的约束性条件。

建议步骤

第一天	探究指导
“设计解决方案”	• 以“设计解决方案”为PPT标题，介绍这个项目 • 学生可以选择继续研究第一部分的活动，或者选择一个新的挑战 • 鼓励学生开展探究，为缩小他们选择的全球性重大挑战的研究领域提出建议 • 让学生根据缩小研究领域后的问题，制订一项能减轻或者解决这个问题的可操作的行动计划

“开始行动”	• 组织学生讨论本活动需要哪些材料和资料 • 以“开始行动”为PPT标题,介绍这个活动需要提供哪些支持 • 提出问题,指导学生开展调查 • 参阅“附加资料”栏目,为学生探究提供指导 • 让学生在搜索推荐主题时,与资料建立联系 • 如果学生需要帮助才能确定一个研究计划,教师可以问一些指导性的问题
第二天	探究指导
“开始行动”	• 第一天制订的指导方针继续执行 • 如果学生在探究过程中遇到困难,可以引导他们利用“附加资料”中的关键词,列出当前全球性重大挑战清单,然后从中选择一个挑战。根据他们所选择的挑战,有逻辑地分析这个问题,将其分解成几个不同方面的、可以解决的小问题
“头脑风暴”	• 检查每个小组的活动进展 • 以“头脑风暴”为PPT标题,让学生根据每个问题做出书面回答
第三天	探究指导
“头脑风暴”	• 每个小组继续开展活动 • 检查每个小组的活动进展 • 学生完成探究后将成果整理成报告,建议学生的报告时间为5～10分钟 • 学生在报告中应阐述他们为什么将这个问题分解成这些细化的特定问题 • 报告应包括一些表现性成果,如海报、PPT展示文稿、口头汇报、图纸、3D模型或者计算机程序等
第四天	探究指导
“解决问题”	• 通过引导性的问题,帮助学生明确这个解决方案的优点和缺点 • 要求学生重申与他们所选择的问题相关的判断标准和约束条件,并确定他们的方案是否满足了这些要求 • 根据学生的分析结果,让他们对自己的报告进行必要的改进和完善
第五天	探究指导
“完成活动”	• 学生们在教室中展示小组完成的报告 • 针对每个小组的报告组织班级讨论,为更好地界定他们所选择的挑战范围提出建议

附加资料

以下资料有助于指导学生开展探究。

探究关键词

- 标准
- 约束条件
- 全球性挑战
- 利害关系者
- 头脑风暴
- 模型

资料网站

- 美国地质调查局网站
- 美国自然历史博物馆网站
- 联邦应急管理局网站
- 美国国家地理学会网站
- 美国工程教育学会网站
- 学生技术协会网站
- 美国土木工程师学会网站

评价标准

评分细则参见“活动资源”。

——本活动对应的NGSS(《新一代科学教育标准》)中的相关标准——

预期表现

HS-ETS1-2:通过将一个真实世界的复杂问题分解成若干较小的、更具可操作性,能通过工程措施解决的问题,然后设计一个解决方案。

学科核心概念

ETS1.C:优化设计方案

- 标准可能需要被分解成若干能够系统地达成的简单条目,这可能需要决定若干标准的主次顺序(权衡利弊)。(HS-ETS1-2)

科学与工程实践

构建解释和设计解决方案

9～12年级的“构建解释和设计解决方案”建立在K～8年级的经验基础上，并发展到能用学生个人获取的多种来源且相互独立的，与科学概念、原理和理论相一致的证据来支持解释和设计。

- 根据科学原理、学生得到的证据、经过主次排序的标准以及权衡利弊的考虑，设计一个真实世界复杂问题的解决方案。(HS-ETS1-2)

第三部分　评估解决方案

目标

为最终计划的每个部分创建一个标题或者一套标准。对照标题，核对计划。在创建标题时，为了有效地评估一个解决方案，可以考虑以下因素：

- 谁是主要的利害关系者？他们的主要关注点是什么？
- 在不同的层面，如学校、社区、政府等，你可以分别采取什么策略？
- 针对实施计划所需要的成本，你准备采取什么计划？
- 经过你的调研，发现社会主要关注哪些问题？经济方面的主要关注点有哪些？
- 要实施你的计划，需要联系哪些政府管理机构？
- 根据工程设计流程来设计解决方案。

准备

- 根据班级规模、学生水平和可利用的活动材料，将学生分成2～4组。
- 本活动约需要5天时间。
- 学生需要利用互联网查找相关资料。
- 为了提高活动的可操作性，教师可以选择在每个小组选择的真实问题上增加一个假设的约束性条件。

建议步骤

第一天	探究指导
“评估解决方案”	• 以“评估解决方案”为PPT标题，介绍这个项目 • 确定解决方案的目标或优先级 • 让学生开展探究并提出可行的解决方案 • 让学生从不同利害关系者、目标和优先级的角度来评估潜在的解决方案
“开始行动”	• 组织学生讨论本活动需要哪些材料和资源 • PPT“开始行动”中的内容可以帮助指导学生开展调查 • 参阅“附加资料”栏目，为学生探究提供指导 • 让学生在搜索推荐主题时，与资料建立联系 • 如果学生需要帮助才能确定一个研究计划，教师可以问一些指导性的问题

第二天	探究指导
“开始行动”	• 第一天制订的指导方针继续执行 • 如果学生在探究过程中遇到困难，可以引导他们利用“附加资料”中的关键词，列出与问题相冲突的目标清单
第三天	探究指导
“头脑风暴”	• 检查每个小组的活动进展 • 针对“头脑风暴”“解决问题”PPT中的问题，请学生准备书面回答 • 学生完成探究后将成果整理成报告，建议学生的报告时间为5～10分钟 • 学生在报告中应阐述他们为什么选择了这个解决方案 • 报告应包括一些表现性成果，如海报、PPT展示文稿、口头汇报、图纸、3D模型或者计算机程序等
第四天	探究指导
“解决问题”	• 通过引导性的问题，帮助学生明确这个解决方案的优点和缺点 • 要求学生重申每个利害关系者的需求，并确定他们的方案是否满足了这些需求 • 根据学生的分析结果，让他们对自己的报告进行必要的改进和完善
第五天	探究指导
“完成活动”	• 学生在教室中展示小组完成的报告 • 针对每个小组的报告组织班级讨论，为优化这些解决方案提出建议

附加资料

以下资料有助于指导学生开展探究。

探究关键词

- 标准
- 约束条件
- 全球性挑战
- 利害关系者
- 头脑风暴
- 模型
- 预防
- 根除
- 重建(恢复)

资料网站

- 美国地质调查局网站
- 联邦应急管理局网站
- 美国国家地理学会网站
- 美国工程教育学会网站
- 学生技术协会网站
- 美国土木工程师学会网站

评价标准

评分细则参见“活动资源”。

———本活动对应的NGSS(《新一代科学教育标准》)中的相关标准———

预期表现

HS-ETS1-3:根据优先级的排序标准与利弊权衡,评估一个真实世界复杂问题的解决方案。这些标准与利弊权衡中涉及广泛的约束条件,包括成本、安全性、可靠性与美学,及其可能产生的对社会、文化与环境的影响。

学科核心概念

ETS1.B:形成可能的方案

- 在评价方案时,需要考虑一系列约束条件(包括成本、安全性、可靠性和美学等),并思考其对社会、文化和环境的影响。(HS-ETS1-3)

科学与工程实践

构建解释和设计解决方案

9～12年级的“构建解释和设计解决方案”建立在K～8年级的经验基础上,并发展到能用学生个人获取的多种来源且相互独立的,与科学概念、原理和理论相一致的证据来支持解释和设计。

- 根据科学原理、学生得到的证据、经过主次排序的标准以及权衡利弊的考虑,评价一个真实世界复杂问题的解决方案。(HS-ETS1-3)

与工程、技术和科学应用的联系

科学、工程、技术对社会和自然界的影响

- 新技术可能对社会和环境产生深远的影响，其中包括一些没有预料到的影响。对成本和效益的分析是技术决策的一个关键方面。(HS-ETS1-1)(HS-ETS1-3)

第四部分　利用计算机建模

目标

学生可以在前述活动的基础上，也可以在其他真实世界重大问题的解决方案的基础上，设计计算机模拟程序。

活动开始之前

- 根据班级规模、学生水平和可利用的活动材料，将学生分成2～4组。
- 本活动约需要5天时间。
- 学生需要利用互联网查找相关资料。
- 为了提高活动的可操作性，教师可以选择在每个小组选择的真实问题上增加一个假设的约束性条件。

建议步骤

第一天	探究指导
“利用计算机建模”	• 以“利用计算机建模”为PPT标题，介绍这个项目 • 找出学生对这个议题存在的迷思概念 • 要求学生研究和收集有关他们提出的工程问题的数据，并用有说服力和有效的办法来展示这些数据 • “利用计算机建模”PPT页面中展示的问题可以作为参考，给学生提供一些可以使用模拟程序来呈现数据的例子
“开始行动”	• 组织学生讨论本活动需要哪些材料和资源 • 参阅“附加资料”栏目，为学生探究提供指导 • 让学生在搜索推荐主题时，与资料建立联系 • 学生应该发现，根据历史数据做的测试和模拟往往可以帮助研究人员预测未来的结果 • 如果学生需要帮助才能确定一个研究计划或模拟程序，教师可以问一些指导性的问题
第二天	探究指导
“开始行动”	• 第一天制订的指导方针继续执行 • 如果学生在探究过程中遇到困难，可以引导他们利用“附加资料”中的关键词，列出可用模型清单

续表

第三天	探究指导
“头脑风暴”	• 检查每个小组的活动进展 • 针对“头脑风暴”PPT中提出的标准,请学生准备书面回答 • 学生完成探究后将成果整理成报告,建议学生的报告时间为5～10分钟 • 学生在报告中应阐述他们为什么选择模拟(说明)这些数据 • 报告应包括一些表现性成果,如海报、PPT展示文稿、口头汇报、图纸、3D模型或者计算机程序等
第四天	探究指导
“解决问题”	• 通过引导性的问题,帮助学生明确这个模型的优点和缺点 • 要求学生重申每个利害关系者的需求,并确定他们的方案是否满足了这些需求 • 根据学生的分析结果,让他们对自己的报告进行必要的改进和完善
第五天	探究指导
“完成活动”	• 学生在教室中展示小组完成的报告 • 针对每个小组的报告组织班级讨论,为优化模型提出建议

附加资料

以下资料有助于指导学生开展探究。

探究关键词

- 标准
- 约束条件
- 全球性挑战
- 利害关系者
- 头脑风暴
- 模型

资料网站

- 美国工程教育学会网站
- 学生技术协会网站
- 美国土木工程师学会网站
- 联邦应急管理局网站

评价标准

评分细则参见“活动资源”。

——本活动对应的NGSS(《新一代科学教育标准》)中的相关标准——

预期表现

HS-ETS1-4:利用计算机模拟一个真实世界复杂问题的解决方案可能造成的影响。这个模型要考虑到与问题相关的系统内部与系统之间的相互作用的众多标准与约束条件。

学科核心概念

ETS1.B:形成可能的方案

- 模型(如实物模型、数字模型和计算机模拟程序等)可以通过多种方式辅助工程设计。计算机用途广泛,可以模拟测试不同的问题解决方案或检验哪种方案最有效率或最经济以及制作向客户说明该设计方案如何满足其需求的有说服力的演示文稿。(HS-ETS1-4)

科学与工程实践

运用数学和计算机思维

9~12年级的“运用数学和计算机思维”建立在K~8年级的经验基础上,并发展到能用代数思维,包括三角函数、指数函数与对数函数等一系列线性和非线性函数,以及用统计分析的计算工具来实现数据分析、表示和建模。根据基本的数学模型,开发并使用简单的模拟计算。

- 使用数学模型或计算机模拟程序,预测解决系统内/系统间相互作用的方案的效果。(HS-ETS1-4)

跨学科概念

系统与系统模型

- 模型(例如实物模型、数学模型以及计算机模拟程序等)可以用来模拟不同尺度上系统内/系统间的相互作用,例如能量、物质和信息流。(HS-ETS1-4)

活动资源

评分标准

分数	1	2	3	4	得分
列出目标和挑战(开始行动)	目标和挑战不明确或者不完整	所有目标和挑战都列出来了,但是很模糊	所有目标和挑战都清楚地列出来了	所有目标和挑战都很明确,并对项目有一个透彻的理解	
头脑风暴&研究所选的解决方案(头脑风暴)	信息来源单一或者信息不准确	从一些来源获取了准确信息,但系统性不够	系统地从几个来源获取了准确信息	系统地从不同来源获取了准确信息	
计划和过程(解决问题)	学生/团队没有遵循给定过程实施和完成,或者没有根据初始计划开展	学生/团队大致遵循给定过程实施和完成,或者不完全根据初始计划开展	学生/团队遵循给定过程实施和完成,或者根据初始计划开展	学生/团队遵循给定过程仔细实施和完成,或者根据初始计划详细开展(非常注意细节)	
建构模型、产品或报告	材料选择不恰当,建构很随意,模型/产品/报告没有达到项目要求	材料选择基本合适,建构基本合理,模型/产品/报告大致满足项目要求	材料选择合适,建构过程仔细、合理,模型/产品/报告满足项目要求	选择合适的材料,建构了一个高质量、能满足项目要求的模型/产品/报告	
记录	学生记录的只有项目部分过程中很少的细节内容	学生记录了项目的整个过程,但是细节内容较少	学生记录了完整的项目过程	学生记录了完整的项目过程,并分析了项目的优缺点	
完成活动(项目完成后续问题)	项目未完成,或者未回答项目后续问题	项目完成,但是组织过程紊乱;后续问题少部分得到处理	项目有条理地完成了;后续问题基本得到处理	项目完成得有条理,且注意细节;后续问题得到了经过深思熟虑后的处理	

续表

分数	1	2	3	4	得分
表现	学生/团队对最后的汇报准备不充分,大致完成了汇报	学生/团队基本完成汇报,并在汇报的内容结构上有充分的准备	学生/团队完成汇报,并在汇报的内容结构、形式及条理方面表现良好	学生/团队的汇报在内容结构、形式以及多媒体工具的应用方面给人留下深刻的印象	
总分					

参考答案和问题指导

第1章
科学的本质

P4. 起步实验

1. 开放式作答。作答时要注意，哪些术语是准确的，哪些术语是含糊的。
2. 开放式作答。作答应该更加注意重写的细节。
3. 开放式作答。作答时应该意识到精准描述在交流中的重要性。

P9. 第1节　本节回顾

1. 参考答案：地球科学的不同专业和亚专业的细分搭建了一个更大的地学研究领域。它们为地球科学增加了研究重点，并可以为相关方向提供和组织更具体、详细的信息。
2. 开放式作答。答案可能包括有定位功能的手机、车载导航、GNSS装置、物联网等。
3. 地圈包括地球及其一切。地质学是对构成地球的物质，形成这些物质的过程以及地球演化历史的研究。
4. 开放式作答。答案可能包括人类对空气、水和土壤污染的影响，这些污染反过来又会影响地球上的生物。
5. 水圈包括地球上所有的水，以及大气中的水。生物圈由所有生物及其环境组成，包括在水圈中生存的生物。没有水圈，生物就无法生存。
6. 开放式作答。答案应该指出地球上的所有系统都是相互关联、相互影响的，牵一发而动全身。
7. 开放式作答。鼓励研究个人最感兴趣的专业方向。

P12. 迷你实验

1. 土壤吸收热量更快；土壤释放热量更快。
2. 自变量是介质类型——土壤或水。因变量是温度。
3. 控制变量是同样的容器、介质体积。

P16. 第2节　本节回顾

1. 科学方法很重要，因为科学家根据科学方法来进行实验和调查。科学家有时会在获得意想不到的结果后形成新的假设，或者在调查过程中寻求新的想法。因此，没有固定的科学探究模式。
2. 控制变量是除实验变量（自变量）以外所有可能影响实验结果的变量。因变量是一个量，其值由其他量决定。自变量是一个量，其值可能会在不依赖于其他量的情况下发生变化，但它可能会决定其他量的值。

3. 4.9386×10^{-4}。
4. 322 K。
5. 体积是物体占据的空间大小。密度是占据一定空间的物质质量的量度。
6. 开放式作答。
7. 比较物体所受重力时，重量更有用。质量在比较不同对象时更有用。
8. 20 cm^3。

P18. 数据分析实验

1. 略。
2. 13.76℃，13.77℃，13.97℃，14.02℃，13.98℃，14.33℃，14.59℃。
3. 约14.45℃。
4. 约14.9℃。

P19. 第3节　本节回顾

1. 开放式作答。答案包括科学家的声誉可能会受到影响，他可能会失去赞助资金，实验可能存在缺陷，并且他从研究中得出的结论可能会使人们处于危险之中等。
2. 科学理论是对现象的合理解释，它的论断、表述可以被证伪，但目前未被证伪。科学规律是自然规律，其原因并不一定被理解，但人们能基于观察或实验结果而普遍接受。
3. 这有助于验证结果并识别可能的错误原因。
4. 太阳系浩瀚，科学家无法轻易前往遥远的行星直接研究它们。
5. 折线图通常用于显示数据的趋势，例如温度随时间的变化。饼状图用于显示整体的部分或百分比，可广泛用于人口研究等方向。柱状图可用于比较群体，例如比较不同街区的松鼠数量等。
6. 开放式作答。答案可能包括万有引力定律和板块构造理论。

P21. 地学实验

1. 开放式作答。如果没有标准的计量单位，计量的差异将会增加。
2. 标准测量单位在科学中至关重要。有标准单位之后，不同科学家可以比较实验结果，结果也易于理解，实验可以重复开展。
3. 测量之间的差异取决于岩石样本的轮廓形状，以及准确计算不规则固体体积的个人能力。
4. 略。必要时允许使用计算器。

5. 质量仅取决于样本的大小，与形状无关。

6. 变量是烧杯中水位的变化。

7. 标准单位是公制和SI单位。它们使得比较不同样本和重复实验结果变得更加容易。

拓展探究

开放式作答。确定测试浮石密度的正确方法并不重要。重要的是，能够准确地指出测试方法和过程。要测量浮石的体积，可以使用密度较低的液体，例如酒精，或者使用细棒将样品固定在水位以下并记录体积变化。在第二种方法中，需要假设细棒的体积与样品的体积相比，可以忽略不计。

P23. 第1章　复习检测

1. 地幔是地圈的一部分。
2. 地球上的所有水体，包括大气圈中的水，一起构成了水圈。包围着地球的气体圈层叫作大气圈。
3. 地球上固态水所在区域称为冰冻圈，包括海冰。海洋学研究地球上的海洋。
4. 气象学研究引起大气变化、形成各种天气现象的作用力和过程，大气圈是气象学的综合研究对象。
5. 地质学研究地球的组成物质以及这些物质的形成和变化过程，并且从地球起源出发来探索地球自身与生物演化的历史。生物圈包括地球上所有的生物和它们所生活的环境，包括不断变化的地质环境。
6. 科学方法
7. 自变量
8. 科学记数法
9. 国际单位制
10. 参考P19。
11. 参考P19。
12. 参考P18。
13. 气象学
14. 大气圈　生物圈
15. 国际单位制
16. 科学记数法
17. C
18. B

19. A
20. C
21. A
22. B
23. B
24. C
25. B
26. 技术进步帮助科学家做出新发现,以及更多地了解世界。同样,技术也将科学成果普惠到日常生活。
27. 长度:cm、m。面积:cm^2。体积:cm^3。
28. 地球的主要圈层系统包括地圈、水圈、大气圈和生物圈。地圈包括地壳、地幔和地核。水圈包括地球上的所有水。大气圈是包围着地球的气体圈层。生物圈包括地球上所有的生物和它们所生活的环境。所有圈层相互联系、相互影响。
29. 探究与实验有许多相同之处,但探究不包括控制变量。实验通常包括控制变量,且它是在某种特定情境下发生的。
30. 参考答案:图表有助于展示数据集合之间的关联,图形化表达有时比文字更能凸显这种关联,更能揭示其中蕴含的数据趋势。
31. 这是一条科学定律。每次加热到0℃以上,可以观察到冰块融化。这种自然定律已经无数次发生。
32. 一个气象学家只有理解地球上的水在水圈中是如何运动与转化的,才能明确它如何最终影响天气与气候。
33. 开放式作答。
34. 第二组是对照组。
35. 1 000　0.001

    1000　0.001

    1.0×10^6　1

    3 500　3.5×10^5
36. 思维导图略。时间单位:秒;密度单位:克/毫升;温度单位:摄氏度;体积单位:立方厘米;质量单位:千克;重量(力)单位:牛;长度单位:千米;面积单位:平方米。
37. 开放式作答。应指出结果可能出现偏差,因为患者正在接受测试药物以外的其他药物。科学家必须在他们发表的研究中承认这一点。答案可能会出现患者应该或不该接受额外的治疗,如果言之有理,两种回答都可以接受。
38. 开放式作答,答案中必须包括如下术语:假设、实验、分析与推理。

39. 是的,存在统一的变化模式。这些太阳黑子数存在一个11年左右周期。
40. 这些太阳黑子数重复地增减,但峰值有所不同。
41. 类似图表中的模式。

P26. 综合 标准化测试

1. C
2. C
3. B
4. A
5. D
6. A
7. B
8. D
9. C
10. A
11. 50小时。
12. 柱状图。自变量增加的值是固定的,图表能更好地显示太阳花生长情况随紫外线照射时间变化而变化。
13. 参考答案:每株植物的浇水量、位置、原始葵花籽的健康状况等。
14. 天文学研究大气圈层之外的物体,而气象学研究大气圈。
15. 这意味着已有技术可以应用于新的情境。以新的方式或在新的情境使用已有技术也可以获得结果,用户不必为每一次实验发明新技术。
16. 假设是可以检验的关于某一现象的解释。它可以帮助、引导、证明或反驳实验,并找到原始问题可能的答案。
17. 自变量是时间。
18. B
19. C
20. A

第2章

绘制我们的世界

P28. 起步实验

1. 答案可能包括可以通过开发一个高程示意系统或制作图例来说明地图符号，以此改进他们的地图。
2. 答案可以包括比例尺和方向，并使用不同颜色来表示各种特征。

P32. 迷你实验

1. 美国华盛顿州的圣海伦斯火山：46°12′N，122°11′W
   美国纽约州的尼亚加拉大瀑布：43°05′N，79°03′W
   中国的珠穆朗玛峰(顶峰)：27°59′N，86°56′E
   澳大利亚的大堡礁：18°00′S，145°50′E
2. 0°03′S，90°30′W：厄瓜多尔加拉帕戈斯群岛
   27°07′S，109°22′W：智利复活节岛
   41°10′N，112°30′W：美国犹他州大盐湖
   35°02′N，111°02′W：美国亚利桑那州陨石坑
   3°04′S，37°22′E：坦桑尼亚乞力马扎罗山
3. 参考答案：旅行时间，从一个已知地方测量到另一个地方的距离，以及相对大树或悬崖等显著地标的距离。

P33. 第1节　本节回顾

1. 如果不同时给出纬度和经度，位置可以是某条纬线或经线上的任意一点。
2. 在赤道，经度1°相距约111 km。在两极，经线会聚为一点。不同纬度上，经度1°跨越的距离可以用公式表示：距离＝111 km×cosθ(θ为纬度)。
3. 比它以西60°的地方早4小时，比它以东60°的地方晚4小时。
4. 160°。
5. 开放式作答，应准确说明所在地区与巴黎的时区变化。

P37. 技能实验

1. A点和B点之间的距离约为1 km。
2. 海拔变化约是1 137－830＝307(注：地形图等高线高度实际为英尺)，307英尺≈93.6米。

3. 93.6 m/1 km×100%=9.36%。

4. 开放式作答。B点和C点之间的距离约为1英里。海拔变化为960英尺-830英尺=130英尺。坡度为130英尺/英里。转化为SI单位：1英里≈1.61千米。海拔变化为292.6 m-253.0 m=39.6 m。坡度为39.6 m÷1.61 km×100%=2.46%。从B点到C点的地势起伏较小，徒步旅行不会很困难，但比从A点到B点的徒步旅行路程要更长。

5. 徒步旅行中最陡峭的部分是从900英尺等高线到A点。这里密集的等高线表明海拔急剧变化。

P40. 第2节　本节回顾

1. 将曲面物体投影到平面纸上时，自然会发生变形。不同投影所用数学方法不一样，但是都只能在某个区域保持较高的精度，例如某片大陆。
2. 圆锥投影是通过将地球上的点和线投影到在特定纬度线与地球接触的圆锥上。圆锥投影的地图上沿着这条纬线的地区几乎没有变形。因此，圆锥投影非常适合绘制特定的小区域。
3. 在墨卡托投影中，变形最严重的地区发生在两极。这是因为经线显示为平行线，而不是在极点上相交。这导致两极地区比实际大很多。
4. 墨卡托投影是通过将球体上的点和线投影到圆柱体上来进行的。球心投影通过将地球上的点和线投影到一张纸上，地图与球面相切于一点。两者都可以用于导航。
5. 城市规划师可以利用地质图查看岩石类型、地层年龄和地质构造等信息，趋利避害进行选址。
6. 海拔变化：55 m-15 m=40 m。坡度：40 m÷20 km×100%=0.2%。

P46. 第3节　本节回顾

1. 遥感是从搭载在船舶、卫星和飞机上的仪器收集地球数据的实践应用。它可以使用雷达和声呐等不同技术来收集数据。这些数据在制图学中很重要，因为它提供的即时信息比直接收集的数据更有效，且更完整。
2. GPS导航对于记录特殊地形区域的位置很重要。GPS导航还可用于验证地图或其他科学数据的准确性。
3. 陆地表面高程、海面和海底高程、植被、水体、地质特征等。
4. 不同的人需要从地图中获取不同种类的信息。通过增、减图层，GIS制图可以更轻松地实现个性化定制地图。
5. 借助GIS制图，地图中可以加入所有需要考虑的住房开发要素，包括当前的土地利用情况、道路分布、水体分布、地质特征等。
6. 海底地图可以用来比较海底运动变化，还可用于跟踪海洋深度的变化。
7. 开放式作答，应包括三角测量、GPS接收器和大约10 m的误差范围等信息。

P48. 地学实验

1. 等高距为10英尺。
2. 这张地图同时使用了分数和图示比例尺。
3. 海拔变化:750英尺－710英尺＝40英尺。距离变化约为4英里。河流坡度约为0.2%。
4. 最高海拔1 071英尺,海拔变化:1 071英尺－750英尺＝321英尺。
5. 大约5.25英里。
6. 直线距离2英里。海拔变化:1 071英尺－750英尺＝321英尺。
7. 否;河流的地形图符号表明它是时令河。
8. 最短距离至少3英里。

拓展探究

答案会因所在的位置而异。

P51. 第2章　复习检测

1. 制图学
2. 墨卡托投影
3. 遥感
4. 多波束测深仪
5. 图例
6. 经线
7. 比例尺
8. GIS
9. GPS/GNSS
10. 本初子午线
11. 等高距
12. 声呐
13. 国际日期线
14. 等高线
15. B
16. C
17. C
18. B

19. D
20. B
21. 14时。
22. 选择1∶15 000，它可以反映更多细节。
23. 本初子午线/经线。
24. 赤道。
25. 2 099 m。(取整数)
26. OSTM/Jason-2使用卫星雷达测绘海面，而多波束测深仪使用声呐测绘海底。
27. 天文学家可以使用类似的“天图”系统来定位夜空中的物体。
28. 圆锥投影，它是应用于小区域地图时最精确的投影。
29. 某点所在经线平面与本初子午线平面所构成二面角角度为经度，在本初子午线以东为东经，以西为西经。
30. 某点与地心的连线与赤道平面的线面角角度为纬度，在赤道以北为北纬，以南为南纬。
31. 墨卡托投影。通常用于导航图。
32. 将手表时间减去3小时。加利福尼亚在弗吉尼亚以西3个时区，由于地球自西向东转，西边晚3小时。
33. 开放式作答。中国首都北京位于东八区，而且东部地区集中了全国主要的经济和人口，东、西部交流频繁，使用同一时区有利于国家内部交流和联系。
34. 建筑师使用地质图寻找地质情况最稳定的地区作为地基。生物遗体、遗迹通常保留在特定的岩层中，考古学家使用地质图来确定挖掘地点。
35. 球心投影。它通常应用于飞机和轮船的长距离导航时寻找最短路径。
36. 答案因地而异。通常包含图形或数字比例尺。图例也不尽相同，通常有道路、学校、河流、公园等。
37. 圆锥投影在用于绘制小区域地图时几乎没有大的变形。但如果用于大区域的船舶与飞机导航图中，会因为变形严重而无法导航。
38. 开放式作答。
39. 开放式作答。GIS系统使用不同图层储存不同空间数据，通常包括街道、土地利用、高度等信息。以应对风暴为例，利用GIS可以规划疏散路线，到特定避难所路线，找出易于受洪涝、滑坡次生灾害影响区域等。
40. GPS接收机可以接收某卫星发送的时间和空间位置信息，根据接收机和某卫星的时间差和光速常量，可以确定接收机与该卫星的距离。当有一颗卫星时，接收机在以该卫星为球心，以距离为半径的球面上；当有两颗卫星时，则是两个球面相交的圆环上；当有三颗卫星时，则是三个球面相交的两点上；当有四颗卫星时，则是四个球面相交的特定点上。这样才能确定接收机的位置。

41. 概念图略。1级:遥感。2级:连接OSTM/Jason-2卫星与利用雷达测绘海平面高程,连接陆地资源卫星与利用可见光和红外辐射测绘地球表面。3级:连接全球定位系统与利用微波确定用户位置。

42. 略。注意等高线不能交叉。

43. 开放式作答,必须反映在导航方面的困难。

44. 大约在20 km高度。

45. 大约在15 km高度。

46. 火山烟流密度比厚卷云小。

47. 光脉冲可能无法穿透厚卷云,或者厚卷云阻止了下方光脉冲反射回卫星,因此无法检测到数据。

48. 它们在组织和分析数据时非常方便。

49. 有利于更好地理解科学界的工作和成果。

P54. 综合　标准化测试

1. C
2. D
3. C
4. B
5. C
6. B
7. D
8. A
9. 一座山峰的等高线地形图。
10. 数字表达海拔。
11. 通过阅读等高线,登山者可以知道南坡较陡、北坡较缓。从北坡攀登将更为安全与省力。
12. 参考答案:多波束测深仪可以显示水深,并探测水下物体的位置。通过这项技术可以规避航行风险。
13. 1.495×10^{8}。
14. 图例让读者更容易读懂地图。
15. 折线图。因为它可以显示测量值之间的变化。
16. B
17. C

第3章
物质与变化

P58. 起步实验

1. 磁铁搅拌器末端应可见黑色碎屑。
2. 铁是强化谷物中的一种添加成分。

P62. 迷你实验

1. 例如:固体物质,如铁矿、岩石;液体物质,如汞、水;气体物质,如氖、氦。
2. 固体有一定的形状,并能抵抗变形;液体容易变形并流动;气体会膨胀,并充满所有可用空间。

P65. 第1节　本节回顾

1. 质子:带正电荷,位于原子核中,影响原子质量;中子:不带电荷,位于原子核中,影响原子质量;电子:带负电荷,围绕在原子核周围,质量可以忽略不计。
2. 镁和钙都有两个价电子,所以它们与其他元素的键合方式是一样的。
3. 阐述中要说清楚原子获得或失去电子,结果带负电荷或正电荷。
4. 都是铀元素。它们的中子数不同:分别为147、146和143。
5. 模型的设计应类似于图3-4所示。钙的原子核中有20个质子和20个中子,以及20个电子,其中2个是价电子。
6. 镁是固体。它的原子包含22个质子。它由不同的同位素组成。所有同位素的平均质量等于24.305。
7. 原子核中还剩86个质子和136个中子。新的原子序数是86,元素是氡。

P70. 技能实验

1. A:12个电子;B:16个电子 。
2. A:12个质子;B:16个质子。
3. 元素A:镁(Mg);元素B:硫(S)。
4. 能。A可以失去2个电子,从而成为阳离子;Mg^{2+}。B可以得到2个电子,从而成为阴离子;S^{2-}。
5. 能。MgS(硫化镁)。

P72. 第2节　本节回顾

1. 单个分子中包含相同数量的电子和质子，它们所带的电荷相互抵消。
2. 当原子以共价键结合在一起时形成分子。化合物是两种或多种不同的元素以离子键或共价键的形式结合在一起。
3. 配平化学方程式为 $CaCO_3 + 2HCl \longrightarrow CO_2 \uparrow + H_2O + CaCl_2$。
4. 图略，应说明：带有 H^+ 的酸添加到带有 OH^- 的碱中，会生成水和副产物。
5. 混合物和溶液都含有一种以上的物质。混合物包括非均匀混合物和均匀混合物。非均匀混合物，例如混合麦片，其成分很容易分离并且可见。均匀混合物也叫溶液，通常无法看出不同的成分，例如糖水。
6. 参考答案：将牛奶放入容器中，将牛奶搅拌至充分混合，吸满一滴管并放在显微镜载玻片上。检查并描述所看到的现象。你将看到乳脂球仍然可以辨认，这表明牛奶是一种非均匀混合物。
7. NH_3 中氮和氢通过共价键结合。画图示意具有5个价电子的氮原子被3个具有1个价电子的氢原子包围。价电子总数为8，两者构成共价分子。
8. 略。

P75. 第3节　本节回顾

1. 状态的变化是由于热能的变化而发生的，热能的变化是通过温度的变化来衡量的。当冰的温度达到熔点时，冰变成液态水。当水的温度达到沸点时，它会从液态水变为气态水蒸气。
2. 固体振动非常缓慢，液体振动强到足以破坏连接键，气体振动使粒子从液体中逸出，等离子振动足以使得电子脱离原子核吸引。
3. 蒸发过程中吸收热能，凝结过程中释放热能。
4. 沸点会更低，因为非极性分子之间的作用力较小，分子更容易脱离液相。
5. 钻石（金刚石）内部原子排列有序，结合牢固。玻璃没有固定的内部原子排列，结合键作用力很弱。
6. 日冕温度为15 000 000K，换算为14 999 727℃。

P77. 地学实验

1. 晶体呈立方体，有的可能呈扁正方形。

   不能，除氯化钠以外的化合物可能具有类似的晶体外观。
2. 烧杯底部还有少量氯化钠颗粒，说明溶液已饱和。加热，增大溶解度，因为增加的热能阻碍盐离子结晶。

3. 冷却降低盐的溶解度。蒸发增加了液体中的盐离子浓度，溶液变成过饱和溶液，盐晶体被析出。

4. 更快的冷却速度导致更小的晶体尺寸。

拓展探究

鼓励尝试各种溶于水的物质。如果使用有刺激性或腐蚀性的物质，请戴上护目镜和手套。

P79. 第3章　复习检测

1. 中子
2. 原子序数　质子
3. 同位素
4. 两者都是化学键的类型。
5. 这两个术语的意思是一样的，表示无法区分其组成成分的混合物。
6. 在水溶液中，酸含 H^+，碱含 OH^-。
7. 晶体的内部结构有序，而玻璃没有。
8. 大多数气体由分子组成，等离子体是由电子被剥夺后的原子及原子团被电离后产生的正负离子组成的离子化气体物质。
9. 在状态变化过程中，蒸发吸收热能，凝结释放热能。
10. 在金属键中，电子在正离子周围自由移动。
11. A
12. A
13. C
14. C
15. D
16. B
17. D
18. A
19. A
20. D
21. NaCl是一种离子化合物。它的所有电子都与离子键结合，不能像在金属键中那样自由移动。
22. 其最外层能级是满的。
23. 钾是一种金属；图表应显示原子核中有19个质子，4个电子能级，电子数目层级分布如下：

2,8,8,1。

24. 都有1个价电子并形成带一个正电荷的离子。

25. 原子质量数是每种元素所有已知同位素的平均质量。

26. 金属键。

27. 两者都是稀有气体,氖原子更大、更重。

28. 共价键。因为价电子共享,两个原子最外层能级都是满的。

29. 图略。在金属键中,一些价电子会与原子分离,并在周围自由移动。

30. 含有氘原子的水分子较重。

31. 对。等离子体通常更热,因为将分子电离成等离子体需要更多的热能。

32. 通过将1个中子转化为质子,新原子的核中有7个质子和7个中子。新原子是氮－14。

33. 图略。水是极性分子,它的负极吸引阳离子,正极吸引阴离子。图示应该显示整个分子中电子的不均匀分布。

34. 参考答案:金属有光泽、致密、导电、导热,可以加工成各种形状。

35. 这句话是对的。雪在冰点以下会升华。

36. 正确的化学方程式是 $2HCl + CaCO_3 \longrightarrow CO_2\uparrow + H_2O + CaCl_2$。

37. 电离层是气体和等离子体的混合物,因为它是部分电离的,存在的离子和电子能导电。

38. 通过发生的化学反应可以推测存在的物质。例如,铁锈由水和氧气反应产生。如果铁锈存在于另一个星球上,则可以得出结论:水和氧气现在或曾经存在于这个星球上。

39. 参考答案:一个边长10 m、高3 m的正方形房间的容积为300 m^3,或300 000 L。空气质量:300 000 L×0.13 g/L＝39 000 g＝39 kg。

40. 图略。离子键、得到或失去电子和化合物为一组;共用电子、分子、化合物和共价键为一组;金属键、自由电子为一组。

41. 如果原子核有1 cm那么大,那么原子的直径就是1 000 m。这比足球场大得多。

42. 答案应反映出对元素周期表的原子结构、原子序数和基本排列的了解,包括元素在锕元素下方的列中的位置,它应具有3个价电子和8个能级。

43. 1 m^3海水的质量是1 025 kg,镁的质量:1 025 kg×0.13%＝1.33 kg。

44. 使用镁是因为它增加了铝的强度,铝虽然很轻,但本身并不坚固。

45. 美国曾经严重依赖进口镁,近年减少了进口,增加了再生镁的使用,这使得美国减少了对其他国家的镁需求。

46. 与地球和宇宙存在的时空尺度相比,人类能感受到的时间长度和空间尺度实在太小。

47. 测量必须准确、精细和真实。

P82. 综合　标准化测试

1. A

2. B

3. A

4. C

5. C

6. D

7. B

8. D

9. C

10. 该图展示了水随着热能的增加而改变状态的过程。

11. 水在凝固成固态冰时具有最少的热能。

12. 第一段表示固液共存,第二段表示液气共存。

13. 理论是基于观察和收集的数据对过程或事件的解释。假设是对来自所知道和观察到的问题的可能解释,可以通过收集数据对假设进行验证。

14. 地质图可以显示可能发生地震的断层线的位置。

15. 有。硅的原子质量为28.09,数值不是整数,因为原子质量是用硅的所有同位素的平均质量计算的,所以硅有同位素。

16. 参考答案:这样其他科学家才能评估结论。

17. A

18. B

19. D

第4章
矿　物

P84. 起步实验

1. 岩盐和石英都有独特的晶体形状。岩盐晶体是具有四个侧面的立方体。石英晶体有六个面。
2. 两者都是无色的，岩盐可能略带半透明。答案可能还会出现其他特性，例如光泽和质地。
3. 开放式作答。比如，这些矿物质形成的环境是不同的。岩盐通过蒸发形成，石英是硅质岩石经过熔融后重结晶形成的。

P92. 迷你实验

1. 答案取决于所提供的七个矿物样本。
2. 角度不一样，矿物质也不一样。
3. 矿物都可能会破碎成与以前形状相同的小块。例如，云母可能会弯曲。矿物通常会沿着它们晶体结构中最弱的键断裂，形成新的解理面。

P94. 数据分析实验

1. 略。
2. 矿物按顺序描述为铜（铜红色条痕）、赤铁矿、金（硬度2.5～3，硬质断口）、石榴石、斜长石（无色条痕，硬度6）。
3. 赤铁矿、石榴石、斜长石会划伤玻璃。它们的硬度都大于玻璃的硬度（5.5）。
4. 赤铁矿和铜可用作油画的颜料。
5. 还可包括矿物用途、晶体形状、光泽、特殊性质和矿物名称以及矿物的化学成分。

P95. 第1节　本节回顾

1. 石油是液体，不是固体。它是由曾经的有机体形成的，所以它不是无机物。
2. “天然形成”指该矿物不是在实验室中人工制造的，是在自然界中形成的。
3. 地球表面、近地表及内部的岩浆冷却后可以形成矿物。矿物质也会由过饱和溶液蒸发而析出。这些过程都会生成晶体结构的矿物。
4. 主观特性可以是感受到的，客观特性是事实。主观特性是质地、颜色和光泽。客观特性是硬度和解理。
5. 从最柔软的测试材料开始，逐步升级。第一个划破长石的物品硬度略高于长石硬度。顺序是：铜币、玻璃、铁钉。

6. 不能。这些矿物都不是金属矿。因此，它们的条痕颜色都是无色的。

7. 0.26 cm^3。

P101. 第2节 本节回顾

1. 元素以多种方式结合在一起，它们结合的方式决定了矿物特性，例如硬度、颜色和解理。
2. 硅和氧；属于硅酸盐矿物族。
3. 破坏生态系统、废弃物污染河流、诱发地质灾害等。
4. “准矿物”一词暗示它不是矿物。猫眼石具有某些矿物质的特征（天然形成、固体、特定化学成分），但不完全具备矿物的基本条件（它没有固定的内部结构）。
5. 比重值表明钛的重量较轻。化学成分表明钢中含有铁和氧，时间长了会生锈。更适合的金属是钛。
6. 开放式作答，描述应该科学、准确。

P103. 地学实验

1. 开放式作答。特定的特征最可靠，因为通常只有一两种矿物具有某些特定的特征。最不可靠的特征是颜色、光泽和质地，因为许多矿物都具有这些相似的特征。
2. 方解石与HCl反应。HCl和方解石中存在的碳酸钙反应，释放二氧化碳气体。化学方程式为 $CaCO_3 + 2HCl \longrightarrow CaCl_2 + H_2O + CO_2\uparrow$。
3. 应列出每种矿物的名称、性质、用途、化学式，以及矿物的照片或草图。资源可能来自实验室、图书馆、互联网、杂志、野外实践指南和矿物标本等。图鉴应清晰、直观。
4. 利：可以利用物理和化学特征对物体进行识别和分类。弊：完美的样本照片与现场样本通常并不一样。
5. 不能。组合测试通常比任何一种特定测试都有效。

地学写作

略。要求能够使用其他小组的矿物图鉴正确识别新的矿物。

P105. 第4章 复习检测

1. 矿物
2. 体晶
3. 硅酸盐
4. 矿石和宝石都是经济矿物，它们的价值取决于它们的生产成本和消费需求。
5. 硅酸盐是由硅氧四面体键合而成的矿物。

6. 断口

7. 硬度

8. B

9. B

10. C

11. B

12. C

13. B

14. A

15. C

16. B

17. B

18. C

19. C

20. A

21. D

22. 它们含有不同的微量元素,导致颜色有差异。

23. “地质学”这个词会出现双重字样。当光穿过方解石时,会向两个不同的方向传播。这种光的双折射是由原子的内部排列方式引起的。

24. 随着茶水的蒸发,糖的浓度增加。最终,茶水中的糖饱和,然后过饱和。发生这种情况时,糖晶体会从茶水中析出。

25. 晶形——反映内部原子排列方式;硬度——取决于原子之间化学键的强度;解理——沿着键能弱的地方分裂晶体;密度——取决于原子之间的紧密程度。

26. 它们有不同的排列特征,形成了不同的矿物质。石墨柔软,但没有漂亮的光泽;钻石坚硬,会折射光,可以切割成许多理想的形状,钻石的数量极少,钻石是宝石。

27. 它们的颜色有所不同。

28. 应该说明原子排列方式是重复排列的几何图案,原子排列方式决定了晶体外部形态。

29. 刚玉的硬度为9,因此可以制成出色的砂纸。黄玉和石英的硬度分别为8和7,它们也可能是很好的砂纸材料。

30. 都不是。石油既不是固体也不是无机物,木材和煤是有机物,钢和水泥不是自然产生的,玻璃(无论是天然的还是合成的)没有晶体结构。

31. 金矿的密度更高。淘金者可以通过称重样品或将样品漂浮在水中进行比较,来区分金矿和黄铁矿。

32. 稀缺程度、生产成本以及供需关系等将决定这种新宝石的成本效益。

33. 金属阳离子,如钾离子或铝离子,将这些薄片粘合在一起。

34. 在一个方向上有一个薄片状的解理。

35. 图略。图示应该体现正确的分类。

36. 一侧的氧原子应与其他氧原子形成环状结构。

37. 开放式作答。工具可能包括小折刀、盐酸、放大镜、铜币、铅笔和纸等。

38. 由于许多车辆都在室外,并暴露在水和空气中,因此耐腐蚀可确保车辆不容易生锈,延长使用寿命。

39. 增加铝的回收量。

40. 这将影响这些国家的就业和出口等,小的国家受到的影响更大。原铝产国可能通过减产维系高价,从而保持利润收益。

41. 按原子核中的中子数和质量数区分。

42. 它帮助我们了解如何保护我们生存的世界,以确保物种的生存和良好的生活质量。

P108. 综合　标准化测试

1. C
2. D
3. C
4. A
5. A
6. C
7. A
8. D
9. A
10. B
11. 特蕾莎(21.5),班齐约翰斯(34.45),山姆大叔(40.4)。
12. 21 679 930 克拉×0.2≈4 336 千克。
13. 因为克是一种更常见的计量单位,可以帮助人们更容易地了解钻石的质量。
14. 因为地图是地球的一部分按比例缩小的表示,地图比例尺给出了地图上的距离与地球表面的实际距离之间的比率。没有地图比例尺,我们将无法确定实际距离。
15. 地球资源卫星图像能够以不同的颜色显示区域的地物辐射光谱差异。通过卫星拍摄的城市图像,并将其与周围污染少的区域进行比较,科学家能够看到城市与周围显著的色差。
16. 如果从矿石中分离废料的成本过于昂贵,或者如果特定矿石的供需关系发生变化,那么该矿物可能不再被归类为矿石。

17. C

18. C

19. 略。在地球和其他星球中都有发现硅。

第5章
火成岩

P110. 起步实验

1. 略。图示可能显示3～5种不同的矿物和相互间紧密连接的晶体。
2. 可能的矿物包括石英、正长石(斜长石)、黑云母(角闪石)。
3. 尺寸会因提供的样本而异。应该注意到晶体像拼图一样连在一起,轮廓可能不规则,也可能观察到平坦的晶体面或者解理面。
4. 开放式作答。答案能有相互紧密连接的晶体等。

P115. 迷你实验

1. 答案会因提供的样本而异。玄武岩类:深色岩石,如玄武岩和辉长岩;流纹岩类:浅色岩石,如花岗岩和流纹岩;安山岩类:颜色介于两者之间。
2. 差异包括颜色、矿物质含量和晶体大小。共性包括它们都是结晶体。
3. 铁镁族矿物,根据鲍文反应序列,它们首先形成玄武岩,然后变成安山岩,最后变成流纹岩。

P117. 第1节　本节回顾

1. 由于岩浆迅速冷却,没有时间形成较大的晶体。当它后面慢速冷却时,已经没有空间再形成大型晶体了。
2. 氧(O)、硅(Si)、铝(Al)、铁(Fe)、镁(Mg)、钙(Ca)、钾(K)、钠(Na)。
3. 温度、压力、含水量、矿物质成分等。这些因素的不同组合,会形成不同的岩浆。
4. 两者都是熔融状态。岩浆在地下形成并处于岩层压力之下。熔岩在地面上积聚,不受岩层压力,并且在化学成分上与形成它的岩浆有所不同。在地层压力下溶入的气体在岩浆涌出地表时逸出。
5. 这里压力太大,虽然温度很高,但不足以熔化地核。
6. 升高。由于石英先熔化,岩浆中的硅含量会高于岩石本身。
7. 基于鲍文反应序列,由于辉石和富含钠的长石结晶温度不同,两者共存是不大可能的,组成的矿物更可能是富含钙的长石和辉石。

P122. 技能实验

1. 在岩石上划出大约是整块岩石四分之一大小的部分。估计划出部分的灰色石英和白云母、粉红色长石、黑色角闪石和黑云母的数量。

2. 数据表中的矿物应包括石英和白云母、长石、角闪石和黑云母。百分比因估算结果差异而有所不同，但百分比应在以下范围内：石英和白云母（18%～35%）、长石（58%～80%）、角闪石和黑云母（2%～17%）。石英和白云母会一起出现在表格中，因为它们都是灰色的，在照片中很难区分。角闪石和黑云母也是如此，它们都是黑色的，在照片中同样很难区分。
3. 石英和钾长石的丰富含量表明这是一块花岗岩。
4. 答案会因估算结果而异。可能的误差来源包括数据点太少、难以估算不同矿物的面积以及计算错误等。
5. 一般来说，使用的数据点越多，估算结果就越准确。

P123. 第2节　本节回顾

1. 黑曜岩的颜色深，是其含有少量铁镁质矿物的结果。黑曜岩通常很光滑，又称为火山玻璃，成分与花岗岩类似，主要来自岩浆中的二氧化硅。
2. 花岗岩类——富含石英等浅色矿物；玄武岩类——富含铁和镁的深色矿物；中性岩类——浅色和深色矿物的混合物。
3. 缓慢冷却会发育大的、通常形状良好的晶体；快速冷却会发育小的晶体，冷却速度过快甚至会来不及形成晶体形状。
4. 矿物成分：安山岩与闪长岩矿物成分相近。晶体大小：安山岩晶体较小，闪长岩晶体较大。
5. 超基性岩由高熔点矿物组成。超基性岩浆在喷出地表之前就已冷却结晶。
6. 斜长石。斜长石形成较早，岩浆中有晶体生长的空间。石英后结晶，填充在先前形成的矿物颗粒之间，晶体形态通常不完整。
7. 0.6 m＝60 cm；2.5 m＝250 cm；2 cm×60 cm×250 cm＝30 000 cm^3；30 000 cm^3×2.7 g/cm^3＝81 000 g＝81 kg。

P125. 地学实验

1. 答案会因使用的冷却方法而异。可能的方法包括冷水浴、冷藏、扇风等。
2. 截棱或截角的六面体、八面体。大小不一定相同。大多数晶体都具有相似的形状。
3. 略。
4. 冷却速度影响晶体大小。因为它是测试的自变量。
5. 晶体开始生长时保持相似的形状，发育到一定阶段后开始相互干扰。随着继续发育，它们的形状变得扭曲。
6. 该实验与岩浆结晶不同，岩浆结晶过程为熔融矿物的冷却，而本实验过程为含有溶解矿物的热溶液的冷却过程。两个过程的相似之处是冷却速度在这两种情况下都会影响晶体大小，并且晶体通过在其表面附着新的原子而继续生长。

7. 冷却速度快,结晶小;冷却速度慢,结晶大。

P127. 第5章 复习检测

1. 熔岩
2. 鲍文反应序列
3. 岩浆
4. 斑状质地
5. 喷出岩
6. 花岗岩类
7. D
8. D
9. B
10. C
11. A
12. D
13. C
14. B
15. A
16. B
17. A
18. 开放式作答。如厨房的台面、地板、纪念碑等。
19. 玄武岩中的斜长石在较高温度下冷却形成,其钙含量高于钠含量。继续冷却后,这些长石与岩浆反应,长石的成分由富含钙转变为富含钠。花岗岩中的斜长石的钠含量高于钙含量。
20. 岩浆中包含大量高压气体→熔岩流出地表,压力降低→气体膨胀并在熔岩中形成气泡→熔岩快速冷却凝固,形成多孔玄武岩。
21. 浮岩中含有大量气孔,降低了岩石平均密度。
22. 当富铁橄榄石形成时,铁从岩浆中析出,岩浆的含铁量降低。
23. 不同矿物在不同的温度下熔化和结晶。所以,岩浆中一些矿物为固态晶体,一些矿物为熔融状态。
24. 岩石2很可能是花岗岩。参照图5-9,根据其中的石英、长石、黑云母和闪石的百分比,确定为花岗岩。
25. 参照图5-9,岩石4的各矿物百分比表明它是颜色深浅一般的中性岩。结合颗粒细小的信息,推断为安山岩。

26. 黑曜岩又称火山玻璃，内部没有晶体结构，遇到外力撞击时，很容易碎裂。组成花岗岩的主要矿物有晶体结构，遇到外力撞击时，这些矿物可能会破裂为更小的颗粒，但是不容易碎裂。

27. 在母岩部分熔化期间是可能的。初始熔化的矿物可能含有更高的硅含量，因此产生的岩浆比母岩含硅量更高。

28. 花岗岩中的主要矿物为石英、长石，它们的硬度大于不锈钢。

29. 钻石在地幔的高温高压环境中形成，其基岩金伯利岩的组成矿物也来自地幔。人类目前无法直接提取地幔物质，因此可以通过研究地表附近的金伯利岩来了解地幔。

30. 火山玻璃中不含矿物，由于熔岩快速冷却，火山玻璃缺乏晶体结构，不符合矿物的定义。

31. 最早结晶的矿物形成于高温高压的地下环境，当其到达外界环境迥异的地表后，很容易破裂。

32. 参考答案：帕利塞德岩床中的矿物会变成浅色的，如石英、钾长石、纯白云母和富钠斜长石。岩床冷缘部分因为由原始成分组成，首先沉降的晶体层会变成由钠长石组成；而岩床中心部分则是由石英、云母、长石组成。

33. 图略。这些术语的连线方式：最慢的、侵入、岩浆、花岗岩、辉长岩为一组；缓慢的、侵入（喷出）、熔岩、流纹岩、玄武岩为一组；快速的、喷出、熔岩、黑曜岩、浮岩为一组。

34. 这是一块具有三个不同部分的斑状岩石。边缘是冷边，晶体很小，与岩石其余部分的细颗粒颜色不同。冷边是岩浆与周围较冷的围岩接触时形成的，岩浆迅速冷却并形成特定成分的小颗粒晶体。随着剩余岩浆冷却，进一步形成了发育良好的大颗粒晶体。最后，残余岩浆迅速冷却，形成充塞其间的细粒晶体。

35. 开放式作答。可以从以下角度阐述：颜色组合、相互紧密连接的晶体、晶体大小和形状、硬度和耐用性等。

36. 熔岩比固体岩石密度低。

37. 花岗岩密度比玄武岩质的岩浆低。

38. 刚开始结晶的温度为液相线。刚开始熔化的温度为固相线。675℃时，熔融态的花岗岩开始结晶析出矿物。

39. 分子是通过共价键结合在一起的两个或多个原子。

40. 红宝石或蓝宝石。

P130. 综合　标准化测试

1. A

2. C

3. D

4. C

5. D

6. B

7. A

8. D

9. C

10. D

11. 侵入型火成岩。花岗岩:岩浆侵入地壳中的裂隙,缓慢冷却凝固形成。

12. 喷出型火成岩。流纹岩:熔岩在地表快速冷却凝固形成。

13. 侵入岩在地下形成,缓慢冷凝结晶。侵入岩在地表形成,快速冷凝结晶。

14. 意味着矿物由自然过程形成,它们是非生命体,其组成部分也不曾是有机体。

15. 比其他矿物更稀有、更美丽。

16. 确定地理一个点的精确位置至少需要两条交线。只有经线或纬线时无法准确定位。

17. A

18. C

第6章
沉积岩与变质岩

P132. 起步实验

1. 答案取决于化石样本。
2. 动物的种类、动物的步幅和体重、脚趾的数量、运动的方向、轨迹等。
3. 图表的解释是多样的。可能的原因：不同的动物可能会留下相似的足迹，不同的人可能对外观有不同的理解。

P136. 迷你实验

1. 略。图表中要反映出底部沉积颗粒最粗糙，其上有连续的较细的颗粒沉积层。
2. 粗粒沉积物——它们是最重的颗粒。
3. 黏土和淤泥。由于摩擦和水的黏性，更小、更轻的颗粒下沉得更慢。

P140. 第1节　本节回顾

1. 物理和化学风化使岩石被破坏，脱落、溶解的岩石碎屑变成沉积物，被侵蚀或搬运。
2. 图略。流程图应反映出沉积物在输送、重力作用下沉积形成的水平层和连续沉积过程。
3. 说明应包含以下信息：沉积物颗粒大小自下而上递减，因为重的物质往往最先沉积下来。
4. 地下的压力和温度随着深度的加深而升高，导致压实作用和晶粒石化。
5. 有可能，岩层显示一个向上细化的沉积序列（粒序层理）。同时，如果在水流速度降低时形成交错层理，颗粒大小会沿交错层理减小，一般情况下交错层理与粒序层理能明显区分开来。
6. 由于沉积物随着搬运距离的增加变得更圆润，因此可以确定是在逆流而上，朝着沉积物的源头行进。
7. 图片应包含熟悉的各种珊瑚和其他海洋动物。描绘合理即可。

P144. 第2节　本节回顾

1. 碎屑沉积岩。
2. 煤是由植物遗骸形成的。
3. 参见表6-1。
4. 蒸发过程不断从水体中带走水分子，导致剩余水体中矿物质浓度越来越高。这些矿物质沉淀下来形成化学沉积岩。
5. 随着蒸发的继续，其他海域的海水（或者含有矿物质的陆地径流）流入，不断流入的海水继续蒸发，导致新的矿物质不断沉淀。

6. 页岩由泥和黏土等扁平颗粒组成。这些颗粒在平坦地层中黏结在一起，它们不太可能在一个角度上堆积形成交错层理或波纹痕迹。
7. 最终厚度将是原始厚度的65%。30 cm×65%＝19.5 cm。

P148. 技能实验

1. 绿泥石和富钠斜长石。
2. 硅线石。
3. 页岩：白云母、黑云母、石榴石、十字石、蓝晶石、钠长石；玄武岩：绿帘石、角闪石、石榴石、斜长石。
4. 页岩中铝、硅含量较高，玄武岩中铁、镁含量较高。硅酸铝矿物，如十字石、蓝晶石和硅线石，由页岩变质形成，而更多富含铁和镁的矿物，如角闪石和辉石，则由玄武岩形成。
5. 石灰石中除钙、碳、氧以外的元素很少，不能形成方解石以外的矿物质。此外，方解石在较大的温度和压力范围内都相对稳定。

P151. 第3节　本节回顾

1. 温度升高会导致构成矿物的元素中的原子重组。这会导致新矿物形成或者导致矿物晶体变大。
2. 高压可形成扁平状或针状矿物，且它们的长轴垂直于压力方向。
3. 岩石循环说明岩石是在特定环境和特定过程中形成的。三种主要类型的岩石——火成岩、沉积岩和变质岩，是按成因分类的。
4. 区域变质作用：温度和压力影响大面积地壳；接触变质作用：由附近火成岩侵入体产生的热量引起的局部效应；热液变质作用：岩石与高温水体发生反应的结果。
5. 隆起、风化侵蚀、沉积岩化。
6. 火成岩侵入体最有可能位于石榴石和十字石矿物的南部。它们形成时的温度比白云母和绿泥石形成时更高，表明南部的温度更高。
7. 宝石重量为22 000克拉。

P153. 地学实验

1. 砂岩：颜色较浅、粒度中等、层理厚或块状；石英岩：颜色可能接近砂岩，颗粒融合在一起，层理较厚或块状。
2. 颗粒随着合并而变大，逐渐看不见单个颗粒。
3. 板岩由于含有变质云母矿物，页层较薄，手感较光滑，光泽较亮。页岩具有明显的薄层理构造。

4. 计算的密度会有所不同。可能的错误原因是计算错误、湿样品和干样品之间的质量差异、体积测量精度不足以及样品之间的细微差异等。
5. 新的变质矿物的形成可能导致颜色发生变化。
6. 板岩比页岩更致密，因为已经发育了更致密的矿物。石英岩比砂岩致密，因为二氧化硅已经生长到以前充满空气或水的孔隙中。大理石比石灰岩更致密，因为方解石已经重结晶成更致密的结构。如果新变质的矿物密度都比原来的矿物更大，那么变质岩的密度也会变大。

P155. 第6章　复习检测

1. 岩化作用
2. 交错层理
3. 岩石循环
4. 热液变质
5. 粒序层理
6. 非叶理状
7. 接触变质通常发生在一个限定的小范围，而区域变质发生在一个大型区域。
8. 一些碎屑沉积岩有较高的孔隙度。
9. 某些沉积岩具有的水平分层结构，称为层理。
10. 蒸发岩没有碎屑结构。
11. B
12. D
13. B
14. C
15. A
16. C
17. C
18. D
19. A
20. B
21. 溶解于地下水中的可溶性矿物渗入沉积物颗粒间的孔隙后发生沉淀，这些矿物质将沉积物颗粒胶结在一起。
22. 壳灰岩是壳体（甲壳遗骸）和壳碎屑体松散地胶结而成的；石灰岩是壳体化石（已石化）与石灰泥浆胶结而成的。
23. 300 L。

24. 见图6-17。在压力下，矿物沿着垂直于施力方向呈扁平状或针状延伸。
25. 砂粒通过胶结方式成岩，而黏土通过挤压方式成岩。
26. 未分选：山崩物质、冰川沉积物。分选良好：沙丘砂粒、沙滩砂粒。
27. 这些矿物的沉降会导致沉积物的胶结与岩化。氧化铁胶结会让岩石变红；而在酸性环境中，方解石胶结会让岩石在酸溶液中产生气泡。
28. 砾岩：碎屑比较圆润，搬运距离较远。角砾岩：碎屑比较粗糙，搬运距离较近。两者都含有丰富的石英和石英岩。
29. 由于淡水不断将矿物带入湖内，在蒸发作用下，湖水盐分浓度越来越高，湖底沉积物越来越厚。
30. 大理石由均一的块状方解石晶体构成，不易拉长或成片，因此不会出现叶理状变质结构。
31. 煤炭中含有植物遗骸，而岩石由无机的单质或化合物组成。
32. 沉积学家根据潜在用途推荐选用不同类型的砂砾。如果需要高孔隙度的砂，就不能推荐夹杂细颗粒的混合砂。
33. 应指出砂岩在页岩之下，石油蕴藏在砂岩孔隙中，但不是以油池的形式。
34. 化石是过去的生物体（遗骸、遗迹）存在的证据。动物足迹属于这种证据，波痕则不是。
35. 这是粒序层理。它具有良好的分选度，自上而下的颗粒由细变粗。
36. 风、流水、重力和冰川四种营力都可以搬运不同粒径的风化物。只有风力和流水作用在沉积时会出现良好的粒序层理，风和流水减速时，搬运力逐渐减小，在此过程中，较重的颗粒先沉积下来。
37. 玻璃硬度为5.5，石英砂硬度为7，石英砂可以轻易打磨、刮划玻璃颗粒；碳酸盐砂硬度为3，比玻璃软，玻璃仍然保持原始状态。
38. 图略。水平层理：流水沉积、风力沉积；粒序层理：流水沉积；波痕：流水沉积、风力沉积；流水沉积是不对称的，风力沉积是对称的。
39. 海水越深，温度越低，碳酸钙易溶于冷水，因此深层低温海水不易产生碳酸钙沉淀。
40. 开放式作答，鼓励记录尽可能多的岩石特性。
41. 略。
42. 可能花岗岩的需求量比较大。
43. 科学是指使用科学方法，从客观调查过程中获得知识。技术是将我们在科学中学到的知识应用到仪器和工具设计中，这些仪器和工具有助于进一步学习，以及提高我们的生活质量。
44. $MgCl_2$。
45. 部分熔融是指某些矿物熔点较低，在岩石升温时，它们首先熔化，其他部分仍然是固态。分离结晶是指某些矿物熔点较高，当岩浆冷却时，它们首先结晶，其他部分仍然是熔融态。

P158. 综合　标准化测试

1. D
2. C
3. A
4. B
5. D
6. B
7. B
8. D
9. C
10. A
11. 在挤压作用下，沉积物间孔隙逐渐变小。
12. 这是挤压过程。胶结过程中，沉积物孔隙中的矿物结晶将沉积物粘连。
13. 略。
14. 光泽是矿物表面的反光方式。虽然不同矿物的化学成分不同，其光泽会有差异，但用光泽判断较为主观。通常需要结合其他判断形式一起使用。
15. 鲍文反应序列说明了岩浆冷却和矿物形成之间的关系。
16. 质量数为10的硼原子有5个质子和5个中子，质量数为11的硼原子有5个质子和6个中子。这两个原子互为同位素，这意味着它们有相同的质子数，但有不同数量的中子。它们具有相同的化学性质。
17. 岩浆在地下是熔融状态。当它在地下冷却凝固，形成侵入岩；当它从火山流出时，称为熔岩，当熔岩冷却凝固，形成喷出岩(火山岩)。
18. 沉积岩是沉积物在重力作用下，层层累积、压实形成的，因此最古老的岩石一般位于沉积序列的底部。同时，沉积岩中可能含有化石。古生物学家可以通过沉积物了解沉积时的地理环境，从而推测古生物的生活环境。
19. B
20. D

第7章

风化、侵蚀和土壤

P162. 起步实验

1. 砂糖溶解得比方糖快。
2. 砂糖与水接触的表面积比方糖大，所以它溶解更快。
3. 把糖分成更多小块，可以增加表面积。

P170. 第1节　本节回顾

1. 与高度风化的岩石相比，未经风化的岩石裂缝较少，其内部矿物质基本不会与空气发生反应或受水的影响。
2. 在高温多雨、植被茂盛的气候影响下，化学风化速度快。在昼夜温差大、植被稀疏的荒漠气候和反复冻融的极地、高山气候影响下，机械风化速度快。
3. 化学风化可以溶解一部分岩石，或者通过化学反应改变矿物成分。机械风化只改变岩石的形状。
4. 表面积越大，风化越快。风化越快，表面积增加得越大。两者相互促进。
5. 花岗岩雕饰能保存更久，花岗岩的风化速度较慢。大理石由方解石矿物构成，它容易与雨水中的酸发生反应，因此大理石雕饰风化、侵蚀得更快。
6. 图略。图表应反映随着表面积增加，风化速度增加。x轴为表面积，y轴为风化速度。

P172. 迷你实验

1. 刻痕变浅了。
2. 肥皂块变得更圆润，形状变小，质量减少。
3. 开放式作答。

P175. 第2节　本节回顾

1. 风化将岩石和土壤破坏成更小的碎片。风化物更容易受到侵蚀，侵蚀通过流水、海浪、风和冰川等载体将松散的物质搬离。
2. 重力将所有物质往低处移动。
3. 海浪作用。
4. 细沟侵蚀和沟谷侵蚀都是由水引起的。细沟侵蚀沟槽较小，而沟谷侵蚀沟槽很深。
5. 答案因地而异。

6. 设计应包括减缓风速的方法。
7. 答案应包括对侵蚀类型和堆积物位置以及发展过程的描述。

P182. 数据分析实验

1. A:41%砂粒; B:28%粉砂、黏土;C:9%黏粒、粉砂壤土。
2. 土样B含最小颗粒(黏土)的百分比最大(67%)。
3. 40%。
4. B层的持水能力最佳,因为它的黏土和淤泥含量最多。
5. 开放式作答,应包括渗透性、压实能力和抗风蚀能力。

P183. 第3节 本节回顾

1. 岩石经过长时间的机械风化和化学风化,以及生物活动后形成土壤。
2. O层(有机残落物层)包含枯枝落叶和腐殖质。A层(淋溶层)包含灰色的有机物和风化后的岩石碎屑。B层(淀积层)有富含黏土矿物的底土。C层(母质层)由破碎的基岩构成。
3. 成熟的土壤剖面是指地层发育良好的土壤剖面,特别是有明显的B层。未发育成熟的土壤的剖面分层尚未形成或不易看到,通常以缺乏B层为特征。
4. 地形是土壤形成的五个因素之一,它包括坡度和坡向。陡峭的斜坡侵蚀更严重,土层较薄。
5. 是运积土壤,它是由慢慢填满这个山谷的沉积物发育而成的。
6. 答案因地而异。
7. 开放式作答。建议添加肥料、利用不同质地的土壤或碱性材料来中和酸性土壤。

P185. 地学实验

1. 岩石在流水中的物理风化过程。
2. 充分泡水后,岩盐片吸水已经达到饱和。若不先泡水,在实验期间,不同岩盐片的吸水差异会导致数据不一致。
3. 岩盐代表由水携带的矿物。摇晃罐子代表水的运动,例如水流运动或波浪。
4. 在现实世界中,酸雨可以让水体变酸,从而加速某些岩石的风化速度。请注意,酸雨对岩盐没有影响。可以拟一个主题:探讨一个区域的母岩类型对酸雨的化学风化速度有何影响。
5. 石英片不会被风化。

P187. 第7章 复习检测

1. 风化
2. 侵蚀

3. 剥落
4. 细沟侵蚀
5. 沉积
6. 沟谷侵蚀
7. 运积土壤
8. 土层
9. 土壤
10. 风化是地表物质的分解和破坏过程，侵蚀是将风化物从原地搬离的过程。
11. 化学风化是岩石和矿物的成分发生化学变化的过程，机械风化是岩石和矿物分解成更细颗粒的过程。
12. 沟谷侵蚀是细沟侵蚀的进一步发展形式。
13. 一个土壤剖面往往包括多个土层。
14. 侵蚀是将风化物从原地搬离的过程，沉积是物质被搬运后在另一个地点堆积的过程。
15. 以当地基岩为母质的土壤称为残积土壤，而运积土壤是以其他地区搬运而来的堆积物为母质发育而成的。
16. B
17. D
18. C
19. B
20. B
21. A
22. D
23. D
24. C
25. B
26. D
27. B
28. B
29. 岩石表面积越大，机械风化速度越快。
30. 化学、机械风化作用的权重取决于降水、气温和蒸发等因素，具体阐述见P168～P169。
31. 开放式作答，应该包括建造防风屏障和增加地表粗糙度，如用秸秆或覆盖庄稼等。
32. 气候、地形、成土母质、有机质、时间等因素，例子略。
33. 可以将粉碎的石灰石添加到土壤中以此中和酸性物质。

34. 风和洋流搬运沙粒，在障壁岛的下风或下游方向沉积。随着时间推移，将显著改变障壁岛的形态，使其发生移动。

35. 河流上游侵蚀，并将沉积物搬运至入海口沉积，形成三角洲。

36. 略。

37. 顶层为有机残落物层（O层），由腐殖质和枯枝落叶等有机物组成。第二层为淋溶层（A层），由深棕色的有机物和风化后的岩石碎屑组成。第三层为淀积层（B层），含有表层水下渗后析出的溶解矿物。第四层为母质层（C层），几乎不含有机质，通常由破碎的基岩组成。

38. 略。

39. 风化是对岩石的破坏作用，侵蚀作用剥落岩石，搬运作用使风化物脱离原地，侵蚀和搬运是同一过程，但对象不同，沉积作用是指被搬运物在异地堆积。

40. 开放式作答，必须包括持水能力、肥力、颜色和易受侵蚀程度。

41. 从上而下依次为A、B、C层。

42. A层富含有机质和腐殖质，颜色较深；B层富含黏土矿物；C层通常由基岩风化而来。

43. 成熟土壤，有明显的分层。

44. 某地和地心连线与赤道平面的线面角的值为纬度，某地位于赤道以北为北纬，以南为南纬；过南北两极点和某地的最短半圆所在平面，与过南北两极点和格林尼治天文台的最短半圆所在平面，两者构成的二面角值为经度，某地位于格林尼治天文台以东为东经，以西为西经。

45. 矿物是自然形成的，由固态无机物组成的单质或化合物晶体。

46. 石灰岩。

P190. 综合　标准化测试

1. B
2. C
3. D
4. D
5. B
6. A
7. D
8. D
9. A
10. 速度＝距离/时间＝100 m/5 s＝20 m/s
11. 这5 s物体处于静止状态。

12. 自变量是时间,因变量是距离。

13. 形成过程:①某些海洋生物的壳由碳酸钙组成。当海洋生物死亡后,它们的贝壳沉入海底形成碳酸盐沉积物。②沉积物在埋藏和岩化时,碳酸钙从水中沉淀下来,并在碳酸盐沉积物颗粒之间结晶,使其胶结。③碳酸钙固化后,形成石灰岩。

14. 煤不是矿物,它由几百万年前的有机物形成,而矿物由自然界的无机物形成。

15. 区域变质发生在地壳中受大规模高温高压影响时,比如造山运动、岩浆活动、板块运动等。区域变质导致岩石种类和矿物发生改变,使岩层形成和变形。

16. C

17. B

18. A

第8章
块体运动、风和冰川

P192. 起步实验

1. 水太多或太少，沙子都不能成形。
2. 第二个容器中的沙子能够保持形状，因为它的水量刚好能够让沙子黏合，又不至于多到让沙子流动。
3. 水太多会使沉积物流动，太少则沉积物不易成形。

P200. 第1节　本节回顾

1. 蠕动、流动、滑动、岩崩。
2. 重力是所有块体运动背后的根本原因（动力）。
3. 开放式作答。在冻融泥流形成中，水使永久冻土上方的土壤饱和，导致土层滑下山坡。在泥流中，水填充在土壤颗粒之间，使其颗粒间的摩擦力减小（润滑土壤颗粒），导致土层滑动。
4. 开放式作答。泥石流可以迅速掩埋和摧毁城镇，导致人员伤亡和财产损失。山体滑坡会破坏房屋等，造成财产损失，并可能在局部地区造成人员伤亡。落石会堵塞道路，造成交通安全隐患。长时间蠕动会破坏墙壁和管道。
5. 在经常发生暴雨的山区，泥石流较为常见。因为堆积的碎屑吸水变得饱和，容易在重力作用下运动。
6. 如果人类冒险进入30°～40°的积雪斜坡，容易在那里遭遇雪崩。解决方法：①提前规划线路，绕行危险区域。②主动诱导小型雪崩，避免积雪量过大。
7. 海报应说明泥流是缓慢而稳定的运动。崩塌是快速的运动。水是影响这两种类型块体运动的重要因素。

P206. 第2节　本节回顾

1. 戈壁是风力吹蚀的结果。风棱石是由风挟带的颗粒磨蚀形成的。风沙遇到植被和障碍物的阻挡，沉积形成沙丘。
2. 风速的增加和植被的减少都会增强风力侵蚀。
3. 黄土比沙子更细，因此它可以在大气中搬运更长的距离。
4. 见P205表8-1。
5. 沙粒从沙丘的迎风侧跃移，然后落到背风侧并停止，这种持续运动使沙丘不断移动。
6. 风是一种有效的侵蚀载体，风可以将沉积物往不同方向输送，从而改变干旱和沿海地区景观。

7. 例如：海岸边的房地产开发可以通过改变风向、移除沙丘和植物，影响风蚀作用。

P208. 数据分析实验

1. 放射量最高出现在410～425 cm深度。最低出现在115～150 cm深度。
2. 冰芯中的放射量下降。
3. 除非发生其他核事故，否则冰芯中的放射量可能会减少。
4. 冰芯包含大气中的物质，并可以揭示历史上的人类活动（如核试验）和自然活动（如火山喷发）。

P210. 迷你实验

1. 答案取决于所用的材料。
2. 烤盘温度升高，碎冰块融化，这个过程模拟了雪线附近或气候变暖导致的冰雪消融。
3. 碎冰块内嵌的物质模拟了冰碛物。
4. 含有各种沉积物的碎冰块模拟了冰川，它在形成过程中裹挟了岩石和其他碎屑物。碎冰块消融，冰中的碎屑物堆积形成的小山脊即为模拟的冰碛。

P212. 第3节　本节回顾

1. 例如：通过侵蚀，冰川可以形成冰斗、角峰或悬谷；通过堆积，冰川可以产生鼓丘、蛇形丘和冰砾阜。
2. 当积雪不能完全融化时，经过持续降雪，上层的雪不断给下层的积雪施加压力，迫使雪重新结晶，进而形成冰川。
3. 山岳冰川比大陆冰川的规模小得多。它们形成于高山的山谷中，当冰川多到越过冰斗时，它们会沿着山谷向下移动。大陆冰川覆盖大陆，它们的中心较厚，边缘较薄。
4. 冰水沉积平原是冰川融水流动并形成的平原。鼓丘是狭长小丘，蛇形丘如蜿蜒的山脊，冰砾阜是圆锥状的沙石堆。
5. 过去冰川活动的证据包括堆积地貌，如鼓丘、蛇形丘和冰砾阜；侵蚀地貌，如冰斗和角峰。
6. 大陆冰川具有塑造大规模景观的能力，并深刻影响了美国本土北部；而山岳冰川可以塑造出多样化的景观，但影响范围较小。
7. 图示应包括蛇形丘、冰砾阜、鼓丘和冰碛。

P214. 地学实验

1. 山谷的U形剖面，表示它是由冰川侵蚀形成的。
2. 由西向东。

3. 北。
4. 经历过山体滑坡的西侧有更陡峭的谷壁。
5. 地面湿润、地形陡峭、植被稀疏、地壳运动活跃等。
6. 植被可以拦截和吸收一定的降水量,滑坡可能不会发生。

地学写作

应该包括滑坡的定义,并解释它与其他块体运动的区别。

P217. 第8章 复习检测

1. 滑坡
2. 泥石流
3. 蠕动
4. 风棱石
5. 黄土
6. 磨蚀
7. 山岳冰川形成于山区,而大陆冰川覆盖在广阔的大陆地区。
8. 冰川融水流动留下的绵长而蜿蜒的多层沉积物丘陵,称为蛇形丘。冰川消融后,水碛物冲落到冰川低洼处和开口处形成的圆锥状堆积物称为冰砾阜。
9. 冰碛是由冰川融化后,未分选的碎屑堆积形成的垄状地貌;而冰水沉积平原是冰河流动,在冰川前缘由冰水沉积而成的平原。
10. A
11. C
12. B
13. C
14. D
15. D
16. C
17. A
18. C
19. C
20. B
21. D
22. B

23. D

24. 强风使得小颗粒物在空中长距离悬浮漂移，称为悬移；大颗粒物通常在地表以弹跳形式运动，称为跃移。

25. 水在沙粒之间起到润滑的作用，减小了它们之间的摩擦力。

26. 冰斗、角峰、悬谷、刃脊。

27. 开放式作答，参考P204的图8-18。

28. 流动：物质像液体一样移动。滑动：较薄的土壤、岩石或碎屑，会相对下方基岩发生滑动。岩崩：岩石破碎并向下坠落。

29. 泥流作用通常是发生在永久冻土区的蠕动。

30. 土流和泥石流。

31. 风蚀颗粒有凹坑、棱角、多个表面，而流水侵蚀颗粒则光滑圆润。

32. 在沿海沙丘地区进行人工建设和清除沙丘植被，会破坏沙丘的发育和迁移。

33. 当沙子和较小的颗粒发生风力沉积时，会形成沙丘。沙丘的形状取决于沙子的数量、风向和风速。鼓丘是由冰碛物形成的细长山丘，它的形状取决于冰川融水的流动。

34. 火山喷发导致的冰雪融水可能导致泥石流、火山泥流。

35. 沙漠、半干旱地区、海岸和湖岸等植被覆盖较少的地区尤其脆弱。美国容易受到风蚀的地区包括中西部、东南部和五大湖周围。

36. 风力磨蚀可以对各种岩石进行磨蚀，可以磨掉电线杆基座，刮掉房屋上的油漆，风沙中夹杂的石英等硬质物质不断消磨建筑物。

37. 冰雪融化后，冰斗积水形成圆形湖泊。

38. 略。概念图应显示鼓丘、蛇形丘和冰砾阜都具有冰川沉积特征，但鼓丘是细长的小丘，蛇形丘是蜿蜒的小丘，冰砾阜是圆锥形的土丘或小山。

39. 保护自然植被、禁止过度开垦等。

40. 略。应说明滑坡可能会对这些地方的生命和财产安全构成巨大威胁。

41. 例如：阿巴拉契亚山区的触发因素是陡峭的地势和丰富的降水，加利福尼亚北部的触发因素是地震和丰富的降水。

42. 佛罗里达州地势平坦、地震活动少。

43. 提高公众对山体滑坡威胁的认识、建立滑坡地质灾害监测系统等。

44. 6个。

45. 超基性岩浆岩的硅含量最低。

46. 古生物的遗体、遗迹被掩埋，经过岩化作用后在岩石中得以保存。

P220. 综合　标准化测试

1. C

2. A

3. A

4. B

5. B

6. C

7. C

8. D

9. A

10. B

11. 柠檬汁、茶和醋都是酸,而氨水是唯一的碱。

12. 测试的液体是中性物质。

13. 当岩石通过风化分解成碎屑,土壤开始形成。岩石继续分解,生物栖息在这些成土母质上。当这些生物死亡和腐烂后,成土母质增加了有机养分,最后形成土壤。

14. 海岸沙丘地带的建设破坏了植被,增加了海岸侵蚀和风暴潮的威胁。

15. 风化是对岩石的破坏作用,侵蚀作用使岩石物质变少。

16. 花岗岩是一种岩浆岩,紧密连接的晶粒增加了岩石强度。花岗岩含某些硬性矿物质,其抗风化能力较强。

17. 交流科学成果有助于科学家通过验证结果来消除可能的错误或偏见,向他人介绍新的理论或发现后,他人也能开展进一步的深入研究。

18. 某种特定化学元素的不同种类。同位素具有相同质子数目,但中子数目不同。

19. D

20. A

21. 例如:燃烧化石燃料等人类活动可能导致全球气候变暖和两极冰川融化。如果这种趋势持续下去,沿海地区大部分土地可能会因海岸侵蚀而消失,一些动物,如北极熊,可能会因为失去栖息地而灭绝。

第9章
地表水

P222. 起步实验

1. 秃土块水土流失更严重。
2. 草皮有利于水的充分下渗。

P227. 技能实验

1. 不低于50 cm/s。
2. 50～160 cm/s(注:流速大于160 cm/s的流水会继续携带小卵石)。
3. 棒球和排球。测量物体,看它们的直径是否为0.2～6.4 cm。

P231. 第1节　本节回顾

1. 河流朝侵蚀基准面下切。河水和其搬运物侵蚀河床,使河床加长、加深、加宽。
2. 河流携带的承载物有溶解物、悬移物和河床承载物。
3. 当河流流量和流速增加,河流承载力也会增加。
4. 在陡坡地区,水来不及渗入地下就流走了。
5. 在河流泛滥期间,洪水留下的沉积物形成了河漫滩。河漫滩通常含有肥沃的沉积物,因此它们经常被用作农田和定居点。
6. 洪水溢出河流两岸后,流速变慢。大颗粒沉积物在河流边缘沉积,形成堤坝。小颗粒沉积物在洪泛区形成了冲积平原。
7. 表格略。应体现河流速度逐渐降低,大块鹅卵石、砂砾、粉砂、黏土依次沉积。

P237. 第2节　本节回顾

1. 在地势落差大的山区,河流强烈下蚀,形成V形河谷。
2. 随着距离海洋越来越近,河流的坡度减小,流速变缓。通常,下游河流流量增加,河道也变得更宽。
3. 弯道内侧(凸岸)流速最小,外侧(凹岸)流速最大。
4. 如果基岩坚硬且不易溶解,那么需要更长的时间才能到达侵蚀基准面。
5. 河流回春可以从曲流切割出的峡谷中看出。参考P237科罗拉多河的变化。
6. 开放式作答,总的来说流速在源头较快,在入海口较慢。

P240. 迷你实验

1. 砾石坑水快速下渗，坑中剩余最少，沙土坑次之，黏土坑最多。
2. 在地表物质颗粒较小的区域，容易积水成湖。
3. 不易透水的地表物质。

P241. 第3节　本节回顾

1. 开放式作答。不断沉积，湖泊水体越来越少。同时，水生植物不断生长、死亡，枯枝落叶不断填充湖泊。最终可能会演变成旱地。
2. 要形成湖泊，必须有水源和一个地表物质透水性较差的洼地。
3. 当化粪池泄漏的生活污水、工业排放的废水、使用化肥的农业灌溉用水等排入湖泊时，容易导致水体富营养化。
4. 表略。湖泊种类可以包括曲流裁弯取直形成的牛轭湖，滑坡形成的堰塞湖，冰川刨蚀、冰碛物堵塞、冰斗和锅穴形成的冰川湖泊等。
5. 开放式作答，例如开发商想在湿地地区开发度假村，但这样做会破坏湿地生态环境。
6. 开放式作答，但应包括湿地能过滤水体，湿地生物能吸收污染物等信息。

P243. 地学实验

1. 斜坡倾角越大，流速越快。
2. 随着河流不断侵蚀河床，河流坡度会减小。
3. 落差最大处水流速度最大。
4. 略。数值应该在30°和40°时的流速值之间。

拓展探究

实验设计应充分评估以河床质地作为变量的实验结果。

P245. 第9章　复习检测

1. 径流
2. 流域
3. 河床承载物
4. 流量
5. 三角洲
6. 河道
7. 河流回春

8. 湖泊
9. 水体富营养化
10. 湿地
11. 悬移
12. 河漫滩
13. C
14. B
15. D
16. B
17. A
18. B
19. B
20. B
21. C
22. B
23. D
24. A
25. 河流三角洲是一种沉积地貌。在河流入海(湖)口,水流速度减慢,河流搬运能力下降,细小的沉积物不断在河口沉积,形成河流三角洲。冲积扇的形成方式类似。当河流从狭窄、陡峭的峡谷流出,山前地形较为平坦时,河流携带物质会在山前不断沉积,但是冲积扇沉积物中含砂和砾石等粗颗粒沉积物。
26. 凹岸附近河水流速最大。
27. 凸岸。
28. 凹岸。
29. 22 500 m^3/s。
30. 河流和大气中的水都是水循环的一部分。云中所含的水蒸气会凝结并降落到地面,部分降水通过坡面汇入河道,河流中的水可以蒸发到大气中,并形成云。
31. 水华是富营养化的结果。如果水中含有过多的磷或氮,就会发生这种情况。
32. 湍流增加,河水携带的能量更大,大颗粒物质可以继续保持悬移状态。
33. 植被覆盖率较高、土壤孔隙多、降水强度弱会导致渗透量更大。陡峭的斜坡、压实的土壤和高强度的降水会导致径流量更大。
34. 上游支流流域面积小,流量小,河道狭窄、陡峭,导致湍流。下游干流流域面积大,流量大,河道宽阔、坡度缓,水流平稳。

35. 河漫滩。

36. 概念图略。图中应看出如下联系:降水→下渗(导致地下径流)和地表径流(通过河流系统)→海洋→蒸腾和蒸发→凝结→降水。

37. 开放式作答。例如,污水在排入湖中之前应进行测试和处理,应监测污水中的溶解物质(如磷酸盐和硅酸盐)的含量并将其控制在合理水平,应监测污水中的细菌含量等。

38. 开放式作答。例如,最近发生的洪水造成了巨大的破坏,因为随着河流的宽度、深度和流速的增加,河流流量大大增加。由于流速快,河流的搬运能力较强,因此大量砾石和树木被冲到下游。河流侵蚀了河岸,冲刷了河床。随着洪水消退,整个城镇留下了大量的沙子和碎屑沉积。

39. 1992年。之前虽然有断流,但总体保持稳定。

40. 1997年,大约120天有水流。

41. 开放式作答,应包括:(1)灌溉(农业)、市政用水和其他(工业和水电)用水增加;(2)长期干旱;(3)中上游地区的植被破坏或上游过度截水等。

42. 地形图是显示一个地区的丘陵和山谷等详细地貌的地图。地形图显示了地表高度的变化。它还展示了山脉、河流、森林和人造建筑,如桥梁、建筑物、高速公路和铁路。用途包括地质勘探、城市规划、工程建设等。

43. 煤。

44. 水可以增加块体质量,浸润块体内部孔隙,使其颗粒间减小摩擦力,从而促使块体运动发生。

P248. 综合　标准化测试

1. B
2. D
3. C
4. A
5. C
6. D
7. A
8. B
9. B
10. C
11. 表格按比重递增排列。
12. 从这张表中可以推断出,矿物比重增加,硬度不一定增大。

13. 水循环中的下一个步骤是水滴以降水的形式落到地球上，再以径流的形式继续参与水循环。

14. 砾岩和角砾岩都是粗粒沉积岩。砾岩主要由圆形颗粒组成，这表明砾岩经过流水长距离搬运。角砾岩主要由棱角明显的颗粒组成，这表明角砾岩被搬运的距离并不远。

15. 当盛行风持续将沙子从沙丘的迎风侧搬运到背风侧时，会导致沙丘随着时间缓慢移动。

16. 开放式作答。例如：施工人员可以用钢网等材料覆盖陡坡，或在坡底设置防护障，以此防止发生滑坡事故时，块体物质跌落到高速公路上。

17. D

18. B

19. C

20. 开放式作答。例如：准备一个装电池的收音机（可以用来随时了解正在发生的情况）、一部手机（以防万一需要拨打紧急电话），在附近找到一个地形较高处，设计好迅速撤离的路线，告诉家人你的逃生方案，保证大家及时撤离。

第10章

地下水

P250. 起步实验

1. 根据实验结果回答，一般情况下，黏土中的水最多，粗砂次之，细砂最少。
2. 根据实验结果计算。
3. 根据实验结果推测。

P258. 第1节　本节回顾

1. 降水下渗后，它会成为地下水。地下水从泉水和井中涌出时，它会进入地表径流，流向海洋。
2. 参考P257的图10-5作答。应说明泉水通常出现在含水层在隔水层之上，且两者与地表相交的地方。
3. 地下水可以在地热活跃的地方被加热。加热的地下水往往会上升，因为它比冷的地下水密度小。
4. 流速由地下水位的坡度和土壤的渗透性决定。
5. 地下物质的孔隙度取决于物质内部孔隙的数量，而渗透性是水流过物质孔隙的能力。要具有渗透性，物质内部的孔隙必须相通。
6. 隔水层可以帮助截留下渗的水，防止地下水下渗过深导致不易开采。
7. 开放式作答。地下水最有可能出现在隔水层之上和粒度大、分选良好的沉积物中。

P262. 第2节　本节回顾

1. 当氢离子溶解石灰岩中的碳酸钙时，石灰岩区域会形成石芽、石林、峰丛、峰林、洞穴、渗坑等侵蚀地貌。碳酸钙在溶洞中沉积，形成钟乳石、石笋、石柱等沉积地貌。
2. 碳酸、盐酸是最常见的酸。
3. 图示会有所不同。答案应反映出地下水不断溶蚀石灰岩，逐渐形成岩洞。
4. 硬水常出现在地下水丰富的石灰岩地区。
5. 在洞穴的顶部形成的水滴，水中的二氧化碳逸出，并产生碳酸钙沉淀，不断积累形成钟乳石。水滴溅到洞穴底部，其中的二氧化碳逸出并产生碳酸钙沉淀，不断积累形成石笋。
6. 识别喀斯特地貌的景观图，联想其等高线特征，可以特别关注凹陷地形。
7. 地下水溶蚀石灰岩，产生落水洞、地下河，这些属于喀斯特地貌。

P264. 技能实验

1. 略。
2. 用线条依次连接三个站点的地面高程点。
3. 它们将上升到承压面高程。站点1：2 m；站点2:1 m；站点3:溢流。
4. 在站点3水将喷出地表2 m。
5. 由于站点3是唯一出现自流井的站点，这个自流井的钻深可能会导致其他两口井变干，具体取决于钻探深度。

P265. 迷你实验

1. 底端相对水位最高，顶端相对水位最低。
2. 地下水位是沙子中的水位。
3. 水在底部受到压力最大。底部承受了上部水的重力。
4. 地下水位和表面将降低。

P268. 第3节　本节回顾

1. 例如：过度开采导致地下水位下降，地下水供应减少，地面可能出现沉降。如果靠近海洋的水井抽水过多，海水就会渗入。
2. 由于承压含水层处于承压面之下，自流井中的水是承压水。
3. 例如：自流井中的水来自承压含水层，而普通水井中的水来自潜水含水层。
4. 氡会致癌，但在所有地下水中的浓度都很低。地下水中溶解盐含量过高会导致地下水无法饮用，但盐本身并没有毒性。
5. 实验会有所不同，但应包括关于隔水层、不透水屏障等知识。
6. 例如：通过减少道路融雪盐的使用、监测氡等有害物质含量以及减少杀虫剂和其他化学品的使用等来预防地下水污染。
7. 含水层的渗透率越高，污染物越容易扩散。

P270. 地学实验

1. 两侧地面的坡度大约为1.44英尺/英里（0.3‰）。
2. 最多1/100（1%）。
3. 西北。
4. 略。
5. 开放式作答。答案应说明不同海拔的地下水及污染羽向下的流动方向。

P273. 第10章　复习检测

1. 地下水位
2. 下渗
3. 含水层
4. 回灌
5. 喀斯特地貌
6. 钟乳石
7. 落水洞
8. 含水层和隔水层。
9. 承压含水层是两层隔水层之间的饱和含水层,而回灌区通常位于含水层较高位置,钻入承压含水层的井可能会以喷泉形式喷出地表,称为自流井。普通水井位于隔水层之上,含水层不承受压力。
10. 间歇泉。
11. D
12. A
13. B
14. C
15. A
16. C
17. D
18. D
19. C
20. C
21. C
22. 有湖泊和湿地的地区,地下水位在地表;而在没有地表水的地区,地下水位在地表以下。
23. 含水层必须受到两个隔水层限制并承受压力。
24. 在湿润地区,地下水位可能更靠近地表。在干旱地区,地下水位可能远低于地表。
25. 沉积岩中黏结颗粒的胶结物降低了孔隙度,导致了地下水不易流通,降低了渗透率。
26. 含水层在干旱期间不会得到补给,地下水位可能下降,甚至导致含水层干涸。
27. 在含有石灰岩基岩的地区更容易形成岩洞。因为地下水是弱酸性的,可以侵蚀碳酸盐岩,例如石灰岩。
28. 将有毒废弃物排放到落水洞中会对供水造成威胁。因为污染物一旦进入落水洞,就会进入地下水,并通过供水系统传播。

29. 钟乳石逐渐变细，因为受重力作用，吸附在洞顶的碳酸钙沉淀更多，向下逐渐减少；石笋在地面形成，碳酸钙沉淀在地上逐渐堆积，底部更宽，形状不规则。

30. 地下水位严重降低的山坡上不会出现泉水。

31. 构造抬升、干旱或过度用水导致地下水位降低，原来的洞穴高于现在的地下水位，形成干燥的洞穴。

32. 开放式作答。答案应说明地下水位与地面相交的位置出现泉水。

33. 海平面上升会减少沿海地区的供水。海平面上升还会导致海水渗入地下水。

34. 开放式作答。参考P264的图10-13，概念图应显示两种类型的井都打入含水层，但自流井打入的是承压含水层。

35. 当二氧化碳气体溶解在水中并与水分子结合时，会形成碳酸，碳酸会侵蚀石灰石（方解石），促进喀斯特地貌的发育。

36. 开放式作答。要点应包括地下水是地面以下的水源，可能没有明显边界，以及地球上淡水的数量有限。

37. 年份2。

38. 降水量和流量密切相关，并且随着时间的推移在图中具有相同的总体变化趋势。

39. 年份2有一处流量远高于降水量。这可能是由上游的洪水或其他异常事件引起的。

40. 离子键是由带相反电荷的离子在静电引力作用下形成的，共价键是通过电子共享形成的。

41. 促使不同类型岩石与岩浆之间不断转化，促使地表物质得以循环更新，不断塑造地表形态。

42. 气候、岩石类型和成分、表面积、地形、生物；气候是影响地球物理、化学风化速率的主要因素。气温越高，化学风化越快；水是一种良好的溶剂，气候越湿润，化学风化越快。高温多雨的地区，例如热带雨林地区，化学风化程度最高。

P276. 综合　标准化测试

1. C
2. A
3. B
4. A
5. C
6. A
7. D
8. A
9. D

10. C

11. 图片代表水循环。水在这个过程中经历了蒸发、上升、凝结、水汽输送、降水、径流、下渗和蒸腾等步骤。

12. 这个阶段涉及蒸发。水不仅从海洋和其他水体中蒸发,还从陆地表面蒸发,因此需要两个箭头。

13. 降水。

14. 四面体结构允许分子以不同的方式在化学性质和结构上结合,从而产生了各种各样的硅酸盐。

15. 过度开采井水会导致该井周边地区的地下水位下降,形成地下水漏斗区,还可能导致井和周围的其他浅井干涸,地表沉降、塌陷。

16. 当人类在斜坡上或沿着斜坡建造重型建筑物、道路等时,会导致斜坡变得不稳定,从而引发滑坡等块体运动。

17. D

18. B

19. C

第11章
大气圈

P280. 起步实验

1. 温水中的暖空气上升，并在冰块下面的保鲜膜上冷凝形成水滴。
2. 水分子在蒸发过程中获得足够的热能，与其他分子分离并以水蒸气的形式进入大气。水蒸气凝结成液态水滴，最终以降水的形式落下。
3. 温暖的空气上升得更快，这会导致冷凝速度加快，形成更多的降水。

P288. 第1节　本节回顾

1. 氮气、氧气、氩气、二氧化碳、水蒸气（水蒸气的含量变化大，但是应排在氧气的后面）。
2. 尘埃、盐粒、冰晶和空气中的微生物。
3. 每层都以温度变化的骤然中止为标志。对流层和中间层的温度随着高度的上升而下降，而平流层和热层的温度随着高度的上升而升高。每一层的成分都不同。
4. 由于臭氧分子吸收来自太阳的紫外线辐射，因此平流层的温度会随着高度的上升而升高。
5. 太阳辐射中的可见光可以被地球表面吸收，地表在吸收可见光的同时也以红外线的形式向外辐射。
6. 在从顶部加热的锅中，锅内的水不会发生对流，因为温暖的、密度较小的水会一直在上面并且不会下沉。如果锅内的水不发生对流，热能的传递会更慢。结果就是从上方加热的锅将需要更长的时间才能煮沸。
7. 没有大气层的行星表面很可能非常冷，也可能温差非常大。
8. 温度为−12.5℃。

P294. 技能实验

1. 大约 13 g/m^3；大约 23 g/m^3。
2. 10 g/m^3 ÷ 18 g/m^3 ≈55.6%。
3. 不会。因为相对湿度是空气中的水蒸气与空气所能容纳的最大水分之比，该值永远不会超过100%。

P295. 迷你实验

1. 在这两种情况下都会出现杯壁上有冷凝水滴的现象。如果两个位置的相对湿度不同，则玻璃杯壁上的水珠量也有所不同，越潮湿的环境中会产生越多的冷凝水滴。

2. 露水的形成原理类似,它是近地面的湿空气冷却凝结形成的。

P296. 第2节 本节回顾

1. 大气中的气压和密度随高度上升而下降。对流层和中间层的温度随高度上升而下降。相对湿度随海拔升高而降低。
2. 逆温时,温度随高度升高而升高。
3. 当温度升高时,粒子(原子和分子)运动得更快。
4. 上升气团的相对湿度随着高度的增加而增加,因为气团在上升过程中温度下降,达到饱和所需的水蒸气含量也降低。露点温度会降低,但幅度很小。上升气团温度下降,逐渐接近露点。当两者温度相同时,水蒸气开始凝结。
5. 实验会有所不同。可以用风扇在不同类型(粗糙度)的表面上吹风。
6. 干绝热直减率为每千米下降10℃。超过11 km的高度,温度将下降110℃。

P303. 第3节 本节回顾

1. 低云和中云的温度在冰点以上,而高云的温度低于冰点。低云是由水滴组成的,中云是由水滴和冰晶组成的,高云是由冰晶组成的。
2. 开放式作答,应该说明水蒸气凝结成液态水,还可能形成各种形式的冰晶。
3. 如果降水发生在冰点或冰点温度以下的空气层中,就会出现降雪。
4. 空气的稳定性取决于气团的温度,以及相对于周围环境的情况。如果气团温度比周围环境温度低并且有下沉的趋势,那么它就是稳定的。如果气团温度比周围环境温度高,且密度低,那么它就是不稳定的。
5. 由于凝结核吸附水汽形成降水,因此凝结核减少会导致降水减少。没有尘埃等颗粒的空气很难产生大量降水。
6. 开放式作答,描述中应依次包括蒸发、凝结和降水过程,还可以补充径流等水循环过程。

P305. 地学实验

1. 平均温度会有所不同。但不管什么情况:施加压力时,温度升高;除去压力时,温度降低。
2. 根据实际情况绘制图表,图表中应能显示施加压力时温度升高,除去压力时温度降低的趋势。
3. 随着压力的增大,分子间距更小。这会产生更多的碰撞,并产生更多的热量。
4. 如果没有杯盖,对杯子施加压力时空气会逃逸。杯内压力不会发生变化,因此温度也不会变化。
5. 低压。炎热的沙漠地区的空气比周围的空气温度高,密度小,因此会上升,在近地面形成低压。

数据分享

应该注意调查低压气团是如何上升，从而导致更多的云和降水的，高压为什么会出现晴朗、微风和干燥的天气条件。

P307. 第11章　复习检测

1. 散逸层
2. 传导
3. 露点
4. 饱和
5. 湿度
6. 凝结核
7. 对流层
8. 降水
9. 聚结
10. 平流层
11. 辐射
12. 对流
13. 地形抬升
14. C
15. C
16. B
17. B
18. B
19. C
20. A
21. D
22. D
23. A
24. 积雨云导致的降水通常是从块状的冰晶融化开始的。与雨层云中碰撞合并形成的简单雨滴相比，这样的冰晶中含有更多的水。
25. 蒸发和凝结是水循环中的重要环节。蒸发将水转化为水蒸气，凝结又将水蒸气转化为水，通常发生在云形成的高度，会导致降水过程。

26. 潜热在蒸发过程中储存，在凝结过程中释放。
27. 不稳定的空气迅速上升，带走大量的水蒸气。水蒸气凝结，释放潜热，使得云团比周围环境更暖和，从而又得到进一步发展。
28. 由于靠近大海，水蒸气供应更充足，该岛的相对湿度会更高。
29. 地球大气圈的加热过程主要是通过地球表面的热传导和对流进行的，不是云吸收太阳辐射加热的。
30. 传导通过分子碰撞传递能量，对流通过流体循环传递能量。
31. 对流层温度随着高度升高而下降，而平流层正好相反。对流层的大气组成即地球大气组成，而平流层相对而言臭氧含量更高。
32. 主要受地表附近的空气温度影响。如果空气温度低于冰点，降水是冰、雪等形态。如果高于冰点，降水将呈液态。
33. 空气温度等于露点时，空气中的含水量就饱和了。
34. 水蒸气是形成云的主要成分，它还能在凝结过程中释放潜热。
35. 开放式作答，应包括气象观测员使用的技术和资料等信息。
36. 如果大气中的氧气分子较少，臭氧分子很可能会减少。
37. 这个高度通常位于平流层，这里几乎没有对流层的各种天气现象，更适合飞行。
38. 海滩上会更凉爽。内陆地表比水面升温更快，这使得陆地上空的空气上升，然后形成海风，将凉爽的空气带离水面(地表物质与海水的比热容差异)。
39. 由于春季盛行气团的属性差异，形成了更大的温差和压力梯度。
40. 由于该地区反照率(海冰)减少，吸收的能量会增加，这会导致海水温度升高。
41. 积雨云，因为它们能在短时间内产生大量的降水。
42. 日出温度上升，温暖的空气可以容纳更多的水汽。如果此时没有新的水分输入，相对湿度将会下降。日落之后降温，让空气容纳水汽的能力降低，因此相对湿度上升。
43. 概念图略。图示应按以下顺序构建。第一层是水循环。第二层为蒸发→液体变为气体；凝结→气体变为液体。
44. 大城市的气温很可能会更高，原因包括城市中的混凝土和路面等(下垫面)吸收辐射升温更快。
45. 开放式作答，故事中应包括积雨云与冷锋、龙卷风和雷暴之间的联系。
46. 城市1。
47. 城市3。
48. 城市2。
49. 同一等高线上海拔相等，等高线不相交。
50. 岩浆岩中主要矿物形成的规律。

P310. 综合　标准化测试

1. B
2. A
3. C
4. D
5. A
6. B
7. C
8. A
9. C
10. D
11. 变质岩，因为它的叶理结构带有扭曲的条带。
12. 岩石形成时的高温和高压条件改变了岩石的质地或化学成分，但不足以熔化成岩浆。岩石中的矿物质在新的温度和压力条件下重新形成新的稳定矿物质。
13. 如果作用于该岩石的高温高压持续增加，它可能完全熔化为岩浆。一旦岩浆冷却，就变成岩浆岩。它也可能变成另一种变质岩。岩石还可能被风化和侵蚀成沉积物，这些沉积物可能会胶结成沉积岩。
14. 温度是物质动能的量度。运动速度越快的粒子具有越多的热量，从而导致温度越高。热量是从高温物质向低温物质传递的能量值。
15. 离子是带负电荷或正电荷的原子。当原子获得或失去一个或多个电子时，就会形成离子。
16. 残积土位于成土母质之上。在洪水期间，流水侵蚀、搬运残积土，然后将其沉积在新位置，形成运积土。
17. A
18. D
19. C
20. 例如：臭氧能吸收来自太阳的紫外线辐射。如果没有臭氧层，人类和其他生物将无法生存，生物无法承受剧增的太阳辐射。调查结果表明，臭氧层破坏情况正在好转，这意味着人类造成的一些破坏可以被修复。

第12章
气象学

P312. 起步实验

1. 通过传导,冰块降低了周围的空气的温度,这可以从两个温度计上的读数变化中看出。托盘下方的测温条温度较低,因为密集的冷空气下沉到桌子表面。
2. 冷空气下沉是冷气团形成的关键因素,冷空气由于密度大而下沉。

P315. 迷你实验

1. 步骤5的灯光轮廓较大,因为灯光覆盖的面积更大。
2. 太阳高度越低,光线覆盖的区域越大,单位面积接收的热量越少。因此,极地地区单位面积的太阳辐射比赤道附近地区少。

P317. 第1节　本节回顾

1. 气团的形成主要是因为传导和蒸发过程,气团会呈现出与下垫面相似的湿度和温度等特征。
2. 热能不断地从赤道地区向两极地区传递,在地球表面、海洋和大气之间重新分配能量。
3. 天气的成因包括气团运动等瞬态特征,而气候的成因则更为长期和稳定,例如接收到的太阳能数量等。
4. 见表12-1。
5. 北极气团;与北极气团相比,墨西哥湾水域的温度更高,温暖的水域会迅速改变冷空气的特性。海洋性热带气团在温暖的地表移动,变性速度比较慢。
6. 气团与干燥的大陆性空气混合,逐渐呈现大陆性气团的特征。

P323. 第2节　本节回顾

1. 开放式作答。答案应总结和解释冷锋、暖锋、准静止锋和锢囚锋的特征。
2. 信风发生在热带并向西移动。盛行西风出现在中纬度地区并向东移动。极地东风出现在靠近两极的纬度地区并向西移动。
3. 由于地球是一个球体,不同纬线有不同的周长,因此向东自转的线速度不同。向东自转线速度最大的地区是赤道。从赤道上升并向两极移动的空气向东偏转,因为它的移动速度比地球表面移动得更快。两极纬线周长最小,从两极向赤道移动的空气向西偏转,因为它的移动速度比地球表面移动得更慢。

4. 热带辐合带靠近赤道，其特点是大面积上升气流带来大量云层和丰富的降水。这种气候下滋生了热带雨林。
5. 影响地表天气系统的气团沿着急流移动，这些系统的强度取决于急流的强度。
6. 北半球的低压系统：气流呈逆时针辐合上升，天气特征为多云和降水。北半球的高压系统：气流呈顺时针辐散下沉，天气特征为晴朗。
7. 这些区域上空的空气聚合下沉、增温，在大部分陆地上形成炎热、干燥的气候特征。
8. 开放式作答，要包含科里奥利效应、极地东风、盛行西风和信风的相关内容。

P328. 第3节　本节回顾

1. 天气预报中最重要的两个因素是数据的准确性和可用数据的数量。
2. 地表气象仪器包括温度计（温度）、气压计（气压）、风速计（风速）和湿度计（相对湿度）等设备。无线电探空仪可以测量高层大气数据，例如温度和湿度。天气雷达和气象卫星可以收集更精确的高层大气数据，例如有关降雨位置和风暴的信息等。
3. 多普勒雷达可以探测风速。
4. 答案应该概括P327～328页关于三种卫星图像的信息。
5. 对堪萨斯州的天气预报更精确，它位于美国中部，拥有完善的天气观测网络。
6. 开放式作答，报道应该提到如何使用水汽图来探测火星大气中的云，它能反映火星表面水汽蒸发情况。

P330. 技能实验

1. 描绘等压线图。
2. 描绘等压线图。
3. 4 mb。
4. 应在1 004等压线内绘制蓝色H。
5. 高压系统控制下通常是晴朗的天气。

P332. 第4节　本节回顾

1. 地面数据可使用填图格式，如以等压线和等温线的形式将数据绘制在天气图上。这通常由雷达和卫星生成天气预报图像。
2. 参见图12-17中的符号，包括温度、降水类型、露点、云类型、气压以及风速和风向。
3. 温度和压力在气象图上通过连接具有相同温度或压力的点来显示。这些线分别称为等温线和等压线。
4. 模拟预报是通过比较当前天气模式和过去相似或类似天气事件的位置和强度来进行预报。

数字预报是根据物理和数学原理来预测大气变量将如何随时间变化。

5. 观测中的误差会随着预测时间的延长而增加。在短期预报中，这些误差不会造成太大的问题；在长期预报中，这些误差会导致较大的错误。
6. 模拟预报可能在第一天（短时间）效果很好。但是，它无法准确预测天气系统的大小、强度和进一步的变化。数字预报在3天内更准确。
7. 略，根据所在地区的实际天气情况计算。

P334. 地学实验

1. 4 mb。
2. 等压线最高值为1 040 mb，高压中心位于加拿大中南部附近。等压线最低值为988 mb，低压中心位于俄勒冈州海岸附近。
3. 较弱的偏南风或东南风。
4. 最冷的是哈得孙，-31°F；最热的是墨西哥湾，72°F。
5. 可能是晴天，因为沿海的高压系统会导致空气下沉，天气晴朗干燥。
6. 低压系统会使空气上升，产生云和雨。

预报

使用天气图预测明天的天气，并与官方的天气预测作对比，讨论自己预测的准确度以及原因。

P337. 第12章　复习检测

1. 等压线
2. 天气
3. 数字预报
4. 气候
5. 气团
6. 填图格式
7. 湿度计
8. 锋面
9. 科里奥利效应
10. 等温线
11. 盛行西风带
12. 多普勒效应
13. 急流

14. 无线电探空仪
15. 风速计
16. D
17. A
18. D
19. B
20. C
21. D
22. C
23. B
24. D
25. B
26. D
27. 暖锋的坡度相对平缓,所以云和降水会出现在更大的区域。此外,暖锋通常比冷锋移动得更慢,因此恶劣天气会持续更长的时间。
28. 短时间内温度变化剧烈,可能是冷锋。
29. 不能判断站点之间的天气差异是基于实际天气变化,还是仅仅因为观测时间的差异。
30. 马纬度位于空气下沉且风力较小的副热带高压带,所以会出现这样的现象。
31. 大陆性极地气团寒冷干燥,而海洋性热带气团温暖潮湿。
32. 它可以处理大气层的多个位置和高度的大量数据。
33. 人们可以检查地面自动观测系统(ASOS),看是否指示下雨;或检查多普勒雷达图像,看当地是否正在下雨。
34. 等压线反映气压空间分布,等温线反映温度空间分布。
35. 海洋性热带气团,因为它温暖而且携带更多的水汽。
36. 例如:建立一个地面自动观测系统(ASOS)。
37. 冷锋到来前,天气多云,温度稍微升高。冷锋到来时,伴随着阵雨或雷暴和变向风。在冷锋过境后,天空放晴,变得更加寒冷和潮湿。
38. 预报西雅图的天气更棘手。由于影响美国的大多数天气系统都是从西向东移动,而影响西雅图的天气系统多来自太平洋,这是一个气象数据比纽约西部地区稀疏得多的地区。
39. 开放式作答,回答应准确说明所选城市的气象信息。
40. 它会变暖并吸收水汽。
41. 不能,这时温度计测量的是路面上方空气的温度,温度偏高,不能代表整个城市的气温。
42. 略。

43. 当冷锋到达佛罗里达时，它已经远离寒冷、干燥的源区，并且经历了显著变性，与下垫面不存在显著的物理属性差异。

44. 开放式作答，应该准确报告当地相关气象组织的信息。

45. A模型。

46. C模型；因为它显示的绝对误差值可达到192小时。

47. C模型；它的平均绝对误差比A低，可信区间最多可以到192小时。

48. 手持式GPS接收器不断接收来自空间卫星的信息。这些信息可以不断更新用户的位置。

49. 最大高度由自流压力面决定，它是从含水层高处的补给区延伸到排泄区的连线，连线高度就是下方自流井水能上升的最大高度。

P340. 综合　标准化测试

1. A
2. B
3. A
4. B
5. C
6. C
7. B
8. A
9. 仪器为无线电探空仪。它是一种气球式仪器，装有收集上层天气数据的传感器。这些传感器可以测量温度、气压和湿度。
10. 我们在地球上经历的天气主要是对流层高层范围内大气发生变化的结果。通过使用无线电探空仪等仪器，气象学家能够发现对流层大气正在发生的变化并做出更准确的天气预报。
11. 随着时间的推移，水不断地聚集在沟渠中，沟会变得更宽、更深、更长。如果水量充足，它将开始更持久地流动，发展成溪流。
12. 地面沉降可能是由于地下水的过度抽取造成的。地下水填充岩土孔隙有助于保持地表稳定。如果过度抽取地下水，地下压力就会下降，导致土地下沉，堵塞地下水运动并降低地下水位，使得后续的地下水开发更困难。
13. 216 m^3/s。
14. 质量是砖石中物质多少的量度。重量指砖石所受重力大小。
15. B
16. 例如：重要的是要看到为一个科学领域开发的技术并不限于在该领域使用。通过不同方式应用技术，许多科学领域都会受益。

第13章
风暴的本质

P342. 起步实验

1. 纸片被吸引到画X的气球一侧。
2. 布上的电子被转移到气球上，气球和纸带不同电荷。电荷吸引纸片靠近气球。
3. 过程类似。气球带负电，因为布上的电子转移到了气球上。这些电子被纸片中的正电荷吸引。
4. 在带相反电荷的大气区域，闪电在带电不均衡区域内传导。

P349. 第1节　本节回顾

1. 充足的水汽来源、气团抬升、大气不稳定。
2. 下方冷空气推动暖空气急剧抬升，形成陡峭的冷锋面。这种快速的上升运动可以产生数百千米长的雷暴线。
3. 山峰雷暴是由于潮湿的空气被抬升到山的一侧，而海风雷暴是由陆地和海洋气团之间的巨大温差和湿度差引起的。
4. 只有在地球表面能供应温暖、潮湿、稳定的上升气流时，对流环才能持续存在。一旦开始产生下沉气流，上升气流就会减慢并最终停止，雷暴消之。
5. 冷气团迅速推动暖气团上升，沿着冷锋线形成雷暴。在暖锋中，温暖的空气被缓慢抬升，可能会引发相对温和的雷暴。
6. 热闪电是地平线附近的片状闪电。蜘蛛闪电可以在空中爬行长达150千米。球状闪电像一种盘旋在空中的南瓜状的球，直到它突然消失。
7. 成熟期。
8. 任何可能导致空气获得或失去电子的大气运动等外部环境，例如上升气流摩擦或风摩擦，都会为闪电的产生创造条件。
9. 开放式作答，答案应该有创意且科学、准确。

P354. 第2节　本节回顾

1. 当地表有持续供应的、湿润的高空低压系统时导致空气不稳定、气团温差大，就会出现剧烈风暴。
2. 在积雨云的温度低于冰点的部分，水滴以过冷却水形式存在；大量强烈的上升气流和下沉气流并存。

3. 下沉气流中的水滴在穿过冷空气时会冻结，然后上升气流将它们抬起。当它们再次开始下降时，更多的水会凝结并冻结在表面。多次重复这个过程会产生棒球大小的冰雹。
4. 巨暴流破坏路径达5 km宽，风速超过200 km/h，持续时间长达30 min。微暴流影响区域不到4 km，但风速可超过250 km/h。
5. 风切变使空气在地表旋转。如果一端恰好经过温暖的地方，该端可能被抬起，旋转的气团变成龙卷风。
6. 空气的不稳定性增强了风暴的上升气流和下降气流的强度。
7. 虽然两地气团温差很大时都有利于形成龙卷风，但龙卷风的形成还需要开阔区域，山地地形会阻碍龙卷风的形成。
8. 龙卷风路径由多种因素决定，包括地形、地表温度和障碍物。EF5级龙卷风在消散之前需要释放大量能量，而EF1级龙卷风会迅速消散，所以EF5级龙卷风的运动轨迹更长。
9. 开放式作答，应该提到可以在地下室、小房间、壁橱或龙卷风避难所避难。

P360. 第3节　本节回顾

1. 形成期、成熟期、消散期。
2. 热带气旋根据引导它们的气流移动。气旋在高压系统的环流之中，稳定地向西移动，当它们到达高压系统边缘时，就会转向极地。在那里，它们受盛行西风的引导并与中纬度天气系统相互作用。
3. 充足的温暖海水供应，以及某种扰动来抬升温暖的空气并使其继续上升。
4. 热量是所有风暴的抬升机制。一旦飓风移动到陆地上空，失去了下垫面水汽能量来源，风暴就会逐渐瓦解。
5. 风暴潮和洪水破坏的可能性更多地取决于登陆风眼的位置而不是距离。如果你的位置在风眼登陆点的北部，70 km远处都可能存在危险，而在该登陆点以南几乎没有风暴潮。飓风眼位于所在位置的北面时，危险较小。
6. 改良藤田龙卷风强度等级评估陆地上的强风。萨菲尔－辛普森飓风等级评估了巨大水域上的强风。
7. 等级1：136 km/h，等级2：165.5 km/h，等级3：193.5 km/h，等级4：229.5 km/h，等级5：250＋km/h。

P362. 迷你实验

1. 步骤5中的平均深度减少了，因为水在更短的时间内落到每个冰格里。
2. 缓慢移动的风暴比快速移动的风暴带来更多的降水。
3. 加快或减慢塑料瓶的运动，稍微打开或关闭顶部以模拟更大或更小的降雨。

P364. 数据分析实验

1. 第1天:27.5℃;第2天:30.5℃;第3天:34℃;第4天:34℃;第5天:31℃;第6天:29℃;第7天:27.5℃。
2. 图表应显示出最高温度升高,在第3天达到峰值,然后下降。
3. 热浪从第2天开始,持续了4天(第2天～第5天)。
4. 热浪期间的平均气温为32.3℃。这比其他日子的平均气温高3℃到5℃。

P365. 第4节　本节回顾

1. 当急流或缓慢移动的天气系统、类似的气团经过同一地区而导致天气模式停滞时,就会出现重复的天气模式。这可能会导致洪水、干旱或长时间的酷热或寒冷。
2. 当天气模式导致同一地区持续出现少量降水时,也可能会引发洪水。
3. 寒潮是一段长时间低于正常温度的时期。冬季急流的位置可以在几天,甚至几周内基本保持不变,这意味着几个极地高压系统可以遵循相同的路径并导致同一地区出现阵阵寒潮。热浪是由于空气在高压系统中下沉增温而形成的长期高温天气。高压阻止较冷的空气团进入该区域,从而使凝结难以发生。急流在夏季更靠北且更弱,因此夏季高压系统几乎不移动。
4. 冷锋可以引起巨大的风暴,但它们通常持续时间很短,覆盖范围很广。暖锋更有可能停滞不前,在一个地方停留较长时间,并且会在这段时间内产生大量降雨。
5. 冬季高压系统形成时,正午太阳高度小、昼长短、气温低。同时,积雪覆盖的地表不断将其有限的热量反射并辐射回太空。这些因素的综合作用导致大陆地区出现大量极冷的空气。
6. 风寒指数是温度和风的综合作用,酷热指数是温度和湿度的综合作用。
7. 12.75 cm。

P367. 地学实验

1～4. 答案会因选择的热带气旋而异。

5. 随着风暴中心向内陆移动,风暴潮在向岸风一侧最强。
6. 当风暴中心向内陆移动时,风速会迅速下降。这是因为风暴失去了下垫面水汽能量来源,此外,陆上摩擦力较海上更明显。

P369. 第13章　复习检测

1. 气团
2. 超级单体

3. 寒潮是指长时间低于平均气温的天气。风寒指数指示身体对温度的感觉。

4. 风暴眼是平静的热带气旋低压中心。风暴眼壁是风眼的外缘，这个位置是风暴中风速最高的地方。

5. 气团雷暴是由单个气团内温度的巨大变化产生的，而锋面雷暴是由前进的冷锋或暖锋产生的。

6. 梯级先导是看不见的向下移动的雷击。回返闪流是向上运动的可见的雷击。

7. 风暴潮

8. 下击暴流

9. 飓风或热带气旋

10. 寒潮

11. 萨菲尔－辛普森飓风等级

12. B

13. C

14. B

15. C

16. A

17. B

18. A

19. C

20. A

21. B

22. D

23. B

24. 当湿度不低于50%时，体感温度会比实际温度高，因为此时皮肤水分蒸发减少，这样更不易散热。

25. 4级飓风的风速可以是1级飓风的两倍。

26. 由于气旋旋转，无论登陆位置如何，风暴潮都将在风眼的右侧。撤离路线应往地势更高，同时远离飓风登陆的方向；受科里奥利效应影响，风暴从当前方向向右侧移动。登陆区域会随着风暴移动而变化。

27. 飓风是在水面上形成的强风暴，持续数天，直径可达数百千米，风速可超过250 km/h。龙卷风是在陆地上形成的强风暴，通常持续一个小时或更短时间，直径可达数千米，风速可超过300 km/h。飓风可引发龙卷风。

28. 巨暴流造成破坏路径达5 km宽，风速超过200 km/h，可持续长达30 min。微暴流影响区域不到4 km，风速可能超过250 km/h，持续通常不到10 min。

29. 开放式作答。计划应包括安全提示，例如在龙卷风期间寻找避难所或在洪水期间转移到更高的地方。

30. 随着凝结的发生和潜热的释放（温度变化），雷暴才能继续增长。

31. 微暴流具有EF2级或EF3级龙卷风的风速和强度，但微暴流影响范围与EF0级或EF1级龙卷风相似。微暴流不会表现出吸入碎屑的旋转模式，其持续时间通常是龙卷风的一半。

32. 南大西洋的主要特征是海水温度和气温较低，不利于发育风暴和风切变。

33. 两者都需要强劲的上升气流。

34. 极地高压区在两极附近的陆地上形成。北半球极地地区陆地面积大，所以寒潮形成的机会更多。

35. 在冷锋中，暖空气急剧抬升。气团温差越大，暖空气上升和凝结的速度越快，形成强风暴的概率就越大。在暖锋中，暖气团抬升缓慢，形成恶劣天气的概率较小。

36. 由于风切变导致气团旋转，它可以被抬升成垂直柱状，形成龙卷风。

37. 对流。

38. 开放式作答，答案应该包括疏散到地势较高的地方并远离海岸等。

39. 图略。参考P357。

40. 开放式作答。

41. 开放式作答，要有合理的场景。

42. 略。

43. -1.5°。

44. 离风暴眼最近的区域是风暴最强烈的地方，也是温度变化最大的地方。风暴眼附近风速较高会导致其比边缘出现更多的搅动、降温和抬升。

45. 氧和硅。

46. 无线电探空仪从大气上层收集温度、气压、湿度和风速的数据，还包括导致重要天气变化的急流。

P372. 综合　标准化测试

1. D
2. A
3. A
4. D
5. B
6. A

7. B

8. B

9. A

10. 地球自转产生科里奥利效应，导致北半球的空气向右偏转，南半球的空气向左偏转。这种运动，加上地球受热不均匀，形成了行星风系（风系统）。

11. 位于赤道和南北纬30°之间的盛行风称为信风。在南北纬30°的副热带，空气下沉、变暖并向赤道移动。在赤道，它再次受热上升并向南北纬30°移动。

12. 在不同的行星风系（风系统）中，空气以不同的方向和强度移动。通过了解航行中经过的风系统，水手们可以更好地规划航行路线。

13. 每年的这个时候，极地空气和热带空气之间的温度差异最大。这些差异可以形成超级单体，导致龙卷风。

14. 例如：可以将石灰添加到土壤中，这样可以降低土壤的酸度，促进作物生长。

15. 间歇泉是一种定期喷发的爆发性温泉。它是由位于火山附近的地热产生的。

16. 地球上的水的总量保持不变，水循环中，水通过降水、径流、蒸发、凝结等过程，在地表一大气一海洋之间循环。

17. A

18. C

第14章
气　候

P374. 起步实验

1. 伞下的纸上没有结露或结霜,而暴露在外的纸上会结露或结霜。
2. 雨伞通过吸收地表热量和反射太阳辐射来模拟云层覆盖。
3. 在多云的夜晚,云层会吸收地球表面的热量。多云地区的气温在夜间会比少云地区的气温高。

P377. 数据分析实验

1. 略。
2. 略。
3. 5、6、7、8、9、10月。
4. 1、2、3、4、11、12月。
5. 白天:冬季温和、夏季炎热。夜间:冬季夜晚气温较低。

P380. 第1节　本节回顾

1. 大面积水体和高大山脉都会导致气候差异。由于水的比热容比陆地大,升温和降温速度比陆地慢,与同纬度的内陆地区相比,沿海地区冬季温暖,夏季凉爽。由于地形抬升,山地迎风坡通常降水多,背风坡通常降水少。
2. 实际天气状况可能与正常值情况有很大差异。此外,正常值仅适用于某特定地区。
3. 热带地区普遍高温。在温带地区,温度适中。寒带是最寒冷的。
4. 数据可用于确定平均温度和降水量,以及生长期。
5. A市比B市海拔高,因此更凉爽。
6. 大型水域升温和降温的速度比陆地慢。湖泊附近每日的最高温度会略低,湖边的最低温度可能会略高。

P386. 第2节　本节回顾

1. 植被、气温和降水。
2. 小气候是不同于区域主要气候的局部气候。热岛效应导致城市气温高于郊区。
3. 热带气候:全年高温,有些热带气候雨量充沛。干燥气候:降水较少,植被稀疏。温带气候:通常夏季温暖,冬季凉爽。大陆性气候:冬、夏季气温极端。极地气候:全年寒冷。

4. 答案会因所处的地区而异。
5. 开放式作答。表格应包括本节讨论的每种气候类型和亚类型的主要特征。
6. 温带气候;温带气候区位于热带以北和极地急流最活跃的两极地区以南。

P392. 第3节　本节回顾

1. 在41 000年的周期内,黄赤夹角在22.1°～24.5°之间变化,导致气温年较差发生变化。
2. 季节是一年中,某地接受的太阳辐射量发生变化而引起的短期大气条件变化。这些变化会导致白昼、气温和天气模式发生变化。
3. 东太平洋海水温度异常偏高,上升气流加强,将大量热量和水分泵入高层大气,南美洲沿海降水增加。高层大气中的这种炎热潮湿的空气是造成全球气候剧烈变化的原因,包括加利福尼亚和墨西哥湾沿岸的暴风雨。
4. 火山喷发产生的火山灰阻挡了太阳辐射并降低了全球气温,这是一个影响短期气候变化的例子。
5. 这些综合因素可能会导致更大的气温年较差。
6. 最低点在中间;接近末期时最高。

P394. 迷你实验

1. 自变量是温度计的处理方式:是否用玻璃罐盖住。因变量是温度。
2. 图表会因测量结果而异。
3. 罐子里的温度计显示的读数更高。热空气被困在瓶里。
4. 在大气中,温室气体吸收太阳辐射,就像玻璃瓶吸收来自太阳的能量一样。

P395. 第4节　本节回顾

1. 开放式作答,可能包括燃烧化石燃料(例如用于车辆和工业)以及砍伐森林等。
2. 温室效应是温室气体引起的地球表面自然升温。
3. 全球变暖是指全球气温升高,可能由温室气体排放增加引起。全球变暖的可能后果包括两极冰盖融化、海平面上升以及风暴频率和强度增加等。
4. 一些自然现象也可能会导致全球温度升高。
5. 热带雨林能大量吸收二氧化碳,释放氧气,很像逆向功能的“肺”。
6. 开放式作答,小册子中应包括对全球变暖及其可能原因的解释,包括车辆和工业燃烧化石燃料、森林砍伐,并提供减少二氧化碳排放的建议,例如在不使用时关掉电灯和电器,减少使用内燃机。

P397. 地学实验

1. 应该注意到,灰暗和致密的地表通常比浅色和疏松的地表更温暖,且湿度较低。
2. 随着高度的增加,温度应该降低,湿度和风速应该增加。
3. 答案因人而异。如果天气变量能反映出随着不同高度和不同类型地表的适当变化,假设就可得到支持。
4. 灰暗和致密的地表吸收更多阳光,因此升温更快。这种较高的吸收率也会影响相对湿度。受风影响的地区可能经历了最大的变化。
5. 答案会因个别地点的暴露程度而异。任何变量都可能显示出最大的变化,但通常情况下,温度变化最大。
6. 风的改变最小,但这同样取决于位置的暴露程度。
7. 开放式作答。例如,近地面热传导或对流的影响。

P399. 第14章　复习检测

1. 研究地球气候以及影响过去、现在和将来气候变化因素的科学。
2. 地球上气温适中的地区,位于南北纬23.5°～66.5°。
3. 一个地点的气温、降水和风速的标准值。
4. 地球上气温较低的区域,位于南北纬66.5°～90°。
5. 地球上气温较高的区域,位于23.5°S～23.5°N。
6. 热岛
7. 小气候
8. 季节
9. 蒙德极小期
10. 全球变暖
11. 温室效应
12. D
13. C
14. C
15. B
16. B
17. B
18. A
19. C

20. B

21. A

22. B

23. 气候正常值描述的是长期平均值,而不是特定日期的天气。气候正常值仅反映记录数据的特定位置的情况,几千米之外的某地方的气候正常值可能就与此大不相同。

24. 热带。极地地区气温年较差大,夏季阳光充足,气候温和,冬季寒冷,有极夜现象。控制温带地区的不同气团性质差异较大。热带地区昼长和正午太阳高度变化不大,全年高温。

25. 它们临近大陆的西海岸,来自凉爽海洋的潮湿空气不断流动,大气湿度相对饱和,容易形成雾。

26. 海洋性西岸气候:冬季温和、湿润,夏季凉爽、湿润。亚热带湿润气候:夏季温暖、湿润,冬季凉爽、干燥。地中海气候:夏季温暖、干燥,冬季凉爽、多雨。(任选两种)

27. 不同的轨道会影响地球吸收的太阳辐射总量,而不同的倾斜度会影响太阳辐射在地球表面的分布。

28. 当蒸发量超过降水量时,就会出现干旱气候。这最有可能发生在热带地区,这里是地球上接受太阳辐射最多的地方。

29. 随着二氧化碳排放量增加,二氧化碳浓度也增加了。

30. 地球需要维持宜居的温度,但如果气温升高太多,会导致全球过度变暖,这可能会导致许多有害影响。

31. 飓风是由储存在海洋中的热能驱动的,一些科学家认为,全球变暖会导致更多、更强的飓风。

32. 较暖的水使低层大气变暖,足以产生更多的对流和降水。这些对流将额外的热量输送到大气中,再由高空风将其输送到世界各地。

33. 有许多自然现象也可能导致全球变暖,因此很难证明人类活动是造成全球变暖的唯一原因。

34. 这种看似微小的变化可能导致许多地方一年中的降雪量多于融化量。从数十万年累积尺度看,这将导致全世界冰盖的面积和深度大幅增加。

35. 大陆性气候。陆地比水体散失热量的速度更快,此外,沿海地区上空的气团具有许多与海洋气团相似的特征。

36. 铁木树荫下形成了小气候。凉爽的气温可以帮助植物和动物避免阳光直射、保存水分,从而适应在沙漠条件下生存。

37. 黄赤交角变大将彻底改变地球上太阳辐射的地区分配,五带位置都会发生变化。

38. 背风坡。这一侧气流下沉增温,气候比较干燥,云量较少,对太阳辐射的削弱较少。

39. 开放式作答。

40. 巴黎:海洋性西岸气候。雅典:地中海气候。伦敦:海洋性西岸气候。悉尼:海洋性西岸气候。

41. 开放式作答。可能出现反对的观点,因为气候变化早在人类存在之前就已经出现了。

42. 图示的时间段海冰覆盖面积波动下降;2010年。

43. 全球温度正在上升,导致海冰减少。

44. 约1 060万km^2。

45. 岩浆在地球内部,熔岩是喷出地表的岩浆。

46. 辐射、传导和对流。

P402. 综合　标准化测试

1. D

2. A

3. C

4. B

5. C

6. D

7. C

8. D

9. A

10. B

11. 随着温度升高,空气容纳水汽能力增加,从而提高了露点温度。

12. 因为50 g/m^3超过了35℃时露点的容水量,多余部分水汽极有可能凝结成降雨。

13. 正常值是关于特定地区气候的数据,它是很长一段时间内收集的平均大气数据。正常值提供的数字可能永远不会准确再现,因此直接用正常值描述一个地区的气候并不正确。

14. GIS使用信息数据库来创建信息图层,这些信息图层可以通过一层层叠加来创建综合地图。图层可以随现实信息更新迭代,这能使地图始终保持最新状态。

15. 闪电可将周围的空气加热到大约30 000℃。当这种过热的空气迅速膨胀和收缩时,就会发出雷声。

16. 这种合金比纯金更硬,所以戒指会更耐用。此外,这种合金比纯金便宜。

17. A

18. 人们应该知道全球变暖对地球是一个真正的威胁。即使是微小的变化也会产生毁灭性的影响,最终影响人类的生活。为了保护环境,人们需要做出改变。

第15章
地球上的海洋

P404. 起步实验

1. 大约80%的赤道横跨海洋,20%穿越陆地。
2. 南半球。

P412. 第1节　本节回顾

1. 地球表面约71%被海水覆盖。北半球约61%被海水覆盖,南半球约81%的面积被海水覆盖。
2. 利用声呐声波确定海底深度。利用带有传感器的浮标可测量水温、盐度以及海水中气体和营养物的浓度。浮标还能测量当前海水的运动速度和波浪运动情况。利用卫星监测海水表面温度、洋流和波浪。利用潜水器收集深海相关数据。利用计算机分析数据并制作模型和模拟程序。(任答两项)
3. 古岩石和熔岩流的同位素放射性衰变研究。
4. 来自撞击地球的彗星携带的水,或者通过火山活动从地球内部喷出。
5. 例如:沿海城市被洪水淹没,生物栖息地被毁。
6. 氧气含量可能会降低,而二氧化碳含量会增加。
7. 1 500 m/s×6 s÷2=4 500 m。

P416. 迷你实验

1. 34.43 g+965.57 g=1 000 g;34.43 g/1 000g=0.034 43或3.443%。
2. 3.443%=34.43 ppm。
3. 溶液中不含溶解于海水中的微量元素和营养物质。

P420. 第2节　本节回顾

1. 两者都是由表层海水下沉形成的水团。南极底层水团比北大西洋深层水团更冷、密度更大。
2. 波浪作用、海水的垂直运动、生物活动。
3. 0～100 m的表层海水;100～1 000 m的温跃层;1 000～4 000 m的底层水。
4. 两极海水在冬天结冰时,会析出盐分。冷水的盐度和密度变得比周围的水体更大,然后下沉。
5. 由于盐度高,海水总是比淡水密度大。

6. 黑色。

7. 1.027 16 g/mL×4.0 mL＝4.108 64 g。

P423. 数据分析实验

1. 图略，水位随时间波动变化，每六小时升降一次。
2. 00:00高潮，水位＝2.11 m；06:00低潮，水位＝0.03 m；12:00高潮，水位＝1.80 m；17:00低潮，水位＝0.48 m；24:00高潮，水位＝2.30 m。
3. 混合潮。
4. 2.30 m－0.03 m＝2.27 m。
5. 12:00，水位比1.8 m略高。

P427. 第3节　本节回顾

1. 表层流，例如，墨西哥暖流将热量从赤道传递到两极。加利福尼亚寒流将冷水从两极转移到赤道。
2. 参考图15-17。
3. 潮汐主要是由太阳和月亮的引力引起的。
4. 两者都是洋流。表层洋流做水平运动，影响海洋上层几百米，主要由风力驱动。密度流是由水团的温度和盐度差异引起的，做垂直运动。
5. 如果没有上升流，海洋表层生态系统将缺乏养分。这会降低初级生产力并影响食物链。
6. 大潮是当太阳、地球和月球处于一条直线，地球位于太阳和月球中间时发生的潮差异常高的潮汐现象。小潮是当太阳与地球的连线和地球与月球的连线成直角时发生的潮差异常低的潮汐现象。
7. 盛行风引起表层洋流运动，科里奥利效应作用于洋流，在北半球使其向移动方向的右侧偏移。表层海水向离岸方向运动，深层海水上泛。

P429. 地学实验

1. 冷盐水在温盐水中下沉；冷淡水漂浮在温暖的盐水中。冷盐水比温盐水密度大；冷淡水的密度低于暖水或冷盐水。水中的盐度是观察到的差异的原因。
2. 透明、蓝色、黄色、红色。
3. 红色、黄色、蓝色、透明。
4. 图表应显示第一层延伸到100 m的深度，温度为20 °C。第二层延伸至1 100 m，温度为5 °C。第三层延伸至1 200 m，温度为20 °C。第四层延伸至2 200 m，温度为5 °C。

技能运用

是。高温层比其上方较冷的温跃层含盐量更高，因此，它比温跃层密度大。

P431. 第15章　复习检测

1. 盐度
2. 温跃层
3. 温度剖面
4. 波谷
5. 海平面
6. 侧扫声呐
7. 潮汐
8. 密度流
9. 上升流
10. 波峰
11. 破浪
12. C
13. C
14. C
15. B
16. C
17. D
18. D
19. B
20. A
21. B
22. 图表应显示大气中的二氧化碳溶解在海洋表层水中。当极地海洋中寒冷、密度较大的表层水下沉时，二氧化碳就会随之沉入海底。一些二氧化碳被海洋浮游植物吸收，用于光合作用。
23. 最高盐度值出现在副热带海洋，那里的蒸发量超过降水量。
24. 100 m。
25. 例如：计算机用什么程序来分析数据？您使用计算机进行哪些类型的模拟？您需要掌握哪些数学知识，才能熟练使用计算机分析数据？

26. 北太平洋环流。在北半球，科里奥利效应使洋流向右偏转。
27. 图表可以解析大潮现象。当太阳、地球和月球处于一条直线，地球位于月球和太阳之间时，形成大潮。当太阳与地球的连线和月球与地球的连线成直角时，形成小潮。参考图15-22。
28. 当波浪靠近岸边时，因为水深变浅，后方的波峰逐渐赶上前方较慢的波峰。波浪的波长减小。后方的波浪变得更高、更陡、更不稳定，并且它们的波峰向前坍塌。参考图15-18。
29. 月球的引力效应导致地球处在地月连线两侧的海洋潮差最大，中间的海洋潮差最小。
30. 参考图15-17。
31. 海水密度受温度和盐度影响。温暖的地中海海水比大西洋海水含盐量更高，因此密度更大。
32. 河水含盐量很小，因此密度比海水小。在入海口处，河流淡水将漂浮在海水上，形成河口锋。
33. 地球和月球都围绕共同质心转动，使得地球和月球受到不同的引力。在地、月假想连线的地球相对两侧，地球离心力和向心力差值最大，潮差最大。
34. 例如：冬季道路撒盐，以防止融水结冰。
35. 为利用洋流助航，出境航线应沿着墨西哥暖流和北大西暖流。回程时，应避开墨西哥湾暖流和北大西洋暖流，在偏南位置利用向西的洋流返回美国。
36. 开放式作答。回答应该包括实验设计和验证程序。
37. 这两个水团都是表层海水变冷下沉时形成的。南极中层水团形成于南极洲附近，密度略低于形成于北大西洋的深水团。
38. 在海面，浮游植物进行光合作用吸收二氧化碳，使海水的二氧化碳含量降低。海洋生物体呼吸释放二氧化碳，随着深度增加，海水中二氧化碳含量增加。它们会随着冷却的海水下沉，困在深海，直到通过上升流返回海面。
39. 墨西哥湾暖流增温、增湿，本格拉寒流降温、减湿。
40. 东南信风减弱，秘鲁海岸外离岸流随之减少，导致上升流减弱。
41. 密度流导致水团下沉，并带走氧气和营养物质。这些洋流穿过海盆，最终在另一个地方再次上升到海面。
42. 图略，但概念图应合乎逻辑。
43. 冰川和冰盖：77.6%；地下水：22.3%；河流和湖泊：0.1%。
44. 开放式作答。
45. 北半球大多数海浪都向东南方向移动，朝向赤道方向；南半球大多数海浪都在向北方移动，朝向赤道方向。
46. 与北半球相比，南半球可用的数据点很少，这些数据点可能不足以得出结论，而且这些数据点呈现的结果并不一致。

47. 观察、研究、假设、实验、收集数据、分析数据、修正假设、发表结论。

48. 方解石;$CaCO_3$。

P434. 综合　标准化测试

1. C
2. A
3. A
4. D
5. A
6. A
7. B
8. C
9. B
10. B
11. 太阳辐射进入地球大气层时,一些辐射被反射回太空,而其余辐射被地球吸收。
12. 虚线代表大气上界。大气通过吸收、反射和散射部分太阳辐射来帮助保护地球免于过热。
13. 太阳是地球几乎所有外部能量的来源,这种能量可以转化为不同形式。它还使地球表面保持适宜的温度,从而使地球上的生命得以存在。
14. 1～3天的预报能够观察大面积的地表和高层大气特征,以确定天气是暖还是冷,以及是否会出现降水。但是,它无法精确指出某时某地特定的天气状况。
15. 陆地吸收能量的速度比水体快,因此升温和降温都更快。
16. 水汽图显示了大气中存在的水分,而不仅仅是云层模式。通过观察水汽图,气象学家即便在没有云的情况下,也可以追踪风暴系统的发展和变化。
17. B
18. A
19. 例如:堪萨斯州位于美国中部内陆,不靠近任何海洋,因此很难获得海洋深层冷水。此外,因为它是一个小镇,所以没有足够的市场规模。

第16章
海洋环境

P436. 起步实验

1. 颗粒大小不一,但颗粒形状和表面纹理规则。
2. 可能的假设:白垩来源于有机物的沉积,因为白垩碎屑中残留有机物。

P446. 第1节　本节回顾

1. 岬角遭受更严重的侵蚀,因为波浪折射使波浪向岬角弯曲。
2. 海蚀柱是以前的海岬因侵蚀作用,遗留在海蚀平台上的塔状岩石残余物。
3. 它们阻断了沿岸流并搬运了海滩上的沙子。这导致海浪从导堤和交叉拱后方侵蚀海滩。
4. 海堤通过将海浪和风暴潮反射到海滩,从而导致海滩侵蚀。
5. 障壁岛因不断变化的风浪条件而不断改变原来的形状。由于海平面上升,大多障壁岛会遭受海浪侵蚀。
6. 10 666年;32 m×1 000 mm/m=32 000 mm;32 000 mm÷3 mm/a=10 666 a。

P449. 技能实验

1. 5 km。
2. 约6 km。
3. 大约30%。
4. 大约15%。
5. 大约60%。

P453. 迷你实验

1. 沉降速度的计算方法是距离除以时间。
2. 图表将根据收集的数据而有所不同。
3. 沉降速度随着粒径的减小而降低。

P454. 第2节　本节回顾

1. 洋盆包括深海平原(地球上最平坦的区域)、深海海沟(海底最深的区域)、洋中脊(有海底火山和地震活动的区域)、热液喷口(热液喷出的地方),以及海底山和海底平顶山(淹没在水下的熄灭的玄武岩火山)。

2. 鹅卵石比沙粒沉得快。
3. 软泥是海洋生物的遗骸,而深海泥是从海水中沉积下来的淤泥和黏土。
4. 大陆架、大陆坡和大陆隆都是大陆边缘的一部分。大陆架是三者中最浅的,并且宽度因位置而异。大陆坡在大陆架之外,坡度平均为100%。大陆隆是由沿大陆坡的浊流沉积形成的。
5. 这些海底山更早时期可能位于洋脊、地幔热柱喷发口附近,后来随着板块运动远离了初始位置。
6. 开放式作答,答案应包括深海平原、海底山、大洋中脊和海沟等特征。

P456. 地学实验

1. 连岛沙洲。
2. 海蚀柱;差异侵蚀形成。
3. 湾口沙洲;沙洲穿过海湾时形成,海湾只剩一个小开口与外海相连。
4. 向北;沙子堆积在防波堤的南侧。
5. 抬升后的海蚀阶地;海蚀平台抬升形成。
6. 海岸线将向海方向移动2 000英尺,并变得更加规则。摩洛湾会干涸。
7. 摩洛岩将成为一个岛屿,大部分沿海地区将被海水淹没,海岸线将变得更加不规则,摩洛湾将成为一个巨大的分支河口,向内陆延伸近2英里。

技能运用

需要说明墨西哥湾沿岸以低地、大型障壁岛、大型潟湖和河口以及湾口沙洲为主。这里没有高低起伏的海岬和海蚀柱,也没有抬升的海蚀平台。墨西哥湾沿岸是一个被淹没的海岸。

P459. 第16章　复习检测

1. 由沿岸海水沉积形成的,与大陆分离的长条状沙脊。
2. 沿海岸沉积泥沙的区域。
3. 在海滩前形成的沙洲。
4. 波峰运动方向与等深线垂直。当波峰进入浅水区时,速度减慢,导致波峰向海角处弯曲。
5. 浊流
6. 海沟
7. 大陆边缘
8. 海底山
9. D
10. D

11. C
12. D
13. D
14. B
15. B
16. B
17. D
18. B
19. A
20. C
21. C
22. B
23. B
24. 海平面目前正在上升。在末次冰期，更多的水被冻结在陆地冰川中，海平面比现在低 130 m。
25. 软泥是由海洋生物的坚硬遗骸部分形成的沉积物。白垩是由软泥形成的沉积岩。
26. 图表应显示靠近海岸波峰向岸边弯曲。参考图 16–2。
27. 参考图 16–1。
28. 随着涌入的波浪带来的水溢出沿岸沙坝，就会形成一种平行于海岸的沿岸流。
29. 上升的海岸阶地是以前的海蚀平台，由于地壳抬升而高于海平面。
30. 当沙嘴完全封锁海湾时，就会形成湾口沙洲。连岛沙洲是连接大陆和岛屿之间的沙脊。
31. 全球气温变化导致冰川融化或冻结、海水膨胀或收缩。构造运动导致地壳上升或下降。这些都会影响海平面变化和海岸线变迁。
32. 海底山和海底平顶山都是在深海海底发现的火山。它们是海底火山活动的结果。海底山是高度超过 1 km 的玄武岩火山。海底平顶山是玄武岩死火山，顶部由于曾经遭受海浪侵蚀而比较平坦。
33. 红色来自泥浆沉积物中存在的氧化铁。
34. 来自大陆的沉积物包括来自河流的泥和沙、灰尘以及吹向海洋的火山灰。深海泥浆以每千年几毫米的速度积累。海洋生物的沉积物来自海洋生物死后残骸的坚硬部分。这种类型的沉积物称为软泥，它们由碳酸钙和二氧化硅组成。
35. 海底散布着数以千计的孤立海底山。科学家认为这些海底山是死火山，因为它们不靠近目前的火山活动带，没有发现岩浆活动迹象。
36. 沿岸流、离岸流。冲浪一圈后，最终都会到达沿岸流的下游。离岸流非常危险，能将你带向深海。

37. 在末次冰期，全球海平面比现在低约130 m，西伯利亚通过白令陆桥与北美洲相连，猛犸象可以从西伯利亚步行到北美。
38. 很可能遇到了离岸流。离岸流是通过沙坝缺口退回大海的水流。建议平行与海岸线游一段时间，以避开激流，然后随浪游回岸边。
39. 如果陆地下沉速度超过了海平面下降的速度，就可以看到沉降海岸。
40. 大洋中脊。大洋中脊是大洋盆地最显著的特征。它们贯穿所有洋盆，总长度超过6.5万千米。它们是大洋盆地中火山和地震活动的场所，并且包含断裂带和热液喷口。
41. 图略。
42. 开放式作答，言之有理即可，例如某次飓风或海啸。危害可能包括严重海水倒灌、海岸侵蚀，以及严重的财产损失和人员伤亡。
43. 开放式作答，可以包括洪水和风暴潮造成的破坏。
44. 图略。佛罗里达州基韦斯特的海平面上升约为200毫米，得克萨斯州加尔维斯顿的海平面上升约为550毫米。
45. 佛罗里达州基韦斯特。
46. 许多科学家认为全球海平面上升是全球变暖的结果。全球变暖导致的海水膨胀和冰川融化都可以造成全球海平面上升。局地海平面变化的一个可能原因是构造垂直运动。
47. 板岩、千枚岩、片岩、片麻岩。
48. 当高层大气中的冷空气放大了风暴的大气不稳定性时，就会形成超级单体，从而加强上升气流和下降气流的强度。

P462. 综合　标准化测试

1. C
2. C
3. C
4. B
5. A
6. B
7. D
8. A
9. C
10. A
11. 温室效应。太阳短波辐射到达地面，使得地面温度升高产生地面辐射。大气中的温室气体吸收了地面辐射使得地球气温能够保持在一定水平。

12. 温室阻碍了室内暖空气与外界自由空气的热量交换，使温室内的空气变暖，为植物创造了良好的环境。

13. 科学家假设，通过增加大气中二氧化碳和甲烷等温室气体的含量，可能会加剧温室效应。

14. 有些彗星穿越太空撞击地球，碰撞释放了冰质彗星中的水体。随着时间的推移，彗星释放出足够的水，填满地球早期的洋盆。

15. 在天气变化较小而且非常有规律的地区，模拟预报可能更有用。模拟预报也有助于季节性预测。

16. $1\,500\ \text{m/s} \times 3\ \text{s} \div 2 = 2\,250\ \text{m}$，该位置的海洋深度为 2 250 m。

17. 容易产生雷暴。

18. C

19. A

20. 通过研究这些热液喷口及其周边极端环境中生存的未知生态群落，科学家能够了解它们对海洋和生命进化产生的重大影响。

第17章
板块构造论

P466. 起步实验

1. 板块构造。
2. 75 cm。

P472. 第1节　本节回顾

1. 参考图17-2中的第一张图。
2. 在它们现在的纬度位置，不可能形成冰川。这些古冰川沉积物表明，南极位置可能发生了移动，或者这些大陆曾经在靠近极地的地方连接在一起。
3. 岩层和山脉在不同大陆对应，陆生生物化石跨越海洋匹配，在某些地区发现了现代不可能出现的古气候的证据。对所有这一切最好的解释是，各大陆曾经以一种与现在的位置迥然不同的形式连接在一起。
4. 古代北美洲的大部分地区位于赤道附近。那时的气候属于热带气候，温暖湿润，植被茂密。
5. 西非。
6. 在地质时期，随着板块的移动，各地的经度和纬度发生了多次变化。
7. 应该提到这样一个事实，即魏格纳没有充分解释大陆是如何移动的。

P479. 第2节　本节回顾

1. 参考图17-14。在海底扩张中，新的海洋地壳在大洋中脊处出现。随着岩浆继续喷发，洋壳缓慢向外移动，并在深海海沟处消融。
2. 海底岩石的地质年龄是相对年轻的，洋中脊附近最年轻，这说明必然存在洋壳产生和循环的机制。离洋中脊越远，洋底沉积物越厚，年龄越老，这说明海底地壳往洋中脊两侧扩张。
3. 正向地磁极性的岩石与地球目前的磁场具有相同的磁向。反向地磁极性反之。
4. 有深邃的海沟和高耸的洋脊。在洋脊处是地球表面最长的海底山脉。远离洋中脊处，大部分海底覆盖着沉积物。
5. 等时线图显示磁性是由冷却的熔岩记录的。海底等时线图反映了洋脊两侧的对称性，这意味着两侧是同时形成的。
6. 因为太平洋的扩张速度比大西洋快。
7. 约70%；布容正向期加高斯正向期等于150万年，从500万年中减去150万年得到350万年的反极期，3.5除以5得到0.7，乘以100%等于70%。

P481. 迷你实验

1. 可能不会完全一样。
2. 开放式作答。海底扩张率不是恒定的。

P484. 技能实验

1. 箭头应表示往洋脊两侧方向移动。
2. A和D的运动方向相同，B和E的运动方向相反，C和F的运动方向相同(转换断层)。
3. A、D和E。
4. 洋脊处。
5. C和D。

P485. 第3节　本节回顾

1. 当构造板块的边界发生碰撞时，会产生许多地球地质特征，例如海岸山脉、火山和岛弧。在边界相互分离的地方，产生了大洋中脊、裂谷和新的海底。
2. 很久以前，印度洋板块的洋壳部分与欧亚大陆板块碰撞。大洋地壳完全俯冲消亡后，附着的南亚次大陆地壳与欧亚大陆板块继续碰撞。两个大陆板块都无法俯冲消减，结果使得它们的陆地边缘互相挤压，产生褶皱并抬升隆起，形成了广阔的山脉。
3. 大洋—大洋碰撞边界：海沟和岛弧；海洋—大陆碰撞边界：海沟和海岸山脉；大陆—大陆碰撞边界：褶皱山脉。
4. 大洋中脊。
5. 例如：纳斯卡板块终将消失在南美板块之下，大西洋将在欧亚板块和北美板块之间生长，南极洲板块和太平洋板块之间的海洋将变宽。
6. 地壳在沿断层水平移动时发生变形或断裂。参见P484技能实验附图中BE之间运动。
7. 答案应该提到阿留申群岛是在俯冲带形成的一系列火山岛链。

P488. 第4节　本节回顾

1. 图示应比较来自地核的热源与壶下方的火焰，以及地幔对流和壶中上升和下降的循环对流。
2. 地幔对流使洋脊处的板块彼此错开，随着运动的继续，板块与另一侧的其他板块相遇，或者俯冲到大陆板块或其他海洋板块之下，或者另一个海洋板块俯冲到它们之下。
3. 模型应该显示洋脊上的推力和俯冲带上的拉力。
4. 这个说法是不正确的。地幔对流驱动地球表面的所有板块。

5. 因为对流运动使地球表面的所有板块运动,所以它们是包含大陆地壳板块在内的所有板块运动的原因。
6. 脊推:推动地壳和地幔远离洋脊的推力;板拉:冷却的洋壳俯冲入地幔,拖拽板块到消减带的拉力。

P490. 地学实验

1. 当一个板块相对于另一个板块以非90°角移动时,所有边界都会有某种形式的转换边界。
2. 找出与平行等时线在纵向上成一条直线,但等时线数值不匹配的地方。
3. 离散的板块边界位于大洋中脊。
4. 太平洋有更宽的等时线,因为那里分离得更快。
5. 洋脊偏移是因为洋底正在与中美洲和南美洲汇聚,洋底俯冲消减。

P493. 第17章　复习检测

1. 泛大陆
2. 大陆漂移
3. 消减作用
4. 汇聚型板块边界
5. 裂谷
6. 等时线
7. 海底扩张说
8. 古地磁学
9. 磁力计
10. 构造板块是地球表面的一部分,由地壳和其下方的固体地幔组成,整体在软流层上缓慢移动。
11. 脊推是板块移动的一种可能方式。洋壳被地幔热流加热,岩浆喷出形成新的洋壳。洋壳抬升而处于较高的高度,在地幔环流和重力推动下远离洋脊,从而温度变冷、密度变大,导致它俯冲沉入地幔。
12. 板拉是板块移动的一种可能方式,由俯冲到地幔中的大洋板块产生的向下拉力导致。
13. 离散边界和转换边界都出现在洋脊上。
14. 消减作用发生在有两个汇聚型板块的边界。
15. 大陆漂移假说和板块构造理论的发展都是为了解释地球表面的运动。
16. 海底扩张是根据海洋地壳中记录的地磁转向证据发现的。
17. C

18. C

19. B

20. D

21. A

22. C

23. C

24. B

25. B

26. D

27. B

28. A

29. B

30. D

31. C

32. 大洋两侧海岸线形状的相互匹配;相隔很远的大陆上有相似的化石;远离两极的地区存在古冰川沉积物;如果分离大陆重新组合,许多地质特征是连续分布的。

33. 沉积物慢慢地从海洋表面沉降到海底。海底越古老,沉积物越厚。离大洋中脊越远,海底越古老,因此沉积物越厚。

34. 内、外地核差速转动产生了磁场,磁场是动态变化的,经过一段时期会发生反转。磁场会磁化地壳中的矿物,磁性矿物记录了它们冷却时的磁场方向。

35. 构成大陆的岩石浮力太大,无法沉回地幔。它们停留在地表,堆积起来形成一条山带。

36. 魏格纳没有对大陆如何移动提出令人满意的解释。海底扩张说明了这种机制。

37. 在南美洲的东部边缘,因为这两个大陆曾经相连。

38. 两者都是由重力引起的。脊推是由洋脊抬升后的重力引起的。板拉是由密度较大的俯冲板块将被拖拽的洋壳拉入地幔的重力引起。

39. GPS可以随时随地进行连续精确测量。

40. 不是。板块可以增长(离散速度大于汇聚速度)或收缩(离散速度小于汇聚速度)。板块甚至可能消失。

41. 答案部分正确。一个板块通常包括陆壳和洋壳。在六大板块划分体系中,几乎由单一大洋地壳组成的板块只有太平洋板块。

42. 图略。正确的概念图应该表明存在三种类型的板块边界:汇聚型、离散型、转换型。这些板块边界中的每一个都与地球表面的特征相关联:汇聚边界可以有海沟、岛弧和海岸山脉。离散边界可能有新生海洋、裂谷和洋中脊。

43. 草图可能包括地中海的闭合、澳大利亚与东南亚的碰撞或大西洋盆地的扩大。答案可能还包括印度洋和阿拉伯半岛在亚洲下方的俯冲。

44. 开放式作答，应说明智利会存在地震、海啸活动，因为它位于汇聚板块边界。

45. 太平洋板块正在阿留申群岛下俯冲。大多数较深的地震发生在岛屿之下，而较浅的地震则发生在大洋板块之下。

46. 汇聚碰撞带有许多不同深度的地震，离散张裂带有薄地壳和浅层地震。

47. 地球资源卫星接收地球表面发射和反射的电磁波，科学家将其收集的数据绘制成地图。

48. 困在冰川深处的气泡可以为科学家提供关于冰川的数据，揭示古代冰层形成时地球大气的组成。科学家还利用南极洲和格陵兰岛的冰芯来研究地球过去的环境状况。

49. 气温、降水和植被。

P496. 综合　标准化测试

1. D
2. B
3. D
4. A
5. C
6. C
7. D
8. A
9. 低潮变得更高，而高潮变得更低。这段时间潮差最小，出现小潮。
10. 高潮最高，低潮最低。潮差最大，出现大潮。
11. 月球潮汐是太阳潮汐的两倍多。这是因为月球比太阳离地球更近。两者共同作用形成地球上的潮汐现象。
12. 强风暴可能会席卷整个障壁岛并将物质搬运到其他地方。这会使障壁岛后面的海滩暴露在潮汐和海浪中，导致海岸侵蚀，可能会影响那里的生态系统。
13. 随着海拔的增加，温度降低。因此，山区比同纬度平原气温低。大面积的水体会影响气候，因为它们升温和降温的速度比陆地慢，所以沿海地区比同纬度内陆地区冬天暖和、夏天凉爽。
14. 随着气温的下降，全球气候变得更冷。这增加了降雪量，扩大了陆地冰川面积，导致海洋水体减少，海平面下降。
15. C
16. 例如：根据文章，海啸受到海底构造的影响。通过了解海啸形成时其下方地形以及运动路径上有哪些主要物体，海洋学家能更好地预测海啸将如何移动，它将在哪里登陆以及它将以何种强度袭击陆地。这些知识将帮助人们更好地应对海啸。

第18章
火山活动

P498. 起步实验

1. 油代表岩浆。
2. 加盐前油浮在水面上，加盐后油下沉。
3. 开放式作答，答案中应反映出密度变化会引起液体运动。起初，油层中的盐分使油比水密度大，导致油下沉。随着盐溶解在水中，水变得比油密度更大，因此油（“岩浆”）上升。

P501. 数据分析实验

1. 某些类型的火山活动产生的熔岩比其他类型更多。虽然80%的火山喷发活动发生在汇聚型板块边界，但只有15%的熔岩喷发在那里，而即使只有7%的火山喷发活动发生在裂谷带，但那里集中了75%的熔岩。
2. 开放式作答。了解火山活动和熔岩量之间的关系有助于科学家预测火山喷发情况和破坏程度，这有助于减少生命和财产损失。
3. 开放式作答。研究人员可能想要确定特定熔岩的成分、每座火山的喷发次数或者喷发程度。

P505. 迷你实验

1. 火山形成时，下方有岩浆房；火山喷发后，岩浆房变空；火山坍塌陷入岩浆房，形成一个破火山口。
2. 火山口呈圆形、更宽大。破火山口呈碗状、且较小。
3. 气球充气越多、越膨胀，破火山口越深。

P507. 第1节　本节回顾

1. 某些类型的火山与特定类型的板块边界有关：汇聚型板块边界、离散型板块边界和热点产生不同类型的火山。
2. 维苏威火山和埃特纳火山。
3. 标注应包括：岩浆房、岩浆、火山颈、破火山口或火山口。
4. 因为它离板块边缘很远，而且规模很大，所以黄石公园可能是热点上大量玄武岩喷发的结果。
5. 不对。由于热点或裂谷带，火山可以在海洋板块中间形成。
6. 虽然大量的玄武岩熔流是火山活动的结果，但它没有形成山的形状，因此不属于火山。

7. 10.6厘米/年；500千米/470万年＝10.6厘米/年。

P513. 第2节　本节回顾

1. 二氧化硅含量决定岩浆的黏性，岩浆中的溶解气体量决定爆炸性。
2. 岩浆越黏稠，喷发越具有爆发力。
3. 这将是一次高能喷发。
4. 火山块最大、火山灰最小。
5. 基拉韦厄火山形成于一个热点；埃特纳火山形成于汇聚型板块边界。基拉韦厄火山缓慢喷发，层层堆积；埃特纳火山爆发式喷发，由火山灰层和熔岩层交替沉积而成。
6. 岩浆中的二氧化硅和溶解气体含量可能都很高。
7. 开放式作答，但答案中应该包括它产生了致命的火山碎屑流这一事实。

P517. 第3节　本节回顾

1. 火山活动中，岩浆侵入作用发生在岩浆上升但不喷发时。岩浆喷出地表，会形成火山、枕状熔岩和玄武岩熔流。
2. 岩基是大块、不规则形状的粗粒火成岩块。岩株与岩基相似，但规模较小。岩床侵入岩层之间，岩脉穿过岩缝。岩盖呈蘑菇状，靠近地表。
3. 岩基和岩株是最大的深成岩，通常形成于地球表面以下5～30千米处。岩床更小，更靠近表面。
4. 侵入式火山作用和板块挤压导致地壳抬升，受外力侵蚀，深成岩体出露地表。
5. 岩床的边缘冷却得更快，因为它们与围岩接触面积大，结晶时间短，颗粒小。岩床中央冷却慢，晶体发育时间长，可以形成大颗粒晶体。
6. 火山颈。
7. 在最深处形成的是岩基，而不是岩床。

P519. 地学实验

1. 开放式作答。可能会考虑到过去的喷发情况、地震震级、火山类型以及紧急预警通知系统等。
2. 开放式作答。可能会根据最近的地震活动或实地观察来回答。
3. 开放式作答。数据表应该清楚地展示调查结果，并应该能够回答后续问题。

P521. 第18章　复习检测

1. 复式火山

2. 火山颈

3. 火山活动

4. 火山碎屑物

5. 火山口

6. 破火山口

7. 锥状火山

8. 深成岩体

9. 岩基

10. 火山碎屑流

11. 岩脉

12. 岩盖和岩床是靠近地表的深成岩体。

13. 两者都是由非爆发式喷发形成的。

14. 两者都是熔岩喷发的通道。

15. 两者都是深成岩体的类型。

16. B

17. B

18. D

19. C

20. B

21. C

22. A

23. B

24. 相对于至少100平方千米的岩基，岩株和岩盖要小得多。岩基形状不规则；岩株侵入岩呈水平方向；岩盖规模比岩基和岩株更小，呈蘑菇状隆起。

25. 岩脉。岩脉可以是任意大小，并可以穿过现有的岩层。

26. 热点是地球表面的一些位置，那里有稳定的岩浆羽流在地表喷发。热点位置与板块边界无明显联系。

27. 盾状火山：夏威夷州莫纳罗亚山；复式火山：华盛顿州圣海伦斯山；锥状火山：加利福尼亚州拉森峰。

28. 虽然两者都形成于热点之上，但基拉韦厄火山形成于大洋中部，而哥伦比亚河玄武岩形成于大陆内部。它们都由玄武岩熔岩形成。

29. 火山块由爆发式喷发而来，而构成盾状火山的玄武岩通常不是因为爆发式喷发而形成。

30. A岛是最古老的岛屿，因为它离产生它的热点最远，同时因为它被侵蚀的时间最长，所以它也被侵蚀得最严重。板块向A移动(西北方向),因为最年轻的C岛屿处于正在喷发的热点上,C位于A的东南方向。

31. 贴切。因为它处于大洋板块俯冲边界,分布着许多活跃的火山。

32. 岩浆温度越高,黏性越低。炽热的岩浆流动得更快,较冷的岩浆流动得更慢。

33. 火山喷出大量火山灰、硫酸盐颗粒和其他气体,它们可以长期漂浮在平流层并削弱太阳辐射,从而降低地球上的温度。火山也会喷出大量二氧化碳等温室气体。

34. 图略,盾状火山体积最大,又长又低,两边缓缓倾斜;锥状火山较小,边缘很陡;复式火山较大,呈锥形。

35. 较小的深成岩比较大的深成岩冷却得更快,这使得矿物结晶得更快。冷却速度快会产生更细的晶粒。

36. 喷发强度从小到大:玄武岩岩浆、安山岩岩浆、流纹岩岩浆。原因:黏性越强、气体含量和二氧化硅含量越高,喷发强度就越大。

37. 盾状火山:玄武岩岩浆,二氧化硅、含气量和黏性相对较低;复式火山和锥状火山:安山岩或流纹岩岩浆,具有中等和较高黏性,以及较高的二氧化硅和气体含量。

38. 只会有热点火山活动。

39. 图略,概念图应该表明所有侵入体都是深成岩体,以及每个侵入体的空间分布。

40. 在侵入岩中,晶体随着深层岩浆慢慢冷却而形成,因此可能会有各种尺寸的晶体。侵入岩会有渐变的晶体区域。来自热点的玄武岩熔岩,质地相对均匀,颜色较深。还可以查看晶体是否就地形成,或者矿物质是否聚集在气泡留下的空隙中。熔岩的爆发式喷发会产生多层火山灰、熔岩和形状不规则的岩石。

41. 开放式作答,答案应反映火山爆发之前发生的事情以及它可能对人们造成的影响。

42. 1872和1950(允许5～10年的误差)。

43. 用体积($3\ 500\times10^6\ m^3$)除以时间(150年)得到$23\times10^6\ m^3/a$。

44. 开放式作答。答案应该表明精确预测是不可能的,但是科学家可以根据过去的喷发模式、地面运动数据、释放的气体等做出有根据的大致预测。

45. 规模大,但时间短暂的喷发表现为阶梯状线条。缓慢、连续的喷发显示为相对平滑的线条。自1982年以来,基拉韦厄火山一直以大致相同的速度持续喷发熔岩(线条相对平直)。

46. 晶体形状、颜色、光泽、条纹、硬度、解理、密度、比重、质地、特殊属性。

47. 例如:全球定位系统可以测定板块分布位置,为板块构造理论提供相关证据。

P524. 综合　标准化测试

1. D

2. A

3. D

4. C

5. C

6. B

7. C

8. B

9. C

10. 图巴、坦博拉、卡拉卡图、皮纳图博、维苏威、圣海伦斯。

11. 开放式作答,答案可能包括:人们住在离维苏威火山很近的地方,火山碎屑流不同,科技水平差异。

12. 约25 km。

13. 在科学界,“理论”这个词表示一种经过反复实验检验,合乎逻辑的推论性总结。

14. 森林砍伐导致土壤侵蚀加剧,热带雨林降水量大,导致土壤肥力快速流失。

15. 冰川会造成严重侵蚀。

16. ①蒸发将海洋/湖泊中的液态水变成水蒸气,并进入大气中。②降水带走了大气中的水蒸气,并为地球表面增加了液态水。③径流将液态水从地面移动到海洋/湖泊。④植物通过蒸腾作用吸收地下水,并产生水蒸气。⑤下渗作用将地表水变成地下水。

17. C

18. B

19. 开放式作答,但应讨论以下危害:充满炽热、有毒火山灰的空气,坠落的火山岩和地震等对人们造成的威胁。

第19章
地　震

P526. 起步实验

1. 没有砂纸的木块移动顺畅，容易相互触碰；有砂纸覆盖的木块移动需要更大的力，而且运动更不规则。
2. 可能的答案包括构造板块或地壳碎片。
3. 第二种情况更像是一场地震，巨大的岩块相互刮擦。

P533. 第1节　本节回顾

1. 当应力足够大时，岩石会断裂，沿着断层产生运动，这种运动导致了地震。
2. 一段描述岩石弯曲时的弹性应变，另一段表示超过弹性极限值后的塑性形变。
3. 正断层：水平和垂直运动；逆断层：水平和垂直运动；平移断层：仅水平运动。
4. 答案应显示图19-5中所示的概念。
5. 地面上的人可能会看到面波让地面如海浪一样运动，P波会使地面上下移动，S波会使地面左右摇晃。
6. 例如：P波像用弹簧上向前推动玩具，S波像上下摆动弹簧，面波像水滴在水面产生的涟漪。

P538. 第2节　本节回顾

1. 它们通过不同类型的介质时，传播速度会发生变化。通过地震波可以了解地球内部结构。
2. 示意图应说明重锤与记录装置的相对运动关系。
3. 地震时距曲线提供各种地震波的运动时间，这能帮助科学家定位地震的震中位置。
4. 一般来说，地震波的速度随着温度的升高而降低。
5. 面波所有的能量都释放在地表——而这往往是人口和建筑密集的区域。
6. 开放式作答。新闻稿中可以说明科学家根据对地震波传播速度变化的测量，来推测地球内部的物质组成和分布。

P541. 迷你实验

1. 最大强度值为Ⅷ。
2. L站和N站。
3. L站和N站之间。

P543. 数据分析实验

1. 略。
2. 纽科姆:5 min;爱达荷泉,科罗拉多州:2.35 min;达尔文:2.79 min。
3. 纽科姆:3 200 km;爱达荷泉,科罗拉多州:1 800 km;达尔文:1 500 km。
4. 略。
5. 略。
6. 因为需要三个位置才能找到一个交点。
7. 台站下的地壳物质组成、设备机械故障、时钟不同步等。
8. 至少需要三个位置的数据才可以定位震中位置,但台站数更多,可以帮助精确定位,同时修正一些意外导致的错误。

P544. 第3节 本节回顾

1. 用P波和S波的传播时间来确定震中。
2. 震级是地震波的量度,而烈度是根据地震的破坏强度设定的参数。里氏震级是基于地震波振幅的衡量指标;矩震级标度基于断层开裂大小、位移距离和岩石坚硬度的衡量指标;修订麦加利地震烈度表是基于地震烈度的衡量指标,通过评估它对人类和环境的影响来确定等级。
3. 需要三个圆来确定一个唯一的交点。
4. 大多数地震发生在相对较窄的地带,这些地带主要位于构造板块的边缘。
5. 浅源地震离地表比较近,一般比深源地震的破坏性更大。
6. 1 024(32×32)。

P551. 第4节 本节回顾

1. 学习地震历史,测量应力积累,绘制地震空白区。
2. 土体结构和地基破坏,导致建筑物倒塌;引发海啸,威胁着沿海地区等。
3. 开放式作答。景观对比中应该可以看出地震后出现沿断层明显位移的现象。
4. 海底断层的垂直运动→导致上方水柱整体运动→波浪传播,并在近岸时变成巨浪。
5. 后者。已经发生过地震地区之间的地震空白区,未来更可能发生地震。
6. 开放式作答。为了确定可能发生地震的地区,委员会可以研究世界范围内的地震发生史并寻找地震空白区。

P553. 地学实验

1. 墨西哥马萨特兰以北。
2. 环太平洋地震带。
3. 北美和太平洋板块。
4. 地震是由沿着偏移离散型边界的转换断层的运动引起的。

P555. 第19章　复习检测

1. 应变
2. 弹性形变
3. 里氏震级表
4. 土壤液化
5. 震中
6. S波
7. 地震空白区
8. 修订麦加利地震烈度表
9. 海啸
10. 震波图
11. 震中是震源正上方对应的地表位置,震中是面波的起源点。震源是地下岩层断裂处,它是地震横波和纵波的起源点。
12. 应力是作用在物质上的力。应变就是应力造成的形变。
13. 当应力从发生弹性形变的物质上移走时,它会恢复到原来的形状。当应力从发生塑性形变的物质上移走时,它不能恢复到原来的形状,塑性形变导致的形变是永久的。
14. 横波比纵波慢,但比面波快。纵波沿地震波传播方向挤压和拉伸岩层,横波沿地震波传播方向的垂直方向运动。纵波和横波都能在地球内部传播,因此称为“体波”。面波只能在地表传播。
15. 两者都是测量地震释放能量的指标。里氏震级是基于地震波的最大振幅,矩震级标度考虑断层开裂大小、断层的位移大小和岩石坚硬程度。
16. 振幅是地震波的最大高程;震级由地震产生的地震波的最大能量决定。
17. C
18. A
19. A
20. B

21. A

22. C

23. A

24. D

25. A

26. B

27. 释放的能量大约是原来的 32 倍。

28. 10倍。

29. 智利、美国阿拉斯加、哥伦比亚和中国台湾地区都处于俯冲带。加利福尼亚与转换断层有关。大部分地震都是构造板块运动的结果。

30. 加利福尼亚州、俄勒冈州、内华达州、华盛顿州、阿拉斯加州。

31. 两者都在地表运动。面波穿过岩石和海洋，海啸仅穿过海洋。海啸的传播速度比面波慢得多。

32. 用两个地震仪的数据画的两个圆交叉点有两个，说明这两个位置都可能发生地震，但实际发生地震的位置只有一个。所以需要三个地震台的数据画出三个圆，才有唯一交点能确定实际地震位置。

33. 地震波引起的震动会导致建筑物坍塌。地震震动还可能导致地表物质液化，土地液化会导致建筑物、道路和其他结构下沉、破碎。地震还可能导致海啸，在海里掀起浪高超过 10 m 的巨浪，并可以传播很远的距离，导致沿海地区海水倒灌，把岸边的人们卷入大海。

34. 有记录的地震史、震级、地震空白地区，应力的积累。

35. 靠近地表的断层会产生高强度地震。

36. 图略，图示应包括悬挂支架、悬挂的重锤、笔和记录设备。

37. 建筑物下面的土地塌陷，可能是因为发生了土壤液化。因为是中型建筑，也可能与地震波产生的共振有关。

38. 根据修订麦加利地震烈度表，等级是Ⅷ。

39. 修订麦加利地震烈度表不使用地震仪。里氏震级和矩震级标度是基于地面运动并需要测量。矩震级标度还要考虑断层开裂大小、断层的位移大小和岩石坚硬程度。

40. 这种说法是错误的。没有发生过一次地震的地区不代表不会发生地震。

41. 开放式作答。可能的设计包括用木头加固墙壁，不使用混凝土建造等。

42. 方法略。由于佛罗里达州地势低平且不在断层之上，发生海啸的风险更大，因此海啸预警系统可以造福佛罗里达州人民。在加利福尼亚州，更有可能是地震直接造成的破坏，所以加固的道路和建筑物更有必要。

43. 图略。概念图应显示每种类型的应力如何产生对应的断层类型。

44. 离地表越近的岩石越冷，越脆，所以比深处的岩石更容易破碎。地下高温度使地下深处的岩石更具可塑性，因此不太容易因应力作用而破碎。
45. 开放式作答。计划可以包括评估建筑物风险等级，在震前收集必要的安全和生活物资，地震期间住在相对安全的避难所，以及震后的安置场所等。
46. 低温、坚硬和致密的地下介质中，地震波传播速度较快。高温、熔融和低密度的地下介质中，地震波传播速度较慢。
47. 图上蓝色、弯曲的区域。该地区是一个俯冲消减带，它由低温、坚硬、密度高的消减板块物质构成。蓝色、弯曲顶部有一些星状红色区域，它由高温、熔融态和密度低的上升熔岩构成。
48. 花岗岩。
49. 蒸发、极地海域的融冰和结冰、入海径流、降水。(任选三个)

P558. 综合　标准化测试

1. A
2. C
3. B
4. D
5. D
6. A
7. D
8. C
9. B
10. B
11. 当波浪靠近海岸时，海水变浅，导致波浪传播速度减慢并且波长减少。然后后浪赶上前浪，增加波浪的高度，直到它破碎。
12. 随着海浪的移动，水以圆周运动上下移动，然后返回到原来的位置。实际上只有海浪的能量向前移动。
13. 这表明该地区曾经有火山活动，并形成了海底山，但火山活动很久以前就停止了。因此，海底山实际上是死火山。
14. 地幔中的物质被加热，像熔化的塑料一样流动。这种加热过程中会产生地幔对流，并拖拽板块移动。
15. 火山灰是火山喷发抛向空中的碎屑。它由凝固的岩浆或岩浆喷发带出的地壳碎片组成。
16. 这些覆盖着海水的大陆架为具有商业价值的鱼类提供了栖息地。它们还有厚厚的沉积层，是石油和天然气的重要储存区域。

17. C

18. B

第20章
造山运动

P560. 起步实验

1. 密度相同时，越厚的木块浮得越高。当密度不同时，密度大的木块漂浮在水面上的部分少。
2. 硬木块代表密度较大的洋壳，软木块代表大陆地壳。

P564. 迷你实验

1. 杯子上升，是因为杯子浸沉时所受的浮力大于重力，于是逐渐上升，最后至重力与浮力达到平衡时静止。
2. 杯底离液面越近（压得浅），上升越慢。杯子离液面越远（压得深），受到的浮力越大，上升得越快。
3. 一旦杯子达到受力平衡，杯子就会停止运动。

P565. 技能实验

1. 图略。图表的x轴坐标应从现距今10 000年至今。
2. 反弹率每2 000年下降约二分之一。
3. 10 000年到8 000年前回弹50 m。大约占50%。
4. 根据曲线推测，估计还将反弹6～8 m，这可能还需要6 000到8 000年。
5. 山脉侵蚀会产生反弹；冰川作用会压实地壳。

P566. 第1节　本节回顾

1. 地壳的密度比地幔低，地壳越厚，山就越高。
2. 地球的大部分地区的高程，要么集中在海平面以上0～1 km之间，要么集中在海平面以下4～6 km之间，反映了大陆地壳和海洋地壳之间的密度和厚度差异。
3. 随着侵蚀作用的不断持续，山体质量不断减少，浮力和重力之间的平衡发生变化。
4. 更厚的山根可以支撑更大的山体。
5. 随着冰原融化，上覆重力减轻，五大湖地区反弹抬升。
6. 植物的根深入土壤，以收集养分并为植株提供支撑；山根伸入地幔，产生浮力支撑山体。
7. 侵蚀速率1 cm/年等于1 m/100年，比隆起速率1 m/1 000年快十倍，所以山体越来越矮了。

P573. 第2节　本节回顾

1. 汇聚消减带可以形成岛弧或海岸山脉。陆—陆板块的汇聚可作用以形成高大的山脉。
2. 它位于加勒比板块。
3. 板块汇聚可以将海相沉积抬升到山峰上。
4. 海洋—海洋型汇聚板块边界形成岛弧;海洋—大陆型汇聚板块边界形成海岸山脉;大陆—大陆型汇聚板块边界形成了地球上最高和最多样化的高大山脉。
5. 太平洋板块俯冲到北美板块下方,在北美板块边缘形成了一系列火山岛。
6. 这种说法是错误的。阿巴拉契亚山脉是古老的山脉,它是侵蚀后残余的山根;喜马拉雅山仍在抬升生长。
7. 开放式作答。故事中应该能体现出对陆地和海洋不断变化的理解。

P576. 第3节　本节回顾

1. 洋脊形成于分离型边界;有些山脉是由构造抬升形成的,有些是由断层形成的。
2. 洋脊处岩浆喷出,形成玄武岩。
3. 因为新形成的地壳温度更高,密度更小,因此上升得更高。
4. 两者都是张裂形成的山脉,但断块山与火山活动无关。
5. 两者都不是在板块边界处形成。两者均有抬升运动,断块山的升降沿断层发生,褶曲山地抬升是岩浆上升使岩石变形扭曲的结果。
6. 开放式作答。例如:褶曲上升山地的岩层中会有可识别的拱形,而不是折叠或扭曲的。
7. 例如:三种汇聚型边界形成的山脉是什么?什么是高原?褶曲上升山地的岩石中有褶皱吗?

P578. 地学实验

1. 海拔稳步上升,直到静峰峰顶,然后海拔开始下降。
2. 静峰高程11 303英尺。巡逻小屋高程为7 840英尺。
3. 沿剖面的平均高程约为9 600英尺。
4. 11 303英尺－7 840英尺＝3 463英尺。
5. 不成比例;垂直和水平比例不同,剖面未按真实比例绘制。
6. 水平比例尺由地图比例尺决定。垂直比例尺取决于所讨论区域的总体地形。

P581. 第20章　复习检测

1. 山根
2. 地壳均衡

3. 断块山

4. 褶曲上升山地

5. 造山运动

6. 挤压力

7. 高原

8. 地形

9. 地壳均衡反弹

10. B

11. C

12. A

13. C

14. B

15. C

16. A

17. A

18. D

19. 地壳均衡原理是指向下的重力与向上的浮力抵消,达到受力平衡。

20. 最大的长方体就像珠穆朗玛峰。它最高,底部伸入水中部分也最深。

21. 山根抬升,继续遭受侵蚀。

22. 大陆地壳比海洋地壳厚,因此需要更深的山根(置换更多的地幔物质)才能达到均衡。

23. 上升的岩浆使上覆的地壳升温,并使其向上隆起形成山脉。

24. 随着山峰被侵蚀,山体质量减少,由于地壳均衡反弹,山根抬升。

25. 两板块碰撞时挤压;火山活动或沉积物堆积使板块质量增加;温暖地壳的冷却和收缩。

26. 3 865 m－841 m＝3 024 m。

27. 珠穆朗玛峰和马里亚纳海沟代表地球的极端高程。

28. 喜马拉雅山;地壳的厚度与山的海拔成正比,喜马拉雅山是地球上最高的山脉,那里的地壳更厚。

29. 岛弧是两个大洋板块发生碰撞其中一个板块俯冲下沉,消减板块由于高温熔化形成大量岩浆,岩浆在上覆板块涌出,形成一系列线状排列的独立火山岛。

30. 大洋板块密度较大,两个大洋板块的碰撞会导致其中一个密度更大的板块发生消减。

31. 安第斯山脉是太平洋板块俯冲到南美板块下方的结果。

32. 抬升力或挤压力改变了曾经平行的岩层方向。

33. 张力将地壳拉开,形成一系列正断层,当断层间的地块下陷时,就形成了断块山。

34. 减弱。

35. 山根上升到表面并被完全侵蚀时,反弹停止。

36. 图略。应按如下组合连接术语:汇聚型板块边界、独立火山峰、挤压、地球上最高的山脉;离散型板块边界、洋脊、断块山;褶曲上升山地,小的构造形变。

37. 并非所有山脉都处于均衡状态。为了达到均衡,地壳必须很厚,这就要求地幔能够变形和流动。海底山等小型地貌可能小到不会导致地壳增厚,因为它们得到地壳和岩石圈的强力支撑就行。

38. 开放式作答。答案应该表明对海洋扩张和闭合的理解。可能会发生以下情况:随着洋壳冷却,北美东海岸开始消减,并形成岛弧;大陆与大陆碰撞,大西洋闭合;大陆裂谷和新的海洋形成。

39. 随着年龄的增长,浮力(R)下降。

40. 浮力(R)应该保持与重力的平衡(回忆起步实验的木块演示)。

41. 浮力随着温度的变化而变化。(随着地壳山根变得更冷,它的密度变大,所以它必须相对于山的高度来说变得更厚,这样才能达到地壳均衡,支撑起山体)

42. 地球的每个组成部分都很重要,并且与所有其他组成部分相互关联。

43. 土壤是由破碎的岩石碎屑和腐烂的有机物(称为腐殖质)等组成的,覆盖在地球表面的基岩上的松散覆盖物。除了岩石风化作用外,还受生物活动等影响。

P584. 综合　标准化测试

1. A
2. D
3. B
4. A
5. C
6. B
7. D
8. A
9. 水温太低,飓风需要大片温暖水域才能形成。
10. 并非每一个在大西洋形成的飓风都会袭击北美。
11. 这些飓风最有可能发生在夏末至初秋,因为那时的海洋中储存了大量的热能,有利于形成飓风。
12. 因为美国中部内陆不靠近海洋,所以陆地升温和降温的速度都更快。中部为中央大平原,没有山地阻挡,海拔较低,夏季有利于热带海洋气团深入,冬季有利于极地大陆气团南下,容易产生极端的气温年变化。

13. 当岩浆平行于岩层侵入时形成岩床,而岩脉是穿过先前存在的岩石的深成岩体。

14. 开放式作答。环境影响报告的价值在于确定在自然区域采取的行动的潜在影响,以便相关单位制订保护计划。要注意权衡为达到可接受的环境保护水平及其产生的潜在额外费用之间的取舍。

15. B

16. 通过研究过去的地震并确定其成因,科学家能够更好地监测该地区,并预测未来可能发生的地震,从而保护该地区的人们,减少人员和财产损失。

第21章
化石和岩石记录

P588. 起步实验

1. 开放式作答。答案中应该注意到海绵的空隙已被盐晶体填充。
2. 大多数动物死后，遗骸中的软组织会腐烂，但坚硬的部分可能会保留下来。随着时间的推移，坚硬部分的空隙被矿物质所填充。本实验中，盐模拟了那些矿物质。

P594. 第1节　本节回顾

1. 地质年代表可以帮助科学家整理地球历史，并与他人交流自己的研究。
2. 宙是最大尺度的地质时间单位，其次是代、纪和世。例如：我们现在生活的这个时期属于显生宙新生代第四纪的全新世。
3. 由于灭绝事件在化石记录中很容易识别，并且通常发生在相对较短的时间内，因此它们可以作为地质学家划分时间的参考。
4. 因为新生代岩石受风化和侵蚀时间相对较短，被外力抹除的岩石记录较少。
5. 因为前寒武纪生物身体中几乎没有坚硬的部分。此外，那个时代的岩石太古老，在后来漫长的地质年代里受多次地质活动影响，岩石容易变形、变质，通常很难留下地质事件的记录。
6. 图略，图表中应包括地质年代表上列出的显生宙中的所有代，显示百分比如下：新生代，12%；中生代，34%；古生代，54%。

P597. 迷你实验

1. 运用水平层理、叠加、互切关系等法则。
2. 由于互切关系原理，即侵入体比它所穿过的岩石更年轻，因此垂直侵入体比第1～3岩层更年轻。
3. *XY*线代表断层。它比周围岩层和垂直侵入体更年轻。

P599. 技能实验

1. 岩层A与F之间是非整合界面，因为沉积层F沉积在火成岩A的侵蚀层上。岩层E和F之间表示平行不整合，因为沉积岩层F沉积在沉积岩E的侵蚀层上。岩层D和F之间是角度不整合(因为D岩层被侵蚀，并发生了倾斜)。
2. B层是最古老的岩层。
3. 侵入岩A侵入到B、C、D岩层和E岩层的一部分，包裹物可能在岩脉的火成岩A中发现。

4. 因为断层左侧相对抬升。
5. 岩脉较年轻，因为岩脉A侵入了褶皱地层。这符合互切关系法则。
6. 图左侧的I岩层可能已经被侵蚀。因为它被抬升高出地表，更容易受到外力侵蚀。

P600. 第2节　本节回顾

1. 原始水平层理是指地层沉积在相对水平的岩层中。叠加法则指出，在未受干扰的岩石序列中，较新的岩层沉积在较老的岩层之上。互切关系指出，侵入体和断层比它们穿过的岩层年轻。包裹体法则指出，包裹体一定比它们所包含的岩层年轻。
2. 图略，参见图12-10。
3. 化石帮助科学家确定一个地区的岩层（有时称为露头岩层）是否与其他地方的岩层同时形成。这有助于他们了解大地理区域的沉积历史和各岩层的相对年龄。
4. 煤层是一个独特的、易于识别的地层。如果煤层出现范围广，就可以作为标志层。
5. 因为均变论意味着火成岩过去的形成方式与现在的形成方式相同，科学家可以研究现在的火成岩形成方式，并提出关于过去的火成岩在是如何形成的假设。
6. 地质学家可以通过比较每个采石场的化石数量、岩石类型和标志层等特征来验证假设。如果特征相同，则支持这种假设。
7. 开放式作答，但答案应该解释标志层是在广阔的地理区域中出现的具有相似特征的沉积物层。台风或沙尘暴可能会沉积一层沉积物，如果这层沉积物分布广且易于识别，就可以成为地质记录中的标志层。

P605. 第3节　本节回顾

1. 绝对年龄测年法提供岩层距今的年代，而相对年龄测年法只能让科学家确定地质事件的先后顺序。
2. 因为放射性衰变以一种有规律和可预测的方式发生，从而测出样本精确的年龄相对年龄测年技术测出是先后顺序，所以放射性衰变测年更准确。
3. 两者都是放射性测年法。U-238的衰变用于确定非常古老的岩石的年龄。C-14的衰变可以确定一些相对年轻的有机物的年龄。
4. 纹泥帮助科学家确定冰川沉积物的季节性沉积。
5. 放射性测年（绝对年龄测定）的均变论基础：放射性衰变过程从古到今一直存在，规律不变。
6. 放射性测年法和树轮年代学都可以用来确定该树木的年代。如果两种或多种方法产生相同或相似的答案，它们可以相互支持并提供更小的误差范围。
7. 距今26亿年。

P609. 第4节　本节回顾

1. 化石帮助科学家关联地质区域、测定岩层年代、寻找石油和天然气以及了解过去的环境。地质学家知道化石的年龄与发现它们的岩石的年龄大致相同。
2. 化石可以是生物体(例如琥珀中的昆虫)、石化的坚硬部分(例如硅化树或再结晶的贝壳)、印模或铸型(菊石),以及过去活动的痕迹(例如脚印和排泄物)等。
3. 如果科学家知道三叶虫生活的时期,就可以假设发现三叶虫的岩层是与其在同一时间形成的。
4. 印模是由有机体留下的印记形成的,当沉积物填充印模时形成铸型。
5. 分布广泛可以让科学家利用它们来关联不同地理区域的岩层。如果分布范围狭小,就只能在小范围内有用。
6. 开放式作答,但信中应讨论原始树木残骸与地下水接触而置换矿物质的过程。

P611. 地学实验

1. 答案将根据选择的不同塑造地球历史事件而有所不同。
2. 开放式作答。一个可能的共同特征是,最重要的事件都是一些影响生命进化的事件。
3. 如果恐龙没有灭绝,哺乳动物的地位可能会大大降低。
4. 生物灭绝事件可能导致新的生物演化(为新生物的进化提供生态位)。

P613. 第21章　复习检测

1. 地质年代表
2. 不整合
3. 放射性衰变
4. 宙
5. 相关性
6. 两者都是地质历史的时间划分单位,但代比纪时间尺度更大。
7. 硬体化石不含生物原始物质。实体化石含有生物原始物质。
8. 绝对年龄测定法用于确定岩层或物体的距今年代,而相对年龄测定只能用于确定两个及以上岩层的相对年龄。
9. 化石都是保存完好的有机体或有机体的痕迹。标准化石代表了一个存在时间很短、分布广泛、数量众多、并具有独特遗骸(遗迹)的物种。标准化石可用于大面积对比岩层。
10. 印模是有机体的印记。当沉积物随后填充印模时,就会形成铸型。
11. 互切关系

12. 均变论
13. 标志层
14. 进化
15. C
16. B
17. A
18. B
19. C
20. C
21. D
22. D
23. C
24. C
25. 当生物体死后，埋在沉积物中的软体组织会腐化，而坚硬部分被侵蚀后，留下痕迹，就会形成印模。如果后续沉积物中的其他物质填充印模，就会形成铸型。
26. 地质学家用大规模生物灭绝事件来标记地质时间尺度上的时间单位，因为它们通常发生在较短的时间内，且在化石记录中很容易识别，可以提供年代参考点。
27. 绝对年龄测定法提供距今年代，而相对年龄测定法仅提供地质事件发生的相对顺序。
28. 没有地质时间尺度，地质学家就无法建立地层之间的联系，无法将地层放置于时代背景中，也无法关联全球事件。
29. 开放式作答。不整合面表示某个被侵蚀的表面后来被新的沉积层覆盖，被覆盖的侵蚀面导致相应年代的岩石记录断代。
30. 支持。意见参考：每个时期的持续时间不同，很难进行比较，而人类习惯于将时间划分为相等的单位，所以以这种方式划分时间尺度也是有意义的；当初制定地质年代表时，绝对年龄测年法并不存在，现在已经具备这种技术。可以进行较为准确的划分。或反对。意见参考：该尺度是围绕地质和进化事件构建的，这些事件不会发生在预定的时间表上。强制每个时间单位的长度相同，会淡化标志性地球历史事件的重要性。
31. 如果在某地石油中发现了特定化石，那么若在其他地方发现了该种化石，则有可能在当地找到石油。
32. F层是最古老的。
33. B层底部存在角度不整合，因为B岩层位于已经倾斜的地层上。
34. 事件发生的先后次序：1. 地层由老到新沉积次序为FEDCJIH（原始水平层理和叠加法则）。2. 然后发生内力运动导致岩层FEDCJIH倾斜，HIJ层发生较严重的侵蚀（原始水平层理）。

3. 断层G导致地层FEDCJ发生位移(互切关系)。4. 沉积形成BA岩层(原始水平层理和叠加法则)。

35. 开放式作答。相对年龄测年技术是基于重力如何作用于沉积物层的常识概念。在科学工具可用于确定绝对年龄之前,人们利用常识将地质事件按正确顺序进行相对年龄排列。

36. 略。

37. 3.9亿年。

38. 标准化石代表了一个存在时间很短、分布广泛、数量众多、遗体或遗迹独特的物种化石。标志层是在广阔的地理区域中出现的相同沉积物层。两者都可用于大面积对比岩层。

39. 蛤蜊更有机会,因为它有坚硬的外壳,蜘蛛柔软的外壳很容易腐烂。蛤蜊生活在水中,沉积作用更为常见。

40. 不能。恐龙生活于中生代,大约6600万年前灭绝。放射性碳测年只能用于小于6万年的物体。

41. 红点表示半衰期,即衰变到样本中包含一半的母元素和一半的子元素所经历的时间。

42. 树轮年代学和放射性碳测年技术都可以应用。根据树木年轮学,地质学家会将样本与该地区已知的树木年轮年代进行比较。在放射性碳年代测定法中,C-14与C-12的比例推算死亡时间。

43. 图略。地质年代表有两个分支,分别是相对年龄和绝对年龄测年方法。相对年龄测年有两个分支,它可以使用不整合面和化石的证据。绝对年龄测年法包括放射性测年法。

44. 赞成。意见参考:家犬可能会成为很好的标准化石,因为它们有坚硬的骨头,数量众多且分布广泛。反对。意见参考:它们可能不能成为很好的标准化石,因为家犬的骨骼与野狗的骨骼没有显著区别,而野狗已经存在了更长的时间,标准化石应为在短时间内生活的生物。

45. 开放式作答。对于只能活20分钟的细菌来说,太阳、星星是静止的,永远是白天——或者是黑暗的。与地质年代相比,人类的寿命如同细菌一样短暂。山脉和海岸线似乎是固定的,河流基本上停留在同一区域,生命形式保持不变。这说明观察者的视角很重要。

46. 生物多样性骤降的时间与地质时期的界限相吻合。

47. 一次大的生物多样性下降对应于一次生物灭绝事件。四个最大的多样性下降时间发生在奥陶纪、泥盆纪、二叠纪和白垩纪末期。

48. 在奥陶纪—志留纪边界或泥盆纪—石炭纪边界可以增加一个新的纪。

49. 质子和中子。

50. 从北极地区南下的寒冷干燥大陆气团,与从墨西哥湾北上的温暖湿润热带气团,经常在此交汇,容易产生龙卷风的超级单体。

P616. 综合 标准化测试

1. B
2. B
3. C
4. D
5. A
6. B
7. C
8. A
9. D
10. B
11. 震中在圣弗朗西斯科。这可以通过从三个地震仪站收集读数并绘制它们全部相交的点来确定。
12. 一个地震仪读数只能画出一个圆圈,两个圆圈会有两个交汇点,而三个圆圈相交只有一个交点,这就是震中位置。
13. 由于震中不在洛杉矶,震感不会那么强烈,但由于城市在两站读数范围内,所以很可能还是有一定震感。
14. 佛罗里达半岛因为四面环水,所以雷暴多。在炎热的日子里,陆地升温的速度比海洋快得多。陆地上空的热空气上升,从海洋涌入的潮湿空气与上升的热空气结合,在陆地上形成雷暴。
15. 因为阿巴拉契亚山脉带有不同类型的岩层,这表明它们是以不同的方式形成的。
16. 酸雨是指pH低于5.6的降水。使用5.6这个值是因为5.6是正常降雨的pH下限。
17. D
18. A

第22章

前寒武纪的地球

P618. 起步实验

1. 液体分层。因为植物油是三者中密度最小的,所以它在上层。玉米糖浆密度最大,所以它在下层。
2. 植物油代表地壳;水代表地幔;玉米糖浆代表地核。
3. 早期地球根据组成地球物质的密度形成圈层。低密度物质在地壳附近聚集,高密度物质聚集在地核附近。

P622. 第1节 本节回顾

1. 地球上最古老的岩石,已有42.8亿年的历史;前寒武纪锆石晶体,已有44亿年历史;月球上最古老的岩石样本,年龄从44到45亿年不等;最古老的陨石样本年龄从45到47亿年不等。
2. 科学家认为所有太阳系天体大约在同一时间形成,因此年龄大致相同。
3. 随着地球质量的增加,重力导致它收缩,收缩的能量转化为热能。放射能使地球变热,因为衰变过程会释放热量,而且早期地球上的放射性元素比今天多,释放了大量热能。小行星和陨石撞击也能产生热能。
4. 锆石是一种能经受住风化和侵蚀的常见矿物。
5. 地球内部的大部分热量是在其形成过程中保留下来的,引力收缩以及陨石和小行星的撞击对今天地球内部热能贡献很小。
6. 300万颗小行星(冥古宙持续了约6亿年;5 000颗小行星/百万年×6亿年=3 000 000颗小行星)

P627. 第2节 本节回顾

1. 地球上的大陆是随着微大陆的相互碰撞和生长而形成的。
2. 地球最早的地壳在多次剧烈的地质循环过程中被破坏。
3. 克拉通是大陆最古老、最深、最稳定的部分,就像根一样。
4. 科学家已经知道密度较小的物质漂浮在密度较大的物质上。他们也可以推断,这同样发生在地球刚刚形成的时候。根据均变论原理:今天发生的地球过程与数十亿年前发生的过程基本相同。
5. 到太古宙末期,现代大陆地壳只形成了大约10%。到元古宙末期,现代大陆地壳的75%已经形成。因此大多数大陆形成于元古宙。

6. 太古宙形成的山脉早已被外力风化、侵蚀掉了。
7. 开放式作答。答案应包括如下描述：①最初富含花岗岩的地壳形成劳伦西亚大陆克拉通的过程；②劳伦西亚大陆如何移动；③劳伦西亚大陆与其他陆地碰撞，并积累更多土地的过程。

P630. 技能实验

1. 22 500 000千克。首先计算岩石的立方米数：750 m×15 000 m×3 m＝3 375万 m^3。接下来，将立方米的岩石换算成吨：33 750 000 m^3÷0.3 m^3/t＝112 500 000 t。最后确定铀的千克数：112 500 000 t×每吨0.2千克铀＝22 500 000 kg。
2. 1 518 750 000美元。岩石的体积33 750 000立方米×每立方米45美元＝1 518 750 000美元。
3. 矿床中U_3O_8的当前市场价值为132美元/千克×22 500 000千克＝2 970 000 000美元。因此，该矿藏利润为2 970 000 000美元－1 518 750 000美元＝1 451 250 000美元。

P631. 迷你实验

1. 沉淀物由白色变为橙红色。
2. 来自钢丝棉中所含的铁。
3. 红色来自岩石含铁矿物中的氧化铁。
4. 漂白剂有助于钢丝球快速氧化。

P632. 第3节 本节回顾

1. 由于大多数生物都需要氧气才能生存，因此大气中氧气的存在使生物得以进化。氧气也会有助于臭氧形成。在前寒武纪，臭氧保护原始生命体免受紫外线的伤害。
2. 根据均变论，现代蓝藻能产生氧气，从而推导古代蓝藻也可以产生氧气。
3. 在富含铁的地区，大气中的氧气与铁反应形成条带状含铁建造。
4. 地球上的水很可能来自早期火山喷发出的水蒸气和撞击地球天体中的水。
5. 不会有制造氧气的绿色植物，也不会有需要氧气呼吸的动物。地球上可能居住着不需要氧气而且能够承受高水平紫外线的生命形式。
6. 185亿年；3 700米＝370 000厘米，37万厘米×5万年/1厘米＝185亿年。

P637. 第4节 本节回顾

1. ①生命起源于浅海的“原生汤”；证据：氨基酸可以在模拟的地球早期大气层中形成。②生命起源于深海；证据：氨基酸在海底热液喷口中形成。③生命在地外形成，并通过小行星或流星体带到地球;证据:一些陨石中存在水和有机分子。

2. 在地球诞生的头7亿年里,小行星和流星体可能经常撞击地球,阻止生命的形成。
3. 氨气、甲烷、氢气。
4. 真核生物将它们的遗传物质包装在细胞核中,原核生物没有细胞核。真核生物往往更大,因为它们含有细胞核和其他细胞结构。
5. 埃迪卡拉生物群和现代动物群落没有亲缘关系。
6. 埃迪卡拉生物群可能因海平面变化、气候变化、火山活动或小行星撞击——或这些因素的某些组合而灭绝。答案应包含简短的解释。
7. 开放式作答,文章应该讨论类似埃迪卡拉生物群的生物体。

P639. 地学实验

1. 根据实际情况作答。例如,A省的宽度会根据放置边界线的位置而有所不同。为了使所有地图都相同,将需要大量数据点。
2. 最古老的省份靠近地图区域的中心。
3. 开放式作答。答案应该表明,较年轻的省会出现在较古老省的边缘。
4. 在省界发现变质岩,碰撞会导致区域变质作用。如果发生火山活动,也可能发生接触变质作用。
5. 最崎岖的山脉遗迹会出现在两个最年轻的省之间,或者最古老的省和最年轻的省之间,这取决于省的排列。风化最严重的山脉遗迹将沿着最古老的省和稍新的省之间的边界被发现。

P641. 第22章　复习检测

1. 小行星
2. 劳伦西亚大陆
3. 蓝藻
4. 重力分异
5. 氨基酸
6. 加拿大地盾
7. 条带状含铁建造
8. 真核生物
9. 埃迪卡拉生物群
10. 锆石
11. 叠层石

12. 克拉通
13. A
14. B
15. D
16. A
17. D
18. C
19. B
20. D
21. C
22. B
23. C
24. 科学家使用地球上最古老的岩石(42.8亿年)、锆石晶体(44亿年)、陨石(45亿~47亿年)和月球岩石(44亿~45亿年)等证据。
25. 可能的来源包括小行星和其他撞击地球的天体,以及火山气体。
26. 地球由无数绕日运行的小行星碰撞合并而成。随着时间的推移,重力导致地球收缩,产生热能。
27. 板块构造运动导致大陆移动、碰撞和合并,形成超级大陆。
28. 早期地壳在不断的地壳循环过程中已经被摧毁。
29. 蓝藻产生氧气的光合作用过程是复杂的,很可能在这些生物体进化之前,世界上已经有更简单的生命形式。
30. 当铁与充足的大气氧气反应生成氧化铁时,就会形成红层。
31. 当今地球内部的大部分热量是其形成时遗留下来的,其余主要来自地球内部放射性衰变。
32. 氢和氦的原子质量都很小,所以它们会逃逸到太空。
33. 月球岩石和陨石的间接证据可以用来推断早冥古宙存在,因为科学家认为所有的太阳系天体大约在同一时间形成。
34. 图中珊瑚礁状一样的物体是叠层石,它们由无数蓝藻堆积而成,蓝藻通过光合作用产生了氧气。
35. 根据均变论理论,因为现代蓝藻会产生氧气,从而推断出古代蓝藻也能产生氧气。
36. “A”是真核生物,体型较大,有细胞器,DNA被包裹在细胞核内。“B”是原核生物,体型较小,DNA未被包裹在细胞核内。
37. 大气中可能含有从火山喷出的气体(二氧化碳、水蒸气、氮气、一氧化碳),但不含氧气。
38. 一种称为核糖酶的RNA分子可以起到酶的作用。因此它们可以在没有酶的条件下复制。

这表明RNA很可能先于DNA存在，是无机世界和后来以DNA为基础的有机世界之间的过渡。科学家称这段时间的地球为“RNA世界”。

39. 这张照片反映了火山喷出气体的过程。火山喷出的水蒸气可能是海洋水的重要来源。

40. 可以去看加拿大地盾，它分布在加拿大和美国北部的一些州。

41. 液态水更重要，因为地球上的所有生命都需要水。有些生命形式可以在没有氧气的情况下存在，但没有水就无法存在任何生命。

42. 开放式作答。你可以通过放射性测年法测定样品中可能存在的锆石，从而确定样品的年龄。

43. 冰雪地球可能导致许多单细胞真核生物灭绝，这为新的多细胞生物的进化铺平了道路。

44. 图略。概念图应显示蓝藻光合作用产生氧气，因为氧气的存在，才有臭氧和呼吸作用。

45. 现代海洋形成的原因是，致密的玄武岩洋壳对海洋岩石圈的压力大于密度较低的花岗岩陆壳对大陆岩石圈的压力。如果没有这种重力差异，所有地壳的位置差不多，海洋可能会更浅、更广阔。此外，几乎不会再出现板块消减作用，因为只有洋壳比大陆地壳密度更大，才会产生俯冲。

46. 开放式作答。这个行星上可能有大陆和水，叠层石存在于浅水区域。如果蓝藻是唯一存在的生命形式，氧气水平可能不足以允许更复杂的生命存在，大陆上是干枯、苍凉、毫无生机的景观。

47. 显生宙。

48. 岩石越老，缺失的可能性就越大。

49. 这种趋势的存在是因为板块构造使地壳物质不断循环。岩石越古老，变质、重熔的可能性就越大，而那些残留下来的岩石更有可能被更年轻的岩石掩埋，导致不易被发现。

50. 溶盐连同冰雪融化的水经常进入污水和雨水管道。如果经常使用大量的盐，这些盐可能会渗入地下水。

51. 均变论指出，今天发生的过程在整个地球历史上一直在发生。

P644. 综合 标准化测试

1. D
2. A
3. C
4. A
5. B
6. B
7. C

8. B
9. A
10. B
11. 阿尔弗雷德•魏格纳。
12. 许多大洋两侧大陆轮廓彼此吻合,支持大陆曾经相连的假设。曾经相连的大陆上化石的相似性和地质构造的连续性提供了额外的证据。
13. 大洋地壳主要由玄武岩组成,而大陆地壳则含有较多的花岗岩。玄武岩比花岗岩密度大。
14. 山脉需要山根来支撑地球表面以上部分的质量。地幔中的山根是保持平衡一座山的基础。
15. 地表岩土的孔隙必须足够大,水才能被地表吸收。如果孔隙太小或已经饱和,水就无法下渗,可能会蒸发或流走。
16. 大峡谷模拟了水平层理和叠加法则。在水和风的作用下,沉积物按照"下老上新"依次叠加沉积。重力使沉积物固结成岩,并让岩层变得平坦。
17. B
18. 通过了解地球的年龄,科学家能够重建地球演化的时间线。

第23章
古生代、中生代和新生代

P646. 起步实验

1. 在重力作用下，水（油）渗入砖（砂岩）的矿物颗粒孔隙中。
2. 加水（油）后，砖（砂岩）的横截面颗粒孔隙中含有水（油）。
3. 水（油）储存在岩石矿物颗粒孔隙中。

P652. 数据分析实验

1. 略。
2. 大约21小时。
3. 大约22.5小时。
4. 大约23小时。
5. 大约7 500万年后，一天将有24.5小时。这是假设未来的放缓速度遵循与过去相同的趋势。

P653. 迷你实验

1. 两个小的大陆面积之和更大，因为它们的大陆架面积占总面积的比例较大。
2. 如果只有一个超大陆，海洋生物的栖息地会仅限于一个大陆架。大陆数量越多，大陆架总面积越大，海洋生物的栖息地面积就越大。
3. 空间和资源的缺乏会使一些物种濒临灭绝。

P654. 第1节　本节回顾

1. 泛大陆形成时，大陆架空间缩小，部分生物因栖息地丧失而灭绝。
2. 当海平面上升，海岸线向陆地移动时，发生海进；当海平面下降，海岸线向海移动时，发生海退。
3. 石油矿藏通常与蒸发岩伴生。蒸发岩沉积物是不可渗透的，它可以封存地下的石油矿藏。
4. 几乎所有生活在今天的海洋生物种群都出现于寒武纪生物大爆发之后。
5. 大部分被侵蚀掉了。
6. 化石记录中的某种海洋生物化石突然消失，这可能伴随着海退的岩石记录证据。
7. 4 782年；1 000万种的96%＝960万种；每天5.5种×365天/年＝2 007.5种/年；960万种÷2 007.5种/年＝4 782年。

P659. 第2节　本节回顾

1. 中生代的生命填补了古生代末大灭绝后空缺的生态位。
2. 随着大陆张裂，裂谷带形成盆地和山谷。山谷被海水淹没，变宽，形成海洋。
3. 改变劳伦西亚大陆东部边缘的构造事件：大陆板块的彼此强烈碰撞，最后拼合成超级大陆(泛大陆)。改变劳伦西亚大陆西部边缘的构造事件：海洋板块和大陆板块的碰撞，这种碰撞并没有形成超级大陆。
4. ①墨西哥尤卡坦半岛的一个大型撞击坑。②白垩纪和古近纪岩层之间的富铱地层，铱在地壳中很少见，但在陨石中很常见。
5. 随着时间的推移，大洋板块俯冲到北美洲板块下方时会被地幔重熔。
6. 开放式作答，可以包括陨星残骸的存在、天空变暗、更多的紫外线以及温室气体导致的全球变暖等。

P665. 第3节　本节回顾

1. 哺乳动物填补了恐龙灭绝后留下的空缺生态位。草原环境适应多种多样的哺乳动物生活。
2. 大陆冰川大致向南移动到俄亥俄河和密苏里河的边界。
3. 两者的形成在很大程度上是太平洋板块与北美板块相互作用的结果。
4. 当南极洲和澳大利亚分开后，南极洲被隔离在南极地区。西风寒流开始在其周围流动，开启了降温趋势。
5. 开放式作答，答案可能包括食物来源。早期人类可能一直在追逐迁徙的猎物，可能一直在寻找温暖的气候环境，也可能只是好奇新的地方。
6. 需要25 000年。50 m＝50 000 mm；50 000 mm＝2 mm/a×时间；50 000 mm÷(2 mm/a)＝25 000年。

P667. 地学实验

1. 牙齿结构是确定恐龙食性的最有用的证据之一。牙齿的形状和结构随着食物来源的变化而进化。由于牙齿很硬，因此有较大概率能形成化石。
2. 艾伯塔龙是食肉动物。埃德蒙顿龙是食草动物，可能以水果或阔叶为食。
3. 艾伯塔龙是一种两足动物。埃德蒙顿龙可能是四足动物，用四条腿行走。
4. 艾伯塔龙的牙齿长而锋利，呈锯齿状，用于抓取和撕裂肉类；它的下巴很大，铰接在嘴的后部，这样它就可以尽可能张开嘴来吞下大块的肉。埃德蒙托龙有一张无牙的鸭嘴，用来摘水果或树叶，它的后牙又小又平，用来磨碎植物。它的下颚小，力量也不大。
5. 应检查髋骨(髂骨、坐骨和耻骨)的位置，确定每只恐龙的移动方式及其所属的类群。

P669. 第23章　复习检测

1. 古地理
2. 浮游植物
3. 寒武纪生命大爆发
4. 海退
5. 两足动物
6. 铱
7. 海进
8. 智人
9. 羊膜卵
10. B
11. B
12. A
13. D
14. A
15. C
16. C
17. B
18. D
19. A
20. C
21. C
22. 种子使植物能够往远离水源的土地上传播。通过种子传播，植物为动物创造了更丰富的食物和栖息地。
23. 恐龙的臀部结构导致腿在躯干下方伸直，而不是像蜥蜴等其他爬行动物那样从侧面伸展开来。
24. 古代珊瑚礁通常与蒸发岩有关，蒸发岩就像封条一样，把石油困在珊瑚礁岩石孔隙中。
25. 南加州很少有活火山，因为太平洋板块没有俯冲到北美板块之下；而是相对于北美洲板块向西北方向移动，形成了转换断层，容易引起地震活动。
26. 参考图23-2，沉积序列为石灰岩—页岩—砂岩。
27. 参考图23-11，第一期俯冲角度陡峭，速度缓慢；第二期俯冲角度低平，速度加快；第三期俯冲角度更加平缓，速度更快。

28. 当冰川形成时，它们会封锁本来应往海洋循环的水体，导致海平面下降。当冰川融化时，海平面上升，融化的冰以液态水的形式返回海洋。
29. 火山灰是火山存在的证据。大多数火山位于板块活动边缘，板块之间碰撞出现造山运动。
30. 印度板块正在向东北移动，最终与亚欧板块碰撞相连。
31. 当印度板块仍然与非洲板块相连时，远古大象在非洲进化。当印度板块脱离非洲板块时，仍然有部分远古大象生活在印度板块。当印度板块撞上亚欧板块时，这些远古大象开始向亚欧板块扩散，并随着亚洲环境的变化而继续进化。这解释了为什么亚洲象和非洲象会有不同。气候和地理限制可能阻止了亚洲象继续向北迁徙。
32. 当两个板块分离时，地壳变薄，并被撕裂。海水淹没了低洼地区。随着板块继续张裂，裂谷扩大，水继续充满盆地，最终经过数百万年后形成了海洋。
33. 阿巴拉契亚山脉是古代造山运动的证据，两个板块在那里碰撞。造山运动出现在活动边缘。
34. 海退降低了海平面，并减少了海洋生物的栖息地面积。海平面下降可能是因为陆上冰川增加和海水变冷导致的，这些变化也会对生物产生更多的压力。
35. 蒸发岩沉积物通常覆盖在古珊瑚礁之上，其中包含可能存在石油的大孔隙空间。蒸发岩沉积物是不透水的，可以减少石油下渗和挥发。
36. 一个极端观点是今天的地球不会有太大的变化，因为其他事件也可能导致恐龙灭绝。另一个极端观点是恐龙可能是现在地球上主要的陆生动物，而人类根本没有进化。
37. 经过生物大灭绝，生态位重新分配。其他物种的进化填补了恐龙的生态位。例如，当恐龙灭绝时，哺乳动物占据了许多可用的生态位。
38. 如果现代的南极洲不位于南极地区，海平面会更高。因为南极洲处于更温和的纬度，就不会有大面积陆地冰川。洋流也会发生变化，从而导致不同的气候模式。
39. 内海的存在表明白垩纪海平面较高。
40. 图略，但应包括古生代（包括最早的水生菌类、海生无脊椎动物具有硬质部分的多细胞动物）、中生代（包括爬行动物、裸子植物）和新生代（包括被子植物、哺乳动物）。
41. 地幔对流驱动地球表面的构造板块运动，最终导致大陆分离。
42. 大气中的灰尘会阻碍阳光到达地面，从而导致植物死亡。以植物为食的哺乳动物，以及以这些哺乳动物为食的其他哺乳动物等都可能死亡。由于灰尘阻挡了阳光，还可能通过气候变冷对生物体造成压力。
43. 12.5%。
44. 美国中部有更多撞击点。
45. 影响地点往往位于尚未进行造山运动的地区。造山运动可能导致陨石坑变形，并且难以识别。

46. 大多数地震震中位于板块边界，其中大部分发生在汇聚型板块边界。大多数地震都发生在浅层（30千米以内）。因为这是地球内部较冷的区域，大部分为坚硬固体，较容易形成断层。

47. 砾岩或角砾岩，砂岩，粉砂岩、泥岩或页岩。

P672. 综合　标准化测试

1. B
2. C
3. D
4. A
5. C
6. D
7. A
8. B
9. C
10. A
11. 模拟了地幔对流。对流驱动了地球岩石圈板块的运动。
12. 对流发生在被称为软流圈的地幔部分，它像软塑料或热沥青一样缓慢流动。
13. 对流可以跨越数千千米，每年只移动几厘米。因此，对流运动虽然随着时间的推移而能明显看出，但其在短期内不会对地球表面产生明显影响。
14. 均变论指出，今天发生的地质过程自地球形成以来就一直在发生。赫顿用这个构想来了解地球的过去。
15. 前寒武纪的主要事件包括海洋和大气层的形成、地壳和大陆的形成以及生命的演化。前寒武纪涵盖了90%的地质时间。
16. 氢和氦的质量很轻，所以它们不会在地球表面停留太长时间。地球引力不够强，无法阻止氢和氦逃逸。
17. B
18. 假设只能随着证据的积累而推进。实际撞击地点的发现是小行星撞击发生的证据，为证实小行星撞击导致恐龙灭绝的假设增加了可信度。

第24章
地球资源

P676. 起步实验

1. 答案因材料而异。
2. 答案因材料而异。
3. 答案因材料而异。可回收的物品包括纸张、塑料和铝。
4. 答案因材料而异。选择纸张、塑料和铝等材料可以提高产品的可回收性。

P681. 第1节　本节回顾

1. 生物利用自然资源进行日常生活，吃、喝和建造住所。人类还利用自然资源来供热、运输和娱乐等。
2. 不可再生资源（如铜）的成本会持续上升，因为随着人类使用量的不断增加，不可再生资源的供应量不断减少。
3. 可再生资源：树木、棉花、玉米。不可再生资源：铝和宝石。玉米和棉花能可持续产出。
4. 开放式作答。因为美国的人均资源消费率高，这会产生更大的影响，这些影响可能是积极的，也可能是消极的，这取决于具体的消费选择。
5. 可节省60%。

P686. 第2节　本节回顾

1. 来自地壳的资源包括植物生长所需的表层土；用于建造建筑物和纪念碑的基岩或坚硬岩石；矿石类，包括铁、铬和铂等。
2. 表层土流失使土壤变得贫瘠，保水能力下降，从而导致作物歉收。随着全球人口的增长，我们将需要更多的农作物。
3. 开放式作答，例如：土地资源是有限的，土地恢复速度慢，动植物赖以生存的基础等。
4. 开采矿石时会留下尾矿。尾矿可能对环境有害。
5. 砂矿材料可能源于远离它们沉积位置的上游地区。
6. 开放式作答。可能会找到替代资源，也可能会给依赖该资源的人带来某种困难。
7. 开放式作答。

P688. 数据分析实验

1. 2002～2004年的75 000平方千米。

2. 1995年。

3. 1993～2001为3%/年；2001～2009为－7%/年。

4. 尽管2001～2002年和2003～2004年期间森林砍伐有所增加，但2001～2009年期间的年平均森林砍伐率低于1993～2001年期间。

5. 如果森林砍伐率继续下降，亚马孙流域可能会出现复苏的迹象。但是如果森林砍伐率增加并且该地区没有重新造林，最终，亚马孙流域的森林或将完全消失。

6. 所有植物在碳循环中都发挥着不可或缺的作用。如果热带雨林减少，那么大气中的二氧化碳吸收量也会减少。

P692. 第3节　本节回顾

1. 大气是一种自然资源，因为地球上的大多数生物都需要氧气或二氧化碳来维持生命过程。氮是组成蛋白质的重要元素。

2. 在碳循环中，植物将二氧化碳转化为动物可用的形式，动物吃这些植物并获得生存所需的营养。在氮循环中，固氮细菌将氮转化为植物可用的形式。动物也吃这些植物以获得生存所需的营养。通过氮循环和碳循环，碳和氮在大气层、地圈和水圈中循环。

3. 大气中的风可以将污染物从源头带离到很远的地方。

4. 固氮细菌将大气中的氮转化为植物可以利用的形式，然后动物通过吃植物获得氮，合成蛋白质。没有固氮细菌，植物和动物将无法制造蛋白质。

5. 如果房子是密闭的，氡气会在室内积聚。

6. 13.81%。

P695. 迷你实验

1. 答案会因样本而异。

2. 软水会使肥皂更容易起泡。

3. 需要更多的肥皂才能把东西洗干净；在洗涤过程中，水槽、浴缸或衣服周围经常会形成皂垢。皂垢是由硬水中过量的金属离子（Ca^{2+}、Mg^{2+}、Cu^{2+}、Fe^{3+}）形成的。

4. 样本F是对照组。

P697.　第4节　本节回顾

1. 每年因淡水短缺死亡的大约有24 000人。在一些地区，人们每天要走很长的路才能收集少量的水供家庭使用。数以百万计的人还生活在发生旱灾频发的地区。

2. 水的储热能力能保护水生生物免受突然的温度变化。水中储存的大量热量也有助于调节地球气候。因为这种特性，水也常用作冷却剂。

3. 冰比液态水密度小，所以冰浮在液态水上面。如果冰比液态水密度大，冰就会下沉，水体会从下往上结冰。

4. 是的。加利福尼亚州和得克萨斯州等沿海州已经能够利用太阳能来蒸馏海水。

5. 开放式作答。答案可能有建议缩短淋浴时间，在不直接使用时关闭水龙头等。

6. 开放式作答，支持建坝的社论中应包括可以将蓄水用于灌溉和发电等，反对建坝的社论中应包括扰乱河流的自然路径和破坏生态系统等方面。

P699．地学实验

1. 略。
2. 略。
3. 一般为300～400 L。
4. 答案会有所不同，但最有可能是淋浴或沐浴。
5. 开放式作答。淋浴时使用的水升数在冬天可能会增加。
6. 开放式作答。答案可能包括缩短淋浴时间以及在不使用时关闭浴室和厨房的水龙头等。

P701．第24章　复习检测

1. 不可再生资源
2. 可再生资源
3. 集料
4. 基岩
5. 尾矿
6. 海水淡化
7. 荒漠化
8. 污染物是污染资源的物质。
9. 可持续产出是指以相同的速度替代被消耗掉的可再生资源。
10. 矿石是可以开采、获利的资源。
11. 自然资源
12. 固氮细菌
13. 氢键
14. B
15. C
16. C
17. A

18. C

19. A

20. D

21. C

22. B

23. B

24. 提供牛肉的牛和提供鸡肉的鸡可以不断繁衍生长。

25. 人们用水的速度比它补充的速度更快。

26. 农业取水量增幅最大。

27. 地球上的森林吸收二氧化碳并向大气中释放氧气。森林覆盖面积的减少会导致大气中二氧化碳含量增加,导致全球平均大气温度升高,进而产生全球影响。

28. 对河流生物的影响,对下游供水的影响等。

29. 非洲、西亚等。

30. 水可以三种状态存在:液态、气态和固态。

31. 数十亿年前地球的大气成分与火山喷发产生的气体相似。随着时间的推移,氧气水平逐渐上升到今天维持生命所需的水平。

32. 比如二氧化碳是地球上生命的必需品,但过多的二氧化碳会导致全球变暖。

33. 污染物进入水循环,可以扩散到整个循环系统中。

34. 如果对垃圾填埋场进行研究,其中的物品可以根据它们是可再生资源还是不可再生资源进行分类。如果发现许多可回收的不可再生资源,就表明资源使用效率低下。如果发现的不可再生资源很少,就表明资源利用效率高。

35. 酸雨。酸雨可以腐蚀石头,尤其是石灰石制成的雕像。

36. 早期的矿工知道黄金比其他物质密度大,所以他们可以在河里淘金。

37. 如果光合作用减少,大气中的碳可能会增加。

38. 开放式作答。可以描述水文学家或环境顾问的工作。

39. 略。

40. 开放式作答。答案因所在地区而异。

41. 开放式作答。答案应该具有说服力并且科学准确。

42. 传统灌溉(39%)和节水灌溉(38%)。

43. 1988年:65%;2003年:39%。

44. 6%。

45. 汇聚型板块边界形成消减带,海洋板块俯冲后,重熔成岩浆后喷发,形成火山。

46. 黄石国家公园下面有一个地幔热柱。

P704. 综合　标准化测试

1. C

2. B

3. A

4. D

5. B

6. A

7. A

8. A

9. C

10. B

11. 逆断层。它是由于水平挤压而形成的。

12. 岩石中不规则的表面会导致沿断层的运动受阻。这导致断层两侧之间的应力不断增加,直到它们达到弹性极限并产生地震。

13. 与在板块边界形成的其他山脉不同,抬升山脉是在地球的大片区域作为一个整体缓慢被迫上升时形成的,且组成的岩石更不容易变形。

14. 早期地球上的热源因为温度太高,生命无法存在。①有更多的放射性元素开始衰变,并产生热量。②小行星经常撞击地球,并在撞击时产生热量。③随着地球与周围其他天体的碰撞结合,地球的质量增加,从而也增加了引力和热量。

15. 地质年代表使地质学家能够以有组织的方式显示地质事件和环境变化之间的关系。它还有助于按时间顺序对化石和生命形式的发展进行分类。

16. 在中生代,地壳发生了大规模隆升,形成了落基山脉。

17. B

18. A

19. B

第25章
能　源

P706. 起步实验

1. 加热烧杯时，能量发生了传递，从烧杯转移到了水中。
2. 热量被传导到周围的空气中。
3. 开放式作答，答案应该表明能量来自发电厂。追溯过程：从学校电线到电线杆上的变压器，再到变电站，通过高压线追溯到发电厂。

P712. 迷你实验

1. 原油、岩石层及其孔隙。
2. 油会移动，直到浮在水面上。原因是油的密度低于水。
3. 当碳酸饮料沉入量筒底部时，碳酸饮料的气泡会上升到顶部。碳酸饮料中的气泡代表天然气。

P713. 第1节　本节回顾

1. 古生植物通过光合作用储存来自太阳的能量。植物残体部分腐烂，形成泥炭。随着时间的推移，泥炭层被压缩并形成煤炭。
2. 生物质燃料包括木材、作物、粪便和泥炭等。
3. 植物体的不完全腐烂形成泥炭，泥炭被压缩形成褐煤。当进一步压缩时，它变成烟煤，然后变成无烟煤。
4. 开放式作答。答案可能包括来自化石燃料的电力、用于取暖和烹饪的天然气以及被动或主动式太阳能。
5. 无烟煤通常在地壳中比褐煤埋藏更深，因为它需要更多的热量和压力才能形成。
6. 开放式作答。答案应包括石油开采的利弊。
7. 开放式作答。报告可能提出采矿业提供了除煤炭以外的宝贵资源，例如矿石和其他矿物。然而，采矿会破坏自然栖息地并造成地下水和地表水污染。

P719. 第2节　本节回顾

1. 大气圈——风能；水圈——水能；生物圈——生物质能源；岩石圈——地热能。
2. 被动式太阳能收集系统仅依靠传导、对流和辐射的自然过程，而主动式太阳能收集系统使用风扇或泵来提高收集效率。

3. 收集和利用太阳能对环境的破坏最小，且太阳能是可再生资源。
4. 太阳能时空分布受纬度、气象、气候条件影响，需要有持续、稳定的收集和储存技术，但这种技术尚未开发出来。
5. 优点：核能原料运输费用小、发电过程中不产生温室气体。缺点：核能运行成本高，反应堆设计不完美，存在放射性废物处理问题。
6. 开放式作答，可以包括太阳能、水力发电、地热能、风能、核能或生物质燃料等。

P722. 数据分析实验

1. 略。
2. 天然气更容易通过管道输送到各个家庭。
3. 燃料油、丙烷和煤油可能比其他能源更贵。

P723. 第3节　本节回顾

1. 随着可用化石燃料数量的减少，日常生活所需能源的成本将会增加。通过提高能源利用效率和节约能源，有助于延长能源资源的使用时间。
2. 开放式作答。答案可能包括不在房间时关灯、将恒温器调低几度、拔掉不使用的电器插头、使用更节能的电器等。
3. 工业化国家比发展中国家需要更多的能源来经营工厂和保持技术进步。
4. 通过节约当前使用的资源，资源将持续更长时间，并为替代资源的发现和开发争取更多时间。
5. 开放式作答。答案应指出使用相同的能源来完成两项任务可以节省完成第二项任务所需的能量。
6. 略。

P725. 地学实验

1. 开放式作答。应该能够使用从设计建筑物和对照建筑物中收集的数据来确定能量利用效率。
2. 开放式作答。可能包括与材料选择或设计相关的问题。
3. 开放式作答。应该能够识别哪些材料或设计可以提高建筑物的能源利用效率。
4. 开放式作答。应该表明气候在一定程度上决定了建筑物的需求。
5. 开放式作答。如果设计建筑物和对照建筑物没有差异，就说明采用的方法可能没有效果。
6. 开放式作答。应该讨论设计之间的异同。
7. 开放式作答。可能包括使用不同的材料或设计不同的布局。

8. 开放式作答。应指出不同的能源可能需要不同的保温方法。

P727. 第25章　复习检测

1. 燃料常作为能源使用。
2. 泥炭是在沼泽中形成的,并用作燃料。
3. 化石燃料来自植物和动物,需要数百万年才能形成。
4. 能源效率是做功的有效能量与消耗的总能量的比值。
5. 地热能是利用地球内部的热能。
6. 热电联产是对废热的再利用。
7. 水力发电
8. 光电池
9. 碳氢化合物
10. 核裂变
11. 可持续能源
12. 生物质燃料
13. C
14. C
15. A
16. B
17. D
18. B
19. A
20. A
21. D
22. 煤炭用于发电厂。石油用于制造汽油、柴油和煤油。天然气用于家庭供暖。
23. 参考图25-8。图示包括太阳、透明玻璃和具有蓄热能力的材料。
24. 核电、地热等。
25. 植物体沉入沼泽底部后,部分分解并形成泥炭,然后不断累积的沉积物将泥炭压缩形成褐煤。
26. 生物体埋藏后,经过长时间分解和压缩,会变成化石燃料。
27. 水具有很高的比热,可以缓慢加热并长时间保持能量,因此可以在被动式太阳能供暖中用于储存热能。
28. 节约石油的方法有多种。其中包括少开车,多步行或骑自行车,驾驶更节能的电车,拼车和使用公共交通工具等。

29. 含碳量越高，燃烧效率越高。

30. 水能够轻松地沿着斜坡流动，从而可以将机械能转化为电能，例如水力发电。水还具有高比热，在太阳辐射下，白天缓慢升温，并在夜间释放热能。

31. 生物质燃料通常比化石燃料更容易获得和使用。

32. 约5 500 t。

33. 开放式作答。趋势很可能会有所不同，发展中国家的化石燃料使用不会有如此快速的增长，因为开采大量化石燃料的技术还不够先进。

34. 一些有机资源，如化石燃料，消耗速度比生产速度更快。还有一些有机资源，如树木，能以与消耗速度相同的生产速度再生。

35. 开放式作答。应该指出这些资源有可能涨价、使用受限或耗尽。

36. 生活在东北部的人们在寒冷的月份使用更多的燃料取暖，而南部和西南部各州的人们使用更多的燃料来制冷。

37. 开放式作答。可以试着把灌木晒干后烧掉，岛上也许有干燥的动物粪便物质可以用来燃烧，还可以利用太阳能、风能。

38. 开放式作答，因所在的位置而异。

39. 生物质燃料燃烧效率不高，在城市中也不方便使用。

40. 核能不会向环境中释放二氧化碳或颗粒物。石油是不可再生资源，很可能会耗尽。如果控制不当，核能会很危险，核废料的储存也是一个问题。

41. 汉堡包由面粉和蔬菜、牛肉组成。小麦、蔬菜和谷物通过光合作用储存了来自太阳的能量。

42. 天然气价格可能会上涨，因为对天然气的需求将保持不变或随着人口增长而增加，但其供应量会下降。

43. 木头的燃烧效率不高，很多能量都损失掉了。

44. 图略。概念图应该表明它们提供了传统能源的替代品，图中还可以包括有关获取和使用这些替代能源的信息。

45. 大约16年。

46. 开放式作答。

47. 可再生能源的消耗量远低于其他资源的消耗量。

48. 84.01%；这个百分比没有显著变化。

49. 可再生资源。

50. 氧气。

51. 尽管地壳始终由基岩构成，但基岩可能由许多不同类型的岩石和矿物组成。某些类型的基岩可能比其他类型的基岩对人类更有用，因此更有价值。例如花岗岩是常见的一种基岩，它是建筑行业的宝贵资源。

P730. 综合 标准化测试

1. C
2. D
3. B
4. A
5. A
6. C
7. D
8. B
9. C
10. 1988年到1997年减少了大约6 500万磅。
11. 1988年至1992年。因为这是变化开始的时间，即使是小的政策也会导致有毒化学物质的释放量快速下降。
12. 1995年到1997年，该水平可能保持不变，因为能用的策略都已被使用，但减少化学物质释放量的新技术尚未突破。
13. 海退导致浅水沉积物（如砂岩）覆盖在深水沉积物（如页岩）之上。
14. 相对年龄确定了地质事件的先后顺序。它并不能让科学家确定事件发生在距今多少年前，但它可以帮助科学家了解其他事件与参照事件的前后关系。绝对年龄测年可以让科学家确定岩石和其他物体的实际年龄。这是通过测量岩石中放射性物质的衰变来完成的。
15. 澳大利亚与南极洲的分裂导致曾经占主导地位的温暖气候开始恶化。据推测，这是由于南极洲周围的海洋环流从温暖变为寒冷而导致的。
16. C
17. C

第26章
人类对地球资源的影响

P732. 起步实验

1. 开放式作答。可能会观察到金属、纸张、塑料、棉和羊毛布料、皮革、橡胶和合成织物等。
2. 答案会因收集物品而异。

P736. 第1节　本节回顾

1. 随着人口的增加，需要更多的资源来满足人类的衣、食、住、行等需求。
2. 一些限制因素包括食物、住所和水的可用量。
3. 随着人口规模的增加，密度制约因素会影响人口，密度制约因素的一个例子是食物的可用性。非密度制约因素影响人口，与人口规模大小无关，例如自然灾害。
4. 细菌数量起初会缓慢增长，然后呈指数级增长，种群数量将达到最大值，然后在所有营养物质消耗后，迅速减少。图略。
5. 450 000人。

P740. 迷你实验

1. 水的颜色应该变浅。
2. 如果没有倒掉水，就不可能知道是哪个实验导致了观察到的结果。
3. 沙子肥力很低，植物会营养不良。
4. 开放式作答。水土流失后，营养物质可能会流入附近的河道，导致藻类大量繁殖、鱼类死亡和其他生态环境问题。如果植物数量减少，会对该地区的动物产生负面影响。
5. 可以通过种植植物来减缓养分的流失，或者添加肥料。

P742. 第2节　本节回顾

1. 所有这些行为都会导致水土流失。被侵蚀的表层土最终会进入河流和湖泊。此外，这些做法还会造成污染，例如城市产生的径流和采矿产生的有害化学物质会被带入天然水体。
2. 开放式作答，应该提到回填改造。
3. 开放式作答，答案应该表明减少固体废弃物的重要性。
4. 开发商可以在建筑工地使用过滤网，减少砍伐的树木数量，并保持大量的植被覆盖。
5. 开放式作答，可以提出包括重复使用水瓶和回收纸张、塑料和玻璃等措施。

P746. 数据分析实验

1. 略。
2. 更严格的环境法规和公众环保意识的提高。
3. 不能，变化并不是持续稳定的趋势。

P747. 第3节　本节回顾

1. 空气中存在有害气体和颗粒物。颗粒物来自森林火灾、火山爆发、采矿活动等。有害气体来自火山喷发、森林火灾、生物活动、汽车尾气、工业排污等。
2. 温室效应是地球大气维持地球表面温度的能力。全球变暖是地球表面平均温度的升高。全球变暖是由大气中温室气体数量的增加，温室效应增强引起的。
3. 紫外线辐射释放了高层大气中氟氯烃中的氯原子。这些氯原子会分解臭氧分子。
4. 酸雨会降低湖泊和溪流的pH，从而危害水生生物，并改变土壤化学成分，从而导致植物死亡。
5. 金星的平均表面温度比地球高很多。这种较高的温度是由高二氧化碳浓度引起的极端温室效应的结果。
6. 大约15%。

P750. 第4节　本节回顾

1. 污水、工业化学品、人类排放的废水、酸雨和石油泄漏等。
2. 修复供水管道，安装低流量淋浴喷头和马桶，并在一天蒸发率较低的时候浇水等。
3. 湿地减少率下降，污水处理厂数量增加，三分之二的河道现在可以游泳和钓鱼等。
4. 种植需水较少的作物，使用滴灌系统，监测土壤湿度等。
5. 点源更容易消除，因为它的位置可以被识别，污染容易治理。例如，可以确定一个将污水排放到当地溪流中的企业，并要求其停止排放。
6. 开放式作答，应包括相关的法规和拟议的时间表。

P752. 地学实验

1. 奥珀尔湖可能的污染源是周围城市排污、伐木作业、游船等。艾利斯湾的污染源可能是来自农业经营的肥料和杀虫剂、高尔夫球场和城市排污，石油和汽油污染来自街道径流、游船和港口作业，过多的淤泥来自城市发展和伐木。这些都是非点源。
2. 沿着维斯塔河逆流而上分析水样，直至查明污染源。
3. 开放式作答，污染源可能是化肥流失或化粪池溢出。

4. 开放式作答,可能会提到过多的营养物质导致藻类大量繁殖,从而对水质产生负面影响,并且某些碳氢化合物可能会导致癌症。

P755. 第26章 复习检测

1. 光化学烟雾
2. 承载力
3. 生物治理
4. 森林砍伐
5. 改造
6. 指数增长
7. 农药
8. 非点源
9. 密度制约因素
10. 臭氧空洞
11. 非密度制约因素
12. 酸雨
13. C
14. A
15. A
16. A
17. C
18. B
19. D
20. A
21. B
22. A
23. D
24. 图表应该呈指数增长,直到达到最大承载力。
25. 酸雨会使树木和其他植物容易受到病虫害的侵袭,导致动物栖息地和食物来源减少。
26. 150年后21℃;250年后24℃。
27. 开放式作答,但答案应该包括冰川大面积消融和全球海平面上升。
28. 减少汽车量、多拼车和使用公共交通工具。
29. 臭氧空洞是由人类制冷器大量排放氟氯烃引起的。全球变暖是人类排放大量温室气体导致的。

30. 形成臭氧污染的大部分污染源来自汽车尾气。因为人们平时开车上下班，所以工作日路上行驶的汽车比周末多。
31. 目前我们的社会日常生活依赖开采的矿产资源。如果找到了可行的替代品，就可以减少矿产资源开采量。
32. 等高线耕作对于丘陵地区来说是一种很好的耕作方式。等高线耕作有助于减缓径流速度，从而减少土壤侵蚀和养分流失。
33. 开放式作答，但计划应该解决土地和自然栖息地的开垦和保护问题，提出尽量减少水、土壤和空气污染的方法。
34. 点源污染来自单一污染源。非点源污染来源多样。这将有助于识别、控制和调节污染。
35. 开放式作答。鼓励提出有创意且实用的解决方案。
36. 开放式作答。如果可以识别非点源污染的类型（碳、汞等），那么可以更容易确定污染源并提出针对性措施。
37. 人类穿不同的衣服，住不同类型的住所，吃不同的食物，这取决于他们所处的自然、人文地理环境。
38. 答案可能包括少给草坪浇水、缩短淋浴时间以及刷牙时关掉水龙头等。
39. 浆果是密度制约因素，因为它与种群大小有关，它的影响随着鸟类种群的变化而变化。风暴是非密度制约因素，因为它与种群大小无关，无论怎样，它都会影响鸟类种群规模。
40. 略。
41. 开放式作答。可能提出将动物安置到野生动物保护区，或者只开发对其栖息地影响最小的土地等建议。
42. 开放式作答，但可能包括关于回收和正确处理垃圾的提醒。
43. 汽车电池。
44. 玻璃容器。
45. 铝罐使用范围更广泛，因此回收率更高。
46. 蒸发和冷凝。
47. 地幔对流有助于驱动构造板块的运动。
48. 水力发电等。

P758. 综合　标准化测试

1. D
2. B
3. C
4. C

5. B

6. C

7. D

8. B

9. D

10. 剖面图显示岩石年龄自大西洋中脊向两侧增大(由新到老)。在洋脊的两侧,记录了地球极性的六次反转。

11. 地幔物质从地球深处上涌穿过洋脊,流向两侧,导致海底扩张。随着越来越多的地幔物质到达地表,大洋地壳自洋脊向两侧推移,在洋脊处形成新的洋壳。

12. 一个物种的成熟个体能够繁殖后代,许多生物具有经济、生态价值。因此被认为是可再生资源。

13. 在光合作用过程中,二氧化碳和水被植物吸收并转化为碳水化合物,并释放氧气。

14. 重力分异过程:较重的物质向地心下沉,形成地核,而较轻的物质在其表面附近聚集,形成地壳。

15. D

16. A

17. 因为它使用一种天然存在的碱性物质来改善水质,环境得到安全改善,不容易产生副作用。

第27章
太阳—地球—月球系统

P762. 起步实验

1. 与地月之间的距离相比，裁剪的地球和月球尺寸很小。
2. 太阳的剪纸比一张普通的纸要大，如果它们被按比例放置在适当的位置，这个模型在教室里放不下。

P769. 第1节　本节回顾

1. 宇宙物体发射或反射的电磁辐射是科学家研究宇宙物体的唯一手段。
2. 折射望远镜使用透镜将光线聚焦。反射望远镜使用反射镜将光线聚焦。
3. 在干涉测量法中，多台望远镜一起工作，合成一幅与一台大型望远镜相同分辨率的详细的图像。
4. 太空中的望远镜可以不受大气层影响。探测器可以近距离观察太空物体，还可以直接从太空收集数据。
5. 案例参见P769“技术转换应用”部分。
6. 优点：能够直接前往太空探索遥远的天体；缺点：无法对新情况做出快速反应。
7. $3\times10^{8}\div10^{12}=3\times10^{-4}$ m。

P774. 第2节　本节回顾

1. 月球是太阳系最大的石质卫星，而且它离母行星的距离比其他卫星要远。
2. 月陆、月海、月谷。
3. 环形山是由陨石撞击形成的，而不是构造运动形成的。目前月球上没有火山活动、重大地震或磁场的证据。
4. 一个火星大小的天体（忒伊亚）与地球相撞。这个天体和地球外层的物质被喷射到太空中，喷出的物质凝结形成月球。
5. 月球上可能覆盖着更多的月海，背面会更平滑、更暗。
6. 略。
7. 开放式作答，但大纲应符合月球形成及其特征的科学事实。

P776. 迷你实验

1. 夏至日，赤道以北的纬度，正午太阳位于正南。赤道以南的纬度，正午太阳位于正北。赤道地区,正午太阳位于头顶。

2. 取决于具体地点。

P782. 技能实验

1. 略。
2. 略。
3.

观察点	所见天相
点A (全影)	 全食
点B (半影)	 偏食
点C (全影)	 全食
点D (半影)	 偏食
点E (半影)	 环食

4. 略。

P784. 第3节　本节回顾

1. 地球的自转可以用傅科摆和科里奥利效应来证明。自转的周期可以通过观察太阳和星星在天空中的运动来证明。地球的公转可以通过夜空中星座周年变化来证明。
2. 发生日食时,月球位于地球和太阳之间,挡住了太阳光;发生月食时,地球位于太阳和月球之间,地球的影子落在月球上。
3. 图略。在月盈阶段,地球上观察到的月球发光部分增加;在月亏阶段,月球的发光部分减少。
4. 月球比太阳离地球近得多。
5. 地相与月相一样的周期,但以相反的顺序出现。图略。
6. 两至日直射点为北、南纬45°,两分日直射点为0°。

P786. 地学实验

1. 开放式作答,可能包括识别特定特征或确定首先形成哪些撞击坑等问题。
2. 单独的陨石坑或形成月海的陨石坑是最古老的。月海或月谷中的陨石坑是最年轻的。

3. 不能根据横切关系原则确定确切的年龄差异，只能确定相对年龄。从照片中无法判断年龄相差10分钟还是1 000万年。
4. 横切关系原则指出，切入另一个地质结构的物质是两者中较年轻的一个。
5. 由于A坑形状不完美，经多次测量平均后，其比例尺约为图上1厘米代表实际距离20千米。陨石坑F的直径约为140千米。
6. 有辐射纹穿过的月坑会比辐射纹起源的月坑更古老。
7. 比例尺约为图上1厘米代表实际距离20千米，因此月坑坑链约为120千米。
8. 月坑链可能是由碎片撞击造成的，发生撞击的是一系列碎片，而不是一大块碎片。

P789. 第27章　复习检测

1. 干涉测量法
2. 折射望远镜
3. 日食
4. 反照率
5. 月陆
6. 同步自转
7. 反射望远镜
8. 远地点
9. 月壤
10. D
11. C
12. C
13. C
14. B
15. D
16. B
17. A
18. 不受大气层影响。
19. 月球背面，因为它有很多陨石坑，没有月海。
20. 辐射纹是由浅色溅射物组成的线条，从月球上的陨石坑向外辐射。月谷是月海陨石坑周围的山谷状线条。
21. 它比大多数卫星的半径更大，质量也更大。此外，它的轨道离母行星比其他卫星更远。
22. 人类可以适应不断变化的环境并提供第一手观察资料。机器人成本较低，但灵活性欠缺。

23. 在图中,月球不在日地连线上,地月连线不与日地连线成直角。

24. 月球表面没有流水沉积作用。

25. 月海比月岩年轻得多。月陆是月球的原始物质,不断受到撞击,形成陨石坑和山脉。月海由月球内部的熔融物质冲破地壳,填充陨石坑,冷却凝固形成。

26. 不会有季节变化。

27. 图略。在40°N夏至日正午,太阳与地平线成73.5°角。

28. 存在,但会比现在规模小得多。

29. 在上图中,月球在地球的本影中,观察者会看到月全食。在下图中,月球位于半影或本影边界,观察者会看到月偏食。

30. 从月球上看,上图中太阳将发生全食。下图中,对于月球上地球本影内的观察者来说,太阳将发生全食,而对于半影内的观察者来说,太阳将发生偏食。

31. 原始地球与忒伊亚相撞后,部分溅射物质在绕地轨道上形成月球。由于当时处于熔融状态,密度大的铁元素下沉到月核,因此月核含铁量最高。

32. 月球的核心没有分为内核和外核,两者都有实心铁芯,地球的核心更大。地球的地幔有对流,由内部热量驱动。地球的地幔和地壳处于构造活动状态,月球内部不处于构造活动状态。

33. 图略。

34. 地球绕太阳运行,月球绕地球运行,这三个物体的排列会产生日食和月食,并且太阳和月球会导致地球产生潮汐现象。

35. 开放式作答。报告应该正确描述月球的形成过程。

36. 臀部。

37. 松质骨,高约1.8%

38. 冰箱制冷剂、清洁剂和气溶胶罐中的推进剂释放出氯氟烃物质。紫外线将CFC分子分解为碳原子和氯原子,氯原子分解臭氧分子。

39. 花岗岩:石英、钾长石、斜长石、云母;玄武岩:斜长石、辉石、橄榄石。

P792. 综合　标准化测试

1. C
2. D
3. C
4. A
5. A
6. C

7. B

8. D

9. C

10. B

11. 两栖动物出现在晚古生代，种类繁多，但到了中生代，就稀少到濒临灭绝的地步。到了新生代，它们的多样性和数量又开始增加。

12. 从新生代开始，地球上的条件似乎变得更适合生物生存，因为五类生物都存在，而且有些生物的种类开始增加。

13. 最早出现的生物是生活在水中的鱼。两栖动物开始出现在水中，然后转移到陆地。接着出现主要生活在陆地上的爬行类和哺乳类。这种演化顺序说明了海洋比陆地发展更早。

14. 被动式太阳能供暖是指一个区域直接被太阳的能量加热。主动式太阳能供暖是指太阳能被主动收集起来，然后以能量的形式传输到整个区域。

15. 汽车中汽油的大部分能量都以热量的形式散失了。通过减少汽车的热损失，可以使提高汽车对汽油的利用效率，从而节约汽油这种不可再生的化石燃料。

16. 首先，无法解释大陆漂移的驱动力。其次，无法解释大陆如何在固态地幔上运动。

17. A

18. B

第28章
太阳系

P794. 起步实验

1. 略。
2. 答案将取决于整理的各种任务信息。
3. 开放式作答。

P801. 迷你实验

1. 两枚图钉代表两个焦点。
2. 图钉越近，偏心率越小，反之越大。
3. 图形为圆，偏心率为零。

P803. 第1节　本节回顾

1. 星际云不断坍缩，物质在引力作用下向中心运动，扁平化成一个有致密核心、旋转的星云盘。达到氢核聚变所需的压力和温度时，便形成了太阳。离太阳的距离差异，导致了温度差异。剩余星云凝结出不同的元素、化合物，然后在各自轨道上形成了太阳系其他天体。
2. 行星并不会真的先倒后再前进地“逆行”；它只是看起来那样，因为地球和该行星之间的公转轨道速度不同。
3. 两个物体之间的力与它们质量的乘积成正比，与它们之间距离的平方成反比。
4. 偏心率为0.75的椭圆会比偏心率为0.05的椭圆更扁平。
5. 木星移动得更快，因为它离太阳更近。
6. 1.5×10^{-9} N。

P807. 技能实验

1. 见下题。
2.

行星	p^2	a^3
水星	0.058 1	0.059 3
金星	0.379 0	0.373 2
地球	1.000 0	1.000 0
火星	3.542 4	3.511 8

行星	p^2	a^3
木星	140.899 3	140.608
土星	868.911 7	868.250 7
天王星	7 067.688 3	7 077.888
海王星	27 192.448	27 135.225

3. 对于近日行星，数据与定律非常一致。对于远日行星，存在一些差异。
4. 开放式作答。如果开普勒知道最外层的行星，他会发现他的定律不仅适用于内层的六颗行星，也适用于外层行星。
5. $P=4.0$年。
6. $a=18$ AU（这代表哈雷彗星到太阳的平均距离，实际距离在0.6到35.3 AU之间变化）。

P810. 第2节　本节回顾

1. 它们的大小与地球相似，多为石质行星。
2. 水星上有大量陨石坑，白天表面温度很高，它没有卫星，也没有真正的大气层。金星有浓厚的CO_2大气层，温室效应很强，表面有火山和熔岩流，没有卫星。地球支持生命存在，温度适中，表面有三种形态的水，还有一颗大型卫星（月球）。火星很小，由于土壤中含有铁，所以呈红色。它有四座古老的火山和一条深谷，在其表面发现了过去有水的证据，有两颗卫星。
3. 金星比地球热得多，因为它有浓厚的CO_2大气层和强烈的温室效应。地球大气中的温室气体产生温和的温室效应。
4. 水星有随着行星冷却收缩而形成的悬崖。金星可能有活火山。火星有大片隆起的高原和死火山。
5. 水星可能体积更大，密度更小，金星可能正向自转速度更快，地球可能没有月球这颗卫星。
6.

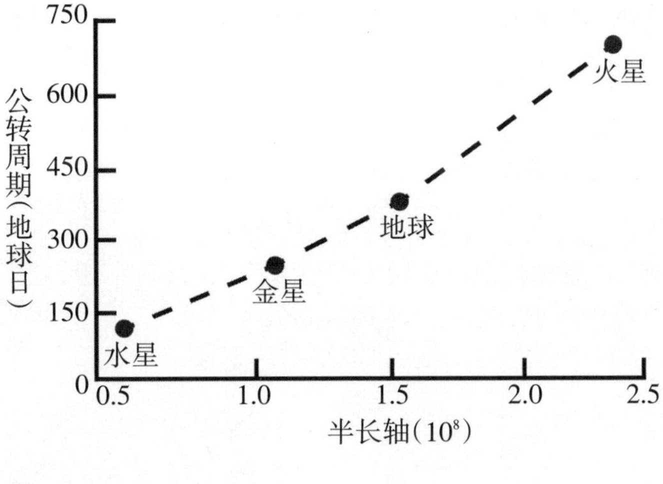

P815. 第3节 本节回顾

1. 表格需包含对每颗行星的主要特征的正确描述。
2. 太阳由电离的氢和氦组成。气态巨行星由氢、氦、碳、氮和氧等轻质元素构成的气体或液体组成。
3. 地球的卫星(月球)由坚硬的岩石组成,有许多陨石坑,没有生命,也没有大气层。气态巨行星周围的卫星大小不一,有些仅由岩石组成,有些则由岩石和冰混合组成。木星的卫星有火山喷发,科学家们相信木卫二有一个地下液态水海洋。土星的卫星土卫六拥有浓密的大气层。海王星的卫星海卫一拥有稀薄的大气层。
4. 因为生命需要水,所以任何可能有水的地方,包括火星、土卫二或木卫二,都是可能存在生命的地点。
5. 开放式作答。内容应包括有关任务的详细信息,包括发射日期、目标、成就、现状和其他有趣的事实。

P819. 第4节 本节回顾

1. 矮行星由岩石和冰构成。小行星和流星体由岩石构成。彗星由尘埃和冰构成。
2. 行星和矮行星都是球形的,绕太阳公转,它们不是卫星。行星已经清除了其轨道区域的较小碎片,但矮行星还没有。
3. 流星体是可以进入地球大气层的行星际物体。流星是流星体在地球大气层中燃烧时产生的闪光现象。陨石是撞击地球的流星体或小行星的一部分。
4. 尾巴被太阳风排斥。
5. 小行星带是火星和木星轨道之间的岩石行星环。柯伊伯带是海王星轨道以外,主要由岩石和冰组成的小天体环。
6. 彗星的轨道远离太阳。在太阳附近,引力增加了它们的离心率。
7. 开放式作答,答案应该包括对太阳系小天体、矮行星、外行星和内行星的描述。

P821. 地学实验

1. 开放式作答。可能会描述模型的大小与太阳系中物体的真实大小和距离之间的关系。
2. 开放式作答。可能会说这个比例尺得出的模型尺寸合理。
3. 开放式作答。大比例尺将导致模型尺寸太大。比例尺太小时,模型细节就不那么清晰了。
4. 开放式作答。

P823. 第28章　复习检测

1. 悬崖
2. 条带
3. 陨星
4. 星子
5. 逆行
6. 天文单位
7. 彗星
8. 类地行星
9. 流星
10. 离心率
11. 矮行星
12. A
13. B
14. A
15. D
16. C
17. A
18. 图示的特征是有许多干涸的河道,很可能是由曾经火星表面的水流造成的。
19. 干涸的河道等特征只有在火星表面有液态水流动时才会形成。到目前为止,还没有最终确定火星上现在是否有液态水。
20. 冥王星和阋神星都是矮行星,大小差不多。冥王星有四颗卫星,阋神星有一颗。阋神星的轨道周期大约是冥王星周期的两倍。阋神星的自转轴倾斜得更严重。阋神星的轨道离心率更大。
21. 塞德娜和妊神星的大小相似。它们大约是冥王星大小的四分之三。与冥王星、阋神星、谷神星和鸟神星一样,它们都是柯伊伯带天体。
22. 由于高温高压,探测器无法在金星表面工作。
23. 在这两种情况下,质量和它们之间的距离都会影响平衡点的位置。跷跷板在二维平面运行,质心适用于三维系统。
24. 图略,非常细长和扁平的椭圆。
25. 这颗行星是天王星,因为它是迄今为止唯一一颗自转轴严重倾斜的行星。科学家认为这种倾斜可能是由于其历史早期与另一个天体碰撞造成的。

26. 在将近半年的时间里，两极将面向或远离太阳，从而在两极产生极昼、极夜现象，出现类似月球和水星上的极端温度。大多数生命形式可能无法在地球上生存。
27. 金星的大气层厚得多，二氧化碳也更多。火星的大气层稀薄，尽管它的二氧化碳含量很高，但数量不足以导致显著变暖。
28. 数学、计算机科学和物理学。
29. 目前的理论是，行星光环是小天体与卫星彼此碰撞时产生的碎片形成的，或者是由于行星的引力分解后形成的。
30. 这些天体被行星的引力拉入轨道，然后使它们进入碰撞轨道，或者使它们在接近行星时破裂。
31. 随着哈雷彗星陆续失去冰和气体，它最终将不再产生光晕和彗尾，并可能解体并消散成尘埃云。
32. 木星引力对木卫二物质的作用可能会产生足够的摩擦热，使液态水保持在地表以下。
33. 金星的离心率最接近于零，近似圆。
34. 金星和地球。
35. 天王星和海王星。
36. 小行星是没有继续发展成为行星的星子，可能是受木星引力的影响。
37. 它们都是很久以前被发现的。它们几乎是球形的，绕太阳公转。由于它们还没有清除轨道上的小碎片，所以只是矮行星。
38. 小行星带离太阳较近，主要由石质星子组成。柯伊伯带位于行星轨道之外，主要为岩石和冰组成的天体。两者都包含各种大小的天体，并且它们都至少有一颗矮行星。
39. 图略。
40. 冥王星和海王星在不同的公转平面上运行。海王星公转面与黄道平面基本吻合，冥王星的黄赤夹角为17°。虽然冥王星的轨道有部分在海王星公转轨道内，但是它们的轨道并不交叉。
41. 开放式作答。可以用冥王星地位变化为例来说明。应该详细说明开普勒定律和牛顿万有引力定律，开普勒用数学来描述行星运动，牛顿解释了为什么行星以这种方式运动。
42. 波长变短表明一颗恒星正在接近，而波长变长表明它正在远离。这说明恒星逆时针运动。
43. 木星，因为它的质量最大。
44. 黑曜石、流纹岩、花岗岩或伟晶岩等。
45. 溅射物是当来自太空的物体撞击月球表面时喷出的物质。辐射纹是溅射物从月球表面的一些陨石坑向外辐射的长轨迹。

P826. 综合　标准化测试

1. C

2. A

3. B

4. C

5. A

6. B

7. A

8. C

9. B

10. A

11. 26℃。

12. 随着空气温度的升高，相对湿度的增加导致体感温度的升高幅度更大。

13. 假设空气温度不会受到相对湿度的影响，可以依靠给定的空气温度来判断室外的感觉。

14. 混合动力汽车有两种能源：电力和化石燃料，这减少了不可再生的化石燃料消耗量。

15. 矿业公司保存在开矿前移走的表土，以便在矿产耗竭后回填。这有助于土地轮廓恢复和植被恢复。他们还使用地下开采方式去获取地球深处矿产，其破坏性比露天开采小。

16. C

17. A

第29章
恒　星

P828. 起步实验

1. 根据太阳黑子的位置而有所不同，从赤道附近约25天到两极附近约35天。
2. 根据实验结果作答。一个黑子穿过太阳表面约需16天。

P835. 数据分析实验

提醒：每种元素都是由具有独特电子排列的原子构成的。原子的外层电子可以吸收和发射能量。元素独特的吸收和发射光谱由电子的特定排列决定。

4. 氢、氦、钠。
5. 氢、钙。
6. 氢。

P836. 第1节　本节回顾

1. 太阳的典型恒星特征包括分层（日核、日冕、色球层和光球层）、等离子态、太阳风、太阳黑子、磁场、日珥和太阳耀斑。太阳的主要成分——氢、氦和少量其他元素，也是恒星的典型特征。
2. 太阳的可见表面为光球层，温度约为5 800 K。往外是色球层，其厚度约为2 500千米，平均温度约为15 000K。最外是日冕层，其温度约为300万～500万K。
3. 连续光谱是由热的固体、液体或稠密的气体产生的，发射光谱是由低密度的热气体产生，吸收光谱是由连续热源前的冷气体产生的。
4. 核聚变是质量轻的原子核结合形成质量重的原子核的过程。在太阳中，4个氢原子核结合形成一个氦核（He-4）。氦核的质量小于4个氢原子核的质量之和，这部分差值会以能量的形式释放出来。
5. 太阳的主要成分是71.0%的氢、27.1%的氦和少量其他元素。气体巨行星平均含有87%的氢、12%的氦和少量其他元素。
6. 来自太阳风的带电粒子会干扰电子通信系统。地球上的生命体要么适应强辐射，要么死亡。
7. 太阳耀斑和日珥是由太阳磁场引起的。随着磁场极性的变化，太阳活动周期发生变化，耀斑和日珥的数量和大小也会发生变化。
8. 开放式作答，注意准确性。

P843. 迷你实验

1. 分别代表两个观测点之间的距离和视差角
2. 该图比较了视差角。距离越大，视差角越小。
3. 由于观测点（远日点和近日点）之间的距离相同，因此在无限远的地方观察恒星所产生的角度与近距离（太阳）相比要小。在这个实验中测量的角度可能要偏大很多。

P846. 第2节　本节回顾

1. 从最热到最冷，恒星可分为O、B、A、F、G、K和M九等。
2. 视星等是一颗恒星在天空中的亮度。绝对星等是它在距地球10秒差距处时看起来的亮度。
3. 可以通过观察者改变位置并从每个位置测量到恒星的角度，来判断哪些恒星离观察者更近。角度越大，恒星越近。然后可以用它来计算到恒星的距离。
4. 星等衡量恒星的亮度，而光度衡量恒星的功率（能量）。
5. 按绝对星等对恒星进行分类，可以根据与观察者等距离的恒星亮度进行比较。
6. 光年是光在一年中传播的距离。一个秒差距（大约等于3光年）是物体具有1角秒视差的距离。
7. 开放式作答。模型应该显示观察者的视角如何随位置而变化。
8. 恒星的半径越大，它所含的物质越多，质量也越大。
9. 狮子座的一等星与巴纳德星相比，前者质量是后者的30倍，温度大约是5倍，亮度是100 000多倍，半径是13倍。

P851. 第3节　本节回顾

1. 低质量恒星燃烧的时间比高质量恒星长得多。这使得它们更稳定，演化步骤也更少。
2. 恒星质量决定向内部挤压的重力，核聚变产生向外的张力，两者之间的平衡称为流体静力学平衡。恒星质量决定这个平衡。
3. 大质量恒星的寿命通常较短，因为它们会快速燃烧燃料，变得不稳定。
4. 质量最大的恒星足够热，可以经历许多阶段的聚变，产生铁和镍等重元素。超新星会产生并释放更重的元素。
5. 重元素不会分散，无法融入后代恒星，也无法形成太阳系行星。
6. 在主序星中，重力由普通气体压力平衡。在白矮星中，电子排斥产生的压力与引力平衡。在中子星中，中子排斥产生的压力与引力平衡。而在黑洞中，没有什么能抵消引力。
7. 开放式作答，文章应描述一颗恒星变得更亮，然后几乎消失。

P853. 地学实验

1. 大部分谱线是氢谱线和氦谱线。谱线的粗细是一个指标,但它也取决于温度。
2. 不相同;恒星1在该光谱中没有可识别的氦(中性或电离)。恒星2在该光谱中没有可识别的钠谱线。实际上,两颗星具有相同的元素,它们的光谱差异是温度效应的结果。
3. 吸收谱线宽度的增加会导致测量不准确。为了纠正这个问题,应该从线最暗的带宽中间开始测量。随着带宽的增加,它会在两侧增加相同的量。因此,始终从中心测量将消除宽度增加带来的误差。

课题探究

答案会根据所选择的光源而有所不同。白炽灯与该实验室中的两颗恒星具有相似的光谱,在可见光谱中达到峰值,但没有出现亮点或暗点。荧光灯同恒星2相似,在较高波长似乎没有可见光谱。阳光与恒星1相似,在500 nm左右达到峰值。

P855. 第29章　复习检测

1. 日冕层
2. 核聚变
3. 太阳黑子
4. 视差
5. 太阳风
6. 双星
7. 光度
8. 超新星
9. 食双星通过星等的变化来识别,而分光双星则通过波长的红移和蓝移来识别。
10. 明亮的巨星有很大的表面积,这使得它们尽管温度很低,但仍然很亮。明亮的主星序恒星之所以明亮,是因为它们的温度很高。
11. 视星等是基于恒星外观的亮度。绝对星等比较所有恒星,就好像它们距离相同(10个秒差距)。
12. 黑洞和中子星是恒星坍缩的最终结果。黑洞来自质量更大的恒星。
13. 核聚变是较小的原子核结合形成较大的原子核。核裂变是大原子核分解成小原子核。
14. 星座是从太空中的一个点(如地球),看到天球上某区域附近一群恒星产生的一组星形图案。
15. 日珥是太阳色球层喷射产生的弧状气体柱。由于恒星的磁场吸引,它会呈现圈状返回太阳表面。

16. 主星序是赫罗图上从右下角到左上角的主要恒星群，其中包括太阳。
17. 星云是导致恒星形成的大团尘埃和气体，它们由于引力作用旋转而不断压缩。
18. 超新星是当一颗大恒星耗尽其燃料后发生的爆炸现象。
19. 黑洞是大质量恒星的最后残余。它的引力是如此之大，以至于光都无法逃脱。
20. 原恒星是恒星点燃之前的初始尘埃和气体团。
21. C
22. A
23. C
24. B
25. D
26. D
27. C
28. A
29. 由于星团中的恒星几乎都是相同的年龄，但它们的质量或大小都不相同，因此天文学家可以确定每种恒星演变的速率。
30. 由于视差取决于地球的直径或地球的公转轨道，任何尺度增加都会使得测量结果更精确。
31. 太阳活动周期长达22年，是因为太阳磁场的极性每11年反转一次。因此，22年才是一个完整的周期。
32. 照片中可以看到光球层和色球层。
33. 暗区较冷，亮区是太阳表面最热的地方。
34. 太阳日珥是由太阳的磁场产生和控制的。
35. 能量的随机流动导致日核中产生的光子在向外传播的过程中能量逐渐减少。因此，太阳表面更冷。
36. 质量相似的恒星很可能具有与太阳相似的层。质量更大的恒星可能有更多的层。
37. 太阳的密度与它的极端温度所抵消，这使得物质保持气态。
38. 图略。11月和3月，天空中恒星的位置将介于1月和7月的中间。11月的排列是太阳、地球、恒星，而3月的排列是地球、太阳、恒星。
39. 视差有助于确定哪些恒星离地球更近，哪些恒星离地球更远。知道距离有助于科学家确定恒星的亮度，这是确定光度和星等的一个重要因素。
40. 天文单位太小，不适合描述恒星之间距离。秒差距是比光年更大的单位。视差以秒差距为单位，可以精确测量大尺度距离。
41. B5类恒星的星等约为0，表面温度约为15 500K。太阳的星等约为+5，表面温度为5 800K。
42. 三者都是恒星坍缩的最终结果。超新星是恒星外层物质的爆炸；中子星是垂死恒星的中心质量;如果中子星自转,它会发射脉冲光锥,这种中子星就叫脉冲星。

43. 两者都是与垂死恒星的外层物质有关。行星状星云与白矮星有关,而超新星与中子星或黑洞有关。

44. 略。注意概念图的准确性。

45. 开放式作答。首先,来自一颗恒星的光可能看起来在来回移动,这表明它正在围绕共同质心旋转。其次,目视观察可能会发现这颗恒星的亮度发生了变化,这表明一颗恒星从另一颗恒星前面经过,但随后需要通过光谱分析进行确认。光谱分析要寻找红移和蓝移。

46. 开放式作答。应该认识到坎农的工作对于天文学以及19世纪末20世纪初女科学家的重要性。

47. A星

48. “食”发生在0、0.5和1.0位置处。

49. 硅酸盐

50. 当大团空气开始呈现源区的温度、压力和密度特征时,就会形成气团。

51. 侵入体,如岩基、岩床、岩株、岩脉、岩盖等。

52. 重力;如果星际云由于随机波动或冲击波而变得足够稠密,它就会变得不稳定,并继续坍缩。

P858. 综合　标准化测试

1. A
2. A
3. B
4. C
5. A
6. C
7. D
8. B
9. C
10. A
11. 上图显示了碳循环过程。在这个循环中,大气中的碳被生物体吸收,沉积到地表上,并与土壤结合。然后它被生物体利用或作为化石燃料储存,直到它被再次利用,排放回大气。
12. 碳作为化石燃料以各种形式储存在地下。化石燃料的燃烧将碳释放到空气中并继续参与碳循环。
13. 植物在光合作用过程中吸收碳化合物,动物在呼吸作用过程中释放碳化合物。

14. 大气中可能几乎不含氧气，这是通过细菌和植物的光合作用产生的。相反，大气中可能含有大量的二氧化碳。

15. 温度的轻微升高会导致大气环流和降雨模式的变化，影响农区并对粮食生产产生影响。此外，两极冰盖和冰川可能融化，导致海平面上升。

16. 设计公交车快车道将提高公交车车速。这将鼓励人们选择公共出行，有助于减少私家车的数量并节省化石燃料。

17. A

18. C

19. 太阳黑子在其11年的周期中，亮度变化小于0.1%。由于这种极小的变化，地球接收到的能量增加量非常小，以至于气候不会显著改变。

第30章
星系与宇宙

P860. 起步实验

1. 即使银河系的模型有100 m宽，太阳系也还是很微小的。
2. 要显示太阳系，这个模型至少扩大1 000倍，这将使银河系模型的直径达到100 km。
3. 如果地球的大小为1 mm，那么银河系模型将接近1个天文单位（太阳到地球的距离）。

P868. 第1节　本节回顾

1. 一旦天文学家确定了银河系的旋臂，他们就可以通过测量恒星的运动和距离来确定太阳（和地球）在哪条旋臂中。
2. 星系的大部分质量在核球和银晕中，中心有巨型黑洞。
3. 星族I是主序星，位于盘臂和疏散星团中。它们更年轻，元素更重。星族II多为白矮星和球状星团，位于核球和银晕中。
4. 因为变星的光度可以准确测量，所以它们的距离也可以准确计算出来。如果变星位于球状星团中，那么到该星团的距离就可以准确测量出。
5. 我们是银河系的一部分，因为距离太近，所以看不到它的整体形状。必须远离银河系，才能看到它的形状。
6. 靠近银河系中心的恒星绕转运行的速度会更慢，因为它们的公转速度取决于银河系中心的质量，如果没有黑洞，中心质量会小得多。
7. 开放式作答。应包括对旋臂、中心条、银晕、核球、星族I和星族II恒星、变星和黑洞的描述。

P873. 迷你实验

1. 点与点之间的间隔还是相等，但与原来的相比，间距在均匀增长。
2. 每个点与点1的距离应按其与点1的原始间距成比例增加。
3. 无论选择哪个点作为参考点，结果都是一样的。
4. 它显示了星系间（点）如何以与其原始间距成比例远离，且观察到的膨胀现象在任何星系中都是一样的。

P874. 技能实验

1. 略。
2. 略。

3. 略。

4. 斜率代表哈勃常数的值,也就是宇宙膨胀的速度。

5. 因为图上的点有很多散点,所以得出的值不准确。散点可能是测量误差,或者星系除了膨胀运动外,还可能有局部随机运动的结果。

6. 可以通过使用更大的星系样本,延伸到更远的距离等办法来改进测量。

P877. 第2节　本节回顾

1. 使用造父变星,天文学家能够测量到遥远星系中那些恒星的距离,并确定在很远的地方还有其他星系。

2. 星系可见部分的质量并不能解释既有的恒星和星系的运动和视速度,所以一定还有某些看不见的物质或未知的力在起作用。

3. 为了获得最准确的H值,天文学家需要精确地测量距离。由于很难测量宇宙中最远的天体距离,所以难以获得准确的H值。H值对于测量宇宙膨胀的速度以及宇宙的年龄很重要。

4. 正常的旋涡星系有一个圆盘,看起来像一个旋涡,而棒旋星系在旋涡内有一个拉长的中心区域。椭圆星系是球形或足球形的,不规则星系没有特定的形状。

5. 夜空可能看起来与现在看到的天空相似,只是在圆盘出现的天空中没有一条亮带。星星会分布得更均匀。

6. 类星体和活动星系核的中心都有超大质量黑洞。当物质被吸入黑洞时,有大量能量从黑洞中喷射出。

7. 银河系:0.030 Mpc;超星系团:60 Mpc。

P881. 第3节　本节回顾

1. 一个开放的宇宙会永远膨胀,一个封闭的宇宙最终会坍缩回一个原点,而一个平直的宇宙会最终在某个无穷大点停止膨胀。

2. 大爆炸模型说有一个时间起始点,那时一切质量都在奇点上。通过计算膨胀率和最远星系之间的距离,科学家们可以回溯到宇宙起源的时间,从而计算出宇宙的年龄。

3. 密度是质量与体积的比值,科学家们认为暗物质占宇宙质量的很大一部分。因此,暗物质占宇宙密度的很大一部分。

4. 宇宙背景辐射的发现很重要,因为它提供了更多支持大爆炸模型的证据。

5. 因为暗物质占宇宙质量的大部分,它也显著影响宇宙的密度。宇宙的膨胀取决于它的密度与临界密度的比值。

6. 如果模型有误,那么必须修正模型。在这种情况下,意味着存在无法解释的现象,许多人认为这是因为存在暗物质。

7. 开放式作答。可以讨论宇宙膨胀和宇宙背景辐射，也可以讨论红移和哈勃常数。

P883. 地学实验

1. 答案因资料来源而异。
2. 答案因资料来源而异。
3. 答案因资料来源而异。
4. 不规则星系和一些活动星系由于它们不寻常的形状，不适合哈勃分类方案。
5. 侧面正对地球的星系通常是螺旋状的。如果看不到旋臂和核心，就不可能将其分类为螺旋星系。
6. 略。

P885. 第30章 复习检测

1. 银晕
2. 射电星系
3. 宇宙背景辐射
4. 超星系团
5. 暗物质
6. 螺旋密度波
7. 宇宙学
8. 变星
9. 天琴RR变星的脉冲变化在1.5小时到1.2天之间；造父变星的脉冲变化长达100天。
10. 类星体是遥远、明亮的星系，其光谱中主要有发射线。射电星系通常是巨大的椭圆星系，它们以无线电波的形式发射大部分能量。
11. 暗物质是构成宇宙大部分质量的不可见物质，而宇宙背景辐射是大爆炸的残余辐射。
12. 银晕是一组球状星团、星族Ⅱ恒星和围绕核球的暗物质。活动星系核是星系的核心，那里发射巨大的能量。
13. 宇宙学是研究宇宙本质、起源与演化的学科。哈勃常数是星系远离它的速度与其距离的比值、这个比值是衡量宇宙膨胀程度的一个指标。
14. 类星体是星系；其他天体是恒星。
15. A
16. C
17. A
18. B

19. C
20. D
21. A
22. C
23. B
24. B
25. A
26. 密度是质量除以体积，宇宙的膨胀与密度有关。如果密度小于临界密度，宇宙将继续膨胀。如果密度太大，宇宙最终会自行坍缩。如果宇宙的密度等于临界密度，宇宙将在无限长的时间内减速直至停止，但永远不会收缩。
27. 它们具有一定的周期—光度关系。脉冲周期决定光度，然后可用于计算距离。
28. 通过绘制氢原子的21 cm波长辐射分布图。
29. 恒星和气体在银河系外缘和银晕以内的运动状态差异很大。
30. 它们年代久远，重元素很少。
31. 旋涡星系分类中，S表示正常旋涡，SB表示棒旋。S或SB后的字母a表示紧密缠绕的旋臂和大而明亮的核。S或SB后的字母c表示松散缠绕的旋臂和小而暗淡的核。S0表示没有旋臂的扁平圆盘星系。椭圆形星系分为E0到E7，其中编号范围从0到7表示从圆形到最偏长的椭圆形。不规则星系用Irr表示。
32. 活动星系核形成类星体的核心。活动星系核也是射电星系等其他活跃星系的核心。
33. 红移表示，随着星系彼此远离，宇宙正在膨胀。利用红移可以确定它们远离的速度。利用哈勃定律，可以确定与其他星系的距离。
34. 所有可见物质之间的引力比预期的要强。天文学家意识到一定有一种看不见的物质在对可见物质产生作用力。
35. 银河系的恒星在不断进行核聚变反应，巨型恒星后期可以不断合成重元素。由于它在太阳之后几十亿年形成，重元素丰度比太阳高。
36. 宇宙经历了瞬间的剧烈膨胀，从 10^{-50} cm膨胀到约 10^3 cm。
37. 变星用于确定宇宙中的距离。宇宙背景辐射表明了第一个星系和星系团是如何形成的。
38. 星族Ⅱ为星族Ⅰ恒星的形成创造了条件。
39. 图略，注意概念图的准确性。
40. 为了了解宇宙的结局，科学家们必须了解暗物质和暗能量。暗物质不具有与已知亚原子粒子一致的特性。
41. 开放式作答。文章应该描述空间卫星望远镜与透过大气观察太空的望远镜相比的优势。
42. 时间：10^{-40} s；温度：10^{30} K。

43. 重力变弱了,而其他力变强了。

44. 大约10^{14} K。

45. 纵轴上的光度(或绝对星等)和横轴上的表面温度(如光谱等级所示)。

46. 天气是由不断移动和变化的大型天气系统产生的。当前条件的简单外推无法解释未来的变化。

P888. 综合　标准化测试

1. C
2. A
3. B
4. C
5. A
6. B
7. B
8. D
9. D
10. B
11. B
12. 穿过行星的线表示每个行星绕太阳公转的轨道。
13. 火星和木星轨道之间的区域被称为小行星带。它包含了许多大小不一的岩石类小天体。
14. 因为来自木星的强大引力不允许它合并成行星。
15. 两种类型的望远镜都是用来聚焦可见光的,但折射望远镜使用透镜,而反射望远镜使用反射镜。现在,反射望远镜使用更广泛,因为反射镜可以做得更大,收集更多的光,这有助于科学家看到更多、更清晰的天体。
16. 地心说认为地球是太阳系的中心,太阳、行星和其他天体围绕着地球旋转。
17. 地球的卫星(月球)是独一无二的,因为相对于它所环绕的行星的半径和质量而言,月球是太阳系最大的卫星。此外,月—地距离比其他卫星与其母行星的距离更远。
18. D
19. B
20. 因为斯必泽太空望远镜在太空轨道上不受地球大气层干扰,所以它比地球上的常规望远镜能探测到更多的红外光。